Droit international privé

Domat droit privé

Droit international privé

PIERRE MAYER
Professeur à l'Université de Paris I (Panthéon-Sorbonne)

VINCENT HEUZÉ
Professeur à l'Université de Paris I (Panthéon-Sorbonne)

9e édition

Montchrestien

31, rue Falguière, 75741 Paris Cedex 15
ISBN 978-2-7076-1545-9 - ISSN : 0767-4309

PRÉFACE DE LA 7e ÉDITION (2001)

Il devenait déraisonnable, après six éditions, de poursuivre seul la tâche de maintenir en vie — et à jour — ce Précis de droit international privé. J'ai demandé à mon collègue Vincent Heuzé de bien vouloir s'y associer.

Mon choix était dicté, non seulement par ses qualités, que j'apprécie et dont ses écrits antérieurs témoignent de façon éclatante, mais aussi par une communauté de vision de notre discipline.

Je tenais à lui exprimer ma joie et ma reconnaissance pour avoir, sans hésitation, accepté de s'embarquer dans une entreprise qui risque de lui prendre beaucoup de temps, et ce pendant, je l'espère néanmoins, de nombreuses années.

Vincent Heuzé ne se contentera pas — ce serait dommage — d'assumer sa part (la plus grande) du fardeau des remises à jour. Il apportera, au fil des futures éditions, les changements dont l'auteur du texte original ne perçoit pas toujours à temps la nécessité. L'âge de vingt-cinq ans, qu'a atteint ce livre, est celui où une cure de jouvence ne peut qu'être bénéfique.

Pierre Mayer

AVERTISSEMENT

Deux types de caractères ont été employés pour l'impression de ce Précis, afin de ménager deux lectures possibles. LA LECTURE DE L'INTÉGRALITÉ DU TEXTE N'EST PAS CONSEILLÉE AUX ÉTUDIANTS DE LICENCE OU MAÎTRISE, du moins dans un premier temps ; les passages en petits caractères sont en effet souvent difficiles et ils exposent fréquemment des idées propres aux auteurs. La lecture des seuls passages en caractères normaux est suffisante pour les examens de licence ou de maîtrise, sauf indication contraire de l'enseignant ; un effort a été fait dans la répartition des développements pour que cette lecture se suffise à elle-même, et que l'étudiant n'ait pas à se reporter à des passages en petits caractères.

L'extrême abondance des sources doctrinales a contraint, dans le cadre limité d'un précis, à renoncer à présenter, sur chaque problème, les diverses thèses qui s'affrontent. Les références sont réduites à l'essentiel. On trouvera cependant, à la fin de chaque chapitre (ou parfois section), une bibliographie sommaire concernant les matières qui y sont traitées (1) ; elle est restreinte aux ouvrages en langue française.

Seules les décisions de jurisprudence les plus importantes, ou les plus récentes, sont citées.

Bien que le plan adopté ne suive pas l'ordre traditionnel : nationalité — condition des étrangers — conflit de lois — conflit de juridictions, ces quatre matières font l'objet de développements distincts faciles à retrouver (nationalité : n°s 842 à 943 ; condition des étrangers : n°s 944 à 1082 ; conflit de lois : n°s 48 à 274 et n°s 483 à 834 ; conflit de juridictions et d'autorités : n°s 275 à 482).

(1) Les ouvrages qui figurent dans une bibliographie sommaire sont en général cités, dans la section ou le chapitre correspondant, par le seul nom de l'auteur suivi de la mention *op. cit.*

Toutefois, la partie spéciale, dans le Livre premier, est commune au conflit de lois et au conflit de juridictions. Or, du fait de la fréquente division des études de droit international privé en deux semestres, il se peut que seule l'une de ces deux matières soit au programme de l'examen.

S'il s'agit du conflit de lois, la partie spéciale devra normalement être étudiée, sauf indication contraire de l'enseignant. S'il s'agit du conflit de juridictions, l'étude de la partie spéciale est inutile, à l'exception des numéros 493 à 506 (la distinction de la procédure et de la substance des droits).

PRINCIPALES ABRÉVIATIONS

AFDI	Annuaire français de droit international.
AJDA	L'Actualité juridique. Droit administratif.
Ann.	Annuaire.
Arch. phil. droit.	Archives de philosophie du droit.
Bull. civ.	Bulletin des arrêts de la Cour de cassation.
Com. fr. dr. int. pr.	Comité français de droit international privé.
D.	Recueil Dalloz.
Defrénois	Répertoire du notariat Defrénois.
DH	Recueil hebdomadaire Dalloz.
DMF	Droit maritime français.
DP	Recueil périodique et critique Dalloz.
DPCI	Droit et pratique du commerce international.
Dr. et patrimoine	Droit et patrimoine.
Dr. soc.	Droit social.
GA	Grands arrêts de la jurisprudence française de droit international privé.
Gaz. Pal.	Gazette du Palais.
Gaz. Trib.	Gazette des Tribunaux.
IHEI	Institut des Hautes Études Internationales.
ILR	International Law Reports.
JCP	Jurisclasseur périodique. La semaine juridique.
JDI	Journal du droit international privé (1874-1914) ; Journal du droit international depuis 1915.
J. not.	Journal des notaires et des avocats.
J. soc.	Journal des sociétés.
Juriscl. droit internat.	Jurisclasseur de droit international.
NJW	Neue Juristische Wochenschrift.
RFDA	Revue française de droit administratif.
Rabels Z.	Zeitschrift für ausländisches und internationales Privatrecht.
Rec.	Recueil.
Rec. gén. lois	Recueil général des lois, décrets et arrêtés et de la jurisprudence et Répertoire Commaille.
Rép. Comm.	Répertoire Commaille.
Rép. Dalloz droit internat.	Encyclopédie Dalloz, Répertoire de droit international.
Rép. civ. Dalloz	Encyclopédie Dalloz, Répertoire de droit civil.
Rev. arb.	Revue de l'arbitrage.

Rev. crit. DIP	Revue critique de droit international (1934-1946) ; Revue critique de droit international privé (depuis 1947).
RD aff. int.	Revue du droit des affaires internationales.
RDIP	Revue de droit international privé et de droit pénal international (1905-1921) ; Revue de droit international privé (1922-1933).
RDI	Revue de droit international et de droit comparé.
RGDA	Revue générale du droit des assurances.
RDP	Revue de droit public.
Rev. gén. dr. int. pub.	Revue générale de droit international public.
RID comp.	Revue internationale de droit comparé.
Rev. sociétés	Revue des sociétés.
RTD civ.	Revue trimestrielle de droit civil.
RTD com.	Revue trimestrielle de droit commercial.
RTD eur.	Revue trimestrielle de droit européen.
RTDH	Revue trimestrielle des droits de l'homme.
Riv. dir. int. civ. e proc.	Rivista di diritto internazionale civile e processuale.
S.	Sirey, Recueil général des lois et arrêts.
T.	Tables.
Trav.	Travaux.

BIBLIOGRAPHIE GÉNÉRALE

Traités, manuels et précis

A. Récents

B. AUDIT : *Droit international privé*, Paris, Economica, 4e éd., 2006.
H. BATIFFOL et P. LAGARDE : *Droit international privé*, Paris, LGDJ, I, 8e éd., 1993, II, 7e éd., 1983.
A. BUCHER et A. BONOMI : *Droit international privé*, Bâle, Helbing et Lichtenhahn, 2e éd., 2004 (précis suisse).
D. BUREAU et H. MUIR WATT : *Droit international privé,* 2 tomes, Paris, PUF, 2007.
P. COURBE : *Droit international privé*, Paris, A. Colin, 2e éd., 2003.
B. DUTOIT : *Droit international privé suisse*, Bâle, Helbing et Lichtenhahm, 4e éd., 2005 (précis suisse).
G. GOLDSTEIN et E. GROFFIER : *Droit international privé*, Montréal, Yvon Blais Inc., I, Théorie générale, 1998, II, Règles spécifiques, 2003 (traité québecois).
D. GUTMANN, *Droit international privé*, 5e éd., Paris, Dalloz, 2007.
D. HOLLEAUX, J. FOYER, G. DE GEOUFFRE DE LA PRADELLE : *Droit international privé*, Paris, Masson, 1987.
M. ISSAD : *Droit international privé*, Alger, Opu, I et II, 1991 (précis algérien).
F. KNOEPFLER, Ph. SCHWEIZER et S. OTHENIN-GIRARD : *Droit international privé suisse*, Berne, Staempfli, 3e éd., 2005 (précis suisse).
Y. LOUSSOUARN, P. BOUREL et P. DE VAREILLES-SOMMIÈRES : *Droit international privé*, 9e éd., Paris, Dalloz, 2007.
A. MEZGHANI : *Droit international privé*, Tunis, Cérès prod., 1991 (précis tunisien).
F. MONÉGER : *Droit international privé*, Paris, Litec, 4e éd., 2007.
M.-L. NIBOYET et G. DE GEOUFFRE DE LA PRADELLE : *Droit international privé*, LGDJ, 2007.
F. RIGAUX et M. FALLON : *Droit international privé*, Bruxelles, Larcier, 3e éd., 2005 (traité belge).
T. VIGNAL : *Droit international privé*, Paris, Armand Colin, 2005.

B. Anciens

P. ARMINJON : *Précis de droit international privé*, Dalloz, I et II, 3e éd., 1957-1958, III, 2e éd., 1952.

E. BARTIN : *Principes de droit international privé selon la loi et la jurisprudence françaises*, 3 vol., Paris, Domat Montchrestien, 1930, 1932, 1935.

P. LEREBOURS-PIGEONNIÈRE et Y. LOUSSOUARN, *Droit international privé*, 9e éd., Paris, Dalloz, 1970.

J.-P. NIBOYET : *Traité de droit international privé français*, 7 vol. + tables, Paris, Sirey, I à VII, 1re éd., 1938-1950, I, 2e éd., 1947, II, 2e éd., 1951.

A. PLLLET : *Traité pratique du droit international privé*, 2 vol., Paris, Sirey, 1923-1924.

F.-C. VON SAVIGNY : *Traité de droit romain*, t. VIII, trad. Guénoux, Paris, F. Didot. 1851, réédité en 2002 aux éditions Panthéon-Assas avec un avant-propos de H. SYNVET.

A. WEISS : *Traité théorique et pratique de droit international privé*, Paris, Larose et Forcel, 2e éd., 6 vol., 1907-1913.

Revues spécialisées

Journal du droit international, (trimestriel), fondé par CLUNET en 1874, Éditions techniques.

Revue critique de droit international privé (trimestrielle), fondée par DARRAS en 1905, Éditions Sirey.

Répertoires

A. Ancien

Répertoire de droit international, publié par A. DE LAPRADELLE et J.-P. NIBOYET, 10 vol. + supplément, Paris, Sirey, 1929 à 1931.

B. Récents

Jurisclasseur droit international, 10 volumes publiés sous la direction de B. GOLDMAN, Paris, Éditions techniques.

Encyclopédie juridique Dalloz, Répertoire de droit international, 3 volumes publiés sous la direction de D. CARREAU, P. LAGARDE et H. SYNVET. Une précédente édition du *Répertoire*, dirigée par Ph. FRANCESCAKIS, sera citée avec la précision : 1re éd.

Les fascicules et rubriques de ces Répertoires ne sont pas cités dans les « bibliographies sommaires » de ce Précis. Il est conseillé aux étudiants de s'y reporter systématiquement, pour toute recherche sur un sujet précis, en s'aidant : pour le Jurisclasseur, de la table analytique contenue dans le premier volume, et pour l'Encyclopédie, de la liste par ordre alphabétique des rubriques.

Répertoire de droit international privé suisse, 3 volumes parus, par B. DUTOIT, F. KNOEPFLER, P. LALIVE et P. MERCIER, Berne, Staempfli.

Autres ouvrages d'intérêt général relatifs au droit international privé

B. ANCEL et Y. LEQUETTE : *Grands arrêts de la jurisprudence française de droit international privé*, Paris, Sirey, 5e éd., 2006, (cité *Grands arrêts* ou *GA*).

H. BATIFFOL : *Aspects philosophiques du droit international privé*, Paris, Dalloz, 1956, réédité en 2002 avec une présentation de Y. LEQUETTE.

FULCHIRON et NOURISSAT : *Travaux dirigés de droit international privé*, Litec, 2e éd., 2003.

Les « Travaux du Comité français de droit international privé » sont publiés périodiquement, sous ce titre, par les Éditions Pédone.

Plusieurs recueils de « Mélanges » comprennent des contributions consacrées au droit international privé. V. en particulier les Mélanges DABIN, GUTZWILLER, KOLLEWIJN et OFFERHAUS, MAURY, SAVATIER, SCHNITZER, WENGLER, GOLDMAN, VANDER ELST, HOLLEAUX, LALIVE, RIGAUX, LOUSSOUARN, DROZ, Ph. KAHN, KNOEPFLER et LAGARDE.

Chaque année, des cours de droit international privé sont professés à l'Académie de droit international de La Haye, puis publiés dans le *Recueil des cours* de l'Académie. V. en particulier les Cours généraux, en langue française, de MM. MAURY (t. 57, p. 325 et s.), AGO (t. 58, p. 243 et s.), LEWALD (t. 69, p. 1 et s.), BATIFFOL (t. 97, p. 430 et s.), EVRIGENIS (t. 118, p. 313 et s.), VAN HECKE (t. 126, p. 399 et s.), LALIVE (t. 155), VITTA (t. 162, p. 11 et s.), VON OVERBECK (t. 176, p. 9 et s.), LAGARDE (t. 196, p. 9 et s.), RIGAUX (t. 213), DROZ (t. 229), PICONE (t. 276), AUDIT (t. 305), GAUDEMET-TALLON (t. 312) et MAYER.

Les articles les plus importants de H. BATIFFOL ont été réunis en un volume, *Choix d'articles*, publié par la LGDJ en 1976.

Ouvrages de droit du commerce international

J. BÉGUIN et M. MENJUCQ (dir.) : *Droit du commerce international*, Paris, Litec, 2005.

J.-M. JACQUET, Ph. DELEBECQUE et S. CORNELOUP : *Droit du commerce international*, Paris, Dalloz, 1re éd., 2007.

J.-M. MOUSSERON, J. RAYNARD, R. FABRE et J.-L. PIERRE : *Droit du commerce international (droit international de l'entreprise)*, Paris, Litec, 3e éd., 2003.

M. MENJUCQ : *Droit international et européen des sociétés*, Paris, Montchrestien, 2001.

J.-B. RACINE et F. SIIRIAINEN : *Droit du commerce international*, Paris, Dalloz, 2007.

Ouvrage de droit pénal international

A. HUET et R. KOERING-JOULIN : *Droit pénal international*, Paris, PUF, 3e éd., 2005.

Ouvrage de droit social international

P. RODIÈRE : *Droit social de l'Union européenne*, Paris, LGDJ, 2e éd., 2002.

INTRODUCTION

I. OBJET DU DROIT INTERNATIONAL PRIVÉ

1 Mieux qu'une définition, un exemple emprunté à la jurisprudence française (1) donnera l'idée des problèmes que doit résoudre le droit international privé.

Un Bolivien épouse à Madrid une Espagnole. Celle-ci devient bolivienne par mariage ; le couple vit, tantôt aux États-Unis, tantôt en France. Après plusieurs années de mariage, le mari demande et obtient le divorce au Mexique. Enfin, la femme demande la séparation de corps en France.

Si l'on se borne à l'étude de la demande formée en dernier lieu par la femme, on constate qu'elle présente plusieurs particularités qui la distinguent d'une demande analogue formée entre Français ayant toujours vécu en France :

1° La séparation de corps peut-elle être prononcée, alors qu'elle est connue du droit français et du droit espagnol, mais non du droit bolivien ? Le fait que le mariage a été célébré en Espagne peut inciter à appliquer la loi espagnole ; la nationalité des parties désigne la loi bolivienne ; et la loi française a aussi des titres à l'application puisqu'elle est celle du tribunal saisi. Ce problème de choix d'une loi constitue le cœur de la matière du droit international privé, et est désigné sous le nom de *problème du conflit de lois*. Dans le même litige, il pouvait également surgir à l'occasion de la détermination des règles de preuve à suivre, ainsi qu'à l'égard des questions liées à la dissolution du régime matrimonial et aux rapports alimentaires entre époux.

2° Quelle que fût la loi applicable, la demande formée par la femme était-elle recevable, alors qu'un jugement de divorce avait déjà été rendu au Mexique ?

(1) Il s'agit de l'affaire *Patiño*, qui a donné lieu à de très nombreuses décisions à l'étranger et en France (en particulier, Civ. 15 mai 1963, deux arrêts, *JDI* 1963.1016, note Malaurie, *JCP* 1963.II.13365, note Motulsky, *Rev. crit. DIP* 1964.532, note P. Lagarde, *Grands arrêts* — ci-après *GA* — n°s 38-39).

S'il s'était agi d'un jugement français, la réponse aurait été assurément négative, l'autorité de chose jugée y faisant obstacle. Mais il n'est pas évident qu'un jugement étranger, que ce jugement mexicain en particulier, ait autorité en France ; c'est le second problème, celui de *l'effet en France des jugements étrangers.*

3° Le tribunal français était-il compétent, à l'égard de parties domiciliées en France, en dépit de leur nationalité étrangère ? Le problème général dont cette question est une illustration est celui de la *compétence des tribunaux français dans les litiges internationaux.*

L'ensemble formé par ce problème et par le précédent est dénommé, en raison de l'aspect judiciaire qui les caractérise tous deux, *conflit de juridictions.*

4° En supposant que la loi applicable à la séparation de corps ait admis son prononcé, et que la liquidation du régime matrimonial ait entraîné la mise en jeu d'une hypothèque inscrite par la femme sur les immeubles de son mari en France, la nationalité étrangère de la femme ne s'opposait-elle pas à ce qu'elle puisse s'en prévaloir à l'encontre de créanciers français du mari ? La qualité d'étranger entraîne toujours, par rapport aux nationaux, quelques infériorités juridiques qui sont étudiées dans le chapitre de la *condition des étrangers.*

5° Comme, ainsi qu'on le verra, la loi applicable, l'effet des jugements étrangers, la compétence des tribunaux français et l'attribution d'un statut juridique inférieur dépendent, à des degrés divers, de la nationalité des intéressés, il fallait encore résoudre, si elle donnait lieu à une contestation, la question préalable de la *détermination de la nationalité.*

2 Le point commun à tous ces problèmes, et qui conduit directement à la définition du droit international privé, est qu'ils constituent les conséquences spécifiques du caractère international de la relation litigieuse. Le droit international privé est donc *le droit spécial, applicable aux personnes privées impliquées dans des relations juridiques internationales.*

Cette définition appelle un triple commentaire.

3 a) *Un droit spécial.* — L'adjectif « spécial », marque que le droit international privé ne prend pas nécessairement en charge le règlement intégral de la question juridique posée. Il ne traite que les problèmes spécifiques directement liés au caractère international de celle-ci. La remarque est importante car, en l'état actuel du droit positif, c'est presque toujours selon le droit commun, applicable aux relations internes, de l'un des États avec lesquels la relation juridique internationale est en contact, que cette dernière est appréciée. Il est évident que l'on ne peut placer dans la catégorie du droit international privé les règles françaises sur la séparation de corps, sous prétexte que le juge français est susceptible de les appliquer à des Boliviens.

4 b)... *Applicable aux personnes privées.* — La précision a essentiellement pour but de distinguer le droit international privé du *droit international public,* droit dont les sujets sont traditionnellement identifiés aux États et aux organisations internationales.

Cependant, la frontière entre les deux disciplines est moins facile à tracer qu'il pourrait le sembler.

D'un côté, des auteurs de plus en plus nombreux considèrent que l'individu est sujet du droit international public. Sans entrer dans cette discussion, il suffira d'observer que le droit international public, même lorsqu'un individu peut déclencher à son profit le fonctionnement de ses règles (dans le domaine, par exemple, de la protection internationale des droits de l'homme), a toujours pour objet d'imposer des obligations aux États, tandis qu'en droit international privé le rôle de l'État se borne à édicter les règles et à les appliquer (2).

Inversement, deux États peuvent se trouver impliqués dans une relation soustraite au droit international public, parce qu'ils se sont comportés comme des personnes privées, l'un ayant par exemple prêté de l'argent à l'autre. C'est alors, selon une opinion, le droit international privé qui doit régir la relation et déterminer, en particulier, la loi étatique applicable.

En tant que droit applicable aux rapports entre les personnes privées, le droit international privé se distingue également du *droit public international*, droit applicable à l'aspect international des rapports entre un État et les personnes privées ; relève, par exemple, de ce droit le problème de la compétence d'un État pour taxer une opération faite à l'étranger par l'un de ses nationaux. Les particularités de cette matière (énoncées *infra*, n°s 99 à 108) conduisent à en dissocier l'étude.

Ici encore, des précisions doivent être apportées.

1° Parmi les contrats qui se concluent entre une personne privée et un État étranger, certains ne soumettent pas l'individu au droit public de l'État. Les affinités qu'ils présentent alors avec des contrats entre personnes privées invitent à les faire entrer dans le champ du droit international privé (sous réserve de la tendance qui les rattache au droit international public ou à un prétendu droit « transnational »).

2° Les règles de droit public, lorsqu'elles ont une incidence sur le sort des relations entre personnes privées — ainsi, les règles du contrôle des changes — ne peuvent être exclues du droit international privé. Or l'intervention de l'État dans les relations privées, familiales ou économiques, est un phénomène de grande ampleur à l'époque contemporaine.

3° Il faut étudier, à côté du problème classique de la compétence des tribunaux français, celui de la compétence des *organes non judiciaires français*, et à côté de l'effet des jugements étrangers, celui des *décisions administratives et des actes publics étrangers*, dans la mesure où les relations privées en sont, même indirectement, affectées. Ces deux nouveaux problèmes forment le *conflit d'autorités*, voisin du conflit de juridictions.

5 c)... *Impliquées dans les relations internationales.* — L'expression « relation internationale », couramment utilisée, est ambiguë. Il convient donc de lever l'équivoque.

(2) Ce qui ne veut pas dire que, dans cette tâche, il ne puisse pas se trouver en même temps sujet d'une obligation de droit international public, notamment en tant que signataire d'un traité ; mais cela n'est en rien spécifique au droit international privé.

1° *La relation internationale peut d'abord être définie comme celle qui présente à l'organe étatique qui la contemple* — juge, officier de l'état civil, notaire, préfet — *un élément d'extranéité*, c'est-à-dire un élément par lequel elle est en contact, serait-ce partiellement, avec un ordre juridique étranger. Par exemple, la relation entre deux époux italiens, domiciliés en France, appréciée par un juge français, est une relation internationale, et l'élément d'extranéité réside dans la nationalité des époux. Peuvent constituer un élément d'extranéité, aux yeux des organes français, le domicile à l'étranger d'un sujet de droit, sa nationalité étrangère, la situation d'un bien sur le territoire d'un pays étranger, la conclusion à l'étranger d'un contrat, etc.

La notion de relation internationale est ici *subjective*, car, selon le point de vue adopté, l'identité de l'élément d'extranéité change : pour un juge italien la relation des deux Italiens domiciliés en France est internationale par le domicile et non par la nationalité.

Bien plus, si une relation est entièrement rattachée à un seul ordre juridique, elle apparaîtra internationale à tous les autres ordres juridiques, mais non à celui-là.

Est-il légitime de qualifier d'internationale une relation rattachée à un seul ordre juridique étranger ? Le terme « étrangère » semblerait mieux convenir. Mais on observera qu'une relation n'est susceptible de paraître étrangère que si l'organe d'un pays autre que celui dont elle est originaire est saisi ; elle a donc été, par sa soumission à cet organe, *internationalisée*. Toutefois, on n'ira pas jusqu'à dire qu'elle est objectivement internationale, car la saisine de l'organe est un élément extrinsèque qui n'affecte pas la substance même de la relation ; elle peut seulement être dite *subjectivement internationale*.

2° *D'un point de vue objectif*, au contraire, *est internationale la relation qui met en cause deux ou plusieurs pays, par ses éléments intrinsèques* (ces éléments étant ceux qui ont été définis comme pouvant constituer des éléments d'extranéité). Ainsi sont objectivement internationales la relation matrimoniale entre un Italien et une Anglaise, la relation entre les héritiers français d'une succession comprenant des immeubles en Suisse, etc. Le point de vue, ici, est dit objectif, parce que le rattachement à deux ou plusieurs pays existe en soi, avant tout recours en justice, toute saisine d'un organe étatique quelconque, et se laisse constater même par un observateur extérieur à tout ordre juridique. Si un organe est saisi, quel qu'il soit, son appréciation du caractère international ou non, en ce sens, de la relation ne peut varier.

3° Il faut et il suffit, pour que le droit international privé entre en jeu, que la relation soit subjectivement internationale, c'est-à-dire qu'elle présente à l'organe étatique saisi — on supposera désormais qu'il s'agit d'un organe français — un élément d'extranéité. En particulier, c'est cet élément qui doit faire envisager l'éventualité d'appliquer une loi autre que la loi française et qui suscite un doute sur la compétence des tribunaux français dans leur ensemble, ainsi que sur celle des organes non judiciaires français.

Mais le caractère objectivement international que présente éventuellement la relation rend *plus complète* l'intervention du droit international privé. D'abord, elle sera certaine avant toute saisine d'un juge, puisque, quel que soit celui auquel on s'adressera, elle lui présentera un élément d'extranéité. Ensuite, elle pourra revêtir une forme originale, se traduisant notamment par l'élaboration de règles de fond spéciales (v. *infra*, n°s 19, 21 et 24), ou par la reconnaissance d'un rôle étendu à la volonté des individus (v. *infra*, n°s 692 et s.).

II. FACTEURS D'APPARITION ET DE DISPARITION DES PROBLÈMES DE DROIT INTERNATIONAL PRIVÉ. NOTIONS HISTORIQUES

6 Le monde est divisé en États souverains et indépendants. Lorsque les individus s'abstiennent d'en franchir les frontières, les relations juridiques se déroulent exclusivement à l'intérieur de chacun d'entre eux ; elles sont toutes des relations internes soumises au droit interne. Mais les États sont rarement en total repli sur eux-mêmes. Les personnes voyagent, voire émigrent, des relations commerciales se nouent d'un pays à l'autre. Dès lors apparaissent les problèmes de droit international privé. En premier lieu, chaque État avec lequel la relation présente des points de contact a ses lois, qui apportent en principe une réponse à toute question de droit privé qui peut se poser ; il faut donc choisir, c'est le conflit de lois. Il a aussi son administration et ses juges, ce qui pose à la fois le problème de leur compétence internationale, et celui des effets de leurs actes dans les autres États. Enfin, il a sa population constitutive, formée de ses nationaux, qu'il distingue des étrangers en élaborant un droit de la nationalité, et qu'il regarde comme jouissant seuls, à l'exclusion des étrangers, d'une pleine capacité, voire d'une véritable personnalité.

Il est vrai que cette ouverture des États les uns aux autres peut, dans certaines circonstances, les rapprocher au point de faire disparaître les problèmes de droit international privé, ou du moins certains d'entre eux. Le rapprochement peut être belliqueux, et conduire à la domination d'un État sur l'autre. Il peut être pacifique et déboucher sur une union ou une fédération égalitaire. Dans les deux cas, une unification des lois, *a fortiori* une unification des organes législatifs, administratifs ou juridictionnels, tendra à tarir la source des problèmes. Dans une matière donnée, si un État impose à un autre sa loi, ou si deux États adoptent ensemble une loi uniforme, le *conflit entre les lois de ces États* ne paraît plus possible ; on verra cependant (*infra*, n° 94) que le problème peut se réintroduire par le biais des divergences d'interprétation de la loi, lorsque l'unification des lois n'a pas été accompagnée d'une unification des organes juridictionnels. Si elle l'a été, ce qui suppose une intégration politique poussée, le problème de l'*effet dans un État des jugements rendus dans l'autre* disparaît du même coup. Enfin, leur rapprochement peut conduire les deux États à décider de traiter de façon identique leurs ressortissants respectifs, supprimant ainsi, dans leurs rapports, le problème de la *condition des étrangers*. Cela ne les dispense pas de poser chacun leur propre droit de la *nationalité*, ne serait-ce que pour distinguer leurs nationaux de ceux des États tiers, non compris dans l'assimilation ; un droit unique de la nationalité supposerait que les deux États se sont fondus en un seul.

Ce n'est pas toujours le même type de rapprochement qui empêche l'apparition des divers problèmes. L'unification *politique* ne fait pas disparaître les problèmes de conflit de lois (3), si elle n'est pas accompagnée d'une unification du droit ; ni les problèmes d'effet des jugements, si l'État a une structure fédérale dans laquelle chaque État fédéré a ses propres juridictions (4). Inversement, l'unification *juridique* ne donne pas naissance à une nationalité commune, si les États restent politiquement distincts.

7 Les conditions d'apparition du droit international privé sont réunies depuis l'Antiquité, et ne semblent pas proches de disparaître. La fréquence des problèmes tend même à s'intensifier car l'unification, juridique ou politique, ne se réalise que lentement, tandis que les déplacements des personnes et des biens se multiplient. Les progrès, en rapidité et en sécurité, des moyens de communication, ont rendu les contacts non seulement possibles mais nécessaires depuis que les échanges se sont institutionnalisés et que les productions nationales sont devenues complémentaires. Un État moderne ne peut plus vivre en autarcie.

En même temps que la fréquence, c'est aussi la solution des problèmes qui s'est modifiée au cours des âges.

8 Dans l'Antiquité, le problème de la condition des étrangers occulte d'abord les autres. L'étranger, sauf lorsqu'il jouit d'un statut particulier, n'est pas un sujet de droit ; il ne bénéficie d'aucune protection. De véritables rapports juridiques ne peuvent donc s'établir qu'entre membres d'un même pays ou d'une même cité, et ils sont naturellement soumis aux lois et aux juridictions de ce pays ou de cette cité. Certes, pour des raisons soit économiques — nécessité de développer le commerce international — soit politiques — nécessité d'une alliance militaire — les rapports avec les étrangers se développent souvent ; il convient alors d'assurer à leur personne et à leurs biens un minimum de protection ; des institutions — le patronage en particulier, qui place l'étranger sous la protection et la surveillance d'un citoyen — y pourvoient. Mais il reste encore inconcevable qu'un tribunal applique une loi étrangère : seule est pour lui juridique sa propre loi, et il a été institué pour l'appliquer.

Par ailleurs, deux cités qui entretiennent des rapports privilégiés peuvent conclure entre elles un traité au profit de leurs ressortissants respectifs. En Grèce, les traités d'*isopolitie* permettent aux individus originaires de l'une des cités contractantes de jouir dans l'autre de tout ou partie des droits reconnus aux citoyens de cette dernière.

C'est dans le même esprit que des traités prévoient que, au cas de délit, la victime pourra poursuivre le coupable devant les juges de la cité de celui-ci. Comme le tribunal appliquera sa propre loi, tout se passe comme si l'on avait édicté une règle sur les conflits de lois aux termes de laquelle « la loi applicable à un délit est celle de la cité de son auteur ». Mais tel n'est nullement le but recherché : on se préoccupe seulement d'empêcher le coupable de se soustraire à la sanction dans sa propre cité, tout en lui évitant de comparaître dans celle de sa victime.

Toutefois, le problème du conflit de lois ne peut manquer d'apparaître lorsqu'un État a assuré sa domination sur un autre, sans aller jusqu'à abroger ses lois. Mais comme il paraît toujours exclu qu'un juge applique une autre loi que la sienne, on raisonne au niveau de la compétence juridictionnelle. Ainsi, dans l'Égypte ptolémaïque, sous domination grecque, deux types de tribunaux coexistent, l'un composé de Grecs, les Chrématistes, qui juge les litiges entre Grecs selon la loi grecque, l'autre composé d'Égyptiens, les Laocrites, qui juge les litiges entre Égyptiens selon la loi égyptienne. Lorsqu'un contrat a été conclu entre un

(3) Reste à savoir si ces conflits de lois, intérieurs à un État, relèvent du droit international privé, et s'ils ne présentent pas des particularités par rapport aux conflits véritablement internationaux : v. *infra*, n°s 89 à 92. La question se pose en France même en raison du particularisme du droit alsacien-lorrain.

(4) L'appartenance au droit international privé du problème de l'effet des jugements émanant d'un État fédéré dans un autre État fédéré est également discutable. La question ne se pose pas en France.

Égyptien et un Grec, les Laocrites ou les Chrématistes sont compétents, selon que la langue utilisée pour la rédaction du contrat a été l'égyptien ou le grec ; la compétence législative est ainsi déterminée indirectement.

9 De la même façon que la domination grecque sur l'Égypte, l'hégémonie progressive de Rome sur le bassin méditerranéen a rendu inéluctable le problème du conflit de lois. Il n'était possible ni de dénier la personnalité aux peuples conquis — des statuts de plus en plus favorables leur sont concédés, jusqu'à l'attribution généralisée du droit de cité par l'Édit de Caracalla en 212 — ni de leur imposer à tous la loi romaine, que les Romains considéraient d'ailleurs comme leur étant réservée. *En province*, le conflit se résout au niveau du choix de la juridiction. Les juridictions locales, qui appliquent leur droit (5), sont compétentes seulement dans les litiges entre pérégrins (habitants des régions conquises). Les litiges entre citoyens romains, ou entre citoyens romains et pérégrins, sont soumis à la juridiction du gouverneur ; celui-ci applique l'*édit du gouverneur*, qui a pour ressort la province soumise à son autorité, et qui semble intégrer dans une certaine mesure le droit autochtone. *À Rome* même, une juridiction particulière, le préteur pérégrin, a compétence à l'égard des litiges dans lesquels sont impliqués des pérégrins. Mais il n'applique pas toujours le même droit. Si le litige oppose deux pérégrins originaires de la même cité, il applique le droit de cette cité ; lorsque le litige oppose un pérégrin et un citoyen romain, ou deux pérégrins relevant de cités différentes, il applique des règles de droit qu'il élabore lui-même et dont l'ensemble forme l'*édit du préteur pérégrin*.

C'est probablement par l'action du préteur pérégrin que se forge l'instrument essentiel de résolution des rapports mixtes. Certaines règles — telle celle selon laquelle l'enfant né hors mariage suit la condition de sa mère — et certaines institutions — tels les modes d'acquisition de la propriété que sont l'occupation, la tradition, l'accession et la spécification — sont considérées comme fondées sur la raison, et donc communes à tous les peuples. Elles forment, à côté du *jus civile*, le *jus gentium* (droit des gens), applicable non seulement aux relations entre les Romains et les pérégrins, ainsi qu'aux relations entre pérégrins de cités différentes, mais aussi aux relations des Romains entre eux. *Le jus gentium* permet, en raison de son caractère universel (ou prétendu tel), d'éluder le problème du conflit de lois ; il a surtout pour but d'améliorer la condition des étrangers, privés des seuls droits relevant du *jus civile* (6).

On rencontre, occasionnellement, des raisonnements qui évoquent le conflit de lois. Certaines lois ont en effet un ressort territorial limité à une ou plusieurs provinces (par ex. la *lex Furia*, limitée à l'Italie), et il importe donc de dégager un critère qui permette de localiser les situations juridiques ; pour la *lex Furia* on s'attache au lieu où l'engagement du garant a été donné (7). Toutefois, on semble être plus près, dans de telles hypothèses, d'un problème de délimitation du domaine respectif de deux règles d'un même ordre juridique que d'un conflit véritable entre ordres juridiques (comp. *infra*, n°s 90 et 91).

10 Les invasions barbares restituent au problème de la condition des étrangers toute son importance. Non seulement les étrangers véritables sont considérés, primitivement, comme dénués de droits, mais les peuples assujettis, spécialement les Romains, sont traités à certains égards comme des demi-libres, des *lites*.

(5) Cependant, les pérégrins *déditices*, c'est-à-dire ceux dont la cité a été détruite au point de vue politique et administratif, sont privés de leur droit, et sont seulement régis par le *jus gentium* (sur lequel, v. la fin du n° 9). D'autre part, l'édit du gouverneur, qui est en principe applicable à tous dans la province, doit être dans tous les cas respecté.

(6) Dans certains cas le préteur applique le *jus civile* à des pérégrins ou contre eux : à défaut de *jus gentium*, et si cela semble juste. Tel a été le cas pour l'*actio furti*, et pour l'*actio legis Aquiliæ*. Pour le justifier le préteur recourt à une fiction : *si civis romanus esset...*

(7) Exemple cité par STURM, *op. cit.*, p. 266 et 267.

Les envahisseurs ne peuvent dénier, cependant, toute personnalité aux vaincus, beaucoup plus nombreux qu'eux. Et, comme l'avaient fait les Romains, ils leur laissent leurs lois. Sur un même territoire, où cohabitent plusieurs peuples, plusieurs lois coexistent donc. Elles ont une assiette personnelle : la loi burgonde s'applique aux Burgondes, la loi ripuaire aux Ripuaires, la loi romaine aux Gallo-Romains, etc. C'est le système de *la personnalité des lois*. Chacun vit selon sa propre loi, *lege sua vivit* (8).

11 Au cours des siècles, les populations se fondent, et les lois, sur un territoire donné, s'uniformisent au profit en général de l'une d'entre elles, qui domine. La loi dominante n'étant pas la même ici et là, on aboutit à la constitution de plusieurs systèmes de règles, de ressort désormais territorial. En général, dans les pays où s'est instauré un régime féodal, les limites du ressort de la coutume correspondent à celles de la seigneurie.

Peu de relations sont entretenues d'une seigneurie à l'autre ; chacune vit repliée sur elle-même. La méfiance à l'égard des étrangers qui viendraient s'installer sur le territoire de la seigneurie — les *aubains* — est considérable. L'aubain doit, pour devenir sujet de droit, s'avouer « l'homme du seigneur » ; même dans ce cas, il est d'ailleurs frappé d'incapacités diverses, l'assimilant plus ou moins complètement à un serf. En tout cas, le conflit de lois ne peut guère se produire ; la juridiction seigneuriale applique les coutumes locales. La situation est très comparable à celle qu'avait connue l'Antiquité.

12 Cependant, en France, assez rapidement, l'œuvre d'unification entreprise par les Capétiens modifie ces données. Les contacts se multiplient à l'intérieur du royaume, avec des conséquences dans les divers domaines du droit international privé.

La situation des aubains s'améliore : il leur suffit de s'avouer « l'homme du roi » pour jouir de la pleine capacité dans toutes les seigneuries dont il est le suzerain ; au XVIe siècle ne subsisteront plus que les aubains « non régnicoles », c'est-à-dire étrangers à la France. Parallèlement, les problèmes de compétence judiciaire, d'effet des jugements d'une seigneurie dans l'autre et de conflit de lois, apparaissent. L'étude détaillée en sera faite plus loin (nos 52 à 55) ; disons seulement ici que d'une part, une coopération judiciaire s'instaure, avec l'obligation pour le seigneur de faire exécuter les décisions rendues par toute juridiction compétente qui lui en fait la demande, et que d'autre part un véritable système de solutions des conflits de lois est construit, en particulier sous l'action de la *Curia regis*, puis du Parlement.

13 Les relations dont il a été parlé au numéro précédent sont des relations entre seigneuries ou entre provinces. Mais il existe aussi, quoique moins fréquentes, des relations proprement internationales. Sur le plan du conflit de lois, elles sont soumises exactement aux mêmes règles que les relations interprovinciales. En revanche, sur le plan judiciaire, la coopération est moins poussée, faute d'un souverain commun qui puisse y inciter. Enfin, sur le plan de la condition des étrangers, les aubains non régnicoles voient leur situation s'améliorer progressivement ; à la veille de la Révolution, leur principale infériorité, en droit privé, résulte du *droit d'aubaine*, qui restreint leur capacité de transmettre ou de recevoir à cause de mort ; encore ce droit est-il écarté, sous condition de réciprocité, par des traités conclus par la France avec de nombreux pays.

14 Deux traits sont frappants dans la physionomie du droit international privé français après la Révolution et la promulgation du Code civil. D'une part, l'unité politique et juridique de la France ayant été réalisée, les conflits interprovinciaux disparaissent, tandis que se développent, au contraire, les relations proprement internationales. D'autre part — et en liaison avec le phénomène précédent — le concept de nation prend une importance nouvelle,

(8) Sur la loi applicable aux relations mixtes, v. *infra*, n° 49.

ce qui entraîne diverses conséquences. Pour la première fois, un droit précis de la nationalité est adopté. La condition des étrangers fait l'objet d'un texte très restrictif, l'article 11 du Code civil, que l'évolution libérale de la jurisprudence videra peu à peu de son sens. Dans le domaine du conflit de lois, la compétence de la loi nationale en matière d'état et de capacité des personnes est posée par l'article 3, alinéa 3 du Code civil. Et surtout, la source essentielle, sinon absolument exclusive, du droit international privé dans son ensemble, devient l'État.

L'importance accrue des relations proprement internationales, jointe au fait que chaque État développe désormais de façon autonome son propre droit international privé, va susciter des difficultés nouvelles.

Sous l'Ancien Régime, les relations, en général interprovinciales, mettaient en présence des entités soumises à une autorité supérieure commune qui les coordonnait ; même les relations internationales voyaient leur traitement rendu plus facile et plus uniforme par le sentiment de l'existence d'un droit commun supérieur, le droit romain. Au XIXe et au XXe siècles, aucune autorité, juridique ou morale, qui soit supérieure aux États, ne vient introduire l'harmonie dans la solution des conflits suscités par les relations internationales. Les questions de méthodes (*infra*, III) n'en sont pas profondément affectées ; mais le problème des sources (*infra*, IV, spécialement n° 32) devient crucial.

III. PROBLÈMES DE MÉTHODE EN DROIT INTERNATIONAL PRIVÉ

15 La particularité essentielle des relations privées internationales est que l'autorité qui les apprécie ne peut décider *a priori* qu'elle se fiera aux seules normes (lois, jugements, décisions non judiciaires, actes publics) qui constituent son propre ordre juridique — dites normes *du for* lorsque l'autorité saisie est un juge.

En particulier, le juge ne peut décider ni qu'il appliquera systématiquement la loi du for (ou *lex fori*), ni qu'il ne tiendra aucun compte des jugements et des actes publics étrangers. « Il serait inadmissible, a observé Pillet (9), qu'en passant d'un État dans un autre, un homme perde les qualités d'enfant légitime, d'époux, de père de famille, qu'il avait régulièrement acquises. » Or, c'est bien ce qui se passerait si le juge ne considérait pas comme valables les mariages célébrés à l'étranger selon une loi étrangère, ne tenait pas compte des jugements étrangers de divorce, etc. Les normes qui s'appliquent aux relations internationales ne sont donc pas seulement les normes émises par l'État auquel appartient le juge (ou plus généralement l'organe) saisi ; peuvent aussi intervenir des normes étrangères.

On peut même aller plus loin : pourquoi les relations internationales seraient-elles uniquement régies par des normes étatiques ? Des normes internationales, ou plus largement a-nationales (n'émanant pas d'un État déterminé), ne seraient-elles pas mieux adaptées ?

(9) Sur Pillet, v. *infra*, n° 71.

Les deux types de solution — recours aux normes étatiques, recours à des normes non-étatiques — coexistent, mais le premier est de beaucoup le plus employé.

A. Recours aux normes étatiques

16 Le recours aux normes étatiques, étrangères ou non, peut se concevoir de deux façons différentes. Ou bien l'on se contente d'appliquer celles qui sont édictées dans chaque pays pour régir les relations internes ; ou bien on élabore des normes spéciales, tenant compte du caractère international des relations à régir.

a) Recours aux normes édictées pour régir les relations internes

17 Cette méthode est évidemment la seule utilisable lorsque la relation, quoique subjectivement internationale, est en fait purement interne à un ordre juridique étranger : elle doit être soumise aux normes de droit commun de cet ordre.

Même lorsque la relation est objectivement internationale, cette particularité n'exclut pas nécessairement le recours au droit commun de l'un des pays avec lesquels elle est en contact. Pour reprendre l'exemple, initialement choisi (*supra*, n° 1), de la séparation de corps entre deux Boliviens en France, le plus simple, en admettant que la loi française soit déclarée applicable, est d'appliquer les règles ordinaires de la séparation de corps, comme si l'on avait affaire à deux Français ; de même, si les tribunaux français sont compétents, rien n'empêche de plaider devant le tribunal de grande instance, tribunal ordinaire en la matière, qui procédera selon les formes ordinaires et prononcera un jugement ordinaire de séparation.

La spécificité du traitement de la relation internationale réside alors en ceci qu'*il faut*, avant d'appliquer la loi, avant de prononcer la décision (judiciaire ou non) ou de recevoir l'acte public, avant de donner effet à la décision prononcée ou à l'acte public reçu à l'étranger, *résoudre un problème de compétence* (10) : quel est l'État dont les lois sont applicables (conflit de lois), ou dont les organes, judiciaires ou non, peuvent, ou pouvaient, rendre une décision ou recevoir un acte public (compétence internationale des organes français, effets des décisions et actes publics étrangers) ?

Les règles de droit international privé ont pour rôle de déterminer ces compétences. *Les règles de conflit de lois* désignent la loi applicable. *Les règles de compétence internationale* délimitent la compétence des organes, judiciaires ou non judiciaires, français. *Les règles sur l'effet en France des décisions*

(10) Le terme « compétence » est à vrai dire inadéquat (V. P. MAYER, « Droit international privé et droit international public sous l'angle de la notion de compétence », *Rev. crit. DIP* 1971.1, 349 et 537) ; mais il est commode, et consacré par l'usage.

(judiciaires ou non judiciaires) *étrangères et des actes publics étrangers* font dépendre, pour l'essentiel, l'accueil ou le rejet des décisions et des actes publics étrangers de la compétence de l'État dont ils émanent.

Toutes ces règles ont la particularité de *ne pas être des normes substantielles* (ou matérielles), c'est-à-dire qu'elles n'ont pas trait directement à la substance, à la matière de la relation privée en cause, et qu'elles ne résolvent donc pas elles-mêmes le problème de droit privé posé ; elles se contentent en effet de *désigner la norme substantielle* étatique — loi, jugement, décision non judiciaire ou acte public — dont l'organe devra tenir compte pour résoudre le problème de droit privé ; ou, si la norme substantielle n'existe pas encore, de *désigner l'organe compétent* pour édicter cette norme. Ce procédé de réglementation est qualifié d'*indirect* ; il comporte deux étapes : application de la règle de droit international privé désignant la norme ou l'organe compétent, puis application (ou élaboration par l'organe) d'une norme substantielle ordinaire.

18 Quelques exemples illustreront les remarques qui précèdent.

Premier exemple (conflit de lois) : un véhicule immatriculé en France et conduit par un Français renverse, en Norvège, un piéton norvégien. Celui-ci peut-il agir en responsabilité, soit sur le fondement de la loi française, soit sur celui de la loi norvégienne ?

La règle française de conflit de lois donne *compétence* à la loi du lieu où le délit ou quasi-délit a été commis (sauf exceptions inapplicables en l'espèce). C'est donc dans la loi norvégienne que l'on trouvera la *règle substantielle* applicable à la question de responsabilité posée.

Deuxième exemple (conflit de lois) : deux époux espagnols domiciliés en France veulent divorcer par consentement mutuel ; en ont-ils le droit ?

La règle de conflit de lois contenue dans l'article 310 du Code civil donne *compétence* à la loi française, en matière de causes du divorce, si les époux sont l'un et l'autre domiciliés en France ; comme il en est ainsi en l'espèce, il faut appliquer la loi française, c'est-à-dire la *règle substantielle* contenue dans l'article 229 du Code civil, qui précise que le divorce peut être prononcé en cas de consentement mutuel. Bien qu'en définitive ce soit ainsi la loi française qui s'applique, comme à une relation interne, il n'en a pas moins fallu, pour le décider, résoudre un problème de droit international privé, et ce en raison de la nature internationale de la relation privée à apprécier.

Troisième exemple (compétence des tribunaux français) : les deux Espagnols de l'exemple précédent peuvent-ils saisir les tribunaux français en vue du prononcé d'un jugement de divorce ?

Une règle de compétence internationale déclare *compétents* les tribunaux français (on peut dire aussi : l'*ordre juridictionnel* français) en matière de divorce, même à l'égard des étrangers, si les époux sont domiciliés en France ; puisque tel est le cas en l'espèce, un tribunal français pourra prononcer un jugement de divorce, *décision substantielle* mettant fin à l'état de mariage, que pourront par la suite invoquer les ex-époux, notamment pour contracter une nouvelle union.

Quatrième exemple (compétence d'un organe non judiciaire français) : une société en formation, dont les associés sont en majorité étrangers, peut-elle requérir du greffier d'un tribunal de commerce français son immatriculation au registre du commerce ?

Selon l'article 14 du décret du 30 mai 1984 relatif au registre du commerce, les sociétés ayant leur siège en territoire français doivent demander leur immatriculation au registre tenu au greffe du tribunal dans le ressort duquel leur siège est situé. Autrement dit, peu importe la nationalité des associés, seul compte le lieu où le siège a été fixé ; s'il est en France, un organe français est *compétent* pour procéder à l'immatriculation, *acte public*, qui constitue une *norme substantielle* puisqu'il confère la personnalité à la société.

Cinquième exemple (effets en France d'un jugement étranger) : en supposant que, dans le premier exemple, la victime norvégienne ait obtenu d'une juridiction norvégienne la condamnation du Français à des dommages-intérêts, peut-elle s'en prévaloir en France ?

Jusqu'à un récent arrêt de la Cour de cassation, les règles françaises relatives aux effets en France des jugements étrangers réservaient aux tribunaux français une compétence exclusive pour prononcer une condamnation à l'encontre d'un Français ; le jugement norvégien, *décision substantielle* de condamnation à réparation, émanait donc d'une juridiction *incompétente* aux yeux du juge français, et ne produisait aucun effet en France : il ne pouvait pas être exécuté, et aucune des deux parties ne pouvait invoquer son autorité. À la suite d'un revirement de jurisprudence, la compétence française n'est plus considérée comme exclusive, et le tribunal norvégien serait donc aujourd'hui considéré comme *compétent*, et son jugement serait susceptible d'être reconnu.

Sixième exemple (effets en France d'un acte public étranger) : deux Italiens se sont mariés en Suisse devant le consul d'Italie. Un tel mariage doit-il être reconnu en France ? La question de savoir si le consul d'un pays étranger dans un pays tiers a *compétence*, aux yeux des organes français, pour célébrer un mariage entre ses nationaux est controversée. Si la réponse est positive, l'*acte public* que constitue le mariage (*norme substantielle*, puisqu'il est destiné à donner naissance à une relation juridique nouvelle) est reconnu en France.

b) Élaboration de normes substantielles spéciales

19 Bien que, comme on vient de le voir, les normes destinées aux relations internes soient susceptibles d'être appliquées aux relations internationales, il est aussi possible, et parfois même nécessaire, d'élaborer des normes substantielles spécialement destinées aux relations internationales. Il en est par hypothèse ainsi dans les deux matières de la *nationalité* et de la *condition des étrangers* : les normes qui les régissent, normes de droit international privé, sont en même temps des normes substantielles. Mais on peut aussi, plus largement, adapter les règles du droit civil ou du droit commercial aux particularités des rapports internationaux. En France, quelques règles substantielles sont spéciales aux relations internationales : ainsi, le choix de la monnaie de compte est libre à l'égard des paiements internationaux, alors qu'il ne l'est pas à l'égard des paiements internes. Il s'agit là d'un *procédé direct* de réglementation qui s'oppose au procédé indirect déjà décrit.

Cependant, en dehors de la nationalité et de la condition des étrangers, l'utilisation de ce procédé est très limitée en droit positif, et le restera probablement. Seules les relations *commerciales* appellent, sur certains points, un traitement spécifique lorsqu'elles sont internationales. En revanche, on ne voit pas pourquoi, par exemple, les effets d'un lien de filiation entre un père français et son enfant naturel anglais échapperaient — en admettant que la loi française les régisse — aux règles des articles 334 à 334-7 du Code civil : la différence de nationalité des deux sujets ne semble de nature à motiver, ni un renforcement, ni une atténuation des effets du lien ; le législateur français a de ce lien la conception qui lui paraît convenir aux nécessités de la protection, de l'entretien et de l'éducation de l'enfant, et il n'a aucune raison de l'abandonner à l'égard des relations qui ne sont pas purement internes.

Il faut par ailleurs souligner que, même s'il existe dans la loi du for une règle substantielle propre aux relations internationales, elle ne doit pas être systématiquement appliquée ; il faut s'assurer d'abord que le droit du for a compétence parce que la règle de conflit de lois le désigne. Autrement dit, le procédé direct de réglementation ne doit pas se substituer au procédé indirect, mais se combiner avec lui.

Cette affirmation est à vrai dire contestée. Certains partisans du procédé de la réglementation directe le présentent comme un concurrent du procédé indirect, destiné sinon à le supplanter, du moins à en réduire le domaine ; le juge serait donc autorisé à toujours appliquer ses propres règles substantielles spéciales aux relations internationales, civiles ou commerciales. Mais c'est oublier que l'objectif essentiel du droit international privé est la *sécurité*, et non pas la justice ; il doit fournir non la réglementation la plus juste ou la mieux adaptée, mais celle dont l'application en l'espèce est la plus conforme aux prévisions des parties (v. *supra*, n° 15). Dès lors, mieux vaut soumettre une relation au droit de l'État dans lequel elle s'est pour l'essentiel développée, même s'il ne comprend pas de règles propres aux relations internationales, plutôt qu'au droit du juge saisi, même s'il est l'œuvre remarquable d'un législateur averti des particularités de ces relations.

B. Recours à des normes non étatiques

20 Des relations qui se déroulent, simultanément ou successivement, sur le territoire de plusieurs États, peuvent paraître appeler une réglementation non étatique : soit pluriétatique, résultant de la conclusion de conventions internationales, soit extérieure à tout État, sous la forme d'un « droit des marchands » (*new law merchant, lex mercatoria*).

a) Conventions internationales

21 Des conventions sont parfois conclues entre États pour l'adoption de règles substantielles relatives aux relations internationales (11). S'il y a lieu, en effet, de recourir au procédé de la réglementation directe, autant le faire de façon que les règles adoptées soient identiques dans le plus grand nombre de pays possible.

Des conventions existent notamment dans les domaines suivants : transports internationaux (maritimes, aériens, routiers et ferroviaires), propriétés intellectuelles, vente internationale, crédit-bail, affacturage.

La raison d'être de ces conventions résiderait, selon une opinion répandue, dans la spécificité des relations internationales qu'elles entendent régir, spécificité qui s'accommoderait mal de l'application des règles internes. Ce n'est pas toujours sûr. Ainsi les règles conventionnelles relatives à la vente internationale conviendraient parfaitement, dans leur quasi-totalité, aux ventes internes ; elles sont d'ailleurs le fruit de compromis réalisés par les rédacteurs de la convention entre les divers droits nationaux. En vérité, de telles conventions visent à l'unification du droit ; elles ne restreignent leur domaine aux relations internationales que parce que d'une part, cet objectif limité est plus facile à atteindre qu'une unification du droit des relations internes, et parce que d'autre part, l'unification présentera dans ce domaine l'avantage particulièrement appréciable de désamorcer le conflit de lois (sous réserve des divergences dans l'interprétation des règles conventionnelles par les États signataires, v. *infra*, n°s 93 et 95).

En général, les conventions de ce type ne sont applicables qu'aux relations présentant certains liens, qu'elles définissent, avec les États signataires. Mais certaines sont plus ambitieuses. Ainsi, la première convention sur la vente internationale d'objets mobiliers corporels, conclue à La Haye en 1964, se déclarait immédiatement applicable par les juges de tous les États signataires, mêmes aux ventes internationales conclues totalement en dehors de la sphère de ces États. On reconnaît la tendance, déjà signalée à propos des règles substantielles étatiques propres aux relations internationales (v. *supra*, n° 19), à substituer la réglementation directe à la réglementation indirecte. Ici encore, il

(11) Il n'est question ici que des règles substantielles, car l'adoption de règles conventionnelles de conflit de lois ou de conflit de juridictions ne soustrait pas, en définitive, les relations internationales à l'application des normes étatiques (sur ces conventions, v. *infra*, n° 31). Il n'est pas question non plus des conventions destinées à unifier les droits substantiels sans distinguer entre relations internes et relations internationales, car ces conventions, faute de spécificité (v. *supra*, n° 3), ne relèvent pas du droit international privé.

faut regretter sa consécration, qui peut conduire le juge à déjouer les légitimes prévisions des parties. La nouvelle convention sur la vente internationale (Convention de Vienne du 11 avril 1980) revient à des solutions plus raisonnables.

b) Lex mercatoria

22 La spécificité des relations commerciales internationales est à l'origine, non seulement de règles étatiques (*supra*, n° 19) ou conventionnelles (*supra*, n° 21) particulières, mais aussi d'usages observés entre commerçants, et de principes consacrés par les sentences arbitrales ou énoncés par des organisations internationales (sur la question de savoir si ces règles peuvent, dans des hypothèses privilégiées, *se substituer* à toute règle étatique, v. *infra*, n° 706).

1° *Usages*

23 Dans de nombreux secteurs du commerce international sont apparus des usages professionnels, auxquels les parties à un contrat sont, à défaut de clause contraire, censées s'être conformées. Ces usages sont parfois codifiés par des organismes privés. Il faut signaler en particulier, pour la relative généralité de leur portée et la fréquence de leur application, les *règles internationales pour l'interprétation des termes commerciaux (Incoterms)*, et les *Règles et usances uniformes relatives au crédit documentaire*, établies les unes et les autres par la Chambre de commerce internationale.

Proches des usages sont les contrats types, élaborés par des organismes professionnels, auxquels les opérateurs du commerce international se réfèrent fréquemment. Ainsi les contrats de vente internationale de grains sont, presque toujours, conformes aux contrats types élaborés par la *Grain and Feed Trade Association.*

Il est douteux cependant, en dépit de l'opinion contraire défendue par plusieurs auteurs, et notamment par Berthold Goldman (*op. cit.*), que l'on puisse voir dans les usages et dans les contrats types de véritables règles de droit. Leur valeur n'est que contractuelle.

Le rôle des usages n'est pas plus original dans le droit du commerce international que dans le droit privé interne (cf. les articles 1135, 1159 et 1160 du Code civil français) ; ils constituent un élément à prendre en compte pour l'interprétation de la volonté des parties, et rien de plus (12). Quant aux contrats types, leurs clauses ne déterminent les droits et obligations des parties que si celles-ci s'y sont plus ou moins explicitement référées.

(12) En ce sens KASSIS, *op. cit.*

2° Principes généraux dégagés par les sentences arbitrales ou énoncés par des organisations internationales

24 Le recours à l'arbitrage, justice privée à laquelle les parties peuvent se soumettre par un accord de leurs volontés, est fréquent dans les contrats internationaux. Il existe même des organismes permanents spécialisés dans l'arbitrage international : ainsi la Cour internationale d'arbitrage de la Chambre de commerce internationale, ou la *London Court of International Arbitration.* Très souvent, les arbitres sont tenus par la convention d'arbitrage d'appliquer tel ou tel droit étatique. Mais il arrive aussi qu'ils soient habilités à statuer en équité, ou « conformément aux principes généraux du droit ». Ils ont ainsi l'occasion d'énoncer des « principes puisés dans le bon sens et la pratique commune de l'ensemble des nations civilisées, une sorte de droit naturel moderne » ; ces expressions ont été employées par Lord Asquith of Bishopstone dans une sentence arbitrale célèbre, tandis que d'autres sentences se réfèrent à un « droit commun des nations » ou à des « règles coutumières internationales ». Les sentences arbitrales internationales constituent donc « un réceptacle des principes communs aux droits nationaux » (par exemple : le principe que les droits sont susceptibles d'abus, la nécessité d'exécuter les contrats de bonne foi), mais aussi un « creuset des règles spécifiques qu'appelle le commerce international » (par exemple : la présomption de garantie de change dans les contrats internationaux) (13).

Ces principes peuvent-ils être considérés comme les règles d'un ordre juridique « transnational », sécrété par la « société internationale des marchands » ? Il ne le semble pas (14). D'une part, l'existence d'une telle société est des plus douteuses ; il existe plutôt des milieux professionnels, extrêmement divers et cloisonnés. D'autre part, les arbitres ne sauraient être assimilés au pouvoir judiciaire d'une société quelconque, dont ils auraient pour mission d'énoncer les règles. Chacun d'eux ne tient son pouvoir que des parties qui l'ont nommé, et les règles qu'il est éventuellement appelé à dégager, dans la mesure où les parties l'y invitent, n'ont de valeur que pour elles. L'influence qu'une sentence arbitrale peut avoir sur des arbitres statuant postérieurement dans des litiges analogues n'est qu'une influence doctrinale.

24-1 C'est également une autorité doctrinale que revêtent les « Principes relatifs aux contrats du commerce international » édités en 1994, puis complétés en 2004, par l'Institut international pour l'unification du droit privé (Unidroit). Ces

(13) B. GOLDMAN, « Frontières du droit et *lex mercatoria* », *Arch. phil. droit* 1964.184.

(14) En ce sens P. LAGARDE, *op. cit.* ; *contra* B. GOLDMAN, *op. cit.* Pour d'autres considérations critiques relatives à la *lex mercatoria*, v. *infra*, n° 703.

Cela ne met pas obstacle à ce qu'un arbitre ayant pour mission de trancher un litige du commerce international applique les règles imputées à *lex mercatoria*, dès lors du moins que la volonté des parties ne s'y oppose pas ; il sera même jugé avoir alors statué « en droit » : Civ. 22 oct. 1991, *Valenciana*, *Rev. crit. DIP* 1992.113, note Oppetit, *Rev. arb.* 1992. 457, note Lagarde.

règles, présentées sous forme codifiée, et issues des travaux d'éminents spécialistes représentant tous les grands systèmes juridiques, n'ont pas été adoptées par les États, que ce soit sous forme législative ou conventionnelle. Elles n'ont donc pas par elles-mêmes de force obligatoire. Mais les parties, pourvu en tout cas qu'elles aient prévu de soumettre leurs différends à l'arbitrage, peuvent stipuler que leur contrat sera régi par ces Principes. Même en l'absence d'une telle stipulation, l'arbitre peut appliquer les Principes, plutôt que de rechercher la loi étatique applicable, dès lors du moins que la volonté des parties ne s'y oppose pas.

IV. SOURCES DU DROIT INTERNATIONAL PRIVÉ

25 Le mot « international », dans l'expression « droit international privé », fait référence à l'*objet* de ce droit (v. *supra*, n° 5), non à ses sources. Celles-ci, comme celles de nombreuses autres branches du droit, sont à la fois internes et internationales.

Les sources internes n'appellent pas de commentaire particulier : il s'agit pour l'essentiel de la loi et de la jurisprudence, dont l'importance respective varie selon qu'elles concernent le conflit de lois, le conflit de juridictions ou d'autorités, la nationalité ou la condition des étrangers. Mais il faut expliquer la relative discrétion des sources internationales (A) et en montrer les conséquences (B) ; on donnera ensuite quelques indications sur le régime juridique de la source internationale essentielle : le traité (C).

A. Faible rôle des sources internationales

26 Pour la plupart des auteurs, au XIXe siècle, le droit international privé ne pouvait être qu'international, non seulement par son objet, mais aussi par sa source. Cette vue est de plus en plus largement abandonnée : la matière relève en fait de la compétence quasi discrétionnaire des États. Le droit international public ne joue, en dehors des traités, qu'un rôle très faible ; et la conclusion d'un traité n'est après tout, pour un État, qu'une façon d'utiliser sa compétence. Très différentes, de ce dernier point de vue, sont les sources communautaires, qui occupent une place croissante.

a) Rôle du droit international public en dehors des traités (15)

27 En un sens, tout comportement d'un État susceptible d'affecter d'autres États entre dans le champ du droit international public. Et les relations privées

(15) On néglige ici les décisions des juridictions internationales, dont l'incidence sur le droit international privé est exceptionnelle — sauf dans le domaine de la nationalité et de la condition des étrangers où on les examinera plus en détail (*infra*, Livre II).

internationales intéressant, par hypothèse, deux ou plusieurs États, toute intervention de l'un d'eux est limitée par ses obligations à l'égard des autres.

Mais cette observation ne présente guère qu'un intérêt théorique, car le droit international public général se contente pratiquement de reconnaître aux États le pouvoir de décider ce que bon leur semble à l'égard des relations privées internationales. Les causes de cette attitude permissive diffèrent selon qu'elle concerne la nationalité, la condition des étrangers ou le conflit de lois, de juridictions et d'autorités.

1° *Nationalité*

28 La question de savoir de quel État un individu est le national intéresse au premier chef le droit international public, car chaque État possède à l'égard de ses nationaux une compétence personnelle opposable aux autres États, qui se manifeste en particulier par l'exercice de la protection diplomatique. Pourtant, le droit international public n'édicte guère qu'une règle : la liberté, ou la quasi-liberté (16), pour chaque État, de déterminer quels sont ses propres nationaux.

C'est que l'objectif, modeste, du droit international public est le respect par les États qui constituent la société internationale de la souveraineté des autres, et non l'organisation positive et rationnelle de cette société.

Il est vrai qu'une restriction est apportée aux pouvoirs des États, en ce sens qu'ils ne peuvent légiférer sur la nationalité des autres États ; mais c'est presque une évidence et, à de rarissimes exceptions près, la règle est spontanément observée.

2° *Condition des étrangers*

29 Le droit international coutumier pose le principe, apparemment exigeant, d'*égalité de traitement* des étrangers et des nationaux. En réalité, aucun État ne respecte cette égalité ; les étrangers sont toujours dans une situation inférieure. Il n'y a véritablement violation du droit international public que dans deux cas : d'une part, celui d'une discrimination dépassant les limites raisonnables, d'autre part, et indépendamment même de toute discrimination, celui du non-respect du « traitement international type » (*international standard of treatment*).

3° *Conflit de lois, de juridictions et d'autorités*

30 Une norme prohibitive et deux normes permissives constituent dans ces matières les seules interventions du droit international public.

1° Norme prohibitive : les organes d'un État ne peuvent accomplir un acte de contrainte sur le territoire d'un autre État, sauf accord entre l'État contraignant

(16) Sur cette réserve, v. *infra*, Livre II.

et l'État du lieu de la contrainte. L'arrêt de la Cour permanente de justice internationale, *Lotus*, du 7 sept. 1927 (série A, n° 10) l'a exprimé de la façon suivante : « La limitation primordiale qu'impose le droit international à l'État est celle d'exclure — sauf l'existence d'une règle permissive contraire — tout exercice de sa puissance sur le territoire d'un autre État. »

2° Première norme permissive : aucun État n'est obligé d'appliquer ou de prendre en considération les normes édictées par un État étranger, ni, *a fortiori*, de prêter à celui-ci le concours de ses organes de contrainte (17).

3° Deuxième norme permissive : tout État peut édicter les normes — lois, jugements, actes publics — qu'il lui plaît, et les déclarer applicables à qui il veut. Selon l'arrêt *Lotus* précité : « Loin de défendre, d'une manière générale, aux États d'étendre leurs lois et leur juridiction à des personnes, des biens et des actes hors du territoire, [le droit international] leur laisse, à cet égard, une large liberté qui n'est limitée que dans quelques cas par des règles prohibitives. »

Théoriquement, on pourrait soutenir que les États possèdent chacun une sphère légitime de compétence dont ils ne peuvent sortir sans pénétrer illégitimement dans la sphère d'un autre État. Mais les deux premières règles énoncées rendent inutile la recherche des limites d'une telle sphère. De deux choses l'une en effet : ou bien l'État qui a édicté la norme est en mesure d'en assurer la mise en œuvre par la contrainte, et alors il est incontestable que sa compétence territoriale lui donne le droit de le faire (18) ; ou bien les actes de contrainte ne peuvent avoir lieu que sur le territoire d'un autre État, et dans ce cas celui-ci n'est jamais obligé de prêter son concours, que la norme ait été ou non édictée dans le cadre d'une compétence légitime.

Le droit international public n'impose donc aux États aucune coopération. Il se contente de protéger la souveraineté de chacun d'entre eux dans l'exercice de sa compétence à légiférer, juger, administrer et contraindre. C'est à chaque État qu'il appartient, par ses règles de conflit de lois, de conflit de juridictions et de conflit d'autorités, d'aller, s'il l'entend, au-delà de la liberté d'être égoïste qui lui est offerte, et de tenir compte des normes étrangères, voire de mettre ses organes de contrainte au service de leur exécution. S'il le fait, ce n'est pas d'ailleurs, en général, par altruisme à l'égard des autres États, mais plutôt par souci de régler de la façon la plus harmonieuse et la plus conforme aux intérêts

(17) Peut-être — mais ce n'est pas du tout certain — faudrait-il toutefois réserver le cas d'un État qui appliquerait systématiquement ses propres normes sans jamais tenir compte de celles des autres. Certains auteurs — parmi lesquels Mancini et Pillet : v. *infra*, n°s 70 et 71 — ont au contraire fondé sur le droit international public l'obligation d'appliquer la loi étrangère, et même prétendu trouver dans ce droit les critères de compétence législative. On verra que ces affirmations reposent sur une vision erronée des conflits de lois comme conflits *de souverainetés*. Il suffit de constater dès maintenant qu'elles constituent de pures constructions doctrinales qui ne peuvent s'appuyer sur le droit international *positif*.

(18) Sauf le jeu des règles de la responsabilité internationale si la norme cause un préjudice à un État v. P. MAYER, *op. cit.*, p. 570 et s.

privés les relations internationales dont ses organes ont, pour une raison ou pour une autre, à connaître.

b) Rôle des traités

31 En concluant des traités, les États qui sont prêts à assumer des obligations plus strictes que celles que leur impose le droit international coutumier peuvent en même temps poursuivre trois objectifs : l'identité des règles substantielles, l'assurance de la réciprocité et l'élimination des conflits de compétence.

À l'égard du premier objectif, on a déjà parlé, à propos des problèmes de méthode, des règles substantielles relatives aux relations internationales, adoptées par voie de traité (*supra*, n° 21).

Le second objectif donne lieu à la conclusion de très nombreux traités bilatéraux. Il en existe notamment en matière de condition des étrangers, prévoyant le traitement minimum dû par chaque État contractant aux nationaux de l'autre, et en matière de reconnaissance des jugements, chaque État, s'engageant à donner effet, à certaines conditions, aux jugements émanant de l'autre État.

Le troisième objectif — l'élimination des conflits de compétence — peut être atteint grâce à l'adoption de règles conventionnelles de nature indirecte : règles de conflit de lois, de conflit de juridictions ou d'autorités. Par exemple, l'élaboration d'une règle conventionnelle de conflit de lois aura pour conséquence que chacun des États parties au traité reconnaîtra applicable la même loi pour régir un problème déterminé. Mais le procédé est surtout intéressant s'il uniformise les règles de conflit d'un assez grand nombre d'États ; or, l'accord est d'autant plus difficile à réaliser que le nombre d'États appelés à y participer est élevé.

En ce qui concerne la France, il faut surtout signaler sa participation à la *Conférence de La Haye de droit international privé* qui, au cours des sessions qu'elle tient périodiquement depuis 1893, a élaboré de nombreuses conventions multilatérales, dont une vingtaine sont actuellement en vigueur. D'autre part, un effort parallèle a été mené dans le cadre de l'Union européenne (19). Il a notamment abouti à la conclusion de deux conventions très importantes : l'une sur la compétence internationale des tribunaux des pays membres et sur les effets de leurs décisions dans les autres pays membres (v. *infra* n°s 332 à 355 et n°s 459 à 462), l'autre sur la loi applicable aux obligations contractuelles (v. *infra* n°s 690 à 782). Mais, dans ces deux domaines, le droit communautaire

(19) Si l'on ne se limite pas aux actions auxquelles la France participe, il faut signaler celles qui ont été tentées ou menées à bien par divers groupes de pays. L'*Union panaméricaine*, essentiellement composée de pays d'Amérique du Sud et d'Amérique Centrale, a adopté, en 1928, un Code complet de droit international privé, le Code Bustamante, en vigueur dans quinze pays. L'*Union nordique* (cinq pays du Nord de l'Europe) a élaboré diverses conventions sur le conflit des lois et le conflit de juridictions. *La Belgique, le Luxembourg et les Pays-Bas* ont élaboré un projet, aujourd'hui abandonné, de règles communes de droit international privé.

a pris la relève, les conventions ayant servi de base à l'élaboration de règlements.

c) Droit communautaire

31-1 À côté des traités, le droit communautaire occupe une place grandissante parmi les sources du droit international privé. C'est évident, s'agissant de la condition des étrangers, dès lors que les grandes libertés que consacre le Traité de Rome (liberté de circulation des personnes et des capitaux, liberté d'établissement et de prestation de services) influent directement sur les solutions nationales des États membres. Ça l'était en revanche beaucoup moins, jusqu'à une époque récente, à propos des conflits de lois et de juridictions, faute pour les autorités communautaires de disposer d'une compétence générale dans ces domaines. Aussi bien ont-elles longtemps limité leurs interventions à quelques dispositions ponctuelles, uniquement destinées à assurer la réalisation effective des objectifs qu'il leur semblait nécessaire d'atteindre dans des secteurs particuliers. C'est ainsi que, pour garantir le respect d'un certain nombre de droits qu'elles ont reconnus aux travailleurs détachés, ou pour faciliter la restitution de biens culturels illicitement déplacés d'un pays membre à l'autre, elles ont assorti les directives élaborées dans ces deux domaines (20) de règles de compétence internationale spéciales. De même, pour protéger les salariés (21), les consommateurs (22) ou les acquéreurs d'un droit d'utilisation à temps partiel de biens immobiliers (23), les autorités communautaires ont prévu de limiter le danger que représente pour ceux-ci le principe d'autonomie (sur lequel v. *infra*, n° 692 et s.) par une règle matérielle qui écarte l'application de la loi choisie par les parties lorsqu'elle porte atteinte aux droits que les directives leur reconnaissent.

C'est donc à propos des contrats d'assurances qu'elles ont pris d'abord les initiatives les plus notables, puisqu'elles ont entrepris d'uniformiser les règles de conflit de lois mêmes qui leur sont relatives (24). Mais le résultat — désastreux — de l'expérience a surtout révélé de manière éclatante les inconvénients de la méthode utilisée. D'abord, cette méthode relie directement la solution du conflit de lois aux préoccupations de pur droit matériel qui inspirent fondamentalement les autorités communautaires, et ne peut donc échapper au risque de gravement méconnaître les objectifs et les contraintes

(20) Il s'agit, respectivement, de la directive 96/71 sur le détachement des travailleurs dans le cadre d'une prestation de service, et de la directive 93/7 relative à la restitution de biens culturels, qui, au plan des conflits de lois, attribue par ailleurs compétence à la « législation de l'État membre requérant ».

(21) Directive 96/71, précitée.

(22) Directives 93/13 sur les clauses abusives, 97/7 sur les contrats à distance et 99/44 sur la garantie dans la vente.

(23) Directive 94/47.

(24) Directives 88/357 et 92/42 relatives à « l'assurance non vie » et directives 90/619 et 92/96 sur « l'assurance vie ».

propres du droit international privé. Ensuite, parce qu'elle doit obligatoirement se couler dans le moule de simples directives, et rend donc nécessaire une transposition par chacun des États membres, elle ne peut jamais déboucher sur une véritable uniformisation.

Le Traité d'Amsterdam a, au moins partiellement, porté remède à ce second inconvénient, en conférant au Conseil le pouvoir d'arrêter des mesures dans le domaine de la coopération judiciaire (art. 61 du Traité CE). Mais ce pouvoir, dont l'exercice demeure en toute hypothèse subordonné aux principes de subsidiarité et de proportionnalité affirmés par l'article 5 du Traité CE, varie sensiblement, dans son étendue, selon les questions abordées : s'il permet au Conseil « d'améliorer et simplifier le système de signification et de notification transfrontière des actes..., la coopération en matière d'obtention des preuves (et) la reconnaissance et l'exécution des décisions en matière civile et commerciale... », il ne l'autorise qu'à « favoriser la compatibilité des règles... de conflits de lois et de compétence (ou) de procédure civile... » (art. 65 b du Traité CE). Or « favoriser la compatibilité » n'équivaut évidemment pas à « uniformiser ». Pourtant l'orientation actuelle de la pratique ne semble pas respectueuse de la nuance : c'est en méconnaissant ouvertement celle-ci que le Traité d'Amsterdam a d'ores et déjà servi de prétexte à la transformation en règlements du texte, plus ou moins profondément remanié, de plusieurs conventions antérieurement conclues entre les États membres aussi bien qu'à l'élaboration de règles uniformes totalement nouvelles (v. *infra* n°s 332, 594 et 666). A moins de confondre également la précipitation avec l'efficacité, on ne voit pas l'utilité d'entacher ainsi d'illégalité des règles dont l'adoption par voie conventionnelle demeure encouragée par l'article 293 (ex. 220) du Traité de Rome.

Quoi qu'il en soit sur ce point, le développement des sources internationales est le signe d'un besoin. On en comprendra aisément l'importance, en examinant les conséquences de la primauté actuelle des sources nationales.

B. Conséquences de la primauté des sources nationales

a) Énoncé des conséquences

32 La primauté des sources nationales n'est guère gênante dans le domaine de la condition des étrangers. On ne saurait en dire tout à fait autant en matière de nationalité ; si un individu est considéré comme Italien en Italie et comme Français en France, il peut en résulter de désagréables conséquences, comme le cumul d'obligations militaires (25) ou la soumission de son statut personnel à deux lois différentes. Mais le caractère national des règles est surtout néfaste

(25) Sauf disposition spéciale prévoyant cette hypothèse : v. *infra*, Livre II.

dans le domaine du *conflit de juridictions* et du *conflit de lois* ; ses effets s'enchaînent en une série logique :

1° Chaque pays possède son système de droit international privé, dont il impose en principe l'application à ses juges (26).

2° Selon le pays dont les tribunaux sont saisis, la règle de conflit de lois, donc la loi applicable, et donc la solution du litige, peuvent différer. Certes, il existe des règles universelles : par exemple, tous les pays déclarent applicable aux questions réelles immobilières la loi du lieu de situation de l'immeuble. Mais dans la plupart des matières, on observe une grande variété de règles. Ainsi, sur la question du régime matrimonial de deux Colombiens mariés sans contrat et installés en France au début de leur union, un juge français, suivant la règle de conflit de lois qui donne compétence à la loi de la première résidence habituelle, appliquera la loi française qui prévoit un régime de communauté réduite aux acquêts ; mais si la question est posée en Colombie le juge appliquera la loi colombienne (loi de la nationalité désignée par la règle de conflit colombienne) et conférera à la communauté un domaine plus étendu. Il en résulte pour les époux une grave incertitude sur leur situation. Si leur domicile n'est pas définitivement fixé en France, parce qu'ils n'excluent pas un retour éventuel dans leur pays d'origine, la solution colombienne revêt pour eux autant d'importance pratique que la solution française.

Aucune prévision sérieuse ne peut être formée sur la base de ces données contradictoires, *alors que la sécurité est précisément l'objectif essentiel du droit international privé.*

3° Si l'incertitude règne ainsi, tant qu'aucun tribunal n'est saisi, elle est susceptible de faire place à une *contrariété de décisions*, lorsque des tribunaux se sont prononcés. Il n'est pas certain, si un juge colombien se prononce le premier, que son jugement réponde aux conditions posées par le droit international privé français pour être reconnu en France. Dans la négative, le juge français, s'il était saisi, rendrait un jugement en contradiction avec la décision colombienne. De plus, parmi les pays tiers qui pourraient être concernés à la suite d'un changement de résidence des époux, certains reconnaîtraient la décision colombienne, d'autres la décision française, d'autres enfin, n'en reconnaissant aucune, appliqueraient leurs propres règles de conflit de lois.

L'exemple montre en même temps la relativité de la notion de droit subjectif. Être créancier, propriétaire, enfant naturel, marié, séparé de biens, etc., ce ne sont jamais là des vérités absolues. On ne peut aller au-delà de formules telles que « je suis séparé des biens au regard des pays I, II, et commun en biens au regard des pays III, IV ».

La remarque dépasse d'ailleurs le cadre du droit international privé. Une relation purement interne ne se distingue d'une relation internationale que par la concordance vraisemblable des points de vue des divers pays, et par le manque d'intérêt pratique qu'offre le point de vue des pays autres que celui dans lequel la relation s'est développée. Il reste de l'essence du

(26) Sous réserve d'une éventuelle prise en considération du droit international privé des autres pays : v. *infra*, n°s 215 à 241.

droit subjectif de n'être rien de plus qu'une déduction opérée à partir des normes objectives du pays dont la loi est, ou sera, appliquée si un juge est saisi. Le droit international privé sert ici, comme souvent, de révélateur.

4° La divergence entre les points de vue des divers pays peut être exploitée par les parties. Deux Dominicains, sachant ne pouvoir divorcer en République dominicaine (dont la législation ignore le divorce), peuvent être tentés de se rendre dans un pays dont les tribunaux accepteront de se déclarer compétents et de prononcer le divorce par application de leur propre loi ; la complaisance des juges du Nevada et du Mexique, en particulier, à l'égard des « divorces migratoires », est notoire. Cette pratique, baptisée d'une terme anglo-saxon *forum shopping*, peut certes être découragée par le refus systématique de reconnaissance de la décision étrangère dans le pays où les parties sont établies. Mais, spécialement en matière de divorce, les conséquences de ce refus peuvent être graves : un nouveau mariage sera bigamique et les enfants issus de lui adultérins (sauf le tempérament de la putativité).

Tout ceci montre que le droit international privé, en résolvant les problèmes qui naissent de la *diversité des règles substantielles et des ordres juridictionnels*, en crée d'autres, dont l'origine se situe dans le *défaut d'harmonie de ses propres règles* d'un pays à l'autre.

b) Remèdes

33 Le meilleur remède serait évidemment de s'attaquer à la racine du mal, et de rendre le droit international privé plus international par sa source. Des conventions unifiant les règles substantielles propres aux relations internationales, ou les règles de conflit de lois, ou attribuant à l'ordre juridictionnel du pays dont les liens sont les plus significatifs avec le litige compétence exclusive pour en connaître, supprimeraient ou du moins réduiraient les particularités fâcheuses que présente le règlement des relations internationales par rapport à celui des relations internes. Mais de tels instruments sont surtout utiles lorsqu'ils réunissent un grand nombre d'États, ce qui suppose un accord difficile à réaliser (27).

En leur absence, d'autres voies peuvent être tentées. Les unes s'ouvrent à l'auteur national des règles de conflit, d'autres au juge saisi, d'autres enfin aux parties elles-mêmes.

1° L'auteur des règles de droit international privé (législateur ou jurisprudence) devrait avoir pour principal souci d'élaborer des règles identiques à

(27) L'expérience, d'ailleurs, tend malheureusement à établir que cet accord passe le plus souvent par des compromis, des artifices ou des ambiguïtés volontaires, très préjudiciables pour la sécurité juridique. V. LEQUETTE « Le droit international privé de la famille à l'épreuve des conventions internationales », *Rec. Acad. La Haye*, t. 246 (1994), p. 11 ; HEUZÉ, « De quelques infirmités congénitales du droit uniforme... », *Rev. crit. DIP* 2000.595.

celles que connaissent déjà les autres pays, chaque fois qu'il est possible d'observer une tendance nettement prépondérante en droit international privé comparé. La meilleure règle, dans notre matière, n'est pas celle que la sagacité du législateur français lui a permis de découvrir, mais celle sur laquelle l'accord des autres pays s'est fait. D'autant que les particularités nationales — tempérament, idéologie dominante, régime politique, économique et social —, si elles influent légitimement sur le contenu des règles substantielles, ne peuvent guère entrer en compte pour la solution de problèmes aussi abstraits dans leur nature que celui de la loi applicable ou celui de la juridiction compétente.

Malheureusement, les règles nouvelles dont s'est dotée la France dans le domaine du conflit de lois se caractérisent, tout au contraire, par leur originalité, et même pour certaines par leur nationalisme. En matière de filiation, les juges français doivent appliquer, depuis la loi du 3 janvier 1972, la loi nationale de la mère, solution qu'aucun autre pays n'avait eu l'idée d'adopter. En matière de divorce, ils doivent appliquer (loi du 11 juillet 1975) la loi française, d'une part lorsque les époux sont français, quel que soit leur domicile, d'autre part lorsqu'ils sont domiciliés en France, quelle que soit leur nationalité : si une règle analogue était adoptée à l'étranger, par esprit d'imitation ou de rétorsion, le manque d'harmonie des solutions n'en serait qu'aggravé.

2° Le juge saisi, plutôt que d'appliquer mécaniquement ses règles de conflit de lois, peut tenter de respecter les prévisions des parties, *en tenant compte du rôle qu'ont joué dans leur formation les systèmes de droit international privé des autres pays.*

S'il s'avère, par exemple, qu'une relation s'est déroulée essentiellement dans deux pays, dont les règles de conflit de lois désignent la même législation substantielle, et dont les tribunaux sont internationalement compétents, ne serait-il pas raisonnable que le juge saisi, supposé être celui d'un pays tiers, respecte les prévisions vraisemblablement formées sur ces bases, en renonçant au besoin à faire prévaloir son propre droit international privé ? On verra plus loin (n°s 215 à 241) quels raisonnements permettent de parvenir à ce résultat.

En tout cas, il est facile de respecter les prévisions, lorsqu'un système étranger de droit international privé a déjà fonctionné effectivement et a conduit au prononcé d'une décision : il suffit de se montrer libéral par principe dans l'accueil des décisions étrangères, le refus de reconnaissance n'étant opposé qu'en présence d'obstacles très sérieux, en particulier la fraude (v. *infra*, n°s 390 à 396).

3° La connaissance par les parties des divergences des systèmes nationaux de droit international privé peut, dans certaines hypothèses favorables, leur dicter un comportement qui les mettra à l'abri des incertitudes.

Ainsi les nationaux d'un État à législation confessionnelle, qui exige de ses ressortissants qu'ils se marient en la forme religieuse, même à l'étranger, éprouvent une difficulté à contracter en France une union dont la validité soit reconnue dans les deux pays ; en France, en effet, la forme du mariage est impérativement soumise à la loi locale, et celle-ci ne connaît que le mariage civil. Mais cette contradiction peut être dépassée : il suffit d'observer que la loi française n'interdit pas de faire suivre la cérémonie civile d'une cérémonie religieuse, même si elle n'attache à cette dernière aucun effet juridique ; en procédant ainsi, on satisfera cumulativement aux exigences des deux lois.

C. Régime juridique des traités

34 Les traités, en tant que source du droit, ne relèvent pas spécifiquement du droit international privé, puisqu'ils peuvent intervenir en matière interne aussi bien qu'internationale. Leur régime intéresse le droit international public, le droit constitutionnel et le droit civil (au chapitre des sources du droit). Cependant il est habituel de donner quelques indications dans le cours de droit international privé, s'agissant d'une matière qui *en pratique* concerne l'internationaliste davantage que les autres juristes.

a) Interprétation

35 Appartient-il aux tribunaux d'interpréter eux-mêmes les traités, ou ont-ils la possibilité, voire l'obligation de solliciter une interprétation ministérielle ? Et une telle interprétation, sollicitée ou préexistante, s'impose-t-elle à eux ? Sur ces deux questions, la position des juridictions de l'ordre judiciaire et de l'ordre administratif a varié.

1° *Position du Conseil d'État*

36 L'un des aspects du problème de l'interprétation des traités est celui de la légalité de l'acte (décret, circulaire, simple lettre...) par lequel une autorité gouvernementale a fait connaître son interprétation. En effet, si le Conseil d'État se reconnaît le pouvoir d'interpréter un traité, il en résultera pour lui le devoir de se prononcer, s'il en est sollicité, sur la légalité de l'interprétation gouvernementale : le traité étant hiérarchiquement supérieur aux actes de l'Administration, une interprétation gouvernementale différente de celle que retient le Conseil d'État constituera *ipso facto* une illégalité. Inversement, s'il ne se reconnaît pas ce pouvoir, il devra respecter l'interprétation donnée par le ministre et même, s'il n'en existe pas encore et qu'un problème réel d'interprétation lui est posé, il devra la solliciter.

C'est cette seconde attitude qu'a pendant longtemps adoptée le Conseil d'État. D'une part, il considérait que l'interprétation ministérielle constituait un acte de gouvernement, insusceptible de recours contentieux (28) ; d'autre part, de façon cohérente avec cette position, il s'estimait tenu de solliciter cette

(28) CE 14 janv. 1987, *Soc. Delmas-Vieljeux*, *Rec.*, p. 4.

interprétation chaque fois que le traité n'était pas clair sur le point litigieux (29).

Par là, le Conseil d'État manifestait son souci de ne pas interférer dans la conduite des relations internationales, et de ne pas embarrasser l'exécutif par une interprétation susceptible de donner naissance à des difficultés diplomatiques. Cependant, l'inconvénient majeur de cette jurisprudence était de conférer à l'État, partie au procès, le pouvoir de préciser lui-même la portée du texte qui en commandait l'issue, ce qui allait à l'encontre de la notion de procès équitable.

37 Par un arrêt d'assemblée, *GISTI*, du 29 juin 1990 (30), le Conseil d'État a annulé pour illégalité l'une des dispositions d'une circulaire interprétant un accord franco-algérien : l'interprétation ministérielle n'est donc plus considérée comme un acte de gouvernement. La conséquence logique de ce revirement, mise en évidence dans les conclusions du commissaire du Gouvernement, est que désormais le Conseil d'État se reconnaîtra le droit de toujours faire prévaloir sa propre interprétation ; s'il reste tenu de solliciter celle du ministre des Affaires étrangères, ce sera seulement à titre d'information ; le dernier mot lui appartiendra.

On devrait toutefois admettre qu'une interprétation « authentique », c'est-à-dire ayant pris la forme d'un accord, régulièrement conclu entre les deux États, ratifié ou approuvé, et publié, s'impose à la juridiction administrative comme à toute juridiction (31).

2° *Position des juridictions de l'ordre judiciaire*

38 Les préoccupations de nature diplomatique sont identiques devant les juridictions de l'ordre judiciaire : l'interprétation qu'adopte un tribunal va non seulement s'imposer dans l'ordre interne, mais aussi préciser la portée de l'engagement international de la France. En revanche, il n'y a pas ici d'inconvénient à demander l'interprétation du ministre : cela ne porte pas atteinte au caractère équitable du procès.

Les chambres civiles de la Cour de cassation, partant du principe que les juges peuvent procéder eux-mêmes à l'interprétation, admettaient jusqu'à une date récente une exception à ce principe « lorsqu'une question de droit public international est en jeu », formule qui semblait recouvrir en fait les hypothèses où une difficulté diplomatique était à craindre (32). L'exception a été condam-

(29) CE 27 janv. 1989, *Beaumartin et autres*, *Rec.*, p. 35.

(30) *D.* 1990.560, note Sabourin, *JCP* 1990.II.21579, note Tercinet, *AJDA* 1990.621, note Teboul, *RFDA* 1990.923, note Lachaume, *Rev. crit. DIP* 1991.61, concl. Abraham, note Lagarde, *GA* n° 75. V. depuis CE 21 déc. 1994, *Serra Garriga*, *Rev. crit. DIP* 1995.291, note Lagarde.

(31) Pour la position de la Cour de cassation, v. Civ. 6 nov. 1990, *Air-Afrique*, *Rev. crit. DIP* 1991.147, note Lagarde.

(32) Civ. 27 mars 1973, *JDI* 1974.110, note Ruzié, *Rev. crit. DIP* 1975.287, note Batiffol.

née par un arrêt de la Première chambre civile du 19 décembre 1995, *Banque africaine de développement* (33), affirmant de façon générale qu'il n'est pas nécessaire de solliciter l'avis d'une autorité non juridictionnelle.

La Chambre criminelle considère, quant à elle, systématiquement que l'interprétation des traités est réservée au Gouvernement (34).

39 Sur un autre plan, l'arrêt *GISTI* devrait exercer une influence. Jusqu'à présent la Cour de cassation considérait que toute interprétation ministérielle déjà énoncée s'imposait à elle (à condition, dans certains cas, d'être publiée). Mais dès lors que le Conseil d'État soumet cette interprétation à un contrôle de légalité, les Chambres civiles saisies d'une exception d'illégalité pourront difficilement refuser de surseoir à statuer sur cette question préjudicielle. Quant à la Chambre criminelle, qui possède de façon générale le pouvoir de statuer elle-même sur les exceptions d'illégalité, elle se trouvera confrontée à un choix difficile entre l'abdication de tout pouvoir (d'interprétation et de contrôle de la légalité) et l'exercice des deux pouvoirs : ils vont de pair, comme cela s'est vérifié dans les positions successives du Conseil d'État.

b) Conflit entre une loi et un traité

40 Les dispositions d'une loi sont parfois contraires à celles d'un traité. Il faut alors chercher à les concilier, et à défaut d'y parvenir établir une hiérarchie entre les deux instruments.

1° Il est toujours possible de concilier la loi et le traité lorsque ce dernier ne concerne — c'est l'hypothèse la plus fréquente — que des relations qui présentent un lien avec les États contractants : les normes conventionnelles font alors figure de normes spéciales par rapport aux normes législatives, et doivent être considérées comme y dérogeant.

Ceci est vrai même si le traité est antérieur à la loi. Par exemple, un traité bilatéral d'établissement conférant certains droits en France aux ressortissants de l'État étranger l'emporte sur toute loi postérieure qui prive des mêmes droits la généralité des étrangers : la loi « réserve nécessairement » les situations visées par le traité (35). On peut voir là une application de la maxime « *legi speciali per generalem non derogatur* » (les règles générales ne dérogent pas aux règles spéciales), que renforce le principe, posé à l'article 55 de la Constitution, de la supériorité du traité sur la loi ; l'une des significations de ce principe est, en effet, que le législateur ne peut être présumé avoir voulu méconnaître les engagements internationaux de la France, et qu'*une interprétation conciliatrice s'impose dès qu'elle est possible.*

2° Un conflit véritable peut cependant surgir lorsque le traité, visant à l'unification législative, contient des règles destinées à constituer le droit commun interne : une modification législative de ces règles contrevient nécessairement au traité. On pourrait aussi imaginer qu'une loi vise expressément les situations spéciales régies par un traité.

(33) *Rev. crit. DIP* 1996.468, note Oppetit, *JDI* 1997.1009, note Idot, *GA* n° 76.

(34) Crim. 19 janv. 1982, *JDI* 1982.685, note Chappez.

(35) Civ. 4 févr. 1936, S. 1936.I.257, note Raynaud, *Rev. crit. DIP* 1936.457 ; C.E. 7 avr. 1965, *Hurni*, *Rev. crit. DIP* 1965.532, note M. S. D. ; *contra* CE 24 juin 1977, *Astudillo Colleja*, *D.* 1977.695, concl. Genevois, *JDI* 1978.71, note Ruzié.

Le conflit est facile à résoudre lorsque le traité est *postérieur* à la loi : *lex posterior derogat priori* (la loi postérieure déroge à la loi antérieure), le traité abroge la loi dans la mesure où il est inconciliable avec elle (36).

Dans l'hypothèse où le traité est antérieur à la loi, la maxime *lex posterior...*, qui donnerait ici le pas à la loi sur le traité se heurte, en revanche, au principe déjà rencontré de la supériorité du traité sur la loi (art. 55 Constit. : « Les traités ou accords régulièrement ratifiés ou approuvés ont... une autorité supérieure à celle des lois... »). Mais les tribunaux, qui ne sont pas gardiens de la constitutionnalité des lois, doivent-ils opposer l'article 55 à la volonté du législateur, clairement exprimée ? Pendant longtemps ils s'y sont refusés. Finalement la Cour de cassation, dans un arrêt *Jacques Vabre* du 24 mai 1975 (37), puis le Conseil d'État, dans l'arrêt *Nicolo* du 20 octobre 1989 (38), ont fait prévaloir le traité sur la loi postérieure contraire.

En revanche le Conseil d'État et la Cour de cassation ont jugé que la suprématie conférée aux engagements internationaux ne s'applique pas aux dispositions de nature constitutionnelle (39).

c) Appréciation de l'autorité du traité

40-1 Dans de nombreux domaines, énumérés à l'article 53 de la Constitution, les traités ne peuvent être ratifiés ou approuvés qu'en vertu d'une loi.

Le Conseil d'État en a déduit qu'en l'absence de loi autorisant la ratification ou l'approbation d'un traité, le décret portant publication de celui-ci, frappé d'un recours pour excès de pouvoir, devait être annulé (40).

La Cour de cassation va encore plus loin en décidant qu'il appartient au juge (même, semble-t-il, d'office) de vérifier la régularité de la ratification, et de refuser d'appliquer le traité si la ratification n'avait pas été approuvée par une loi (41).

41 L'article 55 de la Constitution subordonne la force obligatoire de chaque traité à la condition qu'il soit appliqué par l'autre partie.

La Cour de cassation considère qu'en présence d'une décision du Gouvernement, publiée au Journal officiel, de suspendre l'exécution du traité en raison d'un refus d'application par l'autre partie, les tribunaux sont liés (42). De façon plus générale, quel qu'en soit le motif, la

(36) V. par ex. Crim. 7 janv. 1972, *JDI* 1973.346, note Kovar.

(37) *D.* 1975.497, concl. Touffait, *JCP* 1975.II.18180 *bis*, concl. Touffait, *A.J.D.A.* 1975.567, note Boulouis, *JDI*, 1975.801, note Ruzié, *Rev. crit. DIP* 1976.347, note Foyer et Holleaux, *G.A.* n° 55.

(38) *AJDA* 1989-12, p. 788, note D. Simon ; *RFDA* 1989.813, concl. Frydman, et les notes et articles de MM. Genevois (p. 824), Favoreu (p. 993) et Dubouis (p. 1000), *JDI* 1990.105, *Rev. crit. DIP* 1990.125, concl. Frydman, note Lagarde, *D.* 1990.135, note Sabourin, *RTD eur.*, 1990.771, note Isaac, et les chroniques de J. Dehaussy, *JDI* 1990.5 et R. Kovar, *D.* 1990.57, *GA* n° 56.

(39) CE 30 oct. 1998, *Sarran et Levacher*, *JDI* 1999.746, et les notes et articles de MM. Dehaussy (*JDI* 1999.675), Alland (*RFDA* 1998.1094), Raynaud et Fombeur (*AJDA* 1998.962) et Simon (*Europe*, n° 3, 1999, p. 4) ; Ass. plén. 2 juin 2000, *RTD civ.* 2000.672, note Libchaber, *JCP* 2001.II.10453, note de Foucauld.

(40) CE 23 févr. 2000, *Bamba Dieng*, *JDI* 2001.81, 2e esp., note Dehaussy. En revanche le Conseil d'État ne se reconnaît pas le pouvoir de contrôler la régularité des dispositions du traité, ni celle de la loi ayant approuvé sa ratification ou son approbation, au regard de normes supérieures : CE 8 juill. 2002, *RFDA* 2002.1031.

(41) Civ. 1re, 29 mai 2001, *Asecna*, *RTD civ.* 2001.706, obs. Libchaber.

(42) Civ. 1re, 23 mars 1994, *Rev. crit. DIP* 1995.51, 2e esp., note Lagarde, *D.* 1995.119, note Chappez.

dénonciation ou la suspension d'un traité sont des actes de gouvernement, que les tribunaux ne peuvent contrôler (43).

En l'absence de position officielle du Gouvernement, le juge peut-il, à la requête des parties ou même d'office, interroger le ministre des Affaires étrangères sur la façon dont le traité est appliqué à l'étranger, et surseoir à statuer en attendant la réponse ? Le Conseil d'État et la Chambre criminelle de la Cour de cassation ont opté pour l'affirmative (44). La Première chambre civile considère au contraire que l'initiative de dénoncer le traité ou d'en suspendre l'exécution est réservée au Gouvernement, qu'une interrogation intempestive pourrait gêner (45).

42 Le caractère essentiellement national du droit international privé oblige à se cantonner, dans le cadre de ce Précis, à l'étude du droit international privé *français*. Mais les problèmes à résoudre étant sensiblement les mêmes en tout lieu, des références seront faites occasionnellement aux solutions reçues par le droit positif d'autres pays, et à celles que préconisent des doctrines étrangères.

Le premier coup d'œil ainsi jeté sur le droit international privé comparé révèle que la conception que l'on se fait de l'étendue même de la matière est variable, la position française étant particulièrement extensive.

Si l'on néglige la conception ultra-restrictive (italienne et allemande, notamment), qui n'y comprend que le conflit de lois, le noyau commun apparaît formé du conflit de lois et du conflit de juridictions, auxquels s'ajoute, pour certains auteurs, le conflit d'autorités. Dans la conception la plus répandue, la nationalité et la condition des étrangers sont en revanche exclues, et rattachées à d'autres disciplines.

Si l'on a adopté, dès le départ (n°s 1 à 5), la conception extensive — ne serait-ce que par souci d'insertion dans la division française traditionnelle des disciplines — il faut reconnaître que les matières ainsi regroupées présentent une grande hétérogénéité. Tandis que les conflits de lois, de juridictions et d'autorités, soumis essentiellement à la méthode indirecte, donnent lieu à l'étude de procédés, de méthodes, la matière de la nationalité et celle de la condition des étrangers constituent des ensembles de normes substantielles, dont l'originalité par rapport à celles que l'on rencontre dans d'autres branches du droit (le droit constitutionnel ou le droit civil par exemple) n'est pas frappante.

Par ailleurs, le traitement proprement dit des *relations* internationales, objet du droit international privé, ne relève que du conflit de lois, de juridictions et d'autorités ; la nationalité et la condition des étrangers ont certes une incidence sur ces relations, mais directement elles concernent en fait les *personnes* qui y sont impliquées.

(43) CE 18 déc. 1992, *D.* 1994.1, note Julien-Laferrière ; 9 avr. 1999, *Dame Chevrol-Benkeddach*, *JDI* 2001.81, 1re esp., note Dehaussy, *AJDA* 1999.401 et 459, chron. Raynaud et Fombeur.

(44) CE 29 mai 1981, *Rekhou*, *Rev. crit. DIP* 1982.65, concl. Théry, note Lagarde, *D.* 1982.137, note Calonnec ; Crim. 29 juin 1973, *JCP* 1973.II.17457, note Ruzié.

(45) Civ. 6 mars 1984, *JDI* 1984.859, note Chappez, *Rev. crit. DIP* 1985.108, note Droz, *D.* 1985.IR.1982, obs. Audit ; Civ. 1re, 16 févr. 1994, *Rev. crit. DIP* 1995.51, 1re esp., note Lagarde.

Un premier livre sera donc consacré aux relations internationales entre personnes privées, un second aux personnes privées impliquées dans les relations internationales.

Bibliographie sommaire

Sur l'évolution historique du droit international privé :

LEWALD : « Conflits de lois dans le monde grec et romain », *Rev. crit. DIP* 1968.419 et 615.
NIEDERER : « *Ceterum quaero de legum imperii romani conflictu* », *Rev. crit. DIP* 1960.137.
STURM : « Comment l'Antiquité réglait-elle ses conflits de lois ? », *JDI* 1979.259.
TIMBAL : « La contribution des auteurs et de la pratique coutumière au droit international privé du Moyen Âge », *Rev. crit. DIP* 1955.17.
et les ouvrages cités *infra*, sub n° 75 et n° 358.

Sur les règles substantielles de droit international (étatiques, internationales et spontanées) :

BUREAU : *Les sources informelles du droit dans les relations privées internationales,* thèse Paris II, dactyl., 1992.
GAILLARD : « La distinction des principes généraux du droit et des usages du commerce international », *Mélanges Pierre Bellet,* 1991, p. 203 et s.
GAILLARD : « Trente ans de *lex mercatoria.* Pour une application sélective de la méthode des principes généraux du droit », *JDI* 1995.5.
GOLDMAN : « Frontières du droit et *lex mercatoria* », *Arch. phil. droit* 1964.177.
GOLDMAN : « Nouvelles réflexions sur la *lex mercatoria* », *Mélanges Lalive*, Bâle et Francfort-sur-le Main, 1993, p. 241 et s.
KESSEDJIAN : « Un exercice de rénovation des sources du droit des contrats du commerce international : les Principes proposés par UNIDROIT », *Rev. crit. DIP* 1995.641.
LAGARDE : « Approche critique de la *lex mercatoria* », *Mélanges Goldman*, Litec, 1983, p. 125 et s.
PAMBOUKIS : « La *lex mercatoria* reconsidérée » *Mélanges Lagarde,* Dalloz, 2005, p. 635 et s.

Sur l'apport du droit international public coutumier au droit international privé :

HAMBRO : « Quelques remarques sur les relations entre le droit international public et le droit international privé », *JDI* 1962.613.
MAYER : « Droit international privé et droit international public sous l'angle de la notion de compétence », *Rev. crit. DIP*, 1979.1, 349 et 537.
RIGAUX : *Droit public et droit privé dans les relations internationales*, Paris, 1977.
VAREILLES-SOMMIÈRES : *La compétence internationale de l'État en matière de droit privé (Droit international public et droit international privé)*, LGDJ, 1997.

Sur les sources du droit international privé et sur les traités :

BACHELIER : « La norme internationale et le droit interne devant le juge administratif : où en sommes-nous ? », *Rev. crit. DIP* 2000.1.
BRIÈRE : *Les conflits de conventions internationales en droit privé*, LGDJ, 2001.
BUREAU : « Les conflits de conventions », *Trav. Com. fr. dr. int. pr.* 1998-2000, p. 201 et s.
BUREAU : « Les sources administratives du droit international privé français », *Mélanges Lagarde*, Dalloz, 2005, p. 169 et s.
DUTOIT et MAJOROS : « Le lacis des conflits de conventions en droit privé et leurs solutions possibles », *Rev. crit. DIP* 1984.565.
L. GANNAGÉ : *La hiérarchie des normes et les méthodes du droit international privé (étude de droit international privé de la famille)*, LGDJ, 2001.
HAMMJE : *La contribution des principes généraux du droit à la formation du droit international privé,* thèse Paris I, dactyl., 1994.

LAGARDE : « La condition de réciprocité dans l'application des traités internationaux : son appréciation par le juge interne », *Rev. crit. DIP* 1975.25.
LEMAIRE : « Le juge judiciaire et le contrôle de la réciprocité dans l'application des traités internationaux », *D.* 2007.2322.
LEQUETTE : « Le droit international privé de la famille à l'épreuve des conventions internationales », *Rec. Acad. La Haye*, 1994, II, t. 246, p. 13 et s.
MALAN : *Les conflits de conventions en droit international privé (conflit de lois)*, thèse Paris II, dactyl., 2000.
MUIR WATT : « Les principes généraux du droit international privé français », *JDI* 1997.403.
OPPETIT : « Les principes généraux en droit international privé », *Arch. phil. droit.*, 1987, p. 179 et s.
OPPETIT : « Le droit international privé, droit savant », *Rec. Acad. La Haye,* 1992, III, p. 331 et s.
PARROT : *L'interprétation des conventions de droit international privé*, Dalloz, 2006.

Sur la codification du droit international privé :

BODÉNÈS-CONSTANTIN : *La codification du droit international privé français,* Defrénois, 2005.
BUREAU : « La codification du droit international privé », *in La Codification*, Colloque de l'Université de Toulouse I, Dalloz, 1996, p. 119 et s.
GAUDEMET-TALLON : « Droit international privé et Code civil », *in 1804-2004, le Code civil, un passé, un présent, un avenir*, Dalloz, 2004, p. 749 s.
KESSEDJIAN : « Codification du droit commercial international et droit international privé », *Rec. Acad. La Haye*, t. 300, 2004, p. 83 et s.
M. AUDIT : « Régulation du marché intérieur et libre circulation des lois », *JDI* 2006.1333.
MUIR WATT : « La codification en droit international privé », *Revue Droits*, 1998, p. 149 et s.
VASSILAKAKIS : *Orientations méthodologiques dans les codifications récentes du droit international privé en Europe*, Paris, 1987.

Sur les relations entre droit international privé et droit communautaire :

BASEDOW : « Spécificité et coordination du droit international privé communautaire », *Trav. Com. fr. dr. int. pr.*, 2002-2004, p. 275 et s.
FALLON : « Les conflits des lois et de juridictions dans un espace juridique intégré (l'expérience de la Communauté européenne) », *Rec. Acad. La Haye*, 1995, t. 253.
FRANCQ : *L'applicabilité du droit communautaire dérivé au regard des méthodes du droit international privé*, Bruylant/LGDJ, 2005.
JAYME et KOHLER : « L'interaction des règles de conflit contenues dans le droit dérivé de la Communauté européenne et les Conventions de Bruxelles et de Rome », *Rev. crit. DIP* 1995.1.
KOHLER : « Interrogations sur les sources du droit international privé européen après le traité d'Amsterdam », *Rev. crit. DIP* 1999.1.
LEFRANC : « La spécificité des règles de conflit de lois en droit communautaire dérivé (aspects de droit privé) », *Rev. crit. DIP* 2005.413.
PARTSCH : *Le droit international privé européen : de Rome à Nice*, Bruxelles, Larcier, 2003.
POILLOT-PERUZZETTO : « Ordre public et loi de police dans l'ordre communautaire » *Trav. Com. fr. dr. int. pr.*, 2002-2004, p. 65 et s.
PULJAK : *Le droit international privé à l'épreuve du principe communautaire de non-discrimination en raison de la nationalité*, PUAM, 2003.
RIGAUX : « Droit international privé et droit communautaire », *Mélanges Yvon Loussouarn*, 1994, p. 341 et s.
STRUYCKEN : « Les conséquences de l'intégration européenne sur le développement du droit international privé », *Rec. Acad. La Haye*, 1992, I, t. 232, p. 257 et s.
WILDERSPIN et LEWIS : « Les relations entre le droit communautaire et les règles de conflit de lois des États membres », *Rev. crit.* 2002.1, 289.
La réception du droit communautaire en droit privé des États membres, Colloque de l'Université de Paris X-Nanterre, Bruylant, 2003.
Les conflits de lois et le système juridique communautaire, Colloque de l'Académie de droit européen de Trèves et de l'Université de Paris I, Dalloz, 2004.

LIVRE PREMIER
LES RELATIONS INTERNATIONALES ENTRE PERSONNES PRIVÉES

43 L'introduction (1) de ce Précis a permis de constater qu'en droit international privé les problèmes de méthode sont fondamentaux (v. spécialement les numéros 15 à 24).

Plus de deux millénaires d'histoire des conflits de lois et des conflits de juridictions n'ont pas encore permis à la doctrine et à la jurisprudence de parvenir à l'adoption de méthodes indiscutées dans leur contenu et dans leur domaine d'utilisation. Une première partie, générale, sera consacrée à ces questions. La seconde partie, spéciale, exposera et discutera, à propos de chacun des grands chapitres du droit privé — capacité, mariage, filiation, biens, responsabilité, contrats, etc. — les applications actuellement consacrées en droit positif des méthodes utilisées.

(1) Dont, on le rappelle, la lecture attentive préalable est indispensable au lecteur qui aborde l'étude du droit international privé.

PARTIE GÉNÉRALE

44 On a vu (*supra*, n°s 15 à 24) que les oppositions de méthode les plus fondamentales sont relatives à la source des normes *substantielles* par lesquelles on choisit de régir les relations internationales ; cette source pouvant être soit l'État (normes étatiques), soit la société internationale (règles conventionnelles), soit les milieux d'affaires internationaux (*lex mercatoria*).

La dernière est propre au droit du commerce international, et est étudiée dans les ouvrages consacrés à cette discipline. Des deux autres, étatique et internationale, la première sera largement privilégiée, car son rôle est prépondérant ; on verra d'ailleurs que les normes de source internationale doivent être, en fait, considérées comme intégrées dans la législation de chacun des États signataires des conventions qui les adoptent, et donc traitées comme des normes étatiques.

45 Quant aux normes étatiques, on oppose traditionnellement, dans les ouvrages de droit international privé, les deux matières du *conflit de lois* et du *conflit de juridictions*. La première traite du problème du choix entre la *loi* française et les diverses lois étrangères ; la seconde s'attache à l'élaboration et aux effets des *jugements*, et regroupe en fait trois questions : la compétence des tribunaux français dans les litiges internationaux, la procédure dans les mêmes litiges, et l'effet des jugements étrangers.

Cette présentation sera suivie, sous la réserve de deux modifications. En premier lieu, la procédure sera rapprochée du conflit de lois, car elle pose essentiellement le problème de la loi applicable ; on l'étudiera dans la partie spéciale. En second lieu, on adjoindra à l'étude du conflit de juridictions — ainsi réduit — celle du *conflit d'autorités*, qui en est le parallèle exact dans le domaine des actes non judiciaires ; il comprend donc le problème de la *compétence* des autorités non judiciaires françaises, et celui de l'*effet des décisions* non judiciaires et des actes publics étrangers.

Les deux titres de la présente partie générale couvrent donc l'ensemble des problèmes que pose, à l'égard des relations privées internationales, l'existence d'une pluralité d'États créateurs de normes ; la division en deux titres correspond à une différence de nature des normes en cause : législatives (on précisera plus loin le sens exact dans lequel ce terme est pris) dans le titre I, non législatives (judiciaires ou non) dans le titre II.

Cependant, l'évolution historique, qui fera l'objet d'un chapitre préliminaire, sera étudiée sans dissociation des conflits de lois et des conflits de juridictions (et sans inclure le conflit d'autorités, dont l'importance, et même l'identification, sont récentes) : les deux problèmes n'ont pas toujours été traités indépendamment l'un de l'autre, et leur évolution a été, à certaines époques, parallèle.

CHAPITRE PRÉLIMINAIRE
L'ÉVOLUTION DU DROIT DES CONFLITS

46 La connaissance de l'histoire des conflits de lois et de juridictions, dans ses grandes lignes, est utile pour la bonne compréhension des problèmes de méthode. Elle permet aussi de constater que le sens du juste, qui guide les tribunaux, a conduit à une construction cohérente, tandis que la doctrine s'est égarée dans des constructions théoriques erronées et n'a retrouvé que tardivement une méthode pluriséculaire en droit positif. Une place plus importante qu'il n'est d'usage sera donc accordée à l'évolution de ce droit positif, pour la période du moins où il n'était pas influencé par les auteurs.

Conflit de lois et conflit de juridictions seront étudiés de front, dans la mesure nécessitée par les liens qu'ils entretiennent, et surtout *ont entretenu*, entre eux. Mais pour la période moderne, dans laquelle le rôle de la doctrine est prépondérant, les développements seront essentiellement axés sur le conflit de lois, qui a presque seul retenu l'attention des auteurs.

Il ne sera traité dans ce chapitre que des questions de méthode (1). Les solutions retenues pour chaque matière (mariage, successions, etc.) seront indiquées dans la partie spéciale, matière par matière.

Une remarque préalable est nécessaire pour l'intelligence de certains passages : on y utilise l'expression « élément de rattachement », empruntée à la terminologie moderne, et qui signifie : l'élément du rapport juridique, retenu par la règle de conflit de lois pour désigner la loi applicable. Par exemple, le domicile de la personne est retenu dans l'Ancien Droit comme élément de rattachement pour les questions de capacité (ce que l'on peut aussi exprimer ainsi : « Les questions de capacité sont régies par la loi du domicile »).

(1) Des indications complémentaires sur ces questions sont données aux n°s 132 et 133 pour le conflit de lois, n°s 281 et 282 et n° 364 pour le conflit de juridictions.

47 La documentation étant mince pour la période de l'Antiquité, il est simplement renvoyé aux développements historiques généraux inclus dans l'introduction (n°s 8 et 9). L'historique plus détaillé du conflit de lois et du conflit de juridictions commence au Haut Moyen Âge. Il sera divisé en trois sections :

I. — La phase prédoctrinale.

II. — La phase doctrinale.

III. — La période contemporaine.

SECTION I LA PHASE PRÉDOCTRINALE

§ 1. L'ÉPOQUE DE LA PERSONNALITÉ DES LOIS

48 Dans les siècles qui suivent les invasions barbares, fonctionne le système dit de la *personnalité des lois*. Les divers peuples (Romains, Saliens, Wisigoths, Burgondes, etc.) ne constituent pas des États distincts, puisqu'ils coexistent sur le même territoire ; mais ils conservent leurs lois. Chaque individu est donc régi par la loi du groupe ethnique auquel il appartient. Que soient en présence sur certains territoires des vainqueurs et des vaincus n'entraîne pas la disparition de la loi des seconds au profit de celle des premiers : on a presque toujours pu observer, de l'Antiquité jusqu'à nos jours, que le nouveau groupe dominant laisse subsister la loi du groupe dominé, lorsque celui-ci est numériquement plus important que lui sur les territoires conquis.

Les lois des vaincus ne constituent que la survivance des règles anciennes, émanées d'autorités politiques disparues. Le fondement de leur application ne peut donc résider dans le respect d'une quelconque souveraineté. Mais on admet que chaque individu a un véritable *droit subjectif* à l'application de sa propre loi, application qui traduit son appartenance au groupe ; chacun peut *sua lege vivere*, vivre selon sa loi.

49 Le système de la personnalité des lois ne doit pas être confondu avec ce que l'on a appelé au XIXe siècle le *personnalisme* et qui consiste à reconnaître à la loi nationale de l'individu un rôle très large pour régir ses relations de droit privé (v. *infra*, n° 75). D'une part, dans le système pur de la personnalité des lois, ce sont *toutes* les matières qui sont soumises à la loi personnelle, alors que le personnalisme admet des exceptions nombreuses. D'autre part, le système de la personnalité des lois exclut par essence tout conflit de lois véritables, car il est impensable *a priori* d'appliquer à un individu la loi d'un autre groupe ethnique que le sien. Enfin, dans ce système, le rattachement tiré de l'appartenance au groupe ne peut être concurrencé par aucun autre ; si, au Haut Moyen Âge, un individu a promis à un autre, en un lieu donné, de lui vendre un bien, et que l'on se demande s'il avait la *capacité* de le faire, aucun choix ne s'offre entre la loi du lieu de la promesse, celle de la situation du bien et celle du peuple auquel appartient le vendeur : les deux premières n'existent pas, puisqu'en chaque lieu se rencontre, non une loi unique, mais une pluralité de lois. Au contraire, si la même question se pose de nos jours, la résoudre par l'application de la loi nationale implique que l'on écarte les autres rattachements possibles.

S'il n'existe pas à proprement parler à cette période de *conflit* de lois, on doit en revanche résoudre le problème de la *combinaison* de deux lois lorsque des relations de droit privé se nouent entre personnes relevant de lois différentes. Le principe de solution est toujours le suivant : on vérifie que chacun a valablement pu acquérir ou aliéner le droit en question selon sa loi personnelle. Ainsi, la validité du mariage suppose que la loi personnelle de chaque époux a été observée, tant pour la forme que pour le fond ; si les époux se font des dons, chacun doit respecter, pour le don qu'il fait, sa loi personnelle ; l'acte de vente d'un bien est régi par la loi du vendeur, et l'acte corrélatif d'achat (dans les rares hypothèses où le prix n'est pas payé comptant) par la loi de l'acheteur. En matière pénale, le délinquant ne peut être condamné qu'à la peine et à la composition prévues par sa loi, car c'est un droit subjectif que d'être puni selon sa loi, etc.

Dès le Haut Moyen Âge existent cependant, notamment quant au sort de la terre, des coutumes locales ; mais elles sont encore en faible nombre.

§ 2. L'INSTAURATION DE LA TERRITORIALITÉ DES LOIS

50 Peu à peu, la personnalité des lois s'efface pour faire place à ce que l'on appelle, selon une terminologie particulièrement équivoque, *la territorialité des lois*. Il faut entendre par là le système dans lequel le « ressort » des lois et des coutumes est territorial (sur d'autres sens du mot « territorialité », v. *infra*, n° 51 et n° 60) : sur chaque portion de territoire est en vigueur un ensemble de règles qui ne distinguent plus selon l'origine ethnique des habitants.

Les raisons du passage d'un système à l'autre sont de deux ordres.

En premier lieu, sur un territoire donné, *la population a tendance à la fois à se figer et à se fondre*. À se figer, en ce sens que, dans une économie essentiellement rurale, on n'admet qu'avec réticence l'installation de personnes venues d'ailleurs : selon la loi salique, par exemple, tout habitant d'une *villa* a le droit de s'opposer à l'établissement d'un étranger. À se fondre, car les mariages mixtes ne sont pas interdits, et que l'on perd, au bout de quelques générations, le souvenir de son appartenance à un groupe qui ne constitue plus une entité vivante. Pendant une période intermédiaire, c'est-à-dire lorsque cette fixation et cette fusion des populations ont été réalisées, mais que subsiste encore la diversité des lois, on pratique le système original de la *professio juris* : chacun déclare librement, à l'occasion de tout acte auquel il veut procéder, la *lex qua vivit*, la loi selon laquelle il vit ; cette déclaration est tenue, au moins dans certaines régions, pour une preuve irréfragable.

Mais bientôt, et c'est le deuxième ordre de raisons, *les lois elles-mêmes fusionnent*. On oublie les règles anciennes, on forge des institutions mixtes. La loi représentative du groupe le plus nombreux tend à absorber l'autre (2). Surtout, on crée délibérément des règles nouvelles, adaptées aux conditions économiques et sociales nouvelles. Au fond, dans une société qui évolue, le système de la personnalité des lois a tendance naturellement à disparaître, car il suppose la conservation des lois anciennes : la création de lois nouvelles se fait toujours dans le cadre d'un ressort territorial, qu'il s'agisse de règles coutumières — la coutume naît des rapports entretenus par des personnes vivant ensemble, donc en un même lieu — ou de lois posées par le souverain, tels les *capitulaires* des rois barbares — le souverain veut exercer son autorité sur tout le territoire qu'il domine. Seul un motif puissant et actuel de maintenir les droits anciens — pratiquement, leur caractère religieux — peut prolonger, dans les matières qui s'y prêtent, le système de la personnalité.

51 Dès lors que les règles de droit ont un ressort territorial, le conflit de lois peut naître. En effet, une même question de droit peut être rattachée à des territoires différents par des éléments divers : domicile d'origine de chaque partie, domicile actuel, lieu de situation des

(2) Certes, lorsque le groupe le moins nombreux est celui des vainqueurs, sa loi résiste plus efficacement à l'absorption. Mais rapidement elle cesse d'être la loi d'un groupe ethnique pour devenir celle d'une classe sociale. Ainsi la loi des Francs est-elle devenue, à une certaine époque, la loi des francs-hommes, c'est-à-dire des possesseurs d'héritage.

biens, lieu de conclusion des actes, lieu où l'on plaide, en particulier. Faire prédominer l'une de ces lois, c'est nécessairement résoudre à son profit le conflit qui l'opposait aux autres.

Il est souvent enseigné, et l'affirmation est partiellement exacte, que dans le système de la territorialité tel qu'il a existé au Moyen Âge, seule la loi édictée par l'autorité qui juge s'applique, quels que soient les personnes, les biens ou les actes en cause. Pour évoquer cette application généralisée de la *lex fori*, on parle encore de « territorialité », mais il faut bien voir que ce sens du mot est plus précis et plus étroit que celui qui a été donné plus haut (n° 50), car la disparition du système de la personnalité des lois ne s'accompagne pas nécessairement de l'application de la *lex fori*.

Le recours à la *lex fori* semble avoir eu deux causes. En premier lieu, les seigneuries vivent en autarcie et n'entretiennent guère de contacts entre elles : le conflit de lois ne prend donc pas naissance, et le juge n'a pas *l'occasion* d'appliquer les coutumes d'une autre seigneurie (3). En second lieu, le conflit de lois et le conflit de juridictions ont, au Moyen Âge, une dimension politique : chaque autorité est jalousement attachée au pouvoir de juger elle-même, et selon ses lois, les affaires de son ressort.

Mais cette situation n'a été que temporaire. Le conflit de lois apparaît dès que la seigneurie ou la cité cesse de constituer une cellule fermée (4). Et le désir de juger soi-même et selon sa propre loi ne s'observe qu'à l'égard des affaires qui présentent *un certain lien*, variable selon les matières, avec le juge.

L'évolution s'est produite de façon différente en Italie et dans le Sud de la France d'une part, dans le reste de l'Europe occidentale d'autre part. Ce second groupe de pays sera d'abord envisagé.

§ 3. CONFLITS DE LOIS ET DE JURIDICTIONS EN DEHORS DE L'ITALIE ET DU MIDI DE LA FRANCE JUSQU'AU XVe SIÈCLE

52 En dehors de l'Italie et du Midi de la France, et en particulier en France et aux Pays-Bas, le système qui se développe spontanément en jurisprudence est, jusqu'aux XIVe-XVe siècles, largement soustrait à l'influence de la renaissance du droit romain et des théories doctrinales qu'elle a inspirées.

Deux traits du système sont communs à cet ensemble de pays et montrent que le conflit de lois y avait sa place.

Tout d'abord, s'il est exact que la loi appliquée *en général* — il existe des exceptions nombreuses — est celle du juge, elle l'est moins en tant que *lex fori* que comme loi désignée par une règle de conflit de lois *coïncidant avec la règle de compétence juridictionnelle*. La coïncidence n'est d'ailleurs pas fortuite : la souveraineté s'exerce, sur le plan de la compétence législative et sur celui de la compétence juridictionnelle, à l'égard des mêmes personnes, biens et actes. La succession du bourgeois d'une ville doit, par exemple, être dévolue à la fois *par les juges et selon les lois* de cette ville (5).

Dans une certaine mesure, c'est même la compétence législative qui influe sur la compétence juridictionnelle : il arrive qu'un juge, constatant que la loi applicable est celle d'une autre seigneurie ou d'une autre ville, se dessaisisse au profit des autorités judiciaires étrangères, afin qu'elles appliquent leur propre loi (v. par exemple, citée par Meijers, *Études*, p. 90, note 162, une décision du tribunal de Leyde d'environ 1460, renvoyant aux échevins

(3) Le ressort des coutumes et celui des seigneuries coïncident dans la grande majorité des cas.

(4) L'époque en est très variable selon les lieux : aux XIIe et XIIIe siècles en France, par exemple.

(5) Les chartes des villes s'expriment indifféremment en termes de compétence législative ou en termes de compétence juridictionnelle ; assez rarement, elles mentionnent expressément les deux types de compétence.

de La Haye la question de la validité d'un contrat de mariage conclu entre époux « ayant passé dans cette ville leur première nuit »).

Ensuite, l'existence de juridictions supérieures, ayant dans leur ressort plusieurs coutumes différentes, rend inéluctable l'application de véritables règles de conflit de lois. Lorsque le Parlement de Paris ou l'Échiquier de Normandie, ou — plus tardivement — le Conseil de Flandre, doit trancher une question de droit privé qui met en conflit deux coutumes dont le ressort est intérieur au sien, il est bien obligé de choisir entre elles, et pour cela d'appliquer une règle de conflit de lois. Il se contente souvent de constater l'existence d'une règle de conflit coutumière. Il peut s'appuyer pour cela sur la concordance de textes indépendants, telles les chartes des villes ; il peut aussi, à défaut d'écrit, faire constater la règle coutumière de conflit à l'aide d'une enquête, procédé également utilisé pour éclairer la juridiction sur un point de droit substantiel.

53 Sous réserve des remarques générales qui précèdent, la formation du système de droit international privé ne s'est pas faite partout de façon identique. Dans les régions où le système féodal est fortement implanté, et spécialement en France, elle est plus harmonieuse, grâce au rôle coordonnateur du suzerain, que dans celles où coexistent, comme aux Pays-Bas, de multiples entités indépendantes, villes ou provinces.

54 Cette opposition se marque surtout à l'égard de la *compétence juridictionnelle*.

a) *En France coutumière*, la compétence est distribuée entre les divers ressorts seigneuriaux, selon des règles uniformes édictées par le pouvoir central. La règle de droit commun, en matière personnelle et en matière mobilière, est que « l'homme doit être jugé par son propre juge », c'est-à-dire celui du lieu où il est « couchant et levant » ; mais elle souffre quelques exceptions : par exemple, en matière délictuelle, elle tend à être supplantée, à la fin du Moyen Âge, par celle qui attribue compétence au juge du lieu du délit. En matière immobilière (qui comprend les successions immobilières), le juge compétent est, pour les fiefs et les censives, celui de l'autorité concédante (seigneuriale ou ecclésiastique) et pour les immeubles tenus en pleine propriété, celui de leur situation.

Lorsqu'une juridiction incompétente est saisie, elle doit renvoyer l'affaire à la juridiction compétente. En matière pénale, tout juge est même obligé, sur la requête du magistrat compétent pour intenter les poursuites, d'arrêter et de faire extrader l'individu qui se trouve dans son ressort. Enfin, tout jugement, pourvu qu'il ait été rendu par le juge compétent et que celui-ci en fasse la demande (le *mandatum*), doit être exécuté par la force publique de toute autre seigneurie qui en est requise.

b) *Aux Pays-Bas*, à l'inverse, chaque juridiction a une souveraineté absolue ; l'autorité qui institue le juge décide elle-même dans quels cas il est compétent. En effet, il n'existe pas de pouvoir central fort, comparable à celui exercé en France par le roi et le Parlement, qui puisse répartir autoritairement les compétences ; l'empereur et son *Hofgericht* sont trop éloignés. En pratique cependant, et en raison peut-être d'un sentiment général d'appartenance à une communauté plus vaste, on ne constate aucune tendance des diverses autorités à étendre indûment leur compétence ; dans une matière donnée, elles adoptent en général un critère de compétence unique, et, au cas où il désignerait le juge d'une autre ville ou province, elles reconnaissent explicitement à celui-ci compétence exclusive. Comme, de plus, les solutions ne varient pratiquement pas d'une ville ou d'une province à l'autre, on peut admettre qu'il existe une véritable coutume générale jouant un rôle répartiteur. La répartition se fait sur des bases qui ne diffèrent guère de celles qui sont observées en France, à quelques exceptions près, dont une notable : en matière successorale, la juridiction compétente est celle de la « maison mortuaire », même à l'égard des immeubles.

L'absence de dépendance d'une même autorité n'en entraîne pas moins que, à la différence des solutions du droit français, le renvoi et l'extradition sont inconnus (sauf lorsque existe un traité les instituant), et aussi que le juge local n'est pas obligé de participer à l'exécution des jugements émanant d'une autre ville ou province.

c) Il faut mettre à part le *droit des foires*. Celles-ci ont leurs juges et leurs coutumes. Les juges sont exclusivement compétents pour connaître des litiges nés des contrats conclus lors des foires. Leurs décisions s'exécutent non seulement dans les autres provinces, mais même à l'étranger ; le magistrat requis doit prêter son concours, sous peine de l'exclusion de tous ses justiciables de la fréquentation de la foire.

55 Les *règles de conflit de lois* sont parfois énoncées dans les chartes des villes. Mais c'est surtout dans la jurisprudence des Parlements qu'on les voit mises en œuvre, la coïncidence de la compétence juridictionnelle et de la compétence législative ne s'y traduisant pas par l'application de la *lex fori* (v. *supra*, n° 52 *in fine*).

Une telle coïncidence, si elle est fréquente, n'est d'ailleurs pas absolue. On l'observe, certes, en matière successorale : selon le Parlement de Paris, la loi applicable à la succession immobilière est celle du lieu où se trouve l'immeuble alors qu'elle est, selon le Conseil de Flandre, celle de la maison mortuaire : les critères coïncident avec les critères de compétence juridictionnelle indiqués au numéro précédent. Mais, en matière de fiefs, après avoir appliqué, jusqu'à la fin du XIIIe siècle, le droit de la Cour dont le fief dépendait (« droit du ressort »), le Parlement de Paris applique le droit de la situation de l'immeuble (« droit du fief servant ») ; compétence juridictionnelle et compétence législative sont donc dissociées. Une affaire d'importance historique, celle de la succession d'Artois, en fournit une bonne illustration. Après la mort de Robert II d'Artois, le comté est disputé entre Robert, fils du fils aîné du défunt, et sa tante Mahaut, fille du défunt. Au lieu d'appliquer la coutume de France, coutume du ressort, qui exclut les femmes en présence de parents masculins, le Parlement de Paris (arrêt de 1309) applique le droit d'Artois qui les admet à la succession par préférence aux parents plus éloignés, et donne raison à Mahaut.

L'opposition entre France et Pays-Bas tient surtout à l'adoption, dans le premier de ces pays, et en liaison avec l'existence du système féodal, du principe dit de la « réalité des coutumes » : la terre, étant la source de la puissance politique, voit son régime déterminé par la coutume de la seigneurie dans le ressort de laquelle elle est située. Et les matières considérées comme réelles, c'est-à-dire soumises au principe de la réalité, sont comprises de façon extensive lorsque des immeubles sont en jeu (les questions mobilières sont en revanche considérées comme personnelles) : modes d'acquisition de la propriété, questions de droit successoral et de droit matrimonial, questions relatives au bail d'un noble mineur, etc.

§ 4. SITUATION PARTICULIÈRE DE L'ITALIE ET DU MIDI DE LA FRANCE. NAISSANCE DE LA THÉORIE DES STATUTS (DÉBUT DU XIIIe SIÈCLE)

56 En Italie et dans le Midi de la France, le droit romain constitue le droit commun (6). Ce facteur a grandement contribué à l'effacement du système de la personnalité des lois en accélérant la disparition des droits barbares concurrents.

Les problèmes de conflit de lois, en principe, ne se posent pas, les diverses juridictions appliquant le même droit. Même lorsque l'existence de coutumes locales fait apparaître des conflits, l'habitude prise d'appliquer toujours la *lex fori* conduit à les ignorer si leur ressort n'est pas inclus dans celui de la juridiction.

(6) La renaissance véritable du droit romain remonte au XIe siècle en Italie, au XIIe siècle en France.

Sur le plan du conflit de juridictions, les règles de compétence ne semblent guère différer, dans leurs grandes lignes, de celles qui s'imposent parallèlement en France coutumière ou aux Pays-Bas (v. *supra*, n° 54). En Italie, une coopération judiciaire poussée s'observe, rendue possible par la fiction d'appartenance des diverses cités à un même empire ; elle comporte, pour employer la terminologie moderne, l'exécution des commissions rogatoires internationales, l'extradition, la reconnaissance et l'exécution des jugements étrangers.

57 Le problème du conflit de lois renaît et devient capital lorsque, à partir du XIe siècle, et particulièrement dans l'Italie du Nord, les diverses villes indépendantes se dotent de codes municipaux, recueils de *statuts*, qui régissent en particulier le droit privé. Le droit romain reste certes le droit commun — l'étude de ses prescriptions va même connaître un développement considérable dans les universités — mais il n'est applicable à une question donnée qu'à défaut de statut la régissant. Un commerce juridique s'établissant entre les cités, le problème se pose inéluctablement de savoir à quelles relations s'appliquent respectivement les statuts des diverses villes.

Ce problème semble se poser en termes assez voisins de ceux que l'on peut observer dans les Pays-Bas du Nord à la même époque : dans les deux cas, les conflits naissent entre de multiples cités, dotées de lois propres et attachées à leur indépendance. Mais un facteur original va jouer ici : l'apparition, à partir du début du XIIIe siècle, d'une théorie doctrinale, la *théorie des statuts*, de source principalement universitaire. Liée à la renaissance des études du droit romain, elle puise dans la glose de ce droit ses principes de solution.

L'influence de cette théorie, née en Italie, se fera d'abord sentir sur la jurisprudence locale, car les auteurs sont abondamment consultés par les parties, voire directement par les juges. Mais les échanges de pensée étant internationaux, la doctrine nouvelle gagne aussi le reste de l'Europe, notamment la France, l'Allemagne et les Pays-Bas. L'attitude de la doctrine française sera d'ailleurs loin d'être passive. Dès la fin du XIIIe siècle, les auteurs français des Écoles d'Orléans, de Montpellier, de Toulouse, jouent un rôle prépondérant, au point que l'on peut parler d'une *théorie italo-française des statuts* ; plus tard, au XVIe siècle, la doctrine française donnera à la théorie des statuts des prolongements originaux : ce sera la *théorie française des statuts* ; enfin, au XVIIe siècle, apparaîtra une *théorie hollandaise des statuts*.

Par ailleurs, par l'intermédiaire des auteurs français, les solutions antérieurement dégagées par le droit français pénètrent dans la théorie des statuts, ce qui facilitera ensuite la réception de celle-ci dans la jurisprudence française. Le phénomène inconcevable d'une substitution aux solutions anciennes, spontanément dégagées par la pratique, de solutions importées d'Italie et d'origine doctrinale, ne s'est jamais produit : jurisprudence et doctrine se sont influencées mutuellement.

SECTION II LA PHASE DOCTRINALE

§ 1. LA THÉORIE ITALO-FRANÇAISE DES STATUTS (XIIIe AU XVe SIÈCLE)

58 Dès le Xe siècle, l'Université de Bologne avait constitué un foyer actif de l'étude du droit romain. Lorsque les problèmes de conflit de lois apparaissent, les professeurs sont tout naturellement enclins à recourir à leur méthode habituelle, celle de la *glose* des textes romains. C'est d'ailleurs le droit romain seul, droit supérieur et commun, qui peut obliger les magistrats d'une cité à appliquer les statuts des autres cités (comme à reconnaître leurs jugements). Un texte qui paraît à ces *glossateurs* particulièrement éloquent est la première Constitution de Justinien, qui débute par les mots : *Cunctos populos quos* *clementiae nostrae regit imperium..., volumus,* etc. (7). Les glossateurs (en premier Karolus de Tocco, vers 1200, puis Accurse, dont la glose est répandue dans toute l'Europe) en déduisent essentiellement que le statut ne lie que les sujets : *Statutum non ligat nisi subditos.* Et ils appliquent ce principe à l'hypothèse d'un conflit de statuts : si un Bolognais est cité en justice à Modène, il ne doit pas être jugé selon les statuts de Modène, dont il n'est pas le sujet.

Cette règle est évidemment insusceptible de résoudre tous les conflits. Mais peu à peu les glossateurs (jusqu'au milieu du XIIIe siècle) et *postglossateurs* (à partir de cette époque) apportent des précisions, presque toujours en dégageant des oppositions : opposition d'abord de la procédure (soumise à la *lex fori*) et du fond (soumis à la loi « locale » : l'indication est encore vague), opposition ensuite, pour le fond, des statuts réels et personnels, des effets et des suites du contrat. Parmi les auteurs dont la contribution a été majeure, il faut citer les Italiens Jacobus Balduini († ; 1235) et Guido de Suzaria († ; 1285), les Français de l'École d'Orléans : Jacques de Révigny, Pierre de Belleperche et Lambert de Salins (fin du XIIIe siècle) et surtout Guillaume de Cun, professeur à Toulouse (début du XIVe siècle).

La synthèse de ces différentes découvertes sera essentiellement l'œuvre de deux Italiens, Bartole (1314-1357) et son disciple Balde († ; 1400).

Bartole oppose les statuts qui « disposent relativement aux personnes » et ceux qui « disposent relativement aux choses ». Les premiers ne s'adressent qu'aux sujets, mais s'adressent à eux où qu'ils soient ; ils sont « extraterritoriaux ». Les seconds sont territoriaux, ils ne s'appliquent qu'aux choses situées sur le territoire. Par ailleurs, un tribunal n'appliquera jamais un statut étranger s'il est « odieux », ce qui pour Bartole veut dire « prohibitif », mais sera interprété par certains de ses successeurs comme signifiant « inique ».

À côté des statut personnels et réels, Bartole retient les statuts relatifs aux solennités des actes, qui s'appliquent à tous les actes faits sur le territoire où ils sont en vigueur, et les statuts relatifs aux contrats, qui, sous certaines réserves, ont le même domaine.

Balde et ses successeurs (Salicet, Fulgosius, etc.) enrichissent le système de Bartole de nouvelles règles de conflit.

59 Parallèlement au développement d'un système de conflit par les « légistes » (glossateurs et postglossateurs), *les canonistes*, qui enseignent dans les mêmes universités et notamment à Bologne, cherchent à résoudre les mêmes problèmes relativement au droit de l'Église. Chaque évêque a en effet dans son diocèse un pouvoir législatif autonome, dont il faut déterminer le domaine d'application dans l'espace. La situation est très comparable à celle du conflit de statuts, le droit canon commun jouant à l'égard des règles épiscopales le même rôle que le droit romain à l'égard des statuts. La méthode employée est la même : la glose, appliquée ici aux décrétales, dont les deux plus utilisées sont les décrétales *A nobis* de Clément III (1193) et *Ut animarum*, insérée dans la Sexte de Boniface VIII (1298).

Le parallélisme des solutions est frappant. On trouve dans la décrétale *A nobis* la règle *Non nisi subditi obligantur* ; la soumission des contrats aux règles du lieu de leur conclusion est affirmée dans la *Summa Decretalium* de Bernard de Pavie à la fin du XIIe siècle ; la notion de statut odieux est développée dans la Sexte de Boniface VIII... Il semble que les légistes et les canonistes se soient mutuellement influencés ; ils enseignaient dans les mêmes universités, et les premiers étaient souvent des clercs (8).

(7) « Nous voulons que tous les peuples qui sont soumis à l'empire de notre clémence, etc. ».

(8) En ce sens L. RIGAUD, « Contribution des canonistes aux plus anciennes doctrines du droit international privé », *Actes du Congrès de droit canonique*, Paris 1950, p. 376 et s.

Un autre facteur de similitude réside certainement dans le fait que les juridictions ecclésiastiques devaient aussi résoudre de véritables conflits de statuts puisqu'elles avaient compétence, *ratione personæ*, pour statuer sur des problèmes non soumis au droit canon.

60 Les notions de territorialité et d'extraterritorialité sont chez les postglossateurs totalement confuses. Les auteurs décrivent le statut territorial comme celui qui est enfermé dans les limites du territoire de la cité qui l'a édicté, tandis que le statut extraterritorial franchit ces limites pour suivre les personnes, les faits, ou, si on l'admet, les choses mobilières (9), et ils en déduisent que le statut territorial ne s'applique que dans la cité qui l'a édicté, alors que la solution inverse est concevable à l'égard des statuts extraterritoriaux (10). En réalité, on mêle là deux questions différentes, et qui n'entretiennent pas entre elles de liens nécessaires. Il faut en effet distinguer : 1° la question de savoir *à qui, ou à quoi s'applique* un statut, et notamment s'il peut s'appliquer à des personnes, choses ou faits situés hors du territoire, et 2° la question de savoir *par qui il peut être appliqué*, et spécialement s'il peut être appliqué par un juge d'une autre cité.

À la première question la réponse est nécessairement toujours affirmative : si une relation est internationale (ou interurbaine), c'est-à-dire si les différents éléments — personnes, choses, faits — qui la composent sont répartis sur plusieurs territoires, tout statut susceptible de s'y appliquer a un effet extraterritorial, une partie de la relation étant par hypothèse localisée en dehors de son territoire. C'est seulement si l'on décide de ne considérer qu'un certain aspect de la relation, par exemple la situation des choses qui y sont impliquées, que l'affirmation de la territorialité d'un statut prend une signification : à savoir que le statut ne s'applique pas aux relations concernant des choses situées en dehors du territoire (11). Mais, au Moyen Âge, une telle précision n'est pas encore nettement apportée, de sorte que c'est surtout par rapport au second problème, celui de l'applicabilité d'un statut par un juge étranger, que les termes de territorialité et d'extraterritorialité d'un statut sont employés.

Sur ce plan (12), seule une catégorie de statuts peut, à juste titre, être dite « territoriale » : celle des statuts odieux, effectivement insusceptibles d'être appliqués par un juge autre que celui de la cité dont ils émanent. Mais il est en revanche inexact d'affirmer, comme le fait par exemple Bartole, que les statuts réels n'ont pas d'effet extraterritorial : tout juge peut appliquer le statut étranger du lieu de situation d'un bien. Certes, à l'égard des immeubles, la coïncidence entre la compétence judiciaire et la compétence législative conduit en fait le juge à appliquer sa propre loi, et masque l'extraterritorialité ; mais celle-ci s'observe à l'égard des meubles, dont la situation détermine, pour les postglossateurs italiens, la loi applicable, mais non la juridiction compétente.

Toutes ces insuffisances seront aggravées par la systématisation qu'apportera d'Argentré au XVIe siècle.

§ 2. LA THÉORIE FRANÇAISE DES STATUTS (XVIe AU XVIIIe SIÈCLE)

61 Au XVIe siècle, l'apport doctrinal essentiel est dû à deux juristes français : Dumoulin et d'Argentré.

Dumoulin (1500-1566), avocat au Parlement de Paris, est essentiellement un continuateur de la doctrine italo-française. Il distingue d'abord, classiquement, la procédure et la forme, soumises à la *lex loci actus*, d'une part, et le fond, d'autre part. Quant au fond, il reprend la distinction des statuts relatifs aux biens et des statuts relatifs aux personnes. Mais son originalité tient à la place qu'il a réservée, à côté des statuts réels et personnels, aux statuts

(9) C'est en ce sens que les postglossateurs disent, par exemple, que la disposition personnelle suit la personne en tout lieu.

(10) C'est en ce sens que les postglossateurs dénient tout effet extraterritorial aux statuts « odieux ».

(11) Ce sens du mot « territorialité », qui sera utilisé par d'Argentré, est le troisième que nous rencontrons (v. *supra*, n° 50 et n° 51).

(12) Qui correspond à une définition de la territorialité déjà rencontrée (v. *supra*, n° 51).

dont l'application dépend du choix qu'en ont fait les parties. Pour Dumoulin, en effet, certains statuts, que l'on rencontre essentiellement dans le domaine des contrats et dans celui des régimes matrimoniaux, ne sont que des *pactes tacites*, qui tiennent leur autorité non de la souveraineté du législateur, mais de la volonté des parties. La conséquence logique en est qu'elles peuvent choisir, non seulement le statut qui leur convient à l'intérieur d'un ordre juridique donné, mais aussi l'ordre juridique lui-même, dont elles adopteront tel ou tel statut. Dans une consultation rédigée en 1525, Dumoulin applique cette idée au régime matrimonial légal : en se mariant sans contrat écrit, les époux ont entendu adopter dans leur contrat de mariage tacite les règles légales de la coutume de leur choix, laquelle, à défaut d'indication expresse, est présumée être celle de leur premier domicile commun. Telle fut pendant plusieurs siècles (jusqu'en 1992) la solution du droit positif français.

Certes, plusieurs postglossateurs avaient déjà eu recours à l'idée de choix de la loi. Par exemple, si la succession était soumise à la loi du domicile d'origine du défunt, c'était, selon Salicet, parce que celui-ci était présumé avoir voulu vivre et mourir selon cette loi ; si les actes juridiques étaient régis par la *lex fori*, c'était, pour Rochus Curtius (Italien du XVe siècle), parce que les parties étaient censées y avoir implicitement consenti. Mais il ne s'agissait encore que de proposer la justification d'une solution impérative, et non de dégager la règle de l'autonomie de la volonté.

Celà étant, l'apport de Dumoulin ne doit pas être exagéré. D'abord, les règles choisies tacitement étaient, pour lui, seulement *incorporées* dans le contrat (également tacite) de mariage ; elles ne le régissaient pas. Ensuite Dumoulin n'a pas franchi le pas décisif, consistant à permettre aux parties d'adopter expressément la loi de leur choix (13).

62 L'originalité de d'Argentré (1519-1590) est beaucoup plus marquée sur le plan de la méthode. Il est le véritable fondateur de la théorie française des statuts. Président du Présidial de Rennes, il est essentiellement préoccupé de maintenir, dans la Bretagne récemment rattachée à la Couronne de France, l'application des coutumes bretonnes. Son analyse juridique, dont l'essentiel est exprimé dans sa glose (sous l'article 218 de la Coutume de Bretagne) intitulée *De statutis personalibus et realibus*, est au service de cette pensée politique.

D'Argentré reprend et amplifie la distinction des statuts réels et des statuts personnels. Cette distinction n'était chez Bartole qu'un fragment d'une classification plus complète qui comprenait aussi les statuts relatifs aux contrats, à la forme des actes, etc., et qu'il avait essayé sans grand succès d'articuler sur la distinction des statuts territoriaux et extraterritoriaux. D'Argentré en fait sa *summa divisio*, qui correspond exactement à la distinction territorialité-extraterritorialité : *les coutumes réelles sont territoriales, les coutumes personnelles sont extraterritoriales* (14). Quant à leur contenu, les deux catégories ne sont pas mises sur un pied d'égalité : d'Argentré pose qu'*en principe toutes les coutumes sont réelles* ; sont seulement personnelles et donc extraterritoriales, celles qui « concernent principalement le droit, la condition et la qualité des personnes, abstraction faite de tout élément réel » (*De statutis*..., n° 7). Les statuts mixtes, c'est-à-dire ceux qui concernent à la fois les personnes et les choses, tel celui qui défend à la femme de léguer ses immeubles à son mari, doivent être considérés comme des statuts réels.

63 La simplicité apparente de ce système est certainement l'une des raisons de son succès. Mais elle provient de ce que les vrais problèmes sont escamotés. À l'égard des statuts réels, la position de d'Argentré est justifiable, à condition de bien préciser la terminologie. Lorsque

(13) *Contra* GRUBER-MAGITOT, *op. cit.*

(14) Quelques coutumes échappent cependant à la division bipartite en réelles et personnelles. Si l'on met à part la responsabilité pénale (étrangère au droit privé), il s'agit essentiellement des coutumes concernant la forme des actes.

d'Argentré dit qu'ils sont territoriaux, il entend par là qu'ils ne s'appliquent qu'aux choses situées sur le territoire : c'est une façon particulière de formuler une règle de conflit ancienne, celle qui soumet les biens à la loi du lieu de leur situation, règle dont le domaine au Moyen Âge était déjà très étendu. D'Argentré pense par ailleurs qu'en posant ce principe, il évite l'application par le juge saisi de règles étrangères à son ressort (résultat qui correspond à un autre sens du mot « territorialité », déjà vu *supra*, n°s 51 et 60) ; et c'est bien exact, car en matière immobilière (seule placée dans le statut réel par d'Argentré, qui assimile le « mobilier » au « personnel »), le juge compétent est celui du lieu de situation.

Mais le sort fait aux statuts personnels est moins heureux ; il est vrai qu'ils n'avaient pour d'Argentré qu'une importance secondaire. Dire d'un statut personnel qu'il a un effet extraterritorial signifie qu'il suit hors des frontières du ressort les personnes auxquelles il s'adresse. Mais quelles sont ces personnes ? Le seul principe de l'extraterritorialité ne permet pas de le déterminer. Certes, pour les statuts qui concernent directement la personne, c'est-à-dire ceux qui régissent son état et sa capacité, on peut compléter la formule de d'Argentré — il le fait lui-même — et admettre que le statut s'applique à tous ceux qui ont leur *domicile* sur le territoire où il est en vigueur, et qu'il les suit dans leurs déplacements (15). Mais *quid* des statuts relatifs aux délits, aux contrats, à la forme des actes ? La jurisprudence française avait élaboré, pour chacune de ces catégories de questions, un rattachement distinct. D'Argentré, quant à lui, ne donne aucune précision. Or, tout le problème du conflit de lois est là : déterminer, pour chaque catégorie de questions, le rattachement qui désignera la loi applicable. La notion de statut personnel comprend des matières trop diverses, les critères de rattachement possibles sont trop nombreux, pour que la simple affirmation d'une « extraterritorialité » constitue une réponse suffisante.

Par ailleurs, le mot « extraterritorialité » convient-il bien, si l'on décide, par exemple, que les statuts relatifs aux délits s'appliquent à tous ceux qui ont été commis sur le territoire ? D'Argentré définissant la territorialité en fonction de la situation des *choses*, et l'extraterritorialité en fonction de la situation des *personnes*, toute matière qui se voit affecter un rattachement différent — tiré notamment de la localisation du *fait* ou de l'*acte* — devient impossible à classer.

Les notions de territorialité et d'extraterritorialité sont donc insuffisantes ; on verra qu'elles sont aussi inutiles, dès lors que le problème est correctement posé.

La séduction exercée par la doctrine de d'Argentré lui assura une survie apparente. Sa renommée fut immense, et les auteurs, dès le XVIIe siècle en Hollande, au XVIIIe siècle en France et en Allemagne, déclarent y adhérer. Mais leurs écrits la trahissent en fait constamment, car la division bipartite qu'elle propose est inutilisable. La jurisprudence, quant à elle, ne subit aucunement l'influence des excès territorialistes de d'Argentré.

64 Les continuateurs hollandais de d'Argentré méritent d'être considérés comme les créateurs d'une version nouvelle de la théorie des statuts (v. *infra*, n° 65) ; il ne reste donc à ajouter ici que quelques mots sur la doctrine française jusqu'à la fin du XVIIIe siècle.

Jusqu'au premier quart du XVIIIe siècle, elle est présentée par des auteurs nombreux (parmi lesquels il faut citer essentiellement Renusson) mais peu diserts, et qui n'adhèrent que partiellement à la doctrine de d'Argentré ; ils sont plutôt les continuateurs attardés de la doctrine italo-française.

À partir de 1710, à l'initiative d'un avocat au Parlement de Paris, Me de Riparfond, des « conférences » se tiennent chaque semaine en la Bibliothèque des Avocats, pour discuter des divers problèmes juridiques, et en particulier des « questions mixtes », c'est-à-dire des

(15) L'extraterritorialité signifie donc ici que le statut du domicile est applicable à des personnes qui se trouvent physiquement en dehors du ressort ; et s'il en est ainsi, l'opposition entre la territorialité des statuts réels et l'extraterritorialité des statuts personnels n'est que la conséquence du fait que la personne est susceptible de se déplacer, tout en gardant un rattachement fixe.

questions de conflit de lois. Cette pratique, bien que de peu de durée — une dizaine d'années — suscite un important renouveau doctrinal.

Il est l'œuvre pour l'essentiel de deux avocats au Parlement de Paris, assidus aux conférences, Froland († ; 1746) et Boullenois (1680-1762), et d'un président au Parlement de Dijon, Bouhier (1673-1746), intéressé à la matière grâce à la lecture des travaux des deux premiers auteurs. Leurs écrits sont publiés entre 1727 et 1766.

Sur le plan de la méthode, ils se présentent eux-mêmes comme les successeurs de d'Argentré ; la question qu'ils se posent est toujours celle de la territorialité ou de l'extraterritorialité des statuts réels et personnels. En fait, ils se séparent de leur maître sur deux plans. D'une part, entrant dans le détail des questions, ils sont conduits à formuler des règles soumettant chaque matière à la loi désignée par le rattachement approprié ; les notions de territorialité et d'extraterritorialité ne sont utilisées que dans une phase préliminaire, et d'ailleurs inutile, du raisonnement. D'autre part, ils réagissent, à des degrés divers, contre le caractère par trop extensif de la catégorie des statuts réels ; Bouhier en vient même, à la fin de son œuvre, à rejeter la présomption de réalité.

§ 3. LA DOCTRINE HOLLANDAISE (XVIIe SIÈCLE) ET SES PROLONGEMENTS DANS LES PAYS ANGLO-SAXONS

65 La version hollandaise de la théorie des statuts, dégagée dans la seconde moitié du XVIIe siècle par Paul Voet, Jean Voet (fils du précédent) et Ulric Huber, pousse dans ses conséquences ultimes le territorialisme de d'Argentré. Celui-ci conservait — quoiqu'en la réduisant à la portion congrue — la catégorie des statuts personnels, dotés d'« extraterritorialité ». Or, pour Jean Voet, en particulier, si le statut réel est dénué d'autorité en dehors des limites du territoire, il en va nécessairement de même pour le statut personnel, dont la nature n'est pas au fond différente : il a autorité sur tous ceux qui se trouvent sur le territoire, même momentanément, et seulement sur ceux-là. Ni les lois, ni les actes publics ou les jugements qui émanent d'un souverain ne s'imposent aux autres. « Quels que soient les inconvénients de la territorialité stricte et absolue, ils ne sont pas assez graves pour imposer au magistrat d'un pays la nécessité d'approuver et de corroborer les décisions que le magistrat d'un autre pays a cru devoir prendre. » (16)

L'accent mis sur l'idée de souveraineté est lié aux circonstances géographiques et historiques. En premier lieu, les Pays-Bas, au XVIIe siècle, constituent une nation indépendante, formée de provinces elles-mêmes largement indépendantes les unes des autres : ni la fiction de la survivance de l'Empire romain (comme en Italie), ni l'autorité d'un pouvoir central fort (comme en France) ne viennent rendre égales, aux yeux du juge saisi, les lois des diverses villes ou provinces. D'ailleurs l'essor du commerce maritime rend fréquents, à côté des conflits interprovinciaux, les conflits proprement internationaux. Enfin, c'est également l'époque où la doctrine hollandaise du droit international *public* vient d'être élaborée, qui met en lumière les principes de la souveraineté et de l'indépendance des États ; Jean Voet en déduit la conséquence à l'égard du droit international privé : « Aucun pouvoir de contrainte n'existe d'égal à égal ».

(16) On remarquera que l'équivoque sur la notion de territorialité persiste : Jean Voet et Huber, en particulier, qui retiennent essentiellement, de la territorialité, l'idée que le juge applique sa propre loi, se sentent obligés de critiquer l'extraterritorialité des statuts personnels, c'est-à-dire leur applicabilité aux personnes domiciliées sur le territoire, mais se trouvant momentanément à l'étranger. Or, les deux choses sont parfaitement compatibles, si l'on réserve la compétence juridictionnelle au juge du domicile : ce juge appliquera sa propre loi au sujet de son pays qui se trouve sur le territoire d'un autre pays ; ce serait au contraire la compétence de la loi de la situation instantanée qui conduirait le juge à l'application d'une loi étrangère.

Cependant, la doctrine hollandaise n'aboutit nullement à l'application généralisée de la *lex fori*. L'application de la loi étrangère, qui ne peut être *imposée* au souverain, peut être consentie par lui, par courtoisie internationale (*ex comitate*), c'est-à-dire pour des raisons d'équité et d'utilité. C'est même pour lui à la fois une obligation naturelle, que Huber fonde sur l'idée de respect des « droits acquis », et l'obéissance à ses propres intérêts bien compris, car un État qui prétend participer au commerce international — c'est précisément le cas des Pays-Bas — se doit d'agir courtoisement à l'égard de ses partenaires, afin d'obtenir pour ses sujets un traitement réciproque. Et la doctrine n'est donc nullement dispensée de rechercher, pour les lui suggérer, les solutions les plus opportunes. Il ne faut donc pas s'étonner de voir les mêmes auteurs qui ont critiqué d'Argentré reprendre finalement ses recherches et ses distinctions entre statuts personnels, réels et mixtes — les derniers, qui concernent les formes et solennités des actes juridiques, étant toutefois érigés en catégorie autonome contrairement à l'enseignement de d'Argentré. La divergence entre doctrine française et doctrine hollandaise ne réside pas dans le *contenu* des règles de droit international privé, mais dans le *fondement* assigné à l'application de la loi étrangère.

66 C'est justement sur ce point que la théorie hollandaise a été attaquée : la « courtoisie » peut-elle constituer une base sérieuse pour le droit international privé ? Le bon plaisir du souverain peut-il tenir lieu de droit ? La critique porte à faux : que le *souverain* soit libre d'édicter la règle de conflit qui lui semble bonne — ce que l'on ne conteste plus guère aujourd'hui — n'entraîne pas que le *juge* soit, lui, affranchi de toute obligation : il doit appliquer la règle de conflit édictée par l'autorité dont il tient ses pouvoirs. La juridicité ne fait donc pas défaut au droit international privé, même si elle repose sur l'ordre interne et non sur l'ordre international.

La version hollandaise est passée presque inaperçue en France : les auteurs français du XVIIIe siècle ont surtout retenu de Voet et de Huber leurs développements classiques, argentréens. En revanche, les premiers auteurs anglo-saxons — assez curieusement, la doctrine anglaise était inexistante jusqu'au début du XIXe siècle — ont été tout particulièrement séduits par l'idée de *comitas*, devenue chez eux *comity*, et par celle de « droits acquis » (*vested rights*). Joseph Story, le premier auteur anglo-saxon important en droit international privé, les a énoncées dans les premières pages de son Traité sur le conflit de lois, paru aux États-Unis en 1834 ; Dicey les a reprises en Angleterre à la fin du XIXe siècle. Encore aujourd'hui, elles sont essentielles dans la jurisprudence et dans la doctrine anglaises et américaines.

SECTION III L'ÉPOQUE CONTEMPORAINE

67 Les traits originaux du droit des conflits de lois et des conflits de juridictions aux XIXe et XXe siècles proviennent pour l'essentiel du phénomène de la constitution des États modernes.

D'une part, les conflits deviennent ordinairement internationaux : les lois en présence n'émanent pas de la même autorité politique, et la justice n'est pas rendue au nom du même souverain selon le lieu où le litige est tranché.

D'autre part, la législation de chaque État connaît, surtout lorsqu'elle a été codifiée, un développement autonome. Le droit commun que constituait le droit romain voit son domaine géographique se restreindre, puis disparaître. Avec le développement des communications et du commerce et le mouvement de colonisation, les conflits impliquent d'ailleurs de plus en plus souvent des États dont les institutions sont totalement hétérogènes aux nôtres, ce qui en rend la réception plus difficile.

En même temps que les règles substantielles, ce sont les règles de conflit qui se diversifient. De source interne, législative ou jurisprudentielle, elles sont adoptées sans concertation entre les États. Lorsque les rédacteurs du Code civil français, en 1804, substituent la loi nationale à celle du domicile pour régir l'état et la capacité des personnes, ils rompent avec une tradition multiséculaire, mais surtout introduisent une grave divergence entre le système français de règlement des conflits et celui des autres pays.

Devant cette situation, la doctrine, dont l'influence sur le droit positif reste grande, réagit de façons diverses. Les points essentiels sur lesquels s'opposent les auteurs sont les suivants :

1° Les solutions des conflits doivent-elles être universelles ou particulières à chaque État ?

2° Leur esprit doit-il être nationaliste ou internationaliste ?

3° Faut-il conserver le territorialisme de l'Ancien Droit ou lui substituer le « personnalisme » ?

À côté de ces questions clairement perçues, une opposition plus voilée, mais fondamentale, peut être découverte : pour les uns, le conflit de lois est un conflit de souverainetés, pour les autres un simple conflit d'intérêts.

C'est par la description de leur position sur ces quatre questions (en commençant par la dernière, qui domine les autres) que vont être présentées les théories des auteurs principaux de l'époque contemporaine.

§ 1. CONFLIT DE SOUVERAINETÉS ET CONFLIT D'INTÉRÊTS

68 Non seulement la doctrine, mais les législateurs et la jurisprudence, avaient jusqu'au XVIIIe siècle conçu le conflit de lois et le conflit de juridictions comme des conflits de souverainetés (v. *supra*, n°s 51, 52 et 65) : la soumission des personnes aux lois et aux juridictions d'une autorité politique est une manifestation du *pouvoir* de celle-ci.

La même position est encore dominante durant tout le XIXe siècle et au début du XXe siècle. Qu'ils soient universalistes ou particularistes, internationalistes ou nationalistes, personnalistes ou territorialistes, c'est à partir d'une position commune sur ce point, position ressentie d'ailleurs comme évidente, que les auteurs se séparent.

Une voix discordante se fait toutefois entendre : celle du grand romaniste allemand *Friedrich-Carl von Savigny*, dont le tome VIII du Traité de droit romain, paru en 1849, est consacré au domaine d'application de la loi dans l'espace et dans le temps. Cette œuvre, dont on a dit qu'elle marquait un tournant copernicien dans l'histoire du droit international privé, tranche sur celles de ses prédécesseurs, et sur celles de la plupart de ses successeurs, par le souci de rigueur logique, et par la puissance de pénétration dont elle témoigne. Savigny a fait jaillir la lumière de la vérité au sein d'une quasi-obscurité. Et bien que les ténèbres ne se soient pas immédiatement dissipées, bien aussi qu'aujourd'hui des critiques véhémentes, venues notamment d'Outre-Atlantique, cherchent à la voiler, c'est cette lumière qui éclaire tout le droit international privé contemporain.

Savigny *observe* que « le point de vue dominant de la législation et de la pratique modernes n'est nullement le maintien jaloux de leur autorité exclusive » (*Traité*, § 361).

On peut en proposer l'explication suivante. La non-application de la loi à un rapport ne porte pas atteinte à son autorité, dès lors que le législateur n'a ni volonté ni intérêt à ce que sa loi s'applique spécialement à ce rapport. L'intérêt supposerait que l'État soit directement concerné, ce qui est rarement le cas dans le domaine du droit privé (sur ce qui advient dans cette hypothèse, v. *infra*, n°s 120 à 130). Et la volonté tend simplement à éviter une non-application *généralisée* de la loi aux rapports *internes*, qui remettrait en cause l'effectivité de la fonction législative de l'État. Le législateur dont la loi est régulièrement appliquée par les tribunaux aux rapports internes ne souffre pas de l'application de lois étrangères aux rapports internationaux, rapports qui, d'une part, ne se rattachent pas entièrement à lui, d'autre part, sont en nombre faible par comparaison avec les rapports internes. C'est, bien entendu, au législateur d'indiquer à ses juges dans quels cas il consent à ce que sa loi soit écartée, ou à ce qu'un jugement étranger ait effet en France. Mais il doit se guider essentiellement sur ce que commandent les intérêts privés. Et si le jugement étranger invoqué devant lui n'a pas été rendu en application de sa loi alors qu'il lui donnait compétence, il ne doit pas y voir une atteinte à sa souveraineté, mais se demander seulement si les prévisions des parties trouvent une base plus sérieuse dans sa loi ou dans la décision qui a été rendue.

À partir de là, Savigny propose un programme d'élaboration des règles de conflit de lois dans lequel l'application d'une loi n'apparaît plus comme une satisfaction donnée à l'auteur de celle-ci, n'est donc plus un but en soi, mais simplement un moyen de fournir au rapport sa solution la plus convenable : il faut procéder à l'analyse de chaque type de rapport et en déduire la loi qui lui convient. « Il faut, dit Savigny (§ 348), montrer le lien qui rattache les rapports de droit à un lieu déterminé, [...] assigner à chaque classe de rapports de droit un siège déterminé [...] d'après sa nature. » Le mode de formulation de la règle de conflit des lois qui correspond à cette méthode n'est autre, on le verra, que celui qu'avait spontanément adopté la jurisprudence au Moyen Âge (*infra*, n°s 132 et 133, spécialement n° 133 *in fine*).

Les auteurs français contemporains admettent dans l'ensemble le point de vue de Savigny. Leur conception est donc essentiellement privatiste : on s'intéresse d'abord au rapport de droit privé à rattacher, et on procède à ce rattachement en prenant essentiellement en compte les intérêts privés, c'est-à-dire le respect des légitimes prévisions des parties. Cependant la prise en compte des intérêts des États n'est pas absente : en appliquant la loi du « siège du rapport », on évite de porter atteinte à l'autorité d'aucune des lois en présence. Il arrive néanmoins qu'un État ait intérêt à ce que certaines de ses lois — appelées aujourd'hui « lois de police » — soient appliquées à des rapports que la règle de conflit ne leur soumet pas ; la méthode est alors remise en cause (v. *infra*, n°s 120 à 130) ; Savigny lui-même avait réservé cette possibilité exceptionnelle (§ 349).

Il faut ajouter que cette approche privatise des conflits de lois n'est pas incompatible avec la représentation publiciste de la question mais peut se combiner avec elle : s'il est vrai que la règle nationale de conflit de loi n'a pas pour objet de trancher un conflit de souverainetés et, par-là, de procéder à une répartition des compétences législatives entre les États, rien n'interdit, au niveau de l'ordre international ou à un niveau régional de fixer les principes d'une telle répartition. C'est ainsi, on le verra (n° 224-1), que pourrait être compris l'article 65 du Traité CE, qui donne compétence à l'Union européenne pour « favoriser la comptabilité des règles de conflit de lois ».

§ 2. UNIVERSALISME ET PARTICULARISME

69 Jusqu'à la fin du XIXe siècle, presque tous les auteurs sont *universalistes* : ils pensent que le règlement des conflits doit être uniforme dans tous les pays, ce qu'assurera sa conformité à un modèle commun. Sur la nature et l'autorité de ce modèle, les opinions divergent.

Pour Savigny, c'est d'abord « la communauté de droit entre les différents peuples » qui ont recueilli le double héritage romain et chrétien, qui doit assurer l'uniformité. S'y ajoute l'opinion que le processus de développement du droit international privé sera scientifique et portera donc la marque de l'universalité de toute science. Telles sont d'ailleurs les raisons qui, en fait, avaient assuré sinon une identité, du moins une grande ressemblance, entre les solutions reçues en France, en Allemagne, en Italie ou en Angleterre jusqu'à la fin du XVIIIe siècle.

Savigny insiste sur les intérêts pratiques de l'uniformité : « La décision rendue sur le rapport de droit serait toujours la même, quel que soit le pays où le jugement aurait été prononcé » (§ 348) : c'est l'idée fondamentale d'*harmonie des solutions*. Mais il reste vague sur l'existence d'une *obligation* pour chaque État de se conformer à un modèle : il rejette l'idée d'une simple courtoisie *(comitas)*, mais parle d'un accord amiable entre États souverains (p. 21), non d'un principe supérieur préexistant.

70 Pour ceux qui voient dans le conflit de lois un conflit de souverainetés, l'universalisme repose, plus simplement et plus fortement, sur l'obligation qui pèse sur chaque État de respecter la souveraineté des autres, obligation dont le contenu est bien entendu identique pour tous. Deux auteurs surtout, Mancini et Pillet, défendent cette conception.

Mancini, universitaire et homme politique italien, dont l'influence a été considérable pendant la seconde moitié du XIXe siècle, affirme que « chaque souveraineté, si elle ne veut pas manquer à ses devoirs et se rendre coupable d'une violation des lois internationales, ne peut pas légitimement refuser toute application des lois étrangères sur son territoire, et soumettre les personnes et les rapports juridiques qui, par leur propre nature, dépendent de ces lois, à l'action incompétente de la loi territoriale » (17). La place exacte qui doit être reconnue à la loi étrangère est définie par le droit international public.

On remarque que Mancini, comme déjà d'Argentré (*supra*, n° 63), assimile territorialité et application de la *lex fori* ; mais, à l'opposé exact du magistrat breton, il entend assurer aux lois étrangères l'application qui leur est due selon le droit international public ; c'est la raison pour laquelle il n'hésite pas à envisager de façon extensive les matières soumises à la loi personnelle, fréquemment susceptible d'être étrangère, tandis que d'Argentré les réduisait à la portion congrue (sur le « personnalisme » de Mancini, v. *infra*, n° 75).

Cependant, Mancini est parfaitement conscient, comme le montre le titre de son article précité, du fait que le droit international privé positif n'est pas conforme à sa doctrine. Le droit international privé est ce que font les États, et ils ne font pas toujours ce qu'ils doivent. Il faut donc œuvrer pour que des traités soient conclus, par lesquels les États adopteront des règles de conflit identiques. Les efforts de Mancini aboutiront, en 1873, à la fondation de l'Institut de droit international, en 1874, à celle du *Journal du droit international privé*, et surtout, en 1893, à la réunion de la Conférence de La Haye qui élaborera des traités dont le contenu même, dans sa première période, sera directement inspiré des vues de Mancini.

71 *Pillet*, professeur à la Faculté de droit de Paris, rattache lui aussi étroitement le droit international privé au droit international public. « Si notre science, écrit-il, a pour objet les rapports de droit privé, elle emprunte ses lois aux relations existant entre souverainetés, c'est-à-dire au droit public international... Le droit international privé est en somme un rameau issu du tronc du droit international public » (18).

Partant de la constatation que toute loi se veut à la fois générale (applicable sur tout le territoire) et permanente (suivant ses sujets dans leurs déplacements), il en tire la conséquence que, si un individu se rend dans un pays étranger, un conflit naît inéluctablement entre l'État local, dont la loi se veut applicable en raison de sa généralité, et l'État de la nationalité, dont la loi se veut applicable en raison de sa permanence. La solution du conflit doit se guider sur le principe du « moindre sacrifice » : il faut « donner la préférence à la loi de l'État qui a le plus grand intérêt à ce que le but poursuivi par la loi en question soit atteint » (n° 33, p. 107). Pour chaque matière, on déterminera donc ce qui est le plus essentiel, de la généralité ou de la permanence, en fonction du « but social » des règles.

(17) « De l'utilité de rendre obligatoires les règles générales du droit international privé », *JDI* 1874, p. 228.
(18) *Traité pratique de droit international privé*, Paris, Sirey, 1923, n° 8, p. 18 et 21.

La construction de Pillet est harmonieuse, mais ses défauts multiples ; elle souffre essentiellement de l'inexactitude de son point de départ : *les conflits de lois ne sont pas, en général, des conflits de souverainetés.*

72 La faiblesse de plus en plus évidente du rôle joué par les sources internationales conduit à la fin du XIXe siècle à une réaction *particulariste. Anzilotti* en Italie, *Franz Kahn* en Allemagne, *Étienne Bartin* en France, tout en restant fidèles à l'idée que le droit international privé a pour mission de résoudre des conflits de souverainetés, constatent qu'*en fait* chaque État a son propre système de solution de ces conflits. Allant plus loin, Kahn et Bartin essaient de le justifier par l'existence d'un lien nécessaire entre les solutions du droit interne de chaque État et ses règles de conflit. « Les règles de conflit sont des règles nationales, dans chaque pays, au même titre que les institutions de droit interne dont elles circonscrivent le domaine. Elles leur restent liées comme l'ombre au corps, parce qu'elles ne sont autre chose que la *projection de ces institutions elles-mêmes sur le plan du droit international* » (19).

Comme toute réaction, celle-ci est entachée d'excès. Constater que le droit des conflits est de source interne est une attitude réaliste ; affirmer qu'il n'en peut être qu'ainsi est plus discutable ; et chercher à justifier, voire à exalter, la divergence des solutions, plutôt qu'à l'atténuer, est condamnable. On verra d'ailleurs que, sur le terrain des « qualifications », où Kahn et Bartin ont fondé leur doctrine, le particularisme n'est pas inéluctable (n°s 159 à 165).

La doctrine contemporaine — marquée, en France, par l'œuvre de Lerebours-Pigeonnière et par celle de Batiffol — fait, elle aussi, preuve de réalisme. Elle constate que le droit international privé est essentiellement de source nationale, et elle abandonne largement la construction de grands systèmes dogmatiques et aprioristiques pour l'étude du droit positif. Mais elle cherche au moins à *coordonner* les différents systèmes de conflits qui peuvent être impliqués dans un litige (v. *infra*, n°s 220 à 224). Elle pense de plus qu'un *rapprochement est* réalisable, même sans traité, par l'action unilatérale de chaque État, sur la base d'études comparatives ; on a parlé à cet égard, en Allemagne, d'une « troisième école », illustrée notamment par Rabel. Enfin, elle n'exclut pas la possibilité d'*unification conventionnelle partielle* des règles de conflit d'un assez grand nombre d'États, pourvu que les négociateurs aient la sagesse de se fixer des objectifs modestes ; le succès de certaines conventions de La Haye lui donnent sur ce point partiellement raison.

§ 3. NATIONALISME ET INTERNATIONALISME

73 Le particularisme prend souvent appui sur le nationalisme, comme l'individualisme sur l'égoïsme. Bartin, particulariste, était en même temps nationaliste,

(19) Bartin, *Études*, p. II.

en droit comme en politique. En droit international privé, être nationaliste veut dire que l'on attache à l'« intérêt national » plus d'importance qu'à la vision idéale d'un monde où son propre État doit être traité sur un strict pied d'égalité avec les autres. Francescakis a montré que cette attitude apparaissait souvent au lendemain d'une guerre (20). Elle a été illustrée en France, dans la première moitié du XXe siècle, par *J.-P. Niboyet.*

L'universalisme, à l'inverse, conduit normalement à l'internationalisme, car il postule l'égalité des États.

Le rapport entre universalisme et internationalisme peut être toutefois plus ambigu. La doctrine hollandaise du XVIIe siècle (*supra*, n° 65) était universaliste, car fondée sur la raison, mais d'un internationalisme limité au bon vouloir de chaque souverain. Mancini était à la fois universaliste et internationaliste, mais en même temps il exaltait le rôle de la nation et de la loi nationale.

L'opposition même entre nationalisme et internationalisme est moins absolue qu'on pourrait le penser. Niboyet était nationaliste en ce qu'il adhérait au postulat de la primauté de l'ordre interne sur l'ordre international ; mais il en déduisait, ce qui est très internationaliste, que l'État du for doit respecter la compétence que le souverain étranger attribue à sa propre loi, dans la mesure où elle n'empiète pas sur celle de la loi du for (position dite « unilatéraliste » : v. *infra*, n° 117).

§ 4. PERSONNALISME ET TERRITORIALISME

74 Le personnalisme consiste à reconnaître un rôle important à la loi « personnelle » des individus, c'est-à-dire, selon cette tendance, à leur loi nationale. Le territorialisme préconise au contraire l'adoption de rattachements territoriaux : lieu de situation des biens (comme chez d'Argentré, v. *supra*, n° 62), mais aussi lieu du fait ou de l'acte ; l'existence d'une loi personnelle est bien admise, mais son domaine est restreint, et elle est de plus identifiée à la loi du domicile de la personne plutôt qu'à sa loi nationale.

Personnalisme et territorialisme constituent donc deux tendances opposées. Mais les points de départ de chacune de ces tendances ne sont pas, quant à eux, en opposition : ils sont simplement différents.

Le *territorialisme*, qui imprègne en particulier l'œuvre de Niboyet, et reste fondamental en Angleterre et aux États-Unis, répond au souci d'appliquer fréquemment la loi du for. Statistiquement, c'est, en effet, à titre de loi nationale qu'une loi étrangère est en général appliquée par un tribunal. Chez Niboyet, le territorialisme est le moyen du nationalisme.

75 Le *personnalisme*, dont Mancini s'est fait le champion, est directement lié, chez cet auteur, à l'idée du respect nécessaire, par chaque État, de la souveraineté des autres. Car pour Mancini, la nationalité est « le fondement du

(20) « Perspectives du droit international privé français actuel », *RID comp.* 1955, p. 349.

droit des gens » : tel est le titre de la leçon inaugurale qu'il prononce dans la chaire de droit international de l'Université de Turin, le 22 janvier 1851. On peut certainement y voir le reflet des circonstances politiques : l'époque est celle de l'« éveil des nationalités ». Quoi qu'il en soit, de ce principe de droit international public Mancini tire les conséquences en droit international privé. Chaque nation est définie par une communauté de caractères, auxquels sa législation est adaptée : « Le climat, la température, la situation géographique, montagneuse ou maritime, la nature et la fertilité du sol, puis la diversité des besoins et des mœurs déterminent chez chaque peuple, avec une prépondérance presque entière, le système des rapports de droit » (art. préc., p. 293). Il en résulte que « le droit civil privé est personnel et national, et comme tel doit accompagner la personne même en dehors de sa patrie » (p. 297), et que « l'individu hors de sa patrie peut réclamer de toute souveraineté étrangère, en sa qualité d'homme et au nom du principe de nationalité, la reconnaissance et le respect de son droit privé national » (p. 296).

À vrai dire, Mancini ne prône pas l'application de la loi nationale en toute matière, car le principe de nationalité doit composer avec deux autres données : le principe de liberté et le droit de souveraineté : « Le législateur rend hommage au principe de *nationalité* et accomplit un devoir strict lorsqu'il reconnaît l'efficacité dans son territoire des lois qui règlent *la personne, la famille, la succession*... Le législateur respecte le principe de *liberté* lorsqu'il n'entrave pas, par ses lois, l'exercice de la liberté inoffensive de l'étranger et lorsqu'il lui accorde la faculté de choisir la législation et la règle juridique auxquelles il veut soumettre tous ses actes dans d'autres matières du droit international privé. En dernier lieu, chaque législateur sauvegarde le droit de *souveraineté* et d'indépendance politique, lorsqu'il assujettit indistinctement l'étranger aussi bien que ses citoyens aux lois pénales du territoire et aux lois d'ordre public du pays, c'est-à-dire au respect le plus scrupuleux de son droit politique » (p. 298).

L'extension donnée au statut personnel et à la loi nationale n'en est pas moins considérable.

La théorie personnaliste de Mancini a connu un succès extraordinaire, non seulement en doctrine, mais aussi en législation : les codes civils italien, espagnol et allemand rédigés à la fin du XIXe siècle, les conventions de La Haye de 1896, 1902 et 1905 en sont inspirés. Mais elle est aujourd'hui totalement abandonnée par les auteurs, et une partie de ses acquis en droit positif a été remise en question. Ses défauts sont en effet évidents. La nécessité d'une adaptation au tempérament national ne doit pas être exagérée ; elle ne concerne guère que l'état et la capacité des personnes. D'autre part, la collectivité que le législateur entend régir par les règles qu'il pose n'est pas seulement, ni toujours, celle des nationaux : ce peut être celle des personnes qui se trouvent *actuellement* sur le territoire. Mancini en était conscient, et c'est le sens de sa catégorie dérogatoire des « lois pénales et d'ordre public » ; mais la place qu'il leur réserve est trop restreinte. Enfin, comme l'avait déjà observé Savigny avec sa profondeur habituelle (qui, en l'occurrence, lui valut les sarcasmes de Pillet, *Traité*, n° 25, p. 82), le droit n'est pas un attribut de la personne, en dehors du moins du domaine précis de l'état et de la capacité ; il a pour objet de régler les *relations* entre deux ou plusieurs personnes : « Le droit établi pour la personne elle-même ne l'est nullement pour les divers rapports de droit où peut figurer cette personne » (*Traité*, § 361).

Bibliographie sommaire

BARILE : « Fonction historique du droit international privé », *Rec. Acad. La Haye*, 1965, III, p. 30 et suiv.

FOUSSARD : *Recherches sur les conflits de statuts relatifs à l'incapacité velléienne*, mémoire dactyl. Caen, 1972.

GRUBER-MAGITOT : *Les conflits de coutumes en matière de contrats dans la jurisprudence des Parlements, de Dumoulin au Code civil*, Paris, 1980.

GUTZWILLER : « Le développement historique du droit international privé », *Rec. Acad. La Haye*, 1929, IV, p. 348 et s.

LAINÉ : *Introduction au droit international privé*, Paris, I, 1888, II, 1892.

MEIJERS : « L'histoire des principes fondamentaux du droit international privé », *Rec. Acad. La Haye*, 1934, III, 543 et s.

MEIJERS : *Études d'histoire du droit international privé*, Paris, 1967.

TITRE I
CONFLITS DE LOIS

76 Le conflit de lois apparaît lorsque les législations de deux ou plusieurs États ont cumulativement vocation à régir une question de droit privé donnée. Il peut être résolu par le recours à diverses méthodes, qui seront recherchées et décrites brièvement dans un premier chapitre. L'une de ces méthodes, dite couramment « méthode du conflit de lois », sans autre précision, car elle est la plus utilisée, sera étudiée plus en détail dans un second chapitre.

Le choix entre ces méthodes, et leur contenu même, résultent de la jurisprudence. En matière de conflit de lois, en effet, la loi est presque muette ; elle se borne à quelques règles de conflit, qui seront étudiées dans la Partie spéciale.

CHAPITRE I

PLURALITÉ DES MÉTHODES

77 Avant de découvrir la ou les méthodes qui peuvent fournir sa solution à un problème, il est nécessaire de bien cerner celui-ci. On précisera donc, dans une première section, la position du problème de conflit de lois, avant de décrire, dans une seconde section, les méthodes qui peuvent être retenues pour le résoudre.

Section I : *Position du problème du conflit de lois.*

Section II : *Solution du problème : les méthodes possibles.*

SECTION I — POSITION DU PROBLÈME DU CONFLIT DE LOIS

78 Il s'agit d'abord de savoir *comment*, abstraction faite de toute solution positive, le problème du conflit de lois se pose rationnellement à l'organe étatique — on supposera, car c'est le cas le plus fréquent, qu'il s'agit d'un *juge* (§ 1). Cette recherche permet accessoirement de préciser *quand* le problème se pose dans les termes qui auront été déterminés, c'est-à-dire de délimiter son domaine (§ 2).

§ 1. COMMENT LE PROBLÈME SE POSE-T-IL ?

79 On indiquera d'abord les *données* du problème, pour en déduire dans quels *termes* il se pose.

A. Données du problème

a) Analyse du litige international

80 Tout litige, *interne ou international*, se compose d'une ou plusieurs *questions de droit substantiel*. Si X demande à Y la réparation du préjudice que celui-ci a causé, en invoquant l'article 1384, alinéa 1 du Code civil, l'unique question de droit est de savoir si le comportement de Y (supposé non fautif) est de nature à engager sa responsabilité. Si, la réponse étant affirmative, Y invoque alors une clause limitative de responsabilité, une autre question se pose, celle de savoir si une telle clause est valable. Le juge doit résoudre les deux questions de droit pour trancher le litige.

Autre exemple : si Y, prétendant être enfant adoptif de Z, réclame en cette qualité une part de la succession de Z à X, fils légitime de Z, et si X prétend que l'adoption est nulle, il faut résoudre d'abord la question de la validité de l'adoption, et ensuite, dans le cas d'une réponse positive, la question du montant des droits successoraux d'un enfant adoptif.

C'est à propos de chaque question de droit que se pose le problème de droit international privé. Certes, en cas de coexistence dans le même litige de plusieurs questions de droit de nature semblable, comme dans le premier exemple (mais non dans le second), il se pourra qu'il y ait intérêt à soumettre l'ensemble à une législation unique ; mais cette coïncidence, même souhaitable, n'est jamais une nécessité logique.

81 En retenant, dans chacun des deux exemples choisis, l'une des questions de droit qui se trouvaient posées, on s'aperçoit qu'elles se définissent chacune par deux éléments : une prétention, et un ensemble de faits invoqués à l'appui de cette prétention.

Question 1 :

– *faits :* préjudice causé à X par la chose dont Y est le gardien ;

– *prétention* : réparation par Y du préjudice subi par X.

Question 2 :

– *faits* : adoption de Y par Z, âgé de vingt-cinq ans au moment de l'adoption ;

– *prétention* : nullité de l'adoption de Y par Z.

L'observation est générale (mais non absolue : il existe des questions de droit dans lesquelles l'élément « faits » est remplacé par un élément « décision » : v. *infra*, n° 97).

Ces deux éléments, faits et prétention, suffisent à identifier la question de droit. Certes, la partie qui formule une prétention (que l'on peut appeler de façon générale le *demandeur à la question de droit*) indique en outre, habituellement, le *texte* qui selon elle lui donne gain de cause : article 1384, al. 1 du Code civil dans l'exemple 1, article 343-1 du Code civil dans l'exemple 2. Mais la question de droit se définit indépendamment de cet élément, qui n'est pas une donnée du problème. D'une part, en effet, il n'est pas obligatoire pour le demandeur d'invoquer un texte précis ; d'autre part, même s'il l'a fait, le juge n'est pas lié : il a le devoir de substituer à la règle invoquée celle qui lui paraît en fait applicable à l'espèce (cf. art. 12 du Nouveau Code de procédure civile).

82 Lorsque le litige *n'est pas international*, le problème pour le juge consiste à rechercher dans le corps des règles françaises celle qui, de par son contenu, a vocation à régir la question de droit, telle qu'elle a été formulée par les parties, puis à appliquer cette règle. Lorsque le litige *est international*, un problème préalable doit être résolu : déterminer si la loi du for ne doit pas être écartée au profit d'une loi étrangère. Car le juge peut substituer à la règle interne invoquée non seulement une autre règle interne, mais aussi, éventuellement, une règle d'un autre ordre juridique si celui-ci se trouve être compétent (v. *infra*, n°s 142 à 147).

Cela suppose, certes, qu'il existe bien dans la loi étrangère une règle que son contenu rend applicable à la question ; mais on va à présent montrer que dans toutes les législations existe une règle applicable à toute question de droit, définie par des faits et une prétention, susceptible de se poser.

b) Vocation de tout ordre juridique à régir toute question de droit

83 La démonstration qui va suivre nécessite le rappel d'un caractère fondamental de la règle de droit, dont l'étude est souvent négligée : le caractère *hypothétique*. Toute règle de droit peut s'écrire, soit sous la forme : « Si tel événement se produit, telle conséquence juridique en découle », soit sous la forme : « Si tel événement se produit, il n'en découle pas pour autant telle conséquence. » Ainsi, l'article 1382 du Code civil peut s'écrire : « Si un fait quelconque de l'homme cause à autrui un dommage, celui par la faute duquel il est arrivé a l'obligation de le réparer » ; et l'article 607 du même Code : « Si une chose grevée d'un usufruit est tombée de vétusté, ou a été détruite par cas fortuit, il n'en découle d'obligation de rebâtir ni pour le propriétaire ni pour l'usufruitier ». La règle pose donc une hypothèse (c'est la proposition qui commence par « si ») et précise que sa réalisation entraîne, ou n'entraîne pas, telle conséquence juridique définie dans la seconde proposition. La première proposition est l'*hypothèse ou présupposé*, la seconde l'*effet* ou *la conséquence juridique*. On peut, plus brièvement, schématiser toute règle sous la forme : « Tel ensemble de faits entraîne (ou n'entraîne pas) telle conséquence juridique. »

84 Soit un ensemble de faits déterminés invoqués par le demandeur et une prétention qu'il veut faire admettre comme conséquence de ces faits. Une règle a vocation à régir la question de droit ainsi définie si, à la réunion des faits invoqués, elle attache comme conséquence le bien-fondé de la prétention ; elle a la même vocation si elle refuse au contraire d'attacher cette conséquence aux faits. La première règle donne satisfaction au demandeur, la seconde au défendeur.

Il est facile de montrer que tout ordre juridique comprend soit la règle qui donne satisfaction au demandeur, soit celle qui donne satisfaction au défendeur, dès lors que l'on admet de tenir compte non seulement des dispositions expresses de la loi, mais aussi des règles implicites. En effet, si aucune des sources du droit n'a expressément posé une règle attachant telle conséquence juridique à tel type de faits, il résulte de leur silence une règle implicite selon laquelle le type de faits n'entraîne pas la conséquence. Par exemple, si ni le législateur, ni la jurisprudence, ni la coutume d'un État n'ont dit que la présence au foyer d'un enfant légitime entraînait la nullité d'une adoption, c'est que, selon la règle implicite de cet État, l'adoption en présence d'un enfant légitime est valable. Tout système juridique est donc un ensemble de règles, autonome et complet, qui contient en puissance la solution de tout problème de droit qui peut se poser (1).

c) Absence d'impossibilité théorique, pour le juge, d'appliquer une règle étrangère

85 Aucun obstacle théorique ne s'oppose à ce que le juge puise la règle applicable dans un ordre juridique étranger plutôt que dans le sien propre.

Une fraction importante de la doctrine italienne le nie cependant, en raison du prétendu *exclusivisme* de l'ordre juridique. Selon cette thèse, tout ordre juridique est exclusif en ce sens qu'il « exclut le caractère juridique de ce qui ne rentre pas en lui-même » (2). La juridicité ferait donc défaut, aux yeux du juge saisi, à toute règle étrangère, et il lui serait par conséquent impossible d'en déduire la solution d'un problème de droit.

Pour fournir néanmoins aux relations internationales un traitement satisfaisant, tenant compte de la substance des règles en vigueur dans les pays où elles se développent, des auteurs italiens sont conduits à soutenir que les règles étrangères font l'objet, sur l'ordre de la règle de droit international privé du for, d'une *réception* dans l'ordre juridique interne, celui-ci se dotant de règles au contenu identique à celui des règles étrangères ; dans chaque ordre juridique coexisteraient donc un corps de règles de droit commun, applicables essentiel-

(1) Pour une démonstration plus complète, v. P. MAYER, *La distinction entre règles et décisions et le droit international privé*, Paris, 1973, n°s 102 à 109, et la bibliographie indiquée, p. 69, note 1.

(2) R. AGO, « Règles générales des conflits de lois », *Rec. Acad. La Haye*, 1936, IV, p. 302. La théorie de la réception a également été illustrée, en particulier, par PERASSI, *Lezioni di diritto internazionale*, II, 2e éd., Milan, 1957 ; MORELLI, *Elementi di diritto internazionale privato,* Naples, 1959 ; CHIOVENDA, *Principi di diritto processuale civile*, 1932, p. 302 et s. ; CARNELUTTI, *Teoria generale del diritto*, 1951, p. 99 et s. Une théorie très comparable a été défendue aux États-Unis par W.W. COOK (*Logical and Legal Bases of the Conflict of Laws*, Cambridge, Mass., 1942) sous le nom de « *local law theory* ».

lement aux relations internes, et des corps de règles au contenu identique à celui des règles étrangères, corps aussi nombreux que les États étrangers eux-mêmes, et destinés à régir les relations localisées à l'étranger.

Cette construction, dont le caractère artificiel est flagrant, est inutile si l'on remet en cause, comme on le doit, le postulat de l'exclusivisme. Le juge saisi peut parfaitement *constater* l'existence d'une règle étrangère, ainsi que son caractère juridique. Il n'y est certes pas soumis, mais cela n'est pas indispensable pour qu'il en déduise la solution du litige, *si sa propre règle de droit international privé le lui ordonne*. Appliquer une règle substantielle, ce n'est d'ailleurs pas lui obéir, mais simplement faire un syllogisme dont la majeure est constituée par la proposition en laquelle la règle s'énonce, et la mineure par les faits de l'espèce ; toute proposition de forme normative peut constituer la majeure du syllogisme, sur l'ordre du législateur du for, et cet ordre est opportun dès lors que la proposition est le contenu de la règle en vigueur dans le pays étranger où la relation est localisée.

Cette analyse conduit accessoirement à ne pas se préoccuper du point de savoir si l'État étranger et son Gouvernement sont ou non *reconnus par le Gouvernement français*. L'application par le juge saisi des règles d'un État étranger n'implique nullement qu'il lui reconnaisse une quelconque compétence, au sens du droit international public ; rien ne s'oppose donc à ce qu'il procède à cette application, et le réalisme y incite même, dès lors qu'il constate que ces règles sont en fait en vigueur sur le territoire étranger, et que les parties ont noué des relations sous leur empire. La Cour de cassation s'est prononcée en ce sens à propos de la succession de l'Union soviétique à la Russie tsariste (3). Les mêmes principes sont applicables lorsque le Gouvernement français refuse de reconnaître l'annexion, par un État étranger, de tout ou partie du territoire d'un État tiers : ce qui compte est la loi effectivement en vigueur sur le territoire annexé.

B. Termes du problème

86 Il découle de ce qui vient d'être dit qu'il existe dans tous les pays une règle susceptible d'être appliquée par le juge saisi, quel qu'il soit, à toute question de droit qui lui est posée.

Dans la grande majorité des hypothèses, le litige est purement interne, et il est *a priori* évident que le juge doit appliquer la règle contenue dans sa propre loi. Mais, dès lors que le litige présente un ou plusieurs éléments d'extranéité, un problème surgit : le juge ne peut appliquer cumulativement à la même

(3) Civ. 3 mai 1973, *Stroganoff*, *JDI* 1974.859, obs. B. G., *Rev. crit. DIP* 1975.426, note Y. L., *GA* n° 52 : « Le défaut de reconnaissance d'un Gouvernement étranger ne permet pas au juge français de méconnaître les lois de droit privé édictées par ce Gouvernement, antérieurement à sa reconnaissance, pour le territoire sur lequel il exerçait effectivement son autorité ».

question de droit deux règles qui ne la résolvent peut-être pas de la même façon. Il y a *conflit de lois*, et le juge doit *choisir* entre elles.

Qu'en serait-il toutefois si toutes les règles en présence étaient identiques ? Il peut sembler qu'il n'y a pas de conflit dans cette hypothèse, le conflit ne résultant que de la contrariété des dispositions en présence. Il est certain que l'intérêt pratique du choix entre des règles identiques est considérablement réduit. Il paraît même inexistant : pourquoi le juge n'appliquerait-il pas tout simplement la règle commune, sans s'embarrasser de rechercher l'État dont la loi est compétente ? En fait, cette recherche est presque toujours utile. D'une part, si l'une des lois en présence est la loi du for, il est important de savoir si c'est elle qui est appliquée, ou une loi étrangère, car le régime procédural de la loi étrangère devant le juge français est particulier (v. *infra*, n°s 178 à 194). D'autre part, il est en général *plus commode* de rechercher systématiquement la loi compétente : pour l'appliquer il suffit d'en connaître la teneur — et c'est facile s'il s'agit de la loi du for ; dans le système opposé, il faut découvrir la teneur de toutes les lois en présence pour s'assurer qu'elles sont bien semblables, et si elles ne le sont pas, il faut quand même finir par en choisir une.

Devant cette nécessité de choix, il faut que la règle de droit international privé pose un *critère de choix* qui permette au juge de retenir une législation, et une seule, parmi les législations en présence. Habituellement, le critère retenu est l'un des éléments de la question de droit par lesquels elle est susceptible d'être en contact avec un pays étranger : nationalité ou domicile des sujets de droit, lieu de situation des choses, lieu de survenance des actes ou faits juridiques ; par exemple, selon une règle déduite de l'article 3 du Code civil, « la capacité des personnes est régie par leur loi nationale » ; et selon une autre, « les droits réels sont régis par la loi du lieu où sont situées les choses sur lesquelles ils portent ». Mais on verra (Section II) qu'il existe d'autres méthodes.

§ 2. QUAND LE PROBLÈME SE POSE-T-IL ?

87 On ne revient pas sur le caractère international de la question de droit, condition générale d'existence de tout problème de droit international privé. On veut ici plus précisément cerner le domaine du problème du conflit de lois.

Tel qu'il a été analysé (*supra*, § 1), le problème suppose d'une part, qu'à propos d'une même question de droit plusieurs ordres juridiques soient en présence et d'autre part, que chacun d'eux comprenne une norme ayant vocation à régir la question.

En reprenant successivement ces deux conditions, on pourra déterminer les frontières du problème du conflit de lois.

A. Il faut que plusieurs ordres juridiques soient impliqués

88 La condition est certainement remplie lorsque la question de droit a des liens avec deux ou plusieurs États souverains dont l'autonomie législative est totale.

Mais deux cas limites doivent être envisagés. Il se peut que la question de droit n'ait de lien qu'avec un seul État, mais que le système juridique de celui-ci ne soit pas unifié. À l'inverse, il se peut que la question ait des liens avec plusieurs États, mais que leur législation en la matière soit unifiée.

a) Systèmes juridiques non unifiés

89 Beaucoup de pays n'ont pas un corps de règles unique pour toute la population sur tout le territoire, mais plusieurs corps de règles, entre lesquels les questions de droit sont réparties, soit selon un critère personnel (distinction suivant l'appartenance ethnique ou religieuse), soit selon un critère territorial (distinction suivant les cantons, les provinces, etc.). Dans le premier cas, on parle de conflits *interpersonnels*, dans le second de conflits *interterritoriaux*.

Les conflits interpersonnels sont surtout fréquents dans les États non laïques, où l'on distingue selon la confession des individus. On en rencontre aussi dans les pays colonisés ou qui l'ont été, la différenciation étant alors faite selon l'origine, locale ou européenne, des sujets de droit. En France même, dans les territoires d'Outre-mer, le droit civil applicable aux populations indigènes reste pour partie coutumier (4).

Les conflits interterritoriaux sont plus fréquents. Il en existe dans les États à structure fédérale (les États-Unis, par exemple), chaque État fédéré ayant ses propres juges et ses propres lois : ce sont des conflits *interfédéraux*. Même des pays dont l'unification politique est totale connaissent des conflits interterritoriaux (que l'on appelle alors *interrégionaux*) ; la différence avec les conflits interfédéraux se marque par le fait que les diverses règles de droit émanent de l'autorité centrale et non d'autorités fédérées.

La France a connu sous l'Ancien Régime des conflits interfédéraux dans les rapports entre les diverses provinces (d'où leur autre nom de conflits *interprovinciaux*) et même des conflits interrégionaux à l'intérieur des provinces (v. *supra*, n°s 51 à 55). L'unification législative a été réalisée par la Révolution. Mais les rattachements successifs de l'Alsace-Lorraine à l'Allemagne et à la France ont conduit le législateur français, après 1918, à y maintenir en vigueur certaines règles d'origine germanique. D'autre part, un principe de « spécialité législative » subordonne à une disposition expresse et à une promulgation locale l'extension des lois métropolitaines aux territoires d'Outre-mer. Il existe donc encore des conflits interrégionaux en France.

90 L'originalité des conflits interpersonnels est évidente, puisqu'ils ne font pas intervenir le facteur spatial. En revanche, les conflits interterritoriaux sont,

(4) Ces règles coutumières consacrent la polygamie et prohibent l'établissement de la filiation naturelle. Paradoxalement les tribunaux français doivent les appliquer (pour un exemple, v. Civ. 1re, 25 févr. 1997, *D.* 1997. 453, note Fulchiron, *Rev. crit. DIP* 1998.602, note Droz, *JCP* 1997.II.22968, note Barrière et Goré), alors qu'ils refuseraient au nom de l'ordre public international d'appliquer des règles étrangères de contenu identique.

comme les conflits internationaux, des *conflits de lois dans l'espace* ; chaque loi a un ressort territorial. Faut-il pour autant décider qu'ils relèvent du droit international privé ? La question, pour un juriste français, est d'abord intéressante dans la mesure où elle conditionne l'exclusion ou l'intégration dans le droit international privé de la question du champ d'application des règles alsaciennes-lorraines dérogatoires au droit commun. Mais elle le concerne aussi du fait que, dans un conflit international, la loi reconnue compétente par le juge français peut être celle d'un État étranger à système non unifié ; un conflit interne se greffe alors sur le conflit international, et on verra que sa solution dépend pour partie de la parenté de nature qu'on lui reconnaît avec le conflit international privé lui-même.

Contre l'assimilation des conflits internes aux conflits internationaux, on relève que le « climat » dans lequel ils se situent exerce nécessairement une influence sur leur solution. On cite le fait que les juges de l'État dont le système n'est pas unifié n'opposent pas, ou guère, l'exception d'ordre public (v. *infra*, n°s 199 à 213) à l'application des lois de cet État, même si elles ne constituent pas leur *lex fori* ; que l'état des personnes ne peut pas être soumis à la loi nationale, dès lors que les intéressés ont en général la même nationalité ; et enfin que les règles destinées à résoudre le conflit ne dépendent pas, sauf dans certains conflits interfédéraux (aux États-Unis notamment), du tribunal saisi.

Mais tous ces arguments montrent seulement qu'il n'y a pas identité dans la façon de résoudre les deux types de conflits ; ceux-ci pourraient malgré tout constituer deux espèces distinctes d'un même genre. D'ailleurs, même au niveau des solutions de détail, il faut croire que les différences ne sont pas si grandes, puisque de très nombreux pays (les États-Unis, par exemple) ont adopté des règles uniques pour résoudre les conflits internationaux et les conflits interterritoriaux. En France, une loi du 24 juillet 1921 a posé des règles spéciales pour délimiter l'étendue de la survivance de la loi allemande en Alsace-Lorraine, mais a précisé que ces règles seraient « au besoin » complétées par les règles françaises sur les conflits internationaux.

Il suffirait de constater que le mode de raisonnement est identique dans les deux types de conflits pour en déduire que leur étude relève de la même branche du droit. En est-il ainsi ? Certes, que le conflit soit interne ou international, il met en présence une pluralité de règles dont les termes abstraits visent la question posée en l'espèce, et qui toutes ont *a priori* vocation à y être appliquées ; et dans les deux cas on résout le conflit à l'aide d'un critère de choix. Mais ces éléments sont insuffisants, et caractérisent bien d'autres situations qui ne relèvent certainement pas du droit international privé : toutes celles qui résultent de la coexistence, dans un même ordre juridique, de deux groupes de règles dont le domaine est différent, mais dont l'objet est le même. Ainsi, il existe en France des règles de droit civil et des règles de droit commercial ; la loi et la jurisprudence précisent leur domaine respectif d'application, en définissant les actes de commerce et les actes civils et en résolvant le problème posé par les actes mixtes. Le mécanisme, malgré les apparences, est radicalement différent de celui du conflit de lois, car précisément les règles en présence ne sont pas en conflit. Les articles L. 110-1 et suivants du Code de commerce, en délimitant le domaine d'application de chaque corps de règles de façon qu'il n'y ait ni double emploi ni lacune, loin de résoudre des conflits entre règles civiles et commerciales, *les empêchent de naître.*

Tout dépend du point de savoir si les règles en présence émanent du même législateur, ou non. Dans le premier cas, toute possibilité de conflit est exclue. Un législateur ne peut avoir eu deux volontés différentes. Si deux règles différentes, dont le domaine n'a pas été exactement précisé, paraissent viser les mêmes situations, l'interprète a pour tâche de découvrir quelle est celle qui prévoit implicitement une exception à sa propre application.

En revanche, un véritable conflit existe dès lors que les règles émanent de législateurs différents, sinon d'États différents ; il oppose deux propositions dont chacune a un domaine spatialement illimité (sur ce point, v. *infra*, n° 118), et ne peut se résoudre en faveur de l'une qu'au détriment de l'autre.

91 Appliquée aux conflits interterritoriaux, cette conclusion conduit à formuler des distinctions suivant la nature du conflit.

Le conflit interrégional n'est pas un conflit véritable. Le droit applicable en Alsace-Lorraine, par exemple, est le droit français, émanant du législateur français, au même titre que le droit applicable sur le reste du territoire. Bien qu'il soit d'origine allemande, il faut considérer qu'il a fait l'objet d'un phénomène de *réception matérielle* par la France ; la preuve en est que ces règles restent inchangées malgré les modifications de la loi en Allemagne, et sont au contraire susceptibles d'être abrogées par le législateur français (5).

En revanche, le conflit interfédéral est un conflit véritable. Chaque État fédéré possède ses propres sources du droit (loi, coutume, jurisprudence) ; chacun possède donc son ordre juridique propre, qui nécessairement (v. *supra*, n° 84) est complet et autonome. Si deux parties d'un même ensemble se complètent, deux ensembles complets ne peuvent en revanche que se concurrencer. Le cas des États-Unis est le plus typique, les États membres de l'Union ayant chacun leurs lois, leurs juges et même leur propre système de solution des conflits internes.

92 Les conséquences pratiques de la distinction entre vrais et faux conflits sont peu nombreuses. On verra (*infra*, nos 238 à 241) que lorsqu'ils se greffent sur un conflit international, on parvient, aux termes de raisonnements très différents, à des solutions à peu près identiques. On peut cependant signaler une différence importante entre les deux types de conflits : il est concevable que l'exception d'ordre public fasse obstacle à l'application de la loi d'un État fédéré dans un autre État fédéré ; elle est en revanche nécessairement irrecevable dans une hypothèse de faux conflit, car la loi émane toujours de l'autorité qui a institué le juge, et s'impose donc à celui-ci.

(5) Dans le même sens, la Cour d'appel de Colmar a jugé que les anciennes lois allemandes maintenues en vigueur devaient être interprétées à la lumière des principes généraux du droit français (Colmar, 18 nov. 1977, *Rev. crit. DIP* 1979.404, note Batiffol).

b) Unification législative internationale

93 Deux ou plusieurs États souverains peuvent convenir d'adopter dans une matière donnée une législation uniforme, dont le contenu est précisé dans le traité qu'ils signent à cet effet. Les exemples en sont nombreux ; le plus typique est celui des Conventions de Genève de 1930 et 1931 sur le chèque et la lettre de change, auxquelles la France est partie.

Si un juge — que l'on supposera être celui de l'un des États signataires, mais qui pourrait être celui d'un États tiers — doit résoudre une question de droit présentant uniquement des liens avec des États signataires, dans la matière unifiée par le traité, il semble qu'aucun conflit de lois n'apparaisse. Les règles étant non seulement identiques dans leur contenu mais formellement *communes*, il suffit d'appliquer le traité qui les consacre. La condition de pluralité de législations n'est pas remplie.

Cette analyse, bien qu'elle ait pour partisans des auteurs importants, est inexacte. Une espèce soumise à la Cour de cassation, il y a quelques années, en a montré les dangers (Com. 4 mars 1963, *Hocke*) (6).

Le paiement d'une lettre de change émise en Allemagne ayant été demandé en France, la question se trouvait posée de savoir qui était garanti par un aval (caution cambiaire) donné en blanc. Selon la Convention de Genève de 1930, l'aval en blanc est réputé garantir le tireur. La France et l'Allemagne étant parties à la Convention, aucune difficulté ne semblait s'élever.

Mais le tireur cherchait à démontrer qu'en l'espèce l'aval garantissait le tiré ; l'on objectait que la présomption est irréfragable. Or, sur ce caractère de la présomption, les jurisprudences française et allemande divergent : la Cour de cassation refuse la preuve contraire, la Cour fédérale allemande l'admet.

Dès lors, deux solutions s'offraient : appliquer la loi internationale, le traité, qui a force obligatoire en France, en suivant son interprétation par la jurisprudence française, chaque État faisant légitimement prévaloir sa propre interprétation des traités qu'il a conclus ; ou bien appliquer la loi interne compétente, en l'espèce la loi allemande désignée par la règle du conflit française, en retenant alors l'interprétation allemande. C'est en faveur de cette seconde solution qu'a opté la Cour de cassation.

À l'appui de la solution opposée, on a fait valoir qu'il n'y a pas intérêt à donner effet aux divergences, regrettables, d'interprétation d'une loi qui se voulait uniforme. Mais on voit que cet argument veut nier, parce qu'il les trouve gênantes, les données du problème. Les divergences *existent* et on ne

(6) *JCP* 1963.II.13376, note Lescot, *JDI* 1964.806, obs. Goldman, *Rev. crit. DIP* 1964.264 et la chronique de P. Lagarde, *Rev. crit. DIP* 1964.235. Il est secondaire de préciser que les juges du fond avaient cru, par erreur, que l'interprétation allemande coïncidait avec l'interprétation française, et que la Cour de cassation ne contrôle pas, sauf en cas de dénaturation, l'interprétation de la loi étrangère (v. *infra*, n°s 191 à 194).

voit pas en quoi le fait que chacun impose sa propre interprétation les ferait cesser.

Surtout, ce qu'il faut constater, c'est qu'il n'y a pas de loi commune lorsque l'unification législative ne s'est pas accompagnée d'une unification juridictionnelle. Le droit, vu du côté des sujets, ne s'identifie pas à l'ordre du législateur ; il est composé des règles que les tribunaux appliquent en fait. *Autant d'ordres juridictionnels, autant d'ordres juridiques*. L'absence d'une norme commune est d'ailleurs particulièrement visible, s'agissant de traités qui ne fournissent aux États signataires qu'un *modèle* de loi, donnant ensuite lieu à l'élaboration par chaque État d'une loi conforme : ce que l'on appelle « l'interprétation française du traité » n'est en fait, plus exactement, que « l'interprétation de la loi interne française résultant du traité ».

Il faut ajouter que la solution de la Cour de cassation est pratiquement opportune. Elle permet aux parties de prévoir quelle règle leur sera appliquée en cas de litige, quel que soit le tribunal saisi — du moins lorsque les règles de conflit sont identiques, ce qui était le cas en l'espèce, la Convention de Genève les ayant unifiées dans les rapports entre États contractants. Et cette dernière remarque prouve finalement que, à défaut d'unification politique véritable et complète, l'unification des règles de conflit est au moins aussi utile que l'unification des règles substantielles.

94 Certains partisans de la solution donnée par l'arrêt *Hocke* l'écartent toutefois dans l'hypothèse des conventions dites « unifiantes ». Ces conventions ne s'appliquent qu'aux relations internationales liées par un certain élément (qu'elles définissent) avec l'un, ou plusieurs, des États contractants. Elles ne donnent pas nécessairement lieu à l'élaboration d'une loi conforme dans les pays signataires. Elles doivent être appliquées par le juge de tout pays signataire, dès lors que le rapport entre dans leur champ d'application, et sans qu'il soit en général nécessaire de faire jouer préalablement une règle de conflit de lois. À ce type appartient, par exemple, la Convention de Bruxelles du 29 avril 1961 relative aux transports par mer de passagers, applicable aux transports effectués par un navire battant pavillon d'un État contractant, ou encore aux transports exécutés d'après un contrat prévoyant, soit le lieu de départ, soit le lieu de destination, dans le territoire d'un État contractant.

Une convention unifiante demeurerait un monument unique, à la fois commun et extérieur aux divers systèmes législatifs des États parties à la convention ; elle serait donc « appliquée directement par les tribunaux des États membres sans qu'il y ait place pour un conflit de lois » (7).

On peut observer cependant que les divergences d'interprétation ne sont pas exclues. Or, faire prévaloir à tout coup celle du for, comme y conduit l'analyse qui précède, est une position aussi malvenue dans ce domaine que dans tout autre.

Une analyse différente des conventions unifiantes permet d'éviter ce résultat. Il faut écarter l'idée d'application immédiate de la convention. Celle-ci n'est normative *qu'à l'égard des États*, en les rendant responsables de l'application des règles adoptées en commun ; elle est en revanche dépourvue de valeur normative *à l'égard des individus*. En effet, l'ordre international n'ayant pas mis ses organes juridictionnels et de contrainte au service de l'application des règles substantielles édictées, celles-ci ne constituent des normes

(7) P. LAGARDE, chronique précitée, p. 241, 242 et 247.

véritables que dans la mesure où les ordres nationaux sont chargés de les appliquer ; mais ce sont alors des normes nationales, qui coexistent dans chaque État signataire avec les règles de droit commun, dont elles viennent restreindre le champ d'application. Et entre ces règles nationales, seule une règle de conflit permet de choisir.

Une autre conséquence de cette analyse est que, si le juge saisi est celui d'un État tiers, dont la règle de conflit désigne la loi de l'un des États signataires, et que les conditions d'application de la convention sont remplies, il doit appliquer les règles conventionnelles en tant que droit étranger. Dans l'autre analyse, logiquement, il devrait les ignorer puisqu'elles ne font pas partie du droit national étranger, et d'autre part, ne s'imposent qu'aux États signataires.

95 Selon certains auteurs, il faudrait en tout cas réserver l'hypothèse de l'adoption, par voie de traité, de règles uniformes spéciales aux relations internationales. En effet, le droit international privé ayant déjà joué son rôle (par le procédé de la réglementation directe), et aucun conflit de lois ne se posant, il ne resterait plus qu'à appliquer la loi uniforme selon l'interprétation du for (8).

L'exception ne s'impose pas. Les arguments ci-dessus exposés conservent leur force ; et l'on a déjà montré que l'existence d'une règle de droit international privé matériel ne dispense pas de se demander si elle est applicable, et ne supprime donc pas le conflit de lois (v. *supra*, n°s 19 et 21).

B. Il faut que chaque ordre juridique comprenne une norme susceptible de résoudre la question de droit

96 Deux difficultés peuvent se présenter relativement à cette condition. L'une tient à la structure de la norme applicable à la question de droit, l'autre à l'existence d'une règle de droit international public.

a) Difficulté tenant à la structure de la norme applicable à la question de droit

97 On a montré que tout ordre juridique comprend une règle qui a vocation de par son contenu à s'appliquer à une question de droit donnée, définie par une prétention et par un ensemble de faits allégués à son soutien. Mais à côté des règles, qui forment ainsi un tissu continu, existent des *décisions*, qui sont en revanche posées de façon ponctuelle par le législateur.

À la différence de la règle, qui est hypothétique, la décision est *catégorique*. Elle peut être schématisée sous la forme : « Que tel effet juridique se produise ». Autrement dit, l'effet juridique n'est pas suspendu à la réalisation future d'une hypothèse définie par la norme, il est imposé immédiatement. Par exemple, lorsqu'un législateur nationalise des entreprises, il ne prévoit pas que leur propriété sera transférée à l'État si, à un moment quelconque, tel

(8) En ce sens, H. BAUER, « Les traités et les règles de droit international privé matériel », *Rev. crit. DIP* 1966.537, spécialement p. 560 et 563.

événement se produit ; il prononce lui-même, catégoriquement, le transfert de propriété.

Ce n'est pas en revanche le caractère de généralité qui oppose la règle et la décision, car *il existe des décisions générales.* La nationalisation par le législateur algérien de toutes les entreprises de semoulerie situées sur le territoire algérien, bien qu'elle constitue une mesure générale, est une décision. Certes, on pourrait l'écrire sous une forme conditionnelle : « Si une entreprise a pour activité la semoulerie, elle est nationalisée. » Mais cette condition n'est pas une hypothèse, car elle n'est pas destinée à se réaliser dans l'avenir ; elle sert seulement à définir dans le présent le domaine d'application de la norme, puisqu'elle est remplie dès avant la promulgation. De même, si une loi de moratoire vise « tous les loyers correspondant aux deux années écoulées », c'est encore une décision dans la mesure où, ayant rempli instantanément son rôle, elle n'est pas susceptible de produire un effet nouveau quelconque dans le futur.

98 Tandis qu'il existe dans toute législation une règle qui accepte ou refuse de faire produire un effet juridique donné à un ensemble de faits donné (v. *supra*, n° 84), il n'existe pas nécessairement une décision tendant à imposer catégoriquement un effet juridique donné, ou refusant de l'imposer. On ne trouve, par exemple, dans la législation française aucune décision qui nationalise ou refuse de nationaliser les entreprises algériennes de semoulerie visées par la loi algérienne. Le législateur algérien est le seul à être intervenu. Dans les autres ordres juridiques, le législateur, non concerné, a gardé le silence. Et ce silence est dépourvu de signification positive ; il ne témoigne pas d'une hostilité à la mesure ; simplement l'ordre juridique *n'a pas pris parti.*

Dans ces conditions, et sauf l'hypothèse exceptionnelle où il existerait deux ou plusieurs décisions contradictoires sur le même objet, il n'y a pas de conflit de lois sur les questions régies par des décisions ; et il n'y a donc pas non plus pour le juge de nécessité de choix. Le problème susceptible de se poser est celui des *effets en France d'une décision étrangère*. Il est de nature différente et ne se résout pas par les mêmes méthodes (v. *infra*, n° 481).

b) Difficulté tenant à l'existence d'une règle de droit international public

99 Lorsque la compétence exclusive de la loi d'un État résulte d'une règle de droit international public, le conflit de lois ne peut se produire. Le juge saisi peut dans certains cas ne pas appliquer cette loi, si elle est étrangère, mais il ne peut nier sa compétence.

Après avoir déterminé *de quelle façon* le droit international public intervient, puis *dans quel cas*, on précisera les *obstacles* qui peuvent s'opposer à l'application de la loi compétente.

1° *Rôle du droit international public dans la détermination de la loi compétente*

100 Le rôle du droit international public dans la détermination de la loi compétente apparaît clairement dans l'exemple suivant, qui relève du droit fiscal international.

Un résident français reçoit des dividendes d'actions d'une société des États-Unis. Selon la loi fiscale française, il est, pour ces dividendes, passible de l'impôt sur le revenu en raison de sa résidence en France. Selon la loi fiscale américaine, il est redevable d'un impôt envers les États-Unis, qui sera acquitté par le moyen d'une retenue à la source.

On parle dans ce cas de *conflit de lois fiscales* : deux législations différentes prétendent s'appliquer à la même situation. En réalité, l'expression est mal choisie et risque d'engendrer des confusions, car le conflit de lois fiscales est sans aucun rapport avec le conflit de lois de droit privé. L'on n'est pas en présence d'une question de droit unique régie par deux règles, mais de deux questions distinctes régies chacune par une règle. Première question : la perception du revenu donne-t-elle lieu à la perception d'un impôt *par l'État français* ? Deuxième question : donne-t-elle lieu à la perception d'un impôt *par les États-Unis ?* L'identité de l'État est à chaque fois précisée dans l'énoncé même de la question, puisqu'il est le créancier éventuel des impôts. On observera que chaque question peut être résolue indépendamment de l'autre : si les deux réponses sont négatives, aucun impôt n'est dû ; si elles sont au contraire toutes les deux positives, on se trouve dans un cas de *double imposition*. C'est bien la preuve qu'il n'y a pas à choisir entre les deux lois. La double imposition est bien sûr inopportune et injuste, et c'est pourquoi les États concluent entre eux des conventions destinées à les éviter (il en existe une dans les rapports entre la France et les États-Unis, en vertu de laquelle la retenue à la source sera déduite de l'impôt exigible en France) ; mais elle n'est pas logiquement impossible.

Une fois distinguées les deux questions de droit, le conflit de lois se révèle absent de chacune d'elles. La question de savoir si un individu doit des impôts à un État donné ne peut de toute évidence être résolue que selon la loi de cet État ; ce n'est pas la France qui peut dire quelles opérations sont taxées par les États-Unis ou par la Grande-Bretagne. Cette évidence est le contenu d'une règle de droit international public, que l'on pourrait énoncer ainsi : « Tout État a compétence exclusive pour déterminer les recettes, fiscales notamment, de son budget. » *Les compétences législatives étant réparties, il ne reste pas de place pour un conflit.*

2° *Cas d'intervention du droit international public*

101 L'absence de conflit peut être constatée chaque fois qu'une règle de droit international public intervient pour répartir les compétences législatives.

Le droit international public ayant pour objet les rapports des États entre eux, seules sont concernées les questions de droit dans lesquelles les États sont impliqués d'une façon ou d'une autre. Une telle implication de l'État réside, soit dans le fait qu'il est en position de *sujet*, soit dans le fait qu'il s'agit de son *organisation*, soit dans le fait qu'il est en position d'*agent*, soit enfin dans le fait que le commandement qu'il donne a pour objet direct son propre *territoire*. Ainsi définies, ces hypothèses sont en général — mais non exclusivement — celles que régit le *droit public*.

102 α) Au premier type appartient l'exemple déjà utilisé du droit fiscal : l'État est créancier de l'obligation de payer l'impôt qui pèse sur le contribuable.

On peut aussi citer la matière de la *nationalité*, celle-ci étant un lien de droit entre un individu et un État. Selon un principe de droit international public, « chaque État détermine librement ses nationaux » ; on applique donc automatiquement la loi de l'État dont on se demande si un individu est le national, étant précisé que l'on peut se poser autant de fois la question qu'il existe d'États différents puisqu'un individu est susceptible d'être le national de plusieurs États.

Dernier exemple : les règles qui assurent la *subrogation* d'un État dans les droits de personnes qu'il a indemnisées sont nécessairement celles de cet État — qui a la position de sujet aussi bien à l'égard des victimes indemnisées qu'à l'égard des personnes contre lesquelles il recourt (9).

Mais le droit international public n'intervient pas lorsque l'État s'est comporté comme aurait pu le faire une personne privée : ainsi le contrat par lequel l'État français prend en location un immeuble sis à l'étranger n'est pas nécessairement soumis à la loi française (10).

103 β) Une règle de droit international public assigne à chaque État compétence exclusive dans l'établissement de sa propre *organisation* interne, c'est-à-dire dans la mise en place des divers *organes*, la répartition des compétences entre eux, et l'élaboration des règles de leur fonctionnement (11).

Il en résulte d'abord qu'il n'y a pas de conflit entre les règles de droit constitutionnel. À supposer admis le pouvoir du juge français de contrôler la constitutionnalité des lois étrangères — question controversée — c'est évidemment dans la Constitution du pays dont émane la loi qu'il faut rechercher si le contrôle est prévu, et dans l'affirmative, quelles règles le législateur étranger aurait dû respecter. De même, si on reconnaît au juge le pouvoir de contrôler la légalité des actes réglementaires étrangers, c'est la Constitution du pays d'origine de ces actes qui définira les rapports entre la loi et le règlement.

D'autre part, les organes administratifs et judiciaires ne peuvent agir qu'en obéissant aux règles de l'État qui les a institués. Celles-ci définissent en particulier leur *compétence* et les *formes* de leur intervention. Un tribunal, par exemple, qui rend la justice au nom de la souveraineté française, est compétent, sur le plan international et sur le plan interne, si la loi française en dispose ainsi ; et il doit suivre la procédure prévue par la loi française ; il doit même déterminer la loi compétente en suivant les règles françaises de droit international

(9) Ce principe est implicitement posé par l'arrêt Civ. 17 mars 1970, *Reyes c. U.S.A.*, *Rev. crit. DIP* 1970.688, note P. Lagarde, *JDI* 1970.923, note G. de La Pradelle.

(10) Civ. 31 mai 1932, *D.P.* 1933.1.169, note Crémieux, S. 1933.1.17, note Niboyet, *JDI* 1933.347, *Rev. crit. DIP* 1934.909, note Niboyet.

(11) On parle parfois, en dehors de toute intervention d'organes, de l'« organisation économique et sociale » de l'État. Il s'agit d'une notion différente, qui pose en droit international privé des problèmes différents. Le conflit de lois n'y est pas exclu, dès lors que l'État, pour remplir ses fonctions, se contente de légiférer sur les rapports entre individus, sans intervenir directement (v. *infra*, n°s 120 à 124).

privé (v. *infra*, n° 234). En revanche, le *contenu* de sa décision n'est pas nécessairement déduit de la règle substantielle française puisque le législateur français lui ordonne parfois d'appliquer une loi étrangère. Les mêmes remarques peuvent être faites au sujet des organes administratifs, encore qu'il soit rare qu'ils appliquent une loi étrangère, car ils ont en général pour mission de réaliser un but auquel l'État est intéressé ; on se trouve alors dans une autre hypothèse d'intervention du droit international public : celle de l'action étatique (v. le n° suivant).

104 γ) La position *d'agent* est difficile à cerner. Il s'agit des cas où l'État intervient directement par l'un de ses organes dans la vie des individus, en vue de la réalisation de fins qui lui sont propres ou auxquelles du moins il est intéressé. Tout État a une compétence exclusive, au regard du droit international public, pour déterminer les cas et les modalités de sa propre action. Dès lors que l'organe d'un État s'est reconnu compétent pour agir au nom de l'État qui l'a institué, il applique donc normalement sa propre loi.

L'exemple le plus net est celui du *droit pénal*. Le juge répressif français applique la loi pénale française parce que, chargé de défendre la société française contre les délinquants, il ne peut trouver que dans la loi française l'indication de la façon dont cette société doit être défendue. Il serait cependant logique qu'il applique une loi pénale étrangère dans les cas exceptionnels où il reçoit une compétence pour défendre une société étrangère.

De même, les *caisses françaises de sécurité sociale* — qu'il faut considérer comme des organes de l'État car elles sont chargées de la gestion d'un service public — n'appliquent que les règles françaises de sécurité sociale (12).

De même encore, les *directions départementales du travail* n'appliquaient que les règles françaises pour décider s'il y avait lieu d'autoriser un licenciement pour motif économique.

De même enfin, les services *douaniers français et l'Office des changes* n'appliquent, respectivement, que la loi douanière et les règles de contrôle des changes françaises.

Les juridictions qui seraient à titre principal ou incident requises de se prononcer sur de telles actions étatiques — par exemple une juridiction de sécurité sociale, relativement à une décision prise par une caisse — ne pourraient également le faire qu'en appliquant la loi française.

Il arrive même, exceptionnellement, que les *juridictions civiles* soient chargées de mener elles-mêmes une action étatique ; elles s'en acquittent nécessairement en appliquant la loi française. Il existe en effet des règles de droit privé à l'application desquelles l'État est directement intéressé. Ainsi des règles sur l'assistance éducative : il s'agit, comme en matière pénale quoique préventivement, de lutter contre la délinquance qui menace la société française (13). Lorsqu'un juge des enfants français s'est reconnu compétent en raison de la résidence en France du mineur (c'est cette résidence qui le rend dangereux pour la collectivité), il ne peut qu'appliquer la loi française pour déterminer les mesures à prendre à son égard.

105 δ) Enfin, lorsque l'État réglemente la pénétration et le maintien des personnes ou des biens sur son *territoire*, le droit international public répartit aisément les compétences : chaque État a seul compétence pour ce qui concerne son propre territoire. Il convient de citer en premier lieu sous cette rubrique les règles relatives au droit de séjour des étrangers sur le

(12) Et inversement, un organisme de sécurité sociale étranger ne peut invoquer la loi française : Soc. 29 mars 1973, *Rev. crit. DIP* 1974.86, note Jambu-Merlin.

(13) Il s'agit bien d'une hypothèse d'action étatique, car l'État ne se contente pas d'exiger *qu'en cas de litige porté par les justiciables* devant les tribunaux, sa loi soit appliquée — ce serait alors simplement une *loi de police*, dont on verra *infra*, n°s 120 à 130, le fonctionnement — mais il impose au juge des enfants de se saisir lui-même, et prévoit également une saisine possible par le Ministère public. L'État est intéressé à une *application effective*, c'est-à-dire au prononcé d'une décision.

territoire national, que l'on étudiera plus loin (Livre II) en détail. À côté d'elles, on retrouve ici, en dehors même de toute action étatique, les lois douanières et la législation du contrôle des changes : chaque État est compétent pour déterminer à quelles conditions les biens ou les instruments monétaires peuvent pénétrer sur son territoire ou en sortir ; si un contrat a pour objet l'introduction clandestine d'alcool sur le territoire des États-Unis, la loi compétente pour déterminer si l'importation est illicite, et si en conséquence le contrat est nul (14), est évidemment la loi américaine (15).

3° *Obstacles à l'application de la règle compétente*

106 Aucun juge ne peut nier la compétence, fondée sur le droit international public, d'une loi étrangère. Mais cela ne signifie pas qu'il soit obligé de l'appliquer. Le droit international public attribue, dans les hypothèses qui viennent d'être vues, compétence exclusive pour *légiférer* ; mais il n'impose aucune coopération entre les États pour *l'application par les organes judiciaires ou administratifs* de leurs lois respectives (v. *supra*, n° 30).

Or, les juges manifestent souvent une réticence à appliquer les lois étrangères de droit public. C'est ce qui explique le refus fréquent, en France, d'appliquer les règles de contrôle des changes (16) ou de la législation douanière (17) étrangères. Afin de justifier le refus, les tribunaux relèvent l'appartenance *au droit public*, ou invoquent un prétendu caractère *politique*, de la loi. On a vu cependant (*supra*, n°s 102 à 105) que cette attitude n'est pas absolument générale (18).

Quelle que soit l'appellation donnée à la loi pour en justifier le refus d'application, l'explication véritable est toujours la même : elle réside dans la répugnance du juge français à collaborer à la réalisation des buts que s'est fixés l'État étranger, alors qu'il a été institué pour servir ceux de la France. Ce sentiment n'est pas illégitime et justifie parfois, on le verra (n°s 315 et 316), un

(14) Cette conséquence est contestée, au motif qu'elle dériverait, non de la règle de droit public, mais d'une règle de droit privé accessoire, dont l'applicabilité devrait donc dépendre de sa désignation par le droit international privé du for : V. HEUZÉ, « La réglementation française des contrats... », cité *infra sub* n° 752-1, n° 347.

(15) La jurisprudence française s'est cependant montrée réticente à appliquer des lois de ce type à des contrats soumis par la règle de conflit à une loi différente (v. Reims 25 oct. 1976, *JDI* 1978.99, note P. Mayer, refusant d'annuler une convention ayant pour objet de transférer hors d'Algérie une somme d'argent, en violation du droit algérien des changes, au motif que le contrat était soumis au droit français). Lorsqu'elle a consenti à prononcer la nullité, elle l'a fait en invoquant le caractère immoral, illicite ou contraire à l'ordre public de l'acte, cause de nullité aux termes de la loi applicable au contrat (v. par ex. Trib. com. Dunkerque, 27 nov. 1906, et Douai, 11 nov. 1907, *RDI* 1908.138 ; Trib. civ. Seine 2 juill. 1932, S. 1934.2.73, note Niboyet). L'explication est surprenante, car on ne voit pas ce que le juge saisi peut trouver d'immoral dans le fait de tenter d'échapper à une loi qui, selon lui, n'est pas compétente. L'annulation ne s'explique que par la compétence reconnue à la loi étrangère, et par la constatation que celle-ci a été violée.

(16) V. par ex. Civ. 16 oct. 1967, *D.* 1968.445, note Mezger, *Rev. crit. DIP* 1968.661, note Eck ; Civ. 16 juin 1969, *JCP* 1969.II.16131, note P. L.

(17) V. par ex. Colmar, 16 févr. 1937, *Rev. crit. DIP* 1937.685, note H. B., *D.* 1939.2.25, note Silz.

(18) Par ailleurs, les tribunaux se montrent assez disposés *à prendre* éventuellement *en considération* les lois étrangères de droit public (sur la différence entre prise en considération et application, v. *infra*, n° 139).

refus par le juge de se déclarer compétent. Mais s'il se reconnaît compétent le refus d'appliquer la loi étrangère emporte des conséquences plus graves, et paraît excessif. En effet, tandis que le refus pur et simple de compétence juridictionnelle ne va pas au-delà d'un *refus de coopération*, l'acceptation de cette compétence accompagnée d'un refus d'application de la loi étrangère constitue une véritable attitude *d'opposition*. Par exemple, valider un contrat qui comporte une exportation de devises étrangères à partir du territoire d'un État étranger qui la juge contraire à ses intérêts et l'interdit, c'est aller au-delà d'un simple refus de coopération, c'est délibérément entraver la politique de cet État. Pour un tribunal qui s'est déclaré compétent, il n'y a plus de choix qu'entre une attitude coopérative et une attitude hostile. La première est, à tout prendre, préférable (19).

Quelques conventions internationales font obligation à leurs signataires de respecter certaines règles de droit public émanant des autres États parties. Ainsi une convention de l'UNESCO de 1970 et une convention UNIDROIT de 1995 prévoient le respect mutuel des interdictions d'exporter des objets culturels édictées par leurs signataires.

107 On réservera seulement, comme pour toute loi étrangère, la possibilité d'une contrariété avec *l'ordre public* français (v. *infra*, n°s 199 à 213), si cette loi est injuste, ou contraire aux intérêts de la France ou d'un pays ami (20).

C'est encore l'exception d'ordre public qui permettra d'évincer une règle étrangère lorsque le domaine d'application qu'elle s'assigne paraît excessif. Ainsi, une loi par laquelle un État accorderait sa nationalité à toute personne qui le lui demanderait et qui serait prête à lui verser pour cela une certaine somme d'argent, en dehors de toute condition de résidence, pourrait être écartée par le juge d'un État étranger (v. *infra*, Livre II).

108 Une autre hypothèse où la loi — pouvant être ici aussi bien la loi du for qu'une loi étrangère — ne devrait pas être appliquée serait, selon l'analyse des auteurs qui se sont intéressés à la question, celle où cette loi *décline sa compétence*. Il ne s'agit là que d'une apparence, comme le montreront trois exemples.

Premier exemple. Le bénéfice de certaines prestations de la Sécurité sociale française est réservé aux personnes résidant en France. Apparemment, le droit français de l'aide sociale refuse donc de s'appliquer aux personnes résidant hors de France. Mais cette apparence est trompeuse. Seul le droit français a compétence pour déterminer dans quels cas les organismes français de l'aide sociale doivent verser des prestations. Le législateur, loin de la

(19) L'Institut de droit international a rejeté le principe de l'inapplicabilité des lois politiques (en 1954) et de droit public (en 1975).

(20) L'idée d'une prise en considération par le juge des liens politiques de l'État du for avec les autres États se heurte à une hostilité presque générale en France. Elle est pourtant le complément indispensable de l'adoption d'une position par principe accueillante aux lois de droit public ou « politiques » étrangères. La Grande-Bretagne et les États-Unis, pays libéraux dans ce domaine, en ont fait l'expérience (v. notamment l'arrêt de la Chambre des Lords *Regazzoni v. Sethia*, du 21 oct. 1957, 1958. A.C. 301, *JDI* 1961.1141).

repousser, *utilise* en fait cette compétence lorsqu'il exclut du champ d'application des règles protectrices telle ou telle situation. Et lorsque l'organisme, ou sur recours, le juge, décide qu'il n'y a pas lieu d'effectuer une prestation, il ne le fait que *par application de la loi française*.

Deuxième exemple. La loi pénale française ne prévoit pas la répression des délits non passibles d'emprisonnement, commis à l'étranger par des étrangers, même si la victime est française. Cela ne signifie pas que le législateur français s'estime incompétent à leur égard, mais simplement qu'il utilise sa compétence pour écarter toute répression (21).

Troisième exemple. La loi fiscale n'impose pas les bénéfices réalisés hors de France par des personnes physiques ne résidant pas en France. Le législateur utilise de cette façon sa compétence pour décréter la non-imposabilité.

C'est donc une erreur, fréquemment commise, de croire que les critères d'application territoriale des règles de droit public sont des critères de compétence législative. Ils ne servent qu'à faire la part entre les situations qui donneront lieu à une certaine solution (réparation, répression, imposition...) et celles qui donneront lieu à la solution opposée.

Bibliographie sommaire

Sur l'effet de la non-reconnaissance de l'État étranger :

VERHOEVEN : « Relations internationales de droit privé en l'absence de reconnaissance d'un État, d'un gouvernement ou d'une situation », *Rec. Acad. La Haye*, 1985, III, p. 9 et s.

Sur les conflits internes :

BARTIN : *Études de droit international privé*, Paris, 1899, p. 169 et s.

CHARFI : « L'influence de la religion dans le droit international privé des pays musulmans », *Rec. Acad. La Haye*, 1987, III, p. 325 et s.

DÉPREZ : « Droit international privé et conflits de civilisation, Aspects méthodologiques », *Rec. Acad. La Haye*, 1988, IV, p. 9 et s.

ELGEDDAWY : *Relations entre systèmes confessionnel et laïque en droit international privé*, Dalloz, 1971.

P. GANNAGÉ : *Le pluralisme des statuts personnels dans les États multicommunautaires*, Bruylant et PUSJ, 2001.

P. GANNAGÉ : « Droit intercommunautaire et droit international privé », *JDI* 1983.479.

Sur l'unification législative :

H. BAUER : « Les traités et les règles de droit international privé matériel », *Rev. crit. DIP* 1966.537.

LAGARDE : « Les interprétations divergentes d'une loi uniforme donnent-elles lieu à un conflit de lois ? », *Rev. crit. DIP* 1964.235.

LAGARDE : « Le champ d'application dans l'espace des règles uniformes de droit privé matériel », *Études de droit contemporain*, 1970, p. 149 et s.

MALINTOPPI : « Les rapports entre droit uniforme et droit international privé », *Rec. Acad. La Haye*, 1965, III, p. 1 et s.

(21) Il est possible par ailleurs qu'une autre règle de droit international public vienne *limiter l'utilisation* par l'État de sa compétence répressive (et de même taxatrice, etc.), en exigeant un *certain lien* entre la situation et l'État. C'est là une autre question. Le contenu de cette règle, à supposer qu'elle existe, est d'ailleurs plus qu'incertain (cf. MANN, *Studies in International Law*, Oxford, 1973, p. 1 et s.).

Sur la compétence et l'application des lois de droit public :

M. BAUER : *Le droit public étranger devant le juge du for*, thèse dactyl., Paris II, 1977.

Jacques FOYER : « Le Conseil d'État et le conflit des lois », *Mélanges Dominique Holleaux*, Litec, 1990, p. 103 et s.

HÉRON : « Publicisation d'un droit et détermination de la méthode de règlement », *Trav. Com. fr. dr. int. pr.* 1990-1991, p. 65 et s.

INSTITUT DE DROIT INTERNATIONAL : *Annuaire*, vol. 56, p. 219, et s., 375 et s., vol. 57, t. II, p. 2 et s., 166 et s.

KINSCH : *Le fait du prince étranger*, LGDJ, 1994.

P. LALIVE : « Le droit public étranger et le droit international privé », *Trav. Com. fr. dr. int. pr.*, 1973-1975, p. 215 et s.

MANN : « L'exécution internationale des droits publics », *Rev. crit. DIP* 1988.1.

MAYER : « Droit international privé et droit international public sous l'angle de la notion de compétence » *Rev. crit. DIP* 1979, p. 1, 349, 537.

MAYER : « Le rôle du droit public en droit international privé », *RID comp.* 1986.467.

MUIR WATT : « Droit public et droit privé dans les rapports internationaux (vers la publicisation des conflits de lois ?) », *in Le privé et le public, Arch. phil. droit*, t. 41, 1997, p. 207 et s.

VAN HECKE : « Droit public et conflit de lois », *Trav. Com. fr. dr. int.* pr., 1983-1984, p. 225 et s.

ZWEIGERT : « Droit international privé et droit public », *Rev. crit. DIP* 1965.645.

Colloque de Bâle sur le droit public en droit international privé, Helbing u. Lichtenhahn, Bâle et Francfort s/le Main, 1991 (F.-E. Klein, éd.).

Sur le droit pénal international :

CHILSTEIN : *Droit pénal international et lois de police*, Dalloz, 2003.

HUET : « Pour une application limitée de la loi pénale étrangère », *JDI* 1982.625.

LE CALVEZ : « Compétence législative et compétence judiciaire en droit pénal (la remise en cause du principe selon lequel le juge répressif n'applique que sa loi nationale) », *Rev. sc. crim.* 1980, p. 13 et 337.

Sur les lois politiques :

ARMINJON : « Les lois politiques et le droit international privé », *RDIP* 1930.385.

GIHL : « Lois politiques et droit international privé », *Rec. Acad. La Haye*, 1953, II, p. 167 et s.

Sur la distinction entre règles et décisions :

G. BURDEAU : « Le gel d'avoirs étrangers », *JDI* 1997.5.

MAYER : *La distinction entre règles et décisions et le droit international privé*, Paris, Dalloz, 1973.

SECTION II — SOLUTION DU PROBLÈME : LES MÉTHODES POSSIBLES

109 En présence d'une question de droit qui se trouve en contact avec une pluralité d'ordres juridiques, contenant tous une règle susceptible de lui apporter une réponse, trois attitudes sont possibles (la décision ayant été prise au départ de ne pas se restreindre *a priori* à l'application des règles ordinaires du for) :

– prétendre n'appliquer aucune règle substantielle, en respectant seulement les droits subjectifs acquis (Sous-Section I) ;

– désigner comme applicable la règle substantielle de l'un des États en présence (Sous-Section II) ;

– édicter une règle substantielle spéciale (Sous-Section III).

S/SECTION I — LA RÈGLE DE DROIT INTERNATIONAL PRIVÉ IMPOSE LE RESPECT DES DROITS SUBJECTIFS INDÉPENDAMMENT DE TOUTE RÈGLE SUBSTANTIELLE (THÉORIE DES DROITS ACQUIS)

110 La théorie des droits acquis (en anglais : *vested rights*) a été conçue au XVIIe siècle par l'école hollandaise comme un corollaire, fondé sur la courtoisie, du principe de la territorialité des lois (v. *supra*, n° 65). Chaque souverain applique sa propre loi dans les limites de son territoire, mais doit en contrepartie respecter les droits acquis sur le territoire d'un autre souverain, conformément à la loi locale. Les Anglo-Saxons ont été séduits par ce moyen de satisfaire les exigences de sécurité des individus sans avoir à « appliquer », à proprement parler, une loi étrangère, opération ressentie comme une abdication de la souveraineté. La théorie des *vested rights* est encore reçue en Grande-Bretagne et, partiellement, aux États-Unis, malgré la concurrence de doctrines plus modernes.

La caractéristique principale de la théorie des droits acquis est donc de prétendre supprimer radicalement tout conflit de lois. On n'a pas à rechercher quel est le droit objectif applicable, il suffit de constater, puis de consacrer, l'existence d'un droit subjectif né à l'étranger. Tous les auteurs qui ont illustré la théorie ont mis l'accent sur la nécessité de respecter les droits acquis comme des *faits* (le mot est presque toujours employé) dont il serait absurde de nier l'existence.

111 La théorie est simple et séduisante, mais fausse.

Sa première limite est qu'elle n'explique pas comment le juge saisi peut *donner naissance* à une situation en suivant une loi étrangère. Elle suppose toujours que le droit existe déjà, et qu'il y a seulement lieu d'en tirer des effets ; or le juge peut aussi être requis de créer une situation nouvelle, par exemple de prononcer un jugement d'interdiction ou de divorce. La théorie des droits acquis ne laisse aucune place à la loi étrangère dans cette éventualité. Toutefois, cette remarque ne tend qu'à limiter le domaine de la théorie, le conflit de lois prenant le relais pour le problème de la création des droits ; telle était bien d'ailleurs la position de Pillet et de Niboyet, défenseurs de la théorie en France.

Une objection plus générale, et décisive, a été formulée par Savigny : c'est que « pour reconnaître si des droits sont bien acquis, il faut d'abord savoir d'après quel droit local nous devons juger de leur acquisition. » Si un mariage a été célébré entre deux Français à l'étranger, leur qualité d'époux devra certes être respectée, mais seulement si le mariage est valable. Comment savoir s'il l'est, si l'on n'a pas pris parti sur la loi applicable aux conditions de validité du mariage ? L'erreur de la théorie des droits acquis est d'assimiler les droits à des faits, c'est-à-dire de les considérer comme doués d'une existence réelle et autonome. Or, un droit subjectif n'existe pas dans l'absolu. Il n'est rien d'autre que l'application d'une règle de droit objectif à une situation de fait individuelle (v. *supra*, n° 32). C'est pourquoi on ne peut éluder l'étape de la détermination du droit objectif compétent.

112 L'idée de « droits acquis » connaît depuis peu un renouveau sous le nom de « méthode de la reconnaissance des situations ». Elle diffère quelque peu de la version traditionnelle de la théorie des droits acquis. Selon cette nouvelle méthode, la première étape du raisonnement réside dans la constatation qu'une situation juridique a été valablement constituée à l'étranger, non selon les *règles substantielles* locales, mais selon le *droit international privé* du pays dans lequel est intervenu l'acte juridique à l'origine de la situation. Sur la base de cette constatation, il ne reste plus pour le juge saisi, dans une deuxième étape, qu'à vérifier que certaines conditions posées par son propre droit international privé sont remplies — par exemple, la conformité de la situation à son ordre public, ou l'existence d'un lien préexistant entre les parties et le pays ou l'acte est intervenu —, et dans l'affirmative la situation est reconnue, telle quelle, par le for.

Un exemple de recours à cette méthode est fourni par la Convention de La Haye de 1978 sur la célébration et la reconnaissance de la validité des mariages (non signée par la France). Aux termes de son article 9, al. 1er « Le mariage qui a été valablement conclu selon le droit de l'État de célébration, ou qui devient ultérieurement valable selon ce droit, est considéré comme tel dans tout État contractant sous réserve des dispositions de ce chapitre ». Il est à noter que, par « droit de l'État de célébration », il faut entendre le droit international privé de cet État.

La justification de la méthode réside dans la volonté de respecter les prévisions des parties. Soient deux Français domiciliés à l'étranger qui se marient dans un pays tiers, où ils résident temporairement, leur mariage y étant tenu pour valable parce que la règle de conflit de lois de ce pays soumet le statut personnel à la loi du domicile et que les conditions de fond posées par celle-ci ont été respectées ; il serait inopportun de déclarer leur mariage nul en France, au motif que les conditions de fond de la loi française, loi nationale des époux, applicable en principe selon notre règle de conflit de lois, n'auraient pas été respectées. L'intervention de l'officier de l'état civil aura « cristallisé », dans l'esprit des parties, la croyance à la validité de leur union, surtout s'il a vérifié que les conditions posées par la loi du domicile étaient bien respectées.

La méthode est donc défendable à condition que le juge vérifie, au minimum, que le choix par les parties du lieu de l'acte n'était pas frauduleux, et que l'ordre public du for est respecté. Il ne faut pas toutefois se laisser abuser par les mots : la situation n'est pas « reconnue » comme si elle était une réalité de fait ; il aura bien fallu appliquer les règles substantielles du pays désigné par le droit international privé du lieu de l'acte pour constater que ce dernier est valable. Par ailleurs la méthode ne sert, le plus souvent, qu'à titre subsidiaire : dans l'exemple pris, si le mariage est valable selon la loi désignée par la règle de conflit du for (loi française, dans l'exemple), il n'est pas nécessaire d'avoir recours à la méthode de la reconnaissance des situations, qui implique un raisonnement complexe, alors que le résultat recherché est atteint par la voie ordinaire.

Le droit positif français n'a pas consacré la méthode de la reconnaissance des situations. Les seuls actes susceptibles de reconnaissance sont les jugements (v. *infra*, chapitre II du titre II) et dans une certaine mesure les actes publics (v. *infra*, chapitre III du titre II).

S/SECTION II — LA RÈGLE DE DROIT INTERNATIONAL PRIVÉ DÉSIGNE UNE RÈGLE SUBSTANTIELLE

113 Admettre que la fonction de la règle de droit international privé, en matière de conflit de lois, est de désigner une règle substantielle, laisse encore place à une certaine diversité de méthodes. En négligeant les méthodes nouvelles proposées par la doctrine nord-américaine (22), une opposition majeure doit être faite entre méthodes consistant à choisir la loi applicable en fonction de la nature de la question posée (§ 1), et méthodes déduisant l'applicabilité d'une règle de son but, ou de la volonté de son auteur (§ 2).

§ 1. CHOIX FONDÉ SUR LA NATURE DE LA QUESTION POSÉE

114 Si l'on admet qu'une règle substantielle doit être appliquée à la question dc droit, la première façon de la choisir parmi les lois en présence consiste à s'interroger sur la nature de la question de droit et à en déduire quel élément la *localise*, c'est-à-dire détermine l'ordre juridique avec lequel elle présente *objectivement* les liens les plus significatifs. C'est la méthode dite « savignienne » parce que, bien qu'elle eût été appliquée spontanément par les tribunaux depuis des siècles (v. *infra*, n° 133), Savigny fut le premier à en formuler le contenu de façon parfaitement nette. La structure de la règle de conflit savignienne est la suivante :

« Si le juge (ou plus généralement l'organe étatique) doit résoudre une question de droit de tel type, il doit appliquer la loi désignée par tel élément. »

(22) La doctrine nord-américaine, représentée notamment par W. Reese, D. Cavers, B. Currie, A. Ehrenzweig, est particulièrement fertile en propositions nouvelles. Mais elles ne séduisent guère les juristes européens. Sur Cavers, v. *infra*, n° 138. Sur le droit international privé américain contemporain, v. VON MEHREN, « Une esquisse de l'évolution du droit international privé aux États-Unis », *JDI* 1973.116 ; HANOTIAU, *Le droit international privé américain*, Paris 1979 ; en langue anglaise : SYMEONIDES, « The american choice of law revolution in the courts : today and tomorrow » *Rec. Acad. La Haye*, t. 298 (2002).

L'élément qui permet de choisir la loi est appelé « élément (ou facteur, ou critère) de *rattachement* », parce qu'il rattache les questions de droit à un ordre juridique. Le présupposé (sur ce terme, v. *supra*, n° 83) de la règle de conflit définit la catégorie de questions de droit à laquelle est affecté le critère de rattachement, et l'effet juridique énonce ce critère.

Exemple de règle de conflit : « Si le juge doit résoudre une question *relative à l'établissement d'une filiation naturelle* » (*catégorie*), « il doit appliquer la loi de la *nationalité de la mère* » (*critère de rattachement*). Plus brièvement, on dira que « l'établissement de la filiation naturelle est soumis à la loi de la nationalité de la mère ».

Une telle règle de conflit présente quatre caractéristiques principales.

En premier lieu, elle est *abstraite*. La désignation de la loi applicable s'effectue sans que le juge ait eu besoin de prendre connaissance de la teneur matérielle, concrète des lois en présence. C'est seulement après avoir effectué son choix qu'il en découvre les conséquences pour la solution du litige.

En second lieu la règle de conflit est *neutre*. Elle ne cherche pas à privilégier l'une des solutions possibles du litige, par exemple l'établissement de la filiation naturelle par rapport au refus de la constater. Aucune considération relative à la justice du résultat ne vient influencer la désignation de l'une des lois par préférence aux autres.

En troisième lieu, la règle de conflit savignienne est dite *bilatérale*. Le rattachement désigne indifféremment, selon les données de l'espèce, une loi étrangère ou la loi du for. Dans l'exemple précédemment pris, si la mère est française, la loi applicable est française, si la mère est italienne, la loi applicable est italienne, etc.

En dernier lieu, la règle de conflit est *dénuée de nationalisme*. Elle ne privilégie pas la loi du for par rapport aux lois étrangères. Toutes sont placées sur un pied d'égalité, et se voient reconnaître un domaine d'application identique.

La règle de conflit de lois que l'on vient de décrire est l'instrument *habituel* de résolution des conflits de lois au point que, dans la terminologie courante, on la désigne sous le nom de « *règle de conflit de lois* », sans autre précision ; et de même lorsque l'on parle de la « *méthode du conflit de lois* », on vise la méthode consistant à élaborer et à appliquer des règles de conflit de lois de ce type.

115 Parmi les caractères de la règle de conflit savignienne, le premier qui ait été identifié, pour être aussitôt critiqué, est le caractère de bilatéralité — à telle enseigne qu'on la désigne couramment par l'appellation de « règle de conflit bilatérale » (sur la critique des caractères de neutralité et d'abstraction, voir le § 2 de la présente Sous-Section, et la Sous-Section III).

Selon certains auteurs, la bilatéralité se heurte à des objections théoriques majeures. Toute règle de conflit devrait être *unilatérale*, c'est-à-dire destinée exclusivement à délimiter la compétence de l'ordre juridique auquel elle appartient. Dans les cas où elle ne donne pas compétence à cet ordre juridique, elle ne saurait pour autant désigner une loi étrangère : l'applicabilité de celle-ci serait commandée par le critère de rattachement (lui-même unilatéral) posé par son propre auteur.

Bien que la critique unilatéraliste ne soit pas fondée, comme on va le voir d'abord (A), l'existence de rattachements unilatéraux ne doit pas pour autant être totalement exclue (B).

A. Légitimité de la règle de conflit bilatérale

116 L'unilatéralisme est toujours lié à l'idée qu'un État ne doit pas donner compétence à la loi d'un autre État dans un cas où celui-ci ne veut pas qu'elle soit appliquée. Pour éviter ce résultat, il faut que chaque État se contente de déterminer les cas où sa propre loi est applicable, et respecte, en dehors de ces cas, la volonté des autres États quant au domaine d'application de leur loi. Suivant les auteurs, cette nécessité est présentée comme ayant un fondement soit juridique, soit logique. Ni l'un ni l'autre ne sont convaincants.

117 Selon la tendance la plus ancienne, illustrée notamment en Allemagne par Schnell et par Niedner au XIXe siècle, et reprise en France par Niboyet (23), le droit international public interdit à un État d'attribuer ou de dénier compétence à la loi d'un autre État. La raison en est clairement formulée par von Bar (24) : « Imposer une compétence à qui n'en veut pas, ce n'est pas le traiter en égal, c'est revendiquer une espèce de supériorité ou s'attribuer un droit supernational ; c'est agir comme une Cour supérieure qui ordonne à un tribunal inférieur, qui s'était déclaré incompétent, de statuer sur le fond. Or, comme tous les États sont égaux et doivent se respecter les uns les autres, il ne peut y avoir de compétence imposée. »

La théorie est donc marquée par la conception du droit international privé comme droit des conflits de souverainetés. On a vu (*supra*, n° 68) qu'en fait le conflit met davantage en cause les intérêts privés que les intérêts étatiques. De plus, ce n'est pas attribuer compétence à un État que d'*appliquer* sa loi ; l'existence de ses règles est un fait et il n'est interdit à personne de les prendre pour majeures du syllogisme (comp. *supra*, n° 85). Si d'ailleurs l'applicabilité d'une loi était liée à une véritable compétence de l'État dont elle émane, il devrait être logiquement interdit à chaque État de définir l'applicabilité, non seulement des lois étrangères, mais même de sa propre loi, car on peut encore moins attribuer une compétence à soi-même qu'à un tiers.

Enfin, il faut observer que la décision d'appliquer la loi étrangère si, et seulement si, elle est désignée par la règle de conflit du pays dont elle émane, suscite souvent de grandes difficultés. Tout est simple si une seule loi étrangère « veut » s'appliquer, les autres ne se reconnaissant pas compétence. Mais il se peut que deux ou plusieurs lois veuillent s'appliquer (conflit positif) ou qu'au contraire aucune ne le veuille (conflit négatif). Les auteurs hésitent alors. Niboyet propose les principes suivants : en cas de conflit négatif, on applique la loi du for ; en cas de conflit positif, on applique la loi que désignerait notre règle de conflit si elle était bilatérale. Ces principes constituent une faiblesse supplémentaire de l'unilatéralisme. Appliquer la loi du for en cas de conflit négatif est maladroit lorsque le for,

(23) Sur la compatibité entre l'unilatéralisme et le nationalisme de Niboyet, v. *supra*, n° 64.
(24) *Annuaire Instit. droit internat.*, éd. abrégée, t. IV, p. 541.

à la différence des pays dont la loi refuse de s'appliquer, n'a aucun rapport avec la situation ; et la façon de résoudre le conflit positif ne revient-elle pas tout simplement à une « bilatéralisation » du rattachement du for ?

118 Une tendance plus moderne, défendue notamment par l'Italien Quadri (25), et exposée en langue française par M. Gothot (26), met en avant le fait que la loi, qui est toujours un commandement, doit pour exister comporter l'indication de ses destinataires ; on ne concevrait pas mieux une loi sans destinataires qu'une étoffe sans surface. Et il reviendrait à chaque souverain de fixer librement la sphère d'application de ses lois : « Toute règle juridique, parce qu'elle est le fruit d'expériences déterminées, renferme au moins implicitement ses propres limites d'efficacité (27). » Il serait donc absurde de l'appliquer aux situations qu'elle ne vise pas.

Cette position ne paraît pas mieux fondée que la précédente. Elle achoppe, elle aussi, sur le problème du conflit négatif, qu'elle résout par le recours à la loi du for, seulement tempéré par le principe — vague — du respect des prévisions des parties, et sur celui du conflit positif, résolu par le recours à la loi qui a le plus de chances de s'imposer *en fait* aux parties — ce qui est également fort vague.

Sur le plan théorique, elle repose sur l'affirmation que la règle se limite nécessairement aux situations qui ont avec l'État dont elle émane un certain lien, qu'il définit lui-même et ne peut pas ne pas définir. Or, c'est là trop insister sur l'aspect impératif de la loi et négliger son caractère abstrait. La règle ordonne, mais, étant abstraite, elle ne peut ordonner que dans l'abstrait ; elle se contente en fait de poser une relation de cause à effet entre une hypothèse de fait et un certain effet juridique. Cette relation, étant posée sans avoir égard à une quelconque localisation des questions auxquelles elle est susceptible d'être appliquée, a une vocation spatiale *universelle* (28).

Bien sûr, c'est en pensant aux relations de la vie interne que le législateur a élaboré le contenu de la règle. Mais ce modèle, *à défaut d'un autre mieux adapté*, peut et doit être appliqué à toute situation soumise au juge. On constate d'ailleurs qu'il en est bien ainsi lorsque la loi étrangère compétente ne peut être déterminée (*infra*, n°s 176 et 177), ou qu'elle ne peut être appliquée, soit parce que son contenu est inconnu (*infra*, n° 184), soit parce qu'il est contraire à l'ordre public (*infra*, n° 212) : c'est la loi du for qui s'applique.

C'est donc que la règle de conflit ne limite aucunement la vocation de la règle substantielle ; elle l'empêche seulement de se réaliser judiciairement lorsqu'une autre loi paraît en l'espèce mieux convenir. Le problème qu'elle résout n'est pas celui du champ d'application de la règle, mais celui du fonctionnement des tribunaux : entre plusieurs lois qui ont également vocation à s'appliquer, quelle est celle que le tribunal doit choisir ? Pour répondre à cette question, on se fie à la localisation de la question de droit. Le fait que les règles de conflit ne sont pas identiques dans tous les pays signifie que tous les pays n'apprécient pas la localisation de la même façon ; mais l'appréciation que le juge saisi doit faire prévaloir est celle de son État, car, comme toute règle relative au fonctionnement d'un organe étatique, la règle de conflit s'adresse aux seuls organes internes.

(25) *Lezioni di diritto internationale privato*, 5e éd., Naples 1969.
(26) *Op. cit.*
(27) QUADRI, *op. cit.*
(28) Il existe, il est vrai, des règles qui s'autolimitent spatialement : ainsi la loi française du 1er sept. 1948, qui régit les baux d'habitation dans les seules communes dont le nombre d'habitants dépasse un certain seuil. Mais on trouve alors, nécessairement, dans le même ordre juridique une règle que l'on peut appeler complémentaire et qui régit les situations exclues par l'autolimitation (dans l'exemple pris, ce sont les règles du Code civil sur les baux d'habitation et les autres lois spéciales). C'est dans ce cas le couple de règles complémentaires qui a vocation universelle.

Il n'y a donc pas lieu en principe de tenir compte des règles de conflit étrangères. Les critères de rattachement du for suffisent à répartir les questions de droit entre les divers ordres juridiques.

La jurisprudence n'a d'ailleurs jamais hésité à énoncer des règles de conflit bilatérales. Elle a même « bilatéralisé » des règles de conflit apparemment unilatérales posées par le législateur. Ainsi l'article 3, al. 3 du Code civil : « Les lois concernant l'état et la capacité des personnes régissent les Français, même résidant en pays étranger », est devenu dans l'interprétation des tribunaux : « L'état et la capacité des personnes sont régis par leur loi nationale. » Même phénomène en Allemagne, après l'édiction, en 1896, par la loi d'introduction du Code civil, de nombreuses règles de conflit de lois énoncées sous la forme unilatérale.

B. Possibilité de rattachements unilatéraux

119 Le rejet de la théorie unilatéraliste, en ce qu'elle prétend nier la légitimité de tout rattachement bilatéral, n'exclut pas le recours éventuel à un rattachement unilatéral. Si normalement on retient pour seul rattachement un critère bilatéral, on peut aussi lui adjoindre un critère unilatéral qui assurera à l'ordre juridique du for un domaine plus large. Par exemple, on pourrait dire — cela a été suggéré — que l'état et la capacité des personnes sont régis par la loi *nationale* (adoption du critère *bilatéral* de la nationalité), mais qu'en toute hypothèse, l'état et la capacité des personnes domiciliées en France sont régis par la loi française (*critère unilatéral* du domicile).

Ce procédé est très différent du véritable unilatéralisme, puisqu'il n'exclut pas, mais complète, un rattachement bilatéral ; il est de plus *nationaliste*, élargissant la compétence de la loi du for, alors que l'unilatéralisme de Niboyet ou de Quadri se veut au contraire respectueux de la souveraineté étrangère, et peut donc être qualifié d'internationaliste.

Puisque l'on raisonne, à l'intérieur de ce paragraphe, dans l'hypothèse où le choix de la loi est indépendant de sa teneur et de son but, la loi du for paraît donc bien être préférée *en tant que telle*. Si les législateurs étrangers adoptent la même attitude, on risque d'en arriver à l'application généralisée de la *lex fori*, avec les inconvénients bien connus du manque d'harmonie des solutions et de l'encouragement au *forum shopping* (v. *supra*, n° 32).

On doit donc souhaiter que le législateur français ne s'engage pas dans cette voie. Il l'a fait cependant, en 1975, à propos des causes du divorce, en recourant dans l'article 310 du Code civil à un mélange curieux d'unilatéralisme nationaliste et d'unilatéralisme internationaliste (v. *infra*, n°s 576 et s.) (29).

(29) Un autre exemple, classique, de règle de conflit unilatérale, sera présenté ultérieurement (n° 129, note 42).

Le juge français est incontestablement lié par un tel texte, qui émane de l'État au nom duquel il rend la justice. En revanche, il semble qu'il ne doive accorder aucune attention à la désignation, par la règle de conflit unilatérale d'un pays *étranger*, d'une règle substantielle de ce pays. La tendance nationaliste doit plutôt être découragée par le refus de s'incliner devant elle, qu'encouragée par une acceptation d'en tenir compte.

§ 2. CHOIX FONDÉ SUR LE BUT DES RÈGLES OU SUR LA VOLONTÉ DE LEUR AUTEUR

120 Le type de règles de conflit envisagé au paragraphe précédent fait correspondre à un rattachement, bilatéral ou unilatéral, une catégorie de questions de droit, c'est-à-dire une *matière* : la matière de la filiation naturelle, du divorce, etc. Peu importe la teneur des lois en présence, et *a fortiori* leur but ; peu importe, par exemple, si la question posée est celle de la validité d'un mariage, que l'une des lois l'annule tandis que l'autre le valide : le choix est effectué entre elles par le critère de rattachement, sur la seule constatation de l'appartenance du problème de droit privé posé à la catégorie « mariage ».

Cette façon *abstraite* de procéder est justifiée lorsque aucun des États en présence n'est censé avoir une volonté ou un intérêt particulier à ce que prévale en l'espèce la solution qu'il a édictée (30). Mais elle ne peut être maintenue lorsque l'application d'une règle précise apparaît nécessaire indépendamment du rattachement de la matière. La règle doit alors être déclarée applicable, même si la catégorie à laquelle elle appartient est rattachée à une autre législation (31).

De telles règles ont été globalement désignées sous le nom de « lois d'application immédiate » (Francescakis) ou « lois d'application nécessaire » (Sperduti). On utilisera de préférence l'expression « règles d'application nécessaire », qui évoque le fait que *chacune de ces règles est applicable* (au moins dans le for de l'État dont elle émane) *même si l'ordre juridique auquel elle appartient n'est pas désigné par la règle de conflit, dès lors que l'État qui l'a édictée estime nécessaire de la voir appliquée aux situations présentant avec lui un certain rattachement.*

En général ce caractère d'application nécessaire est *déduit logiquement*, soit par la jurisprudence, soit plus rarement par le législateur lui-même, *du but de la règle* ; on parle alors de *lois de police* (A). Mais parfois il est *imposé arbitrairement* par le législateur (B).

(30) Et l'on sait (v. *supra*, n° 68) que tel est le cas général.

(31) Pour une critique résolue de cette méthode, voy. HEUZÉ, *La réglementation française...*, *op. cit.*, n°s 324 et s.

A. Lois de police

121 Les lois de police posent en premier lieu le problème de leur *identification*, d'autant que dans la grande majorité des cas le législateur qui les a édictées ne s'est pas prononcé sur leur nature.

Ph. Francescakis a proposé de considérer comme lois de police « les lois dont l'observation est nécessaire pour la sauvegarde de l'organisation politique, sociale, ou économique du pays » (32). En effet, de telles lois doivent être appliquées par le juge dès que la réalisation du but qu'elles poursuivent le postule, même si la règle de conflit ne les désigne pas : ce sont donc des règles d'application nécessaire.

122 La définition des lois de police adoptée par Ph. Francescakis a suscité des critiques en raison de son imprécision. M. Loussouarn les a fort clairement énoncées : « Il n'y a cas de différence de nature entre les lois de police et les autres lois. Dans les États modernes, on peut dire que toute loi tend pratiquement à garantir des intérêts économiques ou sociaux... En réalité, il existe entre les lois de police et les autres lois une simple différence de degré, ce qui rend le clivage beaucoup plus difficile... S'agissant d'une question de degré, de mesure, la qualification de loi de police ne peut résulter que d'un examen concret de chaque disposition législative (33). » Et cet examen cas par cas, effectué par le juge, ferait courir le risque d'arbitraire, voire de nationalisme, et rendrait toute systématisation impossible.

Ces remarques paraissent pertinentes. Mais qu'en conclure ? Il est certain que les limites exactes de la catégorie des lois de police ne sont pas aisées à définir. Mais c'est là un phénomène courant en droit : la notion de « bonnes mœurs », en droit interne, n'est-elle pas au moins aussi vague ? Les difficultés de mise en œuvre d'un concept ne doivent pas conduire à le rejeter en bloc, s'il correspond à une réalité. Or, tel est bien le cas ici. On ne saurait admettre, par exemple, qu'un contrat de bail relatif à un immeuble sis en France échappe à la législation française qui limite le montant des loyers, sous prétexte que le contrat est soumis à une loi étrangère. Et dès lors que l'on retient la notion, comme indispensable, dans *une* hypothèse, la recherche de ses limites ne peut plus être éludée.

(32) *Rép. Dalloz droit international*, 1re éd., v° *Conflit de lois*, n° 137. Comp. SAVIGNY, *Traité*, § 349 : lois qui « revêtent un caractère politique, de police ou d'économie politique ». Savigny n'emploie pas l'expression « lois de police », ni celle de « loi d'application immédiate », mais parle de « lois d'une nature positive rigoureusement obligatoires, dictées par un motif d'intérêt général ».

L'expression « loi de police », plus précisément « loi de police et de sûreté », a été utilisée par les rédacteurs du Code civil (art. 3, al. 1). Mais, en raison de son caractère très vague, elle n'était plus guère employée, et se trouvait donc libre pour un nouvel usage. Les « lois de police » dont parle Ph. Francescakis ne s'identifient pas avec celles que le Code civil dénomme ainsi.

(33) « Cours général de droit international privé », *Rec. Acad. La Haye*, 1973, II, p. 328-329.

123 Si le caractère imprécis de la formule énoncée par Ph. Francescakis est donc acceptable parce qu'imposé par la nature même des lois de police, en revanche, on peut estimer que cette formule est trop étroite. Il existe, en effet, des lois qui ne concourent pas plus intensément que les autres à l'organisation sociale, politique ou économique du pays mais n'en ont pas moins un caractère d'application nécessaire rationnellement déduit de leur but. Ainsi les règles qui visent à la protection des consommateurs n'ont qu'un but de protection individuelle ; mais ce but n'en rend pas moins nécessaire leur application à tous les consommateurs résidant sur le territoire, nonobstant la soumission du contrat, par la volonté des parties, à une loi étrangère moins protectrice : le but de protection des règles ne doit pas pouvoir être tenu en échec par la seule volonté des cocontractants. Le caractère de lois de police reconnu à ces dispositions viendra donc ici corriger le trop grand libéralisme de la règle de conflit bilatérale, qui déclare applicable aux contrats la loi choisie d'un commun accord par les parties (34).

Il est en réalité impossible d'enfermer le domaine des lois de police dans une formule, même vague et générale. Celle que propose Ph. Francescakis a le mérite de rendre compte de la très grande majorité des cas. Mais elle ne dispense pas d'avoir à se demander à propos de chaque règle (du moins lorsque l'une des parties au litige le fait valoir) si son but appelle nécessairement son application à certaines situations. Dans l'affirmative la qualité de loi de police doit lui être reconnue.

Reste à déterminer la façon dont on tiendra effectivement compte, non seulement des lois de police du for (a), mais aussi des lois de police étrangères (b), et ce qu'il advient en cas de conflit de lois de police (c).

a) La loi de police est la loi du for

124 Lorsque la loi de police est la loi du for, l'intérêt précis qui s'attache, selon l'ordre juridique du for, à son application en l'espèce, l'emporte certainement sur l'intérêt, peu pressant, d'une localisation objective de la question du droit. La loi de police doit donc être appliquée sans avoir égard à la règle de conflit de lois (35).

Pas de problème si une règle du for indique qu'elle doit être appliquée aux questions de droit présentant un certain rattachement, qu'elle précise, avec l'État du for. Il faut suivre ses indications.

(34) V., à propos de la loi du 10 janv. 1978 sur le crédit à la consommation, Civ. 1re, 19 oct. 1999, *Rev. crit. DIP* 2000.29, note Lagarde, *JDI* 2000.328, note Racine, *D.* 2000.765, note M. Audit.

(35) Pour des exemples d'application d'une loi de police du for, v. C.E. 29 juin 1973, *Syndicat général du personnel de la Compagnie des wagons-lits*, *Rev. crit. DIP* 1974.344, concl. Questiaux, et la chronique de Ph. Francescakis, *Rev. crit. DIP* 1974.273, *Droit soc.* 1974.42, concl. Questiaux, note J. Savatier, *JDI* 1975.538, note Simon-Depitre, *GA* n° 53 ; Soc. 19 mars 1986, *Rev. crit. DIP* 1987.554, note Lequette ; Civ. 1re, 19 oct. 1999, cité note précédente.

Sinon, il faut déterminer les cas dans lesquels son application est nécessaire pour que le but cherché soit atteint. Ainsi la législation qui prévoit l'attribution préférentielle, en cas de décès, des exploitations agricoles et des entreprises familiales à l'un des héritiers au détriment des autres, est destinée à éviter le morcellement d'unités économiques ; elle intéresse donc les exploitations agricoles et les entreprises localisées sur le territoire français, en tant qu'éléments de l'activité économique nationale. Elle doit leur être appliquée, même si la règle de conflit de lois désigne pour régir la succession une loi étrangère (ce qui peut être le cas pour les fonds de commerce, biens meubles soumis à la loi du dernier domicile du défunt, v. *infra*, n° 802).

Autre exemple : les règles protectrices de la concurrence ont pour objectif de permettre à la loi du marché de jouer librement sur le territoire national ; elles doivent donc être déclarées applicables à tous les accords, même soumis à une loi étrangère, dont les effets anticoncurrentiels seraient ressentis sur le marché national.

Toute loi de police possède ainsi un domaine d'application nécessaire déduit de l'objectif qu'elle poursuit.

125 La qualification de loi de police est apparemment sans portée si la compétence qui s'en déduit pour la loi du for coïncide avec celle qui résulte de l'application de la règle de conflit bilatérale en la matière. Par exemple, en matière de servitudes instituées dans l'intérêt public, l'État qui pourrait avoir intérêt à ce que sa loi s'applique est celui du lieu de situation du bien, objet de la servitude ; or la règle de conflit de lois bilatérale désigne précisément cette loi pour toutes les questions de droit réel. Cependant le caractère de lois de police se révèle parfois dans la mise en œuvre des règles de conflit bilatérales qui leur donnent ainsi compétence (v. *infra*, n°s 658 et 660).

126 Les lois de police définissent ou obligent le juge à définir leur champ d'application international nécessaire, donc *minimum*. Ce minimum constitue-t-il également un maximum ? La question se pose lorsque la règle de conflit bilatérale désigne la loi du for, et que celle-ci contient une loi de police dont l'application en l'espèce ne serait pas utile à la réalisation des buts poursuivis par le législateur français.

Il semble en tout cas que la compétence de l'ordre juridique du for, désigné dans son ensemble, ne doive pas être remise en cause. Même si la loi de police exclut de son domaine d'application les faits de l'espèce, l'ordre juridique n'est pas pour autant muet : il décide implicitement (ou parfois explicitement) que les faits *ne produisent pas l'effet prévu par la loi de police* (v. *supra*, n° 84) ; c'est cette règle négative qu'il faut alors appliquer.

La véritable difficulté est de déterminer si la loi de police exclut en l'espèce son application. Parfois, le législateur a expressément prévu que la loi de police ne s'appliquait pas en dehors d'un certain domaine. Ainsi, la *Joint Resolution* américaine de 1933 abrogeant les clauses-or indiquait dans son préambule qu'elle ne devait concerner que les paiements effectués sur le territoire américain. Quant aux paiements effectués en dehors de ce territoire, il était donc simple, pour le juge américain, de conclure à l'application de la règle, explicite ou implicite, qui validait lesdites clauses.

Mais, en général, la loi de police est muette sur son champ d'application international. L'hésitation est alors permise : si l'État n'est pas intéressé à ce que sa loi de police s'applique en l'espèce, il n'y est pas pour autant nécessairement hostile. Il semble raisonnable de s'inspirer des principes suivants. Si la loi constitue un mode de réglementation adéquat des rapports de droit privé, non lié par nature à un environnement économique ou social particulier, il faut l'appliquer. Ainsi, les règles relatives à la protection des consommateurs s'appliquent non seulement lorsqu'ils résident sur le territoire français, mais aussi lorsque la règle de conflit désigne la loi française. En revanche, certaines lois de police ne trouvent leur justification *que* dans la nécessité de réaliser un objectif national dans le domaine politique, économique ou social. C'est le cas par exemple des articles 112-1 et s. du Code monétaire et financier qui réglementent les clauses d'indexation ; destinés à éviter l'effet inflationniste de ces clauses, pour la protection de l'économie nationale, ils ne devraient pas être appliqués, même si le contrat était soumis à la loi française, lorsqu'il s'exécute entièrement en dehors de France.

126-1 Le droit communautaire exerce une influence de plus en plus sensible en la matière.

1° D'abord, les juges nationaux ne sont pas maîtres de la qualification de « loi de police » *lorsque la règle en cause résulte d'un règlement ou d'une directive communautaire* et que la Cour de justice des Communautés européennes s'est prononcée sur son domaine d'application dans l'espace. Or la Cour paraît très fortement encline à doter ces règles d'un domaine d'application nécessaire. Ainsi elle a décidé que la fonction que remplissent les règles protectrices de l'agent commercial posées par la directive du 18 décembre 1986, « exige qu'elles trouvent application dès lors que la situation présente un lien étroit avec la Communauté, notamment lorsque l'agent commercial exerce son activité sur le territoire d'un État membre, quelle que soit la loi à laquelle les parties ont entendu soumettre le contrat » (36). On a pu observer (L. Idot, *loc. cit.*) que dans la logique d'un tel raisonnement « toutes les directives communautaires de rapprochement des législations sont susceptibles d'être érigées en lois de police puisqu'elles visent toutes, à tout le moins indirectement, à diminuer les distorsions de concurrence qui résultent des divergences des législations nationales ».

2° Ensuite, pour ce qui concerne les règles impératives de *source nationale*, la Cour de justice s'estime autorisée à contrôler les conditions de leur application, à titre de lois de police, chaque fois qu'il est allégué que cette application pourrait constituer une gêne, si minime fût-elle, à l'exercice des libertés fondamentales instituées par le Traité CE. Elle considère notamment que le fait, pour l'État dans lequel un transfrontalier vient travailler, d'imposer à l'employeur le respect de ses dispositions relatives au salaire minimum, à titre de lois de police, est de nature à dissuader l'employeur d'avoir recours à des salariés résidant à l'étranger, et par là de se heurter au principe de libre circulation des travailleurs, qui constitue l'une des libertés communautaires fondamentales. Les tribunaux ne pourraient donc imposer le respect de ces lois de police que si, d'une part, elles poursuivent un but d'intérêt général légitime,

(36) CJCE 9 nov. 2000, *Ingmar GB Ltd*, *Rev. crit. DIP* 2001.107, note Idot, *JDI* 2001.511, note Jacquet. Quelques jours plus tard la Cour de cassation adoptait, conformément à la doctrine majoritaire, la solution inverse : Com. 28 nov. 2000, *D. aff.* 2001.305 note Chévrier, *JDI* 2001.511, note Jacquet.

d'autre part elles ne soumettent pas les parties à une contrainte disproportionnée par rapport à cet objectif (37).

Cette voie est pleine de périls. Au plan des principes, elle mène à l'instauration, contraire à l'idéal démocratique, et désastreuse pour la sécurité juridique, d'un gouvernement des juges puisque le Traité de Rome ne contient aucun critère qui puisse ne fût-ce que guider leur appréciation de la légitimité et de la proportionnalité des règles nationales (à partir de quel montant un salaire minimum mérite-t-il d'être déclaré excessif ?). D'un point de vue pratique, elle ne peut que très rapidement buter sur des obstacles techniques insurmontables, dès lors que la Cour de Luxembourg ne dispose pas des moyens matériels et humains lui permettant de se prononcer sur la légalité de toutes les règles impératives auxquelles les législateurs nationaux soumettent les rapports de droit privé. Et d'un point de vue logique, elle est indéfendable. En effet, pour qu'il soit permis de considérer que l'application d'une loi de police constitue une entrave aux libertés communautaires, il faudrait que la règle de conflit dont elle contrarie le jeu, et qui désigne la loi fixant les conditions dans lesquelles ces libertés s'exercent, fût elle-même imposée par le droit communautaire. Or tel n'est pas le cas : dans le silence du Traité, les États membres sont totalement libres de soumettre les relations privées aux règles de leur choix, et il est donc nécessairement indifférent qu'ils rendent celles-ci applicables en leur reconnaissant la qualité de lois de police, plutôt qu'au moyen d'une règle de conflit bilatérale.

b) La loi de police est une loi étrangère

127 Des lois de police existent aussi à l'étranger ; devons-nous en tenir compte en France ? Il ne devrait pas y avoir d'obstacle si la loi de police étrangère est désignée par notre règle de conflit bilatérale. Du moment que le tribunal français a accepté de se reconnaître compétent, il ne peut refuser d'appliquer la loi de police étrangère sous le prétexte que, ce faisant, il servirait les intérêts de l'État étranger.

Quant à la question de savoir si, à l'intérieur de la législation étrangère, c'est la loi de police qu'il faut appliquer ou une autre règle, elle doit se résoudre de la façon qui a été suggérée (*supra*, n° 126) dans le cas où la loi désignée est la loi française.

Mais pouvons-nous aller plus loin, et appliquer la loi de police étrangère *en tant que telle*, même si elle n'est pas désignée par notre règle de conflit ? Ne pas l'appliquer reviendrait non seulement à ne pas aider l'État étranger à réaliser ses objectifs, mais à aller à leur encontre (comp. le raisonnement tenu *supra*, n° 106 à propos de l'hypothèse où le droit international public donne

(37) V. CJCE 23 nov. 1999, *Arblade*, *Rev. crit. DIP* 2000.710, note Fallon, *JDI* 2000.493, obs. Luby ; CJCE 15 mars 2001, *Mazzoleni*, *Rev. crit. DIP* 2001.495, note Pataut, *RTD eur.* 2001.749, obs. Huglo, *JDI* 2002.578, obs. Luby. V. aussi, en matière de droit des sociétés, l'arrêt *Inspire Art* cité *infra*, n° 1038.

compétence à la loi étrangère). Le souci de respecter la localisation du rapport de droit (telle que l'apprécie la règle de conflit bilatérale du for) est-il plus impérieux que celui de ne pas entraver la politique de l'État étranger ? Il ne paraît guère raisonnable de le soutenir, surtout lorsque la localisation résulte en fait du choix des parties, comme c'est le cas en matière contractuelle, domaine le plus fréquent d'intervention des lois de police.

Le juge devrait donc imposer l'observation de la loi de police étrangère dans tous les cas où cela lui paraîtrait nécessaire à la réalisation du but de celle-ci. Ce faisant, il œuvrerait aussi pour l'harmonie des solutions, l'application de la loi de police ne dépendant plus du for devant lequel elle est invoquée. De plus, si une telle attitude se généralise en droit comparé, chaque État y trouvera son compte : ses juges appliqueront les lois de police étrangères, mais réciproquement les juges étrangers appliqueront ses lois de police.

Comme le juge est mal placé, en raison de son extériorité, pour apprécier exactement les impératifs de la politique de l'État étranger, il devrait normalement se conformer aux indications données par le législateur étranger lui-même, ou par la jurisprudence étrangère, quant au domaine d'application de la règle. Mais encore faut-il que la volonté d'application ainsi exprimée ne soit pas abusive, en quel cas il devrait refuser de la suivre. Il ne s'agit pas, en effet, dans l'application des lois de police étrangères, de s'incliner devant la volonté du législateur étranger, mais de protéger un intérêt : en général celui de l'État étranger ou de la collectivité qu'il représente, mais parfois celui de particuliers (consommateurs, travailleurs salariés...) ; la volonté du législateur étranger n'est qu'une présomption de l'existence d'un tel intérêt, susceptible de céder devant la preuve contraire.

Il faut aussi que l'intérêt invoqué par le législateur étranger paraisse *légitime* au juge français. Ce n'est pas toujours le cas. Le juge pourrait par exemple refuser d'appliquer une règle étrangère visant à instaurer un embargo sur certaines marchandises à destination d'un pays tiers ami de la France (38). D'autre part, même si l'intérêt est en lui-même légitime, la compétence revendiquée est parfois excessive. Il en est ainsi des règles étrangères relatives à la concurrence qui se veulent applicables dès lors qu'un accord restrictif de concurrence produit des effets, seraient-ils indirects et secondaires, sur leur territoire : au moins dans certains cas, cette prétention réalise une ingérence dans la vie économique de l'État sur le territoire duquel l'accord produit ses effets essentiels (39).

(38) V. le jugement du Tribunal d'arrondissement de La Haye du 17 sept. 1982 dans l'affaire *Sensor*, *Rev. crit. DIP* 1983.473, et la chronique de B. Audit citée dans la bibliographie *infra*.

(39) V. Bischoff et Kovar, « L'application du droit communautaire de la concurrence aux entreprises établies à l'extérieur de la Communauté », *JDI* 1975.675.

La jurisprudence française a déjà, dans des hypothèses particulièrement favorables, posé le principe de l'application des lois de police étrangères (40). Surtout la Convention de Rome du 19 juin 1980 (en vigueur depuis le 1er avril 1991), conclue entre les États membres de la Communauté économique européenne, le consacre dans son article 7, intitulé « lois de police » :

« Lors de l'application, en vertu de la présente Convention (c'est-à-dire en matière d'obligations contractuelles), de la loi d'un pays déterminé, il pourra être donné effet aux dispositions impératives de la loi d'un autre pays avec lequel la situation présente un lien étroit, si et dans la mesure où, selon le droit de ce pays, ces dispositions sont applicables quelle que soit la loi régissant le contrat. » La Convention ne confère aucun caractère d'automaticité à cette application des lois de police étrangère, car elle précise (outre l'exigence du « lien étroit ») : « Pour décider si effet doit être donné à ces dispositions impératives, il sera tenu compte de leur nature et de leur objet ainsi que des conséquences qui découleraient de leur application ou de leur non-application. »

128 Certains auteurs soutiennent qu'il serait toujours possible de recourir à une règle de conflit bilatérale pour désigner une loi de police étrangère. Le critère de rattachement serait obtenu par « bilatéralisation » du critère qui désigne la loi de police du for. Par exemple, si l'on estime que les dispositions relatives au montant des loyers doivent s'appliquer à tout contrat de bail relatif à un immeuble sis en France, on en déduira par bilatéralisation que « la loi applicable au montant du loyer est la loi du lieu d'exécution du contrat de bail ». Dès lors, la catégorie des lois de police cesse de correspondre à une méthode spécifique : dans tous les cas, on applique une règle de conflit bilatérale ordinaire ; il suffit de dégager les rattachements spéciaux adaptés.

Cette conception est erronée. À propos d'une question de droit donnée, il peut exister ou non, parmi les législations en présence, une loi qui se veuille applicable. Il faut donc consulter ces législations pour savoir si l'une d'entre elles contient une loi de police et s'il est nécessaire de l'appliquer. Ainsi, si une loi déroge au principe de l'égalité en nature dans le partage en adoptant le système de l'attribution préférentielle, elle est en cela, on l'a vu, une loi de police, et doit être appliquée même si la règle de conflit ne la désigne pas ; en revanche, si elle impose dans tous les cas l'égalité en nature, elle n'a en vue que les intérêts privés, n'est pas une loi de police, et ne doit être appliquée que si elle est désignée par la règle de conflit bilatérale (41).

Cependant, il est parfois possible de procéder à une pseudo-bilatéralisation : la désignation, par le critère spécial de rattachement, d'une loi étrangère est alors subordonnée à la vérification de la qualité de loi de police de celle-ci (déduite, par exemple, de son caractère protecteur d'une partie faible, ou du fait qu'elle prohibe certains comportements) ; on en verra ultérieurement une illustration (v. n° 731).

(40) V. notamment Soc. 31 mai 1972, *Rev. crit. DIP* 1973.683, note Lagarde, *JCP* 1973.II.17317, note G. Lyon-Caen ; Paris, 10 juin 1967, *JDI* 1968.100, obs. Dayant, *D.* 1969.221, concl. Granjon ; Paris 15 mai 1975, *Rev. crit. DIP* 1976.690, note Batiffol.

(41) Comp. GOTHOT, *op. cit.*, p. 234 : « Il n'est pas possible de classer [selon la matière ou l'objet visé] les lois de police, car ce n'est ni la matière, ni l'objet qu'elles visent qui les caractérisent, *mais bien la fonction qu'elles remplissent dans l'État* ».

SAVIGNY (*Traité*, § 349) voit dans ce que nous appellerions « lois de police », des lois dont « le motif et le but sont *en dehors du domaine du droit conçu abstractivement* » : l'idée est la même.

Il est même concevable, exceptionnellement, de procéder à une bilatéralisation véritable lorsque l'on peut présumer raisonnablement qu'un intérêt étatique s'attache dans tous les pays à la réglementation de certains rapports, quel que soit le contenu de cette réglementation ; il pourrait en être ainsi en matière de protection des consommateurs.

129 On assimile souvent lois de police et lois désignées par une règle de conflit unilatérale ; d'un côté les secondes sont parfois appelées « lois de police », de l'autre l'expression d'« unilatéralisme partiel » a été utilisée à propos des premières. Il existe pourtant entre elles des différences notables. En effet, tandis que les règles de conflit unilatérales soustraient à l'ordre juridique étranger une partie de la *matière* qui lui est attribuée par la règle de conflit bilatérale ordinaire, les lois de police se substituent ponctuellement aux *règles* correspondantes de cet ordre. De plus, la règle de conflit unilatérale ne tient pas compte du but de la disposition contenue dans la législation qu'elle désigne, alors qu'une règle n'est une loi de police que dans la mesure où son but le postule (42).

C'est ce qui explique que l'on ait adopté ci-dessus une position différente quant au problème de l'application des règles de conflit unilatérales étrangères, d'une part, des lois de police étrangères, d'autre part. Appliquer une règle de conflit unilatérale étrangère serait véritablement renoncer à l'application de la règle de droit international privé du for en faveur de la règle de droit international privé étrangère, sans même se réserver le rôle de désigner cette dernière ; tandis qu'appliquer une loi de police étrangère aux questions qu'elle vise, c'est tenir compte seulement, sur l'ordre de la règle de droit international privé *du for*, de l'intérêt, constaté objectivement, qu'a l'État étranger à son application. La volonté du législateur étranger, telle qu'elle est interprétée par ses tribunaux, quant au champ d'application de sa règle, n'est retenue qu'à titre de présomption d'intérêt, utile parce que le législateur étranger est mieux placé que le for pour définir sa politique ; mais si elle dépassait manifestement les exigences d'un intérêt raisonnable, le juge n'en tiendrait pas compte.

c) Conflit de lois de police

130 Deux ou plusieurs lois de police sont susceptibles d'entrer en conflit à propos d'une même question de droit. Soit, par exemple, le cas du salarié d'une société établie dans un pays A, accomplissant son travail dans le pays B de son domicile ; la législation du pays A prohibe

(42) Dans le sens de la distinction des deux types de règles, v. FADLALLAH, *op. cit. infra sub* n° 515, n° 133.

La distinction n'en est pas moins parfois délicate. Ainsi, comment analyser l'article 16, alinéa 1er de la loi du 18 juin 1966 sur l'affrètement et le transport maritime, ainsi rédigé : « Le présent titre (relatif au contrat de transport) est applicable aux transports effectués au départ ou à destination d'un port français » ? À première vue, il s'agit d'une règle de conflit posant un double rattachement unilatéral, et dérogeant, lorsque les conditions qu'elle pose sont réunies, à la règle de conflit bilatérale normale en matière de contrats. Et telle est bien, semble-t-il, l'analyse à laquelle il faut en définitive s'arrêter. Mais l'hésitation pourrait naître du fait que l'adoption de ces rattachements a été liée, dans la démarche du législateur, au contenu de la loi : protectrice du chargeur et du destinataire, elle a été jugée devoir être appliquée dans les hypothèses où, soit le chargeur, soit le destinataire, est une entreprise française (v. RODIÈRE, *Traité général de droit maritime*, t. II, n° 793). Si elle n'est pas pour autant un ensemble de lois de police, c'est que *dans son énoncé* l'article 16 ne porte pas la trace des motivations de son auteur ; il ne prescrit pas d'appliquer *telle règle*, avec sa teneur protectrice, mais toute règle contenue dans la loi, même si elle n'a aucune finalité protectrice, dès lors que la question posée s'inscrit dans la matière du transport maritime.

Les tribunaux, en tout cas, n'analysent pas ce texte comme une règle de conflit qui, comme telle, serait devenue inapplicable depuis l'entrée en vigueur de la Convention de Rome du 19 juin 1980 (v. *infra*, n° 692 et s.). Ils traitent la loi de 1966 comme un ensemble de lois de police, dont cette Convention a au contraire réservé l'application : v. par exemple Rouen, 9 sept. 2004, *DMF* 2005.851, obs. S. Chaillé de Néré.

toute adhésion à un syndicat, celle du pays B interdit au contraire à l'employeur de licencier un salarié pour motif d'appartenance syndicale ; si le salarié adhère à un syndicat et que son employeur le licencie, le licenciement est-il abusif ? Chaque État a objectivement intérêt à ce que sa loi s'applique à cette question, qui met en jeu son organisation sociale.

Ce type de conflit est assez différent du conflit de lois ordinaire. Normalement, dans les litiges de droit privé, c'est plutôt d'une concurrence que d'un véritable conflit qu'il faut parler : plusieurs règles sont en présence et ont une égale vocation à l'application ; les États dont elles émanent ne manifestent pas de volonté et n'ont pas d'intérêt à ce que leur propre loi l'emporte sur les autres. Leur seule préoccupation, exprimée par leur règle de conflit de lois, est que la relation soit soumise à la loi la mieux placée, en fonction de critères adéquats, pour la régir. Ici au contraire, il y a bien conflit au sens exact de ce terme, c'est-à-dire « affrontement entre deux ou plusieurs puissances qui se disputent un droit ». Les puissances, en l'occurrence, sont les États, qui se disputent l'application de leur loi de police respective à la situation qui les intéresse.

Si l'une des lois de police est celle du for, on imagine mal que le juge l'écarte au profit de la loi étrangère, à moins que le titre d'application de celle-ci ne soit manifestement plus puissant. Mais *quid* dans l'hypothèse, probablement très rare, d'un conflit de lois de police étrangères ?

Tout d'abord, le conflit n'existe que s'il est véritablement impossible de donner simultanément satisfaction aux divers États intéressés. Il n'y a pas de conflit si toutes les lois prescrivent la même mesure, par exemple l'annulation d'un contrat. Or, il en est très fréquemment ainsi, car deux lois ne sont ordinairement de police, sur une même question, que si elles sont de même sens : l'absence dans la législation d'un État d'une exigence posée par un autre étant rarement accompagnée de l'exigence contraire. Il est vrai que la même exigence peut être assortie de modalités différentes. Mais s'il est possible de déterminer qu'une exigence est plus sévère que l'autre, en en imposant le respect, on est certain de servir les intérêts des deux États.

Dans les cas où les exigences de deux États sont réellement inconciliables, il faut en sacrifier une. Logiquement les éléments dont, selon la Convention de Rome, le juge tient compte pour décider si une loi de police *unique* doit être appliquée (la nature de la disposition, son objet, l'étroitesse du lien avec la situation litigieuse, les conséquences de l'application ou de la non-application — v. *supra* n° 128), doivent être à nouveau pris en considération, mais cette fois dans le cadre d'une *comparaison entre les deux* lois de police.

B. Autres règles d'application nécessaire

131 Quelques rares règles d'application nécessaire ne sont pas des lois de police, en ce sens que le caractère nécessaire de leur application est imposé par le législateur sans être appelé par leur but.

Le droit français en fournit un exemple en matière d'établissement de la filiation : il résulte de l'article 311-15 du Code civil que toutes les règles françaises qui font produire, dans ce domaine, un effet à la possession d'état, s'appliquent aux familles résidant sur le territoire français, même si la règle de conflit ne désigne pas la législation française. Elles sont donc des règles d'application nécessaire, mais le seul motif que l'on puisse en proposer est que le législateur français en a décidé ainsi : rien dans le but des règles relatives à la possession d'état n'appelle leur application territoriale, dérogatoire au critère ordinaire de rattachement (qui, dans le domaine de la filiation, est la nationalité de la mère).

De telles solutions sont critiquables. Elles conduisent, en effet, à étendre indûment l'applicabilité des règles du for, et à perturber sans nécessité le jeu normal de la loi étrangère, compétente pour régir les autres aspects du problème soumis au juge.

Certes, lorsque le législateur du for a clairement indiqué le domaine d'application nécessaire d'une règle donnée, le juge est obligé de s'incliner. Mais la primauté de cette règle s'efface lorsque la règle de conflit est d'origine conventionnelle, en raison de la supériorité du traité sur la loi (43) ; c'est une différence importante avec les lois de police, dont les États parties à la convention sont censés avoir réservé l'intervention, car elle correspond à une nécessité objective, ressentie par tous (44). D'autre part, la jurisprudence doit s'abstenir de créer elle-même des règles d'application nécessaire qui ne soient pas des lois de police. Et surtout le juge ne tiendra aucun compte, en dehors des lois de police, des règles d'application nécessaire qui appartiennent à un ordre juridique *étranger* non désigné par la règle de conflit du for.

§ 3. PLACE DU BILATÉRALISME, DE L'UNILATÉRALISME ET DES RÈGLES D'APPLICATION NÉCESSAIRE DANS L'HISTOIRE DES CONFLITS DE LOIS

132 La question de savoir quelle était, *en droit positif*, la place du procédé des règles d'application nécessaire avant le Code civil nécessiterait de sérieuses recherches historiques (45). En revanche, le matériau rassemblé en particulier par Meijers (*op. cit. supra*, *sub* n° 75) est suffisant pour permettre d'affirmer que, dès le Moyen Âge, le procédé *normalement utilisé* était celui de la règle de conflit bilatérale. La formulation des règles ne laisse aucune place au doute, comme le montrent les deux exemples suivants :

1° « Au regard de l'appréhension des meubles et des dettes, il se faut régler à la coutume du lieu où le défunt avait son vrai domicile au jour de son trépas » (coutume des pays de Vermendois et des pays environ).

2° « D'après le droit commun du pays, la succession doit être partagée suivant la coutume de la maison mortuaire » (arrêt du Conseil de Flandre du 19 juin 1375).

Peut-être, à l'origine, n'y a-t-il eu que juxtaposition de règles de conflit unilatérales édictées par les diverses autorités souveraines, préoccupées seulement de définir l'étendue de leur *imperium* (ceci est surtout vrai pour le Nord des Pays-Bas). Mais peu à peu, soit par l'effet du sentiment d'appartenance à une communauté plus vaste, soit sous l'influence d'une autorité supérieure coordonnatrice, des coutumes générales se sont dégagées, introduisant la bilatéralité.

133 La position de la *doctrine* statutaire est plus difficile à analyser. Beaucoup d'auteurs contemporains considèrent que la règle des statutaires n'était pas la règle de conflit bilatérale. Ils s'appuient sur le fait qu'au lieu de partir de la relation, et de chercher le

(43) En ce sens HOLLEAUX, FOYER et LA PRADELLE, *op. cit.*, p. 324.

(44) C'est ce qu'a décidé la Cour internationale de justice dans l'affaire *Boll* (28 nov. 1958, *Rev. crit. DIP* 1958.713).

(45) V. déjà B. ANCEL, *Les conflits de qualification à l'épreuve de la donation entre époux*, Paris, 1977, n°s 36 à 38.

rattachement qui lui convient, ils partaient du statut, et lui assignaient un domaine d'application (territorial ou extraterritorial, selon les statuts). C'est ce qui caractériserait le procédé des lois d'application nécessaire, dont les statutaires seraient ainsi les « inventeurs ».

La réalité est beaucoup plus complexe. En premier lieu, les statutaires ne sont pas fixés sur l'adoption d'un mode particulier de formulation des règles de conflit. On remarque certes une nette tendance à procéder par assignation à chaque type de statut d'un domaine d'application, dans des règles comme celles-ci : « Le statut relatif à la succession n'est pas réel ni spécial, mais universel, et doit donc être partout observé » (Balde) ou « Les statuts qui affectent les choses lient même les personnes qui ne sont pas censées les connaître » (Guido de Suzaria) ; c'est que, le rapport n'étant pas nécessairement régi par un statut, mais plus souvent soumis au droit commun romain, la question : « Par quel statut tel type de rapport juridique est-il régi ? » préjugerait à tort de l'existence d'un statut dans chaque cité concernée par le rapport. Cependant, dès que l'on cherche à énoncer des solutions précises, le recours au type classique de formulation devient général : ainsi, selon Jacobus de Arena, « ou bien le droit est né d'un contrat, et alors il faut se fier au lieu du contrat... ou bien il est né d'un délit, et alors c'est le lieu du délit qui compte » ; et selon Jacques de Révigny, « il faut toujours se fier à la coutume du lieu où sont les choses ». Bartole lui-même, bien qu'il consacre les deux parties de sa glose aux effets des statuts à l'intérieur et à l'extérieur du territoire, énonce dans chacune des parties des règles de conflit du type classique. Enfin, dans la théorie française des statuts, si d'Argentré met au premier plan la question de l'effet territorial ou extraterritorial des statuts, ses successeurs, on l'a vu, énoncent essentiellement des règles de conflit de lois.

En second lieu et surtout, il ne faut pas accorder une importance excessive au type de formulation employé. Dire que « les statuts réels concernent les choses situées sur le territoire », ou que « les questions relatives aux choses sont régies par la loi du lieu de leur situation », revient strictement au même (46). Ce qui caractérise le procédé des lois d'application nécessaire par rapport à la méthode classique des conflits de lois, ce n'est pas qu'il prend pour point de départ la loi, plutôt que le rapport juridique, dans l'énoncé de la règle de conflit, mais qu'il donne pour rôle à celle-ci de fixer le domaine d'application d'*une loi donnée* (française ou italienne, par exemple), en fonction de sa teneur ou de son but, par opposition à un *type de loi* (successorale, ou délictuelle, par exemple). Or, les statutaires, prétendant découvrir des règles universelles, traitent en général de types de lois, et non de telle ou telle loi (47).

Si les statutaires ne sont pas les promoteurs des « lois d'application nécessaire », ils ne sont pas non plus, et pour la même raison, unilatéralistes : les solutions qu'ils proposent étant présentées comme ayant valeur universelle, le critère de rattachement, une fois choisi, désigne indifféremment la loi étrangère ou la loi du juge saisi, ce qui caractérise le bilatéralisme : universalisme et unilatéralisme sont incompatibles.

Même la sensibilité à la dimension politique du conflit de lois ne conduit les auteurs ni à l'unilatéralisme, ni à l'énoncé de lois d'application nécessaire ; en effet, ils ne cherchent pas à forger les règles de conflit d'une cité particulière, attachée seulement à préciser le domaine d'application de ses propres lois (unilatéralisme), en prenant éventuellement en compte leur teneur (lois d'application nécessaire), mais à découvrir dans le droit romain ou dans la raison les règles de conflit, supérieures aux cités, qui doivent régir les relations qu'elles entretiennent entre elles (48).

(46) En ce sens, SAVIGNY, *Traité*, § 346, p. 6-7.

(47) Il en va parfois différemment lorsqu'ils rédigent des consultations sur des cas d'espèce qui leur ont été soumis, ou lorsqu'ils raisonnent en prenant pour exemple la coutume de tel ou tel lieu.

(48) Il ne faut pas non plus accorder trop d'importance au fait que, pour qualifier tel statut d'une cité déterminée « réel » ou « personnel », les auteurs s'attachent aux termes dans lequels il est exprimé :

Voir dans le conflit de lois un conflit de souverainetés n'exclut même pas nécessairement la *formulation* savignienne par assignation à chaque type de rapport juridique d'un facteur de rattachement : la démarche logique, dans cette optique, consiste en effet à se demander, à propos de chaque rapport, quel est l'État dont les intérêts sont les plus dignes de considération ; on peut ainsi arriver à poser, par exemple, que « les questions relatives aux immeubles sont soumises à la loi du lieu de leur situation », aussi bien que si l'on eût raisonné en termes de conflit d'intérêts privés.

S/SECTION III LA RÈGLE DE DROIT INTERNATIONAL PRIVÉ EST UNE RÈGLE SUBSTANTIELLE

134 L'opposition entre la méthode indirecte, qui consiste à désigner la norme substantielle applicable, et la méthode directe, qui procède par élaboration de normes substantielles propres aux relations internationales, a été exposée dès le début de ce Précis (n°s 17 à 19).

Dans le domaine du conflit de lois, les variantes auxquelles donne lieu la méthode indirecte ont été décrites à la précédente sous-section. Quant à la méthode directe, d'utilisation plus rare, elle est susceptible de nuances selon le degré de « substantialité » incorporé dans la règle de droit international privé.

§ 1. RÈGLES PUREMENT SUBSTANTIELLES

135 Les règles purement substantielles de droit international privé ne se distinguent des règles substantielles ordinaires que par le fait qu'elles sont destinées spécialement aux relations internationales. En voici quelques exemples, empruntés à la jurisprudence française ou à des conventions internationales :

1° « En matière d'arbitrage international, l'accord compromissoire présente une complète autonomie » (49).

2° « La perte ou la détérioration des marchandises survenue après le transfert des risques à l'acheteur ne libère pas celui-ci de son obligation de payer le prix, à moins que ces événements ne soient dus à un fait du vendeur » (article 66 de la Convention de Vienne du 11 avril 1980 sur les contrats de vente internationale de marchandises).

3° « Toute stipulation contractuelle, conclue avant le fait générateur du dommage, tendant à exonérer le transporteur de sa responsabilité envers le passager ou ses ayants droit... est nulle et non avenue » (art. 9 de la Convention de Bruxelles du 29 avril 1961 sur le transport international de passagers par mer).

encore aujourd'hui, nombre d'auteurs incontestablement bilatéralistes enseignent qu'il faut qualifier les lois et non les rapports juridiques (v. *infra*, n° 153).

(49) Civ. 4 juill. 1972, *Hecht*, *JDI* 1972.843, note Oppetit, *RTD* 1973.499, obs. Loussouarn, *Rev. crit. DIP* 1974.82, note Level.

136 *L'élaboration* et *l'application* de ces règles ne présentent pas de particularité notable par rapport à celles des règles substantielles de droit commun. Rien ne ressemble plus à une règle sur la vente interne qu'une règle sur la vente internationale, à une règle sur les transports internes qu'une règle sur les transports internationaux, etc. (v. déjà *supra*, n° 21). Ce sont les connaissances et l'expérience du commercialiste, du spécialiste du droit des transports, plus que celles de l'internationaliste, qui sont requises pour dégager les raisons pratiques qui conduiront à l'adoption d'une règle plutôt que d'une autre.

Seul est peut-être spécifique le raisonnement au terme duquel sera affirmée ou déniée *l'applicabilité* de ces règles. Une tendance existe, en effet, à estimer que le juge dans l'ordre juridique duquel se trouve une règle substantielle propre aux relations internationales doit l'appliquer automatiquement, à l'exclusion de toute règle étrangère, sans se soucier de savoir quel est l'ordre juridique compétent. C'est la solution qu'avait expressément adoptée la Convention de La Haye du 1er juillet 1964 portant loi uniforme en matière de vente internationale d'objets mobiliers corporels, mais qu'a écartée la Convention de Vienne du 11 avril 1980 (citée *supra*, n° 135).

Sans revenir sur les inconvénients pratiques du procédé (v. *supra*, nos 19 et 21), il faut observer que, quoiqu'on en dise, il suppose l'intervention d'une règle de compétence législative, qui pourrait s'énoncer ainsi : « En toute matière où existe une règle française propre aux relations internationales, cette règle doit être appliquée par le juge français, à l'exclusion de toute règle étrangère. » On ne peut résoudre un conflit de lois sans l'aide d'une règle qui désigne une loi parmi celles qui sont en présence ; le procédé direct pur ne se suffit pas à lui-même, il doit être combiné avec le procédé indirect, même si celui-ci se réduit à donner automatiquement compétence à la loi du for.

137 Les trois variantes de la méthode directe que l'on va envisager à présent ont la caractéristique commune d'être intermédiaires entre la méthode directe pure et la méthode indirecte pure. Il s'agit des « principes de préférence » (§ 2), des options de législation (§ 3) et de la prise en considération des règles substantielles (§ 4) (50).

§ 2. « PRINCIPES DE PRÉFÉRENCE »

138 L'auteur américain David Cavers a procédé, en 1933, à une critique sévère de la méthode bilatéraliste classique (51). Il lui a reproché son caractère « mécanique » : le juge, appliquant sa règle de conflit, se voit imposer la règle applicable sans même connaître sa teneur, ni celles des règles concurrentes ; il

(50) Cette distinction tripartite a été proposée par M. Frédéric Soirat (*op. cit.*). Dans la terminologie de cet auteur, les « principes de préférence » sont appelés « directives conflictuelles à caractère matériel ».

(51) « A Critique of the Choice of Law Problem », *Harvard Law Review* 1934.173. V. depuis, *The Choice of Law Process*, Ann Arbor, 1965.

opère un choix, mais « les yeux fermés », sans en connaître les termes véritables.

Pour Cavers, le juge doit tenir compte *à la fois* des liens plus ou moins étroits des diverses législations en présence avec la situation litigieuse, et du contenu de ces lois. Sa méthode est dite « *result-selective* », parce que le juge tient compte, pour effectuer le choix, de la solution substantielle à laquelle il conduit.

Pour que la souplesse de ce procédé ne soit pas excessive et ne sacrifie pas la sécurité à la justice, Cavers a élaboré des « principes de préférence » qui doivent servir de guide au juge.

Quoique Cavers s'en défende, ce sont bien, en fait, des règles de droit international privé qu'il propose là, mais des règles qui comportent un aspect substantiel marqué. On peut en juger sur l'exemple suivant, proposé par Cavers lui-même, dans le domaine de la responsabilité délictuelle : « Si la loi du lieu où le dommage a été causé est plus protectrice de la victime que la loi du lieu où l'auteur a agi ou a son domicile, on appliquera la loi du lieu du dommage (à moins que la victime ne soit liée avec l'auteur dans un rapport juridique étroit, en quel cas la question sera soumise à la loi qui régit ce rapport) ». L'aspect substantiel réside dans l'esprit de faveur affiché à l'égard de la victime. Les règles de droit international privé envisagées à la sous-section II, en particulier les règles bilatérales de conflit de lois (52), présentent la caractéristique d'être parfaitement *neutres* à l'égard de la substance des relations ; ce n'est pas le cas ici. Mais le règlement substantiel est néanmoins abandonné, dans ses modalités, à une règle substantielle ordinaire que les « principes de préférence » aident à désigner et, sur ce point, ils se distinguent donc des règles purement substantielles étudiées au paragraphe précédent. Ils constituent un procédé intermédiaire entre la règle de conflit classique et la règle purement substantielle.

La méthode de Cavers se heurte en Europe à une hostilité qui semble justifiée, au regard en tout cas de la conception du rôle du juge qui y est traditionnellement reçue. En dépit des principes de préférence, dont le nombre est nécessairement limité, la liberté laissée au juge semble exorbitante. On peut craindre, par ailleurs, que la simplicité et la rapidité ne soient totalement étrangères au procédé. Enfin, et l'objection est plus profonde, est-il logique d'affirmer *a priori* une préférence pour l'une des solutions en présence ? Toute règle de droit privé tend à réaliser un équilibre entre les multiples intérêts qui s'affrontent dans les relations entre individus. Que cet équilibre puisse être situé en un point différent par les divers législateurs est le signe qu'aucune solution n'est évidente, que la pesée est complexe, que peut-être les intérêts en présence

(52) Les principes de préférence se distinguent aussi de la méthode des lois d'application nécessaire. Celle-ci ne favorise pas *a priori* l'une des solutions du litige par rapport à l'autre, car elle veut respecter — sous certaines conditions — l'intérêt ou la volonté de l'État, *quelle que soit la solution qu'ils imposent* ; elle est donc neutre (ceci apparaît très nettement à la lecture de l'article 7 de la Convention de Rome, reproduit *supra*, n° 127).

ne sont pas partout les mêmes. Dès lors, il paraît un peu grossier d'affirmer que la balance qui penche le plus dans un certain sens est nécessairement la plus juste (53).

Le procédé, cependant, n'est pas totalement ignoré en droit positif. Par exemple, aux termes de la Convention sur la loi applicable aux obligations alimentaires du 2 octobre 1973 : « La loi interne de la résidence habituelle du créancier d'aliments régit les obligations alimentaires... » (art. 4, al. 1) ; « la loi nationale commune s'applique lorsque le créancier ne peut obtenir d'aliments du débiteur en vertu de la loi visée à l'article 4 » (art. 5) ; « la loi interne de l'autorité saisie s'applique lorsque le créancier ne peut obtenir d'aliments du débiteur en vertu des lois visées aux articles 4 et 5 » (art. 6).

§ 3. OPTIONS DE LÉGISLATION

138-1 Avec les principes de préférence, le juge est guidé dans son choix par le type de préférence qu'établit le législateur (préférence pour la victime du délit, pour le créancier d'aliments...). Le procédé de l'option de législation repose aussi sur une idée de faveur, mais le choix entre deux ou plusieurs lois est offert à l'une des parties ; le juge devra appliquer la loi désignée par ce choix.

L'article 311-16, al. 2 du Code civil (aujourd'hui abrogé) constituait une application de cette méthode, en matière de légitimation par autorité de justice : celle-ci était « régie, au choix du requérant, par sa loi personnelle ou par celle de l'enfant ». Le requérant choisissait naturellement la loi la plus favorable au prononcé de la légitimation, mais s'il se trompait le juge était, semble-t-il, lié par ce choix malheureux. Ici encore, l'esprit de faveur paraît critiquable, même s'il n'est pas directement exprimé.

L'option unilatérale de législation dont on vient de parler doit être soigneusement distinguée de la possibilité donnée *aux deux parties* à un contrat, de choisir, *par leur accord*, la loi qui régira le contrat. Un tel pouvoir de choix est une manifestation de l'autonomie de la volonté, et n'implique de faveur, ni pour une des parties, ni pour la validité du contrat. Cela n'exclut pas nécessairement une certaine dose de substantialité, mais elle est de nature différente ; on le verra en étudiant la loi applicable aux contrats dans la partie spéciale (v. *infra*, n° 701).

§ 4. RÈGLES ORDONNANT LA « PRISE EN CONSIDÉRATION » D'UNE OU PLUSIEURS AUTRES RÈGLES

139 La règle de droit international privé peut encore énoncer elle-même la solution de la question de droit, tout en la subordonnant au contenu d'une ou plusieurs autres règles substantielles, désignées par un ou plusieurs éléments de

(53) Comp. B. AUDIT, *Droit international privé*, n° 105.

rattachement ; le juge devant, dans le processus d'application d'une règle de droit international privé de ce type, *prendre en considération*, non *appliquer*, la ou les règles désignées.

Le recours à ce procédé est relativement fréquent en *droit public*. Par exemple, le droit de la nationalité déclare Français « l'enfant né en France de parents étrangers *et à qui n'est attribuée par les lois étrangères la nationalité d'aucun des deux parents* » ; avant de déclarer que l'enfant a la nationalité française, le juge doit prendre en considération la loi nationale de chacun de ses parents pour déterminer si elle prévoit ou non la transmission de la nationalité. L'article 113-6, al. 2 du Code pénal prévoit que la loi pénale française s'applique aux délits commis à l'étranger par des Français, *si les faits sont punis par la législation du pays où ils ont été commis* ».

La structure d'une règle qui ordonne une prise en considération est la suivante : « Si le juge doit résoudre telle question, *et que la loi désignée par tel élément a tel contenu*, il retiendra telle solution ». En comparant cette formule avec celle en laquelle se résume la règle classique de conflit de lois (*supra*, n° 114), on voit nettement apparaître la différence formelle entre prise en considération et application : la première est effectuée dans le cadre du présupposé (sur ce terme, v. *supra*, n° 83) de la règle de droit international privé, la seconde est ordonnée par son effet juridique.

Le procédé permet de tenir le compte nécessaire de la réalité que constitue l'existence des lois étrangères, sans empêcher pour autant le législateur qui y recourt de fixer lui-même les objectifs nationaux (octroi de la nationalité, répression des infractions) à atteindre.

140 C'est ce qui explique que la prise en considération d'une règle étrangère, habituelle en droit public, soit rarissime en *droit privé* : dans ce domaine, le législateur n'éprouve guère de scrupules à abandonner totalement la solution du problème à la loi étrangère, le juge disposant encore, d'ailleurs, du garde-fou que constitue l'exception d'ordre public (v. *infra*, n°s 199 à 213). On en rencontrera peu d'exemples (*infra*, n°s 525 et 812).

Mais si la prise en considération d'une règle étrangère *unique* est exceptionnelle, en droit privé, ce que l'on ordonne en revanche, et de plus en plus fréquemment, c'est la prise en considération de *plusieurs* règles, désignées par des rattachements dit *alternatifs*. Le procédé est surtout employé dans des conventions internationales. Ainsi, la Convention de La Haye du 5 octobre 1961 sur les conflits de lois en matière de forme des dispositions testamentaires dispose en son article 1er qu'« une disposition testamentaire est valable quant à la forme si celle-ci répond à la loi interne : *a)* du lieu où le testateur a disposé, ou *b)* d'une nationalité possédée par le testateur, etc. « (en tout huit rattachements, regroupés en cinq rubriques, sont énoncés). Si la forme utilisée pour rédiger un testament se trouve être prévue par l'une quelconque des lois désignées, le testament est valable. Il l'est, non par application de la loi dont la forme est respectée (d'autant qu'il peut être conforme à *plusieurs* lois), mais par application de la règle de droit international privé elle-même, dont l'effet juridique prévoit expressément ce résultat (« une disposition testamentaire est valable... » (54)).

Le législateur français a recouru au même procédé, en matière de filiation. L'article 311-17 du Code civil dispose : « La reconnaissance volontaire de paternité ou de maternité est valable si elle a été faite en conformité, soit de la loi personnelle de son auteur, soit de la loi personnelle de l'enfant. »

Le caractère substantiel de telles règles est évident. Leur auteur ne résout certes pas seul les questions de droit qu'il envisage, mais, dans le premier exemple, il offre au testateur le choix entre des formes multiples, dans le second il manifeste une faveur pour la validité de la reconnaissance.

Parent du recours aux rattachements alternatifs est le procédé opposé, assez répandu à l'étranger, des rattachements *cumulatifs* : un certain résultat (par exemple : le droit de divorcer, ou la constatation d'une paternité naturelle) n'est autorisé que si les lois désignées par ces rattachements en admettent toutes la possibilité. Dans ce cas, l'attitude de l'auteur de la règle de droit international privé est *l'hostilité*, et non la faveur, à l'égard d'une institution.

Que faut-il penser de ces méthodes ? Elles semblent encourir l'un des reproches adressés aux « principes de préférence » de Cavers (*supra*, n° 138) : celui de l'illogisme d'une préférence *a priori* pour une solution, qui néglige les intérêts attachés à la solution opposée. Mais ici, l'objection n'est pas définitive ; des considérations particulières l'écartent dans certains cas (pour les deux exemples de la forme des testaments et de la filiation, v. *infra*, n° 757 et 613).

Bibliographie sommaire

Sur la règle de conflit bilatérale :

LOUSSOUARN : « La règle de conflit est-elle une règle neutre ? », *Trav. Com. fr. dr. int. pr.*, 1980-1981, p. 43 et s.

LOUSSOUARN : « L'évolution de la règle de conflit de lois », *Trav. Com. fr. dr. int. pr., Journée du Cinquantenaire*, 1988, n° 79 et s.

MUIR WATT : *La fonction de la règle de conflit de lois*, thèse dactyl., Paris II, 1985.

RIGAUX : « La méthode du conflit de lois dans les codifications et projets de codification de la dernière décennie », *Rev. crit. DIP* 1985.1.

Sur la pluralité des méthodes :

B. AUDIT : « Le caractère fonctionnel de la règle de conflit », *Rec. Acad. La Haye*, 1984, III, p. 219 et s.

B. AUDIT : « Flux et reflux de la crise des conflits de lois », *Trav. Com. fr. dr. int. pr., Journée du Cinquantenaire*, 1988, p. 59 et s.

BATIFFOL : « Le pluralisme des méthodes en droit international privé », *Rec. Acad. La Haye*, 1973, II, p. 79 et s.

(54) Ceci distingue le procédé de la prise en considération des options de législation et des principes de préférence.

A. BUCHER : « Vers l'adoption de la méthode des intérêts ? Réflexions à la lueur des codifications récentes », *Trav. Com. fr. dr. int. pr.*, 1993-1995, p. 209 et s.
FRANCESCAKIS : *La théorie du renvoi et les conflits de systèmes en droit international privé*, Paris, 1958.
MAYER : « Le mouvement des idées dans le droit des conflits de lois », *Droits*, 1985, n° 2, p. 129 et s.

Sur les droits acquis :

BOLLÉE : « L'extension du domaine de la méthode de reconnaissance unilatérale », *Rev. crit. DIP* 2007.307.
MAYER : « Les méthodes de la reconnaissance en droit international privé », *Mélange Lagarde*, Dalloz, 2005, p. 547 et s.
MUIR WATT : « Quelques remarques sur la théorie anglo-américaine des droits acquis », *Rev. crit. DIP* 1986.425.
PILLET : « La théorie générale des droits acquis », *Rec. Acad. La Haye,* 1925, II, p. 489 et s.
PILLET : « Un point de la doctrine de Dicey », *RDIP* 1923.345.

Sur l'unilatéralisme :

GOTHOT : « Le renouveau de la tendance unilatéraliste en droit international privé », *Rev. crit. DIP* 1971, p. 1, 209, 415.
GOTHOT : « La méthode unilatéraliste face au droit international privé des contrats », *Trav. Com. fr. dr. int. pr.*, 1975-1977, p. 201 et s.
NIBOYET : *Traité*, t. III, n°s 931 et s.

Sur les règles d'application nécessaire, les lois de police et les règles autolimitées :

DE NOVA : « Conflits des lois et normes fixant leur propre domaine d'application », *Mélanges Maury*, 1960, I, p. 377 et s.
FRANCESCAKIS : « Quelques précisions sur les « lois d'application immédiate » et leurs rapports avec les règles de conflit de lois », *Rev. crit. DIP* 1966.1.
GOTHOT : « Le renouveau de la tendance unilatéraliste en droit international privé », *Rev. crit. DIP* 1971, p. 1, 209, 415.
HEUZÉ : *La réglementation française des contrats internationaux*, Joly, 1990.
IDOT : « Les conflits de lois en droit de la concurrence », *JDI* 1995.321.
JACQUET : « La norme juridique extraterritoriale dans le commerce international », *Rev. crit. DIP* 1985.327.
KINSCH : « L'autolimitation implicite des normes de droit privé matériel », *Rev. crit. DIP* 2003.403.
MAYER : « Les lois de police étrangères », *JDI* 1981.277.
MAYER : « L'interférence des lois de police », *in L'apport de la jurisprudence arbitrale, I.C.C. Publ. SA,* 1986, p. 31 et s.
NUYTS : « L'application des lois de police dans l'espace (Réflexions au départ du droit belge de la distribution commerciale et du droit communautaire) », *Rev. crit. DIP* 1999.31, 245.
POILLOT PERUZZETTO : « Ordre public et lois de police dans l'ordre communautaire », *Trav. com. fr. dr. int. pr.*, 2002-2004, p. 65 et s.
RADICATI DI BROZOLO : « Arbitrage commercial international et lois de police », *Rec. Acad. La Haye*, t. 315 (2005), p. 265 et s.
SERAGLINI : *Lois de police et justice arbitrale internationale*, Dalloz, 2001.

Sur les règles purement substantielles :

V. la bibliographie citée *supra*, *sub* n° 42.

Sur les règles partiellement substantielles :

A. BUCHER : « Sur les règles de rattachement à caractère substantiel », *Mélanges Schnitzer*, Genève, 1979, p. 37 et s.
CANSACCHI : « Le choix et l'adaptation de la règle étrangère dans le conflit de lois », *Rec. Acad. La Haye*, 1953, p. 83 et s.
GAUDEMET-TALLON : « L'utilisation des règles de conflit à caractère substantiel dans les conventions internationales (l'exemple des Conventions de La Haye) », *Mélanges Loussouarn*, Paris, 1994, p. 181 et s.
KISCH : « La loi la plus favorable », *Mélanges Gutzwiller*, Bâle, 1959.

F. LECLERC : *La protection de la partie faible dans les contrats internationaux*, Bruxelles, Bruylant, 1995.

PATOCCHI : *Règles de rattachement localisatrices et règles de rattachement à caractère substantiel*, Genève, 1985.

POCAR : « La protection de la partie faible en droit international privé », *Rec. Acad. La Haye*, 1984, V, p. 339 et s.

SOIRAT : *Les règles de rattachement à caractère substantiel*, thèse dactyl., Paris I, 1995.

VASSILAKAKIS : *Orientations méthodologiques dans les codifications récentes du droit international privé en Europe*, LGDJ, 1987, p. 249 à 270.

CHAPITRE 2
LA MÉTHODE DU CONFLIT DE LOIS

141 La méthode du conflit de lois est celle qui a été évoquée ci-dessus au n° 114, et dont on a dit qu'elle était de loin la plus couramment utilisée.

Si l'on essaie à présent de retracer plus en détail le raisonnement du juge qui y recourt pour résoudre un problème concret de conflit de lois, on peut distinguer quatre étapes successives :

– la mise en cause du système de conflit (on appelle « système de conflit » l'ensemble des règles d'un pays donné relatives au conflit de lois) ;

– le choix d'une règle de conflit à l'intérieur du système de conflit ;

– l'application proprement dite de la règle de conflit, conduisant à l'ordre juridique compétent ;

– l'application (ou l'éviction) de la loi désignée par la règle de conflit.

Ce processus est celui de la résolution par la règle de conflit *du for* d'un conflit de lois *dans l'espace* concernant *une question de droit* déterminée. Il sera décrit, en quatre paragraphes, dans une première section.

Mais quatre facteurs, qui feront l'objet d'une seconde section, sont susceptibles de le compliquer :

– la règle de conflit du for peut être écartée par, et en tout cas combinée avec, une règle de conflit *étrangère* ;

– au conflit dans l'espace peut s'adjoindre un conflit *dans le temps* ;

– la coexistence de *deux questions de droit* peut nécessiter des adaptations ;

– enfin, si l'une des parties, ou les deux, a détourné frauduleusement le système de conflit à son profit, il faudra déjouer ses manœuvres à l'aide de l'exception de *fraude à la loi*.

SECTION I — RÉSOLUTION PAR LA RÈGLE DE CONFLIT DU FOR D'UN CONFLIT DE LOIS DANS L'ESPACE CONCERNANT UNE QUESTION DE DROIT PRIVÉ

§ 1. LA MISE EN CAUSE DU SYSTÈME DE CONFLIT

142 *Dans les litiges internes,* le juge applique la loi française sans poser le problème du choix de la loi : il est évident, si aucun élément de la question de droit n'est étranger, qu'aucune loi étrangère n'a vocation à s'appliquer. Puisque l'on a défini le droit international privé comme le droit applicable aux relations internationales, il faut même dire que sur une question purement interne ne peut se greffer aucune question de conflit de lois : les règles substantielles françaises s'appliquent directement à elle.

En revanche, *dans les litiges internationaux*, la question du conflit de lois est certainement susceptible de se poser. Si une partie invoque la compétence d'une loi étrangère, et l'autre celle de la loi française, le juge est bien obligé d'appliquer la règle de conflit pour déterminer quelle position est fondée ; et même si en définitive la loi française est jugée applicable, elle ne l'est que sur sa désignation par la règle de conflit.

Seulement le fait que la question du choix puisse se poser n'implique pas qu'elle se pose effectivement. Une distinction est nécessaire, selon qu'une loi étrangère est invoquée par l'une des parties, ou non.

A. Une loi étrangère est invoquée par l'une des parties

143 On voit mal, dans cette hypothèse, comment le juge pourrait éviter d'interroger le système de conflit du for. Il ne peut appliquer la loi étrangère sans avoir vérifié que le droit français lui reconnaît compétence ; inversement, il ne peut refuser de l'appliquer alors que la règle de conflit la désigne.

Dès lors que l'une des parties a invoqué une loi étrangère selon elle compétente, le juge ne peut se borner à appliquer la loi française sans vérifier qu'elle est désignée par la règle de conflit de lois (1).

La Cour de cassation admet cependant que le juge ne choisisse pas entre la loi française et la loi étrangère dès lors qu'il relève qu'elles sont *équivalentes*, c'est-à-dire que « la situation de fait constatée par [lui] aurait les mêmes conséquences juridiques en vertu de ces deux

(1) Civ. 1re, 22 nov. 2005, *Bull. civ.* I n° 425, p. 355.

lois » (2). Encore faudrait-il que le juge justifie de sa connaissance de la loi étrangère et ne se contente pas de postuler l'équivalence pour éviter de rechercher la teneur de la loi étrangère compétente. Or la Cour de cassation considère que l'affirmation de l'équivalence par les juges du fond est souveraine, ce qui est de nature à induire chez ceux-ci la tentation d'une solution de facilité.

Le recours à la notion d'équivalence paraît davantage utile dans l'hypothèse inverse, où le juge a appliqué une loi étrangère alors que la règle de conflit désignait la loi française. Connaissant la loi française, la Cour de cassation peut constater l'équivalence entre la loi étrangère, telle qu'elle a été appliquée, et la loi française, et ainsi « sauver », pour inopérance du moyen, la décision des juges du fond d'une cassation (3).

La loi étrangère peut être utilement invoquée pour la première fois en appel. Certes, « les parties ne peuvent soumettre à la cour de nouvelles prétentions » (art. 564 du nouv. C. proc. civ.) ; mais « les prétentions ne sont pas nouvelles dès lors qu'elles tendent aux mêmes fins que celles soumises au premier juge, même si leur fondement juridique est différent » (art. 565). Or, l'application d'une loi étrangère ne constitue pas une prétention pour celui qui l'invoque, mais le fondement juridique de sa prétention.

Lorsque les deux parties sont d'accord pour demander au juge d'appliquer une certaine loi étrangère, on peut se demander si ce choix s'impose au juge, alors que la règle de conflit désignerait la loi française. La négative est certaine, dans les litiges où les parties ne sont pas maîtresses de leurs droits. Dans les litiges où elles en disposent il est permis d'hésiter (4). On verra en effet (*infra*, n° 147) que dans l'hypothèse inverse, où les parties demandent au juge d'appliquer la loi française alors que la règle de conflit désigne une loi étrangère, la jurisprudence estime que le juge est lié par le choix des parties.

Cependant, les deux hypothèses ne sont pas symétriques : l'application de la loi du for est la tâche normale du juge, à laquelle il est tout disposé à revenir ; l'application d'une loi étrangère est une activité exceptionnelle et difficile, que seule peut commander la règle de conflit de lois. Il serait à la rigueur admissible, sur le plan pratique, que les parties puissent obliger le juge à appliquer une loi étrangère à la place d'une autre loi étrangère ; mais il est beaucoup plus douteux qu'il puisse être contraint à appliquer une loi étrangère à la place de la loi française ; et cela paraît totalement exclu si le litige est interne. Sur le plan théorique, on peut observer qu'une règle appartenant à un droit étranger incompétent n'a pas plus de valeur juridique aux yeux du juge

(2) Civ. 1re, 13 avr. 1999, *Rev. crit. DIP* 1999.698, note Ancel et Muir Watt, *JDI* 2000.315, note Fauvarque-Cosson, *JCP* 2000.II.2061, note Légier, *D.* 2000.268, note Agostini ; Civ. 1re, 11 janv. 2005, *D.* 2005.2924, note Mahinga, *JCP* 2005.I.169, n° 8, obs. C. Delpy, *Rev. crit. DIP* 2006.85, note Scherer.

(3) Civ. 1re, 11 juill. 1988, *Rev. crit. DIP* 1989.81, note P.-Y. Gautier ; 13 avr. 1999, cité note précédente. La Chambre commerciale de la Cour de cassation va jusqu'à subordonner la recevabilité du moyen fondé sur la violation de la règle de conflit à l'allégation, par le demandeur au pourvoi, de la différence entre la règle appartenant à la loi désignée par la règle de conflit et la règle appliquée par les juges du fond : Com. 13 nov. 2003, *Rev. crit. DIP* 2004.95, 2e esp., note B. Ancel.

(4) V. comme ayant accepté d'appliquer la loi allemande invoquée par les parties tout en relevant que la loi compétente était la loi française, Colmar 16 nov. 1935, *JDI* 1937.781.

qu'une règle que les parties auraient forgée pour les besoins de la cause ; or la mission du juge reste malgré tout d'appliquer la loi (5).

Quoi qu'il en soit, lorsque le juge décide d'appliquer la loi française alors que les parties se sont toutes deux référées à une loi étrangère, il doit, afin de respecter le principe de la contradiction, les inviter à présenter leurs observations (6).

B. Aucune partie n'invoque une loi étrangère

144 Le juge peut-il et doit-il, dans ce cas, appliquer d'office la loi étrangère désignée par le système de conflit du for ? La position de la Cour de cassation a beaucoup varié sur cette question. Lui ayant d'abord (en 1959) apporté une réponse négative, elle a opéré en 1988 un revirement complet, sur lequel elle est ensuite (en 1990) partiellement revenue en opérant des distinctions.

Par un arrêt célèbre (Civ. 12 mai 1959, *Bisbal* (7)), elle avait approuvé les juges du fond d'avoir converti en divorce la séparation de corps de deux Espagnols, conformément à la loi française, alors que l'état des personnes est soumis à la loi nationale et que celle-ci, en l'espèce, prohibait le divorce. Selon la Cour, les règles de conflit n'avaient pas un caractère d'ordre public, en ce sens qu'il appartenait aux parties d'en réclamer l'application. Le juge avait certes la *faculté* d'appliquer d'office la règle de conflit, comme cela fut précisé l'année suivante par un arrêt *Compagnie Algérienne de Crédit de Banque* (8), mais il n'en avait pas l'*obligation*.

Il en résultait qu'un arrêt ne pouvait être cassé pour avoir méconnu la compétence de la loi étrangère non invoquée par les parties : le fait pour le juge de ne pas avoir utilisé une simple faculté ne suscite pas la critique.

C'est par une considération pratique que l'on tentait de justifier l'absence d'obligation pour le juge d'appliquer d'office la règle de conflit : le fait que l'on ne peut attendre de lui qu'il connaisse la teneur de toutes les lois étrangères. Mais invoquer la loi étrangère et l'appliquer sont deux choses différentes. Le juge peut être tenu de déclarer d'office applicable la loi étrangère, tout en étant dispensé de l'appliquer effectivement si son contenu lui reste inconnu. Cette solution, qui est celle de nombreux pays étrangers, lui permet de s'employer à

(5) En matière contractuelle, il reste possible aux parties, en vertu du principe d'autonomie, de choisir la loi applicable, et même de modifier leur choix au moment du procès, dès lors que le contrat est international (v. *infra*, n° 711).

(6) Civ. 16 juin 1992, *Rev. crit. DIP* 1993.34, note Améli.

(7) *Rev. crit. DIP* 1960.62, note Batiffol, *JDI* 1960.810, note Sialelli, *D.* 1960.610, note Malaurie, *JCP* 1960.II.11733, note Motulsky, *GA* n° 32 ; v. depuis Civ. 15 janv. 1967, *Rev. crit. DIP* 1968.74, note Batiffol ; Civ. 9 mars 1983, *JCP* 1984.II.20295, note Courbe.

(8) Civ. 2 mars 1960, *Rev. crit. DIP* 1960.97, note H. B., *JDI* 1961.408, note B. G., *JCP* 1960.II.11734, note H. M., *GA* n° 33. V. aussi Com. 28 mai 1971, *Rev. crit. DIP* 1973.64, note Jambu-Merlin ; Civ. 6 déc. 1977, *Rev. crit. DIP* 1979.88, note Hébraud.

compléter son information, soit en demandant aux parties leur concours, soit en ordonnant une mesure d'instruction, soit en recourant au système institué par une convention internationale (décrit *infra*, n° 189).

La solution de l'arrêt *Bisbal* était d'ailleurs de nature à créer des situations choquantes. Il n'est pas bon que le juge puisse, au gré de sa fantaisie, choisir d'appliquer une loi ou une autre. En matière de divorce notamment, on risquait de voir un juge hostile à cette institution appliquer d'office la loi étrangère qui l'interdisait, tandis qu'un autre, qui l'estimait nécessaire, acceptait d'appliquer la loi française. Un *forum shopping* interne pouvait même s'instituer.

Sur le plan théorique, il était difficile de justifier la position du droit français. Le juge est tenu, aux termes de l'article 12, al. 1er, du nouveau Code de procédure civile, de trancher le litige conformément aux règles de droit qui lui sont applicables. Dans la mesure où ces règles sont désignées par la règle de conflit de lois, il a donc également l'obligation d'appliquer cette dernière règle, que cela lui ait été demandé ou non (9).

145 Sensible aux critiques d'une doctrine quasi unanime, la Cour de cassation, par deux arrêts des 11 et 18 octobre 1988 (10), *Rebouh* et *Schule*, a imposé aux juges du fond l'obligation de rechercher, au besoin d'office, la loi applicable. Les arrêts soumis à son contrôle, qui avaient appliqué la loi française, ont été cassés.

Il apparaissait clairement que la position nouvelle n'était pas réservée aux matières relevant de l'état ou de la capacité des personnes, ni plus largement aux droits dont les parties n'ont pas la libre disposition. Si l'arrêt du 11 octobre concernait une recherche de paternité naturelle, celui du 18 octobre était, en effet, relatif à un problème de nature successorale. Un an plus tard, la Cour de cassation censurait d'ailleurs un arrêt qui avait à tort appliqué la loi française en matière contractuelle (11).

Cependant, par un arrêt du 4 décembre 1990, *Coveco* (12), dont la position a été maintenue pendant quelques années (13), la Première chambre civile, désireuse d'atténuer une obligation dont la méconnaissance par le juge risquait de susciter de nombreux pourvois, a refusé de prononcer une cassation au motif que « les parties n'ont pas invoqué d'autres lois que celles spécialement tirées

(9) Comp. la position de MOTULSKY, exprimée dans divers articles : « L'office du juge et la loi étrangère », *Mélanges Maury*, t. I, p. 337 ; « L'évolution récente de la condition de loi étrangère en France », *Mélanges Savatier*, p. 681.

(10) *Rev. crit. DIP* 1989.368, *JDI* 1989.349, note Alexandre, *JCP* 1989.II.21327, note Courbe, *GA*, nos 71 et 72.

(11) Civ. 1re, 4 oct. 1989, *Rev. crit. DIP* 1990.316, note Lagarde, *JDI* 1990.415, (1re esp.) note Kahn. *D.* 1990, Som. 266, obs. Audit.

(12) *JDI* 1991.372, note Bureau, *Rev. crit. DIP* 1991.558, note Niboyet-Hoegy, *GA* n° 73.

(13) Civ. 1re, 10 déc. 1991, *Rev. crit. DIP* 1992.314, 2e esp., note Muir Watt ; 18 déc. 1990, *JCP* 1992.II.21824, note Ammar ; 10 mai 1995, *Rev. crit. DIP* 1996.330, note B.A., *D.* 1996.622, note Engel et Sinopoli.

du droit français, *en une matière qui n'était soumise à aucune convention internationale et où le demandeur avait la libre disposition de ses droits* ».

Il résultait *a contrario* de cet arrêt que le juge n'avait donc l'*obligation* de relever d'office la compétence de la loi étrangère que dans deux cas : lorsque les parties n'ont pas la libre disposition de leurs droits (14) et lorsque la règle de conflit est de source conventionnelle.

Dans une dernière étape, réalisée par un arrêt *Mutuelles du Mans* du 26 mai 1999 (15), la Cour de cassation a supprimé l'obligation d'appliquer d'office les règles de conflit de source conventionnelle. Il ne subsiste donc qu'un seul cas d'application d'office obligatoire pour le juge : celui où les parties n'ont pas la libre disposition de leurs droits.

Il convient d'étudier successivement ce cas, puis celui où les parties disposent librement de leurs droits.

a) Droits dont les parties n'ont pas la libre disposition

146 L'obligation pour le juge d'appliquer d'office la règle de conflit est à l'égard de ces droits absolue. Aucun accord, même exprès, des parties en faveur de l'application d'une loi autre que la loi compétente n'est valable.

Encore faut-il, pour que le tribunal puisse appliquer d'office la règle de conflit, que l'élément d'extranéité qui correspond en l'espèce au critère de rattachement soit dans le débat ; il faut par exemple, en matière de succession mobilière, que le juge sache que le dernier domicile du défunt se trouvait à l'étranger.

Très souvent les parties, sans l'invoquer sur le terrain de la loi applicable, auront fait état d'un élément d'extranéité. Elles sont d'ailleurs obligées par les règles ordinaires de procédure civile de faire connaître leur nationalité et leur domicile. Le juge est assurément autorisé à utiliser ces indications, et il y est même tenu : son obligation d'appliquer le droit compétent s'étend à l'adoption des moyens nécessaires à l'identification de ce droit, dès lors qu'ils sont à sa portée (16). Mais il doit veiller à respecter le principe de la contradiction, en instaurant un débat sur les conditions d'application de la règle de conflit (article 16 nouv. C. proc. civ.) (17).

Si le juge a des raisons de soupçonner que le facteur de rattachement désigne en l'espèce une loi étrangère, il lui est également possible de demander aux

(14) Civ. 18 nov. 1992, *Makhlouf*, *D.* 1993.213, note Courbe, *Rev. crit. DIP* 1993.276, note Ancel, *JDI* 1993.309, note Lequette.

(15) Civ. 1re, 26 mai 1999, *Rev. crit. DIP* 1999.707, 1re esp., note Muir Watt.

(16) V. en ce sens Civ. 18 nov. 1992, cité note précédente ; Civ. 1re, 26 mai 1999, *Rev. crit. DIP* 1999.707, 2e esp., note Muir Watt, *JCP* 1999.II.10192, note Mélin (dans une action en recherche de paternité naturelle, soumise à la loi nationale de la mère — v. *infra* n° 607 — le fait, révélé par les actes de la procédure, que la mère était titulaire d'une carte de résident aurait dû attirer l'attention des juges du fond sur le fait qu'elle n'était pas française) ; Civ. 22 nov. 2005, *Bull. civ.* I, n° 432, p. 361.

(17) V. Civ. 4 avr. 1978 et 6 déc. 1977, *Rev. crit. DIP* 1979.88, note Hébraud, *RTD* 1979.419, obs. Normand.

parties les précisions qui lui paraissent nécessaires. L'article 8 du Nouveau Code de procédure civile l'autorise d'ailleurs, de façon générale, à « inviter les parties à fournir les explications de fait qu'il estime nécessaires à la solution du litige » (18).

En revanche, on ne saurait exiger du juge qu'il vérifie systématiquement s'il n'existe pas, dans chaque procès qui lui est soumis, un élément d'extranéité susceptible de donner compétence à une loi étrangère. L'immense majorité des litiges soumis aux tribunaux français sont régis par la loi française, et il est légitime de poser une présomption en ce sens (19).

b) Droits dont les parties ont la libre disposition

147 Depuis l'arrêt *Mutuelles du Mans* (cité *supra*, n° 145) le juge est dispensé du *devoir* d'appliquer d'office la règle de conflit, quelle que soit sa source, législative ou conventionnelle, lorsque sont en cause des droits dont les parties ont la libre disposition.

Le juge conserve toutefois la *faculté* d'appliquer d'office la règle de conflit de lois. Il arrive souvent que les avocats des parties n'aient pas vu que la loi applicable était étrangère, ou encore que, l'ayant vu, ils préfèrent éviter les complications du conflit de lois et de la recherche du contenu de la loi étrangère, bien que cela puisse être au détriment des intérêts (et des droits) du client de l'un d'eux. Il entre dans la mission normale du juge d'attirer l'attention des avocats sur le fait que la règle de conflit désigne peut-être une loi étrangère, et de leur demander à la fois de s'expliquer sur ce point et, pour le cas où une loi étrangère serait effectivement applicable, de rapporter la preuve de son contenu (sur ce dernier aspect v. *infra*, n° 183).

Il existe toutefois une possibilité pour les parties, ou pour leurs avocats, d'écarter même la faculté pour le juge d'appliquer la règle de conflit : c'est de convenir entre elles de faire trancher le litige selon la loi française (20). Il n'y a rien là de choquant, puisque les droits litigieux sont disponibles. En revanche, la Cour de cassation va trop loin lorsqu'elle considère qu'un tel accord peut résulter du fait que les parties dans leurs conclusions invoquent la loi fran-

(18) C'est ainsi que la Cour d'appel de Paris n'a pas hésité à demander à une partie des précisions sur sa nationalité, qui lui paraissait douteuse (Paris, 29 juin 1954, *Rev. crit. DIP* 1954.128, note Batiffol).

(19) En outre, un pourvoi formé dans cette hypothèse serait mélangé de fait et de droit (Civ. 1re, 11 juin 1961, *Bertoncini*, *Rev. crit. DIP* 1962.124, note Batiffol, *JDI* 1963.132, note Goldman, *GA* n° 34).

On ne saurait objecter à ces divers pouvoirs et devoirs du juge le principe dispositif, qui réserve (sous certains tempéraments) aux parties la détermination des faits du litige. Le principe dispositif protège le pouvoir des parties de définir elles-mêmes l'objet du litige qu'elles entendent soumettre au juge, et d'en limiter l'étendue. Or relever d'office l'élément d'extranéité est pour le juge le moyen de remplir sa fonction de serviteur de la loi, *sans modifier la nature, et sans élargir l'objet* du différend qui lui est soumis (*contra* Y. Lequette, *op. cit.*, p. 298 et 299).

(20) Civ. 1re, 19 avr. 1988, *Roho*, *Rev. crit. DIP* 1989.68, note Battifol, *D.* 1988. Somm. 345, obs. Audit ; v. depuis Civ. 1re, 4 oct. 1989, *Rev. crit. DIP* 1990.316, note Lagarde, *JDI* 1990.415, 1re esp., note Kahn.

çaise (21). Ce comportement relève en effet plus souvent de l'ignorance que d'une volonté consciente, et *a fortiori* d'un accord, pour écarter la loi étrangère. Seul un accord exprès des parties devrait lier le juge.

Si la Cour de cassation maintient sa position, il sera rarissime que le juge soit autorisé à appliquer d'office la règle de conflit, car le demandeur a, en application des règles de procédure, l'obligation de préciser le fondement juridique de sa prétention (art. 56 NCPC). S'il n'invoque pas une loi étrangère, il se référera donc au droit français. Le défendeur qui ne protestera pas sera censé accepter de débattre sur ce terrain, sauf — seule hypothèse où subsistera le pouvoir du juge — s'il fait défaut.

147-1 Quoi qu'il en soit, le pouvoir des parties étant, en l'état actuel de notre droit, différent selon qu'elles ont ou non la libre disposition de leurs droits, la question se pose de savoir selon quelle loi apprécier cette disponibilité : la loi du for, ou la loi étrangère désignée par la règle de conflit ? La seconde solution serait excessivement peu pratique : elle obligerait le juge à interroger la loi étrangère pour savoir si les parties peuvent le dispenser de l'appliquer ; la simplification recherchée ne serait pas atteinte. La qualification doit donc s'opérer *lege fori*.

Bibliographie sommaire

Sur la mise en cause de la règle du conflit :

BUREAU : « L'application d'office de la loi étrangère. Essai de synthèse », *JDI* 1990.317.

BUREAU : « L'accord procédural à l'épreuve », *Rev. crit. DIP* 1996.587.

FAUVARQUE-COSSON : *Libre disponibilité des droits et conflits de lois*, LGDJ, 1996.

FAUVARQUE-COSSON : « Le juge français et le droit étranger », *D.* 2000.125.

FAUVARQUE-COSSON : « L'accord procédural à l'épreuve du temps », *Mélanges Lagarde*, Dalloz, 2005, p. 263 et s.

GAUDEMET-TALLON : De nouvelles fonctions pour l'équivalence en droit international privé ? », *in Mélanges Lagarde*, Dalloz, 2005, p. 303 et s.

JOBARD-BACHELLIER : « De la distinction nécessaire entre l'accord procédural interne et l'accord procédural international, en présence même d'éléments d'extranéité », *Gaz. Pal.* 2001, n° 346-347, p. 13.

JOBARD-BACHELLIER, « Manque de base légale et application de la loi étrangère », *in La Cour de cassation et l'élaboration de droit*, Economica, 2004, p. 97 et s.

LEQUETTE : « L'abandon de la jurisprudence Bisbal », *Rev. crit. DIP* 1989.277.

MAYER : « L'office du juge dans le règlement des conflits de lois », *Trav. Com. fr. dr. int. pr.*, 1975-1977, p. 233 et s.

MAYER : « Le juge et la loi étrangère », *Rev. suisse de droit internat. et europ.* 1991.481.

MOTULSKY : « L'office du juge et la loi étrangère », *Mel. Maury*, 1960, I, p. 337 et s.

M.-L. NIBOYET : « La mise en œuvre de droit international privé conventionnel (incidences du droit des traités sur les pouvoirs du juge national) », *Mélanges Roger Perrot*, Dalloz, 1996, p. 313 et s.

Les problèmes actuels posés par l'application des lois étrangères, Paris, LGDJ, 1988.

Adde la bibliographie citée *infra*, *sub* n° 213 sur l'application de la loi étrangère.

(21) Civ. 1re, 6 mai 1997, *Hannover International*, *Rev. crit. DIP* 1997.514, note Fauvarque-Cosson, *JDI* 1997.804, note Bureau, *GA* n° 78 ; 1er juill. 1997, *Karl Ibold*, *D.* 1997.IR.174, *Rev. crit. DIP* 1968.60, 2e esp., note P. Mayer.

§ 2. LE CHOIX DE LA RÈGLE DE CONFLIT

148 Tout litige pose au juge le problème du choix des normes applicables aux questions de droit débattues. Lorsque le litige est interne, ce choix met simplement en présence les diverses règles substantielles de l'ordre juridique interne. Lorsque le litige est international, il faut préalablement effectuer un choix entre les règles de droit international privé : parmi les règles de conflit en présence, quelle est celle qui désignera l'ordre juridique compétent ?

Le droit international privé du for comporte, en effet, une pluralité de règles de conflit entre lesquelles l'hésitation est possible.

Un exemple classique est celui du mariage en la forme civile d'un Grec orthodoxe en France. L'absence de la cérémonie religieuse prévue par la loi grecque rend-elle le mariage nul ? Tout dépend de la règle substantielle compétente : la loi grecque annule (ou du moins annulait, avant la réforme opérée par une loi de 1982), mais la loi française valide. Pour choisir, il faut appliquer une règle de conflit. On peut hésiter ici entre deux règles : celle qui soumet les conditions de *fond* du mariage à la loi nationale de chaque époux, et celle qui soumet les conditions de *forme* du mariage à la loi du lieu de célébration. La méthode qu'il convient d'employer consiste à *qualifier* la question posée, c'est-à-dire à la classer dans l'une ou l'autre des catégories définies par les règles de conflit en présence, sélectionnant par là celle qui doit être appliquée (22). Si la question posée (qui est, dans l'exemple pris, celle de l'exigence d'une cérémonie religieuse) est qualifiée question de fond, c'est la première règle de conflit énoncée qui est élue ; si elle est qualifiée question de forme, c'est la seconde. La première solution rend compétente la loi grecque (loi nationale), la seconde la loi française (loi du lieu de célébration).

149 Bien que l'analyse des diverses règles de conflit du droit positif français soit l'objet de la partie spéciale (*infra*), il n'est pas inutile de donner ici l'énumération des règles principales qui permettront d'illustrer les développements généraux :

1° La capacité est régie par la loi nationale de l'intéressé.

2° Les conditions de fond du mariage sont soumises à la loi nationale de chaque époux.

3° Les conditions de forme du mariage sont soumises à la loi du lieu de célébration.

4° Les effets du mariage sont régis par la loi nationale des époux ; s'il sont de nationalité différente, par la loi de leur domicile commun ; s'ils n'ont ni nationalité ni domicile commun, par la loi du for (le tout sous réserve de discussion, v. *infra*, n°s 569 et 570).

(22) Sur ce que le présupposé de la règle de conflit définit une catégorie de questions de droit, v. *supra* n° 114. C'est la *position* du problème du conflit de lois (v. *supra* n°s 79 à 86) qui explique ce fait.

5° L'établissement de la filiation légitime ou naturelle est régi par la loi nationale de la mère ; si la mère n'est pas connue, par la loi nationale de l'enfant.

6° Les droits réels sont régis par la loi du lieu de situation des biens qu'ils ont pour objet.

7° La responsabilité en cas de délit (ou de quasi-délit) est soumise à la loi du lieu du délit (ou du quasi-délit).

8° Les contrats sont soumis à la loi choisie par les contractants.

9° Le régime matrimonial est soumis à la loi choisie par les époux, présumée être, à défaut de contrat de mariage ou de choix exprès de la loi applicable au régime légal, celle de leur première résidence habituelle commune.

10° Les successions mobilières sont régies par la loi du dernier domicile du défunt, les successions immobilières par la loi du lieu de situation de l'immeuble.

150 Toute opération de qualification suppose d'abord que l'on définisse avec précision l'objet à qualifier (appelé aussi « objet de la qualification »), c'est-à-dire la question de droit posée (A) ; c'est seulement après avoir mené à bien cette phase préliminaire que la phase de classement doit être abordée (B). Il se peut que le problème rebondisse ensuite et qu'il faille, à l'intérieur de la législation désignée par la règle de conflit, procéder à une nouvelle qualification, portant cette fois-ci sur les règles substantielles (C).

A. Identification des termes de la question de droit posée

151 L'objet à qualifier est la question de droit substantiel posée en l'espèce, formée par la *prétention* du plaideur et par les *faits* qu'il invoque à son soutien (v. *supra*, n° 81) ; c'est le seul donné certain que le juge puisse prendre pour point de départ de son raisonnement. Il faut cerner exactement ses contours, analyser ses caractères.

Dans la grande majorité des cas, cette phase est simple, car les parties définissent avec précision les termes de la question qu'elles posent ; dans l'exemple du mariage civil du Grec, les *faits* de la question sont : l'existence d'un mariage célébré par un officier de l'état civil et non accompagné d'une cérémonie religieuse, et la *prétention* est : la nullité de ce mariage. Mais dans diverses hypothèses, la détermination des termes de la question de droit est complexe.

152 1° Parfois, les faits invoqués ne prennent leur signification qu'éclairés par une règle substantielle, qu'il faut déterminer et consulter avant de pouvoir qualifier.

Un exemple en est fourni par une affaire *Stroganoff-Scherbatoff*, jugée par le Tribunal de grande instance de la Seine (23). La question posée était celle de la dévolution successorale d'œuvres d'art ayant fait partie d'un « majorat perpétuel » constitué par des oukases impériaux russes. La prétention était celle de la qualité d'héritier, les faits invoqués à son soutien le lien de parenté, et l'existence d'une succession comprenant les biens litigieux. Mais s'agissait-il d'une « succession mobilière », soumise à la loi du dernier domicile du défunt, ou d'une « succession immobilière », soumise à la loi du lieu de situation ? Avant d'en décider, il fallait, en consultant la loi russe (dont la compétence à ce niveau ne pouvait être mise en doute, s'agissant du régime des droits réels — v. *supra*, n° 149, 6°), découvrir la nature et le régime du majorat perpétuel, ce que fit effectivement le tribunal.

153 2° Parfois la demande est formulée en des termes calqués sur ceux d'une règle étrangère, pièce d'un système qu'il faut connaître avant de pouvoir qualifier.

La difficulté est assez bien illustrée par une espèce jurisprudentielle célèbre (24), sur laquelle a notamment raisonné Bartin. Deux conjoints anglo-maltais ont émigré en Algérie (à l'époque territoire français) ; le mari y acquiert des immeubles, puis décède. Sa veuve réclame la « quarte du conjoint pauvre », institution du droit anglo-maltais. La question est-elle de nature matrimoniale ou successorale ? La règle de conflit en dépend, et la solution de la question de droit substantiel aussi, car la loi anglo-maltaise applicable au régime matrimonial considère la prétention de la veuve comme fondée, alors que la loi française applicable à la succession, ignorant l'institution, n'en accorde pas le bénéfice. Pour qualifier, il faut commencer par demander au droit anglo-maltais en quoi consiste cette « quarte », quelles en sont les conditions d'attribution et les modalités de calcul, afin de déterminer si elle est due à la veuve en tant que conjoint ou en tant qu'héritière. Un indice déterminant résidera dans le fait que l'attribution du droit dépend, ou au contraire est indépendante, du régime matrimonial choisi par les époux.

Le rôle ainsi reconnu à la loi substantielle invoquée par le demandeur a été évoqué par le juriste allemand Raape dans une phrase souvent citée : « L'État étranger caractérise ses règles, l'État du for les classe ». La formule pèche cependant en ce qu'elle semble faire de la règle étrangère l'objet de la qualification. Or, si l'on tient effectivement compte de la règle substantielle, ce n'est pas pour la classer dans les catégories du for, mais seulement pour mieux préciser l'énoncé de la question de droit, qui constitue l'objet véritable de la qualification (v. *supra*, n° 148). S'il n'en était pas ainsi, comment pourrait-on procéder à la qualification lorsque chacune des deux parties invoque une législation différente pour résoudre la question posée ? Et pourquoi devrait-on reconnaître à tel État étranger plutôt qu'à tel autre un rôle quelconque dans la recherche de la loi applicable, à un stade du raisonnement où aucun État n'a encore été désigné par la règle de conflit ? La volonté des deux parties au litige ne saurait avoir cet effet sélectif en matière d'état des personnes (v. *supra*, n° 145), *a fortiori*, celle du demandeur seul. Le seul pouvoir que l'on doive reconnaître au demandeur, c'est celui de formuler la question de droit que le juge aura à résoudre.

(23) 12 janv. 1966, *Rev. crit. DIP* 1967.120, note Loussouarn, *JCP* 1967.II.15266, note Bischoff.
(24) Alger 24 déc. 1889, *Veuve Bartholo*, *JDI* 1891.1171, *GA* n° 9.

154 La question est parfois formulée en termes très généraux, ce qui conduit le juge à la décomposer en plusieurs questions de droit éventuellement soumises à des lois différentes. Ainsi, un veuf ou une veuve réclamera, dans le partage des biens du défunt, tout ce qui lui revient *à quelque titre que ce soit*, en particulier au titre de la liquidation du régime matrimonial et au titre de la vocation successorale. Il n'y aura aucun problème de choix d'une qualification, puisque la prétention est assez compréhensive pour en supporter conjointement deux (25) ; il faudra faire application successivement de la loi du régime et de la loi successorale. Toutefois, la question de qualification n'est que temporairement éludée et elle apparaîtra à un stade ultérieur, lorsque l'on se demandera quelles sont, dans la loi applicable à la succession, les dispositions qu'il faut considérer comme successorales, et, dans la loi applicable au régime, celles qu'il faut considérer comme matrimoniales. C'est l'un des aspects du problème de la qualification des règles substantielles (*infra*, C, spécialement n° 168).

Une bonne connaissance de la législation interne, et même du droit comparé, est souvent utile pour distinguer, dans une question apparemment unique, deux aspects susceptibles d'être soumis à des lois différentes.

Premier exemple : la question de savoir si la dette alimentaire d'un mari envers son ex-femme après divorce se transmet à son parent le plus proche, cousin au huitième degré, doit être décomposée en deux :

1° La dette alimentaire s'éteint-elle au décès du débiteur ? Cette question est soumise à la loi qui régit la dette, c'est-à-dire la loi des effets du divorce.

2° En supposant que la dette soit transmissible aux héritiers, la loi successorale précisera si le cousin est héritier (v. *infra*, n° 826).

Deuxième exemple : la question de savoir si un Marocain marié peut contracter un second mariage avec une Française se décompose en deux :

1° Un homme peut-il contracter valablement un second mariage avant la dissolution du premier ? Cette question est soumise à la loi nationale du mari.

2° Une femme peut-elle épouser un homme déjà marié ? Cette question est soumise à la loi nationale de la femme.

Il suffit d'une réponse négative à l'une des deux questions pour que le mariage soit nul, puisque le défaut d'une seule condition de validité suffit normalement à vicier un acte juridique (v. *infra*, n° 550).

Troisième exemple : la question de savoir si un époux peut révoquer la donation qu'il a faite à son conjoint se décompose en deux :

1° Le contrat de donation est-il *par nature* révocable ? La question est soumise à la loi qui régit le contrat, c'est-à-dire la loi choisie par les époux.

2° Les donations *entre époux*, spécialement, sont-elles révocables ? La question est soumise à la loi des effets du mariage (v. *infra*, n° 783).

Mais, dans cet exemple, le problème est destiné à rebondir au stade de la recherche de la règle applicable dans chaque législation (v. *infra*, C, spécialement n° 168).

(25) Il est normal de demander ainsi conjointement la liquidation du régime matrimonial et celle de la succession. Si, dans l'affaire des époux anglo-maltais (citée *supra*, n° 153), la veuve avait en fait cantonné sa demande au domaine matrimonial, au risque de ne rien obtenir si sa prétention était qualifiée successorale, c'est uniquement parce qu'une loi française du 14 juill. 1819 la privait, en toute hypothèse, de tout droit effectif sur les biens successoraux sis en France (v. *infra*, n° 811 et s.).

B. Classement de la question de droit

155 La question de droit, une fois ses termes identifiés, doit être classée dans l'une des catégories définies dans le présupposé des règles de conflit en présence : « conditions de fond de mariage », « successions mobilières », « contrats », « divorce », etc. La démarche, à ce stade, consiste à *interpréter la volonté de l'auteur des règles de conflit* : quelles questions a-t-il voulu englober dans chaque catégorie ? Parce qu'elle comporte cette part d'interprétation, d'ailleurs, la qualification est contrôlée par la Cour de cassation.

Une précision, qui appelle une justification, doit d'abord être donnée : les catégories en présence sont celles que définissent les règles de conflit *françaises*, et il faut exclure toute prise en considération des règles de conflit étrangères *(a)*. La question ainsi circonscrite est donc celle du choix entre deux ou plusieurs règles de conflit françaises *(b)*.

a) Exclusion des règles de conflit étrangères

156 La doctrine a appelé « conflit de qualifications » la divergence possible entre la qualification opérée par référence aux catégories du for et celles opérées par référence aux catégories des systèmes étrangers avec lesquels la question posée présente des points de contact. Ainsi, la question de la prescription d'une créance contractuelle étant classée dans la catégorie « contrats » par le droit français, et dans la catégorie « procédure » par un autre droit, la question, posée en France, de la prescription d'une créance soumise à cet autre droit soulève un conflit de qualifications.

Ce conflit a été découvert pour la première fois en 1891 en Allemagne par Kahn, et, indépendamment, en 1897 en France par Bartin. Tous deux sont parvenus à la même solution : il faut qualifier *lege fori*, selon le droit du for.

La jurisprudence française a toujours procédé ainsi ; elle n'a toutefois expressément formulé le principe qu'en 1955, dans son arrêt *Caraslanis*, rendu sur la question de la validité du mariage entre un Grec et une Française, célébré en France en la forme civile : selon la Cour de cassation, « la question doit être tranchée selon les conceptions du droit français » (26). L'alternative était ici entre la qualification française de « condition de forme du mariage » (V. *infra*, n° 556) et la qualification selon la loi grecque, qui voyait dans l'exigence d'une cérémonie religieuse une condition de fond du mariage.

La qualification *lege fori* est seule défendable. Le problème de la qualification s'analyse en un problème d'interprétation de la volonté de l'auteur des règles de conflit ; en conséquence, puisqu'il est admis que c'est la règle de conflit du for qui s'applique (sous réserve des cas exceptionnels où une règle de

(26) Civ. 22 juin 1955, *JDI* 1955.682, note Sialelli, *Rev. crit. DIP* 1955.723, note Batiffol, *D.* 1956.73, note Chavrier, *GA* n° 27.

conflit étrangère est prise en considération, v. *infra*, Section II, § 2), il faut la prendre avec le sens qu'elle a dans l'esprit du législateur du for : *Ejus est interpretari cujus est condere* (c'est à celui qui pose une règle qu'il revient de l'interpréter). L'objection selon laquelle on ignore encore, au stade de la qualification, si la loi substantielle du for sera applicable est sans fondement : la qualification ne concerne pas directement la loi substantielle, encore inconnue en effet, mais la règle de conflit, qui ne peut être que celle du for.

En fait, la qualification *lege fori* des *questions de droit* n'est plus guère discutée. La doctrine de la qualification *lege causae* intervient à un stade postérieur du raisonnement : celui de la qualification des *règles* à l'intérieur de la loi compétente (*infra*, n° 167).

157 Bartin admettait une exception au principe de la qualification *lege fori* : la qualification des biens en meubles et immeubles devait, selon lui, dépendre de la loi du lieu de leur situation.

Il faut distinguer. Si de la qualification dépend la loi applicable — c'est le cas en matière de successions, v. *supra*, n° 149, 10° — elle doit s'opérer *lege fori*. Si la loi applicable est la même, que le bien soit meuble ou immeuble — c'est le cas pour les questions relatives au régime des droits réels, v. *supra*, n° 149, 6° — le problème de qualification ne se pose pas au niveau du choix de la loi. Il est susceptible de se poser au niveau de la sélection de la règle applicable à l'intérieur de la législation désignée, lorsque celle-ci contient des règles différentes pour les meubles et les immeubles, par exemple pour la détermination des délais de prescription acquisitive ; mais il s'agit alors d'interpréter la volonté de l'auteur des règles substantielles, et non celle de l'auteur des règles de conflit. On est alors en présence de ce que Bartin appelait une « qualification en sous-ordre » et si la solution qu'il défendait en l'occurrence s'impose, ce n'est plus en tant qu'exception : c'est la réponse parallèle — puisque dictée par les mêmes raisons — à un problème différent.

158 La tendance à découvrir des conflits de qualifications là où ils n'existent pas est d'ailleurs répandue ; ainsi du fameux exemple du *testament du Hollandais*, déjà cité par Bartin et dont plusieurs juridictions françaises ont eu à connaître. L'article 992 du Code civil néerlandais interdisait aux Hollandais de tester en la forme olographe, même à l'étranger. Du fait que ce texte retenait comme rattachement la nationalité et non le lieu de l'acte, on a déduit que les Pays-Bas voyaient dans leur prohibition une règle de capacité et non une règle de forme. La qualification française étant opposée, on a affirmé l'existence d'un conflit de qualifications, que l'on a tranché *lege fori* (et les testaments rédigés par les Hollandais en la forme olographe en France ont pu être validés par la loi française). En réalité, les Hollandais eux-mêmes considèrent que la question de la validité du testament olographe, en général, est une question de forme, et ils la soumettent normalement à la loi du lieu de rédaction. Simplement, ils ont donné un champ d'application plus large à leur propre règle, en la déclarant applicable aux testaments rédigés par leurs nationaux même à l'étranger : l'article 992 est une règle d'application nécessaire dont les tribunaux français ont refusé, à tort ou à raison, de tenir compte en France (v. sur ce point *infra*, n° 765) (27).

Le problème de la *forme religieuse du mariage*, sur lequel on a raisonné dans le développement qui précède, ne soulève probablement pas non plus de conflit de qualifications. Si la Grèce avait vraiment fait du problème de la forme religieuse ou laïque du mariage une question de fond, elle aurait autorisé les étrangers à se marier en Grèce selon les formes prévues par leur loi nationale ; or, la jurisprudence grecque imposait dans ce cas la

(27) Dans le sens de cette analyse, v. F. Rigaux, *op. cit.*, n° 276.

forme religieuse locale. De plus, la doctrine grecque affirmait que le mariage célébré à l'étranger entre ressortissants d'un pays tiers qui exige la forme religieuse était valable s'il était célébré selon la forme civile locale. En fait, la loi grecque relative aux formes du mariage était une règle d'application nécessaire qui s'imposait à la fois aux nationaux se mariant à l'étranger et aux étrangers se mariant sur le territoire grec. Les tribunaux français ont refusé de tenir compte de sa volonté d'application dans le premier cas (v. *infra*, n°s 763 à 767) (28).

b) Classement dans les catégories du droit du for

159 Une fois admis que la qualification s'opère selon les conceptions du for, le problème le plus important sur le plan théorique est celui de savoir si la question de droit à qualifier trouve nécessairement place dans *l'une quelconque* des catégories du droit international privé du for : c'est le problème du caractère lacunaire, ou au contraire exhaustif, de ce droit (1°). Mais en pratique, c'est la difficulté inverse qui se présente : l'inclusion dans deux ou même plusieurs catégories paraît *a priori* possible, et il faut donc en faire prévaloir une (2°).

1° *L'ensemble des catégories est-il exhaustif ou lacunaire ?*

160 Très fréquemment, les catégories sont définies par référence à des institutions juridiques : « mariage », « contrat », « succession », etc. Quelle est l'exacte réalité évoquée par ces termes ? Le mariage de la loi française n'est identique ni au mariage dit de *common law* (qui n'implique pas de cérémonie publique), ni au mariage du droit chilien (que seul le décès de l'un des époux peut dissoudre), ni *a fortiori* au mariage de type polygamique ; le lien de filiation naturelle tel qu'il est défini par l'article 334 du Code civil français est différent de la filiation alimentaire qu'a connue le droit allemand. Que signifie donc, dans le présupposé de la règle de conflit, le terme « mariage » ou le terme « filiation » ?

On pourrait être tenté, pour résoudre ce problème d'interprétation de la règle, de se reporter au sens du mot en droit interne. Mais il en résulterait que les règles de conflit françaises ne seraient applicables qu'aux situations constituées conformément aux règles substantielles françaises, et seraient impuissantes à désigner une loi dès lors que la question posée (celle, par exemple, de la validité d'une union polygamique) n'entrerait pas dans les catégories strictes du droit interne. Un tel système lacunaire doit être écarté ; il faut que l'ensemble des règles de conflit françaises puisse couvrir l'ensemble des questions de droit qui sont susceptibles de se poser en relation avec n'importe lequel des ordres juridiques qui coexistent dans le monde.

La Grande-Bretagne avait adopté, quant à la signification du mot « mariage », une attitude restrictive : méritait seul cette qualification le « *christian marriage* », à l'exclusion, en

(28) Dans le sens de cette analyse, v. F. RIGAUX, *op. cit.*, n° 265.

particulier, du mariage polygamique. Celui-ci était donc exclu du domaine du droit, puisque aucune règle de conflit ne le soumettait à une législation ; il n'était susceptible de produire aucun effet en Grande-Bretagne. Mais il apparut rapidement que cette position ne pouvait être maintenue, en raison de l'importance de la population musulmane dans l'Empire britannique. Divers effets furent donc successivement admis. Une loi a supprimé l'essentiel des restrictions qui subsistaient.

161 Une solution séduisante a été proposée par Rabel (29). Selon cet auteur, il convient d'élaborer des catégories dont le contenu, déterminé après une étude de droit comparé, serait suffisamment vaste pour accueillir toute institution étrangère, même absolument hétérogène à celle du for. Malheureusement, une telle enquête semble difficile à réaliser, d'autant qu'elle devrait être remise à jour dès lors que l'une quelconque des législations du monde aurait été modifiée. Et il semble que la jurisprudence ait atteint des résultats satisfaisants par la méthode, différente et plus praticable, qu'elle a suivie.

Cette méthode a consisté à partir de la notion du droit interne et à l'élargir de façon à englober les notions étrangères suffisamment proches des nôtres. Le procédé semble adapté, car l'auteur de la règle de conflit a effectivement en vue, sinon la notion précise du droit interne (il sait que la règle doit accueillir des institutions étrangères), du moins une notion *centrée sur elle*, quoique plus large et d'ailleurs plus vague. Il ne saurait en être autrement, lorsque l'auteur de la règle de conflit n'est pas un législateur supranational — et il l'est rarement — mais un législateur interne qui ne peut faire totalement abstraction de son environnement juridique.

En application de ce système, la jurisprudence a, notamment, admis de faire entrer dans la catégorie « succession » les questions relatives à l'institution « contrat successoral », et dans la catégorie « mariage » les questions relatives à l'institution « union polygamique ».

162 Mais l'extension ne se conçoit pas sans limites, car il faut au moins que l'on retrouve dans l'institution étrangère le « noyau » du concept du for.

Comment définir ce noyau ? Selon Batiffol (30), « on parvient à retrouver une communauté de nature dans des institutions différentes en considérant moins leur structure que leur fonction ». Pour illustrer son propos, il donne l'exemple du mariage et du concubinage. « Le second ne remplit pas les buts du premier, il n'est pas un mariage, s'il a été organisé sans un souci de la paix publique, de la procréation et de l'éducation des nouveaux membres de la société. »

À cette conception on peut, semble-t-il, faire toutefois un reproche : c'est qu'elle procède exclusivement par approfondissement du sens des termes employés pour définir la catégorie, dans le *présupposé* de la règle de conflit, en faisant totalement abstraction du fait que la règle de conflit, comme toute règle, comprend aussi un *effet juridique*, et que ces deux éléments, présupposé et effet juridique, sont déterminés en fonction l'un de l'autre. Si la règle de conflit retient une catégorie, c'est pour la soumettre, par le moyen du rattachement qu'elle a

(29) « Das Problem der Qualifikation », *Rabels Z.* 1931.241 ; « Le problème de la qualification », *Rev. crit. DIP* 1933.1.
(30) *Aspects philosophiques du droit international privé*, p. 43.

édicté dans son effet juridique, à une loi déterminée, qui lui convient. *Ce sont donc les raisons pour lesquelles tel rattachement a été adopté qui doivent permettre de préciser l'étendue exacte de la catégorie visée* par la règle. Si les effets personnels du mariage sont soumis à la loi nationale commune des époux ou à celle de leur domicile commun, c'est — entre autres raisons — parce que ces rattachements sont aptes à la fois, par leur relative stabilité, à régir un lien institutionnel susceptible de produire à chaque instant des conséquences juridiques nouvelles et, par leur possibilité de se modifier au cours du mariage, à révéler de façon toujours actuelle le milieu juridique dans lequel s'insèrent les relations des époux ; bref, ils désignent la loi, ou les lois successives, d'un état permanent. Dès lors le caractère polygamique d'une union ne met pas obstacle à l'utilisation de ces rattachements : ce n'est pas le nombre de liens qui compte, mais le fait qu'ils soient institutionnalisés. En revanche, une union essentiellement précaire, telle que le concubinage, même si elle produit des effets de droit, n'appellera pas, en tout cas pas nécessairement, un tel rattachement, ni donc une telle qualification.

Les tribunaux français auront un jour à se prononcer sur la qualification du mariage homosexuel introduit en droit belge, néerlandais, canadien et espagnol. Il est certain qu'il n'a pas été organisé dans le souci « de la procréation et de l'éducation des nouveaux membres de la société ». Mais puisqu'il a été créé *à l'imitation* du mariage hétérosexuel — les législateurs précités se sont en fait bornés à supprimer la condition de différence de sexe pour la validité du mariage — la meilleure solution paraît consister à soumettre à la loi nationale la possibilité même de contracter une telle union, ce que seule permet la qualification « mariage », ou du moins « statut personnel ». Le rejet de cette qualification risquerait de déboucher sur celle de « contrat », permettant ainsi à tout couple de personnes de même sexe mais de nationalités (quelconques) différentes de choisir le droit d'un pays qui admet la validité du mariage homosexuel.

La nécessité de retrouver dans l'institution étrangère le noyau du concept du for empêche l'élimination de tout risque de lacunes. Certes, celles-ci seront exceptionnelles : le droit étant appelé à résoudre les problèmes que pose la vie de l'homme en société, et ceux-ci étant partout sensiblement les mêmes, il sera rare qu'une institution connue dans un pays n'ait pas son équivalent dans les autres. Comme l'observent Batiffol et Lagarde (31) : « Tout système positif, pour autant qu'il soit suffisamment développé, n'est jamais qu'une solution déterminée de problèmes qui, dans leurs tréfonds, sont universels. Dans les cinq parties du monde, les hommes se marient, possèdent des biens, échangent des services, meurent ».

Oui, mais ils ne procèdent pas tous à des *adoptions*, par exemple : les pays musulmans ignorent l'institution, et elle est incontestablement irréductible à toute autre. De même, seule une minorité de pays connaît un *partenariat organisé* à l'image du PACS du droit français, lequel d'ailleurs, vu son introduction récente et son statut ambigu, est encore à la recherche de sa catégorie de rattachement (v. *infra*, n° 547).

Ici apparaît l'utilité de laisser à la jurisprudence la liberté de créer les règles nécessaires ; en présence d'une institution inconnue, qui n'entre dans aucune des catégories du droit du for, le juge élaborera la règle de conflit qui lui paraîtra le mieux en harmonie avec le reste du système. S'il est au contraire

(31) *Traité*, n° 297.

enserré dans un réseau de règles rigides, d'origine législative, il n'aura d'autre possibilité que de priver l'institution de tout effet (soit en refusant d'appliquer une loi quelconque, soit en appliquant sa propre loi qui par hypothèse l'ignore) et il déjouera les prévisions les plus légitimes des parties.

2° *Choix entre deux ou plusieurs catégories*

163 L'hésitation que peut avoir à surmonter l'interprète quant au classement d'une question de droit dans l'une ou l'autre des catégories du droit international privé du for, tient parfois au fait que celles-ci, à s'en tenir aux termes qui les définissent, se recoupent partiellement : par exemple, les formes protectrices du consentement des incapables se rattachent à la fois aux « conditions de forme de l'acte juridique » à accomplir et à la catégorie de la « capacité ». Parfois aussi, les catégories s'excluent mutuellement, mais le critère qui les oppose laisse une place à l'incertitude : ainsi des catégories « conditions de forme du mariage » et « conditions de fond du mariage ». Dans tous les cas, il faut interpréter les règles de conflit en présence pour découvrir leur domaine respectif d'application.

164 Ici encore, l'argument déterminant est en général à chercher dans la *raison d'être* de chaque rattachement : la question de droit doit entrer dans la catégorie à laquelle est affecté le rattachement qui lui convient le mieux, compte tenu des motifs qui ont déterminé son adoption. Ainsi, le rattachement de la forme des actes à la loi du lieu où ils interviennent a été retenu parce qu'il était commode pour les parties, tandis que le rattachement à la loi nationale des questions de fond de l'état des personnes repose, entre autres considérations, sur l'indisponibilité des questions d'état et sur la nécessité d'une certaine permanence de la loi applicable. La considération qui paraîtra primordiale dans un cas donné entraînera la qualification. Il faut seulement prendre garde que la recherche ne peut s'effectuer correctement sans tenir compte du contexte, c'est-à-dire du rattachement des questions voisines. Le droit présente un caractère systématique que la solution du conflit de lois doit s'efforcer de respecter en ne dispersant pas entre plusieurs lois des ensembles conçus pour être cohérents : faute de quoi surgissent des problèmes d'*adaptation* (v. *infra*, Section II, § 3) entre les lois auxquelles sont rattachés les divers éléments de l'ensemble. La meilleure qualification est celle qui réduit au minimum les problèmes d'adaptation. En ce domaine, la perfection n'est malheureusement pas toujours accessible ; on ne parvient parfois à maintenir la cohérence d'un ensemble qu'au détriment de celle d'un autre. Il faut alors peser les avantages pratiques respectifs de chaque solution.

En tout cas, une recherche qui procéderait exclusivement par la voie de l'approfondissement des concepts utilisés pour définir la catégorie se révélerait décevante. Par exemple, les notions de fond et de forme ne s'opposent pas, en elles-mêmes, de façon aussi absolue qu'on pourrait le croire : ainsi l'exigence d'un acte authentique est considérée par la jurisprudence comme une condition de fond de la reconnaissance de filiation naturelle, et comme une condition de forme du contrat de mariage ; la divergence des solutions montre bien que l'essentiel, en matière de qualification, ne réside pas dans les *concepts* auxquels on a recours pour définir les catégories, mais dans les *intérêts* pratiques qui s'attachent à l'extension qu'on leur donne.

165 Un grave danger guette l'interprète de la règle de conflit : l'excessive prise en considération des classifications retenues par le droit interne du for. S'il est normal d'éviter toute référence aux classifications étrangères — puisqu'il s'agit en fin de compte d'interpréter le système de conflit du for (v. *supra*, n° 156) — il ne faut pas pour autant être esclave de classifications consacrées par, et pour, le droit *substantiel* du for. Les objectifs du droit international privé ne sont pas ceux du droit interne, et les classifications de celui-ci ne conviennent pas nécessairement à celui-là. Spécialement, intervient en droit interne un facteur de classification qui doit être autant que possible exclu en droit international privé : la solution substantielle donnée au problème considéré. Deux exemples aideront à le montrer.

1° La question de savoir si un dément, ni mis en tutelle, ni placé sous la sauvegarde de justice, peut valablement contracter aurait été, à se fier aux classifications du droit interne français antérieures à la loi du 3 janvier 1968, classée dans la catégorie « conditions de fond des contrats » et non dans la catégorie « capacité ». En effet, le droit français organisait techniquement la protection du dément en annulant ses actes pour défaut d'une condition essentielle de validité : le consentement. Mais d'autres droits (droit allemand, par exemple) considèrent le dément comme un incapable, et la cause de la nullité de ses actes est alors le défaut permanent de capacité. Faire prévaloir la solution française interne en vue de la qualification est absurde puisque, aucune règle substantielle n'étant encore désignée à ce stade, l'on ignore quel sera le régime juridique retenu. Il faut donc essayer de qualifier la *question* — ici « l'acte accompli par un dément est-il valable ? » — abstraction faite de la *solution* qui lui est apportée par la règle substantielle du for — ici : « l'acte est nul pour absence de consentement ». On se demandera si les raisons qui ont fait retenir le rattachement « nationalité » pour les questions de « capacité » n'appellent pas que l'on englobe dans cette catégorie la question de la protection des déments (v. sur ce point, *infra*, n° 521).

2° La tendance à constituer les catégories à partir des solutions du droit interne inspire probablement l'arrêt de la Cour de cassation rendu dans l'affaire *Caraslanis* (précité n° 156). La Cour a décidé que, suivant les conceptions du droit français, le caractère religieux ou laïc du mariage est une question de forme. L'argument est que « notre conception du mariage ignorant son sens religieux, ce dernier apparaît à nos juges comme une question de forme » (32). Sans discuter ici de l'exactitude de la solution retenue (sur ce point, v. *infra*, n° 762), on peut du moins contester la méthode suivie. En effet, c'est la question de droit — ici celle du « caractère *religieux ou laïc du mariage* », selon les termes de l'arrêt — qu'il convient de ranger dans l'une des deux catégories, et non la solution — ici le caractère laïc du mariage — qui lui est donnée dans le droit du for, dont on ignore encore s'il sera appliqué. Quelle que soit la réponse apportée à la question, la nature de celle-ci ne change pas ; que l'on prenne parti pour ou contre le caractère religieux du mariage, c'est sur une même question que l'on se prononce. Cette question doit être, autant que possible, envisagée et analysée, abstraction faite de la solution interne. Certes, les règles françaises qui prévoient l'intervention de l'officier de l'état civil et ses modalités sont des règles de forme ; mais en les adoptant, en écartant l'intervention de l'autorité religieuse, n'a-t-on pas pris

(32) BATIFFOL et LAGARDE, *Traité*, n° 422.

implicitement parti sur un problème de fond ? Les deux choses ne sont nullement incompatibles. Il eût fallu se demander simplement si les raisons pour lesquelles les questions de forme sont rattachées à la loi du lieu de célébration suffisent ou non à justifier l'inclusion dans la catégorie « forme » de la question du caractère religieux ou laïc du mariage.

Dans la mesure — qui ne peut être absolue — où l'on parvient ainsi à s'abstraire des solutions du droit interne, une harmonisation des solutions du conflit de lois n'est plus exclue : deux pays dont les conceptions sont très différentes peuvent très bien qualifier identiquement une même situation. L'argument particulariste de Bartin, tiré d'un lien indissociable entre règles de conflit et règles substantielles (v. *supra*, n° 72), est donc très exagéré.

C. Qualification des règles substantielles dans la loi désignée

166 La règle de conflit, une fois choisie, conduit selon un mécanisme qui sera détaillé dans le paragraphe suivant (§ 3) à la désignation d'une législation apte à résoudre la question de droit posée. Quelles sont, dans cette législation, les règles que le juge doit considérer comme spécialement désignées pour trancher le litige ?

Normalement, cette question est facile à résoudre, si on ne la complique pas inutilement en y introduisant un problème de qualification qui ne se pose nullement. Prenons l'exemple de l'affaire *Caraslanis*. La question posée était : « nullité, ou non, du mariage des deux Grecs célébré en France sans cérémonie religieuse ». L'énoncé même de la question désigne, dans la loi (ici française) compétente, la règle précise à appliquer : c'est celle dont le présupposé correspond aux faits allégués, et dont l'effet juridique correspond à la prétention (en l'espèce, la règle selon laquelle le mariage célébré en la forme purement civile n'est pas nul). Peu importe dans quelle catégorie cette règle est rangée. Il en va de même lorsque la loi applicable est une loi étrangère.

Cependant le problème de la qualification peut se réintroduire à ce stade. Ce ne sera, si l'on rejette la théorie de la qualification *lege causae* (a), que de façon exceptionnelle (b).

a) La théorie de la qualification lege causae

167 Que la qualification doive être opérée *lege fori* au stade du choix de la règle de conflit n'est plus guère contesté (v. *supra*, n° 156). Mais certains auteurs, en particulier Wolff en Allemagne, ont soutenu qu'il fallait, dans un second stade du raisonnement, procéder à une qualification *lege causae*, c'est-à-dire selon le droit désigné. Par exemple, si la question de droit à été qualifiée « successorale » au niveau du choix de la règle de conflit, il faudrait retenir, dans la loi désignée pour régir la succession, les règles substantielles qui, *selon cette loi*, sont des règles successorales, et elles seules.

Il est clair qu'une telle position peut conduire, selon les cas, à des conflits positifs ou à des conflits négatifs. Conflit positif si deux lois, compétentes chacune pour régir un aspect de la question, prétendent toutes les deux la régir en entier ; conflit négatif si aucune des deux lois ne veut régir l'aspect de la question qui lui est dévolu. Le dernier conflit est particulièrement dangereux en raison de l'absurdité des résultats auxquels il mène. Ainsi le *Reichsgericht*, dans un arrêt du 23 janvier 1882, avait eu à se prononcer sur la prescription d'un effet de commerce émis aux États-Unis. Selon la conception allemande, la question relevait de la catégorie « obligation » et était soumise à la loi américaine ; mais, constatant que la catégorie « obligation », aux États-Unis, ne comprend pas les règles sur la prescription, qui sont classées dans la catégorie « procédure », la juridiction allemande en avait déduit qu'aucune règle n'était à retenir dans la loi désignée, et que l'obligation n'était donc pas prescrite : or, elle l'était selon les deux lois en présence !

Il est certes licite de s'attacher aux classifications du droit étranger compétent dans la mesure où elles influent sur le choix de la règle substantielle applicable *à l'intérieur* du système désigné ; mais elles ne doivent pas conduire à remettre en cause la compétence de celui-ci. Dès lors que la classification étrangère conduirait à restreindre ou à étendre la vocation de l'ordre juridique étranger, on entre dans le domaine du droit international privé, qui relève de la compétence exclusive du for (sauf le jeu éventuel du renvoi : v. *infra*, n° 227, à propos du « renvoi de qualification »). Si l'on objecte qu'il est illogique d'appliquer une loi qui ne se veut pas applicable, c'est en fait une critique beaucoup plus générale que l'on élève contre la méthode bilatéraliste, critique qui, si elle est fondée, doit conduire jusqu'à l'unilatéralisme. La qualification *lege causae* est une forme larvée et particulièrement imparfaite d'unilatéralisme ; l'examen de cette dernière doctrine sous sa forme la plus défendable a déjà été fait (v. *supra*, n°s 116 à 118).

Le rejet de la théorie de la qualification *lege causae* conduit simplement à la conclusion négative qu'il faut faire abstraction des classifications étrangères. Ce ne sera pas, normalement, pour leur substituer les classifications du for car, comme on l'a vu, le problème même de la qualification des règles substantielles ne se pose en général pas ; il n'apparaît que de façon exceptionnelle.

b) Hypothèses exceptionnelles de qualification des règles

168 Une qualification des règles est parfois nécessaire lorsque deux ou plusieurs questions de droit étroitement connexes se posent et sont soumises à des lois différentes.

Lorsqu'elles ont été formulées avec précision, les choses sont relativement simples. Ainsi, dans un exemple précédemment pris (n° 154), la révocation d'une donation entre époux avait été décomposée en deux questions, selon que la cause de la révocabilité était recherchée dans la nature de l'acte ou dans la qualité d'époux des contractants. Dans la loi applicable à la première question, il faut retenir la règle correspondant à la qualification « contrats » ; on la trouvera dans le droit commun sur les donations ; dans la loi applicable à la seconde question, il faut retenir la règle correspondant à la qualification « effets du mariage », c'est-à-dire, s'il en existe une, la règle spéciale aux donations entre époux, et non la règle de droit commun, même si elle s'applique *aussi* aux époux (33).

Les questions connexes peuvent avoir été simplement englobées dans une prétention formulée de façon large. C'est l'hypothèse, déjà rencontrée au stade du choix de la règle de conflit (*supra*, n° 154), de la liquidation conjointe du régime matrimonial et de la succession. Deux lois sont désignées, l'une pour régir à première liquidation, l'autre pour régir la seconde. Les questions de droit n'ayant pas été formulées de manière précise, la qualification des règles devra s'opérer uniquement en fonction de leur objet. On appliquera, dans chaque loi, les seules règles qui appartiennent à la catégorie visée par la règle de conflit qui désigne cette loi, c'est-à-dire dans la loi applicable au régime, les règles relatives au régime, à l'exclusion des règles successorales, et dans la loi applicable à la succession, les règles

(33) En ce sens, PONSARD, *Juriscl. droit internat.*, fasc. 546-*D.* n° 64 ; WIEDERKEHR, *op. cit.*, *infra sub* n° 798, n° 238 ; FADLALLAH, *op. cit.*, *infra sub* n° 515, n° 246.

successorales, à l'exclusion des règles relatives au régime. Il faut procéder à cette qualification *lege fori* sous peine de risquer, sur une question donnée, tantôt l'application cumulative de deux règles contradictoires, tantôt le refus d'application de toute règle, selon les hasards des qualifications discordantes consacrées par les deux *leges causae* (34).

Bibliographie sommaire

B. ANCEL : « L'objet de la qualification », *JDI* 1980.227.

BARTIN : « De l'impossibilité d'arriver à la solution définitive des conflits de lois », *JDI* 1897, p. 225, 466, 720 ; *Études de droit international privé*, Paris, 1895, p. 1 et s.

BATIFFOL : *Aspects philosophiques du droit international privé*, Paris, 1956, p. 29 et s.

FRANCESCAKIS : « Droit naturel et droit international privé », *Mélanges Maury*, 1960, I, p. 113 et s.

MAYER : *La distinction entre règles et décisions et le droit international privé*, Dalloz, 1973, p. 64 et s.

RABEL : « Le problème des qualifications », *RDIP* 1933.1.

RIGAUX : *La théorie des qualifications en droit international privé*, Paris, 1956.

WENGLER : « Réflexions sur la technique de qualification en droit international privé », *Rev. crit. DIP* 1954.661.

§ 3. LA DÉSIGNATION DE L'ORDRE JURIDIQUE COMPÉTENT

169 La désignation de l'ordre juridique compétent résulte de *l'application* proprement dite de la règle de conflit. Il suffit pour y procéder de localiser les faits de l'espèce qui répondent à la définition de l'élément de rattachement. Par exemple, si la règle de conflit applicable retient comme élément de rattachement le lieu du délit, il faut déterminer quel est en l'espèce ce lieu : l'ordre juridique compétent est celui de l'État sur le territoire duquel il est situé.

Cette opération simple d'application du droit au fait, qui s'effectue naturellement sous le contrôle de la Cour de cassation, se heurte parfois à des difficultés. La première se situe au niveau de la règle : on peut hésiter sur la définition de l'élément de rattachement qu'elle retient (A). Deux autres prennent place au niveau des faits : il se peut que plusieurs faits correspondent à la définition (B), ou qu'au contraire aucun n'y corresponde (C).

A. Hésitation sur la définition de l'élément de rattachement

170 La définition de certains éléments de rattachement appelle parfois des précisions. Que faut-il entendre, par exemple, par « domicile », par « lieu du délit » ?

(34) Une nuance sera toutefois apportée (*infra*, n° 784) en ce qui concerne la qualification des règles relatives au régime matrimonial.

Il s'agit d'un problème d'*interprétation* de la règle de conflit, que l'on ne peut résoudre que par référence au système juridique de l'auteur de la règle. Une distinction s'impose à cet égard entre les règles de source interne (résultant de la loi ou de la jurisprudence) et les règles de source internationale (résultant d'un traité).

a) Règles de conflit de source interne

171 Si le concept retenu comme élément de rattachement par la règle de conflit existe en droit interne, on supposera raisonnablement que son contenu est identique, sauf indication contraire, en droit international privé. Sinon, on dégagera une solution particulière en fonction de son opportunité.

Le problème ne doit pas être confondu — malgré le précédent constitué par Bartin — avec celui des qualifications : le terme qui est ici à interpréter est relatif au critère de rattachement, non à la catégorie. Les raisons qui conduisent à élargir l'acception du terme utilisé pour la qualification (v. *supra*, n° 160) ne se retrouvent pas.

172 Ce n'est guère que relativement au domicile et à la nationalité que l'on trouve des indications utiles dans le droit interne.

D'une part, en effet, certains rattachements ne laissent aucune place à l'équivoque : *lieu de situation d'un bien, lieu de célébration d'un mariage* (35).

D'autre part, le rôle reconnu à la volonté des parties en matière contractuelle soulève des difficultés particulières que ne connaît pas le droit interne (v. *infra*, n°s 716 à 720).

Enfin, le choix qui doit être fait, dans le cadre du rattachement au *lieu du délit*, entre le lieu de l'acte fautif et celui du préjudice, lorsqu'ils ne coïncident pas, ne peut être calqué purement et simplement sur celui qu'a effectué, relativement à la compétence territoriale, l'article 46 du nouveau Code de procédure civile, car la considération qui a dicté la solution (protection de la victime) n'est pas apte à commander la solution du conflit de lois (v. *infra*, n° 685) ; l'option donnée par ce texte à la victime ne peut d'ailleurs être transposée, du moins automatiquement, au conflit de lois (36).

Des développements particuliers étant consacrés à la nationalité (v. *infra*, Livre II, Titre I), on donnera seulement ici quelques indications sur le domicile.

173 Le domicile, lorsqu'il est retenu comme élément de rattachement, doit être déterminé, conformément aux articles 102 et suivants du Code civil, par le principal établissement. Si l'individu est un mineur, on retiendra le domicile de ses père et mère ou tuteur (art. 108-2 C. civ.). La femme mariée peut avoir, depuis la loi du 11 juillet 1975 sur le divorce, un domicile distinct de celui de son mari (art. 108 C. civ.). Il importe peu en principe que l'État sur le territoire

(35) Le *lieu de conclusion* des contrats par correspondance pourrait susciter des difficultés si la règle de conflit lui faisait jouer un rôle important ; mais ce n'est le cas qu'en matière de forme des actes (sur la solution adoptée par la Convention de Rome, v. *infra*, n° 759).

(36) V. cependant Civ. 1re, 14 janv. 1997, *D.* 1997.177, note Santa-Croce, *Rev. crit. DIP* 1997.504, note Bischoff, *JCP* 1997.II.22903, note Muir Watt, commenté *infra*, n° 685.

duquel l'individu est, selon nos définitions, domicilié ne le considère pas comme tel.

Cependant, les motifs particuliers du recours à la notion de domicile dans le conflit de lois peuvent nécessiter un infléchissement. C'est ainsi qu'à l'époque où la femme mariée n'avait « point d'autre domicile que celui de son mari », la jurisprudence tenait néanmoins compte de l'établissement effectif pour déterminer si les époux avaient un « domicile commun », critère de rattachement en matière d'effets du mariage. Et le « premier domicile matrimonial » pris en considération pour déterminer la loi applicable au régime matrimonial présentait également des particularités (v. *infra*, n° 775).

Par ailleurs, le changement de domicile est plus difficile à établir, lorsqu'il implique un changement de pays ; la réalité de l'intention doit être certaine.

b) Règles de conflit de source internationale

174 Une règle de conflit de source internationale devient une règle de conflit nationale dans chacun des pays signataires du traité qui lui a donné naissance. Son interprétation est donc soumise aux principes qui viennent d'être vus à propos des règles de conflit de source nationale (sur les implications dans le fonctionnement du renvoi, v. *infra*, n° 228).

Des divergences peuvent alors apparaître entre les interprétations adoptées par les divers États parties ; le traité, dont l'objet était d'unifier sur un point leur droit international privé, manque son but.

C'est pour parer à cette éventualité que les traités d'unification posent souvent eux-mêmes une définition de l'élément de rattachement. Par exemple, la Convention de La Haye du 15 juin 1955 « pour régler les conflits entre la loi nationale et la loi du domicile » (non entrée en vigueur) définit le domicile comme « lieu de la résidence habituelle ».

Une autre méthode consiste à renvoyer à la définition donnée par un droit national. Ainsi, la Convention de La Haye du 5 octobre 1961 sur la forme des dispositions testamentaires ayant retenu, entre autres critères de rattachement, le domicile du testateur, précise que ce domicile est défini par « la loi du lieu où il est censé être situé ». Un tel système conduit éventuellement à constater une pluralité de domiciles ou, au contraire, une absence de domicile ; il n'est défendable que dans le cadre d'une règle de conflit alternative (v. *supra*, n° 140), comme l'est précisément celle que pose la Convention de 1961.

B. Pluralité de rattachements

175 On vient de voir que, pour l'application de la Convention de La Haye du 5 octobre 1961, un testateur peut être jugé avoir eu au même moment deux domiciles. Mais la pluralité de rattachements apparaît surtout lorsque le critère retenu est celui de la *nationalité* : un individu peut avoir plusieurs nationalités.

La solution de la difficulté sera recherchée lors de l'étude des conflits de nationalités (*infra*, Livre II). Il est cependant utile de connaître dès à présent les deux propositions en lesquelles elle se résume : *si l'une des nationalités est la nationalité française, elle l'emporte sur les autres ; si toutes les nationalités sont étrangères, on retient la plus effective.*

C. Défaut de rattachement

176 Le défaut de rattachement peut provenir de trois causes.

Soit le rattachement *n'existe pas* en l'espèce : cas d'un individu dépourvu de nationalité ou de domicile ; cas de deux époux n'ayant pas la « nationalité commune » ou le « domicile commun » retenus comme facteurs de rattachement par la règle de conflit relative aux effets du mariage.

Soit le rattachement existe mais *est inconnu* : cas d'un meuble dont on ignore la situation dans l'espace à un moment donné.

Soit il est connu, mais *n'est pas de nature à désigner un ordre juridique* : un bien se trouve dans un espace non soumis à la souveraineté d'un État (haute mer) ou disputé entre deux États (37), un individu est ressortissant d'un État dont le système juridique n'est pas unifié, alors que la règle de conflit désigne la « loi nationale » (38).

177 Deux palliatifs peuvent être envisagés. Ou bien on édicte un rattachement subsidiaire pour remplacer le rattachement principal défaillant ; ou bien on applique la règle substantielle du for, dont la vocation est universelle et qui peut donc toujours être appliquée à défaut d'une autre loi (sur la justification de la vocation universelle, v. *supra*, n° 118, et *infra*, n° 184).

Le système français est intermédiaire. Il n'existe que deux rattachements subsidiaires : domicile à défaut de nationalité ; domicile commun à défaut de nationalité commune. En l'absence de rattachement subsidiaire, on applique la loi substantielle du for.

Il est permis d'estimer que le recours à la loi du for est trop systématique dans la jurisprudence française. Si la situation juridique est née à l'étranger et n'a aucune attache avec la France, hormis le fait qu'elle y est soumise à ses juges, le choix de la loi française est particulièrement malvenu ; il est toujours possible d'imaginer un rattachement subsidiaire qui conviendrait mieux.

(37) V. Trib. gr. inst. Paris 25 nov. 1971, *Rev. crit. DIP* 1973.499, note La Pradelle, à propos de la Mandchourie de 1946.

(38) Dans ce dernier cas il pourrait toutefois y avoir un « renvoi » à une autre loi par le système de conflit de lois de l'État national (sur le renvoi v. *infra*, n° 216 et s.), ou encore résolution, par ce même système, des conflits internes (sur l'articulation de la règle de conflit de lois du for avec les règles étrangères relatives aux conflits internes, v. *infra*, n° 238 et s.). Encore faut-il que ces règles existent au niveau de l'État, et non (comme aux États-Unis) au niveau de chacune des entités que le composent.

En tout cas, il faut écarter la solution consistant à rejeter la demande du plaideur au motif qu'il n'établit pas l'un des éléments nécessaires au succès de sa prétention : on ne peut logiquement fonder sur l'absence de droit objectif la consécration du droit subjectif du défendeur.

Bibliographie sommaire

Sur le domicile :

FRANCESCAKIS : « Les avatars du concept de domicile dans le droit international privé actuel », *Trav. Com. fr. dr. int. pr.*, 1962-64, p. 291 et s.

MUIR WATT : « Le domicile dans les rapports internationaux », *Juriscl. droit internat.*, Fasc. 543-A.

Sur la pluralité de rattachements :

LABORDE : *La pluralité du point de rattachement dans l'application de la règle de conflit*, thèse dactyl., Bordeaux I, 1981.

PATOCCHI : *Règles de rattachement localisatrices et règles de rattachement à caractère substantiel*, Genève, 1985.

§ 4. APPLICATION DE LA LOI ÉTRANGÈRE

178 La dernière phase du raisonnement judiciaire est l'application de la règle substantielle. Elle soulève des difficultés spécifiques en droit international privé lorsque la règle de conflit désigne une loi étrangère.

Admettre que la loi étrangère est susceptible d'être appliquée par le juge français est une chose, prétendre que son statut est identique à celui de la loi du for en est une autre. La loi étrangère présente des particularités évidentes : le juge français, en général, ne la connaît pas ; il n'est pas habilité à la créer au nom du souverain étranger, même si celui-ci assigne à la jurisprudence le rôle d'une source du droit véritable ; il peut répugner à l'appliquer en raison de son contenu, trop différent de celui de sa propre loi, etc.

Une première série de problèmes concerne la connaissance et l'interprétation de la loi étrangère (A) ; une seconde, son éviction exceptionnelle au profit de la loi française (B).

A. Connaissance et interprétation de la loi étrangère

179 La connaissance par le juge français de la loi étrangère, comme son interprétation, sont régies en jurisprudence par des principes particuliers, qui la différencient de la loi du for et la rapprochent d'un simple fait. Par exemple, la Cour de cassation, assimilant dans une certaine mesure la loi étrangère à un contrat, se refuse à contrôler son interprétation par les juges de fond.

La raison en serait, selon d'éminents auteurs (39), que précisément la loi étrangère est, aux yeux du juge français, du fait et non du droit.

Sur le plan théorique, les arguments invoqués en ce sens ne convainquent pas. On fait d'abord valoir que le juge, lorsqu'il détermine la teneur et le sens de la loi étrangère, constate *ce qui est admis* « en fait », et non *ce qui doit être*. Mais il en est de même lorsqu'il applique la loi française, du moins lorsque celle-ci est claire et non susceptible d'interprétation ; or, nul ne soutient qu'elle dégénère alors en fait. Et dans la mesure où, sous le couvert du pouvoir d'interprétation, il dit ce qui lui semble devoir être, il n'est plus organe d'application mais de création du droit français.

Un autre argument est que la règle étrangère apparaît au juge français *dépouillée de son élément impératif*, en lequel réside justement le caractère juridique. Ce n'est pas tout à fait exact. Le juge *constate* l'existence de l'élément impératif de la loi étrangère ; en son absence, la disposition n'aurait pas même vocation à être appliquée. Certes, il ne lui obéit pas ; mais, après tout, il n'obéit pas non plus à la règle substantielle française, dont les destinataires sont les individus : il obéit toujours à la règle générale, française, qui lui ordonne d'appliquer, selon les cas, la loi française ou la loi étrangère.

Sur le plan pratique, l'argument essentiel consiste à mettre en avant l'impossibilité pour le juge de connaître toutes les lois étrangères, qui conduit à imposer aux parties la charge d'en établir la teneur ; or, ceci les rapproche des simples faits, puisque, en vertu de l'adage *jura novit curia*, le droit ne se prouve pas. Mais le droit étranger peut avoir un régime procédural particulier, lié à son extranéité, sans pour autant perdre son essence juridique. D'ailleurs, au Moyen Âge, la preuve des coutumes, même intérieures au ressort du Parlement saisi, s'administrait couramment par enquête, sans qu'on en ait conclu qu'elles n'étaient que du fait (40).

Cependant, on ne niera pas totalement l'existence d'un aspect factuel dans les problèmes que suscite l'application de la loi étrangère. La conciliation suivante peut être tentée : la loi étrangère est du droit, puisqu'elle est un élément d'un ordre juridique et que son application par le juge aux individus détermine leurs droits et obligations ; *mais l'existence d'une loi étrangère d'un contenu déterminé est un fait*. Par exemple, la règle chilienne qui prohibe le divorce est une règle de droit, mais c'est un fait, susceptible d'être prouvé, que le droit chilien prohibe le divorce. On en dirait autant de la loi française ; mais son aspect factuel est masqué par la connaissance obligatoire que le juge a de son contenu, qui supprime les problèmes de preuve.

(39) BATIFFOL et LAGARDE, *Traité*, n° 328 : « La loi est appliquée... comme un fait observé » ; A. WEILL, *Juriscl. droit internat.*, Fasc. 539, n° 20.

(40) La Cour de cassation (Civ. 1re, 13 janv. 1993, *Rev. crit. DIP* 1994.78, note Ancel) a énoncé expressément que « la loi étrangère est une règle de droit ».

Ces remarques permettent de porter une appréciation sur les solutions du droit positif relatives à la charge de la preuve, aux procédés de preuve, et à l'interprétation de la loi étrangère.

a) Charge de la preuve

180 Parfois le juge connaît la loi étrangère ; aucun n'ignorait, par exemple, que la loi espagnole, jusqu'à la réforme opérée il y a quelques décennies, prohibait le divorce ; de plus, certaines chambres spécialisées, dans les grandes juridictions, ont fréquemment l'occasion d'appliquer une loi donnée.

À condition de respecter le principe de la contradiction, c'est-à-dire de provoquer une discussion entre les parties relativement au contenu de la loi (41), le juge peut faire état de sa connaissance.

181 Mais en général le juge ne connaît pas la loi étrangère. En admettant que les parties aient invoqué la compétence de celle-ci, ou que le juge l'ait d'office déclarée applicable comme il en a parfois l'obligation, la question se pose de savoir qui, du demandeur, du défendeur ou du juge, doit établir le contenu de la loi.

Avant le renversement de la jurisprudence *Bisbal* en 1988 (v. *supra* n° 144), les parties, et spécialement le demandeur, avaient un rôle prépondérant. Le juge n'était pas tenu de rechercher d'office la teneur de la loi étrangère (42). Il lui était seulement *loisible* de le faire, au besoin en demandant leur collaboration aux parties (43).

La charge essentielle pesait sur le demandeur, ou plus précisément sur la partie dont la prétention était soumise à la loi étrangère (44). Peu importait que ce fût son adversaire qui invoquât l'applicabilité de cette loi. Par exemple, le défendeur, auteur d'un accident de la circulation et contre lequel était formée une demande en réparation du préjudice subi, invoquait l'absence de toute présomption de responsabilité dans le droit étranger désigné par notre règle de conflit : c'était néanmoins au demandeur qu'il incombait d'établir la teneur de la loi étrangère, car elle était l'un des éléments nécessaires au succès de sa prétention.

En cas d'échec du demandeur (45) à rapporter la preuve dont la charge lui incombait, la sanction variait selon sa bonne ou mauvaise foi. Si le demandeur

(41) En ce sens Civ. 4 avr. 1978, *Rev. crit. DIP* 1979.88, note Hébraud, *RTD civ.* 1979.419, obs. Normand ; Civ. 1re, 2 déc. 1997, *Bull. civ.* I, n° 336, p. 229.

(42) Civ. 1re, 13 juin 1967, *Bull. civ.* I, n° 212, p. 154 ; 22 avr. 1975, *Bull. civ.* I, n° 138, p. 120.

(43) Civ. 2 mars 1960, *Compagnie Algérienne de Crédit et de Banque*, cité *supra*, n° 144.

(44) Civ. 25 mai 1948, *Lautour*, *Rev. crit. DIP* 1949.89, note Batiffol, *D.* 1948.357, note P. L.-P., *GA* n° 19.

(45) L'emploi du terme « demandeur » est justifié à condition de préciser qu'il vise le « demandeur à la question de droit » soumise à la loi étrangère : il peut donc s'agir du défendeur soulevant une exception.

était de bonne foi, autrement dit s'il s'était heurté à une impossibilité, ou à une difficulté excessive par rapport à l'enjeu du litige, de rapporter la preuve du contenu de la loi étrangère, le juge devait appliquer la loi française. Mais s'il ne présentait aucune justification de sa carence, le juge devait le déclarer mal fondé en sa prétention, pour ne pas avoir satisfait à la charge qui lui incombait ; on évitait ainsi que le demandeur ne rende frauduleusement applicable, par son inaction volontaire, la loi française dont il savait qu'elle lui était plus favorable que la loi étrangère compétente.

182 Les arrêts *Rebouh*, *Schule*, *Coveco* et *Mutuelles du Mans* (v. *supra* n° 145) ont entraîné un abandon de ces solutions, qui étaient liées à la jurisprudence *Bisbal*.

Dans un premier temps la Cour de cassation a mis en place des solutions parallèles à celles qui résultaient de ces arrêts relativement à la mise en cause de la loi étrangère. La distinction entre droits disponibles et droits indisponibles se prolongeait ainsi au stade de la preuve de la loi étrangère. S'agissant des premiers, la charge de la preuve pesait encore sur les parties, mais c'était à celle qui se prévalait de la loi étrangère qu'il incombait de rapporter la preuve de la différence entre cette loi et la loi française, faute de quoi c'est cette dernière qui était appliquée (46). S'agissant en revanche des droits indisponibles, elle imposait au juge *l'obligation de rechercher d'office le contenu de la loi étrangère*, obligation qui prolongeait celle qui lui était faite d'appliquer d'office la règle de conflit de lois (47).

Puis, par un nouveau revirement, la Cour de cassation, dans deux arrêts du 18 juin 2005 (48), a mis fin au régime qu'elle avait instauré en matière de droits disponibles, et a généralisé l'obligation pour le juge de rechercher d'office le contenu de la loi étrangère. Aux termes de ces arrêts, qui ne distinguent donc plus selon le caractère disponible ou indisponible des droits litigieux, « il incombe au juge français qui reconnaît applicable un droit étranger, d'en rechercher, soit d'office soit à la demande d'une partie qui l'invoque, la teneur, avec le concours des parties et personnellement s'il y a lieu, et de donner à la question litigieuse une solution conforme au droit positif étranger ».

183 Pour apprécier le rôle nouveau ainsi imparti aux juges du fond il faut tenir compte du fait que, parmi les procédés de preuve, certains constituent des mesures d'instruction, à la disposition du juge, tandis qu'un autre réside dans la production par les parties d'un document appelé certificat de coutume (v. *infra*,

(46) Com. 16 nov. 1993, *Amerford*, *JDI* 1994.98, note Donnier, *Rev. crit. DIP* 1994.332, note Lagarde, *GA* n° 77.

(47) Civ. 1re, 1er juill. 1997, *Driss Abbou*, *Rev. crit. DIP* 1998.60, 1re esp., note P. Mayer, *D.* 1999.275, note Massip.

(48) Civ. 1re, 28 juin 2005 et Com. 28 juin 2005, *Rev. crit. DIP* 2005.645, note B. Ancel et H. Muir Watt, *D.* 2005. pan. 2748, obs. H. Kenfack, *D.* 2006. pan. 1495, obs. Courbe et Jault-Seseke. V. dans le même sens Civ. 1re, 6 déc. 2005, *Bull. civ.* I, n° 461, p. 389.

n°s 188 et 189). Dire que le juge doit rechercher d'office la loi étrangère ne signifie pas qu'il doive nécessairement ordonner une mesure d'instruction — sous réserve du recours à la Convention européenne de 1968, qui pourrait être rendu obligatoire lorsque la loi applicable est celle d'un État signataire (v. *infra*, n° 189 *in fine*). Il peut parfaitement requérir du demandeur, ou des deux parties, la production d'un certificat de coutume.

184 Les solutions anciennes relatives aux *conséquences du défaut de preuve* doivent être adaptées en fonction de l'obligation nouvelle qui pèse sur le juge. En effet, la non-application de la loi étrangère faute de preuve devient une situation exceptionnelle, que le juge doit spécialement motiver, sous le contrôle de la Cour de cassation.

Un motif admissible est l'impossibilité matérielle, tant pour le juge que pour les parties, de rapporter la preuve requise ; il conviendrait d'y assimiler des difficultés ou un coût excessifs. Le juge applique alors, comme par le passé, la loi du for (49). Cette solution se justifie sur le plan théorique par le caractère abstrait des règles de droit : établissant une relation entre une hypothèse de fait et un effet juridique, sans avoir égard à la localisation des situations ou des personnes concrètes, elles ont une *vocation universelle*, qui permet d'appliquer, *à titre subsidiaire*, celles que comporte l'ordre juridique du for.

Une autre solution, qui a longtemps été appliquée par la jurisprudence allemande, et qui a encore les faveurs d'une importante fraction de la doctrine, consiste à appliquer, à la place du droit étranger défaillant, le « droit le plus proche » ; on entend par là soit un droit dont le contenu est présumé voisin (par exemple, le droit suisse à la place du droit turc qui en est inspiré), soit le droit qui est le plus en rapport avec le litige (ce qui conduirait, par exemple, à appliquer la loi du domicile à défaut de preuve de la loi nationale).

185 Une situation qui risque de se présenter parfois est celle où le demandeur ne rapporte pas la preuve que le juge a mise à sa charge, sans établir que cette preuve était impossible.

Il faut certainement écarter, dans ce cas, l'application subsidiaire de la loi du for, ce qui, au cas où elle serait favorable au demandeur, constituerait une prime à la mauvaise volonté. Mais on peut hésiter entre deux autres attitudes : débouter le demandeur, conformément à la jurisprudence ancienne, ou obliger le juge à recourir à d'autres procédés de preuve, ce qui pourrait paraître plus conforme à la nouvelle conception de ses devoirs.

Le maintien de la solution ancienne est en fait préférable. Même en matière d'état et de capacité des personnes le demandeur a toujours le droit de ne pas faire de procès, et s'il en fait un, il a celui de mal présenter sa cause et de provoquer un jugement de débouté alors que sa demande était bien-fondée. En

(49) Civ. 1re, 21 nov. 2006 : « Si le juge français qui reconnaît applicable une loi étrangère se heurte à l'impossibilité d'obtenir la preuve de son contenu, il peut, même en matière de droits indisponibles, faire application de la loi française, à titre subsidiaire ».

quelque matière que ce soit, il n'y a jamais lieu de protéger le demandeur négligent contre lui-même.

Poussant plus loin cette dernière idée, M. J.-B. Donnier (note sous Com. 16 nov. 1993, *JDI* 1994.98) estime inutile de faire peser sur le juge un quelconque devoir de recherche de la loi étrangère : le demandeur qui n'aurait pas spontanément rapporté la preuve serait simplement débouté. La solution paraît trop sévère pour le demandeur inactif. Bien souvent il n'a pas eu conscience de la compétence d'un droit étranger. Il est donc préférable d'obliger le juge (supposé désireux de se contenter d'un certificat de coutume) à mettre au moins le demandeur en demeure d'en produire un.

186-187 Si l'on rapproche les solutions nouvelles en matière de charge de la preuve de la loi étrangère de celles déjà décrites en matière d'application d'office de la règle de conflit (v. *supra*, § 1), le résultat paraît plus satisfaisant à l'égard des droits indisponibles qu'à l'égard des droits disponibles.

Le régime de la loi applicable aux droits indisponibles est cohérent : en cas de silence des parties, le juge est tenu d'appliquer d'office la règle de conflit, et, si celle-ci désigne une loi étrangère et que les parties persistent dans leur inaction, son obligation se prolonge au stade de la recherche du contenu de la loi désignée ; s'arrêter à mi-chemin viderait de presque tout son intérêt le renversement de la jurisprudence *Bisbal*.

S'agissant des droits disponibles, la jurisprudence se caractérise à présent par un contraste entre une attitude laxiste au stade de la mise en cause de la règle de conflit, et exigeante au stade de la recherche du contenu de la loi étrangère. Le juge n'est pas tenu d'imposer l'application de la loi étrangère ; mais s'il la « reconnaît applicable », soit d'office, soit à la demande d'une partie, il doit faire tous ses efforts pour en déterminer le contenu. Cette perspective risque de le dissuader d'attirer l'attention des avocats — qui ne pensent pas toujours aux aspects de droit international privé des litiges qui leur sont confiés — sur le fait que la loi applicable est une loi étrangère. Par ailleurs, à partir du moment où les parties savent qu'une certaine loi étrangère est applicable, il ne serait pas choquant, les droits étant disponibles, de laisser à celle des parties qui estime avoir intérêt à ce que cette loi soit effectivement appliquée, la charge d'en établir la teneur.

b) Procédés de preuve

188 Les parties ont à leur disposition un procédé de preuve qui ne requiert aucune intervention du juge : la production d'un *certificat de coutume*. C'est un document rédigé en français, qui émane soit du consulat ou de l'ambassade en France de l'État étranger, soit simplement d'un juriste (étranger, ou français spécialiste des rapports avec cet État). Dans le premier cas, il est en général succinct et reproduit seulement les textes, dans le second il comprend au contraire une interprétation étayée par des citations de jurisprudence, ou même une tentative d'application du droit aux faits de l'espèce ; cette dernière précision est superflue, car l'application du droit, même étranger, est réservée au juge, le certificat de coutume devant seulement renseigner sur le droit objectif.

Dans tous les cas, pour être complet, le certificat doit indiquer non seulement la teneur de la règle substantielle, mais aussi celle de la règle de conflit étrangère, pour que le juge puisse constater s'il est ou non dans un cas de « renvoi » (v. *infra*, n°s 216 à 231).

Le procédé du certificat de coutume se révèle dans la pratique extrêmement critiquable. Le rédacteur cherche presque toujours à favoriser le point de vue de la partie qui s'est adressée à lui. Lorsque deux certificats contradictoires sont présentés au juge, déterminer lequel correspond à la vérité — à supposer qu'il y en ait un — relève de la divination. Seule une comparution des auteurs des certificats, qui seraient soumis aux questions du juge et des avocats (système en vigueur dans les pays de *common law*) les dissuaderait d'une partialité excessive, et permettrait au juge de se forger une opinion. Mais les mœurs judiciaires françaises paraissent réfractaires à une telle procédure.

189 Si le certificat de coutume est un procédé à la disposition des parties, le juge possède de son côté certains moyens de s'informer.

En premier lieu, il arrive, fort rarement il est vrai, que le juge fasse appel à un expert ou à un consultant pour établir la teneur de la loi étrangère (50).

On a vu là une preuve du caractère factuel du droit étranger, car le juge peut recourir à l'expertise pour s'informer sur les faits, mais non sur le droit, qu'il est censé connaître. Mais la licéité du procédé s'explique très bien par la considération que, quoique la règle étrangère soit du droit, son contenu est un fait sur lequel, l'adage *jura novit curia* ne s'appliquant pas (v. *supra*, n° 179), des explications peuvent être demandées à une personne compétente.

En second lieu, un procédé qui devrait se développer à l'égard de la loi des pays membres du Conseil de l'Europe est la demande de renseignement adressée à l'État désigné par la règle de conflit. Une « Convention européenne dans le domaine de l'information sur le droit étranger », du 7 juin 1968, est entrée en vigueur dans une quarantaine de pays ; elle a été publiée en France en 1972. Limitée au droit civil et au droit commercial, à la procédure civile et à la procédure commerciale, elle prévoit la création, dans chaque pays signataire, d'un organe destiné à recevoir les demandes de renseignements en provenance d'un pays cosignataire, et éventuellement — l'étape n'est pas obligatoire — à centraliser et transmettre à l'étranger les demandes en provenance des juridictions internes ; en France, l'organe unique de réception et de transmission est le Service des affaires européennes et internationales au ministère de la Justice. La demande de consultation ne peut émaner que d'un tribunal, à l'occasion d'une

(50) V. notamment Civ. 19 oct. 1971, *Darmouni*, *JDI* 1972.828, note Nisard. *D.* 1972.633, note Malaurie, *Rev. crit. DIP* 1973.70, note Simon-Depitre ; Paris 25 nov. 1976, *Massine*, *Rev. crit. DIP* 1978.76, note Wiederkehr.

instance déjà engagée, et doit comporter l'indication des faits et des points de droit, exactement précisées. La demande transite par le Service, qui transmet à l'organe de réception étranger ; la réponse, qui doit intervenir « aussi rapidement que possible », et se contente de décrire le droit objectif sans l'appliquer au cas d'espèce, parcourt le chemin inverse.

À l'heure actuelle la Convention est peu utilisée (moins d'une dizaine de demandes par an en provenance des tribunaux français) (51). On pourrait toutefois considérer désormais que, en tous cas dans les matières où les parties n'ont pas la libre disposition de leurs droits, le juge dénué d'un meilleur moyen de s'informer a l'obligation, sous le contrôle de la Cour de cassation, d'utiliser ce système très fiable, relativement rapide, et gratuit pour les parties.

En troisième lieu une pratique tend à se répandre, en marge des textes, consistant pour le juge ou le représentant du ministère public à faire une demande de renseignement au Service des affaires européennes et internationales. Le Service s'informe comme il le peut grâce à divers réseaux de correspondants, et transmet l'information à la juridiction. C'est là un procédé commode, mais dont la fiabilité est fort loin d'être assurée.

190 Les éléments de preuve fournis au juge sont plus ou moins fiables et plus ou moins complets.

C'est au juge qu'il appartient d'examiner la force probante des documents produits et notamment des certificats de coutume. Son pouvoir est souverain, puisqu'il s'agit pour lui d'apprécier l'exactitude d'un fait : le fait que le droit étranger a tel ou tel contenu (52). Il pourra, par exemple, choisir entre deux certificats de coutumes divergents produits par les parties.

L'hypothèse inverse est plus délicate : les deux parties sont d'accord sur le contenu de la règle étrangère et invoquent leur accord pour seule preuve. Cet « aveu » du droit étranger a été expressément rejeté par la Cour de cassation (53). La solution est à approuver, au moins lorsque les parties n'ont pas la libre disposition du point de droit du procès. Mais si le juge n'est pas *lié* par l'accord des parties, il ne lui est cependant pas interdit d'en tenir compte à titre de présomption venant compléter d'autres éléments de preuve (54).

Il arrive aussi que les documents produits ne donnent qu'une information incomplète. Depuis quelques années, la Cour de cassation se montre particulièrement sensible au danger que le juge du fond se contente d'une connaissance très imparfaite de la loi étrangère. Un juge n'est pas autorisé à appliquer la loi étrangère tout en faisant état de ses doutes sur son contenu exact, ou en laissant apparaître qu'il a dû imaginer lui-même ce contenu. La Cour de cassation lui

(51) Pour un exemple, v. Trib. gr. inst. Dunkerque, 28 nov. 1990, *JDI* 1991.131, note Kahn.
(52) Civ. 1re, 30 janv. 2007.
(53) Civ. 30 mars 1966, *Rev. crit. DIP* 1967.705, note Bredin.
(54) V. par ex. Com. 13 nov. 1968, *Rev. crit. DIP* 1969.695, note C. David.

reprocherait, soit de ne pas avoir poussé assez loin sa recherche (55), soit de ne pas avoir motivé suffisamment sa décision (56). S'il est réellement impossible de connaître avec suffisamment de précision la teneur du droit étranger pour pouvoir l'appliquer, le juge doit le mentionner expressément, et revenir à l'application de la loi française.

c) Interprétation de la loi étrangère

191 Le juge doit interpréter la loi étrangère. Mais cette tâche est assez différente de la tâche d'interprétation de la loi française. Une terminologie plus précise éviterait ici bien des confusions. Lorsqu'on dit que le juge doit respecter la loi française, il s'agit de la loi au sens de « source textuelle du droit » ; il n'a pas à respecter la jurisprudence, puisqu'il la crée (57). Mais lorsque l'on dit qu'il doit appliquer la loi étrangère désignée par la règle de conflit, il faut entendre le droit étranger dans sa totalité, *solutions coutumières et jurisprudentielles comprises* : en effet, étant extérieur au système, peu lui importe la source formelle de la règle juridique, pourvu qu'elle soit effectivement en vigueur dans l'État dont elle émane. Il ne saurait donc être question de lui confier un véritable pouvoir d'interprétation, lui permettant de dégager lui-même la règle à partir du texte de loi. Il doit se contenter de constater la teneur de la règle, telle qu'elle résulte de l'ensemble des sources étrangères du droit, et notamment de la jurisprudence.

Plusieurs décisions françaises ont effectivement affirmé la nécessité pour le juge de respecter l'interprétation donnée du texte étranger par les juridictions étrangères. Et selon la Cour permanente de justice internationale, « il n'y a pas lieu d'attribuer à la loi nationale un sens autre que celui que ladite jurisprudence lui attribue » (58). Il doit en être ainsi même si le sens du texte est évident et l'interprétation étrangère manifestement erronée ; ce qui compte n'est pas l'intention du législateur étranger, mais la réalité du droit appliqué.

Cependant, de même que le juge peut critiquer l'information qui lui est fournie sur la teneur de la loi étrangère par les parties ou par l'expert, de même il peut refuser de les suivre sur l'interprétation qu'ils en donnent. *Il s'agit en fait d'un seul et même problème*, car la teneur exacte du droit étranger dépend de l'interprétation qui a été donnée des textes. Le juge peut ainsi, à condition de

(55) Civ. 1re, 24 nov. 1998, *Lavazza France, Rev. crit. DIP* 1999.88, 1re esp., note B.A., *D.* 1999.337, note Menjucq ; 18 sept. 2002, *Sporting, Rev. crit. DIP* 2003.86, 2e arrêt, note Muir Watt, *JDI* 2003.107, note Péroz ; 13 nov. 2003, *Rev. crit. DIP* 2004.95, 1er arrêt, note B. Ancel.

(56) Civ. 1re, 10 oct. 1978, *Saccone, Rev. crit. DIP* 1979.775, note Courbe ; 22 févr ; 2000, *JDI* 2001.107, note Raimon ; 6 mars 2001, *Rev. crit. DIP* 2001.335, note Muir Watt, *JDI* 2002.171, 2e esp., note Raimon.

(57) Encore, bien entendu, que les juges du fond respectent habituellement la position prise par les juridictions supérieures et notamment par la Cour de cassation. Mais celle-ci ne leur ferait pas grief d'avoir méconnu son autorité, elle leur reprocherait d'avoir violé la loi (*stricto sensu*) ou les principes généraux du droit (on néglige ici la coutume, source très accessoire en droit français).

(58) Affaire des *Emprunts serbes et brésiliens*, 12 juill. 1929, *Rec.*, série A, nos 20-21.

s'en expliquer, écarter un certificat de coutume parce qu'il cite une jurisprudence périmée, ou a rapporté inexactement les termes d'un arrêt, ou encore lui a donné une portée qui n'est pas la sienne. Il peut également écarter sans autre explication une interprétation invoquée par une partie mais non étayée par une quelconque justification (59).

L'accord des parties sur l'interprétation de la loi étrangère ne lie pas le juge (60), au moins lorsque les parties n'ont pas la libre disposition du point de droit en litige.

192 Mais il arrive que la seule source connue du droit étranger soit un texte : soit qu'il n'ait jamais donné lieu à une interprétation jurisprudentielle sur le point considéré, soit que les arrêts se contredisent et qu'il soit impossible de les départager par des considérations objectives tirées de leur date ou de l'autorité de la juridiction dont ils émanent. Le juge est alors contraint d'interpréter lui-même la loi ; cette opération ne lui est interdite qu'en présence d'une interprétation déjà fixée à l'étranger. En son absence, il doit chercher à raisonner comme le ferait le juge étranger ; en particulier, il est tenu d'obéir aux maximes d'interprétation que celui-ci observerait.

Si néanmoins le sens de la loi apparaît au juge d'une grande obscurité, il est prudent de considérer que la teneur du droit étranger n'est pas suffisamment établie, ce qui justifie l'application de la loi française.

L'interprétation de la loi étrangère par le juge français, comme la substitution de la loi française à une loi étrangère demeurée obscure, ne sont que des pis-aller. Le juge devrait avoir l'obligation, lorsqu'un texte n'est pas clair et que son sens est contesté entre les parties, de compléter son information sur l'interprétation reçue à l'étranger. La Cour de cassation s'oriente dans ce sens (61).

193 La Cour de cassation reconnaît aux juges du fond le pouvoir d'interpréter *souverainement* la loi étrangère : règle substantielle (62) ou règle de conflit dans le cadre du « renvoi » (63).

On lui a reproché de ne pas exercer son contrôle, en l'accusant d'assimiler sur ce point encore le droit à un fait, à un contrat par exemple.

La position qu'elle a prise peut cependant s'expliquer sans recourir à cette analyse. Le contrôle exercé par la Cour de cassation sur l'interprétation de la

(59) V. Civ. 1re, 28 avr. 1980, *Rev. crit. DIP* 1981.95, 1re esp., note Lagarde ; Civ. 15 juin 1982, *Zagha*, *Rev. crit. DIP* 1983.300, note Bischoff, *JDI* 1983.595, note Lehmann.

(60) V. par ex. Civ. 22 déc. 1970, *Rev. crit. DIP* 1971.12, note Jacques Foyer.

(61) Civ. 1re, 18 juin 2002, *Mesquita*, *Rev. crit. DIP* 2003.87, 1re esp., note Muir Watt, *RGDA* 2002.763, note Heuzé, et 966, note Landel.

(62) En ce sens, v. récemment Civ. 1re, 3 juin 2003, *Gaz. Pal.* 2003, nos 320-322, p. 19, note M.-L. Niboyet, *JDI* 2004.520, 1re esp., note Mélin.

(63) Civ. 8 déc. 1953, *Sommer*, *Rev. crit. DIP* 1955.133, note Motulsky, *D.* 1953.167, *JCP* 1954.II.8080, note Savatier.

loi française par les juges du fond est lié à la mission d'unification de la jurisprudence qui lui est confiée dans l'élaboration du droit français ; il est évident que la Cour de cassation, organe français, n'a en revanche aucun rôle à jouer dans l'élaboration du droit étranger. De plus, tenue comme les autres juridictions françaises de respecter l'interprétation étrangère, elle devrait, pour exercer son contrôle, se livrer à une recherche de jurisprudence qui dépasse ses attributions et ses possibilités matérielles. La situation est très différente en cas de contrôle de l'application du droit français, car c'est la Cour de cassation elle-même qui dégage l'interprétation qu'elle impose.

194 La liberté du juge dans l'interprétation de la loi étrangère n'est pas cependant sans limite. Les griefs qu'il est susceptible d'encourir sont divers.

1° En premier lieu, le jugement encourt le grief de *dénaturation*, lorsqu'il méconnaît le sens clair et précis de la disposition législative étrangère.

La notion de dénaturation avait été initialement forgée afin de censurer les erreurs d'interprétation les plus flagrantes des contrats, et de tempérer ainsi le pouvoir souverain d'interprétation des juges du fond. La dénaturation d'une loi étrangère est identique et sert le même but. La Cour de cassation a d'ailleurs longtemps visé l'article 1134 du Code civil, relatif à la force obligatoire des contrats.

La cassation pour dénaturation n'est prononcée que de façon très exceptionnelle (64). La raison en est tout simplement que lorsque le sens d'un texte est vraiment clair, il est rarissime que le juge le méconnaisse.

La dénaturation doit s'apprécier par rapport au texte de la loi étrangère, *tel qu'il a été rapporté au juge du fond* par le certificat de coutume ou par le rapport du consultant ou de l'expert. On ne saurait reprocher au juge de s'être fié à un document erroné, puisqu'il n'est pas censé connaître le texte étranger original. On ne saurait non plus lui reprocher d'avoir retenu une interprétation condamnée par la jurisprudence étrangère, si celle-ci n'est pas produite, car il n'est pas davantage censé la connaître (65). Pour qu'il y ait dénaturation, il faut donc que le juge ait méconnu le sens clair du texte législatif tel que reproduit dans le document qui lui a été soumis.

Encore pourrait-il, aux termes des arrêts de 1982 et 1997, écarter ce sens clair à condition de le motiver de façon convaincante, notamment en invoquant sa connaissance de la jurisprudence étrangère. Le texte d'une loi est en effet

(64) Civ. 21 nov. 1961, *Montefiore c. Colonie du Congo Belge*, *Rev. crit. DIP* 1962.329, note Lagarde, *JDI* 1962.686, note Goldman, *D.* 1963.37, note Francescakis, *JCP* 1962.II.12521, note Louis-Lucas, *GA* n° 36 ; Soc. 10 mai 1972, *Consorts Bastia*, *Rev. crit. DIP* 1974.321, note Marraud ; Civ. 2 févr. 1982, *Olivier*, *JDI* 1982.690, note Muir Watt, *Rev. crit. DIP* 1982.706, note P. Mayer, *JCP* 1982.II.19749, concl. Gulphe ; Civ. 19 mars 1991, *Buzyn*, *Rev. crit. DIP* 1992.88, note Muir Watt ; Civ. 1re, 1er juill. 1997, *Africatours*, *D.* 1998.104, note Menjucq, *JDI* 1998.98, note Barrière-Brousse, *Rev. crit. DIP* 1998.292, note Muir Watt, *JCP* 1998.II.10170, note Fillion-Dufouleur ; Civ. 1re, 14 févr. 2006, *Brianti*, *Rev. crit. DIP* 2006.833, note Bollée.

(65) Ce qui explique le refus de cassation dans Civ. 2 févr. 1968, *Rev. crit. DIP* 1968.289, note P. L.

susceptible de recevoir des tribunaux — qui ont pour mission non seulement d'appliquer mais aussi de faire évoluer le droit — un sens contraire à sa lettre apparemment claire ; et c'est l'interprétation officielle étrangère, même dénaturante, qui doit comme on l'a vu (*supra*, n° 191) guider le juge français lorsqu'il la connaît.

2° Cette dernière idée emporte des conséquences plus radicales lorsque la jurisprudence étrangère est *produite* devant le juge à l'aide d'un document dont celui-ci ne conteste pas la force probante. Dans ce cas il n'a pas le droit d'interpréter lui-même le texte de loi (clair ou non), car il doit respecter la position jurisprudentielle. S'il le fait, la dénaturation est exclue, quelle que soit l'infidélité de la position consacrée par rapport à l'intention évidente du législateur ; si en revanche il substitue sa propre interprétation, qui lui paraît meilleure, il viole délibérément le principe de droit français qui lui impose d'appliquer la règle étrangère telle qu'elle existe *en fait* (v. *supra*, n° 191) : la cassation est encourue, mais sa base n'est pas la dénaturation.

On a suggéré (*supra*, n° 192) que le juge ait l'obligation non seulement de respecter, mais aussi de *rechercher* l'interprétation reçue à l'étranger lorsque les parties ne produisent pas de documents l'établissant avec une clarté suffisante.

3° La Cour de cassation n'a jusqu'à présent utilisé le grief de dénaturation qu'à l'égard de textes législatifs ou réglementaires étrangers. Mais puisque le juge doit appliquer le droit étranger, quelle qu'en soit la source, il faut être prêt à sanctionner aussi bien une dénaturation de la *jurisprudence* étrangère, ou — plus exactement — des décisions qui sont rapportées dans les documents produits devant lui comme constituant cette jurisprudence. Il ne faut pas oublier d'ailleurs que les droits anglo-saxons sont de nature essentiellement jurisprudentielle.

4° Une autre limite, extrêmement utile, provient de la nécessité de répondre aux conclusions des parties et de motiver suffisamment la décision.

Le juge a d'abord l'obligation, même lorsqu'il n'en est pas requis par des conclusions précises des parties, d'*énoncer* l'interprétation qu'il adopte du texte étranger (66).

Il doit aussi *justifier* cette interprétation dans certains cas : d'une part, lorsque le sens du texte de loi est obscur ou controversé ; d'autre part, lorsqu'il adopte une interprétation contraire au sens apparent du texte de loi : on rejoint dans ce dernier cas le contrôle de la dénaturation.

5° Enfin le juge doit respecter le *principe de la contradiction* lorsqu'il interprète lui-même la loi étrangère (67), ou lorsqu'il fait état de sa connaissance personnelle de la jurisprudence étrangère.

(66) Civ. 10 oct. 1978, *Rev. crit. DIP* 1979.775, note Courbe.
(67) Civ. 4 avr. 1978, précité n° 180.

B. Éviction de la loi étrangère au profit de la loi française

195 La loi étrangère désignée par la règle de conflit de lois est évincée lorsqu'il paraît *impossible*, matériellement ou techniquement, de l'appliquer *(a)*, et lorsque l'on *se refuse* à l'appliquer en raison de sa contrariété à l'ordre public *(b)*.

a) Impossibilité d'appliquer la loi étrangère

1° *Impossibilité définitive*

196 Lorsqu'il est avéré que l'application par le juge français de la loi étrangère compétente est définitivement impossible, le juge français doit lui substituer purement et simplement la loi française, retenue en raison de sa vocation universelle.

Il en est ainsi lorsque la teneur de la loi étrangère est impossible à *connaître ;* l'hypothèse a déjà été envisagée (*supra*, n°s 184 à 186).

Il en est ainsi également lorsque la loi étrangère est impossible à *mettre en œuvre*, notamment parce qu'elle prévoit l'intervention d'une autorité administrative ou religieuse inexistante en France, ou dont l'activité en France est cantonnée dans des limites strictes. Le cas s'est présenté à plusieurs reprises au début du XXe siècle à propos du divorce de juifs russes résidant en France, dont la loi nationale exigeait l'intervention du rabbin ; or, en France, les actes des autorités religieuses sont dénués d'effets civils. L'impossibilité était définitive en ce sens que, même si aucun obstacle (d'ordre financier ou politique) n'empêchait les époux de retourner dans leur pays pour y divorcer, il demeurait exclu que la loi étrangère fût appliquée *en France*. Il fallait donc substituer à la loi étrangère donnant compétence au rabbin la loi française donnant compétence (*ratione materiæ*) au tribunal ; mais la Cour de cassation ne le permit pas, suscitant les critiques justifiées de la doctrine (68).

2° *Impossibilité temporaire*

197 La cause la plus fréquente d'impossibilité temporaire réside dans le temps nécessaire à la recherche de la teneur de loi étrangère. On peut aussi imaginer le cas d'une loi étrangère prescrivant qu'une autorité administrative ou religieuse, située à l'étranger, délivre un avis ou une autorisation.

S'il n'y a pas urgence, le tribunal français surseoira simplement à statuer. Mais si des *mesures urgentes* paraissent nécessaires, il peut les prendre, en application de la loi française (dont l'intervention est toujours justifiée par sa vocation universelle), pourvu qu'elles soient *provisoires* : la mise à l'écart de la loi étrangère doit avoir la même durée que l'événement qui la motive. La Cour de cassation s'est prononcée en ce sens pour une question d'aliments (69) et à propos de l'inscription conservatoire d'une hypothèque (70).

198 Si la jurisprudence paraît avoir trop difficilement accepté de substituer la loi française à la loi étrangère définitivement impossible à mettre en œuvre (v. *supra*, n° 196), elle recourt en

(68) V. les arrêts cités *infra*, n° 593. On pouvait aussi supprimer le problème en considérant que l'intervention du rabbin était une exigence de forme et non de fond, et en donnant immédiatement compétence à la loi française, loi du lieu du divorce, pour décider des formes à suivre : v. *infra*, n° 593.

(69) Civ. 19 oct. 1971, cité *supra*, n° 189.

(70) Civ. 31 janv. 1984, *JDI* 1985.444, note Légier.

revanche trop facilement à la substitution temporaire ; celle-ci est en fait utilisée essentiellement dans deux séries de cas, où elle n'est nullement justifiée :

1° Le tribunal ayant invoqué d'abord l'urgence pour fonder *sa propre compétence* — ce qui peut être opportun — il en déduit ensuite automatiquement la compétence de la loi française, sans relever une quelconque difficulté à connaître la loi étrangère (71). La compétence juridictionnelle entraîne ainsi la compétence législative, alors qu'elles devraient rester bien distinctes.

2° La loi française est souvent appliquée aux mesures provisoires en matière de divorce, même si aucune urgence ne justifie la mise à l'écart de la loi étrangère (72). Pour le justifier, les décisions qualifient de procédurales les mesures provisoires, ce qui n'est guère défendable.

b) Refus d'appliquer la loi étrangère : l'exception d'ordre public

199 La loi étrangère désignée par la règle de conflit consacre parfois une solution si choquante au regard des conceptions du for que le juge doit refuser de l'appliquer. S'il est normal, en effet, d'accueillir des solutions différentes de celles que le for a faites siennes — c'est le postulat du droit international privé — il existe toutefois des limites, au-delà desquelles *l'exception d'ordre public* évince la loi étrangère. Par exemple, si une union bigamique contractée en France est déclarée valable par la loi étrangère compétente, l'ordre public français s'opposera à ce que cette loi soit appliquée, et le juge prononcera la nullité du second mariage conformément à la loi française.

Dans ces hypothèses, le raisonnement du juge se présente comme suit : 1° il détermine la loi compétente, par application de la règle de conflit ; 2° il constate alors que l'application de cette loi (supposée étrangère) serait contraire à l'ordre public ; 3° il évince en conséquence la loi étrangère et lui substitue la loi du for.

La première étape du raisonnement se déroule conformément aux principes étudiés aux paragraphes 1 à 3 ci-dessus. La seconde suppose connus le *domaine* de l'ordre public (1°) et les *conditions* du déclenchement de l'exception (2°). La troisième étape sera décrite dans un troisième point (3°).

1° *Domaine de l'ordre public*

200 L'exception d'ordre public remplit une triple fonction.

Elle sert d'abord à éliminer les lois étrangères qui commanderaient une solution injuste, contraire au « droit naturel » : ainsi d'une loi qui priverait un individu de certains droits pour des motifs d'ordre racial, ou qui permettrait à un individu de porter atteinte à la liberté d'un autre (dans le cas le plus grave,

(71) Civ. 19 nov. 1923 et 7 mai 1928, Req. 10 nov. 1896, cités *infra*, n° 535 ; Req. 20 juill. 1911, S. 1912.1.132 ; Paris 17 mars 1902, *DP* 1903.2.49.

(72) Paris 7 juill. 1959, *Rev. crit. DIP* 1960.354, note Loussouarn ; Paris 13 nov. 1979, *Rev. crit. DIP* 1980.568, 1re esp., note Lequette ; *contra* Versailles 18 janv. 1982, *Rev. crit. DIP* 1983.442, note Gaudemet-Tallon.

loi autorisant l'esclavage). Le sentiment du juste et de l'injuste, bien que relatif, s'impose à celui qui l'éprouve avec la force d'une vérité absolue ; c'est en ce sens que la Cour de cassation parle des « principes de justice universelle considérés dans l'opinion française comme doués de valeur internationale absolue » (73). Le juge se fie en fait à son propre sentiment, sa fonction le supposant particulièrement qualifié pour détecter une injustice.

L'ordre public assure également la défense des principes qui, sans prétendre à l'universalité, constituent les « *fondements politiques, sociaux de la civilisation française* » (74) : monogamie, laïcité, par exemple. Le juge français doit tenter ici de s'interroger moins sur sa propre réaction que sur celle de l'opinion publique française dans son ensemble, la réaction des divers milieux sociaux pouvant présenter des nuances dans l'intensité.

La troisième fonction de l'ordre public lui assigne la « *sauvegarde de certaines politiques législatives* » (75). On cite classiquement comme exemples l'interdiction absolue du divorce (avant 1884) ou la prohibition du divorce par consentement mutuel (jusqu'en 1975), la limitation des cas de recevabilité de l'action en recherche de paternité naturelle (jusqu'en 1993)... Le juge ne cherche pas essentiellement à ménager l'opinion publique ; celle-ci, avant même la loi du 11 juillet 1975, était probablement moins heurtée par une loi étrangère qui admettait le divorce par consentement mutuel que par bien des lois françaises. Mais c'est précisément parce que le législateur a voulu imposer une solution qui n'est pas acceptée sans résistance que le juge doit œuvrer pour que son respect soit général.

201 La nature des fonctions remplies par l'ordre public exclut que l'on puisse dresser une liste exhaustive des règles françaises dont l'application s'imposerait absolument. Ce sont des principes généraux, voire des sentiments, plus souvent que des règles, qui appellent l'éviction de la loi étrangère. De plus, les conceptions et les règles du for se modifient continuellement. Prohibée un jour et considérée comme contraire à l'ordre public, la reconnaissance des enfants adultérins est autorisée le lendemain, avec les effets les plus larges. Aussi n'est-il pas facile de prévoir, dans un cas donné, quelle sera la réaction du juge saisi. Pour cette raison, l'exception d'ordre public est souvent regardée avec défaveur. On lui a attribué les sobriquets peu flatteurs de « paragraphe de caoutchouc », « enfant terrible du droit international privé », « louche formule »... Mais il ne paraît pourtant pas possible de s'en passer. Sans cette soupape de sécurité, la désignation par la règle de conflit de la loi étrangère constituerait le « saut dans l'inconnu » dont parlait le juriste allemand Raape, et contre lequel il est légitime que le for se prémunisse.

(73) Civ. 25 mai 1948, *Lautour*, précité, n° 181.
(74) LEREBOURS-PIGEONNÈRE et LOUSSOUARN, *Précis*, n° 379 ; comp. LOUSSOUARN, BOUREL et VAREILLES-SOMMIÈRES, *Précis*, n° 254.
(75) BATIFFOL et LAGARDE, *Traité*, n° 359.

Le mécanisme de l'exception d'ordre public avait déjà été imaginé par les canonistes (spécialement Jean Fabre) au Moyen Âge. Les postglossateurs parvenaient à un résultat voisin en assignant aux statuts « odieux » un domaine d'application strictement territorial ; les statuts odieux étaient, pour Bartole, les statuts prohibitifs, mais le terme désigna aussi, chez ses successeurs, les statuts contraires au sentiment de l'équité.

202 Pour déterminer le domaine de l'ordre public, il paraît naturel de s'interroger sur l'état de l'opinion *française* ou sur l'intention du législateur *français*. Certaines décisions ont cependant accepté de tenir compte de l'ordre public *étranger*, à propos du problème de la validité du mariage célébré en France entre un Espagnol et une Française divorcée ; l'ordre public espagnol s'opposant à l'époque au divorce, elles ont considéré le second mariage comme bigamique, donc nul (76). Bartin était favorable à cette solution.

Elle méconnaît pourtant totalement le fait que l'exception d'ordre public est une réaction de l'ordre juridique du for. Au surplus, il est curieux d'écarter, au nom de l'ordre public étranger, la loi française désignée par la règle de conflit française pour régir le remariage d'une Française.

203 L'on trouve d'importantes indications sur ce que sont les exigences de l'ordre public français dans les conventions internationales relatives aux droits de l'homme qu'a ratifiées la France. Par exemple, en ratifiant la Convention européenne des droits de l'homme et ses protocoles additionnels, la France a proclamé, de façon solennelle, son attachement au respect de la vie privée (article 8), à la liberté de se marier à partir de l'âge nubile (article 12), au respect de la propriété (premier Protocole), à l'égalité du mari et de la femme (Protocole n° 7), etc.

On pourrait être tenté de penser qu'en raison du principe de la supériorité du traité sur la loi contraire le juge se trouve même dans l'obligation d'écarter toute loi étrangère contraire à l'un des principes conventionnels. Ce serait aller trop loin. Les conventions relatives aux droits de l'homme expriment des principes communs aux États parties, et leur imposent de les respecter. Mais elles ne condamnent pas les systèmes juridiques des États tiers qui adhèrent à d'autres valeurs. En cas de conflit entre les valeurs du juge français, et celles de l'État dont la loi est déclarée applicable, il arrive, on le verra (*infra*, n° 206), que le juge renonce à faire prévaloir ses propres valeurs, même touchant à l'ordre public, parce que le rapport juridique qui lui est soumis ne concerne que très vaguement la société française, ou parce que l'application de la loi française bouleverserait les prévisions légitimes des parties. Ces raisons conservent toute leur force lorsque la valeur consacrée par le droit français l'est aussi par une convention internationale à laquelle la France est partie (77). Il faut

(76) Trib. civ. Montpellier 18 mars 1920, S. 1921.2.11, note Niboyet, *JDI* 1920.633, *RDIP* 1921.79 ; en Belgique, Bruxelles 14 déc. 1955, *Rev. crit. DIP* 1957.68, note Rigaux. *Contra* Seine 5 mai 1919, S. 1921.2.11, note Niboyet, *RDIP* 1919.543 ; Aix 24 janv. 1924, *JDI* 1924.670. *RDIP* 1925.277.

(77) Pour des exemples d'éviction d'une loi étrangère contraire à la Convention européenne des droits de l'homme, v. Paris 14 juin 1994, *Rev. crit. DIP* 1995.308, note Lequette ; Civ. 1re, 24 févr. 1998, *Rev. crit. DIP* 1998.637, note Droz, *JDI* 1998.730, note Kerckhove, *JCP* 1998.II.10175, note Vignal. Ces deux décisions mentionnent l'applicabilité « directe » du texte conventionnel. Ceci ne doit pas masquer le fait que le rôle joué par la convention est d'évincer la règle étrangère, une fois constaté

reconnaître néanmoins que l'aspiration à l'universalisme, inhérente à la notion de droits de l'homme, tend à compromettre l'esprit de relativisme et d'ouverture qui convient au droit international privé (78).

204 La variabilité du domaine de l'ordre public pose au juge la question de savoir si, en cas de modification, il doit tenir compte de ce qu'étaient les exigences de l'ordre public au moment de la constitution de la situation, ou de ce qu'elles sont au moment où il statue.

La réponse générale est que le juge doit tenir compte de l'ordre public dans son état actuel ; c'est le principe de l'*actualité de l'ordre public*. En effet, le jugement qu'il va rendre ne doit ni heurter un sentiment collectif, ni aller à l'encontre d'une politique législative du for : ce sentiment et cette politique sont, bien entendu, ceux du moment où le jugement est rendu (79).

Cependant le principe de l'actualité ne doit pas être entendu de façon trop absolue. Les modifications du contenu de l'ordre public résultent en général du changement d'une politique législative : le sentiment du juste et de l'injuste, les principes fondamentaux de notre civilisation, ne se renversent pas du jour au lendemain. Il est alors possible que la volonté, implicite mais certaine, du législateur, fasse obstacle au principe de l'actualité.

Dans le cas, tout d'abord, d'une *augmentation* du domaine de l'ordre public, il faut se demander si le législateur, en adoptant une nouvelle politique, n'entend pas réserver certaines situations acquises. Rien de plus facile à déterminer : il suffit de consulter les mesures transitoires internes. Si la loi française nouvelle, en posant un principe d'ordre public international (qui est donc aussi, nécessairement, un principe d'ordre public interne, v. *infra*, n° 205), accepte le maintien de situations créées conformément à la loi française ancienne, il est normal de présumer qu'il maintient aussi les situations créées à la même époque conformément à une loi étrangère identique à celle-ci. Il a ainsi été décidé en Italie, en 1943, que la loi fasciste de 1938 prohibant le mariage de personnes de race « aryenne » avec des personnes de race différente n'annulait pas un mariage mixte soumis à une loi étrangère et célébré avant 1938, bien que la prohibition fût d'ordre public international (80).

Dans le cas inverse d'une *diminution* du domaine de l'ordre public la question est de savoir si un acte juridique, nul à l'origine pour contrariété à l'ordre public, le reste après la disparition de la cause de nullité. Certes, la décision qui le validerait ne heurterait pas la politique actuelle du législateur, mais ne convient-il pas de sanctionner le comportement des auteurs de l'acte, qui auraient dû respecter l'ordre public alors en vigueur ?

qu'elle méconnaît ses dispositions. On est donc bien en présence du mécanisme classique de l'exception d'ordre public. Comp., à propos de l'effet d'un jugement étranger, Civ. 1re, 10 juill. 1990, *Rev. crit. DIP* 1991.757 et chron. P. Mayer, p. 651.

(78) La Cour européenne des droits de l'homme avait, dans son arrêt *Drozd et Janousek* (26 juin 1992, *RTDH* 1993.87, obs. Cohen-Jonathan et Flauss), fait preuve de réserve et de réalisme à propos du contrôle de la conformité à l'ordre public procédural (art. 6 CEDH) d'un jugement étranger invoqué dans un État partie à la Convention. Malheureusement elle a adopté, sur le même problème, une attitude toute différente dans son arrêt *Pellegrini* (20 juill. 2001, *AJDA* 2001.1062, obs. Flauss, *RTD civ.* 2001.986, obs. Marguénaud, *Rev. crit. DIP* 2004.106, note Christians, et la chronique de L. Sinopoli, *Gaz. Pal.* 2002, nos 202-204, p. 2).

(79) Pour des illustrations de ce principe, v. Civ. 23 nov. 1976, *Marret*, *JDI* 1977.504, obs. Ph. K., *Rev. crit. DIP* 1977.746 note Foyer, *GA* n° 57, et Civ. 13 nov. 1979, *Rev. crit. DIP* 1980.753, note Simon-Depitre.

(80) Cass. It. 19 mai 1943, *Giur. comp. dir. int. pr.* 1943.105.

Quoi qu'il en soit, là encore, les dispositions transitoires internes autorisent un raisonnement par analogie. Ainsi la reconnaissance d'un enfant adultérin faite en France antérieurement à la loi du 3 janvier 1972 sur la filiation, conformément à la loi désignée par la règle de conflit, cesse d'être nulle après la promulgation de cette loi, puisque le législateur lui-même a précisé que la loi nouvelle valide dans l'ordre interne les situations anciennes (art. 12 de la loi).

205 Le domaine de l'ordre public au sens du droit international privé (« ordre public international » selon la terminologie utilisée par la jurisprudence) ne coïncide pas avec celui de l'ordre public au sens du droit interne, « ordre public interne » dont le principal effet est de provoquer la nullité des conventions privées qui prétendaient y déroger (art. 6 C. civ.), et qui n'entre en jeu que lorsque l'ordre juridique auquel il appartient est compétent. Le domaine du premier est plus étroit que celui du second. Pour reprendre l'exemple imaginé par Lerebours-Pigeonnière et Loussouarn (81), la matière des conditions de fond du mariage, qui est toute entière d'ordre public interne, n'est pas en elle-même d'ordre public international, et nous déclarerons donc nul le mariage d'un étranger âgé de 18 ans, si sa loi nationale impose un âge minimal de 20 ans, sans opposer l'exception d'ordre public ; mais cette matière contient des principes d'ordre public international, qui feront par exemple obstacle au mariage d'un garçon âgé seulement de 13 ans, même si sa loi nationale l'autorise. Le domaine de l'ordre public international est tout entier intérieur à celui de l'ordre public interne, car on n'imaginerait pas à l'inverse une règle qui serait d'ordre public international sans être d'ordre public interne.

2° *Conditions du déclenchement de l'exception*

α) Appréciation *in concreto* ou *in abstracto*

205-1 Il est souvent enseigné que ce qui déclenche l'exception d'ordre public n'est pas, en soi, le contenu de la règle étrangère, mais le résultat inadmissible auquel conduirait en l'espèce son application. Autrement dit, l'appréciation devrait s'effectuer *in concreto*, et non *in abstracto*.

La remarque n'est que partiellement exacte. En principe, ce qui compte est bien la solution concrète à laquelle conduit l'application de la loi étrangère. Il en résulte, par exemple, qu'une loi étrangère qui fixerait à quatorze ans l'âge de la majorité pourrait être sans difficulté appliquée pour conclure à la majorité d'un individu âgé de dix-huit ans. Mais il n'en est ainsi qu'autant que la connaissance des faits litigieux permet de constater immédiatement la conformité du résultat de l'application de la loi étrangère à l'ordre public. Or en général le processus est plus complexe. Ainsi, il est certes imaginable que l'application d'une règle qui confie de façon automatique la garde d'un enfant à son père soit conforme, dans le cas particulier, à l'intérêt de l'enfant, comme l'exige l'ordre public français. Mais pour déterminer ce qu'est cet intérêt, il faut procéder à l'examen de preuves, voire ordonner une mesure d'instruction. Autant écarter d'emblée la loi étrangère, dont le contenu est contraire à l'ordre public parce qu'il ne prend pas en compte l'intérêt de l'enfant, et appliquer la

(81) *Précis*, n° 253.

loi française qui ordonne de se prononcer exclusivement en fonction de cet intérêt (82).

En pratique, le plus souvent, c'est donc sur la seule constatation de son caractère contraire à l'ordre public, *in abstracto*, que la loi étrangère est écartée.

β) Conditions spatiales

206 La contrariété à l'ordre public international de la loi étrangère ne suffit pas à justifier que l'on refuse de l'appliquer. Il faut encore constater que cette application aurait un *impact* sur l'ordre public du for ; et cela suppose que la situation soumise au juge présente un lien spatial avec le for.

Le simple fait qu'un juge français soit saisi du litige — ce qui est l'hypothèse — ne constitue que rarement un lien suffisant de la situation avec la France. Il ne l'est guère que dans les cas où la loi étrangère est contraire au droit naturel, et ressentie comme absolument injuste ; le juge français se refuse alors dans tous les cas à l'appliquer.

Le plus souvent, l'ordre public n'est menacé que pour autant que la société française est en jeu. Si un rapport juridique est né dans un pays étranger, entre personnes domiciliées dans ce pays et dont aucune n'est française, et que le juge français est requis de se prononcer sur sa validité, il n'a pas de raison d'écarter la loi étrangère au prétexte qu'elle heurterait l'un des fondements politiques ou sociaux de la civilisation française, ou une certaine politique législative française. Ce serait inutile puisque la société française n'est pas concernée, et dans cette mesure cela reviendrait à condamner en elles-mêmes les valeurs reçues par la société étrangère.

À cette considération principale s'en ajoute une autre : le respect des droits acquis. L'exception d'ordre public risque en effet de déjouer les prévisions des parties, fondées sur la loi normalement applicable, lorsque la situation s'est concrétisée en un lieu où l'ordre public ne s'y opposait pas.

207 Il faut donc se demander dans quels cas la société française est concernée, et dans quels cas elle ne l'est pas.

Le critère principal de distinction tient au lieu de naissance du rapport juridique. C'est ainsi qu'un divorce, prononcé aux Pays-Bas à une époque où le divorce était interdit en France, a pu être reconnu par la Cour de cassation (arrêt *Bulkley* de 1860 (83). Par la suite, et s'agissant de reconnaître les effets en France d'un divorce par consentement mutuel prononcé en Equateur, alors que le droit français ne connaissait que le divorce pour faute, la Cour de cassation a énoncé dans un arrêt *Rivière* : « La réaction à l'encontre d'une disposition

(82) Pour un exemple d'appréciation *in abstracto*, v. Paris 1er juill. 1974, *Rev. crit. DIP* 1975.266, note Foyer, *JDI* 1975.525, note Lequette.

(83) Civ. 28 févr. 1860, S.1860.1.210, concl. Dupin, *D.P.* 1860.1.57, *GA* n° 4.

contraire à l'ordre public n'est pas la même suivant qu'elle met obstacle à l'acquisition d'un droit en France, ou suivant qu'il s'agit de laisser produire en France les effets d'un droit acquis, sans fraude, à l'étranger... » (84).

Ainsi, l'exception d'ordre public jouera, chaque fois qu'il s'agira pour le juge, soit de créer une situation nouvelle (divorce, adoption), soit de consacrer une situation préexistante non encore révélée (action en recherche de filiation naturelle ou légitime), soit de se prononcer sur la validité d'une situation antérieurement créée et révélée en France (action en nullité d'un mariage célébré en France, d'une répudiation prononcée en France). En revanche, elle ne jouera pas lorsque la situation aura été créée et révélée à l'étranger (répudiation prononcée à l'étranger).

Dans la seconde hypothèse on parle *d'effet atténué de l'ordre public.* L'appellation n'est guère heureuse, car il ne s'agit pas de faire jouer faiblement l'exception d'ordre public, mais de la paralyser totalement.

Malgré la formule générale de la Cour de cassation, il n'est pas toujours possible de reconnaître en France les effets d'une situation créée à l'étranger. Ces effets portent parfois la trace visible de ce qui rend la situation contraire à l'ordre public ; se déroulant en France, ils risquent donc de choquer l'opinion. On songe en particulier à certains effets en France d'un mariage polygamique contracté à l'étranger. La question sera examinée *infra*, n° 575.

208 La formule de la Cour de cassation doit être complétée, car elle ne recouvre pas toutes les hypothèses.

Tout d'abord, elle n'envisage que celles où la loi étrangère contraire à l'ordre public est relative aux *conditions de création du rapport.* Or, il arrive que la contrariété à l'ordre public soit relative au *type d'effets* que la loi étrangère attache à un rapport, dont la création est incontestablement régulière. Par exemple, est contraire à l'ordre public une loi qui soumet la femme à l'autorité de son mari.

Il suffit, pour que l'ordre public joue, que les effets soient réclamés en France ; peu importe que le rapport soit né en France ou à l'étranger. Seuls les effets qui se seraient déjà produits à l'étranger, antérieurement à la saisine du juge, bénéficieraient de l'« effet atténué ».

209 Ensuite, l'arrêt *Rivière* s'attache exclusivement au *lieu de l'acte ou du fait* qui est à l'origine du rapport. Mais un acte peut intervenir à l'étranger, alors que d'autres éléments significatifs du rapport juridique le rattachent à la France.

On songe ainsi à la résidence des intéressés, ou de certains d'entre eux. Ainsi, une décision tunisienne confiant au père la garde d'un enfant sans tenir compte de son intérêt a pu être déclarée contraire à l'ordre public, l'enfant vivant en France avec sa mère (85).

(84) Civ. 17 avr. 1953, *Rivière*, *Rev. crit. DIP* 1953.412, note Batiffol, *JDI* 1953.860, note Plaisant, *JCP* 1953.II.7863, note Buchet, *GA* n° 26. V. Francescakis, *Rev. crit. DIP* 1954.325.

(85) Civ. 30 janv. 1979, *Rev. crit. DIP* 1979.629 note Lequette, *JDI* 1979.393, note D. Mayer.

209-1 La jurisprudence récente a introduit, en matière de statut personnel, un autre facteur : la nationalité d'un ou plusieurs intéressés. Il a ainsi été jugé, en particulier, qu'un enfant de nationalité française ne pouvait se voir priver, par la loi étrangère compétente, du droit d'établir sa filiation naturelle (86), ou encore que la faculté, pour un Français domicilié en France, de demander le divorce était d'ordre public (87).

Le mécanisme qui est ainsi mis en jeu est en fait profondément différent de la classique exception d'ordre public international. Si les règles prohibant la recherche de filiation naturelle étaient véritablement, en elles-mêmes, contraires à l'ordre public international du for, elles seraient évincées par l'exception d'ordre public dès lors que l'enfant, quelle que soit sa nationalité, agirait en France, en l'absence de tout droit acquis par son prétendu parent à l'étranger (v. *supra*, n° 207). Or tel n'est pas le cas : la Cour de cassation va même jusqu'à affirmer que de telles règles « ne sont, en principe, pas contraires à la conception française de l'ordre public international ». Et de fait, si elles étaient jugées l'être, il serait discriminatoire d'imposer leur application à des enfants sous prétexte qu'ils ne sont pas français. De même, si la faculté de demander le divorce constituait un principe d'ordre public, il serait discriminatoire d'en refuser le bénéfice à un étranger domicilié en France et qui saisirait de sa demande un juge français compétent.

Comment expliquer alors l'éviction de la règle étrangère, si elle n'est pas contraire à l'ordre public international ? On peut songer à un mécanisme proche de celui des lois d'application nécessaire. Par dérogation au critère bilatéral en matière d'établissement de la filiation (la nationalité de la mère), la loi française revendique sa compétence à l'égard de tous les enfants de nationalité française cherchant à faire établir leur filiation naturelle. Mais cette dérogation ne concerne que le *principe* du droit à l'établissement ; dès lors que la loi étrangère compétente respecte ce principe, elle doit être normalement appliquée. Ce mécanisme combine celui des règles d'application nécessaire — il y a *revendication de compétence* par la loi française, loi nationale de l'enfant — et celui de l'exception d'ordre public — le principe de droit français ainsi rendu compétent ne résout pas le litige, il sert seulement à *évincer la règle étrangère* qui le méconnaîtrait.

En définitive, il est encore permis de parler d'exception d'ordre public, protégeant non l'ordre juridique *du for* en tant que tel (mécanisme classique), mais l'ordre juridique français *en tant que désigné par le critère de la nationalité*. On peut appeler cet ordre public particulier *l'ordre public du statut personnel des Français* (comp. P. Gannagé, *op. cit.*).

(86) Civ. 1re, 10 févr. 1993, *Rev. crit. DIP* 1993.620, note Foyer, *JDI* 1994.124, 1re esp., note Barrière-Brousse, *D.* 1994.66, note Massip, *D.* 1994. Som. 32, note Kerckhove.
(87) Civ. 1re avr. 1981, *De Pedro*, *JDI* 1981.812, note Alexandre.

Dans d'autres domaines (polygamie, répudiation), les deux mécanismes sont cumulativement retenus. Par exemple, une répudiation ne sera valable, ni si elle a été prononcée en France, quelle que soit la nationalité des époux, ni si l'un des époux est français, quel que soit le lieu de la répudiation.

3° *Éviction de la loi contraire à l'ordre public et substitution de la loi du for*

210 Le mécanisme de l'exception d'ordre public consiste à remplacer la règle contraire à l'ordre public, évincée, par la règle du for apte à régir la question de droit. L'effet d'éviction est appelé *effet négatif*, l'effet de substitution *effet positif*.

211 L'effet négatif et l'effet positif se produisent nécessairement tous les deux. Mais, suivant les hypothèses, l'un ou l'autre peut être masqué. Il convient à cet égard de distinguer le cas où notre conception d'ordre public est exprimée par une règle française précise et explicite, et celui où elle consiste en un principe général ou implicite.

α) Notre conception d'ordre public est exprimée par une règle française précise et explicite

Il y a parfois coïncidence entre une règle de droit positif et un principe d'ordre public international. On peut dire alors que *la règle française est d'ordre public international*. Par exemple, du temps où la reconnaissance des enfants adultérins était prohibée, l'article 335 du Code civil, qui déclarait nulles les reconnaissances volontaires, était une règle d'ordre public international puisqu'elle s'opposait à toute loi étrangère les validant.

En présence d'une telle règle, il n'est pas indispensable de rechercher et de consulter la loi étrangère désignée par notre règle de conflit. De deux choses l'une en effet : ou bien elle est identique à la règle française, et alors peu importe que l'on applique l'une ou l'autre ; ou bien elle est différente, donc contraire à l'ordre public, et il faut lui substituer la loi française.

C'est probablement pour cette raison que la Cour de cassation (88) a appliqué l'article 335 à une reconnaissance d'enfant adultérin souscrite en France (donc non épargnée par l'effet atténué), la déclarant nulle d'une nullité d'ordre public « quelle que fût la nationalité de son auteur ou de l'enfant ». Ce refus de consulter la loi étrangère compétente ne s'explique que par l'inutilité de l'opération. L'ordre public n'en joue pas moins comme une exception à l'application de la loi étrangère, dont le principe de compétence n'est pas écarté au départ, mais que l'on peut évincer sans avoir besoin de la consulter (89).

Il a cependant été soutenu qu'il n'y avait pas en l'espèce d'effet négatif, et que la loi française s'appliquait *immédiatement* à toute reconnaissance souscrite en France, sans qu'il y ait lieu de désigner, puis d'évincer, une loi étrangère. L'argument principal est l'économie de raisonnement : n'est-il pas plus simple de déclarer directement applicable la loi française, plutôt que de rechercher la règle normalement compétente pour l'évincer ensuite ? On serait donc en présence d'une *règle d'application nécessaire*, exclusive du procédé du conflit de lois.

En fait, l'explication par le jeu de l'ordre public, si elle est plus compliquée à exposer, ne demande pas au juge un raisonnement différent, puisqu'elle comporte aussi, autrement justifiée, la dispense de procéder à l'application effective de la règle de conflit. Et comme

(88) Civ. 3 juin 1966, *Domino*, *JDI* 1967.614, note Malaurie, *Rev. crit. DIP* 1968.64, note Derruppé.
(89) En ce sens, note Derruppé, précitée. *Comp.* note Malaurie, précitée.

elle conduit exactement au même résultat, la véritable simplicité ne consiste-t-elle pas plutôt à retenir, pour justifier l'application de la loi française, un mécanisme unique ?

β) Notre conception d'ordre public consiste en un principe général ou implicite

Lorsque notre conception d'ordre public consiste en un principe *général*, la nécessité de consulter la loi étrangère avant de l'évincer (effet négatif) est incontestée. La solution qu'elle retient peut en effet être différente de celle de la règle française sans être pour autant contraire au principe général, aux contours plus vagues. Si, par exemple, nous considérons comme d'ordre public le principe que toute créance est prescriptible, cela ne nous autorise pas à appliquer immédiatement la prescription trentenaire du droit français ; si la loi étrangère retient une prescription un peu plus courte ou un peu plus longue, elle n'est pas pour autant contraire à l'ordre public, et doit donc être appliquée normalement.

L'effet négatif est aussi visible lorsque le principe, quoique précis, est *implicite*. Ainsi, on ne peut songer à mettre en avant la condamnation de toute discrimination raciale ou religieuse en matière de mariage que si l'on a rencontré dans la loi étrangère compétente une règle discriminatoire. Cela est si vrai que ce n'est pas l'effet négatif, mais l'effet positif, dont l'existence a été ici mise en doute. Selon certains auteurs, l'ordre public intervient pour évincer la règle étrangère, mais on n'applique pas pour autant une règle française : le mariage serait valable, simplement parce qu'aucune loi conforme à l'ordre public ne l'annule. Bien que la question soit purement théorique, il convient de réfuter cette assertion. Lorsque la loi étrangère compétente est inapplicable pour une raison quelconque, on lui substitue toujours la loi du for, dont la vocation est universelle ; elle permet de résoudre tous les problèmes de droit privé qui peuvent se poser : dans l'exemple choisi on applique, consciemment ou non, la règle implicite du droit français qui pose le principe de la validité des mariages mixtes.

212 L'effet positif suscite quelques controverses.

En premier lieu, *par quelle règle faut-il remplacer la règle évincée* ?

Sur un premier plan, on admet d'abord qu'il doit s'agir d'une règle *du for*. La loi du for a une vocation illimitée à régir toute question de droit privé qui peut se poser (sur le principe, v. *supra*, n° 118 et n° 184, et sur d'autres applications, v. *supra*, n°s 177, 186, 196 et 197). Si l'on ne peut appliquer la loi désignée par la règle du conflit, la compétence subsidiaire de la loi du for s'offre naturellement. C'est la solution de la jurisprudence française ; elle est fréquente en droit comparé. On pourrait aussi songer, lorsqu'il existe un rattachement subsidiaire, à faire appel à la loi qu'il désigne.

Une fois retenue la compétence de la loi du for, il faut encore déterminer la *règle exacte* que l'on appliquera. La solution la plus simple consiste à appliquer la règle dont le présupposé vise le cas d'espèce. Dans l'exemple d'une créance considérée à l'étranger comme imprescriptible, on recourra à la prescription prévue par la loi du for pour la catégorie de créances à laquelle elle appartient. Retenir la prescription la plus longue du droit du for, à titre de règle la plus proche de la règle étrangère, encourt la critique d'appliquer une règle à une situation qu'elle ne vise pas.

Une difficulté surgit lorsque ce n'est pas une règle, mais la *combinaison de deux règles* étrangères qui est contraire à l'ordre public. S'il s'agit de deux règles n'appartenant pas au même ordre juridique, ce n'est pas, nous le verrons (*infra*, Section II, § 3), l'exception d'ordre public qui doit jouer mais un autre mécanisme. Mais *quid* dans l'hypothèse inverse ? Dans l'affaire *Patiño*, la loi bolivienne interdisait aux époux à la fois la séparation de corps et le divorce, et cette double prohibition a été jugée contraire à l'ordre public. La Cour de cassation a prononcé la séparation de corps du droit français (90). Prononcer le divorce, mesure plus radicale, aurait été s'écarter sans nécessité du droit étranger. Ce que l'ordre public impose, c'est une possibilité de dissolution ou au moins de relâchement du lien conjugal, cette seconde mesure suffit donc.

213 En second lieu, *quelle doit être l'étendue de la substitution* ?

L'ordre public est un élément perturbateur dans le règlement du conflit. Son intervention doit donc être aussi limitée que possible : la loi française se substitue uniquement, en principe, à la disposition étrangère contraire à l'ordre public (91).

Ainsi, si un parent est exclu de la succession du *de cujus* en raison d'une différence de religion, la contrariété de cette disposition avec l'ordre public ne met pas obstacle à ce que l'on applique, quant au quantum des droits, la loi étrangère relative aux parents de mêmes ordre et degré que lui (92). Étendre la substitution de la loi française à la question du quantum risquerait d'attribuer, paradoxalement, plus de droits au parent de religion différente de celle du *de cujus* qu'aux parents de même religion que celui-ci, alors que le degré de parenté serait identique.

Mais évincer ponctuellement une disposition de la loi étrangère, en maintenant la compétence de celle-ci pour les questions connexes, n'est pas toujours praticable. Il faut alors étendre l'effet de substitution. La jurisprudence en offre un exemple : lors de la séparation de corps des époux *Patiño*, il n'a pas suffi d'écarter la disposition bolivienne qui aurait conduit à refuser la séparation de corps ; il a fallu encore recourir à la loi française pour organiser la transformation, non prévue naturellement dans cette hypothèse par la loi bolivienne, du régime matrimonial des époux en régime de séparation de biens.

Bibliographie sommaire

Sur l'application de la loi étrangère :

JOBARD BACHELLIER : « La répartition des tâches entre juge et parties dans l'établissement du contenu de la loi étrangère », *Gaz. Pal.* 2003, n° 176-177, p. 3.

(90) Civ. 15 mai 1963, *JDI* 1963.1016, note Malaurie, *JCP* 1963.II.13 369, note Motulsky, *Rev. crit. DIP* 1964.532, note P. Lagarde, *GA* n° 38.

(91) V. par ex. Civ. 8 nov. 1943, *Fayeulle*, *JCP* 1944.II.2522, note P. L.-P., *D.* 1944.65, note Savatier, *Rev. crit. DIP* 1946.273 ; et, de façon plus discutable, Paris 10 avr. 1973, *JCP* 1974.II.17 680, note Simon-Depitre, *Rev. crit. DIP* 1974.502, note J. F.

(92) V. Civ. 17 nov. 1964, *JCP* 1965.II.13 978, concl. Lindon, *Rec. gén. lois* 1965.311, obs. Droz.

MAYER : « Les procédés de preuve de la loi étrangère », *Mélanges Ghestin,* LGDJ, 2001, p. 617 et s.

MÉLIN : *La connaissance de la loi étrangère par les juges du fond*, PUAM, 2002.

SANTA-CROCE CEALIS : *La vocation subsidiaire de la loi du juge saisi dans le règlement des conflits de lois*, Thèse dactyl., Paris, 1975.

Adde les ouvrages cités *supra, sub* n° 147.

Sur l'ordre public :

BARTIN : *Études de droit international privé*, Paris, 1899, p. 189 et s.

BODEN : *L'ordre public : limite et condition de la tolérance*, thèse Paris I, dactyl., 2002.

A. BUCHER : « L'ordre public et le but social des lois en droit international privé », *Rec. Acad. La Haye*, 1993.II, t. 239, p. 13 et s.

Dany COHEN « La Convention européenne des droits de l'homme et le droit international privé français », *Rev. crit. DIP* 1989.451.

FRANCESCAKIS : « Droit naturel et droit international privé », *Mélanges Maury*, 1960, *I*, p. 113 et s.

FRANCESCAKIS : « Y a-t-il du nouveau en matière d'ordre public ? », *Trav. Com. fr. dr. int. pr.*, 1966-1969, p. 149 et s.

L. GANNAGÉ : *La hiérarchie des normes et les méthodes du droit international privé (étude de droit international privé de la famille)*, LGDJ, 2001.

P. GANNAGÉ : « Vers un ordre public personnel dans le droit international privé de la famille », *in Mélanges Louis Boyer*, 1996.

G. GOLDSTEIN : *De l'exception d'ordre public aux règles d'application nécessaire (Étude du rattachement substantiel impératif en droit international privé canadien)*, Montréal, Thémis, 1996.

HAMMJE : « Droits fondamentaux et ordre public », *Rev. crit. DIP* 1997.1.

JOUBERT : *La notion de liens suffisants avec l'ordre juridique* (Inlandsbeziehung) *en droit international privé*, thèse Paris I, dactyl., 2002.

P. LAGARDE : *Recherches sur l'ordre public en droit international privé*, Paris, 1959.

P. LAGARDE : « La théorie de l'ordre public international face à la polygamie et à la répudiation. L'expérience française », *Mélanges François Rigaux*, Bruxelles, Bruylant, 1993, p. 263 et s.

LIBCHABER : « L'exception d'ordre public en droit international privé », *in L'ordre public au XXe siècle*, Paris, Dalloz, 1996.

MAURY : *L'éviction de la loi normalement compétente. L'ordre public et la fraude à la loi*, Valladolid, 1952.

MAYER : « La Convention européenne des droits de l'homme et l'application des normes étrangères », *Rev. crit. DIP* 1991.651.

M.-L. NIBOYET : « La mise en œuvre du droit international privé conventionnel (incidences du droit des traités sur les pouvoirs du juge national) », *Mélanges Roger Perrot*, Dalloz, 1996, p. 713 et s.

RÉMY : *Exception d'ordre public et mécanisme des lois de police en droit international privé,* thèse Paris I, dactyl., 2006.

SECTION II FACTEURS DE COMPLICATION

214 Il a été fait abstraction jusqu'à présent de quatre éléments susceptibles d'interférer dans le raisonnement du juge. Ce sont : la diversité des règles de conflit de lois dans les différents pays, qui peut conduire le juge à la prise en considération d'une règle de conflit étrangère (§ 1) ; le facteur temps

(§ 2) ; l'interdépendance possible entre deux questions de droit (§ 3) ; à la loi (§ 4).

§ 1. LA PRISE EN CONSIDÉRATION DES RÈGLES DE CONFLIT ÉTRANGÈRES

215 La prise en considération de règles étrangères *relatives aux conflits internationaux* n'est pas une nécessité logique : le juge pourrait très bien n'appliquer que ses propres règles de conflit, comme on l'a vu dans la section précédente. Mais il peut y avoir avantage à tenir compte des règles étrangères ; le droit français l'a prévu en instituant le système du *renvoi*, dans lequel la règle de conflit du for et la règle étrangère jouent cumulativement (A). Certaines théories vont jusqu'à remettre en cause le caractère nécessaire de l'application de la règle de conflit du for (B).

Lorsque la loi étrangère est celle d'un État dont la législation n'est pas unifiée, la prise en considération de ses règles *relatives aux conflits internes* s'impose (C).

A. L'articulation de la règle de conflit du for et de la règle de conflit étrangère (relative aux conflits internationaux) : le renvoi

216 Le problème du renvoi se pose après les phases de mise en cause, de choix et d'application de la règle de conflit *du for*, effectuées comme il a été vu *supra*, Section I, § 1 à 3. Si l'on constate alors que l'État étranger dont la loi est désignée par la règle de conflit donne compétence à une autre loi (ce peut être soit la loi du for, soit une loi tierce), on est dans l'hypothèse du renvoi. Par exemple, s'agissant de déterminer le statut personnel d'un Anglais domicilié en France, la règle de conflit française désigne la loi nationale, loi anglaise ; mais la règle de conflit anglaise retient comme critère de rattachement le domicile et désigne donc la loi française.

Les termes du problème sont les suivants : faut-il appliquer la loi substantielle anglaise parce que notre règle de conflit la désigne (refus du renvoi), ou tenir compte du refus opposé par la règle de conflit anglaise et appliquer la loi qu'elle désigne (renvoi) ?

On remarquera que le problème n'apparaît pas si la règle de conflit du for et celle du pays qu'elle désigne sont identiques ; et même si elles ne le sont pas, les deux critères de rattachement peuvent converger en l'espèce : ainsi lorsque l'Anglais est domicilié en Angleterre, la loi anglaise désignée par notre règle de conflit pour régir son statut personnel se reconnaît compétence.

La jurisprudence française admet le renvoi *(a)* ; plusieurs explications en sont proposées par la doctrine *(b)*, entre lesquelles le choix est important, car des conséquences s'y attachent quant au fonctionnement exact du système *(c)*.

a) Admission du renvoi en droit positif

217 On distingue deux types de renvoi.

Le premier, qui correspond à l'exemple choisi pour exposer le problème, est le renvoi au premier degré : la loi désignée par la règle de conflit française renvoie à la loi du for.

Le second suppose que la règle de conflit étrangère désigne une loi tierce. C'est le renvoi au second degré.

1° *Le renvoi au premier degré*

218 Le renvoi au premier degré fut admis pour la première fois dans une affaire *Forgo* (Civ. 24 juin 1878) (93).

Forgo, enfant naturel bavarois, était venu très jeune résider en France. Il y avait toujours vécu et était décédé à Pau. Sa succession mobilière, qui était considérable, fut disputée entre ses parents les plus proches, des collatéraux ordinaires admis comme successibles par la loi bavaroise mais non par la loi française, d'une part, et l'Administration française des Domaines, d'autre part.

Celle-ci tint le raisonnement suivant : la règle de conflit française déclare applicable la loi du dernier domicile du défunt ; or, Forgo était domicilié en France, donc la loi française s'applique, et l'État français hérite, en l'absence de parents dotés d'une vocation successorale. La Cour d'appel de Pau lui donna gain de cause. Mais, sur pourvoi des collatéraux, la Chambre civile (94) cassa son arrêt, au motif que Forgo, n'ayant pas été « admis à domicile » en France (sur cette notion, v. *infra*, n° 992), n'y avait qu'un domicile de fait, insusceptible de justifier la compétence de la loi française.

La Cour de Bordeaux, désignée pour rejuger l'affaire au fond, estima que le domicile de droit était resté en Bavière, et appliqua la loi bavaroise. Un nouveau pourvoi fut soumis aux Chambres réunies, devant lesquelles la question du renvoi fut expressément discutée.

L'arrêt du 24 juin 1878 consacre le renvoi : la loi bavaroise du domicile de droit, désignée par la règle française de conflit, retient comme critère de rattachement le domicile de fait, situé en France ; elle renvoie donc à la loi française, qui s'applique.

Malgré l'hostilité très vive de la doctrine à l'époque dominante, la Cour de cassation maintint constamment son point de vue par la suite.

Les matières qui fournissent le plus fréquemment au renvoi l'occasion de fonctionner sont les successions mobilières (95) ou même immobilières, et le divorce (96). Une question de filiation a également provoqué l'application du renvoi (97), et la matière aurait pu devenir son terrain d'élection après la loi du 3 janvier 1972, si la jurisprudence n'avait décidé de l'en exclure (v. *infra*, n° 615).

(93) *DP* 1879.1.56, S. 1878.1.1429, *JDI* 1879.285, *GA* n° 7.

(94) 5 mai 1875, *DP* 1875.1.343, S. 1875.1.409.

(95) Req. 9 mars 1910, *Soulié*, *RDIP* 1910.870, *JDI* 1910.888, *DP* 1912.1.262, S. 1913.1.105 ; Req. 7 nov. 1933, *Ben Attar*, *Rev. crit. DIP* 1933.440, note Niboyet, *JDI* 1935.88, S. 1934.1.321, note Audinet ; Civ. 7 mars 1938, *De Marchi*, *Rev. crit. DIP* 1938.472, note Batiffol, *GA* n° 16.

(96) Req. 10 mai 1939, *Birchall*, S. 1942.1.73, note Niboyet ; Civ. 1er avr. 1954, *Bradford*, *Bull. civ.* II, n° 140, p. 101.

(97) Civ. 8 déc. 1953, *Sommer*, *Rev. crit. DIP* 1955.133, note Motulsky, *D.* 1954.167, *JCP* 1954.II.8080, note Savatier.

Les autres pays admettent dans leur majorité le renvoi au premier degré, avec parfois certaines limitations quant aux matières. Plusieurs le rejettent cependant : Pays-Bas, Portugal, Grèce, pays scandinaves, pays à majorité musulmane...

En règle générale, les conventions internationales relatives au conflit de lois excluent le renvoi ; il en est surtout ainsi des conventions récemment élaborées par la Conférence de La Haye.

2° *Le renvoi au deuxième degré*

219 Dans le renvoi au deuxième degré, la règle de conflit du pays désigné par le for renvoie à une loi tierce, qui accepte sa compétence ; le juge saisi doit alors l'appliquer. Par exemple, la loi danoise régira le statut personnel d'un Anglais domicilié au Danemark au terme du raisonnement suivant : la règle de conflit du for désigne la loi nationale, loi anglaise ; la règle de conflit anglaise renvoie à la loi du domicile, loi danoise, et la règle de conflit danoise « accepte le renvoi » en se désignant en tant que loi du domicile.

La Cour de cassation n'a eu l'occasion d'utiliser le mécanisme du renvoi au deuxième degré que dans des circonstances équivoques. L'arrêt *Patiño* du 15 mai 1963 (98), par exemple, n'a en fait tenu compte que d'une *prise en considération* d'une loi tierce par la loi étrangère désignée (v. *supra*, n° 140). Mais certains arrêts manifestent clairement que la Cour de cassation serait prête, le cas échéant, à faire jouer le renvoi au deuxième degré (99).

L'admission du renvoi au deuxième degré s'accompagne logiquement de celle du renvoi aux troisième, quatrième, *n*-ième degré, qui entrent en jeu lorsque la loi tierce renvoie à une quatrième loi, la quatrième à une cinquième et ainsi de suite jusqu'à ce que l'une des lois se déclare compétente et soit appliquée (100). La série ne peut pas être longue, car les rattachements possibles sont en nombre restreint.

b) Justification du renvoi

220 Dans la conception aujourd'hui la plus largement répandue, le renvoi ne consacre pas un *abandon* de la règle de conflit française au profit de la règle de conflit étrangère, contrairement à l'impression que l'on pourrait avoir de prime

(98) *Rev. crit. DIP* 1964.532, note Lagarde, *JDI* 1963.1016, note Malaurie, *JCP* 1963.II.13365, note Motulsky, *GA* n° 38.

(99) V. notamment l'arrêt *De Marchi* précité, et Civ. 1er févr. 1972, *Rougeron*, *Rev. crit. DIP* 1973.313, note Droz, *D.* 1973.59, note P. Lagarde. Un arrêt du 15 juin 1982 a fait jouer le renvoi au second degré pour justifier une compétence que le caractère facultatif de la règle *locus regit actum* suffisait à expliquer (v. *infra* n° 758). Un arrêt de la Cour d'appel de Paris a fait jouer le renvoi au second degré : Paris 3 oct. 1984, *Banque Ottomane*, *Rev. crit. DIP* 1985.526, note Synvet, *JDI* 1986.156, note Goldman.

(100) Sur l'hypothèse où une loi renvoie à l'une de celles qui avaient été précédemment consultées, et la solution du cercle vicieux qui s'ensuit, v. *infra*, n° 230.

abord, et qui avait suscité l'hostilité de la doctrine, au nom tant de la logique (Franz Kahn) que du respect de la souveraineté du for (Bartin). Il y a en fait *coordination* des deux règles de conflit (Batiffol) : « La règle étrangère n'entre pas en jeu par miracle, mais par la désignation de notre règle de conflit ; il y a donc coordination des deux règles (101). »

La notion de prise en considération de la règle étrangère de conflit traduit parfaitement cette idée. Schématiquement, la règle française prévoit ainsi les deux hypothèses de renvoi (premier degré et deuxième degré) :

1. Renvoi au premier degré : « Si une question de droit de tel type est posée, et que la loi désignée par l'élément de rattachement R renvoie à la loi du for, le juge doit appliquer la loi du for. »

2. Renvoi au deuxième degré : « Si une question de droit de tel type est posée, et que la loi désignée par l'élément de rattachement R renvoie à une tierce loi qui se reconnaît compétence, le juge doit appliquer cette tierce loi. »

On constate que la règle de conflit étrangère intervient dans le présupposé de la règle du for, ce qui est le signe que le juge saisi est seulement invité à la prendre en considération, et non à l'appliquer (comp. *supra* n° 139). Et c'est bien la règle du for qui, par son effet juridique, désigne elle-même la loi applicable (sur les notions de présupposé et d'effet juridique, v. *supra*, n° 83).

221 Cette explication du renvoi ne le présente pas comme logiquement nécessaire : la règle française de conflit peut introduire la prise en considération de la règle étrangère de conflit, comme elle peut ne pas le faire. C'est une question d'*opportunité*. Mais l'on prétend précisément que la coordination est opportune, comme concourant à l'harmonie internationale des solutions. Cette affirmation est mieux justifiée pour le renvoi au second degré que pour le renvoi au premier degré.

1° *Renvoi au second degré*

222 *Raape* a donné l'exemple d'une application du renvoi au second degré qu'il considérait comme son « rocher de bronze », tant il l'estimait convaincante (102). Un oncle et sa nièce, Suisses tous deux, se marient à Moscou où ils sont domiciliés. La validité de leur union est pour eux certaine car tant les tribunaux suisses que les tribunaux russes appliqueraient, sur désignation par leur règle de conflit (qui est identique), la loi russe du lieu de célébration, qui admet un oncle à épouser sa nièce. Mais par la suite, pour des raisons qu'ils n'avaient pas initialement envisagées, les époux viennent s'installer en Allemagne. Or, la règle de conflit prescrit au juge allemand d'appliquer la loi de leur nationalité, loi suisse qui considère le mariage comme incestueux et l'annule.

(101) BATIFFOL et LAGARDE, *Traité*, n° 304. Comp. MAURY, *Cours Acad. La Haye*, 1936, I, n°s 173-174.
(102) *Cours Acad. La Haye*, 1934, IV, p. 413.

L'intérêt d'une coordination des règles de conflit est évident : le juge allemand appliquera la loi russe ; sa décision sera donc identique à celle qu'aurait rendue un juge russe ou un juge suisse. Le renvoi réalise l'harmonie des solutions, ainsi que le respect des prévisions légitimes des parties ; de plus, si un jugement russe ou suisse a été *effectivement* rendu, il sera plus facilement reconnu, car on ne lui opposera pas d'avoir appliqué une loi incompétente.

Il est toutefois à remarquer que, en modifiant légèrement l'hypothèse, le renvoi deviendrait techniquement impossible, alors que son utilité resterait identique. Il suffit de supposer que le droit international privé russe désigne la loi suisse, mais admet le renvoi au premier degré qui émane de celle-ci. En définitive, le tribunal russe, s'il était saisi, appliquerait sa propre loi, comme dans l'exemple précédent, et les époux comptent donc toujours légitimement sur la validité de leur union. Mais le juge allemand saisi ne peut recourir au renvoi au second degré, car la loi russe n'accepte pas sa propre compétence : le mariage sera donc annulé (103).

2° *Renvoi au premier degré*

223 Dans son arrêt *Soulié* (*précité*, n° 218), la Cour de cassation a ainsi justifié l'opportunité du renvoi au premier degré : « Il n'y a qu'avantage à ce que tout conflit se trouve [...] supprimé, et à ce que la loi française régisse d'après ses propres vues des intérêts qui naissent de son territoire. »

Si la « suppression de tout conflit » signifie l'harmonie internationale des solutions, elle est mentionnée par erreur. Certes, en tenant compte de la règle de conflit étrangère, on parvient parfois à appliquer la même règle substantielle que le juge étranger. Mais il n'en est ainsi que si le juge étranger ne connaît pas lui-même le renvoi. Sinon on assiste à un chasse-croisé des solutions : chaque juge, au lieu d'appliquer la règle substantielle étrangère désignée par sa règle de conflit, applique sa propre règle substantielle. L'avantage est donc inexistant, dès que l'admission du renvoi est généralisée.

La « suppression du conflit » peut signifier simplement le respect des bornes que le législateur étranger assigne à la compétence de sa propre loi. Mais cet avantage est purement verbal. Aucun État ne s'offusque de ce que l'on applique sa loi dans un cas où sa propre règle de conflit ne la désigne pas : seuls semblent choqués les théoriciens de l'unilatéralisme (104) (v. *supra*, n° 117).

Le second argument, tiré de la préférence du juge pour l'application de sa propre loi, étonne à première vue : si l'application de la loi du for est en soi préférable, ne faut-il pas la rendre systématique, et supprimer le droit des conflits des lois ? Mais on peut le présenter de façon plus mesurée.

(103) MM. HOLLEAUX, FOYER et LA PRADELLE (*op. cit.*, n° 513) proposent de faire jouer dans ce cas le renvoi, malgré le refus de compétence de la loi tierce. Mais il faut bien voir que c'est là forcer la logique du renvoi (sur une autre méthode conduisant au même résultat, v. *infra* n° 235).

(104) La conception particulière du renvoi qu'avait LEREBOURS-PIGEONNIÈRE (*Précis*, n° 368), dite du « règlement subsidiaire », reposait aussi sur l'idée que la loi étrangère n'est désignée que sous réserve de son accord ; si elle le refuse, il faut recourir à un rattachement subsidiaire édicté par le for.

La loi du for présente sur les lois étrangères des avantages indéniables : le juge la connaît, elle n'est pas susceptible de contrariété à l'ordre public, son interprétation est contrôlée par la Cour de cassation ; elle a par ailleurs un lien objectif avec le litige, puisqu'elle est celle du juge qui le tranche. Ces arguments ne sont pas suffisants pour justifier qu'elle soit préférée à une loi étrangère dont les liens avec la question litigieuse seraient beaucoup plus forts ; mais le fait que la règle de conflit étrangère la désigne prouve qu'elle a des titres objectifs à l'application ; et sa qualité de *lex fori* intervient seulement pour faire pencher la balance dans le sens de sa désignation. Sans doute l'inconvénient de la préférence pour la *lex fori* est-il, en général, de nuire à l'harmonie des solutions, et de favoriser le *forum shopping*. Mais dans l'hypothèse où le problème du renvoi se pose, l'harmonie n'est pas atteinte non plus par son refus (du moins s'il est généralisé), puisque les règles de conflit des deux pays en présence divergent.

La grande diffusion du renvoi au premier degré en droit positif fait présumer que ses avantages ne sont pas illusoires ; le ralliement récent de l'Italie (réforme de 1995), traditionnellement hostile au renvoi, en est un indice supplémentaire ; l'objection la plus sérieuse qu'on puisse lui opposer est qu'il constitue une complication supplémentaire dans le mécanisme déjà délicat de l'application de la règle de conflit.

224 Ph. Francescakis, dans son ouvrage sur *La théorie du renvoi et les conflits de systèmes* (105), suggère d'introduire une hiérarchie des rattachements, le renvoi étant possible de la loi nationale à la loi du domicile, mais non l'inverse. De son côté M. Bernard Audit (*Droit international privé*, n°s 221 et s.), dans une approche « fonctionnelle » du renvoi, propose de distinguer selon les matières et les rattachements. Bien que la Cour de cassation n'ait eu l'occasion de faire jouer le renvoi que dans le sens préconisé par ces auteurs, les motifs des arrêts, par leur généralité, condamnent des conceptions aussi restrictives. Certes, le renvoi est exclu dans certains domaines (v. *infra*, n° 226) ; mais il faut un motif positif à l'exclusion.

224-1 Un renvoi d'une nature un peu particulière pourrait être imaginé dans le cadre de l'Union européenne. On se rappelle (v. *supra*, n° 31-1) que l'article 65 du Traité CE autorise le Conseil à « favoriser la compatibilité des règles de conflit de lois », mais non à les uniformiser. Une façon de les rendre compatibles consisterait à imposer au juge saisi d'appliquer la loi que désignerait, non sa propre règle de conflit de lois, mais le système de droit international privé de l'État que désignerait un certain critère de rattachement. Par exemple, on pourrait décider qu'en matière de responsabilité extra-contractuelle, la loi applicable est celle que désigne le système de droit international privé de l'État membre où le dommage est survenu. De cette façon, quel que soit l'État membre dont le juge serait saisi, le litige serait partout en Europe tranché par application de la même loi.

c) Mise en œuvre du principe du renvoi

225 L'étude du droit positif français montre que la conception qu'il adopte est celle du renvoi-coordination justifié par l'opportunité. Le schéma des deux

(105) N°s 249 et 271 ; *adde Rép. Dalloz droit internat.*, V° *Renvoi* n°s 29 et 46.

règles ordonnant le renvoi au premier degré et au deuxième degré est donc celui qui a été donné *supra* au n° 220. Quelques précisions doivent être apportées.

1° *Domaine d'application du renvoi*

226 Le jeu du renvoi suppose que la question de droit soumise au juge entre dans le domaine d'application d'une règle de conflit véritable, retenant un critère de rattachement unique. Toute règle de droit international privé faisant dépendre le choix de la loi de la volonté des parties (*loi d'autonomie*), ou édictant des *rattachements alternatifs*, exclut nécessairement le renvoi, car elle comporte un élément de solution substantielle auquel son auteur (législateur ou jurisprudence) n'est pas prêt à renoncer. Le raisonnement exact qui conduit à exclure le renvoi sera précisé pour chaque matière (v. *infra*, n°s 616, 709, 758 et 786).

La jurisprudence exclut le renvoi dans l'application de la loi d'autonomie (v. *infra* n° 709), c'est-à-dire en matière de contrats et de régimes matrimoniaux. L'analyse de sa position à l'égard des règles de conflit alternatives est plus délicate (v. *infra*, n° 758).

De façon difficile à justifier, le renvoi a été exclu par la jurisprudence dans le jeu de la règle de conflit qui soumet l'*établissement de la filiation* à la loi nationale de la mère. Il s'agit pourtant là d'une règle de conflit ordinaire, ne comportant aucun élément substantiel (v. *infra*, n° 615).

Enfin, il faut signaler que les conventions de La Haye récentes excluent ordinairement le renvoi, en précisant que la loi applicable est la loi *interne* du pays désigné.

Dans toutes les autres hypothèses, le renvoi est admis.

2° *Office du juge et rôle des parties*

226-1 En dehors des domaines où il est exclu, le renvoi s'impose au juge, qui n'a pas le pouvoir de l'écarter en raison des circonstances de l'espèce.

Peu importe qu'aucune des parties n'ait invoqué le renvoi. La Cour de cassation considère que le juge doit prendre en considération, *au besoin d'office*, la règle de conflit étrangère (106). Elle ne distingue pas selon que les droits litigieux sont ou non disponibles : dès lors que le juge a appliqué (d'office ou non) la règle de conflit du for qui désigne une loi étrangère, il a le devoir de tenir compte des dispositions pertinentes de celle-ci, parmi lesquelles figurent en premier lieu ses règles de conflit de lois susceptibles de réaliser un renvoi.

Cela implique qu'il en connaisse la teneur. S'il l'ignore, il doit mettre en œuvre les procédés de preuve de la loi étrangère admis en droit français : il

(106) Civ. 1re, 21 mars 2000, *Ballestrero*, *Rev. crit. DIP* 2000.399, note Ancel, *D.* 2000.539, note Boulanger, *JCP* 2000.II.10443, note Vignal, *Defrénois* 2000.1157, note Revillard, *Gaz. Pal.* 25 août 2000, p. 9, note Drapier et 1er oct. 2000, p. 17, chron. Brière, *JDI* 2001.505, note Revillard.

demandera, par exemple, aux parties ou à l'une d'entre elles de produire un certificat de coutume.

Lorsque la preuve de la règle de conflit étrangère se révèle impossible à rapporter, il paraît logique de considérer que le renvoi ne joue pas, et que le juge doit appliquer les règles *matérielles* de la loi désignée par sa règle de conflit.

3° *Interprétation de la règle de conflit étrangère prise en considération*

227 Le renvoi, qu'il soit au premier ou au deuxième degré, suppose que la règle de conflit étrangère et la règle de conflit du for désignent deux lois différentes.

Cette divergence peut tenir à la qualification. Lorsque l'on cherche à faire entrer la question de droit dans l'une des catégories du système étranger (« capacité » ou « contrat », par exemple), il faut se référer à l'interprétation qui prévaut à l'étranger. Ainsi, une question qui avait été classée dans la catégorie « capacité » dans le système du for, et par là soumise à la loi nationale de l'intéressé, est susceptible d'entrer dans la catégorie « contrat » du système national, et d'être renvoyée à la loi du for ou à une tierce loi par la règle de conflit correspondant à cette qualification ; et ce, alors même que les critères de rattachement seraient identiques en France et dans le pays de la nationalité. On parle alors de « renvoi de qualification ».

Plus souvent, cependant, la situation de renvoi s'explique par une divergence des critères de rattachement : nationalité ici, domicile là, notamment. Là encore, les termes dans lesquels la règle de conflit étrangère s'énonce doivent être interprétés selon les conceptions étrangères. C'est ainsi que l'arrêt *De Marchi* (précité, n° 218) a cherché dans la loi argentine la signification du concept « domicile » utilisé comme élément de rattachement par la règle de conflit argentine « renvoyante ». Le même principe a été appliqué, plus nettement encore, par l'arrêt *Sommer* (précité, n° 218), qui a énoncé que « les juges du fond ont souverainement interprété la loi polonaise en déclarant que le texte litigieux renvoyait à la loi de l'État étranger, en l'espèce l'État français ».

228 La règle de conflit de l'État étranger peut être contenue dans un traité conclu par lui. Le juge français doit la prendre en considération en tant que règle de conflit interne de l'État étranger, sans s'arrêter au fait qu'elle est de source internationale. C'est l'interprétation du traité donnée par les tribunaux étrangers qui doit donc être suivie ; il en est ainsi même si le traité a été également signé par la France et a reçu des tribunaux français une interprétation différente (107) : ce que l'arrêt *Hocke* a décidé pour les règles substantielles (v. *supra*, n° 93) vaut aussi pour les règles de droit international privé.

4° *Cas où la règle de conflit étrangère déclare applicable la « loi du for »*

229 Dans l'affaire *Birchall* (précitée, n° 218), la question se posait de la possibilité, pour un Anglais domicilié en France, d'obtenir le divorce contre sa femme en application de la loi

(107) Pour que le problème apparaisse, il faut supposer que le traité n'est pas en l'espèce applicable par les tribunaux français, par exemple parce que la France a formulé une réserve en le signant.

française. La Cour de cassation l'admit en invoquant le renvoi au premier degré fait par la règle de conflit anglaise à la loi du domicile (108).

En réalité, le divorce est soumis, en droit international privé anglais, non à la loi du domicile, mais à la loi du for. En effet le divorce résulte, dans les pays anglo-saxons, d'un *decree* du juge, acte de nature administrative plutôt que juridictionnelle et qui ne peut être rendu en application d'une loi étrangère. La solution est limitée par nature aux divorces prononcés par les autorités du pays ; rien n'est prévu pour les divorces prononcés à l'extérieur.

Il est donc inexact de dire que la loi anglaise « renvoie » à la loi du domicile, ou même à la loi du for saisi ; elle ne résout le problème du choix de la loi que dans l'hypothèse où un tribunal anglais est saisi.

Il ne semble donc pas y avoir place pour le renvoi au premier degré. L'application de la loi française risquerait d'ailleurs ici de favoriser le *forum shopping*.

Une modification des données de l'espèce *Birchall* pose le problème de l'admission du renvoi *au second degré* : il suffit de supposer que le divorce, au lieu d'être demandé au juge français, a été prononcé par le tribunal d'un État tiers (par exemple, les États-Unis), selon sa propre loi. Cette situation n'étant susceptible d'être soumise à un juge français qu'à l'occasion du problème des effets en France du jugement étranger de divorce, on l'étudiera dans le titre consacré aux conflits de juridictions (n° 386).

5° *Détermination de la loi applicable lorsque le renvoi est refusé*

230 Le renvoi au premier degré est toujours accepté, par principe, par la loi française. Mais, dans le renvoi au second degré, toutes les lois peuvent se déclarer incompétentes, ce qui donne naissance à un cercle vicieux. L'hypothèse est celle, par exemple, du statut personnel d'un Anglais domicilié en Allemagne : la loi anglaise renvoie à la loi allemande du domicile, qui à son tour renvoie à la loi anglaise de la nationalité, et ainsi de suite.

Plusieurs solutions ont été proposées. On peut, constatant le refus d'application des deux lois étrangères, revenir à la loi du for ; mais cette façon de raisonner est teintée d'unilatéralisme. On peut aussi forcer l'application de la loi tierce (109). Mais l'issue logique, dans le cadre du renvoi-coordination, est l'application *de la loi désignée par la règle de conflit du for*. Le renvoi, en effet, n'est qu'une exception au jeu normal de la règle de conflit. Si les conditions de cette exception ne sont pas réunies, il faut revenir à l'application normale du principe.

(108) V. aussi Civ. 1er avr. 1954, *Bull. civ.* II, n° 140, p. 101.

(109) En ce sens, LOUIS-LUCAS : « Vue simplifiée du renvoi », *Rev. crit. DIP* 1964.14 ; HOLLEAUX, FOYER et LA PRADELLE, *op. cit.*, n° 513 (dans l'hypothèse où la loi tierce accepte le renvoi au premier degré qui lui est fait par la loi désignée par la règle de conflit du for : v. *supra*, n° 222 et note 103) ; BATIFFOL et LAGARDE, *Traité*, n° 308 (dans l'hypothèse où la loi désignée par le for écarte le renvoi qui lui est fait par la loi tierce). En droit international privé allemand, polonais, tchèque, slovaque, l'application de la loi du pays tiers n'est subordonnée à aucune circonstance confirmant sa vocation. En revanche en Italie, au Portugal, au Vénézuela, il faut que la loi tierce se reconnaisse compétence pour que le renvoi joue.

6° Détermination de la loi applicable lorsque la loi désignée après renvoi ne peut être appliquée

231 Il n'est pas toujours possible d'appliquer la loi désignée après renvoi : son contenu est parfois indéterminable ; elle peut aussi être contraire à l'ordre public. Plutôt que d'appliquer alors la loi du for, en raison de sa vocation subsidiaire, il paraîtrait plus judicieux de revenir là encore au principe, c'est-à-dire d'appliquer la loi désignée par la règle de conflit du for.

B. La substitution de la règle de conflit étrangère (relative aux conflits internationaux) à la règle du conflit du for

232 Pendant longtemps, le principe de l'application par le juge de son propre système de conflit a été ressenti comme une évidence qu'il n'était même pas nécessaire de formuler. L'idée ne venait pas que l'on pût recourir à une règle étrangère de droit international privé. L'apparition du renvoi révéla le problème, en paraissant remettre en cause le postulat. En fait, on l'a vu, il n'en était rien, puisque le point de départ du renvoi reste la règle de conflit de lois du for, qui désigne le pays dont la règle de conflit doit se prononcer en coordination avec elle.

Mais, à une époque récente, la prise de conscience de la diversité d'appréciation d'une même relation selon le tribunal saisi (v. *supra*, n° 32) a conduit à douter que l'appréciation du for doive nécessairement l'emporter, même comme point de départ, sur les autres : si la situation s'est constituée en l'absence de tout lien avec le for, le droit international privé de celui-ci a-t-il une vocation quelconque à la régir ?

Deux théories très différentes ont été présentées et ont trouvé des applications, en France ou à l'étranger. La première remet en cause de façon générale la compétence de la règle de conflit du for ; la seconde, qui comporte deux variantes, y renonce seulement, de façon d'ailleurs plus apparente que réelle, dans deux cas particuliers.

a) Remise en cause générale de la compétence de la règle du for

233 De même que la règle substantielle du for ne doit pas être appliquée à toutes les relations internationales, de même, selon cette première théorie, la règle du conflit du for doit s'effacer devant la règle de conflit de l'État qui entretient les rapports les plus étroits avec la relation. Et de même qu'il existe des conflits de règles substantielles, que doivent trancher les règles de conflit de lois, de même il existe des conflits de règles de conflit. Le juge saisi ne peut donc appliquer *immédiatement* sa règle de conflit. Il doit résoudre le conflit qui l'oppose aux règles de conflit des autres pays.

Un instrument est nécessaire pour réaliser cette opération. *C'est la règle de conflit à la deuxième puissance*, qui joue à l'égard des règles de conflit ordinaires (à la première puissance) le même rôle que celles-ci à l'égard des règles substantielles. On propose en général que l'élément de rattachement à la deuxième puissance se réfère au lieu de constitution de la situation (110).

Un arrêt de la Cour d'appel de Rabat (111) a raisonné, implicitement en tout cas, de cette façon. Il s'agissait du régime matrimonial de deux Italiens qui s'étaient mariés sans contrat

(110) V. notamment GRAULICH : *Principes de droit international privé ; conflits de lois, conflits de juridictions*, Paris, 1961, n° 233.

(111) *Machet*, 24 oct. 1950, *JDI* 1951.894, note Goldman, *Rev. crit. DIP* 1952.89, note Francescakis, *GA* n° 23.

et établis en France. La règle de conflit marocaine désignait la loi italienne, loi nationale des époux. Mais la Cour de Rabat a préféré appliquer la règle de conflit française du lieu du mariage. Celle-ci donnant compétence à la loi française, les époux ont été déclarés communs en biens, et non séparés comme l'aurait voulu la loi italienne. Il est à noter que les conditions du renvoi au second degré n'étaient pas remplies, la règle de conflit italienne étant identique à la règle de conflit marocaine.

234 Cet arrêt est resté isolé, et il faut s'en féliciter. Outre que l'obligation de résoudre deux conflits au lieu d'un n'est pas faite pour simplifier le fonctionnement déjà passablement complexe du procédé du conflit de lois, l'idée même d'un conflit de règles de conflit paraît erronée.

S'il existe un conflit entre les règles de conflit à la première puissance, pourquoi n'en existerait-il pas un aussi entre règles de conflit à la deuxième puissance ? Le caractère automatique du raisonnement conduit inéluctablement à l'admettre. Une règle de conflit à la troisième puissance est donc nécessaire pour les départager. Mais à son tour, elle entre en conflit avec les règles étrangères de conflit à la troisième puissance, et ainsi de suite... On est conduit à une *regressio in infinitum*.

En réalité, les règles de droit international privé n'entrent pas en conflit entre elles. C'est toujours la règle de droit international privé du for que le juge applique, et il l'applique immédiatement. L'assimilation des règles de conflit aux règles substantielles de droit privé est trompeuse, car il existe entre elles une différence fondamentale : les règles substantielles de droit privé s'adressent aux individus, tandis que les règles de conflit s'adressent au juge. Lorsque plusieurs règles substantielles visent les mêmes individus, elles entrent en conflit entre elles. Mais plusieurs règles de conflit ne peuvent s'adresser au même juge, car chaque système de droit international privé s'adresse exclusivement aux juges nationaux. Il y a là, on l'a vu (*supra* n° 103), une répartition des compétences qui dérive du droit international public et qui est analogue à celle qui existe en droit administratif ou en droit pénal international : tout organe étatique fonctionne selon les règles de l'État qui l'a institué et lui a donné ses pouvoirs.

b) Mise à l'écart exceptionnelle de la règle de conflit ordinaire du for

1° *Au nom du respect des prévisions des parties*

235 Divers auteurs, en particulier le juriste hollandais Meijers (112), ont proposé que la règle de conflit du for s'efface lorsque deux conditions sont remplies :

1. la situation est née sans rapport avec le for, et
2. les systèmes de droit international privé de tous les pays concernés désignent la même loi.

On appliquerait alors cette loi. Ce système a inspiré les rédacteurs de l'article 21 du projet Benelux de loi uniforme relative au droit international privé (aujourd'hui abandonné) (113).

Dans une autre version de la même idée, il suffit que concorde une « majorité prépondérante » des systèmes.

Le but recherché est le respect des légitimes prévisions des parties. On peut, pour le mettre en évidence, reprendre l'exemple que constituait le « rocher de bronze » de Raape (v. *supra*,

(112) « La question du renvoi », *Bull. Inst. jurid. internat.* 1938, p. 191-231.

(113) « Lorsqu'un rapport juridique est né ou s'est éteint hors des Pays-Bas, de Belgique, du Luxembourg, conformément à la loi applicable suivant le droit international privé des pays que ce rapport juridique concernait essentiellement au moment de sa naissance ou de son extinction, cette naissance ou cette extinction sont également reconnues aux Pays-Bas, en Belgique, au Luxembourg, même par dérogation à la loi applicable en vertu des dispositions de la présente loi. »

nº 222). Si l'oncle et la nièce suisses ont consulté, soit le droit international privé suisse, soit le droit international privé russe, ils tiennent leur mariage pour valable. Il n'est pas souhaitable de l'annuler pour la simple raison qu'un tribunal allemand a été saisi, à la suite d'un déplacement que les époux n'avaient pu prévoir. On l'évite en décidant que la règle de conflit du for (allemand) renonce à s'appliquer en raison de son éloignement de la relation à l'origine de celle-ci, et en reconnaissant que la loi compétente est la loi russe désignée par les systèmes de droit international privé suisse et russe.

Certes, on parvient en l'espèce au même résultat par le renvoi au deuxième degré. Mais il existe des différences entre les deux raisonnements, différences qui peuvent se manifester dans d'autres situations et qui constituent autant de supériorités de la théorie proposée par rapport à celle du renvoi.

En premier lieu, dans le renvoi, on consulte la règle de conflit de divers pays dont *la loi* a vocation à régir la situation (puisqu'ils sont eux-mêmes désignés par des règles de conflit de lois) ; or, si l'on s'assigne comme dessein de respecter les prévisions vraisemblables des parties, ce sont les pays compétents sur le plan *juridictionnel* qui doivent être retenus ; les parties se sont en effet raisonnablement interrogées sur la position qu'adopteraient les tribunaux dont la saisine leur paraissait possible.

En second lieu, et pour la même raison, il faut tenir compte non seulement de la règle de conflit étrangère, mais de la façon dont le juge étranger l'appliquerait, c'est-à-dire notamment de l'incidence éventuelle du renvoi et de celle de l'exception d'ordre public.

236 Une prise en considération encore plus directe des prévisions des parties a été suggérée par Mme Jobard-Bachellier (114). Selon cet auteur, chaque système de droit international privé devrait comporter une règle matérielle ayant pour objet de valider les situations qui avaient pu légitimement apparaître aux parties comme régulièrement constituées au regard du droit international privé des pays étrangers concernés sur le plan juridictionnel. Ainsi, contrairement à la théorie de Meijers, le for ne renoncerait pas à ses propres règles de conflit au profit des règles de conflit étrangères, mais il tempérerait lui-même les résultats de leur application par un recours à la théorie de l'apparence.

L'idée est particulièrement intéressante, mais soulève l'objection (qui n'est pas nécessairement dirimante) du caractère imprécis de la notion d'apparence.

2° *Au nom du principe de proximité* (115)

237 Il arrive que l'État, dont un tribunal est saisi et se reconnaît compétent selon ses règles de conflit de juridictions, ne soit pas celui dont la compétence est la plus naturelle. Il a été proposé de distinguer alors le *for de raisonnement* du *for de jugement* : le juge (for de jugement) appliquerait, non la loi désignée par sa propre règle de conflit, mais celle qu'appliquerait effectivement le tribunal (for de raisonnement) de l'État dont la compétence est la plus forte (116). On tend ainsi vers l'harmonie des solutions, et l'on accroît les chances de reconnaissance de la décision dans le pays le plus intéressé.

237-1 Des considérations analogues ont été invoquées pour justifier la *foreign court theory* anglaise, ou doctrine du double renvoi, que l'on peut illustrer par deux exemples.

Dans l'affaire *Ross* (117), il fallait liquider la succession d'une Anglaise décédée domiciliée en Italie. La règle de conflit anglaise désignait l'Italie. Si un juge italien avait été saisi, il

(114) *Op. cit.*, p. 145 et s.
(115) V. surtout LAGARDE, *Cours général*, spécialement pp. 157 à 168. Sur ce principe, v. *infra*, nº 490.
(116) En ce sens, v. G. DROZ, *Cours général*, p. 351 et s.
(117) 1930.I, Cl. 389, *JDI* 1930.1092.

aurait appliqué la loi nationale de la *de cujus*, c'est-à-dire la loi anglaise : le juge anglais a en conséquence appliqué sa propre loi.

L'affaire *Askew* (118) mettait en cause la légitimité d'une enfant dont la mère était mariée avec un Anglais domicilié en Allemagne. La règle de conflit anglaise désignait la loi allemande du domicile du mari. Un juge allemand aurait appliqué sa propre loi, sur renvoi de la loi anglaise désignée par sa règle de conflit, car la législation allemande a adopté expressément le renvoi au premier degré. Le juge anglais applique donc la loi allemande.

On voit en quoi le double renvoi diffère du renvoi au premier ou au second degré : on n'emprunte pas au pays désigné sa seule règle de conflit, mais tout le raisonnement judiciaire. Le but recherché est de réaliser l'harmonie des solutions. Si le juge italien dans le premier cas, allemand dans le second, est saisi par la suite du même litige, la décision qu'il rendra sera conforme à celle que le juge anglais aura déjà prononcée.

Ce qui, toutefois, paraît critiquable dans cette méthode est que l'État dont on cherche à imiter la décision est celui que désigne la règle de conflit de lois. Or l'objet de cette règle est de déterminer la compétence *législative*, alors que seules les considérations relatives à la compétence juridictionnelle devraient compter.

C. L'articulation de la règle de conflit du for et de la règle de conflit étrangère relative aux conflits internes

238 On a déjà vu (*supra*, n° 89 à 92) les problèmes posés par les systèmes plurilégislatifs dans l'hypothèse où le juge saisi est celui de l'État dont la législation n'est pas unifiée.

On suppose maintenant que le juge français est saisi et que sa règle de conflit désigne un système plurilégislatif *étranger*. Le problème consiste à déterminer, parmi les ordres juridiques coexistant dans ce système, celui où se trouve la règle substantielle applicable.

La jurisprudence est à peu près inexistante ; non que le problème se soit posé trop peu fréquemment, mais les tribunaux le résolvent en général sans le voir, et en tout cas sans s'embarrasser de justifications. En revanche, en doctrine, des solutions très diverses ont été proposées ; elles découlent de conceptions radicalement différentes de la nature et de la fonction mêmes de la règle de conflit ; mais en fait elles se recoupent partiellement, aucune des théories en présence ne pouvant être suivie jusqu'au bout de ses conséquences logiques.

239 Deux points de vue extrêmes s'affrontent : la coordination de la règle de conflit de lois du for avec la règle étrangère relative aux conflits internes d'une part, l'application exclusive de la règle du conflit du for d'autre part.

Le premier système, traditionnel, est le plus largement adopté. Il part de l'idée que la règle de conflit épuise son rôle en désignant un *État* ; la détermination de la règle substantielle, émanée de cet État, qui doit ensuite être appliquée, est abandonnée aux règles spéciales relatives aux conflits internes, en vigueur dans le système désigné. La règle de conflit française désigne, par exemple, la Grande-Bretagne, globalement ; le critère britannique de rattachement permet ensuite de choisir entre les règles anglaise, écossaise et irlandaise. L'Anglais domicilié en Écosse voit ainsi son statut personnel soumis à la loi écossaise par coordination du critère français (nationalité, désignant la Grande-Bretagne) et du critère britannique (domicile, désignant l'Écosse). Certes, il n'existe pas toujours à l'étranger un système unique de règles relatives aux conflits internes ; mais on trouve alors un expédient pour remédier à cette carence.

(118) 1930.II, Cl. 259.

Ce procédé est le seul concevable pour résoudre les conflits nés d'une diversité *personnelle* (religieuse ou ethnique) ; aucune contestation ne s'élève à leur sujet, et l'on n'y reviendra donc pas.

Quant aux conflits *interterritoriaux*, le procédé a été choisi par quelques conventions conclues à La Haye : les deux conventions du 5 octobre 1961, relatives à la protection des mineurs et à la forme des dispositions testamentaires, la Convention du 15 novembre 1965 relative à l'adoption, et la Convention du 2 octobre 1973 relative aux obligations alimentaires. Il est précisé que, lorsque la règle de conflit conventionnelle désigne un système juridique non unifié, il faut appliquer la loi « déterminée par les règles en vigueur dans ce système » ; à défaut de telles règles, on a égard au « lien le plus effectif » présenté par le rapport avec l'une des législations composant le système.

240 L'auteur italien Roberto Ago est le principal défenseur du système opposé. Selon lui, les conflits internes sont exactement de même nature que les conflits internationaux. L'application du droit étranger des conflits internes ne s'impose donc pas plus au juge français que celle du droit étranger des conflits internationaux ; et Ago, adversaire déterminé du renvoi, n'admet pas cette dernière application. Le juge saisi utilisera donc le critère de rattachement du for pour désigner, non seulement l'État compétent, mais l'ordre juridique compétent à l'intérieur de cet État.

La Convention de La Haye du 4 mai 1971 relative aux accidents de la circulation routière, celle du 2 octobre 1973 relative à la responsabilité du fait des produits, et la plupart des conventions plus récentes s'attachent à ce système, en précisant que pour l'application des critères de rattachement conventionnels, toute unité territoriale faisant partie d'un système non unifié est considérée comme un État : il en résulte que la sélection est poursuivie jusqu'au bout en suivant ces critères, même s'il existe dans l'État désigné une règle relative aux conflits internes conduisant à un résultat différent.

241 Une conciliation peut être tentée entre les deux systèmes, si l'on se rappelle que les conflits interterritoriaux se rattachent à deux types différents (v. *supra*, n° 91). Les uns, appelés conflits interrégionaux, sont de faux conflits, le législateur étant unique et procédant seulement à une délimitation du champ d'application dans l'espace des règles substantielles. Les autres, que l'on a baptisés conflits interfédéraux et qui supposent une pluralité de législateurs à l'intérieur d'un même État, sont de vrais conflits, très semblables aux conflits internationaux.

Au premier type (conflits interrégionaux) doit s'appliquer la première méthode : la règle de conflit du for ne doit pas avoir pour effet de modifier le champ d'application, c'est-à-dire la substance même des règles étrangères. Pas plus qu'un juge étranger ne devrait appliquer la législation française des loyers à un immeuble situé en France dans une ville non comprise dans le domaine territorial de la loi de 1948, un juge français ne doit appliquer une règle étrangère en dehors du domaine que lui assigne le législateur dont elle émane.

Au second type de conflits internes (conflits interfédéraux) doit être appliquée la seconde méthode. On y est naturellement incité lorsque chacun des ordres juridiques subordonnés possède son propre système de solution des conflits internes (cas des États-Unis et du Canada notamment), faute de pouvoir choisir entre eux. Mais même si l'autorité fédérale a élaboré un système unique, ce n'est qu'un système de conflit de lois qui, émanant d'un État étranger, ne s'impose pas au juge saisi. Celui-ci appliquera à bon droit sa propre règle de conflit pour identifier l'entité fédérée dont les règles seront appliquées. L'objet de la règle de conflit, en effet, n'est pas de désigner un État, mais un ordre juridique (119). Cela dit, il n'est pas interdit de *prendre en considération* le système étranger de solution des conflits internes ;

(119) Sur l'hypothèse où la règle de conflit du for a désigné la « loi de la nationalité », v. *supra*, n° 176 *in fine* et la note.

puisque l'on admet, dans le renvoi au deuxième degré, de prendre en considération les règles de conflit concordantes de deux États souverains, il est *a fortiori* licite d'agir de même à l'égard de la règle de conflit commune aux États fédérés ; c'est de plus opportun, car les prévisions des parties sont vraisemblablement fondées sur elle.

En fin de compte, bien que reposant sur des fondements très différents, les solutions du faux et du vrai conflit ne sont guère éloignées.

Bibliographie sommaire

Sur le renvoi :

BARTIN : *Études de droit international privé*, Paris, 1899, p. 83 et s.

DERRUPPÉ : « Plaidoyer pour le renvoi », *Trav. Com. fr. dr. int. pr.*, 1964-1966, p. 181 et s.

FOYER : « Requiem pour le renvoi ? », *Trav. Com. fr. dr. int. pr.*, 1980-1981, p. 105 et s.

FRANCESCAKIS : *La théorie du renvoi et les conflits de systèmes en droit international privé*, Paris, 1958.

KASSIR : *Réflexions sur le renvoi en droit international privé comparé,* Bruylant, Delta, LGDJ, 2002.

LEQUETTE : « Le renvoi de qualification », *Mélanges Dominique Holleaux*, Litec, 1990, p. 249 et s.

LEREBOURS-PIGEONNIÈRE : « Observations sur la question du renvoi », *JDI* 1924.877.

LOUIS-LUCAS : « Vue simplifiée du renvoi », *Rev. crit. DIP* 1964.1.

PILLET : « Contre la doctrine du renvoi », *RDIP* 1913.1.

Sur le conflit de systèmes en général :

AGOSTINI : *L'application des règles de conflit étrangères et les conflits de systèmes en droit international privé*, Thèse dactyl., Bordeaux, 1975.

A. BUCHER : « Le for du raisonnement », *Mélanges Georges Droz*, La Haye, Martinus Nijhoff, 1996, p. 41 et s.

DÉPREZ : « Droit international privé et conflits de civilisations », *Rec. Acad. La Haye*, 1988, IV, p. 13 et s.

FRANCESCAKIS : *La théorie du renvoi et les conflits de systèmes en droit international privé*, Paris, 1958.

JOBARD-BACHELLIER : *L'apparence en droit international privé*, Paris, 1984.

LAGARDE : « Le principe de proximité dans le droit international privé contemporain », *Rec. Acad. La Haye*, 1986, I, p. 9 et s., spéc. p. 157 à 168.

MEIJERS : « La question du renvoi », *Bull. Instit. jurid. internat.*, 1938, p. 191.

PICONE : « La méthode de la référence à l'ordre juridique compétent en droit international privé », *Rec. Acad. La Haye*, 1986, II, p. 229 et s.

Sur le rôle de la règle étrangère relative aux conflits internes :

V. la bibliographie citée *supra*, *sub* n° 108, sur les conflits internes.

§ 2. LE FACTEUR TEMPS

242 Le droit des conflits de lois a pour objet particulier d'organiser la coexistence des règles en vigueur dans les différents ordres juridiques. Le facteur temporel n'intervient pas nécessairement dans les problèmes qu'il a pour mission de résoudre.

La succession dans le temps des règles de droit, dans un ordre juridique donné, donne lieu au problème du conflit de lois dans le temps. Le facteur spatial n'y joue en principe aucun rôle (120).

Les deux problèmes se combinent, lorsque le facteur temps interfère dans le conflit de lois dans l'espace. Il peut le faire de plusieurs manières.

Parfois une *règle* est modifiée entre le moment où la situation s'est constituée et celui où elle est appréciée en justice. Il peut s'agir, soit de la règle de conflit du for (A), soit d'une règle étrangère (B).

Parfois c'est le *rapport* lui-même qui s'est déplacé, de sorte que sa localisation actuelle n'est plus identique à sa localisation initiale ; cette situation a reçu le nom de conflit mobile (C).

A. Conflit transitoire de droit international privé du for

243 Le conflit transitoire de droit international privé est identique dans son essence au conflit transitoire de droit interne : deux règles se succèdent dans un même ordre juridique, et l'on se demande si une question de droit donnée est régie par l'ancienne ou par la nouvelle ; ici les règles en présence sont des règles de conflit de lois.

La situation était peu fréquente en France jusqu'à ces dernières années. En effet, le législateur interne n'intervenait pas dans le domaine du conflit de lois. Seule l'entrée en vigueur des conventions de La Haye faisait périodiquement apparaître des questions de droit transitoire, qu'elles résolvaient d'ailleurs souvent par des dispositions expresses. Les nouvelles règles de conflit posées par le législateur français en matière de filiation (1972) et de divorce (1975) ont donné au problème une plus grande actualité.

244 Pour régler les conflits transitoires, la jurisprudence, approuvée par la doctrine, applique les principes du droit transitoire interne (121). On donne donc le même champ d'application dans le temps à la règle nouvelle de conflit de lois qu'à une règle substantielle interne qui serait adoptée dans la même matière. Si, par exemple, une nouvelle règle de conflit est élaborée en matière

(120) Des parallèles ont été établis, notamment par Savigny, entre le conflit dans le temps et le conflit dans l'espace. Dans les deux cas, il existe des normes en vigueur dans l'ordre juridique du for (loi nouvelle, loi interne), et d'autres qui ne le sont pas (loi ancienne, lois étrangères) ; dans les deux cas, on admet la possibilité d'écarter la norme en vigueur au profit d'une autre ; dans les deux cas, il existe un système de règles qui permet le choix (art. 2, C. civ., art. 3, C. civ.).

La différence fondamentale est que dans le conflit de lois dans le temps les deux règles émanent du même législateur, tandis que le conflit de lois dans l'espace met en présence des règles édictées par des législateurs différents.

(121) La Première chambre civile de la Cour de cassation a énoncé pour la première fois dans son arrêt du 13 janv. 1982, *Ortiz-Estacio* (*Rev. crit. DIP* 1982.551, note Batiffol, *GA* n° 62), que la règle de conflit de lois est « déterminée par les principes généraux du droit transitoire ».

d'établissement de la filiation, on se demande quelle application reçoivent, selon l'article 2 du Code civil tel que l'interprète la jurisprudence, les règles substantielles nouvelles portant sur le même objet ; comme il est admis qu'elles s'appliquent immédiatement aux enfants nés avant leur promulgation, on transpose cette solution à la règle de conflit. De même, puisqu'une loi nouvelle ne peut remettre en cause l'acquisition déjà réalisée d'un droit réel, un changement de règle de conflit ne modifie pas la loi applicable à une telle acquisition.

On sent bien en effet que le droit transitoire des règles de conflit et celui des règles substantielles présentent entre eux des liens : même lorsque les règles successives sont des règles de conflit, le choix conditionne en définitive la teneur de la règle substantielle appelée à régir la relation. Mais il ne faut pas pour autant négliger les différences entre règles substantielles et règles de conflit.

– La principale tient au fait que les règles de conflit, ayant un caractère indirect, sont indifférentes au contenu du droit qu'elles rendent applicable. Dès lors il peut être licite de recourir aux principes généraux du droit transitoire interne, mais dans la mesure seulement où ils font eux-mêmes abstraction du contenu des règles substantielles en conflit.

Les trois idées fondamentales qui régissent le droit transitoire : application immédiate de la loi nouvelle, réserve des situations définitivement acquises, maintien de la loi ancienne pour les effets futurs des contrats, valent aussi bien, de façon générale, pour les règles de conflit que pour les règles substantielles.

Un autre principe du droit transitoire doit en revanche être écarté. Il est admis en droit interne que la loi nouvelle peut, lorsqu'elle est d'ordre public, s'appliquer à des situations qui normalement devraient rester soumises à la loi ancienne : ce qui explique qu'une loi nouvelle de droit du travail s'applique immédiatement aux contrats en cours. Mais il n'y a aucun inconvénient, en cas de modification du droit international privé, à ce que ces mêmes contrats restent régis par la règle de conflit ancienne : nous ne tenons pas avec une particulière intensité à l'application du droit social nouvellement désigné, sur la valeur duquel aucune appréciation n'est portée, et qui peut être moins favorable au salarié.

– D'autre part, le principe de l'application immédiate de la loi nouvelle aux effets des situations extracontractuelles en cours doit être nuancé. Il n'est pas gênant, en droit interne, d'appliquer à des personnes déjà mariées certaines règles nouvelles relatives au régime matrimonial légal, parce qu'elles viennent s'insérer dans un ensemble prêt à les recevoir. Il serait beaucoup plus grave de rendre brutalement applicable une loi totalement différente, parce qu'édictée par un autre législateur, de celle qui gouvernait jusque-là le régime matrimonial de deux époux.

Pour ces deux raisons, *le principe de survie de la règle ancienne est plus fort en droit international privé qu'en droit interne*.

En présence de ces différences importantes, il est probablement préférable de ne pas parler d'une application des principes du droit transitoire interne au conflit dans le temps des règles de conflit ; mieux vaut constater qu'il existe des principes *distincts* de droit transitoire international, *coïncidant partiellement* avec ceux du droit transitoire interne.

245 Cette position aide à résoudre une difficulté qu'a récemment rencontrée la jurisprudence. Les lois de 1972 (filiation) et 1975 (divorce) comportent des dispositions transitoires *spéciales* visant à déterminer le champ d'application dans le temps des nouvelles règles substantielles. Ces textes doivent-ils être appliqués aussi aux nouvelles règles de conflit posées par les mêmes lois ? La jurisprudence, appuyée par une fraction de la doctrine, en a d'abord décidé ainsi, essentiellement au motif que les dispositions en question ne distinguent pas entre la succession des règles substantielles et celle des règles de conflit (122). Mais la Cour de cassation a ensuite consacré la position inverse, à propos de la loi de 1975 : la disposition transitoire invoquée en l'espèce ne concerne, affirme-t-elle, que le droit interne ; la succession des règles de conflit de lois est déterminée par les principes *généraux* du droit transitoire (123).

Cette exclusion des dispositions transitoires spéciales est difficile à expliquer par ceux qui insistent sur l'analogie des conflits transitoires de droit international privé et de droit interne : si elle est suffisante pour justifier une extension au premier des principes généraux qui régissent le second, pourquoi ne le serait-elle pas aussi pour justifier une extension des règles spéciales ?

La réponse serait que les règles transitoires spéciales constituent des exceptions, qui comme telles ne pourraient recevoir une interprétation extensive que si l'on en démontrait l'opportunité (124). Mais ce raisonnement se heurte au fait que les règles transitoires insérées dans les lois *ne sont pas* des exceptions. Les principes généraux du droit transitoire ne sont que des principes d'interprétation des lois nouvelles, applicables à défaut de précisions temporelles expressément apportées par celles-ci. L'attitude normale, pour l'auteur d'une loi, consiste à préciser lui-même son champ d'application dans le temps ; c'est d'ailleurs ce que le législateur moderne fait presque toujours. Les principes généraux constituent des directives relativement grossières, parce que posées sans pouvoir envisager le contenu exact de chaque loi future ; leur rôle n'est donc que subsidiaire. Il reste à expliquer pourquoi ils continuent à convenir aux règles de conflit, lorsqu'ils sont écartés pour les règles substantielles.

Si les dispositions transitoires spéciales doivent être écartées, c'est parce qu'elles sont toujours adoptées en fonction de la teneur des règles substantielles. Par exemple, la loi du 3 janvier 1972 se déclare immédiatement applicable, sans réserver le sort des reconnaissances d'enfants naturels faites antérieurement à sa promulgation ; c'est que, étant plus libérale que la législation

(122) Paris 12 mars 1976, *JCP* 1977.II.18721, note Lefebvre ; Rouen 14 mars 1978 ; Aix 27 nov. 1979 : Civ. 13 nov. 1979, *Rev. crit. DIP* 1980.753, note Simon-Depitre ; Rouen 21 févr. 1980, *Rev. crit. DIP* 1981.666, note Poisson-Drocourt ; Civ. 3 juin 1981, *JCP* 1981.IV.295.

(123) Civ. 13 janv. 1982, précité n° 244 ; v. aussi Paris 23 févr. 1987, *D.* 1987.IR.348, obs. Audit. V. cependant Civ. 1re, 11 juin 1996, *Rev. crit. DIP* 1997.291, note Lequette.

(124) En ce sens BATIFFOL, note précitée sous Civ. 13 janv. 1982.

ancienne, elle n'entraînera jamais l'annulation d'actes jusque-là considérés comme valables. Mais si les règles de conflit nouvelles étaient appliquées de la même façon, elles risqueraient de désigner parfois une loi plus stricte que la loi précédemment applicable, et de remettre en cause des situations régulièrement créées (125).

246 Les analyses qui précèdent sont fondées sur le caractère neutre et indirect de la règle de conflit. Mais on sait qu'il existe des règles qui comportent une part de substantialité : en particulier les règles de conflit alternatives (v. *supra*, n° 140). Comme telles elles doivent recevoir le même domaine d'application dans le temps que si elles étaient des règles substantielles ordinaires. Et si elles voisinent, dans un texte législatif, avec des règles substantielles édictées dans le même domaine, il paraît même normal de leur appliquer les règles transitoires spéciales éventuellement contenues dans la loi. Il en serait ainsi, dans la loi du 3 janvier 1972, pour la règle de conflit alternative en matière de reconnaissance (126).

B. Conflit transitoire de droit étranger

247 Dans le droit désigné par la règle de conflit du for, deux règles substantielles ont pu se succéder relativement à la question litigieuse. C'est alors un problème de conflit transitoire interne qui se trouve posé à l'intérieur de l'ordre juridique étranger.

La solution de principe est simple et paraît évidente : on fait application du droit transitoire étranger. Ce droit a en effet pour objet de préciser sur le plan temporel le champ d'application respectif de la règle ancienne et de la règle nouvelle ; or, l'application correcte de la loi étrangère implique le respect de toutes les dimensions — quant aux personnes, quant aux situations, dans l'espace (v. *supra*, n° 241), et aussi bien dans le temps — que lui a données son auteur. La Cour de cassation a clairement énoncé qu'il appartient à la loi étrangère de résoudre les conflits de lois dans le temps (127).

Certains auteurs soutiennent cependant que le conflit transitoire de droit étranger devrait être résolu selon des principes posés par le for et déduits des objectifs de chaque règle de conflit (128). Cette thèse est défendable à l'égard des règles de conflit « partiellement substantielles », dont les objectifs peuvent impliquer une préférence pour la loi ancienne ou au contraire nouvelle. En revanche, elle est incompatible avec la neutralité de la règle de conflit ordinaire.

L'ordre du législateur étranger doit être suivi, même lorsqu'il décrète la rétroactivité de la loi nouvelle. Il en a été ainsi jugé à propos de la loi espagnole

(125) En ce sens Lagarde, *op. cit.*, p. 98 ; Héron, *op. cit.*, p. 328 et s.

(126) En ce sens Ancel et Lequette, *GA*, p. 573 ; Héron, *op. cit.*, p. 344 et s. On ne courrait pas, ce faisant, le danger de rendre accidentellement applicable une loi moins favorable à l'enfant, car les rattachements alternatifs nouveaux englobent les rattachements anciens.

(127) Civ. 1re, 3 mars 1987, *Leppert*, *Rev. crit. DIP* 1988.695, note Simon-Depitre, *GA* n° 70.

(128) V. en ce sens Graulich, *op. cit.*, nos 63 et s. ; Courbe, *op. cit.*

validant rétroactivement les mariages célébrés religieusement en Espagne pendant la guerre civile (129).

Toutefois, la rétroactivité, lorsqu'elle est choquante, peut être écartée par le jeu de l'exception d'ordre public. C'est alors la règle ancienne qui s'applique (et non, comme on l'a prétendu, la loi française, car elle pourrait être identique à la loi étrangère nouvelle, ce qui ôterait tout intérêt à la substitution).

Cet effet inhabituel de l'exception d'ordre public pourrait s'expliquer de la façon suivante. Une loi rétroactive pose en réalité une double norme : une règle en ce qui concerne les situations à venir, et une décision (v. *supra*, n°s 97 et 98) en ce qui concerne les situations passées : elle a, en effet, relativement à ces situations, un effet catégorique (130). La décision, si elle est contraire à l'ordre public, est tout simplement privée d'efficacité, ce qui permet à la règle ancienne de jouer normalement. On verra, en effet, que la contrariété à l'ordre public d'une décision entraîne un simple effet d'exclusion, et non de substitution.

248 Le droit transitoire ne doit pas seulement être appliqué à la succession de règles substantielles. Dans le cadre du renvoi il détermine l'application dans le temps de la règle de conflit étrangère nouvelle. Cette conséquence du renvoi-coordination est en harmonie avec celle qui a consisté à interpréter la règle de conflit étrangère selon les concepts étrangers. Si, par exemple, notre règle de conflit désigne la loi italienne, et que deux règles de conflit italiennes se sont succédé, dont l'une conduirait au renvoi, le juge français doit demander au droit transitoire italien des règles de conflit la détermination de celle qu'il prendra en considération.

249 L'application de la règle substantielle étrangère nouvelle, commandée par les dispositions transitoires étrangères, doit, selon la théorie allemande de la « pétrification », être écartée lorsque, au moment de l'adoption de la loi nouvelle, la situation litigieuse avait perdu tout lien avec le pays dont elle émane. La question s'est posée à plusieurs reprises en France, toujours dans des circonstances similaires : il s'agissait de savoir si la modification du régime matrimonial légal dans un pays d'Europe de l'Est, déclarée applicable même aux personnes mariées antérieurement à la promulgation de la nouvelle loi, concernait d'ex-ressortissants ou habitants de ce pays, venus s'installer en France depuis des années, sans esprit de retour. La réponse orthodoxe, et d'ailleurs majoritaire en doctrine et en jurisprudence, est positive, car le rattachement (volonté des parties manifestée par le choix du premier domicile matrimonial) est fixé une fois pour toutes, et les dispositions transitoires de la loi qu'il désigne doivent être suivies lorsqu'elles ne sont pas contraires à l'ordre public. La négative, retenue par quelques décisions, s'appuie sur l'absence de réalisme qu'il y aurait à appliquer la loi nouvelle à des personnes qu'elle ne concerne plus en aucune façon (131). Elle conduit à la pétrification dans la

(129) Civ. 22 déc. 1970, *Rev. crit. DIP* 1972.464, 1re esp., *JDI* 1972.270, 1re esp., note Ponsard. V. dans le même sens pour des mariages célébrés en Tunisie, Civ. 10 juill. 1973, *JDI* 1974.341, note Audit, *Rev. crit. DIP* 1974.640, note Nisard ; Civ. 15 mai 1974, *JDI* 1975.238, note Alexandre.

(130) En ce sens, v. HÉRON, *Principes du droit transitoire*, Dalloz, 1996, p. 54 et s.

(131) V. notamment Paris 7 mars 1970, *Gouthertz*, maintenu sur d'autres motifs par Civ. 1er févr. 1972, cité *infra*, n° 786. D'autres décisions (par exemple Civ. 1er déc. 1969, *Païtchadzé*, *Rev. crit. DIP*

mesure où le régime reste définitivement soumis à la loi étrangère en vigueur au moment de la rupture des liens. D'où le reproche adressé à la théorie de priver les intéressés des améliorations apportées à la loi étrangère, sans les faire bénéficier en contrepartie de celles de la loi française (inapplicable puisque le rattachement désigne une fois pour toutes la loi étrangère) ; notamment, les femmes mariées réfugiées seraient par ce processus tenues à l'écart du mouvement général qui tend à réaliser leur égalité avec les hommes. L'argument est de poids : il est préférable d'appliquer une loi qui n'a plus de rapports spatiaux avec la situation plutôt qu'une loi qui n'est plus en vigueur nulle part.

C. Conflit mobile

250 Dans ce type de conflit, le droit objectif reste inchangé, mais l'élément de la situation juridique retenu comme « localisateur » par la règle de conflit est modifié. Par exemple, un individu change de nationalité, un meuble est transporté d'un pays dans un autre. Faut-il appliquer à la capacité de l'individu, aux droits réels qui portent sur le meuble, la loi de leur ancien rattachement, ou celle du nouveau ?

Tous les rattachements ne sont pas susceptibles de donner naissance au problème. Beaucoup sont fixes, tels le lieu de situation de l'immeuble ou le lieu du délit. Ne donnent guère lieu au conflit mobile que trois rattachements : la nationalité, le domicile, le lieu de situation des meubles.

251 La doctrine dominante préconise la transposition des solutions du droit transitoire interne du for. Le Suisse, incapable selon la loi suisse, deviendra capable après sa naturalisation en Angleterre si la loi anglaise l'estime tel, parce qu'en droit transitoire interne une loi nouvelle relative à la capacité s'applique immédiatement ; l'acquisition d'un meuble en Allemagne, valable selon la loi allemande, mais non selon la loi française, ne sera pas remise en question après l'introduction du bien en France, parce qu'en droit transitoire interne la loi nouvelle respecte les acquisitions antérieures à son entrée en vigueur, etc.

La ressemblance, invoquée à l'appui de cette transposition, entre le conflit mobile et la succession des lois substantielles internes, réside dans le fait que dans les deux cas, *vis-à-vis du droit subjectif considéré*, deux lois se sont trouvées successivement applicables, entre lesquelles il faut choisir.

Les objections adressées à l'extension du droit transitoire interne au conflit dans le temps des règles de conflit (v. *supra*, n° 244) se retrouvent ici. En admettant une certaine similitude entre le conflit transitoire interne et le conflit

1970.95, note P. L., *JDI* 1970.306, note Ponsard, *J. not.* 1970, n° 49551) invoquent la Convention de Genève sur les réfugiés ou celle de New York sur les apatrides, dont l'article 12 prévoit que « les droits précédemment acquis par le réfugié (ou l'apatride) et découlant du statut personnel, et notamment ceux qui résultent des mariages, seront respectés... ».

mobile, du point de vue des titulaires de droits subjectifs, on ne doit pas oublier que le droit transitoire prend également en considération l'optique du créateur du droit objectif : un législateur est intervenu, qui a manifesté son intention de remplacer une loi qui lui paraissait inadaptée par une loi nouvelle ; élément capital lorsque la matière est d'ordre public. Or, dans le conflit mobile, aucune loi n'est modifiée : la loi « ancienne » et la loi « nouvelle » restent en fait toutes deux en vigueur, chacune dans son ordre juridique.

De plus, le respect dû aux droits acquis entraîne des conséquences plus grandes, en raison de la nécessité de respecter les ensembles législatifs. Dans l'une des affaires *Patiño* jugées le 15 mai 1963 par la Cour de cassation (132), on se demandait à quelle loi soumettre la prescription de la nullité du contrat de mariage, fondée sur l'incapacité de la future Mme Patiño, celle-ci ayant changé de nationalité par l'effet du mariage. La Cour a proclamé que « la prescription forme avec l'incapacité et sa sanction un ensemble indissociable soumis à une unique loi ». L'application immédiate de la loi nouvelle, solution normale en droit transitoire à l'égard d'une prescription non encore acquise selon la loi ancienne, est écartée parce que la question est liée à celle de l'existence de la nullité, qui elle-même est régie sans conteste par la loi désignée au jour de l'acte.

La solution classique ne convient donc pas, et il faut chercher dans une autre voie.

252 Si le problème du conflit mobile se révèle au juge au moment de l'*application* de la règle de conflit, il traduit en réalité une lacune dans l'*énoncé* de celle-ci. Le rôle de la règle de conflit est en effet de désigner la loi applicable à une question de droit. Si le rattachement spatial adopté est susceptible de variations dans le temps, et ne parvient donc pas à remplir sa fonction, il faut lui adjoindre une précision temporelle. L'auteur de la règle de conflit devrait donc systématiquement affecter à chaque catégorie de questions de droit un critère de rattachement *spatio-temporel*. C'est ce qu'il fait parfois, ainsi lorsqu'il précise que les successions mobilières sont soumises à la loi du *dernier* domicile du défunt, et l'établissement de la filiation à la loi personnelle de la mère *au jour de la naissance* de l'enfant.

Le choix de l'élément temporel dépend de considérations diverses, même si certains facteurs généraux, telle la nécessité de mettre les situations acquises à l'abri des variations postérieures de l'élément spatial, exercent souvent une influence. Chaque catégorie de rattachement appelle, en fonction de ses caractéristiques propres, un critère de rattachement spatio-temporel particulier (133). Par exemple, les effets du mariage sont soumis à la loi nationale des

(132) Civ. 15 mai 1963, *JDI* 1963.996, note Malaurie, *JCP* 1963.II.13366, note Motulsky, *Rev. crit. DIP* 1964.506, note Lagarde, *GA* n° 39.

(133) Comp. GRAULICH, *Rép. Dalloz droit internat.*, 1re éd., V° *Conflit de lois dans le temps*, nos 68 et s. ; RIGAUX, « Le conflit mobile en droit international privé », *Rec. Acad. La Haye*, 1966, I,

époux, en tenant compte de leur nationalité actuelle, et non de celle qui était la leur au moment de la célébration du mariage, parce que l'objectif recherché à l'égard de cette catégorie est l'adéquation entre la façon dont les époux doivent vivre à tout moment, et le milieu social dans lequel ils s'intègrent durablement (v. *infra*, n° 573).

Lorsque la règle de conflit a été énoncée sans la précision temporelle nécessaire, le juge qui se heurte à un conflit mobile doit *compléter l'énoncé* de la règle en apportant la précision temporelle qui lui paraît convenir à la catégorie de rattachement concerné, tout en veillant à ce que cette précision soit cohérente avec le critère spatial déjà retenu. Dans ces cas l'on peut considérer, avec Bartin, que le conflit mobile se résout par *interprétation* de la règle de conflit. Mais ce n'est pas là l'essence du problème du conflit mobile, car il devrait normalement être posé et résolu dès l'origine, en même temps que le choix du critère spatial, à un moment où il n'y a encore rien à interpréter.

253 La question du moment auquel il faut arrêter le fait localisateur, pour déterminer la loi applicable à une question de droit donnée (conflit mobile), ne doit pas être confondue avec celle de l'emprise de la loi applicable sur les faits survenus antérieurement au déplacement de l'élément localisateur. C'est une question de savoir si la loi applicable au divorce est celle de la nationalité des époux au moment du mariage ou au moment de l'introduction de la demande en divorce ; c'en est une autre, qui suppose la précédente résolue dans le second sens, de savoir si la loi applicable peut être invoquée pour prononcer un divorce sur des griefs antérieurs au changement de nationalité. La réponse dépend du contenu de la loi substantielle applicable, comme on le verra dans la partie spéciale (*infra*, n° 586) (134).

254 Très souvent, le conflit mobile porte sur une situation dont les effets se déroulent dans le temps : situation d'incapacité, de mariage, de filiation. Pour peu que la solution du conflit mobile retenue attache un effet au changement de l'élément localisateur, deux ou plusieurs lois se trouvent successivement applicables à une même situation ; et si leur contenu conduit à des résultats opposés, le changement de loi s'accompagne d'un changement dans la situation : modification de la garde de l'enfant, modification du nom de la femme mariée, cessation de l'incapacité, etc. Cette modification résulte uniquement de la succession des deux lois ; elle n'est prévue ni par la première, ni par la seconde. Elle donne naissance à un problème particulier lorsque des raisons substantielles militent en faveur de la stabilité de la situation : ainsi les inconvénients d'un changement de garde de l'enfant ou d'un changement de nom sont évidents. Il y a lieu alors à une *adaptation* de la loi nouvelle (v. un exemple *infra*, n° 625 *in fine*).

p. 329 et s. Madame SOULEAU-BERTRAND (*op. cit.*) minimise pour sa part le rôle de la catégorie de rattachement et prétend résoudre le conflit mobile en portant l'attention sur le seul critère spatial de rattachement.

(134) La question de l'applicabilité de la loi nouvelle aux faits anciens peut également se greffer sur un conflit transitoire de droit international privé.

Bibliographie sommaire

Sur la comparaison entre conflit de lois dans l'espace et conflit de lois dans le temps :

BATIFFOL : « Conflits de lois dans l'espace et conflits de lois dans le temps », *Études Ripert*, I, p. 292.

Sur l'influence du facteur temps sur le conflit de lois en général :

COURBE : *Les objectifs temporels des règles de droit international privé*, Paris, 1981.
HAGE-CHAHINE : *Les conflits dans l'espace et dans le temps en matière de prescription*, Paris, 1977, p. 294 et s.

Sur le droit transitoire des règles de conflit de lois :

HÉRON : « L'application dans le temps des règles de conflit », *Rev. crit. DIP* 1987.305.
LAGARDE : « Le droit transitoire des règles de conflit après les réformes récentes du droit de la famille », *Trav. Com. fr. dr. int. pr.*, 1977-1979, p. 89 et s.
ROUBIER : « Les conflits de lois dans le temps en droit international privé », *RDIP* 1931.38.

Sur le conflit transitoire de droit étranger :

GIARDINA : « Les lois étrangères rétroactives en matière de mariage et de régimes matrimoniaux », *Rev. crit. DIP* 1972.401.

Sur le conflit mobile :

BATIFFOL : « Conflits mobiles et droit transitoire », *Mélanges Roubier*, 1961, I, p. 39 et s.
RIGAUX : « Le conflit mobile en droit international privé », *Rec. Acad. La Haye*, 1966, I, p. 329 et s.
SOULEAU-BERTRAND : *Le conflit mobile*, Dalloz, 2005.

§ 3. QUESTIONS INTERDÉPENDANTES

255 On sait que le système français de droit international privé comprend une pluralité de règles de conflit de lois, entre lesquelles sont répartis tous les types de questions de droit privé qui peuvent se poser. Cette pluralité est nécessaire, car on trouve dans la nature propre de chaque question de droit une raison particulière de la rattacher à telle ou telle législation. Suivant, par exemple, qu'elle est relative essentiellement à une personne ou à un bien, on doit prendre en considération un caractère de la personne (sa nationalité, son domicile) ou un caractère du bien (son emplacement).

Il s'ensuit que, dans une situation concrète donnée, un aspect peut relever d'une règle de conflit qui la soumet à une loi, tandis qu'un autre aspect relève d'une autre règle de conflit et est soumis par elle à une autre loi.

Les divers perfectionnements, correctifs et compléments qui ont été apportés au fonctionnement de la règle de conflit peuvent également entraîner la réalisation de cette hypothèse. Même si le droit international privé du for soumet les deux aspects d'une même situation à une loi unique, la règle de conflit du pays désigné peut en *renvoyer* un à la compétence de la loi du for (renvoi au premier degré) ou à celle d'une loi tierce (renvoi au second degré). Quant à *l'ordre public*, il a pour effet d'évincer une règle étrangère précise, de sorte que la situation se trouve régie partiellement par la loi française substituée au nom de l'ordre public et partiellement par la loi étrangère, maintenue dans ses dispositions non contraires à l'ordre public (v. *supra*, n° 213). Enfin, le *conflit mobile* peut soumettre successivement un même rapport à deux lois différentes.

Théoriquement, il suffit d'appliquer à chaque question de droit la règle qui la concerne, et d'articuler les réponses entre elles : un acte ayant été déclaré valable en la forme par la loi I et au fond par la loi II, certains de ses effets seront précisés par la loi III et d'autres par la loi IV.

C'est bien ainsi que raisonne la jurisprudence (135), et en général les résultats sont satisfaisants. Mais l'articulation de réponses données par des lois différentes trouve une limite dans le fait que chaque ordre juridique est un *système*, que ses règles sont posées non les unes à côté des autres, mais les unes en contemplation des autres. Le découpage, ou dépeçage, des situations en questions rattachées à des lois différentes ne tient pas compte de ce caractère des ordres juridiques. Plus exactement, il essaie d'en tenir compte, mais n'y réussit que dans une mesure incomplète. On a vu, en effet (*supra* n° 164, dans l'étude du problème de la qualification), que pour l'interprétation des règles de conflit la considération essentielle est le respect des ensembles législatifs. Mais cet objectif ne peut pas toujours être atteint. Dès lors qu'il a été admis que deux groupes de matières, sans lien entre eux, devaient se voir affecter un rattachement différent, un troisième groupe, lié à la fois aux deux premiers, ne peut être rapproché que de l'un d'eux. On doit choisir la solution la moins mauvaise, mais il n'y a pas de solution parfaite. D'ailleurs, même si les qualifications sont harmonieuses, elles peuvent toujours être troublées par un élément perturbateur tel que l'ordre public.

256 Les types de problèmes que suscite le dépeçage sont extrêmement divers, et il n'existe pas de méthode générale pour les résoudre. On se bornera dans ce qui suit à quelques exemples. On négligera, en particulier, les problèmes qui naissent du fait que le dépeçage est parfois en soi un élément de solution substantielle, non prévu, peut-être même expressément exclu, par les lois applicables (v. *supra*, n° 254 *in fine*, l'exemple d'un changement de nom résultant de l'application successive de deux lois différentes ; et v. *infra* n°s 823 et 824, d'autres exemples en matière de succession). On retiendra seulement quelques problèmes ayant en commun la caractéristique suivante : la solution donnée par l'une des lois à l'aspect du problème qu'elle régit est en liaison avec la solution qu'elle donne à l'aspect du problème qui échappe à sa compétence, et qui est résolu différemment par la loi compétente.

Une distinction doit être faite entre questions simplement connexes (A) et questions enchaînées (B).

A. Questions simplement connexes

257 On peut dire de deux questions qu'elles sont « simplement connexes » lorsque, formellement, la solution de l'une ne dépend pas de le la solution de l'autre, mais qu'il y a pourtant, dans l'esprit du législateur, un lien entre les règles qui leur sont relatives. L'exemple classique est celui des droits du conjoint survivant au titre de la liquidation du régime matrimonial et de la succession. Bien que les deux questions soient apparemment indépendantes, la plupart des législations cherchent à accorder un minimum de droits au conjoint et « rattrapent » sur un plan la sévérité dont elles ont pu faire preuve sur l'autre. Le système français était, jusqu'à une réforme récente, chiche sur le plan successoral, mais le régime matrimonial légal est celui de la communauté. Le système anglo-saxon connaît le régime de la séparation de biens, mais les droits testamentaires du survivant ne sont limités par aucune réserve, et ses droits *ab intestat* sont importants. Dans chaque cas, on parvient à un équilibre. Or, les règles de conflit de lois peuvent le compromettre. Soit à calculer les droits d'une veuve dont le premier domicile matrimonial avait été fixé en Grande-Bretagne et dont le conjoint est décédé en France, laissant une fortune mobilière. La loi anglaise applicable au régime matrimonial ne donne rien à la veuve et le droit français applicable à la succession ne

(135) V. par ex. Civ. 3 janv. 1980, *Bendeddouche*, cité *infra* n° 263 ; Civ. 22 avr. 1986, *Djenangi*, *JDI* 1986.1025, note Sinay-Cytermann, *Rev. crit. DIP* 1988.302, note Bischoff.

lui donnait, en présence d'enfants communs, avant la loi du 3 décembre 2001, qu'un quart en usufruit. Aucun des deux législateurs n'aurait voulu ce résultat (136).

En modifiant les données de l'espèce, on arriverait au contraire à faire profiter le conjoint survivant des avantages des deux lois ; la solution n'est pas plus heureuse.

Le problème était déjà connu sous l'Ancien Régime dans les rapports entre la coutume de Paris (analogue à la loi française) et la coutume de Normandie (analogue à la loi anglaise). À propos d'un arrêt du Parlement de Paris du 27 juillet 1745 qui privait une veuve normande de tout droit de succession sur les immeubles parisiens du *de cujus*, Boullenois remarquait qu'il suffisait aux Normands d'acheter des immeubles à Paris pour laisser leur future (et éventuelle) veuve sans ressources. De nos jours, on raisonne encore sur cet exemple pour mettre en évidence les insuffisances de la méthode du conflit de lois, mais on se préoccupe plus rarement d'en atténuer les effets.

La jurisprudence française résout le problème sans paraître le voir.

258 La voie qui s'impose consiste à *substituer* l'une des lois à l'autre et à l'appliquer intégralement aux deux aspects de la question (137). C'est ce qu'ont fait quelques décisions françaises (138), et c'est la solution de la jurisprudence allemande.

Les deux jurisprudences se séparent quant à la détermination de la loi qui évince l'autre. Les décisions françaises précitées ont toutes appliqué la loi successorale, tandis que les décisions allemandes font prédominer la loi du régime matrimonial. À l'appui de la solution française, on peut faire remarquer que la loi successorale, lorsque le tribunal saisi est français, est presque toujours la loi française en raison de la coïncidence entre compétence législative et compétence juridictionnelle en la matière. Mais cet argument est de peu de poids, face aux objections dirimantes qui viennent aussitôt à l'esprit : la loi du régime va dépendre de l'ordre des décès ; elle dépendra aussi du lieu du décès pour la succession mobilière. Il vaut mieux retenir l'événement premier dans l'ordre chronologique ; l'état de mariage précédant le décès, et la liquidation du régime celle de la succession, c'est la loi du régime qui doit régir l'ensemble.

259 D'autres questions connexes appellent plus impérieusement encore une mise à l'écart de la loi normalement compétente : ce sont celles qui ne peuvent être résolues qu'ensemble, parce qu'elles constituent deux aspects d'un problème juridique unique. Si, selon la loi I (supposée compétente), B est l'enfant naturel de A, alors que selon la loi II (supposée également compétente), B est l'enfant légitime de C, le conflit de filiations qui en résulte ne peut être résolu que par une loi unique. Il prend en effet la forme d'une alternative : faut-il maintenir la filiation A-B *ou* la filiation C-B ? On ne peut appliquer séparément la loi qui régit chaque filiation à une moitié du problème (139). Un problème analogue se pose si une fille mariée mineure est maintenue sous l'autorité de ses parents par la loi du lien de filiation,

(136) Un problème analogue concerne les droits successoraux de l'enfant adoptif : il se peut qu'une loi lui donne des droits dans la succession des adoptants, mais non dans celle des parents par le sang, et qu'une autre conduise au résultat inverse ; maladroitement combinées, elles peuvent le priver de tout droit.

(137) On pourrait aussi songer à dire que l'auteur de l'une des deux règles — la règle successorale par exemple — y aurait lui-même apporté une dérogation dans le cas particulier s'il avait envisagé qu'il puisse se produire ; on rechercherait alors sa volonté implicite. Mais cette recherche serait divinatoire quant au montant exact des droits qui auraient été reconnus au survivant. L'*adaptation* de l'une des lois à la situation créée par l'autre, n'est pas ici possible.

(138) Paris 6 janv. 1862, S. 1862.2.337 ; Civ. 16 août 1869, S. 1869.1.417 ; Req. 4 avr. 1881, S. 1883.1.65, note Renault, *JDI* 1882.87, cités par F. RIGAUX, *La théorie des qualifications en droit international privé*, n° 253.

(139) On verra qu'en droit international privé français le problème ne se pose pas, une seule loi étant compétente (n° 613).

alors qu'elle relève de l'autorité du mari selon la loi des effets du mariage (140). Dans les deux cas, si l'on ne peut fair disparaître le problème en *adaptant*, par une interprétation constructive, l'une des deux lois (141), il faut, devant l'impossibilité de choisir une loi plutôt qu'une autre dans une situation parfaitement symétrique, *substituer* aux deux lois la loi du for.

B. Questions enchaînées

260 Des questions sont enchaînées dans deux hypothèses :

1° Lorsque de la solution de l'une dépend la façon dont l'autre se pose (questions « en série »). La question de savoir si un enfant qui prétend être adoptif a des droits dans la succession de l'adoptant (question principale, objet du litige) dépend de la validité de l'adoption (question préalable que peut soulever le défendeur).

2° Lorsque de la solution de l'une et de l'autre questions dépend un même état de droit (questions « en parallèle »). C'est de cette façon que sont liées les conditions de fond d'une part, et les conditions de forme ou de procédure d'autre part, d'un contrat, d'un mariage, d'un divorce, d'une adoption, etc. Une hiérarchie doit être établie entre elles, car les conditions de forme et de procédure ont un rôle secondaire par rapport aux conditions de fond (142).

Questions en série et questions en parallèle sont susceptibles de soulever deux problèmes : celui du *mutisme* de la loi applicable à une question sur l'institution mise en cause par la loi applicable à l'autre, et celui du *lien* entre les solutions données par l'une des lois aux deux questions.

a) Mutisme de l'une des deux lois

261 Le problème naît du fait que l'une des lois ignore l'institution déclarée valable au fond par l'autre. Ainsi, la loi qui régit les effets d'une adoption (question principale), dont la validité est établie selon la loi applicable à la question préalable de la formation du lien, peut ignorer l'institution de l'adoption. Ou bien encore, la loi compétente pour régir les conditions de forme d'une reconnaissance d'enfant naturel valable au fond selon la loi (supposée distincte) qui régit la filiation ignore l'institution de la reconnaissance. Dans les deux cas, comme il n'y a pas lieu de revenir sur la validité à cause du contenu d'une loi dont l'intervention est postérieure (premier exemple) ou accessoire (deuxième exemple), une seule méthode est possible : la *substitution*, à la loi qui ignore l'institution, de celle qui la connaît (143).

Avec les partenariats organisés (tel le PACS du droit français), sont apparues des institutions dont la particularité est de se définir par les effets précis et éclectiques que la loi leur confère, et qui ne sont jamais les mêmes d'une législation à l'autre. Ces effets doivent

(140) V. BATIFFOL, *Cours Acad. La Haye*, 1967, I, p. 182.
(141) V. BATIFFOL, *loc. cit.*
(142) En ce sens, BATIFFOL, *Cours Acad. La Haye*, 1967, I, p. 181.
(143) M. DELAPORTE (*op. cit., infra sub* n° 769, n°s 118 et 119) interprète ainsi un arrêt de la Chambre des Requêtes du 2 août 1897 (*JDI* 1898.127, *DP.* 1898.1.377, S. 1900.1.283) en général cité comme ayant soumis la forme de la reconnaissance d'enfant naturel à la loi du fond (v. *infra*, n° 609).

donc être soumis systématiquement à la loi qui a présidé à leur création (v. *infra*, n° 547). Certains de ces effets sont, néanmoins, susceptibles d'intéresser une autre catégorie de rattachement, telle celle de la filiation ou des successions, qui les absorbe nécessairement ; des problèmes d'adaptation surgissent alors (v. *infra*, n° 263).

b) Lien entre les solutions données par une des lois

262 Les deux lois apportent une réponse à la question qui leur est posée, mais il y a un lien entre la façon dont l'une (ou même chacune) résout la question qu'elle régit et celle dont elle résout la question qu'elle ne régit pas.

Un exemple en est fourni dans le cas des questions « *en parallèle* » par l'arrêt *Figué* de la Cour de cassation (144). Un divorce avait été prononcé à l'étranger entre deux Français, sur l'aveu par l'un des époux de ses fautes, aveu admissible selon la loi étrangère de procédure (compétente à ce titre). Le divorce ne fut pas reconnu en France, parce que l'aveu était un moyen de tourner la loi française applicable au fond, qui interdisait le divorce par consentement mutuel. L'admissibilité de l'aveu par la loi étrangère s'expliquait par le fait qu'elle ne prohibait pas le divorce par consentement mutuel. Mais comme elle n'était pas compétente pour régir les causes du divorce, le juge étranger aurait dû *adapter* sa loi de procédure à la loi française régissant les causes du divorce, et juger en l'espèce l'aveu irrecevable (145).

263 Le même problème est fréquent dans le cas des *questions « en série »*, et il doit se résoudre de la même façon.

Mais il convient de remarquer d'abord que le simple fait d'appliquer à la question principale une loi qui la formulerait différemment (si elle avait aussi compétence pour régir la question préalable) ne suffit à rendre nécessaire ni une adaptation, ni une substitution. Il est parfaitement possible, par exemple, d'appliquer à la vocation successorale de la seconde épouse d'un polygame la loi d'un pays qui prohibe la polygamie. Elle n'est en effet consultée que sur la teneur de sa règle abstraite sur le quantum des droits d'un conjoint survivant, et non sur la solution concrète qu'elle donnerait à l'espèce entière, qui lui échappe en partie. Il faut donc articuler normalement les deux lois : la loi sur les conditions du mariage valide l'union polygamique, la loi successorale détermine la fraction de la succession qui revient à la femme (146). De même, rien ne s'oppose à ce que l'on applique à une demande en divorce la loi d'un pays qui considère le mariage comme nul. Il faut reconnaître cependant que les tribunaux, approuvés par de nombreux auteurs, en ont parfois jugé différemment, en refusant d'appliquer à des demandes de divorce des lois qui annulaient le mariage pour défaut de cérémonie religieuse, le mariage ayant été célébré en la forme

(144) Civ. 17 juin 1958, cité *infra*, n° 504.
(145) En ce sens, BATIFFOL, *Cours Acad. La Haye*, 1967, I, p. 181.
(146) En ce sens Civ. 3 janv. 1980, *Bendeddouche*, *JDI* 1980.327, note Simon-Depitre, *Rev. crit. DIP* 1980.331, note Batiffol, *GA* n° 61. Un problème d'interprétation de la loi successorale ne s'en trouve pas moins posé : faut-il partager entre les deux veuves la part attribuée au conjoint survivant, ou en donner à chacune l'intégralité ? V. *infra*, n° 574.

civile en France, conformément à la loi française compétente en tant que *lex loci celebrationis* (147) et (148).

En fait, une adaptation (plutôt qu'une substitution) serait nécessaire seulement si la solution sur le divorce était en liaison avec la solution sur les conditions de forme ; si par exemple, le divorce était prohibé *parce que* le législateur étranger n'envisage que des mariages religieux indissolubles. Il est facile de constater que ce n'était pas le cas en Espagne, puisque la loi espagnole connaissait le mariage civil et le mariage religieux, et prohibait dans tous les cas le divorce.

Mais dans d'autres hypothèses la liaison existe. La jurisprudence française en offre au moins deux exemples. Ou en ajoutera un troisième, qui pourrait bien se présenter un jour.

Premier exemple : Dans une affaire *Ponnoucannamale* (149), on se demandait quels étaient les droits d'un enfant adoptif indien dans la succession de l'adoptant. La succession était constituée d'un immeuble sis en France. Un enfant légitime était déjà né au moment de l'adoption, mais cette circonstance était indifférente selon la loi indienne applicable à la validité de l'adoption. Si l'on combinait la règle indienne sur la validité et la règle française sur la vocation successorale, l'adopté avait les mêmes droits que l'enfant légitime. Le résultat est à écarter s'il existe en droit français un lien entre la prohibition de l'adoption en présence d'enfants légitimes et la reconnaissance d'effets successoraux étendus aux adop-

(147) Dans une affaire *Ghattas*, deux Libanais chrétiens, mariés en France devant l'officier de l'état civil, étaient en instance de divorce. La loi libanaise, applicable au divorce, ne l'admettait pas. La Cour de cassation (Civ. 25 févr. 1947, *Rev. crit. DIP* 1947.444, note Niboyet) a tiré argument de ce que, selon cette loi, le mariage était nul en la forme (les chrétiens devant faire procéder à une cérémonie religieuse), pour l'écarter au profit de la loi française : « La loi française du divorce est nécessairement compétente lorsque le mariage n'est valable qu'au regard du droit français ». Autrement dit : les effets d'une institution ne peuvent être envisagés selon une loi qui ne la tient pas pour valable (v. aussi Trib. gr. inst. Seine 28 avr. 1967, *JDI* 1968.353, obs. Kahn ; Trib. gr. inst. Paris 22 janv. 1969, *JDI* 1970.325, obs. Fouchard, *Rev. crit. DIP* 1970.435, note Alexandre).

(148) L'analyse faite au texte incite également à rejeter la théorie dite des *questions préalables*, développée initialement en Allemagne par Melchior (en 1932) et par Wengler (en 1934). La question préalable devrait —selon les partisans de cette théorie — être soumise à la *règle de conflit* du pays dont la loi est déclarée applicable à la question principale par la règle de conflit du for ; ainsi dans l'affaire *Ghattas* on aurait, en raisonnant de cette façon, appliqué la règle de conflit libanaise au problème, soulevé à l'occasion du divorce, de la validité du mariage non religieux (cette règle de conflit aurait désigné la loi substantielle libanaise, la qualification « fond » l'emportant au Liban, et le mariage aurait été déclaré nul).

L'argument principal en faveur de ce raisonnement est que l'« on risquerait de dénaturer le droit étranger applicable à la question principale si l'on soumettait à la règle de conflit du for la question préalable » (LAGARDE, *op. cit.*, p. 470). La réponse est toujours qu'en désignant la loi applicable à la question principale, la règle de conflit du for ne l'interroge que sur la teneur de sa *règle*, non sur la position de ses *tribunaux*. Et on ne peut pas même invoquer un souci de cohérence entre les règles appliquées à la question principale et à la question préalable, car elles n'appartiendront pas nécessairement à la même loi (contrairement à la solution *Ghattas*).

Un autre argument, tiré de « l'éloignement de la question préalable par rapport à l'ordre juridique du for » (LAGARDE, *op. cit.*, p. 468), peut être écarté par le raisonnement présenté *supra*, n° 234, à propos de la mise à l'écart de la règle de conflit du for.

Enfin, l'argument initial des inventeurs de la théorie, celui de l'harmonie internationale, ne résiste pas à un contre-exemple bien choisi (v. LAGARDE, *op. cit.*, p. 467). Les inconvénients de la théorie sont en revanche évidents. D'abord elle est un facteur de complication regrettable. Ensuite, elle grève d'un relativisme excessif la solution apportée à la question préalable : selon que la prétention principale du demandeur sera de divorcer ou d'hériter, par exemple, la question préalable de la validité du mariage sera résolue dans un sens ou dans un autre.

La jurisprudence française est restée insensible aux séductions de la théorie des questions préalables (v. surtout Civ. 1er, 22 avr. 1986, *Djenangi*, *JDI* 1986.1025, note Sinay-Cytermann, *Rev. crit. DIP* 1988.302, note Bischoff).

(149) Req. 21 avr. 1931, S. 1931.1.1377, rapport Pilon, note Niboyet, *RDIP* 1932.526.

tions régulières. En ce sens, on peut faire observer qu'en droit français les droits d'un enfant adoptif ne pouvaient porter atteinte à la réserve des enfants légitimes nés avant l'adoption, puisque celle-ci était absolument impossible dans cette hypothèse avant la réforme de 1966.

Deuxième exemple : Peut-on convertir en divorce, selon la loi française, une séparation de corps obtenue par consentement mutuel selon la loi italienne ? Le problème a été posé à la Cour de cassation dans une affaire *Ferrari* (150). Ici la réponse négative s'imposait, pour ne pas prononcer indirectement le divorce par consentement mutuel prohibé à l'époque par la loi française (et d'ailleurs par la loi italienne).

Troisième exemple : À la dissolution, par décès, d'un partenariat organisé, le partenaire survivant a-t-il vocation à hériter du prédécédé ? Une réponse affirmative suppose, incontestablement, que la loi régissant le partenariat prévoie cette vocation. Mais cela ne saurait suffire. C'est en effet la loi successorale, et non la loi du lien familial de chaque candidat à la succession, qui désigne les successibles (v. *infra*, n° 826). Il faut donc déterminer, par interprétation de la loi qui régit la succession (que l'on suppose ignorer l'institution du partenariat organisé), si la notion de « conjoint survivant » peut englober celle de « partenaire survivant ».

Un problème analogue peut apparaître en cas de mariage homosexuel : une personne de même sexe que le *de cujus* peut-elle prétendre à la qualité de « conjoint survivant », au sens que revêt cette expression dans la loi successorale ?

264 Pour résoudre la difficulté, il ne faut remettre en cause ni le choix, ni l'interprétation de la loi applicable à la question *préalable*, ce qui conduirait à faire dépendre l'appréciation d'un état de droit des termes de la question principale posée dans le litige et introduirait ainsi une relativité fâcheuse. C'est pourtant ce procédé qu'a utilisé la Cour de cassation dans l'affaire *Ponnoucannamale* : elle a substitué à la loi indienne relative aux conditions de l'adoption la loi française et déclaré l'adoption nulle. Pour justifier ce résultat, elle a invoqué l'ordre public. Mais ce qui était peut-être contraire à l'ordre public, c'était seulement la *combinaison* de la loi indienne et de la loi française ; or l'exception d'ordre public a seulement pour objet d'évincer une loi étrangère choquante en soi. De plus, si l'enfant adoptif avait seulement demandé des aliments à l'adoptant, on n'aurait probablement pas jugé l'ordre public atteint, et on aurait donc déclaré l'adoption valable ; il n'est pas bon qu'une adoption soit déclarée valable ou nulle, selon ce que réclame l'enfant adoptif.

C'est donc sur la seule loi applicable à la question principale qu'il faut porter l'attention. Deux voies, *a priori*, sont ouvertes : la substitution à cette loi de la loi applicable à la question préalable, et l'adaptation.

La *substitution* remet plus fondamentalement en cause la compétence respective des lois en présence ; de plus, on n'est pas assuré que la loi substituée ne fera pas produire à l'institution le même effet que la loi évincée (151).

Lorsqu'elle est possible — mais elle ne l'est pas toujours — il faut donc préférer la voie de l'*adaptation*, qui doit apporter la réponse à la question suivante : quelle règle le législateur aurait-il adoptée s'il avait envisagé la situation de l'espèce ?

C'est de cette façon qu'a raisonné la Cour de cassation dans l'affaire *Ferrari* : « L'article 310 du Code civil suppose qu'il a été prononcé un jugement de séparation pour une cause déterminée qui sera celle du divorce substitué à la séparation » ; en conséquence la conversion devait être exclue en l'espèce. Le raisonnement est à approuver, si l'on ne remet

(150) Civ. 6 juill. 1922, *RDIP* 1922-1923.444, rapport A. Colin, note Pillet, *DP* 1922.1.137, S. 1923.1.5, note Lyon-Caen, *GA* n° 12.

(151) Dans l'affaire *Ghattas* (v. *supra*, n° 263, note 143), la Cour de cassation a procédé à une telle substitution, en étendant à la question principale (du divorce) la compétence de la loi française qui régissait la question préalable (de la validité du mariage en la forme).

pas en cause les données du problème, c'est-à-dire la solution qui avait été apportée au problème de la loi applicable (V. sur ce point *infra*, n° 600).

265 Le procédé de l'adaptation doit également être utilisé, en l'absence même de toute question préalable, chaque fois que le présupposé de la règle substantielle applicable se réfère à une situation de fait dont la réalisation ne se conçoit parfaitement que pour des rapports internes. En voici deux exemples :

1° La règle applicable subordonne la validité d'un acte à son authenticité. *Quid* si, faute de notaire au sens latin du terme, on a recouru à un simple *notary public* ? Il faut interpréter l'exigence d'authenticité, déterminer quel degré de respectabilité ou de responsabilité est requis de la part du rédacteur de l'acte (v. *infra*, n° 476).

2° La jurisprudence française annule les mariages « clandestins ». Dans les relations purement internes, la clandestinité consiste dans l'absence de publication préalable jointe à l'absence de caractère public de la célébration. Dans les relations internationales, elle peut résider dans l'absence de publication préalable jointe à la célébration dans un pays éloigné du domicile des époux et de leur famille (v. *infra*, n° 564).

Bibliographie sommaire

Sur les questions de droit interdépendantes :

BATIFFOL : « Réflexions sur la coordination des systèmes nationaux », *Rec. Acad. La Haye*, 1967, I, p. 169 et s.

CANSACCHI : « Le choix et l'adaptation de la règle étrangère dans le conflit de lois », *Rec. Acad. La Haye*, 1953, II, p. 111 et s.

COCTEAU-SENN : *Dépeçage et coordination dans le règlement des conflits de lois*, thèse Paris I, dactyl., 2001.

LEQUETTE : « Ensembles législatifs et droit international privé des successions », *Trav. Com. fr. dr. int. pr.*, 1983-1984, p. 163 et s.

LEWALD : « Règles générales des conflits de lois », *Rec. Acad. La Haye*, 1939, III, p. 127.

DE NOVA : « Solution du conflit de lois et règlement satisfaisant du rapport international », *Rev. crit. DIP* 1948.179.

Sur la théorie des questions préalables :

P. LAGARDE : « La règle de conflit applicable aux questions préalables », *Rev. crit. DIP* 1960.459.

LOUIS-LUCAS : « Qualification et répartition », *Rev. crit. DIP* 1957.153.

WENGLER : « Nouvelles réflexions sur les questions préalables », *Rev. crit. DIP* 1966.165.

§ 4. LA FRAUDE À LA LOI

266 Après avoir distingué la fraude à la loi du *forum shopping* (A), on étudiera ses éléments constitutifs (B) et sa sanction (C).

A. Distinction du forum shopping et de la fraude à la loi

267 Le droit international privé est le domaine d'élection de la fraude. La multiplicité des systèmes juridiques fournit aux individus le moyen d'échapper à la loi qui leur est normalement applicable, en se plaçant artificiellement sous l'empire d'une autre loi, dont la teneur convient mieux à leurs desseins.

Le moyen le plus efficace, et le plus employé, consiste à utiliser la diversité des systèmes de droit international privé ; en allant, par exemple, porter leur divorce au Mexique, deux Chiliens pourront échapper à l'application de leur loi nationale, qu'aurait déclarée compétente un tribunal chilien (ou français), car le système de droit international privé du Mexique, appliqué par le juge mexicain, postule l'application au divorce de la loi du for ; et cette loi admet le divorce que la loi chilienne prohibe.

Cette manœuvre (qui a reçu, comme on le sait — v. *supra*, n° 32 —, le nom de *forum shopping*) suppose que plusieurs États sont prêts à retenir leur compétence juridictionnelle. Les parties font leur choix entre toutes celles qui s'offrent. Leur comportement est frauduleux si le jugement favorable qu'elles espèrent est principalement destiné à être invoqué dans un autre pays, dont les tribunaux auraient refusé de faire droit à la demande s'ils en avaient été directement saisis.

Le *forum shopping* se caractérise donc par une manipulation des critères de *compétence juridictionnelle.*

268 Au type de fraude que l'on vient d'évoquer, et que l'on retrouvera à propos de l'efficacité en France des jugements étrangers (*infra*, n°s 393 et s.), s'oppose la *fraude à la loi* au sens strict, qui sera seule étudiée dans ce chapitre, réservé au conflit de lois. Il s'agit d'un procédé beaucoup plus rudimentaire et d'ailleurs rarement employé.

La fraude à la loi s'accomplit dans le cadre d'un ordre juridictionnel donné, dont les parties ne cherchent pas à éluder la compétence ; aucune utilisation n'est donc faite de la diversité des systèmes de conflit de lois. Mais les parties, ou du moins l'une d'elles, cherchent à tirer profit de la diversité des systèmes de droit interne, en manipulant les règles de *compétence législative* du for envisagé.

Un exemple célèbre permettra de comprendre la façon dont elles peuvent procéder. La princesse de Bauffremont vivait en France, dans la seconde moitié du XIXe siècle, judiciairement séparée de son mari. Les deux époux étaient Français, et la loi française prohibait à l'époque le divorce. Désireuse d'épouser le prince Bibesco, la princesse obtint sa naturalisation dans un duché allemand. Selon la loi de sa nouvelle nationalité, désignée par la règle française de conflit, la séparation de corps équivalait en l'espèce à un divorce, et elle put donc se remarier immédiatement.

Le remariage fut néanmoins déclaré sans effet en France. La Cour de cassation jugea que la princesse ne pouvait être admise à invoquer sa nationalité nouvelle, obtenue dans une intention frauduleuse, pour se soustraire à la loi française « qui seule règle les effets du mariage de ses nationaux et en déclare le lien indestructible » (152). Plusieurs décisions de la même époque déjouèrent des fraudes semblables.

Le mécanisme de la fraude et de sa sanction est donc simple. Connaissant la règle de conflit qui déterminera la compétence législative, un individu manœuvre de façon à lui faire désigner l'ordre juridique dont les règles favorisent son projet : par exemple en changeant de nationalité, ou de domicile, ou en déplaçant un meuble, selon la teneur de la règle de conflit. Suivant que la réalisation du projet nécessite ou non l'intervention d'un juge, il saisit celui-ci — ainsi il demande le divorce — ou bien il attend qu'un tiers le saisisse — c'est ce qui s'était passé dans l'affaire *De Bauffremont*, où le divorce était automatique et où le premier mari avait pris l'initiative de demander la nullité du second mariage. La réaction du juge, constatant la fraude, est de lui opposer l'adage *fraus omnia corrumpit* sous forme d'une *exception de fraude* : il appliquera, non la loi apparemment compétente, mais celle qui aurait été désignée si la modification frauduleuse n'avait pas eu lieu.

Une combinaison se produit parfois entre le *forum shopping* et la fraude à la loi. L'individu à la fois manipule la règle de conflit de lois *et* saisit un tribunal étranger : si celui-ci ne déjoue pas la fraude et donne en conséquence satisfaction au fraudeur, sa décision est ensuite invoquée en France. Cette situation plus complexe sera examinée à propos du *forum shopping* (*infra*, n° 391).

B. Eléments constitutifs de la fraude à la loi

a) Élément subjectif

269 La fraude, par définition, comporte un élément subjectif, intentionnel ; l'acte est intrinsèquement licite, mais il est vicié par sa fin illicite, ce qui entraîne son inefficacité (153).

Des auteurs ont soutenu que le juge ne devrait se préoccuper que des faits, et non des intentions, en raison de l'inviolabilité des consciences. Il est facile de répondre qu'il n'en est ainsi dans aucune branche du droit. Spécialement, en droit civil, on tient compte de l'erreur, du dol, de l'illicéité de la cause, tous éléments purement subjectifs.

L'intention frauduleuse ne consiste pas dans le seul désir d'obtenir le résultat défendu par la loi éludée. Il est parfaitement licite, si l'on estime inopportun le contenu de sa loi nationale, de changer de nationalité ; mais c'est à condition de se comporter alors comme un ressortissant du pays qui a accordé la naturalisa-

(152) Req. 18 mars 1878, S. 1878.1.193, note Labbé, *GA* n° 6.
(153) C'est la formule employée par MM. Batiffol et Lagarde, *Traité*, n° 372.

tion. La fraude réside dans le fait de changer l'élément dont dépend la loi applicable pour obtenir le résultat cherché, *sans accepter les conséquences plus essentielles normalement attachées à ce changement* (154).

La preuve des intentions est parfois difficile ; mais elle n'est pas impossible, car elle peut être établie par des circonstances objectives, qui la révèlent. Ainsi, le fait de divorcer immédiatement après l'acquisition d'une nouvelle nationalité, et de ne jamais résider dans le pays de cette nationalité, révèle suffisamment la fraude.

b) Élément objectif

270 Ordinairement, la fraude se manifeste extérieurement par une manœuvre conduisant à la *modification de l'élément de rattachement.*

Il n'a été question dans ce qui précède que de la fraude réalisée par le changement de nationalité. Ceci n'est pas fortuit : les autres éléments de rattachement ne sont guère en pratique utilisés pour réaliser une fraude.

Pour qu'une fraude à la loi, au sens précis du terme, puisse être commise, il faut en effet qu'il puisse dépendre de la volonté des individus de fixer le rattachement au gré de leurs convenances sans que la situation entretienne de liens réels avec le pays dont la loi est ainsi élue. Or, peu de rattachements se prêtent à cette manœuvre.

Parfois, la volonté est sans influence sur eux. Il en est ainsi du lieu de situation de l'immeuble (l'immeuble, par définition, ne peut être déplacé).

Parfois, la règle de conflit ne prend en considération la situation créée par la volonté que si elle correspond à la réalité des faits. Ainsi, le domicile ne peut être fixé arbitrairement, car il est défini par un élément objectif : l'établissement dans un pays, qui implique un lien sérieux, exclusif de fraude (155). Certes, on peut *simuler* l'existence d'un domicile dans un pays où l'on n'en a pas. Mais simulation et fraude sont deux notions distinctes. La première est déjouée simplement lorsque la réalité est établie : il faut s'attacher exclusivement à celle-ci.

Parfois, enfin, la règle identifie quasiment le rattachement à la volonté : c'est le cas en matière contractuelle où les parties choisissent elles-mêmes la loi applicable. La fraude est possible, mais elle se présente de façon très particulière (v. *infra*, n° 700).

(154) En ce sens, B. AUDIT, *op. cit.*, n° 336.

(155) On peut cependant concevoir une fraude par manipulation du domicile dans le cadre d'une succession mobilière, soumise à la loi du « dernier domicile du défunt » ; il suffirait que le *de cujus*, sentant sa fin prochaine, change de domicile afin d'échapper aux règles sur la réserve édictées par la loi de son ancien domicile. La possibilité de fraude provient du contraste entre le peu d'importance des attaches objectives exigées par la règle de conflit (puisqu'on ne retient que le *dernier* domicile, qui peut avoir été de peu de durée) et l'importance des effets qui en dépendent (le mode de dévolution du patrimoine du *de cujus*).

Sont surtout, en fin de compte, susceptibles d'une manipulation, le critère du lieu de situation des meubles, et celui de la nationalité (156).

La jurisprudence n'offre pas d'exemple de fraude par déplacement d'une meuble. On pourrait en imaginer : le possesseur de mauvaise foi d'un meuble l'introduisant, par exemple, dans un pays où le délai de prescription acquisitive est bref, au moment où il se trouve venir à expiration, puis le rapatriant.

271 La fraude peut aussi être réalisée par la manipulation d'un élément de la règle de conflit autre que le critère de rattachement.

Elle peut ainsi porter sur la *catégorie de rattachement*. Dans une affaire *Caron* tranchée par la Cour de cassation, un *de cujus*, domicilié aux États-Unis, avait vendu l'immeuble dont il était propriétaire en France à une société des États-Unis dont il détenait des actions : celles-ci, meubles dont la transmission était soumise à la loi américaine du dernier domicile, se substituaient à l'immeuble, dont la transmission eût été soumise à la loi française. Or, la loi américaine ne connaît pas la réserve, ce qui avait permis au *de cujus* de déshériter totalement ses enfants. La Cour de cassation a approuvé la Cour d'appel d'Aix-en-Provence d'avoir déjoué cette fraude et rétabli l'application de la loi française (157).

Plus largement, la fraude peut porter sur un élément quelconque du *raisonnement* par lequel le juge applique la règle de conflit de lois. Soit une personne désireuse de donner naissance, selon une loi étrangère incontestablement applicable, à une situation dont la constitution en France se heurterait à l'ordre public international. En se rendant à l'étranger dans le but d'accomplir l'acte créateur de la situation, et d'invoquer ensuite en France l'effet atténué de l'ordre public, elle réaliserait une fraude à la loi, ou si l'on préfère une « fraude à l'intensité de l'ordre public » (158).

C. Sanction de la fraude à la loi

272 La sanction de la fraude à la loi a pour objet la mise à néant de la situation créée grâce à la fraude (a). Mais on peut se demander dans quelle mesure la manœuvre frauduleuse elle-même, lorsqu'elle consiste en un acte juridique, doit être remise en cause (b).

(156) Sur la fraude en matière de forme du mariage, v. *infra*, n° 564. Les intérêts (fiscaux et sociaux) attachés à la nationalité des navires ont développé des fraudes, avec la pratique des « pavillons de complaisance ». Il ne s'agit pas cependant de fraudes à la loi au sens strict, car ces fraudes cherchent à utiliser, non une règle de conflit, mais l'autolimitation des règles de droit fiscal et de droit social (sur la différence entre champ d'application d'une règle de droit public et compétence d'une loi, v. *supra*, n° 108).

(157) Civ. 20 mars 1985, *Rev. crit. DIP* 1986.66, note Lequette, *JDI* 1987.80, 1re esp., note Niboyet-Hoegy ; Aix-en-Provence 9 mars 1982, *Rev. crit. DIP* 1983.282, note Droz.

(158) FADLALLAH, note à la *Rev. crit. DIP* 1984, p. 336. L'hypothèse est illustrée par Paris 6 juill. 1982, *Rev. crit. DIP* 1984.325, 2e esp., note Fadlallah.

a) Mise à néant de la situation créée grâce à la fraude

273 Selon la formule de M. Vidal (159), « la fraude a pour effet sa propre inefficacité ». Cela signifie que l'on tiendra pour avérée, non la situation voulue par le fraudeur et créée grâce à la manœuvre frauduleuse, mais la situation à laquelle au contraire le fraudeur a voulu échapper.

Ainsi, dans l'affaire *De Bauffremont*, où la situation voulue et apparemment réalisée par le jeu du changement de nationalité était la dissolution du mariage et la conclusion d'un nouveau mariage par la princesse, la sanction de la fraude consistait dans le maintien du premier lien conjugal et dans l'annulation du second.

Dans l'affaire *Caron*, la situation voulue était la soustraction de l'immeuble au droit de réserve des enfants. La sanction a résidé dans l'application de la loi française fraudée et dans l'attribution à chaque enfant de sa part réservataire dans l'immeuble.

b) Remise en cause de l'acte juridique constitutif de la manœuvre frauduleuse

274 La manœuvre frauduleuse consiste parfois en un simple fait : par exemple le déplacement d'un meuble d'un pays dans un autre. Dans ce cas, déjouer la fraude implique simplement que l'on ne *tienne pas compte* de ce fait dans la détermination de la loi applicable (et seulement dans la mesure nécessaire à l'éviction du résultat voulu par le fraudeur).

Mais, dans les hypothèses apparues en jurisprudence, la manœuvre avait pris la forme d'un *acte juridique* : naturalisation dans l'affaire *De Bauffremont*, vente de l'immeuble dans l'affaire *Caron*. Suffit-il alors de ne pas en tenir compte, c'est-à-dire de le déclarer *inopposable*, ou doit-on le considérer comme *nul* ?

L'inopposabilité paraît mieux convenir à l'objectif de l'exception de fraude, qui n'est rien de plus que l'élimination du résultat interdit par la loi normalement applicable (160). C'est bien d'ailleurs cette inopposabilité qui a été relevée par la Cour de cassation, tant dans l'affaire *De Bauffremont* que dans l'affaire *Caron*.

La solution est particulièrement opportune lorsque l'acte juridique émane d'une autorité publique, ce qui est le cas dans l'hypothèse d'une naturalisation.

(159) *Essai d'une théorie générale de la fraude à la loi en droit français*, Paris, 1957, p. 372.

(160) En ce sens NIBOYET, *Traité*, t. III, n°s 1090 et s. ; MAURY, *op. cit.*, p. 161 et s. ; ANCEL et LEQUETTE, *GA*, p. 50. *Contra* BATIFFOL et LAGARDE, *Traité*, t. I, n° 375. Ainsi l'acte par lequel la fraude est réalisée (naturalisation) et celui qu'elle a pour but de rendre possible (remariage) ne sont pas atteints de la même façon par l'exception de fraude : le premier est déclaré inopposable, et il en résulte que le second est nul.

S'il s'agit d'une naturalisation étrangère, il n'appartient pas aux tribunaux français d'en prononcer la nullité : un État peut ne pas tenir compte des normes posées par un État étranger, mais il ne peut prétendre les priver de validité.

S'il s'agit d'une naturalisation française (moyen d'une fraude à la loi étrangère), il n'appartient pas au juge civil, saisi à propos de l'un des effets de l'acquisition de la nationalité française, d'annuler purement et simplement le décret dont elle résulte. C'est d'ailleurs la raison pour laquelle, dans un arrêt *Mancini* de 1929 (161), la Cour de cassation a refusé de reprocher une fraude à la loi italienne à un Italien naturalisé Français et qui demandait le divorce en France. Les commentateurs, tout en approuvant le refus d'annulation, n'ont pas manqué de relever que rien n'empêchait en revanche la Cour de déclarer la naturalisation sans effet sur la détermination de la loi applicable au divorce, et l'on en a conclu pendant longtemps à une hostilité de la jurisprudence à la sanction de la fraude à la loi *étrangère*. Plusieurs décisions récentes ont cependant affirmé que l'exception de fraude devait jouer, que la loi fraudée soit française ou étrangère (162).

Bibliographie sommaire

B. AUDIT : *La fraude à la loi*, Paris, 1974.
BARTIN : *Études de droit international privé*, Paris, 1899, p. 189 et s.
CORNUT : *Théorie critique de la fraude à la loi,* Defrénois, 2006.
G. DE LA PRADELLE : « La fraude à la loi », *Trav. Com. fr. int. pr.*, 1971-1973, p. 117 et s.
MARIDAKIS : « Réflexions sur la question de la fraude à la loi d'après le droit international privé », *Mélanges Maury*, 1960, I, p. 231 et s.
MAURY : *L'éviction de la loi normalement compétente. L'ordre public international et la fraude à la loi*, Valladolid, 1952.

(161) Civ. 5 févr. 1929, S. 1930.1.181, note Audinet ; dans le même sens Paris 12 déc. 1963, *JDI* 1965.122, obs. Bredin.

(162) Civ. 17 mai 1983, *Rev. crit. DIP* 1985.346, note Ancel ; Civ. 2 oct. 1984, *JDI* 1985.495, note Audit, *Rev. crit. DIP* 1986.91, note Jobard-Bachellier.

L'arrêt *Mancini* s'explique vraisemblablement, au-delà de sa motivation, par le fait que l'octroi de la naturalisation est subordonné en France à des conditions sévères, notamment de stage, qui donnent à penser que l'individu qui en bénéficie est prêt à en assumer toutes les conséquences essentielles (en ce sens B. AUDIT, *op. cit.*, p. 329 à 338).

TITRE II
CONFLITS DE JURIDICTIONS ET D'AUTORITÉS

275 Seules les *règles* des divers États donnent lieu au conflit de lois (v. *supra*, n°s 97 et 98). Les *décisions étrangères*, judiciaires ou non, posent le problème de leur efficacité en France, sans qu'un véritable conflit de normes surgisse à leur propos : un seul jugement (ou un seul acte public, ou une seule décision administrative) est en général invoqué sur un point précis devant les organes français ; il n'y a pas lieu de procéder à un choix, mais simplement de vérifier si les conditions générales d'efficacité sont réunies. Quant aux *décisions françaises*, tout le problème est celui de la compétence internationale des organes français ; il est indépendant de l'existence ou de l'absence de décision étrangère ; là encore, aucun conflit n'apparaît donc.

Cependant, l'habitude s'est prise de parler, à propos des jugements, de *conflit de juridictions* et, plus récemment, à propos des décisions non judiciaires, de *conflit d'autorités*. Ces expressions malencontreuses sont trop profondément installées dans le langage des internationalistes pour qu'on puisse aujourd'hui les abandonner.

Les deux premiers chapitres de ce titre seront consacrés au conflit de juridictions : compétence des tribunaux français d'abord, effet des jugements étrangers ensuite. Un troisième chapitre traitera du conflit d'autorités.

CHAPITRE I

LA COMPÉTENCE DES TRIBUNAUX FRANÇAIS DANS LES LITIGES INTERNATIONAUX

276 On traite en droit judiciaire privé de la compétence des tribunaux dans l'ordre interne, en supposant que tous les éléments du litige sont français. On y distingue la compétence d'attribution (ou *ratione materiæ*) et la compétence territoriale (ou *ratione loci*) ; la première sert à départager entre eux les tribunaux des divers types (de l'ordre administratif, de l'ordre judiciaire, de grande instance, de commerce, etc.), la seconde à départager les tribunaux des divers ressorts territoriaux (Paris, Marseille, etc.).

Les questions de compétence interne se posent également dans les litiges internationaux. Mais leurs termes sont parfois légèrement différents, en raison de l'existence d'un élément d'extranéité. Et surtout, il convient de résoudre une question préalable : les tribunaux français *dans leur ensemble* sont-ils compétents, autrement dit *l'ordre juridictionnel* français est-il compétent ? C'est le problème de la compétence internationale (ou générale), opposé à celui de la compétence interne (ou spéciale). Le juge français saisi doit résoudre le problème de sa compétence internationale en premier lieu : est-il compétent *en tant que rendant la justice au nom de l'État français* ? C'est seulement en cas de réponse affirmative qu'il y a lieu de procéder à l'examen de la compétence spéciale.

277 On a beaucoup discuté le point de savoir si la compétence internationale est une compétence d'attribution ou une compétence territoriale. On verra (*infra*, n° 284) que les critères de compétence internationale sont en principe identiques aux critères de compétence territoriale. D'où l'idée que la compétence internationale est de nature territoriale, le territoire étant ici celui de la France entière et non une fraction de ce territoire.

Cette vue est fausse. L'ordre juridictionnel français ne se confond pas avec le territoire français ; ce n'est pas une entité concrète et localisée ; c'est la *souveraineté française*, que peuvent représenter aussi bien un consul français à l'étranger qu'une juridiction française siégeant en France, et que ne représente pas un consul étranger en France. En attribuant compétence à un ordre juridictionnel, on se prononce donc sur une question radicalement différente de celle de la compétence territoriale, qui est attribuée à une juridiction en raison de son emplacement géographique (1).

La compétence internationale est-elle pour autant une compétence d'attribution ? Tout dépend du sens exact que l'on veut donner à cette expression. Si elle signifie : toute compétence attribuée à un groupe de juridictions et non à une juridiction unique, la réponse doit être affirmative. Mais cette définition est si large qu'elle ne saurait justifier la soumission des diverses compétences d'attribution à des règles identiques (2).

Il existe d'ailleurs des différences notables entre compétence d'attribution interne et compétence internationale. La première détermine une répartition des compétences entre plusieurs groupes de juridictions ; la seconde concerne le seul groupe des juridictions françaises, car la France n'a pas le pouvoir d'attribuer ou de dénier compétence aux ordres juridictionnels étrangers : aucune répartition des litiges n'est donc opérée entre les divers États (3). D'autre part, la compétence internationale n'est pas attribuée *ratione materiae*, mais *ratione loci* (en général) ou *ratione personœ* (compétence particulière fondée sur la nationalité des parties).

278 Bien que le droit international privé ne concerne pas directement les relations entre États, les États ne sont pas toujours absents des litiges dans lesquels ses règles doivent être appliquées. Ils peuvent être intéressés à leur solution, en raison, notamment, de leur qualité de parties au procès. Cette situation a une incidence sur la compétence. On exposera d'abord les règles qui régissent celle-ci dans le cas de rapports purement privés (Section I), puis l'incidence de l'implication d'un État dans la relation litigieuse (Section II).

(1) L'erreur provient d'une confusion entre les notions de compétence territoriale et de compétence *ratione loci*. Bien qu'en droit interne les deux expressions soient employées indifféremment, en raison d'une coïncidence presque constante, elles ne sont pas synonymes. La compétence territoriale est celle qui — quels que soient ses critères d'attribution — est donnée à une juridiction *en fonction de son emplacement géographique* : lorsque l'on dit, par exemple, que le Tribunal de grande instance de Paris peut avoir compétence, à défaut de domicile ou de résidence des parties en France, en raison de sa situation centrale (v. *infra*, n° 295), il s'agit bien d'une compétence territoriale ; elle n'est pourtant pas attribuée *ratione loci*, c'est-à-dire en fonction de la position dans l'espace d'une personne ou d'un fait. À l'inverse, la compétence internationale est certes, en général, attribuée *ratione loci*, mais elle n'est jamais territoriale.

(2) L'article 92, al. 2 du nouveau Code de procédure civile reconnaît implicitement à la compétence internationale la nature de compétence d'attribution : « Devant la cour d'appel et devant la Cour de cassation, [l']incompétence [d'attribution] ne peut être relevée d'office que si l'affaire relève de la compétence d'une juridiction répressive *ou* administrative, *ou échappe à la connaissance de la juridiction française* ».

(3) Il peut en aller autrement, en revanche, lorsque les règles de compétence sont d'origine supranationale. Ainsi, celles de la Convention de Bruxelles du 27 septembre 1968 — ou du règlement CE 44/2001 du 22 décembre 2000 — répartissent incontestablement la compétence entre les États membres, ou leurs tribunaux, lorsque le défendeur est établi à l'intérieur de l'Union européenne.

Enfin, on procédera à l'étude des traités relatifs à la compétence internationale (Section III).

SECTION I RAPPORTS PUREMENT PRIVÉS

279 La question de la compétence internationale des tribunaux, en matière privée, doit être soigneusement distinguée de celle de la compétence législative.

L'enjeu, de toute évidence, n'est pas le même : dire qu'un tribunal est compétent pour connaître d'un litige est autre chose que déterminer la loi qui sera appliquée à ce litige.

De plus, les critères de compétence législative et juridictionnelle ne coïncident pas, pour diverses raisons. En premier lieu, la règle de conflit de lois retient normalement *un seul* critère — celui qui paraît le plus significatif dans une matière donnée — car on ne peut appliquer deux lois à une même question ; en revanche, rien ne s'oppose à ce que plusieurs ordres juridictionnels aient simultanément compétence, entre lesquels le demandeur choisira selon son intérêt. En second lieu, les liens qui sont susceptibles de justifier la compétence des tribunaux sont d'une nature plus matérielle que ceux qui commandent la compétence législative : on se préoccupera de ne pas obliger le défendeur à se déplacer, ou de faciliter l'administration des preuves, ou de permettre que le jugement soit rendu dans le pays où une exécution forcée paraît possible. Enfin, en droit positif français, alors que la nationalité n'est retenue comme critère de compétence législative qu'à l'égard du statut personnel, elle constitue en toutes matières un critère de compétence juridictionnelle, qu'il s'agisse de la nationalité du demandeur (art. 14 C. civ.) ou de celle du défendeur (art. 15, C. civ.) ; ces textes étaient d'ailleurs, au début du XIXe siècle, l'unique source de compétence internationale des tribunaux français.

Cette absence de coïncidence nécessaire entre compétence législative et compétence juridictionnelle explique que le juge soit parfois conduit à appliquer une loi étrangère (4). La coïncidence, à l'inverse, se traduirait par une application systématique de la *lex fori*.

280 On étudiera d'abord les règles de compétence (§ 1), puis le régime de cette compétence (§ 2).

(4) Il arrive pourtant qu'un juge se déclare incompétent au motif que la loi applicable est une loi étrangère : v. Montpellier 28 oct. 1991, cassé par Civ. 1re, 27 oct. 1993.

§ 1. RÈGLES DE COMPÉTENCE

281 L'exacte teneur des règles de compétence internationale, dans l'Ancien Droit, est mal connue (v. quelques indications pour la période du Moyen Âge, *supra*, n° 54). À la fin de l'Ancien Régime, la jurisprudence et les auteurs paraissent hésiter sur la fonction même des ces règles. La théorie publiciste du « juge naturel » domine, qui attribue au souverain la prérogative exclusive — que l'accord même des parties serait impuissant à éluder — d'une part, de connaître des litiges qui opposent ses sujets, et d'autre part, de juger des litiges dans lesquels ils ont la position de défendeurs, même si le demandeur est étranger (*actor sequitur forum rei*). Cette double règle, présentée comme de droit naturel, n'établit apparemment aucune discrimination entre les Français et les étrangers ; et de fait, devant un tribunal français, un étranger peut aussi bien l'invoquer contre un demandeur français, pour conclure au renvoi devant son juge naturel, qu'un défendeur français peut en exciper contre l'exécution en France d'un jugement obtenu par le demandeur dans son propre pays. Une nuance sépare cependant l'application de la règle au Français et à l'étranger : le premier ne peut être poursuivi qu'en France, même s'il est installé à l'étranger, car son *domicile d'origine*, qui conditionne le lien d'assujettissement, reste en France, tandis que le second peut être poursuivi en France par un Français ou par un étranger d'un autre pays, s'il est installé en France, car le juge français tient compte de son domicile *d'établissement*.

Au XVIIIe siècle apparaît, spécialement dans les traités, le souci privatiste de la commodité du défendeur : celui-ci doit souffrir le moins possible des initiatives du demandeur, tant que la demande n'a pas été jugée bien fondée. Cette conception, qui deviendra dominante au XIXe siècle, conduit à donner compétence au pays du lieu de l'établissement effectif du défendeur : c'est encore la règle *actor sequitur forum rei*, mais avec un critère différent pour déterminer le *forum* lorsque le défendeur est Français. Toutefois, les deux critères coïncident le plus fréquemment, car le Français est en général installé en France. La règle *actor sequitur forum rei* a donc un double fondement, publiciste et privatiste.

C'est, semble-t-il, cette règle qu'ont voulu consacrer les rédacteurs du Code civil, dans l'article 15 : « Un Français pourra être traduit devant un tribunal de France pour des obligations par lui contractées en pays étranger même avec un étranger. » L'ambiguïté du fondement de la règle apparaît rapidement, car la nationalité française est devenue indépendante du domicile. La jurisprudence hésite à faire dépendre la compétence du *domicile* en France du défendeur, comme le veut le fondement privatiste de la règle *actor*..., ou de sa *nationalité* française, comme le voudrait son fondement publiciste, et comme l'indique la lettre de l'article 15 (5). Elle finit par poser deux règles distinctes : la compétence des tribunaux français lorsque le défendeur est domicilié en France est admise, mais cesse d'être rattachée formellement à l'article 15 ; l'article 15 attribue une compétence fondée uniquement sur la nationalité du défendeur, et qui prend, au rebours de la solution jusnaturaliste et égalitaire de l'Ancien Droit, le caractère d'un *privilège* réservé au Français : il a le droit d'être jugé exclusivement par un tribunal français.

Le Code civil comprend un autre texte relatif à la compétence internationale, l'article 14, qui permet au Français de poursuivre en France l'étranger résidant à l'étranger, et constitue pour lui un privilège analogue à celui que la jurisprudence lit dans l'article 15. Ce texte

(5) Il était rarement nécessaire de choisir. D'une part, le Français assigné en France y était en général domicilié ; d'autre part, l'étranger défendeur résidant en France, ou bien y avait été admis à domicile et devait alors être traité comme un Français au regard de l'article 15, ou bien n'y avait pas été admis et n'était alors pas censé y être domicilié. Ainsi, domicile en France du défendeur et possibilité d'invoquer l'article 15 coïncidaient pratiquement toujours.

semble résulter d'un accident de rédaction (6) ; il n'a en tout cas aucun précédent dans l'Ancien Droit (7).

282 Les principes qui guidaient ainsi la jurisprudence ne laissaient guère de place à la compétence française à l'égard d'un *litige entre deux étrangers* : le demandeur ne pouvait pas invoquer les articles 14 et 15, aucune partie n'étant française, et le défendeur n'était pas censé être domicilié en France s'il n'avait pas été admis à domicile. Cette sévérité était considérée par certains arrêts de la Cour de cassation comme l'une des manifestations de l'infériorité de la condition des étrangers par rapport à celle des Français : la France ne doit la justice qu'aux Français.

Cette justification manquait de logique : puisque l'on accordait aux étrangers la jouissance au moins de leurs droits « naturels » (v. *infra*, Livre II), il fallait également leur permettre d'obtenir en justice la sanction de ces droits. De plus, la mission du juge n'est pas seulement de rendre service aux individus en sanctionnant leurs droits, mais aussi de protéger la paix publique en mettant fin aux litiges ; dans cette optique, ce n'est pas la nationalité des parties qui importe, mais la localisation du litige. Enfin, le refus de juger le procès entre deux étrangers est la cause, sinon toujours d'un déni de justice, du moins d'une gêne, en obligeant le demandeur à saisir une juridiction étrangère moins commode d'accès ; des mesures de rétorsion à l'encontre des Français sont à craindre de la part de pays étrangers.

Les tribunaux n'hésitaient d'ailleurs pas à retenir leur compétence dans les litiges étrangers lorsqu'un motif pressant y incitait. En pratique, l'incompétence ne concernait guère que les actions d'état. À leur égard, le fondement publiciste de la règle *actor sequitur forum rei* subsistait. Cependant, à partir de la seconde moitié du XIXe siècle, les tribunaux se montrèrent sensibles au risque de *déni de justice* : il se pouvait qu'aucun pays étranger accessible aux parties ne fût disposé à juger l'affaire. Une exception au principe fut admise dans cette hypothèse (v. par ex. Req. 29 juill. 1912, *Gaz. Pal.* 1912.2.410, acceptant de trancher le litige entre deux réfugiés « s'il n'est pas établi qu'un tribunal étranger pouvait connaître du litige »).

La suppression de la formalité de l'admission à domicile, en 1927, rendait la situation des étrangers plus confortable. Cependant, les arrêts postérieurs se montrent encore exigeants sur la qualité du domicile requis du défendeur (un arrêt de 1935 relève l'absence d'esprit de retour dans le pays d'origine) (8).

C'est seulement en 1948 que la Cour de cassation, dans l'une des affaires *Patiño*, admit la recevabilité générale des demandes formées par des étrangers contre des étrangers (9). Une formule très nette a depuis été énoncée par un arrêt *Scheffel* (10) : « *L'extranéité des parties n'est pas une cause d'incompétence des juridictions françaises* ».

L'obstacle dû à l'extranéité étant supprimé, il fallait énoncer des règles positives de compétence internationale, indépendantes de la nationalité : l'ordre juridictionnel français ne saurait, en effet, se reconnaître compétent pour trancher des litiges ne présentant aucun lien avec la France. Comme il n'existe

(6) En ce sens, H. GAUDEMET-TALLON, *op. cit.*
(7) En ce sens, J. HUDAULT. *op. cit.*
(8) Civ. 4 déc. 1935, S. 1936.1.99, *JDI* 1936.862, note J. P., *Rev. crit. DIP* 1937.189.
(9) Civ. 21 juin 1948, *Rev. crit. DIP* 1949.557, note Francescakis, S. 1949.1.121, note Niboyet, *JCP* 1948.II.4422, note P. L.-P.
(10) Civ. 30 oct. 1962, *Rev. crit. DIP* 1963.387, note Francescakis, *D.* 1963.109, note Holleaux *GA* n° 37.

aucune raison de réserver les règles ainsi élaborées aux procès entre étrangers, elles sont devenues aujourd'hui le droit commun de la compétence internationale, applicable aussi bien aux litiges entre Français qu'aux litiges entre Français et étrangers, et aux litiges entre étrangers. La nationalité française des parties (art. 14 et 15, C. civ.) ne constitue plus aujourd'hui qu'un critère *supplémentaire* de compétence.

On étudiera d'abord les règles ordinaires de compétence indépendantes de la nationalité (A), puis les règles de compétence fondées sur la nationalité (B). Enfin, la Convention de Bruxelles du 27 septembre 1968 a introduit dans le droit français un critère spécial tiré du domicile du demandeur (C).

A. Règles ordinaires de compétence indépendantes de la nationalité

283 La Cour de cassation a d'abord posé un principe (a), qui permet de déduire les critères de compétence internationale des règles de compétence territoriale interne (b). Mais d'une part, une exception a été apportée à ce principe (c). D'autre part, la compétence résulte parfois de règles autonomes (d).

a) Principe : emprunt des critères de compétence territoriale interne

284 La jurisprudence retient comme critères de compétence internationale les critères qui servent à déterminer la compétence territoriale interne : dès lors que le litige présente avec la France l'un des liens qui permettent, dans la matière en cause, d'attribuer compétence à une juridiction française déterminée, l'ordre juridictionnel français est suffisamment concerné pour en connaître. C'est le principe de « l'extension à l'ordre international des règles françaises internes de compétence », mentionné par l'arrêt *Pelassa* (11).

À chaque règle de compétence territoriale interne correspond donc une règle de compétence internationale. À la règle « le tribunal du domicile du défendeur est compétent » répond la règle « l'ordre juridictionnel français est compétent si le défendeur est domicilié en France » ; à la règle qui, en matière réelle immobilière, donne compétence à la juridiction du lieu où est situé l'immeuble, répond la règle « l'ordre juridictionnel français est compétent lorsque l'immeuble est situé en France » ; et ainsi de suite. Les notions retenues comme critères de compétence — par exemple, le « domicile » — doivent être comprises dans le sens que leur donne le législateur interne ; ainsi, le domicile est celui que définissent les articles 102 et suivants du Code civil (12).

(11) Civ. 19 oct. 1959, *Rev. crit. DIP* 1960.215, note Y. L., *D.* 1960.37, note Holleaux.

(12) V. Civ. 21 juin 1948, *Patiño*, précité n° 282 ; Civ. 17 nov. 1981, *JDI* 1982.926, note Wiederkehr. Sur les critères de distinction entre meubles et immeubles, v. Ass. plén. 15 avr. 1988, *D.* 1988.325,

L'expression « extension des règles » ne doit pas induire en erreur. Coexistent en fait deux groupes de règles de compétence, dont le seul point commun est l'utilisation des mêmes critères (les secondes les ayant empruntés aux premières) ; mais l'objet des règles, et leur nature même, sont différents : les premières sont de compétence territoriale, non les secondes (v. *supra*, n° 277).

Ces règles s'appliquent aussi bien aux Français qu'aux étrangers. Il n'y a aucune raison d'estimer que le domicile en France du défendeur est moins susceptible de donner compétence aux tribunaux français si l'une des parties est française que si elles sont toutes deux étrangères. Certes, les articles 14 ou 15 du Code civil suffiraient dans le premier cas à justifier la compétence. Mais si les parties ont renoncé à leur bénéfice, le recours aux règles ordinaires de compétence reste ouvert ; on verra d'ailleurs que les articles 14 et 15 n'ont qu'un rôle subsidiaire.

b) Applications

285 Le nouveau Code de procédure civile, le Code de l'organisation judiciaire, ainsi que des textes épars propres à certaines matières, énoncent *les critères de compétence* territoriale interne. Ces critères sont transposés, tels quels, à la compétence internationale (sauf les exceptions qui seront signalées *infra*, c). Sont fréquemment utilisées en matière internationale, en particulier :

– la règle qui permet d'attraire une société, non seulement à son siège social, mais aussi au lieu de *l'établissement secondaire* dont l'activité est à l'origine de la demande (jurisprudence dite « des gares principales ») ;

– la règle qui donne compétence, en matière contractuelle, au tribunal du *lieu de livraison effective* de la chose ou de la prestation de service ;

– la règle qui permet à la victime d'un délit ou quasi-délit de saisir, à son choix, le tribunal du lieu où s'est produit *l'événement causal*, ou celui du lieu où le *dommage* a été subi.

La simple *résidence* en France du défendeur (art. 43 nouv. C. proc. civ.) ne fonde la compétence des tribunaux français que si ce défendeur ne possède de domicile ni en France ni à l'étranger.

La compétence internationale du *juge des référés* peut être considérée comme acquise chaque fois que les conditions ordinaires — notamment d'urgence — de sa saisine sont réunies, et qu'il apparaît mieux placé que ses collègues étrangers pour statuer et surtout pour faire respecter la décision qui est requise de lui (par exemple, confier la gestion de biens sis en France à un administrateur provisoire).

286 Sont également transposées à la compétence internationale les règles de *compétence dérivée*, qui étendent la compétence du tribunal saisi d'une certaine

concl. Cabannes, note Maury, *Rev. crit. DIP* 1989.100, note Droz, *JDI* 1989.86, note Kahn (affaire de la chapelle de Casenoves).

demande à d'autres demandes, connexes à celle-ci (13). Le tribunal est ainsi compétent pour connaître d'actions connexes formées contre plusieurs défendeurs dès lors que l'un d'entre eux — à l'égard duquel la demande doit présenter un caractère réel et sérieux — est domicilié en France (art. 42, al. 2, nouv. C. proc. civ.) ; également pour connaître de demandes incidentes, soit reconventionnelles, soit en intervention (14).

En dehors de ces cas, la jurisprudence admet, en matière interne, un principe général de compétence fondée sur la seule connexité avec la demande principale. Ce principe est étendu à la compétence internationale (15).

Sur le conflit entre règle de compétence dérivée et clause attributive de juridiction, v. *infra*, n° 305.

c) Appréciation

286-1 Le principe de l'extension a pour mérite sa simplicité. Il n'est cependant pas justifié, dans la mesure où la fonction des règles de compétence territoriale est trop différente de celle des règles de compétence internationale pour qu'il soit permis de procéder à de simples transpositions.

La compétence interne, en effet, est tout entière dominée par l'idée, à ce point essentielle qu'elle ne peut souffrir la discussion, que la justice est une, et donc que les conditions de son administration sont invariables d'un tribunal à l'autre. En aucun cas, il ne peut être admis, comme réalité devant être prise en considération par la règle de compétence, que le sort d'un procès puisse dépendre de l'identité du juge saisi. Dans ces conditions, les objectifs de cette règle ne peuvent être que d'une importance extrêmement modeste : la commodité pratique de l'une ou l'autre des parties, bien sûr, mais qui perd de sa pertinence avec le développement des moyens rapides de transport et le recul du principe de l'oralité de la procédure au profit de l'écrit ; ou le souci d'une bonne administration de la justice, qui cesse lui aussi d'être déterminant à mesure que s'affirme le recours systématique aux techniciens pour la recherche des preuves. Si bien que finalement, on ne voit plus guère d'objections à ce que la règle soit exclusivement dictée par des considérations de pure gestion publique, fondées sur la nécessité de répartir au mieux la charge quantitative de travail entre les juridictions nationales. En tout cas, il n'y a pas d'inconvénient majeur à mêler ces différentes préoccupations dans une règle dont la principale vertu doit être de ne pas susciter l'hésitation : qu'importe qu'elle paraisse arbitraire si elle ne laisse jamais planer de doute sur l'identité du tribunal devant être saisi.

(13) En ce sens, v. Civ. 1re, 24 févr. 1998, *Rev. crit. DIP* 1999.309, note Sinay-Cytermann ; *JDI*, 1998.963, note Jacquemont.
(14) En ce sens, v. Civ. 1re, 12 mai 2004, *RGDA* 2005.191, note Heuzé.
(15) V. par ex. Lyon 8 juin 1978, *Rev. crit. DIP* 1979.113, note Gaudemet-Tallon, *D.* 1978.IR.368, obs. Audit.

On peut tenir le même raisonnement à propos de la compétence internationale. Bien sûr, il est tout autant indispensable dans ce domaine que la règle soit exempte d'ambiguïté puisqu'il n'est rien de plus contraire à l'idée même de justice que de laisser les justiciables dans l'incertitude à propos de la juridiction à laquelle s'adresser. Mais, pour autant, on ne peut ici professer une totale indifférence pour le contenu de la règle, car il n'est plus permis de partir du postulat qu'elle est sans incidence sur le déroulement et l'issue de l'instance. Bien au contraire, il est évidemment interdit de négliger le fait que, de la nationalité du juge saisi dépend l'identité de la règle de conflit et donc, indirectement celle des règles matérielles applicables au fond. Au surplus, on ne peut ignorer l'inconvénient que représente pour les parties le fait d'avoir à éventuellement plaider dans un pays autre que celui dans lequel elles sont établies, et donc à devoir abdiquer de leur pouvoir de contrôler les conditions dans lesquelles sont défendus leurs intérêts, par l'effet de leur nécessaire formulation dans une langue et au moyen de concepts juridiques dont elles n'ont pas une parfaite maîtrise.

Mais à cela s'ajoutent deux préoccupations qui n'ont évidemment pas lieu d'être à propos de la compétence territoriale interne. La première est celle de l'intérêt de l'État du for à trancher le litige, dès lors que l'on ne peut admettre l'intervention de ses tribunaux sans autrement s'interroger, de son point de vue, sur la justification de celle-ci. La seconde, qui n'est pas sans rapport avec la précédente, est celle de l'harmonie internationale des solutions. Plus précisément, il importe d'être conscient que le libéralisme des règles du for, qui conduit à reconnaître ses juridictions compétentes à l'égard de litiges n'entretenant avec lui que des liens extrêmement ténus risque d'avoir des effets pervers : il incite le demandeur, à qui sera généralement offert la possibilité de porter son action dans un autre pays, à se déterminer en fonction de l'issue prévisible du litige devant chacun des tribunaux qu'il pourra saisir, c'est-à-dire à se livrer, au détriment du défendeur, à un *forum shopping* (sur lequel v. *infra*, n° 393 et s.) condamnable.

286-2 Les développements qui précèdent montrent que les critères de la compétence territoriale interne ne mériteraient pas d'être étendus à la définition de la compétence internationale sans vérification de leur aptitude à servir les objectifs propres de celle-ci. Par exemple, la compétence que l'article 46 NCPC attribue, en matière contractuelle, à la juridiction du lieu de la livraison effective de la chose ou du lieu de l'exécution de la prestation de service s'explique principalement en droit interne par l'idée que ce tribunal est celui qui est géographiquement le mieux placé pour l'établissement des faits dont, le cas échéant, peut dépendre la solution du litige (16). Mais cette explication, dont il est permis de se contenter du point de vue de la compétence territoriale,

(16) V. V. Heuzé, note sous Cass. com. 11 mars 1994, *Rev. crit. DIP*, 1994.672.

ne peut certainement pas suffire à justifier la compétence internationale française pour résoudre le litige au fond : elle ne peut la fonder que pour ordonner des mesures d'instruction. En effet, si les tribunaux français doivent certainement pouvoir prêter assistance aux parties pour l'établissement des faits qui se sont produits en France, rien ne justifie pour autant qu'ils se mêlent de trancher leur différend. Car s'il est opportun de permettre au tribunal du Havre d'ordonner une expertise destinée à constater l'état de marchandises livrées dans ce port par un vendeur canadien à un acheteur suisse, on ne voit ni l'intérêt de l'État français à confier à ses tribunaux la mission de statuer sur le fond du litige, ni les raisons de refuser au défendeur la possibilité de contester leur pouvoir de juridiction. Et l'on pourrait en dire autant à propos de cette autre règle de l'article 46 NCPC qui, en matière délictuelle, donne compétence au tribunal du lieu du fait dommageable ou dans le ressort duquel le dommage a été subi, si aucun autre élément ne rattache le litige à la France.

En réalité, il semble que les tribunaux français ne devraient par principe, et sauf exceptions concernant certaines matières particulières (v. not. *infra*, n° 287), être reconnus compétents que dans les cas où l'une ou l'autre des deux parties est établie en France. En l'état, on a vu qu'ils le sont déjà lorsque cette condition est satisfaite du point de vue du défendeur, par le simple effet de la transposition dans les rapports internationaux de la règle *actor sequitur forum rei*. En revanche, la doctrine est traditionnellement hostile à l'idée d'asseoir la compétence des tribunaux français sur le domicile du demandeur *(forum actoris)* parce que celui-ci, qui prend l'initiative d'une instance dont rien ne garantit qu'elle mérite d'être déclenchée, lui semble moins digne de sollicitude que son adversaire. Néanmoins le *forum actoris* mériterait sans doute d'être consacré partiellement, soit au profit de certaines catégories de demandeurs, tels notamment que les consommateurs, soit comme condition de la mise en œuvre du principe de l'extension à l'ordre international des règles de la compétence territoriale : par exemple, en matière délictuelle, la victime ne pourrait saisir les tribunaux français de son action en réparation d'un dommage survenu en France que si elle était elle-même établie dans notre pays.

d) Exceptions

287 En l'état du droit positif, le principe de l'extension doit en tout cas être écarté chaque fois que le critère de compétence territoriale retenu dans la matière ne convient pas à la spécificité du litige international.

1° Il en est ainsi d'abord de la compétence du tribunal du lieu d'ouverture de la *succession*, en ce qui concerne les immeubles. L'utilité d'une centralisation l'emporte en procédure civile sur les avantages que présente la compétence du tribunal du lieu de situation de chaque immeuble. Il n'en est plus ainsi au plan international, car il existe, on le verra, une forte tendance à réserver à l'ordre juridictionnel du pays où un immeuble est situé la connaissance des litiges qui le concernent. L'ordre juridictionnel français est donc compétent si, et seulement si, l'immeuble successoral est situé en France.

2° La compétence en matière de *saisies et mesures conservatoires* nécessite également quelques adaptations.

a) De telles mesures ne peuvent, pour des raisons tenant au droit international public (v. *supra*, n° 30), être effectuées que par des organes agissant au nom de l'État sur le territoire duquel la mesure est exécutée, sous le contrôle des autorités judiciaires du même État. Toutes les règles de compétence sont affectées par cette territorialité.

Ainsi, alors qu'aux termes de l'article 211 du décret du 31 juillet 1992 relatif aux procédures civiles d'exécution, « le juge compétent pour autoriser une mesure conservatoire est le juge de l'exécution du lieu où demeure le débiteur », en matière internationale seul compte le lieu où la mesure sollicitée doit être exécutée : lieu de situation de l'immeuble sur lequel le créancier désire inscrire une hypothèque conservatoire, domicile du tiers entre les mains duquel il entend pratiquer une saisie conservatoire de créance (17), par exemple. De même, contrairement à ce qui résulterait de l'article 218 du même décret, toute contestation ou demande de mainlevée doit être portée devant le juge dans le ressort duquel la mesure a été ou doit être exécutée.

b) Compétence pour statuer sur une voie d'exécution et compétence pour statuer sur le fond sont en principe bien distinctes. Cependant, la Cour de cassation avait admis en 1979 que les difficultés éventuelles relatives *à l'existence ou au montant de la créance* pouvaient être tranchées par le juge français dès lors qu'une mesure conservatoire avait été pratiquée en France, et ce alors même que le fond du litige relevait normalement de la compétence d'un ordre juridictionnel étranger (par exemple celui du domicile du débiteur) (18). Par ce biais était introduite la possibilité de donner compétence au fond au juge français chaque fois que le débiteur possédait en France des biens susceptibles de faire l'objet d'une saisie conservatoire, ou de l'inscription d'une hypothèque conservatoire.

Un revirement de jurisprudence s'est opportunément produit en 1995 : l'intervention en France d'une saisie conservatoire (ou d'une autre mesure conservatoire) ne suffit plus à donner compétence aux tribunaux français pour

(17) Pour déterminer s'il y a lieu d'accorder l'autorisation, le juge doit apprécier le « principe de créance », invoqué par le saisissant. Le fait que la créance relève de la compétence d'un tribunal étranger n'empêche pas le juge français de se prononcer, même si ce tribunal est déjà saisi (Civ. 1re, 6 déc. 1989, *Rev. crit. DIP* 1990.545, note Couchez). L'existence d'une convention d'arbitrage n'interdit pas non plus au juge français d'autoriser une saisie conservatoire (Civ. 1re, 20 mars 1989, *Rev. arb.* 1989.653, 1re esp., note Fouchard, *JDI* 1990.1004, 1re esp., note Ouakrat).

Par ailleurs, la Cour de cassation a décidé que le tiers-saisi domicilié en France devait indiquer dans sa déclaration affirmative les sommes détenues même à l'étranger pour le compte du saisi (Com. 30 mai 1985, *Rev. crit. DIP* 1986.329, note Batiffol).

(18) Civ. 6 nov. 1979, *Nassibian*, *JDI* 1980.95, rapport Ponsard, *Rev. crit. DIP* 1980.588, note Couchez, *GA* n° 59 ; Civ. 18 nov. 1986, *Rev. crit. DIP* 1987.773, note Muir Watt, *JDI* 1987.632, note Kahn, *JCP* 1987.II.10909, note Nicod.

statuer sur les problèmes de fond relatifs à l'existence ou au montant de la créance (19).

e) Règles autonomes de compétence internationale

1° *Compétence fondée sur le risque de déni de justice*

288 Les règles de compétence territoriale interne répartissent les litiges entre les tribunaux des divers ressorts ; l'un d'eux est nécessairement compétent, il s'agit seulement de déterminer celui ou ceux qui sont les mieux placés en vue d'une bonne administration de la justice. Les règles de compétence internationale, en revanche, n'ont pas de fonction répartitrice, car elles concernent le seul ordre juridictionnel français : on se demande s'il est compétent ou non. Si la réponse est négative, rien ne garantit qu'un autre ordre juridictionnel se reconnaîtra compétent, de sorte que l'on court le risque d'un *déni de justice.*

Pour l'éviter, il faut faire de la circonstance qu'aucun tribunal étranger n'est pratiquement saisissable une cause autonome de compétence des tribunaux français. Telle est bien semble-t-il, la position de la jurisprudence (20).

Encore faut-il toutefois, que le litige présente certains liens avec la France (21), dès lors que, dans le cas contraire, la compétence reconnue aux juridictions françaises n'aurait aucune utilité. Par conséquent, celle-ci ne paraît guère pouvoir être admise, sur le fondement du déni de justice, en dehors des hypothèses où la décision qu'il est demandé aux juges français de rendre doit ou peut être exécutée, au moins partiellement, en France.

En revanche, la réalité du déni de justice mérite d'être appréciée avec souplesse : il ne s'agit pas d'exiger que le demandeur se heurte à une impossibilité absolue d'agir à l'étranger, faute pour aucun tribunal dans le monde de pouvoir se reconnaître compétence ; il suffit que les difficultés pratiques d'une action devant le juge potentiellement compétent apparaissent pour lui insurmontables ou qu'en dépit de l'évidence de son bien-fondé, une telle action n'aurait aucune chance d'aboutir. C'est sans doute ainsi que s'explique, bien mieux que par l'exception d'ordre public international qu'elle

(19) Civ. 1re, 17 janv. 1995, *Méridien-Breckwoldt*, *Rev. crit. DIP* 1996.133, note Lequette, *JCP* 1995.II.22430, note Muir Watt. *Adde* Civ. 1re, 11 févr. 1997, *D.* 1997.IR.62, *Bull. civ.* I n° 47, p. 30, *GA* n° 60.

(20) V. notamment Req. 30 déc. 1930, *RDIP* 1932.111 ; Civ. 13 janv. 1981, *JDI* 1981.360, note Huet, *Rev. crit. DIP* 1981.331, note Gaudemet-Tallon ; Paris 10 nov. 1959, *Dawn Addams*, *Rev. crit. DIP* 1960.218, note Ph. F., *D.* 1960.587, note Malaurie, *JDI* 1960.790, note Ponsard, *JCP* 1960.II.11716, note Bellet. Ce dernier arrêt admet même, *a contrario*, qu'il y aurait déni de justice au cas où la solution que donnerait, sur le fond du litige, le tribunal étranger compétent serait contraire à l'ordre public. *Adde* Paris 16 déc. 1974, *D.* 1975.355, *JDI* 1976.147, obs. Holleaux.

La compétence fondée sur le risque de déni de justice a cependant été formellement exclue pour une action en partage d'immeubles successoraux situés à l'étranger : Civ. 7 janv. 1982, *Rev. crit. DIP* 1983.87, note Ancel.

(21) V. Civ. 1re, 7 janv. 1982, *Rev. crit. DIP* 1983.87, note Ancel ; 16 avr. 1985, *Rev. crit. DIP* 1986.694, note Batiffol.

invoque expressément, la décision rendue le 10 mai 2006 par la Cour de Cassation (22) par laquelle elle a admis la compétence des tribunaux français pour connaître de la demande en paiement de salaires qu'une employée de maison nigériane, exerçant habituellement ses fonctions au Nigéria, avait formée contre l'employeur britannique auprès duquel sa famille l'avait placée, et qui avait été contrainte de le suivre dans l'un de ses déplacements en France, pour y accomplir son travail en contrepartie d'une rémunération dérisoire.

2° *Autres règles autonomes*

289 Les demandes qui tendent à rendre efficaces en France des *jugements étrangers* relèvent toujours de la compétence de l'ordre juridictionnel français (v. *infra*, n° 415).

Le *droit de prélèvement*, en matière successorale, peut être exercé en France si le cohéritier avantagé y possède des biens (v. *infra*, n° 813).

D'autres règles autonomes de compétence internationale sont liées à une implication de l'État dans la relation (v. *infra*, Section II).

B. Règles de compétence fondées sur la nationalité

290 Les articles 14 et 15 du Code civil donnent compétence aux tribunaux français lorsque l'une des parties est française.

Art. 14 : « L'étranger, même non résidant en France, pourra être cité devant les tribunaux français pour l'exécution des obligations par lui contractées en France avec un Français ; il pourra être traduit devant les tribunaux de France pour les obligations par lui contractées en pays étranger envers des Français ».

L'article 14 est donc relatif à l'hypothèse du Français *demandeur*. Il constitue pour celui-ci une faveur : il lui évite, s'il le désire, de plaider au tribunal étranger du domicile du défendeur et le met ainsi à l'abri d'un déplacement et surtout d'une attitude partiale du tribunal étranger en faveur de son national.

Art. 15 : « Un Français pourra être traduit devant un tribunal de France pour des obligations par lui contractées en pays étranger même avec un étranger. »

Le Français est ici dans la position de défendeur. L'article 15 confère une faveur à son adversaire en lui offrant la possibilité de saisir les tribunaux français. Mais on peut aussi l'interpréter comme évitant au Français d'être jugé par des tribunaux étrangers, suspects de partialité. Les deux interprétations ne sont pas incompatibles et la jurisprudence les a retenues toutes deux (on verra les conséquences de la seconde au chapitre de l'effet en France des jugements étrangers, *infra*, n° 376).

(22) *JCP* 2006.I.10121, note S. Bollée, *D.* 2006.1400, note Guiomard, *Rev. crit. DIP* 2006.856, note P. Hammje et E. Pataut, *JDI* 2007.531, note J.-M. Jacquet.

Les personnes bénéficiant du statut de réfugié sont assimilées aux Français quant à la possibilité d'invoquer les articles 14 et 15.

On examinera successivement le domaine d'application, les effets et le caractère facultatif de la compétence ouverte par les articles 14 et 15.

a) Domaine d'application

1° *Quant aux personnes*

291 Les articles 14 et 15 sont applicables dès lors que l'une des parties — personne physique ou personne morale — est française (23). Ainsi, ce qui compte, pour que l'ordre juridictionnel français soit compétent, n'est pas que la relation litigieuse mette en cause un Français, mais que l'une des personnes qui ont la qualité procédurale de parties au litige (24) soit française (25). Cette précision permet de déterminer à quel moment, et en la personne de qui, la nationalité française doit s'apprécier.

1° Il faut être Français au moment de l'introduction de l'instance. Peu importe la nationalité possédée au moment où la relation a été formée (par exemple, au moment de la survenance du délit, ou de la signature du contrat). Par ailleurs, conformément aux règles générales de procédure civile, un changement de nationalité postérieur à l'introduction de l'instance ne peut modifier la compétence.

2° En cas de litige impliquant : un héritier relativement à un droit faisant partie de la succession, un cessionnaire relativement au droit cédé, un liquidateur représentant le commerçant en liquidation judiciaire, un créancier exerçant l'action oblique, ce sont respectivement l'héritier, le cessionnaire, le failli et le créancier (et non le *de cujus*, le cédant, le liquidateur ou le débiteur inactif) qui doivent être Français, en leur qualité de parties au litige. La solution n'est pas sans inconvénient, car les prévisions de la partie adverse peuvent se trouver déjouées ; par exemple, ayant contracté avec un étranger, elle se trouve face à un cessionnaire ou à un subrogé français, et donc obligée de plaider en France (26).

(23) On verra (n° 299) qu'aux demandeurs français sont assimilés, pour le jeu de l'article 14, les demandeurs ayant leur domicile en France, en vertu de l'article 4, alinéa 2, du Règlement CE du 22 décembre 2000, et de l'article 7.2 du Règlement CE du 27 novembre 2003.

(24) Ce qui exclut le mandataire français des sociétés étrangères pour le compte desquelles l'action est introduite : Civ. 1re, 7 avril 1998, *Rev. crit. DIP*, 1998.459, note Muir Watt.

(25) Lorsque l'intéressé a une double nationalité française et étrangère, seule la première doit être prise en considération : Civ. 1re, 2 oct. 2001, *D.* 2001.IR.3089 ; *JCP* 2001. IV. 2819.

(26) Cette solution malheureuse a été admise par la Cour de cassation : Civ. 21 mars 1966, *Cie La Métropole*, *Rev. crit. DIP* 1966.670, note Ponsard, *D.* 1966.429, note Malaurie, *JDI* 1967.380, note Bredin, *GA* n° 43 ; Civ. 16 janv. 1973, *Rev. crit. DIP* 1975.92. V. les justes critiques et suggestions de M. Droz, *op. cit.*, spécialement p. 10 à 14. Trois tempéraments importants ont opportunément été admis. D'une part, si la cession de créance, ou la subrogation, sont frauduleuses, le plaideur français ne peut invoquer sa nationalité (Civ. 24 nov. 1987, *Rev. crit. DIP* 1988.364, note Droz, *JDI* 1988.733, note

2° *Quant aux actions*

292 Les articles 14 et 15 sont libellés en termes restrictifs. Ils mentionnent les actions relatives à des « obligations contractées » par ou envers des Français. Mais la jurisprudence a adopté une interprétation extensive. Selon la Cour de cassation (27), statuant sur la demande en réparation d'un délit formée par un Français : « L'article 14 du Code civil a une portée générale *s'étendant à toutes matières*, à l'exclusion des actions réelles immobilières et des demandes en partage portant sur des immeubles situés à l'étranger, ainsi que des demandes relatives à des voies d'exécution pratiquées hors de France ». Le principe et les exceptions, qui avaient été dégagés antérieurement, mais que l'arrêt expose pour la première fois dans une formule synthétique, valent aussi pour l'article 15 (28).

La première exception — actions réelles et en partage portant sur des immeubles — s'explique par l'attraction déjà vue (n° 287) du lieu de situation de l'immeuble sur la compétence juridictionnelle (29). La seconde est parente de celle qui a déjà été rencontrée en matière de compétence ordinaire (v. *supra*, n° 287) : il n'appartient pas à une autorité judiciaire française de se prononcer, que ce soit pour le valider, pour l'annuler ou pour en donner mainlevée, sur un acte conservatoire ou d'exécution effectué à l'étranger par un organe de contrainte étranger (30).

Il n'y a pas en revanche d'impossibilité théorique à ce que l'autorisation de pratiquer une mesure conservatoire soit demandée au juge français sur le fondement de l'article 14 ou de l'article 15 (31). Mais on n'en voit pas l'intérêt. En effet le recours aux articles 14 et 15 ne se justifie que si les biens à saisir (ou le domicile du tiers saisi dans la cas de la saisie de créance) ne se trouvent pas en France. Dès lors la saisie ne pourra être effectuée qu'à l'étranger, et l'on n'imagine guère, en dehors du droit conventionnel, que l'autorisation accordée par un juge français puisse être d'une quelconque utilité dans l'accomplissement de la mesure hors de France.

Loquin ; 14 déc. 2004, *RGDA* 2005.188, note Heuzé, *D.* 2005.1264, obs. P. Courbe et H. Chanteloup, *DMF* 2005.423, obs. Ph. Delebecque). D'autre part, lorsque le contrat litigieux comporte une cause attributive de juridiction ou une clause compromissoire, il est admis que celle-ci, faisant partie de l'économie de la convention, s'impose au subrogé ou au cessionnaire (Civ. 25 nov. 1986, *Rev. crit. DIP* 1987.396, note Gaudemet-Tallon ; Civ. 24 nov. 1987, précité). Enfin l'article 14 ne peut être invoqué par le cessionnaire français demandeur lorsque le cédant avait déjà saisi un tribunal étranger (Civ. 24 nov. 1987, précité).

(27) Civ. 27 mai 1970, *Weiss*, *Rev. crit. DIP* 1971.113, note Batiffol, *GA* n° 49.

(28) On remarquera que les litiges nés d'un contrat de travail ou d'un contrat d'assurance ne figurent pas parmi les exceptions. Un Français peut aussi demander en France la mise en redressement ou en liquidation judiciaire d'une société étrangère (Com. 19 mars 1979, *Rev. crit. DIP* 1981.524, note Lagarde).

(29) V. Civ. 4 déc. 1979, *Rev. crit. DIP* 1980.758, note Ancel, qui semble étendre l'exception aux demandes en partage qui présentent le caractère d'une pétition d'hérédité ; Civ. 7 mars 2000, *Rev. crit. DIP* 2000, p. 458, note Ancel.

(30) V. Civ. 12 mai 1931, *JDI* 1932.387, note Perroud, S. 1932.I.137, note Niboyet, *D.* 1933.I.60, note Silz. ; Civ. 4 mai 1976, *Rev. crit. DIP* 1977.352, 1re esp., note D. Mayer ; Paris 18 déc. 1996, *Rev. crit. DIP* 1997.527, note Santa-Croce.

(31) En ce sens Paris 11 juill. 1962, *JCP* 1963.II.13110, note J. A., *JDI* 1963.1068, obs. Sialelli ; HUET, *JDI* 1982.166 ; *contra*, PATARIN, *Rép. Dalloz Droit internat.*, 1re éd., V° Saisies, n° 3.

En tout cas une demande tendant à la constatation d'une dette, et seulement par voie de conséquence à une mesure d'exécution, peut toujours être présentée en France par un Français ou contre un Français (32).

293 Le point est controversé de savoir si les articles 14 et 15 sont applicables à la juridiction gracieuse (33). Dans le sens de la négative, on peut invoquer d'un côté l'absence de défendeur, qui entraîne l'exclusion de l'article 15, de l'autre, le caractère intransposable de l'article 14, dont le but est de protéger le Français contre la partialité des tribunaux étrangers en faveur de son *adversaire*, notion qui implique un litige. Le premier argument est irréfutable, et l'article 15 n'est donc pas susceptible d'être appliqué en matière gracieuse. Le second serait convaincant si la jurisprudence, en faisant jouer l'article 14 dans les rapports *entre deux Français*, n'avait montré qu'elle est aussi sensible à une autre idée : celle que la France met ses tribunaux à la disposition de ses nationaux. Or, cette idée est aussi valable pour la juridiction gracieuse.

Il faut toutefois, en matière gracieuse, réserver aux tribunaux le pouvoir de décliner leur compétence fondée sur l'article 14 si les exigences d'une bonne administration de la justice l'imposent (34). En effet, le rôle du juge comporte souvent des tâches matérielles qui ne peuvent être commodément remplies qu'en certains lieux (par exemple, effectuer une enquête sur le milieu social dans lequel vit un enfant, présider un conseil de famille).

b) Effets

294 Les articles 14 et 15 ont pour effet de rendre compétent l'ordre juridictionnel français, dans des cas où il ne le serait pas par application des règles ordinaires de compétence internationale. Cette dernière précision a été contestée. Il est arrivé à la Cour de cassation d'invoquer l'article 14 ou l'article 15 alors que, un critère de compétence *ratione loci* étant réalisé en France, la compétence des tribunaux français était hors de doute (35). Il était cependant illogique de faire appel à des textes spéciaux (en ce qu'ils instituent un *privilège*) alors que les règles générales suffisent à justifier le résultat recherché, et c'est pourquoi la solution contraire l'a finalement emporté (36).

(32) V. Civ. 11 mai 1976, *Rev. crit. DIP* 1977.352, 2e esp. note D. Mayer, *JDI* 1977.481, note Gaudemet-Tallon.

(33) V. contre leur application SOULEAU (concl. sous Paris 29 juin 1968), *JCP* 1969.II.15 845 ; pour leur application, PONSARD, note *Rev. crit. DIP* 1970, p. 307-308. La Cour de cassation a finalement pris parti en ce dernier sens : Civ. 1re, 9 déc. 2003, *Dr. de la Famille*, 2004.163, note B. Bourdelois, *Petites Affiches*, 2004, n° 115, p. 18, note F. Jault.

(34) Ce tempérament n'est pas admis par la Cour de cassation : Civ. 1re, 9 déc. 2003, précité.

(35) V. notamment Civ. 11 oct. 1967, *Dame Stanton*, *Rev. crit. DIP* 1968.105, note Jean Foyer, *D.* 1968.105, note Jean Foyer, *D.* 1968.302, note Claeys. V. aussi Nîmes 24 avr 1980, *JDI* 1981.596, obs. Huet.

(36) Civ. 19 nov. 1985, *Société Cognacs and Brandies from France*, *JDI* 1986.719, note Huet, *Rev. crit. DIP* 1986.712, note Lequette, *D.* 1986.362, note Prévault, *GA* n° 68 ; Civ. 1re, 18 avr. 2000, *Bull. civ.* I n° 110, p. 75.

Le tribunal compétent sur le fondement de l'article 14 ou de l'article 15 peut aussi connaître des demandes incidentes connexes, dans les conditions du droit commun (37). Mais en l'absence d'un texte analogue à l'art. 42, al. 2 nouv. C. proc. civ. (qui permet d'attraire tous les codéfendeurs devant le tribunal du domicile de l'un d'eux), le demandeur ne peut assigner en France que ceux des codéfendeurs domiciliés à l'étranger contre lesquels il est en position d'invoquer l'article 14 ou l'article 15, ce qui exclut notamment les défendeurs à l'égard desquels il a renoncé à se prévaloir de ces textes (38), et ceux qui peuvent invoquer un traité (39).

295 Les articles 14 et 15 ont aussi une incidence sur la compétence territoriale interne. En effet, si l'on recourt aux articles 14 ou 15, c'est qu'aucun tribunal français n'était spécialement compétent (v. le n^{o} précédent) ; or, la compétence de l'ordre juridictionnel français serait vidée de signification si aucun tribunal français n'acceptait de connaître du litige ; il faut donc donner une compétence spéciale à l'un d'eux, en dérogeant aux règles ordinaires de cette compétence.

Telle est la portée exacte des articles 14 et 15 : *ils contraignent une juridiction française à se déclarer spécialement compétente, en raison de la nationalité française de l'une des parties, alors qu'aucun critère ordinaire de compétence territoriale n'est réalisé en France.*

Reste à déterminer cette juridiction spécialement compétente. La Cour de cassation, après avoir varié, a énoncé la règle suivante : « Le demandeur peut valablement saisir le tribunal français qu'il choisit en raison d'un *lien de rattachement* de l'instance au territoire français ou, *à défaut*, selon les exigences d'une *bonne administration de la justice* (40) ». En l'espèce, la demanderesse ayant saisi le tribunal de son propre domicile en France, domicile qui constituait un lien de rattachement sérieux, le tribunal aurait dû se reconnaître compétent.

En l'absence de tout lien du litige avec la France, la notion de bonne administration de la justice peut conduire à saisir l'un des tribunaux parisiens, « en raison de leur situation géographique centrale ». La proximité d'une frontière peut aussi être un élément déterminant.

Le nouveau Code de procédure civile consacre quelques solutions particulières, dérogatoires à la règle générale posée par la Cour de cassation : v. notamment l'article 42, al. 3, dans l'hypothèse où le défendeur n'a ni domicile ni résidence connus, l'article 1166 en matière d'adoption, l'article 1431 pour l'action en reconstitution d'acte détruit.

(37) Civ. 19 avr. 1935, *Rev. crit. DIP* 1936.168, *JDI* 1936.598.
(38) Com. 12 juill. 1950, *Rev. crit. DIP* 1952.509, note Francescakis, *JDI* 1950.1026, note Goldman.
(39) Civ. 3 mai 1978, *JDI* 1978.898, rapport Ponsard, *JCP* 1978.II.18929, note Huet. *A fortiori le codemandeur* étranger d'un Français ne peut se réclamer de l'article 14 (*contra* : Civ. 1re, 28 juin 1989, *Rev. crit. DIP* 1990.111, note Gaudemet-Tallon), sauf caractère conjoint ou connexe des demandes.
(40) Civ. 13 juin 1978, *Rev. crit. DIP* 1978.722, note Audit, *JDI* 1979.414, obs. Kahn. La liberté de choix ainsi consentie au demandeur paraît restreinte, à suivre Civ. 29 janv. 1980, *JCP* 1980.IV.144.

c) Caractère facultatif

296 Les articles 14 et 15 ne sont pas facultatifs pour le tribunal, lorsque l'une des parties en a invoqué le bénéfice : la Cour de cassation a censuré une cour d'appel qui avait refusé de se reconnaître compétente sur le fondement de l'article 14, au prétexte que le litige présentait des liens plus étroits avec un tribunal étranger (41).

En revanche, les articles 14 et 15 sont facultatifs pour les parties. Ils leur confèrent un privilège, dont il leur est loisible de ne pas user, s'ils préfèrent plaider à l'étranger. Il en est ainsi en toute matière, même prud'homale (42), d'état des personnes, ou gracieuse. Mais la Cour de cassation a expressément, dans une affaire de divorce (43), réservé la fraude.

Le caractère facultatif des articles 14 et 15 n'empêche pas le tribunal de les appliquer d'office, lorsque le demandeur omet de s'en prévaloir. Il signifie seulement que les parties peuvent y *renoncer*. Or on ne saurait déduire une telle renonciation du fait que le demandeur s'est seulement abstenu d'invoquer expressément leurs dispositions : puisque, par hypothèse, elles constituent le seul fondement possible de la compétence de la juridiction française qu'il a saisie (v. *supra*, n° 294), celle-ci devrait d'office en faire application, dès lors du moins qu'elle est informée de la nationalité française de l'une des parties. Pourtant, la position de la Cour de cassation est, en la matière, très hésitante (44).

297 La compétence fondée sur les articles 14 et 15 étant facultative, celui à qui elle est offerte peut y renoncer. Lorsque le Français est demandeur, c'est à lui que l'article 14 donne un privilège. C'est donc lui qui peut y renoncer et c'est à lui qu'on opposera la renonciation. En revanche, lorsqu'il est défendeur, les solutions ont évolué. On verra en effet (*infra*, n° 376) que pendant longtemps la jurisprudence a considéré que la compétence attribuée par les articles 14 et 15 aux tribunaux français était exclusive de toute compétence concurrente étrangère, si bien que les deux parties pouvaient en tirer avantage : le demandeur, bien sûr, qui pouvait agir en France contre son adversaire français ; mais aussi ce défendeur français, lorsqu'il avait été condamné par un tribunal étranger, puisqu'il pouvait alors arguer de l'incompétence de ce dernier pour faire obstacle à la reconnaissance de sa décision en France. En conséquence, les deux parties pouvaient avoir intérêt à invoquer l'article 15 et étaient donc en position d'y renoncer.

(41) Civ. 18 déc. 1990, *Rev. crit. DIP* 1991.759, note Ancel, cassant Paris 11 janv. 1989, *D.* 1989, Som. 256, obs. Audit ; *adde* Civ. 1re, 3 juin 1997.

(42) Ch. mixte 28 juin 1974 (2 arrêts), *JCP* 1974.II.17881, note Lyon-Caen, *Rev. crit. DIP* 1975.110, note P. L., *JDI* 1975.82, 1re et 2e esp., note D. Holleaux.

(43) Civ. 16 févr. 1965, *JDI* 1965.628, note Level, *Rev. crit. DIP* 1966.691, note Dehaussy.

(44) Pour l'application d'office : Civ. 16 avr. 1985, *D.* 1985.IR.496, obs. Audit, *Rev. crit. DIP* 1987.5841, note Khairallah ; contre Com. 9 oct. 1967, *JDI* 1968.918, note Bredin ; Civ. 1re, 26 mai 1999, *Bull. Civ.* I. n° 171, p. 113.

La solution est différente depuis l'arrêt *Prieur* du 23 mai 2006 (45) : la compétence dérivant des articles 14 et 15 n'étant plus exclusive, et ne pouvant plus faire échec à la reconnaissance des jugements étrangers (*infra* n° 376), elle n'a plus d'intérêt que pour le demandeur. Lui seul peut donc désormais y renoncer utilement.

298 La renonciation est parfois expresse. Les parties se mettent d'accord pour exclure spécialement les articles 14 et 15 dans leurs éventuels litiges ; ou bien elles attribuent compétence à un juge étranger ou à un arbitre (46). Dans le premier cas, les effets de la renonciation sont limités à la compétence fondée sur la nationalité des parties, dans le second toute compétence des tribunaux français, même fondée sur les règles ordinaires (du moins lorsque celles-ci ne sont pas impératives), est écartée.

La renonciation peut aussi être tacite, mais il est rare que les tribunaux la déduisent de la simple comparution devant une juridiction étrangère. Le fait même de saisir volontairement une telle juridiction, comme *demandeur*, n'est pas interprété comme une renonciation à la compétence des tribunaux français : après s'être désisté de son instance à l'étranger, le demandeur pourrait donc les saisir (47).

C. Règle de compétence résultant de la Convention de Bruxelles et des Règlements européens sur la compétence judiciaire internationale

299 Il résulte de la Convention de Lugano du 16 septembre 1988 et du Règlement CE n° 44/2001 du 22 décembre 2000 (qui seront étudiés pour l'essentiel *infra*, Section III) que tout étranger dont le domicile est situé en France est assimilé au Français quant à la possiblité d'invoquer l'article 14 du Code civil (art. 4, § 2 de la Convention et du Règlement). Cette règle s'intègre dans le droit commun français de la compétence internationale. Son domaine *ratione materiœ* comporte cependant les mêmes limites que la Convention ou le Règlement, c'est-à-dire qu'en sont exclues — sous réserve des précisions qui seront apportées *infra*, n° 333 — les matières relevant du statut personnel, du

(45) *GA* n° 87 ; *Petites Affiches*, 22 sept. 2006, p. 10, note Courbe, *Rev. crit. DIP* 2006.870, note Gaudemet-Tallon, *D.* 2006.1880 et chron. B. Audit, p. 1846, *JDI* 2006.1377, obs. Chalas, *Gaz. Pal.* 28 avr. 2007, p. 21, obs. M.-L. Niboyet.

(46) La renonciation ne peut, dans ce cas, être admise que si la clause attributive de juridiction est elle-même valable : Civ. 1re, 20 nov. 2001, *Rev. crit. DIP* 2001.563, note BA.

(47) Civ. 1re, 27 janv. 1993, *D.* 1993.602, note Massip. *Contra* Civ. 1re, 30 juin 1992, *D.* 1994.169, note Guez, rendu dans une espèce où la saisine de la juridiction étrangère était postérieure à celle de la juridiction française.

droit patrimonial de la famille, de la faillite et de la sécurité sociale. D'autre part, la règle est sans application si le défendeur a son domicile sur le territoire de l'un des États membres, l'article 14 étant alors lui-même exclu (v. *infra*, n° 336).

Les mêmes solutions sont retenues par le Règlement CE n° 2201/2003 du 27 novembre 2003 (article 7.2) à propos des procédures de divorce, de séparation de corps ou d'annulation d'un mariage (v. *infra*, n° 594).

Le but recherché est de faire disparaître une inégalité entre les Français et les étrangers domiciliés en France. Mais la règle peut s'exprimer sans la référence à l'article 14 : *toute personne domiciliée en France peut porter un litige (entrant dans les matières définies par la Convention de Lugano ou les Règlements CE) auquel elle est partie devant un tribunal de France*. Et le privilège de l'article 14 subsiste par ailleurs, puisqu'un Français (et seul un Français) domicilié à l'étranger peut se porter demandeur en cette qualité devant un tribunal français. On a en fait simplement ajouté à un privilège fondé sur la nationalité un privilège fondé sur le domicile (48).

Quant au régime de ce nouveau privilège, il suffit de renvoyer à ce qui a été dit du privilège de l'article 14 (*supra*, n°s 290 à 298) en substituant aux mots « Français demandeur » les mots « demandeur domicilié en France ».

§ 2. RÉGIME DE LA COMPÉTENCE

A. Les clauses relatives à la compétence internationale

a) Clauses attributives de juridiction

300 Les clauses qui désignent l'ordre juridictionnel étatique compétent sont très fréquentes dans les contrats internationaux ; elles peuvent intervenir aussi en matière non contractuelle, mais sont alors rarissimes.

Pour déterminer si elles sont valables, il faut d'abord savoir à quelle loi est soumise cette validité (1°), puis connaître le contenu du droit applicable (on se bornera au droit français) (2°).

Il faut indiquer que, le 30 juin 2005, a été adoptée à La Haye une convention sur les clauses exclusives d'élection de for (49).

(48) Et non un critère objectif de compétence, le *forum actoris* : le régime de la compétence fondée sur le domicile en France du demandeur est en effet celui d'un privilège ; en particulier, on peut y renoncer, même en matière d'état (sauf fraude).

(49) Sur laquelle v. KESSEDJIAN, « La convention de La Haye du 30 juin 2005 sur l'élection de for », *JDI* 2006.813.

1° *Loi applicable : la loi du for*

301 Il serait certainement contraire au droit international public qu'un État prétende régler la compétence des organes d'un autre État : la seule loi qui ait vocation à admettre ou à refuser, *dans son principe*, une extension ou une restriction conventionnelle de la compétence des tribunaux d'un État est donc la loi de cet État. Comme on va supposer qu'un tribunal français est saisi de la demande au fond, la règle essentielle qu'il convient d'énoncer est que la *loi française décide seule si une clause peut fonder la compétence des tribunaux français, ou au contraire l'écarter* (sur l'hypothèse où un tribunal français est saisi de la demande d'exequatur d'une décision prononcée par un tribunal étranger rendu compétent ou incompétent par la clause, v. *infra*, n° 378).

Mais si la compétence des tribunaux français a été étendue ou restreinte, la compétence des tribunaux d'un État étranger au moins a été corrélativement restreinte ou étendue par la clause. Le principe de droit international public sus-énoncé conduit à admettre que seul l'État étranger dont les tribunaux ont vu leur compétence ainsi restreinte ou étendue peut admettre ou rejeter cet effet de la clause.

Il peut alors y avoir *conflit positif*, les deux États admettant la compétence de leurs tribunaux. Le conflit est gênant, mais banal en matière de compétence internationale ; il se résout par le choix qu'exercera le demandeur.

En revanche, le *conflit négatif* (aucun État ne s'estime compétent) est une situation inadmissible. Mais elle est facile à régler : il suffit que le for dont la clause exclut valablement la compétence, constatant que le for désigné n'accepte pas sa désignation, se reconnaisse compétent sur le fondement du risque de déni de justice (v. *supra*, n° 288).

302 Les développements qui précèdent ne concernent que la licéité de la clause (50). Les autres conditions de *validité au fond* (absence de vice du consentement, etc.), et l'*interprétation*, sont soumises comme celles de tout contrat à la loi choisie par les parties (51) ; ce sera normalement la loi qui régit le contrat principal, dans lequel la clause se trouve en général incluse.

La *validité en la forme* est déterminée par la règle de conflit alternative de droit commun, qui permet aux parties de suivre, soit les formes de la loi du lieu où l'acte est conclu, soit celles de la loi qui régit l'acte au fond.

Il conviendrait de reconnaître à la clause une certaine *autonomie* par rapport au contrat dans lequel elle est incluse, en ce sens qu'elle pourrait être reconnue valable alors même que le contrat serait nul (52).

(50) Comp. Heuzé, *Joly contrats internationaux*, Livre IX, selon qui l'accord d'élection de for est, non un contrat, mais une convention devant être régie par la loi de ses effets procéduraux.

(51) En ce sens Soc. 14 janv. 1976, *Bull. civ.* V, n° 25, p. 21 ; Civ. 3 déc. 1991, *Rev. crit. DIP* 1992. 340, note H.G.-T ; *contra* Paris 10 oct. 1990, *Rev. crit. DIP* 1991.605, note Gaudemet-Tallon.

(52) *Contra* Trib. gr. inst. Paris, 10 juill. 1991, *Rev. crit. DIP* 1993.54, note critique Gaudemet-Tallon.

2° *Solutions du droit français*

303 La loi française étant reconnue compétente, encore faut-il préciser comment elle résout le problème : valide-t-elle la prorogation internationale de compétence ?

La Cour de cassation a répondu de façon affirmative (53). En matière contractuelle, les nécessités du commerce international imposaient la solution, car les parties répugnent le plus souvent à laisser un élément aussi important, pour leurs relations, que la détermination de l'ordre juridictionnel destiné à les apprécier en cas de litige, dépendre d'une initiative prise unilatéralement par l'une d'entre elles au moment du procès.

Une difficulté résultait toutefois de l'article 48 du nouveau Code de procédure civile, qui prohibe, sauf entre commerçants, les clauses attributives de juridiction dont l'effet serait de déroger « directement ou indirectement », dans l'ordre interne, aux règles de compétence territoriale. Certes, on a insisté plus haut sur la différence radicale qui sépare compétence internationale et compétence territoriale, d'où il résulte que le régime de l'une n'est pas nécessairement calqué sur celui de l'autre. Il n'empêche qu'une clause qui modifie la compétence internationale modifie aussi, indirectement mais nécessairement, la compétence territoriale interne : elle détermine non seulement *au nom de quel souverain* la justice sera rendue, mais aussi *en quel lieu*. Il ne suffisait donc pas de refuser d'étendre à la compétence internationale la prohibition des clauses attributives de juridiction édictée à l'égard de la compétence territoriale ; il fallait aussi *exclure de la prohibition les clauses qui ne modifient la compétence territoriale interne qu'en conséquence d'une modification de la compétence internationale*. C'est ce qu'a fait, en ces termes, la Cour de cassation dans l'arrêt du 17 décembre 1985.

Une exigence particulière posée par l'article 48 doit en revanche être maintenue : celle que la clause « ait été spécifiée de façon très apparente dans l'engagement de la partie à qui elle est opposée ». Destinée à protéger chaque partie contre une manœuvre possible de l'autre, cette condition de forme ne doit pas pouvoir être éludée par le choix d'une loi libérale. Elle s'impose donc à toute clause qui crée ou, au contraire, supprime la compétence des tribunaux français. Mais son application aux litiges internationaux nécessite une adaptation dans le sens de la souplesse, pour tenir compte des *usages du commerce international* : les solutions de la Convention de Bruxelles, reprises par le Règlement européen du 22 décembre 2000 (v. *infra*, n° 352), pourraient ainsi être considérées comme faisant partie du droit commun français (54).

304 La licéité des clauses prorogeant la compétence internationale, même si on l'admet de façon générale, est enfermée dans certaines limites :

(53) Civ. 17 déc. 1985, *Cie de de signaux et d'entreprises électriques*, *Rev. crit. DIP* 1986.537, note Gaudemet-Tallon, *D.* 1986.IR.265, obs. Audit, *GA* n° 69 ; Civ. 25 nov. 1986, *Rev. crit. DIP* 1987.396, note Gaudemet-Tallon.

(54) En ce sens Civ. 25 nov. 1986, cité note précédente ; Paris 10 oct. 1990, cité *supra* n° 302. Sur l'importance de la langue dans laquelle a été rédigée la clause, v. Paris 18 déc. 1987, *D.* 1988, Som. 343, obs. Audit, et Paris 27 janv. 1988, *D.* 1988, Som. 342.

1° Il faut que le litige soit *international*. En revanche la jurisprudence n'exige pas que le pays désigné présente un lien sérieux avec le litige. La Cour de cassation a déclaré valable une clause conclue entre une société française et une société allemande et choisissant un tribunal suisse, en relevant que les parties avaient entendu se garantir un recours à la juridiction d'un pays tiers pour faciliter la solution de leurs difficultés communes (55). Il est peut-être permis d'hésiter cependant à approuver cette solution et de se demander s'il ne conviendrait pas d'exiger que les parties aient à la soumission du litige au tribunal désigné un intérêt légitime, qui mériterait certes d'être apprécié libéralement, mais que ne devrait pas suffire à caractériser le simple souci de plaider devant un juge « neutre ».

2° Il ne faut pas que la clause fasse échec à la *compétence territoriale impérative* d'une juridiction française. L'impérativité se rencontre notamment en matière d'assurance terrestre (56) et de contrat de travail ; elle est destinée à protéger l'une des parties (assuré, salarié) contre l'autre, de sorte que toute clause qui attribue compétence à une autre juridiction, et *a fortiori* à un autre ordre juridictionnel, est prohibée (57).

Quid d'une clause qui tendrait à mettre en échec la compétence d'une juridiction *étrangère* dans un litige portant sur l'une de ces matières ? L'opinion a été émise qu'il serait impossible de l'annuler, aucune entorse n'étant faite aux règles françaises, qui ne peuvent attribuer compétence impérative qu'aux juridictions françaises (58). Cependant le désir de protection de la partie faible, qui anime le législateur français, motive tout aussi fortement la nullité de la clause dans cette hypothèse. La nullité n'est pas fondée sur l'impérativité d'un critère de compétence, mais sur la prohibition des clauses en certaines matières (cf. la rédaction de l'article L. 121-3 du Code du travail).

3° Les clauses attributives de juridiction sont interdites dans les litiges relatifs à *l'état des personnes* : ce qui est vrai dans le domaine de la compétence territoriale interne (art. 93 du nouveau Code de proc. civ.) l'est *a fortiori* dans celui de la compétence internationale, le choix de la juridiction y emportant celui de la loi applicable.

305 L'*effet* des clauses relatives à la compétence internationale est d'attribuer globalement compétence à un ordre juridictionnel. Elles peuvent, certes, préciser en même temps quel

(55) Com. 19 déc. 1978, *Europa-Carton*, *JDI* 1979.366, note Gaudemet-Tallon, *Rev. crit. DIP* 1979.617, note Huet. *Adde* Paris 10 oct. 1990, cité *supra* n° 302.

(56) Voy. en ce sens Civ., 17 juin 1997, *Rev. crit. DIP* 1998.452, note Ancel ; *RGDA*, 1999, p. 204, note Heuzé.

(57) Certains aménagements sont cependant nécessaires. Ainsi, la compétence fondée sur le domicile du salarié ou sur le lieu de conclusion du contrat de travail doit pouvoir être écartée lorsque le contrat s'exécute à l'étranger au service d'un employeur étranger, pour ne pas décourager celui-ci d'embaucher des salariés de domicile français ; on peut interpréter en ce sens Soc. 8 juill. 1985, *Rev. crit. DIP* 1986.113, note Gaudemet-Tallon ; Civ. 1re, 15 juin 1987, *Rev. crit. DIP* 1988.78, 2e esp., note Gaudemet-Tallon, *JDI* 1988.1041, 1re esp., note A. Lyon-Caen ; Civ. 1re, 8 mars 1988, *JDI* 1988.1041, 2e esp., note A. Lyon-Caen ; Soc. 30 janv. 1991, *Bull. civ.* V, n° 41, p. 26.

(58) En ce sens, P. LAGARDE, note *Rev. crit. DIP* 1974.360 et 361. V. Ch. mixte 18 juin 1974 (2 arrêts), *JCP* 1974.II.17881, note Lyon-Caen, *Rev. crit. DIP* 1975.110, note P. L., *JDI* 1975.82, note D. Holleaux ; Civ. 29 janv. 1975, *JDI* 1976.145, obs. Tillhet-Pretnar.

sera le tribunal spécialement compétent : ainsi une clause attribuant compétence « au Tribunal de grande instance de Paris » est une clause relative à la fois à la compétence territoriale interne, à la compétence d'attribution interne, et à la compétence internationale si le litige est international. Mais une clause donnant compétence « aux tribunaux de tels pays », sans autre précision, est valable ; il suffit ensuite d'appliquer les règles de compétence interne du pays désigné pour déterminer le tribunal spécialement compétent (59).

Une autre question est de savoir si la clause peut être invoquée par l'une des personnes qu'elle lie pour éviter de comparaître devant un tribunal français lorsqu'elle est assignée soit comme codéfendeur d'une personne domiciliée en France (art. 42, al. 2 nouv. C. proc. civ.), soit comme intervenant forcé (art. 331, nouv. C. prov. civ.). L'article 333, qui paralyse l'effet de la clause dans le cas de l'intervention forcée, est écarté en matière internationale car le respect des prévisions des parties y est plus essentiel qu'en matière interne (60). La même solution est admise au profit du codéfendeur, mais elle cède, semble-t-il, en cas d'indivisibilité entre les demandes (61).

L'existence d'une clause attribuant compétence à un tribunal étranger ne prive pas le juge des référés français de sa compétence, en cas de demande fondée sur l'urgence ou le péril, dès lors que la mesure sollicitée doit s'exécuter en France (62). Cette solution ne s'étend pas au référé-provision.

b) Clauses compromissoires et compromis

306 Une prohibition générale de recourir à l'arbitrage, en toutes matières, constituerait une prise de position sur une question d'organisation judiciaire, et relèverait à ce titre de la loi du tribunal saisi. Mais en pratique l'on n'observe guère que des prohibitions limitées à des matières particulières : droit de la famille, droit du travail, droit de la concurrence, par exemple. L'« inarbitrabilité » est alors indissociable du fond ; elle est destinée à protéger l'une des parties, ou à éviter que ne soit méconnu le caractère impératif des règles applicables. C'est pourquoi il est préférable de soumettre la question de la licéité du recours à l'arbitrage à la loi applicable au fond — laquelle sera éventuellement une loi de police, ainsi en matière de concurrence (63).

Pour ce qui concerne les conditions de validité au fond des conventions d'arbitrage, autres que la licéité de leur objet même, la jurisprudence française a dégagé une règle matérielle

(59) Civ. 17 déc. 1985, précité n° 303 ; Com. 25 nov. 1997, *Rev. crit. DIP* 1998.98, rapp. Rémery ; Civ. 13 avr. 1999, *Rev. crit. DIP* 2000.219, note Ancel.

(60) Civ. 30 mars 1993, *Compagnie marocaine de navigation*, *Rev. crit. DIP* 1993.680, note Gaudemet-Tallon.

(61) Civ. 23 oct. 1990, *Columbia Pictures*, *Bull. civ.* I, n° 219. Il n'est pas impossible que dans le futur la réserve de l'indivisibilité soit abandonnée. Mais il faudrait sans doute alors que la jurisprudence abandonne également la solution, pourtant fermement arrêtée aujourd'hui en matière de transport maritime, suivant laquelle une clause d'élection de for n'est opposable au destinataire de la marchandise que s'il l'a expressément acceptée : Cass. com. 16 janv. 1996, *Dr. mar. fr.*, 1996, p. 393, obs. Bonassies ; 27 mai 1997, *Bull. civ.* IV, n° 160, p. 144 ; 25 nov. 1997, *Rev. crit. DIP* 1998.98, rapp. Rémery ; 8 déc. 1998, *Rev. crit. DIP* 1999.536, 1re esp., note Pataut ; 7 déc. 2004, *DMF* 2005.133, obs. Rémery, *RTD com.* 2005.191, obs. Delebecque ; comp. Civ. 1re, 12 juill. 2001, *Bull. civ.* I, n° 224, p. 140, *DMF* 2001 Somm. 3246, obs. Delebecque.

(62) Civ. 17 déc. 1985, précité n° 303.

(63) Assez malencontreusement la Convention de New York du 10 juin 1958 sur la reconnaissance et l'exécution des sentences arbitrales étrangères (art. V. 2.a) et la Convention de Genève du 21 avril 1961 sur l'arbitrage commercial international (art. VI) soumettent la question à la loi du for.

propre à l'arbitrage international destinée à le favoriser : la clause compromissoire insérée dans un contrat international est « autonome » par rapport à celui-ci comme à la loi qui le régit (Civ., 4 juillet 1972, *Hecht*) (64). Bien plus, il n'y aurait pas lieu de rechercher la loi qui lui est applicable, dès lors qu'elle serait soumise à un « principe de validité » qui ne céderait qu'en cas de contrariété à l'ordre public international (Civ. 1re, 20 décembre 1993, *Dalico*).

Cette solution, qui a été diversement accueillie (65), suscite, quant à sa portée, de nombreuses interrogations. Il paraît en particulier difficile d'en déduire qu'elle exclue toute autre condition de validité — on pense notamment à l'exigence d'un consentement non vicié — ou que toute matière — on songe, par exemple, à l'état des personnes — soit « arbitrable ». D'ailleurs, une limite sur ce dernier point a déjà été posée, qui concerne les litiges individuels du travail : la clause compromissoire insérée dans un contrat de travail international, quelle que soit la loi régissant celui-ci, est inopposable au salarié, dès lors, en tout cas, que les tribunaux français sont compétents pour connaître du litige en vertu des règles de compétence internationale (66). Et si la Première chambre civile de la Cour de cassation a au contraire considéré que les clauses compromissoires insérées dans les contrats internationaux conclus entre les professionnels et les consommateurs pouvaient recevoir application (67), cette solution paraît bien être condamnée depuis l'entrée en vigueur de l'article L. 135-1 du Code de la consommation, qui prohibe, en tant que clauses abusives, les stipulations obligeant le consommateur « à saisir exclusivement une juridiction d'arbitrage », toutes les fois au moins où ce consommateur a « son domicile sur le territoire de l'un des États membres de l'Union européenne et que le contrat y est proposé, conclu ou exécuté » (68).

B. Les sanctions de l'incompétence

a) Constatation de l'incompétence

307 Les tribunaux français sont incompétents lorsque aucun critère de compétence ni aucune clause valable ne leur attribuent positivement compétence.

(64) *JDI* 1972.843, note Oppetit, *Rev. crit. DIP* 1974.82, note Level ; *adde* obs. Loussouarn, *RTD com.* 1973.419 et FRANCESCAKIS, « Le principe jurisprudentiel de l'autonomie de l'accord compromissoire après l'arrêt *Hetch* de la Cour de cassation », *Rev. arb.* 1947.67, V. aussi Paris 13 déc. 1975 (*Rev. crit. DIP* 1976.507, note Oppetit, *JDI* 1977.107, note Loquin, *Rev. arb.* 1977.147, note Fouchard), qui ajoute que la validité de la clause est « indépendante de toute loi étatique » : n'est-ce pas pourtant une règle jurisprudentielle de droit français qu'applique la Cour ?

Une autre règle propre à l'arbitrage international concerne spécialement l'État partie à un litige. Selon l'arrêt *Galakis* de la Cour de cassation (Civ. 2 mai 1966, *D.* 1966.575, note Robert, *JDI* 1966.648, note Level, *Rev. crit. DIP* 1967.553, note Goldman ; v. aussi Civ. 14 avr. 1964, « *San Carlo* », *D.* 1964.637, note Robert, *JDI* 1965.646, note Goldman, *Rev. crit. DIP* 1966.68, note Batiffol), l'interdiction faite à l'État de compromettre n'est pas applicable à un « contrat international passé pour les besoins et dans des conditions conformes aux usages du commerce maritime ».

(65) *JDI* 1994.432, note approb. Gaillard et 690, note approb. Loquin ; *Rev. arb.* 1994.116, note crit. Gaudemet-Tallon ; *Rev. crit. DIP* 1994.663, note crit. P. Mayer.

(66) Soc. 16 févr. et 4 mai 1999 : *Rev. arb.* 1999, p. 290, note M.-A. Moreau ; *Rev. crit. DIP*, 1999.745, note F. Jault-Seseke ; Soc. 9 oct. 2001, *Rev. arb.* 2002.347, note Clay ; *Dr. soc.* 2002.122, note M.-A. MOREAU ; 28 juin 2005, *JCP* 2005.I.179, n° 2, obs. J. Béguin, *Rev. crit. DIP.* 2006.159, note F. Jault-Seseke, *JDI* 2006.615, note S. Sana-Chaillé de Néré.

(67) Civ. 21 mai 1997 : *Rev. arb.*, 1997, p. 357, note E. Gaillard ; *Rev. crit. DIP*, 1998.87, note V. Heuzé ; *JDI*, 1998.970, note S. Poillot-Perruzzetto.

(68) Rapproch. CJCE, 26 oct. 2006, *D.* 2006.3027, obs. Clay : *JDI.* 2007.581. note Mourre ; *Gaz. Pal.*, 29 avr. 2007, p. 17, obs. F.-X. Train.

Ils le sont également lorsqu'une clause valable désigne un ordre juridictionnel étranger. Mais si aucune partie n'invoque cette incompétence il y a lieu de considérer qu'elles ont renoncé à la clause.

Il ne suffit pas toujours de se fier aux éléments objectifs du litige. Des *fraudes* sont en effet possibles. Le tribunal doit donc, en faisant jouer l'exception de fraude, se déclarer incompétent lorsque le demandeur invoque un critère de compétence objectivement réalisé, mais qu'il détourne de son rôle normal (69).

Hormis l'hypothèse de la fraude, un tribunal français ne saurait décliner la compétence que lui attribue un critère consacré par le droit français. Il n'en est pas de même en Grande-Bretagne, aux États-Unis, au Canada et en Australie, où la doctrine du *forum non conveniens* permet exceptionnellement à un tribunal de se déclarer incompétent lorsque des considérations de justice ou d'opportunité procédurales rendent sa saisine inappropriée. Certains auteurs souhaitent l'introduction de cette doctrine en France ; cependant rien ne l'annonce en législation ou en jurisprudence (70).

Une autre hypothèse dans laquelle un tribunal compétent doit parfois, selon certains droits étrangers, refuser de trancher le litige dont il est saisi est celle où il apparaît que la décision ne serait pas reconnue dans le pays ayant les liens les plus forts avec la relation (v. par ex. l'art. 606 a, § 1, al. 4, du Code de procédure civile allemand) ; on évite ainsi les rapports juridiques « boîteux » (c'est-à-dire appréciés différemment dans deux pays). Là encore le droit français n'apparaît nullement orienté en ce sens.

b) Possibilité pour le juge de soulever d'office son incompétence

308 L'article 92 du nouveau Code de procédure civile permet au juge de relever d'office son incompétence lorsque l'affaire « échappe à la connaissance de la juridiction française », ce qui semble viser, sous réserve de discussion, toutes les hypothèses d'incompétence internationale. L'incompétence peut être relevée en cause d'appel et même devant la Cour de cassation. Les pouvoirs du juge sont plus larges que sur le terrain de la simple compétence territoriale, car ils ne sont pas limités à la matière gracieuse, aux litiges relatifs à l'état des personnes, ou aux règles de compétence exclusive (art. 93 du nouv. C. proc. civ.).

Il faut approuver le législateur d'avoir permis au juge de relever d'office son incompétence internationale en toute matière, même patrimoniale, lorsque le défendeur fait défaut, et qu'il n'a pas donné son accord à une prorogation de compétence. Le choix de l'ordre juridictionnel est, en effet, beaucoup plus grave que celui de telle ou telle juridiction d'un même ordre. La procédure, les modes de preuve, et surtout la loi applicable au fond, en dépendent. On peut craindre que le demandeur ne veuille frauder les droits de son adversaire, et que celui-ci, faisant défaut, ne puisse se défendre ; le risque est d'autant plus grand que, lorsque le défendeur est domicilié à l'étranger, on ignore souvent s'il a eu connaissance de l'exploit introductif d'instance. Le juge doit pouvoir le protéger en se déclarant incompétent.

En revanche, si le défendeur est présent ou représenté, le risque n'existe plus ; l'absence de contestation de la compétence par le défendeur peut s'analyser en une prorogation tacite

(69) V. par ex. Civ. 1re, 24 nov. 1987, *Rev. crit. DIP* 1988.364, note Droz, *JDI* 1988.793, note Loquin, *JCP* 1989.II.21201, note Blondel et Cadiet ; Versailles 27 févr. 1992, *Rev. crit. DIP* 1993.473, 1re esp., note Muir Watt.

(70) P. Lagarde, *Cours général*, p. 142 et s. ; C. Chalas, *L'exercice discrétionnaire de la compétence juridictionnelle en droit international privé*, PUAM, 2001. Le recours à la doctrine du *forum non conveniens* est condamné par la Cour de cassation dans l'hypothèse où la compétence des tribunaux français est fondée sur l'article 14 du Code civil : v. *supra*, n° 296.

de juridiction, qu'il conviendrait de valider, dans tous les cas où le droit français ne la prohibe pas, c'est-à-dire essentiellement en matière patrimoniale. Cependant l'article 92 maintient dans cette hypothèse la *faculté* pour le juge de soulever d'office son incompétence. Cette solution contraste avec celle que retient la Convention de Bruxelles dans son article 18 (devenu art. 24 dans le Règlement du 22 décembre 2000). Et comme ce dernier texte s'impose à tout tribunal d'un État partie, quel que soit le domicile du demandeur ou du défendeur (v. *infra*, n° 353), la faculté pour le juge de décliner sa compétence malgré le silence du défendeur comparaissant n'existe plus qu'en dehors du domaine matériel de la Convention ou du Règlement, c'est-à-dire essentiellement dans le droit patrimonial et extrapatrimonial de la famille (71) et en matière de faillite.

c) Règlement procédural de l'exception d'incompétence

309 La jurisprudence considère que l'exception d'incompétence internationale, comme toute exception d'incompétence, doit être soulevée avant toute défense au fond. La partie qui l'invoque doit, conformément à l'article 75 nouv. C. proc. civ., faire connaître devant quelle juridiction (étrangère) l'affaire doit être portée (72).

Les contestations relatives à la compétence internationale donnent lieu à la procédure du contredit. Mais la Cour d'appel, si elle estime que la compétence n'appartient pas à l'ordre juridictionnel français, n'a pas le pouvoir d'ordonner au juge étranger de connaître de l'affaire ; elle renvoie donc seulement les parties à mieux se pourvoir (art. 96 nouv. C. proc. civ.).

SECTION II — IMPLICATION D'UN ÉTAT DANS UNE RELATION

310 L'implication de l'État — État français ou État étranger — peut tenir, soit à la nature de la décision à prononcer (§ 1), soit à la personnalité de l'une des parties au litige (§ 2).

(71) En revanche, dans les instances en matières matrimoniale ou de responsabilité parentale, le Règlement CE n° 2201/2003 du 27 novembre 2003 prévoit, non la simple faculté, mais l'obligation pour le juge saisi de relever d'office son incompétence (art. 17).

(72) La désignation doit préciser la nature et le siège de la juridiction étrangère (Soc. 22 janv. 1992, *Rev. crit.* DIP 1992.511, note Muir Watt), et doit être claire (Civ. 1re 31 janv. 1990, *Bull. civ.* I, n° 27, p. 19). *Contra* Soc. 17 mars 1998, *Bull. civ.* V, n° 151, p. 112, d'après lequel il suffit au défendeur de préciser l'État dans lequel se trouve la juridiction compétente, sans avoir à indiquer ni sa nature ni sa localisation exacte. Plusieurs juridictions peuvent être désignées comme compétentes (Civ. 1re, 10 oct. 1978, *JDI* 1979.142, obs. Kahn ; Civ. 1re, 20 nov. 1985, *Bull. civ.* II, n° 173). Il est également possible de désigner globalement un ordre juridictionnel lorsque celui-ci a été rendu compétent par une clause attributive de juridiction (Com. 25 nov. 1997, *Rev. crit. DIP* 1998.98, rapport Rémery).

§ 1. IMPLICATION TENANT À LA NATURE DE LA DÉCISION À PRONONCER

311 Selon une vue répandue (73), il suffirait qu'une loi de police française se veuille applicable pour que les tribunaux français soient compétents. C'est là, semble-t-il, lier de façon trop générale la compétence législative et la compétence juridictionnelle. Du moment que l'application de la loi de police n'est pas essentielle au point que la saisine du juge cesse d'être réservée à l'initiative des particuliers, on peut considérer que la compétence elle-même reste soumise aux règles ordinaires : c'est le juge compétent en raison de la localisation du litige qui appliquera normalement la loi de police. Peu importe qu'il soit étranger, pourvu qu'il applique correctement la loi française. La seule spécificité de la situation apparaît au niveau de l'efficacité en France du jugement étranger ; le contrôle de celui-ci pourra être plus sévère que celui d'un jugement ordinaire (v. *infra*, n° 389).

Les règles de compétence ordinaire sont en revanche légitimement écartées lorsque la gestion d'un intérêt public est confiée à un organe étatique — par exemple, le ministère public — qui pourra entreprendre (de façon exclusive, ou concurremment avec l'action exercée par les particuliers) une *action étatique* (sur l'absence de conflit de lois en matière d'action étatique, v. *supra*, n° 104) ; par exemple, lorsqu'il s'agit de recouvrer des impôts, de réprimer des délits, d'annuler des accords restrictifs de concurrence, de prononcer une faillite d'office ou d'ordonner des mesures d'assistance éducative. Dans ces matières le juge, qu'il soit saisi par l'organe étatique, par un particulier, ou par lui-même, est en fait investi d'une mission d'intérêt public par l'État qui l'a institué, et doit se déclarer compétent chaque fois que la mission qui lui a été confiée l'exige. Il en est de même d'ailleurs lorsque le juge se voit attribuer un rôle de *contrôleur* de la bonne application d'une action étatique confiée à d'autres organes ; ainsi du juge spécialisé en matière de sécurité sociale (74), ou du juge compétent en matière douanière ou de contrôle des changes.

D'autre part, chaque fois que la demande formée devant le juge tend à mettre en cause la validité d'un acte accompli par un *organe étatique*, ou à ordonner à celui-ci d'en accomplir un, seuls sont compétents les tribunaux de l'État qui a institué l'organe (sur l'absence de conflit de lois en matière d'organisation étatique au sens strict, v. *supra*, n° 103).

A. Action étatique

a) Action de l'État français

312 Les règles de compétence, examinées à la section précédente, sont inaptes à traduire les exigences qu'implique l'action étatique et doivent donc être, sinon écartées, du moins

(73) V. NIBOYET, *Traité*, t. VI, n° 1836 ; LEQUETTE, *op. cit. infra sub* n° 546, n° 339 ; PATAUT, *op. cit. infra sub* n° 358 ; *contra*, SINAY-CYTERMANN, *op. cit.*, n°s 369 et s.

(74) On rappelle (v. *supra* n° 104) que des organismes privés — comme le sont les caisses de sécurité sociale — peuvent être chargés d'une action étatique ; le critère est en effet fonctionnel (se rattachant à la notion de service public) et non organique.

complétées. On le montrera sur l'exemple de l'assistance éducative et sur celui de la faillite, pour se cantonner aux matières de droit privé.

313 *L'assistance éducative* est un ensemble de mesures que doit prononcer le juge à l'égard des mineurs dont la santé, la sécurité, la moralité ou l'éducation sont compromises : remise à un grand-parent, à un centre d'accueil ou d'observation, etc. Ces mesures sont destinées, non seulement à protéger le mineur, mais aussi à freiner le développement de la délinquance juvénile ; elles intéressent donc la collectivité. Pour traduire leur nature mixte, on les a parfois qualifiées de « socio-civiles ».

Les tribunaux français doivent être compétents dès lors que la collectivité française est mise en danger par un mineur, puisque c'est à eux qu'a été confiée la tâche de la protéger. Or, le danger est réalisé lorsque le mineur a en France sa *résidence habituelle* ; tel doit donc être le critère de compétence internationale.

On remarquera que ce critère ne coïncide pas avec celui qui règle la compétence territoriale interne : lieu où demeure le gardien du mineur (art. 1181 nouv. C. proc. civ.). On écarte donc ici le principe général de l'extension au plan international des règles de compétence territoriale interne. (Sur la question de savoir si le critère de la résidence habituelle du mineur *se substitue* aux autres critères de compétence, ou s'ajoute à eux, v. *infra*, n° 316).

314 En matière de *faillite* (redressement et liquidation judiciaires), le tribunal territorialement compétent en droit interne est celui du siège de l'entreprise. La règle est étendue normalement à la compétence internationale et est imposée, depuis le 31 mai 2002, par le Règlement européen n° 1346/2000 du 29 mai 2000 (v. *infra* n° 666 et s.). Mais elle doit être complétée.

En effet, le prononcé d'une faillite n'a pas pour seul objet de répartir équitablement l'actif entre les créanciers. Il intéresse aussi la collectivité, en contribuant à l'assainissement du commerce. C'est ce qui explique que le tribunal de commerce puisse être saisi par le ministère public en la matière.

Cette possibilité doit être ouverte, grâce à des règles de compétence internationale adéquates, dès lors que la collectivité française est menacée. Or, elle l'est même si le débiteur en état de cessation de paiements a le siège de son entreprise à l'étranger, pourvu qu'il ait un établissement en France. La jurisprudence a effectivement admis la compétence du tribunal français de l'établissement secondaire du commerçant personne physique ; et le décret du 27 décembre 1985 (art. 1er) prévoit lui-même que la faillite du débiteur peut être prononcée, à défaut de siège en France, par le tribunal du centre principal de ses intérêts en France. Ces règles ne sont pas fondamentalement remises en cause par le Règlement européen du 29 mai 2000, et conservent toute leur valeur, depuis l'entrée en vigueur de celui-ci, lorsque le siège du débiteur est situé ailleurs que dans les pays membres (v. *infra*, n° 666). Elles s'appliquent à toutes les faillites, et non seulement aux faillites d'office : la possibilité de celles-ci est seulement un révélateur des intérêts en jeu.

La faillite sera prononcée selon la loi française (v. *infra*, n° 668).

Sur l'exequatur des jugements étrangers de faillite, v. *infra*, n° 667.

b) Action d'un État étranger

315 Si les tribunaux français sont nécessairement compétents dès lors qu'il s'agit d'action étatique française, il se déclarent en revanche incompétents pour participer à des actions étrangères.

Le fondement n'en est pas le respect, imposé par le droit international public, de la souveraineté étrangère. Il n'expliquerait pas, en effet, que l'on refuse à l'État *qui le demande* le concours de nos tribunaux. Ce n'est certes pas le droit international public, par exemple, qui nous empêche de prononcer la condamnation du contribuable, débiteur de l'État étranger, ou de la faire exécuter.

La raison fondamentale est que tout État organise son fonctionnement en vue de la réalisation de ses buts propres, et non de ceux des autres États. Nous sommes concernés par le recouvrement de nos impôts, nous ne le sommes pas par celui des impôts dus aux États étrangers. Nos organes, parmi lesquels figurent nos tribunaux, n'ont pas pour mission d'aider les États étrangers ; l'égoïsme est pour eux une obligation, liée à l'étendue de leurs pouvoirs (75) ; nos juridictions répressives, par exemple, ne peuvent appliquer le droit étranger, ce qui les transformerait en organes de l'État étranger (76). Plus fortement encore, les tribunaux français doivent s'abstenir, même s'ils en sont sollicités, d'intervenir dans les rapports entre un État étranger et ses dirigeants (77).

Ce qui est imposé aux tribunaux ne l'est plus toutefois si l'État qu'ils représentent décide de collaborer à la réalisation de politiques étrangères. Il ne le fera normalement que dans le cadre d'une coopération réciproque, dont un traité définira les modalités : pourquoi accorder unilatéralement ce dont on peut faire la base d'un échange (78) ? La Cour de cassation paraît toutefois ouvrir au juge lui-même la possibilité d'appliquer la règle de droit public étrangère « si, du point de vue du for, les exigences de la solidarité internationale ou la convergence des intérêts en cause le justifient » (79).

316 Fréquemment une action étatique remplit un double but : elle sert les intérêts de l'État, mais également les intérêts privés. L'exemple de l'assistance éducative est à cet égard topique : l'État cherche à se protéger des mineurs dangereux, mais aussi à les protéger eux-mêmes. Il est alors concevable, en mettant en avant l'aspect privé que revêt l'institution, qu'un tribunal français compétent selon les règles étudiées à la Section I collabore à l'action étatique étrangère. Un tribunal français pourrait prononcer, s'il en était requis, une mesure d'assistance éducative à l'égard d'un mineur français résidant à l'étranger, selon la loi de sa résidence. Mais diverses considérations rendent préférable un refus de compétence. Tout d'abord, ce sont les organes de la résidence du mineur qui sont les mieux placés pour prendre les mesures qui leur paraissent utiles. Ensuite, ces organes tiendront à mettre eux-mêmes en œuvre leur loi, qui protège leur société. Enfin la mesure d'assistance envisagée implique souvent l'intervention d'un service public étranger, tel qu'un Centre de placement des mineurs, auquel le tribunal français ne saurait adresser un ordre (v. *infra*, n° 318). La Cour de cassation exclut donc la compétence des tribunaux français à l'égard des mineurs résidant à l'étranger (80).

(75) Comp. la résolution de l'Institut de droit international à la session d'Oslo (1977), *Rev. crit. DIP* 1978.224.

(76) Comp., en matière d'exportation illicite, Civ. 1re, 2 mai 1990, *République du Guatemala*, *JDI* 1991.137, 1re esp., *Rev. crit. DIP* 1991.378, note Audit, *GA* n° 74.

(77) Civ. 1re, 29 mai 1990, *Duvalier c. République d'Haïti*, *JDI* 1991.137, 2e esp., *Rev. crit. DIP* 1991.386, note Bischoff.

(78) V. pour l'application d'une convention d'assistance réciproque en matière de recouvrement d'impôts C.E. 21 déc. 1977, *D.* 1978.518, note Castagnède ; pour celle d'une directive communautaire en matière de recouvrement de créances douanières Com. 21 oct. 1997, *Rev. crit. DIP* 1998.319, note Poillot-Peruzzetto. Des conventions ont aussi organisé une coopération interétatique en matière de restitution de biens culturels exportés de façon illicite (Convention UNESCO de 1970 et Convention UNIDROIT de 1995).

(79) Civ. 1re, 2 mai 1990, précité.

(80) Civ. 1re, 6 avr. 1994, *D.* 1995, Som. 138, obs. A. Bottiau.

B. Intervention dans le fonctionnement des organes étatiques

a) Organes français

317 L'annulation ou la rectification d'un acte de l'état civil français, l'annulation d'un brevet délivré par concession de l'État français, etc., ne peuvent être ordonnées que par un tribunal français. L'ordre juridictionnel français est toujours compétent pour connaître des demandes tendant à de telles fins.

b) Organes étrangers

318 Un tribunal français n'est jamais compétent pour ordonner à un officier de l'état civil étranger de procéder à un acte (81) ; il ne peut annuler un jugement, une décision administrative, ou un acte public étranger (82) ; il ne peut ordonner à un organe étranger de sécurité sociale de procéder à l'immatriculation d'un assuré ; il est sans pouvoir pour prononcer la mainlevée d'une saisie ordonnée par un organe étranger (83), etc. Cette incompétence dérive d'une règle évidente de droit international public : un État ne doit pas s'immiscer dans le fonctionnement des services publics d'un autre État.

319 C'est la nature de la décision à prononcer, plus que celle des règles à appliquer, qui est susceptible d'entraîner une modification des critères de compétence internationale. Aussi la simple application incidente d'une règle relative au fonctionnement d'un service public étranger ne doit pas être exclue, dès lors que la juridiction française est compétente pour connaître du litige privé dans lequel elle est invoquée. Nos tribunaux peuvent, à propos d'une demande principale en nullité d'un mariage célébré par un officier de l'état civil étranger, accepter d'appliquer les règles étrangères pour vérifier s'il a procédé à une célébration régulière. Ils peuvent, à l'occasion d'un accident de travail survenu en France et dont la réparation est prise en charge par un système étranger de sécurité sociale, appliquer la règle étrangère qui supprime le recours de droit commun contre l'employeur. Dans tous ces cas, en effet, le dispositif du jugement apprécie des droits privés, et ne contient aucune injonction à l'égard des organes étrangers.

(81) *Contra* : Trib. gr. inst. Bobigny 27 nov. 1973, *Rev. crit. DIP* 1975.240, note Massip.

(82) V. à propos d'un dépôt de marque à l'étranger, Paris 17 oct. 1990, *Rev. crit. DIP* 1991.400, note P.-Y. Gautier, *JDI* 1991.729, note Huet. Le tribunal peut seulement décider que les actes publics étrangers n'auront pas d'effet en France. Cette inefficacité entraîne notamment l'absence de validité, aux yeux du juge français, de la situation juridique que l'acte avait pour objet de créer. Par exemple, l'inefficacité de l'acte public de célébration du mariage, pour incompétence de l'officier qui y a procédé, entraîne la nullité du mariage en tant qu'acte juridique privé ; cette nullité, qui ne se confond pas avec celle de l'acte public, peut être prononcée. C'est donc à tort, semble-t-il, que la Cour de Paris (11 juill. 1975, *Gaz. Pal.* 1975.2.760, note Viatte, *Rev. crit. DIP* 1976.695, 1re esp., note Foyer) a refusé de se prononcer sur la demande de nullité d'une adoption reçue par un officier étranger (yougoslave) : elle pouvait, relevant le vice qui entachait l'acte public, constater la nullité consécutive de l'acte privé auquel il avait pour objet de conférer la validité. De même le refus de statuer sur la demande de nullité d'un testament fondée sur la fraude commise par le notaire étranger qui l'a reçu, au motif que le juge français ne peut annuler un acte public étranger (Civ. 1re, 20 mars 2001, *D.* 2001.IR.1590), paraît excessif.

(83) Trib. gr. inst. Paris, 29 juin 1988, *Rev. crit. DIP* 1990.339, note Ancel.

§ 2. IMPLICATION TENANT AU SUJET DE LA RELATION : LES IMMUNITÉS DE JURIDICTION ET D'EXÉCUTION

320 Les exigences de la courtoisie internationale, la nécessité de ne pas entraver le développement des relations diplomatiques, parfois même une véritable obligation dérivant du droit international public, commandent aux États de ne pas prononcer de condamnation contre les autres États, ni contre les personnes qui les représentent dans la vie internationale (agents diplomatiques), ni contre leurs souverains. Ces personnes jouissent d'une immunité de juridiction, qu'elles peuvent invoquer devant le tribunal et qui oblige celui-ci à refuser sa saisine. Elles disposent aussi d'une immunité d'exécution, qui les met à l'abri de toute mesure d'exécution forcée sur leur personne ou sur leurs biens.

La Cour européenne des droits de l'homme a plusieurs fois été saisie de la question de la compatibilité des immunités de juridiction avec le droit à un procès équitable que proclame l'article 6 § 1 de la Convention européenne de sauvegarde des droits de l'homme et des libertés fondamentales. Et elle décide invariablement que, « si le doit d'accès aux tribunaux n'est pas absolu » et « se prête à des limitations implicitement admises », ces « limitations ne se concilient avec l'article 6 § 1 que si elles tendent à un but légitime et s'il existe un rapport de proportionnalité raisonnable entre les moyens employés et le but visé » (84).

De sa jurisprudence, toutefois, aucun enseignement précis ne peut être tiré à propos de la condition de légitimité de l'immunité : dans toutes les affaires dont elle était saisie, c'est le principe même de l'immunité des organisations internationales ou des États en cause qui était soumis à son contrôle. On ne peut donc être étonné que, par des formules chaque fois très lapidaires, elle ait déduit la légitimité des immunités litigieuses de la seule considération de leur utilité.

Quant à la condition de proportionnalité que doit satisfaire l'immunité, la Cour de Strasbourg a dégagé deux critères pour son appréciation.

Parfois, elle estime que celle-ci dépend de la question de savoir si ceux à qui l'immunité est opposée « disposaient d'autres voies raisonnables pour protéger efficacement leurs droits garantis par la Convention » (*Beer et Regan*, § 58 ; *Waite et Kennedy*, § 68). Autrement dit, elle considère que la reconnaissance de l'immunité devant le tribunal saisi ne viole l'article 6 § 1 que dans la mesure où elle débouche sur un déni de justice, en conséquence de l'inexistence de tout autre mode de règlement du différend.

Mais la Cour européenne des droits de l'homme apprécie parfois la condition de proportionnalité par application d'un autre critère, sensiblement moins exigeant. Considérant que « la Convention doit autant que faire se peut s'interpréter de manière à se concilier avec les autres règles de droit international, dont elle fait partie intégrante, y compris celles relatives à l'octroi de l'immunité aux États » (*Al-Adsani*, § 55), elle refuse de qualifier de restrictions disproportionnées « des mesures prises par une Haute Partie contractante qui reflètent des règles de droit international généralement reconnues en matière d'immunité des États » (*Mc Elhinney*, § 37 ; *Al-Adsani*, § 56). En d'autres termes, l'atteinte portée par l'immunité au droit d'accès à un tribunal n'est disproportionnée que si elle va au-delà, par son étendue, de ce qui est généralement admis par les règles de droit international positives en la matière.

(84) CEDH, 18 févr. 1999, *Beer et Regan*, req. 28934/95 : 18 févr. 1999, *Waite et Kennedy*, req. 26083/94 : 21 nov. 2001, *Fogarty*, req. 37112/97 : 21 nov. 2001, *Mc Elhinney*, req. 31253/96 ; 21 nov. 2001, *Al-Adsani*, req. 35763/97. Sur la question, v. H. CHANTELOUP « Les immunités de juridiction et le droit d'accès à la justice », *Gaz. Pal.* 2005 n° 14, p. 2.

Les immunités accordées aux agents diplomatiques et aux souverains étrangers sont des immunités attachées à la *personne* de leurs bénéficiaires (A). En revanche, l'immunité reconnue aux États est plutôt destinée à soustraire certains de leurs *actes* à l'appréciation des juges français (B).

Malgré ces différences importantes, le régime procédural des immunités est unique (C).

A. Immunités des agents diplomatiques et des souverains étrangers

321 a) La *source* des immunités réside pour l'essentiel dans l'engagement international expressément ou implicitement pris par la France : expressément, lorsqu'elle signe une convention telle que la Convention de Vienne du 18 avril 1961 sur les relations diplomatiques, ou plus ponctuellement un accord de siège ; implicitement, lorsqu'elle déclare seulement accepter la présence sur son territoire de telle mission diplomatique. En l'absence d'engagement, les immunités sont accordées unilatéralement, et leur fondement se trouve dans le souci de ne pas compromettre les relations diplomatiques qu'il plaît au pouvoir exécutif d'entretenir avec l'État dont le représentant ou le souverain se trouve sur notre territoire.

b) Les *personnes protégées* sont :

1° Les *agents diplomatiques* en poste en France (85). Ont la qualité de diplomates non seulement l'ambassadeur mais aussi certains de ses subordonnés (conseillers et attachés notamment). La proche famille de ces personnes bénéficie également des immunités, selon des modalités variables suivant la fonction remplie.

2° Les *souverains*, expression à entendre largement, et comprenant les chefs d'État, chefs de gouvernement, ministres des affaires étrangères et autres personnages de rang élevé.

c) Les immunités sont accordées aux diplomates et aux souverains en raison des *fonctions* occupées, mais protègent la *personne* et non les actes. Il en résulte, d'une part, qu'elles ne peuvent être invoquées que pendant la durée des fonctions, d'autre part, qu'elles couvrent tous les actes, même accomplis antérieurement à la prise de fonctions, quelle que soit leur nature, privée ou publique, et même les actes pénalement répréhensibles (elles peuvent être invoquées devant les juridictions répressives comme devant les juridictions civiles). Seules sont exceptées les actions réelles immobilières, les actions successorales et celles qui sont relatives à l'exercice d'une profession libérale ou commerciale par la personne protégée.

(85) Il faut y assimiler les représentants des organisations internationales ayant des fonctions en France, les représentants des États auprès des orgnisations internationales dont le siège est en France, et les diplomates *ad hoc* chargés d'une mission spéciale en France.

d) Les bénéficiaires des immunités peuvent *y renoncer*. Comme, à travers eux, c'est l'État lui-même que l'on cherche en fait à ménager, celui-ci peut également renoncer valablement. Quelques décisions ont même adopté la thèse qu'une renonciation émanant du bénéficiaire seul, non autorisé par l'État, était inopérante ; peut-être y a-t-il là quelque excès, lorsque les intérêts en litige sont purement privés.

Le justiciable qui se voit opposer l'immunité en subit un préjudice : c'est, par exemple, le bailleur qui ne peut ni percevoir ses loyers, ni expulser son locataire. Il est admis à mettre en jeu la responsabilité de l'État français, sur le fondement de l'égalité devant les charges publiques (86).

B. Immunités des États et des organisations internationales (87)

322 La jurisprudence distingue l'immunité de juridiction et l'immunité d'exécution.

a) Immunité de juridiction

323 L'idée a été émise, au milieu du XIXe siècle, que l'indépendance et l'égalité des États faisaient obstacle à ce que l'un d'entre eux s'érige en juge d'un autre. En conséquence, la Cour de cassation (88) a affirmé que tout État étranger pouvait opposer à sa citation devant un tribunal français une immunité de juridiction, analogue à celle que notre droit connaissait déjà antérieurement à l'égard des agents diplomatiques et des souverains étrangers (v. *supra*, n° 321), et comme elle susceptible de renonciation.

Cependant, après la Première Guerre mondiale, cette immunité a tendu à devenir moins absolue. Les interventions des États dans les relations de droit privé s'étant multipliées, il a été jugé nécessaire de réserver le domaine de l'immunité aux actes de puissance publique. Par un arrêt du 19 février 1929 (89), la Chambre des Requêtes a écarté l'immunité pour des actes de commerce accomplis par la Représentation commerciale des Soviets, au motif

(86) C.E., Section, 29 oct. 1976, *Dame Burgat*, *JDI* 1977.630, note G. Burdeau, *JCP* 1977.II.18 606, note Julien-Laferrière.

(87) *Brevitatis causa*, on ne mentionnera, dans les développements qui suivent, que les États. La situation des organisations internationales (ONU, OTAN, par exemple) se caractérise par une très grande hétérogénéité, et suppose l'examen de leur statut constitutif et de l'accord de siège. Pour quelques exemples, v. Trib. com. Paris 4 déc. 1991, *JDI* 1992.692, note Mahiou, confirmé par Paris 13 janv. 1993, *JDI* 1993.353, note Mahiou ; Paris 20 mai 1999, *JDI* 2000.766, note Moreno ; Civ. 1re, 24 oct. 2000, *Bull. civ.* I, n° 265 p. 172 ; Soc. 30 sept. 2003, *Bull. civ.* V n° 245, p. 252. V. aussi Paris, 7 oct. 2003, *Rev. crit. DIP* 2004.409, note M. Audit, qui fixe pour limite à l'immunité de juridiction des organisations internationales qu'elle ne fasse pas obstacle au droit à un procès équitable que garantit l'article 6 de la Convention européenne des droits de l'homme. Sur cette question, v. *supra*, n° 320.

(88) Civ. 22 janv. 1849, S. 1849.1.81.

(89) *DP* 1929.1.73, note Savatier, S. 1930.I.49, note Niboyet.

que « le principe de la souveraineté des États demeure complètement étranger » à de tels actes. La distinction entre l'État agissant comme puissance publique, protégé par l'immunité, et l'État agissant comme une personne privée, qui ne l'est pas, a depuis lors été confirmée par de nombreux arrêts.

324 Cette évolution a conduit à remettre en question le fondement, et la nature même de l'immunité. La doctrine y voyait un privilège attaché à la personne même de l'État étranger ; mais s'il en était ainsi, si l'État était protégé en tant que tel, peu importerait qu'il ait agi selon les modes du droit privé ou en utilisant les prérogatives de puissance publique : l'État est un, même si ses activités sont diverses. Il faut donc trouver une explication qui rende compte des distinctions opérées par la jurisprudence selon la nature de l'activité mise en cause dans le litige.

Une théorie, dont l'initiateur est Niboyet, a alors cherché à relayer l'idée d'immunité tenant à la personne par celle *d'incompétence tenant à la matière* : dès lors qu'il s'agit d'appliquer des règles de droit public étranger, les tribunaux français de l'ordre judiciaire sont incompétents, car ils ne connaissent que des litiges de droit privé ; et les tribunaux de l'ordre administratif le sont également, car ils n'ont à connaître que des litiges concernant l'État français (90). Les règles relatives à la compétence d'attribution étant en général d'ordre public, la renonciation de l'État serait inopérante.

Il faut constater cependant que la jurisprudence, sauf dans quelques arrêts (91), n'a pas consacré cette analyse : elle persiste à donner aux États la possibilité de renoncer à l'immunité et elle refuse l'immunité aux démembrements de l'État (villes, cantons, États fédérés) sans se préoccuper de l'objet de leur activité.

Une synthèse peut être tentée, semble-t-il, entre les deux conceptions. Elle consiste à dire qu'un *État ne peut s'ériger en juge d'un autre État à l'égard d'un acte que celui-ci a accompli dans l'exercice de sa souveraineté*, sauf s'il accepte de se laisser juger (92).

(90) Pour Niboyet (art. à la *Rev. crit. DIP* 1950, p. 139), l'incompétence *ratione materiae* coexiste avec l'immunité de juridiction. Pour M. Freyria (note sous Civ. 3 nov. 1952, *Rev. crit. DIP* 1953, p. 425). elle la *remplace*, car les seuls cas où jouerait l'immunité sont ceux où existe l'incompétence d'attribution.

(91) Notamment Civ. 3 nov. 1952, *Banque d'Espagne*, *Rev. crit. DIP* 1953.425, note Freyria, *JDI* 1953.654, Goldman.

(92) Rapprocher d'ailleurs la formule utilisée par Civ. 22 janv. 1849, précité note 81, et reprise rituellement pendant plus d'un siècle : « Le droit de juridiction qui appartient à chaque État pour juger les différends nés à l'occasion des actes émanés de lui est un droit inhérent à son autorité souveraine, qu'un autre Gouvernement ne saurait s'attribuer sans s'exposer à altérer leurs rapports respectifs ». C'est la doctrine seule qui avait vu dans l'immunité un privilège attaché à la personne, convainquant tardivement la jurisprudence ; les premiers arrêts mettaient la notion de compétence quant aux actes au premier plan.

S'ériger en juge signifie intervenir directement dans les rapports entre l'État et ses administrés, en prétendant énoncer leurs droits et obligations respectifs. En revanche, porter une appréciation sur un acte public étranger pour en tirer les conséquences sur les relations entre particuliers — déclarer par exemple une nationalisation contraire à l'ordre public et en déduire que l'entreprise nationalisée est demeurée propriétaire de ses biens — est parfaitement licite dans la conception française.

La doctrine anglo-saxonne de l'*Act of State* est plus exigeante : elle interdit aux tribunaux de porter une appréciation sur les « actes de gouvernement » étrangers, même lorsque l'État (ou l'un des organismes agissant pour son compte) n'est pas partie au litige et que ses droits et obligations ne sont pas en cause.

Cette analyse présente plusieurs avantages.

1° Elle maintient le caractère personnel de l'immunité, qui est de l'essence de celle-ci, et justifie la possibilité de renonciation admise par la jurisprudence.

2° Elle insiste cependant sur la nature des actes accomplis, car le fondement de l'immunité réside non dans une qualité personnelle de l'État, mais dans sa compétence pour accomplir certains actes.

3° Elle permet de situer l'immunité sur le plan des relations internationales, ce qui explique que seuls en jouissent les États souverains dans l'ordre international. Il n'est pas à vrai dire certain que la formule énoncée, qui décrit le droit positif français ainsi que celui de nombreux pays, soit aussi le contenu d'une véritable règle de droit international public. On en discute, et la jurisprudence invoque souvent l'idée de « courtoisie » internationale, incompatible avec la notion d'obligation stricte. La discussion relève du droit international public. Quoi qu'il en soit, que l'immunité soit obligatoire ou non pour l'État, elle l'est pour le juge, à partir du moment où son droit interne l'a posée en règle.

L'immunité de juridiction des États se rapproche ainsi par son fondement de cette autre limite à la compétence du juge que constitue l'interdiction d'immixtion dans le fonctionnement des services publics étrangers (*supra*, § 1, B, *b*). Mais ici l'État étranger est sujet de la relation, alors que là il se contentait d'intervenir (par ses organes) dans les relations des personnes privées.

De cette position de sujet découle une conséquence spécifique : la possibilité de renonciation, qui caractérise l'immunité.

325 De ces prémisses se déduit le domaine de l'immunité, quant aux personnes (qui en bénéficient d'une part, qui doivent être parties au procès d'autre part) et quant aux actes.

1° *Bénéficiaires de l'immunité*

Seuls les *États souverains* peuvent invoquer l'immunité de juridiction : le respect de leur souveraineté est le fondement de celle-ci. Une abondante jurisprudence la dénie aux États fédérés (93), aux départements (94), aux villes (95), aux régions (96).

On doit convenir, toutefois, que la solution est devenue difficilement défendable depuis que, comme on va le voir, l'immunité a été admise au profit des démembrements fonctionnels des États, même pourvus d'une personnalité juridique distincte de celle de ces derniers. En effet, dès lors que, comme il vient de l'être indiqué, c'est la nature des actes accomplis qui est déterminante, on s'explique mal pourquoi une même activité pourrait ou non ouvrir droit à ce privilège selon que l'État étranger, auquel elle est fondamentalement et en dernière analyse imputable, a choisi d'en confier l'exercice à une société régie par son droit privé plutôt qu'à ses collectivités locales, c'est-à-dire à ses démembrements territoriaux.

Les États non reconnus *de jure* sont admis à invoquer l'immunité, s'ils peuvent au moins invoquer une reconnaissance *de facto* (97). Il serait d'ailleurs illogique de refuser l'immunité à un État sous prétexte qu'on ne reconnaît pas son existence, alors qu'on le juge apte à tenir la position de défendeur, qui suppose la personnalité.

2° *Condition relative à la partie au procès*

Initialement, la jurisprudence réservait l'immunité à l'État qui occupait la position de partie au litige. Cela impliquait que l'acte litigieux ait été accompli par l'État lui-même, ou par un service public dépourvu de personnalité (ministère, par exemple). Plus récemment, la Cour de cassation a autorisé tout organisme, même personnalisé, à invoquer l'immunité de l'État, pourvu qu'il ait agi « *par l'ordre ou pour le compte* » de celui-ci (98). Il était d'ailleurs admis depuis longtemps que les *consuls*, qui ne jouissent pas de l'immunité diplomatique, voient les actes accomplis dans leurs fonctions protégés par l'immunité de l'État qu'ils représentent.

À quoi reconnaît-on qu'une personne a agi par ordre ou pour le compte de l'État ? Il semble bien que cette condition soit remplie dès lors que l'acte est de nature publique et non privée ; or c'est là plutôt une condition relative à l'acte qu'à la personne (v. *infra*, 3°).

Le caractère personnel de l'immunité n'en subsiste pas moins. Il tient à deux faits : d'une part, il faut que le bénéficiaire en soit l'État (v. *supra*, 1°) ; d'autre

(93) Par ex. Civ. 24 oct. 1932, *DP* 1933.1.196, note Gros.

(94) Par ex. Paris, 11 juill. 1924, *Gaz. Pal.* 1925.1.389.

(95) Par ex. Req. 1er janv. 1895, S. 1896.1.225.

(96) Par ex. Poitiers 26 juill. 1937, S. 1938.2.17.

(97) Civ. 1re, 2 nov. 1971, *République démocratique du Viêt Nam*, *Rev. crit. DIP* 1972.310, note Bourel, à propos de l'immunité d'exécution.

(98) Civ. 1re, 19 mai 1976, *Banque du Japon*, *JDI* 1976.687, note Kahn, *Rev. crit. DIP* 1977.359, note Batiffol, 14 déc. 2004, *D.* 2005.1192, obs. P. Courbe et H. Chanteloup, *Rev. crit. DIP* 2005.468, note I. Pingel. Rapproch. Cass. crim. 23 nov. 2004, *D.* 2005.1192, obs. P. Courbe et H. Chanteloup, *Gaz. Pal.* 2005, jur. 1160, note C. Chanet, *Rev. crit. DIP* 2005.468, note I. Pingel, *DMF* 2005.302, obs. J.-L. Renard.

part, la partie qui l'invoque, comme défendeur, au nom de l'État, doit être l'auteur de l'acte litigieux.

3° *Nature de l'acte en litige*

L'immunité n'est donnée à l'État étranger que pour les actes qu'il a accomplis en tant que tel, et non pour ceux qu'il a effectués « comme aurait pu le faire une personne privée » (99). La jurisprudence utilise, pour les distinguer, les critères dont se sert le droit français pour délimiter la compétence des juridictions administratives, en exigeant, soit que l'acte qui donne lieu au litige constitue un « acte de puissance publique » (s'il s'agit d'un contrat, l'insertion de « clauses exorbitantes du droit commun » en sera le signe normal) (100), soit qu'il ait été accompli « dans l'intérêt d'un service public » (101). Et la qualification s'effectue *lege fori*, la mesure de l'immunité devant dépendre de l'État qui l'accorde et non de celui qui en bénéficie (102).

Le recours à la distinction entre droit public et droit privé ne doit pas être critiqué sous le prétexte que la distinction est ignorée de certains systèmes juridiques, et notamment du système anglo-saxon : un concept juridique peut être universel, même si la science du droit de tel ou tel pays ne l'a pas isolé ; d'ailleurs le droit anglais et le droit américain aboutissent à des distinctions analogues à celles du droit français (103). En fait, l'exigence que l'acte relève du droit public est justifiée dans la mesure où elle recoupe l'exigence rationnelle liée au fondement de l'immunité : à savoir que l'État étranger agisse dans le cadre d'une compétence que lui reconnaît le droit international public. Lorsque l'État agit comme une personne privée, le droit international public l'ignore et l'immunité n'a pas lieu de jouer.

On voit donc que, malgré une tendance affirmée en jurisprudence au nom du principe de la qualification *lege fori*, il ne faut pas s'aligner servilement sur les critères que retient le droit interne français pour distinguer droit public et droit privé. Ces critères reflètent souvent des contingences purement internes, qui n'ont pas de portée en droit international ; ce qui compte, c'est que l'État étranger ait agi en tant qu'État souverain (104). Mais il faut reconnaître que le

(99) Les actes non couverts par l'immunité sont souvent qualifiés d'« actes de commerce » (par ex. Civ. 1re, 18 nov. 1986, *JDI* 1987.632, 2e esp., note Kahn, *Rev. crit. DIP* 1987.773, note Muir Watt), ou d'« actes de gestion » (par ex. Civ. 1re, 12 juin 1990, *Rev. crit. DIP* 1991.140, 2e esp., note Bourel).

(100) Les actes unilatéraux sont facilement qualifiés d'actes de puissance publique. V., pour une nationalisation, Civ. 1re, 20 oct. 1987, *Rev. crit. DIP* 1988.727, note Mayer.

(101) V. notamment Civ. 1re, 25 févr. 1969, *Rev. crit. DIP* 1970.98, 3e esp., note Bourel, *GA* n° 47 ; Civ. 1re, 17 janv. 1973, *JDI* 1973.727, note Kahn, *Rev. crit. DIP* 1974.125, note Bourel ; Civ. 1re, 19 mai 1976, précité note 98 ; Civ. 1re, 2 mai 1990, *Rev. crit. DIP* 1991.140, 1re esp., note Bourel ; 27 avr. 2004, *Rev. crit. DIP* 2005.75, note H. Muir Watt, *RTD civ.*, 2004.769, obs. Ph. Théry.

(102) Civ. 1re, 2 mars 1966, *JCP* 1966.II.14 831, note M. Ancel.

(103) *State Immunity Act* 1978, article 3 ; *U.S. Code*, article 1605.

(104) KAHN, note au *JDI* 1973.725.

droit interne peut au moins servir de modèle pour aider le juge dans sa tâche, souvent complexe (105).

b) Immunité d'exécution

326 L'immunité d'exécution reconnue aux États leur permet de s'opposer à ce qu'un de leurs biens fasse l'objet en France d'une voie d'exécution : mesure d'exécution proprement dite, ou mesure conservatoire. Elle s'étend aux biens incorporels : l'immunité a pu être opposée à la saisie-arrêt pratiquée sur la créance d'un État étranger (106).

L'immunité d'exécution dérive de l'idée que la participation d'un État à une exécution forcée contre un autre État serait attentatoire à la souveraineté de ce dernier. Ce fondement conduit à ne pas distinguer selon la nature, privée ou publique, des actes qui sont à l'origine du litige. C'est donc à juste titre que la Cour de cassation a jugé, dans son arrêt du 2 novembre 1971 (précité, n° 325) que les fonds de la République démocratique du Viêt Nam, État souverain et indépendant, ne pouvaient « faire l'objet d'une saisie eu égard à cette souveraineté et cette indépendance auxquelles la courtoisie internationale impose qu'il ne soit pas porté atteinte, *même pour obtenir paiement de dettes ayant leur origine dans des actes de gestion relevant du droit privé* ».

En revanche, la jurisprudence a décidé de restreindre l'immunité d'exécution à certains *biens* : ceux qui sont « *affectés à une activité de souveraineté ou de service public* » (107), par opposition à ceux qui sont affectés « à une opération de gestion relevant du droit privé » (108). Il a été observé avec pertinence que le fondement de l'immunité conduirait à ne faire aucune distinction selon les biens atteints par l'acte d'exécution forcée, puisque c'est cet acte qui est, *en lui-même*, attentatoire à la souveraineté. Dès lors, on serait en présence, non plus d'une immunité véritable, mais d'une insaisissabilité analogue à celle qui existe en droit interne (109).

327 Quoi qu'il en soit, le critère de l'affectation du bien est difficile à mettre en œuvre, surtout lorsque les biens saisis sont des sommes d'argent ou des créances : il est en général impossible d'établir leur affectation, laquelle peut d'ailleurs être provisoirement inexistante. Or, la jurisprudence considère que les

(105) L'arrêt rendu par la première Chambre civile le 17 janvier 1973 (*JDI* 1973.725, note Kahn, *Rev. crit. DIP* 1974.125, note Bourel) illustre bien cette complexité.

(106) V. par ex. Civ. 1re, 11 févr. 1969, *JDI* 1969.923, note Kahn, *Rev. crit. DIP* 1970.98, 2e esp., note Bourel.

(107) Certains biens particuliers sont l'objet de textes spéciaux : ainsi les navires (Convention du 10 avril 1926) et les aéronefs (art. L. 123-2 du Code de l'aviation civile).

(108) Civ. 1re, 25 janv. 2005, *D.* 2005.616, concl. Sainte-Rose, *Rev. crit. DIP* 2006.123, note H. Muir Watt. Cet arrêt précise que ces biens ne peuvent être saisis que pour répondre de créances se rattachant elles-mêmes à cette opération de gestion relevant du droit privé.

(109) En ce sens COSNARD, *op. cit.*, p. 219.

biens ont un caractère public, et sont donc protégés par l'immunité, tant que leur affectation à une activité privée n'a pas été démontrée (110).

Deux arrêts récents de la Cour de cassation ont amélioré sur ce plan la position du créancier.

– Le premier, intervenu dans une affaire *Eurodif c. Iran*, est relatif à l'hypothèse où le débiteur est *l'État lui-même*. L'État iranien avait consenti un prêt au Commissariat à l'Énergie atomique (CEA), les sommes prêtées devant être affectées au programme franco-iranien de développement de l'énergie atomique, au sein de la société française Eurodif. L'Iran ayant dénoncé sa participation à l'entreprise, Eurodif s'estima lésée et saisit la créance de l'Iran contre le CEA. S'inspirant de la récente législation américaine, la Cour de cassation énonça que l'immunité d'exécution doit être écartée « lorsque le bien saisi a été affecté à l'activité économique ou commerciale relevant du droit privé *qui donne lieu à la demande en justice* (111) ». Il y a là, malgré cette dernière exigence, un assouplissement du critère de l'affectation, dans la mesure où ce n'est pas la créance saisie (créance de restitution des fonds prêtés) qui était affectée à l'activité litigieuse, mais les fonds prêtés, à l'origine de cette créance. On peut donc considérer que le critère de base reste l'*affectation* du bien saisi, mais qu'à défaut d'affectation, son *origine* sera retenue si elle révèle un lien avec l'activité privée qui a donné lieu à la demande du saisissant (112).

– La situation du créancier est encore plus favorable lorsque son débiteur est un *organisme public, personnalisé ou non*, distinct de l'État. Il suffit, selon la Cour de cassation (113), d'établir que le bien saisi fait partie d'un patrimoine principalement affecté à une activité privée ; pratiquement la nature de l'activité se déduit de l'objet de l'organisme, révélé le plus souvent par ses statuts ou par la loi qui l'a institué ; la preuve est donc facile.

C. Régime procédural des immunités

328 Le bénéficiaire d'une immunité peut y renoncer, puisqu'elle n'est destinée qu'à le protéger. La renonciation peut être implicite. La renonciation à

(110) Civ. 1re, 2 nov. 1971, précité ; Trib. gr. inst. Paris (réf.) 5 mars 1979, *Liamco*, *JDI* 1979.857 note Oppetit ; Paris 21 avr. 1982, *Eurodif*, *Rev. crit. DIP* 1983.101, note P. Mayer, *JDI* 1983.145, note Oppetit.

(111) Civ. 1re, 14 mars 1984, *JDI* 1984.598, note Oppetit, *Rev. crit. DIP* 1984.644, note Bischoff, *D.* 1984.629, rapport Fabre, note J. Robert, *JCP* 1984.II.20 205, concl. Gulphe, note Synvet, *GA* n° 63. Dans la même affaire, la Cour de cassation a ensuite précisé que la preuve de l'affectation pouvait être apportée par tous moyens (Civ. 1re, 20 mars 1989, *Rev. crit. DIP* 1990.346, note Bischoff). Il n'est pas nécessaire qu'elle soit expressément convenue entre les parties (Civ. 1re, 6 juin 1990, *Framatome c. Iran*, *D.* 1990.IR.198).

(112) En ce sens SYNVET, note précitée ; ANCEL et LEQUETTE, *GA* p. 512 ; *contra* BISCHOFF, note précitée.

(113) Civ. 1re, oct. 1985, *Sonatrach*, *Rev. crit. DIP* 1986.53, note Audit, *JDI* 1986.170, note Oppetit. *JCP* 1986.II.20566, concl. Gulphe, note Synvet, *GA* n° 64.

l'immunité de *juridiction* résulte, par exemple, de la comparution volontaire accompagnée de l'abstention d'invoquer l'immunité. Elle résulte aussi — et la solution est en pratique très importante — de la présence d'une convention d'arbitrage : celle-ci vaut acceptation de ce que la sentence puisse être revêtue de l'exequatur (114).

La renonciation doit toutefois être certaine et régulière. Ni l'acceptation d'une clause d'arbitrage, ni la renonciation à l'immunité de juridiction, n'emportent en principe renonciation à l'immunité d'*exécution* (115).

Lorsque l'État défendeur ne comparaît pas, le juge doit-il invoquer d'office l'immunité ? La jurisprudence paraît hésitante (116).

329 Une question controversée est celle du moyen procédural par lequel est invoquée l'immunité. Si celle-ci est fondée sur une *incompétence*, il faut présenter au juge une exception d'incompétence (qui sera éventuellement suivie d'un contredit). Mais il est soutenu par de nombreux auteurs qu'elle traduit plutôt une *absence de pouvoir de juridiction*, ce qui conduirait à opposer une fin de non-recevoir (avec ensuite possibilité d'appel). La seconde analyse paraît l'emporter en jurisprudence (117).

Une voie de recours particulière est ouverte contre les décisions qui ont méconnu l'immunité : le pourvoi pour excès de pouvoir (118). Aux termes de l'article 18 de la loi du 3 juillet 1967, en effet, « le Garde des sceaux... peut, en matière civile, prescrire au procureur général de déférer à la chambre compétente de la Cour de cassation les actes par lesquels les juges excèdent leurs pouvoirs ». Les « pouvoirs » en question sont, semble-t-il, ceux que la mise en œuvre du principe de la séparation des pouvoirs attribue aux organes judiciaires : ce que l'on reproche au juge qui n'a pas relevé d'office l'immunité, c'est d'avoir empiété sur les pouvoirs de l'exécutif, chargé de mener les relations internationales.

(114) Civ. 18 nov. 1986, *SEEE*, *JDI* 1987.120, note Oppetit, *Rev. arb.* 1987.149, note J.-L. Delvolvé, *Rev. crit. DIP* 1987.786, note P. Mayer ; Civ. 1re, 11 juin 1991, *Société SOABI*, *JDI* 1991.1005, note Gaillard, *Rev. crit. DIP* 1992.331, note P.-L.

(115) Comp. Civ. 6 juill. 2000 (*JDI* 2000.1054, note Pingel-Lenuzza ; *JCP* 2001, éd. E, 223, note Kaplan et Cuniberti ; *Rev. Arb.* 2001.114, note Leboulanger ; *RTD com.* 2001.410, obs. Loquin ; *Gaz. Pal.*, 31 janv. 2001, p. 6, note Piedelièvre et *ibid.* 10-12 juin 2001, p. 18, chron. Théry), qui n'hésite pas à énoncer que l'engagement par un État « d'exécuter la sentence dans les termes de l'article 24 du règlement d'arbitrage de la Chambre de commerce internationale impliquait renonciation de cet État à l'immunité d'exécution », et censure pour ce motif l'arrêt d'une cour d'appel ayant considéré comme non établie cette renonciation.

(116) Pour l'affirmative, v. Civ. 20 oct. 1987, *D.* 1987.IR.221 ; pour la négative, Civ. 30 juin 1993, *JDI* 1994.156, note G. Burdeau.

(117) Civ. 1re, 15 avr. 1986, *Rev. crit. DIP* 1986.723, note Couchez ; *JDI* 1987.632, 1re esp., note Kahn. Soc. 5 juin 2001, *Bull. civ.* V n° 204, p. 161 ; Civ. 1re 22 oct. 2002, *Rev. crit. DIP* 2003.299, note H.M.W.

(118) Civ. 22 janv. 1849, précité note 81 ; Req. 23 janv. 1933, *JDI* 1934.96 ; Req. 5 févr. 1946, S. 1947.1.137, rapport Castets ; Civ. 1re, 15 avr. 1986, précité note précédente.

SECTION III TRAITÉS ET RÈGLEMENTS COMMUNAUTAIRES

330 Le règlement actuel de la compétence des divers ordres juridictionnels est anarchique : chaque État définit sa propre compétence sans se soucier de celle des autres ; il n'y a pas de *répartition* des compétences. Cette situation est néfaste, non pas tellement en ce qu'elle conduit à des défauts absolus de compétence — ils sont rares, et on peut les réparer en érigeant en chef de compétence internationale le risque de déni de justice — mais en ce qu'elle provoque des cumuls de compétence. Ceux-ci sont à l'origine du *forum shopping*.

Pour remédier à ces inconvénients, il serait souhaitable que les États concluent entre eux des conventions internationales. Un accord est beaucoup plus facile à obtenir dans ce domaine que dans celui du conflit de lois, car le contenu des règles substantielles nationales, à la diversité desquelles les États ne sont pas disposés à renoncer, conditionne beaucoup moins étroitement les critères de compétence juridictionnelle que les critères de compétence législative ; le particularisme (v. *supra*, n° 72) n'est guère justifiable dans le conflit de juridictions.

Les conventions sont pourtant relativement peu nombreuses. L'effort le plus important auquel ait participé la France a abouti à la conclusion, entre les États membres de la Communauté économique européenne, de la Convention du 27 septembre 1968 relative à la compétence internationale en matière civile et commerciale, à laquelle s'est substitué, à compter du 1er mars 2002, le Règlement CE n° 44/2001 du 22 décembre 2000 (§ 1). Une convention similaire a été conclue entre les États membres de la CEE et ceux qui forment l'Association européenne de libre échange (AELE) (§ 2). De portée plus limitée, deux Règlements du Conseil de l'Union européenne ont été adoptés, le 29 mai 2000 pour le premier, relatif aux procédures collectives d'insolvabilité, le 27 novembre 2003 pour le second, applicable en matière matrimoniale et de responsabilité parentale. Ils seront étudiés avec les matières qu'ils concernent (v. *infra* n° 542 et s., 594 et 666-2).

La France a aussi conclu des conventions, multilatérales et bilatérales, dans des domaines particuliers : elles seront mentionnées dans la partie spéciale. Quant aux traités bilatéraux à portée générale, il ne subsiste plus, après la dénonciation (au 1er janvier 1992) du Traité franco-suisse du 15 juin 1869, que le Traité franco-belge du 8 juillet 1899 ; il demeure applicable dans les matières exclues du domaine d'application des Règlements communautaires.

331 Il arrive que les tribunaux d'un État contractant passent outre aux dispositions d'un traité pour se déclarer compétents, soit parce que le litige intéresse l'*ordre public* local, soit parce que leur loi est applicable et revêt une coloration de *droit public*. C'est ainsi que la Chambre sociale de la Cour de cassation a, pour admettre la compétence des tribunaux français dans

un litige né d'un contrat de travail exécuté en France, écarté les dispositions du Traité franco-suisse du 15 juin 1869, au motif que « le Traité ne saurait porter atteinte à la compétence des tribunaux français saisis d'une demande intéressant l'ordre public français » (119). On peut être surpris de voir écarter ainsi un traité qui, selon l'article 55 de la Constitution, a une force supérieure à celle d'une loi. La justification juridique serait à chercher dans l'interprétation du traité, qui contiendrait implicitement la réserve de l'ordre public ; mais c'est une voie bien dangereuse, qui permet de renier les engagements internationaux de la France chaque fois qu'on l'estime utile... L'Assemblée plénière de la Cour de cassation a condamné, dans la même affaire, la position prise par la Chambre sociale (120).

§ 1. LA CONVENTION DE BRUXELLES DU 27 SEPTEMBRE 1968 ET LE RÈGLEMENT « BRUXELLES I » DU 22 DÉCEMBRE 2000

332 L'objet essentiel de la Convention que, le 27 septembre 1968, les États membres de la Communauté économique européenne ont conclue était, selon l'expression de M. Goldman, de les fédérer sur le plan de la compétence internationale et sur celui de l'effet des jugements. Il s'agissait de créer un « espace judiciaire européen » civil, à l'intérieur duquel la compétence était répartie entre les divers pays selon des règles communes, comme elle peut l'être entre les États d'une fédération par des règles fédérales ; de même les jugements rendus par l'un des États membres devaient pouvoir circuler désormais sur le territoire communautaire plus facilement que ceux rendus à l'extérieur du territoire ; ce second aspect sera étudié dans le chapitre consacré à l'effet des jugements.

Au fur et à mesure des élargissements successifs de la Communauté européenne, tous les États membres de celle-ci sont devenus parties à la Convention de Bruxelles, par l'effet de plusieurs conventions d'adhésion. Le système fonctionnait donc de manière satisfaisante et fournissait l'occasion aux nouveaux membres, non seulement de suggérer des modifications au texte originel, mais encore de procéder à un examen approfondi des incidences de son adoption sur leur organisation judiciaire, éventuellement en concertation avec les professions intéressées. Le choix a cependant été fait de remplacer la Convention par un instrument communautaire, le Règlement CE 44/2001 du 22 décembre 2000, automatiquement applicable dans tout pays entrant dans l'Union. Ce texte, entré en vigueur le 1er mars 2002 entre les États qui étaient membres de la Communauté à cette date (à l'exception du Danemark, dont les relations avec les autres États membres sont demeurées régies par la Conven-

(119) Soc. 22 nov. 1972, *Rev. crit. DIP* 1973.565, note Batiffol. V. aussi, en matière de contrefaçon d'un brevet français, et au motif qu'un service public ne peut fonctionner que selon les lois qui l'instituent, la mise à l'écart de la même Convention franco-suisse par Trib. gr. inst. Paris, 4 mai 1971, *Rev. crit. DIP* 1973.110, note Bonet.

(120) Ass. plén., 14 oct. 1977, *Rev. crit. DIP* 1978.166, note Batiffol, *JDI* 1978.304, note G. Lyon-Caen.

tion de Bruxelles jusqu'au 1er juillet 2007), s'applique en conséquence aux nouveaux depuis le jour de leur adhésion.

La raison d'être de ce Règlement est fort mystérieuse. Au fond, il est difficile de se laisser convaincre de son opportunité, dès lors que les rares et très modestes améliorations qu'il apporte aux solutions de la Convention côtoient des innovations fort discutables (notamment art. 5, 1° ; 14, 5° ; 41) et que, de l'ensemble, se dégage l'impression d'une œuvre réalisée trop hâtivement. Mais surtout, la légalité même du Règlement est extrêmement douteuse, compte tenu, notamment, des principes de subsidiarité et de proportionnalité qui commandent, d'après l'article 5 du Traité CE, l'action des autorités communautaires (v. *supra*, n° 31-1). Or il apparaît que ces dernières étaient pleinement conscientes de la difficulté, puisqu'elle avait été expressément soulevée par plusieurs États membres pour justifier leur réticence à l'adoption du Règlement.

La Convention a donné lieu à de nombreuses difficultés d'interprétation, et il existe donc déjà une abondante jurisprudence. Celle-ci émane d'une part des juridictions nationales des États membres, d'autre part de la Cour de justice des Communautés européennes, qui siège à Luxembourg.

Depuis l'entrée en vigueur du Règlement du 22 décembre 2000, la compétence de la Cour de Justice dérive en la matière de l'article 68 du Traité CE qui réserve aux seules juridictions nationales « dont les décisions ne sont pas susceptibles d'un recours juridictionnel de droit interne » la faculté — et non plus, comme sous l'empire de la Convention, l'obligation — de requérir à titre préjudiciel une prise de position du juge communautaire.

La Cour de justice a défini les directives en matière d'interprétation de la Convention et désormais, du Règlement. Les notions utilisées dans le texte de ceux-ci doivent être tantôt comprises au sens de la législation de l'un des pays membres, tantôt considérées comme « autonomes » : c'est une question d'espèce (121). Dans le second cas, plus fréquent, les notions s'interprètent par référence, d'une part, aux objectifs et au système de la Convention ou du Règlement, globalement considérés, d'autre part, aux principes généraux qui se dégagent de l'ensemble des systèmes de droit nationaux des pays membres (122).

Le Règlement s'étant, depuis l'adhésion du Danemark, entièrement substitué à la Convention, les développements qui vont suivre sont consacrés exclusivement à l'exposé du système qui résulte du Règlement. Cependant la jurisprudence de la Cour de justice qui s'était développée sous l'empire de la Convention garde sa pertinence, lorsque le texte du Règlement reprend celui de la Convention, ce qui est presque toujours le cas. Les arrêts les plus importants de la Cour de justice qui interprètent les articles de la Convention seront donc cités, et devront être compris comme se rapportant, aujourd'hui, aux articles homologues du Règlement.

(121) Par exemple lorsque le Règlement mentionne le « Président du tribunal de grande instance » en France, il utilise évidemment une notion de droit français. En revanche, lorsqu'il déclare s'appliquer « en matière civile et commerciale » il s'agit d'une notion autonome. Dans d'autres cas on peut hésiter.
(122) CJCE arrêts 12/76, 14/76, 21/76, 29/76, 42/76, commentés par MM. Bischoff et Huet au *JDI* 1977, p. 705 à 707 ; 16 déc. 1980, *État néerlandais c. Reinhold Rüffer*, *JDI* 1982.463, obs. Bischoff.

333 Le domaine d'application du Règlement quant aux matières est défini par l'article premier : ces textes s'appliquent « en matière civile et commerciale », à l'exception des matières suivantes :

– l'état et la capacité des personnes physiques, les régimes matrimoniaux, les testaments et les successions ;

– les faillites, concordats et autres procédures analogues ;

– la sécurité sociale ;

– l'arbitrage.

La Cour de Luxembourg a eu l'occasion de préciser le sens de certaines de ces notions ; on en trouvera ci-dessous quelques exemples :

– Un litige opposant un particulier à une Administration qui a agi dans l'exercice de la puissance publique n'entre pas dans la « matière civile ou commerciale » (123) ;

– La notion de régime matrimonial comprend tous les rapports patrimoniaux résultant directement du lien conjugal ; cela inclut notamment les donations entre époux (124) ;

– Les pensions alimentaires après divorce et la prestation compensatoire du droit français n'appartiennent ni aux régimes matrimoniaux ni à l'état des personnes (125) ;

– Sont seules exclues les actions qui dérivent *directement* de la faillite et s'insèrent *étroitement* dans le cadre d'une procédure de liquidation de biens ou de règlement judiciaire (126) ;

– La notion de sécurité sociale n'englobe pas l'action récursoire par laquelle un organisme public poursuit selon les règles du droit commun le recouvrement de sommes qu'il a versées à titre d'aide sociale à des créanciers d'aliments du défendeur (127) ;

– Un procès qui a pour objet une question d'arbitrage (par ex. la nomination d'un arbitre) est exclu du domaine du Règlement (128).

Pour déterminer si une demande accessoire est soumise au Règlement, il faut tenir compte de sa nature propre, et non de celle de la demande principale (129).

(123) CJCE 14 oct. 1976, *Eurocontrol c. L. T. U.*, *JDI* 1977.707, obs. Huet, *Rev. crit. DIP* 1977.772, note Droz ; 16 déc. 1980, précité. V. aussi CJCE 21 avr. 1993, *Sonntag*, *Rev. crit. DIP* 1994.96, note Gaudemet-Tallon, *JDI* 1994.528, obs. Bischoff : l'activité de surveillance exercée par un enseignant d'une école publique ne constitue pas une manifestation de la puissance publique et l'action en responsabilité formée contre lui relève de la « matière civile ».

(124) CJCE 27 mars 1979, *De Cavel c. De Cavel*, *JDI* 1979.681, obs. Huet, *Rev. crit. DIP* 1980.614, note Droz ; 31 mars 1982, *C.H.W. c. G.J.H.*, *JDI* 1982.942, obs. Huet.

(125) CJCE 6 mars 1980, *De Cavel c. De Cavel*, *JDI* 1980.442, obs. Huet, *Rev. crit. DIP* 1980.614, note Droz. Ont un caractère alimentaire, et entrent comme telles dans le champ d'application de la Convention, les condamnations qui ont pour objet d'assurer l'entretien de l'ex-conjoint (CJCE 27 févr. 1997, *Van den Boogaard*, *JDI* 1998.568, obs. Huet).

(126) CJCE 22 févr. 1979, *Gourdain c. Nodier*, *Rev. crit. DIP* 1979.657, note Lemontey, *Rev. sociétés* 1980.529, note Bismuth, Com. 24 mai 2005, *Rev. crit. DIP* 2005.489, note Bureau, *JDI* 2006.191, note Roussel-Galle.

(127) CJCE 14 nov. 2002, *RTD eur.* 2003.530, obs. Rodière, *JDI* 2003.659, obs. Huet ; CJCE 15 janv. 2004, *JDI* 2004.635, obs. Huet. Ces arrêts précisent que, dans la mesure où l'action récusoire de l'organisme public s'exerce selon les règles du droit commun, le litige concerne « la matière civile et commerciale » et entre donc dans le domaine de la Convention.

(128) CJCE 25 juill. 1991, *Marc Rich*, *Rev. arb.* 1991.677, note Hascher, *JDI* 1992.488, obs. Huet, *Rev. crit. DIP* 1993.316, note Mayer.

(129) CJCE 6 mars 1980, *De Cavel c. De Cavel*, précité.

Les conventions conclues dans des matières particulières entre deux ou plusieurs États membres ne sont pas affectées, dans ces matières, par le Règlement (art. 71).

334 Le domaine d'application du Règlement dans l'espace n'est pas identique pour toutes les règles.

Le principe général est que le Règlement est applicable lorsque le *défendeur* est domicilié dans l'un des États membres de l'Union européenne (A).

Mais certaines règles, qui instituent des compétences exclusives, s'appliquent à la seule condition que l'État qu'elles désignent soit l'un des États membres (B).

D'autre part, les règles relatives à la prorogation volontaire de compétence s'appliquent lorsque le tribunal choisi par les parties (dont l'une doit, dans certains cas — v. *infra*, n° 350 — être domiciliée sur le territoire communautaire) est celui d'un État membre (C).

La règle de l'article 31 du Règlement, relative aux mesures provisoires ou conservatoires, occupe une position à part (D).

Un dernier développement sera consacré à l'étude de quelques règles procédurales communes (E).

Lorsque le Règlement est applicable, à l'un ou l'autre de ces titres, est totalement exclue l'application du droit commun de la compétence internationale (c'est-à-dire, pour la France, les règles qui ont été étudiées dans les deux sections précédentes) de l'État dont le tribunal est saisi.

A. Règles instituant des compétences non exclusives

335 Les règles de compétence non exclusives édictées par le Règlement sont applicables dès lors que le défendeur au litige est domicilié sur le territoire de l'un des États membres. Pour que cette condition soit remplie, il faut et il suffit que, selon la conception du domicile adoptée par l'un quelconque des États membres, le défendeur soit considéré comme domicilié dans cet État (art. 59).

En ce qui concerne les personnes morales, y compris les sociétés, l'article 60 précise qu'elles sont domiciliées « là où est situé : a) leur siège statutaire ; b) leur administration centrale ou, c) leur principal établissement ». Il semble que l'on doive déduire de l'absence de hiérarchie entre ces différents critères que leur valeur localisatrice est équivalente et, en conséquence, d'une part qu'il suffit que l'un d'eux conduise à un pays membre pour que le Règlement soit applicable, d'autre part, et sans doute, que le demandeur peut librement se prévaloir de l'un quelconque d'entre eux, s'ils se répartissent sur le territoire de plusieurs États membres, pour le jeu de l'article 2 (*infra*, n° 337).

Pas plus qu'en droit commun français n'est admise la possibilité, pour un tribunal compétent selon l'un des critères conventionnels, de refuser de connaître du litige au motif que le lien de rattachement ne serait pas suffisamment significatif (doctrine du *forum non conveniens*) (130).

a) Exclusion des critères de compétence exorbitants

336 Les critères de compétence exorbitants sont exclus. Il en est ainsi, pour la France, des articles 14 et 15 du Code civil. Ces textes ne peuvent être invoqués contre les défendeurs domiciliés sur le territoire d'un État membre pour les attraire devant les tribunaux d'un autre État membre. Ils restent applicables aux défendeurs établis en dehors du territoire communautaire, et on a vu (*supra* n° 299) qu'à l'encontre de ceux-ci non seulement les Français mais aussi les personnes domiciliées en France peuvent invoquer l'article 14.

b) Règle fondamentale : actor sequitur forum rei

337 La règle fondamentale donne compétence à l'ordre juridictionnel du domicile du défendeur (art. 2, al. 1er) : c'est la consécration du principe « *actor sequitur forum rei* ». Lorsqu'un tribunal est saisi sur ce fondement, il décide selon les règles ci-dessus exposées (n° 335) si le défendeur a son domicile sur le territoire de l'État qui l'a institué. L'attribution de compétence est globale : pour déterminer ensuite quel est le tribunal spécialement compétent, il convient d'appliquer les règles internes de compétence territoriale du pays en cause.

c) Compétences alternatives tenant à la matière

338 Un certain nombre de règles, énumérées à l'article 5 du Règlement, *complètent* la compétence reconnue à l'État du domicile du défendeur. Elles offrent au demandeur un choix entre le tribunal du domicile du défendeur (qui, par hypothèse, est celui d'un État membre) et le tribunal qu'elles désignent (à condition qu'il soit, lui aussi, celui d'un État membre). La compétence est attribuée, *ratione loci*, à un tribunal déterminé, et non globalement à un ordre juridictionnel.

1° *Contrats*

339 L'article 5, 1° institue une compétence propre à la « matière contractuelle » (131).

(130) CJCE 1er mars 2005, *Owusu*, *Rev. crit. DIP* 2005.698, note C. Chalas, *JDI* 2005.1177, note G. Cuniberti et M. Winkler, *Gaz. Pal.* 2005, Somm. 2237, note M.-L. Niboyet, *RJ com.* 2005.335, obs. A. Raynouard ; *D.* 2006.1501, obs. F. Jault-Seseke.

(131) L'article 63 § 1 du Règlement permet au défendeur domicilié au Luxembourg de décliner la compétence fondée sur l'article 5, 1° lorsque le lieu final de la livraison de la marchandise ou de la prestation de service se situe au Luxembourg.

Ce texte, d'application très fréquente, a soulevé de nombreuses difficultés d'application (132).

La première est relative à la notion même de « matière contractuelle ». La Cour de justice la considère comme une « notion autonome qu'il faut interpréter en se référant principalement au système et aux objectifs » du Règlement (133). Mais elle n'a pas donné de véritable définition. Négativement, toutefois, elle a précisé qu'elle « ne saurait être comprise comme visant une situation dans laquelle il n'existe aucun engagement librement assumé d'une partie envers une autre », ce qui confère — contrairement à la position de la jurisprudence française — un caractère non contractuel à l'action directe en garantie des vices cachés formée par le sous-acquéreur envers le vendeur originaire (134). De même, n'est pas contractuelle l'action en responsabilité pour manquement à la bonne foi dans la conduite des négociations visant à la conclusion d'un contrat (135). En revanche, une contestation relative à l'existence même du contrat est contractuelle (136).

Lorsque la qualification contractuelle est retenue, la compétence appartient au « tribunal du lieu où l'obligation qui sert de base à la demande a été ou doit être exécutée » (art. 5, 1°, a). Cette formulation, qui figurait déjà dans la Convention, a donné lieu à des difficultés d'application si nombreuses que les auteurs du Règlement ont choisi d'y faire échapper les deux contrats les plus fréquents, la vente de marchandises et la fourniture de services, pour lesquels ils ont, à l'article 5, 1°, *b,* adopté des règles différentes (quoique artificiellement rattachées à la solution générale).

– En règle générale, l'obligation à laquelle il faut se référer est celle qui « sert de base à la demande ». Son lieu d'exécution, qui dépend notamment du point de savoir si le paiement est quérable ou portable, est en principe déterminé « conformément à la loi qui régit l'obligation litigieuse », elle-même

(132) Pour une étude d'ensemble, v. HEUZÉ, « De quelques infirmités congénitales du droit uniforme : l'exemple de l'article 5-1° de la Convention de Bruxelles du 27 septembre 1968 », *Rev. crit. DIP* 2000.595.

(133) CJCE 8 mars 1988, *Arcado*, *Rev. crit. DIP* 1988.610, note Gaudemet-Tallon, *JDI* 1989.453, obs. Huet, *D.* 1989. Som. 344, obs. Audit.

(134) CJCE 17 juin 1992, *Jakob Handte et Cie c. TMCS*, *JCP* 1992.II.21927, note Larroumet, *RTD eur.* 1992.709, note Vareilles-Sommières, *Rev. crit. DIP* 1992.726, note Gaudemet-Tallon, *JDI* 1993.469, obs. Bischoff, *RTD civ.* 1993.131, obs. Jourdain, *D.* 1993. Som. 214, obs. Kullmann. *Adde* Civ. 1re, 27 janv. 1993, *Rev. crit. DIP* 1993.485, note Gaudemet-Tallon. Et la CJCE a ultérieurement précisé que les actions directes ainsi exercées dans les groupes de contrats relèvent de la matière délictuelle, au sens de l'art. 5, 3°, dont l'application, cependant, doit alors aboutir à « des attributions de compétence certaines et prévisibles » pour le défendeur (CJCE, 27 oct. 1998, *La Réunion européenne*, *Rev. crit. DIP* 1999.323, note Gaudemet-Tallon ; *JDI*, 1999, p. 625, obs. F. Leclerc).

(135) CJCE 17 sept. 2002, *Rev. crit. DIP*, 2003.668, note Rémy-Corlay, *JDI*, 2003.668, obs. Huet.

(136) CJCE 4 mars 1982, *Effer c. Kantner*, *Rev. crit. DIP* 1982.570, note Gaudemet-Tallon, *JDI* 1982.473, obs. Huet (à propos d'une exception d'incompétence fondée sur la nullité du contrat dont l'exécution était demandée à titre principal) ; Civ. 1re, 25 janv. 1983, *Rev. crit. DIP* 1983.516, note Gaudemet-Tallon et 27 juin 2000, *JDI* 2001.137, obs. Huet ; *Rev. crit. DIP* 2001.153, note M.-E. Ancel (à propos d'une demande principale en nullité du contrat).

désignée par la règle de conflit de la juridiction saisie (137). Mais les parties peuvent préciser conventionnellement, en tout cas pour les obligations portant sur des sommes d'argent (138), quel lieu devra être considéré comme lieu d'exécution ; une telle clause n'est pas considérée comme une clause d'élection de for et n'est donc pas soumise aux exigences de forme que pose l'article 23 du Règlement (139) ; elle doit seulement être valable selon la loi applicable au contrat (140).

L'article 5, 1°, *a,* présente l'inconvénient de soumettre à des tribunaux différents les réclamations portant sur plusieurs obligations nées d'un même contrat, dès lors qu'elles ne s'exécutent pas toutes au même lieu. La Cour de justice a tenté de résoudre la difficulté en déclarant que la compétence serait établie en fonction de l'obligation « principale » (141), ce qui ne manquera pas d'appeler de nouvelles précisions (142). Par ailleurs, il est souvent difficile de déterminer quelle est l'obligation qui sert de base à la demande. Par exemple, lorsque l'on demande le paiement d'une indemnité compensatoire, il faut vérifier, selon la *lex contractus,* s'il s'agit d'une obligation contractuelle autonome ou d'une indemnité remplaçant une obligation contractuelle inexécutée, qui devra être alors seule considérée (143). Un autre problème concerne les concessions exclusives de vente ; il faut distinguer si la réclamation porte sur l'exécution de l'une des ventes successives, ou sur celle du contrat-cadre ; dans le second cas, l'obligation principale du concédant — celle de respecter le contrat — est jugée localisée sur le territoire objet de la concession (144). Enfin, une difficulté particulière est suscitée par les obligations de ne pas faire,

(137) CJCE 6 oct. 1976, *Tessili c. Dunlop, Rev. crit. DIP* 1977.751, note Gothot et Holleaux, *JDI* 1977.714, obs. Bischoff et Huet, *D.* 1977.616, 1re esp., note Droz ; CJCE, 28 sept. 1999, *Groupe Concorde, Rev. crit. DIP* 2000.253, note B. Ancel, *JDI* 2000.457, obs. J.-M. Bischoff. En droit français le paiement est en principe quérable, mais si le contrat est une vente internationale soumise au droit français, la Convention de Vienne de 1980 s'applique, et elle dispose que le paiement est portable (v. Paris 10 nov. 1993, *JDI* 1994.678, note Jacquet, et Civ. 1re 26 juin 2001, *Bull. civ.* I, n° 218 p. 120).

(138) En faveur de cette restriction, v. HOLLEAUX, obs. sur Lyon, 28 mars 1979, *JDI* 1980.888.

(139) CJCE 17 janv. 1980, *Zelger c. Salinitri, Rev. crit. DIP* 1980.385, note Mezger, *JDI* 1980.435, obs. Huet. Il en va autrement si le lieu d'exécution fixé par les parties présente un caractère fictif et a pour seule fonction de provoquer la compétence des tribunaux locaux : CJCE 20 févr. 1997, *Les Gravières Rhénanes, JDI* 1997.625, obs. Huet, *Rev. crit. DIP* 1997.563, note Gaudemet-Tallon.

(140) Même arrêt, justement critiqué sur ce point par M. Huet, note précitée.

(141) CJCE 15 janv. 1987, *Shenavaï, JDI* 1987.465, obs. Bischoff et Huet, *Rev. crit. DIP* 1987.793, note Droz. Si les obligations sont considérées par le juge saisi comme équivalentes, il n'est compétent qu'à l'égard de la demande fondée sur celle qui devait être ou qui a été exécutée dans son ressort (CJCE, 5 oct. 1999, *Leathertex* : *Rev. crit. DIP* 2000.76, note H. Gaudemet-Tallon ; *JDI* 2000.540, obs. F. Leclerc).

(142) V. pour des applications, Versailles 2 juin 1988, deux arrêts, *JDI* 1990.147, obs. Huet ; Paris 22 mai 1991, *D.* 1992. Som. 164, obs. Audit ; Paris 13 sept. 1995, *JDI* 1997.170, obs. Huet ; Paris 21 mai 1997, *JDI* 1998.133, obs. Huet.

(143) CJCE 6 oct. 1976, *De Bloos c. Bouyer, JDI* 1977.714, obs. Bischoff et Huet, *Rev. crit. DIP* 1977.751, 2e esp., note Gothot et Holleaux, *D.* 1977.616, 2e esp., note Droz. Une demande en résolution est toujours fondée sur l'inexécution d'une obligation, et peut donc être portée au lieu où celle-ci devait être exécutée (même arrêt).

(144) Civ. 1re, 27 nov. 1979, *JDI* 1980.333, 3e esp., note Holleaux, *D.* 1980.IR.329, obs. Audit ; Paris 13 nov. 1980 et 13 févr. 1981, *JDI* 1981.849, obs. Holleaux ; Com. 13 nov. 1980, *JDI* 1981.851,

au moins lorsqu'une limitation géographique n'est pas fixée pour leur exécution. Dans cette hypothèse, la Cour de justice a estimé que l'article 5 ne pouvait recevoir application et que la juridiction devant être saisie était exclusivement celle que rend compétente l'article 2 (145).

– S'agissant de la vente de marchandises et de la fourniture de services, l'article 5, 1°, *b,* apporte la précision que « sauf convention contraire, le lieu d'exécution de l'obligation qui sert de base à la demande est : — pour la *vente de marchandises*, le lieu d'un État membre où, en vertu du contrat, les marchandises ont été ou auraient dû être livrées ; — pour la *fourniture de services*, le lieu d'un État membre où, en vertu du contrat, les services ont été ou auraient dû être fournis » (146). Il est en réalité très artificiel de prétendre relier les critères de compétence ainsi retenus au principe général énoncé à l'article 5, 1°, *a*. Pour ces contrats, la compétence est désormais fonction, quelle que soit l'identité de l'obligation (ou des obligations) à l'origine du litige, du lieu que les parties ont fixé pour l'exécution de la principale de celles que le contrat a fait naître (l'obligation — ou la prestation — caractéristique) (147). Autrement dit, le Règlement confère, de manière très regrettable, aux stipulations fixant le lieu d'exécution de cette prestation caractéristique du contrat la valeur de clauses attributives de juridiction, et rend par voie de conséquence largement dérisoires les précautions prises par l'article 23 pour garantir que de telles clauses ont effectivement et en pleine connaissance de cause été acceptées par chacune des parties (v. *infra*, n° 350 et s.).

Pour être applicable, cette solution suppose néanmoins, d'une part, que le lieu de livraison des marchandises ou de fourniture des services ait été expressément fixé par le contrat lui-même, d'autre part qu'il soit situé dans un pays membre, et enfin que les parties n'aient pas indiqué que cette définition conventionnelle du lieu d'exécution est sans incidence sur la compétence juridictionnelle (148). Si l'une quelconque de ces trois conditions n'est pas satisfaite, on doit revenir à la compétence du tribunal du lieu d'exécution de l'obligation même qui sert de base à la demande.

obs. Holleaux, *D.* 1982.IR.72, obs. Audit ; Com. 27 févr. 1996, *Rev. crit. DIP* 1996.736, note Gaudemet-Tallon.

(145) CJCE 19 févr. 2002, *Rev. crit. DIP* 2002.577, note Gaudemet-Tallon.

(146) Il est singulier que soit ainsi envisagée l'hypothèse où, « en vertu du contrat », les marchandises pourraient avoir été livrées (ou les services fournis) en un lieu distinct de celui où elles auraient dû l'être !

(147) Il existe évidemment un doute sur la solution à retenir en cas de contrat combinant une vente et une fourniture de services. En revanche, lorsque, dans une vente, les marchandises doivent être livrées en plusieurs endroits différents, la CJCE a décidé que « le tribunal compétent pour connaître de toutes les demandes fondées » sur ce contrat « est celui dans le ressort duquel se trouve le lieu de la livraison principale [...] déterminée en fonction de critères économiques » et que, lorsqu'elle ne peut être précisée, le demandeur peut saisir le tribunal du lieu de livraison de son choix : CJCE, 3 mai 2007, *Color Drack*.

(148) Pour diverses applications, v. Civ. 1re, 11 juill. 2006, 3 oct. 2006, 23 janv. 2007, 27 mars 2007, *Gaz. Pal.* 2007, Somm. 23 et s., obs. M.-L. Niboyet, *JDI* 2007.132, note V. Egéa et D. Martel, *JCP* 2007.II.10028, note C. Asfar, *Dr. et Patrimoine* 2006, n° 154, 77, obs. M.-E. Ancel.

339-1 En matière de *contrat individuel de travail*, l'article 19 du Règlement offre au travailleur demandeur le choix d'attraire son employeur, soit devant les tribunaux de l'État membre dans lequel il est domicilié, soit devant le tribunal du lieu où il accomplit (ou a accompli) habituellement son travail ; en cas d'accomplissement du travail dans plusieurs pays, on substitue à ce second critère celui du lieu de l'établissement d'embauche (149). Dans les deux cas l'émiettement du contentieux est évité.

Lorsque c'est le travailleur qui occupe la position de défendeur, l'article 20 ne permet à l'employeur de saisir que « les tribunaux de l'État membre sur le territoire duquel » ce travailleur a son domicile, ce qui revient à conférer à la règle de l'article 2 (*supra*, n° 337) le caractère d'un critère exclusif de compétence.

Par ailleurs, le Règlement précise, par dérogation au principe qu'il retient pour la délimitation de son champ d'application dans l'espace (*supra* n° 334), que les règles de compétence qu'il arrête en matière de contrats individuels de travail sont applicables même dans le cas où l'employeur n'a pas son domicile dans un État membre, s'il dispose cependant sur le territoire d'un des États membres d'une succursale, d'une agence ou de tout autre établissement et si le litige trouve son origine dans l'exploitation de celui-ci (art. 18).

On doit enfin signaler que, pour se conformer à la directive 96/71 du 16 décembre 1996, les États membres ont dû permettre que soient soumises à leurs tribunaux les contestations relatives aux droits reconnus aux travailleurs détachés sur leur territoire par des employeurs établis dans un autre État membre en matière de rémunération, de durée et de conditions de travail (150).

2° *Obligations alimentaires*

340 En matière d'obligation alimentaire, le demandeur peut saisir le tribunal de son propre domicile ou de sa résidence habituelle (art. 5, 2°) (151). La notion est comprise largement ; elle s'étend à la contribution aux charges du mariage, et à la prestation compensatoire même versée sous forme de capital ; il faut et il suffit que la somme versée ait pour objet l'entretien du demandeur (152).

(149) La Cour de justice a toutefois presque totalement écarté ce dernier critère, au profit de celui tiré du « centre effectif des activités professionnelles » du salarié qui exerce son travail dans plusieurs États contractants (CJCE 9 janv. 1997, *Cross Médical*, *Rev. crit. DIP* 1997.336, note Gaudemet-Tallon, *JDI* 1997.635, obs. Bischoff ; CJCE 27 févr. 2002, *Dr. Soc.* 2002.967, obs. F. BUY). C'est seulement en l'absence d'un tel centre que le tribunal du lieu de l'établissement d'embauche sera compétent.

(150) Pour la France, v. art. R. 517.1.1 C. travail.

(151) Ce texte ne peut être invoqué par un organisme public qui poursuit le recouvrement de sommes qu'il a versées à titre d'aides à la formation, en application du droit public, à un créancier d'aliments dans les droits duquel il est subrogé à l'égard du débiteur d'aliments : CJCE 15 janv. 2004, *Rev. crit. DIP* 2004.465, note Pataut, *JDI*, 2004.635, obs. Huet.

(152) CJCE 6 mars 1980, *De Cavel*, et 27 févr. 1997, *Van den Boogaard*, précités note 117. Peu importe que la qualité de créancier n'ait pas été déjà constatée par une précédente décision (CJCE 20 mars 1997, *Jackie Farrell*, *Rev. crit. DIP* 1997.594, note Droz, *JDI* 1998.568, obs. Huet).

Si la demande est formée accessoirement à une action d'état (en divorce, par exemple), elle peut aussi être portée, pour éviter une dissociation, devant le juge compétent (selon sa loi) quant à l'action d'état ; cette solution est toutefois exclue si cette compétence est uniquement fondée sur la nationalité d'une des parties (153).

3° *Délits*

341 En matière délictuelle ou quasi délictuelle, le tribunal « du lieu où le fait dommageable s'est produit » (art. 5, 3°) est compétent. Et, pour tenir compte de l'éventualité d'actions préventives, le Règlement permet également de saisir le tribunal du lieu où le fait dommageable « risque de se produire ».

Selon l'arrêt *Kalfelis* du 27 septembre 1988, est de nature délictuelle « toute demande qui vise à mettre en jeu la responsabilité du défendeur, et qui ne se rattache pas à la matière contractuelle » (154). Ceci exclut, par exemple, l'action paulienne, dont l'objet n'est pas la réparation d'un dommage (155). Le tribunal saisi d'une demande de nature délictuelle ne peut connaître à ce titre d'une demande accessoire de nature contractuelle ou quasi contractuelle (156) ; l'inverse ne serait pas davantage possible : nouvelle source fâcheuse de dispersion du contentieux.

Si le dommage d'une part, l'événement qui l'a causé d'autre part, sont survenus en des lieux différents, le demandeur peut choisir entre eux (157). Le dommage attributif de compétence est celui qui a été subi directement par la victime immédiate : sont exclus le dommage qui est la conséquence du dommage initial (158), et celui qu'un tiers a subi par ricochet (159).

Une solution particulière a été retenue pour les délits commis par voie de presse, radio ou télévision, ainsi qu'en matière de contrefaçon : la victime peut agir soit dans le pays d'établissement de l'éditeur (ou du contrefacteur), en

(153) Le maintien de cette réserve ne se justifie plus guère depuis que la compétence internationale est, en matière de divorce en tout cas, définie par un Règlement communautaire qui exclut la possibilité, pour les tribunaux d'un État membre, d'asseoir sa compétence sur la nationalité de l'une seulement des parties (v. *infra*, n° 594).

(154) CJCE 27 sept. 1988, *Rev. crit. DIP* 1989.112, note Gaudemet-Tallon, *JDI* 1989.457, obs. Huet, *D.* 1989. Som. 254, obs. Audit. V. aussi CJCE 1er oct. 2002, *Rev. crit. DIP* 2003.682, note Rémy-Corlay, *JDI* 2004.903, note Leclerc, déclarant l'article 5, 3° applicable à l'action préventive d'une association de protection des consommateurs en vue de faire interdire l'emploi, par un commerçant, de clauses abusives dans ses contrats.

(155) CJCE 26 mars 1992, *Reichert*, *Rev. crit. DIP* 1992.714, note Ancel, *JDI* 1993.461, obs. Huet.

(156) CJCE 27 sept. 1988, *Kalfelis*, précité.

(157) CJCE 30 nov. 1976, *Fondation Reinwater c. Mines de potasse d'Alsace*, *Rev. crit. DIP* 1977.563, note Bourel, *JDI* 1977.728, obs. Huet, *D.* 1977.613, note Droz. V. pour une application en matière de refus de vente Civ. 1re, 8 janv. 1991, *JDI* 1992.195, obs. Huet.

(158) CJCE 19 sept. 1995, *Marinari, Europe* nov. 1995, n° 408, obs. Idot, *JDI* 1996.562, obs. Bischoff, 10 juin 2004, *D.* 2005.1261, obs. P. Courbe et H. Chanteloup, *Rev. crit. DIP* 2005.326, note H. Muir Watt.

(159) CJCE 11 janv. 1990, *Dumez France*, *Rev. crit. DIP* 1990.363, note Gaudemet-Tallon, *JDI* 1990.497, obs. Huet.

réparation de l'intégralité du dommage, soit en chacun des pays où la diffusion lui a causé un dommage, en réparation du seul dommage subi dans ce pays (160).

Si l'action est fondée sur une infraction, elle peut être portée devant le tribunal saisi de l'action publique, dans la mesure où la loi de celui-ci l'admet (art. 5, 4°).

4° *Succursales, agences ou établissements*

342 Lorsqu'il s'agit d'une contestation relative à l'exploitation d'une succursale, d'une agence ou de tout autre établissement, le tribunal du lieu de leur situation est compétent (art. 5, 5°). Le critère qui distingue l'établissement du concessionnaire exclusif ou de l'agent commercial indépendant est la soumission à la direction et au contrôle de la maison-mère (161). Mais la notion d'établissement suppose un minimum d'autonomie : il doit être pourvu d'une direction, et matériellement équipé de façon à pouvoir négocier des affaires avec des tiers ; ceux-ci sauront qu'ils sont dispensés de s'adresser directement à la maison-mère (162).

Les litiges visés à l'article 5, 5° sont de trois sortes. Il s'agit en premier lieu de ceux relatifs à la gestion de l'établissement (par ex. achat de matériel), en second lieu de ceux relatifs aux rapports avec la clientèle (163), en troisième lieu de ceux qui ont leur origine dans une activité extra-contractuelle de l'établissement (164).

5° *Trusts*

343 En matière de trust, les tribunaux de l'État sur le territoire duquel le *trust* a son domicile sont compétents (art. 5, 6°).

6° *Matières maritimes*

344 L'article 5, 7° édicte une règle particulière en cas de demande relative à la rémunération d'un acte d'assistance ou de sauvetage d'une cargaison ou d'un fret.

(160) CJCE 7 mars 1995, *Fiona Shevill*, *D.* 1996.63, note Parléani, *Rev. crit. DIP* 1996.487, note Lagarde, *JDI* 1996.543, obs. Huet (diffamation) ; Civ. 16 juill. 1997, *Époux Wegmann*, *JDI* 1998.136, obs. Huet (contrefaçon).

(161) CJCE 6 oct. 1976, *De Bloos c. Bouyer*, précité ; 18 mars 1981, *Blanckaert et Willems c. Luise Trost*, *JDI* 1982.479, obs. Bischoff.

(162) CJCE 22 nov. 1978, *Établissements Somafer SA c. Saar-Ferngas*, *JDI* 1979.672, note Huet.

(163) Contrairement à ce qu'elle avait jugé antérieurement (arrêt *Somafer*, cité note précédente), la Cour de justice décide qu'il n'est pas nécessaire que les engagements pris par la succursale soient à exécuter dans l'État de la succursale (CJCE 6 avr. 1995, *Lloyd's Register of Shipping*, *Rev. crit. DIP* 1995.770, note Droz, *JDI* 1996.564, obs. Bischoff).

(164) En revanche, l'action d'un associé contre un coassocié en paiement d'une créance de liquidation à raison d'avances consenties à la succursale de leur filiale commune ne constitue pas une contestation relative à l'exploitation de cette succursale : Com. 25 janv. 2000, *Rev. crit. DIP* 2000.462, note M.-E. Ancel.

d) Compétences dérivées

345 L'article 6 énonce des règles de compétence dérivée, qui permettent à une partie, à moins qu'elle ne préfère agir devant le tribunal du domicile du défendeur, de porter sa demande devant un tribunal saisi (antérieurement, ou concomitamment) d'une demande connexe, afin de réaliser une concentration du contentieux devant un seul juge.

La connexité n'est toutefois pas un chef général de compétence dans le cadre du Règlement. Seules quatre hypothèses, précisément définies, sont prévues : possibilité d'attraire plusieurs *codéfendeurs* devant le tribunal du domicile de l'un d'eux (art. 6, 1°) (165), à condition qu'il y ait connexité entre les diverses demandes (166) ; de citer un tiers en *intervention forcée* ou en garantie devant le tribunal saisi de la demande principale (167), sauf si cette dernière n'a été formée que dans le but de traduire le tiers hors de son tribunal (art. 6, 2°) ; de former devant le tribunal saisi de la demande originaire une demande *reconventionnelle* fondée sur le même contrat ou sur les mêmes faits (art. 6, 3°) (168) ; de joindre une demande contractuelle à une demande réelle immobilière formée contre le même défendeur devant le tribunal du lieu de situation de l'immeuble (art. 6, 4°).

Ces règles permettent d'attraire devant le tribunal d'un État membre des plaideurs domiciliés dans d'autres États membres.

(165) L'article 6, 1° n'autorise la concentration des compétences qu'au profit du tribunal dans le ressort duquel l'un des défendeurs a son domicile, et non de celui que désigne une clause attributive de juridiction : Civ. 1re, 5 janv. 1999, *Bull. civ.* I, n° 5, p. 3. Et il ne permet pas davantage d'attraire un défendeur domicilié dans un État contractant devant la juridiction d'un autre État contractant saisie d'une demande dirigée contre un codéfendeur établi hors de l'Union européenne, quand bien même le litige présenterait un caractère indivisible : CJCE, 27 oct. 1998, *La Réunion européenne*, *Rev. crit. DIP* 1999.332, note Gaudemet-Tallon ; *JDI* 1999.625, obs. Leclerc. En revanche, la Cour de Luxembourg a décidé, de manière très critiquable, que l'article 6.1 doit recevoir application alors même que l'action contre le défendeur principal est, du fait d'une mesure de suspension des poursuites individuelles décidée contre lui, irrecevable d'après la loi du tribunal saisi et que, par conséquent, elle ne vise qu'à permettre d'attraire le codéfendeur devant une juridiction qui serait normalement incompétente à son égard : CJCE 13 juill. 2006, *Reisch Montag AG*, *Rev. crit. DIP* 2007.175, note Pataut.

(166) La connexité a été définie par rapport à la nécessité « d'éviter des solutions qui pourraient être inconciliables si les causes étaient jugées séparément » (CJCE 27 sept. 1988, *Kalfélis,* précité, n° 341). Cette définition, expressément consacrée par l'article 6, 1° du Règlement, ne correspond pas à l'hypothèse d'actions en contrefaçon de brevet européen dirigées contre plusieurs sociétés établies dans des États contractants différents, même si, appartenant à un même groupe, elles ont agi de manière identique ou similaire pour se conformer à une politique commune élaborée par l'une d'entre elles, dès lors que les questions à juger à l'égard de chacune ne sont pas constitutives d'une même question de droit et qu'il n'existe donc pas de risque de décisions inconciliables : CJCE, 13 juill. 2006, *Roche Nederland BV*, *Rev. crit. DIP* 2006.910 et chron. Wilderspin, p. 777.

(167) Cette règle s'applique aux appels en garantie entre assureurs, fondés sur un cumul d'assurances : CJCE, 26 mai 2005, *La Réunion européenne, RGDA* 2006.220, note Heuzé, *Rev. crit. DIP* 2006.168, note Sinay-Cytermann.

(168) Cette condition est apparemment plus stricte qu'une simple exigence de connexité. Une interprétation littérale serait cependant inopportune, car un parallélisme doit être maintenu avec l'exception de connexité (en ce sens Ass. plén. 18 févr. 1994, *JDI* 1995.150, obs. Huet, *D.* 1994.245, concl. Jéol).

Dans les second et troisième cas, rien n'est précisé sur le fondement de la compétence du tribunal saisi à l'égard de la demande principale. Elle peut résulter d'une règle conventionnelle quelconque, ou d'une règle non conventionnelle, ou même d'un privilège de juridiction tel que celui qu'édicté l'article 14 du Code civil français (non exclu par le Règlement si le défendeur à l'action principale est domicilié en dehors de la Communauté) (169).

Si la personne à l'encontre de laquelle est invoquée l'une des règles de l'article 6 peut se prévaloir d'une clause attributive de juridiction désignant un autre tribunal, cette dernière l'emporte : le souci de concentration des litiges est sacrifié à celui du respect des conventions (170).

e) Règles de compétence protectrices d'une partie faible

346 Dans un but de protection d'une partie faible (assuré, consommateur et, d'après le Règlement, salariés : v. *supra*, n° 339-1), les articles 8 à 21 du Règlement complètent la compétence fondée sur le domicile du défendeur et dans une certaine mesure y dérogent.

Les articles 8 à 14 du Règlement, qui forment un système assez complexe, visent à protéger l'assuré, le preneur d'assurance, le bénéficiaire, ainsi que la victime exerçant l'action directe contre l'assureur de responsabilité, et multiplient en leur faveur, lorsqu'ils agissent contre un assureur domicilié ou ayant un établissement secondaire dans un État membre, les critères de compétence (171). En revanche l'assureur ne peut agir que devant le tribunal du domicile du défendeur. Sauf lorsque le contrat porte sur un « grand risque », les clauses attributives de juridiction ne sont qu'exceptionnellement licites et la CJCE les déclare au surplus inopposables aux bénéficiaires assurés (172).

Les articles 15 à 17 du Règlement offrent au consommateur agissant contre son cocontractant domicilié dans un État membre (auquel est assimilé celui qui y possède un établissement) le choix entre les tribunaux de son propre domicile et ceux du domicile du cocontractant, tout en réservant aux tribunaux de son propre domicile la connaissance des litiges où il figure en qualité de défen-

(169) En ce sens Civ. 14 mai 1992, *JDI* 1993. 151, obs. Huet, *D.* 1993. Som. 348, obs. Audit. La Cour de justice (15 mai 1990, *Kongress Agentur Hagen*, *Rev. crit. DIP* 1990.564, note Gaudemet-Tallon, *JDI* 1991.498, obs. Huet) a fait jouer l'article 6, 2°, au profit d'un juge saisi de la demande principale sur le fondement de l'article 5, 1° de la Convention.

(170) Civ. 12 juill. 1982, *JDI* 1983.405, obs. Holleaux, *Rev. crit. DIP* 1983.658, note P. L., *D.* 1983.IR.145, obs. Audit, *JCP* 1983.II.20015, note Bourel ; Civ. 1re, 18 oct. 1989, *JDI* 1991.155, obs. Huet ; CJCE 9 nov. 1978, *Meeth c. Glacetal*, *JDI* 1979.663, obs. Huet, *Rev. crit. DIP* 1981.127, 1re esp., note Gaudemet-Tallon.

(171) Ce système ne s'applique pas à la réassurance : (CJCE, 13 juill. 2000, *Group Josi*, *RGDA*, 2000, p. 931, note Heuzé), non plus qu'aux recours entre assureurs en cas de cumul d'assurances : CJCE 26 mai 2005 précité.

(172) CJCE, 12 mai 2005, *JCP* 2005.I.183, n° 18, obs. E. Jeuland, *RJ com.* 2005.338, obs. A. Raynouard, *Rev. crit. DIP* 2005.753, note V. Heuzé.

deur (173). Des clauses moins favorables ne peuvent être conclues que postérieurement à la naissance du différend.

B. Règles instituant des compétences exclusives

347 Le Règlement (art. 22) attribue, dans certaines matières, compétence exclusive à l'État contractant avec lequel le litige présente un certain lien, jugé seul significatif. La compétence est dite exclusive en ce sens que tout tribunal autre que celui désigné doit se déclarer d'office incompétent. De plus, la volonté des parties ne peut y déroger, que ce soit au profit des tribunaux d'un autre État membre ou au profit de ceux d'un État tiers.

Le Règlement n'envisage que l'hypothèse où le critère de compétence exclusive est réalisé sur le territoire communautaire. Mais il y a lieu de penser que dans l'hypothèse inverse, le tribunal d'un État partie, compétent au titre de l'article 2 ou d'un autre texte du Règlement, devrait se déclarer incompétent au profit des tribunaux de l'État, non membre de l'Union, désigné par l'un des critères de compétence exclusive.

L'attribution de compétence est globale : pour déterminer ensuite quel est le tribunal spécialement compétent, il convient d'appliquer les règles internes de compétence territoriale de l'État en cause.

348 Cinq matières sont concernées :

1° Les litiges portant sur les *droits réels immobiliers et les baux d'immeubles* sont de la compétence de l'État du lieu de situation de l'immeuble ; la règle est classique et raisonnable en ce qu'elle concerne les droits réels, parce que le jugement sera nécessairement exécuté en ce lieu, et parce que le régime foncier est en jeu (174) ; elle est plus surprenante lorsqu'elle vise les baux, car on ne voit pas pourquoi les parties se voient interdire de convenir d'un autre lieu (175). Une règle particulière a été introduite en 1989 au sujet des locations

(173) Sur le domaine de ces règles v. CJCE 11 juill. 2002, *Rev. crit. DIP* 2003.484, note P. Rémy-Corlay ; 1er oct. 2002, *Rev. crit. DIP* 2003.682, note P. Rémy-Corlay, *D.* 2002.3200, note H. Kobina Gaba, *JDI* 2004.903, note Fr. Leclerc ; 20 janv. 2005, *Engler*, *JCP* 2005.I.183, obs. E. Jeuland ; 20 janv. 2005, *Gruber*, *Rev. crit DIP* 2005.493, note Jude, *D.* 2006.1501, obs. Courbe et Jault-Seseke, *RTD com.* 2005.636, obs. Marmisse-d'Abadi d'Arrast.

(174) Elle ne s'applique pas à l'action en résolution de la vente et en paiement de dommages-intérêts consécutifs à cette résolution (CJCE, 5 avr. 2001, *JCP* 2001.II.10638, note Bruneau, *JDI* 2002.621, obs. Huet, *Defrénois*, 2002.1437, note Crône), non plus qu'au contrat de *time share* (CJCE, 13 oct. 2005, *RJ com.* 2005.501, obs A. Raynouard, *Rev. crit. DIP*, 2006.183, note H. Muir Watt).

(175) En ce sens BISCHOFF, note sous CJCE 14 déc. 1977, *Sanders c. Van der Putte*, *JDI* 1978.388. Les actions réelles immobilières ont été définies comme celles qui « tendent à déterminer l'étendue, la consistance, la propriété, la possession d'un bien immobilier ou l'existence d'autres droits réels sur ces biens et à assurer aux titulaires de ces droits la protection des prérogatives qui sont attachées à leur titre » ; ceci exclut notamment l'action paulienne formée à rencontre de l'aliénation d'un immeuble (CJCE 10 janv. 1990, *Consorts Reichert c. Dresdner Bank*, *JDI* 1990.503, obs. Bischoff, *Rev. crit. DIP*

saisonnières (d'une durée maximale de six mois consécutifs) : si le propriétaire et le locataire sont domiciliés dans le même État contractant, et sont tous deux des personnes physiques, le demandeur peut aussi agir devant les tribunaux de cet État. Le Règlement reconduit la solution, mais en étend l'application à l'hypothèse où le propriétaire est une personne morale.

2° Les litiges relatifs à la *validité, la nullité ou la dissolution d'une société* doivent être déférés aux tribunaux du siège social, tel que le détermine le droit international privé du for. Relèvent de la même compétence les contestations relatives aux décisions des organes sociaux.

3° La *validité des inscriptions* sur les *registres publics*, doit être appréciée par les tribunaux de l'État membre sur le territoire duquel les registres sont tenus ; cette solution est comparable à celle qui a été vue pour les règles de droit commun à la section II (v. *supra*, n° 317).

4° Les litiges relatifs à l'*inscription* ou à la *validité* des *brevets, marques, dessins et modèles* ou droit analogues relèvent de la compétence de l'État du dépôt ou de l'enregistrement.

Seuls sont visés, selon la Cour de justice (176), les litiges relatifs *à titre principal* à ces questions, ce qui exclut notamment les litiges relatifs aux contrats d'exploitation des droits intellectuels, et les actions en contrefaçon. Mais il est sans importance que la contestation relative à l'inscription ou à la validité du droit intellectuel considéré soit soulevée par voie d'exception plutôt que d'action (177).

5° Enfin, comme en droit commun (v. *supra* n° 289), les *mesures d'exécution des décisions* sont de la compétence des tribunaux du lieu d'exécution.

C. Règles relatives à la prorogation volontaire de compétence

349 La compétence des tribunaux de l'un des États membres est susceptible de dépendre de la volonté des parties. Celle-ci peut avoir été exprimée dans une clause, ou résulter du comportement des parties au moment du procès.

a) Clauses attributives de juridiction

350 L'article 23 du Règlement, relatif à ces clauses, est applicable à deux conditions : d'une part, que le tribunal désigné par la clause soit celui d'un État

1991.151, note Ancel). De façon générale la Cour de justice interprète restrictivement l'article 16, 1° (v. CJCE 17 mai 1994, *Webb*, et 9 juin 1994, *Norbert Lieber*, *Rev. crit. DIP* 1995.123, note Béraudo ; CJCE 18 mai 2006, *JOUE* n° C 165, p. 5)... mais pas toujours (V. CJCE 27 janv. 2000, *Dansommer* : *Rev. crit. DIP* 2000.264, note Muir Watt ; *JDI* 2000.550, obs. Huet ; JCP 2000.II.10432, note Bruneau).

(176) CJCE 15 nov. 1983, *Duinjstee c. Goderbauer*, *Rev. crit. DIP* 1984.361, note Bonet. Mais l'article 16, 4° a été appliqué à une action en déchéance de marque par Paris, 15 avr. 1992, *JDI* 1993.153, obs. Huet, *D.* 1993. Som. 349, obs. Audit, *JDI* 1993.989, note Pollaud-Dulian.

(177) CJCE 13 juill. 2006, *Rev. crit. DIP* 2006.904 et chron. Wilderspin p. 777.

membre ; d'autre part, que l'une au moins des parties soit domiciliée — au moment de la conclusion de l'accord — sur le territoire d'un État membre.

Lorsque la clause désigne les tribunaux d'un État membre, mais que les deux parties sont domiciliées dans des États tiers, la validité de la clause est appréciée par les tribunaux de l'État désigné selon leur droit interne ; le Règlement précise seulement que les tribunaux des autres États membres ne peuvent connaître du différend tant que les tribunaux de l'État désigné n'ont pas décliné leur compétence.

Lorsque la clause désigne les tribunaux d'un État non membre, l'article 23 n'est pas non plus applicable. La validité de la clause sera examinée selon le droit commun du tribunal saisi. Si elle est admise, la clause dérogera à la compétence qui résulte du Règlement (celle fondée sur le domicile du défendeur, par exemple), sauf si elle est exclusive ou protectrice.

Aucune condition n'est posée quant au caractère international de la relation litigieuse. Cependant il paraîtrait anormal d'appliquer l'article 23 à des relations internes, alors que le droit interne de la plupart des États membres est restrictif à l'égard des clauses modifiant la compétence territoriale (178).

351 *Quant au fond*, les solutions retenues sont libérales.

Aucun lien n'est nécessaire entre les tribunaux désignés et le litige ; l'avantage de cette solution est de permettre la désignation d'un tribunal neutre par rapport aux deux parties.

La clause peut désigner un tribunal précis, ou globalement les tribunaux d'un État donné, ou encore ceux de deux ou plusieurs États. Elle peut se borner à exclure certaines compétences. Elle peut bénéficier aux deux parties, ou n'offrir d'option qu'à l'une d'entre elles, de même qu'elle peut faire varier la compétence en fonction de l'identité du demandeur (179). Son effet est en principe non seulement d'attribuer compétence aux tribunaux qu'elle désigne, mais également d'exclure la compétence des autres tribunaux, sauf lorsqu'elle est stipulée en faveur d'une seule partie (180).

Toutefois, une clause ne peut mettre en échec ni une compétence exclusive (art. 22), ni une compétence protectrice d'une partie faible (art. 13 et 17).

(178) En ce sens Civ. 1re, 4 oct. 2005, *Rev. crit. DIP* 2006.413, note M. Audit, *D.* 2006.1501, obs. F. Jault-Seseke, *Dr. et Patrimoine* 2006, n° 145, p. 111, note M.-L. Niboyet ; *JDI* 2006.169, note J.-M. Jacquet ; v. aussi GOTHOT et HOLLEAUX, *op. cit.*, n° 167 ; HOLLEAUX, FOYER et LA PRADELLE, *op. cit.*, n° 834 ; GAUDEMET-TALLON, *op. cit.*, n° 134 ; *contra* DROZ, *op. cit.*, n° 207 et 208. Sur les rapports entre l'article 17 de la Convention et l'article 48 nouv. C. proc. civ., v. HOLLEAUX, *JDI* 1980, p. 352.

(179) CJCE 9 nov. 1978, *Meeth c. Glacetal*, précité n° 345.

(180) L'interprétation de la clause dans le sens de la faveur pour une des parties doit ressortir clairement des termes de la clause, ou de l'ensemble des indices relevés dans le contrat, ou des circonstances de la conclusion (CJCE 24 juin 1986, *Anterist*, *Rev. crit. DIP* 1987.136, note Gaudemet-Tallon, *JDI* 1987.474, obs. Huet ; Civ. 1re, 4 déc. 1990, *Rev. crit. DIP* 1991.613, note H.G.-T, *JDI* 1992.198, obs. Huet).

En matière de contrats individuels de travail, l'article 21 réserve au salarié la faculté (non doublée d'une obligation) de saisir le tribunal désigné par la clause, lorsque celle-ci a été conclue avant la naissance du différend. Il est certain que l'absence de toute protection du salarié contre des clauses qui désignent parfois un tribunal peu accessible était choquante, et avait été à juste titre critiquée. Mais cette solution signifie en pratique la disparition des clauses désignant un tribunal communautaire dans les contrats de travail, ce qui peut être jugé excessif (cf. *supra*, note 57).

Les parties liées sont normalement celles qui ont donné leur accord à la clause. La Cour de justice a cependant admis, d'une part, l'opposabilite de la clause insérée dans un connaissement au tiers porteur dès lors que celui-ci succède, selon le droit applicable, aux droits et obligations du chargeur (181), d'autre part, l'opposabilité de la clause insérée dans les statuts d'une société anonyme aux futurs actionnaires (182). En revanche, dans les assurances de groupe, elle a déclaré la clause attributive de juridiction convenue entre le souscripteur et l'assureur inopposable à l'assuré bénéficiaire (183).

La Convention ne précise pas davantage que le Règlement les conditions auxquelles le consentement des parties est considéré comme valablement donné. Les tribunaux nationaux apprécient librement si la clause a été portée de façon suffisamment claire à la connaissance de la partie qui n'en a pas pris l'initiative (184).

La Cour de justice a par ailleurs consacré l'autonomie de la clause attributive de juridiction : le fait que l'une des parties soutienne que le contrat dans lequel elle est incluse est nul n'empêche pas le tribunal désigné de se considérer comme compétent (185).

352 Les *conditions de forme* ont donné lieu à une abondante jurisprudence (186), que les Conventions d'adhésion, puis le Règlement, ont consacrée. La clause doit être jugée valable dans quatre hypothèses :

– lorsqu'il y a eu convention écrite, à laquelle le Règlement assimile « toute transmission par voie électronique qui permet de consigner durablement » l'accord des parties ; si la clause figure uniquement dans des « conditions générales », un renvoi exprès à celles-ci dans le document signé est nécessaire, et le cocontractant doit en avoir eu connaissance avant d'apposer sa signature ;

(181) CJCE 19 juin 1984, *Tilly Russ*, *JDI* 1985.159, obs. Bischoff, *Rev. crit. DIP* 1985.385, note Gaudemet-Tallon ; CJCE, 9 nov. 2000, *Rev. crit. DIP* 2001.359, note Bernard-Fertier, *JDI* 2001.701, obs. J.-M. B., *DMF* 2001-187, note Delebecque ; la transmission ne s'opère pas de plein droit lorsque le contrat est régi par le droit français : Com. 4 mars 2003, *Rev. crit. DIP* 2003.285, note Lagarde, *Petites affiches* 2003, n° 215, p. 8, note Legros, *JDI* 2004.197, obs. Huet.

(182) CJCE 10 mars 1992, *Powell-Duffryn*, *Rev. crit. DIP* 1992.528, note Gaudemet-Tallon, *JDI* 1993.474, obs. Bischoff.

(183) CJCE 12 mai 2005, *Rev. crit DIP* 2005.753, note Heuzé.

(184) La Cour de cassation (Com. 27 févr. 1996, *Rev. crit. DIP* 1996.731, note H. G.-T.) exige que la clause soit écrite en caractères suffisamment lisibles, mais non que la langue employée soit connue du destinataire de l'offre.

(185) CJCE 3 juill. 1997, *Francesco Benincasa*, *JDI* 1998.581, obs. Bischoff.

(186) V. notamment CJCE 14 déc. 1976, *Estasis Salotti di Colzani*, *Rev. crit. DIP* 1977.576, 1re esp., note Mezger, *JDI* 1977.734, obs. Bischoff ; 14 déc. 1976, *Galeries Segoura*, mêmes références ; 19 juin 1984, *Tilly Russ*, *JDI* 1985.159, obs. Bischoff, *Rev. crit. DIP* 1985.385, note Gaudemet-Tallon ; 11 juill. 1985, *Berghoefer*, *Rev. crit. DIP* 1986.335, note H.G.T., *JDI* 1986.453, obs. Bischoff.

– lorsqu'il y a eu accord verbal confirmé par écrit (ou par voie électronique, d'après le Règlement) ; il faut que l'accord verbal porte expressément sur la clause : dès lors qu'il en est ainsi, la confirmation écrite peut n'être signée que de l'une des parties, pourvu que l'autre n'ait formulé aucune objection en temps utile ;

– lorsque la clause a été conclue sous une forme conforme aux habitudes que les parties ont établies entre elles ;

– lorsque la clause est insérée dans un contrat du commerce international, suivant une forme admise par les usages régulièrement observés dans ce type de contrat et dans la branche commerciale considérée, et que les parties connaissent ou sont censées connaître (187).

b) Prorogation tacite

353 La compétence du tribunal d'un État membre résulte de la *comparution du défendeur* jointe à son absence de contestation de la compétence. Seule ferait obstacle à cette prorogation tacite, prévue à l'article 24 du Règlement, la méconnaissance de l'une des règles de compétence exclusive de l'article 22.

Peu importe le domicile des parties ; il suffit que le tribunal devant lequel les parties comparaissent soit celui d'un État membre.

Lorsque le défendeur comparaît pour contester la compétence, la prorogation ne se produit pas. Il en est ainsi même s'il conclut en outre sur le fond, pourvu qu'il le fasse de façon subsidiaire (188).

D. Mesures provisoires et conservatoires

354 Aux termes de l'article 31 du Règlement, « les mesures provisoires ou conservatoires prévues par la loi d'un État membre peuvent être demandées aux autorités judiciaires de cet État, même si, en vertu du présent Règlement, une juridiction d'un autre État membre est compétente pour connaître du fond ».

Une option est ainsi ouverte au demandeur désireux d'obtenir une mesure provisoire ou conservatoire, entre les tribunaux de l'État compétent pour connaître au fond du litige selon le Règlement, et ceux d'un autre État qui

(187) De tels usages peuvent, par exemple, faire présumer que la clause insérée dans un document émanant d'une partie a été acceptée par l'autre partie, simplement parce que celle-ci est restée silencieuse, ou a exécuté le contrat sans protestation (CJCE 20 févr. 1997, *Les Gravières Rhénanes*, *JDI* 1997.625, obs. Huet, *Rev. crit. DIP* 1997.563, note Gaudemet-Tallon). V. aussi CJCE, 16 mars 1999, *Rev. crit. DIP* 1999.559, note Gaudemet-Tallon, *JDI* 2000.528, obs. Huet, *DMF* 2000.II, note Delebecque.

(188) CJCE 22 oct. 1981, *Ets Rohr c. Ossberger*, *Rev. crit. DIP* 1982.143, 2e esp., note Gaudemet-Tallon, *JDI* 1982.482, obs. Huet ; 14 juill. 1983, *Gerling*, *JDI* 1983.843, obs. Huet, *Rev. crit. DIP* 1984.141, note Gaudemet-Tallon.

seraient mieux placés pour ordonner une telle mesure, à la condition que ces derniers se reconnaissent compétents selon leurs propres règles. C'est ainsi qu'un créancier désireux de procéder à la saisie conservatoire d'une créance pourra demander au tribunal français du domicile du tiers saisi, plutôt qu'au tribunal étranger du domicile du débiteur (compétent selon l'article 2), l'autorisation de procéder à cette mesure.

La Cour de justice a défini les mesures de l'article 31 comme celles qui « sont destinées à maintenir une situation de fait ou de droit afin de sauvegarder des droits dont la reconnaissance est par ailleurs demandée au juge du fond » (189). Ceci exclut en particulier l'action paulienne, selon le même arrêt, mais aussi, d'après une décision ultérieure (190), les mesures d'instruction *in futurum*. Mais qu'en est-il du référé-provision ? Il y a un fort risque, si on le considère comme une mesure provisoire au sens de l'article 31, de voir contourner tout le système de compétence du Règlement (191).

C'est pourquoi la Cour de justice a finalement choisi de l'exclure du domaine de l'article 31 « à moins que, d'une part, le remboursement au défendeur de la somme allouée soit garanti dans l'hypothèse où le demandeur n'obtiendrait pas gain de cause au fond de l'affaire et, d'autre part, la mesure ordonnée ne porte que sur des avoirs déterminés du défendeur se situant ou devant se situer dans la sphère de compétence territoriale du juge saisi » (192).

En revanche, il serait opportun, malgré le silence de l'article 31 du Règlement, de n'autoriser le juge saisi à se déclarer compétent que si la mesure sollicitée devait s'exécuter sur le territoire de l'État au nom duquel il statue (193). C'est en ce sens que s'oriente la jurisprudence de la Cour de justice qui a décidé que l'application de l'article 31 « est subordonnée à la condition de l'existence d'un lien de rattachement réel entre l'objet (de la mesure provisoire sollicitée) et la compétence territoriale de l'État contractant du juge saisi » (194). Il serait absurde, par exemple, de s'adresser au juge d'un

(189) CJCE 26 mars 1992, *Reichert*, cité *supra* n° 341.

(190) CJCE 28 avr. 2005, *RJ com.* 2005.500, obs Raynouard, *Rev. crit. DIP* 2006.193, note Pataut, *D.* 2006.1502, obs. F. Jault-Seseke.

(191) Des décisions françaises ont fait entrer le référé-provision dans le champ de l'article 31, sans même poser la condition d'urgence (par ex. Paris 17 nov. 1987, *JDI* 1989.96, obs. Huet). En général la doctrine française propose soit d'exclure le référé-provision (Huet, obs. précitées ; Delaporte, *op. cit.*, p. 153), soit de l'admettre en cas d'urgence démontrée (Gothot et Holleaux, *op. cit.*, n° 204 ; Gaudemet-Tallon, *op. cit.*, n° 309).

La condition d'urgence a été implicitement exclue, à propos d'une mesure d'expertise judiciaire, par Com. 10 mars 1992, *JDI* 1993.156, obs. approbatives Huet.

(192) CJCE, 17 nov. 1998, *Van Uden* : *Rev. crit. DIP* 1999.340, note Normand ; *JDI*, 1999.612, obs. Huet ; *Rev. arb.* 1999.143, note Gaudemet-Tallon ; CJCE, 16 mars 1999, *Mietz* : *Rev. crit. DIP* 1999.761.

(193) En faveur de la restriction de la compétence aux mesures d'exécution territoriale, v. Gothot et Holleaux, *op. cit.*, n° 202 et 203 ; Delaporte, *op. cit.*, p. 155 et s. ; Gaudemet-Tallon, *op. cit.*, n° 271.

(194) CJCE, 17 nov. 1998, *Van Uden*, précité. V. aussi Civ. 1re, 11 déc. 2001, *Rev. crit. DIP* 2002.371, note Muir Watt, *Gaz. Pal.* 2002, jur. 986, obs. M.-L. Niboyet, *JCP*, 2002.II.10106, note E. du Rusquec.

État pour solliciter une autorisation de procéder à une saisie, puis de demander au juge d'un autre État *l'exequatur* de l'autorisation obtenue, afin de pouvoir procéder effectivement à la saisie sur son territoire (195).

E. Dispositions procédurales

355 Le juge doit procéder à la vérification d'office de sa compétence dans deux cas :

– d'une part, lorsque le défendeur, domicilié dans un autre État membre, ne comparaît pas (art. 26, al. 1er) ;

– d'autre part, lorsque dans la matière concernée existe une règle de compétence exclusive (art. 25).

Par ailleurs, aux termes de l'article 26, al. 4 du Règlement, le juge doit s'assurer, selon les modalités de l'article 15 de la Convention de la Haye du 15 novembre 1965 (v. *infra*, n° 494), que l'acte introductif d'instance a été transmis au défendeur (domicilié sur le territoire d'un autre État contractant) régulièrement, et en temps utile pour qu'il puisse se défendre. Il n'y a toutefois lieu de se référer ainsi à la convention de La Haye qu'à défaut d'applicabilité du Règlement 1348/2000 du 29 mai 2000, relatif à la signification et à la notification dans les États membres des actes judiciaires et extra-judiciaires en matière civile et commerciale, dont l'article 19 instaure une procédure comparable (v. *infra*, n° 494).

§ 2. LA CONVENTION DE LUGANO DU 16 SEPTEMBRE 1988

356 Les États membres de l'Association européenne de libre échange (AELE) ont souhaité que leurs rapports, notamment commerciaux, avec les pays de la CEE soient régis par les règles de la Convention de Bruxelles. Il leur était cependant impossible d'adhérer à cette Convention, ne serait-ce qu'en raison du rôle que joue, pour son interprétation, la Cour de justice des Communautés (v. *supra*, n° 332). Une Convention parallèle a donc été négociée entre les pays de la CEE et ceux de l'AELE : c'est la Convention de Lugano du 16 septembre 1988.

Cette Convention est entrée en vigueur au fur et à mesure des ratifications (art. 61, 3°). Du côté des États membres de l'AELE, elle a été ratifiée par la Suisse, la Norvège et l'Islande.

357 Le Règlement de Bruxelles I et la Convention de Lugano comportent des règles pratiquement identiques, d'autant que la plupart des règles originales qui

(195) V. cependant, implicitement, CJCE 21 mai 1980, *Denilauler*, *Rev. crit. DIP* 1980.787, concl. Mayras, note Mezger, *JDI* 1980.939, obs. Huet, *D.* 1981. Som. 158, obs. Audit.

avaient été introduites dans la Convention de Lugano ont été intégrées en 1989 dans la Convention de Bruxelles, à l'occasion de l'adhésion à celle-ci de l'Espagne et du Portugal, et ensuite reprises dans le Règlement.

Il subsiste cependant quelques légères différences.

a) En matière de contrat individuel de travail

1° L'article 5, 1° de la Convention de Lugano permet à l'employeur aussi bien qu'au salarié de saisir le tribunal du lieu de l'embauche lorsque le travail n'est pas accompli habituellement dans un même pays (comp. *supra*, n° 339, *in fine*).

2° L'article 17 de la Convention de Lugano prive purement et simplement d'effet, dans cette matière, les clauses attributives de juridiction antérieures à la naissance du différend (comp. *supra*, n° 351, *in fine*).

b) En matière de location saisonnière

L'article 16, 1° de la Convention de Lugano ne subordonne pas la compétence des tribunaux du domicile du défendeur à la condition que le demandeur soit domicilié dans le même pays (196) : il exige seulement qu'aucune partie ne soit domiciliée dans l'État du lieu de l'immeuble. Par ailleurs, il n'exclut pas le cas où le bailleur est une personne morale (comp. *supra*, n° 348, 1°), et a ainsi inspiré la solution désormais retenue sur ce point par le Règlement du 22 décembre 2000.

D'autres différences risquent de s'introduire dans la mesure où l'interprétation de la Convention de Lugano n'est pas confiée à la Cour de Luxembourg, même si les pays de l'AELE ont déclaré qu'ils considèrent approprié que leurs tribunaux tiennent « dûment » compte de la jurisprudence de cette Cour (197).

358 L'article 54 *ter* de la Convention de Lugano règle ses rapports avec la Convention de Bruxelles et donc, désormais, le Règlement.

En principe, la Convention de Lugano « n'affecte pas l'application par les États membres des Communautés européennes » du Règlement. C'est donc, par principe, à celui-ci que les tribunaux des États membres de l'Union européenne doivent se fier pour apprécier leur compétence.

Mais, par exception la Convention de Lugano trouve à s'appliquer, *même devant le tribunal d'un État membre de l'Union :*

– lorsque le défendeur est domicilié sur le territoire d'un État membre de l'AELE,

– lorsque l'un des critères de compétence exclusive de l'article 16 désigne les tribunaux d'un État membre de l'AELE.

(196) D'où une possibilité de réserve, utilisée par la France, permettant à l'État requis de refuser la reconnaissance d'un jugement rendu par un tribunal dont la compétence est fondée sur le seul domicile du défendeur, alors que l'immeuble est situé sur le territoire de l'État requis.

(197) La jurisprudence de la CJCE antérieure au 16 sept. 1988 revêt une importance particulière, puisque les négociations de la Convention de Lugano ont été menées à la lumière des décisions déjà rendues à propos de la Convention de Bruxelles (Préambule du Protocole n° 2 sur l'interprétation uniforme de la Convention).

– lorsqu'une clause attributive de juridiction désigne les tribunaux d'un État membre de l'AELE.

Par ailleurs, et bien que cela ne soit pas précisé, la Convention de Lugano doit être appliquée *par tout tribunal d'un État membre de l'AELE* saisi d'un litige, chaque fois que les conditions d'application d'une des règles de la Convention sont réunies. Par exemple, si un défendeur domicilié en France est poursuivi devant le tribunal suisse du lieu d'exécution de son obligation contractuelle, l'article 5, 1° de la Convention de Lugano donne compétence à ce tribunal.

Bibliographie sommaire

Sur l'évolution historique :

GAUDEMET-TALLON : *Recherches sur les origines de l'article 14 du Code civil*, Paris, 1964.

D. HOLLEAUX : *Compétence du juge étranger et reconnaissance des jugements*, Paris, 1970, n°s 202 à 370.

HUDAULT : « Sens et portée de la compétence du juge naturel dans l'Ancien Droit français », *Rev. crit. DIP* 1972.27, 249.

Sur la compétence internationale des tribunaux français en général :

CHALAS : *L'exercice discrétionnaire de la compétence juridictionnelle en droit international privé*, PUAM, 2001.

CLAVEL : *Le pouvoir d'injonction extraterritorial des juges pour le règlement des litiges privés internationaux*, thèse dactyl., Paris I, 1999.

COUCHEZ : « Les incidences de la réforme des voies d'exécution sur le droit international privé », *Trav. com. fr. dr. int. privé*, 1996, p. 123 et s.

CUNIBERTI : *Les mesures conservatoires portant sur des biens situés à l'étranger*, LGDJ, 2000.

DROZ : « Les droits de la demande dans les relations privées internationales », *Trav. Com. fr. dr. int. priv.*, 1993-1995, p. 97 et s.

GAUDEMET-TALLON : « L'introuvable juge naturel », *Mélanges Jean Gaudemet*, PUF, 1999, p. 591 et s.

GAUDEMET-TALLON : « La compétence judiciaire internationale à l'ordre du XXIe siècle », Clés pour le siècle, Université Panthéon-Assas & Dalloz, 1999, p. 123 et s.

HENRY : *Qualifications et conflits de juridictions*, thèse dactyl., Reims, 2005.

A. HUET : « Convention de Vienne du 11 avril 1980 sur les contrats de vente internationale de marchandises et compétence des tribunaux en droit judiciaire européen », *Mélanges Lagarde*, Dalloz, 2005, p. 417 et s.

HUET : « La compétence judiciaire internationale en matière contractuelle », *Trav. Com. fr. dr. int. pr.*, 1981-1982, p. 17 et s.

A. HUET : « Convention de Vienne du 11 avril 1980 sur les contrats de vente internationale de marchandises et compétence des tribunaux en droit judiciaire européen », *Mélanges Lagarde*, Dalloz, 2005, p. 417 et s.

LAGARDE : « Sur le contrat de travail international : analyse rétrospective d'une évolution mal maîtrisée », *Mélanges Gérard Lyon-Caen*, Paris, 1989, p. 83 et s.

PATAUT : *Principe de souveraineté et conflits de juridictions*, LGDJ, 1999.

SANTA CROCE : « Les mesures provisoires et conservatoires dans le contentieux international », *Gaz. Pal.* 1er et 2 mars 2000, p. 3 et s.

SINAY-CYTERMANN : *L'ordre public en matière de compétence judiciaire internationale*, thèse dactyl., Strasbourg, 1980.

STRUYCKEN : « Quelques réflexions sur la juridiction gracieuse en droit international privé », *Trav. Com. fr. dr. int. pr.*, 1986-1988, p. 105 et s.

THÉRY : *Pouvoir juridictionnel et compétence*, thèse dactyl., Paris II, 1981.

THÉRY : « *Judex gladii* (des juges et de la contrainte en territoire français) », *Mélanges Roger Perrot*, Dalloz, 1996, p. 477 et s.

USUNIER : *La régulation de la compétence juridictionnelle en droit international privé*, thèse dactyl., Paris I, 2006.

VAREILLES-SOMMIERES : « La compétence internationale des tribunaux français en matière de mesures provisoires », *Rev. crit. DIP* 1996.397.

Sur la prorogation de juridiction :

COIPEL-CORDONNIER : *Essai sur la spécificité des conventions d'arbitrage et d'élection de for en droit international privé*, LGDJ, 1999.

COURBE : « Privilège de juridiction et transmission de la clause de compétence », *Mélanges Colomer*, 1992, p. 143 et s.

GAUDEMET-TALLON : *La prorogation volontaire de juridiction en droit international privé*, Paris, 1965.

A. HUET : « Relations habituelles d'affaires et acceptation tacite d'une clause attributive de juridiction en droit international privé », *Mélanges Alfred Rieg*, Bruxelles, Bruylant, 2000, p. 501 et s.

KAUFMANN-KOHLER : *La clause d'élection de for dans les contrats internationaux*, Bâle, 1980.

MAYER : « Les clauses relatives à la compétence internationale, insérées dans les contrats de travail », *Mélanges Dominique Holleaux*, Litec, 1990, p. 269 et s.

RÉMOND-GOUILLOUD : « Des clauses de connaissements maritimes attribuant compétence à une juridiction étrangère : essai de démystification », *Droit maritime français* 1995.339.

Sur l'implication de l'État, les immunités de juridiction et d'exécution :

ANGELET et WEERTS : « Les immunités des organisations internationales face à l'article 6 de la Convention européenne des droits de l'homme », *JDI* 2007.3.

COSNARD : *La soumission des États aux tribunaux internes*, Paris, Pédone, 1996.

DEHAUSSY : « Le statut de l'État étranger demandeur sur le plan français : droit international coutumier et droit interne », *JDI* 1991.109.

GOUTTES : « L'actualité de l'immunité de juridiction des États étrangers » *D.* 2006.606.

PINGEL : *Les immunités des États en droit international*, thèse dactyl. Paris I, 1993.

SYNVET : « Quelques réflexions sur l'immunité d'exécution de l'État étranger », *JDI* 1985.865.

L'immunité d'exécution de l'État étranger, Paris, Montchrestien, 1990.

Sur les Conventions de Bruxelles du 27 septembre 1968 et de Lugano du 16 septembre 1988, et sur le Règlement CE du 22 décembre 2000 :

B. ANCEL : « La clause attributive de juridiction selon l'article 17 de la Convention de Bruxelles », *Riv. di. dir. int. priv. et proc.* 1990.263.

DROZ : *Compétence judiciaire et effets des jugements dans le Marché Commun*, Paris, 1972.

DROZ : « La Convention de Lugano parallèle à la Convention de Bruxelles concernant la compétence judiciaire et l'exécution des décisions en matière civile et commerciale », *Rev. crit. DIP* 1989.1.

DROZ : « La Convention de San Sébastian alignant la Convention de Bruxelles sur la Convention de Lugano », *Rev. crit. DIP* 1990.1.

DROZ : « *Delendum est forum contractus ?* », *D.* 1997 Chr. p. 351.

DROZ et GAUDEMET-TALLON : « La transformation de la Convention de Bruxelles du 27 septembre 1968 en Règlement du Conseil », *Rev. crit. DIP* 2001.601.

GAUDEMET-TALLON : « Le *forum non conveniens*, une menace pour la Convention de Bruxelles ? (à propos de trois arrêts anglais récents) », *Rev. crit. DIP* 1991.491.

GAUDEMET-TALLON : Compétence et exécution des jugements en Europe, 3e éd., LGDJ, 2002.

GOTHOT et HOLLEAUX : La *Convention de Bruxelles du 27 septembre 1968*, Paris, 1985.

HEUZÉ : *Joly Communautaire*, V° « Jugements (compétence, reconnaissance et exécution) ».

JUENGER : « La Convention de Bruxelles du 27 septembre 1968 et la courtoisie internationale. Réflexions d'un Américain », *Rev. crit. DIP* 1983.37.

KERAMEUS : « La compétence internationale en matière délictuelle de la Convention de Bruxelles », *Trav. com. fr. dr. pr.*, 1990-1993, p. 255 et s.

MARMISSE et WILDERSPIN : « Le régime jurisprudentiel des mesures provisoires à la lueur des arrêts *Van Uden* et *Mietz* », *Rev. crit. DIP* 1999.669.

M.-L. NIBOYET : « La révision de la Convention de Bruxelles du 27 septembre 1968 par le Règlement du 22 décembre 2000 », *Gaz. Pal.*, 10-12 juin 2001, p. 10.
P.-M. NORTH : « La liberté d'appréciation de la compétence (*jurisdictional discrétion*) selon la Convention de Bruxelles », *Mélanges François Rigaux*, Bruxelles, Bruylant, 1993, p. 373 et s.
VON OVERBECK : « Interprétation traditionnelle de l'article 5-1 des Conventions de Bruxelles et de Lugano : le coup de grâce ? », *Mélanges Georges Droz*, La Haye, Martinus Nijhoff, 1996, p. 287 et s.

CHAPITRE 2

L'EFFET DES JUGEMENTS ÉTRANGERS

359 On raisonnait, dans le titre consacré au conflit de lois, sur une relation présentant un élément d'extranéité, n'ayant pas encore fait l'objet d'une appréciation en justice, et soumise au juge français. Mais il arrive fréquemment qu'au moment où le tribunal français est saisi, un jugement ait été déjà rendu à l'étranger.

Le jugement étranger, comme la loi étrangère, est une norme dont le droit international privé doit parfois prescrire au juge saisi de tenir compte. Par exemple, une personne divorcée et remariée à l'étranger, mais vivant en France, doit pour défendre à une action en nullité pour bigamie du second mariage invoquer le jugement de divorce. On sent aussitôt que les raisons de faire produire des effets à la norme étrangère sont ici beaucoup plus impérieuses qu'en matière de conflit de lois, car, adressée individuellement aux parties au litige, elle a constitué pour elles une base de prévisions certaine et précise. La notion de respect des droits acquis, peu convaincante dans le conflit de lois (v. *supra*, n° 111), prend ici toute sa force.

Autre exemple : le débiteur condamné dans un pays étranger ne possède de biens qu'en France, où le créancier invoque le jugement pour en voir prononcer l'exécution forcée. Lui refuser satisfaction l'obligerait à recommencer son procès en France, avec les risques de contrariété de décisions que cela comporte.

Ces deux exemples correspondent à deux types différents d'effets requis. Dans le premier, on demande seulement à voir consacrer par une affirmation du juge français l'état de droit résultant du jugement étranger ; dans le second, on réclame le concours de la force publique pour obtenir une satisfaction matérielle. Ce ne sont que deux formes différentes de ce que l'on peut appeler *l'efficacité* du jugement, et qui consiste dans le fait de lui *reconnaître en France une valeur normative* — de même que l'on reconnaît une valeur normative à la loi étrangère lorsqu'on la déclare applicable.

360 La méthode qui permet de déterminer si un jugement étranger est efficace en France diffère radicalement de la méthode du conflit de lois : la méthode adéquate est toujours virtuellement contenue dans l'énoncé du problème, or l'énoncé du problème de l'effet des jugements diffère de celui du problème du conflit de lois. S'il existe, en effet, toujours plusieurs lois (au sens de : règles, v. *supra*, n° 97) applicables à une question de droit donnée, entre lesquelles la règle de conflit doit donc opérer un *choix*, il n'existe normalement qu'un seul jugement : celui que l'une des parties invoque devant le juge français. La question prend donc la forme simple d'une *alternative* entre l'acceptation ou le rejet de l'efficacité d'une norme, dont l'identité est au départ connue. La réponse dépend de la conformité du jugement à un certain nombre de conditions posées par la règle de droit international privé du for. Telle est donc la méthode à suivre : déterminer les conditions auxquelles doit être subordonnée l'efficacité des jugements étrangers.

361 On ne se préoccupera que des jugements rendus sur les *relations privées* entre individus. Les décisions étrangères répressives, fiscales, administratives, etc., ne sont pas en principe susceptibles de produire des effets en France.

C'est évident pour des décisions qui auraient prétendu mettre en œuvre le droit *français* alors que la compétence des tribunaux français était *exclusive* de toute autre compétence (v. par ex. *supra*, n° 317 et *infra*, n° 375). C'est vrai aussi pour des décisions étrangères qui auraient appliqué à titre principal *leur propre droit*, soit dans le cadre d'une action étatique, soit avec pour résultat d'adresser un ordre à un organe chargé de gérer un service public du pays considéré ; les raisons de ne pas leur reconnaître effet en France sont les mêmes que celles qui ont été indiquées pour justifier le refus de compétence internationale française (v. *supra*, n°s 315 et 318) : refus de coopérer à la réalisation des tâches qui incombent à l'État étranger dans un cas, refus de s'ingérer dans le fonctionnement des services publics étrangers dans l'autre. C'est bien d'ailleurs au niveau de la compétence que se situe la cause de l'inefficacité : les tribunaux français n'ont pas davantage compétence pour ordonner l'exécution de la mesure prise à l'étranger que pour la prendre eux-mêmes (1).

Ce n'est pas la nature de la juridiction, mais celle de la décision prise qui compte : une condamnation à des dommages-intérêts prononcée par une juridiction répressive peut être déclarée efficace, de même qu'un changement de nom ordonné par une juridiction administrative. En revanche, une amende infligée par une juridiction civile ne peut donner lieu à une exécution forcée en France.

362 Le principe du refus d'efficacité doit être nuancé dans diverses hypothèses.

1° Lorsque la décision étrangère, bien que prononcée dans le cadre d'une action étatique, affecte les droits privés des individus, les tribunaux français doivent refuser d'en ordonner l'exécution forcée, mais ils peuvent reconnaître l'état de droit créé. Par exemple, ils refuseraient à bon droit de prêter main-forte à l'exécution d'une mesure de *confiscation* accessoire à une condamnation pénale étrangère, si les autorités étrangères les en requéraient ; mais ils devraient reconnaître que la propriété du bien a été transférée, et refuser, par

(1) V. la décision de la *Supreme Court of Canada, US of America v. Harden*, SCR 366.

exemple, de faire droit à la revendication de l'objet confisqué, formée par ce condamné entre les mains d'un tiers acquéreur (2). De même, il paraîtrait peu réaliste qu'ils refusent de reconnaître l'incapacité résultant de l'*interdiction légale* accessoire à une condamnation pénale ; certes, c'est une peine, partie intégrante de l'action répressive étrangère, et le tribunal français n'aurait donc pu la prononcer lui-même en appliquant la loi étrangère ; mais, ayant été prononcée à l'étranger, elle constitue désormais un état organisé, qui a donné lieu à la nomination d'un tuteur, lequel est intervenu dans la conclusion d'actes, et on ne peut les déclarer tous nuls (3).

2° L'incompétence, en tout état de cause, est levée si un traité institue une coopération entre la France et le pays d'origine de la décision. Il en existe notamment en matière administrative, répressive et fiscale (4).

3° Enfin, si l'efficacité proprement dite est rarement accordée, en revanche la *prise en considération* est, on le verra (*infra*, n°s 455 et 456), chose relativement fréquente.

363 L'efficacité des jugements étrangers est toujours soumise aux mêmes conditions, qui seront examinées dans une première section. Mais elle présente des *manifestations* diverses : une procédure particulière, l'instance en *exequatur*, est en général nécessaire pour que le jugement étranger voie, après contrôle, son efficacité proclamée en France par un jugement (dit d'exequatur) ; mais certains jugements ont par eux-mêmes autorité (jamais force exécutoire sauf très rares exceptions récemment introduites par le droit communautaire, v. *infra*, n° 546-4) en France (Section II). Par ailleurs, des problèmes particuliers naissent lorsque deux ou plusieurs jugements répondent aux conditions de l'efficacité et sont relatifs aux mêmes droits litigieux : c'est le *conflit de jugements*, duquel il faut rapprocher, lorsque des procédures sont simultanément pendantes dans deux ou plusieurs États, le *conflit de procédures* (Section III). Une section doit être consacrée à des effets particuliers des jugements étrangers, qui n'impliquent pas la reconnaissance de leur valeur normative et ne sont pas soumis aux conditions de celle-ci (Section IV). Enfin, on signalera les principaux *traités* conclus par la France en la matière, en étudiant particulièrement la Convention de Bruxelles du 27 septembre 1968, en parallèle avec le Règlement CE du 22 décembre 2000 (Section V).

SECTION I — LES CONDITIONS DE L'EFFICACITÉ

364 La jurisprudence française a longtemps adopté une attitude de méfiance à l'égard des jugements étrangers. Ces décisions, élaborées dans

(2) Pour la reconnaissance d'une confiscation de nature pénale, v. Paris 26 mars 1936. *Rev. crit. DIP* 1936.487.

(3) Une décision (Douai 2 févr. 1911, *JDI* 1912.215) a refusé de tenir compte de l'incapacité accessoire à une condamnation à une peine afflictive et infamante prononcée par une juridiction belge. Il n'est pas sûr qu'elle aurait été jusqu'à annuler un acte passé par le tuteur en considérant celui-ci comme dénué de pouvoir.

(4) Voir des exemples dans MUIR WATT, *Juriscl. droit internat.*, Fasc. 584-2, n°s 27 à 32.

des pays dont nous ignorons souvent les règles procédurales et surtout les mœurs judiciaires, lui paraissaient recéler de graves dangers d'injustice.

À la fin de l'Ancien Régime, pourtant, la France connaissait un système assez libéral. La condition essentielle d'efficacité était la compétence internationale du juge étranger. Le jugement étranger était, selon l'article 121 de l'Ordonnance de 1629 (tel qu'il était interprété), efficace s'il émanait du *juge naturel* des plaideurs, inefficace dans le cas contraire ; on envisageait surtout, comme hypothèse d'inefficacité, celle d'un jugement rendu entre deux Français, ou ayant condamné un défendeur français. Ces solutions étaient en harmonie avec celles qui concernaient la compétence internationale des juges français (v. *supra*, n° 281), toutes constituant des applications de la doctrine du juge naturel.

Dès le début du XIXe siècle apparut le système de la *révision* : si le juge français, saisi de la demande d'exequatur, constatait qu'il n'aurait pas statué de la même façon, en fait ou en droit, que le juge étranger, il refusait de prononcer l'exequatur (5).

Le pouvoir de révision ne transformait pas en une nouvelle instance au fond l'instance en exequatur, dans la mesure où le juge n'était pas *obligé* de reprendre tout le procès : s'il ne le faisait pas, il reconnaissait donc au jugement soumis à son contrôle une valeur normative. De plus, si le jugement lui paraissait critiquable, il ne pouvait que rejeter la demande d'exequatur, ce qui ne signifiait pas que le demandeur fût débouté au fond : il gardait la possibilité de former en France une demande directe, identique à celle qu'il avait soumise au tribunal étranger. Sur le plan pratique, l'intérêt était mince, mais non inexistant, de demander l'exequatur plutôt que d'agir tout de suite au fond : c'était, en effet, au défendeur de prouver alors les irrégularités qu'il alléguait ; de plus, les délais de prescription de l'action au fond pouvaient être expirés.

Il n'empêche que le système était d'une grande sévérité, sévérité tenant probablement au fait que, devant le quasi-mutisme du Code civil — seul l'article 2123, texte très vague, concerne l'exequatur —, les tribunaux ne se sont pas reconnu le droit de laisser une justice étrangère se substituer à la justice française.

L'existence de la révision révélait un faible développement de l'esprit internationaliste. Elle conduisait à violer les droits acquis, était génératrice d'incertitude et provoquait des mesures de rétorsion de la part de certains pays étrangers (6). Le système fut abandonné, d'abord à l'égard des jugements rendus en matière d'état des personnes (7), puis, de façon générale, par l'arrêt *Munzer* du 7 janvier 1964 (8).

Une certaine confusion semble régner sur la portée de la suppression du pouvoir de révision. On a tendance à lui imputer l'interdiction de tout réexamen des faits ou du droit substantiel impliqués dans le litige tranché à l'étranger. Cette position est excessive. La révision prohibée n'est pas le réexamen en soi, mais le refus systématique d'efficacité que

(5) Civ. 19 avr. 1819, S. chr.

(6) Il s'agit des pays qui font de la *réciprocité* une condition de l'efficacité en refusant de reconnaître les décisions qui émanent de pays insuffisamment libéraux à l'égard de leurs propres décisions. La réciprocité n'a jamais été exigée par le droit positif français.

(7) V. explicitement Civ. 9 mai 1900, *De Wrède*, *JDI* 1900.613, S. 1901.1.185, note E. A., *D.* 1905.1.101, note L. S., *GA* n° 10.

(8) *JDI* 1964.302, note Goldman, *Rev. crit. DIP* 1964.344, note Batiffol, *JCP* 1964.II.13590, note Ancel, *Rép. Comm.* 1964.425, obs. Droz, *GA* n° 41.

l'on impose dès qu'apparaît une divergence entre le point de vue du juge français et celui du juge étranger. Si le réexamen est utile dans le cadre de l'un des contrôles précis imposés à présent par la jurisprudence, et *a fortiori* s'il tend à « sauver » une décision apparemment irrégulière (théorie de l'équivalence, v. *infra*, n° 386), il est en revanche tout à fait licite (9).

La disparition du pouvoir de révision devait s'accompagner de l'énumération de conditions précises, dont la réunion serait désormais à la fois nécessaire et suffisante pour l'attribution de l'efficacité. L'expérience en avait été faite dès le XIXe siècle à l'occasion des jugements relatifs à l'état et à la capacité des personnes, sur lesquels le pouvoir de révision ne s'exerçait pas. Chronologiquement, la première apparue avait été la condition de conformité à l'ordre public (10) ; la compétence du juge étranger et la régularité de la procédure suivie avaient ensuite été exigées (11), et plus tard la compétence de la loi appliquée au fond (12). L'arrêt *Munzer* a repris la liste de ces conditions, en y ajoutant l'absence de fraude, et en leur conférant désormais un domaine d'application général, indépendant de la nature de la décision. Parachevant cette évolution, l'arrêt *Cornelissen* du 20 février 2007 (13) est revenu sur le contrôle de la loi par application de laquelle le litige a été tranché par le juge étranger.

Il faut signaler, en dehors de ces conditions de fond, une exigence formelle : la production d'une expédition du jugement présentant les conditions d'authenticité dans l'État d'origine, légalisée par un consul (14), et accompagnée éventuellement de la traduction en langue française.

365 Avant d'examiner chacune de ces conditions, on présentera quelques remarques générales sur l'orientation générale, restrictive ou accueillante, qu'il conviendrait d'adopter *de lege ferenda.*

1° En premier lieu, il ne faut pas exiger l'identité de la solution donnée par le juge étranger avec celle qu'aurait consacrée le juge français saisi du même litige. Le jugement étranger doit être respecté *en tant que tel.* Nous acceptons bien d'appliquer des règles substantielles différentes des nôtres ; il n'y a pas de raison déterminante d'être ici plus attachés à nos propres conceptions. Dans les deux cas, ce qui compte est le fait que l'État dont la norme émane ne soit pas sans lien sérieux avec la relation juridique ; ce qui conduit seulement à exercer un contrôle, et qui peut être souple, sur *l'origine de la décision.*

(9) En ce sens Civ. 3 mai 1977, *Rev. crit. DIP*, 1978, 367, note D. A.
(10) Civ. 28 févr. 1860, *Bulkley*, précité n° 207.
(11) Civ. 9 mai 1900, *De Wrède*, précité note 7.
(12) Civ. 11 avr. et 1er mai 1945, S. 1945.1.121, note Batiffol, *JCP* 1945.II.2855, note Savatier, *D.* 1945.245, note P. L.-P., *JDI*, 1940-1945, p. 596, note Tager.
(13) *D.* 2007, p. 1115, note d'Avout et Bollée, *Gaz. Pal.* 3 mai 2007, p. 2, chron. M.-L. Niboyet, *Rev. crit. DIP* 2007.420, note B. Ancel et H. Muir Watt.
(14) Les traités relatifs à l'exequatur dispensent souvent de l'exigence de légalisation. Par ailleurs la France est partie à la Convention de La Haye du 5 octobre 1961 (qui substitue à la légalisation, dans les rapports entre États parties, une *apostille* délivrée par l'État d'origine), ainsi qu'à la Convention du 25 mai 1987 conclue entre États de la CEE, qui supprime l'exigence dans les rapports entre ces États.

On peut certes objecter que le jugement, norme individuelle, offre moins de garanties que la règle, générale et surtout abstraite ; c'est en lui que se concrétise l'injustice potentielle d'un système. Mais cette réflexion ne peut conduire ni à refuser *a priori* tout effet aux jugements étrangers, solution dépassée, ni à distinguer suivant le degré de développement présumé des États dont ils émanent, solution politiquement impossible sauf par le jeu des traités. La seule voie ouverte est donc la recherche cas par cas d'une éventuelle injustice (soit au fond, soit sur le plan de la procédure), et s'il s'en trouve une, le recours à l'*exception d'ordre public.*

2° En second lieu, l'efficacité doit être accordée avec libéralisme du simple fait que le jugement existe, et sauf si des raisons positives de la refuser sont établies. L'existence du jugement plaide, en effet, à elle seule en faveur de son efficacité. Tout d'abord les parties le connaissent et ont fondé sur lui des prévisions, voire des comportements : l'hypothèse de la personne divorcée qui s'est remariée et a eu des enfants de sa nouvelle union en est une illustration frappante. Par ailleurs, le manque d'harmonie internationale qui résulte du refus d'efficacité est souvent fort gênant. Il suffit d'imaginer qu'une personne, reconnue débitrice à l'étranger, et qui a été contrainte à s'exécuter, intente en France une action en répétition de l'indu ; si le juge français refuse de reconnaître la décision étrangère et estime que rien n'était dû, il ordonnera le remboursement de la somme versée et y contraindra le prétendu créancier ; celui-ci pourra alors saisir à nouveau la première juridiction, et un va-et-vient perpétuel sera institué (15). Enfin, on rappellera le risque déjà signalé de rétorsion de la part des États étrangers à l'égard de nos jugements si notre attitude est jugée insuffisamment libérale.

Le danger du libéralisme réside évidemment dans les facilités qu'il offre à la fraude : ne pouvant voir consacrer directement ses prétentions en France, le demandeur obtient à l'étranger un jugement conforme à ses prétentions, et l'invoque ensuite en France. Mais la fraude ne se présume pas, et pour le cas où elle est démontrée, il suffit de lui opposer l'*exception de fraude.*

3° Contrôle de l'existence d'un lien sérieux entre l'État et le litige, contrôle de la conformité à l'ordre public, exception de fraude, tels pourraient donc être les seuls instruments d'une élimination des décisions qui doivent se voir refuser l'efficacité. Mais les tribunaux français, tant dans le but de déjouer plus facilement les fraudes que par crainte de prêter leur concours à l'exécution de décisions injustes, ont préféré édicter une série d'exigences sévères. Certes, chacune est présentée comme ayant sa justification propre. Mais l'ensemble est destiné à constituer une barrière de protection, ressentie comme particulièrement nécessaire depuis la suppression du pouvoir de révision, contre l'intrusion de normes indésirables dans notre système juridique. L'analyse est particulière-

(15) V. Paris 7 juill. 1954, *Rev. crit. DIP* 1954.555, note Francescakis, et 18 juin 1971, *JDI* 1972.323, note Malaurie.

ment nette en doctrine, où l'on rencontre souvent l'affirmation que la disparition d'un chef de contrôle doit s'accompagner du renforcement d'un autre, afin que la force globale de nos défenses reste constante.

La méthode est discutable. Multiplier et hausser les obstacles ne constitue pas en soi une protection, si les décisions « mauvaises » peuvent les franchir avec la même facilité que les « bonnes ». Ce qui importe, c'est de séparer les unes des autres à l'aide d'un critère adéquat de sélection : un seul suffit, s'il est le bon ; dix sont inutiles si le bon n'est pas parmi eux.

366 L'arrêt *Munzer* avait subordonné l'efficacité à cinq conditions : la compétence du tribunal étranger qui a rendu la décision, la régularité de la procédure suivie devant cette juridiction, la conformité à l'ordre public international, l'absence de fraude et l'application de la loi compétente d'après les règles françaises de conflit. Si on a vu que cette dernière exigence a été récemment abandonnée, dans une mesure qui reste cependant encore incertaine, la condition de compétence se dédouble en fait en une vérification de la compétence internationale et une vérification de la compétence interne. La seconde peut cependant être placée avec le contrôle de la procédure sous l'étiquette commune « d'appréciation de la régularité intrinsèque ».

Parmi les cinq conditions ainsi distinguées, l'une revêt une importance particulière : la condition de compétence internationale. C'est elle, en effet, qui détermine l'admission ou le refus d'efficacité *en fonction de l'origine étatique de la norme*. En affirmant la compétence de l'ordre juridictionnel étranger, la règle de compétence relève la norme étrangère de sa tare d'extranéité qui la prive, au regard de l'ordre juridique français, de toute force obligatoire intrinsèque (de la même façon que la loi étrangère est imposée au juge par la règle de conflit de lois qui la rend applicable). Le refus d'efficacité, opposé à une décision émanant d'un État compétent, pour non-respect de l'une des autres conditions, fait figure d'exception apportée à l'admission de principe de l'efficacité (de la même façon que, dans le conflit de lois, l'exception d'ordre public peut évincer la loi étrangère *normalement* applicable).

On étudiera donc cette condition dans un premier paragraphe, les quatre autres — régularité intrinsèque, conformité à l'ordre public, compétence de la loi appliquée, absence de fraude — étant réservées pour un second paragraphe.

§ 1. COMPÉTENCE INTERNATIONALE DU TRIBUNAL ÉTRANGER

367 La condition de compétence internationale est relative à l'origine du jugement : selon la nature des liens présentés avec le litige par l'État au nom duquel a été rendu le jugement, celui-ci est ou non susceptible d'efficacité.

Dans l'affaire *De Wrède* (précitée, n° 364), où la condition a été énoncée pour la première fois, la Cour de cassation a reconnu compétence à l'ordre juridictionnel russe, qui avait prononcé la nullité du premier mariage de la princesse de Wrède, au motif que les deux parties étaient de nationalité russe.

Le contrôle ainsi institué porte, selon l'expression couramment utilisée, sur la « compétence internationale indirecte », par opposition avec la compétence internationale directe qui désigne la compétence possédée par l'ordre juridictionnel *du for* et que l'on a examinée au chapitre précédent.

Compétence internationale directe et compétence internationale indirecte ne sont pas sans rapport. D'une part, la question de savoir si un ordre juridictionnel est compétent peut paraître, au moins à première vue, ne pas changer de nature selon qu'il s'agit de l'ordre juridictionnel français ou d'un ordre juridictionnel étranger ; simplement on peut hésiter, dans le second cas, entre le recours aux critères étrangers de compétence — puisque le jugement est étranger — et le recours aux critères français — puisque l'efficacité est requise en France. D'autre part, si l'ordre juridictionnel français se trouve être compétent, reste-t-il une place pour la compétence des tribunaux d'un autre État ?

La première interrogation est générale, et sa réponse détermine le régime général de la compétence internationale indirecte (A). La seconde vise une hypothèse particulière, dont la réalisation peut avoir une incidence sur le fonctionnement du régime général (B). On en rapprochera l'hypothèse où un ordre juridictionnel *tiers* possède une compétence exclusive (C).

A. Régime général de la compétence internationale indirecte

368 On peut hésiter entre trois systèmes pour déterminer les critères selon lesquels la compétence des ordres juridictionnels étrangers sera appréciée : le recours aux critères étrangers de compétence internationale directe ; la « bilatéralisation » des critères français de compétence internationale directe ; l'élaboration de règles françaises spécialement destinées à la compétence internationale indirecte. La Cour de cassation, qui n'avait pas pris parti auparavant, a finalement consacré, dans un arrêt *Simitch* du 6 février 1985 (16), cette dernière solution. Il n'en est pas moins intéressant de décrire d'abord, brièvement, les deux autres systèmes.

(16) *Rev. crit. DIP* 1985.369 et la chronique de M. Francescakis, *Rev. crit. DIP* 1985.243, *JDI* 1985.460, note Huet, *D.* 1985.469, note Massip, *GA* n° 67. V. depuis Civ. 1re, 6 janv. 1987, *D.* 1987.467, note Massip, *Rev. crit. DIP* 1988.337, note Lequette, *JDI* 1988.435, 2e esp., note Jacquet.

a) Vérification selon les règles étrangères de compétence internationale directe

369 La Cour d'appel de Paris a utilisé ce système dans diverses décisions. L'arrêt *Lundwall* (17) en constitue une bonne illustration. Un Autrichien, ayant épousé en France une Cubaine, fixe le domicile conjugal en Autriche. Retournée à Cuba, la femme y obtient une décision de divorce, dont elle demande ensuite l'exequatur en France, en vue de la transcription sur les registres de l'état civil. Selon les règles de compétence internationale française, l'État compétent est celui du domicile du défendeur. Mais, pour la Cour, il suffit de constater que la règle de compétence internationale directe *cubaine* donnait compétence à l'ordre juridictionnel cubain, la demanderesse ayant sa résidence à Cuba.

Pour défendre ce système, on fait valoir qu'il serait absurde d'exiger du juge étranger l'observation de nos règles de compétence internationale. Chaque tribunal applique son propre droit international privé, et nous devons admettre chez les autres l'attitude que nous adoptons nous-mêmes. Tout ce que nous pouvons exiger, c'est que le juge étranger ait au moins correctement appliqué les règles de compétence internationale qui s'imposaient à lui.

Mais les critiques n'ont pas manqué, dont certaines sont déterminantes. Tout d'abord, il est illogique et même présomptueux de la part du juge de l'exequatur de prétendre corriger le juge étranger dans sa façon d'appliquer ses propres règles, qu'il est le mieux placé pour connaître et interpréter. D'autre part, et surtout, le rôle des règles de compétence internationale indirecte est méconnu. Il consiste à déterminer les décisions qui seront accueillies *en France*, en fonction de leur origine étatique ; et il appartient évidemment au pays d'accueil de formuler à ce sujet ses exigences propres. Enfin, le système encourage le *forum shopping*, puisqu'il suffit que le juge de Reno soit compétent selon les règles du Nevada, pour que nous l'estimions tel, et donnions effet à sa décision.

Le second système, plusieurs fois appliqué par la Cour d'appel de Paris, était précisément destiné à assurer une meilleure protection contre les jugements étrangers indésirables.

b) Vérification selon les règles françaises de compétence internationale directe bilatéralisées

370 On part de l'idée que les critères de compétence doivent être posés par la France, et l'on prend pour modèles les critères dégagés pour régir la compétence de l'ordre juridictionnel *français*. Si le domicile en France du défendeur fonde la compétence des tribunaux français, il paraît légitime que son domicile dans un pays étranger fonde à nos yeux la compétence des juges de ce pays. Les règles de compétence internationale indirecte sont ainsi obtenues par bilatéralisation des règles de compétence internationale directe.

L'arrêt rendu par la Cour de Paris dans l'affaire *De Gunzbourg* (18) illustre le procédé. Le mari français, la femme américaine vivaient ensemble à New York. La femme, agissant d'accord avec son mari, obtient un divorce de complaisance à Ciudad-Juarez (État de

(17) 4 févr. 1958, *Rev. crit. DIP* 1958.389, note H. B., *JDI* 1958.1016, note Ponsard, *JCP* 1958.II.10612, note Francescakis.
(18) 18 juin 1964, *JDI* 1964.810, note Bredin, *Rev. crit. DIP* 1967.340, note Déprez.

Chihuahua, Mexique), et en demande l'exequatur en France. La Cour recherche « s'il existe, suivant les principes admis par le droit international privé français, un facteur de rattachement de nature à justifier positivement la compétence internationale » des tribunaux mexicains, et conclut à son absence : le domicile conjugal était à New York, et l'accord des parties sur la compétence du tribunal mexicain n'était pas valable, s'agissant d'une matière qui relevait de l'état des personnes. D'autres décisions avaient été rendues au terme d'un raisonnement identique, et la tendance semblait dominante en jurisprudence.

Le principe de la bilatéralisation s'appuie sur un argument solide. Les règles françaises de compétence internationale directe expriment ce qui constitue selon nous la localisation objective des litiges ; or il est normal de vérifier, avant de donner effet en France à un jugement étranger, qu'il émane d'un pays qui, selon les conceptions françaises, était bien placé pour le prononcer. C'est de cette façon que l'on raisonne en matière de conflit de lois, où les règles exprimées de façon unilatérale ont été bilatéralisées tout naturellement par la jurisprudence (v. *supra*, n° 118 *in fine*).

Logiquement, les partisans de ce système font toutefois échapper à la bilatéralisation les règles de compétence qui ne répondent pas à une localisation objective du litige. Tel est le cas, en raison de leur fondement nationaliste, des articles 14 et 15 du Code civil, qui rendent compétents les tribunaux français si l'une des parties est française ; nous ne reconnaîtrons donc pas la compétence d'un tribunal étranger fondée sur la nationalité des parties.

371 Cependant, sur le plan pratique, les résultats sont contestables. Certains critères étrangers de compétence, différents des nôtres, peuvent être tout à fait raisonnables, tandis que ceux que nous retenons en France ne sont pas toujours pertinents. C'est que, comme on l'a vu (*supra*, n° 284), les règles de compétence territoriale interne dont sont issues nos règles de compétence internationale directe, ne visent qu'à la *répartition* entre nos tribunaux de litiges par hypothèse entièrement localisés dans l'ordre juridique français et ne sont donc pas nécessairement celles qui traduisent le mieux les rattachements qui conviennent pour des différends dont les éléments sont au contraire éclatés entre plusieurs ordres juridiques distincts.

Et on ne voit pas pourquoi est au surplus érigé en principe que mériteraient seuls d'être bilatéralisés les critères objectifs du droit français : ainsi est-il réellement si juste de ne pas reconnaître une compétence fondée sur une nationalité étrangère ? Plusieurs arrêts, et en premier lieu l'arrêt *De Wrède* (*supra*, n° 367) ont accepté d'en tenir compte dans le domaine du statut personnel.

Si le système ne convient pas en pratique, c'est que, comme on va le voir (n° suivant), son assise théorique n'est pas aussi solide qu'elle le paraît ; il a convaincu surtout parce qu'on l'opposait à la vérification de la compétence selon les règles étrangères. Mais il existe une troisième voie, qui permet d'échapper aux objections faites à un système sans encourir les critiques adressées à l'autre.

c) Vérification selon les règles françaises spéciales à la compétence internationale indirecte

372 Le problème du contrôle de la compétence a été longtemps présenté sous la forme d'une alternative : fallait-il contrôler selon les règles étrangères, ou selon les règles françaises de compétence internationale directe ? Ainsi posé, il ne pouvait être résolu que dans le second sens, car les objections faites au recours à des règles étrangères sont dirimantes (v. *supra*, n° 369) : s'agissant de l'accueil d'une décision dans l'ordre juridique français, c'est à celui-ci qu'il appartient d'exprimer ses exigences, sans s'incliner devant des règles étrangères qui risquent au surplus de favoriser le *forum shopping*.

Mais, une fois admis que la loi française doit poser ses exigences propres, il n'est pas nécessaire de les rechercher dans les règles de compétence internationale directe. Sans doute, compétence directe et compétence indirecte sont toutes deux fonctions du lien qui existe entre le litige et l'État qui le tranche. C'est ce point commun qui rend techniquement *praticable* la bilatéralisation des règles de compétence internationale directe. Mais une différence entre les deux problèmes suffit à rendre cette bilatéralisation *inopportune*. Elle provient de ce que la compétence directe est destinée à être vérifiée *avant* que le juge français ne tranche le litige, et la compétence indirecte *après* que le juge étranger l'a tranché. Il existe donc un facteur qui conditionne la solution du problème de l'efficacité, mais n'intervient pas dans le choix des critères de compétence directe : l'existence de la décision. On a vu (*supra*, n° 365, 2°) qu'elle suffit à plaider en faveur de son efficacité. Ce n'est donc pas l'efficacité, mais au contraire le refus d'efficacité qui doit être spécialement justifié (19). Il en résulte à l'évidence que la coïncidence des chefs de compétence internationale directe et des chefs de compétence internationale indirecte, si elle n'est pas exclue, n'est pas non plus automatique : il peut, dans une même hypothèse, ne pas y avoir de raison positive d'attribuer compétence à un organe ni de raison positive de dénier effet à la décision qui en émane (20).

373 Il faut donc élaborer des règles spéciales de compétence internationale indirecte, sous le signe d'un libéralisme prudent. Une première méthode consiste à établir une liste de tous les chefs admissibles d'efficacité (ou à l'inverse de tous ceux que l'on n'admettra pas). C'est ainsi qu'ont procédé deux conventions élaborées à La Haye, l'une sur la reconnaissance et l'exécution des jugements étrangers en matière civile et commerciale (patrimoniale) (21), l'autre sur la reconnaissance des divorces et séparations de corps (22). Le procédé ne peut guère être utilisé que par voie conventionnelle ou législative.

Une autre méthode consiste à renoncer aux critères objectifs d'efficacité, et, partant du principe que l'efficacité est la réponse normale, rechercher dans chaque cas d'espèce s'il ne convient pas de l'écarter en raison de l'insuffisance du ou des rattachements.

(19) Contrairement à ce qu'implique nettement l'arrêt *De Gunzbourg* (précité, n° 370) en recherchant « un facteur de rattachement de *nature à justifier positivement* la compétence internationale de la juridiction étrangère ».

(20) La comparaison avec le conflit de lois, invoquée au soutien de la bilatéralisation (v. *supra*, n° 370), est trompeuse, car il existe une symétrie dans la situation des lois en conflit, qu'elles soient étrangères ou qu'il s'agisse de la loi française, alors que la position du juge français est radicalement différente selon qu'il doit rendre lui-même une décision (compétence internationale directe) ou accueillir une décision étrangère déjà existante (compétence internationale indirecte).

(21) Conclue le 1er févr. 1971 (non signée par la France), art. 10.

(22) Conclue le 1er juin 1970 (non signée par la France), art. 2.

C'est en ce sens que s'est orientée la doctrine moderne (23). Elle a été suivie par deux arrêts de la Cour d'appel de Paris (24), et finalement consacrée par la Cour de cassation dans l'arrêt *Simitch* (précité).

Il s'agissait dans cette affaire de la demande d'exequatur d'un jugement anglais ayant alloué, à titre de mesure provisoire au cours d'une instance en divorce, une pension alimentaire à la femme. Le mari défendeur, américain, résidait en France. Aussi la Cour d'appel de Paris, bilatéralisant le critère français de la résidence du défendeur (art. 1070 nouv. C. proc. civ.), avait jugé incompétent le tribunal anglais. La Cour de cassation casse en posant dans un attendu de principe que « le tribunal étranger doit être reconnu compétent si le litige *se rattache d'une manière caractérisée* au pays dont le juge a été saisi et si le choix de la juridiction *n'a pas été frauduleux* ».

On reviendra ultérieurement (n°s 390 et s.) sur la condition d'absence de fraude. L'autre élément fondamental, qu'il n'est d'ailleurs pas aisé de distinguer de la fraude (25), même s'il doit s'apprécier objectivement, et donc indépendamment des buts poursuivis par celle des parties qui a agi devant le tribunal étranger, est l'exigence du « lien caractérisé ». Tout critère précis est écarté, au profit d'une appréciation globale à porter dans chaque cas en fonction de l'ensemble des circonstances de l'espèce. La Cour de cassation n'en conserve pas moins son pouvoir de contrôle qui a, depuis l'abandon de celui de la loi appliquée au fond, une importance accrue, et qui doit être exercé avec une suffisante rigueur si l'on veut précisément éviter de confier un rôle trop important à l'exception de fraude, d'un maniement toujours délicat compte tenu de sa relative subjectivité, parmi les conditions de l'efficacité. Ainsi, dans l'affaire Simitch, la Cour régulatrice a relevé, pour justifier la cassation, que la demanderesse était de nationalité britannique et qu'elle avait son domicile en Angleterre où les époux s'étaient mariés et avaient fixé le domicile conjugal, et où le mari possédait certains biens (26). Les liens avec l'Angleterre étaient donc incontestablement sérieux.

Encore fallait-il, pour que la compétence du juge anglais fût reconnue, qu'elle ne se heurtât pas à une compétence française ou étrangère exclusive.

(23) V. notamment D. HOLLEAUX, *op. cit.*

(24) Paris 10 nov. 1971, *Mack Trucks*, *RTD* 1972.239, obs. Loussouarn, *JDI* 1973.239, note Huet ; 5 mars 1976, *Giroux*, *JDI* 1977.880, obs. A. H., *Rev. crit. DIP* 1978.149, note Audit.

(25) En ce sens Muir Watt, notes sous Trib. gr. inst. Paris, 10 mai 1990, *Rev. crit. DIP* 1991.391 et sous Civ. 1re, 5 mai 1998, *Rev. crit. DIP* 1998.662.

(26) Comp. Civ. 6 janv. 1987, précité n° 368, qui justifie la compétence de la juridiction algérienne ayant prononcé le divorce en relevant que les époux étaient tous deux de nationalité algérienne, que l'épouse résidait en Algérie, où le mariage avait été célébré, avec le troisième enfant issu de l'union, et que la loi algérienne était compétente pour régir le fond du divorce. Pour la Cour de cassation, la nationalité commune, à elle seule, est en principe suffisante (Civ. 1re, 15 juin 1994, *D.* 1994. Som. 352, obs. Audit, *Rev. crit. DIP* 1996.127, note B. Ancel). Et cependant, cette solution est désormais expressément condamnée : v. *infra*, n° 595.

B. Incidence de la compétence exclusive des tribunaux français

374 On suppose que le litige présente des liens suffisants avec le pays étranger dont le tribunal a rendu la décision pour que celle-ci soit en principe efficace. Il est néanmoins possible que parallèlement l'ordre juridictionnel français soit lui-même compétent, car un même litige peut présenter des liens avec plusieurs pays ; par exemple : un Français assigne un étranger devant le tribunal du domicile de celui-ci. La décision étrangère sera inefficace si la compétence française est à nos yeux *exclusive de toute compétence étrangère.*

Jusqu'à l'arrêt *Simitch*, la jurisprudence tendait à considérer presque automatiquement que toute compétence française était exclusive des compétences étrangères. C'est ainsi que la Cour de cassation avait énoncé, en 1962, que la compétence du juge français du domicile du défendeur était « normale, exclusive, selon les règles françaises de conflit de juridictions, de toute compétence concurrente étrangère » (27). De même le caractère exclusif était reconnu au lieu de résidence de la famille en matière de divorce et de séparation de corps.

Une telle position, déjà excessive dans un système de bilatéralisation des règles de compétence directe du for, était intenable dès lors que l'on se bornait à exiger un lien caractérisé du litige avec le pays d'origine de la décision. Si un tel lien existe — c'est l'hypothèse à considérer, sinon la question de l'exclusivité ne se poserait même pas — peu importe *a priori* qu'il existe *aussi* un lien caractérisé avec la France. La préférence pour les juridictions nationales ne saurait l'emporter sur le fait qu'il existe un jugement étranger, et qu'en revanche aucun jugement français n'a été rendu. Cela ne signifie pas que tout exclusivisme soit nécessairement banni, mais il suppose l'établissement de raisons particulières.

L'arrêt *Simitch* a déclaré non exclusive la compétence fondée, en matière de divorce, sur le domicile en France du défendeur. Et la remise en cause de cette solution par une décision du 17 février 2004 de la Cour de cassation sera vraisemblablement très éphémère, dans la mesure où elle n'apparaît pas réellement défendable (v. *infra*, n° 595). Il n'en va cependant pas toujours ainsi : il existe assurément des chefs de compétence française exclusive, que l'arrêt *Simitch* a eu raison de réserver.

Il convient donc de recenser les diverses hypothèses où ils peuvent se rencontrer.

a) Exclusivisme tenant à l'implication de l'État français dans le litige

375 Un exclusivisme propre à la compétence internationale se justifie lorsque l'État français est impliqué, soit par la nature de la décision, soit en tant que

(27) Civ. 5 mai 1962, *JDI* 1962.1024, obs. Sialelli, *Rev. crit. DIP* 1963.99, note Batiffol, *D.* 1962.718, note G. Holleaux.

partie. C'est l'aspect négatif des considérations qui justifient positivement la compétence des tribunaux français (v. *supra*, n°s 312 à 314 et n° 317).

Par exemple, un jugement étranger adressant un ordre à un organe étatique français, ou prononçant la nullité d'un brevet français ou d'une inscription sur un registre public, ne pourrait recevoir effet en France, non plus qu'une décision édictant une mesure d'assistance éducative à l'égard d'un mineur « en danger » résidant en France, surtout s'il est déjà protégé (v. *infra*, n° 540). De même, il serait anormal qu'une société dont la personnalité découle d'une immatriculation en France soit annulée ou dissoute par une décision étrangère.

A fortiori, un jugement condamnant l'État français, ou un organisme ayant agi « par son ordre ou pour son compte », relativement à un acte accompli *jure imperii*, ne serait pas reconnu en l'absence d'une renonciation à l'immunité de juridiction (sur l'immunité des États étrangers devant les tribunaux français, v. *supra*, n°s 323 à 325).

b) Exclusivisme tenant au désir de protéger une partie française

376 On a montré, à propos de la compétence internationale directe, que la jurisprudence avait, au terme d'une longue évolution, vu dans l'article 15 la garantie donnée aux Français de voir trancher les litiges dans lesquels ils sont défendeurs par des tribunaux français. Cette interprétation n'était pas conforme à la lettre du texte, qui dispose seulement qu'« un Français *pourra* (et non *devra*) être traduit devant un tribunal de France ». Mais, pour la jurisprudence, elle impliquait nécessairement que le Français puisse s'opposer à l'efficacité en France de tout jugement étranger rendu contre lui (28).

Le caractère exclusif de l'article 14 était souvent mentionné, lui aussi, par les tribunaux. Mais il ne semble pas qu'il ait jamais, en pratique, permis au Français de contester l'autorité du jugement rendu à l'étranger sur sa propre demande (29) : c'eût été contraire au plus élémentaire bon sens (30).

Quoi qu'il en soit, l'exclusivisme des articles 14 et 15 était généralement critiqué. Et il est vrai que, si les autres pays avaient, par rétorsion, adopté une solution identique, la compétence reconnue par ces textes aux tribunaux français aurait perdu beaucoup de son utilité pour nos nationaux ; ils n'auraient plus eu la possibilité d'invoquer les jugements obtenus en France, contre des étrangers, dans le pays de la nationalité de ceux-ci, et auraient donc dû porter leur litige devant les tribunaux étrangers.

En réalité, ce caractère exclusif que la jurisprudence attribuait à la compétence internationale dérivant de l'article 15, et qui tendait à faire de celle-ci un prolongement, au plan

(28) La Cour d'appel de Paris avait rendu plusieurs décisions remettant en cause le caractère exclusif de l'article 15 du Code civil. La Cour de cassation a réagi en maintenant fermement sa jurisprudence : Civ. 1re, 21 janv. 1992, *D.* 1993. Som. 351, obs. Audit.

(29) En ce sens Holleaux, Foyer et La Pradelle, *op. cit.*, n° 960.

(30) En revanche, il avait pour conséquence de faire obstacle à l'accueil de l'exception de litispendance internationale (sur laquelle v. *infra*, n°s 441 et s.) : Paris 25 oct. 2001, *JDI* 2002.1065, note Cuniberti.

juridictionnel, de la protection diplomatique que la France accorde à ses ressortissants, s'expliquait vraisemblablement par le fait que nos tribunaux, qui sont évidemment conscients que la conception de la justice qui prévaut dans certains pays diffère assez sensiblement de la leur, préféraient pouvoir, par ce moyen, faire systématiquement barrage aux décisions étrangères, plutôt que d'avoir à répondre, cas par cas, à d'embarrassantes allégations d'irrégularités ou de partialité qui ne peuvent d'ailleurs être que très exceptionnellement étayées de preuves. Par là, ils entendaient laisser au Gouvernement la responsabilité de distinguer les pays aux juridictions desquelles il est permis de faire par principe confiance, et de conclure avec eux des conventions de coopération judiciaire écartant la compétence exclusive fondée sur la nationalité française du défendeur. Mais le procédé était contestable puisque les justiciables qui en pâtissaient n'étaient évidemment en rien responsables de l'absence de pareils traités.

Aussi bien faut-il se réjouir de l'abandon de ces solutions : par l'arrêt *Prieur* du 23 mai 2006, la Cour de Cassation a décidé que « l'article 15 du Code civil ne consacre qu'une compétence facultative de la juridiction française, impropre à exclure la compétence indirecte d'un tribunal étranger » (31). Et c'est logiquement la même analyse qu'elle a retenue à propos de l'article 14 (32).

c) Exclusivisme fondé sur le caractère impératif de la règle de compétence internationale directe

377 La doctrine moderne observe à juste titre qu'une compétence internationale impérative n'est pas nécessairement exclusive pour autant. L'impérativité interdit aux parties de créer une compétence différente par l'effet de leur seule volonté, mais elle n'implique pas *en soi* l'exclusion de la faculté de profiter d'une compétence offerte (et peut-être même imposée) par un ordre juridictionnel étranger. C'est ce qui a permis à la Cour de cassation, dans l'affaire *Simitch*, de juger que la compétence française, quoique impérative, n'était pas exclusive.

Cependant la *raison* pour laquelle une compétence est impérative peut justifier également l'exclusivisme. Ainsi les critères de compétence retenus par le Code du travail sont considérés comme étant les seuls qui protègent suffisamment le salarié. Un jugement obtenu par l'employeur, demandeur, dans un pays désigné par un autre critère, même révélateur d'un lien caractérisé, ne sera donc pas reconnu (33).

d) Exclusivisme fondé sur la force particulière du critère attribuant compétence aux tribunaux français

378 Pour la jurisprudence, certains critères sont dotés d'une vigueur particulière, qui fait obstacle, lorsqu'ils sont réalisés en France, à toute compétence

(31) GA, n° 87 ; *Rev. crit. DIP* 2006.870, note Gaudemet-Tallon ; *JCP* 2006.II.10134, note Callé ; *LPA*, 22 sept. 2006, p. 10, note Courbe ; *D.* 2006, p. 1846, chron. B. Audit et p. 1880, obs. Gallmeister ; *JDI* 2006.1377, note Chalas.

(32) Civ. 1re, 22 mai 2007, inédit.

(33) En ce sens Trib. gr. inst. Paris 7 févr. 1986, *Rev. crit. DIP* 1986.547, note Gaudemet-Tallon, *JDI* 1986.976, note P. Mayer. V. cependant la nuance apportée *supra*, n° 304, note 57.

étrangère. Il en est ainsi notamment du critère du lieu de situation de l'immeuble en matière réelle ou successorale, et peut-être du critère du dernier domicile du défunt en matière de succession mobilière (34).

Dans le même ordre d'idées, on peut considérer comme exclusive la compétence des tribunaux français fondée sur une clause attributive de juridiction valable (à moins que les parties elles-mêmes ne lui aient conféré un caractère optionnel ou qu'elles n'y aient renoncé). Le respect des prévisions des parties, spécialement lorsqu'elles sont fondées sur un accord librement consenti, est en effet un impératif fondamental.

C. Incidence de la compétence exclusive des tribunaux étrangers

379 L'arrêt *Simitch* mentionne seulement l'existence possible d'une compétence *française* exclusive. Mais on doit se demander si certaines compétences *étrangères* ne devraient pas être considérées comme exclusives, particulièrement dans le cas où la compétence est fondée sur l'implication de l'État, et dans celui où elle résulte d'une clause attributive de juridiction.

On ne saurait, toutefois, refuser systématiquement de reconnaître l'efficacité d'un jugement étranger au prétexte qu'a été méconnue la compétence des tribunaux d'un pays tiers que celui-ci considère, selon ses propres critères, comme exclusive. Comme en matière de lois de police étrangères, une considération de *légitimité* doit intervenir. C'est ainsi que l'on devrait refuser de tenir compte d'une disposition comme celle du Code de procédure civile québecois, qui réserve aux tribunaux québecois la compétence en matière de responsabilité pour exposition à une matière première originaire du Québec (35).

§ 2. AUTRES CONDITIONS D'EFFICACITÉ

A. Régularité intrinsèque du jugement étranger

380 La France n'est disposée à admettre l'efficacité sur son territoire d'un jugement étranger que si celui-ci constitue une décision correctement rendue au nom d'un souverain étranger, et considérée comme telle par l'État dont il émane : il ne saurait avoir plus d'effet en France que dans son pays d'origine.

(34) Civ. 14 mars 1961, *Rev. crit. DIP* 1961.774, note Batiffol ; Civ. 14 juin 1983, *Rev. crit. DIP* 1984.316, note Ancel.

(35) Ce texte, qui résulte d'une loi de 1989, vise en pratique les effets cancérigènes de l'exposition à l'amiante, dont le Québec est exportateur. V. H.-P. GLENN, *op. cit.*

Il en résulte d'abord deux conséquences incontestables. En premier lieu, la décision doit avoir été rendue par des personnes effectivement investies du pouvoir de juger par l'État au nom duquel elles prétendent le faire. Un « jugement » rendu à Constantinople en 1921 au nom d'une communauté d'émigrés russes s'est vu refuser pour ce motif l'exequatur (36). Peu importe d'ailleurs que l'État représenté ait été ou non reconnu par la France ; ce qui compte est l'exercice d'une souveraineté effective sur un territoire (comp. *supra*, n° 85, en matière de conflit de lois).

En second lieu le jugement étranger n'est susceptible d'être rendu exécutoire que s'il a déjà force exécutoire dans son pays d'origine. Ce caractère s'apprécie selon la loi étrangère de procédure ; celle-ci décide notamment quelles sont les voies de recours qui suspendent l'exécution, quels sont les délais de ces recours et s'ils sont suspensifs, quelles sont les causes de péremption de jugements. La décision elle-même peut comporter des précisions : octroi de l'exécution provisoire, d'un délai de grâce... Si elle n'est pas immédiatement exécutoire, la demande d'exequatur doit être rejetée, ou donner lieu à un sursis à statuer (37).

Lorsque l'on ne cherche pas à exécuter le jugement étranger mais simplement à se prévaloir de la situation juridique qu'il consacre, on devrait seulement exiger qu'il soit revêtu de l'autorité de chose jugée : même provisoire, elle fonderait légitimement une exception de chose jugée à l'encontre d'une demande nouvelle formée en France sur le même litige, pour éviter le risque d'une contrariété de décisions (38).

381 Ces deux conditions doivent être estimées suffisantes. La jurisprudence a cependant exigé de surcroît, pendant longtemps, que le jugement étranger émane d'une juridiction *compétente* sur le plan interne (compétence territoriale et d'attribution) et qu'il ait été rendu à l'issue d'une *procédure* régulière. S'agissant d'un contrôle de la régularité intrinsèque, il était admis qu'il devait être effectué selon la loi étrangère de compétence et de procédure, et non selon la loi française (39).

Ces exigences étaient excessives. Du moment que l'incompétence ou l'irrégularité de la procédure ne font pas obstacle à la force exécutoire du jugement dans son pays d'origine, toutes les raisons générales qui incitent à attribuer une efficacité aux jugements étrangers (v. *supra*, n° 365) jouent. Pourquoi d'ailleurs être plus sensible à la violation des règles de procédure et de compétence qu'à

(36) Trib. civ. Seine 6 déc. 1934, *JDI* 1935.106, concl. Gavalda.

(37) Les tribunaux la déclarent parfois irrecevable : v. par ex. Trib. gr. inst. Paris 1er juill. 1987, *Rev. crit. DIP* 1988.720, note Ancel. L'existence dans le pays d'origine d'un obstacle extérieur, de fait ou de droit, à l'exécution effective du jugement ne remet pas en cause son caractère exécutoire et n'empêche pas qu'il soit reconnu efficace en France : Civ. 17 nov. 1974, *JDI* 1975.99, note A. P. ; Civ. 20 nov. 1974, *Rev. crit. DIP* 1975.668, note Bischoff ; Civ. 19 oct. 1977 et 5 janv. 1978, *Rev. crit. DIP* 1978.369, note P. L.

(38) En revanche l'autorité *positive* de chose jugée ne devrait pas être retenue dans ce cas, mais pourrait donner lieu à un sursis à statuer.

(39) V. Trib. civ. Seine 21 nov. 1956, *Rev. crit. DIP* 1985.119.

la violation des règles de fond, qui ne met plus obstacle à l'efficacité depuis la suppression du pouvoir de révision ? Mieux vaut un jugement émanant d'un tribunal incompétent mais qui a bien jugé, qu'un jugement rendu en violation de la loi par le tribunal compétent.

Sensible à ces raisons, la Cour de cassation, par un arrêt *Bachir* du 4 octobre 1967 (40), a supprimé le contrôle de la régularité de la procédure selon la loi étrangère. Elle n'est plus vérifiée que « par rapport à l'ordre public international français et au respect des droits de la défense », c'est-à-dire indépendamment de toute idée de régularité intrinsèque. Ainsi, au nom de l'ordre public, l'assignation doit avoir été signifiée en temps utile pour que le défendeur puisse préparer sa défense ; en revanche il importe peu, en soi, que les délais prévus par la loi de procédure étrangère n'aient pas été respectés (41).

Par identité de raisons, il faut considérer que le contrôle de la compétence interne a également disparu.

B. Conformité à l'ordre public

382 L'exception d'ordre public, dans le conflit de lois, est un mode d'éviction de la loi étrangère normalement applicable, en raison de son contenu injuste, ou contraire aux conceptions fondamentales ou à une politique législative du for. Dans le conflit de juridictions, la condition de conformité à l'ordre public sert pareillement à éliminer les décisions étrangères qui nous paraissent choquantes.

Il s'agit de deux manifestations parallèles de l'ordre public, et non pas d'une extension de l'exception d'ordre public du conflit de lois au conflit de juridictions. Ce n'est pas la loi appliquée par le jugement étranger que l'on déclare contraire à l'ordre public, et que l'on évince en refusant de conférer l'efficacité ; c'est le jugement lui-même qui choque, et que l'on évince, même si la loi appliquée était conforme à l'ordre public. Une première preuve en est que le mécanisme des deux manifestations n'est pas identique : l'ordre public du conflit de lois a pour effet d'évincer la loi étrangère et de lui substituer la loi française ; l'ordre public du conflit de juridictions n'a qu'un effet d'éviction du jugement étranger ; aucun jugement ne lui est substitué, ni aucune loi à la loi qu'il a appliquée, même si celle-ci est elle-même contraire à l'ordre public. Une seconde preuve réside dans la différence de domaine : une loi étrangère n'est contraire à l'ordre public que dans son contenu ; un jugement étranger lui est contraire, soit dans son contenu, soit par son mode d'élaboration.

Ces deux parties du domaine doivent être vues séparément.

(40) *D.* 1968.95, note Mezger, *Rev. crit. DIP* 1968.98, note Lagarde, *JCP* 1968.II.15634, note Sialelli, *JDI* 1969.102, note Goldman, *GA* n° 45.

(41) Civ. 1re, 29 nov. 1994, *Rev. crit. DIP* 1995.362, note D. Cohen.

a) Contenu conforme à l'ordre public

383 L'ordre public auquel le jugement est confronté a évidemment le même contenu que celui qui a été défini à propos du conflit de lois ; il est composé des mêmes règles et des mêmes principes. Il s'apprécie au même moment, c'est-à-dire celui où le juge français est saisi (principe de l'actualité de l'ordre public) (42).

En revanche, la confrontation s'effectue différemment. D'abord son objet n'est pas le même : c'est le jugement, non la loi, qui est jugé conforme ou non à l'ordre public. Certes, c'est souvent parce qu'il aura été rendu en application d'une loi contraire à l'ordre public que le jugement étranger sera contraire à l'ordre public. Mais ce n'est pas nécessaire. Une loi conforme à l'ordre public peut donner lieu à une solution injuste en raison de la façon dont elle a été appliquée ; par exemple si, en combinant maladroitement deux lois émanant de législateurs différents, dont l'une admet le divorce et non la séparation de corps, l'autre la séparation de corps et non le divorce, le juge étranger a refusé à la fois le divorce et la séparation de corps, cette solution est contraire à l'ordre public, même si l'on estime que chacune des deux lois y est en soi conforme (sur ce point, v. *infra*, n° 587).

Ensuite, l'examen de conformité s'effectue différemment : ayant pour objet une norme concrète, il s'effectue naturellement *in concreto* (comp. *supra* n° 205-1).

Ce caractère *in concreto* est d'ailleurs susceptible de nuances. Parfois il suffit de constater que le raisonnement tenu par le juge heurte l'ordre public, pour en déduire que le résultat ne peut être lui-même que contraire à l'ordre public : par exemple dans le cas d'un jugement qui aurait prononcé la nullité d'un mariage en raison d'une différence de religion entre les époux. Parfois au contraire le résultat doit être apprécié en lui-même. Il est alors nécessaire de pousser plus loin l'examen de la situation concrète, soit pour constater que malgré le caractère critiquable de la démarche du juge étranger le résultat n'est pas contraire à l'ordre public, soit à l'inverse pour débusquer une contrariété à l'ordre public dans un jugement qui lui est apparemment conforme. Les jugements étrangers qui attribuent la garde de l'enfant à l'un de ses parents en fonction de son âge ou de son sexe illustrent la première situation. Le raisonnement, qui fait fi de l'intérêt de l'enfant, est contraire à l'ordre public, et le résultat risque de l'être. Mais il reste possible de démontrer qu'en l'espèce l'attribution de la garde est conforme à l'intérêt de l'enfant (43). Inversement,

(42) Civ. 23 nov. 1976, précité n° 204. La nécessité de nuancer le principe de l'actualité vaut aussi bien dans le conflit de juridictions que dans le conflit de lois.

(43) Ce qui serait une complication inutile en matière de conflit de lois (v. *supra* n° 205-1) est justifié en matière de conflit de juridictions : refuser de reconnaître un jugement est toujours une décision grave, et on ne doit la prendre que s'il n'est pas « sauvable ». La Cour de cassation (Civ. 6 janv. 1987, précité n° 368) a été jusqu'à considérer qu'un jugement étranger attribuant la garde de l'enfant à la mère était présumé conforme à l'intérêt de l'enfant sauf au père à démontrer le contraire.

un jugement attribuant expressément la garde en fonction de l'intérêt de l'enfant, conformément à la loi applicable, peut être contraire à l'ordre public, si cet intérêt a été mal apprécié. Toutefois, ici, existe le risque que toute instance en exequatur débouche sur un examen du fond, au prétexte d'établir une prétendue contrariété à l'ordre public. Pour cette raison, la Cour de cassation ne permet pas au juge de l'exequatur de substituer son appréciation *in concreto* de l'intérêt de l'enfant à celle du juge étranger (44).

383-1 L'ordre public joue en principe par son effet atténué : le droit consacré par le jugement étranger a été, par hypothèse, « acquis à l'étranger ». C'est d'ailleurs en matière d'effet des jugements que les arrêts *Bulkley* et *Rivière* (précités n° 207) ont dégagé la notion d'effet atténué : le divorce prononcé à l'étranger a ainsi pu être reconnu, alors que dans la première affaire il se heurtait à la prohibition du divorce en droit français, et que dans la seconde il méconnaissait l'interdiction du divorce par consentement mutuel.

Cependant dans la jurisprudence plus récente on admet que l'ordre public du for peut être atteint même lorsque le droit est né à l'étranger : la résidence en France des intéressés, ou encore, en matière de statut personnel, leur nationalité française, peuvent conduire à évincer le jugement étranger. Les décisions rendues en matière de garde des enfants et de répudiation fournissent des exemples de refus de reconnaissance pour contrariété à l'ordre public au fond, en présence de l'un de ces rattachements.

On retrouve dans le domaine de l'effet des jugements étrangers les deux variantes de l'exception d'ordre public distinguées dans le domaine du conflit de lois (v. *supra* n° 209-1). La reconnaissance peut être refusée parce que le contenu du jugement est contraire à l'ordre public, et qu'il intéresse la collectivité française ; elle peut aussi être refusée parce que le jugement concerne un Français et va à l'encontre d'un élément fondamental de son statut personnel.

Ce second aspect de l'ordre public ne joue qu'un rôle marginal dans le conflit de lois : il sert en effet de correctif dans des hypothèses où, bien qu'un Français soit concerné, la règle de conflit désigne une loi étrangère. Dans le conflit de juridictions il est appelé à se développer depuis que la reconnaissance des jugements étrangers n'est plus subordonnée à la condition qu'ils aient été rendus par application de la loi désignée par notre règle de conflit (v. *infra*, nos 385 et s.).

b) Élaboration conforme à l'ordre public

384 L'inobservation de certains principes fondamentaux de la procédure rend le jugement inefficace en France. L'arrêt *Bachir* (précité, n° 381) n'a fait que confirmer sur ce point la jurisprudence antérieure. Rien ne vient ici « atténuer » l'effet de l'ordre public, car le « droit acquis » ne mérite pas de protection.

(44) V. en ce sens Civ. 1re, 27 oct. 1993, *Bull. civ.* I, n° 298, p. 205.

Ce sont surtout les droits de la défense dont la violation est sanctionnée. L'assignation doit avoir été loyale et réelle ; le défendeur doit avoir été régulièrement représenté (s'il a fait défaut, une voie de recours doit lui être ouverte (45)) ; le juge doit être impartial (46) ; un mode de preuve mettant l'une des parties à la merci de l'autre (serment déféré par le juge sans commencement de preuve) est proscrit.

La jurisprudence rejette notamment les décisions qui fondent la preuve de la paternité naturelle sur la seule déclaration de la mère entendue comme témoin (47) ; en revanche si la déclaration est corroborée par d'autres faits, la décision étrangère est régulière (48).

Sont également contraires à l'ordre public en matière extrapatrimoniale les jugements qui assimilent le défaut du défendeur à un aveu (49).

L'exigence française d'une motivation des jugements n'est pas en soi d'ordre public. Le défaut de motivation ne constitue un obstacle à l'efficacité que si l'on ne produit pas au juge français des documents de nature à lui permettre de s'assurer que les conditions exigées pour l'efficacité sont remplies, notamment la conformité à l'ordre public (50).

Pour la Cour de cassation, « est contraire à la conception française de l'ordre public international, la reconnaissance d'une décision étrangère non motivée lorsque ne sont pas produits des documents de nature à servir d'équivalent à la motivation défaillante » (51). Cette position manque singulièrement de logique. Si l'exigence de motivation était vraiment d'ordre public, aucun élément extrinsèque au jugement non motivé ne serait de nature à le sauver. La vérité est qu'elle *n'est pas* d'ordre public, et que le refus d'exequatur est uniquement fondé sur l'impossibilité pour le demandeur d'établir la réunion des conditions de régularité (v. *infra* n° 433).

384-1 Pour déterminer le contenu des exigences de l'ordre public procédural, il est nécessaire de tenir compte de la jurisprudence qu'a élaborée la Cour européenne des droits de l'homme sur la base de l'article 6, § 1, de la Convention du même nom, qui consacre le « droit au procès équitable ».

(45) En revanche l'ordre public n'exige pas, lorsque le défendeur a connaissance de l'instance étrangère, que la notification de la décision comporte l'indication des voies de recours ouvertes dans l'État d'origine (Civ. 1re, 29 nov. 1994, *Rev. crit. DIP* 1995.362, note D. Cohen ; 10 juill. 1996, *Rev. crit. DIP* 1997.85, note Muir Watt) ; comp. Orléans, 24 janv. 2002, *Rev. crit. DIP* 2002.354, note Muir Watt.

(46) Civ. 1re, 3 déc. 1996, *Rev. crit. DIP* 1997.328, note Muir Watt (juge étranger postérieurement dessaisi pour cause de suspicion légitime).

(47) Civ. 18 mai 1976, *JDI* 1977.485, note Huet, *Rev. crit. DIP* 1978.351, 1re esp., note Foyer et Simon-Depitre.

(48) Civ. 25 janv. 1977, *D.* 1977.685 note Mezger, *JDI* 1977.470, note Ruzié, *Rev. crit. DIP* 1978.351, 1er esp., note Foyer et Simon-Depitre ; Civ. 7 mars 1978, *JDI* 1979.614, note Foyer ; Civ. 1re, 3 avr. 1990, *D.* 1990. Som. 267, obs. Audit.

(49) V. par ex. Civ. 10 mars 1982, *Rev. crit. DIP* 1982.724, note Mezger ; Orléans, 24 janv. 2002, précit. ; *contra* Paris 16 nov. 1976, *Rev. crit. DIP* 1978.140, note Mezger.

(50) Civ. 17 mai 1978, *JDI* 1979.380, 1re esp., note Holleaux ; Civ. 1re, 9 oct. 1991, *Rev. crit. DIP* 1992.516, 1re esp., note Kessedjian, *JDI* 1993.157, obs. Huet.

(51) Voy. pour deux réaffirmations récentes de cette solution Civ. 1re, 28 nov. 2006 (2 arrêts), *JCP*, 2007. IV. obs. 1024 et 1025, *JDI*, 2007.141, note G. Cuniberti, 543, note H. Péroz.

À l'origine destiné à s'imposer aux États parties à la Convention dans leur façon de rendre la justice par leurs propres tribunaux, le droit au procès équitable est à présent jugé interdire à ces États de reconnaître les jugements étrangers qui méconnaîtraient l'un quelconque de ses aspects, tels que la Cour de Strasbourg les a identifiés dans son œuvre d'interprétation de l'article 6, § 1.

Par un arrêt du 26 juin 1992, *Drozd et Janousek* (52), la Cour avait pourtant jugé que la Convention n'obligeait pas les États parties à imposer ses règles aux États tiers, de sorte que la France n'avait pas vidé l'article 6 en ne recherchant pas si la procédure menée à l'étranger remplissait chacune des conditions posées par l'article 6 ; la Cour recommandait seulement aux États parties de « se garder d'apporter leur concours s'il apparaît que la condamnation résulte d'un déni de justice flagrant ». Mais cette position raisonnable a ensuite été abandonnée. L'arrêt *Pellegrini* (53) du 20 juillet 2001 condamne le principe d'une gradation de l'ordre public. Il contraint chaque État partie, requis de reconnaître un jugement émanant d'un État tiers, à exercer un plein contrôle de la procédure originelle au regard des exigences de l'article 6.

Paradoxalement, l'existence d'une telle obligation est considérée comme douteuse par une partie de la doctrine lorsque le jugement émane, non d'un État tiers, mais d'un autre État partie, auquel pourtant s'imposent directement les exigences de l'article 6.

C. Compétence de la loi appliquée : une condition abandonnée ?

385 Selon une jurisprudence ancienne, confirmée par l'arrêt *Munzer*, le juge étranger devait avoir appliqué la règle substantielle « compétente d'après les *règles françaises* de conflit ».

C'est d'ailleurs parfois à l'occasion de la demande d'efficacité en France d'une décision étrangère qu'a été dégagée la règle de conflit ; ainsi l'arrêt *Rivière*, qui a déclaré applicable au divorce la loi du domicile commun de deux époux de nationalité différente (v. *infra*, n° 570), a été rendu à propos de la reconnaissance d'une décision équatorienne.

C'est évidemment à la qualification française qu'il fallait se référer pour déterminer la loi applicable selon la règle de conflit française (54).

L'exigence de compétence de la loi appliquée paraît à première vue normale et réduit les risques de fraude. Et cependant, par l'arrêt *Cornelissen* (précité) du

(52) CEDH 26 juin 1992 ; *Drozd et Janousek*, *RTDH* 1993.87, obs. Cohen-Jonathan et Flauss.

(53) CEDH 20 juill. 2001, *Pellegrini*, *RTDH* 2002.463, note Costa, *AJDA* 2001.1062, obs. Flauss, *RTD civ.* 2001.986, obs. Marguénaud, *Rev. crit. DIP* 2004.106, note Christians, et la chronique de L. Sinopoli, *Gaz. Pal.* 2002, n°s 202-204, p. 2.

(54) V. cependant Trib. gr. inst. Paris 7 avr. 1981, *Rev. crit. DIP* 1981.510, note Lefort, *JDI* 1982.699, note M.-L. Niboyet.

20 février 2007, rendu en matière de droit des sociétés mais rédigé en termes très généraux, la Cour de cassation a décidé de l'écarter. Si l'on veut apprécier les mérites de cette décision, mais aussi tenter d'en dégager la portée, il faut commencer par rappeler comment la jurisprudence antérieure mettait en œuvre la condition ainsi abandonnée et les raisons qui étaient avancées pour la justifier.

386 La jurisprudence antérieure à l'arrêt *Cornelissen* était dans son ensemble plutôt libérale. En fait, il était rarissime que le contrôle de la compétence de la loi appliquée conduise à un refus d'exequatur. Cette constatation s'expliquait par l'admission de trois *tempéraments* au principe.

Tout d'abord le recours au *renvoi* pouvait « sauver » la décision. Dans une affaire *Cau* jugée par le Tribunal civil de la Seine (55), un jugement égyptien de divorce qui avait appliqué la loi yougoslave de la nationalité du mari, et non la loi égyptienne du domicile commun des époux, a reçu l'exequatur au motif que la loi yougoslave désignée par la règle de conflit égyptienne se reconnaissait compétente (56).

Un autre tempérament, de portée limitée, était propre au statut personnel. Lorsqu'une personne possédait la double nationalité française et étrangère, c'était normalement la nationalité française qui était seule considérée par le juge français (v. *infra*, n° 858). Cependant, comme cette solution aurait conduit à de fréquents refus d'efficacité, la Cour de cassation avait jugé que « la juridiction étrangère était en droit de prendre en considération, comme l'eût fait le juge français dans le cas où il aurait été saisi, la nationalité qui était attribuée à [l'intéressé] par la loi locale » (57) (sur les abus possibles, notamment en matière de répudiation intervenue entre doubles nationaux, v. *infra* n° 584).

Enfin et surtout, la jurisprudence, depuis un arrêt de la Chambre des requêtes du 29 juillet 1929, se contentait d'une *équivalence* entre la loi appliquée et la loi désignée par la règle française de conflit (58) : le jugement étranger devait être reconnu si les faits relevés par le juge à l'appui de sa décision se seraient

(55) 22 oct. 1956, *Rev. crit. DIP* 1958.117, note H. B.

(56) C'est le renvoi au second degré. On peut se demander si le raisonnement aurait été également tenu dans le cas du renvoi au premier degré (par ex. si la règle de conflit égyptienne avait désigné la loi française), dont la justification implique que le juge français soit directement saisi (v. *supra*, n° 223).

On peut hésiter à reconnaître un renvoi au second degré dans l'hypothèse suivante : le droit international privé du pays désigné par notre règle du conflit déclare applicable la loi du for (ex. du divorce dans les pays anglo-saxons) ; et le jugement à reconnaître, émanant d'un pays tiers, a justement appliqué sa propre loi. Cette hypothèse est réalisée dans l'affaire *De Gunzbourg* (précitée, n° 370), et la Cour de Paris a refusé de tenir compte d'un renvoi qui n'était « ni parfait, ni homogène ». En fait, la situation n'est même pas celle du renvoi puisque le pays anglo-saxon désigné par notre règle de conflit ne se prononce que sur la compétence de sa propre loi (comp. *supra*, n° 229).

(57) Civ. 1re, 22 juill. 1987, *Dujaque*, *Rev. crit. DIP* 1988.85 et chron. Lagarde, p. 29 ; v. déjà Civ. 10 mars 1969, *Rev. crit. DIP* 1970.115, note Batiffol. Curieusement, la solution opposée a été adoptée à l'égard de la compétence des *tribunaux* étrangers (Civ. 1re, 3 juin 1998, *JDI* 1999.781, note Lequette ; 16 mars 1999, *Bull. civ.* I, n° 101, p. 66).

(58) *Drichemont*, *DH* 1929.458, *JDI* 1930.377, S. 1930.1.20, *RDIP* 1931.334. Comp. Paris 8 mai 1980, *Rev. crit. DIP* 1981.700, note Simon-Depitre : « Les motifs [retenus par le tribunal polonais], susceptibles de caractériser les injures graves selon la loi française, auraient également permis de prononcer la dissolution du mariage ». En revanche, l'équivalence entre la loi haïtienne et la loi française a été déniée, en matière de divorce, par Civ. 1re, 22 avr. 1986 et 6 juill. 1988, *Rev. crit. DIP* 1989.89, note Gaudemet-Tallon.

vu attribuer la même conséquence juridique selon la loi réellement applicable. Autrement dit, l'équivalence se déduisait, non d'une similitude entre les dispositions des deux lois en cause, mais de l'identité des conséquences de leur application au cas d'espèce.

387 Au surplus, si la jurisprudence exigeait que le juge étranger ait appliqué la loi compétente, elle n'exigeait pas qu'il l'ait appliquée correctement. Du moment que le juge avait choisi la loi désignée par notre règle de conflit, peu importait qu'il l'ait mal interprétée, ou même franchement violée. Il en était ainsi même s'il s'agissait de la loi française (59). Ce libéralisme était logique depuis la suppression du pouvoir de révision ; il était cohérent avec les raisons invoquées au soutien du contrôle de la loi applicable (v. *infra*, n° 388).

388 En dépit du libéralisme avec lequel il était exercé, le contrôle de la compétence de la loi appliquée était vivement attaqué par une partie de la doctrine. De fait, la France était l'un des rares pays à l'imposer, au moins d'une façon générale et franche. Et la plupart des traités relatifs à la reconnaissance des jugements l'excluent, plus ou moins complètement. Il est donc nécessaire de revenir sur les raisons, à la fois théoriques et pratiques, qui l'avaient fait adopter et qui ont désormais conduit à son abandon.

Sur le plan théorique, on faisait valoir, en faveur du contrôle, l'identité de la situation du juge français, qu'il soit saisi directement ou à l'occasion d'un exequatur ou d'une reconnaissance : ses règles de conflit s'imposent toujours à lui avec la même force. Selon Batiffol et Lagarde (60) : « Si la loi française répartit par ses règles de conflit les matières de droit privé entre les différents systèmes législatifs, cette répartition vaut aussi bien pour le cas où le juge français est sollicité de donner effet en France à un jugement étranger que pour celui où il est directement saisi du litige ».

Il existe cependant une différence notable entre les deux hypothèses. Dans la première, le problème posé au juge consiste à choisir une loi, et pour ce faire le recours à une règle de conflit est indispensable ; c'est alors que l'obligation de respecter le règlement français du conflit se manifeste. Dans la seconde, le problème à résoudre est celui de l'efficacité du jugement étranger ; on *peut* certes y greffer celui de la loi compétente, en en faisant une condition de l'efficacité ; mais ce n'est pas logiquement obligatoire : il est parfaitement possible, comme le confirme le droit international privé comparé, de donner ou dénier effet au jugement sans se préoccuper de savoir au terme de quel raisonnement et en application de quelle loi il a été rendu. Le juge français qui

(59) Civ. 24 nov. 1965, *Loesch*, *JDI* 1966.369, obs. Kahn, *Rev. crit. DIP* 1966.289, note Lagarde, *Rép. Comm.* 1966.121, obs. Droz. On peut se demander cependant dans quelle mesure le véritable motif du refus de reconnaissance, dans Civ. 20 janv. 1987 (*Bull. civ.* I, n° 17, p. 12), n'était pas la violation manifeste du droit français applicable.

(60) *Traité*, n° 726. Pour d'autres arguments en faveur du contrôle, V. LOUSSOUARN, BOUREL et VAREILLES-SOMMIÈRES, *Précis*, n° 496-2.

donnerait effet à un jugement étranger rendu en application d'une loi à ses yeux incompétente ne violerait pas la règle de conflit française : il se contenterait de ne pas l'appliquer dans un cas où le problème du conflit de lois n'est pas soulevé (61).

Cela admis, le contrôle doit néanmoins être imposé s'il est *opportun*. Mais pour qu'il le soit, il faut que l'intérêt qui s'attache au respect de notre règle de conflit, ou de la loi qu'elle désigne, soit plus fort que celui qui s'attache au respect des décisions étrangères. Or, de façon générale, les règles de conflit, on le sait (v. *supra*, n° 124 *in limine*) sont peu impératives, n'exprimant qu'une appréciation de la localisation des relations, qui peut sans grand inconvénient être écartée au profit d'une autre. Cela reste vrai lorsque la règle de conflit se trouve désigner la loi du for, de sorte que la proposition, faite par certains, de limiter le contrôle au cas où la règle de conflit donne compétence à la loi française, est à écarter. Aucune raison théorique n'impose donc le contrôle *en général* de l'application par le juge étranger de la loi, étrangère ou même française, compétente.

Sur le plan pratique, la répugnance à supprimer peu à peu toutes les conditions objectives d'efficacité, pour les remplacer par un contrôle au « coup par coup » appuyé sur l'exception d'ordre public et l'exception de fraude, joue en faveur du contrôle. Quoi qu'il faille penser de cette position générale (v. *infra*, n° 397), elle est ici de peu de poids, puisque le nombre des décisions étrangères évincées est infime. Plus sérieuse est la préoccupation de ne pas faire dépendre la loi applicable du choix de la juridiction. Mais le refus d'effet ne crée-t-il pas un conflit infiniment plus gênant entre la décision étrangère et la décision française ? Quant aux craintes de fraude, elles ne doivent pas conduire à priver d'effet des décisions rendues dans des conditions tout à fait normales et qui sont l'immense majorité. L'exception de fraude constitue une défense mieux adaptée, qui suppose démontrée l'existence effective de la fraude.

389 De l'ensemble de ces considérations, il résulte que la suppression du contrôle de la loi appliquée ne mérite peut-être pas d'être absolument générale. Dans certains cas, l'application de la règle substantielle désignée par notre règle de conflit importe plus que l'efficacité de la décision, ct le refus d'efficacité est donc justifié.

On a vu d'abord (*supra* ; n° 383-1) qu'en n'appliquant pas la loi française au statut personnel d'un Français le juge étranger risque de rendre une décision contraire à l'ordre public international. Si la condition de compétence législa-

(61) Il ne paraît donc pas exact de dire (WENGLER, *Cours Acad. La Haye*, 1961, III, p. 443) que la reconnaissance de la décision étrangère qui a appliqué une loi, à nos yeux incompétente, implique la réception préalable de la règle de conflit étrangère comme solution subsidiaire du problème du conflit de lois.

tive disparaît, la condition de conformité à l'ordre public au fond la relaiera dans cette hypothèse (62).

Il se peut aussi que la loi applicable soit une *loi de police française*. La loi française « veut » alors s'appliquer. Le juge ne peut consacrer, en reconnaissant la décision étrangère, une solution contraire à celle qu'elle édicte. Ainsi un jugement (supposé émaner d'une juridiction étrangère compétente) qui aurait méconnu l'application des règles françaises relatives au salaire minimal, pour un travail exécuté en France, ne saurait empêcher le salarié d'agir à nouveau en France pour obtenir le complément de ce qui est lui dû en application de la loi française, à nos yeux seule applicable. Ici encore, l'abandon du contrôle de la loi appliquée ne pourra donc être qu'apparent puisqu'il conduira à confier à l'exception d'ordre public un rôle équivalent.

Il faudra aussi se demander si la non-application d'une loi de police *étrangère*, qui se voulait applicable, doit conduire à un refus d'efficacité. La réponse dépend en partie de la position prise dans le conflit de lois. Si le juge français n'accepte pas, lorsqu'il est directement saisi, d'écarter la loi désignée par sa règle de conflit au profit de la loi de police étrangère, il serait anormal qu'il dénie effet à la décision prononcée par un juge qui a adopté lui-même une telle attitude. Mais la réciproque n'est pas nécessairement vraie : on peut concevoir que le juge français respecte la volonté d'application manifestée par une loi étrangère de police (v. *supra*, n° 127), sans pour autant réagir contre l'attitude moins internationaliste d'un juge étranger.

D. Absence de fraude

390 L'arrêt *Cornelissen*, comme l'avait auparavant fait l'arrêt *Munzer*, énonce l'absence de fraude parmi les conditions de l'efficacité. Deux fraudes bien distinctes peuvent être commises.

L'une est une fraude de l'une des parties à l'égard de l'autre ; elle consiste à obtenir un jugement par des manœuvres déloyales, en privant son adversaire de l'occasion de se défendre, par exemple, en faisant en sorte que l'assignation ne lui parvienne pas, ou en lui laissant un délai insuffisant pour présenter ses arguments. Le recours à la notion d'ordre public, intervenant quant au mode d'élaboration du jugement (v. *supra*, n° 384), a toujours permis de refuser l'efficacité aux décisions obtenues de cette façon.

L'autre, à laquelle sont consacrés les développements qui vont suivre, et qui parfois repose sur un accord des deux parties, est une fraude à l'égard du pays dont, soit la loi, soit les tribunaux, sont normalement compétents. Dans le premier cas, c'est une fraude à la loi, dans le second une fraude « au

(62) Pour un maintien plus large du contrôle de la compétence de la loi appliquée lorsque le statut personnel d'un Français est en cause, v. PATAUT, *op. cit. supra*, *sub* n° 358.

jugement » réalisée par le *forum shopping*. Si, dans les deux cas, le remède est l'exception de fraude, les conditions de sa mise en œuvre doivent nécessairement être reconsidérées en conséquence de la suppression du contrôle de la loi appliquée par le juge étranger.

a) Fraude à la loi

391 L'arrêt *Cornelissen* mentionne l'absence de fraude « à la loi » comme condition de l'efficacité. Pourtant, la possibilité d'une telle fraude n'existe que dans un système où l'on contrôle la compétence législative. L'hypothèse, par exemple, a été celle de Français qui, du temps où le divorce était prohibé en France et où la loi applicable était la loi nationale, changeaient de nationalité et obtenaient dans le pays de leur nouvelle nationalité un jugement de divorce. Pour refuser toute efficacité en France à de tels jugements, il suffisait de faire jouer, *dans le cadre du contrôle de la compétence de la loi appliquée*, l'exception de fraude à la loi : le juge étranger avait appliqué sa propre loi, loi de la nouvelle nationalité des époux, alors que la loi réellement compétente se révélait, une fois la fraude démontrée, être la loi française. La fraude à la loi n'était donc, dans le conflit de juridictions, rien d'autre que celle qui a été étudiée dans le conflit de lois, avec cette différence que la sanction n'était pas l'application de la loi réellement compétente, mais l'inefficacité du jugement.

Mais à partir du moment où l'on supprime le contrôle de la compétence législative, la fraude à la loi ne peut plus intervenir au niveau des effets des jugements : le juge de l'efficacité ne peut constater la substitution frauduleuse d'une loi à une autre s'il ne se préoccupe pas de la loi appliquée. Ce qui ne veut pas dire que les fraudes n'existent plus et n'ont pas à être déjouées ; elles sont au contraire plus redoutables. Mais ce sont des fraudes au jugement, et non à la loi (v. *infra*, b). À cet égard, l'arrêt *Cornelissen* est entaché de contradiction en ce qu'il réserve l'exception de fraude « à la loi » tout en déclarant abandonner en termes généraux le contrôle de la loi appliquée.

392 La fraude à la loi s'accompagne souvent d'un *forum shopping*, comme dans l'exemple vu au numéro précédent : les Français avaient éludé à la fois la compétence de la *loi* française et celle des *tribunaux* français. En revanche, la réciproque n'est pas vraie : le *forum shopping* s'accomplit en général *sans* fraude à la loi : il suffit que le demandeur ait éludé la compétence normale des tribunaux d'un pays pour obtenir dans un autre pays un jugement favorable, destiné à être invoqué dans le premier pays. C'est l'exemple des époux qui, pour échapper à la prohibition édictée par leur loi nationale, divorcent au Nevada ou au Mexique, dont les juridictions admettent facilement leur compétence et appliquent leur propre loi.

Quelques auteurs et quelques décisions ont à tort analysé cette situation comme une fraude à la loi, en faisant valoir que la loi compétente se trouvait en fait éludée. Ainsi, dans une affaire *Weiller* (63), un divorce prononcé au Nevada entre deux Français selon la loi du Nevada a été déclaré inopposable en France au motif que la demanderesse (au divorce) avait réalisé une fraude à la loi française normalement compétente, en saisissant arbitrairement de sa demande un tribunal étranger appliquant la loi locale.

Il convient cependant de distinguer soigneusement un tel *forum shopping* de la fraude à la loi. L'*application* de la loi à nos yeux applicable avait certes été éludée, mais non sa *compétence* ; aucune manipulation du critère de rattachement, telle qu'un changement de nationalité, n'avait été effectuée ; la règle française de conflit, dont notre droit positif exigeait qu'elle fût respectée par le juge étranger, n'avait pas été détournée, elle avait été ouvertement méconnue. L'exception de fraude à la loi n'était, en conséquence, nullement nécessaire pour aboutir à un refus d'efficacité du jugement étranger : il suffisait de constater l'incompétence de la loi appliquée ; et inversement, on vient de montrer (*supra*, n° 391) que l'abandon du contrôle de la loi appliquée, s'il doit se confirmer en jurisprudence, empêcherait dans les mêmes circonstances d'invoquer la fraude à la loi (sur les moyens de défense contre le *forum shopping* au cas où la compétence de la loi appliquée n'est pas contrôlée, v. *infra*, b).

b) Fraude au jugement

393 Lorsqu'elles recourent au *forum shopping*, ce n'est pas principalement l'application d'une loi que les parties cherchent à éluder ; c'est le prononcé du jugement qui serait vraisemblablement rendu dans l'État où elles ont intérêt à voir fixée leur situation : le terme *forum* l'évoque d'ailleurs bien. Sans doute le contenu du jugement dépend de la loi appliquée, et le changement de juge n'est en général intéressant que parce qu'il s'accompagne d'un changement de loi. Mais ce dernier n'est que le moyen, et non l'objet de la fraude : ce qui compte pour les parties, c'est le jugement qui sera rendu. De plus, on pourrait fort bien concevoir un *forum shopping* sans changement de loi ; un tribunal décidé à se montrer complaisant peut fort bien parvenir à prononcer un divorce en appliquant, de façon tendancieuse quant à l'appréciation des faits, la loi désignée par la règle de conflit du for éludé. *Le forum shopping réalise donc une fraude au jugement qu'aurait rendu le tribunal normalement compétent.*

Le simple fait d'échapper volontairement à la solution qu'aurait consacrée ce jugement ne suffit pas à constituer la fraude. De même qu'il est licite de changer de nationalité pour pouvoir divorcer ou devenir capable, si l'on a l'intention de se comporter comme un véritable ressortissant du pays de la

(63) Civ. 22 janv. 1951, *Rev. crit. DIP* 1951.167, note Francescakis, *JCP* 1951.II.6151, note S. et T., *D.* 1952.35, *GA* n° 24. V. aussi Civ. 11 juill. 1977, *Giroux*, *JDI* 1977.880, obs. A. H., *Rev. crit. DIP* 1978.149, note Audit.

nouvelle nationalité, de même il est permis d'aller « refaire sa vie » au Mexique, d'y obtenir le divorce et de s'y remarier. Ce qui constitue la fraude au jugement, c'est le fait d'aller plaider à l'étranger dans le but principal d'invoquer le jugement dans le pays où l'on vit, qui aurait refusé de le prononcer si ses juges avaient été saisis directement ; la fraude consiste dans le fait de chercher à obtenir indirectement ce que l'on n'aurait pas obtenu directement.

Elle ne devient donc effective qu'au moment où le jugement est produit devant les juges du pays où les parties, voire seulement celle à la demande de qui il a été prononcé (v. *infra*, n° 397-1) veulent jouir du nouvel état qu'il consacre. C'est à ce stade que l'on peut la déjouer, en recourant à l'exception de fraude, qui conduira à l'inefficacité du jugement malgré son apparente régularité.

L'exception de fraude au jugement est nécessaire dans tout système qui ne pose pas d'exigence précise quant à la compétence internationale indirecte ; l'arrêt *Simitch*, en supprimant ces exigences et en posant une règle libérale, a d'ailleurs expressément réservé la fraude (v. *supra*, n° 373). L'exception devient indispensable lorsque l'on se refuse de surcroît à contrôler la compétence de la loi appliquée, ce que prévoient déjà de nombreux traités relatifs à l'effet des jugements (64).

394 La fraude au jugement est le pendant dans le conflit de juridictions de ce qu'est la fraude à la loi dans le conflit de lois. La fraude à la loi vise à éluder l'application d'une loi, la fraude au jugement vise à éluder le prononcé du jugement. L'exception de fraude à la loi rétablit, dans le conflit de lois, la compétence de la loi éludée et permet de l'appliquer, l'exception de fraude au jugement permet, dans le conflit de juridictions, de refuser l'efficacité au jugement obtenu par fraude. La fraude à la loi se réalise par un détournement de la règle de conflit de lois, la fraude au jugement tente d'utiliser le libéralisme des règles relatives à l'effet des jugements.

Mais le *forum shopping* est un moyen beaucoup plus élaboré et complexe que la fraude à la loi, car il utilise la diversité des fors, et donc des systèmes de droit international privé, et non pas seulement la diversité des règles substantielles.

Cet aspect plus profondément international conduit à envisager, à côté de la fraude au jugement français (1°), la fraude au jugement étranger (2°).

(64) Les tribunaux français ont eu l'occasion à plusieurs reprises de relever une fraude au jugement à l'occasion de la reconnaissance de jugements algériens, la Convention franco-algérienne de 1964 supprimant le contrôle de la compétence de la loi appliquée : Paris 15 nov. 1988, *D.* 1989. Som. 257, obs. Audit ; Civ. 1re, 1er mars 1988, *Rev. crit. DIP* 1989.721, note Sinay-Cytermann.

1° *Fraude au jugement français*

395 La fraude au jugement français consiste à invoquer en France un jugement étranger apparemment régulier, mais obtenu uniquement en vue de son efficacité en France, alors que les juges français, directement saisis, n'auraient pas apporté la même solution au litige.

Il est certain que des difficultés de preuve peuvent apparaître. Toutefois, si la solution donnée à l'étranger est différente de celle qu'aurait donnée le juge français, et si le centre de gravité du litige est en France — les parties y vivent, ou encore le défendeur y a des biens alors qu'il n'en a pas à l'étranger —, la fraude est très vraisemblable ; et elle est certaine si elle implique des tribunaux dont la complaisance est notoire.

Un élément de fraude très visible, et fréquemment relevé, réside dans le fait de saisir le juge étranger alors qu'une instance est déjà pendante en France, dont le jugement étranger serait de nature à changer l'issue : par exemple, le mari assigné en France en contribution aux charges du mariage obtient le divorce ou procède à une répudiation à l'étranger (65).

2° *Fraude au jugement étranger*

396 La fraude au jugement étranger, en principe, ne concerne pas la France ; par hypothèse c'est dans un pays étranger que l'on cherche à rendre efficace un jugement, obtenu en France (66) ou dans un pays tiers. Peu importe au juge français que des époux vivant à New York essaient d'y faire reconnaître un jugement de divorce obtenu au Mexique

Mais il se peut que le jugement mexicain soit incidemment invoqué en France, par exemple parce que l'un des ex-époux s'est remarié avec un Français et est venu vivre en France. On ne peut parler d'une fraude au jugement français, car l'intention initiale n'était pas d'invoquer le jugement en France, mais à New York. Faut-il sanctionner la fraude au jugement new-yorkais ?

La réponse semble devoir être affirmative, car l'obtention du jugement n'est qu'un élément d'une manœuvre frauduleuse, ce qui le prive en tout lieu d'efficacité, même s'il remplit toutes les conditions requises et *même s'il a appliqué la loi désignée par la règle française de conflit.* Dans l'affaire *De Gunzbourg*, qui correspond à l'hypothèse sur laquelle on vient de raisonner, la Cour de Paris a précisé que la fraude commise par les parties (qu'elle appelle, à tort, une fraude à la loi), « constituait une violation manifeste et délibérée de la moralité juridique internationale » (67). Il n'est pas même vraiment nécessaire que les parties aient expressément invoqué le jugement mexicain à New York. Il sufffit que, vivant à New York, elles l'aient tenu prêt pour l'opposer à toute prétention de les traiter comme personnes mariées.

Mais encore faut-il, pour qu'il y ait fraude, que les tribunaux étrangers s'estiment fraudés. Des décisions anglaises (68) ont accepté de reconnaître des jugements obtenus par *forum shopping* dans un État des États-Unis admettant le divorce (Dakota du Sud dans le premier cas, Nevada dans le second), au motif qu'ils auraient été reconnus dans l'État où vivaient les parties (New York dans le premier cas, Pennsylvanie dans le second).

397 En définitive, notre droit positif évolue ainsi de manière parfaitement cohérente dans le sens d'une approche toujours plus souple, mais aussi plus

(65) V. par ex. Civ. 1re, 6 juin 1990, *Rev. crit. DIP* 1991, 1re esp., note Courbe.

(66) Il importe cependant de veiller, davantage sans doute que ne le fait aujourd'hui notre droit positif (v. *supra*, n° 284 et s.) à ce que les règles françaises de compétence directe ne favorisent pas de pareilles fraudes aux jugements étrangers.

(67) V. également Civ. 2 oct. 1984, *JDI* 1985.495, note Audit, *Rev. crit. DIP* 1986.91, note Jobard-Bachellier.

(68) *Armitage v. Attorney General* [1906], p. 135 ; *Mather v. Mahoney* [1968], 1 W.L.R. 1773, citées par B. AUDIT, *op. cit. supra sub* n° 274, n° 278.

concrète, du contrôle des décisions étrangères : l'abandon, réalisé par l'arrêt *Simitch*, de tout critère précis de compétence internationale indirecte, et la suppression du contrôle de la compétence législative, dont l'arrêt *Cornelissen* pose le principe, s'accompagnent tous deux d'un renforcement de mécanismes qui constituent, au cas par cas, des exceptions au jeu normal des règles de droit international privé : exception d'ordre public, et surtout exception de fraude. Comme telles, elles attirent la critique de ceux qui pensent que la prévisibilité et l'absence d'arbitraire sont liées à l'utilisation de règles objectives, laissant peu de latitude au juge ; elles suscitent également celle des magistrats qui craignent de manquer à la courtoisie internationale en accusant ouvertement des collègues étrangers de s'être rendus complices de fraudes. De plus, elles peuvent paraître contradictoires avec la préférence presque universellement marquée, dans le domaine du conflit de lois, pour l'adoption de critères de rattachement précis, évitant la recherche, cas par cas, de la loi applicable.

Les deux problèmes sont en fait très différents. Autre chose est de remplacer les règles par la liberté du juge, autre chose de poser une règle de principe à laquelle le juge peut apporter des exceptions. Ce second système, qui est celui aujourd'hui retenu pour l'effet des jugements étrangers, est justifié lorsque le nombre prévisible des exceptions est faible par rapport au nombre total des affaires jugées. Or, tel est bien le cas : même dans le système antérieur à l'arrêt *Simitch*, relativement peu libéral, 5 % seulement des demandes d'exequatur étaient rejetées.

De plus, l'avantage lié à l'augmentation du pouvoir d'appréciation du juge, c'est-à-dire la diminution des risques d'erreur, devient décisif lorsque les erreurs sont lourdes de conséquences. C'est bien le cas dans l'effet des jugements, lorsque l'on refuse de tenir compte d'une décision obtenue sans fraude : que devient la prévisibilité tant vantée ? C'est moins sensible dans le conflit de lois, où peu importe dans le fond que la loi appliquée ne soit pas celle qui a les liens les plus significatifs avec la relation, du moment que, grâce à une règle de conflit de lois sûre et connue, on peut la déterminer à l'avance (69).

Enfin, il ne faut pas oublier que les décisions à éliminer sont celles obtenues par fraude, et que la fraude ne se présume pas. Cet adage répond à une nécessité : ne pas risquer de sanctionner des innocents sous prétexte d'atteindre plus sûrement les coupables. Or, on sait précisément que l'utilisation, dans le conflit de juridictions, de critères objectifs de compétence juridictionnelle et de compétence législative, si elle laisse rarement passer la fraude (du moins pour les seconds), arrête aussi bien les décisions les plus régulières. Quant au retentissement que pourrait avoir sur les relations de la France avec les États étrangers le refus franc de prêter la main à des fraudes ou d'admettre des procédures qui violent les droits de la défense, il ne doit pas être exagéré ; les

(69) La prévisibilité est liée dans le conflit de lois à la rigidité de la règle de droit international privé, et dans le conflit de juridictions à sa souplesse et à son libéralisme.

tribunaux ne se font pas faute d'ailleurs de relever la contrariété à l'ordre public d'une procédure suivie à l'étranger, même lorsque les critères objectifs suffiraient à justifier le refus d'efficacité.

397-1 Il reste cependant que le système ainsi mis en place ne peut aboutir à des résultats réellement satisfaisants que s'il est, précisément, appliqué avec une rigueur suffisante. Si, par principe, les décisions étrangères méritent d'être reconnues en France, c'est parce qu'elles fondent des prévisions qui, toutefois, ne sont respectables que dans la mesure où elles sont légitimes. C'est donc à la vérification de cette légitimité que doit toujours tendre l'appréciation des conditions de la régularité internationale des jugements étrangers. Ainsi, sans aucunement mettre en doute la bonne foi des parties, les tribunaux français devraient certainement redoubler de vigilance lorsque le jugement dont l'efficacité est en cause est invoqué par celui (ou, en cas d'action conjointe, l'un de ceux) qui avaient saisi le juge étranger : il convient certainement alors, aussi bien d'apprécier avec une sévérité accrue le « lien caractérisé » dont dépend la compétence internationale de ce juge (*supra*, n° 373), que de s'interroger sur l'intérêt que ce ou ces plaideurs pouvaient trouver à obtenir une décision dans l'État au nom duquel celui-ci a statué. Sinon, le fréquent libéralisme des règles de compétence internationale directe (pour la France, v. *supra*, n° 264 et s.), qui s'explique seulement par le souci de garantir l'effectivité du principe de libre accès à la justice, risque d'être détourné et de devenir une arme indûment offerte au demandeur dans le conflit d'intérêts qui l'oppose au défenseur (70) : parce que le choix de la juridiction exerce toujours une influence sur le sens de la solution, on ne peut admettre l'efficacité de la décision étrangère sans s'interroger sur les raisons de ce choix sous peine de s'exposer au reproche d'injustement priver le défendeur de son droit à un procès équitable en France.

SECTION II — LES MANIFESTATIONS DE L'EFFICACITÉ

398 Le problème de l'efficacité en France d'un jugement étranger est, par hypothèse, posé à un organe français, le plus souvent un juge. Une première façon de faire produire des effets en justice au jugement étranger consiste à l'invoquer simplement dans l'instance où l'état de droit qu'il consacre est mis en cause. Mais très souvent, le droit positif français exige qu'une instance particulière ait lieu, en *exequatur*, qui vise à titre principal à établir l'efficacité du jugement.

(70) L'exception d'ordre public international peut généralement suffire à lutter contre le risque d'une atteinte à des intérêts collectifs ou aux valeurs essentielles de l'ordre juridique du for.

L'exigence d'une formalité a son origine dans l'Ancien Droit. Un jugement français n'avait autorité de plein droit que dans le ressort du Parlement qui l'avait rendu (ou dont une juridiction inférieure l'avait rendu) ; et un jugement étranger n'avait de plein droit aucune autorité en France. Le *pareatis*, décision rendue sur lettres rogatoires de la juridiction d'origine, par la Chancellerie d'un Parlement (*pareatis* du Petit-Sceau) ou par la Chancellerie de France (*pareatis* du Grand-Sceau), rendait le jugement français ou étranger exécutoire dans le ressort de l'autorité qui le délivrait (c'est-à-dire sur le territoire français tout entier, dans le cas du *pareatis* du Grand-Sceau).

Il convient de distinguer les cas où l'exequatur est nécessaire de ceux où il ne l'est pas (§ 1), puis de décrire les divers moyens procéduraux ouverts aux parties pour voir consacrer ou, au contraire, dénier effet au jugement étranger : moyens procéduraux indépendants de l'exequatur (§ 2), instance en exequatur (§ 3). L'obligation pour le juge de procéder au contrôle, commune aux deux hypothèses, sera enfin précisée (§ 4).

§ 1. DISTINCTION DES CAS OÙ L'EXEQUATUR EST NÉCESSAIRE ET DES CAS OÙ IL NE L'EST PAS

399 Il résulte des articles 2123 du Code civil et 509 du Nouveau Code de procédure civile que le jugement étranger ne peut donner lieu à aucun acte d'exécution en France sans avoir été déclaré exécutoire par un tribunal français. L'instance qui tend à cette déclaration est l'instance en exequatur. Il n'est pas fait allusion à un autre moyen de voir affirmer l'efficacité du jugement.

Mais à partir de 1860, la Cour de cassation a admis que les jugements rendus en matière d'état et de capacité des personnes avaient *de plano*, c'est-à-dire de plein droit, « autorité » en France, à condition d'être réguliers, et pouvaient donc y être invoqués sans être revêtus de l'exequatur. Ainsi en matière de divorce (Civ. 28 février 1860, *Bulkley*, précité n° 207), de nullité du mariage (Civ. 9 mai 1900, *De Wrède*, précité n° 364), de filiation (Civ. 11 avril et 1er mai 1945, précités n° 364). La solution a été étendue aux jugements constitutifs, tel le jugement prononçant une faillite. Mais il a ensuite été précisé que l'exequatur restait nécessaire pour obtenir « l'exécution matérielle sur les biens ou la coercition sur les personnes » : il est requis, par exemple, pour obtenir la remise forcée de l'enfant au parent à qui la garde a été confiée, ou le versement d'une pension alimentaire.

La distinction entre les demandes d'efficacité qui nécessitent l'exequatur et celles qui ne le nécessitent pas résulte donc de la combinaison de deux critères, relatifs, l'un à la nature du jugement, et l'autre à celle de l'effet recherché. Les jugements patrimoniaux déclaratifs requièrent toujours l'exequatur, quel que soit l'effet recherché : exécution ou « autorité de chose jugée ». Tant qu'ils n'en sont pas revêtus, ils ne peuvent être invoqués devant aucun organe français. Les jugements extra-patrimoniaux et les jugements constitutifs ont « autorité » *de plano* en France, mais ne peuvent donner lieu à un acte d'exécution sur les biens ou de coercition sur les personnes qu'après le prononcé d'un jugement d'exequatur.

Avant de poursuivre, il convient de souligner le caractère défectueux de la terminologie. Il est impropre de dire qu'un jugement étranger a « autorité » en France, car une norme ne peut avoir à proprement parler d'autorité qu'à l'égard des organes de l'État dont elle émane ; lorsque le juge français fait produire des effets à un jugement étranger, il ne lui reconnaît (ni ne lui confère) aucune autorité, mais se contente d'obéir à la règle française de conflit de juridictions qui lui ordonne de tenir pour avéré le droit subjectif, plus largement l'état de droit, consacré par le jugement. Il vaudrait donc mieux dire simplement que le jugement étranger extra-patrimonial ou constitutif est, s'il répond aux conditions étudiées *supra*, Section I, *efficace* en France *de plano*, sous réserve de l'exécution forcée. Mais on emploiera parfois, malgré tout, la terminologie traditionnelle, puisqu'elle est consacrée par l'usage.

400 L'explication du système actuel et de la double distinction qu'il oblige à respecter est probablement historique. De façon générale, les problèmes posés par les jugements patrimoniaux déclaratifs sont des problèmes *d'exécution* : le demandeur, qui a obtenu une condamnation à l'étranger, en recherche la réalisation effective en France, où son adversaire a des biens. Or, les organes français de contrainte (huissiers, agents de la force publique) ne peuvent obéir aux ordres donnés par une autorité étrangère. L'intervention préalable d'un tribunal français est donc nécessaire.

Invoquer devant un juge la simple *autorité* du jugement étranger, en revanche, n'aurait pas logiquement requis une procédure préalable : le juge saisi de la demande principale peut examiner la régularité de la décision invoquée incidemment au soutien ou à l'encontre de cette demande, et, si les résultats du contrôle sont positifs, en tenir compte immédiatement. Mais il se trouve que l'autorité des jugements patrimoniaux déclaratifs n'est pas souvent en cause. Elle ne l'a été, au XIXe siècle, que fort rarement, et presque toujours au soutien d'une exception de chose jugée. Or, l'existence du pouvoir de révision rendait sans intérêt dans ce cas une dispense d'exequatur : il aurait fallu, en effet, pour recevoir l'exception, que la juridiction saisie vérifie d'abord que la décision étrangère était identique à celle qu'elle aurait prononcée ; il était plus expédient d'opposer à l'exception l'absence d'exequatur et de statuer directement sur la demande au fond : économie de raisonnement, quasi-identité de résultat.

Au contraire, les jugements constitutifs ou relatifs à l'état et à la capacité des personnes ont pour objet essentiel de créer, ou de constater, un état de droit : existence d'un lien de filiation, nullité d'un mariage, dissolution d'un mariage, dessaisissement d'un failli, incapacité, attribution de pouvoirs à un tuteur, un administrateur, un liquidateur, etc. Cet état de droit est ensuite invoqué incidemment, dans une instance qui a un tout autre objet. Les circonstances dans lesquelles la Cour de cassation a initialement été amenée à se prononcer sur l'autorité de tels jugements, lorsqu'ils n'étaient pas encore revêtus de l'exequatur, ont été si favorables à son admission qu'elles ont entraîné non seulement l'affirmation de l'autorité *de plano* mais, dans un deuxième temps, la suppression du pouvoir de révision : il s'agissait de statuer sur la validité du second mariage de personnes dont le premier mariage avait été dissous par divorce (arrêt *Bulkey*) ou déclaré nul (arrêt *De Wrède*). L'absence d'efficacité pour défaut d'exequatur aurait conduit à la nullité du second mariage pour bigamie.

L'idée une fois admise que l'exequatur n'est pas indispensable à l'efficacité des jugements étrangers, en dehors des actes d'exécution proprement dits, la jurisprudence aurait pu l'exploiter pour tous les jugements, surtout après la suppression générale du pouvoir de révision. Une seule distinction aurait été faite, selon la nature de l'effet recherché. Mais la rareté des cas où l'on invoque l'autorité des jugements patrimoniaux déclaratifs a fait croire que l'autorité *de plano* devait être réservée aux jugements extra-patrimoniaux ou constitutifs : *une distinction selon la nature du jugement s'est donc substituée à la distinction rationnelle selon la nature de l'effet recherché.*

Celle-ci n'a pas pu être totalement ignorée : même les jugements extra-patrimoniaux ou constitutifs ne peuvent sans exequatur donner lieu à un acte d'exécution. D'où la coexistence des deux critères de distinction.

401 L'abandon de toute distinction selon la nature du jugement constituerait un progrès. Dès lors que la dispense d'exequatur est envisageable sans inconvénient, son maintien ne relève plus que d'un formalisme vide de sens ; or, la juridiction saisie de la demande principale, quelle qu'elle soit, est capable de vérifier par elle-même la régularité au regard des conditions de l'efficacité du jugement étranger ; il est regrettable qu'elle soit tenue d'opposer l'absence de la formalité préalable que constitue l'exequatur.

L'intérêt pratique de l'extension aux jugements patrimoniaux déclaratifs de la dispense d'exequatur peut paraître mince, car il est rare que l'on invoque *l'autorité* de ces jugements, et non leur force exécutoire. On peut cependant en citer des exemples. Il faut d'abord songer à l'exception de chose jugée à l'étranger, dont l'admission serait de nature à changer la solution du litige depuis que le pouvoir de révision est supprimé (71). On pourrait aussi invoquer, cette fois de façon positive, un jugement étranger constatant une dette, au soutien d'une demande reconventionnelle tendant à une compensation avec la créance qui fait l'objet de la demande principale ; ou encore le faire valoir pour établir que le paiement effectué, en exécution de la condamnation qu'il a prononcée, ne constitue pas le paiement de l'indu, et n'est pas sujet à répétition. Le jugement prononçant la nullité d'une convention (qui est déclaratif dans l'opinion dominante) pourrait être invoqué comme défense à une demande tendant à ce qu'elle soit exécutée. Le jugement opérant un partage pourrait être opposé à une pétition d'hérédité.

On trouve déjà en jurisprudence des indices annonciateurs d'une évolution. D'une part, la Cour de cassation a reconnu sans exequatur l'autorité d'un jugement étranger prononçant la nullité d'un contrat (72). D'autre part, on verra (*infra*, n° 444) que l'exception de litispendance peut être admise au profit d'un tribunal étranger précédemment saisi, même en matière patrimoniale. Serait-il concevable que la justice française, qui renonce ainsi à se réaliser en présence d'une procédure simplement commencée à l'étranger, n'y renonce pas *a fortiori* en présence d'un jugement étranger effectivement rendu ?

(71) Dans le cas où le demandeur a été débouté à l'étranger, la solution inverse conduit à un résultat étrange : le défendeur doit demander l'exequatur de la décision étrangère qui a refusé de prononcer une condamnation contre lui !

(72) Civ. 9 déc. 1974, *Rev. crit. DIP* 1975.504, note Mezger, *JDI* 1975.534, note Ponsard. La portée de l'arrêt est équivoque, car il n'est pas impossible que la Cour de cassation ait assimilé le jugement d'annulation à un jugement constitutif.

§ 2. MOYENS PROCÉDURAUX INDÉPENDANTS DE L'EXEQUATUR

402 La partie qui désire seulement invoquer l'autorité d'un jugement étranger (constitutif, ou relatif à l'état ou à la capacité des personnes, en l'état actuel de la jurisprudence) n'a nul besoin de former une instance principale en exequatur : il lui suffira d'invoquer *incidemment* la décision le jour où, en justice, elle aura besoin d'en tirer un effet, de même que le jour où une personne prétendra en justice méconnaître la chose décidée. Si le juge constate alors la régularité du jugement invoqué, on dit qu'il *reconnaît* son autorité (A).

L'exequatur n'est pas non plus la voie appropriée lorsqu'une partie cherche, non à invoquer l'autorité d'un jugement étranger, mais au contraire à la dénier. Pour lui éviter de rester indéfiniment sous la menace d'une demande d'*exequatur* par son adversaire (ou d'une invocation à titre incident), la jurisprudence lui permet — et ce, que le jugement étranger soit patrimonial ou extra-patrimonial, déclaratif ou constitutif — d'exercer immédiatement une *instance en inopposabilité* (B).

On pourrait encore concevoir une demande principale visant exclusivement à reconnaître l'autorité du jugement étranger (à l'exclusion de sa force exécutoire). Une telle instance, appelée *instance en opposabilité* par la doctrine, a cependant été rendue inutile par la jurisprudence, qui a libéralisé les conditions de recevabilité de la demande d'exequatur (v. *infra*, n° 412).

Quelle que soit la voie choisie, l'*autorité du jugement français* qui admet, ou refuse d'admettre, l'efficacité, est la même (C).

A. Reconnaissance incidente

403 La reconnaissance est susceptible de se présenter de deux façons différentes, selon l'objet de la demande principale formée devant le juge français.

1° Si la demande formée en France est celle-là même sur laquelle s'était prononcé le jugement étranger, la reconnaissance est invoquée *au soutien d'une exception de chose jugée*, formée par le défendeur ou relevée d'office par le juge (art. 125 nouv. C. proc. civ.) (73).

Pour que cette exception soit admise, il faut que le jugement soit revêtu de l'autorité de chose jugée dans son pays d'origine ; et c'est la loi étrangère qui précise quels sont les jugements qui possèdent cette autorité : l'étendue des effets du jugement ne doit être ni plus ni moins grande dans le pays qui l'accueille que dans celui dont il émane.

Si l'étendue de l'*autorité* de chose jugée est ainsi déterminée par la loi étrangère, il ne s'ensuit pas que l'*exception* de chose jugée soit régie par cette loi. L'exception est une façon

(73) Pour cette seconde possibilité, v. Civ. 15 mai 1963, *Patiño*, cité *supra*, n° 1 note 1, et Civ. 19 mai 1976, *Gaz. Pal.* 1976. Som. 187.

particulière de mettre en œuvre l'autorité. Son but — éviter le renouvellement des procès — montre qu'elle repose sur des considérations de bonne foi procédurale et de bonne administration de la justice, ce qui conduit à la rattacher à la procédure et à la soumettre à la *lex fori* (74). On considérera ainsi qu'un jugement étranger refusant de prononcer le divorce sur certains griefs, et n'ayant autorité qu'à l'égard de ces griefs, met obstacle à une nouvelle demande formée en France sur des griefs différents mais déjà connus, en application de la jurisprudence française qui interdit d'invoquer des griefs nouveaux, sauf s'ils sont postérieurs à la première instance ou ont été découverts postérieurement à elle (75).

Cela étant, on peut estimer que l'exception de chose jugée à l'étranger ne doit pas être nécessairement soumise, en droit français, au même régime que l'exception de chose jugée en France : le caractère international de la situation peut appeler des règles spécifiques.

404 2° Si la chose demandée est totalement distincte de celle sur laquelle s'est prononcé le juge étranger, la reconnaissance est invoquée par l'une des parties *au soutien de sa prétention : par le demandeur*, dans le cas, par exemple, d'une demande tendant à convertir en divorce une séparation de corps prononcée à l'étranger, ou d'une réclamation d'aliments appuyée sur un jugement étranger établissant la filiation vis-à-vis du père naturel (76) ; *par le défendeur*, lorsqu'il invoque un jugement étranger prononçant la nullité du mariage pour faire échec à une demande de divorce formée contre lui. L'étendue de l'autorité du jugement étranger, notamment quant aux personnes, est déterminée par la loi étrangère (77).

405 La demande de reconnaissance soulève une difficulté lorsqu'elle est faite devant un organe non judiciaire, qui n'est pas qualifié pour procéder au contrôle : ainsi l'officier de l'état civil requis de célébrer un mariage, devant lequel on invoque un jugement de divorce ayant mis fin à un précédent mariage. Ne pouvant savoir si le divorce est régulier ou non, doit-il accepter de célébrer le mariage ? L'arrêt *Bulkley* (précité, n° 207), dont la solution est reprise par l'Instruction générale relative à l'état civil (n° 588), répond de façon affirmative. Il convient toutefois d'observer que la validité du second mariage est susceptible d'être contestée par la suite devant un juge, s'il peut être établi que le divorce n'était pas régulier.

Une difficulté analogue se présentait naguère lorsque, devant le juge conciliateur saisi d'une requête à fin de divorce, l'époux défendeur invoquait un précédent jugement de divorce au soutien d'un moyen d'irrecevabilité. La Cour de cassation considérait que le juge conciliateur n'avait pas le pouvoir de se prononcer sur la régularité du divorce étranger, et qu'il ne pouvait en conséquence en tenir aucun compte (78). Sensible aux critiques de la doctrine (79), la

(74) En ce sens H. PÉROZ, *op. cit.*, p. 168.
(75) En ce sens Civ. 19 déc. 1972, *Rev. crit. DIP* 1975.83, note D. Holleaux.
(76) Civ. 1re, 10 janv. 1990, *Bull. civ.* I, n° 4, p. 4.
(77) *Contra* H. PÉROZ, *op. et loc. cit.*
(78) Civ. 16 juin 1958, *Ermolieff*, *Rev. crit. DIP* 1958.751, note Hébraud, *JDI* 1959.156, obs. Sialelli ; Civ. 15 mars 1972, *Bull. civ.* I, n° 87, p. 77 ; Civ. 15 nov. 1978, *Bull. civ.* I, n° 348, p. 269.
(79) ALEXANDRE, *op. cit.*, *Rev. crit. DIP* 1983, p. 623 et s.

Cour juge désormais que le juge aux affaires matrimoniales possède le pouvoir de contrôle (80).

406 La reconnaissance n'a pas pour effet de changer la nature du jugement. Celui-ci reste un jugement étranger, dont le juge français constate seulement qu'il possède des caractéristiques propres à en appeler le respect. Ce respect se marque par la consécration en France de la solution adoptée à l'étranger.

La solution est reçue telle qu'elle a été donnée. Il en résulte que l'état de droit consacré à la suite de la reconnaissance n'est pas censé prendre naissance au moment de celle-ci, mais *au moment arrêté par le jugement étranger*. Si ce jugement est déclaratif (par exemple : déclaration de filiation), l'état de droit remonte au jour où est survenu le fait qui l'a instauré (dans l'exemple de la filiation : la naissance). Si le jugement est constitutif (par exemple : divorce, adoption), l'état de droit remonte au jour où il a acquis autorité positive de chose jugée à l'étranger ; il peut s'agir du jour où les délais de recours ont expiré, de celui où il a été publié, etc. : on suivra sur ce point les indications de la loi étrangère (81). Parfois, le jugement précise lui-même le point de départ de certains de ses effets : ainsi le jugement de faillite peut rétroagir partiellement au jour retenu pour la cessation des paiements ; ces précisions doivent être respectées.

Puisque l'on admet que l'état de droit est né avant la reconnaissance, on peut en tenir compte pour apprécier des situations nées postérieurement au prononcé du jugement étranger, mais antérieurement à l'instance en France. C'est ce qui rend pratiquement intéressante l'affirmation de l'inutilité de l'exequatur : une personne divorcée à l'étranger, ou dont le mariage a été déclaré nul, et qui s'est remariée, n'est pas bigame, bien que la reconnaissance n'intervienne que postérieurement au remariage.

B. Instance en inopposabilité

407 Lorsqu'une personne considère qu'un jugement étranger, susceptible de lui nuire, est irrégulier au regard des conditions de son efficacité en France, elle a parfois intérêt à exercer immédiatement une action tendant à voir constater cette irrégularité.

Cette action, intentée en dehors de tout litige, s'analyse en une action déclaratoire. De telles actions ne sont pas admises de façon générale par notre droit ; mais leur prohibition comporte des exceptions, lorsque le demandeur a

(80) Civ. 1re, 9 juill. 1991, *D.* 1992.334, note Massip, *JCP* 1992.II.21818, note Muir Watt.

(81) En matière de divorce cependant, la Cour de cassation, appliquant les principes du droit français, considère que le mariage n'est dissous qu'à compter du jour où la décision étrangère est passée en force de chose jugée (Civ. 6 mars 1979, *Bull. civ.* I, n° 79, p. 64 ; Civ. 10 juill. 1984, *Rev. crit. DIP* 1985.117, note Alexandre). Mme Alexandre (*op. cit.*, p. 605) approuve cette solution au motif qu'un jugement étranger ne peut produire plus d'effets qu'un jugement français.

un intérêt légitime à voir préciser sa situation ; on peut estimer que tel est le cas ici, dans la mesure où il s'agit de se prononcer sur un état de droit qui a fait l'objet d'une norme *individuelle*.

La Cour de cassation a admis la recevabilité d'une demande tendant à voir dénier l'effet d'un jugement étranger dans un arrêt *Weiller* du 22 janvier 1951 (82) ; il s'agissait en l'espèce d'un jugement de divorce, frauduleusement obtenu au Nevada par la femme, et que le mari réussit à voir déclarer inopposable. L'action est en général appelée action en *inopposabilité*.

Le régime procédural de l'instance en inopposabilité se déduit pour l'essentiel de la symétrie qu'elle présente avec l'instance en exequatur : elle tend en effet au résultat diamétralement opposé. Notamment la compétence, internationale, territoriale et d'attribution, et la procédure, obéissent aux mêmes règles (v. *infra*, nos 414 et s.), du moins en l'absence de traité dérogeant au droit commun pour l'une de ces instances (83). Tout intéressé, même tiers au litige originel, peut agir (comp. *infra*, no 413) (84). L'intérêt est toujours évident, en tout cas pour la personne concernée, en matière d'état et de capacité. Il peut exister aussi, mais doit être spécialement démontré, en matière patrimoniale (85). La Cour de cassation dénie à la partie dont la prétention avait été accueillie par la juridiction étrangère le droit d'agir en inopposabilité (86).

C. Autorité attachée au jugement français

408 Lorsque le juge a constaté que le jugement étranger était irrégulier au regard des conditions de la reconnaissance, et affirmé en conséquence, dans un chef du dispositif, qu'il n'était pas susceptible d'être reconnu en France, cette décision est revêtue à l'égard des

(82) *Rev. crit. DIP* 1951.167, note Francescakis, *JCP* 1951.II.6151, note Sarraute et Tager, *GA* no 24. V. depuis Civ. 10 févr. 1971, *JDI* 1971.582, obs. Ph. K., *Rép. Comm.* 1971.663, obs. Droz, *Rev. crit. DIP* 1972.123 ; Civ. 3 févr. 1982, *Bull. civ.* I, no 59.

(83) Pour le maintien du parallélisme lorsque le traité adopte une procédure simplifiée pour l'exequatur, v. Trib. gr. inst. Paris 8 déc. 1977, *Rev. crit. DIP* 1978.539, note Gaudemet-Tallon, et 7 févr. 1986, *Rev. crit. DIP* 1986.547, note Gaudemet-Tallon, *JDI* 1986.976, 1re esp., note Mayer ; *contra* LAGARDE, note à la *Rev. crit. DIP* 1989, p. 535 ; PLUYETTE, *op. cit.*, *Mélanges Bellet*, p. 443 et s. ; Trib. gr. inst. Paris 10 févr. 1993, *JDI* 1993.599, note Kessedjian, *Rev. crit. DIP* 1993.664, note Gaudemet-Tallon, et chron. A. Mourre, *Gaz. Pal.* 8-9 sept. 1993, p. 2.

(84) Seine 1er juill. 1965, *Gaz. Pal.* 1965.2.411 ; Trib. gr. inst. Paris 10 févr. 1993, cité note précédente. Sur la nature et le régime de l'instance, v. Trib. gr. inst. Paris (réf.) 7 févr. 1986, cité note précédente.

(85) Pour la possibilité d'agir en inopposabilité en matière patrimoniale, v. Trib. gr. inst. Paris (réf.) 7 févr. 1986, *Air-Afrique*, et Trib. gr. inst. Paris 10 févr. 1993, précités no 407, *in fine* ; v. cependant Paris 9 juill. 1986, *JDI* 1986.976, 2e esp., note Mayer, pour les jugements rendus en matière contractuelle et auxquels une convention internationale confère l'autorité *de plano*. Sur l'intérêt à agir en matière patrimoniale, v. la note Mayer précitée.

(86) Civ. 1re, 19 janv. 1983, *Rev. crit. DIP* 1984.492, note Mayer, *JDI* 1984.898, note Wiederkehr ; Civ. 1re, 22 avr. 1986, *Djenangi*, *JDI* 1986.1025, note Sinay-Cytermann, *Rev. crit. DIP* 1988.302, note Bischoff, *JCP* 1987.II.20878, note Agostini ; Civ. 1re, 14 févr. 1990, *Rev. crit. DIP* 1991.129, note Poisson-Drocourt. Cette règle conduit à des conséquences désastreuses (v. les notes à la *Rev. crit. DIP* 1986 p. 106, et 1990 p. 352).

parties de l'autorité de chose jugée, et les empêche notamment de demander l'exequatur du même jugement (87) ; à l'égard des tiers, elle est dotée d'opposabilité, normalement relative (c'est-à-dire susceptible d'être contestée par une tierce opposition), parfois absolue (ainsi en matière de divorce et de séparation de corps).

Lorsque au contraire le juge n'a constaté aucune irrégularité, et que son contrôle a été complet, le jugement étranger est par là reconnu, et la décision de reconnaissance est pareillement revêtue de l'autorité de chose jugée (qui fera obstacle à une nouvelle instance en inopposabilité, et peut être opposée aux tiers ou invoquée par eux (88). Mais si le contrôle n'a été que partiel, le rejet des griefs exprimés ne vaut pas reconnaissance. Pour éviter que la partie demanderesse à l'inopposabilité ne trouve là un moyen de former plusieurs instances successives en invoquant à chaque fois un grief différent, il serait possible de lui opposer l'exception de chose jugée, celle-ci ayant, comme l'a montré Motulsky, une fonction de forclusion.

§ 3. EFFICACITÉ INVOQUÉE DANS UNE INSTANCE EN EXEQUATUR

409 Après avoir discuté la nature de l'instance en ex[os] equatur (A), on examinera successivement les problèmes de recevabilité (B), de compétence (C) et de procédure (D) ; les effets du jugement qui met fin à l'instance seront en dernier lieu précisés (E).

A. Nature de l'instance en exequatur

410 L'instance en exequatur, dans l'analyse courante, a pour objet de conférer au jugement étranger la force exécutoire et l'autorité de chose jugée qui lui faisaient défaut en France. Elle a donc une nature très particulière, puisque les autres instances visent toujours à la création ou à la constatation d'un état de droit, éventuellement assortie de l'ordre d'exécuter une obligation. Et elle est radicalement distincte de l'instance dans laquelle une partie tenterait d'obtenir un jugement français ayant le même contenu que celui rendu à l'étranger. Un arrêt de la Cour de Paris (89) l'a énoncé avec une particulière netteté : « L'objet de l'instance en exequatur est la *décision* dont l'exequatur est demandé, et non le *litige* » soumis au juge étranger. De cette analyse de nombreuses conséquences, la plupart fâcheuses, sont déduites (v. *infra*, B, C, D).

Le système français s'opposerait ainsi au système anglo-saxon de l'action « *on the judgement* » (*actio judicati*), qui n'est que la reprise de l'action initiale, à l'appui de laquelle est seulement *invoqué* le jugement étranger.

En fait, les deux systèmes sont moins différents qu'il ne paraît, car l'analyse traditionnelle de l'exequatur ne traduit pas sa nature véritable. Le jugement

(87) En ce sens, Civ. 2 avr. 1957, *Weiller*, *Rev. crit. DIP* 1957.491, note Francescakis, *GA*, n° 25.
(88) Civ. 1re, 17 juin 1997, *Rev. crit. DIP* 1998.314, note Ancel.
(89) 10 nov. 1966, *Rev. crit. DIP* 1967.560, note P. L., *JDI* 1968.90, note Bredin.

étranger ne peut se voir conférer la force exécutoire et l'autorité de chose jugée, dont on considère qu'il est par lui-même dépourvu en tant que norme étrangère. Son extranéité ne peut, en effet, être effacée par le jugement d'exequatur ; celui-ci ne le « naturalise » pas, ne l'introduit pas dans l'ordre juridique français, car une telle opération est logiquement impossible. Dire d'une norme qu'elle est étrangère signifie qu'elle a été édictée par un État étranger : cette circonstance n'est pas de nature à disparaître. On ne peut soutenir non plus que le juge français proroge sur le territoire français l'autorité et la force exécutoire du jugement étranger. Cela reviendrait à dire qu'il confère au juge étranger un pouvoir de commandement sur le territoire français, spécialement le pouvoir de commander aux organes de contrainte français de prêter main-forte à l'exécution forcée. Un tel pouvoir n'appartient qu'au juge français ; c'est donc bien lui qui, par le jugement d'exequatur, commande aux organes de contrainte ; le jugement étranger reste ce qu'il était, *seul son contenu est reçu*, incorporé dans le jugement d'exequatur et se trouve recouvert de la force exécutoire et de l'autorité de chose jugée qui appartient à ce jugement (90).

Cette analyse a au surplus l'avantage de rendre plus conforme aux principes du droit judiciaire privé le rôle de l'exequatur : comme dans les autres litiges, il consacre, avec force obligatoire, un état de droit subjectif ; la norme — ici, le jugement étranger — n'est que le fondement, non l'objet de son intervention. Une particularité importante doit toutefois être admise : la décision d'exequatur (ou plutôt l'état de droit qu'elle a consacré) reste sous la dépendance de la décision exequaturée ; si cette dernière est rétractée ou annulée dans son pays d'origine, la décision d'exequatur devient caduque (91).

Pour le reste, l'instance en exequatur présente surtout des particularités procédurales, qui ne la distinguent pas essentiellement de l'instance directe au fond. La plus remarquable est qu'elle relève de la compétence exclusive du tribunal de grande instance statuant à juge unique (v. *infra*, n° 414). Et encore, lorsque cette règle est trop gênante, la jurisprudence n'hésite-t-elle pas à l'écarter. Elle a ainsi admis la possibilité d'agir devant le juge des référés en cas d'urgence (92). On ne parle plus alors d'instance en exequatur, mais ouvertement d'*actio judicati*.

(90) Comp. ANZILOTTI, *Opere*, t. IV, p. 253, cité par B. ANCEL, *Rev. crit. DIP* 1992, p. 111. Si le jugement étranger n'a ainsi autorité en France ni avant ni après l'exequatur, il n'en possédait pas moins, avant l'exequatur, et en application des règles françaises de conflit de juridictions, une « efficacité » *de plano* analogue à celle des jugements d'état ou de capacité (v. *supra*, n° 399) ; c'est elle qui a forcé le juge à prononcer l'exequatur. La seule différence entre jugements extrapatrimoniaux et jugements patrimoniaux est que l'efficacité des seconds ne peut être constatée que par le tribunal de grande instance dans le cadre d'une instance spéciale. Une fois le jugement d'exequatur prononcé, l'efficacité ne se manifeste plus ; elle est relayée par l'autorité du jugement français.

(91) En ce sens Civ. 1re, 31 janv. 1990, *Rev. crit. DIP* 1990.748, note Kessedjian. V. déjà Civ. 1re, 12 nov. 1986, *Rev. crit. DIP* 1987.750, note Kessedjian.

(92) Paris 3 avr. 1951, *Rev. crit. DIP* 1951.325, note Niboyet, S. 1951.2.144. La Cour de Poitiers (6 juin 1967, *JCP* 1967.II.15155, note J. A., *JDI*, 1968.925, note Level, *Rev. crit. DIP* 1969.284, 1re esp., note Prévault et Vincent) a de même autorisé un demandeur à agir devant la juridiction normalement

B. Finalité et recevabilité de la demande

411 La finalité première de la demande d'exequatur est de rendre possible l'exécution forcée du jugement étranger. Le jugement d'exequatur est en effet un *préalable nécessaire* à l'exécution. Il ne constitue pas pour autant, en lui-même, une mesure d'exécution, ce qui interdit notamment de lui opposer l'immunité d'exécution (93).

L'exequatur doit être obtenu avant de procéder à « toute mesure qui met en mouvement ou est susceptible de mettre en mouvement, en cas de résistance d'une personne, la force publique » (94). Il s'agit donc non seulement de l'exécution sur les biens de la partie condamnée, mais aussi d'une coercition sur la personne, dans le cas d'une demande tendant à ce que le défendeur adopte un certain comportement : remise d'un enfant à celui à qui la garde en a été confiée, par exemple.

S'agissant de la *coercition sur les personnes*, le problème le plus débattu a été celui de la nécessité de l'exequatur d'un jugement d'état, et notamment de divorce, lorsque le but recherché est la transcription ou la mention sur les registres de l'état civil. La Cour de cassation n'exige plus l'exequatur (95).

412 La demande d'exequatur peut également tendre, indépendamment de toute perspective d'exécution forcée, à voir vérifier la régularité du jugement étranger et consacrer en France son autorité, positive et négative, de chose jugée, ainsi que l'opposabilité à certains tiers de la situation juridique qu'il crée ou constate. C'est faire jouer à l'instance en exequatur le rôle d'une instance en opposabilité (ou reconnaissance (96)), dont certaines décisions avaient fait une instance autonome (97).

La Cour de cassation a été très loin dans cette voie, puisqu'elle a admis qu'une demande d'exequatur soit formée par une partie condamnée par le jugement étranger contre une autre partie également condamnée, afin de pouvoir former un recours contre elle (98).

compétente au fond en invoquant le jugement étranger « comme titre », sans en demander l'exequatur. En revanche, l'arrêt de la Cour de Lyon du 29 avril 1964 (*Rev. crit. DIP* 1965.379, note Simon-Depitre, *JDI* 1965.131, obs. Sialelli, *Rec. gén. lois* 1964.300, note Droz) semble ne considérer le jugement étranger qu'en tant qu'élément de preuve des faits invoqués au soutien de la demande au fond formée en France (v. *infra*, n° 453).

(93) Civ. 1re, 11 juin 1991, *Soabi c. Sénégal, JDI* 1991.1005, note Gaillard, *Rev. crit. DIP* 1992.331 note P.L. Sur une autre conséquence de cette analyse, v. Paris 4 juill. 1991, *JDI* 1992.705, note Kahn.

(94) B. GOLDMAN, *Trav. Com. fr. dr. int. pr.*, 1948-1952. p. 211.

(95) Civ. 29 mars 1989, *Rev. crit. DIP* 1990.352, note Mayer.

(96) En ce sens Civ. 1re, 19 déc. 1995, *Rev. crit. DIP* 1996.714, note Gaudemet-Tallon.

(97) Paris 10 mars 1967, *JDI* 1967.643, obs. Kahn, *Rev. crit. DIP* 1968.317, note Loussouarn ; 16 nov. 1967, *Rev. crit. DIP* 1970.293, note Poisson.

(98) Civ. 3 janv. 1980, *JDI* 1980.341, note Huet, *Rev. crit. DIP* 1980.597, note Holleaux ; v. aussi Civ. 1re, 17 mai 1983, *Rev. crit. DIP* 1985.346, note Ancel.

C'est là entretenir une singulière confusion des genres (en ce sens HUET, note précitée ; *contra* HOLLEAUX, note précitée). La fonction première de l'exequatur étant de conférer la force exécutoire au jugement étranger, le jugement d'exequatur, revêtu de la formule exécutoire, n'a de sens que s'il profite à la partie bénéficiaire de la condamnation et s'il est prononcé contre la partie condamnée à l'étranger. La suggestion, faite par des auteurs qui approuvent la position de la Cour de cassation, de rendre des jugements d'exequatur non revêtus de la formule exécutoire lorsque le demandeur n'est pas le bénéficiaire de la décision (99) (et, faudrait-il ajouter, lorsque le défendeur n'est pas la partie condamnée), ne fait que souligner que le jugement rendu dans ces conditions est d'une nature différente de celle d'un véritable jugement d'exequatur.

413 L'élargissement de la finalité de l'exequatur doit se traduire par un assouplissement des conditions de recevabilité de la demande.

Entre les parties à l'instance originelle, la démonstration de l'*intérêt à agir* ne devrait plus soulever de difficulté. La jurisprudence exigeait naguère, en tout cas pour les jugements ayant autorité *de plano*, que la demande d'exequatur tende à l'exécution forcée ; s'agissant d'une exécution sur les biens, il fallait aussi que l'existence de biens saisissables du débiteur en France soit établie. On doit admettre aujourd'hui que l'exequatur soit demandé *à toutes fins utiles*, et il sera bien rare, si une personne demande l'exequatur du jugement étranger qu'elle a obtenu, qu'elle n'y soit pas poussée par un intérêt facile à établir. On devrait même considérer systématiquement que l'intérêt à demander l'exequatur en France est celui-là même qui avait justifié la demande originelle à l'étranger.

Jusqu'à ce que la jurisprudence ait clairement admis l'autorité *de plano* des jugements déclaratifs patrimoniaux (v. *supra*, n° 401, *in fine*), il faut également permettre à la partie défenderesse à l'étranger d'agir en exequatur contre l'autre partie, notamment lorsque celle-ci avait été déboutée, afin de mettre obstacle à toute tentative d'action nouvelle au fond en France.

Lorsque la demande en exequatur est formée *par, ou contre, une personne qui n'était pas partie au procès originel*, la démonstration de l'intérêt à agir doit être apportée de façon plus précise. Mais ici c'est l'exigence de la *qualité* pour agir qui est supprimée : toute personne qui a intérêt à voir constater, à l'égard de toute autre personne, la régularité d'un jugement étranger, semble être recevable à agir en exequatur.

C. Compétence

414 L'article L. 311-11, alinéa 1er, du Code de l'organisation judiciaire donne compétence pour connaître des demandes d'exequatur au tribunal de grande instance statuant à juge unique. La jurisprudence de certains tribunaux, d'ailleurs minoritaires, qui attribuaient compétence pour l'exequatur des *déci-*

(99) HOLLEAUX, FOYER et LA PRADELLE, *op. cit.*, n° 1018.

sions gracieuses à la juridiction qui aurait été compétente pour les prononcer elle-même, est donc caduque.

Peu importe le degré de la juridiction étrangère qui a statué en dernier lieu.

415 Les tribunaux français sont toujours *internationalement compétents* pour connaître d'une demande destinée à ordonner l'exécution *en France* d'une décision étrangère. L'exigence que le débiteur possède des biens en France ne se situait qu'au niveau de l'intérêt pour agir.

416 La jurisprudence relative à la *compétence territoriale* est rare (100). Le critère du domicile du défendeur revêt une grande importance, mais le demandeur peut aussi saisir, lorsque l'exequatur tend à une exécution forcée, le tribunal du lieu où il envisage de procéder à cette mesure. À défaut de domicile en France du défendeur (et en l'absence de volonté ou de possibilité d'exécution forcée) le choix doit être guidé par la considération d'une « bonne administration de la justice » (comp. *supra*, n° 295 à propos de la compétence fondée sur les articles 14 et 15 C. civ.).

D. Procédure

a) Introduction de l'instance

417 On procède normalement par voie d'assignation de la personne qui avait la qualité de partie adverse dans le procès étranger.

Le procédé est inutilisable lorsque la décision dont l'exequatur est demandé est gracieuse. Il devrait alors être possible d'agir par voie de requête. Mais la doctrine objecte la nécessité d'un débat contradictoire, le caractère international de l'affaire soulevant des difficultés propres. Elle a suggéré, et la suggestion a été entendue, que l'on assigne le ministère public en tant que contradicteur légitime (101).

Cependant, il n'est pas sûr que les difficultés du contrôle soient plus grandes que celles dont la connaissance appartient en bien des matières au juge gracieux ; lorsqu'il doit, par exemple, vérifier qu'un changement de régime matrimonial est conforme aux « intérêts de la famille ». Le fait que le jugement d'exequatur est destiné à produire les mêmes effets qu'un jugement identique au jugement étranger et qui serait directement obtenu incite à admettre la simple requête et à supporter l'absence de contradicteur (102).

418 La question de savoir si l'exequatur peut être demandé par voie de conclusions dans une instance déjà engagée donne lieu à des réponses contradictoires en jurisprudence. L'affirmative paraît assez nette lorsque la demande d'exequatur est jointe à la demande directe tendant

(100) V. Paris 18 déc. 1973, *Rev. crit. DIP* 1974.530, note Audit ; Trib. gr. inst. Paris 11 juill. 1979, *Rev. crit. DIP* 1981.102, note Gaudemet-Tallon.
(101) V. par ex. Paris 16 nov. 1967, précité note 95.
(102) Pour un exequatur sur requête, v. Trib. gr. inst. Avesnes-sur-Helpe 7 mai 1981, *Rev. crit. DIP* 1982.368, et la note approbative Défossez.

au prononcé d'un jugement identique au jugement étranger (103), par voie de conclusions *subsidiaires* (c'est-à-dire, pour le cas où la demande directe échouerait). Elle l'est moins lorsque l'autorité du jugement est invoquée *dans le cadre du raisonnement* tenu par le demandeur au soutien de sa demande principale, ou par le défendeur à l'encontre de cette demande. La négative enfin était certaine lorsque l'exequatur était demandé par le défendeur au principal, désireux d'opposer l'*exception de chose jugée* et de priver ainsi les tribunaux français de la connaissance de l'affaire au fond (104). C'est cette dernière solution qui obligeait la partie désireuse d'éviter un nouveau litige au fond en France à prendre son adversaire de vitesse et à demander immédiatement l'exequatur. La question ne se posera plus lorsque l'on admettra l'autorité *de plano* de tous les jugements étrangers : le contrôle sera effectué de façon incidente (v. *supra*, n° 401).

b) Extension de l'objet de l'instance en exequatur

419 La jurisprudence n'admet qu'avec réticence l'extension de l'objet du litige au-delà du strict prononcé de la formule de l'exequatur. La raison de cette attitude, selon les cas, se situe à deux niveaux. D'une part, la connexité entre la demande distincte et la demande d'exequatur ferait défaut en raison de la nature particulière de celle-ci ; d'autre part, la prohibition de la révision empêcherait le juge de modifier le contenu du jugement étranger auquel il accorde l'exequatur. Cette position dérive dans les deux cas de l'analyse traditionnelle de l'objet de l'instance en exequatur et peut être critiquée comme cette analyse même (v. *supra*, n° 410).

1° *Refus de connaître de la demande distincte*

420 Après avoir fait preuve, du temps où les juges possédaient le pouvoir de réviser au fond la décision étrangère, d'un certain laxisme, la jurisprudence ne reçoit pratiquement plus les demandes subsidiaires, additionnelles, reconventionnelles et en intervention dans l'instance en exequatur. Le motif est toujours le même : il n'existe pas de connexité entre la demande, en quelque sorte abstraite du fond du droit, tendant à voir déclarer exécutoire le jugement étranger, et une demande quelconque au fond. Pas de connexité donc, entre la demande d'exequatur et :

– la demande *subsidiaire* tendant à la condamnation directe du débiteur (105) ;

– la demande *additionnelle* tendant à la condamnation supplémentaire (106) ; ici joue aussi le désir de ne pas modifier le contenu du jugement étranger (v. *infra*, n° 422) ;

– la demande *reconventionnelle* tendant à voir : constater la créance de la partie condamnée contre le demandeur et prononcer la compensation judiciaire entre les créances réciproques des parties (107), ou réduire la pension alimentaire décidée par le jugement de

(103) Ou encore à la validation d'une saisie-arrêt.
(104) Civ. 10 mars 1914, *DP* 1917.1.137, note Valéry.
(105) Trib. civ. Seine 13 déc. 1955, *D.* 1956.688. *Contra* Com. 29 avr. 1965, *Bull. civ.* III, n° 275.
(106) Sauf lorsqu'elle tend à des dommages-intérêts pour résistance abusive, car cette demande, étant fondée sur l'existence même de la procédure d'exequatur, est reconnue connexe avec elle ; de même pour une demande reconventionnelle en dommages-intérêts pour procédure abusive.
(107) Trib. gr. inst. Seine, 15 juin 1966, *JDI* 1967.401, note Kahn.

divorce dont l'exequatur est demandé, et modifier la garde de l'enfant (108) ; ici encore intervient le souci de ne pas modifier la décision étrangère ;

– la demande *en garantie* formée par le défendeur à l'instance en exequatur (109).

Toutefois les juges du fond résistent depuis quelques années à cette jurisprudence et déclarent recevables les « demandes accessoires dont l'objet se présente comme une *conséquence nécessaire* de la décision étrangère », admettant d'ailleurs très libéralement l'existence de ce rapport de causalité (110).

421 Si l'on suit l'analyse qui a été proposée de l'instance en exequatur, la recevabilité des demandes distinctes de la demande d'exequatur doit être plus large. L'instance en exequatur a en fait pour objet le prononcé d'une condamnation au fond, calquée sur la condamnation qui a été prononcée par le juge étranger. Toute connexité entre le fond de l'affaire tranchée à l'étranger et le fond de l'affaire qui fait l'objet de la demande distincte justifie la recevabilité de celle-ci. On éviterait ainsi, conformément à la tendance actuelle en procédure, la multiplication des procès, avec les frais qu'elle entraîne ; on refuserait seulement de recevoir les demandes qui auraient dû être présentées au juge étranger.

La possibilité d'accueillir les demandes connexes ne semble pas remise en cause par la loi du 5 juillet 1972 qui a attribué compétence en matière d'exequatur au tribunal statuant à juge unique ; celui-ci peut toujours, en effet, renvoyer l'affaire à la formation collégiale. Toutefois si la demande accessoire relevait de la compétence exclusive d'une autre juridiction, le juge de l'exequatur ne pourrait l'examiner. Il a été décidé à ce sujet que le juge aux affaires matrimoniales, formation interne du tribunal de grande instance, ne constitue pas une juridiction distincte de ce dernier (111).

2° *Refus de modifier le contenu du jugement exequaturé*

422 Certaines demandes, présentées par le demandeur ou par le défendeur à l'instance en exequatur, visent au prononcé d'une condamnation différente de celle qui figure dans le jugement étranger : soit supérieure, soit inférieure, soit autrement libellée. Déjà du temps de la révision, mais plus nettement depuis sa disparition, la tendance est apparue de ne reconnaître au juge que le droit de conférer l'exequatur au jugement étranger, et non celui de le modifier, d'y retrancher ou d'y ajouter. La jurisprudence est hésitante. Elle considère parfois qu'un paiement déjà effectué ne doit pas venir en déduction de la condamnation (112) ; que des intérêts ou dommages-intérêts ne peuvent s'y ajouter (113) ; qu'un délai de grâce ne peut être accordé (114) ; qu'une condamnation en monnaie étrangère ne peut être

(108) Civ., 18 déc. 1979, *Rev. crit. DIP* 1981.88, 2e esp., *JDI* 1981.597, obs. Kahn, *D.* 1980.549, 2e esp., note Poisson-Drocourt ; Trib. gr. inst. Paris 4 mars 1988, *Rev. crit. DIP* 1988.588, note Gautier. A aussi été invoquée, dans ce cas, l'exclusivité de la compétence du juge aux affaires matrimoniales ; mais v. *infra*, note 110.

(109) Paris 10 nov. 1966, *Rev. crit. DIP* 1967.560, note P.L., *JDI* 1968.90, note Bredin, *JCP* 1967.II.15095, note Fragnaud.

(110) Trib. gr. inst. Paris 30 juin 1977, *Rev. crit. DIP* 1978.522, note Lequette ; 10 nov. 1980, *Rev. crit. DIP* 1981.535, note Ancel ; 27 sept. 1990, *Rev. crit. DIP* 1992.91, note Lequette ; Paris 23 nov. 1993, *Rev. crit. DIP* 1995.88, note Pamboukis.

(111) Trib. gr. inst. 10 nov. 1980, cité note précédente, et en appel Paris 26 mars 1982, *Rev. crit. DIP* 1983.98, note B. A.

(112) Paris 18 oct. 1962, *Rev. crit. DIP* 1964.126, note Y. L., réservant seulement le défaut d'intérêt en cas de paiement intégral ; Civ. 5 janv. 1966, *Bull. civ.* I, n° 13.

(113) Trib. civ. Seine 27 déc. 1934, *Rev. crit. DIP* 1936.177.

(114) Trib. civ. Seine 15 juin 1966, *JDI* 1967.401, note Kahn ; Paris 9 mars 1995, *Rev. crit. DIP* 1995.735, note Muir Watt.

convertie en francs français (115). Mais elle adopte parfois la solution inverse (116). La Cour de cassation a écarté, au nom de la prohibition de la révision, la défense d'un débiteur, commerçant condamné à l'étranger, qui faisait valoir que le passif de son entreprise avait été, postérieurement à la condamnation, repris par l'État algérien aux termes d'un décret de nationalisation (117).

423 Si l'on considère que le jugement sert seulement de base à une condamnation que le juge de l'exequatur prononce lui-même, il est bien évident que celui-ci est libre de la moduler dans toute la mesure où il ne se met pas en contradiction avec ce qui a été jugé. Il peut donc apprécier l'incidence de faits *postérieurs* au jugement étranger (paiement, nationalisation, apparition d'un préjudice nouveau, diminution des ressources du créancier d'aliments...) et en tirer les conséquences (conversion en francs français, octroi d'un délai de grâce, augmentation de la pension alimentaire...). Il n'y a là aucune révision, car ces mesures ne sont pas incompatibles avec l'octroi, dans un premier chef du dispositif, de l'exequatur au jugement étranger *tel quel*, qui permettra à la chose jugée par celui-ci d'avoir désormais force de vérité en France (118).

Les avantages d'un tel système sont évidents. Il éviterait notamment au débiteur, déjà libéré en partie, de voir effectuer à son encontre des actes d'exécution rendus possibles, pour la totalité de la dette, par le jugement d'exequatur, et contre lesquels il est obligé de se défendre en formant un incident, donnant lieu à un nouveau jugement.

c) Poursuite de l'instance

424 Le déroulement de l'instance en exequatur ne présente pas de particularité notable. Les règles du droit commun de la procédure s'appliquent.

L'instance en exequatur n'étant pas analysée comme une instance au fond, les règles spéciales à la catégorie d'instances à laquelle appartient celle qui a donné lieu au prononcé du jugement étranger (instance en divorce, en responsabilité, etc.) lui sont jugées inapplicables (119). On en verra des exemples spécialement en matière de divorce (v. *infra*, n° 596).

Les voies de recours sont celles du droit commun. En contradiction avec ce qui résulterait logiquement de l'analyse traditionnelle de l'instance en exequatur, la recevabilité de l'appel dépend du chiffre de la condamnation prononcée, et la tierce opposition n'est possible que dans la mesure où elle le serait également sur le fond.

(115) Paris 13 févr. 1925, S. 1925.2.49, note Niboyet, *JDI* 1926.87.

(116) Respectivement, Trib. gr. inst. Seine 9 févr. 1965, *Rev. crit. DIP* 1966.282, note Eck, *JDI* 1966.138, note Malaurie ; Civ. 11 janv. 1972, *JCP* 1972.IV.46 ; Trib. gr. inst. Seine 6 févr. 1961, *Rev. crit. DIP* 1963.584, note P. Lagarde ; Trib. gr. inst. Paris 18 déc. 1967, *Gaz. Pal.* 1968.1.108, et 20 mai 1976, *Rev. crit. DIP* 1977.137, 2e esp., note Huet.

(117) Civ. 27 janv. 1971, *Rev. crit. DIP* 1972.100, note Schaeffer, *JDI* 1971.579, note Kahn, et sur renvoi Amiens 8 juill. 1974, *JDI* 1976.937, note Alexandre.

(118) En ce sens Trib. gr. inst. Paris 8 juill. 1976, *Rev. crit. DIP* 1977.737, note Lucas. C'est pourquoi il semble inexact d'appeler *exequatur partiel*, la décision d'accorder l'exequatur au jugement étranger tout en tenant compte d'un paiement partiel pour la fixation du montant de la condamnation. Sur l'*exequatur partiel*, v. *infra*, n° 425. La Cour de cassation a été très loin dans la voie de l'assouplissement en déclarant qu'une cour d'appel pouvait, sans modifier la substance de la décision étrangère, déterminer à qui s'appliquait la condamnation (et substituer un autre débiteur à celui désigné dans le jugement) (Civ. 29 mai 1985, *Rev. crit. DIP* 1986.520, note Santa-Croce).

(119) Ainsi la communication au ministère public, obligatoire en matière de liquidation de biens, n'a pas lieu d'être en cas d'instance en exequatur d'un jugement étranger de liquidation de biens (Civ. 1re, 4 janv. 1995, *Rev. crit. DIP* 1995.731, note H.M.W.).

La publicité du jugement d'exequatur doit être effectuée de la même façon que s'il s'agissait d'une décision française au fond (120).

E. Effets de la décision rendue dans l'instance en exequatur

425 Si on néglige le sort des demandes qui, exceptionnellement, peuvent être jointes à la demande d'exequatur, la décision se présente dans les termes d'une alternative : ou bien l'exequatur est accordé, ou bien il est refusé.

Les deux positions peuvent d'ailleurs être cumulativement adoptées à propos d'un même jugement, si certains des chefs de son dispositif satisfont aux conditions de régularité et non les autres, et qu'il n'y a pas d'indivisibilité entre eux. L'on a ainsi pu conférer l'exequatur à des jugements de divorce, *sauf* dans la partie de leur dispositif relative à la garde des enfants (121). Une décision a accordé l'exequatur à un jugement étranger d'adoption, *sauf* quant à sa partie relative au nom de l'enfant, estimée contraire à l'ordre public (122). On parle dans ces cas d'*exequatur partiel.*

La Cour de cassation a aussi admis, à propos de l'exequatur d'un jugement de faillite, une limitation à l'effet précis invoqué par le demandeur (123), ce qui paraît plus contestable. Et il est tout à fait indéfendable de donner l'exequatur à un simple motif, insusceptible de faire à lui seul l'objet d'une exécution (124), ou même de décider que le jugement étranger d'adoption plénière vaudra en France comme adoption simple (125).

On envisagera d'abord l'hypothèse où l'exequatur est accordé, puis celle où il est refusé.

a) Effets de la décision accordant l'exequatur

1° *Force exécutoire*

426 Le jugement d'exequatur est exécutoire comme tout jugement français. Les voies d'exécution sont celles du droit français. L'exécution provisoire peut être ordonnée dans les conditions prévues par le droit français.

La prescription extinctive de la condamnation est soumise au droit français (126).

(120) Trib. gr. inst. Seine 22 déc. 1965, *Rev. crit. DIP* 1966, 490, note Gavalda : « Le jugement d'exequatur d'une décision étrangère prononçant une faillite doit être publié en France conformément aux dispositions de l'article 451 du Code de commerce, à l'instar des jugements français de faillite ».

(121) Civ. 30 janv. 1979, *JDI* 1979.393, note D. Mayer, *Rev. crit. DIP* 1979.629, note Lequette ; Paris 13 juill. 1979, *Rev. crit. DIP* 1981.698, note Santa-Croce.

(122) Paris 1er juill. 1970, *Rev. crit. DIP* 1970.718, note Jacques Foyer.

(123) Civ. 29 juin 1971, *Rev. crit. DIP* 1973.343, note Loussouarn.

(124) V. pourtant Trib. gr. inst. Beauvais 12 oct. 1972, *Rev. crit. DIP* 1973.703, 2e esp., note Jacques Foyer, retenant du jugement la constatation que l'une des conditions de l'adoption prononcée était remplie, mais refusant l'exequatur à l'adoption elle-même.

(125) V. pourtant Trib. gr. inst. Melun 16 déc. 1970, infirmé par Paris 14 déc. 1971, *Rev. crit. DIP* 1973.703, 1re esp., note Jacques Foyer.

(126) Civ. 19 mars 1991. *Rev. crit. DIP* 1992.108, note Ancel.

2° *Autorité de chose jugée*

427 L'apport du jugement d'exequatur, sur le plan de l'autorité de chose jugée, est différent selon que le jugement exequaturé a autorité *de plano* ou non.

Dans le premier cas, le jugement d'exequatur lève le doute qui pesait sur la régularité du jugement étranger. L'étendue de ses effets quant aux personnes est identique à celle d'un jugement d'inopposabilité, ou en reconnaissance incidente (v. *supra*, n° 408).

Dans le second cas, on dit qu'il *confère* l'autorité de chose jugée à la décision étrangère. Il paraît préférable de dire (v. *supra*, n° 410) qu'il consacre l'état de droit qui en résulte, et est revêtu lui-même de l'autorité de chose jugée. Le choix entre les deux formules est important pour la fixation dans le temps de l'origine des effets de l'exequatur.

En effet, à suivre le point de vue traditionnel, le jugement d'exequatur, étant constitutif, ne produit d'effet que pour l'avenir. On invoque en ce sens un arrêt ancien de la Cour de cassation (127), qui s'explique cependant par les particularités de la matière de la faillite, dans laquelle il est intervenu (v. *infra*, n° 667).

Il est préférable de juger qu'à partir du moment où l'exequatur est accordé, la solution juridique consacrée à l'étranger l'est en France, telle quelle, c'est-à-dire avec le même point de départ dans le temps. En ce sens, il a été admis que le jugement étranger condamnant au versement d'une pension alimentaire peut être invoqué après l'exequatur, pour les termes échus et impayés entre son prononcé et l'exequatur (128), ou même antérieure à son prononcé (129).

b) Effets de la décision refusant l'exequatur

428 La décision refusant l'exequatur est par nature insusceptible d'exécution.

Elle a la même autorité de chose jugée et la même opposabilité aux tiers qu'une décision de débouté sur le fond, dans la même matière.

Elle met obstacle à ce qu'une demande d'exequatur du même jugement soit à nouveau formée (130). Si elle est intervenue à propos d'un jugement extrapatrimonial ou constitutif, elle empêche sa reconnaissance ultérieure, à titre principal ou incident, dans les rapports entre personnes liées par son autorité.

Mais elle ne met pas obstacle à une demande sur le fond identique à celle qui a été reconnue bien-fondée à l'étranger ; la *cause* de cette demande est en effet différente de celle de la demande d'exequatur rejetée (v. *supra*, n° 410).

§ 4. EXERCICE DU CONTRÔLE PAR LE JUGE

429 Selon l'arrêt *Munzer*, le juge *doit* s'assurer que les conditions de l'exequatur se trouvent remplies. Les conséquences suivantes devraient en résulter :

(127) Civ. 26 juin 1905, S. 1905.1.433, note Lyon-Caen, *JDI* 1905.1014, concl. Baudouin.

(128) Trib. civ. Seine 24 mars 1923, *JDI* 1923.872. La solution se concilie bien avec celle qu'ont retenue deux décisions rendues à propos d'abandon de famille, et selon lesquelles le défaut de paiement d'une pension alimentaire *avant l'exequatur* ne constitue pas ce délit (Paris 2 mars 1934, S. 1934.2.157, *Rev. crit. DIP* 1937.136 ; Trib. gr. inst. Seine 16 mars 1965, *JCP* 1965.II.14388, note Lisbonne) ; en effet, le délit d'abandon de famille suppose la méconnaissance de la chose jugée *en France*.

(129) Civ. 19 mars 1991, *Rev. crit. DIP* 1992.108, note Ancel.

(130) Il en va autrement « lorsqu'un fait ou un acte postérieur à la décision dont l'autorité est invoquée modifie la situation reconnue par elle et la cause de la demande ». Tel est le cas lorsque, l'exequatur ayant été refusé en raison d'une irrégularité de la signification, requise par une Convention internationale, du jugement étranger, le demandeur a remédié à ce vice par une nouvelle notification de cette décision : Civ. 1re, 22 oct. 2002, *Rev. crit. DIP* 2003.299, note Pataut.

1° Le fait que les parties n'invoquent aucune irrégularité n'autorise pas le juge à donner l'exequatur ; il doit vérifier *d'office*, et point par point, que le jugement ne comporte pas d'irrégularité ; même un accord exprès des parties ne l'en dispenserait pas.

2° En cas de doute, et notamment si le jugement étranger, insuffisamment motivé, ne permet pas le contrôle, le juge doit refuser l'exequatur, même si aucune irrégularité n'apparaît.

Cet ensemble cohérent de solutions répondrait à l'idée que le juge de l'exequatur est le « gardien de la souveraineté française », idée précisément énoncée par l'arrêt *Munzer* : la vérification des conditions « suffit à assurer la protection de l'ordre juridique et des intérêts français, objet même de l'institution de l'exequatur ». Mais il n'est pas sûr après tout que la souveraineté française soit réellement concernée en raison de la *nature* de la demande. Bien sûr, s'il s'agissait, comme on le soutient ordinairement, de faire pénétrer la décision étrangère dans l'ordre juridique français, on concevrait que l'ordre public soit au premier chef intéressé. Mais, on l'a vu (*supra*, n° 410), il n'est question de rien de tel, mais de la simple solution à apporter à un litige de droit privé, en se basant seulement pour le raisonnement sur la norme étrangère, qui reste extérieure à notre ordre juridique : il n'y a rien là qui en soi concerne l'ordre public. Il faut donc se tourner du côté des *conditions* de l'exequatur pour chercher si les exigences auxquelles elles correspondent intéressent l'ordre public. Or, il apparaît que certaines d'entre elles ont exclusivement pour raison d'être la protection des intérêts des plaideurs, et que des distinctions sont donc nécessaires.

Faute d'y avoir procédé, la jurisprudence est incertaine. Le système qui va être exposé correspond à la tendance générale qui se dégage des arrêts récents de la Cour de cassation. On opposera d'abord le juge aux parties sur le problème de l'étendue de l'instance, puis le demandeur au défendeur sur le problème de la charge de la preuve.

A. Rôle respectif du juge et des parties

430 Il suffit d'appliquer les règles générales relatives à l'office du juge et à la charge de l'allégation et de la preuve.

a) Demande principale en exequatur

431 Le juge, celui de l'exequatur comme tout autre, est obligé d'appliquer le droit à la question qui lui est posée. La prétention formulée étant le prononcé de l'exequatur, la règle applicable est la règle française de droit international privé qui en pose les conditions. Il doit donc être prononcé si, et seulement si le juge est fondé à estimer que les conditions sont en l'espèce remplies.

Le demandeur doit donc en premier lieu *alléguer* avec une précision suffisante les faits correspondants à chaque condition : il doit, par exemple, indiquer la loi appliquée par le juge étranger et le critère de rattachement qui le justifie au regard des règles françaises de conflit de lois (v. *supra*, n° 385).

Le défendeur, même s'il n'a pas la charge de prouver l'irrégularité, doit au moins, lorsqu'il ne fait pas défaut, *contester* les allégations de son adversaire. Sinon, « il ne reste au juge qu'à reconnaître, sans autre examen et surtout sans s'occuper de questions de preuve, l'existence de ce droit » (131). La Cour de cassation a fait application de ce principe en approuvant les juges du fond d'avoir accordé l'exequatur à un jugement rendu en matière patrimoniale « en l'absence de toute contestation sur la loi applicable, sur la compétence de la juridiction étrangère qui avait statué et sur la régularité de la procédure suivie » (132).

Mais il n'en peut être ainsi que dans la mesure où la condition non contestée n'est pas d'ordre public (au sens procédural) ; et cela dépend de la nature de la condition, et surtout de la matière du litige :

1° La condition de conformité à l'ordre public international du contenu de la décision est d'ordre public au sens procédural, c'est-à-dire qu'un accord des parties ne dispense pas le juge de la vérifier (133).

2° Les autres conditions sont d'ordre public lorsque la matière n'est pas de celles où les parties ont la libre disposition de leurs droits (134). Ceci explique que, dans des arrêts rendus en matière de divorce, la Cour de cassation affirme que le juge de l'exequatur doit d'office vérifier si la décision étrangère remplit les conditions requises pour être déclarée exécutoire en France, nonobstant l'absence de contestation de la part du défendeur (135).

b) Reconnaissance incidente et instance en inopposabilité

432 1° On peut hésiter à imposer au juge la vérification d'office lorsque sont invoqués *à titre incident*, dans un procès, les effets d'un jugement étranger. En effet, l'objet de l'instance n'est pas alors la régularité du jugement, pas plus que la validité d'un contrat n'est en cause lorsque la demande porte sur son exécution ; or, de même que le juge ne pourrait relever d'office la nullité du contrat, de même on peut soutenir qu'en l'absence de contestation il doit tenir le jugement pour régulier (sans que sa décision ait autorité de chose jugée sur ce point, par hypothèse non discuté devant lui). La Cour de cassation paraît très hésitante (136).

2° Le demandeur en *inopposabilité* ne manquera pas d'invoquer lui-même les vices du jugement étranger, sur lesquels le juge devra se prononcer. Toute irrégularité non invoquée

(131) Motulsky, *Principes d'une réalisation méthodique du droit privé*, Paris, 1948, n° 110. Le passage cité n'est pas placé dans un développement propre à l'exequatur.

(132) Civ. 3 juin 1969, *Rev. crit. DIP* 1971.743, note D. Holleaux, *JDI* 1970.317, note Kahn ; Civ. 1re, 25 oct. 1989, *Rev. crit. DIP* 1990.540, note Ancel. Cette dernière décision relève que la dénégation par le défendeur de la régularité du jugement n'était assortie d'aucune précision.

(133) Il faudrait nuancer : s'il s'agit d'un ordre public de protection, et que la cause de protection a disparu, la personne protégée peut renoncer valablement à s'en prévaloir.

(134) Par symétrie avec ce qui est admis lorsque le juge est saisi directement du problème du conflit de lois (v. *supra* n° 145), le juge aurait donc l'obligation de sanctionner l'incompétence de la loi appliquée même lorsque notre règle de conflit désigne une loi étrangère.

(135) Civ. 9 nov. 1971, *Rev. crit. DIP* 1972.314, note D. Holleaux ; Civ. 7 déc. 1976, *D.* 1977.IR.101. La contradiction apparente avec l'arrêt du 3 juin 1969 s'explique par le fait que ce dernier était intervenu en matière patrimoniale. V. cependant Paris 23 févr. 1967, *Rev. crit. DIP* 1967.567, note Jacques Foyer, qui s'est dispensé à tort de vérifier les conditions d'efficacité non contestées par le défendeur, à propos d'un jugement suédois prononcé en matière de filiation naturelle.

(136) Pour l'absence de contrôle d'office v. Civ. 9 juin 1971, *Rev. crit. DIP* 1972.131, note Francescakis ; Civ. 19 janv. 1983, *Rev. crit. DIP* 1984.492, note Mayer, *JDI* 1984.898, note Wiederkehr ; Civ. 1re, 3 juin 1997 ; pour l'obligation de contrôle Civ. 26 juin 1990, *Rev. crit. DIP* 1991.593, 2e esp., note Courbe.

est en dehors de l'objet de l'instance (comp. avec la demande en nullité d'un contrat). Si, en conséquence, le contrôle n'est pas exhaustif, le rejet éventuel de la demande n'équivaudra pas à une décision de reconnaissance (sur la possibilité d'opposer l'exception de chose jugée au demandeur qui voudrait agir à nouveau en invoquant un autre grief, v. *supra*, n° 399).

B. Charge de la preuve

433 Lorsque la question de la régularité du jugement au regard d'une certaine condition d'efficacité est posée (soit qu'une partie l'ait soulevée, soit que le juge ait décidé de procéder à un contrôle d'office), il faut déterminer sur quelle partie pèse la charge de la preuve.

Elle incombe en principe à celle qui invoque l'autorité du jugement étranger. On serait certes tenté de raisonner comme on le fait lorsque la demande porte sur l'exécution d'un contrat : le défendeur qui invoque la nullité du contrat devient demandeur à l'exception et supporte donc la charge de la preuve de l'irrégularité. Mais s'il en est ainsi, c'est parce qu'un contrat est présumé (jusqu'à preuve du contraire) avoir été conclu par les parties conformément aux conditions posées par la loi qui le régit ; or, la conformité d'un jugement étranger aux conditions posées par le droit français ne résulte jamais que d'une coïncidence, notamment des règles de conflit de lois des deux pays, coïncidence qui ne peut être présumée (137).

Ces raisons valent, quelle que soit la nature de l'instance dans laquelle le jugement étranger est invoqué. Et elles valent aussi bien pour les jugements rendus en matière d'état et de capacité des personnes que pour les autres, nonobstant l'autorité *de plano* des premiers : cette autorité signifie certes l'absence d'exigence d'une instance préalable, mais elle n'en est pas moins subordonnée, au moment où on la fait valoir, à la même vérification de régularité que celle des autres jugements (138).

Le demandeur qui n'est pas parvenu à établir de façon certaine la régularité du jugement se verra donc refuser la reconnaissance ou l'exequatur sollicités. La situation est susceptible de se présenter notamment lorsque le jugement étranger n'est pas motivé : le demandeur est alors obligé d'établir par des éléments extrinsèques la régularité du jugement (139), ce qui est parfois impossible (v. *supra*, n° 384).

En tout cas, le juge de l'exequatur n'est nullement obligé de rechercher lui-même ces éléments. La Cour de cassation l'a très justement décidé (140) : « La Cour d'appel n'était nullement tenue de rechercher d'office s'il n'existait pas d'autres moyens que la motivation insuffisante du jugement (de divorce) pour lui permettre d'exercer le contrôle auquel elle doit procéder ». Le principe du contrôle d'office (lorsqu'il s'impose) signifie seulement que le juge ne peut accorder l'exequatur si la régularité n'est pas établie, même en l'absence de contestation (v. *supra*, n° 431). Il ne l'oblige pas à rechercher les éléments d'où pourrait résulter la régularité.

(137) En ce sens Civ. 9 févr. 1892, deux arrêts, *D.* 1892.1.609, concl. Desjardins, note Glasson ; *contra* Paris 25 mars 1994, *Rev. crit. DIP* 1996.119, note H.M.W., qui va jusqu'à affirmer que c'est au défendeur à l'instance en exequatur qu'il appartiendrait de prouver que la loi compétente au fond n'est pas équivalente à celle appliquée à tort par le juge étranger.

(138) *Contra*, Civ. 19 janv. 1983, cité n° 432.

(139) Civ. 17 oct. 1972, *Rev. crit. DIP* 1973.556, note Francescakis ; Civ. 1re, 6 juin et 26 juin 1990, *Rev. crit. DIP* 1991.593, note Courbe.

(140) Civ. 17 oct. 1972, cité note précédente.

SECTION III — CONFLITS DE JUGEMENTS ET DE PROCÉDURES

434 L'ouverture d'un système juridique aux jugements qui émanent d'États étrangers ne soulève pas seulement les difficultés liées à leur *extranéité* au regard du for devant lequel ils sont invoqués, difficultés qui ont été étudiées dans les sections précédentes. Elle donne également naissance à une *concurrence* entre les ordres juridictionnels des divers États — y compris l'État du for —, qui peut mener jusqu'au conflit de décisions. Si deux décisions inconciliables ont été rendues par deux États étrangers différents, et qu'elles satisfont toutes deux aux conditions de l'efficacité, quelle est celle que le juge français devra faire prévaloir ? Si un jugement étranger est soumis à l'exequatur, mais qu'un jugement français est intervenu dans la même affaire, l'exequatur peut-il être accordé ?

Le conflit de décisions peut d'ailleurs se présenter à l'état latent, sous la forme d'un simple conflit de procédures : il suffit de supposer le juge français saisi d'un litige concurremment avec un juge étranger, le défendeur lui demandant de se dessaisir pour laisser prospérer la seule procédure étrangère (conflit entre deux procédures) ; ou encore, il peut se faire qu'au cours d'une procédure qui se déroule en France, une décision soit prononcée à l'étranger, dont on prétend qu'elle rend sans objet la poursuite de l'instance en France (conflit entre une décision et une procédure).

Des situations apparemment analogues se rencontrent en droit interne, lorsque plusieurs juridictions sont simultanément compétentes. Les principes de procédure civile permettent de les régler. Le conflit entre deux procédures parallèlement intentées se résout par l'exception de litispendance, qui oblige la juridiction saisie la dernière à se dessaisir, ou par l'exception de connexité, qui joue au profit de la juridiction la mieux placée pour trancher le litige. Le conflit entre une décision déjà prononcée et une procédure nouvelle prend fin par l'admission de l'exception de chose jugée, qui rend la nouvelle demande irrecevable. Enfin, dans les cas exceptionnels où deux décisions inconciliables ont été rendues, la Cour de cassation tranche le conflit (la primauté appartenant traditionnellement à la dernière décision en date, à moins que l'exception de chose jugée n'ait été invoquée en vain devant les juges qui l'ont rendue).

Ces solutions ne peuvent être automatiquement transposées aux conflits internationaux, dont la nature est absolument originale. Les justices qui s'y affrontent sont rendues au nom de souverains différents ; chaque souverain veut réaliser la sienne, et, lorsqu'il l'a fait, n'est guère prêt à renoncer à la solution qu'il a donnée. Ainsi qu'on l'a déjà observé à propos du conflit de lois (v. *supra*, n° 90), le fait que les normes en présence (ou sur le point d'être élaborées) n'émanent pas du même État rend toute recherche d'une volonté normative unique impossible : il y a conflit de normes. Ce conflit est même plus aigu dans le conflit de juridictions que dans le conflit de lois ; dans ce dernier conflit, chaque État s'est contenté d'énoncer le modèle abstrait des solutions qui lui paraissent opportunes, mais ne prétend pas les imposer à tous les rapports juridiques qui se forment dans l'univers ; dans le premier, il a apporté la solution concrète d'un cas individuel, qu'il a spécialement envisagé et que sa norme vise sans équivoque.

Comme aucune autorité supranationale n'est compétente pour répartir les litiges entre les divers ordres juridictionnels, chaque État doit tenter pour son propre compte de pallier cette carence (141). On verra d'abord quels principes directeurs doivent l'inspirer (§ 1), puis comment ils peuvent être mis en œuvre dans les diverses hypothèses de conflit (§ 2).

§ 1. PRINCIPES DIRECTEURS

435 Les principes directeurs d'une solution des conflits de jugements peuvent être cherchés dans plusieurs voies.

A. Éliminer plutôt que résoudre les conflits de décisions

436 Mieux vaut empêcher le conflit de décisions de naître que de chercher à le résoudre. En présence d'un conflit entre deux décisions déjà prononcées, on peut déterminer un critère pour choisir entre elles, mais on ne peut les faire disparaître ; il en résulte un manque regrettable, voire désastreux, d'harmonie internationale des solutions.

Cette directive doit inciter le juge français à se dessaisir lorsque l'instance a été préalablement portée devant une juridiction étrangère (admission de l'exception de litispendance internationale) et *a fortiori* à reconnaître immédiatement que la chose déjà jugée à l'étranger rend la demande formée devant lui irrecevable (exception de chose jugée). Mais si la concurrence a joué entre deux ordres juridictionnels étrangers, et qu'aucun d'entre eux n'a voulu se dessaisir, le juge français ne pourra que constater, et tenter de résoudre, un conflit effectif de décisions.

B. Reconnaître une primauté à l'ordre juridictionnel du for

437 Lorsque l'ordre juridictionnel français est l'un des ordres concurrents, il ne peut être placé à égalité avec les ordres étrangers. Un conflit entre une volonté

(141) La conclusion de conventions bilatérales ou multilatérales relatives à la compétence juridictionnelle (v. *supra*, n°s 330 et s.) tend à limiter les cas de concurrence, mais ne les supprime pas si plusieurs critères de compétence sont simultanément admis. Aussi bien, ces conventions envisagent-elles en général l'hypothèse de la litispendance.

exprimée par le for et une volonté exprimée au nom d'un souverain étranger ne peut se résoudre que par la primauté reconnue à la première (142).

Il en résulte certainement que l'efficacité ne peut être reconnue à un jugement étranger contraire à un jugement français revêtu de l'autorité de chose jugée. Il en résulte aussi, quoique avec une force moindre, que le juge français, déjà saisi mais qui n'a pas encore définitivement statué, répugne normalement à renoncer à juger en présence d'une procédure, ou même d'une décision, étrangère. Le principe de la prééminence de l'ordre juridictionnel du for se heurte alors au principe précédemment énoncé de l'élimination des conflits de décisions, et il en découle de grandes difficultés (v. *infra*, n°s 442 et s.).

C. Respecter les droits acquis

438 Il faut respecter les droits acquis. Ce principe général du droit international privé, qui est à l'origine de quelques solutions en matière de conflits de lois (v. *supra*, n°s 112, 207 et 235), et qui domine toute la matière de l'effet des jugements étrangers (v. *supra*, n° 359), impose de faire application de la maxime *prior tempore potior jure* : la décision rendue la première l'emporte. Des prévisions légitimement fondées sur l'existence d'une décision qui par hypothèse est conforme aux conditions d'efficacité en France, et peut donc être considérée comme « sérieuse », doivent être à l'abri de la survenance postérieure d'une autre décision, même également régulière. Si l'on veut d'ailleurs que les procès aient une fin, il faut refuser l'efficacité à toute décision qui remettrait en cause une solution déjà acquise.

D. Moraliser les litiges internationaux

439 Il faut toujours tenter d'empêcher les parties de profiter abusivement de la diversité des ordres juridictionnels. L'un des moyens consiste, on l'a vu (*supra*, n°s 370 à 374) à subordonner l'efficacité de tout jugement à la vérification de l'existence d'un lien sérieux entre le litige et la juridiction qui a statué. Lorsque plusieurs juridictions présentent ce lien sérieux, et ont effectivement été saisies, l'examen des circonstances dans lesquelles elles l'ont été peut permettre de déceler un *forum shopping* qui sera alors sanctionné (v. *supra*, n°s 393 et s.).

En fait, deux comportements sont à craindre : d'une part, celui de la partie qui, aux premières menaces de contentieux, prend les devants et engage le procès devant la juridiction qui lui convient le mieux ; d'autre part, celui du plaideur — ce peut être le demandeur lui-même, ou le défendeur — qui, ayant

(142) S'il n'en est pas ainsi dans le conflit de lois, c'est parce que le législateur n'exprime qu'une volonté abstraite ; il n'a pas — en général — la volonté que sa règle s'applique à tel cas donné.

perdu son procès, ou étant en voie de le perdre, saisit les juridictions d'un autre État. Si l'on veut décourager le second comportement, il suffit de donner priorité à la juridiction qui a été saisie la première ; mais ce faisant, on encourage le premier comportement. Il faut donc déterminer lequel est le plus néfaste.

C'est inconstestablement le second. Si deux ordres juridictionnels sont également compétents, il est inévitable, et d'ailleurs normal, que les parties effectuent un choix, et que ce choix soit fonction de leurs intérêts. Si elles élisent chacune une juridiction différente, et que l'on désire éviter un conflit de décisions, le choix hâtif doit logiquement être consacré de préférence au choix tardif. Il serait, en effet, absurde de donner le pouvoir de choisir la juridiction au plus lent à effectuer son choix ; ce serait d'ailleurs encourager les conflits de procédures, que l'on se donne précisément pour but d'éviter.

§ 2. EXAMEN DES DIVERSES HYPOTHÈSES DE CONFLITS

440 Le conflit peut être latent, aucun jugement n'ayant été rendu : ce n'est encore qu'un conflit de procédures (A). Il peut opposer un ordre juridictionnel qui a déjà émis une décision et un ordre juridictionnel simplement saisi : le conflit est alors entre un jugement et une procédure (B). Enfin, ce peut être un conflit entre des jugements déjà rendus, indépendamment les uns des autres, par deux ou plusieurs ordres juridictionnels (C).

A. Conflit de procédures : les exceptions de litispendance et de connexité

441 Le juge français est saisi d'un litige qui fait déjà l'objet d'une procédure à l'étranger. Doit-il faire droit à l'exception de litispendance ou de connexité soulevée par le défendeur ? La question se dédouble : il faut d'abord se demander si l'exception est recevable, puis, dans l'affirmative, quelles conditions sont mises à son succès.

a) Recevabilité de l'exception

442 L'exception de litispendance (143) dans les rapports internationaux n'a que peu de chose en commun avec l'exception de litispendance que connaît le droit

(143) L'exception de connexité soulève en général les mêmes problèmes que l'exception de litispendance, à cette réserve près que la jurisprudence est encore plus réticente à l'admettre, les deux instances n'étant pas dans ce cas identiques. Théoriquement, la question de la priorité de saisine dans le temps y est moins essentielle : dans les litiges internes, la juridiction saisie la première peut accueillir l'exception de connexité, s'il est conforme à une bonne administration de la justice que la juridiction

interne. Celle-ci conduit une juridiction à se dessaisir au profit d'une autre juridiction du même ordre, saisie antérieurement ; c'est la même justice qui sera rendue, au nom du même souverain, par l'une ou par l'autre : aussi l'exception peut-elle être admise sans difficulté. S'il en survenait une, la Cour d'appel procéderait à un règlement de juges, en sa qualité de juridiction hiérarchiquement supérieure.

La situation est différente en cas de litispendance internationale : si la juridiction française accepte de se dessaisir, la justice sera rendue au nom d'un souverain étranger, alors que, par hypothèse, nos tribunaux étaient compétents.

Aussi ne faut-il pas s'étonner que la jurisprudence française ait été pendant longtemps hostile à la recevabilité de l'exception de litispendance. La Cour de cassation a adopté à plusieurs reprises une position de refus et énoncé en 1969, de façon catégorique, qu'« il est de principe que l'exception de litispendance n'est pas reçue en France à raison d'une instance introduite à l'étranger » (144). La raison généralement mise en avant était l'impossibilité d'un règlement de juges entre juridictions françaises et étrangères.

Cependant, la Cour de cassation a finalement opéré un revirement de sa jurisprudence ; ses derniers arrêts affirment que « l'exception de litispendance peut être reçue devant le juge français, en vertu du droit commun français, en raison d'une instance engagée devant un tribunal étranger également compétent » (145). Quant à l'exception de connexité, elle en a également, par une formule implicite et prudente, admis la recevabilité (146). Elle en a toutefois donné une définition restrictive, par comparaison avec celle que retient l'article 101 du nouveau Code de procédure civile : « L'exception de connexité internationale » suppose qu'il existe entre les instances en cours, l'une en France, l'autre à l'étranger, « un lien de nature à créer une contrariété » de décisions (147).

443 La position libérale récente est à approuver. L'on admet aujourd'hui sans grande difficulté que la justice française s'incline devant la justice étrangère dans l'hypothèse où un jugement étranger a été effectivement rendu (au moins

saisie la dernière connaisse de l'ensemble de l'affaire. Mais cette différence s'atténue dans les litiges internationaux, car un tribunal français saisi en premier n'estimera probablement jamais préférable la soumission de l'affaire au tribunal étranger, saisi en second.

Brevitatis causa, on raisonnera sur l'exception de litispendance, signalant seulement à l'occasion une particularité de l'exception de connexité.

(144) Civ. 1er déc. 1969, *JDI* 1970.707, note Huet, *Rec. gén. lois* 1971.205, obs. Droz, *Rev. crit. DIP* 1972.84, note Lucas.

(145) Civ. 26 nov. 1974, *JDI* 1975.108, note Ponsard, *Rev. crit. DIP* 1975.491, note Holleaux, *GA* n° 54. V. aussi Civ. 25 juin 1974, *JDI* 1975.102, note Huet ; Civ. 1re, 17 juin 1997, *D.* 1997.IR.166. Le juge aux affaires matrimoniales a le pouvoir de se prononcer sur l'exception de litispendance, (v. par ex. Paris 25 juin 1993, inédit).

(146) Civ. 1re, 20 oct. 1987, *JDI* 1988.446, note Huet. V. déjà, plus ambigu, Civ. 10 mars 1969, *JDI* 1969.659, note Bredin. Paris 19 janv. 1994 (*D.* 1994.Som. 353, obs. Audit) a fait droit à l'exception de connexité au profit du tribunal étranger saisi en premier.

(147) Civ. 22 juin 1999, *Rev. crit. DIP* 2000.43, note Cuniberti.

en matière d'état et de capacité) : l'exception de chose jugée à l'étranger est recevable devant le juge français (v. *supra*, n° 403). Pourquoi n'en irait-il pas de même lorsqu'une procédure est en cours à l'étranger ? Sans doute n'y a-t-il pas encore à respecter de droits acquis fondés sur une décision. Mais deux autres considérations doivent jouer : le souci d'éviter les conflits de décisions (*supra*, n° 436) et celui de décourager le *forum shopping* à retardement (*supra*, n° 439).

L'argument tiré de l'impossibilité de régler les juges a pour seule portée légitime d'écarter des litiges internationaux les textes internes relatifs à la litispendance ; il n'empêche pas la jurisprudence de créer une institution autonome de litispendance internationale.

444 La recevabilité de l'exception de litispendance ne devrait logiquement valoir qu'à l'égard des jugements jouissant de l'autorité *de plano* en France. Si l'existence d'un jugement étranger ne prive pas à elle seule les tribunaux français du pouvoir de connaître à leur tour du litige, il ne saurait *a fortiori* être question de faire produire un tel effet à une procédure étrangère qui n'a pas encore abouti. Or la jurisprudence manifeste une tendance certaine à recevoir l'exception de litispendance en matière patrimoniale (148). Plutôt que de se résigner à voir là une incohérence, on peut y lire plutôt le signe que l'autorité *de plano* des jugements patrimoniaux est en voie d'être admise, et s'en réjouir (v. *supra*, n° 401 *in fine*).

444-1 En droit interne, l'exception de litispendance n'est recevable que si les deux juridictions sont compétentes. Cette condition se conçoit, s'agissant de juridictions soumises aux mêmes règles de compétence : si l'une d'entre elles était incompétente, il suffirait que la juridiction supérieure le constate pour que le conflit disparaisse. En cas de litispendance internationale au contraire, aucune autorité supérieure aux ordres juridictionnels saisis ne pouvant se prononcer sur leur compétence respective, le simple fait qu'ils se soient reconnus compétents crée la litispendance et rend l'exception recevable ; seule l'existence, devant le tribunal étranger, d'un incident relatif à la compétence pourrait conduire le juge français à différer provisoirement l'examen de l'exception.

La vérification de la compétence du juge étranger n'intervient qu'au niveau des conditions d'accueil de l'exception (149).

b) Conditions d'accueil de l'exception

445 Dans la mesure où l'admission de l'exception de litispendance implique que la justice française renonce, au profit d'une justice étrangère, à se réaliser dans

(148) V. surtout Trib. gr. inst. Paris 23 nov. 1983, *Rev. crit. DIP* 1984.510, note Gaudemet-Tallon.
(149) En ce sens Trib. gr. inst. Paris 12 févr. 1980, *JDI* 1980.653, note Huet ; Paris 25 juin 1993, précité.

le cas concret, il est normal que les conditions posées soient les mêmes qu'à l'égard de la reconnaissance des jugements étrangers, qui entraîne aussi cette conséquence. Le juge saisi de l'exception devra donc procéder à la vérification des conditions d'efficacité déjà étudiées (*supra*, Section I).

Cela est simple pour la vérification de la condition de compétence indirecte (150) et pour la condition d'absence de fraude. Mais les autres conditions, en particulier celle de conformité à l'ordre public, dépendent du contenu même du jugement étranger à intervenir ; or, celui-ci n'est pas encore connu.

Si l'accueil de l'exception devait nécessairement être immédiat et irrévocable, il serait, en présence d'un doute sur la régularité de la procédure étrangère et de son aboutissement, impossible. Mais il existe une voie moyenne : le sursis à statuer. Il appartient au juge français, constatant que la procédure étrangère est actuellement régulière et a de bonnes chances de le demeurer, de surseoir à statuer jusqu'à ce que la décision étrangère intervienne. Si celle-ci est régulière, l'exception de chose jugée relaiera alors l'exception de litispendance et dessaisira définitivement la justice française.

446 Même en présence d'une procédure dont on serait certain qu'elle demeurera régulière jusqu'à son terme, il est nécessaire de confier au juge le pouvoir d'apprécier souverainement s'il est opportun d'accueillir l'exception, et de décider en conséquence (151). Le principe de la priorité à reconnaître à la procédure engagée la première (v. *supra*, n° 439) n'est pas en effet absolu. Tout d'abord, les circonstances peuvent faire apparaître une véritable manœuvre frauduleuse de la part du demandeur à l'étranger : il peut, par exemple, avoir pris son adversaire de vitesse et porté le procès à l'étranger dans le but d'échapper à la compétence des tribunaux français, à la procédure plus rapide, ou mieux placés pour assurer l'exécution de la décision qu'ils rendraient éventuellement à son encontre (152). Par ailleurs, le demandeur qui a saisi un tribunal étranger peut découvrir ensuite un motif légitime de préférer la compétence des tribunaux français, par exemple, le coût excessif de la justice

(150) Il a été précisé, au nom du principe de bonne foi, que le défendeur à l'exception de litispendance ne pouvait se prévaloir de l'incompétence du juge étranger qu'il avait lui-même saisi (Soc. 7 mai 1996, *Rev. crit. DIP* 1997.77, note Droz ; comp. *supra*, n° 407).

(151) En ce sens Paris 25 juin 1993, précité.

(152) On notera que, le demandeur à l'étranger étant alors le défendeur en France, et inversement, il s'agit moins de litispendance que de connexité ; or, en cas de connexité, le tribunal est toujours libre de rejeter l'exception (voir la fin du numéro).

Il ne paraît pas nécessaire, pour accueillir l'exception, d'aller jusqu'à exiger que le défendeur ait accepté de débattre à l'étranger. Ce qui compte n'est pas l'acceptation de plaider à l'étranger, mais le simple fait que le tribunal étranger est saisi, dès lors que l'on cherche essentiellement à éviter le conflit de décisions.

étrangère, et saisir une juridiction française ; il ne semble pas alors opportun d'accueillir l'exception (153).

En cas de simple connexité, le pouvoir d'appréciation du tribunal ne saurait être discuté, puisqu'il existe même dans les litiges internes. La Cour de cassation a énoncé que son admission « n'est jamais qu'une simple faculté pour les tribunaux » (154).

B. Conflit entre une décision et une procédure

447 Le prononcé d'un jugement étranger régulier au regard des conditions de l'efficacité empêche-t-il une juridiction française de statuer à son tour sur ce qui a été jugé ? Il faut distinguer, en droit positif français, selon la nature du jugement.

a) Jugements constitutifs, ou relatifs à l'état ou à la capacité des personnes

448 On a vu (*supra*, n° 403) que le jugement étranger régulier possède *de plano* l'autorité de chose jugée, et peut être invoqué au soutien d'une exception de chose jugée : *aucune demande ne peut donc être formée en France après que le jugement étranger a été prononcé* (155).

Il n'en est toutefois ainsi que dans la mesure où la décision étrangère n'est pas révisable dans le pays dont elle émane. Sinon, elle ne fait pas davantage obstacle à l'introduction d'une nouvelle demande en France qu'à l'étranger. Ainsi, un jugement étranger qui a condamné un mari à verser à sa femme une pension alimentaire n'empêche pas l'un des époux de demander une modification de la pension devant un tribunal français (156).

Quid, en dehors de cette hypothèse, lorsque le jugement étranger a été rendu *alors qu'une procédure était pendante en France* ? Un arrêt de la Cour d'appel d'Agen du 22 juillet 1936 a énoncé qu'« il est inadmissible qu'une décision de la justice française vienne mettre à néant une décision de justice étrangère antérieurement et régulièrement rendue » (157). Peut-être faudrait-il néanmoins écarter le cas (qui était pourtant celui de l'espèce) où la demande a été introduite en France avant de l'être à l'étranger. Donner priorité à l'ordre juridictionnel saisi en premier est de nature à dissuader d'en saisir un second de la même demande, ce qui raréfiera les conflits de décisions. Telle est la solution retenue par les

(153) Pour que le problème apparaisse, il faut supposer que le demandeur s'est désisté à l'étranger, mais que ce désistement n'a pas été accepté par le défendeur ni validé par le tribunal étranger — qui reste donc saisi (cf. Versailles 20 déc. 1988, *D.* 1989. Som. 258, obs. Audit).

(154) Civ. 1re, 20 oct. 1987, cité *supra*, n° 442.

(155) Le juge saisi au fond apprécie en principe lui-même la régularité du jugement étranger. Toutefois si un autre juge est déjà saisi d'une demande d'exequatur de ce jugement, il surseoit à statuer sur l'exception de chose jugée jusqu'à ce que la décision relative à l'exequatur soit rendue (Civ. 1re, 13 avr. 1976, *JDI* 1977.99, note Huet).

(156) En ce sens Trib. civ. Lille 14 févr. 1951, *Rev. crit. DIP* 1952.342, note Francescakis ; Trib. gr. inst. Paris 8 juill. 1976, *Rev. crit. DIP* 1977.737, note Lucas.

(157) *DH* 1936.544.

conventions bilatérales les plus nombreuses conclues par la France (158), et c'est également en ce sens que paraît s'être prononcée la Cour de cassation (159).

Il est à noter que l'exception de chose jugée ne jouera, en toute hypothèse, que si la triple identité d'objet, de cause et de parties est vérifiée. Ce n'est pas le cas lorsqu'une instance en divorce est introduite en France, à la demande d'un époux, alors qu'un jugement étranger est intervenu sur la demande de l'autre époux (et donc sur des motifs différents). L'instance en France ne pourra néanmoins être introduite après que le jugement étranger sera passé en *force* de chose jugée, car le mariage sera alors considéré comme dissous, ce qui constitue une fin de non-recevoir en matière de divorce (v. les décisions citées *supra*, note 78) (160).

b) Jugements déclaratifs patrimoniaux

449 L'exception de chose jugée à l'étranger en matière patrimoniale ne peut, si l'on s'en tient à la jurisprudence qui paraît encore dominante, être invoquée qu'après que l'exequatur a été accordé à la décision étrangère (v. *supra*, n° 401).

La question se trouve alors posée des rapports entre l'instance en exequatur et l'instance au fond, lorsqu'elles sont toutes deux pendantes devant des juridictions françaises ; pour éviter le risque de contrariété de décisions, l'une des instances doit prendre le pas sur l'autre : laquelle ?

Lorsque la demande au fond a été formée avant la demande en exequatur, cette dernière doit, selon la jurisprudence, être rejetée (161) ou du moins faire l'objet d'une décision de sursis à statuer en attendant la décision au fond (162). Il en est ainsi même lorsque le litige avait été déféré aux tribunaux étrangers avant de l'être aux tribunaux français (163).

En revanche, si la demande d'exequatur a été formée la première, elle doit être examinée la première (164).

Il est permis de souhaiter que ces solutions soient abandonnées au profit de celles qui ont été vues à propos des jugements extrapatrimoniaux (*supra*, n° 448). Cela ne sera possible que le jour où l'on reconnaîtra autorité *de plano* à tous les jugements étrangers. En attendant, il devrait au moins être admis que la demande d'exequatur soit examinée dans tous les cas avant la demande au fond ; si l'exequatur était accordé, la demande au fond serait alors paralysée par une exception de chose jugée (recevable en tout état de cause) et la contrariété de décisions serait évitée.

(158) Voir les conventions citées par Mme Alexandre, *Rev. crit. DIP* 1983, p. 633, notes 67 à 69.
(159) Civ. 13 avr. 1976, *JDI* 1977.99, note Huet.
(160) Sur la distinction de cette fin de non-recevoir et de celle tirée de l'autorité de chose jugée, v. ALEXANDRE, « Sur la possibilité d'obtenir le divorce en France... », *op. cit.*, p. 597 et s.
(161) En ce sens, Civ. 10 mars 1914, *Negrotto*, *DP* 1917.1.137, note Valéry, *RDIP* 1914.449.
(162) En ce sens, Paris 27 juin 1964, *Rougeron*, *Rev. crit. DIP* 1965.366, 2e esp., note Loussouarn, *JDI* 1965.411, note Sebag.
(163) En ce sens, *Rougeron*, précité.
(164) En ce sens, implicitement, *Negrotto* ; *contra* Lyon 5 oct. 1920, *RDIP* 1921.922.

C. Conflit de décisions

a) L'une des décisions en conflit est française

450 Lorsque l'une des décisions en conflit est française, elle l'emporte nécessairement sur la décision étrangère. En effet, si elle a été rendue la première, le respect des droits acquis s'oppose à l'efficacité de la décision étrangère (165). Et si elle a été rendue la dernière, son autorité efface celle de toute décision antérieure : il appartenait au défendeur d'invoquer à temps l'exception de chose jugée (166).

b) Les décisions en conflit sont étrangères

451 Le principe du respect des droits acquis conduit à préférer, entre deux décisions également régulières, celle qui a été rendue la première ; il faut d'ailleurs empêcher les parties de recommencer sans fin les procès, et l'inefficacité promise à la seconde décision — ou, plus précisément, à la décision rendue sur la demande introduite en second lieu — est de nature à les en décourager (167).

La solution a été admise par la jurisprudence (sans la précision relative aux dates respectives d'introduction des demandes) à propos de jugements relatifs à l'état et à la capacité des personnes (168), mais elle peut et doit être généralisée (169).

(165) Un arrêt *Patiño* du 15 mai 1963 (cité *supra*, n° 1, note 1) énonce de façon générale que « l'existence d'un jugement français, portant sur le même objet entre les mêmes parties, fait obstacle à toute reconnaissance en France de l'autorité d'une décision étrangère incompatible avec lui ». La doctrine explique en général la solution par l'idée d'une contrariété du jugement étranger à l'ordre public, ce dernier étant identifié à la chose jugée en France. C'est prendre l'expression d'« ordre public » dans un sens bien particulier, puisqu'elle s'applique normalement à des règles ou à des principes, non à des solutions individuelles. Quel que soit son fondement, la solution pourrait être écartée dans l'hypothèse où, en matière patrimoniale, le défendeur à l'étranger, comparaissant, se serait abstenu d'invoquer le jugement français.

(166) *Contra* Civ. 1re, 9 janv. 1996, *Rev. crit. DIP* 1996.719, note Muir Watt. MM. Holleaux, Foyer et La Pradelle (*op. cit.*, n° 997) proposent de résoudre le conflit en adaptant la procédure prévue en cas de contrariété de décisions françaises par l'article 618 du nouveau Code de procédure civile.

(167) La doctrine pose en général le problème en termes de compétence : il faudrait préférer le jugement rendu par la juridiction dont la saisine est conforme aux règles françaises de compétence internationale directe. Mais *quid* si les deux juridictions sont également compétentes, ou également incompétentes, par rapport à ces règles ?

Le principe *prior tempore...* pourrait céder dans l'hypothèse où, en matière patrimoniale, le défendeur à la seconde procédure, comparaissant, se serait abstenu d'invoquer le jugement déjà rendu.

(168) Civ. 9 mai 1900, *De Wrède*, S. 1901.1.186, *JDI* 1900.613 ; et implicitement Civ. 8 janv. 1963, *Lambrino*, *Rev. crit. DIP* 1963.109, note G. H., *D.* 1963.341, note Ph. M., *JDI* 1963.1032, note Ponsard, *JCP* 1964.II.13470, note Ph. F.

(169) La généralisation est toutefois impossible dans l'hypothèse (qui devrait être rare) où l'une des décisions jouit de l'autorité *de plano* et l'autre pas. Il faut alors considérer la date où la première a été

SECTION IV — EFFETS DES JUGEMENTS ÉTRANGERS N'IMPLIQUANT PAS LEUR EFFICACITÉ

452 Les effets précédemment envisagés des jugements sont ceux qui s'attachent à eux en tant que *normes*. Leur admission en France postule donc la reconnaissance de leur valeur normative, autrement dit leur efficacité.

Mais le processus d'élaboration et d'exécution d'un jugement comporte de nombreux aspects qui sont de nature à être pris en considération en France, sans passer par la reconnaissance de la valeur normative, et donc sans que soit exigée la réunion des conditions de l'efficacité. D'une part, il a fallu que le tribunal se prononce sur les éléments de preuve : le juge français peut en tirer des renseignements (§ 1). D'autre part, le jugement lui-même, indépendamment de sa valeur de norme, constitue un titre (§ 2). Il peut même être pris en considération par une règle substantielle française (§ 3). Enfin, son exécution, si elle a eu lieu, peut influer sur le contenu d'une décision à prendre par le juge français (§ 4).

§ 1. FORCE PROBANTE

453 Le juge français peut accorder au moins la valeur d'indices ou de présomptions aux éléments de preuve retenus par le juge étranger pour asseoir sa décision.

Il peut, en particulier, retenir la preuve d'un adultère, constatée par un jugement de divorce étranger (170) ; ou déduire le contenu de la loi étrangère applicable d'un jugement étranger rendu dans une instance connexe à celle dont il est saisi (171).

La force probante peut même être attachée à une décision répressive étrangère : l'impossibilité de conférer à celle-ci l'exequatur (v. *supra*, n° 361) ne met pas obstacle à ce que l'on en tire des informations (172).

En ce qui concerne plus particulièrement les *constatations personnelles* faites par le juge et rapportées dans le jugement (constatation d'un aveu, d'un serment, compte rendu d'un transport sur les lieux), elles peuvent même avoir une valeur particulière en tant que consignées dans un acte authentique et faites par l'auteur de celui-ci ; mais cela implique la reconnaissance d'une certaine valeur normative — la même que celle qui s'attache aux actes notariés — et suppose donc remplies quelques conditions (v. *infra*, n°s 470 et s.).

rendue et celle où la seconde a reçu l'exequatur (en ce sens HOLLEAUX, FOYER et LA PRADELLE, *op. cit.*, n° 998).

(170) V. Paris 10 janv. 1959, *Rev. crit. DIP* 1959.364, note Loussouarn.

(171) V. Paris 23 janv. 1990, *Rev. crit. DIP* 1991.92, note Lequette.

(172) V. par ex., pour la preuve de l'existence d'un dol, Civ. 12 avr. 1859, S. 1858.1.721 ; pour celle d'une faute dans la conduite d'un véhicule, Lyon 11 juin 1991, *JDI* 1993.111, note Légier.

§ 2. EFFET DE TITRE

454 L'effet de titre se distingue de la force probante en ce qu'il s'attache à la décision elle-même, et non à sa motivation, et en ce qu'il porte sur l'état de droit consacré, non sur les faits dont il a été déduit.

Ainsi un jugement condamnant un individu au paiement de sa dette constitue, selon la jurisprudence, un titre permettant au créancier de produire à la faillite du débiteur (173) ou de pratiquer une mesure conservatoire (art. 68 de la loi du 9 juillet 1991 sur les procédures d'exécution) : il serait anormal d'attacher moins de crédit au jugement étranger qu'à un simple effet de commerce.

§ 3. PRISE EN CONSIDÉRATION

455 L'existence d'un jugement étranger est parfois prise en considération par la règle substantielle applicable au fond du litige.

Le terrain d'élection de la prise en considération est celui des règles édictant une pénalité, une déchéance ou une interdiction, en conséquence du prononcé à l'étranger d'un jugement répressif. En effet, ces jugements sont dénués d'efficacité en France (v. *supra*, n° 361), mais ils n'en révèlent pas moins, avec une forte probabilité, l'existence d'un comportement immoral du condamné, dont il est normal de tenir compte. Ainsi la déchéance de la nationalité française, acquise par un individu, était attachée par l'article 25 du Code civil, avant son abrogation par la loi du 16 mars 1998, à toute condamnation étrangère à une peine d'au moins cinq années d'emprisonnement pour un acte qualifié crime par la loi française. De nombreuses incapacités professionnelles résultent également de condamnations étrangères, prononcées pour des faits constituant certains crimes ou délits prévus par la loi française (v. par ex. la loi du 30 août 1947 relative à l'assainissement des professions commerciales et industrielles). De même encore, une personne inculpée de complicité dans une infraction commise en territoire étranger peut être poursuivie en France si l'infraction a été constatée par une décision définitive de la juridiction étrangère (art. 113-5 C. pén.).

Lorsque le texte français ne précise pas si les jugements de condamnation auxquels il attache des conséquences doivent être français ou peuvent être étrangers, l'interprétation restrictive (qui est de règle en matière répressive) semble devoir l'emporter.

456 En droit privé, le jugement étranger n'est pas envisagé *spécialement* par la règle substantielle. Il constitue seulement un fait qui entre dans une catégorie juridique plus large : pour cette raison on parle d'*effet de fait* (174). Par exemple, un jugement peut constituer pour le débiteur d'une obligation un événement de force majeure (plus précisément un « fait du prince »), qui produira tous les effets attachés à cette notion par la loi compétente. Ou encore un jugement constitue la juste cause d'un accord des parties relatif à son exécution.

(173) Seine 19 févr. 1889, *Gaz. Pal.* 1889.1.574.

(174) Pour une illustration, peut-être contestable, v. Com. 4 oct. 2005, *JDI* 2006.601, note Cuniberti, *Rev. crit. DIP* 2006.407, note Muir Watt, *D.* 2006.2449, note J. Sagot-Duvauroux.

§ 4. EFFETS ATTACHÉS À L'EXÉCUTION DU JUGEMENT

457 Le fait que le jugement a été suivi d'exécution est, on l'a vu (*supra*, n° 365), un argument général en faveur du libéralisme dans l'appréciation de l'efficacité. C'est aussi une circonstance propre à entraîner des conséquences précises indépendamment de l'efficacité.

Si une condamnation à payer a été suivie d'un paiement effectif, total ou partiel, la dette est d'autant diminuée : le résultat s'attache au fait du paiement et non au jugement lui-même.

En matière extrapatrimoniale, une affaire qui a défrayé la chronique, même non juridique, a donné à la Cour d'appel de Paris l'occasion de tenir compte, dans l'élaboration de sa propre décision, de l'exécution, en cours, d'un jugement étranger. Un enfant ayant, peu de mois après sa naissance, été confié par un tribunal anglais à son père, celui-ci l'avait remis à sa propre mère. Au cours d'une instance en divorce intentée ensuite en France, la Cour déclara ne pouvoir « méconnaître la réalité d'une situation de fait créée initialement par la décision » étrangère et attribua la garde à la grand-mère paternelle (175).

En droit pénal, l'article 113-9 C. pén. attache un effet à l'exécution de la condamnation prononcée par un tribunal répressif étranger lorsque l'infraction avait été commise à l'étranger : aucune poursuite n'a lieu en France, de façon à éviter le cumul des peines pour une même infraction.

SECTION V TRAITÉS ET RÈGLEMENTS COMMUNAUTAIRES

458 Tant les conditions de l'efficacité des jugements étrangers que ses modalités sont relativement strictes en droit commun. Trop de jugements risquent de ne pas être accueillis en France, ou de ne l'être qu'au terme d'une procédure qui occasionne des frais et dont l'utilité n'est pas réelle.

La France a heureusement conclu un certain nombre de traités qui soumettent à un régime plus libéral les effets sur le territoire d'un État contractant des jugements émanant d'un autre État contractant. Le plus important de ces traités est la Convention de Bruxelles du 27 septembre 1968, dont les règles relatives à la compétence directe ont déjà été étudiées (*supra*, n°s 332 et s.). Depuis le 1er juillet 2007 elle n'est plus même applicable dans les rapports entre le Danemark et les autres États membres de la Communauté européenne (v. *supra*, n° 333), mais a entièrement laissé la place au Règlement CE 44/2001 du

(175) Paris 8 juill. 1971, *Rev. crit. DIP* 1971.771, note Topor.

22 décembre 2000 (§ 1). La Convention de Lugano, qui unit les États de la Communauté avec ceux de l'Association européenne de libre échange, comporte des règles pratiquement identiques (§ 2). Enfin il existe des traités bilatéraux, qui seront seulement énumérés (§ 3).

L'examen des solutions retenues par les Règlements européens du 29 mai 2000 relatif aux procédures d'insolvabilité d'une part, et du 27 novembre 2003 applicable aux décisions rendues en matière matrimoniale, d'autre part, se fera avec les questions qu'elles concernent respectivement (v. *infra*, n° 596-1 et 667-2). Quant au Règlement du 21 avril 2004 sur le titre exécutoire européen, il doit être étudié avec les conflits d'autorités, qu'il concerne exclusivement (v. *infra,* n° 477-1). En revanche, on devra consacrer ici quelques développements aux Règlements du 12 décembre 2006 et du 11 juillet 2007 qui sont respectivement relatifs à la procédure européenne d'injonction de payer et aux « petits litiges » (§ 4).

§ 1. LE RÈGLEMENT « BRUXELLES I » DU 22 DÉCEMBRE 2000

459 Le domaine du Règlement quant aux matières a déjà été précisé (v. *supra*, n° 333) (176).

Il s'applique à toutes les décisions judiciaires émanant d'un État membre, même si elles ont été rendues dans des litiges qui ne relevaient pas spatialement du Règlement au niveau de la compétence directe, et sans qu'il importe que ces litiges aient un caractère international ou purement interne. Par principe, tout jugement rendu, dans un litige interne comme dans un litige international, par le juge d'un État membre à la suite d'une action intentée avant le 1er mars 2002, peut être invoqué sur le territoire des autres États membres selon les règles de la Convention de Bruxelles du 27 septembre 1968 tandis que, si l'action par laquelle a été saisi le juge d'origine a été introduite après le 1er mars 2002, c'est le Règlement qui gouverne son efficacité dans les autres pays membres.

Du point de vue du droit transitoire, le Règlement gouverne par principe l'efficacité des seules décisions rendues à la suite d'actions intentées après la date de son entrée en vigueur. Cependant, dans la grande majorité des cas, il suffira que le *jugement* ait été rendu après cette date. Le Règlement se déclare en effet applicable à la reconnaissance et à l'exécution d'un tel jugement, dès lors que l'action dans l'État membre d'origine est postérieure à l'entrée en vigueur de la Convention de Bruxelles ou de la Convention de Lugano à la fois dans cet État et dans celui où le jugement est invoqué, ou encore lorsque le juge de qui cette décision émane s'est reconnu compétent par application de règles conformes, soit à celles du Règlement, soit à une convention alors en vigueur entre l'État membre d'origine et l'État

(176) Sur les difficultés qu'engendre l'exclusion de l'arbitrage, v. Civ. 14 nov. 2000, *RGDA*, 2000, p. 1131, note Heuzé, *Rev. crit. DIP* 2001.172, note Muir Watt, *Rev. arb.*, 2001.507, note Idot, *JCP* 2001.II.10597, note Kaplan et Cuniberti.

requis. Il s'ensuit aujourd'hui que, le Règlement étant entré en vigueur le 1er mars 2002 dans quatorze des quinze premiers États membres, c'est lui qui fixe les conditions de régularité de l'immense majorité des décisions en provenance de ces quatorze pays ou de la Pologne, où la Convention de Lugano était applicable depuis le 1er février 2000. En revanche, l'efficacité en France des jugements qui ont été rendus dans les derniers États membres (Pologne exceptée) sur la base d'actions intentées avant l'entrée en vigueur du Règlement dans ces pays dépend de notre droit commun (*supra*, n° 364 et s.). Quant aux jugements danois, ils sont, depuis le 1er juillet 2007, pour la plupart également régis par le Règlement. Parce que son intérêt est ainsi devenu extrêmement marginal, et que la légalité, au regard de l'article 65 du traité CE, des dispositions du Règlement relatives à la reconnaissance et à l'exécution des jugements n'est pas contestable (v. *supra*, n° 31), les développements qui vont suivre ne rappelleront pas les solutions de la Convention de Bruxelles. En revanche, on fera état de la jurisprudence qu'elles ont suscitée, dans la mesure où elle conserve sa pertinence.

Échappent au Règlement « les décisions judiciaires autorisant des mesures provisoires ou conservatoires, rendues sans que la partie contre laquelle elles sont dirigées ait été appelée à comparaître et destinées à être exécutées sans avoir été préalablement signifiées » (177). Cela vise en particulier les procédures d'injonction de payer organisées par certaines législations nationales, et explique donc en partie la mise en place d'un instrument particulier du droit européen par le Règlement du 12 décembre 2006 (*infra*, n° 464-1).

Les conditions de l'efficacité sont réduites au minimum (A), et ses modalités simplifiées à l'extrême (B) ; l'hypothèse d'un conflit de jugements ou de procédures est également envisagée dans un esprit internationaliste (C).

A. Conditions

460 1° Le Règlement, qui ne fait jamais dépendre la régularité internationale des jugements de la compétence de la loi appliquée, ne prévoit pas de façon générale le contrôle de la *compétence internationale* de la juridiction de qui ils émanent. Lorsque le litige jugé à l'étranger était soumis aux règles de compétence directe formulées par ce texte, ce libéralisme signifie que les États membres se font mutuellement confiance quant à la bonne application du droit européen. Lorsque le litige n'était pas soumis à ces règles, l'absence de vérification conduit à la libre circulation sur le territoire communautaire de jugements rendus sur le fondement de critères exorbitants de compétence, tels que les articles 14 et 15 du Code civil français.

L'article 35, al. 1 prévoit toutefois le refus d'efficacité en cas de contravention aux règles de compétence exclusive posées par le Règlement (v. *supra*, n°s 347 et s.), ou aux règles spéciales relatives à l'assurance et aux contrats conclus par les consommateurs (v. *supra*, n° 346) ; encore le juge de l'État requis est-il lié alors par les constatations de fait sur lesquelles la juridiction de l'État d'origine avait fondé sa compétence (art. 35, al. 2).

(177) CJCE 21 mai 1980, *Denilauler*, *JDI* 1980.939, obs. Huet, *Rev. crit. DIP* 1980.787, concl. Mayras, note Mezger ; Civ. 1re, 18 mai 1994, *Rev. crit. DIP* 1994.688, note Ancel.

2° La contrariété du *contenu* du jugement à l'*ordre public* du pays requis peut motiver un refus d'efficacité en vertu de l'article 34, 1°, mais seulement si elle est « manifeste » et, selon la Cour de justice (178), « dans des cas exceptionnels » (179).

3° Le contrôle porte également sur la *procédure.*

– Le Règlement ne se préoccupe que de l'hypothèse où le défendeur avait été *défaillant.* Cette circonstance permet à celui-ci de faire valoir que l'acte introductif d'instance, ou un acte équivalent, ne lui avait pas été signifié ou notifié « *régulièrement et en temps utile* pour qu'il puisse se défendre ». Si tel est le cas, la décision ne sera pas reconnue, à moins que ce défendeur « n'ait pas exercé de recours à l'encontre de cette décision alors qu'il était en mesure de le faire » (art. 34, 2°).

Le délai, dont le caractère suffisant est apprécié par le juge requis (180), se calcule à compter du jour où la signification ou la notification a été faite, sans exiger que le défendeur en ait eu effectivement connaissance. Cependant, le juge requis peut en décider autrement, en présence de circonstances exceptionnelles (181).

La régularité de l'acte introductif d'instance, ainsi que les modalités d'une éventuelle régularisation (182), s'apprécient selon la loi du pays d'origine de la décision. L'irrégularité suffit à justifier le refus de reconnaissance ou d'exécution, même si l'acte introductif a en fait été notifié au défendeur en temps utile (183).

– D'autres manquements procéduraux graves pourraient-ils être invoqués, au nom de l'ordre public, comme, par exemple, l'absence de motivation du jugement ? La jurisprudence française se prononce en général pour l'affirmative (184) et la Cour de justice l'a elle-même admis en précisant que peut — sinon doit — être sanctionnée par le recours à l'ordre public, au sens de

(178) CJCE 4 févr. 1988, *Rev. crit. DIP* 1988.598, note Gaudemet-Tallon, *JDI* 1989.449, obs. Huet.

(179) Si la définition des exigences de l'ordre public dépend naturellement de l'État requis, elle est néanmoins sujette à un contrôle de la Cour de justice, dès lors que le recours à cette notion ne saurait servir à faire obstacle aux objectifs du droit communautaire : CJCE 11 mai 2000, *Maxicar : Rev. crit. DIP* 2000.497, note Gaudemet-Tallon ; et déjà CJCE 28 mars 2000, *Rev. crit. DIP* 2000.481, note Muir Watt.

(180) De façon générale, celui-ci n'est pas lié par les appréciations du juge d'origine quant à la loyauté de l'assignation : CJCE 15 juill. 1982, *Pendy Plastic*, *JDI* 1982.960, obs. Huet, *Rev. crit. DIP* 1983.521, note Droz.

(181) CJCE 16 juin 1981, *Klomps c. Michel, Rev. crit. DIP* 1981.726, note Mezger, *JDI* 1981.893, note Huet.

(182) Civ. 1re, 3 juill. 1990, *Rev. crit. DIP* 1991.161, note Droz.

(183) Civ. 1re, 3 juill. 1990, cité note précédente ; CJCE 3 juill. 1990, *Isabelle Lancray, JDI* 1991.503, obs. Huet ; 12 nov. 1992, *Firma Minalmet, Rev. crit. DIP* 1993.81, note Droz, *JDI* 1993.468, obs. Huet.

(184) Civ. 17 mai 1978, *JDI* 1979.379, 1re esp., note Holleaux ; Civ. 1re, 9 oct. 1991, *Rev. crit. DIP* 1992.516, 1re esp., note Kessedjian, *JDI* 1993.157, obs. Huet ; Civ. 16 mars 1999, *Pordéa, JDI* 1999.773, obs. Huet, *Rev. crit. DIP* 2000.224, et chron. Droz, p. 181, *Rev. gén. proc.* 1999.747, obs. Muir Watt, *Gaz. Pal.* 1er mars 2000, p. 37, obs. M.-L. Niboyet ; Civ. 8 févr. 2000, *Gaz. Pal.* 3 oct. 2000, p. 32, obs. M.-L. Niboyet. *Contra* Paris 2 oct. 1987, *JDI* 1989.100, obs. Huet.

l'article 27-1° de la Convention (34-1° du Règlement), la violation « manifeste », dans l'État d'origine, des exigences du droit au procès équitable reconnu par l'article 6-1° de la Convention européenne de sauvegarde des droits de l'homme (185).

4° Les décisions auxquelles on veut voir conférer la *force exécutoire* dans le pays requis doivent posséder cette force dans leur pays d'origine (art. 38, al. 1er) : le demandeur à l'exequatur doit établir que la décision est exécutoire et a été signifiée (186), au moyen d'un certificat qui doit lui être délivré dans le pays d'origine (art. 54) ou d'un document équivalent (art. 55).

La cour d'appel saisie d'un recours (suspensif, v. *infra* n° 461) contre la décision autorisant l'exécution peut, si la décision étrangère, quoique exécutoire, fait l'objet d'un recours ordinaire dans le pays d'origine, surseoir à statuer ou subordonner l'exécution à la constitution d'une garantie (art. 46) (187).

La simple *reconnaissance*, principale ou incidente, peut bénéficier à toute décision étrangère. Le juge requis peut surseoir à statuer si celle-ci fait l'objet d'un recours ordinaire dans le pays d'origine (art. 37).

5° La révision au fond est bien entendu exclue (art. 36 et 45-2).

B. Modalités

461 Les décisions sont efficaces *de plano* sur le territoire des autres États signataires, seule leur exécution étant subordonnée à une procédure particulière (art. 33 du Règlement).

a) La *reconnaissance* est normalement incidente, mais, en cas de contestation sur la régularité de la décision, toute partie intéressée peut faire constater qu'elle doit être reconnue, en recourant à la procédure prévue pour l'exécution.

b) Cette procédure consiste, pour toute partie intéressée, à demander, par requête adressée au président du tribunal de grande instance, que la décision soit *déclarée exécutoire*. Dans le système de la Convention de Bruxelles, le magistrat pouvait vérifier d'office le respect des conditions de fond de l'efficacité. Son rôle est sensiblement réduit d'après le Règlement, puisqu'il doit se limiter à un contrôle purement formel des documents produits par le requérant. Et il ne peut accueillir aucune demande complémentaire, visant, par exemple,

(185) CJCE 28 mars 2000, *Krombach, Rev. crit. DIP* 2000.481, note Muir Watt, *Gaz. Pal.* 3 oct. 2000, p. 30 et comm. M.-L. Niboyet, p. 21, *RTD civ.* 2000.944, obs. Raynard, *JDI* 2001.690, *JCP* 2001.II.10607, note Nourissat.

(186) Il n'est pas nécessaire que la signification soit régulière (en ce sens Civ. 1re, 6 mars 1996, *JDI* 1997.176, obs. Huet ; *contra* Paris 21 nov. 1995, *ibid.*).

(187) Sur la notion communautaire de recours ordinaire, v. CJCE 22 nov. 1977, *Soc. Industrial Diamond Supplies c. Riva, JDI* 1978.398, obs. Huet, *Rev. crit. DIP* 1979.426, note Gaudemet-Tallon.

La décision prise dans le cadre de l'article 38 de la Convention de Bruxelles n'est susceptible d'aucun recours (CJCE 4 oct. 1991, *Van Dalfsen, Rev. crit. DIP* 1992.117, note Gaudemet-Tallon, *JDI* 1992.499, obs. Huet).

au prononcé d'une astreinte, ou au remboursement de frais de justice (188). Il statue à bref délai, sans que la partie contre laquelle l'exécution est demandée puisse présenter d'observation (art. 41).

Elle pourra seulement former un recours (suspensif d'exécution, mais ne mettant pas obstacle à la prise de mesures conservatoires) devant la cour d'appel statuant contradictoirement (art. 43). La cour d'appel n'est tenue d'examiner que les griefs invoqués par la partie qui s'oppose à l'exécution (189). Celle-ci a la charge de prouver leur bien-fondé, le jugement étranger étant en quelque sorte présumé régulier.

Le même recours est ouvert au requérant, s'il a été débouté (art. 43). En revanche, les tiers, même intéressés, ne peuvent exercer aucun recours (190).

La décision de la cour d'appel peut faire l'objet d'un pourvoi en cassation.

Lorsque la décision étrangère a statué sur plusieurs chefs de la demande et que l'exécution ne peut être autorisée pour le tout, l'autorité judiciaire accorde l'exécution pour un ou plusieurs d'entre eux. Le requérant peut d'ailleurs ne demander qu'une exécution partielle (art. 48).

c) Le Règlement ne mentionne aucune procédure d'*inopposabilité*. Il faut en conclure, non qu'elle est interdite, mais qu'elle est soumise au droit commun national quant à ses modalités (191).

C. Conflits de procédures et de décisions

462 a) L'existence, dans l'État requis, d'une *décision inconciliable* avec celle dont l'efficacité est invoquée, y met obstacle, lorsque les parties aux deux décisions sont les mêmes (art. 34, 3°) (192). Il faut assimiler aux décisions nationales de l'État requis, les décisions antérieurement rendues dans un autre État, membre ou non, réunissant les conditions nécessaires à leur reconnaissance, et portant sur un litige ayant le même objet et la même cause (art. 34, 4°).

b) Lorsqu'un même litige est pendant, entre les mêmes parties, devant les tribunaux de deux États membres différents, l'exception de *litispendance doit* être accueillie, et même être invoquée d'*office*, par la juridiction saisie en second ; elle prend la forme d'un sursis à statuer jusqu'à ce que la compétence

(188) En ce sens Trib. gr. inst. Paris (Prés.) 26 févr. 1980 (2 ordonnances), *Rev. crit. DIP* 1980.782, note Gaudemet-Tallon.

(189) Civ. 1re, 12 janv. 1994, *Rev. crit. DIP* 1994.371, note Huet ; 17 nov. 1999, *Rev. crit. DIP* 2000.52, note Ancel.

(190) CJCE 2 juill. 1985, *Deutsche Genossenschaftsbank c. Brasserie du Pêcheur, Rev. crit. DIP* 1986.341, note Gaudemet-Tallon, *JDI* 1986.469, obs. A.H.

(191) En ce sens PLUYETTE, *op. cit., Mélanges Bellet,* p. 444 ; Trib. gr. inst. Paris 10 févr. 1993, *JDI* 1993.599, note Kessedjian, *Rev. crit. DIP* 1993.664, note Gaudemet-Tallon, et chron. A. Mourre, *Gaz. Pal.* 8-9 sept. 1993, p. 2.

(192) V. CJCE 6 juin 2002, *Rev. crit. DIP* 2002.704 (3e esp.), note Muir Watt.

du tribunal premier saisi soit établie (193), puis, dans l'affirmative, celle d'un dessaisissement (art. 27) (194). Peu importe que les parties soient domiciliées ou non dans un État membre (195).

c) La situation de *connexité* suppose que deux instances ayant un objet distinct soient pendantes au premier degré devant les juridictions, également compétentes, de deux États membres, et qu'il y ait intérêt à les instruire et juger en même temps afin d'éviter un risque de solutions inconciliables (196) (art. 28). Peu importe que les parties soient domiciliées ou non dans un État membre.

Le juge second saisi peut alors, même d'office, surseoir à statuer (197). Il peut aussi, à la demande d'une partie et si sa loi interne le lui permet, se dessaisir au profit du juge premier saisi, à condition que celui-ci soit compétent pour connaître des deux demandes.

Il est à noter que, conformément au principe de confiance mutuelle que les États membres se doivent, les tribunaux de chacun d'eux ne peuvent interférer sur les décisions que les autres ont à prendre dans des hypothèses de litispendance ou de connexité éventuelle. En conséquence, est incompatible avec le Règlement le prononcé d'une injonction *anti suit*, par laquelle le juge d'un État membre interdit à une partie à la procédure pendante devant lui d'introduire ou de poursuivre une action en justice dans un autre État membres (198).

(193) Ce sursis s'impose au juge saisi en second, même lorsque sa compétence est revendiquée en vertu d'une clause attributive de juridiction, et même lorsque la durée des procédures dans l'État du juge premier saisie est, d'une manière générale, excessivement longue : CJCE 9 déc. 2003, *Rev. crit. DIP* 2004.444, note Muir Watt, *JDI* 2004.641, obs. Huet, *D.* 2004.1046, note Bruneau.

(194) Bien que l'article 21 exige la triple identité de parties, d'objet et de cause, la Cour de justice, dans l'affaire *Gubisch Maschinenfabrik* (8 déc. 1987, *Rev. crit. DIP* 1988.370, note Gaudemet-Tallon, *JDI* 1989.537, obs. Huet), a admis, de façon surprenante, l'existence d'un lien de litispendance entre une demande d'exécution d'un contrat, formée par une partie, et une demande d'annulation ou de résolution, formée par l'autre partie. V. aussi CJCE 19 mai 1998, *Drouot Assurances*, *JDI* 1999.609, obs. Huet, *Rev. crit. DIP* 2000.58, note Droz et Civ. 1re, 9 juill. 2003, *RGDA* 2003.803, note Heuzé.

(195) CJCE 27 juin 1991, *Overseas Union Insurance Ltd*, *Rev. crit. DIP* 1991.764, note Gaudemet-Tallon, *JDI* 1992.493, obs. Huet.

(196) Sur la notion de solutions inconciliables, v. CJCE 6 déc. 1994, *Navire Tatry*, *Rev. crit. DIP* 1995.588, note Tichadou, et CJCE 27 oct. 1998, *La Réunion européenne*, *Rev. crit. DIP* 1999.323, note Gaudemet-Tallon ; *JDI* 1999.625, obs. Leclerc. *Adde* Civ. 1re, 8 janv. 2002, *Gaz. Pal.* 2002. jur. 981, obs. M.-L. Niboyet, *Rev. crit. DIP* 2003.126, note Gaudemet-Tallon ; Com. 19 nov. 2002, *ibid.*, *Gaz. Pal.* 2003, n° 176, p. 31, obs. M.-L. Niboyet ; Civ. 1re, 9 juill. 2003, *RGDA* 2003.803, note Heuzé.

(197) Selon l'opinion doctrinale dominante, que le Règlement du 22 décembre 2000 consacre, le sursis peut être ordonné même si les instances ne sont pas pendantes au premier degré, cette condition n'ayant de fondement rationnel que pour le dessaisissement. Ce dernier lui-même est possible dès lors que la juridiction au bénéfice de laquelle il est prononcé est une juridiction du premier degré (en ce sens Civ. 27 oct. 1992, *JDI* 1994.171, obs. Huet).

(198) CJCE 27 avr. 2004, *Turner*, *D.* 2004.1919, note Carrier ; *Rev. crit. DIP* 2004.654, note H. Muir Watt ; *RTD civ.*, 2004.549, obs. Ph. Théry ; *Gaz. Pal.*, 2005. Som. 649, note M.-L. Niboyet ; *D.* 2004.1919, note Carrier.

§ 2. LA CONVENTION DE LUGANO DU 16 SEPTEMBRE 1988

463 Les caractéristiques générales de la Convention de Lugano ont déjà été décrites (v. *supra*, n° 356)

Par cette Convention, l'espace de libre circulation des jugements est étendu au territoire des États membres de l'Association européenne de libre échange (AELE).

Les règles adoptées par la Convention de Lugano sont identiques à celles de la Convention de Bruxelles (199). Il existe seulement un risque de divergence d'interprétation (v. *supra*, n° 357).

Les jugements rendus par les États membres de la Communauté circulent à l'intérieur de la Communauté en application de la Convention de Bruxelles (pour ceux qui émanent des tribunaux danois) ou (pour les autres) du Règlement du 22 décembre 2000. En revanche, ils sont reconnus par les États membres de l'AELE en application de la Convention de Lugano. Les jugements rendus par ces derniers États sont également soumis à la Convention de Lugano.

Les règles de la Convention de Lugano relatives à la litispendance et à la connexité sont applicables lorsque l'une au moins des demandes est formée devant le tribunal d'un État membre de l'AELE.

§ 3. TRAITÉS BILATÉRAUX CONCLUS PAR LA FRANCE

464 Liste des principaux traités (à l'exclusion de ceux qui ne portent que sur des matières particulières, qui seront mentionnés dans la partie spéciale) :

– Convention avec l'Algérie du 27 août 1964, publiée par décret du 11 août 1965.

– Convention avec l'Argentine du 2 juillet 1991, publiée par décret du 12 novembre 1992.

– Convention avec l'Autriche du 15 juillet 1966, publiée par décret du 7 août 1967 (200).

– Convention avec la Belgique du 8 juillet 1899, publiée par décret du 30 juillet 1900 (201).

– Convention avec le Bénin du 27 février 1975, publiée par décret du 20 décembre 1977.

(199) Sous une réserve énoncée à l'article 54 *ter*, 3°, de la Convention. *Adde* la réserve mentionnée *supra*, n° 357 note 182.

(200) Cette convention est remplacée par les Règlements européens dans les matières auxquelles ils sont applicables.

(201) Cette convention est remplacée par les Règlements européens dans les matières auxquelles ils sont applicables.

– Convention avec le Brésil du 28 mai 1996, publiée par décret du 18 septembre 2000.

– Convention avec la Bulgarie du 18 janvier 1989, publiée par décret du 2 octobre 1989.

– Convention avec le Burkina-Faso (ex Haute Volta) du 24 avril 1961, publiée par décret du 23 janvier 1962.

– Convention avec le Cameroun du 21 février 1974, publiée par décret du 1er décembre 1975.

– Convention avec la Côte d'Ivoire du 24 avril 1961, publiée par décret du 23 janvier 1962.

– Convention avec Djibouti du 27 septembre 1986, publiée par décret du 19 août 1992.

– Convention avec l'Égypte du 15 mars 1982, publiée par décret du 8 juillet 1983.

– Convention avec les Émirats arabes unis du 9 septembre 1991, publiée par décret du 15 mars 1993.

– Convention avec l'Espagne du 28 mai 1969, publiée par décret du 18 mars 1970.

– Convention avec le Gabon du 23 juillet 1963, publiée par décret du 25 février 1965.

– Convention avec la Grande-Bretagne du 18 janvier 1934, publiée par décret du 24 juin 1934 (202).

– Convention avec la Hongrie du 31 juillet 1980, publiée par décret du 4 février 1982.

– Convention avec l'Italie du 3 juin 1930, publiée par décret du 22 novembre 1933 (203).

– Convention avec le Laos du 16 novembre 1956, publiée par décret du 4 avril 1960.

– Convention avec Madagascar du 4 juin 1973, publiée par décret du 22 juillet 1975.

– Convention avec le Mali des 2 février et 9 mars 1962, publiée par décret du 17 juin 1964.

– Convention avec le Maroc du 5 octobre 1957, publiée par décret du 12 janvier 1960.

– Convention avec la Mauritanie du 19 juin 1961, publiée par décret du 24 juin 1962.

– Convention avec Monaco du 21 septembre 1949, publiée par décret du 24 mars 1953.

(202) Cette convention est remplacée par les Règlements européens dans les matières auxquelles ils sont applicables.

(203) Cette convention est remplacée par les Règlements européens dans les matières auxquelles ils sont applicables.

– Convention avec la Mongolie du 27 février 1992, publiée par décret du 17 mars 1994.

– Convention avec le Niger du 19 février 1977, publiée par décret du 21 avril 1980.

– Convention avec la République Centrafricaine du 18 janvier 1965, publiée par décret du 27 avril 1967.

– Convention avec la République populaire du Congo du 1er janvier 1974, publiée par décret du 3 février 1982.

– Convention avec la Roumanie du 5 novembre 1974, publiée par décret du 4 novembre 1975.

– Convention avec Saint-Marin du 25 mai 1967, publiée par décret du 6 mars 1969.

– Convention avec le Sénégal du 29 mars 1974, publiée par décret du 17 novembre 1976.

– Convention avec le Tchad du 6 mars 1976, publiée par décret du 21 avril 1978.

– Convention avec la Tchécoslovaquie du 10 mai 1984, publiée par décret du 17 juillet 1985 (204).

– Convention avec le Togo du 23 mars 1976, publiée par décret du 18 février 1982.

– Convention avec la Tunisie du 28 juin 1972, publiée par décret du 11 mars 1974.

– Convention avec l'Uruguay du 16 septembre 1997, publiée par décret du 28 juillet 1999.

– Convention avec le Vietnam du 10 février 1993, publiée par décret du 15 juin 1993.

– Convention avec la Yougoslavie du 18 mai 1971, publiée par décret du 6 mars 1972 (la Slovénie, la Croatie et la Macédoine sont liées à la France par cette convention).

§ 4. LES RÈGLEMENTS INSTITUANT LES PROCÉDURES EUROPÉENNES D'INJONCTION DE PAYER ET DE RÈGLEMENTS DES PETITS LITIGES

464-1 L'article 65 du Traité CE attribue compétence à la Communauté européenne pour « améliorer et simplifier... la reconnaissance et l'exécution des décisions en matière civile et commerciale ». C'est une fois de plus en méconnaissant la lettre, mais aussi le sens de ce texte qu'ont été adoptés ces deux Règlements, en date, respectivement, des 12 décembre 2006 et 11 juillet 2007.

(204) Cette convention lie aujourd'hui la France à la République tchèque d'une part, à la République slovaque d'autre part (accords publiés par décrets du 16 septembre 1998) et est remplacée par les Règlements européens dans les matières auxquelles ils sont applicables.

Reconnaître une décision étrangère, ce n'est évidemment pas ignorer son extranéité. C'est édicter dans l'ordre juridique du for une norme déduite de son contenu. Plus précisément, c'est consacrer, dans l'ordre du for, et par l'effet de cette norme, la situation concrète énoncée dans l'ordre juridique étranger par la décision ainsi reconnue (*supra*, n° 406). Autrement dit, la reconnaissance implique une activité normative du for *parce que le jugement étranger n'est pas lui-même une norme du for.* Or s'il est permis de considérer que pour « améliorer et simplifier la reconnaissance des décisions », la Communauté européenne peut aller jusqu'à uniformiser les conditions de cette activité normative, l'article 65 du traité CE ne lui donne certainement pas le pouvoir de faire obstacle à celle-ci. Car en l'état de la construction européenne, la distinction des ordres juridiques des États membres n'a pas disparu : pas plus que le parlement élu par le peuple irlandais n'est habilité à voter la loi allemande, un juge bulgare ou néerlandais ne rend un jugement « au nom du peuple français », dont pourtant dépend exclusivement en France sa légitimité, et donc son autorité.

C'est cependant cette réalité qu'ignorent les Règlements 1896/2006 et 861/2007. En vertu de ces textes, et dans le domaine qu'ils s'assignent, les États membres se voient en effet radicalement interdire de s'opposer à la pleine efficacité des décisions rendues dans l'un quelconque d'entre eux, fût-ce pour des raisons d'ordre public. Il n'y a donc aucunement lieu à la moindre *reconnaissance* de ces décisions : celles-ci sont purement et simplement assimilées à des actes juridictionnels du for, dont elles produisent exactement les mêmes effets.

Cette efficacité extraordinaire, en l'état, n'est cependant pas attachée à tous les jugements rendus dans les États membres. Elle est pour l'instant réservée à deux catégories de décisions, élaborées d'après une procédure particulière qu'il convient donc de décrire.

Liminairement, il convient d'indiquer que les deux Règlements restreignent leur domaine aux « litiges transfrontaliers », définis comme ceux dans lesquels « au moins une des parties à son domicile ou sa résidence habituelle dans un État membre autre que l'État membre de la juridiction saisie » et qu'ils ne lient ni l'un ni l'autre le Danemark.

464-2 Destiné à entrer en vigueur le 12 décembre 2008, le Règlement du 12 décembre 2006 instituant une procédure européenne d'injonction de payer se veut applicable « en matière civile et commerciale », comme le Règlement du 22 décembre 2000 (*supra*, n° 333). Son domaine toutefois est sensiblement plus réduit puisqu'il ne concerne que les créances pécuniaires liquides et exigibles découlant, en principe, exclusivement d'obligations contractuelles (art. 2 et 4). Les titulaires de telles créances peuvent former, en remplissant un formulaire type, une demande d'injonction de payer devant toute juridiction compétente selon le Règlement du 22 décembre 2000 (205). Si les conditions en sont remplies d'après un examen pouvant « être effectué au moyen d'une procédure automatisée » (art. 8), cette

(205) La compétence d'attribution appartiendra aux juridictions qu'il incombera à chacun des États membres de désigner avant le 12 juin 2008.

juridiction délivre l'injonction requise sous forme d'un autre formulaire type qui est notifié au défendeur (206), lequel dispose d'un délai de 30 jours pour faire opposition dans les termes d'un nouveau formulaire type qui lui est transmis en même temps que l'injonction (207). Cette opposition, qui n'a pas à préciser les motifs de contestation de la créance (art. 16), a en principe pour effet que « la procédure se poursuit devant les juridictions de l'État membre » dans lequel l'injonction a été délivrée, « conformément aux règles de la procédure ordinaire » de cet État (art. 17). Elle ne pourra donc déboucher que sur une décision dont la reconnaissance et l'exécution dépendront du Règlement du 22 décembre 2000. En revanche, si aucune opposition n'a été formée dans le délai prescrit, la juridiction de laquelle l'injonction émane déclare celle-ci exécutoire, au moyen encore d'un formulaire type, dans l'ensemble des pays membres, où elle devra être reconnue et exécutée sans qu'il y ait eu lieu d'en requérir au préalable l'exequatur et sans « qu'il soit possible de contester sa reconnaissance » (art. 19).

Quant à l'exécution elle-même, elle dépend des procédures organisées par la loi de l'État où elle est poursuivie et doit être effectuée « dans les mêmes conditions qu'une décision exécutoire rendue » dans cet État (art. 21). Il faut sans doute en déduire que peuvent y faire obstacles les règles de ce dernier qui définissent des catégories de biens, ou des fractions de revenus insaisissables, ainsi peut-être — quoique la solution soit plus discutable — que les règles qui attachent aux procédures collectives, même ouvertes postérieurement à l'injonction, un effet suspensif des poursuites individuelles. En revanche, les tribunaux de l'État requis ne peuvent jamais interdire l'exécution sinon dans deux cas : lorsque le défendeur établit avoir déjà payé ce qui lui est réclamé ; et lorsque l'injonction est incompatible avec une décision antérieurement rendue entre les mêmes parties pour la même cause, mais à la double condition alors, d'une part que cette décision émane ou puisse être reconnue dans l'État du for, d'autre part que l'incompatibilité « n'aurait pas pu être invoquée au cours de la procédure judiciaire dans l'État membre d'origine » (art. 22). Et s'ils peuvent « dans des circonstances exceptionnelles » (art. 23) parfois suspendre l'exécution, c'est seulement, et au maximum, pour la durée du réexamen de l'injonction devant la juridiction compétente de l'État membre d'origine, qu'il est permis au défendeur de saisir dans des cas eux-mêmes « exceptionnels » (art. 20) et si étroitement définis qu'ils sont évidemment insuffisants pour offrir une garantie effective des droits fondamentaux de la défense.

464-3 De son côté, le Règlement 861/2007 du 11 juillet 2007, qui se déclare applicable à partir du 1er janvier 2009, dispense de toute formalité préalable l'exécution dans un État membre des décisions obtenues dans un autre État membre au terme de la procédure particulièrement expéditive qu'il offre en matière de litiges relatifs à des demandes dont la valeur n'excède pas 2 000 €, lorsqu'elles sont formées, à nouveau, en « matière civile et commerciale ». Cette notion doit être encore comprise de la même façon que dans le Règlement du 22 décembre 2000, sous cette réserve que sont ici exclus les différends concernant les « atteintes à la vie privée et aux droits de la personnalité, y compris la diffamation », et les demandes de nature non pécuniaire se rapportant à des baux immobiliers (art. 2).

La procédure, qui relève des juridictions compétentes d'après le Règlement du 22 décembre 2000 (208), obéit à leurs règles nationales, sous réserve de celles qui sont expressément édictées par le texte communautaire. Elle est introduite, cette fois encore, par le moyen d'un formulaire type qui précise les indications devant être fournies dans la langue de la juridiction à laquelle il est adressé, suivant un moyen de communication quelconque. Ces indications concernent l'identité du demandeur et du défendeur, le fondement de la

(206) Cette notification peut être opérée par voie électronique.

(207) Aucune traduction dans la langue officielle de l'État où l'injonction est notifiée au débiteur n'est à ce stade requise !

(208) À nouveau, les États membres devront faire le choix de celles de leurs juridictions auxquelles appartiendra en la matière la compétence d'attribution.

compétence internationale du tribunal saisi (209), les modalités du règlement des droits de greffe, le montant de la demande principale ou son estimation si elle n'est pas de nature monétaire, et enfin les motifs de cette demande ainsi que les éléments de preuves qui en sont proposés.

Si la demande « apparaît manifestement non fondée ou irrecevable », elle « est rejetée » (art. 4), sans autre forme de procès (210). Il en va de même si son auteur ne satisfait pas à la demande de rectification du formulaire que la juridiction saisie a le devoir de lui adresser en cas d'insuffisance des indications fournies. Dans le cas contraire, « la juridiction complète la partie I du formulaire type de réponse C figurant à l'annexe III » (art. 5), lequel invite le défendeur à prendre parti sur la demande et, s'il la conteste, d'indiquer ses raisons aussi bien que les éléments de preuve sur lesquels il s'appuie. Ce formulaire doit lui être notifié, en principe par voie postale avec accusé de réception, avec une copie du formulaire de demande et, le cas échéant, de ses pièces justificatives. Et il doit être retourné par lui, dûment complété « dans la langue de la juridiction » (art. 6) (211) dans un délai de 30 jours (212). Une copie en est alors signifiée par le tribunal au demandeur, qui semble ne pas disposer d'un droit de réplique (213). Il est en effet permis au juge, dans un délai également de 30 jours, de trancher immédiatement le litige au fond. Ce n'est que si l'estime utile que, dans le même délai, il peut au préalable décider de demander aux parties des renseignements complémentaires, de recourir à des mesures d'instruction (214) ou de tenir une audience.

Le sort de la décision sur le fond dans les autres États membres est réglé par des dispositions identiques à celles qui gouvernent l'injonction de payer européenne (*supra,* n° 464-2). En revanche il s'en distingue dans l'ordre interne du pays dans lequel elle est rendue par le fait qu'elle peut être sujette à une éventuelle voie de recours : les États membres devront, chacun pour ce qui le concerne, prendre parti sur ce point avant le 1er janvier 2008.

(209) Pour déterminer, parmi les cases « domiciles du défendeur », « domicile du consommateur », « domicile du preneur d'assurance, de l'assuré ou du bénéficiaire », « lieu d'exécution de l'obligation qui est à la base du litige », « lieu où le fait dommageable s'est produit » ou « lieu où se trouve le bien immeuble », celle qu'il doit cocher, le demandeur, qui est informé qu'un recours à un avocat n'est pas obligatoire, est invité à consulter les sites Internet de la Communauté.

(210) On ignore si ce « rejet » est ici un acte matériel (le formulaire de demande est mis dans la corbeille à papier) ou une décision pourvue de l'autorité de chose jugée : à tout prendre, la première solution serait moins inquiétante que la seconde, qui priverait le demandeur de son droit fondamental à un procès équitable. Elle n'aurait d'ailleurs de sens que si la décision de rejet était notifiée à un défendeur qui, par hypothèse, a pourtant été jusqu'alors tenu dans l'ignorance de la demande. Or cette notification n'est pas en l'occurrence prévue par le texte communautaire. Mais il est vrai que celui-ci ne prévoit pas non plus que le demandeur doit, d'une façon quelconque, être lui-même informé du « rejet ».

(211) Ce texte précise que le défendeur peut exiger de son adversaire une traduction des pièces qui lui ont été communiquées dans une langue qu'il ne comprend pas ou qui n'est pas la langue officielle de l'État de leur notification.

(212) Le défendeur peut former une demande reconventionnelle. Si la valeur de celle-ci excède 2 000 €, l'entier litige doit être traité, non plus selon la procédure mise en place par le Règlement, mais selon les règles du droit commun de l'État membre dont la juridiction a été saisie.

(213) Sauf en cas de demandes reconventionnelles, auxquelles l'auteur de la demande initiale a le droit de répondre dans un délai de 30 jours.

(214) L'article 9 croit utile de préciser que le juge n'est en droit de requérir que les preuves « nécessaires à sa décision » ; et il ajoute qu'il « tient compte des coûts » de leur obtention, ce qui peut inquiéter.

Bibliographie sommaire

Sur l'effet des jugements étrangers en général :

ALEXANDRE : *Les pouvoirs du juge de l'exequatur*, Paris, 1971.

B. ANCEL : « Loi appliquée et effets en France des décisions étrangères », *Trav. Com. fr. dr. int. pr.*, 1986-1988, p. 25 et s.

B. ANCEL : « Les règles de droit international privé et la reconnaissance des décisions étrangères », *RTD* 1992.201.

BARTIN : *Étude sur les effets internationaux des jugements*, Paris, 1907.

E. CORNUT : « *Forum shopping* et abus de choix de for en droit international privé », *JDI* 2007.27.

FOUSSARD : « Entre exequatur et exécution forcée (De quelques difficultés théoriques et pratiques relatives à l'exécution des jugements étrangers », *Trav. com. fr. dr. int. privé* 1995-1998, p. 175.

FRANCESCAKIS : « Le contrôle de la compétence du juge étranger après l'arrêt *Simitch* de la Cour de cassation », *Rev. crit. DIP* 1985.243.

D. HOLLEAUX : *Compétence du juge étranger et reconnaissance des jugements*, Paris, 1970.

D. HOLLEAUX : « Les conséquences de la prohibition de la révision », *Trav. Com. fr. dr. int. pr.*, 1980-1981, p. 53 et s.

JEULAND : « Les effets des jugements provisoires hors du territoire du for », *Revue de la recherche juridique — Droit prospectif*, 1996.I, p. 173 et s.

MARCHADIER : *Les objectifs généraux du droit international privé à l'épreuve de la Convention européenne des droits de l'homme*, Bruxelles, Bruylant, 2007.

MAYER : « Droit au procès équitable et conflit de juridiction », *in Les nouveaux développements du procès équitable au sens de la Convention européenne des droits de l'homme*, Bruxelles, Bruylant, 1996, p. 125 et s.

MUIR WATT : « Remarques sur les effets en France des jugements étrangers indépendamment de l'exequatur », *Mélanges Dominique Holleaux*, Paris, 1990, p. 301 et s.

MUIR WATT : « Le mythe de l'effet de titre » : le statut des jugements étrangers dans le contentieux du provisoire, *Mélanges Buffet*, Petites Affiches, 2004, 347.

M.-L. NIBOYET-HOEGY : *L'action en justice dans les rapports internationaux de droit privé*, Paris, 1986, p. 211 à 255.

M.-L. NIBOYET : « Action de groupe et droit international privé », *Rev. Lamy dr. civ.*, 2006, n° 32.78.

PÉROZ : *La réception des jugements étrangers dans l'ordre juridique français*, LGDJ, 2005.

PLUYETTE : « La jurisprudence du Tribunal de Paris en matière d'exequatur des jugements étrangers », *Trav. Com. pr. dr. int. pr.* 1988-1989, p. 27 et s.

SINOPOLI : *Le droit au procès équitable dans les rapports privés internationaux*, thèse Paris I, dactyl., 2000.

THÉRY : *Pouvoir juridictionnel et compétence*, thèse dactyl., Paris II, 1981.

Sur la litispendance :

GAUDEMET-TALLON : « La litispendance internationale dans la jurisprudence française », *Mélanges Dominique Holleaux,* Paris, 1990, p. 121 et s.

D. HOLLEAUX : « La litispendance », *Trav. Com. fr. dr. int. pr.,* 1971-1973, p. 203 et s.

LAGARDE : « *Perpetuatio fori* et litispendance en matière internationale », *Mélanges Dominique Holleaux,* Paris, 1990, p. 237 et s.

PLUYETTE : « La Convention de Bruxelles et les droits de la défense (Propos sur la libre circulation des jugements dans l'Europe communautaire) », *Mélanges Pierre Bellet,* 1991, p. 427 et s.

Sur les conflits de procédures :

MOISSINAC MASSÉNAT : *Les conflits de procédures et de décisions en droit international privé*, LGDJ, 2007.

M.-L. NIBOYET : « Les conflits de procédures », *Trav. com. fr. dr. int. privé* 1995-1998, p. 71 et s.

Sur les Conventions de Bruxelles du 27 septembre 1968 et de Lugano du 16 septembre 1988, et sur le Règlement CE du 22 décembre 2000 :

V. la bibliographie citée *supra, sub* n° 358.

CHAPITRE 3
CONFLITS D'AUTORITÉS

465 Le conflit d'autorités regroupe les règles relatives à la compétence internationale des autorités non judiciaires françaises et celles relatives aux effets des actes non judiciaires étrangers, dans la mesure — puisqu'il s'agit de droit international *privé* — où les relations privées sont concernées.

466 En ce qui concerne tout d'abord la *compétence internationale des autorités françaises,* il est impossible de présenter un système général, analogue à celui qu'on connaît dans le domaine du conflit de juridictions. Un tel système est concevable à l'égard des jugements parce que l'activité du juge, si l'on excepte l'aspect gracieux, a toujours, quelle que soit la matière en litige, le même objet : trancher un différend ; c'est à cet objet que doivent convenir les règles de compétence internationale. En revanche, les tâches accomplies par les autorités non judiciaires sont extrêmement variées.

On peut cependant présenter quelques remarques générales, en distinguant les actes des autorités chargées d'une action étatique, et ceux que les particuliers requièrent dans leur propre intérêt.

467 1° On peut étendre aux autorités non judiciaires chargées d'une *action étatique* ce qui a été dit des autorités judiciaires lorsqu'elles sont exceptionnellement placées dans cette situation (v. *supra*, n° 312 à 314) : elles ont compétence chaque fois que la finalité de la mission qui leur est assignée le requiert. Ainsi, les préfets chargés de procéder au « placement » (c'est-à-dire à l'internement) d'office des aliénés dangereux sont compétents à l'égard de tous ceux qui se trouvent sur le territoire ; les inspecteurs du travail chargés de veiller à la bonne application des règles du droit du travail sont compétents à l'égard de tous les établissements situés sur le territoire ; les services des douanes contrôlent l'entrée des marchandises en France et leur sortie de France, etc. Cependant ces autorités peuvent être jugées tenues de cantonner certains de leurs pouvoirs, notamment d'investigation et de commandement, à l'intérieur des limites du territoire, afin de ne pas paraître empiéter sur la souveraineté d'un autre État (1).

Les décisions législatives (nationalisations, moratoires) ne soulèvent pas de problème de compétence internationale au sens du droit international privé ; le Parlement décide lui-même, sans que le droit interne lui impose aucune limite, le champ d'application dans l'espace des décisions qu'il prend. Les limites pourraient provenir du droit international public. Seul relève du droit international privé le problème de l'effet en France des décisions étrangères analogues (v. *infra*, n° 481 et 482).

2° Les autorités qui peuvent être simplement requises par les particuliers dans leur propre intérêt sont nombreuses : notaires, officiers de l'état civil (y compris les consuls), fonctionnaires chargés du registre du commerce, conservateurs des hypothèques, procureurs de la République, etc. Il faut y adjoindre le juge, lorsque le rôle qui lui est attribué consiste seulement *à recevoir* un acte, et non à prendre une véritable décision, même gracieuse : ainsi lorsqu'il enregistre la décision des parents d'émanciper leur enfant mineur ; bien qu'il soit une autorité judiciaire, son activité est ici, matériellement, administrative.

De façon générale, le problème de la compétence internationale de ces autorités n'apparaît pas. Lorsque leur compétence territoriale interne est limitée (cas du conservateur des hypothèques, du juge, du procureur de la République accordant une dispense d'âge en vue du mariage, etc.), il leur suffit de vérifier qu'elle existe en l'espèce, la compétence internationale en découlant automatiquement ; lorsqu'au contraire leur compétence territoriale est illimitée (cas des notaires, sous réserve qu'ils instrumentent dans leur ressort), leur compétence internationale l'est également (2).

Mais il n'en va plus ainsi lorsque l'autorité française compétente *ratione materiae* est unique, car il n'existe pas alors de règle de compétence territoriale. Ainsi, le changement du nom patronymique par décision de l'autorité publique suppose, en France, un décret du gouvernement pris après avis du Conseil d'État. Quel lien avec la France le requérant doit-il présenter pour qu'apparaisse la compétence de l'autorité française ? Une réponse ministérielle (3) exige la qualité de Français, ce qui peut sembler exagérément restrictif, des étrangers résidant en France pouvant avoir intérêt à changer de nom ; ils ne peuvent pas même en demander la « francisation », qui est une mesure accessoire à l'acquisition de la nationalité française (v. *infra*, Livre II). Autre

(1) V. par ex., à propos du pouvoir d'investigation du ministre du Travail — requis d'autoriser un licenciement économique — sur la situation économique de l'employeur, CE 26 avr. 1985, *Dragages du Nord, Rev. crit. DIP* 1985.541, note G. Lyon-Caen.

(2) Le décret du 7 février 1991 relatif aux attributions notariales des agents diplomatiques et consulaires, art. 2, donne compétence à ces agents à l'égard de tous les Français, et précise qu'ils peuvent également recevoir les actes destinés à être produits en territoire français par des ressortissants étrangers.

(3) Publiée à la *Rev. crit. DIP* 1953, p. 187.

exemple : la dispense accordée par le président de la République en vue du mariage entre certains parents et alliés : elle devrait pouvoir être sollicitée à la fois par les Français désirant se marier même à l'étranger, et par les étrangers résidant en France ; dans le second cas elle ne pourrait être accordée que si leur loi personnelle l'autorisait (v. *infra*, n° 549, note 2).

On étudiera successivement les *effets en France des actes publics étrangers,* (Section 1) et ceux des *décisions non judiciaires étrangères* (Section 2).

SECTION I **ACTES PUBLICS**

468 On peut définir l'acte public : l'intervention d'un organe étatique, destinée à produire des effets juridiques de droit privé, mais ne prenant pas la forme d'une décision au sens strict, c'est-à-dire ne comportant pas l'affirmation expresse, pourvue d'une autorité propre, de l'existence d'un état de droit (4). En constitue un exemple l'inscription d'une hypothèque à la conservation des hypothèques. L'acte public est parfois l'une des conditions de validité ou d'opposabilité d'un acte juridique privé (que l'on appellera ci-dessous *negotium* pour éviter les confusions) : ainsi le mariage est le nom donné à la fois à l'acte public, c'est-à-dire à la célébration, et au *negotium*, c'est-à-dire à l'acceptation réciproque de se prendre pour époux avec les effets qu'elle comporte.

La partie négative de la définition, qui oppose l'acte public à la décision *stricto sensu*, pose le problème de la portée de l'acte public : n'étant pas précisée dans l'acte lui-même, elle doit être recherchée dans une règle extérieure à l'acte. Cette règle appartient nécessairement au pays qui a conféré ses pouvoirs à l'officier public : c'est à l'État qui institue un organe qu'il revient de

(4) La distinction n'est pas toujours facile à faire entre un acte public et une décision. La célébration du mariage par l'officier de l'état civil, en tout cas français, est un acte public, bien qu'il prononce les mots : « Je vous déclare unis par les liens du mariage » ; en effet, ces mots constituent une solennité, mais la loi ne leur attribue pas une véritable autorité : le mariage peut très bien ne pas être reconnu valable par un tribunal. La répudiation unilatérale devant un notaire ou une autorité religieuse peut également susciter des difficultés : l'autorité *prononce-t-elle*, ou *constate-t-elle* la dissolution du lien ? De même encore on peut se demander si un acte d'homologation émanant d'une autorité judiciaire ou administrative est une décision ou un acte public. Si elle ne purge l'acte privé d'aucun vice, elle est un simple acte public. Dans le cas contraire, elle est une décision, mais seulement à l'égard des vices qu'elle a purgés ; elle n'absorbe donc pas nécessairement l'acte privé, et celui-ci doit pouvoir faire l'objet d'une action en nullité (*contra*, à propos d'une adoption simplement « reçue » par l'autorité étrangère, Paris 11 juill. 1975, cité *supra*, n° 318). Si la décision d'homologation absorbe l'acte privé, le seul problème sera celui de sa reconnaissance ou de son exequatur en France ; l'action en nullité de l'acte privé sera impossible (en ce sens, à propos d'un jugement de jugement de divorce homologuant la convention des époux, Paris 23 nov. 1993, *Rev. crit. DIP* 1995.88, note Pamboukis).

S'agissant des répudiations religieuses, on doit par ailleurs se demander si l'autorité religieuse est assimilée à une autorité privée ou à une autorité étatique. Les tribunaux français retiennent la seconde qualification, puisqu'ils accordent l'exequatur à la répudiation. Il semble bien en effet que dans les pays à législation *confessionnelle*, les autorités religieuses se voient confier par l'État la qualité d'organes, dans des domaines précis ; mais *quid* de l'intervention d'un ministre du culte dans un pays *laïque* ?

préciser, d'une part, les conditions de son fonctionnement, d'autre part, la portée qu'il s'attache à ses actes. Niboyet a forgé un brocard latin pour exprimer ce double principe : *auctor regit actum.*

Ce qui précède n'implique nullement que l'acte public produise en France les effets que lui impute la *lex auctoris.* D'une part, l'efficacité peut lui être refusée, car elle suppose que certaines conditions soient remplies. À l'inverse, et même en cas d'inefficacité, il se peut très bien que la règle substantielle d'un autre pays le prenne en considération pour lui faire produire les effets qu'elle énonce elle-même ; cette prise en considération est beaucoup plus courante pour les actes publics que pour les jugements.

On envisagera d'abord l'efficacité (§ 1), puis la prise en considération (§ 2). Le Règlement CE du 21 avril 2004 sur le titre exécutoire européen fera enfin l'objet d'un examen particulier (§ 3).

§ 1. L'EFFICACITÉ

469 L'article 509 du nouveau Code de procédure civile prévoit que les jugements rendus par les tribunaux étrangers *et les actes reçus par les officiers étrangers* peuvent être déclarés exécutoires en France. De même l'article 50 des Conventions de Bruxelles et de Lugano et les articles 57 du Règlement du 22 décembre 2000 et 13 du Règlement du 29 mai 2000 (devenu l'article 46 du Règlement du 27 novembre 2003) applicable en matière matrimoniale prévoient la possibilité de rendre exécutoires dans un État contractant les *actes authentiques* reçus et exécutoires dans un autre État contractant (5).

S'agissant de la *force exécutoire* proprement dite, la procédure de l'exequatur doit être utilisée. Mais les actes publics produisent parfois des effets propres, indépendants de toute exécution, qui pourront être admis sans exequatur.

Ils peuvent d'abord avoir une *force probante* particulière, que seuls des procédures et des moyens de preuve particuliers peuvent détruire.

Ils produisent aussi parfois ce que l'on peut appeler un effet « substantiel » : conférer à un *negotium* sa validité en la forme (cas de la célébration d'un mariage par un officier de l'état civil local ou par un consul) ; le rendre opposable aux tiers (cas des mesures de publicité les plus diverses) ; contribuer à la création d'une personne morale (immatriculation des sociétés), etc.

Les *conditions* de l'efficacité sont les mêmes (A), que la *formalité* de l'exequatur soit ou non nécessaire (B).

A. Conditions de l'efficacité

470 Il faut vérifier que l'organe était bien *internationalement compétent.* Cela ne soulève aucune difficulté dans le cas des notaires ou des officiers de l'état civil non consulaires, qui sont compétents dès lors qu'ils sont requis (6). Une *fraude* analogue au *forum shopping*

(5) Ne constitue pas un acte authentique au sens de l'article 50 de la Convention de Bruxelles un titre exécutoire d'après le droit de l'État d'origine mais dont l'authenticité n'a pas été établie par une autorité publique ou toute autre autorité habilitée à ce faire par cet État : CJCE, 17 juin 1999, *Unibank, Rev. crit. DIP* 2000.245, note Droz ; *JDI*, 2000.539, obs. Huet.

(6) Une éventuelle obligation de résidence ne concerne que la compétence territoriale.

pourrait néanmoins être relevée à ce stade, notamment dans le cas des Français qui vont se marier à l'étranger pour éviter une opposition de leurs parents ; mais on peut aussi raisonner, parfois, en termes de conflit de lois, au niveau du *negotium* (v. *infra*, n° 564).

D'autres organes ont une compétence plus limitée ; on verra, par exemple, que les consuls étrangers ne peuvent célébrer des mariages que dans des conditions précises (*infra*, n° 560 et n° 561).

471 Une *irrégularité intrinsèque* de l'acte serait susceptible de mettre obstacle à son efficacité : incompétence *ratione materiæ* ou *ratione loci*, défaut d'accomplissement des formalités prévues par la lex *auctoris* ; s'il s'agit d'un acte dont la qualité d'acte public est subordonnée à des mentions particulières, telle la formule exécutoire, l'acte qui en est dépourvu dégénère en acte privé (7). La jurisprudence *Bachir*, qui a supprimé en matière d'effet des jugements étrangers le contrôle de la régularité de la procédure (v. *supra*, n° 381), ne doit pas être étendue aux actes publics.

Le contraste s'explique facilement : les *juges* ont seuls compétence (sous le contrôle des juridictions qui leur sont hiérarchiquement supérieures) pour apprécier leur compétence interne et la régularité de la procédure qui s'est déroulée devant eux ; le juge de l'exequatur doit donc considérer le jugement étranger comme régulier (sous réserve éventuellement que sa décision de conférer l'efficacité au jugement soit subordonnée à une infirmation ou annulation de celui-ci). En revanche, *l'officier public* n'est pas juge de la régularité de son acte ; celui-ci n'a pas, et n'aura jamais d'autorité comparable à l'autorité de chose jugée.

Même intrinsèquement régulier, l'acte pourrait se voir reprocher sa contrariété à *l'ordre public*.

Les Conventions de Bruxelles et de Lugano (art. 50) subordonnent l'exequatur des actes authentiques reçus dans un État contractant à la vérification de leur régularité intrinsèque et de leur conformité à l'ordre public (8). Dans le cadre du Règlement du 22 décembre 2000 le contrôle a lieu seulement devant la juridiction d'appel (art. 57). Les mêmes solutions valent pour les transactions judiciaires exécutoires dans l'État d'origine (art. 51 des Conventions et 58 du Règlement).

472 La condition de *compétence de la loi appliquée* prend en matière d'actes publics un aspect très particulier. L'organe n'a, à proprement parler, *appliqué* aucune loi ; il a tout simplement *agi* conformément à la *lex auctoris*, dont la compétence à ce niveau ne peut d'ailleurs être mise en doute. Mais la question se pose de savoir si la *lex auctoris*, en tant qu'elle fait produire à l'acte un certain effet substantiel, ne se heurte pas à la compétence de la règle désignée par le droit international privé du for. Par exemple, un pays qui déclare applicable à tous ses nationaux sa propre loi et impose le mariage en la forme religieuse (v. *supra*, n° 156) ne reconnaîtra aucune efficacité à la célébration du mariage par l'officier de l'état civil français, bien que la loi française, *lex auctoris*, attache comme effet à cet acte la validité du mariage en la forme. Dans un tel cas, seule l'équivalence entre les conditions posées par la loi compétente et celles effectivement remplies par l'acte pourraient sauver celui-ci (9) ;

(7) En ce sens, Trib. gr. inst. Seine 25 janv. 1967, *Rev. crit. DIP* 1967.563, note Batiffol, qui relève, à propos d'un acte notarié chilien de changement de régime matrimonial, que l'acte était « revêtu de la formule exécutoire » et que le notaire « a agi dans l'exercice des fonctions qui lui sont dévolues par la loi chilienne ».

(8) Pour une application de ce texte, v. Paris 22 févr. 1990, *JDI* 1991.162, obs. Huet ; Civ. 1re, 12 janv. 1994, *Rev. crit. DIP* 1994.557, note Pamboukis.

(9) En ce sens Trib. gr. inst. Paris 17 oct. 1991, *Rev. crit. DIP* 1992.508, note Muir Watt, à propos d'une déclaration de divorce entre deux Français, enregistrée dans une mairie de Tokyo ; *contra* Trib. gr. inst. Paris 10 mai 1990, *Rev. crit. DIP* 1991.391, note Muir Watt, qui, à propos d'une déclaration de divorce faite à l'ambassade de Thaïlande à Londres, se satisfait du rattachement à la loi thaïlandaise résultant de la nationalité de l'épouse.

mais il serait plus simple de considérer alors que la loi compétente prend en considération l'acte, et lui fait produire elle-même ses conséquences (v. *infra*, §2).

Les effets propres d'un acte public étranger ne sont donc en toute hypothèse reconnus en tant que tels que si le droit international privé du for est prêt à admettre la compétence de la loi de l'autorité qui a agi (10). Il en est ainsi, en France, par exemple, pour les formes de la célébration du mariage ; le droit international privé français n'impose la compétence d'aucune loi, il est prêt à reconnaître la compétence de la loi de toute autorité elle-même compétente (locale ou nationale) qui a agi. Il en est encore ainsi pour la force exécutoire des actes : le droit international privé français reconnaît la force exécutoire des actes étrangers dès lors que la *lex auctoris* la leur confère effectivement dans le pays dont ils émanent. La même solution prévaut dans le cadre des Conventions de Bruxelles et de Lugano (art. 50 et 51) ou du Règlement du 22 décembre 2000 (art. 57 et 58) pour les actes authentiques et les transactions judiciaires.

En revanche, la question est controversée pour la force probante des actes publics.

La doctrine majoritaire, invoquant la jurisprudence, reconnaît aux actes dont la production en justice est admissible l'effet probatoire qui leur est attribué par la *lex auctoris* (11) ; si cette loi subordonne la preuve contraire à une procédure particulière, analogue à l'inscription de faux du droit français, cette dernière, par une adaptation nécessaire, se substituera à elle.

Mais quelques auteurs (12), invoquant la même jurisprudence autrement interprétée, estiment que la force probante est nécessairement soumise à la *lex fori*, l'acte étranger ayant la même force qu'un acte français présentant des garanties équivalentes. Si cette deuxième interprétation est exacte (13), elle signifie simplement que l'effet probatoire propre de l'acte public est insusceptible d'être reconnu en France, parce qu'il est imposé par la *lex auctoris*, alors que seule la *lex fori* est compétente ; l'effet néanmoins reconnu à l'acte est celui qu'attribue la loi française, prenant l'acte étranger en considération, en fonction de sa ressemblance avec tel ou tel acte public français ; cet effet pourrait même se produire à l'égard d'un acte qui n'aurait qu'une force probante inférieure dans son pays d'origine (v. *infra*, n° 477).

473 Les conditions de l'efficacité des actes publics sont ainsi bien distinctes de celles qui ont été vues à propos des jugements étrangers (14). Il importe donc de qualifier exactement la norme étrangère invoquée en France. À cet égard il faut se fier moins à la nature de l'organe dont elle émane qu'à la fonction remplie par lui en l'espèce. Un juge fait par exemple un véritable acte public lorsqu'il se borne à recevoir un acte privé, auquel il confère la validité en la forme et une force probante particulière, voire la force exécutoire. Cet acte ne doit pas être traité comme un jugement ordinaire (15).

(10) Il n'y a pas lieu de remettre en cause cette condition, comme on l'a fait pour la condition de compétence de la loi appliquée par un jugement (v. *supra*, n° 388) ; en effet, si le jugement a une vocation à être respecté, du seul fait qu'il existe, il n'en va pas de même de l'acte public, qui en lui-même n'a pas de signification ; et la vocation de la *lex auctoris* au respect ne peut l'emporter sur celle de la loi désignée par le droit international privé du for.

(11) Plus souvent appelée loi locale, car on néglige les autorités consulaires et on cherche à intégrer dans la formule le sort des actes privés.

(12) F. RIGAUX, *Rép. Dalloz dr. int.* 1re éd., V° Acte, nos 165 et 167 ; C. PAMBOUKIS, *ibid.*, 2e éd., V° « Actes publics étrangers », nos 51 et s. ; DELAPORTE, *op. cit. infra sub* n° 769, nos 208 à 211, Callé, *op. cit. infra sub* n° 482, nos 399 et s.

(13) Elle a été consacrée par la Cour de cassation à propos des actes de l'état civil : Civ. 14 juin 1983, *Rev. crit. DIP* 1984.316, note Ancel. V. *infra*, n° 505.

(14) Quant aux exigences formelles relatives à la production de l'acte (authenticité, légalisation, traduction), la situation est la même qu'à l'égard des jugements : v. *supra* n° 364 *in fine*.

(15) V. cependant Paris 16 janv. 1979, *Rev. crit. DIP* 1979.625, note Mezger, à propos d'un « jugement » allemand recevant la reconnaissance volontaire d'un père naturel.

B. Modalités de l'efficacité

474 L'exequatur est nécessaire pour conférer la force exécutoire à l'acte public. La procédure de l'exequatur est identique à celle qui a été décrite à propos des jugements (v. le renvoi par l'article 50 des Conventions de Bruxelles et de Lugano à la procédure prévue aux articles 31 et s., et celui de l'art. 57 du Règlement du 22 décembre 2000 à la procédure de ses art. 38 et s.).

La reconnaissance de la force probante propre de l'acte ne semble pas nécessiter l'exequatur (16).

Celle de l'« effet substantiel » (v. *supra*, n° 469) ne peut être invoquée qu'incidemment, dans une instance qui, directement, concerne le *negotium*. Ainsi il est impossible de demander l'exequatur d'un acte public qui a consisté à transcrire, pour le rendre opposable aux tiers, un contrat de mariage (17). *A fortiori* n'est-il pas admissible de demander l'exequatur du *negotium* lui-même, sous prétexte qu'il a été l'occasion de la confection d'un acte public (18). Cependant la pratique tend se à répandre de conférer l'exequatur à des actes publics réceptices (19).

L'exequatur, lorsqu'il est accordé, ne peut conférer à l'acte public une autorité supérieure à celle dont il est revêtu dans son pays d'origine. Notamment il ne met pas le *negotium* à l'abri d'une annulation si l'acte public n'a pas pour effet d'en purger tous les vices (20).

§ 2. LA PRISE EN CONSIDÉRATION

475 La prise en considération occupe une place importante parmi les effets des actes publics étrangers, ce qui contraste avec le rôle modeste qu'elle joue à l'égard des jugements (v. *supra*, n° 456). Il en est ainsi parce que l'acte public, étant muet, voit de toute façon ses effets précisés par une règle substantielle. Cette règle est normalement la *lex auctoris*, qui précise sa portée propre, mais il est techniquement facile d'y substituer une autre règle.

476 L'acte public étranger peut être pris en considération chaque fois qu'une règle substantielle, compétente selon le droit international privé du for, exige l'intervention d'un acte public. Par exemple, la loi française (que l'on supposera être la loi compétente) exige qu'une reconnaissance volontaire de filiation naturelle soit constatée dans un acte authentique. Tout acte public étranger correspondant à la notion française d'« acte authentique » conférera à

(16) En ce sens, Alger 6 mai 1922, *JDI* 1922.647 ; *contra* Trib. civ. Seine 21 juin 1895, *JDI* 1896.406. La Cour de cassation (Civ. 5 avr. 1968, *Bull. civ.* III, n° 161, p. 127) a approuvé une Cour d'appel d'avoir retenu un acte notarié péruvien constatant la dation en paiement d'un immeuble, malgré la nullité de l'exequatur, mais en le faisant dégénérer en acte sous-seing privé ; l'ambiguïté de cette décision est d'autant plus grande que l'on ne sait pas si l'annulation de l'exequatur était ou non motivée par une irrégularité de l'acte de nature à le priver de toute efficacité propre.

(17) En ce sens Trib. gr. inst. Paris 12 janv. 1978, *Rev. crit. DIP* 1979.102, note Holleaux.

(18) En ce sens Trib. gr. inst. Paris 12 janv. 1978, cité note précédente, et la note (précitée) de D. Holleaux, p. 110.

(19) V. les décisions citées *supra*, notes 9 et 15. V. aussi Civ. 1re, 17 oct. 2000, *Rev. crit. DIP* 2001.121, note Rémery et Muir Watt, qui a considéré de manière critiquable que constitue une décision sujette à exequatur une « ordonnance » du tribunal des faillites de New York, par laquelle un juge et un greffier américains ont apposé leur nom et leur signature sur la déclaration d'un débiteur tendant à l'ouverture d'une procédure collective, pour cette unique raison que « l'intervention du juge avait pour effet (selon la loi de l'État étranger) d'interrompre toute poursuite des créanciers ».

(20) Par arrêt du 22 novembre 2005 (*Rev. crit. DIP* 2006.422, note P. Callé), la Cour de cassation a d'ailleurs énoncé que le « juge saisi d'une demande d'exécution d'un acte authentique n'a pas le pouvoir d'en apprécier la validité ».

l'acte sa validité en la forme. Ce n'est pas un effet propre de l'acte, qui ne pourrait lui être attribué que par la *lex auctoris* ; pour qu'il se produise, il faut que l'on constate une équivalence entre l'acte effectivement rédigé et l'acte exigé par la loi française. Ainsi, si la reconnaissance est constatée dans un acte rédigé par un *notary public* anglais ou américain, on se demandera si ce personnage est comparable au notaire français (21).

477 L'un des effets que peut attribuer à l'acte la loi compétente est l'effet probatoire. Si l'on estime que seule la *lex fori* décide de la force probante des modes admis (sur cette question, v. *supra*, n° 472 et *infra*, n° 505), on reconnaîtra à l'acte public étranger la même force qu'à un acte français équivalent. Peu importera que l'acte n'ait, dans son propre pays, aucune valeur probante particulière, pourvu que la qualité de celui qui l'a dressé et les formes qu'il a observées inspirent une confiance égale à celle qui s'attache, par exemple, à un acte notarié français (22). Il y aura lieu seulement d'adapter la procédure d'inscription de faux, si l'une des parties y recourt, au caractère étranger de l'acte, en évitant notamment de porter un blâme à l'encontre de l'autorité étrangère (23).

§ 3. LE RÈGLEMENT CE DU 21 AVRIL 2004 SUR LE TITRE EXÉCUTOIRE EUROPÉEN

477-1 Le Règlement CE n° 805/2004 du 21 avril 2004 est révolutionnaire en ce qu'il attribue un caractère immédiatement exécutoire dans tous les États membres de l'Union européenne à un titre établi dans l'un quelconque d'entre eux. Applicable « en matière civile et commerciale », au sens du Règlement du 22 décembre 2000 et sous réserve des mêmes exclusions (V. *supra* n° 333), il concerne exclusivement les « créances incontestées », entendues comme :

1° celles que le débiteur a expressément reconnues dans un acte authentique ;

2° celles qu'il a formellement acceptées dans une transaction conclue devant, ou approuvée par, une juridiction au cours d'une procédure judiciaire ;

3° celles auxquelles il ne s'est jamais opposé, en vertu des règles de procédure du for, au cours d'une procédure judiciaire ;

4° celles qu'il a contestées dans les premiers temps d'une procédure judiciaire mais qu'il est éventuellement réputé, par ces mêmes règles de la *lex fori*, avoir reconnues pour s'être abstenu de comparaître ou de se faire représenter à une audience ultérieure.

Dans les deux derniers cas, la créance, qui n'est pas expressément reconnue ou acceptée par le débiteur, ne peut être tenue pour « incontestée » que si sont au surplus satisfaites certaines exigences relatives à la compétence de la

(21) Les tribunaux ont eu tendance, pour apprécier si l'exigence d'un testament authentique posée par l'article 999 C. civ. était respectée, à considérer comme authentique tout testament régulier selon la forme locale : Civ. 6 févr. 1843, S. 1843.1.209 ; 21 avr. 1959, *D.* 1959.521, note Malaurie, S. 1960.34, note Prévault, *Rev. crit. DIP* 1960.563, note Y. L.

(22) L'Aréopage (judiction suprême grecque) a reconnu force probante jusqu'à inscription de faux à un testament reçu par un *notary public* de l'État de New York, sans se préoccuper de sa force probante dans l'État où il a été dressé (arrêt n° 121/1951, *Rev. crit. DIP* 1953.34, note Francescakis).

(23) En ce sens, RIGAUX, « La force probante... », cité *infra sub* n° 506, p. 79.

juridiction devant laquelle elle a été invoquée (art. 6.I) et aux droits de la défense (art. 12 à 19). Lorsque toutes ces conditions sont réunies, le créancier peut obtenir de la juridiction devant laquelle le caractère incontesté de la créance a été établi ou, s'agissant des créances reconnues dans un acte authentique, d'une autorité désignée par l'État membre dont relève celle qui l'a dressé, la délivrance d'un certificat conforme à un modèle annexé au Règlement. Et c'est sur la base de ce document, auquel doivent être joints, outre sa traduction éventuelle dans la langue du pays d'exécution, la décision, la transaction judiciaire ou l'acte authentique au vu duquel il a été établi, qu'il peut poursuivre l'exécution forcée de sa créance dans n'importe lequel des États membres sans avoir à y diligenter au préalable une quelconque procédure d'exequatur.

Le seul recours ouvert contre le certificat est la demande en rectification ou en retrait, qui est de la compétence exclusive de l'autorité qui l'a dressé (art. 10).

Néanmoins, le débiteur peut requérir de « la juridiction compétente dans l'État membre d'exécution » qu'elle interdise celle-ci dans le cas où elle est incompatible avec une décision antérieurement rendue entre les mêmes parties dans un litige ayant pour cause la même créance, sous la double condition que cette décision, soit a été rendue dans l'État d'exécution, soit réunit les conditions requises pour sa reconnaissance par lui, et qu'elle n'a pas été et n'aurait pas pu être invoquée dans l'État d'origine (art. 21).

Le Règlement n'est applicable que depuis le 21 octobre 2005, mais le titre exécutoire qu'il crée peut, être délivré sur la base de décisions rendues, de transactions judiciaires approuvées ou conclues, et d'actes authentiques dressés ou enregistrés depuis le 1er janvier 2005, date de son entrée en vigueur.

Quant à sa portée exacte, le Règlement entretient une certaine ambiguïté méthodologique. De ses considérants introductifs, qui le relient au « programme communautaire de reconnaissance mutuelle des décisions en matière civile et commerciale », aussi bien que de nombre de ses dispositions visant les actes authentiques, les transactions judiciaires et les décisions « certifiés *en tant que* titres exécutoires européens », se dégage l'impression que, dans l'esprit de ses auteurs, le Règlement constitue une première étape dans le processus plus général qu'ils entendent conduire en vue de supprimer la formalité de l'exequatur des *décisions* dans les rapports entre États membres. La réalité semble différente : il est certainement plus juste de considérer que ce texte ne concerne nullement les conflits de juridictions, et que le titre exécutoire européen est constitué, non pas de l'*acte certifié*, mais du *certificat* lui-même. En effet, même lorsque celui-ci est établi sur la base d'une décision juridictionnelle, il faut remarquer que ce n'est pas son dispositif qu'il est question de rendre exécutoire dans l'ensemble de l'Union européenne : la décision est prise en compte, non pas en tant qu'elle dit le droit, et qu'elle condamne le débiteur à s'exécuter, mais en tant seulement qu'elle révèle chez ce dernier une attitude procédurale de laquelle se déduit le caractère incontesté de la créance invoquée contre lui. Et c'est ce caractère que constate l'autorité certifiante, de la même façon que lorsque la créance est née d'une transaction ou a été reconnue dans un acte authentique. Le certificat qu'elle établit à cet effet n'est donc pas d'une nature différente de celle d'un acte notarié, et c'est à lui que le Règlement attache une force exécutoire « communautaire ». Cette analyse, qui n'est pas contredite, lorsque la créance incontestée est déduite d'un jugement, par l'exigence que celui-ci soit exécutoire dans le pays d'origine (elle signifie seulement que la juridiction de laquelle émane cette décision ne peut délivrer le certificat requis par le créancier aussi longtemps que n'est pas expiré le délai dont dispose le débiteur pour s'exécuter dans le pays d'origine) justifie que le Règlement ne soit considéré que du point de vue des conflits d'autorités.

Il reste cependant que, toujours dans cette hypothèse où la créance incontestée est déduite d'une décision, celle-ci doit elle-même être « reconnue... dans les autres États membres » d'après le Règlement, « sans qu'il soit possible de contester sa reconnaissance » (art. 5). Mais on ne s'explique pas pourquoi des effets aussi étendus, qui ne sont d'ailleurs pas compatibles avec l'état actuel de la construction européenne (v. *supra* n° 464-1), sont ainsi réservés à des décisions se bornant à seulement prendre acte de ce que le débiteur prétendu a estimé ne pas devoir contester, fût-ce seulement pour s'épargner des frais de justice, une réclamation dont rien ne garantit qu'elle n'est pas purement fantaisiste. Il est vrai que la solution est à ce point attentatoire aux droits fondamentaux de la défense que l'on a légitimement émis le doute qu'elle puisse trouver grâce devant la CJCE, sinon même la Cour européenne des droits de l'homme (24).

SECTION II — DÉCISIONS NON JUDICIAIRES

478 Les décisions non judiciaires se rapprochent des jugements en ce qu'elles énoncent expressément un état de droit. Elles peuvent émaner des organes les plus variés : organes administratifs subordonnés, autorités religieuses, ministres, chef de l'État, organes législatifs (25). Bien que la distinction soit peu rationnelle, la jurisprudence a tendance à les traiter de façon différente selon qu'elles émanent d'organes administratifs subordonnés ou d'organes centraux de l'État.

§ 1. DÉCISIONS ÉMANANT D'ORGANES ADMINISTRATIFS SUBORDONNÉS

479 La ressemblance de ces décisions, qui sont normalement individuelles, avec les jugements émanant d'autorités judiciaires, incite à leur étendre le régime décrit au chapitre précédent. De fait, dans de nombreux pays étrangers, les autorités administratives se voient attribuer des fonctions que la France réserve aux autorités judiciaires. Dans les pays nordiques, par exemple, les mesures d'assistance éducative sont prises par des Offices de la jeunesse ; les décisions relatives aux aliments y sont également prises par des autorités administratives. Le divorce ne relève pas non plus toujours, à l'étranger, de la compétence des tribunaux ; dans une affaire *Rivière* (26), le divorce dont l'efficacité était invoquée avait été prononcé par un préfet politique équatorien.

(24) L. d'Avout, *op. cit. sub* n° 482.

(25) On retrouve les difficultés (signalée *supra*, n° 468, note 4 à propos des actes publics) de déterminer si une autorité religieuse est privée ou étatique. Une difficulté analogue est apparue à propos des décisions des conseils de famille : elle a été tranchée dans le sens de la possibilité de leur conférer l'exequatur par Civ. 7 nov. 1972, *Rev. crit. DIP* 1973.301, note Lagarde, *JDI* 1974.610, obs. P. A. ; comp. Trib. gr. inst. Seine 20 janv. 1967, *JDI* 1968.107, note Kahn, *Rev. crit. DIP* 1970.475, note Lagarde.

(26) Civ. 17 avr. 1953, cité *infra*, n° 570.

La jurisprudence accepte de déclarer efficaces les décisions étrangères ayant tranché des questions *qui, en France, auraient été de la compétence des tribunaux de l'ordre judiciaire,* sous les mêmes conditions et selon les mêmes modalités (exequatur ou reconnaissance) que celles qui ont été décrites à propos de l'effet des jugements étrangers (*supra*, Chap. II). C'est ainsi que les divorces administratifs (27) ont été reconnus.

480 Mais l'incertitude est complète sur le sort des décisions non judiciaires étrangères *qu'un tribunal français n'aurait pas été compétent pour prononcer.* On affirme qu'elles ne sont pas susceptibles d'être revêtues de l'exequatur (28). Est-ce à dire qu'elles ne peuvent avoir aucun effet en France ?

Par ailleurs, des textes règlent ponctuellement les modalités de l'efficacité de certaines décisions ; ainsi les changements de nom ordonnés par un pays étranger (29) par la voie administrative peuvent être mentionnés en France en marge des actes de l'état civil, sur requête transmise par la voie diplomatique, alors que les changements judiciaires ont autorité *de plano* en France (30). Un jugement (31) en a déduit que l'exequatur ne pouvait être accordé à de semblables décisions.

Il serait infiniment plus simple que la procédure et les conditions de l'efficacité soient indépendantes de la nature de l'organe qui les a prononcées *et* de celle de l'organe qui les aurait prononcées en France. Seraient seulement insusceptibles d'efficacité les décisions qui ne concerneraient pas le droit privé (v. *supra,* n° 361 et 362).

§ 2. DÉCISIONS ÉMANANT D'ORGANES CENTRAUX DE L'ÉTAT

481 La jurisprudence a tendance à traiter les décisions prises par des organes centraux de l'État (Parlement, Gouvernement) selon la méthode du conflit de lois (32).

Ainsi, pour savoir si la nationalisation par un pays étranger d'une entreprise déterminée doit être reconnue en France, on se demande : « Quelle est la loi applicable à la nationalisation de l'entreprise ? ». La mesure n'est reconnue que si la loi compétente est précisément la loi qui a nationalisé.

S'agissant de mesures *individuelles*, le mal-fondé de cette position est évident. Pourquoi traiterait-on de façon différente un jugement étranger d'expropriation pour cause d'utilité publique, et une loi prononçant une expropriation ou une nationalisation ? Le critère organique, qui semble ainsi retenu, n'est pas défendable.

L'assimilation d'une décision *collective* à une règle est plus difficile à dénoncer. Rappelons que l'on appelle décision collective une décision dont les destinataires sont désignés par un caractère qui leur est commun ; par exemple, la nationalisation de « toutes les entreprises de transport maritime » est une décision collective ; de même, le moratoire de « tous les loyers échus à telle date et inférieurs à tel montant ». Même à l'égard de ces décisions, le

(27) Civ. 17 avr. 1953, *Rivière*, précité.

(28) BELLET, « La jurisprudence du tribunal de la Seine en matière d'exequatur des jugements étrangers », *Trav. Com. fr. dr. int. pr.,* 1962-1964, p. 251 et s. ; FRANCESCAKIS et LUCAS, *Rép. Dalloz dr. int.* (1re éd.), *V° Jugement étranger (matière civile et commerciale),* n° 12.

(29) Supposé non signataire de la Convention d'Istanbul du 4 septembre 1958 : cette convention fait produire effet de plein droit aux décisions prononcées par chaque État signataire relativement au nom de ses ressortissants, sur le territoire des autres États signataires.

(30) Trib. civ. Seine 27 janv. 1885, *JDI* 1885.443, confirmé par Paris 6 avr. 1887, *JDI*, 1888.113.

(31) Trib. gr. inst. Seine 27 nov. 1963, *JDI* 1964.313, obs. Sialelli.

(32) Il n'en est pas ainsi, cependant, lorsque la décision aurait été, en France, de la compétence des tribunaux de l'ordre judiciaire. C'est ainsi que l'exequatur a été conféré à une *loi* canadienne prononçant un divorce (Trib. civ. Seine 8 mai 1961, inédit).

recours au procédé du conflit de lois pèche contre la logique. Le *conflit* de lois suppose que dans chaque pays une loi ait vocation, de par son contenu, à régir la question de droit posée. Or, la nationalisation, ou le moratoire, n'ont été décidés que par *un seul* pays ; les autres pays n'ont pas pris de mesure analogue, ils ne s'y sont pas opposés non plus : leur ordre juridique est vide sur le point en cause. Le caractère complet des ordres juridiques n'existe qu'à l'égard des questions soumises à des *règles*, et c'est pourquoi le problème de conflit de lois ne se pose qu'à propos des règles (v. *supra*, n°s 97 et 98).

La formulation correcte de la question doit être, tout simplement : « La mesure de nationalisation qui a visé telle entreprise doit-elle avoir effet en France ? » C'est une question très voisine de celle que l'on se pose à propos des jugements étrangers. Le problème est bien en effet le même, s'agissant dans les deux cas de l'efficacité en France de décisions étrangères ; le caractère collectif ou individuel de la décision importe peu.

La Cour de cassation semble avoir utilisé cette approche dans un arrêt rendu en 1981 en matière de nationalisation (33) : elle a raisonné en effet en termes d'« efficacité » de cette « décision ».

482 D'importantes conséquences s'attacheraient à l'abandon du recours à la méthode du conflit de lois. Principalement, au lieu de rechercher la loi applicable, on s'interrogerait sur la *compétence internationale de l'autorité étrangère* (comme on s'interroge sur la compétence du juge étranger). Et, le Code civil étant muet, la jurisprudence pourrait dégager des critères de compétence appropriés, au lieu d'appliquer, comme elle le fait aujourd'hui, des règles de conflit qui ont été conçues pour de tout autres problèmes. On en verra des exemples particulièrement nets dans l'étude des nationalisations (*infra*, n°s 669 à 675).

Les autres conditions d'efficacité se réduisent pratiquement à la *conformité à l'ordre public*, qui prend une importance particulière du fait que la décision a souvent pour objet de servir les intérêts de l'État qui l'édicte. La *fraude* n'est pas à craindre lorsque la décision n'est pas requise par les intéressés mais imposée par l'État. La *régularité intrinsèque* se réduit à l'exigence que la décision ait bien force normative dans le pays dont elle émane. Le *contrôle de la loi applicable* ne se conçoit que si la décision intervient dans le cadre d'une règle, ce qui n'est pas toujours le cas ; de toute façon, la compétence de la *lex auctoris* s'impose, au niveau élevé où est prise la décision.

Sur le plan des modalités de l'efficacité, l'exequatur devrait être exigé dans les hypothèses où on l'impose à l'égard des jugements étrangers (v. *supra*, n°s 396 à 398). Mais il faut l'exclure si la décision étrangère est collective, car il ne se conçoit qu'à l'égard de décisions individuelles. D'ailleurs, ce que l'on réclame en France n'est pas en général l'exécution de la décision, mais la consécration de l'état de droit qu'elle a imposé (transfert du droit de propriété, extinction d'une dette ou report de son échéance, par exemple). Il ne s'agira donc que de reconnaissance incidente (en réponse, par exemple, à la revendication formée, sur des biens compris dans la nationalisation, par la personne dépossédée).

(33) Civ. 1er juill. 1981, *Total Afrique, JDI* 1982.148, note Bourel, *Rev. crit. DIP* 1982.336, note Lagarde.

Bibliographie sommaire

CALLÉ : *L'acte public en droit international privé*, Economica, 2004.
CALLÉ : « L'acte authentique établi à l'étranger. Validité et exécution en France », *Rev. crit. DIP* 2005.377.
JACQUET : « La norme juridique extraterritoriale dans le commerce international », *JDI* 1985.327.
MAYER : *La distinction entre règles et décisions et le droit international privé,* Paris, 1973.
MOTULSKY : « Les actes de juridiction gracieuse en droit international privé », *Trav. Com. fr. dr. int. pr.,* 1949-1950, p. 13 et s.
NIBOYET : *Traité,* t. VI : *Le conflit des autorités, le conflit de juridictions,* vol. 1, 1949, vol. 2, 1950.
PAMBOUKIS : *L'acte public étranger en droit international privé,* Paris, 1993.
PAMBOUKIS : « L'acte quasi-public en droit international privé », *Rev. crit. DIP* 1993.565.

Sur le titre exécutoire européen

BELTZ : « Le titre exécutoire européen (TEE) », *D.* 2005.2707.
D'AVOUT : « La circulation automatique des titres exécutoires imposée par le règlement 805/2004 du 21 avril 2004 », *Rev. crit. DIP* 2006.1.
JEULAND : « Le titre exécutoire européen : un château en Espagne ? », *Gaz. Pal.* 27-28 mai 2005.15.
PÉROZ : « Le règlement CE n° 805/2004 portant création d'un titre exécutoire européen », *JDI,* 2005.638.
NOURISSAT : « Le règlement CE n° 805/2004, *Europe,* août-septembre 2005.6.

PARTIE SPÉCIALE

483 Les règles qui ont été exposées dans la partie générale doivent être précisées à présent dans leur application concrète aux questions de droit diverses dont un organe étatique français peut être saisi. Conformément à la tradition française, on examinera donc les problèmes de droit international privé qui se posent à propos de chacun des grands chapitres du droit privé (capacité, mariage, filiation, biens, responsabilité, etc.).

484 On traitera du conflit de lois, mais aussi du conflit de juridictions et d'autorités. La tendance française à considérer le conflit de lois comme la partie « noble » du droit international privé, justifiée en partie par la grande complexité des problèmes qu'il soulève, ne doit pas conduire à négliger les deux autres branches du droit des conflits ; les décisions de la Cour de cassation publiées dans le domaine du conflit de juridictions sont nettement plus nombreuses actuellement que celles relatives à l'ensemble des autres branches du droit international privé. Il faut, davantage encore, éviter de ranger sous la bannière du conflit de lois des problèmes qui appartiennent en réalité au conflit de juridictions ou d'autorités (v. *infra*, n°s 524, 528 et s., 661 et s., 669 et s., 769). On ne doit pas négliger non plus l'existence, dans les conventions élaborées à La Haye, d'une tendance, peut-être critiquable d'ailleurs, à définir en premier lieu la compétence des autorités (juridictionnelles ou non), la loi applicable en étant ensuite déduite par l'affirmation de la compétence de la *lex fori* ou de la loi de l'autorité (*lex auctoris*).

485 Il n'en reste pas moins que, quantitativement, les développements consacrés au conflit de lois seront plus importants. Il en est ainsi, d'abord, parce que la matière, ayant été davantage étudiée, est mieux connue ; et aussi parce que, tandis que le conflit de juridictions se réduit presque aux principes étudiés dans la précédente partie, le contenu des règles relatives aux conflits de lois applicables à chaque matière ne se déduit pas de principes généraux.

Par « règles relatives aux conflits de lois », on vise non seulement les « règles de conflit de lois », au sens strict, mais aussi les lois de police, les règles de conflit unilatérales, alternatives, etc. (v. *supra*, Partie générale, Chapitre I, Section II). Mais la méthode du conflit de lois sera privilégiée, car c'est à elle que les tribunaux recourent dans la majorité des cas.

486 En définitive, l'objet essentiel mais non exclusif de cette partie spéciale va consister dans la description des règles de conflit de lois applicables aux diverses catégories de questions de droit.

La part consacrée à la discussion *de lege ferenda* sera plus grande que dans les ouvrages consacrés au droit interne, en raison de la pauvreté des sources écrites et de la multiplicité des questions non résolues par la jurisprudence. On sait que le Code civil consacre aux conflits de lois son article 3, dont les trois alinéas sont des plus succincts :

« Les lois de police et de sûreté obligent tous ceux qui habitent le territoire.

« Les immeubles, même ceux possédés par des étrangers, sont régis par la loi française.

« Les lois concernant l'état et la capacité des personnes régissent les Français même résidant en pays étranger. »

Que faut-il entendre par « lois de police et de sûreté » ? *Quid* des meubles ? des contrats ? des successions ? des régimes matrimoniaux ? quelle loi appliquer lorsque deux époux, ou encore un parent et son enfant, sont de nationalité différente ? Les tribunaux ont dû résoudre ces problèmes ; ils l'ont fait, dans une large mesure, en s'inspirant des solutions de l'Ancien Droit. Mais un très grand nombre d'incertitudes subsistent. Récemment, le législateur et les conventions internationales ont apporté leur contribution ; mais on discute le sens et la portée des textes nouveaux. La justification ou la critique des solutions existantes, la recherche des solutions inexistantes ou incertaines sont donc essentielles.

487 Toute recherche suppose une méthode. Il est exclu, compte tenu du nombre des questions de droit à rattacher — ce sont toutes celles qui relèvent du droit privé —, d'attribuer successivement à chacune un rattachement ; il est indispensable de constituer des *catégories,* et c'est d'ailleurs le seul moyen d'obtenir la cohérence des diverses solutions.

Mais on peut hésiter sur le nombre et sur l'importance (inversement proportionnelle au nombre) des catégories à distinguer : trop nombreuses, elles empêchent la formation de remarques communes à plusieurs d'entre elles ; trop importantes, elles ne suffisent pas à résoudre des problèmes précis. Pour concilier ces exigences, il faut procéder par étapes : définition d'abord de très grandes catégories, puis de plus étroites, puis de plus étroites encore ; c'est ce qu'a fait la jurisprudence. Il est important de noter qu'à aucun stade on ne peut faire abstraction du but de l'opération : la recherche d'un rattachement. On ne constitue une catégorie que dans la mesure où elle paraît appeler un rattachement unique, ou du moins un groupe unique de rattachements.

D'Argentré, on l'a vu (*supra*, n° 62), ne distinguait que deux catégories : les statuts réels, relatifs aux choses, et les statuts personnels, relatifs aux personnes, « abstraction faite de tout élément réel ». La terminologie s'est conservée, en changeant de sens à deux points de vue. Tout d'abord d'Argentré, posant le problème du conflit de lois en termes de territorialité et d'extraterritorialité des coutumes, opérait une classification des *coutumes* ; ce sont elles que le terme « statuts » désigne (bien qu'originairement il ait désigné, chez les auteurs italiens, des textes écrits). Depuis Savigny, on pose le problème en termes de recherche de la loi applicable aux *rapports de droit ;* ce sont eux qui font l'objet du classement, de sorte que lorsque l'on parle aujourd'hui du statut personnel ou du statut réel (au singulier), on se réfère à la matière, non à la loi qui la régit.

D'autre part, le contenu des catégories s'est modifié, parce que les rattachements que l'on envisage pour chacune d'elles paraissent de nos jours appeler des regroupements différents de ceux qu'avait retenus d'Argentré. La loi applicable au statut réel est toujours la loi du lieu de situation du bien, dite *loi réelle*. Mais la concurrence d'autres rattachements a diminué le nombre des questions que l'on considère comme réelles (v. *infra*, n°s 531, 646) : il faut que la chose soit directement concernée, c'est-à-dire qu'il s'agisse de droits réels. En revanche, on inclut dans le statut réel les questions réelles *mobilières* (que d'Argentré considérait comme personnelles), parce que la loi réelle a paru présenter à leur propos certains au moins des avantages qui l'ont fait retenir pour les immeubles (v. *infra*, n° 644).

Quant au statut personnel, on ne le définit plus comme l'ensemble des matières qui ne sont pas réelles ; la catégorie serait en effet trop large, n'appelant ni un rattachement commun, ni même un groupe commun de rattachements. Le statut personnel ne comprend donc plus que les matières dans lesquelles la personne est directement concernée « comme telle » (1) : nom, capacité, mariage, filiation ; ceci permet de le soumettre à une loi qui présente elle-même un rapport direct avec la personne, loi que l'on appelle globalement la *loi personnelle* et qui peut être en fait celle de la nationalité, du domicile ou de la résidence de la personne (le choix étant fait ensuite entre ces trois rattachements en fonction de leurs avantages respectifs, v. *infra*, n°s 507 à 511).

Parmi les matières qui ne font partie ni du statut personnel, ni du statut réel, on peut commencer par ériger en catégorie distincte les contrats, parce que la loi qui s'applique à eux est désignée, au moins partiellement, par le choix des parties : c'est la loi *d'autonomie*.

(1) BATIFFOL et LAGARDE, *Traité*, n° 279. Le glissement de sens s'opère dès le XVIIe siècle ; v. sur ce point FOUSSARD, *op. cit. supra sub* n° 75, p. 25.

Restent les délits et quasi-délits, les quasi-contrats, les régimes matrimoniaux, les successions. Les deux premières catégories peuvent être réunies, parce qu'elles concernent des faits juridiques, que l'on peut soumettre à la loi du lieu de leur survenance, et auxquels les autres rattachements ne conviennent pas (v. *infra*, n°s 678 et 688). Les régimes matrimoniaux et les successions, en revanche, suscitent davantage l'hésitation. Ils concernent les droits réels, mais possèdent un caractère personnel marqué dans la mesure où ils se rattachent au droit de la famille ; on ne peut donc exclure *a priori* ni l'application de la loi réelle, ni celle de la loi personnelle des époux (régimes) ou du *de cujus* (successions) ; de plus, le choix du régime matrimonial résulte souvent d'un contrat, ce qui confère des titres à la loi d'autonomie. C'est ici la pluralité des rattachements possibles qui doit conduire à voir dans les régimes matrimoniaux une catégorie spéciale et dans les successions une autre.

Les six grandes catégories (2) ainsi distinguées — statut réel, statut personnel, contrats, faits juridiques, régimes matrimoniaux et successions — seront regroupées, *pour la présentation*, en quatre titres :

Titre I : Le statut personnel.

Titre II : Le statut réel.

Titre III : Les faits et actes juridiques.

Titre IV : Le droit patrimonial de la famille.

Dans un chapitre préliminaire, on étudiera la distinction de la procédure — qui ne relève pas du conflit de lois — et de la substance des droits — qui en relève. À l'intérieur de chaque titre, ou chapitre, correspondant à une des six grandes catégories on recherchera les catégories plus étroites affectées chacune d'un rattachement unique.

488 Cette recherche elle-même peut obéir, sinon à des règles précises, du moins à des directives. Deux aspects sont en fait à distinguer :

1° La recherche des catégories destinées à être soumises à un rattachement unique (sans nécessairement que celui-ci soit totalement précisé).

2° L'identification précise, aux divers niveaux où cela apparaît nécessaire, du rattachement qui convient à la catégorie ou à la sous-catégorie retenue.

1° *Recherche des catégories*

489 Une *première directive* peut être empruntée aux développements consacrés à la qualification : *respecter dans la plus grande mesure possible les ensembles législatifs* (v. *supra*, n° 164), ne pas soumettre, par exemple, à des lois différentes la détermination des droits successoraux respectifs des divers prétendants à une même succession.

L'extension se justifie d'autant mieux qu'il n'y a pas de solution de continuité entre *l'interprétation* des règles de conflit, qui est au cœur de la qualification (v. *supra*, n°s 155 à

(2) Ph. Francescakis (*Rép. Dalloz droit internat.*, 1re éd., *V° Conflits de lois*, n°s 242 à 247) distingue les six mêmes catégories.

165), et la *création* de ces règles qui nous occupe maintenant. Bien mieux, les deux phénomènes coexistent en général dans la découverte d'une solution nouvelle : on ne peut créer une règle de conflit en faisant abstraction des règles existantes (qu'elles soient de source législative ou jurisprudentielle), car il faut respecter leur cohérence ; et l'interprétation est toujours créatrice, car elle permet de résoudre un problème que les règles existantes, trop générales, ne tranchaient pas expressément. Simplement, la création a une part d'autant plus faible que la solution cherchée est plus précise, le contexte étant plus étoffé, donc davantage contraignant (3) ; et elle est au contraire exclusive d'interprétation lorsqu'il s'agit de dégager les règles de base du système.

Mettant l'accent sur la création, on ajoutera que le degré de spécialisation des règles ne peut faire l'objet d'une directive quantitative. Il est inexact que la spécialisation, en soi, introduise le « dépeçage » et favorise ainsi l'apparition des problèmes d'adaptation ; elle est au contraire un moyen de les éviter. Il est toujours bon de distinguer dans un problème les deux aspects différents qu'il comporte et de les soumettre à des lois différentes, si l'on parvient ainsi à attribuer à chacune des lois ce qui appartient naturellement à la catégorie qu'elle régit ; par exemple, la soumission à la loi personnelle des contractants du problème de leur capacité soustrait à la loi d'autonomie un aspect de la validité au fond du contrat, mais elle évite de soumettre la capacité des contractants à des lois variables selon l'acte passé. Le seul critère est donc qualitatif : ne dépecer un ensemble que pour en respecter un autre, dont la cohérence est jugée plus fondamentale. Apparaîtra ainsi comme un « mauvais » dépeçage celui qui crée des catégories nouvelles, sans raison impérieuse. La soumission des obligations de chaque contractant à une loi différente en est un exemple classique.

Deuxième directive (négative) : ne pas rechercher dans le droit interne un modèle privilégié pour la constitution des catégories (comp. *supra*, n° 165 pour les qualifications) (4).

Très souvent, les auteurs avancent au soutien de la solution nouvelle qu'ils proposent, telle analyse subtile de la plus récente évolution du droit interne. Pourtant, le droit des conflits de lois repose sur la mise en doute *a priori* de l'application de la *lex fori*. Les indications, si elles apparaissent nécessaires, doivent être recherchées dans le droit comparé. On y gagnera aussi en stabilité : il ne paraît pas désirable, étant donné le rythme et l'ampleur des modifications du droit interne, que le droit international privé en soit nécessairement le reflet.

Troisième directive : les termes qui définissent les catégories doivent se rapporter à des *situations* plutôt qu'à des *solutions* juridiques. À cet égard, la catégorie « protection des incapables » est bien constituée, car elle ne préjuge pas du mode de protection qui sera retenu. Il est regrettable que, pour affiner cette catégorie qui paraissait trop large, la jurisprudence ait distingué « la tutelle » et « l'autorité parentale », qu'elle soumet à deux lois différentes, alors que ce sont précisément deux modes de protection, dont les divers systèmes ne font pas tous le même usage. Concrètement, comment devra-t-on réagir si la loi applicable à une situation, qui selon le droit du for relève de l'autorité parentale, organise un régime de tutelle ? Si l'on voulait opérer des distinctions, il fallait le faire selon les situations, décrites de façon neutre : par exemple « protection des mineurs dont les deux parents sont encore mariés », « dont les parents sont divorcés », « dont l'un des parents est décédé », « dont les deux parents sont décédés » (5).

(3) On ne peut non plus opposer qualification et création en ce que la première concernerait l'étendue de la catégorie, et la seconde le choix du rattachement. La règle de conflit de lois affecte un rattachement à une catégorie. Ni son interprétation, ni sa création ne se conçoivent sans la prise en compte des deux éléments.

(4) Le droit du for doit seulement être privilégié pour la découverte du sens des mots utilisés dans l'énoncé de la règle de conflit (v. *supra*, n° 156). Mais c'est là un pur problème d'interprétation, qui passe au second plan lorsqu'il est question de créer des règles de conflit.

(5) Comp. LEQUETTE, *op. cit. infra sub* n° 546, n°s 75 et s.

2° *Identification du rattachement*

490 Dans son Cours général à l'Académie de La Haye (*op. cit.*), M. Paul Lagarde a montré que trois principes étaient susceptibles de dicter le choix du rattachement (6) : le principe de proximité, qui tend à soumettre la situation à l'ordre juridique qui présente avec elle les liens les plus étroits ; le principe de souveraineté, qui met l'accent sur la volonté qu'a l'État de soumettre à ses lois certaines situations ; et le principe d'autonomie, qui permet aux parties de choisir elles-mêmes la loi qui régira leurs rapports.

Selon la matière en cause, tel principe tend à l'emporter sur les autres. Souvent deux d'entre eux se renforcent mutuellement, ou au contraire se combattent.

Parmi ces principes, le premier — principe de proximité — est susceptible de déborder son rôle de source d'inspiration dans la détermination du rattachement, pour devenir à lui seul l'énoncé d'une règle de conflit ; M. Lagarde propose d'exprimer celle-ci de la façon suivante : « Un rapport de droit est régi par la loi du pays avec lequel il présente les liens les plus étroits ». Il n'y a plus alors de rattachement, mais un principe pur, qui conduira le juge à rechercher de façon casuistique, et en fonction de l'ensemble des données de l'espèce, la loi applicable. On verra que le droit français a consacré cette méthode en matière de contrats.

Lorsque le principe de proximité ne se substitue pas aux rattachements, il peut du moins être utilisé pour les corriger (quel que soit leur fondement), en prenant la forme d'une clause d'exception. Cette clause a pour objet d'habiliter le juge à écarter le droit désigné par le rattachement lorsque la situation n'a qu'un lien très peu significatif avec lui, et se trouve dans un rapport beaucoup plus étroit avec un autre droit. C'est encore un recours à la méthode casuistique, mais seulement à titre de correctif exceptionnel. Plusieurs législations et conventions récentes comportent des clauses d'exception (en particulier la Convention de Rome de 1980 en matière contractuelle, v. *infra*, n° 725). C'est oublier que le droit international privé a pour objectif essentiel de garantir la sécurité juridique, et que donner au juge, par une clause d'exception, la liberté de s'en affranchir, revient à contredire cet objectif.

491 Sur un plan plus étroitement pratique, on peut encore s'inspirer, dans la détermination du rattachement, des directives suivantes.

Première directive : le rattachement doit être toujours facile à identifier. On écartera, par exemple, le critère du lieu de situation pour les choses qui voyagent par nature (navires, aéronefs).

Deuxième directive : le rattachement ne doit pas favoriser les fraudes. Dans le domaine du statut personnel, où les parties n'ont pas la libre disposition de leurs droits, c'est un argument sérieux contre le critère d'une résidence non qualifiée par sa durée.

Troisième directive : la coïncidence fréquente entre la loi applicable et la loi du for est souhaitable, les juges ayant les plus grandes difficultés à connaître et interpréter les lois étrangères.

(6) M. Lagarde mentionne aussi le principe de la « finalité matérielle ». Mais celui-ci joue davantage sur la structure de la règle de conflit (v. *supra*, n°s 138 à 140) que sur l'identification du rattachement.

Bibliographie sommaire

COURBE : « Le principe de proximité », *in Mélanges Lagarde*, Dalloz, 2005, p. 227 et s.
DUBLER : *Les clauses d'exception en droit international privé*, Genève, 1986.
LAGARDE : « Le principe de proximité dans le droit international privé contemporain », *Rev. Acad. La Haye*, 1986.I, t. 196, p. 9 et s.
RÉMY-CORLAY : *Étude critique de la clause d'exception dans les conflits de loi*, thèse dactyl., Poitiers, 1997.
Académie internationale de droit comparé : Les clauses d'exception en matière de conflits de lois et de conflits de juridictions — ou le principe de proximité, Martinus Nijhoff, 1984.

CHAPITRE PRÉLIMINAIRE
LA DISTINCTION DE LA PROCÉDURE ET DE LA SUBSTANCE DES DROITS

492 La distinction de la procédure et de la substance des droits est la plus ancienne que la jurisprudence et la doctrine, séparément semble-t-il, aient dégagée. Le Parlement de Paris a toujours suivi son propre « style » (*stylus curiæ*) ; en termes modernes, il appliquait à la procédure la loi du for, cependant que la substance du litige était soumise à des coutumes diverses, désignées par les règles de conflit (v. *supra*, n° 47). Les post-glossateurs ont, dès le XIIe siècle, distingué les *ordinatoria litis* des *decisoria litis,* soumettant les premiers à la *lex fori*, les seconds, selon les cas, au droit commun, aux statuts de la cité ou aux statuts extraterritoriaux d'autres cités (v. *supra*, n° 59).

La justification de la compétence de la *lex fori* a déjà été donnée (v. *supra*, n° 103), et l'on a souligné qu'elle excluait toute possibilité d'un conflit de lois véritable : les tribunaux, organes étatiques français auxquels a été confié le service public français de la justice, sont liés par la loi dont ils tiennent leurs pouvoirs, et qui leur impose la façon dont ils doivent se comporter, c'est-à-dire *procéder*.

Exceptionnellement, la qualité d'organe français et celle d'organe chargé d'un service public français peuvent se trouver dissociées. Ainsi, lorsque le juge français reçoit une commission rogatoire en provenance de l'étranger, il intervient exceptionnellement dans le *service étranger de la justice*, ce à quoi ses règles de procédure l'autorisent (art. 736 à 748 du nouveau Code de procédure civile) (1) ; mais il reste une autorité française. Cette dernière circonstance est déterminante : un organe public doit rechercher dans sa propre loi l'indication des modalités de son action. Mais la loi française, seule compétente, peut l'autoriser, si cela lui apparaît opportun, à se conformer aux règles étrangères. C'est ce que fait l'article 739 du nouveau Code : « La commission rogatoire est exécutée conformément à la

(1) Le juge peut seulement refuser d'exécuter la commission s'il estime qu'elle ne rentre pas dans ses attributions ; il y est même obligé si elle est de nature à porter atteinte à la souveraineté de l'État français (art. 743).

loi française, à moins que la juridiction étrangère n'ait demandé qu'il y soit procédé selon une forme particulière ».

Ces principes sont transposables bien entendu aux juridictions étrangères, auxquelles on ne saurait donc faire grief d'avoir procédé selon leur propre loi. La remarque peut paraître dénuée d'intérêt depuis que l'arrêt *Bachir* a supprimé le contrôle de la régularité de la procédure suivie par la juridiction étrangère dont la décision est invoquée en France (*supra*, n° 381). Elle en conserve un cependant, car le maintien du contrôle de la compétence de la loi appliquée au fond oblige le juge français à se demander si l'application de la *lex fori* par la juridiction étrangère se justifie ou non par le caractère procédural de la question tranchée.

493 Cette question de délimitation du domaine exact de la loi de procédure, qui se pose plus souvent au tribunal français saisi directement du litige, est parfois complexe et constitue l'objet essentiel de ce chapitre.

La mission principale des tribunaux est, en effet, d'assurer la sanction des droits privés, et la cloison n'est pas étanche entre l'existence et le contenu des droits d'une part, la façon dont ils sont mis en œuvre en justice d'autre part. Il convient donc de distinguer soigneusement la procédure de la substance des droits (2).

Le rôle de la qualification présente ici une originalité qui doit conduire à délaisser la méthode décrite dans le paragraphe consacré au choix de la règle de conflit (*supra*, n°s 148 à 168). Le choix à effectuer n'est pas, en effet, entre deux règles de conflit, telles celle relative aux conditions de forme et celle relative aux conditions de fond du mariage (sur ce choix, v. *supra*, n° 162), mais entre le respect de la compétence de la *lex fori*, imposée par cette loi elle-même si elle est de procédure, et, si elle ne l'est pas, le recours à une règle de conflit de lois ; on n'est pas à la frontière de deux règles de conflit, mais à la frontière du droit des conflits de lois tout entier. En se limitant à l'hypothèse où le tribunal saisi du litige est un tribunal français, la qualification qu'il convient d'opérer est donc celle des *règles françaises*, qui constituent ici l'« objet de la qualification » ; si ce sont des règles de procédure, le tribunal doit les appliquer ; si ce sont des règles substantielles, il doit rechercher la loi applicable (3). La finalité des règles doit être prise en considération pour le classement.

(2) « Substance », plutôt que « fond », car il faut opposer aux règles procédurales non seulement les règles de fond, mais aussi les règles de forme (forme des contrats ou des testaments, par exemple).

(3) Dans le cadre du contrôle des jugements étrangers présentés à l'exequatur ou à la reconnaissance, la qualification de la règle appliquée par le juge étranger au titre de la procédure semble devoir être encore effectuée selon la loi française, puisqu'elle est destinée à vérifier que la règle française de conflit ne désignait pas une loi différente. On refusera donc de reconnaître un jugement anglais qui aura estimé que l'action n'était pas prescrite selon la loi du for (le droit anglais tend à classer dans la catégorie « procédure » les règles de prescription), alors qu'elle l'était selon la loi désignée par la règle de conflit française (le droit français voit dans la prescription une institution de fond). Le résultat est d'autant plus regrettable que la qualification procédurale est théoriquement plus justifiée (v. *infra*, n° 498). Mais il

Pour éviter une énumération fastidieuse, on se contentera d'examiner les règles françaises dont la qualification soulève un problème ; toutes les autres règles que le droit interne français rattache à la procédure sont applicables en principe aux litiges, même internationaux, soumis aux tribunaux français.

Les problèmes apparaissent essentiellement dans deux secteurs : celui de *l'action en justice*, car, bien que distincte du droit substantiel, elle préexiste à la saisine du tribunal (Section I) ; celui des *preuves*, en raison de leur lien avec le fond du droit et avec la forme des actes (Section II).

494 Avant d'aborder ces questions, on signalera les quelques points sur lesquels le *contenu* des règles de procédure subit l'influence du caractère international du litige.

Deux d'entre eux, liés à l'extranéité des plaideurs, appartiennent au passé. Le défendeur pouvait réclamer au demandeur étranger le versement d'une caution, dite caution *judicatum solvi* ; elle a été supprimée. Les étrangers ne bénéficiaient pas de l'assistance judiciaire ; ils bénéficient à présent de l'aide juridictionnelle s'ils résident habituellement et régulièrement en France (4).

a) Les règles spéciales actuelles concernent d'abord l'accomplissement à l'étranger d'*actes de procédure*. Deux catégories d'actes doivent être distinguées.

1° En premier lieu viennent les actes qui doivent être effectués à la diligence des parties, notamment des *notifications*. Le nouveau Code de procédure civile consacre à celles qui sont destinées à des personnes domiciliées à l'étranger les articles 683 à 688, et à celles en provenance de l'étranger les articles 688-1 à 688-8. D'autre part, deux conventions multilatérales de La Haye, du 1er mars 1954 et du 15 novembre 1965 (la seconde se substituant à la première dans les rapports entre États signataires des deux conventions), auxquelles la France est partie, instituent entre les États contractants un système de coopération qui a manifestement inspiré celui qui est applicable, depuis le 31 mai 2001 entre les pays membres de l'Union européenne (à l'exception du Danemark) en vertu du Règlement CE nº 1348/2000 du 29 mai 2000. La France a également conclu de nombreuses conventions bilatérales.

En droit commun, la notification à l'étranger prend la forme d'une signification, faite par l'huissier au parquet. Le procureur se charge de la transmission à l'étranger (normalement par le canal du ministère de la Justice). La remise de l'acte au destinataire est assurée par les agents diplomatiques ou consulaires français, soit directement, soit par l'entremise de l'autorité locale. Les délais courent à compter de la remise au parquet, ce qui constitue une solution sévère pour le destinataire, notamment dans le cas d'une citation à comparaître en justice. Des tempéraments résultent de l'article 686 (obligation pour l'huissier d'adresser copie certifiée conforme de l'acte au destinataire par lettre recommandée avec demande d'avis de réception) et de l'article 687 (possibilité pour le juge de prescrire d'office toutes diligences complémentaires s'il n'est pas établi que le destinataire de l'acte en a eu connaissance en temps utile).

Une protection plus efficace est prévue lorsque la notification a été accomplie en exécution de la Convention de La Haye du 15 novembre 1965 ou du Règlement européen du 29 mai 2000. Ces textes instaurent un choix entre plusieurs systèmes de transmission. Quel que soit celui qui a été utilisé, le juge est tenu de surseoir à statuer tant qu'il n'est pas établi que

paraît inéluctable dans le système français de conflit de juridictions, qui prévoit le contrôle de la compétence législative.

(4) V. aussi la Convention de La Haye du 25 oct. 1980 tendant à faciliter l'accès international à la justice, publiée par décret du 11 oct. 1988 (*Rev. crit. DIP* 1989.125), et l'accord européen du 27 janv. 1977 sur la transmission des demandes d'assistance judiciaire.

l'acte introductif d'instance a été régulièrement notifié, en temps utile pour que le défendeur ait pu se défendre (5), ou tout au moins (si l'État du juge saisi a fait une déclaration en ce sens) qu'un délai qui ne peut être inférieur à six mois s'est écoulé depuis la date d'envoi de l'acte (art. 15 de la Convention et art. 19 § 1 et 2 du Règlement). De plus, le juge peut relever le défendeur qui n'a pas eu connaissance de l'acte en temps utile, sans faute de sa part, et contre lequel une décision a été rendue, de la forclusion résultant de l'expiration des délais de recours (art. 16 de la Convention et 19 § 4 du Règlement).

2° Les actes que le juge désire accomplir ou faire accomplir dans le cadre du procès, notamment en vue de l'obtention de preuves, et qui ne peuvent être matériellement exécutés qu'à l'étranger, donnent lieu le plus souvent à une *commission rogatoire* (art. 733 à 735 nouv. C. proc. civ. : commissions à destination de l'étranger ; art. 736 à 748 : commissions en provenance de l'étranger). La commission à destination de l'étranger peut être adressée, soit aux autorités étrangères, par la voie diplomatique, soit aux autorités diplomatiques ou consulaires françaises ; ces dernières ne disposent, pour procéder à la mesure d'instruction, d'aucun pouvoir de contrainte, et ne peuvent agir que dans la mesure où l'État local y consent. Dans ce domaine encore, les conventions sont nombreuses ; il faut surtout signaler les conventions de La Haye du 1er mars 1954 (déjà citée) et du 18 mars 1970 (la seconde se substituant à la première dans les rapports entre États signataires des deux conventions) (6). Et, au plan européen, la matière est couverte, depuis le 1er janvier 2004, par le Règlement CE n° 1206/2001 du 28 mai 2001, relatif à la coopération entre les juridictions des États membres dans le domaine de l'obtention des preuves en matière civile et commerciale.

b) Certains *délais de procédure* sont allongés de deux mois lorsque la personne contre laquelle ils courent est domiciliée à l'étranger. Ce sont — à l'exclusion de tous autres — les délais de comparution, d'appel, d'opposition, de recours en révision et de pourvoi en cassation (art. 643 nouv. C. proc. civ.)

SECTION I — L'ACTION EN JUSTICE

495 L'article 30 du nouveau Code de procédure civile définit l'action « le droit, pour l'auteur d'une prétention, d'être entendu sur le fond de celle-ci afin que le juge la dise bien ou mal fondée ». C'est un droit de nature processuelle. Il n'est pas, contrairement à ce que pensait naguère la doctrine, un simple aspect du droit substantiel invoqué (droit de créance par exemple), car on peut être titulaire du droit d'action sans être en fait titulaire du droit substantiel que l'on veut voir reconnaître : la demande sera dans ce cas recevable, et le juge prononcera un jugement de débouté.

Cependant l'action, qui préexiste à l'instance, présente un lien étroit avec le droit subjectif. Même si le droit peut exister sans action (comme l'action sans

(5) Une obligation analogue, qui a été reprise, aussi bien par l'article 26 du Règlement du 22 déc. 2000 que par l'article 18 du Règlement du 27 nov. 2003, applicable en matière matrimoniale, résulte de l'art. 20, al. 2 de la Convention de Bruxelles du 27 sept. 1968. Elle s'impose (à défaut d'application de la Convention du 15 nov. 1965 ou du Règlement n° 1348/2000 du 29 mai 2000) à tout juge d'un État contractant saisi d'un litige dirigé contre un défendeur domicilié sur le territoire d'un autre État contractant.

(6) Sur le caractère exclusif ou non des voies prévues par la Convention de 1970, v. Cour sup. États-Unis 15 juin 1987, *Aérospatiale* (*Rev. crit. DIP* 1988.559, note Dyer) et Versailles 9 avr. 1993 (*Rev. crit. DIP* 1995.80, note Couchez).

droit), se traduisant alors chez le débiteur par une obligation naturelle, il est évident que la relation juridique est profondément affectée par l'absence de possibilité pour le titulaire du droit d'en obtenir la sanction. Les nombreuses fins de non-recevoir spéciales à des demandes particulières — celles, par exemple, qui sont spéciales à la recherche de paternité naturelle — sont en fait de véritables privations du droit substantiel, et comme telles incontestablement soumises à la loi du fond.

On étudiera seulement les conditions *générales* du droit d'action, qui suscitent de plus sérieuses hésitations : les deux conditions positives que sont *l'intérêt et la qualité ;* une condition négative, *l'absence de prescription* ; une condition discutée, la *capacité.*

§ 1. L'INTÉRÊT

496 L'intérêt du demandeur est exigé pour la recevabilité de la demande (« pas d'intérêt, pas d'action »), dans le souci de ne pas encombrer les prétoires, et de ne pas déranger inutilement le défendeur. Le caractère procédural de la règle est manifeste. Par exemple, la règle *De minimis non curat praetor* (exigence que l'intérêt ne soit pas minime) s'impose au juge, même si la loi applicable au droit substantiel ne la connaît pas. De même, l'exigence d'un intérêt né et actuel et les tempéraments qui lui sont apportés par l'admission de certaines demandes préventives sont liés à la conception du rôle du juge et donc insusceptibles d'être écartés par une règle étrangère (7).

Mais l'exigence d'un intérêt « juridiquement protégé », qui a conduit pendant longtemps la Chambre civile à déclarer irrecevable l'action en responsabilité de la concubine, est directement liée au fond. C'est qu'en réalité, l'intérêt dont il est question dans cette règle n'est pas l'intérêt à agir, mais l'intérêt dont la lésion constitue le préjudice ; la concubine n'avait pas subi un préjudice réparable, elle n'avait pas de droit *substantiel* à réparation. Ce n'est donc pas la loi du for qu'il faut consulter sur ce type de problèmes, mais la loi qui régit le fond.

§ 2. LA QUALITÉ

497 Le cercle des personnes qui ont *intérêt* à agir n'est pas identique à celui des titulaires du *droit* d'agir. Toute différence entre les deux cercles est rattachée au concept de qualité, qui recouvre en fait des règles très diverses.

De façon générale, seul, parmi les personnes intéressées, a qualité pour agir le prétendu titulaire du droit subjectif. La règle est destinée à imposer le respect

(7) Civ. 1re, 4 déc. 1990, *JDI* 1991.371, note Bureau, *Rev. crit. DIP* 1991.558, note Niboyet-Hoegy, *GA* n° 72. On pourrait en discuter pour la prohibition de l'action interrogatoire, dont le fondement est le seul respect du délai d'option de la personne « interrogée ».

de l'une des prérogatives attachées au droit subjectif, la liberté d'en user ou de ne pas en user. Elle n'est donc pas essentiellement procédurale. Il en va de même des exceptions à la règle : droit pour la mère d'agir en recherche de paternité naturelle dans l'intérêt de son enfant (art. 340-2 C. civ.), droit pour le créancier d'exercer l'action oblique (art. 1116 C. civ.), droit des associés de rechercher à la place de la société la responsabilité des administrateurs, etc. Il faut en fait appliquer « la loi de l'institution pour le fonctionnement de laquelle le droit d'agir est accordé » (8).

Dans les cas d'action « attitrée », c'est-à-dire réservée à certaines personnes, c'est en fait le droit substantiel lui-même qui est réservé, et la *lex fori* n'est donc pas compétente.

On parle encore de qualité à propos de l'action dite « collective » des syndicats et associations, dans la mesure où, en l'autorisant, on élargit le cercle des titulaires du droit d'agir au-delà des personnes directement intéressées. La réticence à leur reconnaître la qualité s'explique en partie par le souci de ne pas concurrencer le ministère public, organe officiel chargé de la défense des intérêts généraux ; dans cette mesure, les règles qui limitent l'action syndicale ou associationnelle sont procédurales. Mais par ailleurs le droit d'agir est une caractéristique propre à l'organisme ; si un syndicat étranger n'est pas habilité par la loi qui le régit à agir pour la défense des « intérêts collectifs de la profession qu'il représente », il ne semble pas devoir être admis à agir en France comme pourrait le faire un syndicat français. On est ainsi conduit à l'application cumulative de la loi du for et de la loi du syndicat : celui-ci ne pourra agir que si les deux lois l'y autorisent (9). Le principe doit être étendu aux associations, mais une difficulté supplémentaire naît du fait que la loi française n'ouvre parfois l'action collective qu'à des associations déterminées, très précisément désignées.

§ 3. L'ABSENCE DE PRESCRIPTION

498 Deux catégories de délais sont facilement qualifiées. Les *délais préfix* sont intimement liés *au fond* du droit et donc soumis à la loi qui régit le fond. À l'opposé, les *délais de procédure* font partie de l'organisation de *l'instance* et sont donc imposés par la seule loi du for.

Les délais de *prescription*, en revanche, se rapportent à *l'action* en justice ; leur écoulement laisse subsister le droit. Le caractère processuel semble donc dominant, et c'est la raison pour laquelle en Angleterre on applique à la

(8) En ce sens M.-L. NIBOYET-HOEGY, *op. cit.*, p. 62 et s. À titre d'illustration, la recevabilité de l'*action oblique* relèverait de la loi régissant le droit du créancier agissant (en ce sens, NIBOYET-HOEGY, *op. cit.*, p. 240 et s. ; *contra* Aix-en-Provence 30 mars 1979, *Rev. crit. DIP* 1980.717 note critique Légier : loi de la créance du débiteur).

(9) Crim. 15 oct. 1959, *JDI* 1961.134, note Françon, *Rev. crit. DIP* 1963.56, note Loussouarn ; Paris 17 mars 1960, *Rev. crit. DIP* 1961.197, note Loussouarn.

prescription la loi du for. La solution française est cependant la soumission à la loi du fond (10) ; elle se justifie par l'inconvénient pratique de la qualification procédurale : la prescription variant selon le tribunal saisi, le demandeur peut, si plusieurs tribunaux sont compétents, choisir l'un de ceux qui considèrent l'action comme non encore prescrite.

§ 4. LA CAPACITÉ

499 La capacité d'ester en justice ne semble pas devoir échapper à la compétence de la loi personnelle (loi nationale pour les personnes physiques, loi de la constitution pour les personnes morales), non plus d'ailleurs que les modes de représentation des incapables. Le défaut de capacité est, en effet, la conséquence d'un caractère propre de la personne, et doit rester attaché à celle-ci, quel que soit le tribunal saisi. Peu importe que l'incapacité et la protection de l'incapable fassent l'objet d'aménagements spéciaux tenant compte de la nature de l'acte à accomplir (la demande en justice) : la loi personnelle a vocation, on le verra (*infra*, n° 522), à s'adapter à la diversité des actes de l'incapable.

SECTION II LA PREUVE

500 La matière des preuves semble à première vue relever entièrement de la procédure : il s'agit, indépendamment de l'existence du droit, d'emporter la conviction du juge sur la survenance de certains faits. Mais la réflexion conduit à reconnaître à la loi du fond et à la loi du lieu de l'acte juridique en cause un rôle étendu. La mise à l'écart de la loi du for est presque totale sur l'objet et la charge de la preuve (§ 1), partielle sur l'admissibilité des modes de preuve (§ 2) et la force probante des modes admis (§ 3) ; en revanche, elle régit seule l'administration de la preuve (§ 4).

§ 1. L'OBJET ET LA CHARGE DE LA PREUVE

501 L'*objet* de la preuve est évidemment indissociable du fond, puisque ce qui doit être prouvé, ce sont les éléments de fait qui correspondent au présupposé (sur ce mot, v. *supra*, n° 83) de la règle applicable au fond, et dont la réunion conditionne le déclenchement de l'effet juridique de cette règle.

(10) Civ. 21 avr. 1971, *JCP* 1971.II.16825, note Level, *Rev. crit. DIP* 1972.74, note Lagarde ; 7 juin 1977 ; *Rev. crit. DIP* 1978.119, note Batiffol, *JDI* 1977.879, obs. Ph. K.

La *charge* de la preuve pèse, dans tous les systèmes, sur le demandeur ; les seules divergences qui s'observent sont relatives aux présomptions légales. Il suffit de songer à la présomption de l'article 312 du Code civil français (« L'enfant conçu pendant le mariage a pour père le mari ») pour percevoir que les règles posées par le législateur sont en fait des règles de fond. L'intuition se confirme si l'on observe que le bénéficiaire de la présomption légale n'est pas désigné par sa position procédurale (défendeur ou demandeur), mais par sa position dans la relation juridique substantielle (mari de la mère dans l'exemple tiré de l'article 312).

§ 2. L'ADMISSIBILITÉ DES MODES DE PREUVE

502 La loi française interne restreint les modes de preuve admissibles pour établir l'existence des *actes* juridiques, exigeant, sauf exceptions diverses, la production d'un écrit. Elle déclare libre la preuve des *faits* juridiques, mais apporte à cette règle des exceptions, notamment en matière d'établissement de la filiation, et à l'égard des faits relatifs à l'état civil (naissance, décès).

503 Pendant longtemps, la jurisprudence a appliqué la loi du lieu où *l'acte* est intervenu, les formes probatoires étant ainsi soumises au même rattachement que les formes solennelles. Mais la doctrine a fait valoir que « les règles que la loi impose [au juge] tiennent principalement au souci d'une administration de la justice rapide et sûre », ce qui impose la qualification procédurale (11). Sensible à l'argument, la Cour de cassation s'est prononcée, dans l'arrêt *Isaac* du 24 février 1959, pour la loi du for (12). Elle a toutefois admis un tempérament, lui-même suggéré par la doctrine : si la loi locale n'exige pas la préconstitution de la preuve (qui passe par la rédaction d'un écrit), il serait sévère de refuser au nom de la loi du for la preuve par témoins ou présomptions, sur laquelle les parties ont pu légitimement compter. La Cour de cassation, dans l'arrêt *Isaac*, décide donc que « s'il appartient au juge français d'accueillir les modes de preuve de la loi du for, c'est néanmoins sans préjudice du droit pour les parties de se prévaloir également des règles de preuve du lieu étranger de l'acte » (13). Et la Convention de Rome du 19 juin 1980 sur la loi applicable aux obligations contractuelles (aujourd'hui en vigueur) reprend cette

(11) BATIFFOL et LAGARDE, *Traité*, n° 707 ; *contra* T. GROUD, *op. cit.*, qui se prononce en faveur de la compétence exclusive de la loi du fond.

(12) *Rev. crit. DIP* 1959.368, note Y. L., *D.* 1959.485 note Malaurie. V. en dernier lieu dans le même sens Civ. 25 nov. 1981, *Rev. crit. DIP* 1982.701, note Ancel et 5 janv. 1999, *Rev. crit. DIP* 1999.293, note Huet. Dans le cadre de l'exequatur, c'est la loi du for étranger qui est reconnue compétente.

(13) M. Huet, dans sa thèse (*op. cit.*), écarte la qualification procédurale au motif essentiel que dans le système de la preuve légale, on ne se préoccupe pas de la conviction du juge ; celui-ci est obligé de trancher conformément à la loi. Il critique également le choix offert au demandeur entre la loi du for et la loi du lieu, qui constitue une faveur indue au contractant qui a négligé de satisfaire aux conditions

solution dans son article 14, alinéa 2, en élargissant le tempérament à toute forme connue par l'une quelconque des lois susceptibles de s'appliquer à la forme de l'acte. En fait, la compétence de la loi du for n'est pas écartée ; c'est elle qui ordonne au juge de *prendre en considération* la loi locale (ou plus largement la *lex formae*) pour tenir compte de l'extranéité de l'acte.

Quant à la preuve des *faits* juridiques, la compétence de principe de la loi du for peut être admise sans hésitation. Au cas où cette loi exige la préconstitution, le tempérament de l'arrêt *Isaac* devrait jouer (sur la preuve des faits de l'état civil, v. *infra*, n° 513).

504 La concurrence de la loi du fond vient remettre en cause plus sérieusement la compétence de la *lex fori*. En effet, lorsque les moyens de peuve sont réglementés dans une matière particulière, c'est bien, semble-t-il, parce que les règles de fond qui régissent cette matière le commandent. Si l'aveu était prohibé dans l'instance en divorce avant la loi du 11 juillet 1975, c'est parce que la loi française n'autorisait pas le divorce par consentement mutuel et qu'il fallait éviter qu'elle ne fût tournée.

En réalité, une telle considération ne conduit peut-être pas à écarter la compétence de la loi du for. Elle révèle simplement que dans certaines hypothèses, étant donné le contenu respectif de la loi du fond et de la loi du for, une adaptation est nécessaire. On peut expliquer ainsi que la Cour de cassation, dans un arrêt *Figué* du 17 juin 1958, ait approuvé le refus d'exequatur opposé par la Cour d'appel à un jugement guatémaltèque de divorce prononcé sur l'aveu par la femme de ses torts ; l'arrêt rappelle la compétence de la loi du for (ici étranger), mais ajoute que la prohibition du divorce par consentement mutuel, posée par la loi française compétente au fond, aurait dû empêcher le juge étranger de se fonder sur la seule « confession » de la femme à l'audience (14).

C'est seulement lorsque l'admissibilité des modes de preuve paraît, dans un domaine déterminé, être *par nature* indissociable du fond que l'on peut écarter la loi du for. La jurisprudence a jugé qu'il en était ainsi en matière d'établissement de la filiation, et l'on peut estimer, en effet, que ce qui caractérise le lien juridique de filiation, en le distinguant du lien biologique, est précisément le fait que sa preuve est réglementée.

§ 3. LA FORCE PROBANTE DES MODES ADMIS

505 S'agissant de *preuves non écrites*, la compétence de la loi du for est généralement admise (15). Elle est fondée sur ce que la force attachée obligatoirement par la loi à certains procédés de preuve limite dans la même mesure le rôle de l'intime conviction du juge.

posées par la loi locale ; celle-ci, qui répond, comme en matière de formes solennelles, aux exigences de commodité des parties, doit selon lui avoir seule compétence.

(14) *Rev. crit. DIP* 1958.736, note Francescakis, *JCP* 1958.II.10761, note Louis-Lucas, *JDI* 1959.1114, note Goldman, *D.* 1959.65, note Malaurie.

(15) *Contra* T. Groud (*op. cit.*) qui se prononce à nouveau en faveur de la loi du fond.

Le même fondement conduit à soumettre également à la *lex fori* la force probante des *écrits*, ainsi que l'a décidé la Cour de cassation pour les actes étrangers de l'état civil (16). D'ailleurs, si l'article 47 du Code civil dispose à propos de ceux-ci qu'ils « font foi » s'ils ont été rédigés dans les formes de la *lex auctoris*, c'est, depuis la loi du 26 novembre 2003, sous réserve qu'ils ne soient pas contredits, non seulement par « d'autres actes ou pièces détenus », mais encore par « des données extérieures ou des éléments tirés de l'acte lui-même » établissant que ce dernier est « irrégulier, falsifié ou que les faits qui y sont déclarés ne correspondent pas à la réalité ». En revanche, les actes, privés ou publics, rédigés pour constater des conventions ont la force probante que leur attribue la loi qui en règle la forme (*lex loci actus* ou *lex auctoris*), ce qui assure davantage le respect des prévisions des parties (17).

§ 4. L'ADMINISTRATION DE LA PREUVE

506 Elle est soumise à la loi du for ; il s'agit là, en effet, d'une question procédurale au sens le plus strict, c'est-à-dire de la façon dont procède, matériellement, le juge pour mener l'instance jusqu'à son terme (18).

Bibliographie sommaire

BIDAUD-GARON : « La force probante des actes de l'état civil étrangers après la loi du 26 novembre 2003 », *Rev. crit. DIP* 2006.49.

B. ANCEL : « Le transfert international des informations nécessaires à l'administration du droit privé », *Mélanges Loussouarn*, Paris, 1994, p. 1 et s.

C. BRUNEAU : « L'obtention des preuves en matière civile et commerciale au sein de l'Union européenne », *JCP* 2001.I.349.

CAPATINA : « L'entraide judiciaire internationale en matière civile et commerciale », *Rec. Acad. La Haye*, 1983, I, p. 305 et s.

CHATIN : Études sur les commissions rogatoires, la notification des actes à l'étranger et l'aide judiciaire, *Rev. crit. DIP* 977.610.

FAUVARQUE-COSSON : « La prescription en droit international privé », *Trav. com. fr. dr. int. pr.*, 2002-2004, p. 235 et s.

(16) Civ. 14 juin 1983, *Rev. crit. DIP* 1984.316, note Ancel ; Civ. 1re, 12 nov. 1986, *Rev. crit. DIP* 1987.557, note Poisson-Drocourt ; Crim. 13 oct. 1986, *Rev. crit. DIP* 1987.731, note Revillard ; Civ. 1re, 29 nov. 1994, *Rev. crit. DIP* 1995.543, note Droz.

(17) Civ. 10 janv. 1951, *Rev. crit. DIP* 1952.95, note Batiffol, *JDI* 1951.882, note Goldman.

(18) Les exigences de la loi du for peuvent cependant être assouplies lorsque les preuves ont été recueillies à l'étranger. La Cour de cassation (Civ. 22 févr. 1978, *Rev. crit. DIP* 1979.593, note Couchez) a admis l'utilisation de déclarations faites par des témoins au Venezuela devant un notaire, selon la procédure locale.

FONGARO : *La loi applicable à la preuve en droit international privé*, LGDJ, 2004.
T. GROUD : *La preuve en droit international privé,* PUAM, 2000.
T. GROUD : « Obtention des preuves situées à l'étranger. Harmonisation européenne et unification internationale », *Petites Affiches* 2002, n° 43, p. 11.
HAGE-CHAHINE : *Les conflits dans l'espace et dans le temps en matière de prescription,* Paris, 1977.
HUET : *Les conflits de lois en matière de preuve,* Paris, 1965.
LE BERRE et PATAUT : « La recherche des preuves en France au soutien de procédures étrangères au fond », *RD aff. int.* 2004.41.
LEBEAU et NIBOYET : « Regards croisés du processualiste et de l'internationaliste sur le Règlement CE du 28 mai 2001 relatif à l'obtention des preuves civiles à l'étranger », *Gaz. Pal.*, 2003, n° 50, p. 6.
MALAN : « La langue de la signification des actes judiciaires ou les incertitudes du Règlement sur la signification et la notification des actes judiciaires et extra-judiciaires », *Petites Affiches* 2003, n° 77, p. 6.
MEYER-FABRE : « L'obtention des preuves à l'étranger », *Trav. com. fr. dr. int. pr.*, 2002-2004, p. 199 et s.
MONIN-HERSANT et NICOD : « Réflexions sur la notification des actes à l'étranger », *JDI* 1989.969.
M.-L. NIBOYET-HOEGY : *L'action en justice dans les rapports internationaux de droit privé,* Paris, 1986.
NUYTS : « Le règlement communautaire sur l'obtention des preuves : un instrument exclusif », *Rev. crit. DIP* 2007.53.
OLIVIER : « De l'exécution des mesures d'instruction ordonnées par le juge français ; le principe de la territorialité et la nouvelle réglementation communautaire », *Gaz. Pal.* 2002, n° 167, p. 11.
RAIMON : « L'abus du droit d'action dans les litiges internationaux », *JCP* 2000.I.256.
RIGAUX : « La force probante des écrits en droit international privé », *Rev. crit. DIP* 1961.1.

TITRE I
LE STATUT PERSONNEL

507 Le statut personnel regroupe l'ensemble des problèmes dans lesquels la personne se trouve non seulement impliquée — elle l'est dans tous les problèmes juridiques — mais *directement mise en cause*. Les sous-catégories principales de ce vaste ensemble sont : le nom, la capacité, le mariage, la filiation.

Au statut personnel convient, on l'a vu, *la loi personnelle*, c'est-à-dire une loi qui présente un lien direct avec la personne. Mais il reste à choisir entre les trois critères qui répondent à cette exigence : la nationalité, le domicile et la résidence. On peut éliminer d'emblée la résidence non assortie d'une exigence de durée, car il est évident qu'une matière dans laquelle les parties, pour l'essentiel, ne sont pas maîtresses de leur droit, ne peut être soumise à une loi que les intéressés éluderaient par un simple déplacement momentané. Restent donc la nationalité, le domicile et la résidence qualifiée (par exemple la résidence habituelle, peu distincte du domicile).

À vrai dire, le Code civil a tranché la question sans ambiguïté, dans l'alinéa 3 de l'article 3 : « Les lois concernant l'état et la capacité des personnes régissent les Français, même résidant en pays étranger. » Si l'on bilatéralise le texte, et c'est ce qu'a fait sans hésitation la jurisprudence, la loi personnelle est donc, en droit positif français, la *loi nationale*. De nombreux pays, surtout continentaux, ont, sous l'influence de Mancini, adopté la même position.

Mais une partie de la doctrine souhaite une modification du droit ; elle préconise l'adoption du critère du domicile, retenu par de nombreux pays, notamment anglo-saxons, scandinaves et d'Amérique latine (1). Et plusieurs conventions de La Haye ont retenu le critère de la résidence habituelle. Il faut donc se demander si la solution actuelle est justifiée, étant observé que la Cour

(1) V. en particulier NIBOYET, *Traité*, t. III, n° 927 ; LOUIS-LUCAS, *Trav. Com. fr. dr. int. pr.*, 1934, p. 13 ; LEREBOURS-PIGEONNIÈRE et LOUSSOUARN, *Précis*, n°s 337 à 339.

de justice des Communautés européennes, sans aucunement la condamner, lui a néanmoins opposé le principe communautaire de non-discrimination en raison de la nationalité dans le cas où la personne en cause est le national de plusieurs États membres (v. *infra* n° 858). On examinera successivement les arguments théoriques et les arguments pratiques.

508 Si les rédacteurs du Code civil ont retenu la loi nationale, c'est probablement dans le sentiment que *le législateur impose à ses sujets les comportements qu'ils doivent observer* dans les matières qui concernent leur personne.

En cela ils se sont montrés, malgré les apparences, fidèles aux conceptions antérieures : si, dans l'Ancien Droit, où les conflits étaient essentiellement interprovinciaux et n'impliquaient que des nationaux, on recourait par la force des choses au critère du domicile, il s'agissait en fait du domicile *d'origine*, qui traduit le lien de sujétion, et non du domicile actuel ; on sait d'ailleurs que la première règle de conflit énoncée par les glossateurs a été : *Statutum non ligat nisi subditos*, le statut ne lie que les sujets (v. *supra*, n° 58).

Ce fondement de la compétence de la loi nationale est toujours actuel, comme le montre la solution retenue par principe à l'égard des individus qui possèdent à la fois la nationalité française et une nationalité étrangère : la première l'emporte, alors même que la seconde est plus effective. C'est donc le principe de souveraineté, plus que le principe de proximité (v. *supra*, n° 490), qui s'applique.

L'idée d'une nécessaire soumission au législateur national, même préservée des excès du personnalisme (v. *supra*, n° 75), a pu paraître « sentimentale » plus que rationnelle (2). Et l'on peut constater que les pays anglo-saxons, s'ils maintiennent l'idée de soumission au souverain, lui donnent une assiette plus territoriale : le souverain impose sa loi à ceux qui ont leur domicile (domicile d'origine, d'ailleurs) sur son territoire. Tout dépend de l'idée que se fait le souverain de ses rapports avec son territoire et de ses rapports avec ses sujets. Il en est le seul juge ; dans quelque sens qu'il tranche, sa décision échappe, pour l'essentiel, aux critiques d'ordre rationnel (3).

509 *Sur le plan pratique*, la loi nationale et celle du domicile ou de la résidence habituelle présentent des avantages différents.

Mancini a invoqué l'adaptation de la *loi nationale* au tempérament — il faudrait ajouter : à la culture — des sujets. L'argument, qui n'a qu'une faible valeur en dehors du statut personnel, en revêt en revanche une grande dans ce domaine précis, surtout si l'on songe que les contacts sont de plus en plus fréquents entre pays de civilisation très différente. Les Britanniques ont fait sur

(2) En ce sens, LEREBOURS-PIGEONNIÈRE et LOUSSOUARN, *Précis*, n° 339.
(3) Affirmer qu'une solution est fondée sur le sentiment est donc, dans cette matière, un argument majeur pour la maintenir.

ce point l'expérience des inconvénients du critère du domicile, dans le cas d'Anglais établis dans les parties extrême-orientales de l'Empire.

La nationalité présente également une stabilité plus grande que le domicile. Or les lois relatives au statut personnel sont celles dont la *permanence* doit être le plus fermement assurée. Pillet (v. *supra*, n° 71), bien qu'il ait compris largement la catégorie des lois essentiellement permanentes, a trouvé ses exemples les plus convaincants dans le domaine du statut personnel, et spécialement dans celui de la capacité : il ne doit pas être possible à l'incapable de conquérir sa capacité par une simple modification de son domicile. Indépendamment même des risques de fraude, il faut éviter qu'à la faveur d'un séjour dans un pays étranger, un individu puisse accomplir un acte irrémédiable — tel le divorce — que sa loi nationale prohibe. Il suffit de songer aux nombreux immigrés (près de 8 % de la population) qui demeurent en France plusieurs années mais retourneront plus tard dans leurs pays d'origine (4).

Enfin, il est beaucoup plus facile de déterminer la nationalité d'un individu que son domicile, comme en témoigne l'importance des développements consacrés à la définition et à l'identification du domicile dans les ouvrages anglais ou américains.

510 La *loi du domicile* présente cependant des avantages indéniables. L'intéressé connaît plus facilement la loi de son domicile que sa loi nationale. Les tiers intéressés par le statut de l'individu, c'est-à-dire essentiellement ceux avec lesquels il est en contact dans le pays où il vit, ne risquent pas d'être induits en erreur par leur ignorance du contenu de la loi étrangère compétente. Les immigrés (nombreux en France) seront plus facilement assimilés si on leur applique la loi de leur nouveau domicile (5).

Le plus grand avantage de cette loi semble être sa coïncidence fréquente avec la loi du for : on plaide le plus souvent dans le pays où l'on vit. Il est indéniable que la loi étrangère est surtout appliquée en France en tant que loi nationale. Or, les juges préfèrent la loi du for à la loi étrangère, qu'ils craignent de dénaturer.

La loi de la *résidence habituelle* paraît être une variante de la loi du domicile, intéressante à retenir dans le cadre d'une convention internationale, pour éviter les divergences d'interprétation de la notion de domicile (v. *infra*, n°s 545, 571).

511 Faute de données statistiques précises, il paraît finalement impossible de décider si les avantages d'une loi l'emportent sur ceux de l'autre (6).

(4) Voir LABRUSSE, *op. cit.*

(5) Argument essentiel pour LEREBOURS-PIGEONNIÈRE et LOUSSOUARN, *Précis*, n° 339 ; il a joué un rôle déterminant dans l'adoption du critère du domicile par un certain nombre de pays d'Amérique latine.

(6) Dans le sens de cette conclusion, V. LOUSSOUARN, BOUREL et VAREILLES-SOMMIÈRES, *Précis*, n° 160.

Il est intéressant de noter que la jurisprudence et le législateur français ont fait une place, récemment accrue, au domicile et à la résidence habituelle, à côté de la nationalité. Le domicile supplée la nationalité pour les individus qui n'ont aucune nationalité *(apatrides)*, et même pour les *réfugiés* non apatrides mais qui ne bénéficient plus de la protection diplomatique de leur État d'origine (7). Les effets du mariage de deux personnes de nationalité différente sont soumis à la loi de leur domicile commun (v. *infra*, n° 570). La loi française s'applique au divorce et à la séparation de corps d'époux qui ont l'un et l'autre leur domicile en France (art. 309 C. civ., v. *infra*, n° 577). La résidence habituelle joue un rôle dans l'établissement de la filiation (art. 311-15, v. *infra*, n° 612).

512 Les traités bilatéraux conclus par la France en matière de statut personnel (souvent compris de façon large, incluant régimes matrimoniaux et successions) donnent naturellement une place prépondérante à la loi nationale. Voici la liste de ces traités, à l'exception de ceux qui reproduisent purement et simplement les solutions du droit commun.

– La Convention avec le Laos du 22 octobre 1953, publiée par décret du 22 avril 1959, précise que le statut personnel des Français restera soumis à la loi française, et que le statut personnel français comprend tout ce qui est relatif à l'état et à la capacité, au mariage, aux droits et devoirs réciproques des époux, au régime des biens entre époux, au divorce, à la séparation, à la filiation, à la reconnaissance et au désaveu de paternité, aux relations entre ascendants et descendants, à l'obligation alimentaire entre parents et alliés, à la légitimation, à l'adoption, à la tutelle, à la curatelle, à l'interdiction, à l'émancipation, aux domaines, aux successions, aux testaments et autres dispositions à cause de mort, à l'absence et à la présomption de décès.

– La Convention avec la Tunisie du 9 mars 1957, publiée le 1er février 1958, précise qu'en matière de statut personnel les personnes de nationalité française sont régies par leur loi nationale. Le statut personnel a été défini par le décret beylical du 12 juillet 1956. Il comprend en particulier les régimes matrimoniaux, les donations et les successions.

– La « déclaration des garanties » des accords relatifs à l'Algérie, publiés le 19 mars 1962, précise que le statut personnel, y compris le régime successoral, des ressortissants français, sera régi par la loi française.

– Le procès-verbal franco-indien du 16 mars 1963, « relatif à des dispositions complémentaires au traité de cession des établissements français de l'Inde », publié par décret du 2 mai 1963, précise que les « renonçants », en ce qui concerne leur statut personnel, mariage, divorce, adoption, succession, etc. (*sic*), continueront à être assujettis au Code civil français concernant ces questions.

La Convention franco-polonaise « relative à la loi applicable, la compétence et l'exequatur dans le droit des personnes et de la famille » du 5 avril 1967, publiée par décret du 13 février 1969, comprend des règles de conflit de lois concernant la capacité, le mariage, le divorce, les régimes matrimoniaux, les relations parents-enfants, l'adoption et la tutelle (8).

(7) Civ. 25 juin 1974, *Rev. crit. DIP* 1974.678, note Ponsard, *JDI* 1975.330, obs. Deby-Gérard pour les réfugiés non apatrides ; la décision vaut *a fortiori* pour les apatrides. Le droit conventionnel est en ce sens : Convention de New York du 28 sept. 1954 sur le statut des apatrides, Convention de Genève du 28 juill. 1951 sur les réfugiés.

(8) Sur un conflit entre cette convention et la Convention de Genève du 28 juill. 1951 sur les réfugiés (citée note précédente), v. Trib. gr. inst. Compiègne 13 avr. 1976, *Rev. crit. DIP* 1976.718, et la note Lagarde.

– La Convention franco-yougoslave « relative à la loi applicable et à la compétence en matière de droit des personnes et de la famille » du 18 mai 1971, publiée par décret du 15 mai 1973, contient des règles de conflit de lois concernant l'état, la capacité, le mariage et ses effets personnels et patrimoniaux, les régimes matrimoniaux, le divorce et la filiation. Cette convention lie également la Slovénie, la Croatie et la Bosnie-Herzégovine.

– La Convention franco-marocaine relative au statut des personnes et de la famille et à la coopération judiciaire du 10 août 1981, publiée par décret du 27 mai 1983, comporte des règles de conflit de lois, notamment sur le mariage et sur sa dissolution, et institue une coopération judiciaire, spécialement sur la garde des enfants, le droit de visite et les obligations alimentaires.

V. aussi les conventions de pure coopération judiciaire relatives à la garde des enfants et aux aliments, citées *infra*, n° 621 et n° 623.

513 Si dans le statut personnel les problèmes de conflit de lois sont les plus fréquents, il ne faut pas pour autant négliger le conflit de juridictions et le conflit d'autorités. Leurs règles particulières seront exposées à propos de chaque institution du statut personnel (particulièrement la capacité et le mariage). L'intervention du *service de l'état civil* doit cependant faire, dès à présent, l'objet d'une présentation générale.

1° Le service *français* de l'état civil est bien entendu organisé selon la loi française. Cette loi précise le statut des officiers de l'état civil, réglemente la confection et la tenue des registres, la façon dont ils peuvent être consultés, le mode d'établissement des actes, etc.

Surtout, elle indique dans quels cas des actes doivent être établis, transcrits ou mentionnés, quels effets, notamment probatoires, sont attachés à l'accomplissement de ces formalités, et quelles sanctions à leur défaut d'accomplissement.

a) Toutes les naissances, tous les mariages et décès qui surviennent sur le territoire français donnent lieu à la rédaction d'un acte les constatant (9). Une exception seulement à cette règle : les mariages célébrés entre deux étrangers en France par le consul de leur nationalité

b) Lorsqu'un événement concernant un Français survient en territoire étranger, l'acte de l'état civil étranger peut être transcrit, soit d'office, soit plus souvent sur la demande des intéressés, sur les registres de l'état civil tenus par les agents diplomatiques ou les consuls territorialement compétents. En l'absence d'acte dressé à l'étranger, un jugement supplétif peut être prononcé par un juge français. Le service central d'état civil, établi à Nantes, est dépositaire de l'ensemble des registres consulaires, et tient également un registre où sont transcrits les jugements supplétifs.

c) En revanche, les événements survenant en territoire étranger et concernant des étrangers échappent à la compétence des officiers de l'état civil français. Une exception est admise au profit des étrangers résidant habituellement en France lorsqu'aucun acte de naissance n'a été dressé à l'étranger, et que cette omission ne peut être réparée (pour cause de refus des juridictions locales ou d'impossibilité de les saisir) (10) : en ce cas un jugement supplétif d'acte de naissance peut être prononcé par le tribunal de grande instance, sur requête de l'intéressé ; il est transcrit sur les registres du service central d'état civil.

d) Pour faciliter la preuve de l'état civil des étrangers devenus français, des actes de naissance (éventuellement de mariage) sont établis à la suite de l'acquisition de la nationalité française et conservés au service central d'état civil.

(9) Sur la possibilité, pour une personne née en France, de pallier l'absence d'acte de naissance dressé en France en produisant un acte de naissance étranger, v. Civ. 9 janv. 1974, *Rev. crit. DIP* 1975.257, note Huet.

(10) Trib. gr. inst., Paris 1er oct. 1976, *Rev. crit. DIP* 1977.535, note Huet, *JDI* 1977.879, obs. Ph. K. ; Paris 24 févr. 1977, *Rev. crit. DIP* 1978.516, note critique Huet, qui n'exige pas l'impossibilité de réparer l'omission dans le pays du lieu de naissance. Sur l'état civil des réfugiés, v. la circulaire du 26 juin 1984, *Rev. crit. DIP* 1985.172.

e) Diverses mentions en marge des actes dressés ou transcrits en France sont prévues par la loi ; elles ne concernent en principe que des actes eux-mêmes dressés en France, ou des décisions judiciaires françaises. Cependant, l'intéressé *peut* requérir la mention des actes dressés à l'étranger et des décisions étrangères. Un exequatur préalable n'est pas nécessaire (v. *supra*, n° 411).

La rectification des actes de l'état civil français relève toujours de la compétence des tribunaux français. Des règles particulières de compétence territoriale sont posées par le nouveau Code de procédure civile (art. 1046 à 1050).

2° Les services *étrangers* de l'état civil fonctionnent selon leur loi organique ; les officiers étrangers ne peuvent recevoir aucun ordre d'une autorité judiciaire ou administrative française (11).

La force probante des actes dressés à l'étranger peut être invoquée en France, notamment en vue d'une transcription sur les registres français, d'une mention en marge, ou d'une rectification d'un acte de l'état civil français. Cette force probante est appréciée selon le droit français (v. *supra*, n° 505). Si par extraordinaire le droit local étranger n'organisait pas un système de préconstitution de la preuve des naissances, mariages ou décès, il serait fait application de l'article 46 du Code civil, qui prévoit que « lorsqu'il n'aura pas existé de registres, la preuve sera reçue tant par titres que par témoins ». Le même texte s'applique dans tous les cas d'impossibilité matérielle de produire l'acte.

Il existe en matière d'état civil, dans le cadre de la Commission internationale de l'état civil, une coopération internationale qui s'est traduite par l'élaboration de nombreuses conventions.

514 Dans le *domaine de la loi personnelle,* beaucoup d'auteurs voudraient faire entrer les *droits de la personnalité.* Mais la jurisprudence s'y montre réticente. Elle centre son analyse, non sur le droit subjectif atteint, mais sur l'atteinte elle-même. Ainsi la Cour de cassation a-t-elle, en présence d'une atteinte à la vie privée et au droit à l'image, affirmé la compétence de la loi du lieu où l'atteinte a été commise (12) (la loi française conserverait par ailleurs un rôle important, soit en tant que loi de police, soit au titre de l'ordre public) (13).

Ne relèvent donc du statut personnel que le nom, la capacité, le mariage et la filiation. Les trois dernières de ces catégories feront l'objet d'autant de chapitres successifs.

On se limitera, avant de les aborder, à quelques indications sommaires sur le *nom.*

515 Le nom est soumis à la loi personnelle. Mais cette affirmation doit être précisée : *le régime* du nom (protection, possibilité de changement volontaire) est soumis à la loi nationale de l'intéressé (14) ; la *transmission* du nom, par filiation ou par mariage, paraît plutôt devoir être soumise à la loi des effets de

(11) Pour pallier l'impossibilité qui en résulte de mentionner des décisions françaises en marge d'actes dressés à l'étranger, la transcription sur les registres du service central d'état civil est parfois prévue (v. *infra*, n° 597).

(12) Civ. 1re, 13 avr. 1988, *Farah Diba*, *Rev. crit. DIP* 1988.546, note Bourel, *JDI* 1988.752, note Edelman.

(13) V., à propos de la loi de 1887 sur la liberté des funérailles, Civ. 1re, 12 févr. 1957, *D.* 1959.57, note Malaurie, *Rev. crit. DIP* 1958.297, note Loussouarn.

(14) V. par ex. Paris 1er déc. 1995, *JDI* 1997.793, note H.-J. Lucas.

filiation (v. *infra*, n° 624) ou du mariage (v. *infra*, n° 571). On a déjà fait allusion (*supra*, n°s 467 et 480 et les notes) au problème de la compétence des autorités et à celui des effets des décisions étrangères en matière de changement volontaire de nom.

La loi française peut intervenir en tant que *lex auctoris* lors de la déclaration du nom d'un enfant étranger qui vient de naître en France à l'officier de l'état civil (v. *infra*, n° 624).

Par suite de la diversité des règles nationales, tant internes que de droit international privé, une même personne peut se trouver astreinte à l'usage de noms différents selon le pays où elle se trouve, ce qui a d'ailleurs été regardé par la Cour de justice des Communautés européennes comme une entrave à la liberté de circulation (v. *infra*, n° 858). Pour faciliter la preuve de son identité, une convention de la Commission internationale de l'état civil a prévu la délivrance d'un certificat de diversité de noms de famille (15).

Bibliographie sommaire

Sur le statut personnel en général :

B. Ancel : *Les conflits de qualifications à l'épreuve de la donation entre époux*, Paris, 1977.

Bostanji : *L'évolution du traitement réservé à la loi étrangère en matière de statut personnel*, thèse Dijon, dactyl., 2000.

Charfi : « L'influence de la religion dans le droit international privé des pays musulmans », *Rec. Acad. La Haye*, 1987, III, t. 203, p. 325 et s.

Déprez : « Droit international privé et conflits de civilisations », *Rec. Acad. La Haye*, 1988, IV, p. 13 et s.

Fadlallah : *La famille légitime en droit international privé*, Paris, 1977.

P. Gannagé : « La pénétration de l'autonomie de la volonté dans le droit international privé de la famille », *Rev. crit. DIP* 1992.425.

P. Gannagé : « Les sociétés multicommunautaires face à l'évolution du droit international privé de la famille », *Trav. com. fr. dr. int. privé* 1995-1998, p. 297 et s.

Lequette : « Rapport français », *in Aspects de l'évolution récente du droit de la famille, Trav. de l'Assoc. Henri Capitant*, 1988.

Lequette : « De l'utilitarisme dans le droit international privé conventionnel de la famille », *Mélanges Loussouarn*, Paris, 1994, p. 245 et s.

Lequette : « Le droit international privé de la famille à l'épreuve des conventions internationales », *Rec. Acad. La Haye*, 1994, II, t. 246, p. 13 et s.

Najm : *Principes directeurs du droit international privé et conflits de civilisations (relations entre systèmes laïques et systèmes religieux)*, Dalloz, 2005.

Scherer : *Le nom en droit international privé*, LGDJ, 2004.

G. P. Romano : « La bilatéralité éclipsée par l'autorité. Développements récents en matière d'état des personnes », *Rev. crit. DIP* 2006.457.

Vareilles-Sommières : « Statut personnel et contrat : aspects internationaux », *La contractualisation de la famille*, Economica, 2001.

Vignal : *La part de la volonté dans le droit des conflits de lois hors des contrats*, thèse dactyl., Paris II. *Le droit de la famille à l'épreuve des migrations internationales*, Actes du Colloque du LERADP de l'Université de Lille II, Paris, 1993.

Zaher : *Conflit de civilisations et droit international privé*, thèse dactyl., Paris I, 2007.

(15) Texte à la *Rev. crit. DIP* 1989.134.

Sur l'état civil :

B. ANCEL : « Le transfert international des informations nécessaires à l'administration du droit privé », *Mélanges Loussouarn,* Paris, 1994, p. 1 et s.

J. DE BURLET : *Traité de l'état civil,* t. II, Les relations internationales, Bruxelles, 1987.

GUYON-RENARD ; « La fraude en matière d'état civil dans les États membres de la CIEC », *Rev. crit. DIP* 1996.541.

Commission internationale de l'état civil : *Guide pratique international de l'état civil.*

Commission internationale de l'état civil : *Conventions et recommandations,* t. I (1956-1987), t. II (1988-1992).

Sur les droits de la personnalité :

CHENAUX : *Le droit de la personnalité face aux médias internationaux,* Genève, 1990.

DECKER : *Aspects internes et internationaux de la protection de la vie privée en droits français, allemand et anglais*, PUAM, 2002.

KAYSER : *La protection de la vie privée,* t. I, 1984, n°s 294 et s.

LUCIANI : *Les droits de la personnalité (du droit interne au droit international privé),* thèse dactyl., Paris I, 1996.

MESTRE : « Les conflits de lois relatifs à la protection de la vie privée », *Mélanges Kayser,* t. II, p. 239 et s.

RIGAUX : « Le régime des données informatisées en droit international privé », *JDI* 1986.311.

CHAPITRE 1
LA CAPACITÉ

516 La pleine capacité étant la situation normale d'une personne physique (sur la capacité des personnes morales, v. *infra*, Livre II, Titre II), ce sont en réalité les *incapacités* qu'il s'agit d'étudier.

Le droit interne les classe, d'une part, en incapacités générales et incapacités spéciales à certains actes, d'autre part, en incapacités de jouissance (entraînant la privation des droits) et incapacités d'exercice (entraînant seulement la nécessité d'une représentation ou d'une assistance de l'incapable). La seconde distinction peut être considérée, au regard du droit international privé, comme la *summa divisio*.

517 Les *incapacités de jouissance* ne constituent pas une catégorie homogène, que l'on pourrait soumettre à une loi unique.

Tout d'abord, une incapacité *générale* de jouissance, telle la mort civile qui frappait autrefois les condamnés à certaines peines, serait radicalement contraire à l'ordre public ; il n'est donc guère utile de rechercher à quelle loi elle est soumise.

Quant aux incapacités *spéciales* de jouissance, elles ne sont pas, en général, établies en fonction de la personnalité de ceux qui en sont frappés, et ne relèvent donc pas en elles-mêmes du statut personnel. En revanche, elles constituent toujours un aspect particulier du fonctionnement d'une institution juridique soumise à une loi propre ; il convient de les soumettre à cette loi. Ainsi, l'incapacité du médecin de recevoir un legs du patient qu'il soigne au cours de sa dernière maladie est soumise à la loi successorale ; l'incapacité du tuteur de contracter avec le mineur est soumise à la loi qui régit la tutelle ; l'incapacité des époux de conclure entre eux certains contrats est soumise à la loi des effets du mariage (1).

(1) Les incapacités de jouissance qui exceptionnellement sanctionnent une infirmité personnelle (par ex. : l'incapacité de disposer à titre gratuit qui frappe les mineurs de seize ans, art. 903 C. civ.)

Toute discrimination fondée sur la race, la religion, etc., dans l'établissement d'une incapacité de jouissance, serait contraire à l'ordre public.

518 Les *incapacités d'exercice*, auxquelles seront consacrées les deux sections du présent chapitre, sont en revanche destinées à protéger les individus contre eux-mêmes lorsque certaines particularités qu'ils présentent donnent à penser qu'ils ne peuvent sans danger agir librement sur la scène juridique. Elles font donc partie du statut personnel et comme telles sont soumises à la loi nationale (art. 3, al. 3 C. civ.). La stabilité du rattachement convient particulièrement, on l'a vu (*supra*, n° 509), à la permanence nécessaire de l'état d'incapacité et de la protection qu'il confère.

La constatation, ou le prononcé, d'une incapacité suffit à assurer une certaine protection : l'accomplissement de certains actes juridiques sera désormais impossible pour l'incapable et, en cas de transgression, donnera lieu à une sanction, nullité ou réduction par exemple. Mais il apparaît, en général, nécessaire d'instituer des *organes* de protection, dont le rôle est notamment de représenter ou d'assister l'incapable. En droit international privé, l'étude du simple état d'incapacité et de ses conséquences automatiques (Section I) est notablement plus simple que celle des organes de protection et de leur fonctionnement (Section II).

SECTION I — L'ÉTAT D'INCAPACITÉ

§ 1. CONTENU DE LA RÈGLE DE CONFLIT DE LOIS

519 La loi nationale de l'individu dont la capacité est en cause est, sous réserve d'un éventuel renvoi à la loi française (2), compétente pour déterminer :

- les causes de l'incapacité ;
- les actes qu'il est interdit à l'incapable d'accomplir seul ;
- les sanctions de l'interdiction.

A. Causes de l'incapacité

520 La loi nationale détermine les *événements* qui peuvent être à la source d'une incapacité : minorité, prodigalité, démence, etc.

constituent toujours un renforcement d'une incapacité générale d'exercice, et doivent être soumises à la même loi qu'elle (v. *infra*, n° 522).

(2) Civ. 1re, 21 sept. 2005, *Rev. crit. DIP* 2006.100, note H. Muir Watt.

Elle indique également si l'*intervention d'une autorité* est nécessaire (incapacités judiciaires ou administratives), ou si au contraire la survenance de l'événement entraîne à elle seule l'incapacité (incapacités légales). C'est ainsi que le système français de la sauvegarde de justice, qui implique la participation du tribunal de grande instance, est applicable à tout Français, mais est inapplicable aux étrangers même résidant en France (sous réserve de l'urgence, v. *supra*, n° 197) (3). Cependant, la compétence de la loi nationale est évincée par celle de la loi du for lorsqu'il s'agit de *précis*er la nature, judiciaire ou administrative, de l'autorité qui doit intervenir, car c'est là une question d'organisation étatique.

521 Deux difficultés de *qualification* sont à signaler.

La première concerne la *femme mariée* et sera étudiée à propos des effets du mariage (*infra*, n° 571).

La seconde est relative aux personnes frappées de *démence ou d'insanité* d'esprit : le sort de leurs actes relève-t-il du statut personnel ou du statut des actes ? En droit français, ces personnes ne sont pas en fait des incapables au sens strict, lorsqu'elles n'ont été mises ni en tutelle, ni sous sauvegarde de justice. La nullité de leurs actes ne peut être fondée que sur l'absence du consentement ; or, l'exigence d'un consentement non vicié est une condition de validité des actes, soumise à la loi de l'acte. Cependant, la jurisprudence n'a pas hésité à « forcer » la catégorie des incapacités en y introduisant les incapacités dites *naturelles* (en ce sens qu'elles ne résultent pas du droit) : démence et insanité d'esprit, et elle les soumet à la loi nationale (4). La justification de cette solution réside dans le fait que la cause de nullité est inhérente à la personne.

B. Étendue de l'incapacité quant aux actes

522 La loi nationale, une fois admise l'existence de l'incapacité, détermine son étendue quant aux actes. Elle précise ceux que l'incapable peut effectuer seul, et ceux qui nécessitent une intervention extérieure ou sont interdits.

Les droits internes appliquent rarement un régime uniforme aux divers actes juridiques. Ils tiennent compte du danger plus ou moins grand qu'ils présentent,

(3) Bien que la protection des personnes placées sous sauvegarde de justice soit pour l'essentiel assurée par le recours au principe général de la nullité pour absence de consentement des actes passés dans un moment de démence, la loi compétente est certainement la loi nationale et non la loi de l'acte, puisque cette solution a été retenue même en dehors de toute institution d'un système organisé de protection (v. *infra*, n° 521).

(4) V. notamment Civ. 25 juin 1957, *Silvia, Rev. crit. DIP* 1957.680, note Batiffol, *GA* n° 29.

de leur attachement plus ou moins prononcé à la personne, de la gêne plus ou moins forte que causerait leur interdiction. Certains types d'actes sont donc soumis à des règles particulières, soit plus restrictives, soit plus libérales que celles du régime ordinaire. La règle *Habilis ad nuptias, habilis ad pacta nuptialia* (art. 1398 C. civ.) est un exemple de règle spéciale au contrat de mariage. Est-ce alors la loi nationale de l'incapable, ou celle de l'acte spécialement visé, qui s'applique à la question de la capacité à conclure le contrat ? La Cour de cassation a déclaré applicable à la capacité de conclure un contrat de mariage la loi nationale au motif que « les règles habilitant un mineur à la conclusion d'un contrat de mariage sont une simple modalité de son incapacité générale de contracter » (5). La solution s'imposait. Tout régime d'incapacité se caractérise par le fait qu'il organise *l'ensemble* des conséquences d'une infirmité donnée ; ce caractère global doit être respecté, sous peine d'aboutir à des solutions incohérentes. Il faut même soumettre à la loi nationale l'incapacité absolue (de jouissance) de conclure les actes les plus graves (donation, testament...).

La compétence de la loi nationale sera seulement mise en échec si une règle d'application nécessaire, et spécialement une loi de police, se veut applicable à sa place. Ainsi, à propos de la capacité pour un Allemand mineur de s'engager sans autorisation dans la Légion étrangère, la Cour d'appel de Paris, dans un arrêt du 16 février 1966 (6), a déclaré que « si la capacité est régie par la loi nationale, celle-ci ne saurait faire échec aux lois françaises d'ordre public qui s'imposent même aux étrangers ; que tel est le cas des lois concourant à l'organisation de la défense du pays, y compris leurs dispositions relatives à la capacité des mineurs à s'engager dans l'armée ».

C. Sanctions de l'incapacité

523 La loi nationale définit enfin la *sanction* de l'inobservation des formes protectrices et des prohibitions qu'elle édicté : nullité relative, absolue, réduction des engagements ; sanction prononcée automatiquement ou sur la constatation d'une lésion, etc. L'ensemble du régime de la sanction, y compris la prescription de l'action, est soumis à la loi nationale. En effet, selon les termes de l'arrêt *Patiño* (Civ. 15 mai 1963, précité), « la prescription forme avec l'incapacité et sa sanction un ensemble indissociable soumis à une unique loi ».

(5) Civ. 15 mai 1963, *Patino, Rev. crit. DIP* 1964.506, note Lagarde, *JDI* 1963.996, note Malaurie, *JCP* 1963.II.13366, note Motulsky, *GA* n° 39 ; v. dans le même sens, Civ. 16 juill. 1971, *Rev. crit. DIP* 1972.612, note Droz, *JDI* 1972.287, note Lehmann, *D.* 1972.633, 1re espèce, note Malaurie.
(6) *Möller, Rev. crit. DIP* 1966.453, note P. Lagarde.

§ 2. MISE EN ŒUVRE DE LA RÈGLE DE CONFLIT DE LOIS

A. Conflit mobile

524 En cas de changement de nationalité, la loi de la nouvelle nationalité s'applique immédiatement. Cette règle, que l'on peut présenter comme la transposition de la règle de droit transitoire interne, se justifie par des nécessités pratiques : le cocontractant de l'incapable peut connaître la nationalité actuelle de celui-ci et en déduire le contenu de son statut personnel ; mais il ignore sa nationalité antérieure.

La jurisprudence considère que l'absence d'incapacité selon la loi nouvelle entraîne la cessation des effets de la décision (française ou étrangère) qui l'avait prononcée conformément à la loi ancienne (7). On peut douter du bien-fondé de cette solution. Si la cause de l'incapacité avait disparu matériellement (le dément retrouve la raison), une nouvelle décision aurait été nécessaire pour mettre fin à la protection ; il devrait en être de même lorsque la cause disparaît juridiquement. C'est une question d'autorité de chose jugée, non de conflit de lois, qu'il faut résoudre, et le changement de loi applicable est sans incidence sur elle. Il faudrait un second jugement, rendu en application de la loi nouvelle, pour supprimer la protection ; le juge vérifierait d'ailleurs, à cette occasion, s'il n'y a pas eu fraude à la loi dans l'acquisition de la nouvelle nationalité.

B. Ignorance excusable de la loi étrangère

525 L'incapacité qui résulte de la loi étrangère et vicie l'acte accompli n'est pas opposable au cocontractant français si celui-ci était excusable de l'ignorer. La Cour de cassation a pour la première fois énoncé ce principe dans une affaire *Lizardi* (8). Ce Mexicain, âgé de vingt-deux ans, avait souscrit des billets en règlement d'un achat de bijoux à un commerçant français. Or, la loi mexicaine fixe à vingt-cinq ans l'âge de la majorité. En dépit de la nullité qu'elle édictait, Lizardi fut condamné à payer : le bijoutier français ne pouvant connaître « les lois des diverses nations », il suffisait qu'il eût traité « sans légèreté, sans imprudence et avec bonne foi ».

L'article 11 de la Convention européenne de Rome du 19 juin 1980 sur la loi applicable aux obligations contractuelles, entrée en vigueur le 1er avril 1991, reprend cette solution en la bilatéralisant : « Dans un contrat conclu entre personnes se trouvant dans un même pays, une personne physique qui serait capable selon la loi de ce pays ne peut invoquer son incapacité résultant d'une

(7) V. notamment Req. 11 nov. 1941, *Nouv. rev.* 1943.97, note B. P. : le prodigue cesse d'être frappé d'incapacité en acquérant la nationalité américaine, car la loi américaine ne fait pas de la prodigalité une cause d'incapacité.
(8) Req. 16 janv. 1861, *DP* 1861.1.193, S. 1861.1.305, note Massé, *GA* n° 5.

autre loi que si, au moment de la conclusion du contrat, le cocontractant a connu cette incapacité ou ne l'a ignorée qu'en raison d'une imprudence de sa part » (9).

Le fondement de la solution réside dans le besoin de simplicité et de sécurité du commerce juridique : sans elle, les commerçants seraient tenus de s'informer de la nationalité de tous leurs cocontractants et, pour ceux qui s'avèrent étrangers, d'enquêter sur la teneur de leur loi nationale (10).

Sur le plan de la méthode, la règle *Lizardi* paraît constituer une application combinée du procédé des lois de police et de celui des règles matérielles de droit international privé. Le premier se traduit par le caractère nécessaire conféré sur tout le territoire à l'application de la loi française, au détriment des lois étrangères normalement applicables édictant une incapacité qu'elle ne prévoit pas. Le second apparaît dans la précision relative à la bonne foi et à l'absence d'imprudence du commerçant : c'est en fonction du caractère international de la situation que cette exigence est posée et doit être appréciée par le juge.

On peut hésiter sur la façon de transposer la solution aux opérations conclues dans un pays étranger par un Français ou par un ressortissant d'un pays tiers. Soit on laisse le juge vérifier si la loi locale a une volonté d'application fondée sur la protection du commerce, et si oui l'appliquer en tant que loi de police étrangère (v. *supra*, n° 127). Soit le législateur du for présume que toute loi étrangère a une telle volonté, et énonce la solution sous forme bilatérale : c'est cette seconde voie qu'a choisie la Convention de Rome (11).

Les applications en jurisprudence de la règle *Lizardi* sont rares : d'une part, les ventes au comptant ne suscitent pas de litige ; d'autre part, les ventes à crédit, si elles portent sur des sommes importantes, laissent souvent au commerçant la possibilité, et donc l'obligation, de s'informer ; enfin, si les opérations avec des étrangers d'une nationalité donnée sont courantes, l'ignorance est invraisemblable ou blâmable. Dans la plupart des espèces où la règle a joué, il s'agissait de femmes mariées ayant sans l'autorisation de leur mari — requise par la loi étrangère applicable — fait des achats auprès de bijoutiers ou de couturiers.

D'autres pays ont tiré des conséquences plus radicales de l'utilité du recours à la loi locale pour assurer la sécurité des transactions : ils l'ont entièrement substituée à la loi personnelle. Le système français, que connaissent plusieurs autres pays, paraît préférable car il sauvegarde, dans toute la mesure compatible avec les nécessités pratiques, la stabilité du statut personnel.

(9) Comp. l'art. 9 de la Convention de La Haye du 14 mars 1978 sur la loi applicable aux régimes matrimoniaux.

(10) Sur une analyse similaire en matière de statut réel, v. *infra*. Titre II. En revanche Mme Jobard-Bachellier (*op. cit.*) insiste sur le fondement moral et psychologique de la solution, et voit dans la jurisprudence *Lizardi* une application de la notion d'apparence.

(11) Mme Jobard-Bachellier (*op. cit.*) voit dans la règle *Lizardi* une pure règle matérielle de droit international privé, prenant en considération la loi locale et dérogeant elle-même à la loi nationale. Il est certain que, dans la forme bilatéralisée que lui donne la Convention de Rome, les caractères propres de la méthode des lois de police ne sont plus apparents.

C. Exception d'ordre public

526 Certaines causes d'incapacité sont contraires à l'ordre public : ainsi l'interdiction volontaire, admise en droit suisse et allemand, que le tribunal prononce à la demande de l'intéressé (12).

En revanche, il a été jugé que l'ignorance par le droit anglo-saxon de la protection des prodigues n'est pas contraire à l'ordre public (13).

SECTION II PROTECTION ORGANIQUE DE L'INCAPABLE

527 Par protection organique, on entend la protection qui résulte de l'activité d'organes, par opposition à la protection automatique que réalise la nullité, la rescision pour lésion ou la réduction des actes interdits, et qui a été vue à la section précédente.

Les organes de protection sont parfois des personnes privées (le tuteur, le conseil de famille, le curateur), parfois des autorités judiciaires (le juge des tutelles, le juge des enfants) ou administratives (l'Aide sociale à l'enfance, les Offices de la Jeunesse du droit allemand). Entre les deux extrêmes : protection purement privée sans aucune intervention des autorités publiques (cas, en France, des mineurs dont les deux parents sont en vie) d'une part, protection entièrement assurée par des organes étatiques (cas, en France, des mineurs abandonnés ou sans famille) d'autre part, prennent place tous les systèmes intermédiaires, dans lesquels les organes étatiques nomment, contrôlent ou assistent les organes privés. Les droits internes sont très différents les uns des autres, et une même situation de fait peut donner lieu dans un pays à une protection essentiellement familiale, dans un autre à une tutelle étatique étroite.

C'est la source de difficultés sérieuses en droit international privé, d'autant que, lorsque l'intervention d'une autorité étatique est prévue, des problèmes de compétence et de pouvoirs s'ajoutent aux problèmes de conflits de lois et prennent une importance prépondérante.

Dans la Convention de La Haye du 5 octobre 1961, actuellement en vigueur, relative à la protection des mineurs, c'est même souvent la compétence des autorités qui détermine la compétence législative. Et l'on retrouve la même tendance dans la Convention de La Haye du 19 octobre 1996 (14), qui devait se

(12) Trib. civ. Seine 10 mars 1915, *Gaz. Pal.* 10 sept. 1916.

(13) Paris, 31 juill. 1895, S. 1899.2.105, note Audinet.

(14) V. le texte de la Convention, *Rev. crit. DIP*, 1996.813, avec le commentaire de P. Lagarde, *ibid.* 1997.217.

substituer à la précédente, mais qui n'est pas entrée en vigueur, et dans celle du 13 janvier 2000 sur la protection internationale des adultes (15).

Une Convention franco-portugaise du 20 juillet 1983, publiée par décret du 10 octobre 1984, s'inspire de la Convention de 1961 (16). V. aussi l'article 4-1 de la Convention franco-algérienne du 21 juin 1988 relative aux enfants de couples mixtes séparés franco-algériens (17).

On décrira le droit commun de la protection des incapables (§ 1), avant de rendre compte des solutions retenues par la Convention de La Haye du 5 octobre 1961 et le Règlement CE du 27 novembre 2003 (§ 2).

§ 1. DROIT COMMUN DE LA PROTECTION DES INCAPABLES

528 L'étude générale du conflit de lois et du conflit de juridictions a montré que l'intérêt d'un État à la solution d'un problème de droit privé exerce une influence sur le fonctionnement des règles de droit international privé. La protection des incapables en offre des exemples particulièrement typiques.

La présence d'un intérêt étatique n'est pas toujours aisée à mettre en évidence. Le simple fait qu'un organe étatique intervient ne suffit pas à la révéler : les pouvoirs du *juge* en matière gracieuse lui sont en général conférés à des fins purement privées (18) ; la participation d'un organe *administratif* même, quoique coïncidant souvent avec l'existence d'un intérêt de l'État (ainsi de l'activité de l'Aide sociale à l'enfance), n'en est pas toujours accompagnée. Il faut donc se fier seulement à l'*objectif* que l'État cherche à atteindre, et non aux *moyens* qu'il met en œuvre (19).

A. Solutions retenues en l'absence d'un intérêt de l'État

529 En l'absence d'un intérêt de l'État, les solutions retenues n'offrent de particularités notables ni sur le plan du conflit de lois, ni sur celui de la compétence des autorités françaises — encore que se pose ici le problème des *pouvoirs*, propre à la juridiction gracieuse —, ni sur celui de l'effet en France des décisions étrangères.

(15) V. le texte de la Convention, *Rev. crit. DIP*, 1999.877 et le commentaire de P. Lagarde, *ibid.*, 2000, 159.
(16) V. le texte de la Convention (art. 6 à 12), *Rev. crit. DIP* 1984.723.
(17) V. le texte de la Convention, *Rev. crit. DIP* 1988.797.
(18) Il n'en est pas toujours ainsi, et le juge des enfants s'oppose à cet égard au juge des tutelles.
(19) En ce sens, LEQUETTE, *op. cit.*, n°s 188 et 189.

a) Loi applicable

530 Il faut soumettre les modalités de protection de l'incapable à la loi même qui a édicté l'incapacité, c'est-à-dire à la loi nationale : il existe des liens évidents entre les raisons de la protection et la *façon* de protéger.

La loi nationale déterminera donc les personnes habilitées à intervenir ; elle précisera le rôle des organes judiciaires ou même administratifs ; elle réglera les rapports des divers organes entre eux et avec l'incapable.

Cependant, il convient de préciser :

– le rôle de la *loi réelle*, dans la mesure où les actes portent sur des biens ;

– celui de la *loi du for*, lorsqu'une autorité étatique est appelée à intervenir ;

– celui de la *loi qui régit les effets de la filiation*, pour les mineurs soumis à l'autorité de leurs parents.

Le dernier problème ne pouvant être abordé qu'une fois déterminée la loi des effets de la filiation (v. *infra*, Chapitre III), on n'envisagera ici que les deux premiers.

531 Dans l'Ancien Droit, la prépondérance du *statut réel* avait conduit à soumettre la protection à la loi du lieu de situation des biens, et le droit anglais et américain a conservé cette solution. La solution opposée qui prévaut en France permet de soumettre la protection de l'incapable à une loi unique, même s'il possède des biens dans plusieurs pays (sous réserve du renvoi de la loi nationale anglaise ou américaine à la loi française pour les biens situés en France).

Même les formalités relatives à des opérations immobilières restent soumises à la loi nationale. La solution a été donnée notamment à l'occasion du partage entre des héritiers, dont certains étaient des étrangers mineurs, du château de Chambord ; la Cour de cassation (20) a déclaré qu'ils pouvaient être habilités selon leur loi nationale à procéder à un partage amiable ; le contenu des formalités habilitantes est défini par la même loi (21).

532 L'intervention d'une autorité étatique (judiciaire ou administrative) dans la protection n'entraîne que dans une très faible mesure l'éviction de la loi nationale au profit de la *loi du for*. La première décide de la nécessité de l'intervention d'une autorité, et régit le mécanisme de la protection ; la seconde ne précise que la *nature de l'autorité* qui interviendra (juge, organe administratif), et la *procédure* qu'elle doit suivre.

(20) Civ. 13 avr. 1932, *RDIP* 1932.549, concl. Matter, *DP* 1932.1.89, note Basdevant, S. 1932.1.361, note Audinet, *GA* n° 14.

(21) Il est parfois difficile de déterminer si une formalité est une formalité habilitante, comme telle soumise à la loi nationale, ou une formalité propre à une catégorie d'actes, soumise à la loi (de forme ou de fond) de l'acte : v. à propos de l'homologation d'un partage, Juge des tutelles de Montmorency, 9 sept. 1970, *JCP* 1971.II.16759, note Gaudemet-Tallon, *Rev. crit. DIP* 1972.471, 2e esp., note Patarin, *J. not.* 1972.236, note Droz.

1° C'est toujours la loi *nationale* qui a compétence pour déterminer la *nécessité de l'intervention* d'une autorité étatique. Si la loi nationale de l'incapable étranger prévoit une protection purement privée (une protection familiale du mineur, par exemple), les autorités étatiques françaises ne joueront aucun rôle, même si la loi française leur en confie un. Inversement, si la loi nationale requiert l'intervention d'une autorité étatique, l'autorité française pourra jouer le rôle qu'elle lui assigne, même si la loi française prévoit quant à elle une simple protection privée (22).

C'est également selon la loi nationale que l'autorité fait fonctionner le *mécanisme de protection* dans la mesure où cette loi ne lui confie pas un rôle qui excéderait les pouvoirs qu'elle tient de l'État qui l'a instituée (v. *infra*, n° 536). Ainsi, un juge français peut, en application de la loi tunisienne de la nationalité du mineur, nommer un tuteur, comme le ferait le juge tunisien lui-même (23).

2° La *loi du for* a, en revanche, une compétence propre pour déterminer la *nature de l'autorité étatique* qui agira : ce problème d'organisation interne de l'État dont les autorités agissent échappe à la compétence de la loi nationale. En France, lorsque l'intérêt de l'État n'est pas en jeu, c'est toujours l'autorité judiciaire (juge des tutelles et tribunal de grande instance) qui est compétente ; si la loi nationale prévoit l'intervention d'une autorité *administrative*, l'autorité judiciaire française, dans la mesure où elle est internationalement compétente, se substituera à elle.

Il faut cependant mettre à part l'hypothèse où la loi nationale confère de plein droit à des autorités nationales un certain rôle dans la protection du mineur. Ainsi, le droit allemand prévoit le rôle d'organismes administratifs, les Offices de la jeunesse, dans la protection des enfants naturels allemands ; un Office allemand devenant, dans les cas déterminés par la loi allemande, automatiquement tuteur de l'enfant à sa naissance, aucune autorité française n'aura à intervenir (24).

La loi du for est également compétente en tout ce qui concerne la *procédure*. La distinction n'est pas toujours facile à opérer entre le fond et la procédure. Il est toutefois admis sans discussion que la question de savoir si la vente des biens d'un incapable doit être effectuée en la forme judiciaire est une question de fond soumise à la loi nationale, tandis que le déroulement des formalités de la vente relève de la procédure et est régi par la loi du for.

b) Compétence internationale et pouvoirs des autorités judiciaires françaises

533 Lorsque la loi nationale prévoit l'intervention d'une autorité étatique, ce sont, en France, les autorités judiciaires qui sont compétentes *ratione materiæ* (v. *supra*, n° 532, 2°). Encore faut-il qu'elles soient *internationalement compétentes*, et qu'elles possèdent les *pouvoirs* nécessaires pour mettre en œuvre la loi étrangère.

(22) La jurisprudence française a eu cependant tendance dans le passé à appliquer systématiquement la loi française à l'organisation (mais non au fonctionnement) des tutelles d'étrangers en France (v. notamment Req. 25 avr. 1939, S. 1939.1.253 ; Civ. 19 mai 1958, *Rev. crit. DIP* 1958.700, note Batiffol, *D.* 1958.496, S. 1958.331 ; Civ. 13 juin 1960, *D.* 1960.597, note Malaurie, *Rev. crit. DIP* 1961.541, note Jambu-Merlin, *JDI* 1961.400, obs. Sialelli). M. Malaurie (note au *D.* 1960, p. 599) l'en approuve, au motif qu'« admettre en France le fonctionnement constant et régulier d'autorités étrangères... c'est permettre qu'un incapable colonise la France ». *Contra* LEQUETTE, *op. cit.*, n°s 222 et s.

(23) Juge des tutelles de Montmorency, 28 juin 1971, *J. not.* 1972.238, note Droz, *Rev. crit. DIP* 1972.471, 3e esp., note Patarin.

(24) L'Office de la jeunesse pourra représenter ses protégés en France, puisqu'il est tuteur désigné par la loi compétente selon notre règle de conflit.

1° *Compétence internationale*

534 La compétence juridictionnelle et la compétence législative sont indépendantes. Les juridictions de l'État national de l'incapable n'ont pas seules compétence pour organiser sa protection. Suivant le principe de l'extension au plan international des règles de compétence territoriale interne, le juge du lieu où *demeure l'incapable* est également compétent (art. 1211, 1243 et 1262 nouv. C. proc. civ.). Bien plus, la compétence fondée sur la nationalité française peut même être déclinée par le juge français si elle ne correspond pas aux exigences, qui sont essentiellement fonction de considérations de proximité, d'une bonne administration de la justice (v. *supra*, n° 293).

Le rôle des autorités nationales est de nos jours en déclin. Non seulement les autorités *judiciaires* ne sont plus saisies — ce qui s'explique lorsque l'incapable vit dans un pays éloigné –, mais les autorités *consulaires*, compétentes lorsqu'une convention prévoit leur intervention (et peut-être même en dehors de toute convention) (25), se désintéressent du sort de leurs ressortissants. Elles se contentent de collaborer au fonctionnement du système de protection local en communiquant à la juridiction saisie leurs textes de loi.

La dissociation est ainsi fréquente entre la compétence législative, reposant sur la nationalité, et la compétence juridictionnelle, fondée sur la résidence. Le juge est conduit à appliquer une loi étrangère, difficile à connaître, et qui appelle de sa part un comportement dont il doit vérifier la compatibilité avec ses pouvoirs (v. *infra*, n° 536). C'est pour éviter ces inconvénients que la Convention de La Haye de 1961 (*infra*, § 2) fait coïncider les critères de compétence législative et juridictionnelle.

535 Du temps où le critère de compétence territoriale en matière de tutelle était le lieu où elle s'était ouverte, deux arrêts de la Cour de cassation ont reconnu la compétence, fondée sur l'*urgence*, du juge français pour pourvoir provisoirement d'un tuteur, conformément à la loi française, un mineur italien qui « se trouvait » en France (26). L'urgence fondait donc à la fois la compétence des tribunaux français et celle de la loi française.

Sur le plan du conflit de juridictions, la solution est à approuver : un mineur ne peut demeurer sans protection, et l'urgence justifie pleinement la compétence du juge français, dès lors qu'il est bien placé pour agir. Il faut seulement remarquer que le critère actuel de la résidence rend moins fréquemment nécessaire l'invocation de l'urgence.

Sur le plan de conflit de lois, la solution paraît critiquable. L'urgence provenait de ce que la mère du mineur, administrateur légal selon la loi italienne, avait refusé temporairement, en raison de son inaptitude, de se charger des affaires de son enfant. Plutôt que d'appliquer la loi française, il convenait de consulter la loi italienne pour savoir si elle ne prévoyait pas elle-même une mesure adaptée à cette circonstance. La mise à l'écart de la loi étrangère se serait seulement justifiée si cette loi s'était avérée impossible ou même difficile à connaître, ou inapte à résoudre la difficulté (27).

(25) En ce sens, BATIFFOL et LAGARDE, *Traité*, t. II, n° 499 ; *contra* REVILLARD, *Rép. Dalloz droit internat.*, V° *Consul (attributions)*, n° 35.

(26) Civ. 19 nov. 1923, *RDIP* 1924.136, *JDI* 1924.163, note Morillot et Civ. 7 mai 1928, *JDI* 1929.431, S. 1928.1.238.

(27) La même remarque peut être faite à propos de Req. 10 nov. 1896, *DP* 1897.1.313, *JDI* 1897.823, mettant en tutelle provisoire, selon la loi française, un mineur grec qui se trouvait en France, en raison de l'inaction du consul de Grèce en France : la substitution légitime de l'autorité française à l'autorité grecque n'aurait pas dû entraîner automatiquement la substitution de la loi française à la loi grecque pour les règles de fonctionnement de la tutelle.

2° *Pouvoirs*

536 La loi applicable est la loi nationale de l'incapable ; mais le rôle que joue personnellement le juge dans la protection ne doit pas excéder les pouvoirs qui lui sont conférés par l'État français.

Toute la question est de savoir quels sont ces pouvoirs. Selon Lerebours-Pigeonnière (28), ils se bornent à la stricte exécution des formalités de protection prévues par la loi substantielle française ; à suivre cette opinion, le juge français ne peut donc jamais appliquer une loi étrangère un tant soit peu différente de la loi française.

Cette conception trop étroite est généralement condamnée aujourd'hui. Il est exact que seule la loi française est compétente pour attribuer leurs pouvoirs aux autorités françaises ; mais le contenu de cette loi ne se trouve pas dans les textes relatifs à la protection des incapables. Ces textes ne constituent que des *utilisations* particulières de pouvoirs plus généraux, qui ne sont nulle part énoncés. La méthode doit donc consister à inférer, à partir de l'étude des attributions précises confiées par le législateur aux tribunaux français, les pouvoirs généraux qu'ils présupposent. Pratiquement, les seules limites à ces pouvoirs résideront dans « l'organisation même des tribunaux et dans les moyens matériels dont ils disposent » (29).

« Il suffira par exemple qu'un juge ait la possibilité d'accomplir un certain type d'acte (nomination du curateur en droit français) pour admettre qu'il peut effectuer des actes similaires, même dans des domaines très différents (mineurs) lorsque l'application de la loi étrangère le requiert. De même, la possibilité qu'aurait eue le juge français d'accomplir certains actes en vertu d'une loi aujourd'hui abrogée devrait — dans la mesure où aucune modification profonde de l'organisation judiciaire n'est intervenue entre-temps — être suffisante pour lui permettre de les réaliser présentement dans le cadre de la mise en œuvre du droit étranger » (30). La jurisprudence a ainsi admis qu'un juge français préside un conseil de famille, nomme ou révoque un tuteur selon la loi étrangère (31).

Lorsque le rôle confié au juge excède ses pouvoirs — on n'admet pas, par exemple, qu'il joue le rôle de tuteur (32) —, il doit substituer la loi française à la loi étrangère, qui se révèle techniquement inapplicable.

Cette substitution conduit, lorsque l'activité qui dépasse les pouvoirs du juge est susceptible d'être accomplie par un autre organe de tutelle, déjà en place, à un simple transfert de compétence du juge à cet organe. Dans d'autres cas, l'organisation même de la tutelle doit être revue : ainsi, des décisions ont dû substituer à l'organisation musulmane comprenant le *cadi* (juge), tuteur, et le *mokhadem*, agent exécutif du cadi, l'organisation française composée du juge, du conseil de famille et du tuteur (33).

(28) *Précis*, 3ᵉ éd., nº 352.
(29) En ce sens, LEQUETTE, *op. cit.*, nº 184.
(30) LEQUETTE, *op. cit., loc. cit.*
(31) Civ. 19 mai 1958, Juge des tutelles de Montmorency, 28 juin 1971 et Req. 25 avril 1939, précités nº 532.
(32) Tunis 18 nov. 1955, *Rev. tunisienne de droit* 1956.136, note Percerou.
(33) Tunis 18 nov. 1955, précité.

c) *Effet en France des décisions étrangères*

537 Les décisions étrangères relatives à la protection des incapables sont efficaces en France si elles sont conformes aux conditions générales de l'exequatur et de la reconnaissance.

Il faut décider, quant à l'*organisation* du système de protection, que la personne nommée par l'autorité étrangère pour représenter ou assister l'incapable peut accomplir sa mission en France *sans exequatur préalable* : même lorsqu'elle agit en justice et demande l'exécution forcée contre un débiteur de l'incapable, ce n'est pas, en effet, une exécution forcée du jugement qui l'a nommée qu'elle sollicite ; elle n'invoque que l'autorité de la chose décidée par celui-ci (c'est-à-dire sa nomination avec tels pouvoirs), afin de justifier de ses pouvoirs pour agir. C'est ce qu'admettent les tribunaux.

(Si le jugement émane d'un pays qui, comme la Grande-Bretagne ou les États-Unis, organise des tutelles locales, il faut vérifier l'étendue géographique des pouvoirs du tuteur : on ne peut faire produire au jugement étranger des effets plus étendus qu'il ne le prévoit lui-même).

Les décisions étrangères prises dans le cadre du *fonctionnement* de la tutelle ont donné lieu à une jurisprudence incohérente : certains arrêts exigent l'exequatur, d'autres non.

538 En cas de changement de la loi applicable, les organes de protection nommés par le tribunal conservent-ils leurs pouvoirs ? Comme dans le cas des jugements prononçant une incapacité (v. *supra*, n° 524), on peut pencher pour le maintien des effets du jugement, car le changement de loi ne saurait suffire, sans l'intervention d'une décision nouvelle, à remettre en cause son autorité ; de plus, s'il a été publié, et que la publication n'est pas modifiée, les tiers sont en droit de s'y fier. Mais il est possible de procéder à l'organisation d'une nouvelle protection, conforme à la loi devenue applicable (34) ; la nouvelle décision rendue se substituera à la première. Pour assurer une continuité, il sera opportun de choisir comme nouveaux organes les individus qui avaient été initialement désignés (35).

B. Incidence de l'intérêt de l'État

539 Chez certains individus, l'état mental n'est pas seulement un facteur de danger pour eux-mêmes, mais aussi une source d'insécurité pour la collectivité. Il en est particulièrement ainsi des mineurs « en danger » qui relèvent de l'assistance éducative, et des aliénés. L'État sur le territoire duquel ils résident est alors directement intéressé à leur mise hors d'état de nuire, sous une forme ou sous une autre. Toutes les règles de compétence des autorités, de conflit de lois et d'efficacité des décisions étrangères en sont perturbées : les autorités de l'État de résidence sont seules compétentes et rendent, en suivant leur propre loi, des décisions dont seuls les aspects de droit privé ont vocation à être reconnus à l'étranger. On le vérifiera dans le domaine de l'assistance éducative.

540 L'exemple de l'assistance éducative a déjà été pris pour illustrer le raisonnement dans la partie générale sur la compétence des autorités et le conflit de lois (v. *supra*, n°s 313 à 316 et n° 104). Rappelons :

(34) En ce sens, Civ. 7 nov. 1972, *Rev. crit. DIP* 1973.301, note Lagarde.
(35) En ce sens, LAGARDE, note précitée.

1° Que les juridictions françaises sont *compétentes* pour agir dès lors que le mineur « en danger » réside en France ; qu'en revanche leur compétence fondée sur la nationalité française de l'intéressé est douteuse, l'État étranger de la résidence étant à la fois plus directement intéressé et mieux placé pour agir.

2° Que l'intérêt de l'État ne laisse pas d'autre choix à son organe que d'appliquer sa propre loi : *auctor régit actum* ; toutefois la jurisprudence et la doctrine tendent plutôt à justifier la compétence de la loi française par le recours à la notion de loi de police et au critère de la résidence du mineur, ce qui, dans les résultats, revient au même.

Quant aux *effets en France d'une décision étrangère* d'assistance éducative, on doit être prêt à les reconnaître si la décision est régulière, mais probablement faut-il distinguer selon la nature des mesures prises.

Si le mineur a été confié à un établissement public de rééducation, du type « centre d'accueil et d'orientation », la mesure n'est pas susceptible d'exécution en France, pour deux raisons. Tout d'abord, des organes relevant de l'État qui a pris la décision ont été nommément désignés pour l'exécution de celle-ci ; même s'il existe un organe français jouant un rôle analogue, le juge de l'exequatur irait donc au-delà du simple respect de la décision étrangère en lui confiant le mineur. De plus, il incombe à chaque État de prendre matériellement en mains le sort des mineurs qu'il a déclarés dangereux pour la collectivité ; une aide d'un autre pays est certes concevable, mais, dans l'état actuel des relations internationales, elle suppose une convention.

Le problème des effets de la décision étrangère ne se posera donc qu'à l'égard de la partie de celle-ci qui ne nécessite pas l'intervention postérieure d'un organe étatique : ainsi, un transfert de la garde du mineur à l'un de ses parents. Ici, il s'agit en effet de consacrer la situation juridique créée par la décision ; les obstacles précédemment indiqués sont inexistants (36). Cependant, si le mineur réside actuellement en France et y est « en danger » au sens de l'article 375 du Code civil, le juge des enfants sera conduit à décider les mesures qui lui paraîtront bonnes même si elles ne coïncident pas avec celles qu'a prises l'autorité étrangère.

541 La Cour internationale de justice a eu l'occasion, dans une affaire *Boll*, de consacrer certains des principes qui viennent d'être énoncés.

La mineure Marie-Élizabeth Boll, née et domiciliée en Suède, était de nationalité néerlandaise. Sa mère étant décédée et son père étant accusé de ne pas lui donner l'éducation désirable, l'Office suédois des mineurs du lieu de sa résidence la plaça sous le système dénommé « éducation protectrice », s'investissant ainsi de la garde et du contrôle de la mineure, qu'il confia ensuite à son grand-père. Le choix fut confirmé en dernier ressort en 1956 par la Cour administrative suprême de Suède.

Le gouvernement néerlandais estima que les mesures suédoises d'éducation protectrice avaient été prises en violation de la Convention de La Haye du 12 juin 1902 « pour régler la tutelle des mineurs », traité multilatéral auquel les deux États étaient parties et dont l'article 1 prévoyait l'application de la loi nationale pour régir la tutelle des mineurs, et saisit la Cour internationale de justice.

Par son arrêt du 28 novembre 1958 (37), la Cour rejeta la demande du gouvernement des Pays-Bas, au motif que « la Convention de 1902 laisse en dehors de son cadre la matière de la protection de l'enfance et de la jeunesse telle que l'entend la loi suédoise du 6 juin 1924 » ; cette matière répond, en effet, à des « préoccupations d'un caractère général », et les lois qui la concernent doivent être « d'application territoriale ».

(36) On retrouve donc, à propos de l'effet des décisions étrangères, les principes que l'on avait dégagés pour la compétence des tribunaux français : nos organes ne sont pas prêts à agir matériellement pour aider l'État étranger (sauf traité) ; mais ils ne refusent pas de reconnaître les droits acquis.

(37) Sur lequel voir BATIFFOL et FRANCESCAKIS, *Rev. crit. DIP* 1959.259.

La Cour a donc apparemment réglé le problème du conflit des lois, en affirmant la compétence de la loi du lieu où le mineur se trouve.

Des auteurs ont observé toutefois que l'important dans le litige n'était pas le conflit des lois, car les lois suédoise et néerlandaise d'éducation protectrice ont un contenu presque identique, mais la compétence des autorités : étaient-ce les autorités suédoises (de la résidence) ou néerlandaises (de la nationalité) qui devaient protéger la mineure ? La Cour, implicitement, prend parti pour la compétence des premières. La compétence législative n'est que dérivée de la compétence des autorités, celles-ci devant appliquer leur propre loi (38).

Par ailleurs, la Cour n'a pas non plus suivi le gouvernement des Pays-Bas lorsque celui-ci a invoqué l'existence d'un jugement néerlandais confiant la tutelle de la mineure à une parente *antérieurement* à la décision suédoise ; elle a donc considéré que l'autorité de ce jugement ne pouvait empêcher la Suède de prendre ses propres mesures, dès lors que la mineure résidait en Suède, même si elles rendaient matériellement impossible l'exercice de la tutelle néerlandaise.

§ 2. CONVENTION DE LA HAYE DU 5 OCTOBRE 1961 SUR LA PROTECTION DES MINEURS ET RÈGLEMENT CE DU 27 NOVEMBRE 2003

542 La Convention de La Haye du 5 octobre 1961 est entrée en vigueur, pour la France, en 1972. Elle règle de façon générale, dans son domaine spatial d'application qui, on le verra, est vaste, les conflits des lois, de juridictions et d'autorités relatifs à la protection des mineurs.

Le Règlement CE du 27 novembre 2003, applicable depuis le 1er mars 2005 (39), ne règle, quant à lui, que les aspects de conflits de juridictions. Son domaine spatial d'application est également très vaste. Or les solutions qu'il adopte ne coïncident que partiellement avec celles de la Convention de La Haye. Il sera donc nécessaire, après avoir exposé les règles de cette Convention (A), puis celles du Règlement de 2003 (B), de préciser les relations entre les deux instruments (C).

A. La Convention de La Haye du 5 octobre 1961

542-1 On examinera successivement ici le domaine d'application de la Convention (a), les règles de compétence législative et juridictionnelle qu'elle pose, en distinguant suivant qu'un rapport d'autorité résulte (b) ou non (c) de plein droit de la loi nationale du mineur, et enfin les dispositions concernant l'effet des décisions et la coopération des autorités (d).

(38) C'est de cette façon que les rédacteurs de la Convention du 5 octobre 1961, conclue à la suite de l'affaire *Boll*, ont posé le problème.

(39) Ce Règlement, qui est fondé sur les articles 61 c) et 67.1 du Traité CE, et qui n'est donc pas applicable dans les relations entre le Danemark et les autres États membres, suscite de vives réserves à propos de sa légalité : v. *infra*, n° 594.

a) Champ d'application

543 La Convention s'applique à tous les mineurs qui résident habituellement sur le territoire de l'un des États contractants — donc, en particulier, à tous les mineurs qui résident habituellement en France.

Est mineur, au sens de la Convention, celui qui est considéré comme tel *à la fois* par sa loi nationale et par la loi de sa résidence habituelle.

b) Système de la Convention lorsqu'un rapport d'autorité résulte de plein droit de la loi nationale du mineur

544 Le rapport ainsi visé est celui qui, en vertu de la loi *(ex lege)*, sans intervention (autre qu'accessoire) d'une autorité judiciaire ou administrative, unit le mineur à une personne qui a autorité sur lui et qui le représente ; un rapport d'autorité existe notamment, en droit français, entre l'enfant et ses deux parents, ou entre l'enfant et le parent survivant. La personne titulaire de l'autorité est en général une personne physique, mais ce peut aussi être une personne morale, par exemple, un Office de la Jeunesse.

Aux termes de l'article 3, « un rapport d'autorité résultant de plein droit de la loi interne de l'État dont le mineur est ressortissant est reconnu dans tous les États contractants ». Bien que la Convention ne le précise pas, il faut également reconnaître compétence à la loi nationale pour régir l'ensemble du régime de protection, et notamment pour déterminer les pouvoirs du représentant légal, ses limites, et les cas où il est nécessaire de provoquer l'intervention d'une autorité judiciaire.

L'article 3 ne précise rien sur la compétence des autorités qui pourraient être amenées à intervenir ; or, le fait qu'un rapport d'autorité résulte directement de la loi n'exclut pas que des aménagements puissent être requis d'un juge (ou d'une autorité administrative), par exemple sous la forme de l'octroi d'un droit de visite. Il a été jugé que dans ce cas les autorités du pays de la résidence habituelle du mineur sont compétentes, en application de l'article 1er de la Convention (v. *infra*, n° 545) (40) ; il est souhaitable toutefois qu'elles respectent les exigences de la loi nationale. Les autorités nationales elles-mêmes sont compétentes, mais seulement, semble-t-il, aux conditions posées par l'article 4 de la Convention (v. *infra*, n° 545) (41).

La Convention n'a pas non plus envisagé l'hypothèse, pourtant fréquente, de double nationalité du mineur. Il est à craindre que chacun des États dont le mineur est le national ne refuse de reconnaître le rapport d'autorité résultant de la loi de l'autre État.

(40) Trib. gr. inst. Créteil 18 juin 1981, *JDI* 1982.452, note Huet, *JCP* 1982.II.19870, note Boulanger ; Dijon 29 sept. 1988, *JDI* 1989.707, note Gaudemet-Tallon, *Rev. crit. DIP* 1989.741, note Y. L.

(41) En ce sens, Trib. gr. inst. Paris 9 nov. 1982, *JDI*, 1983.99, note Huet.

Dans deux hypothèses, la Convention reconnaît à des autorités autres que celles du pays de la nationalité le pouvoir de prendre des mesures de protection, sans obligation de respecter la loi nationale. D'une part, aux termes de l'article 8, les autorités de la résidence habituelle du mineur peuvent agir lorsque celui-ci est menacé dans sa personne ou ses biens : la solution de l'arrêt *Boll* est ainsi consacrée. D'autre part, selon l'article 9, l'urgence confère aux autorités du lieu où se trouve le mineur, et à celles de tout pays où il possède des biens, le pouvoir de prendre les mesures nécessaires ; mais les décisions ainsi prises sont provisoires, et cessent dès que les mesures adéquates ont été prises par les autorités normalement compétentes.

c) Système de la Convention lorsque aucun rapport d'autorité ne résulte de plein droit de la loi nationale du mineur

545 Dans cette hypothèse, selon les articles 1 et 2 de la Convention, les autorités (judiciaires ou administratives) de la résidence habituelle ont compétence (42) pour prendre, *selon leur propre loi*, les mesures tendant à la protection de la personne et des biens du mineur.

Bien que la Convention ne le précise pas, ce sont toutes les modalités de la protection qui sont en fait soumises dans cette hypothèse à la loi de la résidence habituelle : par exemple, la détermination des actes que le mineur peut accomplir seul, ou la précision des formalités qui doivent être accomplies pour la conclusion d'un acte.

Les auteurs de la Convention n'ont pas songé que le droit de l'État de la résidence habituelle pouvait, à l'opposé du droit de l'État de la nationalité, admettre l'existence d'un rapport d'autorité *ex lege*, de sorte qu'il n'y aurait aucune mesure judiciaire ou administrative. Il semble raisonnable dans cc cas de laisser jouer le rapport d'autorité.

Malgré la compétence de principe des autorités de la résidence habituelle, celles de l'État dont le mineur est ressortissant peuvent, après les en avoir avisées, prendre *selon leur propre loi* des mesures tendant à la protection de la personne ou des biens du mineur, si elles considèrent que l'intérêt de celui-ci l'exige (art. 4) (43). Cette compétence est réservée aux autorités des États contractants.

La Convention n'a pas prévu l'hypothèse des doubles nationaux : on peut penser que celui des deux États nationaux qui n'est pas en même temps l'État de la résidence habituelle ne sera pas considéré comme compétent par les autres États contractants.

(42) Sur l'obligation qui en résulte d'exercer cette compétence, v. Civ. 1re, 6 févr. 2001, *JDI* 2001.846, note Monéger, *D.* 2001.2240, note Boulanger, *Defrénois* 2001.1013, obs. Massip, *Rev. crit. DIP* 2002.114, note François, *JCP* 2002.II.10115, note Farge.

(43) V. par ex. Civ. 16 déc. 1986, *Rev. crit. DIP* 1987.401, note Lagarde ; Paris, 27 mai 1986, *JDI*, 1987.332, note Alexandre.

L'article 9, relatif à l'urgence (v. *supra* n° 544) est applicable et donne compétence aux autorités des États sur le territoire desquels le mineur possède des biens pour prendre les mesures protectrices nécessaires.

d) Dispositions communes : effets des décisions et coopération des autorités

546 Toutes les mesures prises par les autorités compétentes, à l'exception de celles fondées sur une situation de danger sérieux (art. 8) ou d'urgence (art. 9), sont reconnues *de plano* dans les autres États contractants. Leur exécution forcée est soumise au droit commun de l'exequatur de l'État où elle est requise (art. 7). Il faut cependant tenir compte de ce que prévoient les Règlements CE du 29 mai 2000 et du 27 novembre 2003, lorsque ces décisions émanent des juridictions des États membres de l'Union européenne et qu'elles sont rendues, depuis le 1er mars 2001, à l'occasion d'une procédure de divorce, de séparation de corps ou d'annulation du mariage (v. *infra*, n° 622).

Un accord peut également intervenir entre les autorités nationales et celles de la résidence habituelle pour que celles-ci mettent en œuvre les mesures prises par celles-là (art. 6, al. 1er). La coopération des autorités du pays de situation des biens peut aussi être requise par les autorités nationales ou par celles de la résidence habituelle (art. 6, al. 1er et 2).

Étant donné la pluralité d'autorités compétentes — autorités nationales, autorités de l'ancienne ou de la nouvelle résidence habituelle, notamment — la Convention a cherché à prévenir les conflits de décisions. Tout d'abord, un échange de vues doit être provoqué par les autorités qui envisagent de prendre des mesures avec celles dont les mesures sont encore en vigueur (art. 10). Ensuite, une primauté est reconnue aux mesures prises par les autorités nationales : elles remplacent celles prises par les autorités de la résidence habituelle (art. 4, al. 4) et demeurent en vigueur même si le mineur établit sa résidence dans un autre État contractant (art. 5, al. 3) ; les autorités de la résidence habituelle ne conservent la possibilité d'intervenir qu'en cas de danger sérieux (art. 8), sans que les mesures ainsi prises aient vocation à être reconnues à l'étranger. Enfin, les mesures prises par les autorités de l'ancienne résidence habituelle demeurent en vigueur dans l'État de la nouvelle résidence habituelle, jusqu'à ce que les autorités de cet État les lèvent ou les remplacent, ce qu'elles ne peuvent faire sans en avoir informé les autorités de l'ancienne résidence (art. 5, al. 1er et 2).

B. Le Règlement « Bruxelles II bis » du 27 novembre 2003

546-1 Comme on l'a fait pour la Convention de La Haye, on précisera le domaine du Règlement (a), avant de décrire les solutions qu'il retient à propos de la compétence juridictionnelle (b) et de l'effet des décisions (c).

Il faut noter que les règles relatives à la compétence sont applicables à partir du 1er mars 2005 et que celles qui gouvernent l'effet des décisions ne concernent, par principe, que les jugements étrangers rendus à la suite d'une action introduite postérieurement à cette date, sauf si le juge de qui ils émanent a fondé sa compétence sur des règles conformes à celles du Règlement (art. 64).

a) Domaine matériel

546-2 Parce qu'il ne se prononce pas sur le conflit de lois, le Règlement ne se réfère pas à la notion de « mineur », qui eût obligé à prendre parti sur l'identité de la loi dont dépend cette qualité. C'est donc « l'enfant », qu'il vise, en abandonnant au droit international privé du for la réponse à la question de savoir si, eu égard à son âge, l'intéressé peut-être l'objet des mesures de protection envisagées. Et la nature de celles-ci paraît n'être d'aucune importance, car le Règlement semble avoir voulu toutes les faire entrer dans son domaine. L'article 1er de ce texte énonce qu'il s'applique « à l'attribution, à l'exercice, à la délégation, au retrait total ou partiel de la responsabilité parentale », ce qui recouvre « notamment le droit de garde et le droit de visite ; la tutelle, la curatelle et les institutions analogues ; la désignation et les fonctions de toute personne ou organisme chargé de s'occuper de la personne ou des biens de l'enfant, de le représenter ou de l'assister ; le placement de l'enfant dans une famille d'accueil ou dans un établissement ; les mesures de protection de l'enfant liées à l'administration, à la conservation ou à la disposition de ses biens ». Seules sont par conséquent exclues les actions concernant la filiation de l'enfant et — curieusement — son émancipation.

b) Autorités compétentes

546-3 Par principe, le Règlement attribue compétence aux « juridictions » (c'est-à-dire à « toutes les autorités compétentes des États membres dans la matière » visée : art. 2) du pays de la résidence habituelle *actuelle* de l'enfant (art. 8). Par exception, la compétence des autorités de l'*ancienne* résidence habituelle est maintenue, pendant trois mois lorsqu'il s'agit de modifier une décision concernant le droit de visite qu'elles ont rendue à l'égard d'une personne qui a conservé sa propre résidence habituelle dans l'État membre dont elles relèvent (art. 9), ou, lorsque l'enfant a été illicitement déplacé ou retenu dans un autre État membre, jusqu'au moment où les personnes ayant sur lui un droit de garde peuvent être considérées comme ayant acquiescé à la situation ou perdu leurs légitimes raisons de s'y opposer (art. 10). Mais ces règles de compétence n'empêchent pas la ou les juridictions qu'elles désignent de renvoyer l'affaire à celle d'un autre État membre qui apparaît « mieux placé » pour en connaître, sous certaines conditions (art. 15). Et elles ne font pas radicalement obstacle à ce que les questions de responsabilité parentale liées à une autre procédure soient tranchées par le juge de l'État *membre* saisi de celle-ci. En effet, une prorogation de compétence est d'abord admise au profit du juge devant lequel est pendante, entre les deux parents, une instance en divorce, en séparation de corps ou en annulation du mariage, mais à la double condition qu'elle soit, d'une part conforme à « l'intérêt supérieur de » cet enfant, d'autre part acceptée par les époux et, le cas échéant, les autres « titulaires de la responsabilité parentale » (art. 12, § 1). Il est donc abandonné à la discrétion de l'un quelconque des deux parents de priver le juge du divorce du pouvoir de se prononcer sur la garde ou le droit de visite, s'il n'est pas en même temps celui que rendent compétent les articles 8 ou 9 ! En revanche, lorsque l'instance, à l'occasion de laquelle la question de la responsabilité parentale se pose, ne porte pas sur le lien matrimonial unissant les parents, la prorogation de compétence du tribunal saisi, qui n'est ici encore permise que si elle est conforme à l'intérêt supérieur de l'enfant et « acceptée de manière non équivoque par toutes les parties à la procédure », est alors subordonnée à la condition supplémentaire que l'enfant ait « un lien étroit avec l'État membre » dont relève cette juridiction (art. 12, § 3).

Il faut ajouter que, lorsque la résidence habituelle de l'enfant ne peut pas être établie, la compétence appartient aux autorités de l'État membre sur le territoire duquel ce dernier se trouve (art. 13), et qu'un cas d'urgence, les tribunaux de chacun des pays membres sont toujours autorisés à prendre des mesures provisoires ou conservatoires relatives aux personnes comme aux biens présents dans ces pays (art. 20).

c) Effet des décisions et coopération des autorités

546-4 Les décisions rendues en matière de responsabilité parentale dans un État membre sont reconnues de plein droit dans les autres États membres (art. 21). Et leur exécution est, en principe, soumise à un régime simplifié qui est directement inspiré de celui que le Règlement du 22 décembre 2000 a adopté (v. *supra*, n°s 459 et s.). Les principales différences sont les suivantes : d'abord, le juge saisi en première instance est autorisé à contrôler d'office les conditions de régularité de la décision en cause (art. 31) ; ensuite, s'agissant de ces conditions de régularité, est formulée l'exigence, distincte de celle de l'ordre public, que, sauf urgence, ont été respectées « les règles fondamentales de procédure de l'État requis » relatives au droit de l'enfant d'être entendu ; enfin, est ouvert à toute personne faisant valoir que la décision litigieuse fait obstacle à l'exercice de sa propre autorité parentale et n'ayant pas eu la possibilité d'être entendue par le juge étranger, le droit de demander que cette décision ne soit pas, pour ce motif, reconnue (art. 23).

Mais l'originalité la plus remarquable tient dans le fait que le Règlement attache lui-même une force exécutoire de plein droit, dans tous les États membres, à deux catégories de mesures décidées par les autorités de l'un quelconque d'entre eux : celles qui sont relatives au droit de visite (art. 41) et celles qui ordonnent le retour de l'enfant, déplacé ou retenu illicitement dans un État membre autre que celui où il avait sa résidence habituelle avant son enlèvement, en application de la Convention de La Haye du 25 octobre 1980 (art. 42) (v. *infra*, n° 623). À la décision doivent alors être joints un certificat, établi par l'autorité de qui elle émane suivant un modèle figurant aux annexes III et IV du Règlement, ainsi qu'une traduction, dans la langue du pays où l'exécution est poursuivie, des dispositions de la décision relatives aux modalités, suivant le cas, soit de l'exercice du droit de visite, soit des conditions du retour de l'enfant.

On doit enfin noter qu'une coopération entre les autorités des États membres en charge de la protection des mineurs est prévue, dans le but d'éviter que le simple déplacement d'un enfant puisse influer sur les conditions d'appréciation de sa situation ou gêner l'adaptation des mesures antérieurement arrêtées à son sujet.

C. Relations entre la Convention et le Règlement

546-5 La question des relations entre la Convention et le Règlement se pose chaque fois que, d'une part, la situation entre dans le domaine spatial de la Convention, et que, d'autre part, le Règlement se veut applicable, en raison du fait, soit que l'enfant a sa résidence habituelle dans un État membre de la Communauté européenne, soit que les juridictions de deux États membres sont impliquées. Or, il est à noter que pratiquement tous les États parties à la Convention de La Haye, à l'exception de la Suisse, sont en même temps membres de la Communauté.

Il faut distinguer la question de la compétence internationale à la fois de celle de la loi applicable et de celle de l'effet des décisions.

– Tant la Convention que le Règlement confèrent une compétence étendue aux juridictions de l'État de résidence habituelle de l'enfant. Mais dans la Convention, cette compétence est concurrente de celle des juridictions nationales (art. 4), alors que dans le Règlement, dès lors que la résidence habituelle se trouve sur le territoire d'un État membre, les juridictions des autres États membres doivent se déclarer d'office incompétentes (art. 17), sauf bien sûr si l'affaire leur a été renvoyée par les autorités du pays de la résidence en application de l'article 15. De plus, cette faculté de renvoi à une juridiction mieux placée existe dans le Règlement, mais non dans la Convention. La solution de ces difficultés réside dans l'article 60 du Règlement, aux termes duquel le Règlement prévaut sur la Convention. Ainsi, notamment, lorsque l'enfant, national d'un État membre, a sa résidence habituelle dans un autre État membre, les juridictions de la nationalité de l'enfant ne sont pas compétentes. En revanche, si l'enfant réside dans un État non-membre, la Convention de La Haye s'applique et les juridictions nationales (en particulier françaises) peuvent exercer leur compétence (art. 14 du Règlement).

– En ce qui concerne la *loi applicable*, il n'y a pas, à proprement parler, de conflit, puisque seule la Convention en traite. L'article 3 s'applique donc dès lors qu'un rapport d'autorité *ex lege* résulte de la loi nationale. En l'absence d'un tel rapport, il semble que l'autorité de la résidence habituelle, compétente à la fois selon le Règlement (art. 8) et selon la Convention (art. 1er), doive appliquer sa propre loi (art. 2 de la Convention).

Cependant si le juge qui statue sur la responsabilité parentale est celui qui a été saisi de la demande de divorce ou de séparation, et qu'il n'est pas celui de la résidence habituelle de l'enfant, ni le Règlement, ni la Convention ne donnent d'indication sur la loi applicable. Une solution concevable serait, puisque la famille légitime se dissout, d'en revenir à la loi nationale de l'enfant.

– S'agissant enfin de l'*effet des décisions*, la Convention et le Règlement s'accordent pour obliger chacun des États qu'ils lient à reconnaître à celles qui émanent des autres une efficacité de plein droit. La seule différence réside dans le fait que, contrairement au Règlement, la Convention exclut du bénéfice de ce régime les mesures prises par une autorité ayant fondé sa compétence sur l'urgence ou une situation de danger sérieux. Parce que, selon son article 60, le Règlement prévaut sur la Convention, cette exclusion est inapplicable toutes les fois que la décision en cause émane d'un État membre de la Communauté (Danemark excepté). En revanche, il n'existe aucun conflit entre le Règlement et la Convention à propos de l'exécution des décisions, puisque la seconde renvoie, sur ce point, au droit commun des États contractants. Celui-ci n'est donc écarté, au profit du régime simplifié mis en place par le Règlement, que dans les cas où la décision à exécuter a été rendue dans un État membre de la Communauté, autre que le Danemark.

Bibliographie sommaire

J.-M. BAUDOUIN : « La protection du mineur étranger par le juge des enfants », *Rev. crit. DIP* 1994.483.

BIGOT : *L'autorité parentale dans la famille désunie en droit international privé*, PUAM, 2003.

DROZ : « La protection des mineurs en droit international privé français depuis l'entrée en vigueur de la Convention de La Haye du 5 octobre 1961 », *JDI* 1973.603.

DUTOIT : « La protection des incapables majeurs en droit international privé », *Rev. crit. DIP* 1967.466.

Jacques FOYER : « Les mesures d'assistance éducative en droit international privé », *Rev. crit. DIP* 1965.39, 60.

GALLANT : *Responsabilité parentale et protection des enfants en droit international privé*, Defrénois, 2004.

GLENN : *La capacité de la personne en droit international privé français et anglais*, Paris, 1975.

JOBARD-BACHELLIER : *L'apparence en droit international privé. Essai sur le rôle des représentations individuelles en droit international privé*, Paris, 1984.

LAGARDE : « La Convention de La Haye du 13 janvier 2000 sur la protection internationale des adultes », *Rev. crit. DIP*, 2000.159.

LEQUETTE : *Protection familiale et protection étatique des incapables*, Paris, 1976.

PATARIN : « L'administration des biens du mineur étranger vivant en France », *Trav. Com. dr. int. pr.*, 1971-1973, p. 71 et s.

CHAPITRE 2
LE MARIAGE

547 Le mariage, comme d'ailleurs la filiation, relevait dans l'Ancien Droit des juridictions ecclésiastiques, qui appliquaient le droit canon.

Il constitue aujourd'hui l'une des matières du statut personnel. La jurisprudence est abondante depuis le XIXe siècle : le fait d'être marié constitue en effet un état permanent qui conditionne de nombreuses activités juridiques. De plus, la séparation de corps et le divorce, mesures fréquentes, sont toujours judiciaires en France, et le sont généralement à l'étranger, ce qui donne aux tribunaux l'occasion de rechercher la loi applicable ou de se prononcer sur l'effet d'un jugement étranger.

On verra successivement la formation du mariage (Section I), ses effets (Section II), son relâchement ou sa dissolution (Section III).

Malgré les suggestions de certains auteurs (P.-Y. Gautier, *op. cit.*), la jurisprudence n'assimile pas l'*union libre* au mariage. Cette position se justifie notamment par le fait que les formes de concubinages sont à ce point diverses qu'une telle assimilation ne pourrait de toute façon se concevoir que pour certaines seulement d'entre elles — vraisemblablement les relations non adultérines de couples hétérosexuels ayant, dans la période ayant précédé la saisine du juge, donné des gages d'une certaine stabilité. En conséquence, plutôt que d'établir des distinctions sur le fondement de critères qui, d'une part, paraîtraient immanquablement arbitraires et, d'autre part, seraient souvent d'une mise en œuvre pratique délicate, le droit positif est uniformément en ce sens que les divers rapports juridiques qui se nouent entre les concubins sont considérés comme autant de rapports distincts, soumis chacun à la loi qui résulte de sa nature, abstraction faite de leur intégration dans une relation durable (1).

Plus embarrassante, en revanche, est la difficulté récemment provoquée par l'apparition des partenariats légalement organisés, tel le PACS en France. En dépit de la qualification contractuelle expressément retenue par la loi du 15 novembre 1999, qui d'ailleurs suscite les plus vives réserves en droit interne et qui, au surplus, est formellement contredite par l'inclusion de ce texte dans le Livre 1er du Code civil (intitulé : « Des Personnes »), il n'est pas douteux que la raison d'être des rattachements respectivement adoptés en matière de

(1) Trib. gr. inst. Paris 21 nov. 1983, *Rev. crit. DIP* 1984.628, note P. L.

contrats et de statut personnel, qui commande la délimitation des catégories en droit international privé (v. *supra*, n° 162 et s.), oblige à soumettre ces partenariats aux règles qui gouvernent, non les premiers, mais le second. En conséquence, leur régime, du point de vue des conflits de lois, ne devrait guère être différent de celui du mariage. On ne saurait néanmoins procéder par voie d'assimilation pure et simple. En effet, il importe ici de tenir compte de trois considérations essentielles. D'abord, la consécration des partenariats en question reste aujourd'hui très exceptionnelle en droit comparé. Ensuite, elle correspond à des préoccupations variables d'un pays à l'autre, ce qui interdit de considérer comme équivalentes ses différentes formes nationales : tandis que dans certains cas, et notamment dans les pays nordiques, elle tend exclusivement à doter d'un statut les couples homosexuels, elle se donne expressément pour objectif, dans d'autres cas, et notamment en France, de proposer un mode d'organisation intermédiaire entre le mariage et l'union libre. Enfin, elle témoigne, de la part des Etats de qui elle émane aussi bien que de ceux qui ne l'admettent pas, d'un refus de traiter les « partenaires » comme des époux et donc de les soumettre aux règles matérielles mêmes qui sont applicables au mariage.

Ces différentes considérations rendent plus impérieuse encore qu'en matière de mariage la nécessité de soumettre à une seule et même loi, dans les limites qu'imposent toutefois, et évidemment, les catégories du for (2), les conditions et les effets des partenariats en question (v. déjà *supra*, n° 261). Concrètement, l'article 3 du Code civil attribuant compétence à la loi nationale en matière de statut personnel, il semble qu'il faudrait distinguer selon que les intéressés sont ou non de même nationalité. Dans le premier cas, ils ne pourraient se soumettre qu'au partenariat organisé, le cas échéant, par la loi de leur nationalité commune, qui en régirait aussi bien les conditions (3) que les effets, tant patrimoniaux qu'extra patrimoniaux. Tout au plus, s'agissant des effets patrimoniaux, faudrait-il admettre que si cette loi les autorise à aménager leurs rapports par contrat, ils pourraient choisir, à cet effet et dans la limite de ses dispositions éventuellement impératives, une autre loi, dont les règles seraient ainsi contractualisées. En revanche, si les intéressés sont de nationalité différente, ils ne devraient pouvoir contracter qu'un partenariat compatible avec chacune de leurs lois nationales respectives, ce qui, d'une part, implique qu'elles organisent l'une et l'autre une telle forme de relations, et d'autre part conduit vraisemblablement à ne toujours donner compétence, avec le même domaine que précédemment, qu'à celle des deux qui lui attache les effets les plus limités.

La pratique en France (comme d'ailleurs dans les autres pays qui ont institué des partenariats organisés) semble cependant n'être pas conforme à cette solution : des PACS ont été contractés par des homosexuels étrangers dont la loi nationale ne permet pas la conclusion de telles unions. Si cet état de fait, qui, il est vrai, ne préjuge en rien de sa légalité, devait être déclaré valable par les tribunaux français, il en résulterait la constitution de rapports « boiteux », puisque les PACS en question n'ont guère de chances d'être reconnus, et donc de produire le moindre effet dans le pays d'origine de ces personnes.

(2) Notamment la filiation et les successions. Pour une illustration de ces limites dans le domaine des successions, v. *supra*, n° 263.

(3) Il paraît difficile de distinguer en ce domaine les conditions de fond des conditions de forme, et d'admettre, pour ces dernières, la compétence de la loi de lieu de conclusion du partenariat, dans la mesure où celle-ci ignorera souvent ce type de relations et où les agents publics qu'elle investit de pouvoirs en matière de statut personnel ne s'estimeront généralement pas compétents pour accomplir les formalités éventuellement requises par la loi nationale des intéressés.

SECTION I FORMATION DU MARIAGE

548 Le problème de la formation du mariage est essentiellement celui de ces conditions de fond (§ 1) et de forme (§ 2), et des sanctions de leur non-respect (§ 3).

Un mot cependant doit d'abord être dit de la question des *fiançailles* : quelle loi détermine leur force obligatoire, la sanction de leur rupture ? La tendance dominante, qui prend pour base les solutions du droit interne français, voit dans la rupture fautive des fiançailles la source d'une responsabilité quasi délictuelle, soumise à la loi du lieu de la rupture. Pourtant, le problème est au fond celui de la liberté du mariage, et il pourrait être rattaché au statut personnel, donc soumis à la loi nationale ; au cas où les deux fiancés n'auraient pas la même nationalité, on retiendrait la nationalité de l'auteur de la rupture, puisque c'est sa liberté qui est en cause.

§ 1. CONDITIONS DE FOND

A. Contenu de la règle de conflit de lois

549 La question de la validité au fond du mariage entre incontestablement dans la catégorie de l'état des personnes. L'article 3, alinéa 3 du Code civil, dans l'interprétation bilatérale qu'en a donnée la jurisprudence, la soumet donc à la loi nationale. L'article 171-1 du même code en apporte d'ailleurs la confirmation en disposant que le mariage contracté par un Français à l'étranger est nul s'il a été contrevenu aux dispositions de fond de la loi française.

La règle est d'application simple lorsque les deux époux sont de même nationalité. Mais il est fréquent qu'ils ne le soient pas, d'autant qu'il importe peu que l'un des époux acquière la nationalité de l'autre par l'effet du mariage : pour savoir si celui-ci est valable, il faut se placer un instant de raison *avant* sa célébration.

En général, les conditions sont relatives à la personne de chaque époux : ainsi des conditions d'âge, de consentement, d'aptitude physique, d'autorisation par les parents, etc. Il est donc possible d'appliquer à chacun sa loi nationale pour déterminer les conditions qui le concernent (4). C'est l'*application distributive* des lois nationales, qu'a consacrée la jurisprudence.

Mais certaines conditions, appelées empêchements bilatéraux, concernent *à la fois* les deux époux ; la règle qui interdit le mariage entre oncle et nièce, par

(4) Ainsi que les possibilités de *dispense*. Sur la compétence des autorités pour accorder les dispenses, v. *supra*, n° 467.

Si l'un des conjoints possède une double nationalité française et étrangère, seule la première sera prise en compte (Civ. 1re, 9 nov. 1993, *Rev. crit. DIP* 1994.644, note Kerckhove).

exemple, prend en considération non une qualité personnelle à l'un ou à l'autre, mais un lien préexistant entre eux ; le mariage n'est alors valable que si aucune des deux lois nationales ne l'annule : c'est l'*application cumulative.*

L'application cumulative n'est qu'une forme particulière de l'application distributive, en présence d'un empêchement bilatéral : la loi de la nièce est consultée en tant qu'elle est susceptible de lui interdire d'épouser un oncle, et la loi de l'oncle en tant qu'elle peut lui interdire d'épouser une nièce.

La solution n'est pourtant pas tout à fait satisfaisante, car elle revient à privilégier la règle la plus sévère, contrairement au principe fondamental de la neutralité de la règle de conflit, et sans qu'une importance particulière soit en fait attachée à la condition d'exogamie (absence de lien de parenté entre les futurs époux). Elle s'explique peut-être en partie par le fait que les exigences d'un législateur relatives à la formation du mariage visent tous ses nationaux avec une impérativité particulière, reflet du lien politique entre l'État et son sujet, de telle sorte qu'il serait inconcevable qu'aucun des époux puisse se soustraire au respect des conditions posées par sa loi.

Une autre justification de l'application cumulative réside dans la difficulté de trouver une solution qui n'avantage pas l'une des deux lois. La logique voudrait certes que la création du lien de mariage soit soumise à une loi unique, « loi de la création » désignée par un critère de rattachement neutre (solution consacrée dans le domaine de l'adoption, v. *infra*, n° 628). Mais quel critère adopter ? Celui du lieu de célébration, retenu aux États-Unis, favorise à l'excès la fraude ; et celui de la nationalité du mari paraîtrait en contradiction avec le principe de l'égalité de l'homme et de la femme ; même remarque pour celui de la nationalité de la femme.

550 La prohibition de la *polygamie* est de nature à créer des difficultés particulières.

En premier lieu, il semblerait préférable de la soumettre à la loi des effets du mariage au cours duquel l'homme veut contracter une seconde union, plutôt qu'à la loi nationale du mari. L'exigence de la monogamie est certes un élément du statut personnel du mari, mais c'est surtout l'un des caractères du premier mariage, et qui protège la première épouse (5). La Cour de cassation a cependant admis qu'un Français, ayant épousé en France une Française et acquis ensuite la nationalité algérienne, ait contracté une seconde union, sans avoir fait dissoudre la première (6). La Française s'est ainsi vu adjoindre une seconde épouse, alors que la loi des effets de son mariage (loi française, v. *infra*, n° 570) impose l'obligation de fidélité !

Tout ce que l'on peut concéder à la loi nationale du mari, c'est la possibilité de s'appliquer cumulativement, si elle prohibe la bigamie, en tant que loi d'application nécessaire s'imposant à tous les nationaux ; on éviterait ainsi, si on l'estime souhaitable, qu'un Français qui a épousé une ressortissante d'un pays connaissant la polygamie, et qui vit dans ce pays,

(5) En ce sens, FADLALLAH, *op. cit.*, *supra sub* n° 515, n° 198 ; BISCHOFF, *op. cit.*, qui estime aussi nécessaire de consulter la loi des effets du deuxième mariage.

(6) Civ. 17 févr. 1982, *Baaziz*, *Rev. crit. DIP* 1983.275, note Lequette, *JDI* 1983.606, obs. Kahn. V. également Paris 8 nov. 1983, cité n° 551. L'ordre public ne s'est pas opposé à la validité du second mariage, qui avait été célébré en Algérie. Par la suite, la Cour de cassation a recouru à l'exception d'ordre public, non pour annuler le second mariage, mais pour évincer ceux de ses effets qui nuisaient à la première épouse, française (Civ. 1re, 6 juill. 1988, *Baaziz*, *Rev. crit. DIP* 1989.71, note Lequette). Pour le moins le comportement du mari doit être considéré comme une faute grave rendant intolérable le maintien du lien conjugal, au sens du droit français, permettant ainsi à la première épouse de demander et d'obtenir le divorce : Trib. gr. inst. Seine 12 nov. 1965, *Rev. crit. DIP* 1966.624, note Decroux, *JDI* 1966.858, note Goldman ; Paris 23 févr. 1987, *D.* 1987. Som. 348, obs. Audit ; *contra*, invoquant la Convention franco-marocaine du 10 août 1981 (v. *supra*, n° 512), Paris 5 avr. 1990, *D.* 1990.424, note Boulanger.

puisse devenir polygame sous prétexte que son premier mariage est soumis à une loi qui l'admet (sur une autre limite à la possibilité d'un mariage polygamique, v. *infra*, n° 572).

En second lieu, quelle que soit la réponse apportée au premier problème, il faut certainement tenir compte de *surcroît* de la loi nationale de la seconde épouse, applicable aux conditions de fond de l'union, si elle prohibe la polygamie et si on l'interprète comme posant un empêchement bilatéral, c'est-à-dire comme interdisant non seulement à un homme d'avoir plusieurs épouses, mais aussi à une femme d'épouser un homme déjà marié (ce qui est le cas de la loi française, notamment) (7).

B. Mise en œuvre de la règle de conflit de lois

551 *L'exception d'ordre public* joue fréquemment à l'encontre de la loi étrangère, soit que celle-ci soit trop libérale en validant le mariage, soit qu'elle soit trop sévère en l'annulant. Mais il faut tenir compte de l'effet atténué de l'ordre public, qui s'oppose à l'éviction de la loi étrangère lorsque le mariage a été célébré à l'étranger, sauf pour les violations les plus graves. C'est ainsi, par exemple, que s'il demeure vraisemblable que notre ordre public s'opposerait à la célébration en France d'un mariage célébré entre deux homosexuels néerlandais en application de leur loi nationale qui autorise désormais ce type d'unions, il est en revanche douteux qu'il ferait obstacle à l'efficacité d'un tel mariage s'il était contracté au Pays-Bas.

L'ordre public impose l'annulation de tout mariage célébré en France en violation de la prohibition de la *polygamie ;* de telles célébrations sont fréquentes dans les consulats des pays de droit musulman (8).

En revanche, une union polygamique contractée à l'étranger sera valable et produira des effets en France (9) ; mais, comme on le verra (*infra*, n° 575), elle ne les produira pas tous : c'est une validité à effets limités.

La prohibition de l'*inceste* telle qu'elle résulte des articles 161 à 164 du Code civil est également d'ordre public international. Cependant, chaque fois que la loi française prévoit une possibilité de dispense, la prohibition n'a pas un caractère aussi impérieux ; il est donc possible dans ce cas de valider le mariage de deux étrangers, même sans dispense si leur loi nationale n'en exige

(7) En ce sens Civ. 1re, 24 sept. 2002, *Defrénois* 2002.1467, obs. Massip, *D.* 2003 Som. 1935, obs. Lemouland, *Petites Affiches* 2003, n° 206, p. 12, note Brière, *Rev. crit. DIP* 2003.271, note Bourdelois, *JCP* 2003.II.10007, concl. Sainte-Rose, note Devers (l'arrêt déduit de l'article 147 du Code civil un empêchement au mariage « bilatéral et absolu » faisant obstacle à la validité du mariage d'une Française avec un homme ayant déjà une première épouse). V. aussi Paris 14 juin 1995, *Rev. crit. DIP* 1997.41, note Gannagé (la Cour voit dans la prohibition de la polygamie par la loi polonaise de la nationalité de la femme un empêchement bilatéral).

(8) V. par ex. Trib. gr. inst. Paris 8 avr. 1987, *Rev. crit. DIP* 1988.73, note Y. L. ; Paris 5 avr. 1990, *D.* 1990.IR.133.

(9) En ce sens Civ. 28 janv. 1958, *Chemouni*, cité *infra*, note 35 ; Civ. 17 févr. 1982, cité *supra*, note 6 ; Paris 8 nov. 1983, *Rev. crit. DIP* 1984.476, note Lequette, *JDI* 1984.881, note Simon-Depitre, *Deféno is* 1984.1.571, note Révillard.

pas. L'*Instruction générale relative à l'état civil* oblige d'ailleurs l'officier de l'état civil à célébrer le mariage dans ce cas (art. 540).

La même Instruction considère comme contraire à l'ordre public toute législation autorisant le mariage avant *l'âge* qui correspond à la puberté.

Cet âge dépend de l'appartenance ethnique, et pourrait donc être inférieur à celui que mentionne la loi française (quinze ans pour les filles, dix-huit ans pour les garçons). Mais l'exigence d'un âge minimum ne se situe pas exclusivement sur le plan physique. Elle est destinée à renforcer les chances que le futur mari et la future femme aient évalué les conséquences de l'état qu'ils entendent adopter, et qu'ils soient en mesure d'assumer les responsabilités qu'il implique. Le minimum pourrait donc être plus élevé que l'âge de la puberté. Cela dit, pourquoi dix-huit ans pour un garçon si quinze suffisent pour une fille ? De nos jours, les responsabilités du mari ne sont pas nécessairement plus lourdes que celles de la femme. Quinze ans pourrait constituer le minimum requis pour les deux sexes.

L'exigence du *consentement des parents* ne paraît s'imposer qu'à l'égard des mineurs très jeunes.

La nécessité du *consentement non vicié des époux* était, avant la loi du 11 juillet 1975, si restrictivement comprise (s'identifiant à l'absence de violence et d'erreur dans la personne), qu'elle constituait certainement un minimum. Mais faudrait-il aujourd'hui déclarer contraire à l'ordre public une loi qui refuserait d'annuler un mariage pour erreur, prévue désormais par l'article 180, alinéa 2 du Code civil, sur les « qualités essentielles » de l'autre conjoint ?

552 L'ordre public intervient plus rarement pour *écarter un obstacle au mariage* posé par la loi étrangère. Certaines prohibitions étrangères peuvent cependant paraître restreindre à l'excès la liberté de se marier : par exemple, l'interdiction du mariage des prêtres, ou l'exigence d'une autorisation administrative pour un fonctionnaire ou un militaire. D'autres établissent des discriminations choquantes selon la race ou la religion (10). L'exception d'ordre public permettra à l'officier de l'état civil français de célébrer le mariage, et au juge français de le valider.

§ 2. CONDITIONS DE FORME

553 Le mariage est un acte que la plupart des systèmes juridiques soumettent à des conditions de forme particulières (11). C'est en principe la loi du lieu de

(10) V. par ex. Paris 9 juin 1995, *D.* 1996. Som. 171, obs. Audit.

(11) L'article 146-1 du Code civil, selon lequel « le mariage d'un Français, même contracté à l'étranger, requiert sa présence », est certainement destiné à garantir la réalité du consentement : son emplacement dans le Code suffit à l'établir. Y voir une exigence de forme obligerait en droit international privé à justifier son applicabilité pour la théorie des lois d'application nécessaire ou de police. Peut-être est-il préférable de l'analyser plus simplement en tant que condition de fond (pour une application de ce texte, v. Dijon, 30 oct. 2001, *JCP* 2002.IV.1355 ; Metz, 2 déc. 2004, *JCP* 2005.IV.2466). En revanche, l'article 63 du Code civil qui, depuis la loi du 26 novembre 2003, impose à l'officier d'état civil — y compris les agents diplomatiques et consulaires (v. art. 171-1) — d'entendre

célébration qui les détermine (A). Cependant, en ce qui concerne les formalités destinées à assurer la publicité du mariage, dont dépend notamment son opposabilité aux tiers, il faut tenir compte de l'incidence de règles d'application nécessaire (B).

A. Système général

554 Le problème de la validité en la forme du mariage ne relève pas uniquement du *conflit de lois*. En effet, la grande majorité des législations prévoient l'intervention d'un officier public, c'est-à-dire d'un organe étatique qui élabore un acte public. Cet acte confère au mariage sa validité formelle, et lève les empêchements simplement prohibitifs s'il y en avait. Se pose alors un problème de *compétence internationale des autorités*.

Il convient donc de distinguer l'hypothèse simple, où le mariage est contracté sans intervention d'une autorité étatique, du cas plus complexe où une autorité prête son concours à l'acte.

a) Absence d'intervention d'une autorité étatique

555 La possibilité de conclusion d'un mariage sans intervention d'une autorité étatique est soumise à la loi du lieu de conclusion (12). *Locus régit actum* : c'est la règle de conflit ordinaire en matière de forme des actes. Mais on verra (*infra*, n°s 753 et s.) que pour la plupart des autres actes cette règle est facultative, en ce sens que, si les parties *peuvent* adopter la forme prévue par la loi locale, elles peuvent aussi suivre les dispositions d'une autre loi, celle notamment qui régit l'acte au fond. Faut-il admettre le caractère facultatif de la règle *locus...* en matière de forme du mariage ? En tout cas, la jurisprudence française n'a jamais autorisé les étrangers à célébrer *en France* un mariage en la forme privée ou religieuse prévue par leur loi nationale (sur les mariages célébrés à l'étranger, v. *infra* n°s 763 et s.).

556 En supposant que la loi étrangère du lieu du mariage n'exige pas l'intervention d'un organe étatique, elle est encore compétente pour déterminer la forme privée qui doit être suivie.

Les tribunaux ont ainsi admis la validité du mariage sans cérémonie, « *by cohabitation and reputation* », dit mariage de *common law* ; celle du mariage

les futurs époux, quelle que soit leur nationalité, avant la célébration du mariage, et qui poursuit manifestement le même but, échappe à la problématique du conflit de lois. Il s'agit d'une règle de droit public, qui organise le fonctionnement de service public français de l'état civil et qui s'impose, à titre de *lex auctoris*, en raison uniquement de la nationalité française de l'autorité à qui la célébration du mariage est demandée.

(12) Si cette intervention est requise par la loi du lieu où il est prétendu que le mariage est intervenu, la situation des « époux », à défaut de l'avoir requise, « s'apparente à un concubinage » : Paris, 20 décembre 2001, *Rev. crit. DIP* 2002.681, note B. Ancel.

qui résulte d'une cérémonie privée ; et enfin celle du mariage célébré par une autorité religieuse.

Ce dernier mariage a soulevé le problème du conflit de qualifications : l'exigence d'une cérémonie religieuse relève-t-elle de la forme ou du fond ? Les pays qui l'imposent retiennent la seconde qualification, mais on sait que seule la qualification du for importe (v. *supra*, n° 156). Dans l'affaire *Caraslanis*, à propos du mariage en France d'un Grec orthodoxe et d'une Française, la Cour de cassation (Civ. 22 juin 1955, précité n° 156) a fait prévaloir l'aspect formel ; la règle *locus régit actum* s'appliquait donc et le mariage célébré par l'officier de l'état civil était valable selon la règle substantielle française.

La solution a été critiquée. Seule l'étude du fondement de la règle *locus régit actum* permettra de l'apprécier (v. *infra*, n°s 766 et s.).

b) Mariage célébré par une autorité étatique

557 Il est inutile de revenir sur la loi applicable à la *nécessité* de cette intervention (v. *supra*, n° 555). Il reste à se demander quelle autorité est compétente, et quelles formes elle doit suivre.

À vrai dire, tant en doctrine qu'en législation, la première question a été absorbée par la seconde. Il suffit de lire à cet égard l'article 171-1, alinéa 1 du Code civil : « Le mariage contracté en pays étranger entre Français et entre Français et étranger sera valable s'il a été célébré dans les formes usitées dans le pays... ». Or, le problème de la loi applicable à la forme, apparemment seul envisagé par ce texte, est en fait tranché par la règle *auctor regit actum* : l'officier ne peut agir que selon les formes prévues par sa propre loi organique, c'est-à-dire la loi de l'État qui lui a conféré ses pouvoirs ; sa compétence interne, la langue employée, les formules prononcées, le nombre et le rôle des témoins, etc., ne peuvent être imposés par une autre loi. Ce que l'article 171-1 règle en fait, c'est donc la compétence internationale des autorités : l'autorité normalement compétente est celle de l'État sur le territoire duquel se trouvent les futurs époux au moment du mariage (13).

Ce n'est pas là l'unique critère de compétence. L'alinéa 2 de l'article 171-1 — correctement rédigé en forme de règle de compétence internationale des autorités — donne dans certains cas compétence aux agents diplomatiques et aux consuls de l'État dont les futurs époux sont ressortissants. Les intéressés ont alors le *choix* entre la forme locale et le recours au représentant de leur pays ; celui-ci bien entendu procède selon sa propre loi, qui se trouve être la loi nationale des époux (14).

(13) En ce sens LAGARDE, *Cours général* précité *sub* n° 245, p. 189 et s., qui observe (note 550) que cette compétence est en fait indéterminée, les époux pouvant choisir de se marier où ils le veulent.

(14) Une preuve supplémentaire du fait que l'article 171-1 concerne la compétence plus que la forme est apportée par la remarque suivante : si le mariage est célébré en France par le consul du pays de la nationalité *de la femme* suivant des formes identiques à celles que prévoit la loi française, l'une des *lois*

Une intervention de l'une de ces autorités sera reconnue en France ; une intervention d'une autre autorité sera dénuée d'effet et le mariage réputé nul.

1° *Autorité locale*

558 Il n'y a pas lieu de commenter longuement la compétence internationale des autorités locales. Il faut préciser seulement que certaines conditions doivent être réunies pour que l'acte émanant de l'autorité locale soit reconnu en France. L'organe doit être *compétent sur le plan interne,* selon sa propre loi, et doit avoir suivi les *prescriptions de forme* de cette loi. Une résidence insuffisante des futurs époux dans son ressort territorial, ou l'omission d'une phrase sacramentelle, vicieraient l'acte public aussi bien aux yeux du juge français qu'à ceux du juge étranger.

2° *Autorité diplomatique ou consulaire*

559 La compétence des agents diplomatiques et consulaires ne s'apprécie pas de la même façon selon qu'elle concerne des agents français à l'étranger, ou des agents étrangers en France, ou dans un pays tiers.

α) Il a toujours été admis, sur le fondement de l'article 48 du Code civil, que les agents diplomatiques et les consuls français pouvaient célébrer le *mariage à l'étranger de deux Français* si ceux-ci les en requéraient.

Mais très tôt, sur la base d'un argument de texte (l'art. 48 mentionne l'état civil des « Français »), les tribunaux ont exclu la possibilité du mariage en la forme consulaire au cas où un seul des futurs conjoints est français. Cette interprétation créait une situation gênante pour les Français désireux d'épouser une étrangère (ou inversement) dans un pays qui ne connaissait que le mariage devant une autorité religieuse ou traditionnelle. Une loi du 29 novembre 1901, ajoutant deux alinéas à l'article 170 du Code civil (devenu l'article 171-1 depuis la loi du 15 novembre 2006), a alors prévu que, dès lors que le *mari* était français, il pouvait opter pour le mariage en la forme consulaire dans un certain nombre de pays, énumérés par décret, qui ignorent (ou ignoraient à l'époque du décret qui les vise) le mariage civil (15).

En revanche, la faculté n'était pas ouverte à la femme française qui se mariait avec un étranger dans l'un de ces pays, ce qui constituait une injustice qui n'a été réparée que par une loi du 26 novembre 2003.

560 β) Bien que les articles 48 et 171-1 ne mentionnent que le mariage des Français devant leur consul à l'étranger, on admet que les *étrangers* peuvent se

compétentes (la loi locale) se trouve respectée ; et pourtant le mariage est nul : c'est que les *autorités* de la nationalité de la femme ne sont pas rendues compétentes par l'article 171-1.

Un autre indice que le problème n'est pas de conflit de lois est fourni par l'observation que des pays qui, comme la Grande-Bretagne, ne donnent aucun rôle à la loi nationale, sont néanmoins très attachés à la possibilité d'intervention de leur consul pour célébrer le mariage de leurs ressortissants.

(15) Ce sont actuellement l'Afghanistan, l'Arabie séoudienne, le Cambodge, la Chine, l'Égypte, l'Irak, l'Iran, le Japon, le Laos, le Maroc (zone de Tanger), Oman (Mascate), la Thaïlande, et le Yémen.

marier devant leur *consul en France*, et l'Instruction générale relative à l'état civil est en ce sens (16) : en donnant à ses consuls à l'étranger le pouvoir de marier deux Français, la France reconnaît une règle de droit international public selon laquelle un consul peut marier ses ressortissants.

Les pouvoirs des agents consulaires et diplomatiques étrangers sont définis (dans la limite de ce que tolère la France, État de leur installation) par l'État qu'ils représentent. Ils ne peuvent célébrer un mariage entre deux de leurs ressortissants que si leur loi leur donne ce rôle ; ce qui n'est pas le cas, en général, des pays qui ne connaissent que le mariage religieux.

561 γ) L'article 171-1 ne mentionne pas non plus la situation des *étrangers* mariés *dans un pays tiers* devant le *consul de leur nationalité*. Les tribunaux n'ont pas eu l'occasion de se prononcer sur la validité d'un mariage ainsi célébré entre deux ressortissants d'un même pays. Si le consul a fait usage de pouvoirs qui lui sont conférés par sa loi et que ne lui dénie pas la loi locale, on ne voit pas pourquoi la décision ne serait pas reconnue en France. Il suffit de bilatériser la règle posée par les articles 48 et 171-1 C. civ., qui s'énonce alors ainsi : « L'État de la nationalité commune de deux individus est internationalement compétent pour célébrer, par ses agents diplomatiques ou consulaires, leur mariage, dans la mesure où l'État local ne s'y oppose pas ».

Cette règle est une règle de compétence internationale directe en ce qu'elle concerne les agents français, et une règle de compétence internationale indirecte en ce qu'elle concerne les agents étrangers.

Même si un seul des époux a la nationalité de l'État dont le consul est saisi, il est possible de valider le mariage si l'État local et l'État représenté par le consul sont d'accord pour donner à celui-ci le pouvoir de le célébrer. Certes, aucune règle du droit international public ne nous y *contraint* ; mais aucune ne *l'interdit* non plus. Les seules décisions rendues en la matière ont cependant refusé de reconnaître de tels mariages (17) ; mais il s'agissait de Françaises qui avaient épousé un étranger devant le consul de celui-ci, et l'on pourrait expliquer la solution par l'existence d'une règle française implicite de compétence internationale indirecte, réservant aux autorités *locales* le pouvoir de marier des Françaises ou des Français avec des non-Français : règle difficilement justifiable, mais qui permettrait au moins de valider les mariages dans lesquels aucune partie n'est française.

B. Règles particulières en matière de publicité du mariage

562 En principe, les formalités destinées à assurer la publicité du mariage sont imposées par la même loi que les autres formalités : loi locale dans le cas du mariage célébré sans intervention d'un organe étatique, loi de l'autorité (locale ou consulaire) dans le cas contraire. Il en va notamment ainsi du *caractère public de la cérémonie* elle-même.

(16) V. aussi Reims 19 janv. 1976, *JDI* 1976.916, note Fadlallah.

(17) Trib. civ. Épinal 24 août 1889, *Gaz. Pal.*, 1889.2.507 ; Paris 13 mars 1954, *JDI* 1954.954, note Sialelli.

Cependant, quelle que soit la forme choisie par les époux, l'État de la nationalité peut vouloir assurer le respect des conditions de fond qu'il impose à ses ressortissants en provoquant, grâce à *une publication préalable*, les oppositions des intéressés.

a) Mariage d'un étranger en France

563 Si le mariage est célébré par l'officier de l'état civil, l'observation de la loi française de publicité s'impose tout simplement en tant qu'elle est la *lex auctoris*. Mais sa mise en œuvre suscite parfois des difficultés. Le Code civil prévoit la publication préalable, non seulement à la mairie du lieu du mariage, mais aussi à celle « du lieu où chacun des futurs époux a son domicile ou à défaut sa résidence ». Si l'un d'eux est domicilié dans un pays étranger qui ne prévoit pas cette mesure, ou qui refuse de l'accomplir en l'espèce, l'article 545 de l'Instruction générale relative à l'état civil autorise l'officier à célébrer le mariage dès qu'il a acquis la conviction que la publication est impossible.

L'article 547 de l'Instruction prescrit à l'officier de l'état civil de ne pas tenir compte (sauf convention diplomatique) d'une éventuelle loi d'application nécessaire étrangère imposant une publication préalable dans le pays d'origine des futurs époux alors qu'ils n'y ont plus leur domicile.

b) Mariage d'un Français à l'étranger

564 Aux termes du troisième alinéa de l'article 171-2, une *publication préalable* doit être effectuée auprès de l'officier de l'état civil ou de l'autorité diplomatique ou consulaire française du lieu où le Français qui se marie a son domicile ou sa résidence. Bien que le défaut de publication préalable ne constitue en droit commun qu'un empêchement prohibitif, la jurisprudence annule le mariage si le défaut de publication a été intentionnel ; c'est en général l'hypothèse de jeunes Français qui, pour éviter une opposition de leurs parents non consentants, se marient clandestinement à l'étranger (18). En revanche, si le mariage a été en fait entouré d'une publicité exclusive de toute intention de fraude (comme ce fut le cas du mariage de Sarah Bernhardt à Londres) (19), la nullité n'est pas prononcée.

La justification de cette jurisprudence résiderait, d'après la Cour de cassation elle-même, dans la notion de fraude à la loi : la loi française qui prohibe la clandestinité du mariage n'est pas en principe applicable, s'agissant d'un mariage célébré à l'étranger ; elle ne le devient que si le lieu du mariage a été ainsi fixé *dans le but* de l'éluder.

Ce recours à l'exception de fraude est inutile, car la compétence de la loi française résulte tout simplement du fait que l'article 171-2 du Code civil est une loi d'application nécessaire,

(18) V. notamment Req. 28 mars 1854, *D.P.* 1854.1.201, S. 1854.1.295 ; Req. 5 juill. 1905, *D.P.* 1905.1.471, S. 1906.1.141, *RDIP* 1905.714 ; Req. 7 janv. 1929, S. 1929.1.104 ; Paris 2 déc. 1966, *Rev. crit. DIP* 1967.530, note Malaurie, *JCP* 1967.II.15278, note R. B.
(19) Seine 12 juill. 1888, *JDI* 1889.641.

visant impérativement tous les Français domiciliés ou résidant en France. La distinction entre les cas où son inobservation est sanctionnée par la nullité et ceux où elle ne l'est pas n'est que l'extension sur le plan international de la jurisprudence française qui valide le mariage interne malgré le défaut de publication préalable, sauf lorsqu'il est de surcroît clandestin (20). (Sur la nécessité de la présence physique du Français en cas de mariage à l'étranger, v. *supra*, n° 553).

À cette publication préalable, la loi du 14 novembre 2006 a ajouté une exigence supplémentaire lorsque le mariage d'un Français à l'étranger doit être célébré *par une autorité étrangère*. Dans cette hypothèse, l'article 171-2 du Code civil oblige le ou les futurs époux à requérir, auprès de l'autorité diplomatique ou consulaire française compétente selon le lieu où doit intervenir le mariage, un « certificat de capacité à mariage », en fournissant les pièces et indications énumérées par l'article 63 (sur les sanctions encourues à défaut, v. *infra*, n° 566-1). Si elle l'estime utile, cette autorité peut subordonner la délivrance dudit certificat à l'audition des futurs époux par l'officier de l'état civil du lieu de leur domicile en France, ou par l'autorité diplomatique ou consulaire « territorialement compétente » s'ils ont leur domicile ou leur résidence à l'étranger (art. 171-3).

Au surplus, si « des indices sérieux laissent présumer que le mariage envisagé encourt la nullité au titre des articles 144, 146, 146-1, 147, 161, 162, 163, 180 ou 191 », elle saisit « sans délai le procureur de la république compétent », qui peut, dans les deux mois, faire connaître à l'autorité qui l'a saisie et aux intéressés qu'il s'oppose à la célébration du mariage.

Bien sûr, cette opposition ne lie pas l'autorité étrangère qui, par hypothèse, doit célébrer le mariage. Mais elle fera obstacle, aussi longtemps qu'une décision du tribunal de grande instance compétent n'en aura pas ordonné la main levée, à la transcription de celui-ci sur les registres français de l'état civil, ce dont dépend désormais son opposabilité aux tiers, et donc, notamment, à l'administration (v. *infra*, n° 566-1).

§ 3. SANCTIONS DU NON-RESPECT DES CONDITIONS

565 Deux catégories d'organes étatiques français sont appelés à constater et à sanctionner le non-respect des conditions de fond et de forme du mariage : les officiers de l'état civil (y compris les agents diplomatiques et consulaires), qui refuseront de le célébrer (A), ou qui refuseront de le transcrire sur les registres de l'état civil (B) ; et les juges, qui prononceront la nullité (C).

(20) Certes, pour le mariage interne, la clandestinité suppose l'absence de toute cérémonie publique. Mais on conçoit que le fait de s'être rendu à l'étranger puisse apparaître comme une autre hypothèse de clandestinité (V. *supra*, n° 265). Un simple empêchement prohibitif ne constituerait d'ailleurs pas une sanction efficace, car l'officier n'est pas tenu de respecter l'exigence française de publication préalable.

A. Refus de célébrer le mariage

566 L'officier de l'état civil — que l'on supposera français — doit vérifier que les conditions de validité du mariage sont remplies.

Quant à la forme et à la publicité, c'est la loi française qui s'applique.

Quant au fond, si l'un des époux est étranger (et sauf renvoi), il faudra consulter sa loi nationale. L'officier va donc être conduit, avec la collaboration du procureur de la République, à appliquer les règles du droit international privé.

L'Instruction générale relative à l'état civil a tenté de transposer les règles qu'avaient dégagées la jurisprudence quant à l'office du juge. Les parties, en principe, doivent produire un certificat de coutume ; si elles s'y refusent, l'officier de l'état civil doit néanmoins, sur leur requête, procéder à la célébration, à condition que la loi française, applicable ici en raison de sa vocation subsidiaire, soit respectée ; mais il avertit les requérants que leur union risque de ne pas être reconnue à l'étranger et pourrait même être éventuellement annulée en France.

Si la loi étrangère paraît à l'officier contraire à l'ordre public, il saisira le procureur de la République qui lui donnera son avis, favorable ou défavorable, et pourra même faire opposition au mariage. Toute difficulté sera tranchée par le tribunal de grande instance.

Quelle que soit la loi applicable au fond ou à la forme, le procureur de la République, saisi par l'officier de l'état civil, peut former opposition au mariage, ou surseoir à sa célébration pour une durée d'un mois renouvelable une fois par décision spécialement motivée, lorsque l'union lui paraît constituer une fraude à la loi, ou lorsque des indices sérieux laissent présumer que le consentement de l'un des époux pourrait faire défaut (art. 175-1 et 175-2 C. civ.). Il s'agit d'éviter que ne soient tournées, par des mariages de complaisance entre Français et étrangers, les règles relatives à l'acquisition de la nationalité française et à la résidence des étrangers en France (v. *infra*, Livre II). Un recours est ouvert contre ces décisions devant le tribunal de grande instance (ou son président dans le cas d'une décision de sursis) ; la juridiction doit statuer dans les dix jours.

B. Refus de transcrire le mariage

566-1 Toujours dans le même but de lutter contre les mariages de complaisance, la loi du 14 novembre 2006 a amputé d'une grande partie de leurs effets en France les mariages contractés à l'étranger par des Français devant une autorité étrangère : ils sont inopposables aux tiers (autres que les enfants) aussi longtemps qu'ils n'ont pas été transcrits sur les registres de l'état civil français (art. 171-5 C. civ.), par l'autorité consulaire ou diplomatique compétente d'après le lieu du mariage.

On a vu que cette transcription doit être refusée lorsque le procureur de la République s'est opposé à la célébration du mariage, et que les intéressés sont néanmoins passés outre, aussi longtemps qu'ils n'auront pas obtenu la main levée de l'opposition (*supra*, n° 564). Mais elle peut l'être également, à titre provisoire, dans deux hypothèses :

– lorsque le mariage a été célébré sans que le ou les conjoints de nationalité française aient auparavant obtenu le « certificat de capacité à mariage » prévu par l'article 171-2 du Code civil (*supra*, n° 564), auquel cas la transcription peut être subordonnée à une audition préalable des époux ;

– lorsque des « indices sérieux », éventuellement révélés par l'audition des époux, « laissent présumer que le mariage encourt la nullité » ; dans ce cas, le ministère public, immédiatement informé, dispose d'un délai de six mois pour demander cette nullité du mariage.

L'inaction du ministère public produit des conséquences différentes selon que les formalités préalables à la célébration du mariage ont ou non été respectées. Si le « certificat de capacité à mariage » n'avait pas été demandé, le silence du ministère public vaut opposition à la transcription. Il appartient alors aux époux de saisir le tribunal de grande instance, pour obtenir la main levée de cette opposition. Au contraire, si le certificat de capacité à mariage avait été délivré, la transcription devra être effectuée, si le ministère public n'a pas exercé l'action en nullité dans les six mois qui lui étaient impartis à cet effet. Mais cette transcription ne fera pas obstacle, le cas échéant, à l'introduction ultérieure d'une demande d'annulation du mariage par application des articles 180 et 184 du Code civil.

C. Annulation du mariage

567 La loi qui régit la condition violée a compétence pour indiquer la sanction de cette violation. Elle détermine la nature de la sanction — c'est normalement la nullité —, les personnes qui peuvent la demander, les délais dans lesquels elles peuvent le faire, les fins de non-recevoir, les possibilités de confirmation.

La compétence internationale des tribunaux français à l'égard des actions en nullité du mariage se détermine principalement, depuis le 1er mars 2005, par application du Règlement européen n° 2201/2203 du 27 novembre 2003 (v. *infra*, n° 594). Ce Règlement définit également les conditions et les modalités de la reconnaissance en France des jugements rendus, en matière d'annulation du mariage, dans les autres pays membres de l'Union européenne, à l'exception toutefois du Danemark (v. *infra* n° 594-1 et 596-1).

568 Quant aux effets de la nullité, le choix est difficile entre la loi de la condition violée et les lois respectivement applicables aux divers effets du mariage nul. Il faut procéder à une distinction. Si la question posée est celle de l'incidence spécifique de la nullité sur tel ou tel effet du mariage, elle est incontestablement soumise à la loi de l'effet ; par exemple, la question de savoir si le mariage nul entraîne le caractère naturel des enfants nés pendant l'union, doit être soumise à la loi de la filiation (21).

Si la question est celle des effets généraux de la nullité, on peut hésiter davantage. Le problème s'est posé à propos de l'institution de la *putativité*. Tempérament à la nullité — puisqu'elle l'empêche de rétroagir —, elle est soumise, en cette qualité, à la loi qui édicté la nullité, c'est-à-dire à la loi de la condition violée ; c'est la solution de la jurisprudence (22). Mais on pourrait aussi songer à la loi des effets du mariage, parce que le tempérament est indépendant de la cause de la nullité, et est au contraire lié à la nature particulière du mariage, qui le distingue des autres actes juridiques et dont la conception exacte varie selon les systèmes (23). En tout cas, si la putativité est admise, les divers effets du mariage doivent être soumis à la loi qui les régit normalement ; le régime matrimonial, par exemple, sera réputé avoir fonctionné, et sera liquidé, selon la loi choisie, explicitement ou implicitement, par les époux au moment du mariage (24).

SECTION II — EFFETS DU MARIAGE

569 Peu de décisions ont été rendues relativement à la loi applicable aux effets du mariage. Mais leur nombre a été suffisant pour que puisse être constatée, avant 1975, une identité entre cette loi et la loi régissant, selon un système jurisprudentiel développé depuis 1953, le divorce et la séparation de corps. Si l'on considère le divorce comme un effet ultime du mariage, on peut donc dire que l'ensemble des effets du mariage, à l'exception du régime matrimonial, était soumis à une loi unique.

(21) *Contra* Civ. 1re, 16 juill. 1998, *Zvoristeanu*, (*Rev. crit. DIP* 1995.509, note Laquelle, *JDI* 1999.125, note Courbe, *D.* 1999.51, note Fauvarque-Cosson, *JCP* 1999.II.10032, note Muir Watt) qui rattache à tort cette question à celle de la putativité (v. *infra*, note 24).

(22) Civ. 6 mars 1956, *Veuve Moreau, Rev. crit. DIP* 1956.305, note Francescakis, *JCP* 1956.II.9549, note A. Weill, *D.* 1958.709, note Batiffol, *GA* n° 28 ; Civ. 14 juin 1957, *D.* 1957.957 ; Versailles 3 juill. 1978, *JDI* 1980.316, note Kahn, maintenu par Civ. 15 janv. 1980 (même référence) ; Civ. 16 juill. 1998, cité note précédente.

(23) Dans le sens de cette solution, avec une autre motivation, v. G. DE LA PRADELLE, *op. cit.*, p. 208 et s. La loi qui régit l'établissement de la filiation devrait en tout cas déterminer seule l'existence de la putativité et son incidence sur le caractère légitime des enfants nés du mariage annulé : c'est la conception que l'on se fait de la filiation, et non du mariage, qui dicte ici les solutions substantielles, et la qualification « mariage » ne convient donc pas. La Cour de cassation, qui a semblé faire sienne cette analyse dans un arrêt *Makhlouf* du 3 juin 1998 (*Rev. crit. DIP* 1998.652, note Ancel, *D.* 1998.578, note Fulchiron) a, un mois et demi plus tard, cependant statué en sens contraire (arrêt *Zvoristeanu*, précité), après avoir (à tort) posé en termes de putativité le problème des effets *indépendants de la bonne foi* de la nullité d'un mariage sur la nature de la filiation des enfants qui en sont issus.

(24) En ce sens, Civ. 20 nov. 1958, *JDI* 1959.1146 ; Versailles 3 juill. 1978, précité.

L'intervention du législateur en 1975 a retiré à cette loi, dite « loi des effets du mariage », le domaine dans lequel elle s'était primitivement affirmée, celui de l'admissibilité et des causes du divorce et de la séparation de corps, qui font à présent l'objet de l'article 309 (ex 310) du Code civil.

La question s'est donc posée d'emblée de savoir si la nouvelle règle de conflit devait être étendue, comme l'avait été l'ancienne, à tous les effets du mariage, ou si au contraire elle devait être restreinte aux problèmes qu'elle vise expressément, l'ancienne jurisprudence pouvant être maintenue pour les effets, au sens strict, du mariage. Cette dernière position a finalement été consacrée par la Cour de cassation (25).

Elle paraît la mieux fondée. En effet, en recourant en matière de divorce à l'unilatéralisme, méthode dont l'objectif est d'assigner aux diverses règles du droit civil interne leur domaine d'application, le législateur montre le lien étroit qui unit dans son esprit le choix des rattachements au contenu des règles françaises auxquelles ils sont affectés. L'article 309 n'a-t-il pas d'ailleurs pour but véritable de donner au libéralisme des règles françaises sur le divorce une très vaste portée d'application (v. *infra*, n° 580) ? Tant qu'une loi n'aura pas décidé expressément que les effets du mariage doivent également être soumis préférentiellement à la loi française, ils relèvent donc de la méthode bilatéraliste et des solutions antérieurement acquises.

On verra successivement le contenu de la règle de conflit qu'avait dégagée la jurisprudence (§ 1), puis les problèmes que soulève sa mise en œuvre (§ 2).

§ 1. CONTENU DE LA RÈGLE DE CONFLIT DE LOIS

570 L'alinéa 3 de l'article 3 du Code civil concerne les effets du mariage comme il concerne sa formation. Lorsque les deux époux sont de même nationalité — et il en est ainsi plus fréquemment qu'en matière de formation du mariage, car souvent l'un des époux prend la nationalité de l'autre —, la loi de cette nationalité commune est donc compétente ; c'est ce que la jurisprudence a toujours admis.

Lorsqu'au contraire ils sont de nationalité différente (mariage mixte), plusieurs solutions se conçoivent, et ont été effectivement consacrées, ici ou là. Mais il faut écarter *a priori* toutes celles qui soumettraient les relations des époux aux deux lois nationales, diversement combinées ; distinguant, par exemple, entre les obligations du mari et celles de la femme. Le mariage est un lien unique, et les obligations qui en découlent sont interdépendantes. C'est une *loi du lien* qu'il faut rechercher.

Certains pays (dont le nombre décroît rapidement) l'ont trouvée dans la prépondérance reconnue à la loi du mari, et quelques décisions françaises

(25) Civ. 1re, 3 avr. 1990, *D.* 1990.IR.107.

avaient statué en ce sens, à l'époque où le mari était le chef de famille. Mais le principe de l'égalité des époux y fait à présent obstacle en droit français ; de plus, si la femme et les enfants sont français, le mari étant seul étranger, et tous vivant en France, la loi française doit manifestement être appliquée.

La jurisprudence, qui s'est formée à l'occasion d'instances en divorce, soumet les effets du mariage mixte à la *loi du domicile des époux* (26). Le domicile commun est ici un rattachement subsidiaire utilisé à défaut de nationalité commune. Et l'on peut estimer, en effet, que le lieu où se déroulent matériellement les relations matrimoniales est révélateur du milieu juridique dans lequel elles s'intègrent, lorsque le facteur plus fort que constituerait la nationalité commune ne le supplante pas.

Mais il se peut que les époux de nationalité différente, s'étant séparés de fait, aient aussi leur domicile dans des pays différents ; c'est alors la *loi du for* qui s'applique (27), en raison de sa vocation subsidiaire.

On peut regretter ce recours trop rapide à la solution anti-internationaliste par essence (qui contraste avec les cinq rattachements en cascade adoptés par le législateur allemand), et penser que *la loi du dernier domicile commun* a des titres préférables : le lien matrimonial ne se rattache plus *actuellement* de façon préférentielle à un ordre juridique, puisqu'il n'est plus une réalité concrète, mais, puisqu'il n'est pas dissous, il subsiste comme prolongement de ce qui existait. La Convention franco-marocaine du 10 août 1981, mentionnée *supra*, n° 512, retient cette solution.

Il a fallu préciser la notion de « domicile commun » à défaut duquel la loi du for s'applique. Selon la Cour de cassation (28), il s'agit d'un établissement *effectif* dans le même pays. On n'a donc jamais retenu la conception selon laquelle la femme était domiciliée chez son mari ; il faut s'attacher à la réalité des faits. Mais un séjour épisodique de l'un des époux dans un autre pays ne supprimerait pas la communauté de domicile ; l'établissement doit être effectif, mais il doit aussi être stable, faute de quoi il suffirait à un époux de venir plaider en France pour pouvoir invoquer la loi du for.

Il suffit par ailleurs que les époux soient domiciliés dans le même pays, même si leur établissement y est séparé (29). L'expression « domicile commun » ne doit donc pas être prise à la lettre.

(26) Arrêts *Rivière* (Civ. 17 avr. 1953, *Rev. crit. DIP* 1953.412, note Batiffol, *JDI* 1953.860, note Plaisant, *JCP* 1954.II.7863, note Buchet, *GA* n° 26) et *Lewandowsky* (Civ. 15 mars 1955, *Rev. crit. DIP* 1955.320, note Batiffol, *D.* 1955.540, note Chavrier, *JCP* 1955.II.8771, note Ponsard). Jurisprudence étendue expressément du divorce aux effets du mariage (plus précisément, en l'espèce, à l'obligation alimentaire) par l'arrêt *Chemouni* (Civ. 19 févr. 1963, *Rev. crit. DIP* 1963.559, note G. H., *JDI* 1963.986, note Ponsard, *Rép. Comm.* 1963.315, note Droz, *GA* n° 31).

(27) Civ. 15 mai 1961, *Tarwid, Rev. crit. DIP* 1961.547, note Batiffol, *JDI* 1961.734, note Goldman, *D.* 1961.437, note G. Holleaux.

(28) Arrêts *Tarwid*, précité et *Corcos*, Civ. 22 févr. 1961, *Rev. crit. DIP* 1961.382, note Batiffol, *JDI* 1961.734, note Goldman.

(29) Civ. 30 oct. 1967, *Yechilzuke, Rev. crit. DIP* 1969.479, note Jacques Foyer.

571 La loi des effets du mariage, ainsi déterminée, possède un triple domaine.

1° Elle s'applique d'abord aux *rapports personnels des époux*, en particulier aux devoirs d'assistance, de cohabitation et de fidélité, et à l'autorité maritale.

Le seul effet personnel du mariage qui échappe à la loi des effets du mariage est *l'obligation alimentaire*, qui fait l'objet des règles de conflit particulières posées par la Convention de La Haye du 2 octobre 1973 : la loi applicable est celle de la résidence habituelle du créancier d'aliments ; lorsque cette loi n'ouvre pas droit à des aliments, la loi nationale commune s'applique ; si celle-ci conduit au même résultat, l'autorité saisie applique sa propre loi. La faveur pour le créancier est évidente dans cette triple règle (v. *supra*, n° 138) (30).

Lorsque le problème de la validité du mariage doit être résolu préalablement à la question des aliments, il l'est, selon l'interprétation dominante (31), par l'application de la même loi que celle-ci.

La question de l'*exécution des jugements étrangers* en matière alimentaire est également l'objet de diverses conventions (mentionnées *infra*, n° 621).

2° La loi des effets du mariage régit par ailleurs (encore que cette extension soit contestée) *le statut personnel de la personne mariée, en tant que telle* : droit (ou devoir) pour la femme de porter le nom de son mari (32) ; capacité de la femme mariée ; émancipation par le mariage ; etc.

3° Quant aux *rapports patrimoniaux entre époux*, ils s'intègrent pour la plupart dans le régime matrimonial, qui est soumis à une loi propre. La loi des effets du mariage n'a donc à leur égard qu'une compétence résiduelle, dont les limites exactes ne peuvent être déterminées sans une étude préalable de la signification du rattachement du régime matrimonial. On réservera donc les trois questions des *contrats entre époux*, de *l'hypothèque légale des époux* et du *statut patrimonial de base* (v. *infra*, n°s 783 et 784).

572 La soumission des effets du mariage à une loi fixée impérativement contraste avec la solution retenue en général à propos des actes juridiques. Les contrats, notamment, sont soumis à la loi d'autonomie, c'est-à-dire à la loi choisie par les parties, sous certaines réserves. C'est qu'en droit français le mariage est moins une situation contractuelle qu'un statut légal imposé : le choix du rattachement s'inspire de l'analyse du droit interne.

Dans des cas-limites, cette méconnaissance totale du statut voulu par les parties peut conduire à des résultats contraires à la raison. Deux Français se sont mariés en France, puis installés dans un pays de droit musulman ; au bout de quelques années, le mari acquiert la nationalité de ce pays et perd (seul) la nationalité française. Est-il pour autant normal qu'il puisse prendre alors une seconde épouse, malgré l'opposition de la première, comme l'y autorisent à la fois son nouveau statut personnel et la loi des effets du premier mariage (loi

(30) La jurisprudence assimile à l'obligation alimentaire celle de contribuer aux charges du mariage : Civ. 6 nov. 1990, *Rev. crit. DIP* 1991.348, note Simon-Depitre.

(31) Justement critiquée par Y. LEQUETTE, « De l'utilitarisme... », *op. cit. supra sub* n° 515.

(32) Une réponse ministérielle de 1978 (*Rev. crit. DIP* 1978, p. 593) déclare cependant soumise à la loi nationale de la femme (française) la question de savoir si elle peut porter le nom composé de son nom de jeune fille et de celui de son mari, solution connue du droit allemand.

du domicile commun) ? Il faudrait tenir compte du fait que le mariage résulte *de l'accord de deux volontés sur un certain type d'union*, en l'espèce évidemment monogamique. Le respect des prévisions légitimes des intéressés, qui constitue l'un des objectifs essentiels du droit des conflits de lois (v. *supra*, n° 19), peut être assuré par la décision d'appliquer la loi des effets du mariage, déterminée conformément à la jurisprudence actuelle, mais *dans les limites du type de mariage connu de la loi envisagée par les époux* lors de la célébration. Cette restriction ne jouerait que si les prévisions des parties étaient révélées par l'existence, au moment du mariage, d'une localisation objective forte, comme dans l'exemple proposé (33).

§ 2. MISE EN ŒUVRE DE LA RÈGLE DE CONFLIT DE LOIS

A. Conflit mobile

573 Si le rattachement des effets du mariage à la loi nationale traduit un souci de permanence du statut des époux, il ne doit pas pour autant, en cas de changement de nationalité, les figer sous l'empire de leur loi d'origine : deux époux italiens, naturalisés français, doivent être désormais soumis à la loi française. On tient donc compte de la nationalité actuelle des époux (ou de leur *domicile actuel*, à défaut de nationalité commune).

Dans l'arrêt *Chemouni* (précité, n° 570), la Cour de cassation a appliqué la loi française du domicile aux rapports alimentaires entre une Tunisienne et son mari, tunisien au moment du mariage mais naturalisé français par la suite : elle a donc bien tenu compte de la nouvelle nationalité, et ce, a-t-elle précisé, depuis la date du changement ; un précédent arrêt, rendu entre les mêmes époux à l'époque où Chemouni était encore tunisien, avait appliqué la loi tunisienne de la nationalité commune (34). La solution est identique à celle que retient le droit transitoire interne.

Aujourd'hui l'obligation alimentaire est soumise en principe à la loi de la résidence habituelle du créancier, et la Convention de La Haye de 1973 (v. *supra*, n° 571) précise qu'en cas de changement de cette résidence, la loi de la nouvelle résidence s'applique à partir du moment où le changement est survenu.

Un risque de fraude apparaît certes, s'il suffit à un époux de changer de nationalité, ou même de domicile ou de résidence habituelle, pour rendre compétente une loi qui favorise ses desseins. Mais il ne devrait imposer l'abandon de la solution actuelle du conflit mobile que si la fraude était à la fois fréquente et impossible à détecter — puisque l'exception de fraude permet de la déjouer lorsqu'elle est révélée —, ce qui ne semble pas probable.

(33) En Grande-Bretagne on se fie à la loi du lieu de célébration, solution approuvée par M. Bischoff (*op. cit.*).

(34) Civ. 28 janv. 1958, *Rev. crit. DIP* 1958.110, note Jambu-Merlin, *JDI* 1958.776, note Ponsard, *JCP* 1958.II.10488, note Louis-Lucas, *D.* 1958.265, note Lenoan, *GA* n° 30.

B. Questions interdépendantes

574 La validité et les effets du mariage ne sont pas nécessairement soumis à la même loi : ainsi, lorsque les époux ne sont pas de même nationalité. Ceci conduit parfois à des situations insolites. Quels effets, par exemple, la loi française attache-t-elle aux deux mariages d'un bigame dont le statut personnel admet la polygamie ? En principe, chaque mariage étant valable, le mari doit fidélité, secours, assistance, communauté de vie, etc. à ses deux épouses. Dans l'affaire *Chemouni*, la Cour de cassation a approuvé la condamnation du défendeur, selon la loi française, à verser des aliments à sa seconde épouse qu'il avait délaissée au profit de la première.

La pluralité d'obligations crée une situation qui n'est pas prévue par la loi interne française, mais qui peut en général être réglée sans difficulté majeure. L'obligation alimentaire, si elle existe à l'égard de plusieurs épouses, devra être calculée pour chacune en tenant compte de la pluralité ; les veuves viendront en concurrence dans la liquidation de la succession du mari précédé (35), et dans celle du régime matrimonial (36) ; les épouses bénéficieront de la sécurité sociale, etc. (37).

Mais les conséquences du respect de l'obligation de fidélité sont plus draconiennes : comme elle est double, elle impose une chasteté absolue au mari et à ses deux femmes. Une *adaptation* de la loi applicable aux effets des deux mariages est ici indispensable, sous peine de priver deux mariages dont on affirme la validité de l'essentiel de leurs effets. Elle peut consister à interpréter la volonté du législateur en ce sens que s'il avait prévu la possibilité de deux unions simultanément valables, il aurait dérogé à l'obligation de fidélité, de façon à permettre les relations du mari avec chacune de ses épouses, mais non avec des tierces personnes.

Pour éviter ces complications, M. Bischoff (*op. cit.*), propose de façon ingénieuse d'appliquer une seule loi, la loi du lien polygamique ; ce serait la loi nationale commune à tous les conjoints, et à défaut la loi nationale du mari (qui coïncidera presque toujours avec celle de l'une des épouses).

C. Ordre public

575 L'ordre public est très exigeant quant aux rapports personnels des époux. Il s'est opposé à l'application de lois : dispensant les époux de l'obligation de

(35) Civ. 3 janv. 1980, *Bendeddouche*, *JDI* 1980.327 note Simon-Depitre, *Rev. crit. DIP* 1980.331, note Batiffol, *D.* 1980.549, note Poisson-Drocourt, *GA* n° 61. Y aura-t-il partage ou cumul des droits « du » conjoint survivant ? La Cour de cassation ne l'a pas précisé ; la doctrine est en faveur du partage.

(36) Sur cette question extrêmement complexe, v. Toulouse 22 mars 1982, *JCP* 1984.II.20185, note Boulanger, *RTD civ.* 1983.332, obs. Nerson et Rubellin-Devichi. M. Leveneur (*Situations de fait et droit privé*, thèse Paris II, 1988, p. 319) suggère, si le régime est communautaire, de diviser entre le mari et la première femme les biens acquis avant le second mariage, et de diviser en trois parts les biens acquis après cette date. Lorsque cela est possible, il est cependant préférable de considérer que tous les époux sont soumis à un régime de séparation de biens.

(37) Cependant la Chambre sociale de la Cour de cassation (1er mars 1973, *JDI* 1974.834, note La Pradelle, *Rev. crit. DIP* 1975.54, note Graulich ; 8 mars 1990, *Rev. crit. DIP* 1991.694, note Déprez) réserve le bénéfice de l'assurance maladie et maternité à celle des épouses qui réside avec l'assuré, et, si elles résident toutes deux avec lui, à celle pour laquelle l'assuré avait initialement introduit une demande de prestation.

cohabiter (38) ; refusant à la femme une pension (39) ; l'obligeant au nom de la puissance maritale à suivre son mari (40).

Dans les unions polygamiques, l'obligation de cohabiter avec plusieurs épouses en France heurte l'ordre public : un jugement du Tribunal de grande instance de Versailles a décidé que le mari ne pouvait imposer à sa première femme la présence d'une seconde épouse au domicile conjugal (41).

S'agit-il vraiment ici de l'exception d'ordre public ? La règle évincée est celle que le droit français consacre lui-même : le devoir de cohabitation des époux ; peut-être même est-ce justement la loi française qui régit les effets du mariage (il suffit de supposer que les époux vivant en France sont de nationalité différente) ; or l'exception d'ordre public ne peut évincer la loi du for !

En fait, ce n'est pas l'effet du second mariage qui est en soi choquant, puisque l'obligation de cohabiter est aussi imposée par la loi française et qu'elle est même d'ordre public ; c'est la situation résultant de la validation de deux mariages qui est inadmissible. À vrai dire, elle n'est pas voulue par le droit français : une *adaptation* constructive de celui-ci aux situations de bigamie excepte de l'obligation de cohabitation le mari et sa seconde épouse (42).

Lorsque la première épouse est de nationalité française, l'ordre public joue plus énergiquement : aucun effet de la seconde union ne peut s'exercer à son détriment. En particulier, elle bénéficiera seule de la pension servie au conjoint survivant (43).

Ici encore le mécanisme de l'ordre public est particulier. Dans l'affaire jugée par la Cour de cassation, la rente était due en application d'une Convention signée entre la France et l'Algérie. Il ne pouvait être question d'évincer la règle conventionnelle, mais seulement de l'adapter à l'hypothèse d'un mariage bigamique impliquant une Française. Comme on l'a vu, par ailleurs, il serait plus simple de modifier la règle de conflit en matière de *formation* des mariages polygamiques (v. *supra*, n° 550).

SECTION III — RELÂCHEMENT ET DISSOLUTION DU LIEN MATRIMONIAL

576 La règle de conflit de lois dont le contenu a été décrit au premier paragraphe de la section précédente, à propos des effets du mariage,

(38) Trib. civ. Évreux 15 févr. 1861, *DP* 1862.2.39.

(39) Civ. 17 déc. 1958, *Valentinis, Rev. crit. DIP* 1959.691, note Déprez, *JDI* 1959.824, note Sialelli.

(40) Poitiers 24 juill. 1980, *JDI* 1981.567, note Labrusse ; Douai 10 juill. 1981, *JDI* 1984.320, note Courbe.

(41) 31 mars 1965, *JDI* 1966.97, note Ponsard. En revanche, une cohabitation volontaire n'est pas contraire à l'ordre public, et ne saurait faire obstacle à l'octroi d'un permis de séjour temporaire à la seconde femme et à ses enfants mineurs (Cons. État, Ass., 11 juill. 1980, *Rev. crit. DIP* 1981.658, note Bischoff). Mais le mariage polygamique n'ouvre pas droit au regroupement familial (v. *infra*, n° 960).

(42) En ce sens LEQUETTE, note à la *Rev. crit. DIP* 1983, p. 275. On peut considérer que la règle ainsi dégagée par adaptation est d'ordre public, et évince donc la loi étrangère compétente contraire (en particulier, la loi nationale commune des deux époux).

(43) Civ. 1re, 6 juill. 1988, *Baaziz, Rev. crit. DIP* 1989.71, note Lequette.

avait été dégagée par la jurisprudence dans des affaires de divorce ou de séparation de corps. Mais elle est devenue caduque dans ce domaine depuis que la loi du 11 juillet 1975 a édicté une nouvelle règle de conflit, qui figure à l'article 309 du Code civil.

Aux termes de ce texte, « le divorce et la séparation de corps sont régis par la loi française :

– lorsque l'un et l'autre époux sont de nationalité française ;

– lorsque les époux ont, l'un et l'autre, leur domicile sur le territoire français ;

– lorsque aucune loi étrangère ne se reconnaît compétence, alors que les tribunaux français sont compétents pour connaître du divorce ou de la séparation de corps ».

Bien que la précision ne soit pas apportée par le texte, la règle de conflit ne concerne de façon certaine que l'admissibilité et les causes du divorce et de la séparation (§ 1). La forme ou la procédure sont soumis à la *lex loci* ou à la *lex fori* (ou *auctoris*) (§ 2). Quant aux effets, des discussions pourront s'élever (§ 3).

§ 1. ADMISSIBILITÉ ET CAUSES

A. Contenu de la règle relative au conflit de lois

577 Une lecture rapide de l'article 309 pourrait donner l'impression qu'il se contente de reprendre, en les appliquant à la seule loi française, les trois solutions hiérarchisées qu'avait dégagées la jurisprudence : loi de la nationalité commune, loi du domicile commun, loi du for. Un examen plus attentif montre que le texte est révolutionnaire, non seulement sur le plan de la méthode, mais aussi sur celui du choix des rattachements

a) Sur le plan de la méthode

578 L'article 309 constitue un mélange inédit d'unilatéralisme nationaliste et d'unilatéralisme internationaliste (v. *supra*, n° 119).

Le nationalisme réside dans le fait que le domaine d'application de la loi française est déterminé par un rattachement double qui, même si l'esprit du texte ne l'excluait pas, serait techniquement insusceptible d'être bilatéralisé : la loi française est compétente, *soit* si les époux sont tous deux de nationalité française (premier cas) *soit* si, bien qu'étrangers, et éventuellement de même nationalité, ils ont l'un et l'autre leur domicile — *même séparé* — en France (deuxième cas) (44). Si d'autres pays adoptaient la même règle, l'absence d'harmonie des solutions deviendrait générale, le pays de la nationalité appliquant sa loi, le pays du domicile la sienne.

Mais tandis que l'unilatéralisme nationaliste se contente en général de compléter une règle de conflit bilatérale, il s'insère ici dans un unilatéralisme internationaliste, comme le révèle le troisième cas d'application de la loi française : « lorsque aucune loi étrangère ne se reconnaît compétence ». Il faut, en effet, en déduire *a contrario* que, si les deux époux ne sont pas français ou domiciliés en France, le juge doit appliquer la loi étrangère qui « se reconnaît compétence ». La critique de l'unilatéralisme a déjà été faite, mais il faut ajouter que son introduction ponctuelle dans le bilatéralisme général du droit international privé français est particulièrement inopportune.

579 Quoi qu'il en soit, la combinaison des deux unilatéralismes semble devoir s'effectuer de la façon suivante.

Le juge doit d'abord rechercher si l'un des deux rattachements (nationalité commune française, domicile des deux époux en France) désigne en l'espèce la loi française ; si c'est le cas, il l'applique tout simplement.

Si les époux ne sont ni tous deux français ni tous deux domiciliés en France, il doit rechercher si une loi étrangère se veut applicable, c'est-à-dire est désignée par la règle de conflit du pays dont elle émane (45). Cette opération présente diverses difficultés. Il faut d'abord déterminer toutes les lois *a priori* susceptibles de vouloir s'appliquer (loi nationale de l'un et l'autre époux, loi de la dernière nationalité commune, loi du domicile et de la résidence de l'un et l'autre époux, loi du dernier domicile commun, loi du lieu de célébration du mariage). Il faut ensuite découvrir la règle de conflit correspondant à chacune de ces lois, ce qui suppose qu'elle ait été clairement dégagée par la jurisprudence ou le législateur étranger — on se rappelle qu'en France il a fallu attendre le milieu du XXe siècle. Il faut enfin que la preuve en soit rapportée au juge, et que les problèmes d'interprétation soient résolus (46).

Faut-il considérer que la loi étrangère se reconnaît compétence lorsqu'elle désigne une loi tierce qui lui « renvoie » la solution et qu'elle accepte ce renvoi ? MM. Batiffol et Lagarde (*Traité*, n° 443-1) opinent en ce sens. On peut objecter que le renvoi au premier degré, dont il s'agit ici, n'a de sens que si le tribunal à la loi duquel il est renvoyé est saisi (v. *supra*, n° 223), ce qui par hypothèse n'est pas le cas.

▒ (44) Comp. l'art. 16, al. 1 de la loi du 18 juin 1966 en matière de transport maritime, qui donne compétence à la loi française si *soit* le port de départ, *soit* le port de destination est français : v. *supra*, n° 129, note 42.

▒ (45) Le juge doit-il procéder à cette recherche d'office ? Cela paraîtrait conforme aux solutions consacrées par la Cour de cassation en matière de droits indisponibles. En tout cas il doit rechercher si la loi étrangère dont l'applicabilité est invoquée par une partie se reconnaît compétence (Civ. 1re, 1er juin 1994, *Rev. crit. DIP* 1995.117, note Gaudemet-Tallon).

▒ (46) Sur le plan de l'interprétation notamment, que penser des pays qui appliquent la *lex fori* (cas des pays anglo-saxons), alors que par hypothèse le for est ici français (v. *supra*, n° 229) ?

Dans un souci d'harmonie des solutions, M. Lequette (note au *JDI* 1993, p. 102) suggère d'appliquer la loi qui accepte le renvoi dans le seul cas où la loi tierce n'accepte pas, quant à elle, le renvoi qui, par hypothèse, lui est également fait ; dans ce cas, en effet, les tribunaux des deux pays étrangers appliqueraient ainsi la même loi.

Autre difficulté : si l'un des époux a une double nationalité française et étrangère, et que la loi étrangère se déclare applicable à ses nationaux, le juge français doit-il faire prévaloir la nationalité française, écartant ainsi la compétence étrangère ? La Cour de cassation l'a admis (47), ce qui n'est guère compatible avec la logique de l'unilatéralisme, *a priori* respectueux du point de vue étranger : or, la règle de conflit étrangère vise certainement ses nationaux, même s'ils possèdent de surcroît la nationalité française (ou une nationalité tierce).

Si, au terme de ces recherches, une seule loi étrangère se reconnaît compétence, il faut l'appliquer (48).

Si aucune loi étrangère ne se reconnaît compétence (conflit négatif), la loi française s'applique (c'est le troisième cas d'application de loi française prévu par le texte) (49).

Mais l'article 309 n'envisage pas l'hypothèse du conflit positif, où deux ou plusieurs lois étrangères veulent s'appliquer (50).

Comment choisir ? L'idée d'effectivité, proposée par Quadri, doit être repoussée comme source de nouvelles difficultés (v. *supra*, n° 118). L'idée d'une bilatéralisation, exceptionnellement admise, du critère de rattachement français (proposée par Niboyet) n'est pas toujours praticable, puisque d'une part, il existe ici *deux rattachements* et qu'ils sont donc susceptibles de désigner deux lois, et que d'autre part, ils se réfèrent à la nationalité commune et au domicile commun, alors que chaque époux peut avoir une nationalité et un domicile propres. Il ne reste qu'une solution : le retour, dans ce cas, à la jurisprudence ancienne.

Les conflits négatif et positif existent et appellent les solutions décrites ci-dessus, même si les lois étrangères en présence ont le même contenu substantiel. Il avait déjà été jugé avant 1975 que le divorce pouvait être prononcé selon la loi française entre un Italien et une Espagnole, bien que la loi espagnole et la loi italienne prohibassent toutes deux le divorce : la solution du conflit de lois ne dépend pas du contenu des lois en présence (51).

(47) Civ. 1re, 13 oct. 1992, *Camara*, *Rev. crit. DIP* 1993.41, note Lagarde, *D.* 1993.85, note Courbe, et som. 351, obs. Audit, *JDI* 1993.97, note Lequette, *JCP* 1993.II.22036, note Behar-Touchais.

(48) Par exemple : la femme française vivant en France, le mari espagnol vivant en Espagne ; la loi espagnole veut s'appliquer (loi de la nationalité du mari) (en ce sens, Civ. 1er avr. 1981, *JDI* 1981.812, note Alexandre ; Trib. gr. inst. Paris 23 févr. 1978, *Rev. crit. DIP* 1979.598, note Poisson-Drocourt ; *contra*, Trib. gr. inst. Paris (J.A.M.) 24 oct. 1977, *Rev. crit. DIP* 1978.681, note Lagarde, *JDI* 1979.100, obs. Simon-Depitre).

(49) Par exemple : deux Brésiliens vivant, l'un en France, l'autre en Allemagne ; la loi brésilienne n'a pas de volonté d'application (elle s'attache au domicile), la loi allemande non plus (elle s'attache à la nationalité).

(50) Par exemple : deux époux originairement grecs, la femme vivant en France, le mari au Portugal où il a été naturalisé : la loi grecque veut s'appliquer comme loi de la dernière nationalité commune, la loi portugaise comme loi personnelle du mari.

(51) Civ. 22 févr. 1961, *Corcos*, *Rev. crit. DIP* 1961.382, note Batiffol, *JDI* 1961.734, note Goldman.

b) Sur le plan du choix des rattachements

580 Le but essentiellement recherché par le législateur a été de faire bénéficier de la nouvelle loi française sur le divorce, non seulement les Français, quel que soit leur domicile, mais aussi les étrangers vivant en France. Il y a là un abandon de la compétence traditionnelle de la loi nationale commune des étrangers, à l'appui duquel deux arguments ont été invoqués. D'une part, il serait souvent difficile au juge français de connaître et d'appliquer la loi étrangère ; c'est exact, mais que dire alors de l'obligation de consulter plusieurs règles de conflits étrangères, qui pèse désormais sur lui chaque fois que les époux ne sont pas tous deux de nationalité française ou domiciliés en France (v. numéro précédent) ? D'autre part, la population immigrée actuelle en France se caractériserait par une plus grande stabilité et une meilleure intégration à la collectivité française ; mais aucune étude statistique n'est invoquée en ce sens. Il semble au contraire que, grâce aux facilités de garder des contacts avec le pays d'origine que procurent la rapidité des moyens de communication et l'institution des congés payés, l'esprit de retour soit chose fréquente (52). Il faut souhaiter en tout cas que les tribunaux soient exigeants sur la qualification du domicile.

La Convention franco-marocaine du 10 août 1981 relative au statut des personnes et de la famille et à la coopération judiciaire (mentionnée *supra*, n° 512) est revenue à la compétence unique de la loi nationale commune dans les relations concernant des Français ou des Marocains.

581 Le texte innove encore, sans le dire expressément, en ce qu'il soustrait très largement à la loi française les divorces d'époux de nationalité différente n'ayant pas tous deux leur domicile en France. La jurisprudence leur déclarait applicable la loi du for (v. *supra*, n° 570), alors que l'article 309 ne les soumet à la loi française que si aucune loi étrangère ne se reconnaît compétence. La solution n'est pas mauvaise si les deux époux sont étrangers. Mais elle concerne aussi le cas, assez fréquent, de deux époux dont l'un est français et l'autre étranger (avec, ordinairement, domicile en France du Français et domicile à l'étranger de l'étranger, les époux étant séparés de fait ou de droit et vivant dans leur pays d'origine). Le nationalisme fait ici place à un brusque désintéressement : la loi française ne veut pas s'appliquer, alors que ses titres objectifs sont identiques à ceux de la loi étrangère, et que de surcroît elle est la loi du for. Et plus la règle de conflit étrangère sera nationaliste, plus la loi française verra, de son propre consentement, ses chances d'être appliquée diminuer (53) !

(52) En ce sens, FRANCESCAKIS, *op. cit.*, p. 581.

(53) La règle de conflit belge déclare la loi belge applicable dès lors que l'un des époux est belge. Qu'un Français ait épousé une Belge, ou un Belge une Française, chacun vivant dans son pays d'origine, c'est la loi belge qui s'applique, en France comme en Belgique ! L'hypothèse est illustrée par Versailles

B. Portée de la règle relative au conflit de lois

582 L'article 309 est incontestablement applicable aux divorces dont le prononcé est demandé à un tribunal français. Mais s'applique-t-il aux divorces intervenus à l'étranger ?

La question se pose en général sous l'angle de l'effet en France des jugements étrangers de divorce ou de séparation de corps. Et elle reçoit une réponse négative pour les décisions de divorce rendues dans les pays de l'Union européenne (Danemark excepté) depuis le 1er mars 2001, puisque le Règlement n° 2201/2003 du 27 novembre 2003 ne subordonne pas leur efficacité en France à la condition qu'elles aient appliqué la loi désignée par notre règle de conflit (v. *infra* n° 595). Mais reste le cas des jugements non couverts par ce Règlement. Et il faut penser aussi aux actes purement privés de divorce ou de répudiation.

583-584 Si le divorce ou la séparation de corps a fait l'objet d'un jugement étranger, on a vu (nos 364 et s.) que, par l'arrêt *Cornelissen* du 20 février 2007, la Cour de cassation a décidé que « le juge de l'exequatur n'a pas à vérifier que la loi appliquée par le juge étranger est celle désignée par la règle du conflit de lois française ». La fermeté et la généralité de la formule ne permet pas de douter de l'intention de ses auteurs de lui attribuer la portée la plus large, si bien qu'on doit la considérer applicable en la matière.

585 La dissolution ou le relâchement du lien matrimonial peuvent prendre la forme, dans certaines législations, d'une convention entre les époux, ou encore d'un acte unilatéral : la répudiation de la femme par le mari.

Si un tel acte juridique privé est intervenu à l'étranger (il ne le pourrait sur le territoire français, v. *infra*, n° 592), la détermination de ses effets en France relève du conflit de lois, non du conflit de juridictions. Il ne s'agit pas de donner effet à une décision étrangère, rendue par un juge auquel un certain crédit peut être fait et dont la compétence est contrôlée ; l'acte émane d'une ou deux personnes privées, et ne peut produire d'effet que dans la mesure où la loi désignée par la règle de conflit lui en confère.

On ne voit pas ici ce qui justifierait d'appliquer d'autres règles que celles de l'article 309 ; un simple déplacement d'un ou deux jours à l'étranger ne saurait avoir pour effet de modifier la loi applicable. Pourtant, la Cour de cassation a estimé, par arrêt du 25 février 1986 (54) que le fait, pour un Iranien domicilié en France, de prononcer devant le Centre islamique culturel d'Italie à Rome, la

18 janv. 1982, *Rev. crit. DIP* 1983.442, note Gaudemet-Tallon. Sur les artifices divers utilisés par les juges du fond pour échapper à la compétence de la loi étrangère, v. H. MUIR WATT, note à la *Rev. crit. DIP* 1990, p. 338.

(54) *Rev. crit. DIP* 1987.103, note Monéger.

répudiation de sa femme, comme lui iranienne et domiciliée en France, suffisait à rendre applicable la loi iranienne (qui se « reconnaissait compétence ») ; elle n'a donc pas tenu compte du deuxième cas de compétence de la loi française : le domicile des deux époux en France. Cela revient en pratique à conférer à l'époux qui désire divorcer un choix entre la loi française (en saisissant un tribunal français) et la loi de la nationalité commune (en s'en abstenant) lorsque cette dernière connaît un mode privé de dissolution du mariage, ce qui est certainement contraire aux intentions du législateur (55).

Quoi qu'il en soit, cette position soumet au même régime divorces judiciaires et divorces privés. Il en résulte un avantage, non négligeable d'ailleurs : éviter les problèmes de qualification. Il existe, en effet, des formes intermédiaires difficiles à classer : répudiations « homologuées » par une autorité étatique ou religieuse, notamment (56).

Plus encore que pour les divorces judiciaires, il faut en tout cas être prêt à faire jouer sans défaillance l'exception d'ordre public et l'exception de fraude (v. *infra*, n° 587).

C. Mise en œuvre de la règle relative au conflit de lois

a) Conflit mobile

586 L'article 309 ne précise pas à quel moment s'apprécie, en cas de changement, la nationalité ou le domicile des époux ; mais il n'est pas douteux que l'on doit se placer *au jour de l'introduction de l'instance* (57).

Lorsque la loi française est incompétente et que le juge recherche si une loi étrangère se reconnaît compétence, il doit tenir compte de la solution du conflit mobile reçue à l'étranger.

Si la loi applicable retient comme cause de divorce des faits qui se sont produits alors que le mariage était régi par une autre loi, le juge doit néanmoins en tenir compte ; ainsi en a d'ailleurs jugé la Cour de cassation (58). Mais il faut nuancer l'affirmation, dans le cas du divorce-sanction, en exigeant la vérification par le juge que le fait constituait bien une faute selon la loi en vigueur lors de sa commission (59).

b) Exception d'ordre public et fraude

587 L'ordre public *prohibitif* a joué dans le passé un rôle important. Du temps où le divorce était inconnu en droit français, il ne pouvait être prononcé en France,

(55) V. Jean FOYER, *op. cit.*, n° 15.

(56) Pour un exemple de répudiation homologuée, v. Trib. gr. inst. Paris 27 sept. 1990, *Rev. crit. DIP* 1992.91, note Lequette.

(57) Civ 17 juill. 1980, *JDI* 1980.75, note Simon-Depitre, *JCP* 1982.II.19717, note Courbe ; Civ. 11 janv. 1983, *JCP* 1983.II.19939, concl. Gulphe. *Contra* LABORDE, note à la *Rev. crit. DIP* 1986, p. 689.

(58) Civ. 19 mars 1928, *Ferrari*, *DH* 1928.253, S. 1929.1.92.

(59) Civ. 11 juill. 1977, *JDI* 1978.83, rapport Ponsard, *Rev. crit. DIP* 1979.395, 2e esp., note Loussouarn ; *adde* Versailles 30 mars 1995, *Rev. crit. DIP* 1996.639, note Bourdelois.

même selon une loi étrangère. Après l'admission du divorce-sanction, il continuait, selon la tendance jurisprudentielle dominante, à s'opposer aux autres causes du divorce, au consentement mutuel notamment. Aujourd'hui, le droit français admet toutes les causes de divorce connues des autres législations, à l'exception de la répudiation unilatérale (60). Celle-ci ne saurait certainement être prononcée en France. Même si le demandeur essayait de l'insérer dans le cadre judiciaire (qui s'impose en France, v. *infra*, n° 592), par exemple, en demandant au tribunal de l'homologuer, cette cause de rupture, qui consacre une inégalité grave entre l'homme et la femme, devrait être jugée contraire à l'ordre public.

Mais en pratique ce sont surtout des répudiations prononcées à l'étranger qui sont invoquées en France. Après avoir progressivement assoupli sa jurisprudence, la Cour de cassation a fini par décider, par son arrêt *Rohbi* de 1983, que la répudiation devait être reconnue au nom de l'effet atténué de l'ordre public (61).

La solution est certainement opportune lorsque les deux époux étrangers étaient domiciliés à l'étranger à l'époque de la répudiation, et que l'un d'eux est venu postérieurement en France.

En revanche, s'ils sont — comme dans les espèces sur lesquelles s'est prononcée la Cour de cassation — tous deux domiciliés en France, le contact créé avec le pays étranger par le bref voyage qui y est fait ne devrait pas suffire à écarter le jeu de l'exception (v. *supra*, n° 209).

C'est donc la difficulté de trouver un équilibre raisonnable entre les besoins de la sécurité juridique et l'importance que nous attachons à nos conceptions fondamentales des rapports entre maris et femmes qui explique les profondes hésitations, sinon les contradictions radicales, qui caractérisent la jurisprudence en la matière depuis une vingtaine d'années (62). Mais, dans son dernier état, elle paraît avoir trouvé la voie d'un compromis acceptable. Par trois arrêts du 17 février 2004 (63), la Cour de cassation a décidé que « même si elle résulte d'une procédure loyale et contradictoire, la décision (étrangère) constatant une répudiation unilatérale du mari qui s'effectue sans donner d'effet juridique à

(60) Il est vrai que le divorce pour altération définitive du lien conjugal, qu'a introduit la loi du 26 mai 2004 (art. 237 et s. C. Civ.), s'en rapproche. Mais il en diffère nettement en tant que, contrairement à la répudiation unilatérale que connaissent notamment la plupart des pays de droit musulman, il n'est pas un attribut de la puissance maritale.

(61) Civ. 3 nov. 1983, *Rev. crit. DIP* 1984.325, 1re esp., note Fadlallah, *JDI* 1984.329, note Kahn, *JCP* 1984.II.20131, concl. Gulphe ; Civ. 6 juin 1990, *D.* 1990. Som. 263, obs. Audit, *Rev. crit. DIP* 1991.593, 1re esp., note Courbe.

(62) V. P. LAGARDE, « Les répudiations étrangères devant le juge français et les traces du passé colonial », *Festchrift für Sonnenberger*, 2004, p. 481.

(63) *D.* 2004.824, concl. CAVARROC, *Rev. crit. DIP* 2004.423, note Hammje, *JDI* 2004.1200, note L. Gannagé, *Gaz. Pal.* 2004. Somm. 567, note M.-L. Niboyet, *JCP* 2004.II.10128, note Fulchiron, *Defrénois* 2004.812, note Massip, *D.* 2005.1266, obs. P. Courbe et H. Chanteloup. V. aussi COURBE, « Le rejet des répudiations musulmanes », *D.* 2004.815 ; PRIGENT, « Répudiations musulmanes : effets des jugements étrangers en France », *Droit de la famille*, 2004, chron. n° 9.

l'opposition éventuelle de la femme et en privant l'autorité compétente de tout pouvoir autre que celui d'aménager les conséquences financières de cette rupture du lien matrimonial, est contraire au principe d'égalité des époux lors de la dissolution du mariage reconnu par l'article 5 du protocole du 22 novembre 1984, n° 7, additionnel à la Convention européenne des droits de l'homme, que la France s'est engagée à garantir à toute personne relevant de sa juridiction, et donc à l'ordre public international (...) (64), dès lors que la femme, sinon les deux époux sont domiciliés sur le territoire français ». C'est donc une condamnation sans réserve de la répudiation qui est ainsi prononcée, puisqu'elle ne peut être levée, contrairement à ce que plusieurs décisions antérieures de la Cour de cassation avaient pu donner à penser (65), sur le constat de simples garanties procédurales — et donc purement formelles — accordées à la femme devant le juge étranger. Mais cette condamnation ne vaut que s'il existe un lien suffisamment caractérisé avec l'ordre juridique français. Aux termes des arrêts du 17 février 2004, ce lien est constitué du domicile en France de la femme (ou *a fortiori*, des deux époux). Il n'est cependant pas douteux qu'il pourrait tout aussi bien résulter de la nationalité française de l'épouse (66), prise comme facteur déclenchant de l'ordre public du statut personnel (v. *supra*, n° 209-1). Et l'on peut se demander si, de manière plus générale, il ne serait pas justifié de garantir la même protection à toute femme étrangère dont la loi nationale partage avec le droit français un égal attachement au principe de l'égalité des sexes.

588 Même si l'on admettait plus largement que ne le fait désormais la jurisprudence le principe de l'effet atténué, on devrait considérer qu'il y a *fraude à la loi* dans le simple fait de se rendre à l'étranger *pour* prononcer une répudiation que l'ordre public aurait empêché de prononcer en France. M. Fadlallah (note précitée sous l'arrêt du 3 novembre 1983, p. 336) a opportunément parlé de « fraude à l'intensité de l'exception d'ordre public » (v. *supra*, n° 271). Mais en général les tribunaux n'ont pas raisonné ainsi (67).

Fort heureusement, lorsque la répudiation revêt une forme judiciaire, il reste possible d'opposer la *fraude au jugement*. La Cour de cassation n'hésite plus à le faire, lorsque le mari a agi dans le but d'échapper à une demande de contribution aux charges du mariage, ou de séparation de corps ou de divorce,

(64) V. aussi Civ. 1re, 25 oct. 2005, *Bull. civ.* I, n° 379, p. 316, *Gaz Pal.* 2006, n° 55, p. 16, obs M.-L. Niboyet ; 3 janv. 2006, *Rev. crit DIP* 2006.628, note M.-C. Najm.

(65) Civ. 1re, 1er juin 1994, *Rev. crit. DIP* 1995.103, 2e esp., note Déprez, *D.* 1995.263, note Massip ; 31 janv. 1995, *Rev. crit. DIP* 1995.569, note Déprez, *JDI* 1995.343, 2e esp., note Kahn ; Civ. 1re, 12 juill. 2001, *Bull. civ.* I, n° 217, p. 136.

(66) En ce sens, Civ. 1re, 22 avr. 1986, *Gaz. Pal.* 1986.2, pan. 139.

(67) V. toutefois Paris 6 juill. 1982, *Rev. crit. DIP* 1984.325, 2e esp., note Fadlallah. Aucune fraude à la loi ne saurait être reprochée au mari marocain qui tient de la Convention franco-marocaine du 10 août 1981 le droit de répudier dans son pays sa femme de même nationalité que lui, quel que soit son domicile.

introduite par l'épouse (68). À vrai dire il suffirait, dans bien des cas, de relever que les tribunaux français avaient été saisis les premiers (v. *supra*, n° 448).

589 L'ordre public *permissif* n'impose pas en principe la faculté de divorcer (69). Seule la possibilité d'obtenir au minimum un relâchement du lien conjugal, c'est-à-dire une séparation de corps, a été jugée d'ordre public dans l'affaire *Patiño* (70).

Cette position est respectueuse des législations (peu nombreuses aujourd'hui) inspirées par une morale chrétienne que des Français ne peuvent guère juger contraire aux principes de leur civilisation. Mais elle est difficile à tenir lorsque le demandeur est un Français demeurant en France. Avant la loi de 1975, le droit français aurait été dans ce cas directement applicable. L'article 309 ne lui donne pas toujours compétence (Française mariée à un Espagnol retourné en Espagne : la loi espagnole est compétente, v. *supra*, n° 579, note 49). La Cour de cassation a donc énoncé qu'une loi « prohibitive du divorce est contraire à la conception française actuelle de l'ordre public international qui impose la faculté, *pour un Français domicilié en France*, de demander le divorce » (71).

Sur l'analyse de cette intervention de l'ordre public, v. *supra*, n° 209-1.

Plusieurs questions demeurent en suspens. Le conjoint français est-il, dans un couple mixte, le seul à pouvoir demander le divorce ? Ce serait contraire au principe de l'égalité des époux (72). D'autre part, la règle posée vise-t-elle le seul divorce pour faute, ou également le divorce par consentement mutuel ou pour rupture de la vie commune ?

§ 2. FORME ET PUBLICITÉ DE LA SÉPARATION DE CORPS ET DU DIVORCE

590 Les problèmes posés sont très comparables à ceux que l'on a rencontrés en étudiant la forme du mariage. Le mariage est l'acte qui confère la qualité d'époux, le divorce celui qui la supprime, la séparation de corps celui qui en amoindrit les effets : le parallèle s'impose. Mais tandis que le mariage, lorsqu'il ne revêt pas la forme privée, résulte d'un simple *acte public*, la séparation de

(68) Civ. 1re, 6 juin 1990, précité note 60 ; 4 mai 1994, *Rev. crit. DIP* 1995.103, 1re esp., note Déprez ; 13 déc. 1994, *JDI* 1995.343, 1re esp., note Kahn. Dans ces espèces la Convention franco-marocaine de 1981 était applicable, et ses dispositions attribuaient compétence aux tribunaux marocains ; selon la Cour de cassation, cela n'exclut pas la fraude au jugement (*contra* Versailles 9 oct. 1989, *D.* 1990. Som. 99). V. aussi Civ. 1re, 9 juill. 2003, *JDI* 2004.182, note F. Monéger.

(69) Civ. 8 nov. 1977, *Rev. crit. DIP* 1979.395, 1re esp., note Loussouarn ; Paris 11 juill. 1978, *JDI* 1979.601 note Alexandre ; Civ. 10 juill. 1979, *Rev. crit. DIP* 1980.91, note Gaudemet-Tallon, *JDI* 1980.310, note Audit.

(70) Civ. 15 mai 1963, cité *supra*, n° 1 note 1 ; Civ. 10 juill. 1979, cité note précédente. En revanche l'ignorance de la séparation de corps par une loi étrangère qui connaît le divorce n'est pas contraire à l'ordre public (Civ. 8 nov. 1977, cité note précédente).

(71) Civ. 1er avr. 1981, *De Pedro*, *JDI* 1981.812, note Alexandre.

(72) Principe rappelé en matière de divorce par Paris 28 juin 1973, *JDI* 1974.124, note Kahn, *Rev. crit. DIP* 1974.505, note Foyer.

corps et le divorce supposent en général une véritable *décision*, judiciaire ou administrative.

On verra d'abord les règles de forme, puis la publicité.

A. Forme

591 Le conflit de lois, le conflit de juridictions et le conflit d'autorités se mêlent ici intimement. La règle de conflit de lois désigne la loi applicable à la forme ; le rôle de cette loi sera essentiellement de spécifier si un organe étatique doit intervenir, et, dans la négative, de préciser les formes à observer par les époux. Le conflit de juridictions et le conflit d'autorités entrent en jeu lorsqu'un organe étatique est intervenu, ou doit intervenir.

a) Absence d'intervention d'un organe étatique

592 C'est la loi du lieu où le divorce (ou la séparation de corps) est décidé qui est compétente pour autoriser les époux à procéder sans intervention d'une autorité étatique : *locus régit actum.*

Pas plus qu'en matière de mariage, la jurisprudence n'admet le caractère facultatif de la règle *locus*... à l'égard des divorces et séparations qui interviennent en France : la forme judiciaire y est donc toujours obligatoire (73).

Si la *lex loci actus* n'exige pas l'intervention d'un organe étatique, elle est encore compétente pour déterminer la forme privée qui doit être suivie.

593 L'application de la règle *locus*... aux divorces religieux est discutée : la nécessité d'intervention d'une autorité religieuse ne relève-t-elle pas plutôt du fond que de la forme ? La Cour de cassation, dans des arrêts du début du siècle (74), a retenu la qualification « fond » et interdit en conséquence aux juridictions françaises de prononcer le divorce de juifs russes dont la loi personnelle exigeait l'intervention du rabbin. Rien ne justifie un tel contraste avec la solution donnée en matière de mariage par l'arrêt *Caraslanis* en 1955, et il faut donc considérer la solution comme caduque (75).

(73) V. le refus d'exequatur opposé à un acte de répudiation dressé au consulat général du Maroc à Paris (Trib. gr. inst. Paris 26 janv. 1978, *Rev. crit. DIP* 1979.111, note *DH, JDI* 1979.855, note Kahn ; *contra*, après l'entrée en vigueur de la Convention franco-marocaine de 1981, Trib. gr. inst. Paris 26 févr. 1992, *Rev. crit. DIP* 1993.58, note critique D. Alexandre), et le refus de reconnaissance d'un divorce prononcé par le tribunal rabbinique de Paris (Civ. 15 juin 1982, *Zagha, Rev. crit. DIP* 1983.300, note Bischoff, *JDI* 1983.595, note Lehman, *D.* 1983.431, note Agostini). *Adde* Versailles 23 mai 1995, *Rev. crit. DIP* 1996.699, note Gaudemet-Tallon.

(74) Civ. 29 mai 1905, *Levinçon, D.P.* 1905.1.353, S. 1906.1.161, note Pillet, *RDIP* 1905.518, *JDI* 1905.1006 ; Req. 20 juill. 1911, S. 1912.1.132. Les juridictions inférieures ne se sont pas toutes inclinées.

(75) On a vu (*supra*, n° 196) que, même en retenant la compétence de la loi personnelle, le fait qu'elle était impraticable en France aurait dû conduire à lui substituer la loi française.

b) Intervention d'un organe étatique

1° *Organe français*

594 *Ratione materiæ*, c'est, en France, le tribunal de grande instance qui a compétence pour prononcer les divorces et les séparations de corps.

Quant à la *compétence internationale*, elle était attribué à l'ordre juridictionnel français, avant le 1er mars 2001, soit par les articles 14 et 15 du Code civil, soit par les règles issues de la « projection » sur le plan international des règles de compétence territoriale interne, qui retiennent des critères de compétence dérogatoires au droit commun (art. 1070 nouv. C. proc. civ.). Ces solutions sont remises en cause, dans une mesure qui est, en l'état, cependant difficile à apprécier (voir la fin de ce numéro), depuis l'entrée en vigueur du Règlement européen n° 1347/2000 du 29 mai 2000, relatif à la compétence, la reconnaissance et l'exécution des décisions en matière matrimoniale et en matière de responsabilité parentale des enfants communs. En effet, de l'article 8 de ce Règlement, comme de l'article 7 du Règlement du 27 novembre 2003, qui le remplace à compter du 1er mars 2005, il se déduit que leur applicabilité est devenue douteuse en dehors des hypothèses où aucune des juridictions des États membres (y compris la France) n'est compétente par application de ces textes. Et de telles hypothèses devraient être fort rares (76), car les Règlements non seulement ne subordonnent pas leur application à la condition que le défendeur soit établi à l'intérieur de l'Union européenne, mais encore multiplient les chefs de compétence internationale des tribunaux des pays membres dans le domaine qu'ils s'assignent. Ce domaine comprend le divorce et la séparation de corps, mais aussi l'annulation du mariage et, depuis l'adoption du Règlement de 2003, tout le domaine de l'autorité parentale.

Pour la clarté de l'exposé, il sera exclusivement fait référence au Règlement de 2003 dans les développements qui vont suivre.

Le Règlement du 29 mai 2000 laissait en dehors de son domaine d'application des matières pourtant liées, de façon parfois indissociable, au divorce ou à la séparation, telle que les effets patrimoniaux du mariage, les obligations alimentaires et les « autres mesures accessoires éventuelles ». De plus, il ne s'intéressait à l'autorité parentale que dans la seule mesure où la question surgissait à l'occasion d'une instance relative au lien matrimonial. Le Règlement du 27 novembre 2003 ne comble que cette dernière lacune, en faisant entrer dans son champ l'ensemble des conflits de juridictions en matière de responsabilité parentale (v. *supra*, nos 546-1 et s.). En revanche, il reconduit sans changement notable toutes les solutions antérieurement retenues à propos du divorce, de la séparation de corps et de l'annulation du mariage (y compris la délimitation excessivement étroite de leur empire).

On observera qu'il existe, à propos de la légalité de ce Règlement, lui aussi fondé sur les articles 61 c et 65 du Traité CE, des doutes plus sérieux encore que ceux que suscite le

(76) Il convient de préciser que, lorsque ces hypothèses se présentent, les Règlements obligent à assimiler aux Français, pour l'application de l'article 14 du Code civil, les demandeurs ayant la qualité de ressortissants d'un autre pays membre lorsque, d'une part, ils ont leur résidence habituelle en France et que, d'autre part, le défendeur n'a pas lui-même, soit la nationalité d'un pays membre, soit son « domicile » au Royaume-Uni ou en Irlande, tel que le droit de ces États définit celui-ci.

Règlement du 22 décembre 2000 (v. *supra*, n° 332), dès lors qu'il tend à soumettre aux règles de compétence qu'il formule des litiges qui ne concernent en rien les rapports intracommunautaires — par exemple le divorce des deux Français établis en Argentine ou d'une Française et d'un Marocain. On signalera enfin que ce Règlement ne lie pas le Danemark.

L'article 3 du Règlement attribue compétence aux juridictions de l'État membre dont les époux ont, le cas échéant, l'un comme l'autre la nationalité (77), ou sur le territoire duquel ils résident tous deux habituellement (78). S'ils ne résident pas habituellement dans le même pays membre au moment de l'introduction de la demande, peuvent être saisis, outre les tribunaux de l'État de leur éventuelle nationalité commune, les juridictions de l'État membre où se trouve :

– soit leur dernière résidence habituelle commune (79) — à condition que l'un d'eux y réside encore —,

– soit, en cas de demande conjointe, la résidence habituelle de l'un ou de l'autre,

– soit encore la résidence habituelle du défendeur,

– soit enfin la résidence habituelle du demandeur, pourvu qu'elle soit antérieure au minimum d'une année à l'exercice de l'action, cette durée étant réduite à six mois dans l'hypothèse où le demandeur est le ressortissant de cet État.

L'énumération des critères de compétence donnée à l'article 3 n'est pas limitative dans tous les cas. Il faut à cet égard, en application des articles 6 et 7, distinguer deux situations :

– ou bien (article 6) l'époux défendeur a sa résidence habituelle sur le territoire d'un État membre ou encore est ressortissant d'un État membre : il ne peut alors être attrait devant les tribunaux d'un autre État membre qu'en application des critères des articles 3, 4 et 5 (80). Les autres critères, et en particulier les critères exorbitants de compétence, tels ceux que consacrent les articles 14 et 15 du Code civil français, sont ainsi exclus ;

– ou bien l'époux défendeur n'a pas sa résidence habituelle sur le territoire communautaire et n'est ressortissant d'aucun État membre : il peut être attrait

(77) À la nationalité est assimilé, au Royaume-Uni et en Irlande, le « domicile » au sens qui lui est donné par le droit de ces États.

(78) Pour la Cour de cassation, cette notion de « résidence habituelle » se définit ici comme « le lieu où l'intéressé a fixé avec la volonté de lui conférer un caractère stable, le centre permanent ou habituel de ses intérêts » : Civ 1re, 14 déc. 2005, *Gaz. Pal.* 2006, p. 55, p. 14, note P. Guez, *Dr. et Patrimoine* 2006, n° 145, p. 115, obs. M.-L. Niboyet, *D.* 2006.1502, obs. F. Jault-Seseke.

(79) À la vérité, l'article 3 du Règlement ne formule pas expressément l'exigence que la dernière résidence, à laquelle il se réfère, ait été commune. Elle semble néanmoins implicite, car on ne s'expliquerait pas la compétence des tribunaux de l'État membre sur le territoire duquel les époux auraient toujours vécu séparément (s'il n'était pas en même temps celui que désigne l'une des autres dispositions du Règlement).

(80) L'article 4 vise les demandes reconventionnelles ; l'article 5 concerne l'hypothèse particulière de la conversion de séparation de corps en divorce.

devant les tribunaux de tous les États membres en application des critères que ceux-ci admettent, y compris leurs critères de compétence exorbibante. L'article 7, § 2, précise même que, contre un tel défendeur, le demandeur qui a sa résidence habituelle dans un État membre peut se prévaloir des privilèges de juridiction que cet État réserve à ses nationaux : en France, par exemple, l'article 14 du Code civil ; cette règle est analogue à celle que pose l'article 4, § 2, du Règlement du 22 décembre 2000 (v. *supra*, n° 299).

Ces règles, outre qu'elles sont impossibles à mémoriser, ne sont pas opportunes. En effet, par la multiplicité des critères de compétence, non hiérarchisés, qu'elles retiennent, elles encouragent le *forum shopping* et, par voie de conséquence, contribuent, au plan substantiel, à fragiliser l'institution du mariage : à la moindre difficulté, elles incitent chacun des époux, plutôt qu'à chercher les moyens de la surmonter, à engager une instance en divorce afin de se prémunir contre le risque d'une initiative semblable de l'autre qui, par le choix du for, pourrait se ménager un avantage éventuellement décisif.

En tout cas, le Règlement fixe uniquement la compétence générale des tribunaux des États membres (81). L'identification de la juridiction même qui doit être saisie dépend donc des règles de compétence territoriale interne de ces derniers, soit, en France, de l'article 1070 nouv. C. proc. civ. Dans le cas où les critères posés par ce texte ne sont pas localisés en France, les solutions dégagées par la jurisprudence pour la mise en œuvre des articles 14 et 15 C. civ. méritent certainement d'être transposées (v. *supra*, n° 295).

Il en irait autrement, cependant, si l'on considérait que le Règlement formule, non pas des *critères*, mais seulement des *conditions* de la compétence internationale, laquelle continuerait donc à devoir être fondée sur les règles nationales des États membres : c'est tout au plus dans les cas où celles-ci attribueraient compétence aux tribunaux du for qu'il faudrait alors vérifier que cette compétence est bien compatible avec les exigences du Règlement. Si une telle interprétation serait conforme à la fonction usuelle des règles relative à la compétence internationale générale qui sont édictées à un niveau supranational (82), il n'est toutefois pas certain qu'elle correspondrait réellement aux intentions des auteurs du Règlement.

Il faut par ailleurs se rappeler que, lorsque le défendeur est domicilié sur le territoire d'un État membre de l'Union européenne ou de l'AELE, le Règlement du 22 décembre 2000 ou la Convention de Lugano sont applicables aux demandes alimentaires, et n'autorisent pas à les joindre à la question du sort du lien matrimonial si le tribunal n'a été saisi que sur le fondement de la nationalité d'une partie (art. 5, 2°, v. *supra*, n° 340).

Sur l'éventualité d'une dissociation analogue en ce qui concerne l'attribution de l'autorité parentale, v. *infra*, n° 622.

(81) Par exception, l'article 5 du Règlement prévoit que, pour obtenir la conversion en divorce d'une séparation de corps, le demandeur peut également saisir la juridiction même de l'État membre qui a prononcé celle-ci. Cette solution est critiquable puisqu'elle n'a d'utilité que lorsqu'aucun des chefs de compétence internationale définis par l'article 3 ne désigne les tribunaux de l'État en question et qu'il n'existe donc plus aucun lien objectif entre ce dernier et la situation des époux à la date de la demande de conversion.

(82) V. HEUZÉ, note sous Civ. 1re, 20 déc. 2000, *Rev. crit. DIP* 2001.682.

594-1 La *procédure* est soumise à la *lex fori*. Une jurisprudence majoritaire critiquable (v. *supra*, n° 198), que l'article 20 du Règlement du 27 novembre 2003 reprend implicitement à son compte, étend l'applicabilité de la *lex fori* aux mesures provisoires.

Lorsque l'action entre dans le domaine du Règlement, celui-ci formule, à propos de la vérification de la compétence du tribunal saisi et des hypothèses de litispendance ou de connexité, un certain nombre d'exigences qui sont, pour la plupart, identiques à celles du Règlement du 22 décembre 2000 (v. *supra*, n° 355 et 462).

2° *Organe étranger*

594-2 Lorsque le divorce est intervenu dans un pays étranger, son efficacité en France dépend du Règlement du 27 novembre 2003 ou de notre droit international privé commun, suivant que ce pays est ou n'est pas membre de l'Union européenne.

Aux États non membres de l'Union européenne doit être assimilé le Danemark, qui, du fait de la position qu'il a prise à l'égard du Traité d'Amsterdam, n'est pas lié par le Règlement.

α) Droit commun

595 Lorsque le divorce a fait l'objet à l'étranger d'une *décision* pourvue d'une autorité propre, peu importe la nature judiciaire, administrative ou même législative de l'organe qui l'a prononcée : sa reconnaissance et son exécution seront l'objet des procédures décrites dans le chapitre relatif à l'effet des jugements étrangers, et en particulier de la procédure d'exequatur (v. *supra*, n° 479). On ne vérifiera pas si l'organe était bien compétent *ratione materiæ* selon la loi étrangère, ni s'il a respecté sa loi de procédure (v. *supra*, n° 381). S'agissant de la compétence internationale indirecte, la Cour de cassation admet que les tribunaux de la nationalité commune des époux sont compétents, si leur saisine n'a pas été frauduleuse, et ce, même si les époux sont domiciliés en France (83).

Si, à l'occasion d'un divorce privé, un simple *acte public* a été dressé, lui conférant sa régularité en la forme, on suivra les principes exposés ci-dessus au chapitre du conflit d'autorités (n°s 469 à 474). On a vu cependant que la jurisprudence d'une part, manifeste un certain laxisme quant au contrôle de la compétence de la loi appliquée (v. *supra*, n° 472, et les notes 8, et n° 585), d'autre part, tend à admettre la recevabilité de demandes d'exequatur relatives à des actes publics par lesquels l'autorité s'est bornée à recevoir une déclaration de divorce ou de répudiation (v. *supra*, n° 474).

596 La procédure de l'exequatur est soumise aux règles ordinaires. Cependant, on se demande si les règles particulières de la procédure de divorce — par

(83) Civ. 1re, 28 mars 2006, *Bull. civ.* I n° 177, p. 155.

exemple : débats en chambre du conseil, possibilité d'obtenir une provision *ad litem*, extinction de l'instance par le décès de l'un des conjoints — doivent ou non y être appliquées. La réponse est en général négative (84), en raison de l'autonomie de la demande d'exequatur par rapport à la demande au fond. Il conviendrait d'être plus nuancé, et de rechercher si le fondement de la règle spéciale de procédure commande ou non son application dans l'instance en exequatur.

ß) Règlement du 27 novembre 2003

596-1 L'efficacité des décisions rendues dans les États membres de l'Union européennes (85) obéit, d'après le Règlement du 27 novembre 2003, à des règles pratiquement identiques à ce que le Règlement du 22 décembre 2000 prévoit (v. *supra*, n° 459 et s.). Les seules originalités qui méritent d'être relevées sont les suivantes.

S'agissant d'abord des conditions de cette efficacité, le Règlement, non seulement ne permet pas qu'il soit procédé à la vérification de la compétence de la loi qui a été appliquée par le juge d'origine, mais précise au surplus que la reconnaissance ou l'exécution de la décision étrangère ne peut-être refusée — fût-ce, semble-t-il, au nom de l'ordre public — au motif que la loi de l'État requis n'autoriserait pas le divorce, la séparation de corps ou l'annulation de mariage sur la base de faits identiques.

Quant aux modalités du contrôle de la décision, le Règlement, reprenant la solution de la Convention de Bruxelles, et écartant celle qu'a adopté le Règlement du 22 décembre 2000, autorise le juge saisi en première instance (en France, le président du tribunal de grande instance) à refuser la reconnaissance ou l'exécution pour l'une des causes d'irrégularité de fond qu'il prévoit.

Par ailleurs, il ouvre expressément, à côté de l'action en reconnaissance ou en exécution, une action en inopposabilité (ou en « non-reconnaissance »), particulièrement opportune dans ce domaine.

B. Publicité

597 La loi française, *lex fori*, précise les mesures de publicité dont doivent faire l'objet les jugements *français* de divorce et de séparation de corps. Elle indique quels effets sont subordonnés à l'accomplissement de la publicité ordonnée (art. 262 et 302 du Code civil).

La principale mesure de publicité par la loi française est la mention en marge de l'acte de mariage. Si le mariage a été célébré à l'étranger, le jugement doit être mentionné en marge de l'acte de naissance de chaque époux (ou, à défaut d'acte conservé en France, être

(84) Civ. 14 oct. 1970, *Bull. civ.* I, n° 263, p. 216 (publicité des débats) ; Trib. gr. inst. Paris 11 juill. 1972, *Rev. crit. DIP* 1973.715, note Mayer (refus de provision *ad litem*) ; Civ. 8 janv. 1974, *Rev. crit. DIP* 1974.544, note Francescakis (non-extinction de l'action par le décès d'un époux).

(85) Aux décisions sont assimilées les actes authentiques reçus et exécutoires dans les mêmes pays ainsi que les transactions conclues en cours d'instance devant leurs juridictions.

conservé dans un répertoire tenu par le service central d'état civil) (art. 1082, al. 2, nouv. C. proc. civ.). Le juge français ne peut en aucun cas ordonner aux officiers étrangers de l'état civil de procéder à une transcription (86).

Le divorce ou la séparation prononcé *à l'étranger* peut être transcrit sur les registres tenus pas les agents diplomatiques ou consulaires français si l'un des époux est français.

La transcription en France d'un divorce ou d'une séparation de corps prononcé à l'étranger, même entre non-Français, doit, semble-t-il, être effectuée si le mariage avait été célébré en France (87). Un exequatur préalable n'est pas nécessaire.

§ 3. EFFETS DE LA SÉPARATION DE CORPS ET DU DIVORCE

598 Les effets de la séparation de corps et ceux du divorce doivent être envisagés séparément, car, le lien matrimonial subsistant dans la première, mais non dans le second, la loi des effets du mariage y a un rôle plus important à jouer.

A. Séparation de corps

599 Une répartition doit être effectuée entre la loi selon laquelle la séparation a été prononcée, et la loi des effets du mariage. La première précise, d'une part l'*étendue du relâchement* (possibilité pour la femme d'utiliser le nom du mari, par exemple) (88), d'autre part les *événements qui mettent fin à la séparation* (expiration d'un délai, réconciliation, par exemple). La seconde continue à régir, comme avant la séparation, les obligations que celle-ci n'a pas fait disparaître (les modalités du devoir de fidélité, par exemple, si celui-ci subsiste).

Une difficulté supplémentaire peut apparaître si la séparation résulte d'un jugement étranger qui n'a pas appliqué la loi désignée par l'article 309 : faut-il appliquer aux effets de la séparation la loi selon laquelle celle-ci a été prononcée, ou la loi désignée par l'article 309 ?

600 La conversion de la séparation de corps en divorce soulève des problèmes particuliers. Une fois faite la part de la loi locale pour la forme, il reste à départager la loi des effets de la séparation et celle des causes du divorce pour le fond ; ces deux lois peuvent ne pas coïncider lorsque l'un des époux a changé de nationalité ou de domicile, ou lorsque la règle de conflit du for a été modifiée.

S'agissant de dissoudre un lien qui n'est encore que relâché, la loi du divorce a des titres sérieux. Son application ne fait pas de problème si le divorce n'est que la *suite* de la séparation, le juge, par exemple, prenant en considération des griefs nouveaux. Il n'en va pas de même lorsque le divorce est l'*effet* de la séparation, ce qui est le cas dans la conversion

(86) *Contra* Trib gr. inst. Bobigny 27 nov. 1973, *Rev. crit. DIP* 1975.240, note Massip.

(87) En ce sens, Civ. 17 avr. 1953, *Rivière*, cité *supra*, n° 570.

(88) À l'exception de la conversion du régime de communauté en régime de séparation de biens, soumise à la loi du régime matrimonial.

Sur la garde des enfants, v. *infra*, n° 622.

automatique. Il faut, là encore, admettre la compétence de principe de la nouvelle loi (89), mais il importe de vérifier que la séparation a été prononcée pour l'une des causes qui rendent admissible le divorce selon la loi nouvelle ; cette exigence posée par l'arrêt *Ferrari* de 1922 (v. *supra*, n° 263) a permis d'éviter la conversion en divorce selon la loi française d'une séparation de corps amiable italienne, alors que ni la loi italienne ni la loi française n'admettaient à l'époque le divorce par consentement mutuel.

B. Divorce

601 Le divorce ne peut se résumer en une dissolution, complète, instantanée et définitive, du mariage. Il organise en fait, avec plus ou moins de souplesse, le passage de l'état de mariage à celui de non-mariage. Des questions subsistent donc après son prononcé. Ce sont essentiellement celles de la pension alimentaire et des dommages-intérêts dus par un époux à l'autre, de la possibilité d'un remariage, du droit pour la femme de conserver le nom du mari.

Affirmer, comme il est admis, que la loi qui régit les causes du divorce régit également ses effets, laisse subsister une équivoque : s'agit-il de la loi selon laquelle le divorce a été prononcé (90), ou de la loi que désigne l'article 309 au moment où le problème de l'effet se pose ? La coïncidence des deux lois n'est pas certaine, car l'un des époux (ou les deux) a pu changer de nationalité ou de domicile.

La loi selon laquelle le divorce a été prononcée présente l'avantage d'être simple à identifier, mais l'inconvénient de cristalliser les relations des ex-époux sous l'empire d'une loi qui ne correspond plus à la localisation actuelle des relations. La loi nouvelle, en revanche, permet une « mise à jour » des relations, mais, étant déterminée par l'article 309, introduit toutes les difficultés d'application liées à ce texte ; de plus, elle favorise les fraudes.

En général, compte tenu de la nature des effets en cause, les inconvénients de la cristallisation paraissent les moins graves. D'ailleurs, la Convention de La Haye du 2 octobre 1973 sur la loi applicable aux obligations alimentaires déclare applicable à la pension entre époux divorcés la loi « *appliquée au divorce* ».

La Cour de cassation comprend largement le domaine de la Convention de 1973. Elle y englobe toutes les « conséquences pécuniaires de la rupture du mariage », y compris prestation compensatoire et dommages-intérêts (91).

(89) Paris 25 avr. 1969, *JDI* 1970.701, note Malaurie, *Rev. crit. DIP* 1971.497, note Ponsard ; Trib. gr. inst. Paris 20 janv. 1977, *Rev. crit. DIP* 1977.335, note Gaudemet-Tallon. Cependant la solution du conflit transitoire en droit interne est contraire (Civ. 27 nov. 1980, *Bull. civ.* II n° 248).

(90) Ou aurait dû l'être, dans le cas d'un jugement étranger de divorce qui n'a pas appliqué la loi désignée par l'article 309 et a néanmoins été reconnu grâce à la théorie de l'équivalence. Comp. *supra*, n° 599 *in fine*, pour la séparation de corps.

(91) Civ. 1re, 16 juill. 1992, *Rev. crit. DIP* 1993.269, note Courbe, *D.* 1993.476, note Saïdi.

Un secours pécuniaire insuffisant, ou inexistant, au profit de l'époux innocent et dans le besoin, serait contraire à l'ordre public (92).

Le seul rapport qu'il serait fâcheux de maintenir sous l'empire d'une loi devenue sans lien avec lui, serait l'attribution de la garde des enfants : que l'on songe à l'hypothèse de deux époux divorcés selon la loi étrangère de leur domicile à l'époque du divorce, la femme et les enfants étant français, et tous vivant désormais en France. Mais la question est à présent réglée (presque toujours) par la Convention de La Haye de 1961 sur la protection des mineurs (v. *supra*, n°s 542 à 546-5).

602 Si les *effets* du divorce sont ainsi soumis à la loi de sa cause, il en va différemment de ses *suites*, c'est-à-dire du fonctionnement d'institutions soumises à une loi propre, que le divorce a seulement pour résultat de perturber.

C'est ainsi que le régime matrimonial sera dissous conformément à la loi qui le régit, et que la perte éventuelle de vocation successorale réciproque des conjoints sera décidée par la loi successorale.

Quid de l'aptitude des ex-époux à se remarier ? La question se présente, exceptionnellement, sous l'angle du conflit de juridictions, lorsque le jugement de divorce a interdit à l'un des ex-conjoints de se remarier pendant un certain temps (93). Lorsque au contraire le jugement est muet, il faut déterminer la loi applicable. La doctrine préconise en général la compétence de la loi personnelle de chaque époux. Des décisions françaises, allemandes, suisses, ont été jusqu'à admettre qu'un conjoint divorcé ne pouvait se remarier si la loi personnelle ne reconnaissait pas le divorce, même pour des motifs tenant à la procédure ou à la compétence. Il y a là manifestement un excès : la question de la dissolution du mariage est définitivement tranchée, aux yeux du juge saisi de la question du remariage, par le jugement de divorce, s'il a autorité dans son pays. L'évolution est dans le sens de l'admission de ce raisonnement (v. l'art. 11 de la Convention de La Haye du 1er juin 1970 sur la reconnaissance des divorces et des séparations de corps, non signée par la France).

La dispersion des suites du divorce entre des lois différentes présente un inconvénient évident au cas où une *convention* intervenue entre les époux a entendu régler l'ensemble des problèmes, comme l'admet, par exemple, aujourd'hui la loi française (art. 230 et 268 C. civ.). Elle pourrait être soumise à la loi du divorce, à condition d'être compatible avec la loi qui régit la garde (pour l'attribution de celle-ci), avec celle du régime matrimonial (pour sa liquidation), etc. (94).

(92) Civ. 1re, 16 juill. 1992, précité ; 7 nov. 1995, *D.* 1996. Som. 170, obs. B. Audit ; 28 nov. 2006, *D.* 2007.280, note Devers, 1752, obs. P. Courbe.

(93) Une telle décision est contraire à l'ordre public, selon Trib. gr. inst. Paris, 4 mars 1988, *Rev. crit. DIP* 1988.588, note Gautier.

(94) Comp. WIEDERKEHR, note à la *Rev. crit. DIP* 1973, p. 691, qui propose de soumettre la convention à la *loi d'autonomie* en s'assurant de la compatibilité avec les lois du divorce, de la filiation, du régime, etc.

Bibliographie sommaire

Sur la famille en général :

BÜCHER : « La famille en droit international privé », *Rec. Acad. La Haye*, t. 283, 2000, p. 13 et s.

Sur l'union libre et les partenariats légalement organisés :

CHANTELOUP : « Menus propos autour du pacte civil de solidarité en droit international privé », *Gaz. Pal.* 1-3 octobre 2000, p. 5.

DEVERS : *Le concubinage en droit international privé*, LGDJ, 2004.

FULCHIRON : « Réflexions sur les unions hors mariage en droit international privé », *JDI* 2000.889.

GAUTIER : *L'union libre en droit international privé*, thèse dactyl., Paris I, 1986.

JESSURUN d'OLIVEIRA : « Le partenariat enregistré et le droit international privé », *Trav. Com. fr. dr. int. pr.*, 2000-2002, p. 81 et s.

JOSSELIN-GALL : « Pacte civil de solidarité, quelques éléments de droit international privé », *JCP*, éd. N., 2000.489.

KHAIRALLAH : « Les « partenariats organisés » en droit international privé », *Rev. crit. DIP* 2000.317.

KESSLER, *Les partenariats enregistrés en droit international privé*, LGDJ, 2004.

RÉVILLARD : « Le pacte civil de solidarité en droit international privé », *Defrénois* 2000.337.

Sur le mariage en général :

BISCHOFF : « Le mariage polygamique en droit international privé », *Trav. com. fr. dr. int. pr.*, 1980-1981, II, p. 91 et s.

BOURDELOIS : *Mariage polygamique et droit positif français*, Paris, 1993.

CORNELOUP : « Maîtrise de l'immigration et célébration du mariage », *Mélanges Lagarde*, Dalloz, 2005, p. 207 et s.

FULCHIRON : « Le droit français et les mariages homosexuels étrangers », *D.* 2006.1253.

FONGARO : « Le mariage homosexuel à l'épreuve du droit international privé », *JDI*, 2006.477.

QUINONES ESCAMEZ : « Propositions pour la formation, la reconnaissance et l'efficacité internationale des unions conjugales ou de couples, *Rev. crit. DIP* 2007.357

Sur l'obligation alimentaire :

V. la bibliographie citée *infra*, *sub* n° 638.

Sur le divorce et la séparation de corps :

COURBE : « Le divorce international : premier bilan d'application de l'article 310 du Code civil », *Trav. Com. fr. dr. int. pr.* 1989-1990, p. 123 et s.

COURBE : « Divorce et conflit mobile », *Mélanges Dominique Holleaux*, Paris, 1990, p. 69 et s.

EL HUSSEINI : *Le droit international privé français et la répudiation islamique*, LGDJ, 2002.

Jean FOYER : « Tournant et retour aux sources en droit international privé », *JCP* 1976.I.2762.

FRANCESCAKIS : « Le suprenant article 310 nouveau Code civil sur le divorce international », *Rev. crit. DIP* 1975.553.

FULCHIRON : « La séparation du couple en droit international privé », *Petites Affiches*, 28 mars 2001, p. 4.

GAUDEMET-TALLON : « La désunion du couple en droit international privé », *Rec. Acad. La Haye*, 1991, I, p. 9 et s.

V. aussi la bibliographie générale sur le statut personnel, *supra sub* n° 515.

Sur les Règlements CE n° 1347/2000 du 29 mai 2000 et n° 2201/2003 du 27 novembre 2003 :

ANCEL et MUIR WATT : « La désunion européenne : le Règlement dit « Bruxelles II », *Rev. crit. DIP* 2001.403.

COURBE : « Le règlement communautaire sur le contentieux du divorce international », *Petites Affiches*, 2002, n° 241, p. 7 et s.

FULCHIRON et NOURISSAT (dir.) : *Le nouveau droit communautaire du divorce et de la responsabilité parentale*, Dalloz, 2005.

GAUDEMET-TALLON : « Bruxelles II : de la convention au règlement communautaire » *Petites Affiches*, 28 mars 2001, p. 15.

GAUDEMET-TALLON : « Le Règlement n° 1347/2000 du Conseil du 29 mai 2000 : « Compétence, reconnaissance et exécution des décisions en matière matrimoniale et en matière de responsabilité parentale des enfants communs » », *JDI* 2001.381.

CHAPITRE 3
LA FILIATION

603 La filiation appartient au statut personnel et appelle l'application de la loi nationale des intéressés. Lorsque l'enfant et ses deux parents sont de même nationalité, c'est incontestablement la loi de cette nationalité qui régit, aussi bien l'établissement que les effets du lien.

Mais l'éventualité d'une discordance entre les nationalités, déjà rencontrée à propos du mariage, se manifeste souvent ; deux personnages au moins sont en jeu : le parent et l'enfant ; ils sont plus souvent trois, en raison de l'indivisibilité de la filiation légitime : le père, la mère et l'enfant.

La jurisprudence avait échafaudé un système en harmonie avec les solutions parallèlement dégagées pour les autres aspects du statut personnel. La loi du 3 janvier 1972 relative à la filiation légitime et naturelle l'a fortement perturbé, en introduisant dans le Code civil cinq articles (311-14 à 311-18) destinés à régler le conflit de lois. Et l'ordonnance du 4 juillet 2005, qui a supprimé toute distinction entre les filiations légitime et naturelle, a en conséquence abrogé l'article 311-16, relatif à la légitimation, et légèrement modifié la formulation de l'article 311-15.

Une partie des solutions anciennes a cependant gardé son intérêt. La loi de 1972 a laissé diverses questions en dehors de son champ d'application. Les textes de droit international privé sont contenus dans la section intitulée « Du conflit des lois relatives *à l'établissement* de la filiation », du chapitre : « Dispositions générales ». Sont donc maintenues les règles anciennes relatives aux *effets* de la filiation, autre qu'*adoptive*. Quant à celles qui concernent l'établissement et les effets de cette dernière, elles ont été remaniées par une loi du 6 février 2001.

On exposera le système actuel tel qu'il résulte des lois de 1972 et de 2001 et des règles anciennes maintenues. Mais on donnera auparavant quelques indications sur les solutions anciennes non maintenues, et sur les tendances dominantes de la loi de 1972 (1).

604 La jurisprudence distinguait entre filiation légitime et filiation naturelle. La première, depuis un arrêt de la Chambre civile du 4 novembre 1958 (2), était soumise à la loi régissant les effets du mariage. En effet, l'enfant légitime fait partie de la famille fondée par le mariage de ses auteurs ; et il est souhaitable qu'une loi unique règle l'ensemble des rapports entre les membres d'une même famille. La loi « des effets du mariage » était donc en fait la loi « de la famille ». Une tendance doctrinale, qui avait trouvé des échos en jurisprudence avant 1958, défendait cependant l'application de la loi nationale de l'enfant, en tant que celui-ci est concerné à titre principal par l'existence du lien.

Le même argument était invoqué à propos de la filiation naturelle. En l'absence d'une concurrence de la loi de la famille — car il n'existait pas à proprement parler de famille naturelle –, la Cour de cassation y a été sensible et, à partir de 1925 pour la recherche judiciaire de paternité, de 1957 pour la reconnaissance volontaire, elle a appliqué la loi nationale de l'enfant.

Enfin, la légitimation a été soumise par un arrêt du 8 juillet 1969 (3) à la loi des effets de mariage, ce qui est logique puisque l'enfant légitimé doit avoir le même statut qu'un enfant légitime.

Aucune distinction n'était faite entre l'établissement et les effets de la filiation. Cependant, la solution du conflit mobile pouvait conduire à les soumettre à deux lois différentes, la nationalité ou le domicile nouveau étant immédiatement pris en considération pour les effets, tandis que l'établissement restait régi par la loi ancienne.

605 Le législateur du 3 janvier 1972 s'est inspiré de principes totalement différents.

C'est d'abord la méthode même du conflit de lois qui a été pour une large part délaissée. Sa neutralité, tant à l'égard de la nationalité des lois (les rattachements bilatéraux ne privilégient pas la loi du for) qu'à l'égard de la solution qu'elles imposent (les règles de conflit de lois désignent une loi, abstraction faite de son contenu), a paru difficilement acceptable aux auteurs — dans le même texte de loi — d'une loi *substantielle* nouvelle, et même révolutionnaire, dont ils étaient légitimement fiers. Ils ont donc donné la

(1) Il a été décidé (Civ. 1re, 11 juin 1996, *Imhoos*, *Rev. crit. DIP* 1997.291, note Lequette, *D.* 1997.3, note F. Monéger) que, conformément à l'article 12 de la loi, les nouvelles règles de conflit étaient applicables immédiatement aux enfants nés avant l'entrée en vigueur de la loi. Les exceptions au principe de l'article 12 (v. en particulier les art. 13, 14 et 15 de la loi), étant liées à la teneur des règles substantielles, ne semblent pas devoir concerner les règles de conflit.

(2) *Moens*, *Rev. crit. DIP* 1959.303, note Francescakis, *JDI* 1959.788, note Ponsard.

(3) *Weyrich-Laroche*, *Rev. crit. DIP* 1971.255, note A. Weill, *JDI* 1970.303, note B.G., *JCP* 1971.II.16650, note Gaudemet-Tallon, *D.* 1970.1, note Malaurie. Dans le même sens, Civ. 3 mars 1970, *Bonomo*, *JDI* 1970.611, note Goldman, *JCP* 1971.II.16650, note Gaudemet-Tallon, *Rev. crit. DIP* 1971.255, note Weill.

préférence aux solutions et aux tendances consacrées par la loi française : aux solutions, en matière de possession d'état, par le recours à la méthode des lois d'application nécessaire ; aux tendances, en faisant preuve, par l'adoption de rattachements alternatifs, d'un esprit de faveur prononcé pour l'établissement du lien de filiation. Indirectement d'ailleurs, ces rattachements permettent d'appliquer très souvent la loi française elle-même, car il est bien rare que celle-ci ne soit pas l'une des lois désignées et qu'elle ne soit pas la plus libérale de toutes.

Le même souci des résultats concrets a dicté le choix des rattachements ; des considérations sociologiques ont notamment déterminé le rattachement de principe de la filiation à la loi nationale de la mère.

Enfin, le législateur a voulu faire sortir le droit international privé de sa tour d'ivoire en rendant ses règles simples et accessibles à la compréhension des justiciables. Sur ce point, il ne semble pas qu'il ait réussi, car les spécialistes eux-mêmes se sont heurtés à de multiples difficultés d'interprétation.

On distinguera la filiation adoptive (Section II) des autres filiations (Section I), et, dans l'étude de celles-ci, l'établissement (§ 1) des effets (§ 2) ; de la sorte, on présentera d'abord les solutions nouvelles (Section I, § 1), puis des solutions dont on discute la remise en cause (Section I, § 2) et, enfin, les solutions anciennes réaménagées (Section II).

SECTION I — FILIATION LÉGITIME ET NATURELLE ET LÉGITIMATION

§ 1. ÉTABLISSEMENT DE LA FILIATION

A. Contenu des règles relatives au conflit de lois

606 Le législateur a édicté des rattachements de droit commun en matière de filiation légitime et naturelle, et d'autres en matière de légitimation ; une exception commune y est apportée, ainsi qu'un complément propre à la filiation naturelle.

a) Rattachements de droit commun en matière de filiation légitime et naturelle

607 L'idée d'égalité entre l'enfant légitime et l'enfant naturel, déjà très apparente dans les règles substantielles de la loi de 1972 et désormais consacrée dans ses ultimes conséquences par l'ordonnance du 4 juillet 2005, a conduit à l'adoption en droit international privé de rattachements communs à la filiation légitime et

à la filiation naturelle. Ils sont énoncés dans l'article 311-14 du Code civil : « La filiation est régie par la loi personnelle de la mère au jour de la naissance de l'enfant ; si la mère n'est pas connue, par la loi personnelle de l'enfant. »

Le rattachement à la *loi de la mère* a été essentiellement présenté comme la conséquence du fait que seule la maternité est certaine : *mater semper certa est.* Certes, on aurait pu, dans un souci de neutralité, retenir la loi de l'enfant, mais ce rattachement conduit à un cercle vicieux que l'on a voulu éviter, lorsque la nationalité dépend elle-même de la filiation (sur ce cercle vicieux, qui subsiste partiellement, v. *infra*, n° 895).

Appliqué à la paternité naturelle, le rattachement surprend un peu. Il n'est cependant pas inconnu en droit positif : le droit allemand, avant sa réforme, appliquait la loi de la mère à la filiation naturelle dans son ensemble.

Mais comment justifier l'application de la loi de la mère à la filiation légitime ? Si le mari n'est plus le chef de famille, la femme ne l'est pas devenu. Le motif est le suivant : les statistiques montrent que la quasi-totalité des actions relatives à l'établissement de la filiation légitime sont des désaveux de paternité et des contestations de légitimité, qui réussissent dans la plupart des cas ; derrière la filiation légitime apparente est donc dissimulée une filiation naturelle, qui n'est établie qu'à l'égard de la mère. On a dénoncé à juste titre en ce raisonnement un sophisme : la question centrale dans un désaveu de paternité est bien de savoir si l'enfant est légitime ou non, lié ou non au mari de la mère ; la nature du lien qui l'unit avec cette dernière n'est qu'une conséquence de la réponse apportée à cette question. À cela s'ajoute une objection pratique : c'est que ce rattachement est inconnu de tout autre droit positif et n'obéit donc pas à la règle d'or selon laquelle le meilleur rattachement est celui que la plupart des autres systèmes de droit international privé ont adopté (v. *supra*, n° 33). De plus, dans l'hypothèse — pratiquement intéressante pour apprécier la portée du changement de rattachement — où le mari et la femme, vivant en France, sont de nationalité différente, on appliquera une loi étrangère si la mère est étrangère, alors que l'ancien système rendait toujours compétente la loi française, qui correspond bien au centre de gravité des relations familiales.

608 Si la mère n'est pas connue, dispose l'article 311-14, il faut appliquer la *loi personnelle de l'enfant.* Ainsi dans le cas d'un enfant né de parents inconnus qui intente une action en recherche de paternité naturelle. Mais faut-il considérer comme né d'une mère inconnue l'enfant qui agit en réclamation d'état ou en recherche de maternité naturelle ? On connaît la « prétendue mère », mais non, par hypothèse, la mère véritable avec certitude. Les auteurs et les tribunaux se sont divisés. La Cour de cassation s'est finalement prononcée pour la loi de la prétendue mère (dont le nom, en l'espèce, était mentionné dans l'acte de naissance) (4).

Il ne semble pas anormal d'appliquer la loi de la prétendue mère : il est habituel en droit international privé d'appliquer la loi qui caractérise un rapport juridique pour savoir s'il existe. L'inconvénient serait de ne pas permettre de résoudre un éventuel conflit de filiations maternelles par une loi unique ; mais on pourrait très bien recourir exceptionnellement à la loi de l'enfant dans ce cas, qui ne semble pas fréquent.

(4) Civ. 1re, 11 juin 1996, *Imhoos*, précité note 1.

609 Le domaine des rattachements n'est pas précisé par la loi. Mais aucun élément ne rend sur ce point caduques les solutions anciennes. Celles-ci se caractérisaient par une conception extensive du rôle de la loi personnelle. Non seulement elle gouverne l'objet et la charge de la *preuve* — par exemple : l'existence et la force de la présomption *pater is est* –, ce qui est conforme aux règles ordinaires (v. *supra*, n° 501), mais elle empiète sur le terrain de la loi du for (et de la loi qui régit la forme, v. *supra*, n° 505) en déterminant les modes de preuves admissibles et leur force probante — par exemple : la force probante de l'acte de naissance (5). C'est que les règles de preuve reflètent ici, avec une force inhabituelle, des préoccupations de fond. Pour la même raison, les *délais* d'exercice des actions relèvent de la loi personnelle ; leur lien avec le fond est d'ailleurs en général marqué par le fait que ce sont des délais préfix (ainsi dans la loi française pour le désaveu de paternité et la recherche de paternité naturelle). Et pour la même raison encore, l'exigence du *caractère authentique de la reconnaissance* est soumise à la loi personnelle, non à la règle *locus régit actum.*

b) Rattachements en matière de légitimation

610 L'ordonnance du 15 juillet 2005 ayant abandonné toute référence à la distinction des filiations légitime et naturelle, en supprimant les dernières conséquences qui s'y trouvaient encore attachées, ne pouvait conserver l'institution de la légitimation en droit interne. Ses auteurs en ont déduit que les règles de droit international privé, que contenait à son propos l'article 311-16 du Code civil, devaient être également abrogées. Cette déduction n'allait pourtant pas de soi et pourrait même paraître contradictoire avec l'esprit du texte nouveau. En effet, les règles de l'article 311-16, qui étaient des règles de rattachement à caractère substantiel (v. *supra*, n° 140), ne se justifiaient elles-mêmes que par la volonté du législateur français de favoriser la légitimation, c'est-à-dire l'application du statut, toujours plus avantageux, d'enfants légitimes à des individus qui, sinon, eussent été traités comme des enfants naturels.

L'abrogation de ces règles revient donc à remettre en cause cette idée de faveur. Mais l'on peut hésiter à propos de sa portée.

611 Dans une première analyse, qui paraît avoir les meilleures chances d'être retenue, on pourrait considérer que la condamnation, par notre droit interne, de la distinction des filiations légitime et naturelle constitue, en même temps, l'expression des exigences de l'ordre public international français (v. *infra*, n° 625). Il s'ensuivrait que toute loi – par hypothèse étrangère – qui établirait la moindre disparité de traitement entre les enfants selon la qualité de leur filiation

(5) Il semble toutefois résulter d'un arrêt de la Cour de cassation du 16 juillet 1974 (*Rev. crit. DIP* 1975.461, note Wiederkehr ; v. aussi la note Ponsard sous Dijon 7 juin 1967, *JDI* 1969.87) que si la loi du fond (allemande, en l'espèce, dans une recherche de paternité alimentaire) admet la liberté de la preuve, la loi du for reste compétente pour interdire un moyen de preuve (en l'espèce le serment de la mère). La solution s'explique sans remise en cause de l'affirmation (traditionnelle) énoncée au texte, si l'on y voit l'utilisation par le juge de son pouvoir d'apprécier le caractère concluant du moyen de preuve opposé, ce pouvoir se rattachant à l'administration de la preuve, qui reste soumise à la *lex fori* (en ce sens, WIEDERKEHR, note précitée, p. 465).

devrait être écartée, si bien que le débat préalable sur la réalité d'une éventuelle légitimation n'aurait plus aucun objet.

Mais dans une seconde approche, moins radicale, on pourrait se borner à constater que la différence des filiations, ne déterminant pas le choix de la règle de conflit applicable, et ne pouvant plus avoir d'incidence que pour la mise en œuvre éventuelle d'une loi étrangère désignée par celle-ci, la difficulté qu'elle suscite relève du problème des « qualifications en sous-ordre », qui doit être résolu selon les vues de la *lex causae* (v. *supra*, n° 157) : dans la mesure où cette dernière soumettrait les enfants naturels à un régime distinct de celui qu'elle réserverait aux enfants légitimes, il n'appartiendrait qu'à elle de définir les critères de cette qualité, et donc les conditions auxquelles, le cas échant, elle s'acquiert par une légitimation. La seule limite qui serait alors posée à cette compétence de la *lex causae* serait celle résultant de nos engagements internationaux. En effet, la Convention de Rome du 10 septembre 1970 sur la légitimation par mariage, entrée en vigueur le 8 février 1976, dispose dans son article 1er que la légitimation qui résulte de la loi nationale du père ou de la mère est reconnue dans tous les États contractants. Mais parce qu'elle prévoit que ses dispositions ne mettent pas obstacle à l'application de règles plus favorables (art. 5), elle ne trouverait à s'appliquer que dans les cas où la légitimation ne serait pas déjà admise par la loi désignée par notre règle de conflit.

c) Exception aux rattachements de droit commun

612 L'importance accordée par les rédacteurs de la loi du 3 janvier 1972 au « réalisme » les a conduits à conférer à la possession d'état un rôle considérable en droit interne. Ils ont estimé que ce rôle ne devait pas être amoindri sous prétexte que la loi française ne serait pas désignée par les rattachements ordinaires. D'où la formule de l'article 311-15, remanié par l'ordonnance de 2005 : « Toutefois, si l'enfant et ses père et mère ou l'un d'eux ont en France leur résidence habituelle, commune ou séparée, la possession d'état produit toutes les conséquences qui en découlent selon la loi française, lors même que les autres éléments de la filiation auraient pu dépendre d'une loi étrangère ». Autrement dit — la formulation n'est pas des plus claires —, lorsque les conditions de résidence en France sont remplies, la loi française impose les conséquences qu'elle attache à la possession d'état, mais ne trouble pas autrement l'application de la loi désignée par la règle de conflit.

L'expression de la règle est unilatérale. Techniquement, elle est bilatéralisable ; il suffirait de dire que « la possession d'état produit toutes les conséquences qui en découlent selon la loi de l'État de la résidence habituelle de l'enfant et de ses (ou de l'un de ses) père et mère ». Mais il est plus que douteux que cette bilatéralisation corresponde au vœu du législateur. C'est bien la loi française, à l'exclusion des autres, que l'on a voulu favoriser.

Par ailleurs, l'article 311-15 apparaît moins comme une règle de conflit unilatérale que comme une loi d'application nécessaire, ou plutôt comme *une règle qui transforme en lois d'application nécessaire, les règles internes qui font produire des effets à la possession d'état.* En effet, il n'y est pas dit que « la possession d'état est régie par la loi française si l'enfant, etc. », mais que « la possession d'état produit toutes les conséquences qui en découlent selon la loi française, etc. ». La différence est que s'il ne découle de la possession d'état aucune conséquence selon la loi française, tandis que la loi étrangère compétente lui en fait produire, c'est la loi étrangère qui l'emporte et non la loi française : l'applicabilité de la loi française dépend donc de son contenu, non de la nature de la question (sur ce critère de distinction entre unilatéralisme et loi d'application nécessaire, v. *supra*, n° 120).

Quant au *domaine* de l'article 311-15, on peut hésiter à y englober les règles françaises qui font produire des effets à l'*absence* de possession (6). Faudrait-il, par exemple, appliquer l'article 314 du Code civil (selon lequel la présomption de paternité est écartée et la reconnaissance par conséquence possible lorsque, l'acte de naissance de l'enfant ne désignant pas le mari de la mère en qualité de père, l'enfant n'a pas de possession d'état à son égard) lorsque l'enfant et ses parents, étrangers, résident en France ? On fait valoir en général pour la négative que l'article 311-15, apportant une exception aux règles générales, doit être interprété restrictivement, et ne concerne donc, selon ses propres termes, que les règles qui attachent des effets à une possession d'état positive. Mais c'est peut-être là attacher une importance excessive à la rédaction du texte, alors que l'examen de l'ensemble des articles 311-14 à 311-18 révèle qu'il est parfois indispensable de faire prévaloir l'esprit sur la lettre. Il est évident que les textes qui font produire des effets à l'absence de possession d'état sont exactement de même inspiration que ceux qui font produire des effets à l'existence d'une possession d'état : dans les deux cas, on cherche à promouvoir l'aspect « sociologique » du lien de filiation.

d) Exception ou complément relatif à la reconnaissance volontaire

613 Article 311-17 : « La reconnaissance *volontaire* de paternité ou de maternité est valable si elle a été faite en conformité, soit de la loi personnelle de son auteur, soit de la loi personnelle de l'enfant ». Il s'agit là d'une règle substantielle interne qui ordonne la prise en considération de lois éventuellement étrangères, et impose la solution favorable que l'une d'elles peut prévoir.

Les commentateurs de la loi et la jurisprudence (7) estiment que l'article 311-17 *déroge* à l'article 311-14 ; ainsi la reconnaissance par le père est

(6) Pour l'affirmative, v. Trib. gr. inst. Paris 1er mars 1977, *D.* 1978.63 concl. Paire, *Rev. crit. DIP* 1978.110, note Lequette.

(7) Paris 11 mai 1976, *Rev. crit. DIP* 1977.109, note Fadlallah, *JDI* 1977.656, note Foyer ; Trib. gr. inst. Paris 13 févr. 1979, *Rev. crit. DIP* 1980.79, note M. S.-D. La seconde décision, contrairement à la première, assimile par ailleurs à l'action en nullité de la reconnaissance l'action en contestation de reconnaissance (dans le même sens Paris 16 avr. 1996, *D.* 1997.344, note S. Aubert et Civ. 1re, 6 juill. 1999, *D.* 1999.484, concl. Sainte-Rose, *JCP* 2000.II.10353, note T. Vignal ; *contra* Civ. 1re, 14 juin 2005, *Bull. civ.* I, n° 243, p. 206, qui applique l'article 311-14 C. civ. à une action en contestation de reconnaissance).

impossible lorsque tant la loi du père que celle de l'enfant la prohibent, quand bien même la loi de la mère en admettrait la validité.

L'interprétation opposée, qui voit dans l'article 311-17 un *complément* à l'article 311-14, est préférable pour trois raisons. La première est que le texte lui-même ne se présente pas comme une exception ; il ne débute pas par les mots : « Par dérogation à la règle posée à l'article 311-14... ». La seconde est que l'article 311-17, ne posant pas une règle de conflit, ne doit pas, sauf motif impérieux contraire, être interprété comme dérogeant à une règle de conflit ; il déroge en fait à la règle substantielle désignée par la règle de conflit de l'article 311-14, dans la mesure où elle ne validerait pas la reconnaissance. La troisième raison est que la solution opposée est absurde. On voit et on comprend, dans l'article 311-17, l'esprit de faveur pour l'établissement de la filiation, dans une hypothèse où le parent naturel lui-même est désireux d'obtenir ce résultat et où aucun scandale n'est donc à craindre ; on ne comprendrait pas que le texte puisse tourner en la défaveur de l'enfant : si la reconnaissance forcée est possible dans un cas, pourquoi la reconnaissance volontaire ne le serait-elle pas aussi dans ce même cas ?

Quoi qu'il en soit, les rattachements de l'article 311-17 peuvent conduire à des conflits de filiations : il suffit d'imaginer une pluralité de reconnaissances, valables chacune selon la loi nationale de son auteur, ou encore, une reconnaissance, valable selon la loi de son auteur, d'un enfant que la loi de sa mère considère impérativement comme né du mari de celle-ci. L'analyse qui a été proposée de l'article 311-17 conduit à limiter sa vocation au strict problème de la validité des reconnaissances, et à laisser la loi désignée par l'article 311-14 régler le conflit de filiations.

Un problème particulier concerne l'indication du nom de la mère dans l'acte de naissance. Est-elle une reconnaissance, ou une simple preuve de la filiation ? Dans le premier cas, l'article 311-17 est applicable, dans le second, il ne l'est pas. L'ancien article 337 du Code civil déclarait qu'elle « vaut reconnaissance » lorsqu'elle est corroborée par une possession d'état conforme. Mais la solution est devenue discutable aujourd'hui, puisque l'article 311-25 prévoit que « la filiation *est établie* à l'égard de la mère par la désignation de celle-ci dans l'acte de naissance de l'enfant ». Et elle n'est pas admise par d'autres systèmes, notamment anglo-saxon et germanique, qui n'ont pas une conception volontariste de la filiation naturelle maternelle. Si l'article 311-17 contenait une règle de conflit de lois, il faudrait raisonner en termes de qualification, et tenir compte, dans la phase préliminaire de celle-ci, de l'analyse retenue par la loi invoquée (v. *supra*, n° 153). Mais il pose en fait une règle substantielle française, qu'il s'agit seulement d'interpréter. Or, l'article 311-17 a voulu favoriser la réalisation de la volonté exprimée par le parent ; il s'applique donc à tout fait de caractère volontaire destiné à établir la filiation. Si tel est bien le cas de l'indication du nom de la mère, lorsqu'elle résulte de la volonté de celle-ci, la règle de l'article 311-17 doit jouer. Si tel n'est plus le cas selon les conceptions actuelles de droit français, elle est radicalement inapplicable, quand bien même la loi personnelle de l'enfant retiendrait la solution contraire.

B. Mise en œuvre des règles relatives au conflit de lois

614 Les particularités des rattachements édictés par les articles 311-14 à 311-17 conduisent à abandonner presque toujours les solutions anciennes relatives au renvoi et au conflit mobile. Par ailleurs, les changements apportés aux règles substantielles retentissent profondément sur les exigences de l'ordre public.

a) Renvoi

615 Dans la mesure où les règles posées sont de véritables règles de conflit de lois, on ne voit pas de motif déterminant d'exclure le renvoi. Les raisons pour lesquelles la jurisprudence le consacre, qu'elles convainquent ou non (v. *supra*, n°s 222 et s.), sont générales. Cependant, on remarque que si les auteurs hostiles à la loi sont favorables au renvoi, l'inverse est également vrai : selon les rares auteurs qui ont accueilli favorablement le nouveau droit international privé de la filiation, « les raisons pour lesquelles la loi de la mère a été retenue militent en faveur de son application, quelles que puissent être les dispositions de la règle de conflit étrangère » (8). L'argument prouve trop, car le choix d'un rattachement quelconque est toujours fondé sur ce que l'auteur de la règle, qu'il s'agisse des tribunaux ou du législateur, l'estime le meilleur.

L'article 311-14, qui pose la seule règle de conflit contenue dans la loi de 1972, laisse donc logiquement place au renvoi. Cependant la jurisprudence s'est nettement orientée vers la solution opposée, au motif que le texte « contient une désignation directe et impérative de la loi applicable » (9).

616 Le recours au renvoi dans le cadre d'un rattachement alternatif est également problématique. La règle étant substantielle et favorisant l'établissement de la filiation, on concevrait difficilement qu'une solution défavorable soit imposée par des rattachements étrangers *se substituant* aux nôtres par le jeu du renvoi (10).

On pourrait certes songer à *ajouter* aux possibilités offertes par nos rattachements celles qu'offrent les rattachements étrangers. Mais ce ne serait plus alors le renvoi, et le fondement de la solution apparaîtrait mal. Cette multiplication des rattachements constituerait indéniablement une « superfaveur » pour l'enfant, mais si le législateur français voulait se montrer à ce point libéral, il lui suffisait d'allonger la liste des rattachements — ce qui, d'ailleurs eût été logique, car si l'on veut favoriser une solution, pourquoi s'arrêter en chemin (11) ?

b) Conflit mobile

617 La jurisprudence ancienne déclarait applicable la loi désignée par la règle de conflit au moment de la naissance. Une évolution l'avait amenée à donner à

(8) M. SIMON-DEPITRE et J. FOYER, *op. cit.*, n° 24.

(9) Paris 11 mai 1976, précité note 14 ; Lyon 31 oct. 1979, *Rev. crit. DIP* 1980.558, note Ancel, *JDI* 1981.53, note Foyer ; Paris 8 mars 1983, *Rev. crit. DIP* 1984.290, 2e esp., note Foyer ; comp. Civ. 1re, 16 juillet 1999, *D.* 1999.484, concl. Sainte-Rose, *JCP* 2000.II.10353, note Vignal.

(10) En ce sens Trib. gr. inst. Paris, 29 nov. 1994, *Rev. crit. DIP* 1995.703, 3e esp., note Foyer.

(11) Voir à cet égard la liste très complète arrêtée par la Convention de La Haye du 5 octobre 1961 relative à la forme des dispositions testamentaires, *infra* n° 809.

l'enfant le choix entre cette loi et la loi applicable au jour de l'instance dans la recherche judiciaire de paternité naturelle (12).

La solution était fondée sur l'idée de faveur pour l'enfant. Cette idée ayant largement inspiré la loi nouvelle, il apparaîtrait normal de maintenir l'option. Mais cela n'est possible que si le conflit mobile n'a pas été expressément résolu par une précision temporelle adjointe au rattachement, puisque l'on sait que le problème du conflit mobile se ramène à celui de l'interprétation de la règle de droit international privé (v. *supra*, n° 251). Or l'article 311-14 comporte cette précision : il mentionne le « jour de la naissance ».

Parmi les textes qui ne comportent aucune précision temporelle, il faut mettre à part l'article 311-15 ; il ne donne pas naissance au conflit mobile, car il contient une loi d'application nécessaire. Il est évident que la loi française s'applique dès lors que la condition de résidence en France a été remplie, quel que soit le moment où elle l'a été (13). Mais on doit se demander quelles périodes de temps peuvent être prises en compte pour la constatation des faits constitutifs de la possession d'état. Deux solutions se présentent à l'esprit : ou bien tenir compte de toute la durée de la vie de l'enfant, y compris les périodes pendant lesquelles la famille résidait à l'étranger, pourvu que la résidence en France ait eu lieu postérieurement à la constitution de la possession d'état ; ou bien tenir compte seulement de la période pendant laquelle la condition de résidence en France a été remplie. Ces deux solutions peuvent être combinées en une troisième : toute la vie de l'enfant si la résidence en France est actuelle, seulement la période de résidence si elle ne l'est pas.

Reste à résoudre le conflit mobile dans la reconnaissance volontaire (art. 311-17). Elle est raisonnablement soumise à la loi désignée au jour de la reconnaissance.

Pourtant, des auteurs proposent de toujours permettre à l'enfant de se placer au moment qui lui est le plus favorable. Cela revient à une multiplication des rattachements, parmi lesquels certains ne sont pas du tout significatifs : ainsi la loi nationale du parent au jour de la naissance de l'enfant n'a pas de vocation sérieuse à régir la reconnaissance. Il est donc préférable de raisonner de la même façon qu'en matière de renvoi et estimer que la faveur du législateur pour l'enfant se borne à ce qu'il a exprimé.

c) Exception d'ordre public

618 Les changements apportés aux règles substantielles françaises ont déterminé une modification du domaine de l'ordre public. Depuis la loi du 3 janvier 1972, le droit français est devenu plus souple quant aux possibilités d'établissement d'une filiation, notamment adultérine ; il est, d'autre part, dominé par le souci du respect de la vérité biologique, mais aussi par celui de la vérité sociologique que révèle la possession d'état.

L'ordre public s'opposait essentiellement à l'application des lois étrangères plus libérales que la nôtre ; il joue désormais moins souvent en ce sens. La

(12) Civ. 5 déc. 1949, *Verdier*, *Rev. crit. DIP* 1950.65, note Motulsky, *JDI* 1950.180, note Goldman, *JCP* 1950.II.5287, note Delaume, *GA* n° 21.

(13) Des auteurs proposent de ne tenir compte de la possession d'état qu'en cas de résidence actuelle (au moment du litige) en France. V. aussi en ce sens Lyon 31 oct. 1979, précité note 16. On peut douter cependant qu'il soit conforme à l'intention du législateur d'écarter l'article 311-15, si enfant et parents ont vécu vingt ans en France ensemble, et que l'un d'eux vient de partir pour l'étranger.

question se pose de savoir dans quelle mesure, à l'inverse, il évince désormais les lois étrangères plus restrictives.

En matière de *filiation légitime*, un cas de désaveu de paternité énoncé par une loi étrangère et qui ne coïncidait pas avec l'un de ceux qu'énumérait la loi française était autrefois considéré comme contraire à l'ordre public. La solution est caduque, du fait de la rédaction actuelle de l'article 332, alinéa 2 : « la paternité peut être contestée en rapportant la preuve que le mari [...] n'est pas le père ». La seule exigence est celle du respect de la vérité biologique. Mais une loi étrangère qui ne permettrait pas, ou ne permettrait que très difficilement, au mari et *a fortiori* aux tiers de faire céder la présomption de paternité ne se heurterait sans doute pas pour autant à l'exception d'ordre public (14).

C'est essentiellement à propos de la *filiation naturelle* que la jurisprudence avait utilisé l'exception d'ordre public. Étaient inapplicables par les tribunaux français — sous réserve de l'effet atténué –, les lois étrangères qui prévoyaient des cas de recherche de paternité naturelle non compris dans l'énumération de l'ancien article 340 du Code civil (15), ou qui admettaient la reconnaissance volontaire ou forcée des enfants adultérins (16).

La question ne se pose plus aujourd'hui, la liste limitative des cas de recevabilité ayant disparu, et l'obstacle de la reconnaissance des enfants adultérins ayant été levé. La seule limite à propos de laquelle il est donc permis d'hésiter est celle de l'article 311-19 qui, en cas de procréation médicalement assistée, interdit l'établissement d'un lien de filiation entre l'auteur du don et l'enfant issu de la procréation. Inversement, puisque le droit français ne permet pas le recours aux « mères porteuses », il est vraisemblable que serait déclarée contraire à notre ordre public une loi étrangère qui interdirait à celles-ci d'établir leur maternité.

La mise en jeu de l'ordre public est aujourd'hui discutée à l'égard des lois qui, cette dernière hypothèse mise à part, n'admettent que très difficilement l'établissement de la filiation naturelle, simple ou adultérine, ou ne l'admettent pas du tout. Pour la Cour de cassation, elles ne sont pas de ce fait contraires à l'ordre public (17), sauf dans la mesure où elles auraient pour effet de priver un enfant *français ou résidant habituellement en France* du droit d'établir sa filiation (18).

§ 2. EFFETS DE LA FILIATION

A. Détermination de la loi applicable

619 Depuis la loi du 3 janvier 1972, le problème essentiel est de décider si les rattachements nouveaux, édictés pour l'établissement de la filiation, doivent être étendus à ses effets.

(14) En ce sens Trib. gr. inst. Paris 30 avr. 1985, *Rev. crit. DIP* 1986.313, note Lequette ; *contra* Trib. gr. inst. Paris 1er mars 1977, *Rev. crit. DIP* 1978.110, note Lequette.

(15) Civ. 8 nov. 1943, *Fayeulle*, DC 1944.J.65, note Savatier, *JCP* 1943.II.2522, note P. L.-P.

(16) Civ. 3 juin 1966, *Domino, Rev. crit. DIP* 1968.64, note Derrupé, *JDI* 1967.614, note Malaurie.

(17) Civ. 1re, 3 nov. 1988, *Rev. crit. DIP* 1989.495, note Foyer, *JDI* 1989.703, note Moneger (*contra* Trib. gr. inst. Paris 30 avr. 1985, précité).

(18) En ce sens Civ. 1re, 10 févr. 1993, *Latouz, Rev. crit. DIP* 1993.620, note Foyer, *JDI* 1994.124, 1re esp., note Barrière-Brousse, *D.* 1994.66, note Massip, *D.* 1994. Som. 32, obs. Kerckhove. Voy. également Paris, 13 janv. 2000, *D.* 2000.898, note Aubert ; Lyon 12 déc. 2000, *JDI* 2002.475, note F. Monéger.

Cette solution présenterait l'avantage de soumettre à la même loi les conditions et les effets de l'institution, évitant ainsi les problèmes d'adaptation entre deux lois qui ne conçoivent pas de la même façon une certaine filiation. Mais la survenance de tels problèmes est le prix, somme toute modique car ils seront rares (19), qu'il faut payer pour éviter les graves inconvénients de l'application aux effets de la filiation de règles de conflit non conçues pour eux.

Le premier de ces inconvénients est la soumission des effets de la filiation légitime à la loi personnelle de la mère au jour de la naissance : est-il raisonnable de figer sous l'empire d'une loi qui ne correspond plus au centre de gravité actuel de la famille — notamment si la mère a changé de nationalité après la naissance — des rapports qui s'inscrivent dans le présent ?

Le second inconvénient apparaît lorsque l'établissement de la filiation paternelle et celui de la filiation maternelle ne résultent pas de la même loi ; leurs effets sont également soumis à deux lois différentes, alors qu'une loi unique s'impose, surtout pour les questions qui mettent en cause la distribution des rôles entre le père et la mère (attribution de l'autorité parentale, détermination du nom, notamment).

Enfin, dans le cas des rattachements alternatifs, si deux ou plusieurs lois admettent que la filiation est établie, il est difficile de choisir parmi elles celle qui régira les effets, et de toute façon on doit alors renoncer à réaliser l'unité de loi applicable à l'établissement et aux effets.

620 Il paraît donc finalement plus opportun de limiter le domaine des nouveaux rattachements à l'établissement de la filiation, seul visé par la loi, et de conserver en principe, pour les effets, les solutions qu'avait dégagées la jurisprudence.

Celle-ci appliquait aux effets de la filiation naturelle la loi nationale de l'enfant (20), et aux effets de la filiation légitime, la loi des effets du mariage.

Cette distinction n'est pas condamnée par son abandon en droit interne, parce que celui-ci s'explique par des considérations (la volonté de ne pas soumettre l'enfant naturel à un régime inférieur à celui qui s'applique à l'enfant légitime) qui ne se retrouvent pas en droit international privé : rien ne garantit que la loi personnelle de l'enfant lui confère un statut plus désavantageux que la loi des effets du mariage.

Si elle doit cependant être aménagée, c'est parce que le domaine de la « loi des effets du mariage » doit être redéfini d'après la justification des critères de rattachement de celle-ci. Ces critères, en effet, ne sont pas la conséquence directe et exclusive du fait que les parents étaient mariés lorsque les enfants sont nés. Ce qu'ils servent à traduire, c'est l'ancrage de la cellule familiale, à laquelle ils garantissent l'application d'un statut unitaire. Plutôt que de « la loi des effets du mariage », c'est de « la loi de la famille » qu'il serait donc en l'occurrence préférable de parler.

(19) Surtout depuis que la détermination de la filiation, préalable à l'examen d'une demande d'aliments, est soumise à la même loi que celle-ci, selon l'interprétation dominante de la Convention de La Haye du 2 oct. 1973 (v. *infra*, n° 621).

(20) En faveur de la reconduction de cette solution depuis l'entrée en vigueur de la loi de 1972, Paris 3 mars 1981, *Rev. crit. DIP* 1981.496, note Lequette.

Par conséquent, lorsque le lien matrimonial est rompu, soit par le décès de l'un des époux, soit par le divorce, la loi qui le régissait n'a plus de vocation sérieuse, et perd vite son actualité, à l'égard des questions relatives au lien de filiation qui, lui, survit. Il serait préférable de lui substituer alors la loi nationale de l'enfant, établissant ainsi un parallèle, qui ne semble pas abusif, entre l'enfant naturel, et l'enfant légitime qui n'est plus intégré dans un foyer véritable. Cependant la jurisprudence antérieure à l'entrée en vigueur de la loi du 3 janvier 1972 n'avait pas consacré cette façon de voir (21).

Mais inversement, il n'existe aucune objection sérieuse à appliquer la « loi de la famille » lorsque les parents, quoique non mariés, vivent maritalement (par exemple dans le cadre d'un « partenariat », voire d'un simple concubinage notoire) au moment que désigne la solution du conflit mobile.

B. Domaine de la loi applicable

621 Les principaux effets de la filiation sont : l'obligation alimentaire, l'autorité parentale et la transmission du nom (22). Sur ces trois terrains la loi des effets de la filiation subit la concurrence d'autres lois, au point de ne plus conserver qu'un domaine résiduel.

a) *L'obligation alimentaire* a cessé d'être soumise à la loi des effets du mariage depuis l'entrée en vigueur de la Convention de La Haye du 2 octobre 1973 sur la loi applicable aux obligations alimentaires. Les règles de la Convention sont, en effet, devenues les règles françaises de droit commun (23). Elles ont par là rendu caducs non seulement l'ancienne jurisprudence, mais aussi l'article 311-18 du Code civil, par lequel le législateur de 1972 avait réglé le conflit de lois en matière d'action à fins de subsides.

La règle de conflit de lois posée par la Convention a déjà été décrite à propos de l'obligation alimentaire entre époux (v. *supra*, n°s 571 et 573) : on applique la loi de la résidence habituelle du créancier, à défaut la loi de la nationalité commune du créancier et du débiteur, à défaut encore la loi du for.

Lorsque le problème de l'établissement de la filiation doit être résolu préalablement à la question des aliments, il l'est, selon l'interprétation dominante, par application de la même loi que celle-ci.

L'*exécution des jugements étrangers* relatifs à des obligations alimentaires a fait l'objet également d'une Convention de La Haye, du même jour. Cette Convention, actuellement en vigueur en France, s'applique uniquement aux jugements émanant des autres États par-

(21) Elle appliquait aux effets de la filiation après décès de l'un des parents la loi nationale du parent survivant (Civ. 14 mars 1877, S. 1878.1.25, note Renault), solution qui présente, il est vrai, l'avantage de réaliser l'unité de loi applicable en cas de pluralité d'enfants de nationalité différente (mais v. *infra*, n° 622 pour le problème de l'autorité parentale).

(22) Les effets successoraux sont, on le verra (*infra*, n°s 799 et s.), soumis à la loi successorale.

(23) Une Convention de La Haye du 24 octobre 1956 reste encore en vigueur dans les rapports entre la France et les États parties qui n'ont pas ratifié la Convention de 1973.

ties (24). Mais elle est susceptible d'entrer en conflit avec la Convention de Bruxelles de 1968 (25) ou, à compter de son entrée en vigueur, avec le Règlement du 22 décembre 2000.

Il faut encore signaler l'existence d'une Convention des Nations-Unies du 20 juin 1956 « sur le recouvrement des aliments à l'étranger », qui facilite la poursuite d'actions à l'étranger, et celle de diverses conventions bilatérales :

- entente France-Québec du 9 septembre 1977 ;
- échange de lettres France-États-Unis du 20 août 1980 ;
- Convention France-Égypte du 15 mars 1982 (art. 34) ;
- Convention France-Tunisie du 18 mars 1982 (art. 13 et 14).
- Convention France-Portugal du 20 juillet 1983 (art. 23).

622 b) *L'autorité parentale* constitue un effet essentiel du lien de filiation, et elle est soumise en principe à la loi des effets du lien.

Cependant, dans la mesure où l'une de ses dimensions est la *représentation de l'enfant incapable* sur la scène juridique, la loi des effets de filiation est concurrencée par la loi nationale de l'enfant, qui régit sa capacité (v. *supra*, n°s 516 et s.). La représentation du mineur, lorsqu'elle est assurée dans le cadre familial, relève en fait des deux catégories : de celle de la capacité par sa nature, et de celle des effets de la filiation par ses moyens ; il faut choisir.

Le problème est, à vrai dire, aujourd'hui marginal car à tous les mineurs résidant habituellement sur le territoire d'un État contractant s'applique la Convention de La Haye de 1961 sur la protection des mineurs. La loi applicable doit donc être déterminée comme on l'a vu *supra*, n°s 542 à 546-5.

Quant aux autorités compétentes, leur identité dépend, à compter du 1er mars 2005, du Règlement du 27 novembre 2003, dont les solutions ont également été exposées *supra*, n°s 546-1 et s.

Le domaine d'application de la Convention de 1961 est si large qu'il est préférable d'aligner dans la mesure du possible le droit commun résiduel sur les solutions conventionnelles. Cela paraît d'autant plus opportun que, lorsque la Convention n'est pas applicable, c'est très souvent parce qu'elle a cessé de l'être (26) ; autant éviter un changement de loi, auquel risquerait de conduire la divergence du droit commun et du droit conventionnel (27). Ceci conduit à appliquer aux enfants légitimes dont les deux parents sont en vie et non séparés, donc normalement soumis à un rapport d'autorité *ex lege*, leur loi nationale.

Dans les autres hypothèses, le système de la Convention est trop original pour inspirer le droit commun. On doit donc revenir à la loi des effets de la

(24) Une Convention de La Haye du 15 avr. 1958 reste encore en vigueur dans les rapports entre la France et les États parties qui n'ont pas ratifié la Convention de 1973.

(25) Pour des exemples d'un tel conflit, v. Civ. 1re, 13 oct. 1992, 16 juin 1993, 12 juill. 1994 et 18 oct. 1994, *Rev. crit. DIP* 1995.68, note Ancel.

(26) Notamment parce que l'enfant n'est plus mineur selon la loi de sa résidence, et l'est seulement selon sa loi nationale (v. *supra*, n° 543).

(27) En ce sens, FADLALLAH, *op. cit. supra sub* n° 515, n°s 346 et s.

filiation : loi personnelle de l'enfant ou « loi de sa famille » (v. *supra* n° 620) si celle-ci a encore une réalité au moment où le juge statue.

Les règles applicables à la reconnaissance et l'exécution en France des jugements étrangers en matière d'autorité parentale ont déjà été exposées : si l'État duquel émane la décision est membre de la Communauté européenne (Danemark excepté), elles sont celles du Règlement du 27 novembre 2003 (v. *supra*, n° 546-4) ; si, sans être membre de l'Union européenne, il est partie à la Convention de La Haye de 1961, c'est à celle-ci qu'il faut se référer (v. *supra*, n° 546) ; et dans tous les autres cas, on doit se fier aux règles du droit commun (v. *supra*, n°s 364 et s.).

623 Les règles de conflit de lois ne permettent pas de résoudre le problème, devenu aigu depuis quelques années, de l'enlèvement international d'enfant : l'un des parents (séparé — de fait ou de droit — de l'autre, ou divorcé) emmène l'enfant à l'étranger (en général dans son pays d'origine), et prive ainsi l'autre parent de l'exercice de son droit de garde ou de son droit de visite.

Les tribunaux peuvent tenter de prévenir l'enlèvement par diverses mesures : interdiction d'exercer le droit de visite en dehors du territoire national (28), subordination de l'exercice de ce droit à l'obtention préalable de l'exequatur du jugement français dans le pays où le parent qui invoque le droit a son domicile, prononcé d'une astreinte pour le cas de non-représentation.

Si l'enlèvement est réalisé, tout dépendra de l'autorité que les tribunaux étrangers reconnaîtront au jugement fixant les droits de garde et de visite. Des conventions internationales tendent à faciliter cette reconnaissance et à obtenir le retour effectif de l'enfant. À côté de diverses conventions bilatérales conclues par la France (29), il faut signaler deux conventions multilatérales : la Convention de Luxembourg du 20 mai 1980 (30), ratifiée par la plupart des États membres du Conseil de l'Europe, et qui a pour objet la reconnaissance et l'exécution des décisions prises en matière de garde ; et la Convention de La Haye du 25 octobre 1980), qui vise au rapatriement immédiat de l'enfant déplacé ou retenu illicitement (31).

(28) Procédé approuvé par Civ. 3 févr. 1982, *Rev. crit. DIP* 1982.558, note P. L. Sur cet arrêt, v. CHATIN, *op. cit.* Une circulaire du 18 déc. 1970 permet, à certaines conditions, au gardien de l'enfant de s'opposer, sans mesure judiciaire préalable, à la sortie de l'enfant du territoire, en s'adressant au service des passeports à la préfecture du département de résidence.

(29) Avec, notamment : le Québec (entente du 9 sept. 1977) ; les États-Unis (échange de lettres du 20 août 1980) ; l'Algérie (échange de lettres du 18 sept. 1980, et Convention du 21 juin 1988 relative aux enfants issus de couples mixtes séparés franco-algériens) ; le Brésil (Convention du 30 janv. 1981) ; la Hongrie (Convention du 31 juill. 1980) ; le Maroc (Convention du 10 août 1981) ; la Tunisie (Convention du 18 mars 1982) ; l'Égypte (Convention du 15 mars 1982) ; le Portugal (Convention du 20 juill. 1983).

(30) Sur les conflits possibles entre cette Convention et la Convention de La Haye de 1961, v. LAGARDE, note à la *Rev. crit. DIP* 1987, p. 412 à 414.

(31) Sur les conflits possibles entre ces deux dernières Conventions, v. Trib. gr. inst. Toulouse 20 mars 1987, *Rev. crit. DIP* 1988.67. Pour des applications judiciaires de la Convention de la Haye, v. Civ. 16 déc. 1992, *D.* 1993.570, 1re esp., note Massip., *D.* 1993. Som. 352, obs. Audit ; Civ. 15 juin et 12 juill. 1994, *Rev. crit. DIP* 1995.96, note Muir Watt ; Civ. 22 avr. 1997, *D.* 1998.289, note Massip, *Rev. crit. DIP* 1997.746, note Muir Watt.

Dans les relations entre les pays membres de la Communauté européenne, hormis le Danemark, cette dernière Convention est elle-même l'objet de divers aménagements, en vertu du Règlement CE du 27 novembre 2003, dont les plus importants concernent la détermination des autorités compétentes (v. *supra*, n° 546-3) et la force exécutoire des décisions ordonnant le retour de l'enfant (*supra*, n° 546-4).

624 c) La jurisprudence n'a pas toujours clairement choisi entre la loi des effets de la filiation et la loi personnelle de l'enfant pour régir *la transmission du nom* des parents (ou de l'un d'eux) à l'enfant : le problème, qui divise la doctrine, ne se pose que lorsque les parents vivent maritalement à la date de la naissance de l'enfant puisque, sinon, les deux lois coïncident (v. *supra*, n° 620). Dans le sens de l'application de la loi personnelle de l'enfant, on fait valoir que le port par l'enfant du nom de son auteur constitue pour lui un droit propre, un élément de son statut personnel. Mais si l'aspect individuel est en effet prépondérant en ce qui concerne le *régime* du nom (protection, droit de le changer volontairement, etc.), s'agissant en revanche de sa *transmission*, l'aspect familial de l'institution est essentiel ; la question est donc bien du domaine des effets de la filiation. C'est finalement ce qu'a décidé la Cour de cassation (32).

De toute façon, il faut tenir compte de l'incidence de la loi française, en tant que *lex auctoris*, lorsque l'acte de naissance est dressé en France. L'officier de l'état civil agit selon la loi qui l'a institué, en respectant les prescriptions de l'Instruction relative à l'état civil. Mais en l'état de l'article 311-21 du Code civil, qui donne désormais aux parents le choix d'attribuer à l'enfant le nom de l'un quelconque d'entre eux ou leurs deux noms accolés dans l'ordre qu'ils désirent, il ne semble pas qu'il y ait à craindre de ce point de vue la moindre difficulté.

Et sur les incidences du droit communautaire, lorsque l'enfant a la nationalité de deux États membres, v. *infra*, n° 858.

C. Mise en œuvre de la règle de conflit

625 a) Très fréquemment, l'*exception d'ordre public* évince la loi étrangère normalement applicable aux effets de la filiation. S'il est excessif de dire, comme le font parfois les tribunaux, que l'ensemble de la matière est d'ordre public, il reste vrai que les obligations imposées aux parents par la loi française constituent un minimum en-dessous duquel on ne peut descendre sans heurter l'ordre public.

Serait ainsi contraire à l'ordre public une loi qui priverait le père ou la mère de tout droit sur son enfant ou qui attribuerait la garde sans tenir compte de l'intérêt de l'enfant (33).

(32) Civ. 1re, 7 oct. 1997, *Canovas-Guttierez, Rev. crit. DIP* 1998.72, note Hammje.

(33) En ce sens Paris 1er juill. 1974, *Rev. crit. DIP* 1975.266, note Foyer.
Le juge français statuant sur la garde doit nécessairement apprécier concrètement l'intérêt de l'enfant. Mais, dans le cadre de l'exequatur d'un jugement étranger, la Cour de cassation (Civ. 6 janv. 1987,

En ce qui concerne spécialement l'obligation alimentaire, les exigences de l'ordre public sont plus précises : la Cour de cassation a affirmé qu'elle devait nécessairement avoir un caractère provisoire et être subordonnée tant aux besoins de ceux à qui les aliments sont dus qu'aux ressources de ceux qui les doivent (34). Cela ne condamne pas le procédé consistant à recourir à un barème légal (35). Par ailleurs une loi telle que la loi suédoise, qui prévoit la condamnation solidaire à des aliments envers l'enfant naturel de tous ceux qui ont cohabité avec la mère pendant la période de conception, ne paraît pas contraire à l'ordre public, compte tenu de la règle voisine (et à certains égards, plus audacieuse) posée par l'article 342 du Code civil.

Plus incertaine est la question de la comptabilité avec l'ordre public international des discriminations entre enfants légitimes et enfants naturels, simples ou adultérins : les orientations les plus récentes de notre droit interne, qui abandonnent toute distinction, et qui ont été largement dictées par la condamnation résolue de ces discriminations par la Cour européenne des droits de l'homme (36), incitent à croire qu'elles ne seront plus aujourd'hui tolérées.

b) En cas de *conflit mobile*, la loi du nouveau rattachement s'applique immédiatement, son actualité la rendant préférable pour la solution de problèmes eux-mêmes actuels.

On peut toutefois hésiter lorsque le changement de loi applicable entraîne à lui seul un changement de nom : par exemple, si l'ancienne loi attribue à l'enfant le nom de son père et la nouvelle celui de sa mère ; pour que ce changement automatique soit possible, il faut au moins que la loi nouvelle ne prohibe pas le changement de nom. Des problèmes d'adaptation surgiront si la mutabilité n'est admise que dans certains cas précis : dans quelle mesure le changement de loi applicable peut-il leur être assimilé ?

SECTION II — FILIATION ADOPTIVE

626 La filiation adoptive reste totalement, et sans conteste, en dehors du domaine d'application de la loi du 3 janvier 1972. Les solutions ont été dégagées par la jurisprudence, partiellement consacrée par une loi du 6 février 2001.

L'adoption revêt très souvent un caractère international, car le faible nombre des enfants adoptables dans les pays occidentaux incite les personnes désireu-

D. 1987.467, note Massip, *Rev. crit. DIP* 1988.337, note Lequette) paraît admettre que l'attribution de la garde à la mère, même systématique, bénéficie d'une présomption de conformité à l'intérêt de l'enfant.

(34) Civ. 20 juill. 1936, *Rev. crit. DIP* 1937.694, *DH* 1936.474. L'article 11, alinéa 2 de la Convention de La Haye de 1973 a énoncé lui-même le caractère d'ordre public de cette dernière règle.

(35) Civ. 1re, 18 oct. 1994, *Rev. crit. DIP* 1995.68, 4e esp., note Ancel.

(36) V. not. CEDH, 1er févr. 2000, *Mazurek*, *D.* 2000, 332, note J. Thierry ; *JCP*, 2000.II.10286, note A. Gouttenoire-Cornut et F. Sudre ; *RTD civ.*, 2000.311, obs. J. Hauser, 429, obs. J.-P. Marguénaud, 601, obs. J. Patarin.

ses d'adopter à le faire à l'étranger. Or, l'adoption internationale pose des problèmes originaux et complexes. La cause profonde en est que ce type de filiation est une pure création de la loi ; il ne se calque pas sur une réalité biologique. L'adoption présente donc des aspects très différents suivant les législations ; de nombreux systèmes l'ont longtemps ignorée.

On envisagera en premier lieu l'établissement du lien de filiation adoptive, et en second lieu ses effets.

Une Convention de La Haye, ouverte à la signature le 29 mai 1993, est entrée en vigueur en France le 1er octobre 1998. Elle ne règle pas le conflit de lois, mais organise une coopération entre autorités des États contractants lorsqu'un enfant résidant dans l'un de ces États a été ou doit être déplacé vers un autre, soit en vue d'une adoption, soit après cette adoption par des personnes résidant dans le second État.

§ 1. ÉTABLISSEMENT DU LIEN

627 La filiation adoptive est toujours soumise à des conditions de fond et de forme. Des règles de conflit de lois précisent la loi applicable aux unes (A) et aux autres (B). Mais si une décision étrangère a déjà prononcé l'adoption, le conflit de lois s'efface et le problème essentiel est le conflit de juridictions (C).

A. Conditions de fond

628 Après de longues hésitations, la Cour de cassation, dans son arrêt *Torlet*, a consacré le système suivant : l'adoption est régie par la *loi nationale du ou des adoptants* (37), mais les conditions relatives au consentement de l'adopté et à sa représentation sont soumises à la *loi nationale de l'adopté* (38).

Ce système d'application distributive, que reprend expressément la loi du 6 février 2001 (art. 370-3 C. civ.), évoque celui que l'on a rencontré à propos de la formation du mariage. Mais il s'en distingue par le fait que l'une des lois, véritable *loi de la création du lien*, a une vocation générale, ce qui permettra de résoudre un certain nombre de problèmes (v. *infra*, nos 629 et 631).

Si l'adoption est faite conjointement par deux époux de nationalité différente, on considérera comme « loi des adoptants » la loi qui régit leurs rapports personnels, c'est-à-dire la loi des effets du mariage. Les adoptants agissent en effet en leur qualité d'époux ; c'est le couple qui adopte (il n'y a d'ailleurs qu'une adoption, et non deux), et il faut donc le considérer en tant que tel.

629 Beaucoup de pays, soit ignorent ou prohibent l'adoption (cas des pays de droit musulman, en particulier), soit ne la connaissent que sous sa forme

(37) Si l'adoptant, de nationalité étrangère, acquiert la nationalité française en cours d'instance, le conflit mobile se résout en faveur du droit français : Paris 5 juill. 2001, *RTD civ.* 2001.847, obs. Hauser.
(38) Civ. 7 nov. 1984, *Torlet, JDI* 1985.434, note Gaudemet-Tallon, *Rev. crit. DIP* 1985.533, 1er esp., note Simon-Depitre, *D.* 1985.459, note Poisson-Drocourt, *GA* n° 65.

simple, qui laisse subsister les liens avec la famille d'origine. Lorsque les adoptants ont la nationalité de l'un de ces pays, l'adoption n'est donc pas possible (39). Et la loi du 6 février 2001 interdit de la même façon l'adoption, alors même qu'elle serait permise par la loi des effets du mariage, si elle est prohibée par la loi nationale de l'un et de l'autre des époux (exemple d'un couple algéro-marocain établi en France).

La jurisprudence a éprouvé davantage d'hésitations à propos du point de savoir s'il convenait de tenir compte de la loi de l'adopté, lorsqu'elle ignore l'institution. Dans un arrêt *Pistre*, la Cour de cassation avait déclaré impossible l'adoption d'un enfant brésilien, en application de la loi brésilienne interdisant — à l'époque — l'adoption plénière d'un enfant par un étranger ne résidant pas au Brésil (40). Mais, peu de temps après, elle a énoncé nettement, dans un arrêt du 10 mai 1995, *Epoux F.*, que « deux époux français peuvent procéder à l'adoption d'un enfant dont la loi personnelle ne connaît pas, ou prohibe, cette institution » (41).

Il a cependant été objecté que c'est là méconnaître gravement le statut personnel du principal intéressé, l'adopté, et — de façon plus politique — faire prévaloir le point de vue des pays « riches » en quête d'enfants à adopter, sur celui des pays « pauvres », dont les parents, tentés par l'abandon de leur progéniture, peuvent y être encouragés par les perspectives ainsi offertes. Il serait donc préférable d'opter pour la règle de l'application cumulative des lois de l'adoptant et de l'adopté sur le principe de l'adoption, quitte à y apporter quelques exceptions.

La question, on le voit, n'est pas de pure technique juridique. On partira cependant, pour tenter d'y répondre, d'une remarque de méthode. La neutralité substantielle de la règle de conflit, qui en constitue un mérite essentiel, n'est réalisée que si un seul rattachement est retenu. L'application cumulative — car nul ne songe à *substituer* la loi de l'adopté à celle de l'adoptant — fait prévaloir la loi hostile à l'institution sur celle qui lui est favorable. On ne peut donc guère s'attendre à ce que la règle de conflit d'un pays qui favorise l'institution s'oriente vers l'application cumulative. Faire jouer un rôle à la loi de l'adopté, hostile à l'adoption, suppose que l'on reconnaisse à cette loi une impérativité

(39) Il a été jugé, dans des hypothèses où l'enfant résidait cependant en France, que le droit d'être adopté n'est pas d'ordre public (Dijon, 12 mars 1993 : *Rev. crit. DIP* 1994.82, note Muir Watt ; Civ. 1re, 19 oct. 1999 : *JDI* 2000.737, note F. Monéger, *Defrénois* 2000.699, note Revillard). Et cette solution est implicitement mais nécessairement imposée désormais par la loi du 6 février 2001.

(40) Civ. 1re, 31 janv. 1990, *Rev. crit. DIP* 1990.519, note Poisson-Drocourt ; *JCP* 1991.II.21635, note Muir Watt ; *Defrénois* 1990.961, obs. Massip ; *GA* n° 66.

(41) Civ. 1re, 10 mai 1995, *Rev. crit. DIP* 1995.548, note Muir Watt, *JDI* 1995.625, note F. Monéger, *D.* 1995.544, note Larribau-Terneyre, *D.* 1996. Som. 240, obs. A. Bottiau. V. aussi Civ. 1re, 1er juill. 1997, *Rev. crit. DIP* 1997.705, 1re esp., note Muir Watt, *JDI* 1997.973, note Monéger *D.* 1998.187, note Poisson-Drocourt.

particulière et légitime, qui la rapprocherait d'une loi d'application nécessaire (42).

En raisonnant de cette façon, on ouvre la voie à des solutions nuancées, en fonction du but et du contenu des lois, de l'intensité des rattachements, et même — puisqu'en toute hypothèse il faut tenir compte de l'intérêt de l'enfant — de la situation humaine en cause.

Soit, par exemple, la situation d'un enfant né en France de parents algériens résidant en France, et abandonné par ceux-ci. S'opposer à son adoption par un couple français au motif que son statut personnel y fait obstacle, comme y conduirait l'application cumulative, est purement et simplement inconcevable. Il faut ici s'en tenir à la compétence de la loi des adoptants (43).

À l'opposé, permettre à des Français de faire venir en France en vue de son adoption un enfant né dans un pays qui lutte contre cette forme particulière d'émigration, qu'il juge pernicieuse, peut paraître choquant.

C'est pourquoi on ne peut en définitive qu'approuver la solution mesurée que retient la loi du 6 février 2001. Celle-ci pose en effet pour principe que l'adoption d'un mineur étranger ne peut être prononcée si sa loi personnelle prohibe cette institution (44). Mais elle tempère immédiatement cette règle, qui ne vaut pas à l'égard des majeurs, en permettant qu'il y soit dérogé lorsque le mineur est né et réside habituellement en France. Pour déterminer qui doit alors consentir à l'adoption et dans quelles formes, on aura recours, malgré le silence de la loi de l'adopté, soit au régime de représentation qu'elle instaure en général, soit aux règles de la loi de l'adoptant, dont la vocation est générale.

La Convention de La Haye du 29 mai 1993 « sur la protection des enfants et la coopération en matière d'adoption internationale », entrée en vigueur le 1er octobre 1998, procède d'une philosophie plus restrictive : l'adoption ne peut avoir lieu que si l'autorité compétente de l'Etat d'origine donne son consentement.

630 Quelle que soit la loi applicable, l'adoption ne saurait avoir lieu sans que l'adopté, ou ses parents, ou celui qui, à leur défaut, exerce l'autorité parentale, y consente. Et l'on ne peut procéder qu'à une adoption du type de celle pour laquelle le consentement a été donné : en particulier si les parents par le sang ne veulent pas que leurs liens avec l'enfant soient rompus, l'adoption plénière doit être exclue.

Cependant, dans son désir de favoriser l'adoption plénière que recherchent en général les adoptants français, la Cour de cassation, dans l'arrêt *Torlet*, avait décidé qu'en l'absence de précision le consentement valait pour l'une ou l'autre

(42) Sur le fait qu'en matière de statut personnel des lois d'application nécessaire sont souvent dissimulées derrière la forme bilatérale de la règle de conflit, v. *supra*, n° 389.

(43) L'objection selon laquelle le statut de l'enfant sera « boîteux » si l'adoption n'est pas reconnue dans son pays d'origine paraîtra mince à l'enfant, devenu français (v. *infra*, n° 885) et vivant en France dans une famille française.

(44) V. Civ. 1re, 10 oct. 2006, *JDI* 2007.564, note C. Brière. V. aussi FULCHIRON, « Adoption sur Kafala ne vaut », *D*. 2007.816.

des formes d'adoption que connaît le droit français. L'arrêt *Pistre* est revenu en arrière, en précisant que le juge doit s'attacher à la volonté de la personne qui a consenti. Les adoptants doivent démontrer, par référence aux termes employés dans les actes dressés en application de la loi étrangère, que les parents par le sang (ou plus généralement le représentant légal de l'enfant) ont approuvé l'adoption projetée en pleine connaissance de ses effets (45). Cette solution est désormais consacrée par la loi de 2001 (art. 370-3, al. 3 C. civ.) (46).

B. Conditions de forme

631 Les formalités requises pour la validité de l'adoption sont, comme dans les autres types de filiation (v. *supra*, n° 609), intimement liées au fond. Ainsi, dans la loi française, le contrôle judiciaire permet de s'assurer que les conditions légales sont remplies et que l'adoption est conforme à l'intérêt de l'enfant : ce sont bien des préoccupations de fond. La nécessité ou l'inutilité d'une formalité, et la nature de celle-ci, relèvent donc de la loi applicable aux conditions de fond, c'est-à-dire de la loi personnelle des adoptants.

632 Une adoption peut être prononcée en France soit lorsque l'adoptant ou l'adopté demeure en France (art. 1166 nouv. C. proc. civ.), soit lorsque l'un ou l'autre est français (art. 14 et 15 C. civ.).

1° Lorsque les adoptants sont *français*, la loi française régit la procédure. Si l'enfant à adopter est étranger — cas le plus fréquent — la première phase consiste en une enquête sociale sur les futurs parents adoptifs, en vue de la délivrance, par le président du Conseil général, d'un agrément (art. L. 225-2 et L. 225-17 du Code de l'action sociale et des familles) ; depuis la loi du 5 juillet 1996, le refus d'agrément ne lie plus le juge de l'adoption (art. 353-1, al. 2, C. civ.). Ensuite, si l'enfant se trouve déjà en France, l'adoptant s'adresse obligatoirement au service de l'aide sociale à l'enfance, ou à une œuvre habilitée. Si l'enfant se trouve à l'étranger, il doit obtenir un visa d'établissement délivré par le consul de France ; celui-ci exige en général l'agrément de l'adoptant et le document étranger attestant que l'enfant est autorisé à quitter son pays ; enfin, la procédure judiciaire d'adoption se déroule, après que l'enfant est venu résider en France. Ces différentes règles subissent toutefois divers

(45) Civ. 1re, 1er juin 1994, *Époux M., Rev. crit. DIP* 1994.654, note Muir Watt, *D.* 1995.261, note Poisson-Drocourt ; 10 mai 1995, *Époux F.*, précité n° 629. Il s'ensuit qu'une adoption plénière ne peut être prononcée lorsque les juges du fond constatent que le consentement du représentant légal de l'enfant a été donné dans un pays étranger en considération des caractères limités de l'adoption dans ce pays : Civ. 1re, 3 oct. 2000, *Bull. civ.* I, n° 229, p. 151, *Defrénois* 2001.96, obs. Massip ; Civ. 1re, 25 janv. 2005, *Bull. civ.* n° 34, p. 27, *Defrénois* 2005.1219, obs. M. Revillard ; comp. Civ 1re, 8 mars 2005, *Bull. civ.* I, n° 119, p. 102, *Défrénois* 2005.1219, obs. M. Revillard et p. 1356, obs. J. Massip. Un arrêt du 1er juillet 1997, précité n° 629, relève que l'autorité publique étrangère, représentant légal du mineur, n'avait pas le *pouvoir* de consentir à l'adoption ; la portée de cette exigence devra être clarifiée ; elle semble signifier que dans l'hypothèse où le représentant légal du mineur est une autorité publique, il ne lui est pas possible de donner son consentement à une opération que sa propre loi prohibe. V. cependant en sens contraire Civ. 1re, 16 déc. 1997, *Bull. civ.* I., n° 375, p. 254.

(46) L'adoption doit être refusée lorsqu'il apparaît qu'elle ne tend pas à la création d'un lien de filiation, faute pour les intéressés d'entretenir une relation à caractère filial : Civ. 1re, 25 janv. 2005, *Defrénois* 2005.2784, obs J. Massip.

infléchissements lorsque l'enfant à adopter est ressortissant d'un pays membre de la Convention de La Haye de 1993 (47), dès lors que celle-ci organise la procédure d'adoption sur la base d'une coopération entre les autorités centrales des États concernés.

2° Lorsque les adoptants sont *étrangers*, les formalités prévues par la loi étrangère doivent être suivies, même si l'adoption se déroule en France. Elles le peuvent aisément si l'exigence se borne à la rédaction d'un écrit, sous-seing privé ou authentique. Mais l'intervention d'un tribunal pourrait être jugée d'ordre public, de même que la procédure d'agrément.

Au cas où un tribunal doit intervenir aux termes de la loi étrangère, son rôle peut être rempli par un tribunal français, dès lors que celui-ci n'est pas amené à franchir les limites fixées à ses pouvoirs par la loi française d'organisation judiciaire. D'autre part, si le pouvoir de prononcer une adoption est confié à un organe administratif ou encore, comme en droit italien, à une juridiction d'appel, c'est le juge du premier degré français qui l'exerce, car la question de la détermination de l'autorité compétente, parmi les autorités françaises, est une question d'organisation étatique qui ne relève que de la française.

C. Effets en France d'une décision étrangère d'adoption

633 Une adoption prononcée par une autorité étrangère a effet en France sans exequatur (48), sauf en ce qui concerne les mesures d'exécution forcée. Lorsqu'elle a été prononcée dans un État partie à la Convention de La Haye de 1993, et que sa conformité aux règles de celle-ci a été certifiée par l'autorité désignée par cet État, son efficacité ne peut être refusée en France que si elle est manifestement contraire à notre ordre public, « compte tenu de l'intérêt supérieur de l'enfant ». Dans les autres cas, sa reconnaissance est soumise aux conditions ordinaires (49). On notera seulement que le contrôle de la loi appliquée était particulièrement mal venu en la matière, surtout si l'enfant avait déjà vécu plusieurs années à l'étranger avec ses parents adoptifs. Sa suppression par l'arrêt *Cornelissen* (*supra*, n° 385) est donc heureuse.

634 Si le jugement, ou la décision administrative, est déclaré efficace, son autorité s'attache à tout ce qui a été décidé : le prononcé de l'adoption, et souvent tel ou tel effet déjà précisé, par exemple, l'attribution à l'adopté du nom de son père adoptif ou la rupture des liens avec la famille par le sang.

La décision étrangère précise parfois qu'elle prononce « l'adoption prévue par les articles tant à tant de telle loi ». Cela n'impose pas au juge français de retenir comme loi applicable aux effets celle qui est ainsi mentionnée. Une décision peut créer ou constater un droit subjectif (ici : les qualités d'enfant adoptif et de parent adoptif), mais elle ne peut dire quelles règles régiront à l'avenir les questions que posera la mise en œuvre de ce droit. Les effets de l'adoption seront donc régis par la loi substantielle désignée par notre règle de

(47) Les solutions de cette Convention ont largement inspiré celles de la Convention franco-vietnamienne du 1er février 2000, entrée en vigueur le 1er novembre suivant.

(48) V. Soc. 19 avr. 1989, *Rev. crit. DIP* 1990.92, note Poisson-Drocourt ; Civ. 5 oct. 1994, *Rev. crit. DIP* 1995.567, note H.M.W. La reconnaissance n'est pas non plus subordonnée à la transcription éventuelle sur les registres de l'état civil français (Civ. 1re, 14 févr. 1990, *Rev. crit. DIP* 1991.129, note Poisson-Drocourt).

(49) Est contraire à l'ordre public une décision étrangère d'adoption prononcée sans le consentement des représentants légaux de l'enfant : Civ. 18 juill. 2000, *Rev. crit. DIP* 2001.349, note Muir Watt.

conflit, seuls étant retenus du jugement l'existence de l'adoption, son type (adoption plénière ou adoption simple, par exemple) et les effets déjà précisés et définitivement acquis (50).

Pour le reste, les effets du lien seront régis par une loi substantielle rendue compétente par la règle de conflit qui va ci-après être déterminée.

Il importe toutefois de relever que la Convention de La Haye s'écarte sensiblement des solutions qui viennent d'être décrites. En effet, elle pose elle-même et directement un certain nombre de règles matérielles qui garantissent une efficacité minimum, en France, à la décision étrangère d'adoption prononcée conformément à la procédure qu'elle institue. C'est ainsi qu'elle attache à la reconnaissance de l'adoption, d'une part celle du lien de filiation entre l'enfant et ses parents adoptifs, d'autre part celle de la responsabilité parentale de ces derniers à l'égard du premier, enfin celle de la « rupture du lien préexistant de filiation entre l'enfant et sa mère et son père si l'adoption produit cet effet dans l'État contractant où elle a eu lieu » (51). Mais il ne s'agit là que d'un minimum qui ne prive pas d'utilité la détermination, pour autant que de besoin, de la loi applicable aux effets du lien.

§ 2. EFFETS DU LIEN

635 C'est à propos des effets de l'adoption que les innovations de la loi de 2001 sont les plus considérables... et les plus contestables. En effet, alors qu'il conviendrait, pour respecter le lien qui unit nécessairement les conditions et les effets de l'institution, de s'efforcer de soumettre, dans toute la mesure du possible, les seconds à la loi régissant les premières, le législateur a rendu les cas de cette coïncidence exceptionnels. Mais ce n'est que le mode de détermination de la loi applicable qui a été bouleversé (A). Le domaine de cette loi, en revanche, demeure inchangé (B).

A. Loi applicable

636 Comme le mariage, et à la différence du divorce, l'adoption crée un lien destiné à durer et dont les règles n'ont pas épuisé l'essentiel de leurs effets au moment de son prononcé. Il ne peut donc être question, sous prétexte de soumission des conditions et des effets à une loi unique, de soumettre définitivement les effets de l'adoption à la loi en application de laquelle elle a été créée. La solution du conflit mobile, quel que soit l'élément de rattachement que l'on choisit, réside dans l'application immédiate de la loi nouvelle.

(50) Une réponse ministérielle (*J.O.*, déb. Ass. nat. 28 sept. 1974, p. 4605, *Rev. crit. DIP* 1974.837) semble considérer qu'une adoption prononcée par une autorité étrangère selon une loi étrangère est, et reste, une « adoption étrangère ». C'est trop se considérer comme lié par la décision.

(51) L'article 26-2 de la Convention, dont la loi française de 2001 s'inspire (v. *infra*, n° 636), précise que « si l'adoption a pour effet de rompre le lien préexistant de filiation, l'enfant jouit, dans ... tous les États contractants où l'adoption est reconnue, des droits équivalents à ceux résultant d'une adoption produisant cet effet dans chacun de ces États ». Il en a été déduit, à propos d'une adoption prononcée en Roumanie qui remplissait les conditions de sa reconnaissance en France, que la révocation de cette adoption en Roumanie ne pouvait avoir aucun effet en France, dès lors que l'adoption plénière du droit français est irrévocable : Civ. 1re, 18 mai 2005, *Rev. crit. DIP* 2005.483, note H. Muir Watt, *JDI* 2006.162, note F. Jault-Seseke, *D.* 2006.1497, obs. P. Courbe.

Mais le conflit mobile n'est qu'un accident, qui n'est pas inéluctable. Il y a donc malgré tout intérêt à faire coïncider le rattachement des effets avec celui de la création. Conformément à une tendance exprimée dans une résolution de l'Institut de droit international de 1973, on devrait donc appliquer, selon les cas, la loi de l'adoptant unique, ou la loi des effets du mariage des deux adoptants (52). Les effets de la filiation adoptive seraient ainsi soumis à la même loi que ceux de la filiation légitime, ce qui est logique, puisque le statut de l'enfant adoptif est calqué sur celui de l'enfant légitime.

Ces solutions ne sont cependant pas celles que la loi du 6 février 2001 retient. Celle-ci distingue selon que l'adoption a été prononcée en France ou à l'étranger. Dans le premier cas, elle décide que « les effets de l'adoption... sont ceux de la loi française » (art. 370-4, C. civ.). Dans le second cas, elle prévoit que l'adoption « produit en France » les effets d'une adoption plénière ou d'une adoption simple, selon qu'elle « rompt de manière complète et irrévocable le lien de filiation préexistant », ou non (art. 370-5, C. civ.).

Il est manifeste qu'en édictant ces règles, le législateur avait exclusivement en vue l'hypothèse où tous les intéressés sont établis, ou en voie de s'établir en France. Car, sauf s'ils sont de nationalité française, on ne s'explique pas que soient ainsi soumis à notre loi les effets qu'une filiation adoptive est principalement appelée à développer à l'étranger. Et de fait, s'agissant en tout cas des adoptions prononcées à l'étranger, l'article 370-5 du Code civil ne soumet aux règles de l'adoption (simple ou plénière) française que leurs effets « en France ». Mais on ne voit guère comment le juge français pourrait faire varier la loi applicable aux divers effets d'une adoption en fonction du lieu — parfois d'ailleurs difficiles à déterminer — où ils se manifestent.

La loi du 14 mars 2002 relative au nom de famille ne respecte parfaitement la solution ainsi retenue qu'en cas d'adoption plénière, en insérant dans le Code civil un article 357-1 qui déclare l'article 311-21 alors applicable « à l'enfant qui a fait l'objet d'une adoption régulièrement prononcée à l'étranger » — ce dont il résulte que le nom d'un enfant espagnol ayant été adopté en Espagne par des Espagnols est régi par le droit français. En revanche, lorsque l'adoption prononcée à l'étranger ne produit en France que « les effets d'une adoption simple », l'article 363-1 ne prévoit de rendre les dispositions de l'article 363 applicables que si « l'acte de naissance de l'adopté est conservé par une autorité française ».

Et même en cantonnant l'analyse au cas de figure envisagé par le législateur, les solutions arrêtées apparaissent contestables, dès lors qu'elles obligent à toujours ramener à l'une ou l'autre des deux formes d'adoptions connues du droit français tout l'éventail de celles qui peuvent exister en droit comparé et donc, en définitive, à nécessairement réduire à une adoption simple toutes celles qui, quoique produisant des effets beaucoup plus étendus d'après la loi en

(52) Le lien entre création et effets est affirmé par l'arrêt *Torlet*, précité n° 628. La Cour de cassation, dans des hypothèses où les deux adoptants étaient de même nationalité, a déclaré applicable la loi de cette nationalité : Civ. 12 nov. 1986, deux arrêts, *JDI* 1987.322, note Gaudemet-Tallon, *Rev. crit. DIP* 1987.557, note Poisson-Drocourt.

application de laquelle elles ont été prononcées à l'étranger, ne rompent pas de manière aussi absolue que notre adoption plénière les liens de l'adopté avec sa famille d'origine.

Mais c'est également du point de vue de sa cohérence que le système mis en place par le législateur français suscite la perplexité.

Ainsi, s'agissant des adoptions prononcées en France, on ne comprend pas pourquoi, si leurs effets dépendent exclusivement du droit français, il a néanmoins été jugé utile de maintenir la compétence de la loi des adoptants pour régir leurs conditions : n'aurait-il pas été plus logique, malgré les réticences que la méthode inspire (v. *supra*, n° 140), de soumettre l'ensemble de l'institution à la loi française, quitte à simplement prendre en considération les éventuelles prohibitions édictées par la loi personnelle des adoptants, ainsi qu'il est fait de celles qui résultent de la loi de l'adopté ?

Quant aux adoptions prononcées à l'étranger, on ne peut que redouter à leur égard les incidences du conflit de juridictions. Car la décision étrangère d'adoption ne se bornera pas toujours à donner naissance au lien : son dispositif prendra souvent parti sur certains des effets de celui-ci, qui ne pourront qu'être reconnus en France (v. *supra*, n° 634). Plutôt qu'à une naturalisation des adoptions étrangères, c'est à une hybridation que l'on risque d'aboutir, dans laquelle la part des éléments de droit français variera, d'un cas à l'autre, en fonction du nombre de questions résolues par les jugements qui les auront prononcées.

B. Domaine de la loi applicable

637 Dès lors que l'enfant adoptif emprunte son statut à celui de l'enfant légitime, le domaine de la loi des effets de l'adoption est identique à celui de la loi « de la famille », au sens qui a été ci-dessus défini (v. *supra*, n° 620 et s.)

On a songé à réserver un sort spécial aux rapports entre l'adopté et sa famille d'origine, qui continueraient à être soumis à la loi qui les régissait avant l'adoption. Mais cette dissociation entre divers effets de l'adoption serait génératrice de complications : que décider si une même prérogative parentale est attribuée par une loi aux parents par le sang et par l'autre aux parents adoptifs ? Mieux vaut garder l'unité de statut.

Si la loi du 6 février 2001 ne remet pas en cause cette solution, elle étend cependant le domaine de la loi (française) des effets par une règle particulière, d'ailleurs reprise de la Convention de La Haye du 29 mai 1993, qui concerne les adoptions étrangères n'ayant pas totalement et définitivement rompu les liens de l'enfant adoptif avec sa famille d'origine. Elle prévoit que ces adoptions peuvent être converties « en adoption plénière si les consentements requis ont été donnés expressément en connaissance de cause » (C. civ., art. 370-5). Ainsi, la loi française des effets de l'adoption évince celle des adoptants pour ce qui concerne les conditions de sa transformation en adoption plénière.

Bibliographie sommaire

Sur la filiation en général :

B. ANCEL et MUIR WATT : « L'intérêt supérieur de l'enfant dans le concert des juridictions : le Règlement Bruxelles II bis », *Rev. crit. DIP* 2005.569.

F. BOULANGER : *Les rapports juridiques entre parents et enfants. Perspectives comparatistes et internationales*, Economica, 1998.

CHABERT : *L'intérêt de l'enfant et les conflits de lois*, PUAM, 2001.

Jacques FOYER : « Problèmes de conflits de lois en matière de filiation », *Rec. Acad. La Haye*, 1985, IV, p. 9 et s.

TOPOR : *Les conflits de lois en matière de puissance parentale*, Paris, 1971.

Les conflits de lois en matière de filiation en droit international privé français, allemand et suisse, Paris, 1973.

Sur la filiation légitime et naturelle :

BATIFFOL et LAGARDE : « L'improvisation de nouvelles règles de conflit de lois en matière de filiation », *Rev. crit. DIP* 1972.1.

Jacques FOYER : *Filiation illégitime et changement de la loi applicable*, Dalloz, 1964.

HAGE-CHAHINE : « L'article 311-14 du Code civil et la règle étrangère de conflit dans le temps et dans l'espace », *JDI* 1990.73.

PÉROZ : « La légitimation en droit international privé après l'ordonnance du 4 juillet 2005 portant réforme de la filiation », *JDI* 2006.581.

PONSARD : « La loi française du 3 janvier 1972 et les conflits de lois en matière de filiation », *JDI* 1972.765.

SIMON-DEPITRE et Jacques FOYER : *Le nouveau droit international privé de la filiation*, Paris, 1973.

Sur l'adoption :

BISCHOFF : « L'adoption en droit international privé », *RDI* 1985.799.

BOURDELOIS : « Le nouveau régime de l'adoption internationale : les articles 370-3 à 370-5 du Code civil (loi du 6 février 2001) », *Gaz. Pal.* 2001, n° 346, p. 3.

BOURDELOIS : « L'adoption internationale », *Trav. Com. fr. dr. int. pr.*, 2000-2002, p. 139 et s.

GAUDEMET-TALLON : « Le droit français de l'adoption internationale », *RDI* 1990.567.

JOSSELIN-GALL : « Adoption internationale : changement de logique », *JCP* éd. N, 2002.1255.

LAGARDE : « La loi du 6 février 2001 relative à l'adoption internationale : une opportune clarification », *Rev. crit. DIP* 2001.275.

MEYER-FABRE : « La Convention de La Haye du 29 mai 1993 sur la protection des enfants et la coopération en matière d'adoption internationale », *Rev. crit. DIP* 1994.259.

MORENO : « Aspects contractuels de l'adoption internationale », *Rev. crit. DIP* 2001.301.

MUIR WATT : « La Convention de La Haye du 29 mai 1993 sur la protection des enfants et la coopération en matière d'adoption internationale », *Trav. Com. fr. dr. int. pr.*, 1993-1995, p. 49 et s.

POISSON-DROCOURT : « L'entrée en vigueur de la convention de La Haye du 29 mai 1993 sur la protection des enfants et la coopération en matière d'adoption internationale », *JDI* 1999.707.

POISSON-DROCOURT : « Codification des règles de droit international en matière d'adoption », *D.* 2001.1404.

REVILLARD : « La loi du 6 février 2001 relative à l'adoption internationale », *Rep. Defrénois* 2001.1333.

Sur l'obligation alimentaire :

HERZFELDER : *Les obligations alimentaires en droit international privé conventionnel*, Paris, 1985.

SAUTERAUD-MARCENAC : « Le recouvrement des aliments à l'étranger (application des Conventions de New York-La Haye-Bruxelles) », *Trav. Com. fr. dr. int. pr.*, 1982-1983, p. 63 et s.

Sur l'enlèvement international d'enfants :

CHATIN : « Comment prévenir les déplacements ou les rétentions illicites d'enfants à l'étranger », *Gaz. Pal.* 1982.1.342.

F. MONÉGER : « La Convention relative aux enfants de couples mixtes séparés franco-algériens du 21 juin 1988 », *JDI* 1989.41.

MONIN-HERSANT et STURLÈSE : « Les conflits de lois relatifs au droit de garde et au droit de visite en droit international privé conventionnel », *Droit de l'enfance et de la famille*, n° 26, 1987-1988, p. 125 et s.

Sur le droit au nom :

M. SCHERER : *Le nom en droit international privé. Étude de droit comparé français et allemand*, LGDJ, 2004.

TITRE II
LE STATUT RÉEL

639 Le statut réel est défini par la nature des questions qui y sont regroupées : ce sont celles qui concernent directement les biens (1).

Les biens d'une personne peuvent être considérés, soit individuellement (*ut singuli*), soit dans leur universalité — c'est le *patrimoine*.

(1) Certes, un rapport juridique est toujours un rapport entre personnes. Mais dans le statut réel, il n'y a pas de sujet passif privilégié : tous ceux qui ne sont pas titulaires d'un droit réel déterminé ont l'obligation d'en laisser jouir le titulaire.

CHAPITRE 1

LES BIENS CONSIDÉRÉS UT SINGULI

640 Les biens considérés individuellement sont en principe soumis à la loi du lieu de leur situation (*lex rei sitæ*). La formule n'es-t en fait applicable qu'aux biens corporels, qui occupent une position dans l'espace. Des substituts doivent être découverts pour déterminer la loi applicable aux divers biens incorporels.

On n'étudiera dans ce chapitre que les biens corporels. Les biens incorporels sont en effet, pour l'essentiel, l'objet de règles substantielles spéciales aux relations internationales (de source tant nationale qu'internationale), dont l'étude ressortit aux diverses branches du droit civil concernées : propriété littéraire et artistique, propriété industrielle, etc. ; on se contentera à leur sujet de quelques indications sommaires.

641 *Les droits de propriété littéraire et artistique* sont protégés contre la contrefaçon dans les conditions prévues par la *loi du pays où leur protection est réclamée*. Le principe est appliqué en France, en dehors de toute convention, et il résulte aussi de la Convention de Berne du 9 septembre 1886 et de la Convention de Genève du 6 septembre 1952.

Le lieu où l'œuvre a été publiée pour la première fois doit aussi être pris en considération, tant en droit commun qu'en droit conventionnel. En droit commun, il faut d'abord vérifier, depuis que la loi du 8 juillet 1964 a consacré le principe de la réciprocité, que la loi de ce lieu assure aux œuvres divulguées en France « une protection suffisante et efficace » ; la jurisprudence a, d'autre part, décidé que la protection ne doit être accordée qu'à l'auteur qui jouit d'un « droit privatif » dans le pays de la première publication. En droit conventionnel, le principe de l'assimilation des œuvres publiées pour la première fois dans un pays signataire à celles du pays où la protection est réclamée a été substitué au principe de la réciprocité, ce qui maintient sous une autre forme l'importance du lieu de première publication ; d'autre part, s'il n'est pas nécessaire que la loi de la première publication confère à l'auteur un droit privatif, elle conserve néanmoins un rôle, notamment dans la détermination de la durée de protection.

642 *Les droits de propriété industrielle* soulèvent principalement des problèmes de conflit d'autorités. En effet, leur protection suppose, en France, l'intervention d'un service public : les *inventions* doivent faire l'objet d'un *brevet*, les *dessins et modèles*, et les *marques*, d'un *dépôt*. On admet que la portée de ces mesures est territoriale, en ce sens qu'elles ne

protègent le droit que dans le pays où elles ont été prises. La protection est bien entendu accordée selon la loi du brevet ou du dépôt : *auctor régit actum.*

L'auteur doit donc obtenir un brevet ou déposer le dessin ou le modèle, et l'utilisateur déposer la marque, dans tous les pays où ils entendent être protégés : il y a pluralité de protections territoriales distinctes. Elles ne sont pas cependant tout à fait indépendantes, car on pourrait craindre que la divulgation, au lieu du brevet ou dépôt initial, ne permette à un tiers d'obtenir le premier les brevets ou d'effectuer le premier les dépôts dans les autres pays ; de plus, pour les brevets, la condition de nouveauté ferait défaut, dès l'invention divulguée à la suite de la publication du premier brevet. La Convention d'Union de Paris du 20 mars 1883, qui groupe la grande majorité des pays, fait bénéficier le premier breveté et le premier déposant d'un délai de priorité pour accomplir les formalités dans les autres pays. Elle admet même que la marque régulièrement acquise dans un pays de l'Union puisse être ensuite déposée « telle quelle », c'est-à-dire indépendamment des conditions posées par la loi locale, dans les autres pays.

Sur les problèmes de condition des étrangers, v. *infra*, Livre II.

643 *Le fonds de commerce* est un bien incorporel de nature très différente de ceux que l'on vient d'envisager. Il est beaucoup plus facile à localiser, car s'il n'occupe pas lui-même une position dans l'espace, il n'en va pas de même des éléments qui le composent. On peut donc le traiter comme un bien corporel et lui appliquer la loi de sa « situation ». Il faudra distinguer, au cas où une entreprise comprend des succursales disséminées dans plusieurs pays, un fonds de commerce par succursale.

La loi réelle jouera le même rôle à l'égard du fonds qu'à l'égard des biens corporels.

SECTION I — CONTENU DE LA RÈGLE DE CONFLIT DE LOIS APPLICABLE AUX BIENS CORPORELS

644 L'article 3, alinéa 2 du Code civil, dispose que « les immeubles, même ceux possédés par des étrangers, sont régis par la loi française ».

Cette règle a connu une extension en deux sens. D'une part, elle a été étendue aux meubles par un arrêt de la Chambre des requêtes du 19 mars 1872 (1). D'autre part, elle a été bilatéralisée, et les biens sis à l'étranger sont donc de façon générale régis par la loi du lieu de leur situation (ou *lex rei sitæ*).

Savigny justifiait la compétence de la loi réelle en remarquant que « le lieu où se trouve l'objet est le siège du rapport de droit dont il fournit la matière ».

C'est, en effet, le seul élément visible de tous, qui soit de nature à désigner la loi applicable. Par ailleurs, la loi réelle coïncide fréquemment avec la *lex fori.* Une autre raison de donner compétence à la loi réelle réside dans le fait que, si on la lui déniait en principe, elle viendrait alors, comme *loi de police*, perturber l'application de la loi reconnue compétente à sa place. Elle concerne, en effet,

(1) *DP* 1874.1.475, S. 1872.1.238.

l'organisation économique de l'État, et ce, à un double titre. En premier lieu, elle joue un rôle dans la mise en valeur des richesses naturelles : que l'on songe à la propriété du dessous, ou au régime des cours d'eau. En second lieu, les tiers (créanciers ou ayants cause à titre particulier) se fient, et doivent pouvoir se fier, à la loi réelle, pour évaluer le *crédit* de leurs cocontractants ; l'idée est la même que celle qui a conduit, en droit interne, à supprimer les sûretés occultes : on ne peut opposer aux tiers que les droits dont l'existence, ou le risque d'existence, est révélé par une vérification simple.

Cette dernière justification de la compétence de la loi réelle est à retenir parce qu'elle subsiste lorsque le droit réel est soumis, ce qui est parfois regardé comme indispensable, à la loi du contrat qui lui a donné naissance ou qui l'a transféré, ou à la loi de la situation antérieure du bien ; la loi de la situation actuelle, ainsi écartée en principe, est susceptible d'intervenir en tant que loi de police.

645 Tant le rattachement que la catégorie de rattachement appellent un commentaire.

Le *rattachement* au lieu de situation remplit son rôle de désignation d'une loi à la condition qu'une souveraineté s'exerce sur l'espace où le bien est localisé. Or, ce n'est le cas, ni des navires en haute mer, ni des aéronefs survolant la haute mer, ni des objets qu'ils transportent. D'autre part, ces biens étant fréquemment en mouvement, il est difficile de déterminer leur position à un moment précis, et celle-ci n'a pas une grande signification ; cette seconde remarque vaut également pour les bateaux de la navigation fluviale internationale. On fait donc appel, pour les aéronefs, à la loi du pays d'immatriculation (2), pour les bateaux et navires, à la loi du pavillon (3), et ce à l'égard tant des choses transportées que du moyen de transport, et quel que soit le lieu où se trouve situé l'aéronef, le bateau ou le navire à un moment précis.

Les moyens de transport sans pavillon (automobiles, wagons) ont également une situation instantanée difficile à déterminer et peu significative ; mais, faute de lieu d'attache suffisamment stable, la loi du lieu de leur situation effective paraît être encore le moins mauvais parti. Quant aux choses transportées, la doctrine propose de les soumettre à la loi de leur lieu de destination pour les opérations passées à distance (par exemple : une vente) et à la loi de leur situation effective pour les autres opérations (par exemple : une saisie) (4).

(2) V. la Convention de Genève du 19 juin 1948 relative à la reconnaissance internationale des droits sur les aéronefs ; et Civ. 1re, 11 oct. 1988, *Rev. crit. DIP* 1991.86, note Rémond-Gouilloud.

(3) Le pavillon exprime la nationalité, laquelle est définie par chaque législation. Selon le droit français, un navire a la nationalité française si son propriétaire est français et si son équipage l'est également pour les trois-quarts ; mais il existe une possibilité d'immatriculation aux îles Kerguelen, qui autorise à composer un équipage aux trois-quarts étranger.

(4) La Convention de La Haye du 15 avril 1958 sur la loi applicable au transfert de propriété en cas de vente à caractère international d'objets mobiliers corporels (non entrée en vigueur) considère comme

646 La *catégorie* des questions rattachés à la loi réelle est comprise de façon beaucoup moins extensive que dans l'Ancien Droit. Relèvent du statut réel les droits qui portent *sur* la chose, c'est-à-dire les droits réels (*jura in re*) ; en revanche, les droits qui s'exercent seulement *à propos* d'une chose (*jura ad rem*), tel le droit du locataire ou de l'emprunteur, y échappent pour être intégralement soumis à la loi de leur source, c'est-à-dire de la loi qui régit le fait ou l'acte juridique — en général un contrat — qui leur a donné naissance.

Même les droits réels sont, dans une certaine mesure, soustraits à la loi réelle, lorsque celle-ci subit la concurrence de la loi de la source ; mais elle garde alors un rôle en tant que loi de police. Du moins peut-on présenter ainsi la jurisprudence, en recourant certes à une terminologie qu'elle n'utilise pas, mais en rendant compte des solutions qu'elle a données. Le rôle de la loi réelle se résume ainsi en trois propositions :

1° La loi réelle est compétente lorsque aucune autre loi ne la concurrence (principe).

2° Lorsque l'*acquisition* du droit réel résulte d'un fait ou d'un acte soumis à une loi propre (loi de la source), elle est soumise à cette loi ; même le *contenu* du droit peut être alors partiellement soustrait à la loi réelle (exception).

3° Mais la loi réelle est appelée à perturber, en tant que loi de police, la loi de la source qui l'avait évincée (exception à l'exception).

On étudiera selon ce schéma *l'acquisition* puis le *contenu* des droits réels.

§ 1. ACQUISITION (PAR CRÉATION OU TRANSFERT) DES DROITS RÉELS

A. Compétence de la loi réelle

647 *Les modes d'acquisition que le droit international privé de for considère comme propres aux droits réels* sont incontestablement soumis à la loi réelle : occupation, possession, accession, pour citer les modes connus du droit français. Que l'on s'attache au fait juridique, source du droit, ou au bien, objet du droit, la localisation est la même, car le fait juridique se matérialise précisément au lieu de situation du bien (5).

situés dans le pays de *l'expédition* les objets vendus qui se trouvent, soit en transit sur le territoire d'un pays, soit en dehors du territoire de tout État (art. 6).

(5) V., pour la possession, Civ. 9 déc. 1974, *Rev. crit. DIP* 1975.504, note Mezger, *JDI* 1975.534, note Ponsard.

B. Compétence de la loi de la source

648 *L'acquisition qui résulte d'un fait ou d'un acte juridique que le droit international privé de for soumet à une loi propre* est en principe régie par cette loi (loi de la source).

Il en est en tout cas ainsi lorsque l'acquisition résulte de l'intervention d'un véritable mode de création ou de transfert des droits (contrat, succession, régime matrimonial) : la loi qui régit ce mode (loi d'autonomie pour le contrat et le régime matrimonial, loi du dernier domicile du défunt pour les successions mobilières, loi du lieu de situation de l'immeuble pour les successions immobilières) a compétence pour déterminer à quelles conditions il produit ses effets (6). Il convient de noter toutefois que la solution est discutée, s'agissant des acquisitions conventionnelles (7).

Lorsque l'acquisition du droit réel n'est que la conséquence accessoire attachée par la loi au fonctionnement d'une institution dont les fins sont autres (par exemple : l'hypothèque légale du mineur sur les immeubles du tuteur n'est que la conséquence accessoire de la tutelle, le privilège du bailleur la conséquence accessoire du contrat de bail), on pourrait concevoir de la soumettre intégralement à la loi réelle : celle-ci devant nécessairement, comme on va le voir (*infra*, n° 650), intervenir pour dire si elle admet la cause de création du droit, on éviterait les inconvénients du système du cumul, qui n'autorise la naissance du droit que si les deux lois la prévoient, et cela sans inconvénient très sérieux. Cependant, les juridictions du fond appliquent en général la loi de la source, surtout lorsque celle-ci appartient au statut personnel ; la Cour de cassation s'est prononcée pour l'application de la loi du contrat au privilège du commissionnaire de transport et à celui du fréteur (8). En revanche, elle paraît avoir considéré que le droit de rétention du transporteur maritime est soumis à la loi de la situation des marchandises sur lesquelles il est exercé (9).

(6) Civ. 1re, 21 juill. 1987, *Rev. crit. DIP* 1988.699, note Héron, *D.* 1988.345, obs. Audit : « L'acquisition qui résulte d'un acte juridique est en principe soumise à la loi choisie par les parties. » Il faut tenir compte, pour la création de l'hypothèque conventionnelle sur un immeuble sis en France, de l'article 2128 du Code civil : « Les contrats passés en pays étranger ne peuvent donner d'hypothèque sur les biens de France, s'il n'y a des dispositions contraires à ce principe dans les lois politiques ou dans les traités. »

La doctrine française propose de soumettre le *transfert des risques* à la loi réelle (v. notamment BATIFFOL et LAGARDE, *Traité*, n° 525). La loi de la source, ici la *lex contractus*, paraît cependant préférable, dans la mesure où la question des risques, quel que soit le critère (d'ailleurs variable selon les législations) selon lequel on les attribue, conditionne toujours, par définition, l'extinction ou la non-extinction de l'obligation contractuelle de l'acheteur de payer le prix (en ce sens P. MAYER, *op. cit.*, n° 30). La Convention de La Haye du 15 avril 1958 (non entrée en vigueur) et celle du 15 juin 1955 sur la loi applicable aux ventes à caractère international d'objets mobiliers corporels (qui est en vigueur) sont en ce sens.

(7) V. HEUZÉ, « La notion de contrat en droit international privé », *Trav. com. fr. DIP* 1998.319.

(8) Respectivement Com. 8 juill. 1981, *D.* 1982.IR.73, obs. Audit, *Rev. crit. DIP* 1983.267, note Santa-Croce, et Com. 20 mai 1997, *Rev. crit. DIP* 1997.545, rapport Rémery.

(9) Com. 2 mars 1999, *Rev. crit. DIP* 1999.305, rapp. Rémery. Les termes de cet arrêt, et ceux du rapport du Conseiller Rémery, ne permettent cependant pas d'exclure la compétence concurrente de la loi de la source.

C. Intervention de la loi réelle en tant que loi de police

649 Dans les hypothèses où l'acquisition est soumise à la loi de la source (*supra*, B), celle-ci est néanmoins évincée par la loi réelle dans toute la mesure nécessaire à la protection des tiers (10). Les biens constituent un élément du crédit de leur propriétaire ; il serait impensable que des démembrements de la propriété, ou des sûretés, viennent diminuer la valeur du gage général d'éventuels créanciers, ou remettre en cause les droits d'un ayant cause à titre particulier, sans que cela résulte, selon la loi locale, de la situation apparente.

La loi réelle s'oppose donc, en tant que loi de police, à l'acquisition du droit, si elle ignore la cause qui est à l'origine de celle-ci (11) (a) ; elle la subordonne éventuellement à l'accomplissement de formalités (b) ; elle décide de sa date et de son caractère définitif (c).

a) Ignorance par la loi réelle de la cause de l'acquisition

650 L'acquisition de droits par l'effet du contrat ou de la succession ne peut causer de surprise aux tiers, ces modes étant universellement connus. Il pourrait en aller autrement du régime matrimonial, dans les pays qui ignorent la notion et considèrent les époux comme étrangers l'un à l'autre ; mais l'intervention de la loi réelle risquerait de rompre l'unité du régime, que la règle française de conflit cherche à assurer (v. *infra*, n° 771).

La question se pose donc essentiellement pour les droits réels dont l'acquisition ne résulte pas de l'intervention d'un mode de création ou de transfert, mais d'un fait ou d'un acte juridique dont elle n'est que la conséquence accessoire, connue de certains droits mais ignorée d'autres. Il s'agit en général des *sûretés légales* (privilèges ou hypothèques), dont on est ainsi conduit à exiger qu'elles soient connues à la fois de la loi de la source, en raison de sa compétence de principe, et de la *lex rei sitæ*, intervenant comme loi de police pour la protection des tiers.

Par exemple, la naissance du privilège des frais faits pour la conservation de la chose est en principe décidée par la loi du contrat en exécution duquel les frais de conservation ont été engagés ; mais si le bien est situé dans un pays qui ignore ce privilège, sa naissance est en quelque sorte paralysée. De même, la naissance de l'hypothèque du mineur sur les immeubles de son tuteur est décidée par la loi qui régit la tutelle, mais sous réserve que la loi du lieu de situation de l'immeuble connaisse, non seulement l'institution de l'hypothèque, mais précisément l'hypothèque légale du mineur.

(10) La doctrine, du moins française, attribue en général à la loi réelle un rôle plus large (v. cependant GAUDEMET-TALLON, note au *JCP* 1970.II.16182, et KHAIRALLAH, *op. cit.*). Mais la jurisprudence, même française, ne contredit pas le système qui va être exposé. Celui-ci correspond, par ailleurs, aux tendances qui ont inspiré les conventions de La Haye conclues en la matière (v. *infra*, n° 652).

(11) Elle peut s'y opposer également si elle ignore le type de droit réel créé ; mais c'est une question de *contenu* du droit : v. *infra*, n° 655.

Cette rigueur doit cependant être tempérée lorsque la *lex rei sitæ* subordonne l'opposabilité des sûretés à leur inscription sur un registre, ce qui est en général le cas en matière hypothécaire. Il n'y a alors aucun inconvénient à admettre l'inscription d'hypothèques nées de causes ignorées de la *lex rei sitæ*, car la protection des tiers est suffisamment assurée par la publicité (12).

b) Formalités exigées dans l'intérêt des tiers

651 La validité ou l'opposabilité de l'acquisition du droit réel est souvent subordonnée, dans l'intérêt et pour l'information des tiers, à l'accomplissement d'une formalité : tradition, publicité, dépossession, rédaction d'un écrit.

Ces formalités doivent être soumises à la *lex rei sitæ* (13), à laquelle les tiers se fient naturellement. Si donc la loi de la situation d'un meuble subordonne l'opposabilité aux tiers de la constitution d'un gage à la rédaction d'un écrit ayant date certaine, ou à la dépossession du constituant, ses dispositions doivent être observées, quel que soit le contenu de la *lex loci actus* ou de la loi de la source (14). Si la loi de la situation d'un immeuble subordonne l'opposabilité aux tiers de l'acquisition d'un droit réel à une mesure de publicité, celle-ci doit être accomplie, quelle que soit la teneur à ce sujet de la loi de l'institution d'où résulte le principe de l'acquisition (15).

Il faut même étendre, par souci de simplicité, aux rapports *inter partes* le rôle de la loi réelle, dans la mesure où elle-même ne dissocie pas ces rapports de l'opposabilité aux tiers. En conséquence, le gage sans dépossession, soumis au droit allemand, d'un meuble situé en France, n'est pas valable s'il appartient à une des catégories de meubles pour lesquels le droit français exige la dépossession ; symétriquement, la vente, par un contrat soumis à la loi française, d'un meuble situé aux Pays-Bas ne transfère pas la propriété, cet effet étant subordonné par la loi néerlandaise de la situation à l'accomplissement de la formalité de la tradition.

(12) En ce sens, PATARIN, *Rép. Dalloz droit internat.*, V° *Hypothèque*, n° 38. Le seul problème est alors celui que l'on pose au fonctionnaire chargé de la tenue des registres, en le requérant de procéder à l'inscription d'une hypothèque créée par une loi étrangère qu'il n'est pas censé connaître ; en cas de refus, le tribunal peut être saisi et ordonner l'inscription après avoir vérifié que la loi compétente donne naissance à la sûreté.

(13) Sans réellement contredire cette solution — mais sans davantage en respecter la justification, qui fait passer l'intérêt général avant l'intérêt particulier du créancier — la Cour de justice des Communautés européennes (11 janvier 2001, *JDI* 2002.587, obs. Luby) a estimé que l'article 56 du Traité CE s'oppose à la réglementation d'un État membre obligeant à inscrire en monnaie nationale une hypothèque affectée à la garantie d'une créance payable dans la monnaie d'un autre État membre.

(14) Req. 24 mai 1933, S. 1935.1.253 note Batiffol, *Rev. crit. DIP* 1934.142, note J.P.N. ; Civ. 8 juill. 1969 et 3 mai 1973, cités *infra*, n° 658 à propos du conflit mobile. *Contra* KHAIRALLAH, *op. cit.*, qui propose de protéger les tiers par le recours à la jurisprudence *Lizardi* ; v. également en ce sens JOBARD-BACHELLIER, *L'apparence en dr. int. pr.*, 1984, n°s 282 et s.

(15) Pour la publicité en matière mobilière, le principe est le même, mais soulève une difficulté lorsque la loi du lieu de situation prévoit que la publicité doit s'effectuer en un lieu qui en l'espèce est situé à l'étranger : v. *infra*, n°s 662 et 663.

Dans l'hypothèse inverse, où la *lex rei sitæ* n'exige pas de formalité spécifique, les exigences de la loi de la source ou de la *lex loci actus* ne doivent être respectées (et sous réserve d'ailleurs du caractère facultatif de la seconde) que si elles sont sanctionnées par la nullité. Si leur sanction n'est que l'inopposabilité aux tiers, il ne faut pas en tenir compte, car la protection des tiers ne concerne que l'État de la situation du bien.

Cette dernière affirmation doit toutefois être nuancée, car il faut tenir compte, en cas de création ou de transfert d'un droit par contrat, de la volonté des parties, révélée par la loi qu'elles ont choisie. Si le contrat de vente d'un meuble situé en France est soumis à la loi néerlandaise, qui subordonne le transfert de propriété à la tradition, celle-ci est nécessaire ; le principe du transfert de propriété *solo consensu*, posé par la loi française compétente en tant que *lex rei sitæ*, ne peut s'appliquer à un contrat qui l'écarte, implicitement, par la référence à une loi qui l'ignore. On admettra donc que le transfert est retardé jusqu'à la tradition (16).

c) Date et caractère définitif de l'acquisition

652 La loi réelle intervient, ici encore, pour protéger les tiers.

Elle détermine en particulier l'opposabilité aux tiers d'une *clause de réserve de propriété*, d'une *condition suspensive ou résolutoire rétroactive* ou d'une *résolution judiciaire*, admises par la loi du contrat. La solution a été adoptée par l'article 4 de la Convention de la Haye du 15 avril 1958 sur la loi applicable au transfert de propriété en cas de vente à caractère international d'objets mobiliers corporels (non entrée en vigueur). Entre parties, la Convention pose le principe de l'applicabilité de la loi du contrat (art. 2).

§ 2. CONTENU DES DROITS RÉELS

A. Compétence de la loi réelle

653 En dehors de toute concurrence de la loi de la source, la loi réelle est compétente pour préciser les prérogatives du titulaire du droit réel. C'est elle qui, par exemple, définit les caractères du droit de propriété, décrit les droits respectifs de l'usufruitier et du nu-propriétaire, précise les modalités du droit de suite du créancier hypothécaire, classe les privilèges et autres droits de préférence, déclare inaliénables certaines catégories de biens, etc.

B. Concurrence de la loi de la source

654 La loi de la source ne contribue aucunement à définir le contenu du droit réel lorsque celui-ci a seulement été *transféré*. Par exemple, la loi applicable à une

(16) *Contra* LOUSSOUARN, BOUREL et VAREILLES-SOMMIÈRES, *Précis*, n° 419. Il en irait peut-être autrement si le principe du transfert *solo consensu* était impératif, ce qui n'est pas. La tradition, si elle a lieu en France, déclenchera le transfert, en tant qu'événement auquel la volonté des parties, exprimée dans le contrat, attache cette conséquence. Sur la complication entraînée par le conflit mobile, v. *infra*, n° 658 *in fine*.

vente, ou à une succession, n'intervient nullement pour définir les prérogatives du nouveau propriétaire (acheteur ou héritier), qui restent soumises à la loi du lieu de situation.

Mais il n'en va pas de même lorsque le droit a été *créé (ou organisé)* par un acte juridique soumis à une loi propre ; il paraît alors parfois impossible de soumettre à deux lois différentes la question du *principe* de la création (ou de l'organisation) et celle de son *objet*. Les deux choses sont en tout cas indissociables lorsqu'elles sont reliées par un facteur psychologique ; et c'est le cas lorsqu'un *acte juridique*, spécialement un testament ou un *contrat*, intervient, créant, par exemple, des droits réels démembrés (en droit français usufruit, servitudes ; en droit anglo-américain *trust*) ou accessoires (gage, antichrèse, hypothèque), ou organisant la pluralité de titulaires d'un même droit (copropriété, communauté conjugale). L'accord des parties — pour se limiter au contrat — a, en effet, porté sur la création ou l'organisation *d'un certain droit*, comportant des prérogatives précises qu'elles ont envisagées, et on peut difficilement concevoir de soustraire cet effet de l'acte à la loi d'autonomie. Ce serait d'ailleurs tenter une scission délicate entre les effets réels de l'acte et ses effets personnels, incontestablement soumis à la loi d'autonomie ; comment, notamment, faudrait-il procéder, lorsque la loi d'autonomie ou la loi réelle ignorent la distinction des droits réels et des droits personnels ? Les effets réels et les effets personnels ont été envisagés par les parties les uns en fonction des autres, ils sont les uns comme les autres englobés dans l'unité psychologique du contrat. Ces arguments en faveur de la loi d'autonomie sont plus forts que ceux qui fondent la compétence de la loi réelle *en général* ; ils ne cèdent que dans la mesure où la loi réelle est une loi de police (v. *infra*, C) (17). Bien que la jurisprudence affirme que « la loi française est seule applicable aux droits réels dont sont l'objet les biens mobiliers situés en France », les cas où elle applique la loi réelle plutôt que la loi d'autonomie sont toujours des cas où on peut l'analyser en loi de police (18) ; sinon, elle laisse jouer la loi d'autonomie (19).

La Convention de La Haye du 1er juillet 1985 relative à la loi applicable au *trust* et à sa reconnaissance, signée mais non ratifiée par la France, consacre dans son article 6 le principe de la loi d'autonomie.

(17) Les titres néanmoins sérieux de la loi réelle *immobilière* doivent faire présumer, sauf indices déterminants en sens contraire, que la loi choisie par les parties est la loi du lieu de situation de l'immeuble (v. *infra*, n° 729). Ils pourraient même justifier, exceptionnellement, que les parties soustraient à la loi choisie pour régir le contrat les questions relatives aux droits réels immobiliers, si ce dépeçage se trouve respecter la cohérence de l'ensemble de l'opération contractuelle (sur le dépeçage, v. *infra* n° 704).

(18) V. les arrêts cités *infra*, n° 658.

(19) Ainsi, dans un cas où la validité d'un pacte commissoire résultait de la loi d'autonomie, la loi réelle française qui, avant la réforme du 23 mars 2006 (art. 2348 C. civ.), l'interdisait ne lui a pas été opposée, s'agissant des rapports *inter partes*, à l'égard desquels elle n'était pas une loi de police : Trib. civ. Seine 3 mars 1875, S. 1877.2.25, note Renault.

Si donc un contrat de gage est soumis par les parties à une loi qui interdit le pacte commissoire, peu importe que la loi réelle autorise le pacte, ou même présume son existence à défaut de clause contraire ; si la loi du contrat de mariage autorise dans certains cas l'aliénation des biens constitués en dot, peu importe que la *lex rei sitæ* prévoie l'inaliénabilité, etc. C'est la volonté qui crée les droits des parties ; elle s'interprète selon la loi applicable au contrat, et la loi réelle ne saurait imposer ce qui n'a pas été voulu.

C. Intervention de la loi réelle en tant que loi de police

655 La loi réelle conserve cependant, lorsque sa compétence de principe est écartée au profit de la loi d'autonomie, un rôle important en tant que *loi de police*.

D'abord, en ce qu'elle concerne l'utilisation des richesses naturelles : elle décidera donc si la propriété de la surface emporte celle du dessus et du dessous, si tel cours d'eau est susceptible d'appropriation privée, etc.

Ensuite, en ce que les tiers en déduisent normalement les droits réels dont l'intéressé est titulaire. Il en résulte plusieurs conséquences importantes :

– un type de démembrement de la propriété ou de sûreté ne figurant pas dans la liste *limitative* arrêtée par la loi réelle ne peut être créé ;

– le droit de préférence attaché à une sûreté ne peut avoir un rang supérieur à ce que prévoit la loi réelle ; comme il est raisonnable de penser que les parties n'ont pas entendu lui donner un rang inférieur, on en revient ici à l'affirmation initiale (n° 653) que la loi réelle détermine le classement des droits de préférence qui s'exercent sur un bien ;

– le droit de suite ne peut s'exercer sur un bien en contrariété avec la loi réelle ;

– l'inaliénabilité d'un bien, admise par la loi de l'acte qui prétend l'imposer, peut être exclue par la loi de la situation, etc.

L'article 15 de la Convention de La Haye du 1er juillet 1985 sur le *trust* réserve l'application des règles impératives désignées par la règle de conflit du for, notamment en matière de transfert de propriété, de sûretés réelles, de protection des créanciers en cas d'insolvabilité et de protection des tiers de bonne foi à d'autres égards. L'article 16 réserve l'application des lois de police.

SECTION II PROBLÈMES DE MISE EN ŒUVRE EN MATIÈRE MOBILIÈRE

§ 1. CONFLIT MOBILE

656 Le conflit mobile naît lorsqu'un meuble est transporté d'un pays dans un autre. Sa solution jurisprudentielle peut être analysée, au moins de façon approximative, comme une transposition de la distinction adoptée en droit transitoire interne : application de la loi de la situation du bien au moment de l'acquisition, quant au problème de l'acquisition du droit ; application immédiate de la loi nouvelle — c'est-à-dire de la loi de la situation actuelle du bien — quant à la détermination du contenu du droit.

Une source particulière de conflit mobile consiste dans les exportations illicites de biens culturels. Leur ampleur a conduit à l'élaboration de diverses conventions internationales, qui visent à assurer le retour de ces biens dans leur pays d'origine. Ce sont en particulier la Convention UNESCO du 14 novembre 1970, ratifiée par la France, et la Convention UNIDROIT du 24 juin 1995, signée par la France. V. aussi la loi du 3 août 1995 relative à la restitution des biens culturels ayant quitté illicitement le territoire d'un Etat membre de la Communauté européenne.

A. Acquisition des droits réels

657 De même qu'en droit transitoire interne, l'acquisition d'un droit réel reste, en droit international privé, soumise à la loi applicable au moment où elle est intervenue. Le principe est vrai aussi bien lorsque la loi applicable à l'acquisition est la loi réelle, que lorsqu'elle est la loi de la source (20).

En se limitant à la *possession*, mode d'acquisition propre aux droits réels, comme tel soumis à la *lex rei sitæ*, on donnera deux exemples de mise en œuvre du principe.

1° Un meuble acquis *a non domino* par un possesseur de bonne foi dans un pays dont la loi ne comporte pas de règle comparable à celle de l'article 2279 de notre Code civil devient la propriété de l'acquéreur au moment de son introduction en France, en application de ce texte, si l'on admet que la possession de bonne foi est susceptible de produire son effet acquisitif même postérieurement à la prise de possession — ce qui est, à vrai dire, douteux.

2° Si un meuble a été volé, le propriétaire dépossédé peut, selon certains droits, le revendiquer entre les mains de l'acquéreur de bonne foi. Cette faculté, et le délai dans lequel elle est enfermée (trois ans en droit français), dépendent en principe de la loi de la situation du bien au moment où la revendication est faite, car il s'agit d'une limite à l'effet acquisitif de la possession actuelle de l'acheteur. Mais si le bien s'est antérieurement trouvé dans un pays au moment où le délai prévu par la loi locale, plus bref, expirait, ou si la loi du lieu de l'acquisition n'admettait aucune revendication, le droit de l'acheteur devrait être considéré comme définitivement acquis et à l'abri de toute revendication ; ce n'est là que l'application de la règle de conflit mobile que l'on a énoncée, car il ne s'agit plus de déterminer les effets actuels de la possession, mais de constater l'existence d'un droit de propriété déjà valablement acquis selon la loi du lieu de l'acquisition (21). La Convention de La Haye du 15 avril 1958 sur le transfert de propriété en cas de vente internationale d'objets corporels (non entrée en vigueur) impose d'ailleurs une solution voisine (art. 5, al. 1 et 2) : « Les droits qu'un acheteur peut opposer au tiers qui réclame la propriété ou un autre droit réel sur les

(20) Quitte à préciser, pour la loi de la source, que le droit réel ne naît qu'au moment où il est totalement individualisé. Ainsi, en cas de changement de la loi applicable aux effets du mariage, l'hypothèque légale des époux, résultant de la première loi, ne semble pas devoir garantir les créances nées après le changement de loi, si la nouvelle loi ignore l'institution.

(21) V. dans le sens de cette position les décisions anglaise et américaine (*Winkworth v. Christie* [1980] *All E.R.* 1121 ; *Kunstsammlungen zu Weimar v. Elicofon*, 678 F 2d 1150, 2d Circ. 1982), citées par P. LAGARDE, *Rev. crit. DIP* 1985, p. 420.

objets vendus sont régis par la loi interne du pays où sont situés ces objets au moment de cette réclamation. Demeurent toutefois acquis à l'acheteur les droits qui lui ont été reconnus par la loi interne du pays où les objets vendus étaient situés au moment où il a été mis en possession. »

Lorsque les tribunaux français ont eu l'occasion de trancher le problème, à propos de titres volés en France, négociés à l'étranger et réintroduits en France où le propriétaire dépossédé les revendiquait, ils ont refusé de respecter le droit acquis à l'étranger. Mais pour ce faire, ils n'ont pas invoqué la loi française comme loi de la situation actuelle (dans certains cas d'ailleurs, les titres n'avaient pas été réintroduits en France), mais comme loi du pays où une opposition suivie de publicité avait été formée (v. *infra*, n° 662).

658 La solution du conflit mobile est parfois perturbée par l'intervention de la loi de la nouvelle situation à titre de loi de police. Les intérêts protégés par la loi réelle sont ceux des tiers qui traitent *actuellement* avec le détenteur du bien, et ils l'emportent sur les droits acquis.

La Cour de cassation a ainsi jugé à deux reprises qu'un gage sans dépossession constitué dans un pays qui en admettait la validité (Allemagne, Pays-Bas) ne pouvait être opposé aux créanciers qui saisissaient en France le bien sur lequel il portait (22). Elle a, de cette façon, protégé les tiers contre une sûreté dont ils ne pouvaient soupçonner, ou du moins vérifier, l'existence. Sans doute, elle a pour cela dû sacrifier le créancier ; les prévisions de celui-ci ont été déjouées, sans qu'il ait commis d'imprudence puisqu'il ne pouvait empêcher le débiteur, qui détenait l'objet, de lui faire franchir la frontière. La jurisprudence anglo-saxonne résout le conflit dans le sens opposé. La position de la Cour de cassation paraît préférable, parce qu'en protégeant le tiers plutôt que le créancier, elle sauvegarde en même temps la cohérence du système local.

Dans les deux espèces, il s'agissait de la loi de police du for ; le problème de l'applicabilité en France des lois de police étrangères ne s'est pas trouvé posé (23).

Inversement dès que le meuble quitte le territoire la loi de police qui avait paralysé l'acquisition du droit (ou seulement son opposabilité aux tiers) cesse d'agir. C'est le cas de la vente d'un meuble situé aux Pays-Bas (dont la loi exige la tradition) par un contrat soumis à la loi française (qui admet le principe du transfert *solo consensu*) : dès l'introduction du bien en France, sa propriété est transférée (24).

(22) Civ. 8 juill. 1969, *DIAC*, *JCP* 1970.II.16 182, note Gaudemet-Tallon, *JDI* 1970.916, note Derruppé, *Rev. crit. DIP* 1971.75, note Fouchard, *GA* n° 48 ; 3 mai 1973, *Rev. crit. DIP* 1974.100, note Mezger, *Rec. gén. lois* 1974.453, obs. Droz, *JDI* 1975.74, note Fouchard.

(23) Si la loi locale n'est vraiment applicable qu'en tant que loi de police, un tribunal français ne devrait pas l'opposer à un droit acquis en France sur un bien introduit ensuite en Grande-Bretagne, même si la loi anglaise l'ignore, puisque les Anglais ne donnent pas à leur propre loi valeur de loi de police.

(24) Si le contrat était soumis à la loi néerlandaise, la tradition reste nécessaire, par interprétation de la volonté des parties (v. *supra*, n° 651).

B. Contenu des droits réels

659 Dans la mesure où le contenu des droits est déterminé par la loi réelle, cette dernière doit être entendue comme *loi de la situation actuelle* du bien. Ainsi les prérogatives d'un héritier qui a recueilli l'usufruit de meubles situés à l'étranger sont déterminées par la loi française à partir du moment où il introduit les biens en France.

660 Lorsque le contenu du droit réel est déterminé par la loi d'autonomie (v. *supra*, n° 654), en revanche, un déplacement du meuble devrait être sans influence sur lui. Il n'en va autrement que dans la mesure où la loi de la situation actuelle a un rôle à jouer pour la protection des tiers, c'est-à-dire en tant que loi de police.

§ 2. MESURES DE PUBLICITÉ MOBILIÈRE

661 À l'exception de la publicité par apposition d'une plaque ou d'un signe sur la chose elle-même — système qui ne soulève pas en droit international privé de difficulté particulière — la publicité en matière mobilière est nécessairement organisée de façon indépendante du lieu de situation du bien. Par exemple, en droit français, le gage sans dépossession sur véhicules automobiles fait l'objet d'une publicité au lieu d'immatriculation, et le contrat de crédit-bail doit être publié au siège de celui des établissements du locataire pour les besoins duquel l'opération a été conclue. Dès lors apparaît une concurrence entre la *lex rei sitæ* et la loi du lieu où la publicité doit être faite. De plus on peut se demander si l'opposabilité aux tiers qui résulte d'une mesure de publicité est ou non enfermée à l'intérieur des frontières du pays où elle a été effectuée. On se bornera à évoquer ces problèmes dans le cas où le meuble se trouve actuellement en France, et où un tribunal français est saisi, en envisageant d'abord la portée de la loi française lorsqu'elle exige qu'une publicité soit effectuée, puis le rôle reconnu aux lois étrangères.

A. Intervention de la loi française subordonnant l'opposabilité à une mesure de publicité

662 La loi française peut subordonner, en tant que *lex rei sitæ*, l'opposabilité aux tiers d'un droit réel à une mesure de publicité (v. *supra*, n° 651)

a) Si le lieu prévu pour l'accomplissement de celle-ci se trouve en France, la publicité peut et doit donc être effectuée. Par exemple un gage sur un véhicule automobile immatriculé en France doit être publié en France à la préfecture du lieu d'immatriculation.

Dans certains cas on aura cependant à s'interroger sur l'efficacité du procédé utilisé quant à l'information des tiers résidant à l'étranger. Par exemple, la publication d'un vol de titres au porteur dans le Bulletin des oppositions français (le vol ayant eu lieu en France) ne suffit certainement pas à assurer une information dans le monde entier. Néanmoins, les tribunaux français ont considéré que la mesure avait une portée universelle (25). Pour rendre l'infor-

(25) Trib. civ. Seine 15 juill. 1885, *JDI* 1885.450.

mation plus réelle, une Convention du Conseil de l'Europe du 28 mai 1970 (en vigueur en France) a organisé une opposition internationale sur les titres au porteur à circulation internationale.

b) Lorsque le lieu prévu pour l'accomplissement de la publicité se trouve à l'étranger, l'intéressé ne peut matériellement y procéder. Par exemple, un gage portant sur un véhicule immatriculé à l'étranger et se trouvant en France ne peut être publié dans une préfecture française ; un crédit-bail consenti à l'égard d'un matériel se trouvant actuellement en France ne peut être publié en France si le locataire est un commerçant établi à l'étranger. Dans ce dernier cas, il a été jugé que le droit était opposable aux tiers nonobstant l'absence de toute publicité, la loi du pays de l'opération (l'Allemagne) n'en organisant aucune (26) ; la solution peut être généralisée. Pour le cas où la loi étrangère organise elle-même une publicité, v. *infra*, n° 663.

B. Intervention des lois étrangères

663 Puisque l'absence d'organisation d'une publicité à l'étranger ne compromet pas l'opposabilité du droit en France, comme on vient de le voir, il en est *a fortiori* de même lorsque le droit étranger organise une publicité et que la formalité a été régulièrement effectuée.

Mais faudrait-il sanctionner le défaut d'accomplissement de la publicité prévue par le droit étranger : par exemple, défaut de publication, dans le pays étranger d'immatriculation, d'un gage sans dépossession sur un véhicule qui se trouve actuellement en France ? La question est controversée. Si, comme dans cet exemple, la détermination du lieu *unique* où peut être effectuée une publicité est facile, on peut penser qu'un tiers avisé — en particulier l'acheteur du véhicule — consultera les documents ou les registres étrangers et conclura s'il n'y trouve aucune inscription que le bien est libre. Il faudrait donc sanctionner l'inobservation de la loi étrangère qui « se veut » raisonnablement applicable, même si la loi française, *lex rei sitæ* actuelle, ne subordonne pas, quant à elle, l'opposabilité aux tiers à une formalité. On pourrait également juger indispensable l'accomplissement de la publicité prévue par la loi étrangère lorsque la loi française, *lex rei sitæ*, connaît le même système de publication.

Bibliographie sommaire

Sur les biens en général :

AUBIN : *Le transfert de propriété dans la vente internationale de meubles corporels*, th. Rennes I, dactyl., 2002.

AMBRÜSTER, « La revendication de biens culturels du point de vue du droit international privé » *Rev. crit. DIP* 2004.723.

CABRILLAC : « La reconnaissance en France des sûretés réelles sans dépossession constituées à l'étranger », *Rev. crit. DIP* 1979.487.

CARDUCCI : *La restitution internationale des biens culturels et des objets d'art*, LGDJ, 1997.

CORNELOUP : *La publicité des situations juridiques : une approche franco-allemande du droit interne et du droit international privé*, LGDJ, 2003.

(26) Com. 11 mai 1982, *D.* 1983.271, note Witz, *Rev. crit. DIP* 1983.450, note Khairallah. En ce sens DROBNIG and GOODE, « Security for payment in export and import transactions », in *Commercial Opérations in Europe*, Sijthoff 1978, p. 339 ; *contra*, KLEIN, « La reconnaissance en droit international privé helvétique des sûretés réelles sans dépossession constituées à l'étranger », *Rev. crit. DIP* 1979.520.

D'AVOUT : *Sur les solutions du conflit de loi en droit des biens*, Economica, 2006.
F. DAHAN : « La *floating charge* : reconnaissance en France d'une sûreté anglaise », *JDI* 1996.381.
DROZ : « La Convention d'UNIDROIT sur le retour international des biens culturels volés ou illicitement exportés », *Rev. crit. DIP* 1997.239.
KHAIRALLAH : *Les sûretés mobilières en droit international privé*, Paris, 1984.
K. KREUZER : « La reconnaissance des sûretés mobilières conventionnelles étrangères », *Rev. crit. DIP* 1995.465.
P. LALIVE : « Sur le retour des biens culturels illicitement exportés », *Mélanges François Rigaux*, Bruxelles, Bruylant, 1993, p. 283 et s.
LOUSSOUARN : « Les conflits de lois en matière de réserve de propriété », *Trav. Com. fr. dr. int. pr.*, 1982-1983, p. 91 et s.
P. MAYER : « Les conflits de lois en matière de réserve de propriété après la loi du 12 mai 1980 », *JCP* 1981.I.3019.
NIBOYET : *Des conflits de lois relatifs à l'acquisition de la propriété et des droits sur les meubles à titre particulier*, Thèse Paris, 1912.
PERREAU-SAUSSINE : *L'immeuble et le droit international privé*, Defrénois, 2006.

Sur le trust :

BERAUDO : « La Convention de La Haye du 1er juillet 1985 relative à la loi applicable au *trust* et à sa reconnaissance », *Trav. Com. fr. dr. int. pr.*, 1985-1986, p. 21 et s.
GAILLARD et TRAUTMAN : « La Convention de La Haye du 1er juillet 1985 relative au *trust* et à sa reconnaissance », *Rev. crit. DIP* 1986.1.
GODECHOT : *L'articulation du* Trust *et du droit des successions*, Panthéon-Assas, 2004.
JAUFFRET-SPINOSI : « La Convention de La Haye relative au *trust* et à sa reconnaissance (1er juillet 1985) », *JDI* 1987.23.
OPPETIT : « Le *trust* dans le droit du commerce international », *Rev. crit. DIP* 1973.1.
C. WITZ : « *Trust* et fiducie, une distinction estompée par la Convention de La Haye relative à la loi applicable au *trust* et à sa reconnaissance », *Mélanges Reymond*, Litec, 2004, p. 343 et s.

Sur la propriété intellectuelle :

AZZI : *Recherche sur la loi applicable aux droits voisins du droit d'auteur en droit international privé*, LGDJ, 2005.
BERGÉ : *La protection internationale et communautaire du droit d'auteur (essai d'une analyse conflictuelle)*, LGDJ, 1996.
DIENER : *Contrats internationaux de propriété industrielle*, Litec, 1986.
EDELMAN : « Une loi substantiellement internationale, la loi du 3 juillet 1985 sur le droit d'auteur et les droits voisins », *JDI* 1987.555.
P.-Y. GAUTIER : « Du droit applicable dans le « village planétaire », au titre de l'usage immatériel des œuvres », *D.* 1996 Chr. p. 131.
JOSSELIN-GALL : *Les contrats d'exploitation du droit de propriété littéraire et artistique (Étude de droit comparé et de droit international privé)*, GLN Joly, 1995.
MALAN : « l'avenir de la Convention de Berne dans les rapports intra-communautaires », *Rev. int. dr. auteur*, 2004.89.
RAYNARD : *Droit d'auteur et conflit de lois*, Paris, 1990.

CHAPITRE 2
LE PATRIMOINE

664 La notion de patrimoine traduit essentiellement le lien entre les dettes d'une personne (passif) et l'ensemble de ses biens (actif) : les seconds répondent des premières (Section I). Dettes et biens constituent ainsi un ensemble, susceptible dans certaines hypothèses d'être l'objet en tant que tel d'une transmission (Section II).

SECTION I — L'AFFECTATION DE L'ACTIF AU RÈGLEMENT DU PASSIF ; LA FAILLITE

665 Le principe selon lequel le patrimoine constitue le gage général des créanciers semble être universellement connu, ce qui dispense de s'interroger sur la loi qui lui est applicable (1).

En revanche, la possibilité d'exercer le droit de gage en saisissant effectivement un bien, ainsi que la façon de procéder à la saisie, sont variables selon les législations. Mais la notion de patrimoine s'efface à l'égard de ces problèmes, parce qu'un bien déterminé — celui que l'on prétend saisir — est en cause. S'agissant de voies d'exécution, c'est la loi du lieu où l'exécution est recherchée qui s'applique ; elle coïncide, pour les biens corporels, avec la loi du lieu de leur situation.

La même loi a compétence pour régler le concours entre divers créanciers sur le bien saisi : répartition proportionnelle au montant des créances, ou prise en considération de certaines causes de préférence (2). D'une part, il s'agit là d'un élément essentiel du crédit public, ce qui appelle pour les biens qui ont une localisation dans l'espace l'application de la

(1) Pour l'application de la loi de la créance v. HÉRON, *op. cit. infra sub* n° 834, n°s 329 et s.

(2) L'intervention de celles-ci suppose qu'elles aient été valablement créées selon la loi de leur source.

loi du lieu où ils sont situés (3) ; d'autre part, pour les autres biens (créances notamment), la loi du lieu de la saisie permet de classer selon un ordre unique des causes de préférences apparues en application de lois diverses (4).

Ceci est vrai non seulement, comme on l'a déjà vu (*supra*, n° 655), pour le classement des droits réels accessoires, mais aussi pour celui des privilèges généraux. Pourtant ceux-ci affectent l'ensemble de l'actif, ou un sous-ensemble (les meubles ou les immeubles), ce qui pourrait paraître appeler l'application d'une « loi du patrimoine ». Mais la mise en œuvre des privilèges passe par leur concrétisation sur un ou plusieurs biens, dont le prix sera affecté par priorité aux créanciers privilégiés ; dès lors les raisons pour lesquelles on retient la compétence de la loi du lieu de la saisie, et spécialement la considération du crédit public, jouent pleinement (5).

Une action visant à voir déclarer inopposable au demandeur un acte d'aliénation consenti par son débiteur, afin de pouvoir saisir le bien aliéné (action paulienne en droit français) devrait pour les mêmes raisons être soumise à la *lex rei sitæ* (6).

666 La soumission du patrimoine à une loi unique n'est en définitive souhaitable — et d'ailleurs seulement en partie réalisable — que lorsqu'est organisée une répartition du produit de l'*ensemble* de l'actif entre les divers créanciers, c'est-à-dire dans l'hypothèse de la *faillite* (le mot étant à prendre dans le sens le plus large). Mais le problème de la loi applicable est alors absorbé par celui du conflit de juridictions, sous ses deux aspects : compétence internationale et effet des décisions étrangères, de sorte qu'on ne verra pas en définitive émerger une « loi du patrimoine ».

a) Compétence internationale

En ce qui concerne la compétence internationale, la doctrine et la pratique hésitent entre deux thèses : l'*universalité de la faillite*, consistant à reconnaître compétence au tribunal du centre des affaires du débiteur, à l'égard de l'ensemble de ses biens où qu'ils soient situés, et la *territorialité de la faillite*, qui donne compétence aux tribunaux de chacun des États sur le territoire desquels le débiteur possède des biens, mais à l'égard des biens locaux seulement. La seconde solution présente l'inconvénient évident de conduire à une pluralité de faillites et à la constitution de sous-masses, ce qui est onéreux et complique considérablement le règlement (7). Mais le fait que la faillite est un instrument d'assainissement du commerce incite la plupart des pays à reconnaître compétence à leurs tribunaux dès lors qu'un commerçant possède un établissement sur leur territoire, voire se contente d'y « faire des affaires » (v. *supra*, n° 314).

(3) En ce sens PATARIN, *Rép. Dalloz, Droit internat.*, 1re éd., V° *Privilèges*, n° 2.

(4) Pour l'importance de ce facteur en général, v. BATIFFOL et LAGARDE, *Traité*, n° 540.

(5) Les mêmes remarques peuvent être faites à propos de la sûreté connue en droit anglais sous le nom de *floating charge* (v. Paris 19 janv. 1976, *Rev. crit. DIP* 1977.126, note Lagarde).

(6) La doctrine penche en général pour la compétence de la loi de la créance protégée, éventuellement cumulée (ce qui rendrait l'admission plus difficile) avec la loi de l'acte attaqué.

(7) Par exemple : chaque créancier peut produire dans toutes les faillites, mais il faut tenir compte dans chacune des dividendes qu'il a reçus par ailleurs : Paris 12 juill. 1929, *JDI* 1929.1095, note Picard et Tager, *RDIP* 1930.108, note Valensi (d'où, entre autres, un problème d'information difficile à résoudre). Selon HANISCH (*Études suisses*, vol. 46, 1986, p. 22 et s.) et GRASMANN (*op. cit.*, p. 435 et s.), l'ouverture de faillites locales est opportune dès lors qu'elles sont accessoires à une faillite principale prononcée au siège du débiteur. Les syndics locaux devraient coopérer avec le syndic principal, et ne verser qu'à lui les sommes destinées aux créanciers chirographaires. La Convention européenne (Conseil de l'Europe) sur certains aspects internationaux de la faillite, signée à Istanboul le 5 juin 1989 et ratifiée par la France, mais non entrée en vigueur, instaure une coopération de ce type, mais prévoit que les créances liées à l'exploitation de l'établissement local sont satisfaites par le produit de la liquidation de l'actif local.

C'est ainsi, en particulier, que le droit international privé français combine classiquement les deux approches. Toutefois, les solutions qu'il retient doivent désormais laisser largement place à celles du Règlement européen n° 1346/2000 du 29 mai 2000, qui reprend l'essentiel des dispositions de la Convention de Bruxelles du 23 novembre 1995 et qui est applicable, depuis le du 31 mai 2002, toutes les fois que le « centre des intérêts principaux du débiteur » — présumé situé, pour les personnes morales, au lieu de son siège statutaire (8) — se trouve sur le territoire de l'un des États membres (9).

666-1 1°) En droit commun, la jurisprudence française a adopté un système mixte. D'une part, les tribunaux français sont compétents lorsque le débiteur a le siège de son entreprise en France, et la procédure a alors une portée universelle (10), sous réserve de la réaction des autorités étrangères (11). D'autre part, les tribunaux français sont compétents pour prononcer des faillites locales lorsque le débiteur possède en France un « centre d'intérêts » (12). De plus — et cet élément perturbateur est regrettable — le demandeur peut invoquer l'article 14 du Code civil s'il est français (13), ou l'article 15 si le débiteur est français (14) ; dans ces cas la faillite est locale par la force des choses, la compétence fondée sur les articles 14 et 15 n'étant pas reconnue à l'étranger ; elle ne présente donc d'intérêt que si le débiteur a des biens en France, et peut être considérée comme une pointe avancée du système de la territorialité des faillites.

La faculté d'ouvrir en France une faillite locale subsiste tant que le jugement ouvrant une faillite au siège du débiteur n'a pas reçu l'exequatur en France (15).

666-2 2°) Le Règlement européen du 29 mai 2000 remet en cause nombre de ces solutions. Sans doute, n'entame-t-il en rien la compétence des tribunaux français lorsque le débiteur a le centre de ses principaux intérêts en France : conformément au principe d'universalité qui l'inspire, c'est au contraire à ces tribunaux qu'il confie un rôle prééminent pour l'organisation d'une procédure dont on va voir que les effets doivent s'étendre de plein droit sur le territoire de l'ensemble des pays membres. Mais parce que, précisément, il cherche à

(8) Pour une illustration des difficultés qu'engendre l'ambiguïté de ces formules, notamment dans le cas des groupes de sociétés, v. Versailles, 4 septembre 2003, *D.* 2003.2352, note Vallens, *Rev. sociétés* 2003.891, obs. Rémery, *Rev. crit. DIP* 2004.655, note Khairallah, *Procédures*, 2003, comm. n° 239, note Nourissat, *JDI* 2004.142, note Jacquemont ; et sur pourvoi : Civ 1re, 27 juin 2006, *Rev. crit. DIP* 2006.896, V. aussi CJCE 2 mai 2006, *Eurofood*, *ibid* 882 et chron. F. Jault-Seseke et D. Robine ; *D.* 2006.1752, note R. Dammann, *Rev. Sociétés* 2006.360, note J.-P. Rémery, *JCP* 2006.II.10089, note M. Menjucq, *Bull. Joly* 2006.907, note D. Fasquelle, *JDI* 2007.151, note Khairallah.

(9) Pas plus que les autres Règlements européens adoptés sur le fondement du Traité d'Amsterdam, celui du 29 mai 2000 sur les procédures d'insolvabilité ne concerne le Danemark.

(10) Pour une affirmation de ce principe de l'universalité de la faillite dans ce cas, v. Civ. 1re, 19 nov. 2002, *D.* 2002.3341, obs. Lienhard et 2003.797, note Khairallah, *JCP* 2002.II.10201, concl. Sainte-Rose et note Chaillé de Néré, *JDI* 2003.133, obs. Roussel-Galle, *Rev. crit. DIP* 2004.631, note Muir Watt, *Petites Affiches*, 2003, n° 209, p. 7, note C. Legros.

(11) Req. 18 et 24 avr. 1932, *Gaz. Pal.* 1932.2.145. Ceci résulte de l'internationalisation du critère de compétence territoriale interne posé aujourd'hui par l'article 1er du décret du 27 décembre 1985.

(12) La solution résulte directement de l'article 1er du décret du 27 décembre 1985 ; pour une application, v. Paris 8 juill. 1992, *BCCI*, *D.* 1992.476, note Vasseur. V. aussi Com. 21 mars 2006, *D.* 2006.914, note Lienhard et 1466, note Henry, *Bull. Joly* 2006.185, note Bureau, *Rev. soc.* 2006.663, note Bollée, *Rev. crit. DIP* 2007.105, note Khairallah. Le droit de demander l'ouverture d'une faillite locale doit être reconnu au syndic de la faillite prononcée au siège du débiteur.

(13) Civ. 12 juill. 1962, *JDI* 1963.1056 note B.G. ; Com. 19 mars 1979, *Rev. crit. DIP* 1981.524, note Lagarde.

(14) Civ. 7 juin 1962, *JDI* 1963.107, note Ponsard.

(15) Com. 19 janv. 1988, *D.* 1988.565, note Rémery, *Rev. crit. DIP* 1990.527 ; Com. 11 avr. 1995, *BCCI, D.* 1995.640, note Vasseur, *Rev. crit. DIP* 1995.742, note Oppetit, *Bull. Joly* 1995.696, note Martin-Serf.

centraliser la procédure dans l'État du siège du débiteur, il limite considérablement les pouvoirs d'intervention des tribunaux des autres États. C'est pourquoi, lorsque le centre des intérêts du débiteur est situé dans un pays membre autre que la France, les tribunaux français, d'une part ne sont compétents que si ce débiteur possède un établissement secondaire en France, d'autre part ne peuvent par principe être saisis qu'*après* qu'une procédure collective a été ouverte dans le pays de l'établissement principal, et à *l'effet exclusivement d'organiser* la liquidation des biens situés sur le territoire français. La procédure française, que le Règlement qualifie alors de « procédure secondaire », n'est ainsi conçue que comme le prolongement de la procédure — dite « principale » — étrangère, à laquelle elle reste subordonnée (16).

Il est toutefois dérogé à ce principe dans deux hypothèses. La première est celle où la loi du siège de débiteur ne permet pas d'ouvrir une procédure collective contre celui-ci. La seconde est celle où l'ouverture d'une procédure en France est demandée par un créancier qui, soit a lui-même son domicile, sa résidence habituelle ou son siège en France, soit se prévaut d'une créance née de l'exploitation de l'établissement secondaire dont le débiteur dispose en France. Dans ces deux cas, les tribunaux français peuvent prononcer aussi bien un redressement judiciaire qu'une liquidation. Mais cette procédure, alors seulement « territoriale », devra être convertie en « procédure secondaire » de liquidation, si est ultérieurement organisée une procédure collective dans l'État membre du siège du débiteur, et si le syndic désigné dans ce même pays en fait la demande au juge français.

666-3 3°) Que soit applicable le droit commun ou le Règlement européen, tous les créanciers peuvent produire à la faillite ouverte en France, sans distinction selon leur nationalité ou suivant l'établissement du débiteur avec lequel ils ont traité (17). Le syndic nommé dans le cadre d'une procédure ouverte à l'étranger peut produire au nom des créanciers qui ont produit entre ses mains, à condition de justifier de l'existence et du montant de chaque créance (18). Et réciproquement, le Règlement du 29 mai 2000 permet au représentant des créanciers désigné dans la procédure en France de produire dans la ou les faillites ouvertes contre le débiteur dans les autres États membres.

La compétence du tribunal français qui a prononcé la faillite s'étend aux actions « nées de la faillite » : action en inopposabilité de la période suscepte, action paulienne, en comblement du passif (19), etc.

b) Effets des décisions étrangères

667 À nouveau, le Règlement européen du 29 mai 2000 oblige à distinguer les procédures ouvertes dans les pays membres, qui en relèvent à compter de son entrée en vigueur sous la seule condition qu'elles respectent les règles de compétence internationale qu'il pose, de celles qui dépendent de notre droit commun.

667-1 1°) En droit commun, la jurisprudence, dans la logique du système de l'universalité, reconnaît les décisions qui émanent du pays du domicile ou du principal établissement du

(16) Ceci explique que, selon l'article 27 du Règlement, l'ouverture de cette procédure secondaire ne peut être subordonnée à la vérification de l'insolvabilité du débiteur : celle-ci doit être tenue pour établie par le jugement de faillite principale étranger, qui a autorité de plein droit en France.

(17) Com. 19 janv. 1988, précité note 15 ; 14 mai 1996, *BCCI*, *Rev. crit. DIP* 1996.475, rapport Rémery.

(18) Com. 14 mai 1996, *BCCI*, cité note précédente.

(19) Pour cette dernière, v. CJCE 12 févr. 1979, *Rev. crit. DIP* 1979.657, note Lemontey, *Rev. sociétés* 1980.656 note Bismuth ; Com. 16 juill. 1981, *Rev. crit. DIP* 1982.124, note Lemontey ; Com. 5 mai 2004, *D.* 2004.1796, note Vallens.

débiteur (20). Et cependant, elle ne semble pas considérer que la matière obéit, par là-même, à une règle de compétence indirecte spéciale, puisqu'elle admet, par simple application de la solution retenue par l'arrêt *Simitch* (v. *supra*, n° 368), que le jugement étranger de faillite doit être reconnu dès lors que le litige « se rattache d'une manière caractérisée » au pays du tribunal duquel il émane (21). Si une faillite locale a été prononcée en France, elle fait obstacle à ce que le jugement étranger produise ses effets sur les établissements situés en France, mais ne le prive pas par ailleurs d'efficacité (22). La question de savoir si la nationalité française du débiteur s'oppose à la reconnaissance des jugements étrangers de faillite ne semble pas avoir été tranchée ; une réponse positive (conforme au caractère de privilège indirect reconnu en principe à l'article 15) serait particulièrement inopportune (23).

Normalement l'exequatur ne doit être exigé que pour les mesures d'exécution, puisque le jugement de faillite est constitutif et possède, comme tel, autorité *de plano* en France. Ceci est admis sans difficulté pour les mesures qui ne concernent pas directement les biens, notamment la nomination du syndic et la reconnaissance de son droit d'exercer les actions du débiteur et de procéder à des actes conservatoires ou d'administration (24).

En revanche s'agissant du sort des biens sis en France, et notamment du dessaisissement du débiteur et de la disparition du droit de poursuite individuelle des créanciers, la jurisprudence est réticente à reconnaître les effets du jugement avant exequatur (25). Cette solution paraît s'expliquer en fait — sinon se justifier — par l'absence de publicité en France du jugement étranger, l'information des tiers étant importante en matière de faillite (26). Le jugement d'exequatur devant en revanche être publié comme un jugement français déclaratif de faillite, les effets de la faillite peuvent être admis après exequatur.

Par un arrêt *Kléber* du 25 février 1986 (27), la Cour de cassation a considérablement assoupli sa position en admettant une certaine rétroactivité de l'exequatur. Elle a déclaré inopposable à la masse des créanciers une inscription provisoire d'hypothèque judiciaire sur un immeuble français, prise après le jugement étranger de la faillite mais avant le jugement d'exequatur, et jugé irrecevable la demande en paiement formée pendant la même période devant les tribunaux français (28).

Il semble qu'en l'espèce le débiteur n'avait pas d'établissement en France. Dans une telle hypothèse, les tiers ne peuvent être trompés par l'absence de publicité en France ; ils savent qu'une publicité n'a pu être effectuée qu'au pays du siège du débiteur, où ils peuvent se renseigner.

(20) Civ. 1re, 25 févr. 1986, cité *infra* note 27 ; 21 juill. 1987, *D.* 1988.169, note Rémery, *Rev. sociétés* 1988.97, note Honorat, qui a précisé que seul comptait le siège *réel* de la société.

(21) Civ. 18 janv. 2000, *Rev. crit. DIP* 2000.442, note Bureau, *JDI* 2001.539, note Poillot-Perruzzetto, *Gaz. Pal.* 2001, n° 275, p. 28, obs. Niboyet.

(22) Paris, 27 oct. 1922, *JDI* 1924.669.

(23) V. l'intervention de Me Mezger au Comité français de droit international privé, *Travaux*, 1962-1964, p. 234.

(24) Trib. gr. inst. Paris 15 juin 1988, *JDI* 1990.423, note Mattout (étendant cette qualification au maniement des comptes bancaires du failli).

(25) Civ. 26 juin 1905, *DP* 1905.1.513, S. 1905.1.433, *JDI* 1905, p. 1014 ; Civ. 1re, 24 mars 1998, *D.* 1998.IR.108.

(26) De fait, l'absence de publicité en France est en soi une cause de refus d'efficacité du jugement étranger de faillite à l'égard des tiers (Civ. 1re, 25 févr. 1977, *D.* 1997.IR.90).

(27) *Rev. crit. DIP* 1987.589, et la note de M. Synvet (qui estime que doivent échapper à la rétroactivité de l'exequatur, dans la pensée de la Cour de cassation, les actes ou actions qui seraient parvenus à leur terme avant le jour de l'exequatur), *JDI* 1988.425, note Jacquemont, *JCP* 1987.II.20776, note Rémery.

(28) En revanche, l'efficacité d'une inscription provisoire d'hypothèque en France qui est antérieure, non seulement à l'exequatur, mais également au prononcé du jugement étranger de faillite, ne peut-être affectée par celui-ci, quand bien même, semble-t-il, elle serait intervenue au cours de la période suspecte qu'il définit : Civ. 17 nov. 1999, *Rev. crit. DIP* 2000.433, note Rémery.

667-2 2°) Le Règlement européen pousse beaucoup plus loin la logique universaliste puisqu'il pose le principe de la reconnaissance immédiate et de plein droit, dans tous les États membres, et sous la seule réserve d'une atteinte « manifeste » à leur ordre public, de la décision de faillite prononcée dans l'un d'eux. Mais la portée de ce principe varie suivant que cette décision émane d'un tribunal de l'État membre où le débiteur a le centre de ses principaux intérêts, plutôt que d'une juridiction d'un pays où il dispose seulement d'un établissement secondaire. Dans le premier cas, elle produit tous les effets que la loi de l'État d'origine y attache (dessaisissement du débiteur, arrêt des poursuites individuelles (29),...) ce qui permet au syndic désigné par elle de prendre, dans les autres États membres, toutes les mesures impliquées par les objectifs de la procédure collective, à la seule exception des mesures de contrainte et sous la seule limite du respect des règles locales relatives aux modalités de réalisation des biens. Dans le second cas, en revanche, la faillite ne produit en principe d'effets qu'à l'égard des biens du débiteur se trouvant, à la date de son ouverture, dans le pays membre où elle a été prononcée. Lorsqu'elle se présente comme une « procédure secondaire » de liquidation (V. *supra*, n° 666-2), elle oblige le liquidateur à coordonner son action avec celle du syndic désigné dans la procédure principale.

La nécessité d'un exequatur est cependant maintenue pour toutes les mesures d'exécution ordonnées par le jugement de faillite ou les décisions qui en dérivent. Le Règlement renvoie alors aux dispositions de la Convention de Bruxelles du 27 septembre 1968 (entre temps devenues celles du Règlement du 22 décembre 2000).

c) Loi applicable

668 De façon générale la loi applicable est la loi du for, dont la compétence s'explique par diverses considérations : l'importance prépondérante des aspects procéduraux, le poids des intérêts généraux du pays d'ouverture, la nécessité d'effectuer selon une loi unique, malgré la diversité des lois applicables aux dettes et aux biens, le règlement d'ensemble. Dans le cas d'une faillite prononcée à l'étranger, c'est la loi du for étranger qui précisera les effets que produira en France le jugement invoqué (30).

Lorsque la faillite a une portée universelle, la loi du for se trouve cependant, à l'égard des sûretés conventionnelles, des privilèges et des hypothèques légales portant sur des biens situés à l'étranger, en concurrence avec la *lex rei sitae* : l'intérêt général du crédit persiste à postuler l'application de cette dernière loi pour déterminer les droits respectifs des créanciers. La tendance dominante, qui inspire également le Règlement européen, est aujourd'hui à la faire prévaloir sur la *lex fori* (31). Il en résulte une décomposition du patrimoine en sous-masses, ce qui constitue une complication, mais moindre que dans le système de la territorialité des faillites en raison de l'unicité du tribunal.

(29) Toutefois, ses effets sur les instances déjà en cours dépendent de la *lex fori* (art. 15).

(30) En ce sens Civ. 22 févr. 2000, *Rev. crit. DIP* 2000.778, note Ancel et Muir Watt ; *JDI*, 2001.107, note Raimon ; et déjà Civ. 25 févr. 1986, cité note 22, qui réserve la contrariété à la conception française de l'ordre public international, et prend soin de noter que les solutions de la loi étrangère étaient également connues du droit français. Cette dernière restriction n'a plus lieu d'être lorsque le Règlement européen est applicable, s'agissant des jugements étrangers en relevant.

(31) Il faut cependant réserver, tout d'abord, la compétence de la loi du for pour édicter des causes particulières d'inopposabilité à la faillite de telle ou telle sûreté (v. par ex. la loi française en matière de réserve de propriété — Civ. 8 janv. 1991, *JDI* 1991.993, note Jacquemont, Com. 8 janv. 2002, *Rev. crit. DIP* 2002.328, note Bureau, *Petites Affiches* 2003, n° 215, p. 5, note Chanteloup — et de privilège du vendeur) ; cette solution est toutefois sans application dans le cadre du Règlement européen. Il faut également réserver le rôle de la loi de la source pour décider si la sûreté (au moins conventionnelle) a été valablement constituée (v. *supra*, n° 648).

SECTION II LA TRANSMISSION DU PATRIMOINE ; LES NATIONALISATIONS

669 La transmission du patrimoine peut être la conséquence d'un événement auquel les *règles* applicables font produire cet effet. Elle peut aussi résulter d'une *décision*.

La première hypothèse soulève un conflit lorsque la situation est internationale. Si le patrimoine en cause est celui d'une personne morale, la loi applicable est celle qui régit la création et le fonctionnement de celle-ci (v. *infra*, Livre II, Titre II). À l'égard des personnes physiques, l'événement qui provoque le transfert ne peut être que le décès ; on déterminera dans le titre consacré au droit patrimonial de la famille la loi applicable aux successions (v. *infra*, Titre IV, Chapitre II).

670 Les *décisions* de l'État qui opèrent transfert d'un patrimoine sont principalement les nationalisations. On ne séparera pas leur étude de celle des expropriations, qui portent sur des biens isolés : d'une part, la jurisprudence raisonne de la même façon à l'égard des unes et des autres, d'autre part, la nationalisation d'une société peut être réalisée au moyen d'une expropriation de ses actions.

671 Les tribunaux, approuvés par la doctrine majoritaire, raisonnent en général en termes de conflit de lois. Ils recherchent à propos de chaque bien (exproprié, ou appartenant à l'entreprise nationalisée) la loi applicable à son transfert. L'expropriation, ou la nationalisation, n'ont d'effet à l'égard du bien considéré que si, d'une part, elles émanent de l'État dont la loi est applicable à ce bien et si, d'autre part, elles ne sont pas contraires à l'ordre public, ceci impliquant qu'elles soient accompagnées d'une indemnité (sur l'indemnité, v. *infra*, n° 675).

La loi applicable dépend de la nature du bien. S'il s'agit d'un *bien corporel*. c'est la *lex rei sitae* (ou la loi du lieu d'immatriculation pour les aéronefs (32), la loi du pavillon pour les navires et bateaux (33). S'il s'agit de *créances*, c'est la loi applicable à leur régime, soit, on le verra, la loi d'autonomie pour une créance contractuelle, la loi du lieu du délit pour une créance délictuelle (34) ; même principe pour déterminer quelles *dettes* de l'entreprise sont comprises

(32) Civ. 1re, 11 oct. 1988, *Bokassa, Rev. crit. DIP* 1991.86, note Rémond-Gouilloud.

(33) Paris 2 déc. 1950, *Rev. crit. DIP* 1955.500, 1re esp., note Mezger ; Civ. 14 mars 1939, S. 1939.1.182, *Rev. crit. DIP* 1939.280 (solution implicite) ; Req. 5 mars 1928, *DP* 1928.1.81, note Savatier, *RDIP* 1929.288, note Niboyet, *GA* n° 13 (navires russes) ; Civ. 2 mars 1955, *Rev. crit. DIP* 1955.496, note Loussouarn, *JDI* 1982.148, note Bourel, *Rev. crit. DIP* 1982.336, note Lagarde.

(34) Civ. 1er juill. 1981, *Total Afrique*, *JDI* 1982.148, note Bourel, *Rev. crit. DIP* 1982.336, note Lagarde.

dans la nationalisation (35). S'il s'agit de *brevets*, c'est la loi de l'État qui les a concédés ; de *marques, dessins ou modèles*, la loi du pays où ils ont été déposés (36) ; de *parts sociales* (par exemple celles d'une filiale), la loi qui régit la société (37), etc.

On peut résumer ces solutions en disant que la jurisprudence consacre le *principe de la territorialité des nationalisations* : celles-ci ne produisent d'effet que sur les biens corporels matériellement situés, au moment où elles interviennent, sur le territoire de l'État qui nationalise, et sur les biens incorporels qui peuvent être fictivement considérés comme « situés » dans cet État en raison de leur localisation par la règle de conflit. Ce principe de territorialité serait consacré, selon une opinion répandue, par le droit international public. La Cour de cassation a pris parti en ce sens en visant, dans ses décisions récentes, le « principe de la souveraineté des États » (38).

672 Qu'on le justifie par des considérations de droit international privé ou de droit international public, le système jurisprudentiel entraîne des conséquences regrettables, au moins lorsqu'on l'applique aux nationalisations. Il méconnaît en effet l'essence même de la nationalisation, qui est de viser l'*unité économique* constituée par l'entreprise ; certains éléments de celle-ci vont se trouver transférés à l'État, d'autres non. Si, par exemple, l'entreprise a livré des marchandises à des clients divers, répartis de par le monde, en exécution de contrats de vente soumis à des lois diverses, l'État nationalisateur peut, aux yeux du juge français, inclure dans la nationalisation les créances du prix de vente soumises à sa loi, mais non les autres ; est-ce un critère de distinction raisonnable ? Est-il davantage raisonnable d'empêcher l'État qui nationalise, moyennant une juste indemnité, une entreprise dont l'objet est la fabrication de produits partiellement destinés à l'exportation, de devenir titulaire des marques déposées à l'étranger (sur la loi applicable aux marques, v. *supra*, n° 642) ? On prive ainsi l'entreprise nationalisée de tous ses débouchés extérieurs.

La scission entre biens à l'égard desquels la nationalisation est efficace et biens à l'égard desquels elle est inefficace entraîne de surcroît des difficultés très grandes lorsque, comme c'est presque toujours le cas, la personne morale qui a fait l'objet de la nationalisation disparaît, par ordre de l'État nationalisateur, pour faire place à une personne morale nouvelle à laquelle les biens de l'ancienne sont attribués. Qui est propriétaire, aux yeux du juge français, des

(35) Civ. 23 oct. 1963, *JCP* 1963.II.13 434, note Level ; Trib. civ. Seine 9 juill. 1963, même référence ; Civ. 23 avr. 1969, *Rev. crit. DIP* 1969.717, note Schaeffer, *JDI* 1969.912. note Chardenon, *D.* 1969.361. *JCP* 1969.II.15.897.

(36) Com. 15 mars 1966, *Zeiss*, *JDI* 1966.622, note Le Tarnec, *Rev. crit. DIP* 1967.147 ; v. la chronique de M. Treves, *Rev. crit. DIP* 1967.23.

(37) Civ. 25 janv. 1966, *Royal Dutch, D.* 1966.390, note Loussouarn, *Rev. crit. DIP* 1966.238, note Francescakis.

(38) Civ. 20 févr. 1979, *Rev. crit. DIP* 1979.803, note Batiffol, *JCP* 1979.II.19147, concl. Gulphe, *GA* n° 58.

biens qu'il refuse de comprendre dans la nationalisation ? La jurisprudence française considère que ce sont les ex-associés (39) ; en Allemagne et en Autriche on estime que naît, dans chacun des pays où sont situés les biens, une « société scindée » fictive, automatiquement créée entre les ex-associés, et propriétaire des biens.

Enfin la doctrine traditionnelle est impuissante à fournir une solution satisfaisante lorsque l'État, plutôt que de nationaliser une société, se contente d'acquérir, par expropriation, un certain nombre des parts sociales, qui lui assurent le contrôle de la gestion (nationalisation dite indirecte). Dans ce cas, la société nationalisée reste normalement propriétaire de ses biens, y compris de ceux situés à l'étranger : la nationalisation possède donc en fait un effet extraterritorial, qui n'aurait pu être réalisé par une nationalisation directe des actifs (40). Pour éviter que le résultat dépende ainsi du procédé employé, la doctrine traite la nationalisation indirecte comme si elle était une nationalisation directe, et considère que la société perd ses actifs situés à l'étranger, qui appartiendront désormais aux ex-associés. Elle justifie cette assimilation en invoquant la fraude de l'État qui, selon l'expression de Niboyet, se serait « affublé d'un faux nez » (41). Mais en réalité, le procédé n'a rien de frauduleux ; l'État étranger a désiré prendre le contrôle de la société, et il l'a pris, par le procédé juridique le plus ostensible et le plus simple.

673 Toutes ces insuffisances proviennent d'une absence d'attention au fait que les expropriations et les nationalisations, même collectives, sont des décisions, et non des règles (v. *supra*, n°s 97 et 98) ; qu'elles ne soulèvent donc pas un problème de conflit de lois, mais un problème de conflit d'autorités, très proche du conflit de juridictions. La question, correctement formulée, n'est donc pas : « Quelle est la loi applicable à la nationalisation (ou à l'expropriation) ? », mais : « La nationalisation (ou l'expropriation) est elle efficace en France ? ». La Cour de cassation a raisonné ainsi dans son arrêt *Total Afrique* du 1er juillet 1981 (précité note 28).

Tout le problème va donc consister pour le juge à vérifier que la décision étrangère répond aux deux conditions d'efficacité que l'on a identifiées (*supra* n° 482) : la compétence internationale et la conformité à l'ordre public.

674 La découverte du critère adéquat de *compétence internationale* passe par la constation que les décisions qui transfèrent à l'État des biens appartenant à des

(39) Paris 2 déc. 1950, précité note 33 ; 25 juin 1958, *JDI* 1959.1098, note le Tarnec.

(40) À propos de la loi française de nationalisation du 11 février 1982, qui a recouru au procédé indirect, le Conseil constitutionnel, dans sa décision du même jour, semble avoir estimé que l'expropriation des actions n'affectait pas le patrimoine des sociétés nationalisées et qu'en conséquence, aucune extraterritorialité contraire au droit international public ne pouvait être reprochée à la loi (*Rev. crit. DIP* 1982.349, note Bischoff, qui interprète la décision en ce sens ; v. aussi GOLDMAN, *op. cit.*). Pour un exemple de nationalisation indirecte étrangère, v. Com. 14 nov. 1995, *Rev. crit. DIP* 1996.683, note Mayer.

(41) *Trav. Com. fr. dr. int. pr.*, 1946-1947, p. 71 et 77.

personnes privées sont *a priori* suspectes. Même accompagnées d'une indemnité (sans laquelle elles seraient contraires à l'ordre public), elles lèsent toujours, plus ou moins, le propriétaire dépossédé ; on peut de plus craindre que l'État n'ait cherché à s'approprier des entreprises relevant économiquement d'autres États. Il faut donc, pour que les expropriations ou nationalisations soient susceptibles d'efficacité internationale, que la légitimité de l'objectif qu'elles cherchent à atteindre les légitime elles-mêmes. Leur « domaine d'efficacité » sera déterminé de façon à *permettre d'atteindre cet objectif légitime sans le dépasser.*

Appliquée aux *nationalisations*, cette méthode de recherche conduit à un critère de compétence unique. En dépit des différences considérables qui séparent celles qui sont pratiquées par les pays du camp socialiste de celles qui sont prononcées dans le monde capitaliste, elles ont en commun de réaliser la mainmise de l'État sur un ou plusieurs secteurs de l'activité économique, afin de les orienter dans le sens désirable. Cette finalité, légitime en elle-même, commande que l'État ne s'approprie que les biens qui entrent dans sa *sphère économique* ; sinon, son objectif serait entaché d'illégitimité.

Il reste à déterminer les limites de la sphère économique du pays. Si l'on admet que la vie économique d'un pays est la somme des activités qui s'y déploient, il faut en conclure que chaque État peut nationaliser les seules entreprises dont l'activité s'exerce sur son territoire. Il peut s'approprier tout leur actif et reprendre tout leur passif. Peu importe que des biens corporels, même immobiliers, soient situés à l'étranger : si une entreprise étrangère fabrique des produits dont elle exporte une partie en France, pourquoi, en cas de nationalisation régulière, ferait-on échapper au transfert de l'actif les entrepôts dont elle est propriétaire en France ?

Peu importe également le procédé utilisé pour la nationalisation : transfert du contenu actif et passif de l'entreprise, ou expropriation des actions ou parts sociales, la finalité de la mesure étant la même.

En cas de nationalisation d'une société dont les activités sont internationales (par exemple, une banque ayant ouvert des établissements à l'étranger), ou qui possède des filiales étrangères, la question se pose de savoir s'il faut scinder la société, ou le groupe, pour faire échapper à la nationalisation les activités étrangères. Compte tenu du fait que la création de ces activités fait partie d'une stratégie globale de la société ou du groupe, dont l'équilibre (parfois même financier) serait compromis s'ils en étaient amputés, mieux vaut considérer comme une entreprise unique la société ou le cas échéant le groupe. La coexistence dans un même pays du siège de la société mère et d'une part essentielle de l'activité du groupe devrait permettre au législateur de ce pays de nationaliser le groupe entier.

675 La finalité des *expropriations* n'est pas uniforme. Le bien exproprié ne dépendant pas d'un ensemble plus vaste, le critère du lieu de situation paraît le plus souvent à retenir. Mais ce n'est pas absolument général. Ainsi, une mesure de redressement financier, prise par le législateur français le 26 décembre 1945, portait réquisition de l'or, des devises et des valeurs mobilières appartenant aux Français résidant en France, où que ces biens fussent situés : la finalité de la décision incitait à ne frapper que les personnes appartenant à la collectivité nationale, mais non à tenir compte du lieu où elles avaient déposé leurs avoirs.

676 De nombreuses expropriations et nationalisations sont déclarées inefficaces en France parce qu'elles sont *contraires à l'ordre public*. Le droit français pose en principe fondamental (art. 545 C. civ.) que nul ne soit privé de sa propriété, sauf pour cause d'utilité publique, et *moyennant une juste et préalable indemnité*.

En fait, les nationalisations portent sur des actifs d'une importance telle que le principe du caractère préalable ne peut guère être respecté. Mais il faudra au moins la promesse, précise et non démentie par les faits, d'une indemnité. Les nationalisations algériennes ont été déclarées contraires à l'ordre public par la Cour de cassation (42) au motif qu'une indemnité « équitable » n'avait pas été « préalablement fixée ». Le refus d'efficacité a d'ailleurs abouti à un résultat curieux : les Français d'Algérie, dont l'entreprise avait été nationalisée, opposaient à leurs créanciers en France (des banques françaises) le fait que le passif de leur entreprise avait été repris par l'État algérien ; en déclarant les nationalisations inefficaces en France, la Cour de cassation les obligeait — au nom du caractère spoliateur des mesures dont ils avaient été victimes — à acquitter le passif, sans pouvoir empêcher qu'ils eussent été dépouillés de l'actif ! Mais on voit difficilement comment la Cour de cassation aurait pu justifier juridiquement une décision opposée.

Dans un arrêt plus récent la Cour de cassation, faisant preuve d'un libéralisme particulièrement accentué, a jugé conforme à l'ordre public une loi malgache de nationalisation qui avait « prévu » une indemnisation, sans s'arrêter au fait que celle-ci n'était pas effectivement intervenue (43). De fait, lorsque les biens frappés par la nationalisation sont situés sur le territoire de l'État qui nationalise, et que la victime est un national de cet État, on peut penser que les conceptions du for n'ont guère de titre à être opposées à la reconnaissance de la situation créée.

L'exigence d'une indemnité disparaît en tout cas lorsque l'expropriation frappe des biens acquis de façon illégitime. La Cour de cassation a déclaré efficaces en France des arrêtés royaux néerlandais dits de « rétablissement des rapports de droit », qui visaient à retirer aux actionnaires des sociétés néerlandaises (il s'agissait en l'espèce de la société « Royal Dutch ») les actions qu'ils avaient illégitimement acquises pendant la Seconde Guerre mondiale (44).

(42) Civ. 23 avr. 1969, précité, note 35.
(43) Civ. 1er juill. 1981, *Total Afrique*, précité note 34.
(44) Civ. 25 janv. 1966, précité, note 37.

Bibliographie sommaire

Sur la faillite et les procédures de surendettement :

BÉGUIN : « Un îlot de résistance à l'internationalisation : le droit international des procédures collectives », *Mélanges Loussouarn*, Paris, 1994, p. 31 et s.

BUREAU : « La fin d'un îlot de résistance : le règlement du Conseil relatif aux procédures d'insolvabilité », *Rev. crit. DIP* 2002.613.

GRASMANN : « Effets nationaux d'une procédure d'exécution collective étrangère (redressement ou liquidation judiciaire, faillite, concordat) », *Rev. crit. DIP* 1990.421.

IDOT : « Un nouveau droit communautaire des procédures collectives : le règlement 1346/2000 », *JCP*, éd. E, 2000.1648.

JAULT-SESEKE et ROBINE : « Le droit européen de la faillite », *D*. 2004.1009.

JAULT-SESEKE et ROBINE (dir.) : *L'effet international de la faillite : une réalité* ? Dalloz, 2004.

JUDE : *Le droit international privé des procédures de surendettement des particuliers*, PUAM, 2003.

KHAIRALLAH : « Les faillites concurrentes », *Trav. Com. fr. dr. int. pr.*, 1993-1995, p. 157 et s.

LEBOULANGER : « La mise en œuvre des sûretés dans le cadre d'une faillite internationale en droit positif français », *RID* 1998.401.

MARQUETTE et BARBÉ : « Les procédures d'insolvabilité extracommunautaires. Articulation des dispositions du règlement 1346/2000 et du droit commun des États membres », *JDI* 2006.511.

MARTIN-SERF : « La faillite internationale : une réalité économique pressante, un enchevêtrement juridique croissant », *JDI* 1995.31.

MELIN : *La faillite internationale*, LGDJ, 2004.

MÉLIN : « La loi applicable à la compensation dans les procédures communautaires d'insolvabilité », *JDI* 2007.515.

MENJUCQ : « Ouverture, reconnaissance et coordination des procédures d'insolvabilité dans le Règlement 1346/2000 », *Bull. Joly*, 2000.1109.

MENJUCQ : « L'apport du droit communautaire du règlement des faillites internationales », *Trav. com. fr. dr. int. pr.*, 2002-2004, p. 35 et s.

PIMBLIS : *La faillite dans les relations internationales d'ordre privé*, thèse dactyl., Paris XI, 1992.

POILLOT-PERUZZETTO : « Le créancier et la « faillite européenne » : commentaire de la Convention des Communautés européennes relative aux procédures d'insolvabilité », *JDI* 1997.757.

RAIMON, « Centre des intérêts principaux et coordination des procédures dans la jurisprudence européenne sur le règlement relatif aux procédures d'insolvabilité », *JDI* 2005.739.

RÉMERY : *La faillite internationale*, PUF (Que sais-je ?), 1996.

SCARANO : « Opposabilité ou inopposabilité de la clause de réserve de propriété ; observations de droit comparé et de droit international privé », *RTD* 1990.535.

TROCHU : *Conflits de lois et conflits de juridictions en matière de faillite*, Paris, 1967.

Le droit de la faillite internationale. Études suisses de droit international, vol. 46, Zurich, Schulthess, 1986.

Sur les expropriations et nationalisations :

F. BOULANGER : *Les nationalisations en droit international privé comparé*, Paris, 1975.

BOYE : *L'acte de nationalisation*, Paris, Dakar, Abidjan, 1979.

GOLDMAN : « Les décisions du Conseil constitutionnel relatives aux nationalisations et le droit international », *JDI* 1982.275.

LOUSSOUARN : « Le sort du passif des entreprises françaises victimes des mesures de dépossession algériennes », *JCP* 1968.I.2140.

MAYER : *La distinction entre règles et décisions et le droit international privé*, Paris, 1973.

Sur le patrimoine en général :

PRETELLI : *La protection du droit de gage général en droit international privé*, Imperia, Grafiche Amadeo, 2006.

RAIMON : *Le principe de l'unité du patrimoine en droit international privé*, LGDJ, 2002.

TITRE III
LES FAITS ET ACTES JURIDIQUES

CHAPITRE 1
LES FAITS JURIDIQUES

677 Les faits juridiques affectent, les uns les droits réels, les autres les droits personnels. Les premiers ont déjà été vus à propos du statut réel (*supra*, n° 647) : l'implication d'un objet matériel dans la relation revêt une plus grande importance que l'intervention du fait, et d'ailleurs le fait est localisé au lieu où la chose est située.

Il reste donc à examiner les faits créateurs d'obligations. On suivra la division du droit romain en délits et quasi-délits d'une part (Section I), quasi-contrats d'autre part (Section II) (1). Les conflits de lois seront principalement étudiés, les conflits de juridictions ne présentant guère de particularités notables (v. cependant *infra*, n° 685).

SECTION I DÉLITS ET QUASI-DÉLITS

678 En la matière, le Code civil n'a guère fourni d'indication utile. Aux termes de son article 3, alinéa 1, « Les lois de police et de sûreté obligent tous ceux qui habitent le territoire ». Or, en admettant que les règles relatives à la responsabilité délictuelle soient, au sens du Code civil (v. *supra*, n° 121 et la note), des lois de police, le critère de l'habitation sur le territoire est par trop imprécis et se prête à plusieurs interprétations.

(1) Le *transfert* et l'*extinction* des obligations sont soumis aux mêmes règles, qu'elles soient nées d'un fait ou d'un acte ; ces règles seront examinées à propos des contrats (*infra*, n°s 748 à 752). L'*exécution* des obligations, consistant presque toujours dans le paiement d'une somme d'argent, ne soulève guère que le problème de la monnaie de compte et celui de la monnaie de paiement. La Cour de cassation (Civ. 1re, 4 déc. 1990, *Rev. crit. DIP* 1992.292, note Putman) a jugé que la monnaie de compte est en principe celle de l'État sur le territoire duquel la victime a son domicile au moment du dommage, sauf le cas de remboursement de dépenses faites en une autre monnaie.

La jurisprudence a opté en faveur de l'application de la loi du lieu où le délit a été commis, *lex loci delicti*, ce qui correspond à la solution traditionnelle en jurisprudence et en doctrine depuis le Moyen Âge. La règle a été consacrée par les arrêts *Lautour* et *Luccantoni* de la Cour de cassation (2).

Les arguments en faveur de ce rattachement sont nombreux : c'est le seul rattachement neutre, en l'absence de raison déterminante de choisir la loi de la victime plutôt que celle de l'auteur, ou l'inverse ; les conséquences des délits et quasi-délits intéressent l'État sur le territoire duquel ils sont commis ; une fréquente coïncidence est assurée entre la loi du lieu du délit et la loi du for, le tribunal du lieu du délit étant compétent (art. 46 nouv. C. proc. civ. et 5, 3° de la Convention de Lugano et du Règlement du 22 décembre 2000).

679 Le Règlement, dit Rome II, que la Communauté européenne a adopté le 11 juillet 2007 (3), et qui sera applicable à compter du 11 juillet 2009, ne rompt pas avec cette solution traditionnelle ; il a surtout pour caractéristique d'énoncer, à côté du principe général, un certain nombre de règles qui le spécifient ou au contraire y dérogent, dans des matières particulières : concurrence déloyale, atteinte à l'environnement, responsabilité du fait de grève, etc.

Ce règlement détermine désormais la loi applicable aux obligations non contractuelles (il traite aussi des quasi-contrats, v. *infra* n°s 688 et s.) pour l'ensemble des États membres de l'Union, à l'exception du Danemark. Aux termes de son article 3, la loi qu'il désigne s'applique, même si elle n'est pas celle d'un État membre. C'est dire que le Règlement Rome II constitue désormais l'essentiel du droit positif français en la matière.

L'essentiel, mais non l'intégralité, cependant. D'une part, il laisse subsister deux conventions de La Haye, l'une de 1971 sur la loi applicable aux accidents de la circulation routière, l'autre de 1973 sur la loi applicable à la responsabilité du fait des produits. D'autre part le Règlement, après avoir précisé n'être applicable qu'en matière civile et commerciale, exclut encore de son domaine les obligations non contractuelles découlant de relations de famille, des régimes matrimoniaux, de lettre de change, chèques, billets à ordre et autres instruments négociables, du droit des sociétés, des *trusts* créés volontairement ainsi que celles qui résultent d'un dommage nucléaire ou d'atteintes à la vie privée et aux droits de la personnalité, y compris la diffamation (art. 1).

(2) Civ. 25 mai 1948, *Rev. crit. DIP* 1949.89, note Batiffol, *JDI* 1949.38, *D.* 1948.357, note Lerebours-Pigeonnière, S. 1949.1.21, note Niboyet, *JCP*, 1948.II.4542, note Vasseur, *GA* n° 19 ; Civ. 1er juin 1976, *JDI* 1977.91, note Audit.

(3) Sur les mesures que l'article 65 du Traité CE aurait permis à la Communauté d'adopter pour « favoriser la compatibilité des règles de conflit de lois » en ce domaine, v. *supra,* n° 224-1.

§ 1. CONTENU DES RÈGLES DE CONFLIT DE LOIS

A. Facteurs de rattachement

679-1 On présentera d'abord les rattachements de droit commun, tels qu'ils résultent du Règlement Rome II, et ensuite les rattachements particuliers, énoncés tant par le Règlement lui-même que par les deux conventions de La Haye précitées.

a) Rattachements de droit commun

679-2 Le Règlement pose un principe, auquel il apporte une exception ; principe et exception sont ensuite doublement tempérés : par une « clause dérogatoire », et par l'octroi aux parties d'une liberté de choix.

1° *Principe*

679-3 Il résulte de l'article 4, § 1, que la loi applicable est celle du pays où le dommage survient, « quel que soit le pays où le fait générateur du dommage se produit ».

Le Règlement tranche ainsi une difficulté, qui apparaît chaque fois que le dommage et son fait générateur se réalisent dans des pays différents.

La jurisprudence française peinait à choisir. Elle affirmait ainsi que le lieu où le fait dommageable s'est produit « s'entend aussi bien de celui du fait générateur du dommage que du lieu de réalisation de ce dernier » (4). Cela n'impliquait pas que la victime avait le choix entre les deux lois, mais signifiait seulement que celles-ci ont une égale vocation à être déclarées applicables. En conséquence, et ainsi qu'il paraissait se déduire d'une décision ultérieure de la Cour de cassation (5), leur concurrence devait se résoudre conformément au principe de proximité : était compétente celle de ces deux lois qui entretenait avec la situation litigieuse les liens les plus étroits.

En réalité, il paraît difficile d'envisager la difficulté de manière indifférenciée, parce que sa solution est fondamentalement tributaire des fonctions de la responsabilité civile, qui ne s'équilibrent pas de la même façon et qui ne peuvent pas être garanties par les mêmes critères : alors que sa fonctions prophylactique conduit à privilégier le fait générateur, sa fonction indemnitaire oblige à mettre l'accent sur le dommage. Or, selon les branches de la responsabilité, la fonction qui, d'après les vues du for, mérite de l'emporter sur l'autre, et la valeur localisatrice du critère qui sert à l'exprimer peuvent varier. Ainsi, le lieu du fait générateur ne peut être retenu lorsqu'il se prête à des manipulations. Tel est le cas, s'agissant d'un fait de pollution par « dégazage » en haute mer, même si on recourt, pour le ramener à un espace soumis à une souveraineté, à la fiction de la loi du pavillon (v. *supra*, n° 684).

(4) Civ. 1re, 14 janv. 1997, *D.* 1997.177, note Santa-Croce, *Rev. crit. DIP* 1997.504, note Bischoff, *JCP* 1997.II.22903, note Muir Watt.

(5) Civ. 1re, 11 mai 1999, *JDI* 1999.1048, note Légier, *JCP* 1999.II.10183, note Muir Watt, *D.* 1999. Som. 295, obs. Audit, *Rev. crit. DIP* 2000.1999, note Bischoff. Comp. Civ. 1re, 5 mars 2002, *D.* 2002, Som. 2999, obs. Bouche, *JCP* 2002.II.10082, note Muir Watt, *Rev. crit. DIP* 2003.440, note Bischoff, *D.* 2003.58, note Josselin-Gall.

Mais c'est encore plus évident dans l'hypothèse d'une diffusion d'allégations diffamatoires par l'Internet (6).

Inversement, le lieu du dommage n'a guère de sens lorsque le préjudice est purement psychologique et n'est donc pas localisable dans l'espace, ainsi qu'il en va en matière d'atteintes à la vie privée (7). Et il manque largement de pertinence lorsque le fait générateur invoqué est constitué de l'inexécution ou de l'exécution défectueuse d'un engagement contracté par le défendeur envers un tiers (8). Ainsi en va-t-il, par exemple, en cas d'accident de la circulation routière, lorsqu'est recherchée la responsabilité du constructeur du véhicule qui l'a causé en raison d'un vice de fabrication (9).

Dans ces conditions, une règle de rattachement unique ne saurait suffire. Si celle qui désigne le lieu du dommage mérite d'être appliquée à titre de principe, parce qu'elle retient le critère qui est généralement le plus significatif, elle doit être complétée par des règles de conflit dérogatoires lorsqu'il existe un critère mieux adapté à une catégorie particulière de préjudices ou de faits générateurs de responsabilité (10). C'est pourquoi les solutions formulées par le Règlement Rome II apparaissent globalement satisfaisantes.

2° *Exception*

679-4 Il est fait exception à l'application de la loi du lieu du dommage lorsque la personne dont la responsabilité est invoquée et la personne lésée ont leur résidence habituelle dans le même pays au moment de la survenance du dommage : c'est la loi de ce pays qui s'applique (art. 4, § 2).

La jurisprudence française n'était pas favorable à cette exception ; les arrêts *Lautour* et *Luccantoni* ont été rendus à propos d'accidents survenus en Espagne entre Français domiciliés en France, et la loi espagnole a été déclarée applicable dans les deux espèces.

Il s'agissait, il est vrai, de personnes qui n'avaient pas entre elles de lien avant l'accident. La situation est un peu différente dans le cas où la victime est le transporté bénévole de l'auteur de l'accident. Bien qu'il n'existe pas à proprement parler entre eux de convention relative à la responsabilité, on peut considérer que tous deux comptent en cas d'accident sur l'application de leur loi commune pour régir leurs rapports. De façon plus générale, on peut

(6) Pourtant, diverses décisions rendues en matière de diffamation ou d'atteintes à la vie privée commises par voie de presse ont appliqué la loi du lieu de diffusion (Trib. gr. inst. Paris 23 juin 1976, *Rev. crit. DIP* 1978.132, note Gaudemet-Tallon ; 29 sept. 1982 et 27 avr. 1983, *Rev. crit. DIP* 1983.670, note Gaudemet-Tallon).

(7) Il est vrai que l'on peut alors considérer, comme le suggèrent de manière convaincante plusieurs auteurs (P. Bourel, *op. cit.*, p. 116 ; Kayser, *op. cit. supra sub.* n° 515, p. 339 ; Gaudemet-Tallon, note *Rev. crit. DIP* 1985.149), d'appliquer la loi du domicile de la victime, ce qui correspond à une tendance répandue en droit comparé.

(8) S'il serait alors tentant d'attribuer à l'action en réparation une qualification contractuelle, on n'en est retenu par le fait que la loi applicable serait, en l'état du droit positif (v. *infra*, n°s 692 et s.), la loi d'autonomie, c'est-à-dire une loi qui, parce qu'elle est librement choisie par les parties à ce contrat, peut l'être précisément pour mettre l'une d'elles à l'abri de toute réclamation.

(9) On peut ainsi comprendre que la Cour de cassation a déclaré le lieu du dommage « fortuit », et donc négligeable pour la détermination de la loi applicable à la responsabilité du Bureau Véritas, qui avait délivré un certificat de navigabilité à un navire ayant sombré dans les eaux territoriales malgaches au cours d'un voyage entre le Gabon et la Chine : Civ. 1re, 27 mars 2007, *RGDA* 2007, note Heuzé à paraître ; *Rev. crit DIP* 2007.405, note Bureau.

(10) Il convient cependant, dans cette dernière hypothèse, de n'admettre qu'avec prudence les dérogations à la règle de conflit principale, afin de limiter les risques d'incompatibilité entre les lois désignées lorsqu'un même dommage est la conséquence d'une pluralité de causes, imputables à des responsables différents.

admettre que, « s'agissant... d'actes illicites commis entre personnes appartenant à un même groupe, l'« enracinement » des faits se trouve moins au lieu de commission du délit qu'à l'ordre « social » dont dépendent les parties par leur nationalité ou leur domicile (11) ».

3° *« Clause dérogatoire » (clause d'exception)*

679-5 Aux termes de l'article 4, § 3 : « S'il résulte de l'ensemble des circonstances que le fait dommageable présente des liens manifestement plus étroits avec un pays autre que celui visé aux paragraphes 1 et 2, la loi de cet autre pays ».

Cette clause peut se révéler utile, notamment, dans les hypothèses où la localisation du dommage est très peu significative, comme par exemple lorsque le dommage est purement moral, ou encore réside dans une perte financière. Elle est aussi utile, et la deuxième phrase de l'article 4, § 2 l'envisage expressément, lorsqu'une relation préexiste entre les parties et qu'elle présente un lien étroit avec le fait dommageable.

4° *Liberté de choix*

679-6 Conformément à la tendance moderne à étendre le domaine de la loi d'autonomie, le Règlement Rome II (article 14) permet aux parties de choisir la loi applicable à la responsabilité encourue par l'une envers l'autre. C'est seulement à défaut d'un tel choix, lequel peut être exprès ou même « résulter de façon certaine des circonstances », que s'appliqueront les solutions ci-dessus décrites.

L'article 14 distingue toutefois deux situations. Lorsque les parties exercent toutes une activité commerciale, le choix peut avoir lieu à tout moment (12). Dans le cas contraire, il n'est autorisé que s'il est postérieur à la survenance du fait générateur du dommage.

Le choix ne doit pas porter préjudice aux droits des tiers. Par ailleurs, lorsque tous les éléments de la situation étaient, au moment de la survenance du fait générateur, localisés dans un seul pays, le choix de la loi d'un autre pays ne peut porter atteinte aux règles impératives du premier pays (13).

b) Rattachements dans des domaines particuliers

1° *Rattachements édictés par le Règlement Rome II*

680 Le Règlement Rome II énonce un certain nombre de règles propres à des domaines particuliers. Outre celles qui sont décrites ci-dessous, il en consacre

(11) P. Bourel, note *Rev. crit. DIP* 1967, p. 731.
(12) Il est précisé, de façon assez surprenante, que s'il est antérieur au fait générateur du dommage il doit être « librement négocié ».
(13) Une réserve des règles impératives de source communautaire est également prévue lorsque tous les éléments de la situation étaient localisés sur le territoire communautaire.

une à la responsabilité du fait des produits, mais celle-là n'est pas applicable dans les États parties à la Convention (précitée) de La Haye de 1973 — ce qui est le cas de la France —, cette convention ayant précisément pour objet la responsabilité du fait des produits (v. *infra*, n° 681).

Les autres règles sont les suivantes :

– en matière de concurrence déloyale, compétence est donnée à la loi du pays « sur le territoire duquel les relations de concurrence ou les intérêts collectifs des consommateurs sont affectés ou susceptibles de l'être », sauf si l'acte de concurrence déloyale affecte exclusivement les intérêts d'un concurrent déterminé, auquel cas s'applique la « règle générale » de l'article 4 (art. 6, § 1 et 2) ;

– en matière « d'actes restreignant la libre concurrence », la loi applicable est celle du pays dans lequel « le marché est affecté ou susceptible de l'être », étant précisé que si ce marché dépasse les limites d'un seul pays, le demandeur « qui intente l'action devant la juridiction du domicile du défendeur » peut choisir de se fonder sur la *lex fori*, mais à la condition que le marché du for soit de ceux « qui sont affectés de manière directe et substantielle par la restriction du jeu de la concurrence » en cause (14) (art. 6, § 3) ;

– en matière d'atteintes à l'environnement, la loi que désigne l'article 4, § 1 n'est applicable que si le demandeur ne choisit pas de se fonder sur la loi du pays où s'est produit le fait générateur (art. 7) ; d'un commun accord les parties peuvent choisir toute loi qui leur convient, dans les conditions prévues à l'article 14 ;

– en matière d'atteintes aux droits de propriété intellectuelle, s'applique la loi « du pays pour lequel la protection est revendiquée » (art. 8, § 1) (15) ;

– en matière de grève ou de *lock-out*, la loi applicable à la responsabilité du travailleur, de l'employeur ou de leurs représentants professionnels est celle du pays dans lequel se produit la grève ou le *lock-out*. Mais il n'en va ainsi que si le demandeur et le défendeur ne sont pas établis dans le même État : dans le cas contraire, est à nouveau compétente la loi de leur pays de résidence habituelle commune, conformément à l'article 4.2 (art. 9) ; et l'accord des parties sur une autre loi, dans les conditions prévues à l'article 14, est possible.

(14) Si cette condition n'est pas remplie, ou si le tribunal saisi n'est pas celui « du domicile du défendeur » (quand bien même il serait l'un de ceux du pays dans lequel le défendeur est domicilié ?) le Règlement ne propose pas de solution. Il en va de même s'il existe plusieurs défendeurs assignés devant le tribunal du domicile de l'un deux : l'article 6, s'il oblige cette fois le demandeur à se fonder sur la *lex fori*, n'attribue compétence à celle-ci que si le marché du for est affecté directement et substantiellement, et ne désigne donc pas la loi applicable dans le cas contraire.

(15) Lorsque le droit de propriété intellectuelle est d'origine communautaire, cette loi n'a qu'une vocation subsidiaire par rapport à l'instrument communautaire qui le consacre (art. 8, § 2).

2° *Loi applicable en matière d'accidents de la circulation routière*

681 Lorsque la responsabilité a son origine dans un *accident de la circulation routière*, les problèmes sont résolus par la Convention de La Haye du 4 mai 1971 sur la loi applicable à ces accidents, qui s'applique sans condition de réciprocité. Seule la responsabilité extra-contractuelle est concernée (16), et diverses questions sont exclues, en particulier la responsabilité des fabricants, vendeurs et réparateurs.

La Convention rappelle la compétence de la *lex loci delicti*, mais y apporte des exceptions en faveur de la loi du pays où le véhicule est immatriculé.

Si un seul véhicule est impliqué dans l'accident, la loi du pays d'immatriculation s'applique à la responsabilité encourue envers le conducteur, le détenteur ou le propriétaire, ou envers le passager bénévole (à la condition qu'il ne réside pas dans le pays où le délit est survenu) ; elle s'applique aussi à la responsabilité envers une victime extérieure au véhicule, s'il se trouve qu'elle a sa résidence habituelle dans le pays de l'immatriculation (art. 4, *a*).

Si plusieurs véhicules sont impliqués dans l'accident, la loi du pays d'immatriculation ne s'applique que si elle est commune à tous les véhicules (art. 4, *b*) (17).

En cas de pluralité de victimes, la loi applicable est déterminée séparément à l'égard de chacune d'entre elles (art. 4, *a, in fine*).

En cas de pluralité d'auteurs, en revanche, une loi unique est applicable, de façon à éviter des situations inextricables dans les partages de responsabilité ; cette loi est la loi du lieu du délit, ou, exceptionnellement, celle du pays d'immatriculation lorsque toutes les personnes impliquées sont des conducteurs de véhicules immatriculés dans un même pays, ou des personnes extérieures aux véhicules résidant dans le pays d'immatriculation.

La Convention n'est pas applicable aux recours entre responsables.

Quelle que soit la loi applicable, il doit, dans la détermination de la responsabilité, être tenu compte des règles de circulation et de sécurité en vigueur au lieu et au moment de l'accident (art. 7).

3° *Loi applicable à la responsabilité du fait des produits*

682 Une autre convention a été conclue à La Haye, le 2 octobre 1973, relativement à la *responsabilité du fait des produits.*

Elle détermine la loi applicable à la responsabilité des fabricants, producteurs, distributeurs et réparateurs, sans distinction suivant qu'elle est de nature contractuelle ou délictuelle (18), en fonction des éléments suivants, distribués ou combinés de façon complexe : lieu du fait dommageable, lieu du domicile de la victime, lieu du domicile du fabricant ou producteur, lieu d'acquisition du produit.

(16) Ce qui soulève le problème de la qualification de la responsabilité : v. Civ. 1re, 6 avr. 1994, *Rev. crit. DIP* 1994.650, note Lagarde.

(17) Et ce, même dans les rapports entre les occupants d'un même véhicule : Civ. 1er, 24 mars 1987, *Rev. crit. DIP* 1987.577, note Gaudemet-Tallon, *JDI* 1988.138, obs. Huet. Sur la notion d'implication d'un véhicule, v. dans des sens différents Paris 24 juin 1981, *Rev. crit. DIP* 1982.691, note Pélichet, et Paris 1er juin 1984, *Rev. crit. DIP* 1985.637, note Gaudemet-Tallon. La circonstance que le conducteur d'un véhicule n'a pas été attrait dans la procédure n'empêche pas ce dernier d'être impliqué : Civ. 1re, 22 janv. 1991, *Rev. crit. DIP* 1991.354, 2e esp., note Bourel ; 4 avr. 1991, *JDI* 1991.981, note Légier.

(18) V. en ce sens Civ. 7 mars 2000, *Rev. crit. DIP* 2001.101, note Lagarde, qui revient sur la solution contraire à tort retenue antérieurement par Civ. 16 déc. 1997, *ibid* 1998.300, note Lagarde.

B. Questions rattachées

683 La loi applicable au délit a compétence pour résoudre toutes les questions que peut susciter la mise en œuvre de la responsabilité. Elle précise en particulier la définition de la faute, la notion de l'imputabilité, les caractères du préjudice réparable, l'existence d'une responsabilité du fait des choses ou du fait d'autrui, la détermination des parties recevables à agir, le mode et l'étendue de la réparation (19). Peu importe que l'action civile soit portée devant la juridiction répressive ou devant la juridiction civile.

Quelques points échappent néanmoins à la compétence de la loi du délit, ou soulèvent des discussions.

a) Lorsque la faute alléguée résulte de la *violation d'un règlement*, il faut dans un premier temps consulter la réglementation en vigueur au lieu de l'acte, afin de déterminer si la faute existe ou non, et cela même si la loi applicable à la responsabilité est différente. Les Conventions de 1971 et de 1973 le confirment respectivement pour les accidents de la circulation routière (art. 7, précité n° 681), et pour la responsabilité du fait des produits (art. 9). Pour sa part, l'article 17 du Règlement Rome II énonce que, pour évaluer le comportement du défendeur, il est tenu compte des règles locales de sécurité et de comportement, en tant qu'élément de fait.

b) La « *capacité délictuelle* » est rattachée par certains auteurs au statut personnel. La doctrine française (et semble-t-il le Règlement Rome II : art. 15, a) retient à juste titre la qualification délictuelle.

c) La responsabilité dérivée d'un *accident du travail* est soumise à la loi du contrat de travail (20), sauf intervention des règles de sécurité sociale (v. *supra*, n° 104).

d) *L'action directe de la victime contre l'assureur* du responsable est soumise par le jurisprudence à deux lois différentes : la loi du lieu du dommage est applicable à son existence, celle qui gouverne le contrat d'assurance définit son régime, c'est-à-dire aussi bien l'étendue de la garantie due par l'assureur que les moyens de défense qu'il peut opposer à la victime (21). Mais outre que la distinction ainsi opérée n'a pas beaucoup de sens (est-il réellement pertinent de demander à la loi du lieu du dommage si elle autorise la victime à exercer contre l'assureur des droits dont cette loi ignore le contenu, puisqu'ils dérivent d'une autre loi ?), la compétence de la *lex loci delicti* est devenue inexplicable depuis qu'elle vaut « en matière de responsabilité contractuelle comme en matière de responsabilité délictuelle » (22) : cette loi n'étant pas, en matière contractuelle, celle qui régit la responsabilité de l'assuré envers son cocontractant, il n'est plus permis de justifier sa compétence par l'affirmation classique (et d'ailleurs elle-même contestable) que l'action directe trouve sa source dans le droit à réparation de la victime. En réalité, c'est la loi du contrat d'assurance qui devrait être exclusivement déclarée applicable, quitte à l'écarter, au nom de l'ordre public international, si elle devait permettre qu'en dépit de l'assurance contractée par l'assuré, la victime ait à pâtir de l'insolvabilité de ce dernier.

(19) Comp. Boskovic, *op. cit.*, qui propose d'ériger la réparation en catégorie autonome, soumise à sa loi propre. Le Règlement Rome II ne retient pas cette solution : v. art. 15, c.

(20) Réu. 26 mai 1921, *Rev. crit. DIP* 1921.501, S. 1923.133, note Sachet.

(21) Civ. 13 juill. 1948, *Rev. crit. DIP* 1949.94, note Batiffol, *JCP* 1948.II.4635, note Besson ; Civ. 21 avr. 1971, *JDI* 1972.58, note Bigot, *Rev. crit. DIP* 1972.302, note Lagarde ; Civ. 1re, 20 déc. 2000, *Dr. et Patrimoine* 2001, n° 94, p. 122, obs. F. Monéger, *RTD com.* 2001.1057, obs. Delebecque, *Rev. crit. DIP* 2001.682, note Heuzé.

(22) Civ. 1re, 20 déc. 2000, précité.

Le Règlement Rome II retient une solution assez proche puisque son article 18 pose une règle substantielle attribuant elle-même à la victime le droit d'agir contre l'assureur, mais à la condition que ce droit soit également admis par la loi régissant, soit la responsabilité de l'assuré, soit le contrat d'assurance. Et la Convention de 1971 (art. 9) doit être comprise de la même façon (23).

e) Les *conventions relatives à la responsabilité* sont, comme tous les actes non générateurs d'obligations, régies par la loi de leurs effets (V. *infra*, n° 690), c'est-à-dire, en l'occurrence, par la loi applicable au délit.

§ 2. MISE EN ŒUVRE DES RÈGLES DE CONFLIT DE LOIS

A. Difficultés relatives à la détermination de la loi du lieu du délit

684 Le rattachement au lieu du délit, qui demeure la solution de droit commun, est impossible à mettre en œuvre lorsque aucune loi n'est applicable en ce lieu. Il en est ainsi des délits commis dans un espace sans souveraineté : en haute mer, ou au-dessus de la haute mer. On substitue à la loi du lieu du délit celle de la nationalité du navire, ou celle du pays d'immatriculation de l'aéronef, à bord duquel il survient. La solution doit peut-être étendue, comme en droit pénal international, au cas où le délit est commis alors que le navire se trouve dans les eaux territoriales, et à celui où l'aéronef survole le territoire d'un État.

En cas d'abordage en haute mer de deux navires qui ne battent pas le même pavillon, comme en cas de collision de deux avions, non localisée au-dessus du territoire d'un État, la loi applicable est celle du for, car il n'existe aucun rattachement objectif (24).

685 On a vu (*supra*, n° 679-3) que le Règlement Rome II résout, en faveur de la loi du lieu du dommage, l'hypothèse de la dissociation entre ce lieu et celui du fait générateur, tout en introduisant une clause dérogatoire, qui peut permettre le choix contraire lorsque le lieu du dommage est peu significatif.

Lorsque les divers éléments du préjudice, ou les préjudices éprouvés par diverses personnes, apparaissent dans plusieurs pays, la loi applicable à chaque élément est celle du lieu où il est apparu (25). Mais s'ils sont liés par une chaîne causale (blessures reçues dans un pays, suivies d'un décès dans un autre pays, préjudice moral et matériel éprouvé par les parents du fait du décès de la victime), il convient d'appliquer à tous la loi du lieu de survenance du premier

(23) Pour une application, v. Civ. 2 oct. 1984, *JDI*, 1985.674, note Dayant.
(24) Com. 9 mars 1966, *Rev. crit. DIP* 1966.636, note Simon-Depitre et C. Legendre, *D.* 1966.577, note Jambu-Merlin, *JCP* 1967.II.14 994, note de Juglart et du Pontavice.
(25) Trib. gr. inst. Paris 23 juin 1976, *Rev. crit. DIP* 1978.132, note Gaudemet-Tallon.

élément (26). En décider autrement reviendrait à prendre le risque d'avoir, notamment, à condamner le défendeur à réparer le dommage subi par une victime par ricochet selon la loi d'un pays donné lorsque ce même défendeur serait cependant déclaré exempt de toute responsabilité envers la victime immédiate en vertu de la loi applicable à l'action de celle-ci. Telle est la solution qui paraît résulter de l'article 4 du Règlement Rome II, lorsqu'il oppose le dommage dont le lieu détermine la loi applicable aux « conséquences indirectes du fait dommageable ».

B. Exception d'ordre public et lois de police

686 On relève dans les décisions de juridictions inférieures une tendance à substituer la loi française à la loi étrangère normalement compétente et de contenu différent, soit ouvertement au nom de l'ordre public, soit de façon détournée. Par exemple, la non-réparation du préjudice moral par la loi allemande a paru à la Cour de Paris contraire à l'ordre public (27). Mais la Cour de cassation est plus libérale ; elle a d'ailleurs cassé l'arrêt de Paris qui vient d'être cité (28).

L'exigence d'une faute grave pour que la responsabilité soit engagée n'est pas non plus contraire à l'ordre public, même en matière d'accident de la circulation automobile (29). Plus généralement, la loi française du 5 juillet 1985 relative aux accidents de la circulation relève du domaine de la Convention de 1971, et n'est pas globalement applicable en tant que loi d'ordre public (30).

En revanche, s'agissant d'une accusation de vol contenue dans des propos tenus au Portugal, la Cour de cassation a décidé que la prescription de trois mois de l'article 65 de la loi française du 29 juillet 1881 devait être appliquée, nonobstant les dispositions de la loi portugaise désignée par la règle du conflit (31).

686-1 L'article 16 du Règlement Rome II réserve l'application des lois de police du for ; il semble que l'on doive en déduire, *a contrario*, que le juge saisi n'est pas autorisé à faire application des lois de police étrangères.

C. Renvoi

687 Tant le Règlement Rome II que les deux conventions de La Haye excluent le jeu du renvoi. En revanche, dans les matières non couvertes par ces textes — par exemple la responsabilité résultant d'atteintes à la vie privée et aux droits

(26) L'arrêt *Lautour* a d'ailleurs appliqué la loi espagnole du lieu de l'accident à la réparation du préjudice éprouvé par les parents, domiciliés en France. V. la jurisprudence américaine citée par LÉGIER, note au *JDI* 1984, p. 134.

(27) Paris 2 oct. 1963, *JDI* 1964, p. 103, note Goldman, *Rev. crit. DIP* 1964.332, note P. L.

(28) Civ. 30 mai 1967, *JDI* 1967.622, note B.G., *Rev. crit. DIP* 1967.728, note Bourel, *D.* 1967.629, note Malaurie. V. aussi Civ. 15 déc. 1969, *Rev. crit. DIP* 1971.512, note Bourel ; 15 mai 1994, *JDI* 1995.122, note Légier.

(29) Civ. 1re, 4 avr. 1991, *JDI* 1991.981, note Légier.

(30) Civ. 1re, 4 févr. 1992, *D.* 1993.13, note Légier ; 30 sept. 2003, *RGDA* 2004.270, note Heuzé ; *JDI* 2005.124, note Légier.

(31) Civ. 1re, 19 oct. 2004, *D.* 2005.878, note C. Montfort, et 1192, obs. P. Courbe et H. Chanteloup.

de la personnalité — le renvoi devrait continuer à jouer, conformément au droit commun français du conflit de lois.

SECTION II QUASI-CONTRATS

688 La jurisprudence française soumettait les quasi-contrats à la loi du *lieu où est survenu le fait* qui est censé avoir donné naissance à une obligation. La règle avait été énoncée par la Cour de cassation, à propos des obligations extracontractuelles en général (32).

Il avait été proposé (33) d'écarter ces solutions lorsque le quasi-contrat naît — ce qui est fréquent — à l'occasion d'une relation juridique préexistante ; dans ce cas s'appliquerait la loi régissant la relation. L'exemple le plus typique est celui de l'obligation de restitution de l'indu, consécutive à l'annulation d'un contrat : la répétition ne doit pas être considérée en elle-même, mais en liaison avec le phénomène contractuel ; elle relève donc de la *lex contractus* (34).

689 C'est bien en ce sens qu'ont opté les rédacteurs du Règlement Rome II, qui ont consacré l'article 10 à l'enrichissement sans cause (incluant le paiement de l'indu) et l'article 11 à la gestion d'affaires. Les articles 10, § 1 et 11, § 1 déclarent applicable la loi qui régit la relation préexistante entre les parties. En son absence, ou plus généralement si cette loi ne peut être déterminée, la loi applicable est celle de la résidence habituelle des parties, lorsqu'elles sont établies dans le même pays ; à défaut le juge applique la loi de l'État dans lequel s'est produit l'enrichissement sans cause ou la gestion d'affaires (art. 10, § 2 et 3, et art. 11, § 2 et 3). Mais une clause dérogatoire laisse toujours la liberté au juge d'appliquer une autre loi, si elle lui paraît présenter avec le litige des « liens manifestement plus étroits » (art. 10, § 4 et art. 11, § 4).

L'article 14 relatif à la liberté de choix de parties (v. *supra*, n° 679-6) est applicable, de même que l'article 16 réservant les lois de police du for et l'article 24 excluant le renvoi.

(32) Civ. 1er juin 1976, cité *supra*, note 2.
(33) Chanteloup-Guérin, *op. cit.*
(34) En ce sens, G. De La Pradelle, *op. cit.*, *supra sub* nos 312 et s.

Bibliographie sommaire

Sur les obligations extracontractuelles en général :

BOUREL : *Les conflits de lois en matière d'obligations extracontractuelles*, Paris, 1961.

Sur les délits et quasi-délits :

BISCHOFF : « La concurrence déloyale en droit international privé », *Trav. Com. fr. dr. int. pr.*, 1969-1971, p. 53 et s.

BOSKOVIC : *La réparation du préjudice en droit international privé*, LGDJ, 2003.

BOUREL : « Du rattachement de quelques délits spéciaux en droit international privé », *Rec. Acad. La Haye*, 1989, II, p. 255 et s.

BOUREL : « Un nouveau champ d'exploration pour le droit international privé conventionnel : les dommages causés à l'environnement », *Mélanges Loussouarn*, Paris, 1994, p. 93 et s.

FORGET : *Les conflits de lois en matière d'accidents de la circulation routière*, Paris, 1973.

JAMBU-MERLIN : « La loi applicable aux accidents de travail en droit international et en droit communautaire », *Rec. Acad. La Haye*, 1983, II, p. 237 et s.

LOUSSOUARN : « La Convention de La Haye sur la loi applicable en matière d'accidents de la circulation routière », *JDI* 1969.5.

LOUSSOUARN : « La Convention de La Haye sur la loi applicable à la responsabilité du fait des produits », *JDI* 1974.32.

MONEGER : *Réflexions sur le principe de la compétence de la loi locale en matière de responsabilité délictuelle*, thèse dactyl., Paris, 1974.

MOREAU-BOURLÈS : *Structure du rattachement et conflit de lois en matière de responsabilité civile délictuelle*, thèse dactyl., Paris-II, 1985.

POCAR : « Le lieu du fait illicite dans les conflits de lois et de juridictions », *Trav. Com. fr. dr. int. pr.*, 1985-1986, p. 71 et s.

Sur les quasi-contrats :

CHANTELOUP : *La loi applicable aux quasi-contrats*, LGDJ, 1998.

LÉGIER : « Les conflits de lois relatifs à l'enrichissement sans cause », *Mélanges Béguet*, Toulon, 1985.

CHAPITRE 2
LES ACTES JURIDIQUES

690 Les actes juridiques sont des manifestations de volonté en vue de la production d'effets juridiques.

On les rattachait, au Moyen Âge, à la loi du lieu de leur conclusion (*lex loci actus*), aussi bien pour le fond que pour la forme. Mais peu à peu s'est imposée l'idée que la volonté des parties, déjà maîtresse du contenu des effets juridiques en droit interne, pouvait également intervenir, en droit international, dans le choix de la loi applicable. On appelle *loi d'autonomie* la loi dont la compétence repose sur un choix, exprès ou tacite, effectué par les parties.

1° *Sur le fond*, le recours à la loi d'autonomie, dont on fait remonter l'origine à Dumoulin au début du XVIe siècle (v. *supra*, n° 61), s'est affirmé et a été consacré par tous les droits positifs en matière contractuelle, mais seulement — précision importante — en dehors du droit de la famille.

Dans le cadre du droit de la famille, les actes juridiques *extrapatrimoniaux* (mariage, reconnaissance d'enfant naturel, adoption, divorce ou séparation par consentement mutuel, convention sur la garde des enfants, etc.) sont inclus dans le statut personnel et soumis à ses rattachements impératifs ; quant aux actes *patrimoniaux* (testament, contrat de mariage, convention sur les conséquences pécuniaires d'un divorce ou d'une séparation de corps...), la loi d'autonomie garde parfois un rôle, mais il est au moins discuté, et en général il n'est que partiel (v. *infra*, nos 772 et s., nos 806 et s., et *supra*, n° 602).

En réalité les solutions sont dictées, comme toujours en droit international privé (v. *supra* n° 164), par la nécessité d'assurer l'adéquation entre le critère de rattachement et la catégorie à laquelle il est associé. C'est d'ailleurs sur la base de cette considération qu'il a pu être soutenu que doivent exclusivement relever du principe d'autonomie les manifestations de volonté génératrices d'obligations, les autres actes unilatéraux ou conventionnels devant être soumis à la loi de leurs effets (1).

(1) HEUZÉ, « La notion de contrat en droit international privé », *op. cit.*

On se limitera ici aux actes juridiques *non familiaux* (c'est-à-dire essentiellement aux contrats) ; ils feront l'objet de deux sections relatives, l'une au principe de la loi d'autonomie (Section I), l'autre à sa mise en œuvre (Section II).

2° *Sur la forme*, le critère du lieu de conclusion de l'acte a gardé son importance : c'est le rattachement de principe ; mais la volonté des parties peut élire une autre loi, dans certaines limites.

Le caractère familial de l'acte appelle moins nécessairement ici des solutions différentes, car la loi applicable au statut personnel ne concerne en général que la substance des actes, et ne prétend pas régir leur forme. Dans une troisième section, on étudiera donc de façon générale la forme des actes juridiques, tout en signalant les particularités de certains actes de caractère familial (et en renvoyant l'étude de certaines d'entre elles à des développements ultérieurs).

691 La distinction entre forme et fond tend à s'estomper lorsque la source des obligations est formelle. Il en est ainsi en droit cambiaire, la simple signature apposée sur la lettre de change, le billet à ordre ou le chèque étant la source d'une obligation pour le signataire (et éventuellement pour le tiré). La loi d'autonomie est alors éliminée. Elle ne conviendrait d'ailleurs pas, en raison des difficultés de sa détermination, à des titres dont la caractéristique est de pouvoir circuler facilement, par endossement.

Il semblerait logique que toutes les obligations afférentes à un même titre soient soumises à une loi unique, qui pourrait être celle du lieu prévu pour le paiement, plus significatif que le lieu d'émission. Mais telle n'a pas été la solution retenue par les Conventions de Genève du 7 juin 1930 « destinée à régler certains conflits de lois en matière de lettre de change et de billet à ordre », et du 19 mars 1931 « destinée à régler certains conflits de lois en matière de chèques ». Bien que ces Conventions ne concernent pas toutes les questions qui peuvent être soulevées (elles sont muettes, notamment, sur les questions de cause et de consentement), et que l'on discute de leur applicabilité aux questions de droit substantiel réglées par les Conventions de Genève de même date qu'elles, portant loi uniforme (v. *supra*, n° 93), ainsi qu'aux hypothèses où la loi désignée serait celle d'un État non contractant, elles expriment l'essentiel du droit positif ; s'il subsiste un droit commun, il ne peut pas ne pas être influencé par le droit conventionnel (2).

Or les Conventions de Genève ont consacré une indépendance des obligations cambiaires qui va bien au-delà de celle qu'admet le droit substantiel interne.

Certes, elles soumettent à la loi *du lieu du paiement* les obligations du débiteur principal. Mais elles décident que chaque signataire est obligé selon la *loi du pays sur le territoire duquel il s'est engagé*. Par ailleurs, le délai de recours à défaut de paiement est soumis à la loi du *lieu de l'émission* ; cette loi détermine aussi, dans la Convention sur la lettre de change et le billet à ordre, les droits du porteur sur la provision (la Convention sur le chèque les soumet à la loi du lieu de paiement).

(2) En ce sens, BATIFFOL, *La propriété privée*, Cours I.H.E.I., 1967-1968, p. 126 et s.

SECTION I LE PRINCIPE DE LA LOI D'AUTONOMIE

692 C'est seulement en 1910 que la Cour de cassation, dans l'arrêt *American Trading Co.* (3), a consacré la loi d'autonomie.

Le principe en avait été acquis pour la première fois en Angleterre un siècle et demi plus tôt (arrêt *Robinson v. Bland* de 1760) !

Selon l'arrêt *American Trading Co.*, « la loi applicable aux contrats, soit en ce qui concerne leur formation, soit quant à leurs effets et conditions, est celle que les parties ont adoptée ». Le choix peut être exprès, résultant d'une clause de choix de la loi, ou tacite, et dans ce cas être « révélé par les faits et circonstances de la cause, ainsi que par les termes du contrat ». C'est seulement à défaut de choix que le juge doit appliquer (si les parties sont de nationalités différentes) la loi du lieu de conclusion.

Le système consacré par l'arrêt peut être qualifiée de dualiste : les solutions sont radicalement différentes selon qu'il existe une volonté des parties quant au choix de la loi — elle doit être suivie — ou qu'aucune n'est perceptible — on recourt à un critère de rattachement objectif qui désigne mécaniquement la loi applicable.

Par la suite, la jurisprudence, tout en maintenant le principe de l'autonomie de la volonté, a évolué vers un système moniste, dans lequel étaient pris simultanément en compte par le juge aussi bien des éléments subjectifs, plus ou moins révélateurs d'une volonté ou d'une croyance des parties, et des éléments objectifs. Parmi ces derniers, le lieu de conclusion et la nationalité commune avaient perdu l'essentiel de leur importance au profit du lieu d'exécution. La loi applicable était celle de l'État qui, compte tenu de l'ensemble de ces éléments, présentait les liens les plus étroits avec le contrat. Cette méthode a pu être qualifiée d'« impressionniste ». On y a vu aussi une application pure du principe de proximité.

La réunion des éléments subjectifs et objectifs a été justifiée en doctrine par la *théorie de la localisation*, développée par Henri Batiffol, et à laquelle la Cour de cassation s'est parfois référée (4). Dans cette théorie, les éléments subjectifs ne sont retenus que dans la mesure où ils contribuent à créer une réalité objective : la localisation du contrat dans un ordre juridique. Leur rôle dans cette localisation n'est d'ailleurs pas absolu, car il doit être corroboré par des éléments objectifs. Ainsi, dans le cas d'une vente de marchandises de France en Angleterre, il appartiendrait seulement aux parties de dire si elles ont entendu conclure une « affaire française » ou une « affaire anglaise » (5). Même le choix exprès

(3) Civ. 5 déc. 1910, S. 1911.1.129, note Lyon-Caen, *RDIP* 1911.395, *JDI* 1912.1156, *GA* n° 11.
(4) V. par ex. Civ. 25 mars 1980, *Mercator Press, Rev. crit. DIP* 1980.576, note Batiffol, *JDI* 1980.650, obs. Kahn.
(5) « Subjectivisme et objectivisme dans le droit international privé des contrats », *Mélanges Maury*, t. I, p. 53.

d'une loi serait à interpréter comme une simple volonté de localisation du contrat ; il en constituerait un élément capital, « mais non absolument obligatoire en droit parce que cette localisation reste une question de fait » (6).

La Convention de Rome du 19 juin 1980 sur la loi applicable aux obligations contractuelles, conclue entre les États membres de la Communauté Européenne, est revenue à une conception dualiste, assez comparable à celle de l'arrêt *American Trading Co.*, à ceci près qu'en l'absence de volonté expresse ou tacite des parties, le critère objectif de rattachement retenu n'est ni la nationalité commune ni le lieu de conclusion, qu'il est d'autre part variable selon le type de contrat en cause, et qu'il peut enfin être écarté par le juge si l'État qu'il désigne n'est pas celui qui en l'espèce présente les liens les plus étroits avec le contrat.

693 La Convention, entrée en vigueur le 1er avril 1991, est applicable à tous les contrats conclus postérieurement à cette date. Elle présente un caractère universel, en ce sens que la loi qu'elle désigne s'applique même si elle est celle d'un État non contractant (art. 2).

Aux termes de l'article 18 de la Convention, il doit être tenu compte, pour l'interprétation des règles uniformes qu'elle pose, de leur caractère international et de l'opportunité de parvenir à l'uniformité dans la façon dont elles sont interprétées.

Ce type de disposition risque fort de rester lettre morte, les juges ne pouvant, en pratique, faire abstraction de leur culture juridique nationale, et accordant peu de crédit à la jurisprudence étrangère. Aussi un protocole signé le 19 décembre 1988 prévoit-il, de façon plus efficace, un recours préjudiciel en interprétation devant la Cour de justice des communautés européennes, facultatif pour toutes les juridictions. Il est entré en vigueur le 1er août 2004.

694 Le droit conventionnel se substitue aux droits nationaux préexistants. La Convention de Rome constitue donc aujourd'hui le droit international privé français des contrats. Cependant, certains contrats et certaines questions échappent à son domaine matériel d'application.

– Les *contrats* sont d'abord ceux qui font l'objet d'une exclusion expresse aux termes de l'article 1er de la Convention. Parmi ceux-ci on trouve, conformément aux raisons déjà indiquées (*supra*, n° 690), les contrats qui se rapportent au *droit patrimonial et extrapatrimonial de la famille* (y compris les obligations alimentaires dans le cadre familial). Sont aussi exclues les obligations nées de *lettres de changes, chèques et billets à ordre* (instruments qui ont donné lieu aux Conventions de Genève précitées, n° 691) ; l'exclusion est étendue aux *autres instruments négociables*, tels les connaissements, dans la mesure où le problème posé met en cause leur caractère négociable. La Convention ne s'applique pas non plus aux *conventions d'arbitrage*, en raison

(6) *Traité*, n° 573.

de l'existence d'autres traités, ni aux *accords d'élection de for*, régis dans la majorité des cas par l'article 17 de la Convention de Bruxelles de 1968 (v. *supra* n° 350 à 352). Enfin, en raison de l'existence de règles communautaires particulières, les *contrats d'assurance* (mais non de réassurance) *couvrant des risques situés sur le territoire des États membres* de la Communauté sont exclus.

La Convention précise qu'elle ne s'applique pas aux *trusts*, ce que suffit à expliquer le fait qu'il ne s'agit pas de contrats.

Il y a encore lieu d'écarter la Convention à l'égard des types de contrats qui font l'objet d'une convention particulière, entrée en vigueur pour la France : ainsi la *vente mobilière* (v. *infra*, n° 733) et les *contrats d'intermédiaires* (v. *infra*, n° 734).

Il est à noter en revanche que la Convention n'exclut pas de son champ d'application les contrats internationaux que leur nature conduirait, selon les critères retenus par le droit de l'État impliqué, à qualifier d'*administratifs*. Il est donc permis aux parties de les soumettre au droit d'un autre État, ce qui leur fait en même temps perdre leur qualité de contrats administratifs et rend incompétente la juridiction administrative (7).

Des difficultés de qualification peuvent se présenter, par exemple à propos de la donation, considérée comme un contrat en droit français, mais non en droit anglais. Il n'est pas certain qu'en dépit de l'article 18, qui invite les tribunaux à tenir compte, dans l'interprétation et l'application des dispositions de la Convention, « de leur caractère international et de l'opportunité de parvenir à l'uniformité », ils sauront résister à la tentation de faire systématiquement prévaloir leurs conceptions nationales respectives.

– Même à l'égard des contrats qui entrent dans son domaine d'application, la Convention exclut par ailleurs un certain nombre de *questions*, d'ailleurs traditionnellement étrangères à la catégorie « contrats » : celles qui ont trait à l'*état et à la capacité* des personnes physiques, au *pouvoir de représentation* envers les tiers des intermédiaires et des organes des personnes morales, à la *preuve* et à la *procédure* (sous une exception, v. *supra*, n° 503), et toutes les *questions relevant du droit des sociétés, associations et personnes morales.*

On recherchera d'abord la justification du principe d'autonomie (§ 1), avant d'en apprécier la signification exacte (§ 2).

§ 1. JUSTIFICATION DU RÔLE DES FACTEURS SUBJECTIFS

695 Le droit comparé suffit à montrer sans équivoque que les nécessités du commerce international appellent la reconnaissance d'un rôle à la volonté des parties dans le choix de la loi. L'idée s'est imposée, et est actuellement reçue

(7) En ce sens CE 19 nov. 1999, *Tegos, Rev. crit. DIP* 2000.409, note S. Lemaire, *JDI* 2000.742, note Flauss ; TC, 22 octobre 2001, *D.* 2001.IR.3396.

dans tous les systèmes, que les parties ont le droit de soumettre le contrat à la loi qui leur convient, si elles l'ont choisie sans fraude. Cette solution présente trois avantages importants. D'abord elle assure aux parties qui ont expressément choisi une loi une parfaite prévisibilité, ce qu'aucun critère objectif véritablement significatif ne pourrait faire. Ensuite, elle favorise la conclusion des contrats internationaux, car elle donne aux parties la possibilité d'écarter la loi de l'une d'entre elles, dont la compétence serait inacceptable pour l'autre, en choisissant soit la loi de cette dernière (si elle est en mesure de la faire accepter), soit une loi « neutre », c'est-à-dire tierce par rapport au domicile des parties, ou même totalement étrangère au contrat. Enfin elle permet aux parties de se soumettre à une loi dont la teneur convient particulièrement à leur projet. L'ensemble de ces avantages peut être synthétisé dans l'observation que la souplesse du principe d'autonomie, et la variété de règles qu'il met à la disposition des parties, sont propices au développement du commerce international, ce qui est en soi une bonne chose.

Mais le fondement et la nature du rôle de la volonté sont discutés. Les excès du subjectivisme pur ont été à juste titre critiqués (A) ; une analyse subjectiviste modérée rend mieux compte de la réalité des contrats internationaux, et reflète plus exactement le droit positif (B).

A. Le subjectivisme pur

696 La vogue qu'a connue à la fin du XIXe siècle la doctrine de l'autonomie de la volonté, et dont les principales manifestations concernent le droit civil, a affecté également le droit international privé. Puisque selon cette doctrine la rencontre des volontés est suffisante, à elle seule, pour créer des obligations, les parties ne sont soumises pour leur contrat à aucune des lois nationales en présence. Mais elles ont le loisir de se référer, par commodité, à l'une d'entre elles ; les dispositions de la loi choisie s'intègrent dans le contrat : elles n'ont de force obligatoire que dans la mesure où la volonté des parties leur en a conféré une.

La Cour de cassation, dans son arrêt *American Trading Co.*, a paru s'inspirer de cette conception, en affirmant que « la loi applicable aux contrats... est celle que les parties ont *adoptée* ».

Plusieurs conséquences découlent logiquement de ce système :

1° Un contrat peut n'être soumis à aucune loi (*contrat dit sans loi*) : la volonté des parties se suffit à elle-même ; elles ont la possibilité, mais non l'obligation, de se référer à une loi nationale.

2° Les dispositions légales intégrées dans le contrat sont celles qui étaient en vigueur au moment de sa conclusion, car les parties n'ont pu vouloir que s'appliquent des règles qu'elles ne connaissaient pas ; les modifications de la loi choisie n'affectent donc pas le contrat.

3° Les parties peuvent procéder à un « panachage », choisissant telle règle dans une législation, telle autre dans une seconde, et rédigeant de surcroît certaines clauses sans le relais d'une quelconque loi.

La jurisprudence française a admis, dans la première moitié du XXe siècle, ces trois conséquences du subjectivisme : l'arrêt de la Cour de Paris du 24 avril 1940 (8) énonce que le contrat international constitue la seule loi des parties, l'arrêt de la Chambre civile du 15 mai 1935 (9) refuse d'appliquer une loi rétroactive postérieure à la conclusion du contrat (10), l'arrêt précité *American Trading Co.* retranche de la loi américaine choisie par les parties une règle impérative annulant l'une des clauses du contrat, et y substitue la règle française de teneur opposée.

697 Deux critiques théoriques ont été adressées, notamment par von Bar et Pillet, dès la seconde moitié du XIXe siècle, au subjectivisme ainsi conçu.

La première ne fait que reprendre les objections générales que l'on oppose à la théorie de l'autonomie de la volonté : la source d'une obligation ne peut se trouver que dans la loi qui la sanctionne ; la volonté ne joue un rôle que dans la mesure où la loi le lui confie. Particulièrement, en droit international privé, il faudrait qu'une loi habilite les contractants à choisir une loi ; or, sous peine de tomber dans un cercle vicieux, ce ne peut être la loi désignée elle-même ; le choix de la loi ne peut donc résulter de la volonté.

Seconde critique : s'il est concevable que la volonté puisse choisir entre les dispositions supplétives de plusieurs lois, en revanche, le propre des dispositions impératives est que les parties ne peuvent s'y soustraire. On nie l'essence même du droit en fondant son caractère impératif sur le consentement de ses sujets : les individus sont soumis au droit, non le droit aux individus.

B. Un subjectivisme modéré

698 Il semble possible de maintenir une conception subjectiviste, tout en échappant aux critiques classiques.

Pour cela, il faut d'abord adopter une présentation différente, moins radicale, de la thèse subjectiviste. Il faut reconnaître que la loi n'est pas incorporée dans le contrat, mais qu'au contraire celui-ci lui est soumis : la volonté a pour seul effet de préciser *à quelle loi* — loi que l'on pourra appeler *lex contractus* — le contrat se trouve soumis.

Il est dès lors facile de réfuter la première objection, selon laquelle un accord de volonté n'a d'effet juridique que si une loi lui en attache un :

(8) S. 1942.2.29, note Niboyet.

(9) S. 1935.1.244.

(10) L'arrêt des *Messageries maritimes* (Civ. 21 juin 1950, *Rev. crit. DIP* 1950.609, note Batiffol, *JCP* 1950.II.5812, note J.-Ph. Lévy, S. 1952.1.1, note Niboyet, *D.* 1951.749, note Hamel, *GA* n° 22) peut, malgré son ambiguïté, être invoqué dans le même sens. Sur cet arrêt, v. *infra*, n° 742 *in fine*.

1° L'accord sur la loi applicable est efficace *parce que la règle de conflit le prévoit* : la règle de conflit joue à l'égard de l'accord des volontés sur le choix de la loi, le même rôle que l'article 1134 du Code civil à l'égard de la substance du contrat.

2° Les obligations contractuelles proprement dites ont leur source dans la *lex contractus* choisie, dont l'autorité s'impose aux parties dès lors qu'elles se sont placées, par leur comportement (essentiellement constitué par l'expression de leur volonté), sous son empire.

Cette analyse cadre parfaitement avec la façon dont l'article 3, § 1, de la Convention de Rome formule le rôle de la volonté des parties : « Le contrat est régi par la loi choisie par les parties ». D'un côté le choix porte directement sur la loi : le subjectivisme est avoué. De l'autre le contrat est *régi* par la loi, c'est-à-dire qu'il y est soumis : la volonté des parties n'est pas toute-puissante.

699 La seconde objection reste toutefois impressionnante : en choisissant une loi on échappe, par une déclaration de volonté, aux dispositions impératives contenues dans les autres lois, dont certaines peuvent présenter des liens objectifs tout aussi forts ou même plus forts avec le contrat ; or, l'essence des dispositions impératives est de ne pas admettre de dérogation volontaire. M. Karl Neumayer a, au moins sur le plan pratique, désarmé cette critique en formulant une distinction, qui paraît fondamentale, entre dispositions simplement impératives et dispositions internationalement impératives (11).

Les premières, de pur intérêt privé, et parmi lesquelles on peut citer la nullité pour défaut de cause ou d'objet, l'impossibilité de la cession de dette, l'interdiction de la condition purement potestative de la part du débiteur, ne sont impératives qu'*à l'intérieur d'un ordre juridique déterminé supposé globalement applicable au contrat.* Le législateur en les édictant cherche, d'une part, à protéger les parties, notamment la plus faible, contre l'expression de leur volonté, d'autre part, à fournir l'ossature intangible du mécanisme contractuel tel qu'il le conçoit. Leur impérativité traduit donc les limites du pouvoir créateur conféré par le législateur à l'accord des volontés, et l'ensemble, pouvoir créateur et limites, forme un tout indissociable : le système général consacré par telle législation en matière contractuelle ; aucun des éléments de ce système n'a de prétention à une application autonome, en dehors du système lui-même. Or celui-ci, s'il est *imposé* aux contrats purement internes (12), n'est que *proposé comme un modèle global* aux contrats internationaux ; le législateur abandonne à la règle de conflit le soin de décider si ce modèle est celui qu'il faut suivre dans une espèce donnée : peu lui importe au fond que la conception d'une autre loi, qui tout en étant différente n'est pas nécessairement

(11) « Autonomie de la volonté et dispositions impératives en droit international privé », *Rev. crit. DIP* 1957.579.

(12) Même les règles supplétives sont imposées en ce sens que, dans le silence des parties, ce sont elles, et non d'autres, qui énoncent leurs obligations.

moins bonne, prévale, pourvu qu'elle ait pour cela un titre plus sérieux que la sienne. Et le titre le plus normal, compte tenu de ses effets bénéfiques pour le développement du commerce international, est le fait que *l'identité, ou la teneur matérielle* de la loi dans son ensemble, convient aux parties pour la réalisation de leur opération. Il est donc légitime que les parties choisissent entre les diverses lois en présence, leur choix entraînant d'ailleurs inéluctablement l'application des dispositions impératives de la loi élue.

En revanche, les dispositions « internationalement impératives », qui ne sont rien d'autre, dans la terminologie française actuelle, que les *lois de police*, se veulent applicables, même si elles ne font pas partie de la loi qui régit le contrat, simplement en raison d'un lien territorial avec les opérations matérielles de conclusion ou d'exécution. Par exemple, les dispositions de la loi française qui limitent le montant du loyer de certains baux d'immeubles s'appliquent à tout contrat, même soumis à une loi étrangère, qui porte sur un immeuble sis en France. La présence d'un intérêt collectif fait cesser l'attitude habituelle d'indifférence de l'État à l'égard de l'application de sa propre loi. *Tandis que les dispositions simplement impératives ne manifestent leur impérativité que si le système auquel elles appartiennent se trouve être compétent, les lois de police sont impératives dans l'absolu, au point de motiver par elles-mêmes leur compétence.*

La critique majeure faite au subjectivisme — impossibilité d'échapper par une déclaration de volonté à une disposition impérative — n'est donc en définitive justifiée qu'à l'égard des lois de police, et il suffit pour ne pas l'encourir de reconnaître que justement la loi d'autonomie ne permet pas d'échapper à l'application de ces règles. Or, c'est précisément ce que fait expressément l'article 7 de la Convention de Rome, texte que l'on a déjà analysé dans l'étude générale des lois de police (*supra*, n°s 127 et s.).

700 Si le choix de la *lex contractus* ne porte pas atteinte en principe aux dispositions simplement impératives d'une autre loi, il n'en est ainsi que dans la mesure où cette autre loi n'a pas de vocation particulièrement forte à être reconnue compétente. Cela suppose que certaines conditions soient remplies.

a) Tout d'abord, il faut que le contrat soit objectivement international (sur cette notion, v. *supra*, n° 5). Permettre, sans limitation, aux parties à un contrat purement interne de choisir comme *lex contractus* la loi d'un autre État reviendrait à ruiner entièrement l'autorité de chaque loi. Le droit français des contrats serait réduit à un ensemble de dispositions supplétives s'il suffisait aux parties à qui il ne convient pas d'en choisir un autre. L'idée de loi d'autonomie a toujours été associée à celle de contrat international (13).

(13) Com. 19 janv. 1976, *Rev. crit. DIP* 1977.503, note Batiffol, *JDI* 1977.651, note A. Lyon-Caen ; Civ 4 nov. 1981, *JCP* 1982.IV.30.

Toutefois, la Convention de Rome a franchi un pas important en autorisant ce qui jusque-là était considéré comme inconcevable : les parties à un contrat interne à un pays donné peuvent désormais le soumettre à la loi d'un autre pays. Mais l'impérativité de la loi a été sauvegardée : lorsque tous les éléments de la situation sont localisés au moment du choix dans un seul pays, le choix d'une autre loi « ne peut porter atteinte aux dispositions [...] impératives » de la loi du premier pays (art. 3, § 3). Le seul reproche que l'on puisse faire à cette disposition audacieuse est de laisser dans le vague la combinaison, nécessairement complexe, qui devra alors être effectuée entre les dispositions impératives et supplétives de la loi choisie, d'une part, les dispositions impératives de la loi locale, d'autre part. Dans ces conditions, il n'est probablement pas à conseiller aux parties à un contrat interne à la France de le soumettre entièrement à une loi étrangère ; seul un emprunt limité à cette loi peut se révéler utile.

b) La liberté complète de choix est ainsi réservée, dans la Convention de Rome, aux contrats internationaux. Mais cette solution elle-même ne serait vraiment justifiée que si le contrat international était défini de façon rigoureuse. Ce n'est pas le cas dans la Convention de Rome. On peut en effet déduire, *a contrario* de l'article 3, § 3, que la liberté de choix des parties est entière dès lors que tous les éléments de la situation ne sont pas localisés au moment du choix dans un seul pays. Ce laxisme est confirmé par l'article 1er, § 1, aux termes duquel la Convention est applicable (et donc le principe d'autonomie consacré) « dans les situations comportant un conflit de lois ». Il en résulte qu'un élément d'extranéité quelconque suffit. Or, parmi eux, au moins deux semblent insuffisamment significatifs : le lieu de conclusion et la nationalité. En quoi un contrat par ailleurs purement français, mais qui porte la mention — véridique ou mensongère — « signé à Bruxelles » est-il international ? Et en quoi, dans une vente de melons par un producteur de Cavaillon à un épicier parisien, le choix de la loi turque ou brésilienne est-il justifié, sous prétexte que l'épicier est italien (14) ? La possibilité de priver ainsi une partie étrangère de la protection offerte par les règles impératives françaises peut même apparaître discriminatoire.

c) Enfin, la Convention de Rome, intentionnellement, ne réserve pas la fraude.

Or les parties ont pu rendre le contrat international de façon artificielle ; le fait que le lieu de conclusion puisse constituer un élément d'extranéité rend la fraude d'autant plus facile et tentante qu'en faisant état de la signature du contrat dans un pays étranger, les parties se trouvent autorisées à choisir, non seulement la loi de ce pays, mais encore celle de n'importe quel pays au monde. D'autre part, même si le contrat est réellement international, et intéresse deux pays — par exemple la France et la Belgique —, on ne devrait

(14) Comp. GOLDMAN, intervention lors de la *Journée du Cinquantenaire* du Comité français de droit international privé, *Travaux*, p. 138.

pas admettre que les parties en profitent pour rendre applicable une loi tierce qui ne comporte pas une disposition impérative gênante contenue dans la loi de chacun de ces pays, si telle est la motivation déterminante de leur choix.

§ 2. SIGNIFICATION DU PRINCIPE D'AUTONOMIE

701 La règle de conflit qui consacre le pouvoir des parties de choisir la loi applicable n'est pas différente, structurellement, de la règle de conflit savignienne (15). Elle affecte à une catégorie de questions de droit — les questions liées à la formation et aux effets des contrats — un critère de rattachement bilatéral : la volonté des parties.

Elle n'en présente pas moins un certain nombre de particularités, liées à la nature subjective de ce rattachement. On en relèvera deux. La première est que le principe d'autonomie est réservé aux contrats objectivement internationaux, et qu'il devrait même être exigé que leur internationalité soit nettement caractérisée (v. *supra*, n° 700). La seconde est qu'à l'élément conflictuel se mêle un élément substantiel : en autorisant les parties à choisir la loi qui leur convient, la règle de conflit introduit dans les contrats internationaux un degré de liberté contractuelle supérieur à celui qui est reconnu dans les contrats internes.

Sur un autre plan, la signification du principe d'autonomie se déduit des termes dans lesquels l'article 3, § 1, première phase de la Convention de Rome le décrit : « Le contrat est régi par la loi choisie par les parties ». Il apparaît en effet que le choix doit se porter sur une *loi étatique* (A), et que celle-ci *régit* le contrat (B).

A. L'objet du choix : une loi étatique

a) Condamnation du contrat sans loi

702 Malgré les apparences, le contrat sans loi n'est pas théoriquement inconcevable, même sans faire appel au subjectivisme pur. Son admission signifierait que la règle de droit international privé du for accepte de conférer elle-même aux clauses convenues un caractère obligatoire ; ce serait une règle de droit international matériel, analogue à celle qui consacre aujourd'hui, en droit français, la licéité des clauses compromissoires dans les contrats internationaux (v. *supra*, n° 306). Le contrat ne serait donc pas tout à fait sans loi, puisque

(15) *Contra* V. HEUZÉ, *La réglementation française..., op. cit.*, selon qui le principe d'autonomie résulte d'une règle de droit international privé matériel, et non d'une règle de conflit.

c'est une règle du for qui attribuerait des effets juridiques à l'accord des volontés des parties. Mais le rôle du droit étatique se bornerait là ; les règles relatives à la formation des contrats, aux modes d'exécution et d'extinction des obligations, les règles supplétives du consentement, etc. seraient en revanche évincées. Le juge serait donc privé du modèle que fournissent les règles substantielles légales, avec tous les inconvénients que cela comporte pour la prévisibilité.

La jurisprudence française était hostile au contrat sans loi. La Cour de cassation avait jugé, dans l'affaire des *Messageries maritimes* (citée *supra*, note 10), que « tout contrat international est nécessairement rattaché à la loi d'un État ». La Convention de Rome exclut implicitement la possibilité de soustraire le contrat à toute loi étatique puisque, lorsque les parties n'en ont pas choisi une, le juge doit rechercher et appliquer celle du pays qui présente les liens les plus étroits avec le contrat (16).

Devant un arbitre, la justification théorique du contrat sans loi est différente. L'arbitre n'a pas de *lex fori* qui puisse fonder la force obligatoire d'un contrat. Mais il n'en a pas non plus besoin. Il lui suffit de se référer directement à la volonté des parties. Sans doute ne pourra-t-il pas alors transformer le contrat, de simple fait, en acte juridiquement obligatoire ; mais c'est au fond naturel, puisque la sentence qu'il est amené à prononcer n'est elle-même qu'un fait : un écrit privé, et non une norme. L'ensemble, contrat et sentence, n'accède à la vie juridique que par l'application des règles étatiques qui confèrent une valeur normative, sous certaines conditions, aux sentences arbitrales.

Les inconvénients pratiques du contrat sans loi sont les mêmes devant l'arbitre que devant le juge. Mais l'arbitre peut difficilement remettre en cause le vœu des parties d'exclure tout droit étatique, alors qu'il n'est pas impossible de le réaliser. C'est plutôt au niveau de l'exequatur ou de la reconnaissance de la sentence que l'on pourrait s'attendre à qu'une loi étatique fasse valoir ses exigences. Mais le droit international privé français (art. 1502 nouv. C. proc. civ.) ne subordonne l'exequatur et la reconnaissance à aucun contrôle relatif à la loi appliquée au contrat.

Ainsi le contrat sans loi, qui ne recevrait pas la sanction étatique s'il était soumis directement au juge français, la reçoit indirectement lorsque le litige est préalablement tranché au fond par un arbitre.

b) Condamnation du contrat soumis à des règles non étatiques

703 Si le contrat sans loi n'est pas théoriquement inconcevable, la soumission d'un contrat international à des règles non étatiques l'est encore moins. On peut parfaitement imaginer, par exemple, que des parties soumettent leur contrat aux « Principes Unidroit sur les contrats internationaux », corps de règles sans valeur obligatoire, élaboré dans le cadre d'Unidroit par un groupe d'experts représentant tous les grands systèmes juridiques (v. *supra*, n° 24-1). Le juge ou l'arbitre appliquerait ces règles exactement de la même façon qu'il applique des règles étatiques. Les parties pourraient également déclarer applicable la *lex*

(16) En ce sens Angers 18 mai 1989, *Rev. crit. DIP* 1990.501, note Heuzé. *Contra* AUDIT, *op. cit.*, n° 798, qui tire argument de l'admission du « dépeçage » par la Convention (v. *infra*, n° 710).

mercatoria (v. *supra*, n° 22 à 24), la difficulté étant ici que ce corps de règle est essentiellement lacunaire, et crée la tentation pour l'arbitre ou pour le juge d'inventer lui-même la règle applicable en l'imputant à la *lex mercatoria.*

Quoi qu'il en soit, tant dans la jurisprudence française que dans la Convention de Rome, la condamnation du contrat sans loi doit être comprise comme imposant l'application d'une loi étatique. Faut-il en conclure qu'une clause par laquelle les parties auraient choisi les Principes Unidroit ou la *lex mercatoria* serait nulle ? Selon l'opinion dominante, elle ne dispenserait pas le juge de rechercher la *lex contractus* étatique applicable selon les critères objectifs consacrés par la Convention de Rome ; cette loi préciserait ensuite dans quelle mesure elle autorise l'incorporation au contrat des règles contenues dans les Principes Unidroit ou dans la *lex mercatoria.* On peut objecter que cette combinaison de règles risque d'être difficile : faudrait-il, par exemple, retenir les vices du consentement énumérés par la *lex contractus*, ou ceux retenus par les Principes Unidroit, ou cumulativement les deux séries de vices ? De plus, cette combinaison ne correspond pas à la volonté des parties, qui avaient entendu exclure tout rôle d'une loi étatique. Puisque la Convention de Rome ne le leur permet pas, autant tenir pour non écrite leur clause de choix, et appliquer exclusivement la loi étatique objectivement désignée.

704 Dans l'arbitrage la situation est différente, pour les raisons indiquées à propos du contrat sans loi. L'arbitre peut et doit à la fois respecter la volonté des parties. La Cour de cassation a même jugé qu'en l'absence de volonté exprimée par les parties pour ou contre l'application de la *lex mercatoria*, un arbitre peut décider d'appliquer celle-ci sans que l'on puisse lui reprocher de ne pas avoir statué « en droit » (17).

En pratique il est rarissime que les parties excluent les droits étatiques au profit de la *lex mercatoria* ou d'un autre système de règles anationales. Elles préfèrent s'appuyer sur les règles complètes et faciles à connaître d'un droit étatique déterminé. Les « usages du commerce international » interviennent seulement pour compléter la loi étatique, notamment en vue de l'interprétation du contrat et de la détermination des « suites » qu'il comporte (cf. art. 1135 C. civ.).

Il est toutefois un domaine dans lequel le contrat sans loi, avec référence à des règles non étatiques, constitue une solution raisonnable, car la soumission à une loi étatique présente de graves inconvénients : c'est celui de certains contrats conclus entre un État et une entreprise étrangère. Si, dans la majorité des cas, ces contrats (appelés *State contracts* ou contrats d'État) sont de banals contrats de droit public, soumis aux tribunaux et au droit interne de l'État partie — l'extranéité de l'entreprise ne jouant aucun rôle (18) — il existe cependant

(17) Civ. 9 déc. 1981, *Rev. arb.* 1982.183, note Couchez, *JDI* 1982.951, 3e esp. note Oppetit. V. aussi Paris 13 juill. 1989, *Valenciana*, *JDI* 1990.430, note Goldman, *Rev. crit. DIP* 1990.305, note Oppetit, *Rev. arb.* 1990.663, note Lagarde ; le pourvoi contre cet arrêt a été rejeté par Civ. 22 oct. 1991, *Rev. crit. DIP* 1992.113, note Oppetit, *JDI* 1992.177, note Goldman, *Rev. arb.* 1992.457, note Lagarde.

(18) CE 11 janv. 1952, *Habib Bechara*, *Rec.* 1952.30 ; 28 nov. 1958, *Dame Langlois*, *JDI* 1960.440. Selon une circulaire du 3 mai 1988 (*Rev. crit. DIP* 1988.622) les marchés publics passés et exécutés à l'étranger par une personne morale de droit français échappent aux règles du Code des marchés publics (sauf à s'y référer expressément), mais non à la compétence des tribunaux administratifs français.

Le contrat d'État peut aussi être, à l'inverse, un contrat de pur droit privé, l'État ayant agi comme un particulier ; il faut alors appliquer la règle de conflit ordinaire (loi d'autonomie). La Cour de cassation a même jugé qu'il n'y avait pas de présomption de choix de la loi de l'État (Civ. 31 mai 1932, S.

des contrats d'une importance particulière et qui s'exécutent sur une longue durée, notamment des concessions pétrolières ou minières et plus généralement des *accords de développement économique*, dans lesquels les entreprises refusent de se soumettre au pouvoir législatif et juridictionnel de l'État cocontractant. Elles obtiennent donc d'une part, l'insertion d'une clause compromissoire (19), d'autre part, la mise à l'écart de la loi de l'État. Comme il est exclu d'imposer à l'État la soumission à une autre loi étatique que la sienne, le contrat se trouve donc être sans loi. Ceci n'empêche pas de fournir à l'arbitre des directives en vue de la résolution du litige : par ex. référence aux principes généraux du droit (20), à la bonne foi et au bon sens (21), ou encore aux principes communs à deux ou plusieurs États (22). Ces divers principes ne peuvent tenir lieu de *lex contractus*, puisqu'ils ne sont pas le contenu d'un droit positif ; mais ils constituent pour l'arbitre un « système de référence », qui lui est imposé par la volonté des parties.

c) Possibilité de choisir une loi étatique quelconque

705 La volonté peut-elle faire élection d'une loi *dénuée de tout lien avec l'opération contractuelle* ? L'exigence qu'un motif légitime quelconque ait présidé au choix doit certainement être posée, car son absence impliquerait la fraude. Mais, au-delà, on a longtemps exigé que l'État dont la loi a été choisie présente des liens avec les éléments objectifs du contrat, tels que le lieu de conclusion ou d'exécution, le domicile des parties ou leur nationalité.

On peut observer avec Rabel que, lorsque le contrat est véritablement international aucune des lois nationales des États avec lesquels il a des liens n'a de vocation inéluctable ; s'il est possible d'écarter chacune au profit de l'une quelconque des autres — ce qui n'est pas contesté — il doit l'être aussi de les écarter toutes au profit d'une loi tierce, pourvu que le choix soit fait sans fraude (sur la fraude, v. *supra*, n° 700, c).

La Convention de Rome ne requiert aucun lien, les rédacteurs ayant pensé avec raison que « le choix des parties est toujours l'expression de leur intérêt commun » et ne saurait être « capricieux ». Il faudrait toutefois exiger alors — ce que la Convention ne fait pas — que le choix ne soit pas entaché de fraude.

1933.1.17 note Niboyet, *JDI* 1933.347). L'affirmation contraire posée par la C.P.J.I. dans les affaires des *Emprunts serbes et brésiliens* (12 juill. 1929, série A, n°s 20 et 21) s'explique par le fait que les emprunts étaient de droit public.

(19) Une Convention de Washington du 18 mars 1965, signée par de très nombreux États (dont la France), a institué un organisme, le CIRDI, sous les auspices duquel se déroulent, si les parties en conviennent, les arbitrages relatifs aux investissements étrangers.

(20) Ainsi dans les contrats qui ont donné lieu respectivement à la sentence *Petroleum Development (Qatar) Ltd c. Emir de Qatar* de 1950 (*ILR* 1951.161) et à l'arrêt de la CIJ du 22 juill. 1952, *Royaume-Uni c. Iran* (affaire de l'Anglo-Iranian Oil Co), *Rec.* 1952.93.

(21) Ainsi dans le contrat qui a donné lieu à la sentence *Emir de Qatar c. International Marine Oil Co* de 1953 (*IRL* 1953.534).

(22) Ainsi dans le contrat conclu en 1954 entre l'Iran et diverses compagnies pétrolières.

d) Applicabilité des règles substantielles de la loi étatique choisie (exclusion du renvoi)

706 Conformément à la jurisprudence française antérieure, l'article 15 de la Convention de Rome exclut expressément le renvoi. Pour effectuer leur choix, les parties se renseignent souvent sur la teneur des lois en présence. Celle qu'elles choisissent est celle dont les règles substantielles leur conviennent. Il serait donc absurde d'appliquer une autre loi, désignée sur renvoi de la règle de conflit du pays choisi (23).

Même lorsque les contractants n'ont pas eu de volonté de choix, ils ont au moins, bien souvent, une opinion sur la loi applicable, et en déduisent la teneur de leurs obligations. Le renvoi doit donc être exclu — et il l'est dans la Convention de Rome — même lorsque la loi applicable est désignée par un critère objectif.

B. Le rôle de la loi étatique choisie : elle régit le contrat

707 La loi choisie comme *lex contractus* n'est pas incorporée dans le contrat ; c'est le contrat qui lui est soumis, de la même façon qu'un contrat interne est soumis à la loi interne. Ceci entraîne, ou devrait entraîner, un certain nombre de conséquences.

a) Applicabilité des règles nouvelles de la **lex contractus**

708 Il arrive que le législateur édictant une règle nouvelle, prétende en imposer l'application aux contrats en cours d'exécution. Cette volonté doit-elle être respectée lorsque la loi ainsi modifiée a été choisie comme *lex contractus* par les parties à un contrat international ?

Selon certains auteurs, la réponse doit être négative, car le choix des parties se serait porté sur les règles existantes au moment de la conclusion du contrat, et non sur des règles futures qu'elles ne pouvaient imaginer ; on irait donc à l'encontre de leur volonté réelle si l'on appliquait ces dernières.

C'est là méconnaître que le choix des parties — du moins, celui que la règle de conflit les autorise à opérer — s'est porté en fait sur un *ordre juridique*, qui n'est pas une somme de règles existant à un moment donné, mais un système de sources de normes rattaché à un État ; c'est à ce système qu'elles sont soumises. La *lex contractus*, dans un contrat international, fonctionne exactement de la même façon que la loi applicable à un contrat interne. Le fait d'avoir

(23) Le renvoi est exclu même lorsque la loi étrangère, applicable en tant que *lex contractus*, ne retient pas la qualification contractuelle et renvoie à la loi du for : Civ. 1re, 11 mars 1997, *Mobil North Sea*, *JDI* 1997.789, note Santa-Croce, *Rev. crit. DIP* 1997.702, note Ancel.

été l'objet d'un choix, rendu possible par une règle de conflit déjà très libérale, ne modifie pas le statut de la loi applicable (24).

Pour la même raison, une clause par laquelle les parties auraient prétendu échapper aux modifications futures de la *lex contractus* — clause dite de gel ou de stabilisation — ne saurait être efficace. En général, cette inefficacité ne remettrait pas en cause le choix effectué ; simplement le contrat n'échapperait pas aux règles nouvelles, immédiatement applicables. Exceptionnellement, s'il était démontré que les parties n'ont choisi une certaine loi *que* dans la mesure où elles croyaient pouvoir en geler les règles, le choix lui-même devrait être considéré comme non avenu, et la *lex contractus* serait déterminée objectivement (25).

Il existe dans certains accords de développement économique soumis à l'arbitrage des clauses de stabilisation de la loi de l'État partie au contrat. Ces clauses évitent à l'entreprise de voir l'accord modifié ou annulé par le pouvoir législatif du cocontractant étatique. Elles sont incontestablement utiles, et l'Institut de droit international, dans une résolution votée en 1979, a admis leur licéité. Mais il faut alors considérer que le contrat est sans loi, car il ne peut être dit « soumis » à la loi alors qu'il est soustrait au pouvoir du législateur. L'ensemble des règles en vigueur au moment de la conclusion du contrat apparaît donc comme un simple système de référence, qui s'impose à l'arbitre non en vertu d'une règle de conflit de lois mais directement par l'effet de la volonté des parties.

b) Possibilité d'annuler le contrat ou l'une de ses clauses par application de la loi choisie

709 Une fraction de la doctrine considère qu'il serait absurde de prononcer la nullité du contrat, ou même de l'une de ses clauses, par application de la loi choisie. Les parties veulent en effet faire une opération valable ; si la loi choisie ne le permet pas, la clause de choix devrait être considérée comme nulle pour erreur sur le contenu de la loi choisie, ou encore être interprétée comme excluant implicitement les règles susceptibles d'entraîner la nullité du contrat.

La jurisprudence française s'est cependant prononcée en sens contraire : il est arrivé qu'un contrat soit annulé par application de la loi choisie (26). Et selon l'article 8, § 1 de la Convention de Rome, la validité du contrat ou d'une disposition de celui-ci est soumise à la loi qui serait applicable en vertu de la Convention si le contrat était valable ; or, la loi applicable en vertu de la Convention, lorsque le contrat comporte une clause de choix, est la loi choisie,

(24) En ce sens LAGARDE, *op. cit.*, p. 303 ; *contra* AUDIT, *Traité*, n° 800, qui considère qu'en dehors même d'une clause de stabilisation les modifications du droit choisi sont à écarter, sauf lorsqu'elles revêtent le caractère de lois de police.

(25) La solution consistant à appliquer cumulativement la loi objectivement compétente et, dans la mesure où elle le permettrait, les règles de la loi choisie, considérées comme gelées et incorporées au contrat, doit être écartée comme ne correspondant pas à la volonté des parties et comme source de très grandes complications (comp. *supra*, n° 703, à propos du choix de règles non étatiques).

(26) V. en particulier Civ. 28 juin 1966, *Rev. crit. DIP* 1967.334, note Batiffol, *JDI* 1967.736, note Kahn ; Civ. 1re, 25 oct. 1989, *Rev. crit. DIP* 1990.732, note Courbe, *JDI* 1992.113, note Ferry.

et c'est donc elle qui, selon l'article 8, est susceptible d'entraîner la nullité totale ou partielle du contrat.

Cette solution est conforme au sens véritable du choix de la *lex contractus*. Certes les parties souhaitent faire une opération valable, mais en choisissant de soumettre le contrat à une certaine loi, *elles s'en remettent à elle* pour donner force obligatoire à leur contrat, et en même temps, nécessairement, pour poser les conditions auxquelles cette force obligatoire est subordonnée. L'expectative des parties est bien que, si une question de validité se pose, c'est la loi qu'elles ont choisie qui la résoudra. Il serait contraire à leur attente de voir appliquer la loi déterminée objectivement, que par hypothèse elles ont voulu écarter. Une des parties ne doit pas pouvoir écarter un choix, certes maladroit, mais qu'elle a accepté, au prétexte que le résultat de ce choix ne lui convient pas (étant observé qu'il convient par hypothèse à l'autre partie, demanderesse à la nullité).

c) Possibilité limitée de « dépeçage » du contrat par les parties

710 Il est impossible *d'écarter une règle impérative de la loi choisie*, même en lui substituant une règle empruntée à une autre loi : obligées de se référer à une législation « de confection », les parties ne sauraient se tailler un statut « sur mesure » (27). En effet, la possibilité qui leur est reconnue de choisir une loi est fondée sur les nécessités propres au commerce international ; il est certes impossible d'éviter que la raison véritable du choix soit en fait le simple désir d'éluder une disposition impérative gênante (surtout pour la partie la plus forte), désir que se rencontre aussi bien dans un contrat interne ; mais dès que ce motif peut être identifié — et il l'est facilement dans le cas d'un dépeçage ponctuel — il vicie le choix.

En revanche, lorsque le contrat comporte des aspects objectivement détachables (par ex. : contrat comportant à la fois vente d'un matériel et promesse d'une assistance technique) on peut admettre qu'ils soient soumis à des lois différentes (28).

La Convention de Rome (art. 3, § 1) admet que les contractants puissent désigner la loi applicable à une partie seulement du contrat, ce qui sous-entend peut-être la possibilité de choisir une loi pour chaque partie du contrat. Par « partie » du contrat il est souhaitable d'entendre un *sous-ensemble de droits et d'obligations* logiquement détachable du contrat ; de la sorte, les parties ne seront pas autorisées à procéder à un dépeçage en fonction des divers aspects du *régime* du contrat (par ex. : la lésion, la limitation de la responsabilité contractuelle...), ce qui ruinerait l'autorité de la loi.

(27) NEUMAYER, *op. cit.*, p. 602.

(28) Comp. la position plus audacieuse de M. P. Lagarde (« Le dépeçage dans le droit international privé des contrats », *Riv. dir. int. civ. e proc.* 1975.649) qui assigne pour toute limite au dépeçage le maintien de la cohérence du contrat, et selon lequel l'autorité de la loi est suffisamment assurée par le jeu de l'ordre public du for, le respect des lois de police et la sanction des vices du consentement (p. 671).

Cette condition n'est pas expressément posée par la Convention dans l'hypothèse du dépeçage par les parties. En revanche elle pose cette condition lorsque, envisageant la détermination de la loi applicable en l'absence de volonté des parties, elle autorise le juge à soustraire exceptionnellement à la loi du pays avec lequel le contrat présente globalement les liens les plus étroits, une partie « séparable du reste » et qui présente des liens plus étroits avec un autre pays (art. 4, § 1).

De fait, à prétendument soumettre à des lois diverses ce qui normalement forme un tout, on réalise un simple emprunt de règles, choisies en fonction de leur teneur matérielle ; détachées de l'ordre juridique auquel elles appartiennent, elles perdent leur caractère de « loi » pour devenir des dispositions incorporées dans le contrat (29).

SECTION II LA MISE EN ŒUVRE DU PRINCIPE

711 Tant la détermination concrète de la loi applicable (§ 1) que l'étendue de sa compétence quant aux questions de droit posées (§ 2) doivent être précisées.

§ 1. DÉTERMINATION CONCRÈTE DE LA LOI APPLICABLE

A. Rôle respectif des facteurs psychologiques et matériels

712 Il est facile de déterminer la loi applicable lorsque les parties ont *expressément choisi* une loi : sauf fraude, c'est elle qui doit être appliquée.

Même à défaut de choix exprès, il est de nombreuses hypothèses où l'on peut découvrir, à l'aide d'indices, la volonté *tacite mais certaine* des parties.

Mais il arrive souvent qu'*aucune volonté* ne puisse être découverte avec certitude : les parties n'ont pas pensé au problème, ou n'ont pu se mettre d'accord, ou ont employé des formules équivoques ou contradictoires. Deux solutions sont alors concevables.

Ou bien on se sert, pour déterminer la loi applicable, simultanément d'indices subjectifs, notamment de clauses donnant à penser que les parties, sans le dire clairement, ont envisagé l'application d'une certaine loi, et

(29) Comp. M.-L. Niboyet, *Juriscl. droit internat.*, Fasc. 552-2, n° 53.

d'éléments objectifs, révélateurs du centre de gravité du contrat (lieux d'exécution, lieu de conclusion, domicile des parties, etc.). Il n'y a pas alors de solution de continuité entre l'hypothèse du choix certain et celle du choix incertain ou de l'absence de choix. Simplement le poids des indices objectifs est d'autant plus fort que les indices subjectifs apparaissent plus vagues ou inexistants. C'est ainsi que procédait la jurisprudence française (30).

Ou bien on renonce à tenir compte de la volonté dès lors qu'elle n'est pas certaine, et on s'en tient aux éléments matériels, objectifs. C'est le système de la Convention de Rome, qui prescrit d'appliquer, à défaut de choix exprès ou certain, « la loi du pays avec lequel le contrat présente les liens les plus étroits » (art. 4, § 1) (31). On peut parler de *dualisme*, puisque le fondement assigné à la compétence diffère selon que les parties ont effectué un choix clair ou ne l'ont pas fait : subjectiviste dans le premier cas, elle est objectiviste dans le second. Et le mode de détermination par le juge de la loi applicable n'est pas le même dans les deux cas.

Sur le terrain pratique, la détermination de la loi applicable au contrat est plus facile avec la Convention de Rome, puisqu'elle coupe court à toute recherche de volonté lorsque celle-ci est difficile à déterminer ; et la recherche de la localisation objective est elle-même facilitée par l'adoption de présomptions qui évitent d'avoir à combiner, en les pondérant, des indices multiples ; par exemple, en matière de prêt le pays « présentant les liens les plus étroits » avec le contrat est censé être celui de la résidence du prêteur (v. *infra* n°s 726 et 733).

En revanche la méthode suivie par la jurisprudence française offrait l'avantage de ne pas introduire une séparation brutale entre deux situations, soumises à des traitements radicalement différents, alors qu'il existe entre elles une infinité de situations intermédiaires. Entre une volonté de choix absolument certaine et la certitude d'une absence de volonté s'intercalent la possibilité, la probabilité faible ou grande, la quasi-certitude d'une volonté implicite. Bien souvent pour savoir à quelle loi leur contrat est soumis les parties devront, dans un système dualiste, deviner si le juge estimera être ou non en présence d'une volonté assez ferme pour qu'il doive en tenir compte. Par exemple : l'utilisation d'un formulaire de « conditions générales », rédigé par l'une des parties principalement à l'usage des contrats internes au pays où elle réside, en fonction de la teneur de la loi de ce pays, témoigne-t-elle « avec certitude »

(30) En Angleterre la notion de *proper law of the contract* était également un mélange d'éléments subjectifs et objectifs.

(31) L'esprit de la jurisprudence allemande, avant la réforme récente (qui incorpore dans la loi allemande les solutions de la Convention de Rome), n'était guère différent. Sans doute, en l'absence de choix incertain, elle prétendait rechercher une volonté « hypothétique » (celle qu'auraient exprimée les parties si elles s'étaient prononcées). Mais cette volonté était censée coïncider avec le centre de gravité objectif du contrat, lorsque celui-ci pouvait être déterminé (v. par ex. Cour féd. 22 sept. 1971, *Rev. crit. DIP* 1972.621, note Mezger).

d'une volonté commune de soumission à cette loi ? Il serait sage de n'admettre que très restrictivement la présence d'une certitude.

713 Dans la Convention de Rome, comme dans la jurisprudence antérieure à son entrée en vigueur, on tient compte d'une part, de clauses ou d'indices révélateurs de la volonté des parties, d'autre part, d'éléments matériels permettant de déterminer le centre de gravité de l'opération contractuelle. On examinera successivement les clauses ou indices (B) et les éléments matériels (C), en n'oubliant pas que dans la Convention de Rome les seconds ne jouent qu'à défaut de choix exprès ou certain (32) résultant des premiers.

B. Clauses ou indices révélateurs de la volonté des parties

714 À défaut de clause de choix exprès (a), le juge doit tenir compte d'un choix résultant « de façon certaine » des autres dispositions du contrat (b) ou des circonstances de la cause (c).

a) Clause de choix exprès

715 L'existence d'une clause expresse de choix de la loi dispense de consulter d'autres éléments. Le juge doit s'en tenir au choix exprimé.

Il se peut cependant que l'on mette en doute l'existence ou la validité du consentement de l'une des parties relatif à ce choix. Le consentement pourrait, par exemple, résulter d'un dol, l'une des parties ayant trompé l'autre sur la teneur de la loi choisie.

Ce problème doit être résolu, selon la Convention de Rome, par application de la loi qui régit le fond ou la forme du contrat, ou encore la capacité des parties, selon la nature de la cause de nullité alléguée à l'encontre de la clause de choix (art. 3, § 4, renvoyant aux articles 8, 9 et 11). Si la nullité alléguée touche au fond, le renvoi à l'article 8 implique que l'on tranche la question selon la loi même dont la désignation est contestée. Les auteurs de la Convention ont considéré, probablement à juste titre, qu'il n'y avait pas là de cercle vicieux (la solution avait déjà été retenue par la Convention de La Haye relative à la loi applicable aux ventes mobilières, art. 2, al. 3).

Cependant, s'agissant plus particulièrement de l'existence du consentement, et notamment de la valeur du silence du destinataire de l'offre, ils ont permis à ce dernier d'invoquer les dispositions de la loi de sa résidence habituelle s'il résulte des circonstances que l'application de la loi désignée ne serait pas raisonnable (art. 8, § 2). On peut estimer, par exemple, qu'il ne serait pas raisonnable, en présence d'une offre faite par un commerçant allemand à un commerçant résidant en France, offre se référant expressément à la loi allemande, de décider selon cette loi que le silence du destinataire vaut acceptation de la soumission du contrat au droit allemand, à moins qu'il n'ait antérieurement existé entre les parties des relations d'affaires ordinairement soumises au droit allemand. On permettra donc au

(32) Ce caractère certain est apprécié de façon très stricte par la Cour de cassation : v. Civ. 1re, 12 juill. 2005, *Rev. crit. DIP* 2006.94, note Lagarde ; *JDI* 2006.985, note Sinay-Cytermann, *D.* 2006.1498, obs. Courbe, *Rev. des contrats* 2006.503, obs. D. Bureau.

destinataire de l'offre de se prévaloir de la loi française, selon laquelle le silence ne vaut pas en principe acceptation ; on se trouvera alors dans l'hypothèse d'absence de choix exprès.

716 Le choix des parties est en général exprimé au moment de la formation du contrat. La Convention de Rome (art. 3, § 2) admet cependant la possibilité pour les parties de convenir à tout moment d'effectuer un choix, ou encore de modifier le choix initialement fait (33).

Bien qu'elle ait donné lieu à d'importantes discussions doctrinales, et à des hésitations dans certains droits étrangers, la solution s'imposait : de toute façon, les parties pourraient convenir de mettre fin à leur contrat, et en conclure un autre, le prolongeant, et soumis à une autre loi. Il serait ridicule de les contraindre à recourir à ce processus.

On aurait dû cependant réserver l'hypothèse où le changement de loi réalise une modification de la substance des droits d'une partie, prohibée par la loi initialement applicable ; par exemple il ne devrait pas être possible, en soumettant à une loi étrangère un contrat de travail initialement régi par le droit français, de réduire les droits acquis par le salarié.

Par ailleurs la conclusion du contrat sous l'empire d'une première loi a pu affecter la situation juridique de tiers : la caution de la dette née du contrat, ou le bénéficiaire d'une stipulation pour autrui, par exemple ; ils ne doivent pas voir leur engagement aggravé, ou leur droit compromis. La Convention de Rome réserve en conséquence expressément les droits des tiers.

Elle précise enfin que la validité du contrat en la forme ne peut se trouver remise en cause par la nouvelle loi. Sous cette réserve, il paraît normal de considérer que le changement de loi opère *rétroactivement*, du moins lorsque le contrat n'est pas à exécution successive.

Si le choix d'une loi différente de celle initialement applicable intervient au cours d'un procès entre les parties, il peut avoir une portée limitée à la procédure en cours, ou au contraire définitive ; il appartient aux parties de la préciser, ou à défaut au juge d'interpréter leur volonté (34).

b) Autres dispositions contractuelles

717 À défaut de choix exprès, on rencontre fréquemment dans les contrats des clauses qui révèlent indirectement la volonté des parties de se soumettre à une loi donnée. On en donnera trois exemples.

718 1° En premier lieu, il arrive souvent que les parties, sans avoir expressément déclaré élire une loi, s'en soient manifestement inspirées pour rédiger leur contrat. Il en est ainsi lorsqu'elles ont recouru à un *contrat-type* en usage dans un pays déterminé ; dans la mesure où le contrat ne se suffit pas à lui-même, et

(33) V. déjà Civ. 29 janv. 1975, *Rev. crit. DIP* 1976.338, note Batiffol.
(34) En ce sens LAGARDE, note à la *Rev. crit. DIP* 1990, p. 322.

doit être complété par la consultation d'une loi, ce ne peut être que de celle qui a servi de référence pour l'établissement du modèle ; toute autre risquerait d'en fausser le fonctionnement. De même, lorsque est conclu un *contrat d'adhésion*, il est normalement établi conformément à la législation du pays qui sert de cadre aux activités de la partie qui l'impose ; ceci lui permet d'ailleurs, préoccupation légitime, de traiter toutes ses affaires, par hypothèses multiples, conformément à une loi unique. De même enfin, l'adoption d'un *type de contrat spécifique d'un système juridique déterminé* (tel le *trust* du droit anglo-saxon) implique la soumission à ce système (35).

Les clauses qui se réfèrent expressément, mais ponctuellement, à un *texte déterminé*, ou à tel usage d'un pays donné, provoquent davantage l'hésitation. Elles peuvent ne signifier que l'incorporation de la règle dans le contrat soumis à une autre loi, qui ne la prohibe pas (36).

719 2° Les *clauses attributives de juridiction* constituent des indices de choix de la loi du pays dont les juges sont rendus compétents. Si l'ordre juridictionnel d'un pays convient aux parties, on peut penser que son ordre juridique leur convient aussi, d'autant que l'application par un juge de sa propre loi est la solution la plus normale et la plus commode. La jurisprudence française a tenu fréquemment compte de l'indice.

Mais il serait excessif de dire qu'il suffit à caractériser, à lui seul, un « choix certain » de la loi du juge désigné (37).

720 3° Le simple fait qu'une seule des lois en présence *valide une clause* déterminée du contrat, ou l'ensemble de l'opération, peut faire présumer que les parties ont entendu choisir cette loi, surtout si les circonstances de la conclusion montrent qu'elles connaissaient la teneur des diverses lois en présence.

c) Indices tenant aux circonstances de la cause

721 La Convention de Rome envisage l'éventualité d'un choix résultant de façon certaine des « circonstances de la cause ».

La jurisprudence en offre d'ores et déjà des exemples, notamment dans l'hypothèse de contrats constituant *l'accessoire d'autres contrats* expressément soumis à une loi : dans certains cas, il est manifeste que les parties ont tacitement accepté que la loi du contrat principal s'applique. Ainsi une *caution consentie par un particulier* sera régie par la loi du contrat dont elle est

(35) Pour le *trust*, v. Paris, 10 janv. 1970, *Rev. crit. DIP* 1971.518, note Droz, *D.* 1972.122, note Malaurie, *JDI* 1973.207, note Loussouarn.

(36) L'indice a été retenu en particulier par Soc. 31 mai 1972, *Rev. crit. DIP* 1973.683, note Lagarde, *JCP* 1973.II.17317, note Lyon-Caen (référence à la convention collective fédérale de l'Afrique Occidentale française).

(37) En ce sens LAGARDE, *op. cit.*, p. 303 ; *contra* AUDIT, *Traité*, p. 632.

l'accessoire (38) ; en revanche si la caution est une banque, le caractère accessoire ne suffira pas à contrebalancer la tendance à faire prévaloir la loi de la banque (39). Les actes juridiques mettant fin au contrat (*résiliation*) (40), le modifiant (*novation*), éteignant ou transférant (*lato sensu*) les obligations créées (*remise de dette, transaction, compensation conventionnelle*), seront également soumis à la loi du contrat, sauf indication contraire (41). Le *mandat* de conclure un contrat déterminé relèvera de la loi de ce contrat.

Ni la *meilleure adaptation* de l'une des lois à l'opération envisagée par les parties, ni la *langue* utilisée pour la rédaction du contrat, ne constituent des circonstances à elles seules suffisantes pour révéler un choix certain.

C. Éléments matériels retenus dans la recherche des liens les plus étroits

722 Le rôle des éléments matériels est toujours secondaire par rapport à celui des éléments psychologiques. Dans la jurisprudence ils étaient pris en considération en même temps qu'eux, mais pesaient d'un poids moins grand dans l'évaluation globale. Dans la Convention de Rome, et dans deux Conventions de La Haye relatives à des contrats particuliers, ils n'interviennent qu'à titre subsidiaire, mais seuls, à défaut de volonté expresse ou certaine des parties.

723 Dans le droit jurisprudentiel français antérieur à l'entrée en vigueur de la Convention de Rome, le juge ne pouvait s'en tenir à un seul élément du contrat, fût-il particulièrement significatif : il devait déduire la localisation de l'ensemble des circonstances (42).

La jurisprudence accordait une valeur prépondérante au *lieu d'exécution*. Le lieu de conclusion, sauf dans des matières particulières, n'intervenait guère que lorsqu'il était impossible de déterminer *un* lieu d'exécution caractérisant le contrat. Le *lieu de situation de l'immeuble* objet du contrat pouvait être considéré comme un cas particulier de lieu d'exécution, et possèdait une valeur localisatrice particulièrement forte. La *nationalité* et le *domicile* des parties jouaient un rôle accessoire.

724 Par contraste, les conventions internationales — qu'il s'agisse de la Convention de Rome, ou des Conventions de La Haye de 1955 et 1978 relatives respectivement à la vente mobilière et aux contrats d'intermédiaires — prescri-

(38) Civ. 1er juill. 1981, *JDI* 1982.148, note Bourel, *Rev. crit. DIP* 1982.336, note Lagarde.

(39) En ce sens MAYER, *Rapport de synthèse, in Convention de Rome et opérations bancaires, op. cit.*, n° 11.

(40) Civ. 25 mai 1992, *Rev. crit. DIP* 1992.689, note Jarrosson.

(41) Comp. HEUZÉ, « La notion de contrat... », *op. cit.* Sur la cession de créance et la subrogation, v. *infra* nos 750 et 751.

(42) Civ. 7 juin 1977, *JDI* 1977.879, obs. Ph. K., *Rev. crit. DIP* 1978.119, note Batiffol.

vent au juge de tenir compte d'*un élément de rattachement unique* — quoique variable selon le contrat en cause —, révélateur des liens les plus étroits.

Ce type de solution présente un avantage considérable sur la méthode consistant à rechercher le centre de gravité du contrat en tenant compte d'un ensemble de facteurs, objectifs et éventuellement subjectifs. L'expérience démontre, en effet, que cette recherche débouche presque toujours sur une grande incertitude, chaque fois que les parties sont domiciliées dans des pays différents. Or, en matière contractuelle, la prévisibilité est capitale. Une méthode plus rigide la procure. On pourrait objecter, il est vrai, que tout en permettant au juge — ou aux parties, à la veille d'un litige — de déterminer facilement la loi qui sera appliquée en fait, le rattachement unique déjouera souvent, par sa trop faible adaptabilité à la diversité des situations, les prévisions que les parties avaient inconsciemment formées au moment de la conclusion du contrat, prévisions que la méthode impressionniste cherche au contraire à reconstituer. Mais du fait que la Convention de Rome est en vigueur dans la plupart des pays de l'Union européenne, et qu'elle jouit d'un grand rayonnement en dehors même de ces pays, ainsi que dans l'arbitrage, les parties devraient désormais savoir, au moment où elles concluent leur contrat, quelle loi sera applicable en l'absence d'une clause de choix. Autrement dit, l'esprit de la Convention n'est pas d'inciter le juge à deviner, dans chaque cas, la loi à laquelle les parties sont censées avoir pensé ; il est de fournir elle-même aux parties des éléments simples et solides de prévision.

725 Malheureusement, la Convention de Rome, à la différence des deux Conventions de La Haye, comporte deux mécanismes qui en atténuent la rigidité, et dont l'un risque d'en compromettre l'efficacité, voire de la réduire à néant.

Tout d'abord, les éléments qu'elle retient font seulement *présumer* que le pays désigné présente les liens les plus étroits avec le contrat. Ces présomptions doivent être écartées, selon l'article 4, § 5, « s'il résulte de l'ensemble des circonstances que le contrat présente des liens plus étroits avec un autre pays ». Cette *clause d'exception* est destinée à introduire une certaine souplesse dans le système, mais risque de provoquer des discussions et de nuire à la simplicité et à la prévisibilité recherchées (v. *supra*, n° 490). À la limite, si les juges décident d'écarter les présomptions chaque fois que la loi qu'elles désignent n'est pas celle qu'ils auraient déclarée applicable dans le système antérieur à l'entrée en vigueur de la Convention, celle-ci demeurera lettre morte.

Le risque est certain, et déjà illustré par la jurisprudence naissante (43). Il eût fallu réserver seulement le cas où le lien avec un autre pays est *manifestement* plus étroit :

(43) Versailles 6 févr. 1991, *Rev. crit. DIP* 1991.745, note Lagarde, *JDI* 1992.125, note Foyer, *D.* 1992.174, note Mondoloni ; TGI Poitiers 22 déc. 1999, *Rev. crit. DIP* 2001.670, note Rémy-Corlay ; Paris 12 oct. 2000, *D.* 2002. Som. 1394, obs. B. Audit.

l'adverbe fait gravement défaut (44). De plus, le recours à la notion de présomption (réfragable) est lui-même défectueux. Une présomption n'a de sens que pour pallier une difficulté de preuve ; or tous les faits qui localisent le contrat sont faciles à prouver ; la présomption ne sert donc à rien.

En second lieu — mais ici les risques sont moins graves — la Convention de Rome admet que, si une partie du contrat est séparable du reste, l'appréciation du lien le plus étroit peut être faite séparément pour chaque partie du contrat, « à titre exceptionnel » (art. 4, § 1). La séparabilité doit être comprise de la même façon qu'au regard du dépeçage volontaire (v. *supra*, n° 704).

On examinera successivement l'élément ordinairement consacré par la Convention de Rome, puis ceux qu'elle lui préfère pour certains contrats, et enfin les rattachements retenus par les deux conventions de La Haye.

Il faut signaler que la loi du 21 juin 2004 « pour la confiance dans l'économie numérique » dispose, dans son article 17, que « le commerce électronique est soumis à la loi de l'État membre (sic) sur le territoire duquel la personne qui l'exerce est établie, sous réserve de la commune intention de cette personne et de celle à qui sont destinés les biens ou services, d'une part, des dispositions propres à certains contrats, d'autre part » (45). Si ce texte, pris pour transposer la directive CE du 8 juin 2000 sur le commerce électronique, a réellement pour ambition de formuler une règle de conflit de lois, il n'est pas conforme à la directive, dont l'article 1.4 précise ne pas établir « de règles additionnelles de droit international privé », et ne peut donc fonder la moindre dérogation aux solutions de la Convention de Rome ou des Conventions de La Haye.

a) Élément ordinaire de localisation dans la Convention de Rome

726 « Il est présumé que le contrat présente les liens les plus étroits avec le pays où la partie qui doit fournir la *prestation caractéristique* a, au moment de la conclusion du contrat, sa *résidence habituelle* ou, s'il s'agit d'une société, association ou personne morale, son *administration centrale* » (art. 4, § 2).

La prestation caractéristique est « celle qui permet de distinguer un contrat d'un autre » (46). Elle n'est donc jamais le paiement du prix, obligation commune à de nombreux contrats. Le droit suisse, auquel la notion est empruntée, en donne quelques exemples. C'est : la prestation de l'aliénateur, dans les contrats d'aliénation ; la prestation de service, dans le mandat et le contrat d'entreprise ; la prestation du dépositaire, dans le contrat de dépôt ; la

(44) Rapproch. P. Rémy-Corlay, *Étude critique de la clause d'exception dans les conflits de lois*, qui propose de ne permettre de déroger à la loi de l'établissement du débiteur de la prestation caractéristique que si ce rattachement est, non seulement moins étroit qu'avec une autre loi, mais encore manifestement inadéquat.

(45) La précision d'après laquelle ne peut être désignée que la loi d'un « État membre » suscite la perplexité : *quid* si le fournisseur est établi dans un État tiers ?

Sur la loi du 21 juin 2004, v. not. Ph. Stoffel-Munck, « La réforme des contrats du commerce électronique », *Comm. com. électr.* 2004, étude 30, p. 44, O. Cachard, « Définition du commerce électronique et loi applicable » *ibid.*, étude 31, p. 53, D. Bureau, « À la pointe de la modernité ? Le contrat électronique international », *Rev. des contrats* 2005.450.

(46) H. Gaudemet-Tallon. *op. cit.*, p. 248.

prestation de la caution, dans le contrat de caution... On peut ajouter : la prestation du distributeur dans les contrats de distribution, la prestation du transporteur dans les contrats de transport, la prestation du bailleur dans le contrat de bail, etc. (47). Exceptionnellement, s'il est impossible d'identifier une prestation caractéristique unique (par ex. : dans le contrat d'échange), le juge doit déterminer lui-même le centre de gravité du contrat (art. 4, § 5).

Lorsque le contrat est conclu dans l'exercice de l'activité professionnelle du débiteur de la prestation caractéristique, la résidence et l'administration centrale sont écartées au profit du lieu de l'*établissement qui doit, aux termes du contrat, fournir la prestation caractéristique*, ou, à défaut d'indication dans le contrat, au profit du lieu du *principal établissement* de cette partie.

727 La raison mise en avant pour le choix de cette présomption est qu'elle « constitue le centre de gravité et la fonction socio-économique du contrat » (48). Cette considération serait convaincante si l'on avait retenu le lieu d'*exécution* de la prestation caractéristique. Mais cette solution a été écartée, en raison des possibles difficultés d'identification de ce lieu. Le critère de la *résidence*, qui lui est substitué, est incontestablement moins révélateur du centre de gravité de l'opération.

Il est plus réaliste de mettre en avant une considération pratique : dans la plupart des cas, le fournisseur de la prestation caractéristique est un professionnel dont le métier est de réaliser, en grand nombre, l'opération considérée. Et le plus souvent, c'est lui qui rédige le contrat. L'application de la loi du pays où il est établi facilite donc la gestion des opérations, en favorisant leur standardisation : quels que soient le lieu d'exécution, la nationalité ou le domicile de l'autre partie, il peut toujours se fier à la même loi, et donc traiter l'ensemble de ses affaires sur la base d'un document unique.

Mais la solution peut se voir reprocher de sacrifier les intérêts du contractant, sur qui est reporté le coût de l'information relative à la teneur de la loi applicable, et de produire un effet anticoncurrentiel : elle favorise les professionnels établis dans les pays dont la législation est la plus libérale, au détriment de ceux qui sont chargés de lourdes obligations par leur loi nationale (49).

(47) Dans les contrats de distribution exclusive, la jurisprudence considère que la prestation caractéristique est celle que fournit, non le distributeur, mais le concédant : Civ. 1re, 15 mai 2001, *JDI* 2001.1121, note Huet, *JCP* 2001.II.10634, note Raynard, *Rev. crit. DIP* 2002.86, note Lagarde, *D.* 2002.198, note Diloy et 1397, obs. B. Audit ; Civ. 1re, 25 nov. 2003, *Rev. crit. DIP* 2004.102, note P. L., *JCP* 2004.II.10046, note Raynard, *D.* 2004.494, note Kenfack, *JDI* 2004.1179, note M.-E. Ancel.
(48) Rapport Giuliano-Lagarde, p. 20.
(49) Sur ce point v. V. HEUZÉ, « De la compétence de la loi du pays d'origine ou l'anti-droit européen », *Mélanges Lagarde,* p. 393.

b) Exceptions admises par la Convention de Rome

728 Elles sont au nombre de quatre.

1° *Contrats ayant pour objet un droit réel immobilier ou un droit d'utilisation d'un immeuble*

729 C'est la *lex rei sitae* qui est présumée présenter les liens les plus étroits avec ces contrats (art. 4, § 3). On retrouve une nouvelle fois la force d'attraction du lieu de situation de l'immeuble.

En dehors des contrats qui ont pour objet un droit réel — vente, constitution d'usufruit, de servitude, etc. — seuls sont visés, par la notion d'*utilisation* de l'immeuble, les contrats de bail et de prêt. Le contrat de construction immobilière est donc soumis, quant à lui, à la loi de l'établissement principal du constructeur, et non à celle du pays de l'immeuble. Ceci est contraire à la jurisprudence antérieure, et à la localisation évidente de l'opération (50). On pourrait songer à faire jouer la clause d'exception, mais il n'est pas conforme à l'esprit de ce mécanisme de soustraire une *catégorie* de contrats au jeu des présomptions : il aurait appartenu aux rédacteurs de la Convention de le faire eux-mêmes.

2° *Contrat de transport de marchandises*

730 L'article 4, § 4 écarte pour ce contrat (51) la présomption ordinaire et énonce, mais seulement dans une hypothèse particulière, une présomption originale : dès lors qu'il y a coïncidence entre le pays de l'établissement principal du transporteur lors de la conclusion du contrat et, soit le lieu du chargement, soit celui du déchargement, soit enfin le lieu de l'établissement principal de l'expéditeur, c'est la loi de ce pays qui normalement régira le contrat (52).

3° *Contrats conclus par les consommateurs*

731 Ils sont soumis, aux conditions et sous les exceptions qui vont être précisées, à la loi du pays dans lequel le consommateur a sa *résidence habituelle* (art. 5). Ce rattachement, qui constitue plus qu'une présomption et que le juge ne peut écarter, est inspiré par un souci de protection du consommateur. Il ne joue, selon le mécanisme ordinaire de la Convention, qu'à défaut de choix exprès ou certain. Mais il conserve un rôle capital même lorsque le choix des parties s'est porté sur une autre loi : en effet le consommateur « ne peut être privé de la

(50) En ce sens, Rémery, *op. cit.*

(51) Il est précisé que sont considérés comme contrats de transport de marchandises les contrats d'affrètement pour un seul voyage et les autres contrats dont l'objet *principal* est de réaliser un transport de marchandises.

(52) Par l'application de cette règle, doit être soumise à la loi française du lieu de livraison et du siège du transporteur, l'action directe de ce dernier contre le destinataire, dès lors que la convention CMR de 1956 est muette à propos de cette action : Com. 24 mars 2004, *JCP* 2004.II.10078, note Delebecque, *Rev. des contrats* 2004.1066, obs. P. Deumier.

protection que lui assurent les dispositions impératives de la loi du pays dans lequel il a sa résidence habituelle », auxquelles est ainsi reconnu le statut de lois de police, assurant une protection minimale au consommateur.

Le consommateur protégé est celui qui a agi « pour un usage pouvant être considéré comme étranger à son activité professionnelle ». Il peut avoir conclu, soit un contrat de fourniture d'objets mobiliers corporels, soit un contrat de fourniture de services, soit encore un contrat destiné au financement de telles fournitures. Le cocontractant doit, lui, avoir au contraire agi dans le cadre de son activité professionnelle (53).

L'article 5 n'entre en jeu que si un élément complémentaire vient conforter la compétence de la loi de la résidence habituelle. Il s'agit de l'une ou l'autre des trois circonstances suivantes. Soit le consommateur a été *sollicité dans son pays* : cela suppose qu'il y ait été atteint par la proposition de l'autre partie, ou par une publicité, *et* qu'il ait accompli dans ce pays les actes nécessaires à la conclusion du contrat. Soit le cocontractant, ou son représentant a *reçu la commande*, physiquement, dans le pays du consommateur. Soit enfin — et ce troisième cas n'a pas la même importance pratique que les deux premiers — la commande, portant sur une marchandise, a été reçue à l'étranger, à l'occasion d'un *voyage transfrontière* organisé dans ce but par le vendeur (54).

L'article L. 135-1 du Code de la consommation énonce une règle de conflit unilatérale, dérogatoire à l'article 5 de la Convention de Rome, en matière de protection contre les clauses abusives, lorsque le consommateur a son domicile sur le territoire d'un État membre de l'Union européenne et que le contrat y est conclu, proposé ou exécuté : les règles protectrices françaises sont alors applicables, chaque fois que la loi qui régit le contrat (pratiquement, la loi choisie par les parties) est celle d'un État extérieur à l'Union. Cette règle, qui transpose (55) une directive européenne de 1993 (ce qui lui permet de déroger valablement à la Convention de Rome), conduit à des résultats peu conformes au bon sens. Elle n'en a pas moins été ultérieurement reproduite par d'autres directives relatives à la protection des consommateurs ou des acquéreurs d'un droit d'utilisation à temps partiel de biens immobiliers (v. *supra* n° 31-1).

(53) L'article 5 exclut de son domaine d'application d'une part, le contrat de transport, sauf s'il est combiné pour un prix global avec une fourniture de logement, d'autre part, les fournitures de services lorsqu'elles doivent avoir lieu exclusivement en dehors du pays de la résidence habituelle.

(54) Lorsque ces conditions de l'article 5 ne sont pas réunies, la question se pose de savoir s'il est néanmoins permis d'appliquer, au titre des lois de police que réserve par principe l'article 7, les lois protectrices du pays de la résidence du consommateur. En Allemagne, le *Bundesgerichtshof* a répondu négativement (BGH, 19 mars 1997, *Rev. crit. DIP* 1998.610, note Lagarde). C'est la solution contraire qu'a retenue la Cour de Cassation : Civ. 1re, 23 mai 2006, *D.* 2006.2798, note M. Audit ; *Rev. crit. DIP* 2007.85, note Cocteau-Senn, *Rev. des contrats* 2006.1253, obs. P. Deumier, *JDI* 2007.537, note A. Sinay-Cytermann, *Dr. et Patrimoine* 2006, n° 154.80, obs. M.-E. Ancel.

(55) La conformité de cette transposition aux termes de la directive n'est d'ailleurs pas certaine, compte tenu de la sévérité avec laquelle la Cour de Luxembourg entend faire respecter la lettre même de celle-ci : v. CJCE, 9 sept. 2004, *Rev. crit. DIP* 2005.451, note M. Audit ; *JDI* 2005.819, note Bergé et Jobart-Bachellier, *Rev. des contrats* 2005.857, obs. P. Deumier.

4° *Contrat de travail*

732 Le contrat de travail est l'objet d'un traitement très comparable à celui des contrats conclus par les consommateurs : énoncé d'un rattachement particulier, et précision qu'un choix contraire ne peut priver le travailleur de la protection que lui assurent les dispositions impératives de la loi désignée par ce rattachement (art. 6) (56).

De façon générale, on a égard au *lieu d'accomplissement habituel du travail*, même pendant un détachement temporaire (57). Si le travail s'accomplit habituellement dans plusieurs pays, on applique la loi de l'*établissement d'embauche*. Mais le juge retrouve ici son pouvoir d'écarter le rattachement qui lui est proposé si le contrat présente des liens plus étroits avec un autre pays.

c) Contrat de vente d'objets mobiliers corporels (Convention de La Haye du 15 juin 1955)

733 La Convention, qui est en vigueur depuis 1964, retient pour facteur de rattachement le lieu de la *résidence habituelle du vendeur*, lorsque la commande a été reçue par un établissement du vendeur, par la loi du pays où est *situé cet établissement*. On remarquera que l'application de la Convention de Rome conduirait à la même désignation, puisque le vendeur est celui qui doit la « prestation caractéristique ». Si la commande a été reçue dans le pays où l'acheteur a sa résidence habituelle (ou son établissement), c'est la loi de ce pays qui s'applique.

Ces rattachements interviennent à défaut de choix exprès ou « indubitable ».

Selon une « déclaration commune d'interprétation » adoptée dans le cadre de la Conférence de La Haye, la Convention de 1955 « ne met pas obstacle à l'application par les parties de règles particulières sur la loi applicable aux ventes aux consommateurs ». Bien que la valeur de cette déclaration au regard

▒ (56) Cette solution ne signifie pas que le travailleur a vocation à toujours cumuler les avantages des deux lois en présence (loi choisie et loi désignée par le rattachement particulier à la matière). Elle oblige seulement à opérer une comparaison « globale des dispositions » de ces deux lois qui ont « le même objet ou se rapportent à la même cause » : Soc. 12 nov. 2002, *Rev. crit. DIP* 2003.446, note F. Jault, *Dr. soc.* 2003.339, note M.-A. Moreau, *JDI* 2004.131, note S. Dion, *D.* 2004.661, note J.-G. Mahinga. Cet arrêt précise par ailleurs que les « dispositions impératives » visées par l'art. 6 de la Convention n'incluent pas les usages.

▒ (57) Si le détachement doit être considéré comme non-temporaire, le pays du détachement devient le lieu d'accomplissement habituel du travail, et détermine la loi applicable. La qualification d'un détachement comme temporaire ou non est souvent délicate (v. par ex. Soc. 30 juin 1993, *Rev. crit. DIP* 1994.323, 1re esp., note M.-A. Moreau, *D.* 1994.83, note E. Moreau ; Paris 13 avr. 1995, *Rev. crit. DIP* 1996.319, note E. Moreau ; Paris 7 juin 1996, *Rev. crit. DIP* 1997.55, note M.-A. Moreau). Il est permis d'estimer que le changement de loi qui accompagne un détachement non temporaire est trop brutal : un salarié détaché dans un pays dont la législation est peu protectrice perd automatiquement, sans en être toujours conscient, les avantages garantis par la loi de son pays d'emploi initial. L'étendue d'application de la loi nouvelle peut d'ailleurs être discutée : faut-il remettre en cause, par exemple, le droit à indemnité de licenciement correspondant à l'ancienneté déjà acquise sous l'empire de la loi ancienne ?

du droit international public soit discutée (58), on peut donc estimer que l'article 5 de la Convention de Rome (v. *supra*, n° 731) déroge à la Convention de 1955.

Lorsque la Convention de La Haye désigne — soit en raison d'un choix, soit en l'absence de choix — la loi d'un État signataire de la Convention de Vienne de 1980 sur la vente internationale de marchandises, le juge français doit appliquer les règles substantielles contenues dans cette dernière convention, aux termes de son article premier, 1°, b (59). Ces règles sont également applicables lorsque l'acheteur et le vendeur sont établis dans des États différents, tous deux parties à la Convention (article premier, 1°, a) ; dans cette hypothèse, il n'y a pas en principe lieu de résoudre un conflit de lois ; mais celui-ci pourrait se réintroduire si les deux États concernés n'adoptaient pas la même interprétation de la Convention (v. *supra* n°s 93 à 95).

d) Contrats d'intermédiaires (Convention de La Haye du 14 mars 1978)

734 Cette Convention a été signée par la France et est entrée en vigueur le 1er mai 1992. Elle soumet, en l'absence de choix exprès ou résultant « avec une certitude raisonnable » des dispositions du contrat et des circonstances de la cause, les relations entre le représenté et l'intermédiaire à la loi de l'*établissement professionnel* (ou, à défaut, de la résidence habituelle) de l'*intermédiaire*. Toutefois, en cas de coïncidence entre le pays de l'exercice principal de l'activité convenue et celui de l'établissement professionnel (ou, à défaut, de la résidence habituelle) du représenté, c'est la loi de ce pays qui s'applique.

§ 2. DOMAINE D'APPLICATION DE LA LOI DÉSIGNÉE

735 L'unité psychologique que constitue le contrat appelle dans la mesure du possible l'application d'une loi unique. Certes, on a vu (*supra*, n°s 653 à 655) que, lorsque des *droits réels* sont créés, et surtout transférés, la *loi réelle* joue un rôle ; on a vu aussi que la *capacité* est régie par la *loi personnelle* (*supra*, n°s 516 à 545), l'unité du statut de l'individu ayant paru plus impérieuse que la soumission de tous les aspects du contrat à une seule loi ; et on verra bientôt que, par souci de la commodité des parties, celles-ci peuvent suivre les *formes prévues par la loi locale* (*infra*, Section III). Mais le dépeçage ne doit pas être poursuivi plus avant. La jurisprudence allemande et suisse qui, en l'absence de volonté expresse, implicite ou hypothétique des parties, soumettait, d'une part,

(58) V. HEUZÉ, *La vente internationale..., op. cit.*, n° 20.

(59) En raison d'une réserve notamment faite par les États-Unis et par la Chine, si la règle de conflit désignait la loi de l'un de ces États, et que l'une des parties au moins était établie dans un État non signataire, la Convention de Vienne ne devrait pas être appliquée. Sur l'applicabilité de la Convention de Vienne, v. par ex. Civ. 1re, 4 janv. 1995, *D.* 1995.289, note Witz ; 23 janv. 1996, *Rev. crit. DIP* 196.460, 1re esp., note Bureau, *D.* 1996.334, note Witz, *JCP* 1996.II.22734, note Muir Watt.

chaque obligation à la loi de son lieu d'exécution, d'autre part, la formation du contrat à une loi distincte (loi du lieu de négociation, en particulier), méconnaissait les liens qui existent entre les diverses obligations d'une part (ce qui est grave surtout dans les contrats synallagmatiques), entre la formation et les effets d'autre part. Ces solutions sont aujourd'hui abandonnées. La jurisprudence française ne les a jamais retenues.

On n'en distinguera pas moins, mais pour la présentation seulement, la formation du contrat (A), et ses effets (B). Puis on examinera la question de l'extinction et du transfert des obligations (C), qui se pose en termes identiques quelle que soit la source (contractuelle ou extracontractuelle) des obligations.

A. Formation du contrat

a) Consentement

736 Les questions relatives au consentement des parties — spécialement celles de son existence et de ses vices — sont soumises à la loi du contrat.

La question de la valeur du silence gardé par la partie à qui l'offre de conclure un contrat a été adressée fait toutefois difficulté : le silence vaut-il acceptation de la conclusion du contrat ? Normalement (art. 8, § 1, de la Convention de Rome) la question est soumise à la loi du contrat, déterminée comme on l'a vu spécialement dans cette hypothèse (v. *supra*, n° 716). Mais cette loi, même si elle n'est pas celle qu'avait proposée le pollicitant, ne protège pas toujours suffisamment le destinataire de l'offre. Dans l'exemple qui avait été pris, si l'on écarte le choix fait par le commerçant allemand de la loi allemande, il se peut que celle-ci s'applique finalement en tant que loi de l'établissement qui doit fournir la prestation caractéristique. L'article 8, § 2, de la Convention permet donc au destinataire de l'offre de se référer à la loi de sa résidence habituelle si l'application de la loi du contrat est déraisonnable.

b) Culpa in contrahendo

736-1 Le règlement Rome II sur la loi applicable aux obligations non-contractuelles (sur lequel v. *supra*, n°s 679 et s.) consacre son article 12 à la question de la loi applicable à la responsabilité précontractuelle. Lorsqu'il est prétendu qu'un dommage est consécutif au comportement de l'une des parties au cours de négociations contractuelles, la loi applicable est en principe celle qui régit le contrat, ou qui l'aurait régi s'il avait été effectivement conclu (60) ; mais si elle ne peut être identifiée sur cette base, le juge doit la déterminer en suivant l'un

(60) La solution, qui revient à retenir, ainsi qu'on le doit (v. V. Heuzé, « La notion de contrat en droit international privé », *Trav. Com. fr. dr. int. pr.*, 1998, 319), une qualification contractuelle pour la *culpa in contrahendo*, ne peut qu'être d'application délicate lorsque le contrat n'a pas été finalement conclu : dès lors que la Convention de Rome permet aux parties de choisir la loi applicable à leur accord, on ne pourra jamais, dans une telle hypothèse, identifier de manière certaine celle sur laquelle elles se seraient peut-être entendues, non plus que radicalement exclure l'éventualité d'un tel choix.

quelconque des critères de l'article 4 (61), entre lesquels n'est donc ici établie aucune hiérarchie.

c) Représentation

737 La question de savoir si une personne est valablement habilitée à en représenter une autre est en principe soumise à la loi de la source de cette habilitation : loi des effets du mariage pour la représentation légale d'un époux par l'autre, loi de la tutelle pour la représentation de l'incapable par le tuteur, loi du contrat de mandat dans la représentation conventionnelle. Mais en cas de dépassement de ses pouvoirs par le mandataire, une tendance existe à consulter la loi du lieu où le mandataire a agi pour déterminer si le mandant est néanmoins engagé. Elle peut s'appuyer sur la raison qui a fondé la jurisprudence *Lizardi* (v. *supra*, n° 525) : la nécessaire territorialité des lois qui permettent aux tiers d'agir en toute sécurité moyennant des vérifications sommaires, ou même en l'absence de vérification.

La Convention de La Haye de 1978 sur la loi applicable aux contrats d'intermédiaires et à la représentation illustre cette tendance, en soumettant la question de l'étendue des pouvoirs du représentant prétendu, vis-à-vis des tiers, à la loi de l'État dans lequel il a agi, dans diverses hypothèses : lorsque le représenté, ou le tiers, sont établis dans ce pays ; lorsque l'acte accompli est une vente en bourse ou aux enchères ; et lorsque le représentant n'a pas d'établissement professionnel (art. 11, al. 2). Dans les autres cas la loi de l'établissement professionnel du représentant s'applique (art. 11, al. 1).

d) Cause

738 La loi applicable au contrat est compétente pour poser les conditions d'existence, de licéité et de moralité de la cause.

Plusieurs décisions ont rattaché à l'idée d'illicéité ou d'immoralité de la cause l'annulation de contrats destinés à tourner une loi étrangère distincte de la *lex contractus*, notamment une loi douanière prohibant ou réglementant l'importation ou l'exportation de marchandises réalisée par le contrat (62). On a vu plus haut (n° 105 *in fine*) que la motivation véritable de ces décisions réside dans la compétence qu'il faut reconnaître à la loi étrangère lorsqu'elle réglemente la pénétration des marchandises sur le territoire de l'État dont elle émane, ou leur sortie de ce territoire (v. encore *infra*, n° 746). Seule la contrariété à l'ordre public de la loi étrangère ferait obstacle à son applicabilité (63).

(61) On signalera toutefois que celui tiré de la résidence habituelle commune des parties s'apprécie ici au moment du générateur, et non, comme dans l'article 4, § 2, à celui de la survenance du dommage.
(62) V. les décisions citées *supra*, n° 105, note 15. *Adde* Com. 7 mars 1961, *Bull. civ.* III, n° 125, p. 112, à propos d'une tentative de corruption de fonctionnaires étrangers.
(63) La combinaison de l'exil et l'interdiction d'exporter des capitaux, réalisant une dépossession, a paru à la cour de Colmar contraire l'ordre public, ce qui lui a permis de valider à deux reprises (24 juin

e) Sanction de l'absence d'une condition de validité

739 La loi de la condition violée — donc, pour ce qui a été vu jusqu'ici, la loi du contrat presque toujours — indique la sanction de la violation : nullité ou réduction des engagements, par exemple. Le régime de l'action en justice destinée à provoquer la sanction, y compris sa prescription, est soumis à la même loi (64).

L'article 10, § 1, e, de la Convention de Rome soumet les effets de la nullité — ce qui comprend les restitutions — à la loi applicable au fond, quelle que soit la cause de la nullité.

B. Effets du contrat

a) Contenu des effets (objet du contrat)

740 C'est essentiellement pour accroître la liberté des parties dans l'adoption des clauses d'un contrat international que la loi d'autonomie a été retenue ; on est donc ici dans le domaine par excellence de la loi du contrat.

La *licéité* des clauses s'apprécie selon la loi du contrat. Leur *interprétation* s'effectue en la consultant (65).

C'est elle encore qui décide de la validité et des effets d'une *stipulation pour autrui*.

741 Il faut cependant tenir compte des *lois de police*, dont l'intervention est fréquente en matière contractuelle. On a dit, à propos de la justification de la loi d'autonomie (*supra*, n° 700), que le rôle reconnu à la volonté des parties pouvait inclure la mise à l'écart des règles simplement impératives, mais non celle des règles « internationalement impératives », autrement dit des lois de police. L'article 7 de la Convention de Rome réserve leur intervention. On se bornera à quelques exemples.

Les *lois relatives à la concurrence* s'appliquent à toutes les conventions dont l'effet restrictif de concurrence est susceptible d'être ressenti sur le territoire de l'État qui les édicté (66).

Le contrat de *bail* fait souvent l'objet d'une réglementation spéciale, d'application territoriale. En France, par exemple, la loi limite le montant du prix du

1932, S. 1934.2.73, note Niboyet ; 16 févr. 1937, *Rev. crit. DIP* 1937.685, note Batiffol) des contrats par lesquels des exilés tentaient de tourner la prohibition.

(64) Comp. Civ. 1re, 6 juill. 2000, *Rev. crit. DIP* 2001.491, note Lagarde, qui déclare que la nullité résultant d'un défaut de pouvoir de l'un des contractants a le caractère d'une nullité relative, sans paraître admettre que la solution puisse dépendre de la loi désignée par la règle de conflit.

(65) Sur la nécessité de nuancer cette affirmation en opposant portée juridique des clauses et signification des termes, V. Toubiana, *op. cit.*, n° 92.

(66) En ce sens Goldman, *Cours Acad. La Haye*, 1969, III, p. 631 et s.

bail de nombreux immeubles à usage d'habitation ou professionnel ; nul bailleur propriétaire d'un immeuble sis en France et entrant dans le champ d'application de cette législation ne peut s'y soustraire en soumettant le contrat à une loi étrangère (67).

Le contrat d'*assurance* et les contrats conclus par les *banques* voient leur contenu partiellement réglementé de façon impérative, compagnies d'assurances et banquiers étant soumis à des obligations strictes (68).

Le *contrat de travail* est également l'objet de lois de police. En général, elle sont compétentes au titre de l'article 6, déjà étudié (*supra*, n° 732). Mais l'article 7 conserve un rôle. Ainsi, le salarié détaché temporairement, dont le contrat reste régi en principe par la loi du lieu d'exécution habituelle, sera soumis aux règles du pays de détachement pour tout ce qui concerne l'hygiène et la sécurité, la durée maximale du travail, les limites du droit de grève, etc. (69) D'autre part, l'article 6 ne concerne que le statut individuel du salarié. Or, il faut aussi tenir compte de l'organisation collective, dont l'assise est nécessairement territoriale. Le Conseil d'État a ainsi jugé qu'une société étrangère (la Compagnie internationale des wagons-lits) devait constituer un comité central d'entreprise « coiffant » les établissements qu'elle possédait en France (70).

En tous domaines, il convient également de désormais tenir compte des exigences de plus en plus nombreuses du droit communautaire puisque la Cour de justice des Communautés européennes paraît encline à en imposer le respect chaque fois que le contrat produit des effets sur le territoire des pays membres (v. *supra*, n° 126-1).

Les *sanctions* encourues en cas d'inobservation de l'une ou de l'autre des règles de police qui ont été évoquées dans ce numéro (par exemple, nullité de la clause prohibée seule, ou au contraire nullité du contrat entier) sont bien entendu celles qu'édicte la loi qui a posé la condition. Le régime des sanctions (par exemple, nécessité d'une action en justice, ou au contraire substitution automatique de la règle méconnue à la clause illicite) est soumis à la même loi.

742 Des problèmes particuliers concernent la détermination de la *monnaie de compte*, c'est-à-dire de l'unité monétaire (franc, livre, etc.) destinée à évaluer le montant d'une obligation de payer une somme d'argent (par opposition à la monnaie de règlement, qui constitue l'unité en laquelle l'obligation sera effectivement payée, et dont il sera question *infra*, n° 746).

(67) Soc. 16 janv. 1953, *Rev. crit. DIP* 1953.581.

(68) V. par exemple Paris, 1er mars 2001, *D.* 2002. Som. 639, obs. Synvet, Com. 4 juin 2002, *RD bancaire et fin.* 2002.181, obs. Crédot et Gérard.

(69) En ce sens E. MOREAU, *op. cit.*, p. 193 et s. L'article L. 341-5 du Code du travail précise que le salarié détaché temporairement en France est soumis aux règles françaises en ce qui concerne sa rémunération, la durée et les conditions de travail.

(70) CE 29 juin 1973, cité *supra*, n° 124, avec la référence à l'article de Ph. Francescakis sur cette affaire. V. aussi Soc. 14 févr. 2001, *Dr. soc.* 2001.639, note M.-A. Moreau, 14 janv. 2004, *Rev. Sociétés* 2005.209, note M. Audit.

Le premier problème est celui de l'interprétation de la volonté des parties : à quelle unité sont-elles censées s'être référées, lorsqu'elles ont omis de le préciser expressément et sans équivoque ? La Cour de cassation a posé une présomption en faveur de la monnaie du pays dont la loi est applicable au contrat (71).

Le second problème est celui du contenu de l'unité monétaire choisie : qu'est-ce qu'un franc français, un dollar américain ? La réponse appartient évidemment à la loi du pays qui a institué la monnaie choisie, ou *lex pecuniae*. Cette loi est, en particulier, compétente pour dévaluer ou réévaluer la monnaie et pour décider si le montant nominal de la dette reste inchangé, en l'absence de clause, malgré le changement de valeur de la monnaie (72). De même la *lex pecuniae* peut décider un changement de nom de l'unité choisie (substitution du « nouveau franc » au « franc » puis du « franc » au « nouveau franc » ; substitution du « dinar » algérien à la monnaie algérienne provisoire appelée « franc ») (73).

Le troisième problème est celui de la licéité des clauses relatives au choix de la monnaie de compte. Sa solution dépend en principe de la *lex contractus*. Dans l'affaire précitée des *Messageries maritimes*, la Chambre commerciale de la Cour de cassation a, par son arrêt du 29 octobre 1964 (74), nettement écarté la loi canadienne, *lex pecuniae*, qui prohibait la clause valeur-or, au profit de la loi française du contrat. Mais la *lex contractus* pourrait être écartée par une loi de police du for prohibant les clauses susceptibles d'entraîner des effets inflationnistes, si le contrat était localisé économiquement dans le pays du for.

Le contenu de la loi française mérite d'être signalé, car il consiste en une règle substantielle propre aux relations internationales : la règle de la liberté du choix de la monnaie de compte à l'égard des paiements internationaux, et des paiements internes destinés à financer une opération du commerce international (75). Dans le premier de ses arrêts rendus dans l'affaire des *Messageries maritimes* (Civ. 21 juin 1950, précité note 10), la Cour de cassation avait même considéré cette règle comme d'ordre public international, et de nature à faire échec à une *lex contractus* contraire.

b) Exécution du contrat

743 Les obligations que doivent exécuter les parties sont déterminées par la loi d'autonomie, sous réserve de l'intervention des lois de police, comme il a été dit ci-dessus, *a)*. Les actes d'exécution à accomplir s'en déduisent immédiate-

(71) Civ. 18 déc. 1951, *D.* 1952.357, note Lerebours-Pigeonnière (hésitation entre le franc français et le franc suisse) ; Civ. 15 févr. 1972, *Rev. crit. DIP* 1973.77, note Batiffol (l'obligation était libellée en francs, et l'on pouvait hésiter entre le franc français et le franc « algérien », unité monétaire provisoire de la nouvelle République algérienne ; sur les conséquences, dans cette affaire, de la substitution postérieure du dinar au franc « algérien », v. *infra*, note 73). Si deux monnaies coexistent à l'intérieur d'un même pays, on retiendra celle qui est en vigueur dans la zone où le contrat est économiquement localisé : Civ. 24 avr. 1952, S. 1952.1.185, note Batiffol, *Rev. crit. DIP* 1952.502, note Motulsky (hésitation entre le franc métropolitain et le franc « CFA », en vigueur sur le territoire de l'Afrique occidentale française).

(72) V. Civ. 25 févr. 1929, *JDI* 1929.1306. En ce sens, VAN HECKE, *Int. Encycl. of Comp. Law*, III, n° 4 ; LALIVE, *Dépréciation monétaire et contrat en droit international privé*, Genève, 1971, p. 51.

(73) L'arrêt de la Cour de cassation du 15 février 1972 (précité) semble cependant retenir la compétence de la loi algérienne du 10 avril 1964 substituant le dinar au franc en tant que loi du contrat, et non en tant que *lex pecuniae*. En réalité, la localisation du contrat n'avait d'autre intérêt que de déterminer si les « francs » convenus étaient la monnaie de France ou d'Algérie, ce qui désignait indirectement la *lex pecuniae*.

(74) *JDJ* 1965.637, note Goldman.

(75) Civ. 1re, 11 oct. 1989, *D.* 1990.167, note E. S. de la Marnierre, *JCP* 1990.II.21393, note J.-Ph. Lévy. Ce même arrêt déclare nulle la clause de choix d'une monnaie étrangère dans un contrat purement interne.

ment : si l'obligation assumée a été de livrer une chose, l'acte d'exécution correspondant sera la livraison matérielle de la chose.

Cependant, l'acte d'exécution échappe pour partie à la *lex contractus*.

744 Tout d'abord, lorsque ses *modalités* de détail n'ont pas été expressément prévues par les parties, il est raisonnable de présumer que celles-ci ont entendu se référer à la *loi du lieu d'exécution* (ou *lex loci solutionis*), plutôt qu'à la loi du contrat, parce que l'observation de la première est plus commode pour elles (76). La Convention de Rome (art. 10, § 2) est en ce sens.

On peut ainsi admettre que les opérations d'embarquement ou de débarquement de marchandises soient soumises à la loi du port où elles s'effectuent ; que la détermination des jours fériés soit opérée selon la *lex solutionis* ; que les délais accordés au destinataire de marchandises pour dénoncer un vice soient indiqués par la loi du lieu de livraison, etc. Sans doute sera-t-il parfois délicat de distinguer la substance de l'obligation, soumise à la loi du contrat, et la modalité d'exécution, régie par la loi du lieu d'exécution ; la différence semble être quantitative : lorsque la commodité qu'il y a à suivre la loi locale importe plus que son contenu, on est en présence d'une simple modalité.

745 D'autre part, il faut tenir compte de *décisions législatives* qui, sans modifier le contenu des obligations, en entravent l'exécution. Il s'agit essentiellement des mesures de *moratoire*, édictées pour venir en aide à telle ou telle catégorie de débiteurs victimes de circonstances exceptionnelles. Ces décisions doivent en principe être appliquées à toutes les dettes qu'elles visent, explicitement ou implicitement, pourvu, si elles sont étrangères, que leur domaine ne soit pas abusivement extensif (comp. *supra*, n° 674, à propos des nationalisations). L'applicabilité d'un moratoire à tous les débiteurs domiciliés dans le pays qui l'édicté, ou à toutes les dettes qui doivent être payées sur son territoire, ne devrait pas paraître abusive. Mais la jurisprudence française, raisonnant en termes de conflit de lois, a estimé ne pas devoir tenir compte d'un moratoire édicté par un pays autre que celui dont la loi était applicable au contrat (77).

746 Enfin, l'exécution du contrat peut être rendue impossible par des dispositions douanières ou de contrôle des changes. L'État sur le territoire duquel la livraison des marchandises ou le paiement d'une somme d'argent doit être effectué est compétent pour en réglementer l'importation, de même que l'État d'où doivent sortir les marchandises ou les devises est compétent pour en réglementer l'exportation (v. *supra*, n° 105).

Le juge applique sans hésiter les règles douanières ou de contrôle des changes du for. L'attitude de la jurisprudence française est en revanche très

(76) Le fondement est proche de celui de la règle *Locus régit actum* en matière de forme des actes : v. *infra*, n° 759.

(77) Paris 25 juin 1931, *JDI* 1932.993 ; Trib. com. Marseille 27 nov. 1931, *JDI* 1954.927.

réservée à l'égard des règles étrangères. Elle accepte d'annuler pour immoralité ou illicéité de la cause les contrats qui auraient pour but d'éluder les règles étrangères relatives aux exportations ou aux importations de marchandises (contrats de contrebande), tout en se gardant bien de déclarer ces règles directement applicables (v. *supra*, n° 105 et n° 738). En revanche, elle répugne à tenir compte des règles étrangères de contrôle des changes (78). Elle n'y consent guère que lorsqu'une convention internationale l'y oblige : c'est le cas à l'égard de la législation des changes des pays membres du Fonds monétaire international, dont les statuts comportent un article VIII, Section 2 *b*) ainsi rédigé : « Les contrats de change (il s'agit en fait de tous les contrats qui comportent un transfert de monnaie) qui mettent en jeu la monnaie d'un État membre et qui sont contraires à la réglementation du contrôle des changes de cet État, maintenue ou imposée conformément aux présents statuts, ne seront exécutoires sur les territoires d'aucun État membre » (79).

Le refus d'autorisation d'exporter ou d'importer des marchandises ou des devises pourrait théoriquement constituer un cas de force majeure et libérer le débiteur, indépendamment de toute question de compétence de la loi étrangère douanière ou de contrôle des changes, mais la jurisprudence considère généralement que l'imprévisibilité ou l'irrésistibilité font défaut (80).

La loi du lieu où le paiement doit être effectué est également compétente pour décider en quelle monnaie le débiteur peut ou doit se libérer (problème dit de la *monnaie de règlement*). La solution française, propre aux règlements internationaux, consiste à donner au débiteur le choix entre un paiement dans la monnaie étrangère convenue et un paiement en francs français (81). Dans le second cas, la conversion s'effectue au jour du paiement effectif (82), sauf à compenser le préjudice subi par le créancier lorsque le paiement intervient avec retard du fait du débiteur (83).

Il semble qu'une clause exigeant expressément un paiement effectif en monnaie étrangère serait valable (84). Mais, en général, le choix d'une monnaie étrangère ne concerne que la monnaie de compte.

c) Sanctions de l'inexécution

747 Selon l'article 10, § 1, e, de la Convention de Rome, les conséquences de l'inexécution des obligations contractuelles sont soumises à la loi du contrat.

(78) V. notamment Civ. 16 oct. 1967, *Janda*, *D.* 1968.446, note Mezger, *Rev. crit. DIP* 1968.661, note Eck. Mais v. plus récemment Civ. 6 févr. 1973, *JDI* 1975.66, 1re esp., note Audit.

(79) V., pour application de l'article VIII, Section *2b*, Civ. 17 nov. 1969, *JCP* 1969.IV.311 ; 7 mai 1974, *JDI* 1975.66, 2e esp., note Audit.

(80) Chambéry 28 mars 1956, *Rev. crit. DIP* 1957.462 ; Trib. civ. Lille 6 oct. 1948, *Gaz. Pal.* 1948.2.210 (législation française des changes) ; Com. 18 juin 1958, *Bull. civ.* II, n° 257, p. 212 (législation étrangère des changes).

(81) Civ. 15 janv. 1962, *JCP* 1962.IV.30 ; Com. 8 févr. 1972, *JCP* 1972.IV.73.

(82) En ce sens, Civ. 15 janv. 1962, cité note précédente ; Civ. 10 juin 1976, *Bull. civ.* I, n° 215, p. 174.

(83) En ce sens PLAISANT, S. 1951.1.33 ; MOTULSKY, *JCP* 1952.II.7325.

(84) En ce sens ECK, *Rép. Dalloz droit internat.* V° *Payement*, n° 53. La solution est donnée par le législateur en matière de chèque et de lettre de change.

C'est donc cette loi qui déterminera les possibilités d'*exécution forcée*, en nature ou en équivalent. Elle précisera également le régime de la *responsabilité contractuelle*. Telle était déjà la position de la jurisprudence française, qui appliquait notamment la *lex contractus* aux questions suivantes : la validité des clauses relatives à la responsabilité ou à la garantie des vices cachés ; la détermination de la notion et des effets de la force majeure ; l'action en résolution du contrat pour inexécution ; le régime des clauses pénales (85). La Cour de cassation a également soumis à la *lex contractus* la question de savoir si la partie victme de l'inexécution peut opter pour une action délictuelle (86).

La façon de sanctionner l'inexécution met aussi en cause, sous certains aspects, les pouvoirs du juge ; la *lex fori* vient donc concurrencer la *lex contractus*. La Convention de Rome prévoit ainsi que le juge agisse « dans les limites des pouvoirs » qui lui sont attribués par sa loi de procédure. Mais, s'agissant de l'évaluation des dommages à réparer, la *lex contractus* l'emporte si elle comporte de véritables règles à ce sujet.

C. Extinction et transfert des obligations

748 Les développements ci-dessous concernent toutes les obligations, quelle que soit leur source.

a) Extinction

749 Le mode normal d'extinction d'une obligation est son *exécution*, dont il a été parlé *supra*, nos 743 à 746.

D'autres modes d'extinction, qui constituent des *actes juridiques* (remise de dette, transaction, novation, compensation conventionnelle), ont été examinés (*supra*, n° 721) à propos des obligations contractuelles : les remarques qui ont été faites à leur propos peuvent être transposées aux obligations non contractuelles, en substituant aux mots « loi du contrat » ceux de « loi de l'obligation ».

Les causes d'extinction qui consistent en de simples *faits juridiques* sont soumises à la loi qui régit l'obligation (loi du contrat dans le cas d'une obligation contractuelle, loi du délit dans le cas d'une obligation délictuelle, etc.). Il en va même ainsi pour la *prescription*, qu'une tendance (naguère dominante dans les pays anglo-saxons) voudrait cependant

(85) L'exception d'ordre public trouve dans ce domaine quelques occasions de s'appliquer. Est contraire à l'ordre public une loi étrangère admettant la validité d'une clause d'exonération de responsabilité en présence d'une faute inexcusable (Aix 27 févr. 1980, *Gaz. Pal.* 1980.2.783, note R. Rodière), ou excluant tout tempérament dans la mise en œuvre des clauses pénales (Paris 22 déc. 1983, *Rev. crit. DIP* 1984.484, note Mestre). En revanche, la validité des clauses excluant la garantie des vices cachés dans les ventes entre professionnels n'est pas en soi contraire à l'ordre public (Civ. 1re, 4 oct. 1989, *Rev. crit. DIP* 1990.316, note Lagarde, *JDI* 1990.415, 1re esp., note Kahn, *D.* 1990. Som. 266, obs. Audit).

(86) Civ. 1re, 18 oct. 1989, *JDI* 1990.415, note Kahn, *Rev. crit. DIP* 1990.712, note Foyer.

soumettre à la loi du for (v. *supra*, n° 498) (87) ; la Convention de Rome (art. 10, § 1, d) mentionne spécifiquement « les prescriptions et déchéances fondées sur l'expiration d'un délai ».

La *compensation légale* soulève, lorsque les obligations à compenser sont soumises à des lois différentes, une difficulté que l'on propose de résoudre ainsi : la compensation, constituant une cause d'extinction (totale ou partielle) simultanée des deux obligations, ne peut opérer que si elle est cumulativement admise par la loi de chacune des obligations (88).

b) Transfert

750 La *cession de créance* fait l'objet de l'article 12 de la Convention de Rome.

Le contrat de cession est soumis à la loi d'autonomie, déterminée en appliquant à ce contrat les articles 3 et 4 de la Convention de Rome (89). L'ensemble des rapports entre cédant et cessionnaire sera régi par la loi applicable au contrat de cession (art. 12, § 1).

La loi de la créance cédée, en tant que telle, joue un rôle majeur. C'est elle qui décide, tout d'abord, de la cessibilité même de la créance, et qui détermine les conditions auxquelles la cession est opposable au débiteur cédé. Elle continue aussi à s'appliquer, dans les rapports entre le cessionnaire et le cédé (art. 12, § 2).

La Convention est en revanche muette quant à l'opposabilité de la cession aux tiers, c'est-à-dire aux créanciers du cédant qui auraient saisi la créance, et aux autres cessionnaires. En France, la compétence de la loi du domicile du débiteur cédé paraît bien avoir été consacrée (90), mais celle de la loi de la créance cédée a aussi ses partisans (91).

751 La Convention de Rome traite, dans son article 13, de la *subrogation légale*. Elle la soumet à la loi qui régit l'obligation en vertu de laquelle le tiers *solvens* a désintéressé le créancier ; ainsi dans le cas du paiement par une caution, la subrogation dans les droits du créancier est régie par la loi du contrat de cautionnement (92). Cette solution est confirmée, en ce qui concerne les obligations non contractuelles, par l'article 19 du Règlement Rome II.

La *subrogation conventionnelle*, non envisagée par l'article 13 (93), devrait raisonnablement donner lieu à des solutions parallèles à celles consacrées en matière de cession de créance (94).

Évidemment, que la subrogation soit légale ou conventionnelle, la loi qui régissait originairement la créance continue à s'appliquer dans les rapports entre débiteur et subrogé.

(87) V. Civ. 8 févr. 1983, *JDI* 1984.123, note Légier ; 11 mars 1997, *D.* 1998.406, note Agostini ; Soc. 28 nov. 2000, *Gaz. Pal.* 2001. Som. 254.

(88) La loi fédérale suisse sur le droit internation privé soumet la compensation légale à la loi de la créance à laquelle on l'oppose.

La compensation *judiciaire* est nécessairement soumise à la *lex fori.*

(89) En ce sens PARDOËL, *op. cit.*, n°s 104 et s.

(90) Paris 27 sept. 1984, *JDI* 1985.664, note Diener, *D.* 1985.IR.178, obs. Audit ; 26 mars 1986, *D.* 1986.374, 2e esp., note Vasseur, *Rev. crit. DIP* 1987.351, note Jobard-Bachellier.

(91) DELAPORTE, *op. cit. infra, sub* n° 218 et s. ; RUET, *op. cit.*, n° 612 ; *contra* SINAY-CYTERMANN, *op. cit.*

(92) La règle posée par la Convention suppose que le *solvens* était tenu de payer ; ce n'est pas toujours le cas, même en matière de subrogation légale.

(93) En ce sens PARDOËL, *op. cit.*, n°s 653 et s.

(94) Pour un exemple de subrogation conventionnelle, v. Paris 15 mars 1983, *JDI* 1984.143, note Jacquempont. Pour que le parallélisme soit respecté jusqu'au bout, il conviendrait de soumettre la question de l'opposabilité aux tiers de la subrogation à la loi du domicile du débiteur (en ce sens SINAY-CYTERMANN, *op. cit.*). Pour l'application de l'article 13 à la subrogation conventionnelle, v. Grenoble 13 sept. 1995, *Rev. crit. DIP* 1996.666, note Pardoël, *JDI* 1996.948, note Witz.

752 Le transfert des obligations constatées dans des *titres négociables* appelle des remarques particulières, en raison de l'incorporation du droit dans le titre.

On ne reviendra pas sur les titres à ordre (v. *supra*, n° 691).

Les *titres nominatifs* ne peuvent être transférés que selon la loi qui a présidé à leur création : loi de la société pour les actions (v. *infra*, Livre II, Titre II), loi de l'emprunt obligataire pour les obligations, sous réserve dans les deux cas de l'intervention de la loi locale comme loi de police pour les négociations en bourse. Ceci n'empêche pas les parties de soumettre, si elles le désirent, à une loi autre que la loi du titre ou la loi locale la convention en vertu de laquelle le transfert doit être effectué.

Le transfert des *titres au porteur* échappe à la compétence de la loi du titre : la qualité du créancier ou d'associé dérivant immédiatement de la possession du titre, la question première est celle du transfert de ce bien corporel, et elle doit être résolue, conformément aux principes généraux qui régissent le statut réel, par la loi de sa situation (v. *supra*, le n° 662 sur la perte et le vol des titres).

D. Action directe dans les chaînes de contrats

752-1 Le droit interne français admet dans certains cas, et dans d'autres exclut, selon des distinctions subtiles, la possibilité pour une partie d'exercer une action contractuelle contre un tiers situé dans une même chaîne de contrats (typiquement action en garantie des vices cachés exercée directement par l'acheteur final contre le fabricant). Quelle est la loi applicable à la possibilité d'exercer une telle action ? La jurisprudence se prononce pour la loi qui régit le contrat par lequel est lié le défendeur à l'action (95). De fait, c'est de cette loi que découle l'obligation dont la méconnaissance est invoquée par le demandeur, et c'est donc à elle qu'il appartient de préciser quelles personnes sont en droit de se prévaloir de cette méconnaissance (96). Cette solution a cependant peu de chances d'être maintenue sous l'empire du Règlement Rome II, compte tenu de son originalité en droit composé, même si les juges français pourraient trouver dans la clause d'exception de l'article 4, § 3 (v. *supra*, n° 679-5) le moyen de la conserver.

Bibliographie sommaire

Sur le droit international privé des contrats en général :

BATIFFOL : *Les conflits de lois en matière de contrats. Étude de droit international privé comparé*, Paris, 1938.

(95) Civ. 10 oct. 1995, *Société Paglierani*, *Rev. crit. DIP* 1996.332, note Heuzé, *D.* 1996. Som. 171, obs. Audit.

(96) En ce sens, HEUZÉ, « La loi applicable aux actions directes dans les groupes de contrats : l'exemple de la sous-traitance internationale », *Rev. crit. DIP* 1996.243 ; comp. LECLERC, *op. cit.*

BATIFFOL : « Objectivisme et subjectivisme dans le droit international privé des contrats », *Mélanges Maury*, 1960, I, p. 39 et s., et *Choix d'articles*, Paris, 1976, p. 249 et s.

BAUERREIS : « Le rôle de l'action directe contractuelle dans les chaînes internationales de contrats », *Rev. crit. DIP* 2000.331.

BOURDELOIS : *Pratique des contrats internationaux*, Paris, *GLN Joly*, L. III, IV, V.

BOURDELOIS : « Réflexions sur le traitement des relations précontractuelles en droit international privé », *Mélanges Malaurie*, Defrénois 2005, p. 107 et s.

COURBE : « Ordre public et lois de police en droit des contrats internationaux », *Mélanges Mercadal*, p. 99.

CURTI-GIALDINO : « La volonté des parties en droit international privé », *Rec. Acad. La Haye*, 1972, III, p. 751 et s.

FERRY : *La validité des contrats en droit international privé (France-USA)*, Paris, 1989.

FLOUR : *L'effet des contrats à l'égard des tiers en droit international privé*, thèse dactyl., Paris II, 1977.

GIARDINA : « Les contrats liés en droit international privé », *Trav. com. fr. dr. int. privé*, 1996, p. 97 et s.

GIULIANO : « La loi applicable aux contrats : problèmes choisis », *Rec. Acad. La Haye*, 1977, V, p. 183 et s.

GOTHOT : « La méthode unilatéraliste face au droit international privé des contrats », *Trav. Com. fr. dr. int. pr.*, 1975-1977, p. 201 et s.

GRUBER-MAGITOT : *Les conflits de coutumes en matières de contrats dans la jurisprudence des Parlements*, Paris, 1980.

HEUZÉ : *La réglementation française des contrats internationaux*, Paris, 1990.

HEUZÉ : *Pratique des contrats internationaux*, Paris, GLN Joly, L. I et II.

HEUZÉ : « La notion de contrat en droit international privé », *Trav. Com. fr. dr. int. pr.* 1995-1998, p. 319 et s.

HEUZÉ : « De la compétence de la loi du pays d'origine en matière contractuelle ou l'anti-droit européen », *Mélanges Lagarde*, Dalloz, 2005, p. 393 et s.

JACQUET : *Principe d'autonomie et contrats internationaux*, Paris, 1983.

JOBARD-BACHELLIER : « La portée du test de compatibilité communautaire en droit international privé contractuel », *Mélanges Lagarde*, Dalloz, 2005, p. 475 et s.

JOBARD-BACHELLIER : « Les lettres d'intention en droit international privé », *Trav. Com. fr. dr. int. pr.* 1993-1995, p. 125 et s.

P. LAGARDE « Retour sur la loi applicable à l'opposabilité des transferts conventionnels de créances », *Mélanges Béguin*, Litec, 2005, p. 415 et s.

LEBORGNE : *L'action en responsabilité dans les groupes de contrats*, thèse dactyl., Rennes I, 1995.

F. LECLERC : « Les chaînes de contrats en droit international privé », *JDI* 1995.267.

F. LECLERC : « Le contrat cadre en droit international privé » *Trav. Com. fr. dr. int. pr.* 2002-2004, p. 3 et s.

MAYER : « La protection de la partie faible en droit international privé », *in La protection de la partie faible dans les rapports contractuels*, L.G.D.J., 1996, p. 513 et s.

MEZGHANI : « Méthodes de droit international privé et contrat illicite », *Rec. Acad. La Haye*, t. 303 (2003), p. 119 et s.

NIBOYET : « La théorie de l'autonomie de la volonté », *Rec. Acad. La Haye*, 1927-I, p. 1 et s.

PARDOËL : *Les conflits de lois en matière de cessions de créances et opérations analogues*, L.G.D.J., 1997.

RADICATI DI BROZOLO : « L'influence sur les conflits de lois des principes de droit communautaire en matière de liberté de circulation », *Rev. crit. DIP* 1993.401.

RANOUIL : *L'autonomie de la volonté, naissance et évolution d'un concept*, Paris, 1980.

RUET : *Les créances en droit international privé*, thèse dactyl., Paris II, 1989.

SIMON : *Le commerce international des céréales*, thèse dactyl., Paris II, 1982.

TOUBIANA : *Le domaine de la loi du contrat en droit international privé*, Paris, 1972.

WENGLER : « Les principes généraux du droit en tant que loi du contrat », *Rev. crit. DIP* 1982.467.

Sur la Convention de Rome du 19 juin 1980 :

M.-E. ANCEL : *La prestation caractéristique du contrat*, thèse Paris I, dactyl., 2000.

Jacques FOYER : « Entrée en vigueur de la Convention de Rome du 19 juin 1980 sur la loi applicable aux obligations contractuelles », *JDI* 1991.601.

Jacques FOYER : « Le Contrat d'*electio juris* à la lumière de la Convention de Rome du 19 juin 1980 », *Mélanges Loussouarn*, Paris, 1994, p. 169 et s.

GAUDEMET-TALLON : « Le nouveau droit international privé européen des contrats », *RTD* 1981.215.

GIULIANO et LAGARDE : « Rapport concernant la Convention sur la loi applicable aux obligations contractuelles », *JOCE* 1980, n° C 282.

HEUZÉ : *Joly Communautaire*, v° « Obligations contractuelles ».

KESSEDJIAN : « La Convention de Rome du 19 juin 1980 sur la loi applicable aux obligations contractuelles — vingt ans après », *Mélanges Kurt Siehr*, La Haye, Asser Press, 2000, p. 329 et s.

LAGARDE : « Le nouveau droit international privé des contrats après l'entrée en vigueur de la Convention de Rome du 19 juin 1980 », *Rev. crit. DIP* 1991.287.

POMMIER : *Principe d'autonomie et loi du contrat en droit international privé conventionnel*, Paris, 1992.

RIGAUX : « Examen de quelques questions laissées ouvertes par la Convention de Rome sur la loi applicable aux obligations contractuelles », *Cah. dr. eur.* 1988.306.

Sur les problèmes monétaires :

BISMUTH : *Étude de problèmes monétaires dans les contrats privés internationaux*, Thèse dactyl., Paris, 1973.

GIANVITI : « Réflexions sur l'article VIII, Section 2*b*) des statuts du Fonds monétaire international », *Rev. crit. DIP* 1973.471, 629.

GIANVITI : « Le contrôle des changes étranger devant le juge national », *Rev. crit. DIP* 1980.479, 659.

Ph. KAHN (dir.) : *Droit et monnaie, États et espace monétaire transnational*, Paris, Litec, 1988.

MALAURIE : « Le droit monétaire dans les relations privées internationales », *Rec. Acad. La Haye*, 1978, II, p. 265 et s.

Sur le droit cambiaire :

BLOCH : *Les lettres de change et billets à ordre dans les relations commerciales internationales*, Paris, 1986.

CHEMALY : « Conflits de lois en matière d'effets de commerce », *Rec. Acad. La Haye*, 1988, II, p. 347 et s.

Sur les contrats administratifs et les contrats d'État :

B. AUDIT : *L'arbitrage transnational et les contrats d'État*, La Haye, 1987.

BERLIN : *Le régime juridique international des accords entre États et ressortissants d'autres États*, thèse dactyl., Paris I, 1981.

JACQUET : « L'État, opérateur du commerce international », *JDI* 1989.621.

LEBOULANGER : *Les contrats entre États et entreprises étrangères*, Paris, 1985.

LEMAIRE : *Les contrats internationaux de l'Administration*, LGDJ, 2005.

MAYER : « Le mythe de l'"ordre juridique de base" (ou *Grundlegung*) », *Mélanges Goldman*, Litec, 1982.

MAYER : « La neutralisation du pouvoir normatif de l'État en matière de contrats d'État », *JDI* 1986.5.

RIGAUX : « Des Dieux et des Héros. Réflexions sur une sentence arbitrale », *Rev. crit. DIP* 1978.435.

TSCHANZ : « Contrats d'État et mesures unilatérales de l'État devant l'arbitre international », *Rev. crit. DIP* 1985.47.

WEIL : « Problèmes relatifs aux contrats passés entre un État et un particulier », *Rec. Acad. La Haye*, 1969, III, p. 95 et s.

WEIL : « Droit international et contrats d'État », *Mélanges Reuter*, Paris, 1980, p. 548 et s.

Sur les contrats entre deux États et les accords de coopération transfrontière :

M. AUDIT : *Les contrats transnationaux entre personnes publiques*, LGDJ, 2002.

VERHOEVEN : « Traités ou contrats entre États ? Sur les conflits de lois en droit des gens », *JDI* 1984.5.

Sur la protection des consommateurs :

FALLON : « Le droit des rapports internationaux de consommation », *JDI* 1984.765.

IMHOFF-SCHEIER : *Protection du consommateur et contrats internationaux*, Genève, 1981.

LAGARDE : « Heurs et malheurs de la protection internationale du consommateur dans l'Union européenne », *Mélanges Ghestin*, L.G.D.J., 2001, p. 511 et s.

VAREILLES-SOMMIÈRES : « Le sort de la théorie des clauses spéciales d'application des lois de police en droit des contrats internationaux de consommation. Nature de l'article 5 de la Convention de Rome du 15 juin 1980 », *D.* 2006.2464.

Sur la représentation et les contrats d'intermédiaires :

DILOY : *Le contrat d'agence commerciale en droit international,* L.G.D.J., 2000.

FERRY : « Contrat international d'agent commercial et lois de police », *JDI* 1993.299.

QUÉNAUDON : *Recherches sur la représentation volontaire dans ses dimensions interne et internationale,* Thèse dactyl., Strasbourg, 1979.

QUÉNAUDON : « Quelques remarques sur le conflit de lois en matière de représentation volontaire », *Rev. crit. DIP* 1984.413, 597.

Sur le contrat d'assurance :

AUCLAIR : *La loi applicable au contrat communautaire d'assurance*, thèse Paris I, dactyl., 1999.

BIGOT, BEAUCHARD, HEUZÉ et *alii* : *Traité des assurances*, T. 3, *Le contrat d'assurance*, LGDJ, 2002.

DUBUISSON : *Le droit applicable au contrat d'assurance dans un espace communautaire intégré*, thèse dactyl., Louvain-la-Neuve, 1994.

LOUSSOUARN : « Les conflits de lois en matière de contrat d'assurance et la directive du 22 juin 1988 », *Rev. gén. ass. terr.* 1989.291.

Sur les contrats bancaires et les sûretés personnelles :

BONELLI : « La Convention de Rome du 19 juin 1980 et la loi applicable aux obligations contractuelles », *J. dr. des aff. internat.* 1985.389.

CHANTELOUP et HEUZÉ : *Pratique des contrats internationaux,* Joly, L. VII.

MATTOUT : *Droit bancaire international*, éd. Banque, 2e éd., 1996.

MESTRE : « Les conflits de lois relatifs aux sûretés personnelles », *Trav. Com. fr. dr. int. pr.* 1986-1988, p. 57 et s.

MOREL-MAROGER : *Les opérations de banque en droit international privé*, thèse Paris I, dactyl., 2003.

PÉLICHET : « Garanties bancaires et conflits de lois », *J. dr. des aff. internat.* 1990.335.

SYNVET : « Lettres de crédit et lettres de garantie en droit international privé », *Trav. Com. fr. dr. int.* 1991-1993, p. 55 et s.

Convention de Rome et opérations bancaires, Banque et Droit, numéro hors série, 1993.

Sur le contrat de construction :

BISMUTH : « La sous-traitance internationale », *Trav. Com. fr. dr. int. pr.* 1984-1985, p. 23 et s.

GLAVINIS : *Le contrat international de construction*, Paris, 1993.

LAGARDE : « La sous-traitance en droit international privé », *in La sous-traitance de marchés de travaux et services*, Paris, 1978, p. 186 et s.

RÉMERY : « Remarques sur le conflit de lois applicables au contrat international de construction d'immeuble », *D.* 1985. Chr. 255.

Sur le crédit-bail :

CHANTELOUP : *Pratique des contrats internationaux*, Joly, L. XII.

GAVALDA : « Le crédit-bail international », *Trav. Com. fr. dr. int. pr.*, 1988-1990, p. 59 et s.

Sur le contrat de travail :

COURSIER : *Le conflit de lois en matière de contrat de travail*, Paris, 1993.

DÉPREZ : « Évolutions récentes des solutions de conflits de lois en matière de contrat de travail international », *Mélanges H. Blaise*, Economica, 1995, p. 165 et s.

JAULT-SESEKE : « La détermination des accords collectifs applicables aux relations de travail internationales, *Mélanges Lagarde*, Dalloz, 2005, p. 455 et s.

JAULT-SESEKE : « L'office du juge dans l'application de la règle du conflit de lois en matière de contrat de travail », *Rev. crit. DIP* 2005.253.

LABORDE : « Les rapports collectifs de travail en droit international privé », *Trav. com. fr. dr. int. privé*, 1995-1998, p. 153 et s.

LAGARDE : « Sur le contrat de travail international : analyse rétrospective d'une évolution mal maîtrisée », *Mélanges G. Lyon-Caen*, Paris, 1989, p. 83 et s.

A. LYON-CAEN : « La mise à disposition internationale du salarié », *Dr. soc.* 1981.747.

E. MOREAU : *Lois de police et contrat international de travail*, thèse dactyl., Paris X, 1993.

M.-A. MOREAU : « Le détachement des travailleurs effectuant une prestation de service dans l'Union européenne », *JDI* 1996.889.

P. RODIÈRE : *La convention collective de travail en droit international*, Paris, 1987.

Sur la vente de marchandises :

AUDIT : *La vente internationale de marchandises (Convention des Nations-Unies du 11 avril 1980)*, Paris, 1990.

HEUZÉ : *La vente internationale de marchandises (Droit uniforme)*, Paris, 2000.

KAHN : *La vente commerciale internationale*, Paris, 1961.

PÉLICHET : « La vente internationale de marchandises et le conflit de lois », *Rec. Acad. La Haye*, 1987, I, p. 9 et s.

Sur la transaction :

JARROSSON : « Le contrat de transaction dans les relations commerciales internationales », *Rev. crit. DIP* 1997.657.

Sur le commerce électronique :

CACHARD : *La régulation internationale du marché électronique*, LGDJ, 2002.

CAPRIOLI : *Règlement des litiges internationaux et droit applicable dans le commerce électronique*, Litec, 2002.

SECTION III LA FORME DES ACTES

753 Une exigence relative à la validité d'un acte juridique est formelle lorsqu'elle ne s'attache qu'aux manifestations extérieures du comportement de ceux qui participent à son élaboration (97). Est formelle, par exemple, l'exigence qu'une donation soit reçue par acte authentique ; certes, la règle est posée pour protéger le donateur et ses héritiers contre un acte irréfléchi, mais le respect de la forme est exigé *en soi* comme condition de validité, indépendamment du point de savoir si le but recherché a été ou non atteint.

Tandis que les conditions de fond ont peu à peu échappé à la *lex loci actus* pour relever de la loi d'autonomie et donc du choix des parties, les conditions de forme sont restées sous l'empire de cette loi ; elle a d'ailleurs une compétence générale pour tous les actes juridiques : non seulement contrats, mais aussi testaments, contrats de mariage, mariages, etc.

L'opposition entre une liberté donnée aux parties quant au fond, et une obligation précise imposée quant à la forme, n'est cependant qu'apparente, car la jurisprudence reconnaît à la règle *locus regit actum* un caractère *facultatif* : la loi locale n'offre aux parties qu'un modèle possible de formes à observer : leur choix peut se porter sur une autre loi.

Il faut préciser la justification et le contenu de la liberté ainsi donnée aux parties (§ 1), et les limites apportées à son existence (§ 2).

(97) Comp. DELAPORTE, *op. cit.*, n° 31 : une règle de forme est une règle « prescrivant un comportement matériel et tangible, extérieur à la volonté proprement dite ».

§ 1. JUSTIFICATION ET CONTENU DE LA LIBERTÉ DONNÉE AUX PARTIES

754 Un arrêt *Viditz* rendu par la Chambre civile le 20 juillet 1909 (98) a nettement énoncé le caractère facultatif de la règle *locus regit actum*. Il s'agissait d'un testament rédigé en France par une Anglaise en la forme anglaise (c'est-à-dire simplement signé par le testateur et par deux témoins). Sa validité a été reconnue, au motif que la règle *locus*... « n'a d'autre effet que d'accorder au testateur un droit d'option entre les formes admises par sa loi nationale et celles qui sont exigées par la loi du lieu où il se trouve ».

Un arrêt *Chaplin* du 28 mai 1963 a ajouté un terme à l'option : la loi choisie pour régir le fond de l'acte, en l'espèce un contrat (99).

De l'option ainsi devenue triple, la Convention de Rome a retranché, en matière contractuelle, la branche « loi nationale ». Ne subsiste donc en ce domaine qu'une *option double* entre la loi du lieu de conclusion et la loi applicable au fond (sur le domaine exact, *ratione materiae*, de la Convention de Rome, v. *supra*, n° 693).

En théorie l'option triple subsiste par les actes relevant de l'état et de la capacité des personnes ou du droit de la famille, auxquels le critère de la nationalité convient. Mais tous les actes importants donnent lieu en fait à des solutions particulières et dérogatoires : les testaments (v. *infra*, n° 808) et les contrats de mariage (v. *infra*, n° 781) ont fait l'objet de conventions internationales ; le mariage (v. *supra*, n° 555) et le divorce (v. *supra*, n° 592) se voient appliquer impérativement la loi locale ; la reconnaissance d'enfant naturel (v. *supra*, n° 609), l'adoption (v. *supra*, n° 631) et les formes protectrices des incapables (v. *supra*, n°s 531 et 532) sont classées dans la catégorie « fond ».

On examinera d'abord le principe de l'option (A), puis ses terme (B).

A. Le principe de l'option

755 Avant de rechercher quelle peut être la justification de l'option, une précision doit être donnée sur ses *modalités*. La forme est-elle soumise préférentiellement à la loi locale, que seule pourrait écarter la preuve d'un choix des parties en faveur d'une autre loi, ou bien la validité de l'acte résulte-t-elle automatiquement du fait que l'une quelconque des lois possibles se satisfait de la forme employée ?

(98) *RDIP* 1909.900, concl. Baudouin, *DP* 1911.1.185, note Politis.
(99) Civ. 28 mai 1963, *JDI* 1963.1004, note Goldman, *D.* 1963.677, note anonyme, *JCP* 1963.II.13347, note Malaurie, *Rev. crit. DIP* 1964.513, note Loussouarn, *GA* n° 40.

Par deux arrêts, la Cour de cassation s'était prononcée en faveur de la première solution (100). Dans le dernier rendu, la vente d'un fonds de commerce avait été déclarée nulle, en application de la loi locale, parce que les parties n'avaient pas allégué avoir choisi une autre loi. Cette sévérité, qui n'avait pas de fondement théorique sérieux, pouvait être regrettée, car il est rare que les parties songent à préciser spécialement la loi applicable à la forme de leurs actes.

La Convention de Rome a heureusement pris le parti opposé, en plaçant sur le même plan les deux branches de l'option qu'elle ouvre.

756 Si l'on écarte, pour les raisons qui viennent d'être données, toute hiérarchie entre les rattachements, force est d'observer que la présentation de la règle de droit international privé, sous la forme traditionnelle : « La forme des actes est soumise, facultativement, à la loi du lieu de leur élaboration », ne s'expliquait que par des raisons historiques, et privilégiait sans raison valable l'une des branches de l'alternative : la *lex loci actus*. L'autre branche (ou les autres branches, en matière de testaments) est aussi importante. Surtout, cette présentation parvenait à emprunter artificiellement le moule classique de la règle de conflit de lois, alors qu'une présentation plus logique révèle que la règle *n'est pas* une règle de conflit de lois.

Il suffit pour en prendre conscience de lire la règle énoncée à l'article 9, § 1 de la Convention de Rome : « Un contrat conclu entre des personnes qui se trouvent dans un même pays est valable quant à la forme s'il satisfait aux conditions de forme de la loi qui le régit au fond en vertu de la présente Convention, ou de loi du pays dans lequel il a été conclu ».

C'est une règle substantielle de droit international privé qui prend en considération des règles substantielles internes (v. *supra*, n° 140, et comp. *supra*, n°s 610 et 613). La réponse à la question de droit privé posée (celle de la validité de l'acte en la forme) est donnée par la règle de droit international privé elle-même (« un contrat est valable... ») ; mais la condition de validité conduit à l'examen de deux législations.

757 Contrairement à une règle de conflit de lois, la règle n'est pas neutre par rapport à la question de droit ; elle favorise l'une des solutions possibles : celle qu'ont voulue les parties. Bien que la validation soit automatique, le cas où une loi valide l'acte sans que les parties aient respecté consciemment ses dispositions est en effet exceptionnel, et en tout cas accidentel ; ce n'est pas à cela que vise la règle de droit international privé. Elle vise à permettre aux parties de se conformer, au gré de leurs convenances, à l'une ou l'autre des lois énumérées.

(100) Civ. 31 janv. 1967, *Rev. crit. DIP* 1968.292 ; 10 déc. 1974, *D.* 1975.480, *JDI* 1975.542, note Kahn, *Rev. crit. DIP* 1975.475, note Ponsard, *Defrénois.* 1975.1081, note Malaurie et Morin. *Adde*, dans le même sens Civ. 1re, 23 janv. 2001, *JDI* 2001.1113, note Vignal, *JCP* 2001.II.10620, note Légier, *Defrénois* 2001.626, note Crône, *Rev. crit. DIP* 2002.80, note Ancel, qui réaffirme la compétence de la loi du lieu de l'acte dans une hypothèse où il n'apparaît pas que les parties avaient fait un autre choix.

Cette remarque permet de faire justice d'une critique élevée contre le caractère alternatif des rattachements en matière de forme des actes. Ne pas imposer l'observation d'une prescription déterminée sous prétexte qu'elle est de forme et non de fond, c'est considérer, a-t-on dit (101), que les règles de forme ont un caractère en quelque sorte secondaire, et doivent aussi rarement que possible entraîner la nullité des actes. Or, elles ont souvent un rôle important — visant à la protection de l'une des parties notamment — et des intérêts très légitimes peuvent être attachés à la sanction de leur inobservation ; la faveur pour la validité, révélée par le rattachement alternatif, est injustifiée.

En réalité, s'il est exact que les règles de forme sont aussi importantes que les règles de fond, elles n'en ont pas moins une nature particulière, qui explique le rattachement alternatif : c'est qu'elles imposent aux parties l'adoption, au moment de l'acte, d'un certain comportement. Pour faciliter l'élaboration des actes, rendue malaisée par leur caractère objectivement international (v. *supra*, n° 5), la règle de droit international privé élargit le choix offert aux parties. Les termes de l'option étant en très petit nombre, ce n'est nullement là une dispense du respect des formes : les parties sont tenues de se conformer aux prescriptions de l'une des lois. *Ce n'est pas davantage une faveur pour la validité :* celle-ci suppose que l'on applique une loi qui valide, simplement parce qu'elle valide ; or ici on applique la loi que les parties ont observée, non parce qu'elle valide, mais parce qu'elle a vraisemblablement été choisie au moment de l'acte. La faveur est seulement pour la *facilité de négociation* des actes juridiques internationaux. D'ailleurs, le laxisme n'est-il pas aussi grand, s'agissant des conditions de fond des contrats, soumises à la loi d'autonomie ?

758 Cette analyse explique l'*exclusion du renvoi.* Le désir de faciliter l'élaboration des actes, révélé par le caractère alternatif de la règle, ne doit pas être mis en échec. Or, ce serait régulièrement le cas si l'on admettait le renvoi. Supposons que les parties à un contrat conclu à l'étranger aient adopté la forme locale, et que la règle de conflit du lieu de conclusion désigne la loi française, dont les prescriptions n'ont pas été suivies. L'admission du renvoi conduit à l'annulation du contrat (102).

En revanche il faut admettre la possibilité pour les parties de suivre non seulement les formes locales mais aussi les formes admises par une éventuelle règle substantielle de droit international privé en vigueur au lieu de l'acte. En effet, si cette règle admet la validité des actes conclus selon les formes locales *ou* selon les formes connues d'une autre loi (nationale, par exemple), le juge qui constate que ces dernières formes ont été respectées et en déduit la validité de l'acte ne fait que suivre la loi désignée par sa règle de conflit, en prenant en considération, comme elle l'ordonne, la loi tierce : ce n'est pas le renvoi. La Cour de cassation a donc eu raison d'admettre la validité du mariage célébré en Italie entre deux juifs syriens selon les formes de la loi mosaïque, au motif que l'Italie admettait le recours à la forme nationale (arrêt *Zagha*, cité *infra*, n° 766).

(101) V. notamment DELAPORTE, *op. cit.*

(102) Un jugement du Tribunal civil de la Seine du 10 juillet 1910 (*JDI* 1911.912, *RDIP* 1912.414) a admis ce résultat absurde. *Contra*, Alger, 29 mai 1919, *JDI* 1920.241, *RDIP* 1921.117.

Nombreux sont les auteurs qui proposent de ne faire jouer le renvoi que dans le cas où la loi à laquelle il est renvoyé valide (renvoi *in favorem*) ; v. notamment DERRUPPÉ et AGOSTINI, *Juriscl. droit internat.*, fasc. 532-2, n° 71 ; LÉGIER, *op. cit.*, p. 522 et s. ; *contra* SOIRAT, *op. cit. supra, sub* n° 140, n°s 66 à 68. Mais, comme on l'a observé à propos des articles 311-16 à 311-18 du Code civil (*supra*, n° 616), il ne s'agit plus alors du renvoi véritable.

B. Les termes de l'option

759 Il faut expliquer le choix, par la jurisprudence et par la Convention de Rome, des critères alternatifs de rattachement.

Le *lieu de l'acte* présente des avantages évidents de commodité. C'est au lieu où elles se trouvent que les parties peuvent le plus aisément se renseigner sur les formalités nécessaires ; si elles font appel à un juriste local (avocat, notaire, conseil juridique), celui-ci procède normalement selon la loi du pays où il exerce.

En ce qui concerne les contrats entre absents, la Convention de Rome (article 9, § 2) précise utilement que les parties peuvent observer les formes admises dans *l'un ou l'autre des pays* où elles se trouvent. Le délicat problème de la détermination du lieu de conclusion des contrats par correspondance se trouve ainsi esquivé. Lorsqu'une partie agit par l'intermédiaire d'un représentant, c'est le lieu où se trouve ce dernier qui doit être pris en considération (Convention de Rome, art. 9, § 3).

La *loi applicable au fond* peut également être d'une utilisation commode pour les parties : si elles ont choisi pour conseils des juristes connaissant spécialement le droit qui va régir leurs relations (supposé différent du droit local), ceux-ci sont peut-être ignorants des formes locales ; de plus, la soumission à une loi unique de la forme et du fond d'un acte supprime de difficiles problèmes de qualification et d'adaptation.

Le recours à la *loi nationale*, mentionné par la jurisprudence française mais abandonné par la Convention de Rome, n'était guère défendable en dehors du statut personnel et des questions de droit de la famille. Dans ces matières en revanche il se justifiait (et se justifie encore) par l'attachement des individus aux rites de leurs pays d'origine.

Toutes ces considérations sont de nature à rendre admissible l'observation des formes prévues par l'une ou l'autre des lois offertes ; elles ne tendent à rendre exclusive la compétence d'aucune d'entre elles.

Mais d'autres considérations peuvent dans certains cas les renforcer, imposant la compétence de telle ou telle loi et supprimant la liberté des parties.

§ 2. LIMITES DE LA LIBERTÉ DES PARTIES

760 De nombreuses exigences de forme s'imposent aux parties, sans possibilité pour elles de leur échapper en choisissant une autre loi. Selon les cas, la loi qui s'applique impérativement est :

– la loi du fond, à la suite d'une qualification en ce sens de l'exigence posée ;

– la loi locale ou la loi nationale, en tant que loi d'application nécessaire ;

– une autre loi d'application nécessaire, mentionnée par la Convention de Rome ;

– la *lex auctoris*, en raison de l'intervention d'un organe étatique.

A. Inclusion de l'exigence dans la catégorie « conditions de fond »

761 Au cours des chapitres qui précèdent, on a vu successivement que :

– les formalités de protection des incapables sont soumises à leur loi personnelle ;

– les formes de la reconnaissance d'un enfant naturel et celles de l'adoption appartiennent selon une jurisprudence en général approuvée à la catégorie « fond » ;

– la forme du mariage et celle du divorce relèvent de la règle *locus regit actum.*

Et l'on verra par la suite que l'exigence d'une solennité pour la validité d'un testament, d'un contrat de mariage ou d'une donation relève de la catégorie « forme », et d'une règle de conflit alternative.

Chacune de ces solutions contradictoires est le résultat d'une *qualification* : dans certains cas, l'exigence d'une formalité est rangée dans la catégorie « forme », et l'on en déduit l'application de la règle *locus regit actum*, facultative en principe ; dans les autres cas, elle est mise dans la catégorie « fond » et relève impérativement de la loi applicable au fond de l'institution. Mais quel est le critère de distinction ?

762 Il faut partir du principe que relève de la catégorie « forme » toute exigence répondant à la définition qui a été donnée dès le début de cette section (n° 753). La question du caractère religieux ou laïc du mariage, notamment, doit être rangée dans cette catégorie pour la simple raison que les exigences posées ne concernent que l'aspect extérieur de certains comportements (103).

Mais la qualification « fond » doit être adoptée dans quelques hypothèses : établissement de la filiation adoptive, reconnaissance volontaire de paternité naturelle, formalités de protection des incapables, de constitution d'une société (v. *infra*, Livre II, Titre II).

Ces distinctions ne résultent pas d'un approfondissement des notions de forme et de fond. Les formalités du mariage ou du testament ne sont ni plus ni moins formelles que celle de l'adoption ou de la reconnaissance. Simplement, l'extension aux problèmes de forme de la règle de conflit qui régit le fond de l'institution apparaît souhaitable dans certains cas et non dans les autres.

On observera d'abord que le fond l'emporte sur la forme dans tous les cas où l'institution présente un caractère prononcé d'artificialité. La création d'une filiation indépendante des liens de sang (adoption, et même filiation naturelle dans la mesure où la reconnaissance ne correspond pas nécessairement à la réalité biologique), ou d'une personne morale ne peuvent résulter de la seule volonté des parties ; les formes que la loi impose participent de l'essence même de l'institution.

(103) *Contra*, MESTRE, *op. cit.*

Quant à la soumission à la loi du fond des formalités de protection des incapables, l'explication en est différente : ces formes sont le moyen même par lequel est réalisée la protection que la loi nationale a compétence pour décider, et une dissociation entre le principe et le moyen de la protection serait impraticable.

B. La loi nationale ou la loi locale sont des lois d'application nécessaire

763 Même en faisant prévaloir la qualification « forme », on est parfois conduit par des considérations particulières, liées au contenu de l'une des lois en présence, à supprimer la liberté de choix. Soit la loi nationale, soit la loi locale peut, en effet, être une loi d'application nécessaire, qui se veut exclusivement applicable.

a) Compétence exclusive de la loi nationale des parties

764 Certaines conditions de forme sont imposées aux parties par l'État de leur nationalité.

Il en est ainsi notamment de l'exigence d'une intervention d'autorités religieuses ou traditionnelles pour le mariage (ou le divorce), telle qu'elle était notamment posée par les droits espagnol et grec avant 1981 et 1982 (respectivement), et qu'elle subsiste en Israël et dans certains pays musulmans. Une telle exigence est, en effet, liée à une conception du lien matrimonial que le législateur prétend imposer à ses ressortissants, sans leur laisser la possibilité de s'y soustraire par le recours aux formes locales. La loi qui l'édicté est une *loi d'application nécessaire* (104). Il paraîtrait normal d'en tenir compte en France. D'une part, en effet, le domaine qu'elle s'assigne n'est nullement choquant, étant donné son contenu : toute conception religieuse a une vocation à s'appliquer selon un critère personnel, en faisant abstraction des frontières ; et d'autre part, la compétence de la loi locale n'étant en principe qu'une compétence possible, offerte pour de simples raisons de commodité, il n'est pas grave de la supprimer. Ainsi, si deux ressortissants d'un pays à législation confessionnelle se mariaient en la forme civile dans un pays qui offre le choix entre la forme religieuse et la forme civile, le juge français serait fondé à considérer leur mariage comme nul.

Mais les tribunaux français n'ont eu à se prononcer que sur des mariages célébrés en France ou des divorces réclamés en France ; dans ce cas, on va le voir (*infra*, n°s 766 et 767), la forme locale, qui est civile, revêt également un caractère exclusif qui entre en conflit (au sens réel du mot) avec l'exclusivité réclamée par la loi nationale pour la forme religieuse.

(104) La doctrine grecque était en faveur de cette analyse : FRAGISTAS, *Archeion Idiotikon Dikaion*, 1938, p. 490 ; SPYROPOULOS, *Droit international privé*, Athènes, 1938, p. 352-353 ; EVRIGENIS, *Ephimeris Ellinon Nomikon*, 1954, p. 119.

765 Un autre exemple de loi d'application nécessaire à vocation nationale était fourni par l'article 992 du Code civil néerlandais, qui, dans un souci de protection, interdisait à tous les ressortissants des Pays-Bas de tester en la forme olographe, en quelque lieu que l'acte fût rédigé. Bien que la loi française ne réclame pas, quant à elle, son application exclusive, les tribunaux français ont toujours validé les testaments olographes des Hollandais rédigés en France. De fait, le champ d'application de la prohibition revêtait un caractère exorbitant que son contenu ne justifiait pas et que l'on n'était pas tenté de respecter.

b) Compétence exclusive de la loi locale

766 L'État sur le territoire duquel l'acte est élaboré est parfois intéressé à l'observation de certaines formes, ou à l'interdiction de certaines autres.

Les États qui ont du mariage une conception religieuse ne se contentent pas de l'imposer à leurs ressortissants. Ils l'imposent aux étrangers (du moins à ceux qui ont une appartenance religieuse) qui veulent se marier sur leur territoire, sous réserve parfois de la possibilité de recourir au mariage consulaire, liée à l'idée d'une certaine extraterritorialité de celui-ci.

Inversement, les États qui ont une conception essentiellement laïque du mariage, comme la France, n'attachent aucun effet civil à une cérémonie religieuse locale, à laquelle ils interdisent même parfois de procéder, du moins avant la cérémonie civile ; et ils interdisent le prononcé du divorce par une autorité religieuse (105).

Une autre exigence locale répandue dans la majorité des pays est celle d'une cérémonie publique, par opposition à une cérémonie privée ou à une absence totale de cérémonie. Cette prescription est normalement impérative, car l'aspect social du mariage concerne directement l'État local.

Il est légitime de tenir compte de ces lois d'application nécessaire à vocation territoriale, même lorsqu'elles sont étrangères, pourvu qu'elles ne heurtent pas l'ordre public.

c) Conflit entre une exigence locale et une exigence nationale

767 Il se peut que la loi locale *et* la loi nationale soient toutes deux d'application nécessaire. On se bornera à l'hypothèse, seule apparue en jurisprudence, où l'une de ces lois est la loi française. Étant ainsi l'une des deux lois qui réclament l'exclusivité, elle l'emporte évidemment sur l'autre aux yeux du juge français.

Il en résulte notamment que deux étrangers de statut personnel religieux ne peuvent, malgré les prescriptions de leur loi nationale, ni se marier, ni divorcer en France en la forme religieuse ; en ce qui concerne le mariage, ils peuvent néanmoins soit recourir à la forme

(105) En ce sens, et pour la qualification de loi de police, v. BISCHOFF, *Rép. Dalloz droit internat.*, V° Mariage, n° 43. *Contra* MESTRE, *op. cit.* L'arrêt *Zagha* rendu par la Cour de cassation le 15 juin 1982 (*Rev. crit. DIP* 1983.300, note Bischoff, *JDI* 1983.595, note Lehman, *D.* 1983.431, note Agostini) va plus loin en conférant en matière de mariage un caractère absolument impératif à la règle *locus*..., même lorsque le mariage est célébré à l'étranger. Rien de plus légitime pourtant que la préférence des parties pour leur loi nationale dans une matière du statut personnel. L'admission d'un pseudo « renvoi » a tempéré cette sévérité (v. *supra*, n° 758).

consulaire, soit faire suivre la cérémonie civile d'une cérémonie religieuse, car la loi française elle-même le permet.

Faut-il par ailleurs — c'est une question différente — considérer leur mariage célébré en France en la forme civile comme valable, et leur demande en divorce recevable par les tribunaux français ? Il faut répondre, pour le mariage, que la loi française non seulement interdit la forme religieuse, mais permet à tous ceux qui le désirent de se marier civilement en France. C'est la solution consacrée, avec une motivation différente reposant exclusivement sur la qualification (106), par l'arrêt *Caraslanis* (v. *supra*, n° 156). Pour le divorce, le recours à la notion d'impraticabilité (v. *supra*, n° 196) suffit à justifier la recevabilité de la demande, même si, comme l'arrêt *Levinçon* l'avait admis, il fallait accepter au départ de tenir compte de la loi nationale (v. *supra*, n° 593).

C. Autres lois d'application nécessaire

768 En dehors des matières touchant à l'état, à la capacité des personnes ou au droit de la famille, de nombreuses règles de forme constituent des lois d'application nécessaire. Le plus souvent ce sont des règles destinées à protéger l'une des parties, jugée être en position de faiblesse ou de danger ; le législateur qui les a posées ne veut pas que cette protection puisse être éludée par le choix d'une autre loi. Ainsi en va-t-il, par exemple, des formes dans lesquelles un contrat de travail doit être conclu, ou un licenciement opéré (107).

La Convention de Rome recourt à trois techniques différentes pour assurer l'applicabilité de ces lois. D'abord son article 7, relatif aux lois de police, a vocation à s'appliquer à la forme comme au fond ; le plus souvent ce sera d'ailleurs la même loi qui « voudra » s'appliquer au fond et à la forme. Ensuite la Convention (art. 9, § 6) envisage spécialement les contrats qui ont pour objet un droit réel immobilier ou un droit d'utilisation d'un immeuble, et ordonne au juge d'appliquer les règles impératives du pays de situation de l'immeuble qui se veulent applicables ; la différence avec l'article 7 est qu'aucune marge de manœuvre n'est laissée au juge. Enfin à l'égard des contrats conclus par des consommateurs et remplissant les conditions de l'article 5 (v. *supra*, n° 731), l'article 9, § 5 impose brutalement l'application de la loi de la résidence habituelle du consommateur, qui pourtant peut se révéler moins protectrice que la *lex contractus*, et n'est pas nécessairement une loi de police.

(106) Il n'y a pas incompatibilité totale entre le raisonnement tenu au texte et celui de l'arrêt *Caraslanis*. Il existe bien au départ un problème de qualification, dont on a indiqué plus haut (n° 762) qu'il fallait résoudre dans le sens indiqué par l'arrêt *Caraslanis*, c'est-à-dire en retenant la qualification « forme ». Le caractère exclusif de la loi locale n'est ici invoqué que pour repousser les prétentions symétriques de la loi grecque, dans lesquelles l'arrêt *Caraslanis* voit seulement la preuve d'une qualification grecque différente de la nôtre, alors qu'il faut y voir une loi d'application nécessaire non dénuée de fondement.

(107) Il a de même été jugé que l'article 10 de la loi du 3 janv. 1967 imposant une forme écrite et un certain nombre de mentions pour la validité de la vente d'un navire francisé, constitue une loi de police : Com. 14 janv. 2004, *DMF* 2004.723, note G. Mecarelli. *RTD com.* 2004.845, obs. Ph. Delebecque, *Rev. crit. DIP* 2005.55, note P. Lagarde, *D.* 2005.2872, obs. P. Courbe et H. Chanteloup, *Rev. des contrats* 2004.1059, obs. D. Bureau.

D. Intervention d'une autorité

769 Le principe même de l'intervention d'une autorité (notaire, officier de l'état civil, tribunal, consul...) est, comme toute autre exigence de forme, soumis au rattachement alternatif, avec les limites qui ont été précisées. Mais les formes observées par l'autorité échappent *pour partie* à la loi choisie. L'autorité ne peut, en effet, fonctionner que selon la loi qui l'a instituée : *auctor regit actum* (v. *supra*, n° 468). La *lex auctoris* se trouve coïncider avec la loi locale lorsque l'autorité agit sur son territoire. Elle coïncide avec la loi nationale lorque l'autorité agit sur le territoire d'un autre État et est compétente à l'égard des nationaux (cas du consul).

Le problème le plus délicat consiste à déterminer l'étendue des obligations internes de l'autorité. Il est certain qu'elles ne l'empêchent pas de suivre toute prescription formelle étrangère. Un notaire français, par exemple, peut fort bien recevoir un testament en une forme étrangère, prévoyant certaines mentions obligatoires, ou la présence de plusieurs témoins. Mais il est obligé d'accomplir par ailleurs toutes les formalités prévues par la loi française qui confèrent à l'acte son authenticité. La distinction à faire repose sur l'idée que certaines prescriptions françaises visent au bon fonctionnement du service public dont est chargé l'autorité, et s'imposent absolument à elle, tandis que d'autres ont en vue tel ou tel acte qu'elles accomplissent, et peuvent être écartées au profit d'une loi étrangère. Il faut tenir compte également de la souplesse plus ou moins grande du fonctionnement de l'autorité saisie. Certaines autorités ne sont habilitées qu'à accomplir des actes sacramentels précis, et n'ont pas le pouvoir d'en accomplir d'autres : ainsi l'officier de l'état civil français ne peut célébrer un mariage qu'en procédant à la cérémonie prévue par la loi française.

Bibliographie sommaire

CORNELOUP : *La publicité des situations juridiques. Une approche franco-allemande du droit interne et du droit international privé*, LGDJ, 2003.

DELAPORTE : *Recherches sur la forme des actes juridiques en droit international privé*, thèse dactyl., Paris, 1974.

LÉGIER : *La règle* locus regit actum *et les conflits de lois en matière de forme des actes*, thèse dactyl., Aix, 1976.

MESTRE : « Le mariage en France des étrangers de statut confessionnel », *Rev. crit. DIP* 1977.659.

RIGAUX : « La forme des actes en droit international privé », *Mélanges Schnitzer*, 1979, p. 381 et s.

TITRE IV
LE DROIT PATRIMONIAL DE LA FAMILLE

CHAPITRE 1
LES RÉGIMES MATRIMONIAUX

770 Les règles de conflit de lois en matière de régime matrimonial ont été bouleversées par l'entrée en vigueur, le 1er septembre 1992, de la Convention de La Haye du 14 mars 1978 sur la loi applicable aux régimes matrimoniaux. La Convention ne lie que trois États : la France, le Luxembourg et les Pays-Bas. Dans chacun, elle se substitue aux règles antérieurement en vigueur (1). Toutefois, celles-ci conservent un grand intérêt car elles désignent la loi applicable aux époux mariés avant l'entrée en vigueur de la Convention. Les nouvelles règles concernent d'une part, les époux mariés postérieurement à cette entrée en vigueur, d'autre part, ceux qui, même mariés antérieurement, veulent utiliser la possibilité qu'ouvre la Convention de désigner en cours de mariage la loi applicable (art. 21).

On centrera l'étude sur les règles conventionnelles, tout en rappelant les solutions antérieures.

Les problèmes particulièrement complexes que pose le *changement* de régime matrimonial conduisent à dissocier son étude de celle de l'*établissement* et des *effets* du régime. En l'absence de particularités notables du conflit de juridictions ou d'autorités, on envisagera surtout le conflit de lois.

(1) La Convention ne déroge pas aux autres traités conclus par les États parties. V. *supra*, n° 512, dans la liste des traités bilatéraux conclus par la France, ceux qui ont une incidence sur la loi applicable au régime matrimonial.

SECTION I ÉTABLISSEMENT ET EFFETS DU RÉGIME

§ 1. CONTENU DE LA RÈGLE DE CONFLIT DE LOIS

771 Le principe fondamental qui inspirait le droit français a été respecté par la Convention : le régime matrimonial est soumis à *la loi d'autonomie*, c'est-à-dire à la loi choisie par les parties. La solution était certaine dans le cas des régimes conventionnels. Son extension au régime légal, bien que critiquée par d'importants auteurs (2), résultait nettement de la formule de la Cour de cassation, déclarant s'attacher à « la volonté des époux de localiser leurs intérêts pécuniaires ».

Cette position s'était imposée depuis quatre siècles et demi. Auparavant, en raison de la prépondérance du statut réel, la jurisprudence appliquait la loi du lieu de situation de chaque bien, avec localisation fictive de l'ensemble des meubles au domicile des époux. L'inconvénient de ce système était de briser l'unité du régime, en soumettant les divers biens à des coutumes différentes. Cette dispersion était génératrice d'injustices, si les biens de l'un des époux étaient soumis à un régime séparatiste et ceux de l'autre à un régime communautaire. C'est Dumoulin qui développa, dans la consultation relative aux époux de Ganey en 1525, l'idée que les époux, en ne faisant pas de contrat, entendent adopter pour l'ensemble de leurs biens le régime légal consacré par la coutume du lieu où ils vont fixer leur domicile. Le raisonnement est aujourd'hui encore celui des tribunaux.

Ce raisonnement revient à faire directement reposer sur le droit international privé du for la liberté accordée aux époux dans l'organisation de leurs rapports patrimoniaux, alors qu'on aurait peut-être pu songer à la faire dépendre, comme c'est le cas aujourd'hui dans la plupart des autres pays européens, de la loi des effets du mariage.

La Convention de la Haye pousse beaucoup moins loin la recherche de la volonté supposée des époux. Comme la Convention de Rome, elle adopte en fait un système dualiste : à défaut de volonté suffisamment claire, elle préfère recourir à des rattachements objectifs.

Après avoir vu comment est déterminée la loi applicable (A), on précisera le domaine d'application de la règle de conflit (B).

(2) En particulier, BARTIN, note au *DP* 1898.2.457 ; PILLET, *Traité*, II, n° 505. BATIFFOL et LAGARDE (*Traité*, n° 619) approuvent les solutions jurisprudentielles, mais non leur motivation : pour eux, la loi est celle du *fait* de l'établissement des intérêts des époux dans un pays, tandis que la Cour de cassation s'attache à la fois au fait et à la volonté (v. *infra* n° 775). Pour la loi du centre des intérêts, v. WIEDERKEHR, *op. cit.*, n°s 120 à 147.

A. Détermination de la loi applicable

a) Choix de la loi par les époux

772 Lorsque, dans une situation internationale, les époux procèdent à l'établissement d'un *contrat de mariage*, ils désignent habituellement la loi qui gouvernera leur régime matrimonial. Même s'ils ne le font pas expressément, la teneur du contrat fait normalement apparaître avec une clarté suffisante à quelle loi le rédacteur s'est référé. Il peut néanmoins exister des situations ambiguës, par exemple, dans le cas d'un couple franco-belge, en raison de la teneur proche des deux lois. La Convention de 1978 (art. 11) exige, à défaut d'une stipulation expresse, que le choix résulte « indubitablement » des dispositions du contrat, alors que le droit jurisprudentiel antérieur recherchait la volonté tacite ou implicite des époux. On peut se demander si, en cas d'ambiguïté des clauses du contrat, l'identité du rédacteur (notaire français, ou belge, par exemple) constituerait aujourd'hui un indice suffisamment indubitable (3).

En l'absence de contrat du mariage, il est encore possible pour les époux de procéder à un choix. Celui-ci doit résulter d'une stipulation expresse formulée avant le mariage (art. 11), ce que l'on rencontre rarement dans la pratique.

Lorsque le mariage est célébré en France, les époux qui ont procédé à la désignation de la loi applicable doivent, aux termes de l'article 1397-3, al. 1er, du Code civil, présenter à l'officier de l'état civil l'acte par lequel ils ont opéré cette désignation, ou un certificat délivré par la personne compétente pour établir l'acte.

773 Lorsque le choix existe, il faut aussi qu'il soit valable. Cela suppose d'abord que le consentement des époux ne soit entaché d'aucun vice : on se référera, pour le déterminer, à la loi désignée, solution déjà rencontrée dans l'étude de la Convention de Rome (v. *supra*, n° 716). Bien que la capacité ne soit pas traitée par la Convention, on peut penser que la capacité de choisir la loi est déterminée par la loi qui régit ordinairement la capacité des individus, c'est-à-dire en droit français la loi nationale (sur la capacité de conclure un contrat de mariage, v. *supra*, n° 522). Quant à la forme, elle doit être conforme aux exigences posées pour les contrats de mariage soit par la loi désignée, soit par la loi du lieu où intervient la désignation (quand bien même celle-ci ne serait pas incluse dans un contrat de mariage). La Convention formule en outre, par une règle matérielle, une exigence minimale : la stipulation doit toujours faire l'objet d'un écrit daté et signé des deux époux (art. 13).

774 Dans le droit antérieur à la Convention de 1978, la seule exigence posée quant à l'objet du choix était l'unicité de la loi applicable : l'ensemble des biens, où qu'ils fussent situés, devait être soumis à la même loi.

La Convention, dans son article 3, s'éloigne doublement de ce schéma : d'une part, elle limite le nombre de lois susceptibles d'être choisies, d'autre part, elle autorise les époux à soumettre chaque immeuble à une loi distincte.

Les époux peuvent choisir, pour régir l'ensemble de leurs biens, la loi nationale de l'un ou l'autre d'entre eux, ou la loi de la résidence habituelle de

(3) Pour la négative, v. DROZ, « Les nouvelles règles... », *op. cit.*, p. 670.

l'un ou l'autre d'entre eux, nationalité et résidence devant être appréciées au moment de la désignation. Regardant vers l'avenir, ils peuvent aussi choisir la loi du premier État dans lequel l'un ou l'autre (ou les deux) établira une nouvelle résidence habituelle après le mariage ; il restera aux tribunaux à préciser la durée minimale de cette résidence.

Qu'ils aient ou non procédé à une telle désignation, les époux peuvent soumettre leurs immeubles, ou certains d'entre eux, à la loi de leur lieu de situation ; ils peuvent également prévoir que les immeubles qui seront acquis par la suite seront soumis à la loi de leur lieu de situation (art. 3, dernier alinéa). L'indivisibilité du régime, principe considéré comme d'ordre public par le droit international privé antérieur (4), est ainsi abandonnée.

Si deux époux mariés sous un régime de communauté adoptent une telle clause — ce qu'ils peuvent faire, comme on le verra, même pendant le mariage, et ce sans intervention judiciaire — les biens déjà acquis par l'un d'eux dans un pays de *common law*, dont le régime légal est la séparation, lui deviennent propres, de même que ceux qu'il décide d'acquérir dans un tel pays après l'adoption de la clause. La principale justification mise en avant est la nécessité où se trouvaient les rédacteurs de parvenir à un compromis avec la position des pays de *common law*, qui soumettent les meubles à la loi du domicile et les immeubles à la *lex rei sitæ*. Toutefois, comme aucun d'entre eux n'a en définitive signé la Convention, on peut se demander s'il était bien nécessaire de modifier notre droit sur un point qui, depuis Dumoulin, nous paraissait fondamental. On invoque aussi l'irréalisme de la position consistant à prétendre imposer l'application d'une loi autre que la *lex rei sitæ* à un immeuble, alors que le juge local, compétent, appliquera en fait cette dernière loi. Il est pourtant vraisemblable que, si le principe de l'universalité avait été maintenu, un juge français aurait accordé, sur les biens situés en France, une compensation au profit de l'époux privé à l'étranger de sa part de communauté sur un immeuble. Ce ne sera plus possible, et ce même si les deux époux sont français, se sont mariés en France et y ont toujours vécu, dès lors que l'un aura réussi à faire accepter par l'autre une clause de désignation, et aura su exploiter habilement les possibilités qu'elle lui offre.

b) Absence de choix de la loi par les époux

1° *Solutions antérieures à la Convention de la Haye de 1978*

775 Dans le droit antérieur à la Convention, lorsque les époux n'avaient pas fait de contrat de mariage, ni désigné expressément la loi applicable à leur régime légal (5), la Cour de cassation imposait aux juges du fond de retenir une *volonté présumée*. Pour éviter des discussions qui auraient compromis la prévisibilité, elle retenait par priorité un indice : le *premier domicile matrimonial*.

(4) V. par ex. Paris 3 déc. 1980, *Rev. crit. DIP* 1981.501, note Gaudemet-Tallon, *JDI* 1981.578, note Wiederkehr ; 31 oct. 1991, *JDI* 1992.373, note Idot.

(5) À la désignation expresse d'une loi est assimilé le choix certain d'un régime matrimonial particulier : Civ. 2 déc. 1997, *Rev. crit. DIP* 1998.632, note Gannagé ; 7 avr. 1998, *ibid.* 644, note Annoussamy ; *D.* 1998. Som. 287, obs. Audit.

Les juges du fond devaient s'y référer « notamment (6) ». En fait il semble bien qu'aucun autre indice, ni même un ensemble cohérent d'indices, ne pouvait l'emporter, en cas de divergence, sur le domicile matrimonial (7). En particulier, la Cour de cassation cassait les arrêts qui faisaient prévaloir sur le domicile la nationalité commune des époux, même corroborée par le lieu de célébration du mariage (8).

Le domicile matrimonial était le lieu où les parties établissaient le siège de leurs intérêts pécuniaires. Les époux étaient censés *vouloir* que leurs relations patrimoniales soient régies par la loi du pays où elles se déroulaient.

Quant au fait de retenir le *premier lieu* d'établissement, il s'expliquait par la considération que c'est à celui-ci que les époux songent au moment du mariage. Accepter de tenir compte d'un domicile qui ne serait pas le premier reviendrait d'ailleurs souvent à imposer un changement de régime matrimonial contraire aux prévisions des parties et des tiers. Mais c'est le premier domicile *stable* que l'on retenait. Un premier domicile temporaire n'était pas jugé révélateur de la volonté ou de la croyance des époux au moment du mariage, ni inspirateur d'une croyance postérieurement au mariage.

La stabilité était en principe fonction de la *durée* de l'établissement. Mais puisqu'elle était essentiellement prise en considération dans le cadre d'une analyse psychologique, un établissement de courte durée pouvait être retenu, s'il avait été envisagé comme définitif, le changement étant dû à des circonstances postérieures inattendues (9).

776 Les mérites de la règle de conflit française, telle que l'avait dégagée et précisée la jurisprudence, étaient la souplesse et le réalisme. Son inconvénient consistait dans l'absence de certitude. Le juge, ou plus souvent le notaire, hésite souvent sur la localisation des intérêts essentiels des époux ; il ignore bien des éléments de fait, souvent très anciens, notamment lorsque la question se pose à propos de la liquidation du régime après décès. Les époux eux-mêmes (et *a fortiori* les tiers) ne sont pas certains de la solution qui sera éventuellement retenue par un tribunal. Un auteur avait suggéré que les époux simulent un procès, pour apprendre du tribunal le régime sous lequel ils étaient mariés. La

(6) Req. 4 juin 1935, *Zelcer*, *Rev. crit. DIP* 1936.755, note Basdevant, S. 1936.1.377, rapport Pilon, note Niboyet, *DP* 1936.1.7, rapport Pilon, note Savatier, *GA* n° 15 ; Civ. 12 nov. 1986, deux arrêts, *Bull. civ.* I, n° 256, p. 245. D'autres arrêts emploient l'adverbe « spécialement » (Civ. 22 avr. 1958, *D.* 1958.460, *Rev. crit. DIP* 1958.347, note Batiffol ; 31 janv. 1968, *Degano*, *Rev. crit. DIP* 1968.680, note Ponsard 5 avr. 1978, *Laurino*, *JDI* 1979.140, obs. Kahn ; 15 janv. 1980, *JDI* 1980.316, note Kahn ; 12 janv. 1982, *JCP* 1982.IV.113), ou « principalement » (Civ. 5 nov. 1996, *Rev. crit. DIP* 1998.596, note Bourdelois ; *D.* 1998. Som. 287, obs. Audit). V. cependant Civ. 9 oct. 1991, *Rev. crit. DIP* 1992.479, note Khairallah, mentionnant le premier domicile matrimonial comme un élément parmi d'autres.

(7) V. cependant Civ. 1re, 22 nov. 2005, *JDI* 2006.970, note Barrière Brousse, *Dr. et Patrimoine* 2006, n° 154, obs. M.-E. Ancel.

(8) Civ. 31 janv. 1968, *Degano*, précité.

(9) V. notamment Civ. 1er févr. 1972, *Gouthertz*, cité *infra*, n° 786 ; Aix-en-Provence 16 nov. 1977, *Rev. crit. DIP* 1979.747, note Fadlallah.

jurisprudence rendait inutile la simulation, en déclarant recevable la demande tendant à voir préciser le régime, en dehors même d'un litige véritable (10). Il n'empêche qu'il était difficile de voir là une solution idéale. À trop vouloir respecter les prévisions, on avait compromis la prévisibilité.

2° *Solutions de la Convention de la Haye de 1978*

777 Les rédacteurs de la Convention ont voulu substituer au critère du premier domicile matrimonial, déterminé en intégrant des facteurs psychologiques, et révélateur d'une volonté ou d'une croyance, un critère véritablement objectif, retenu comme tel, et plus simple à identifier. Ils ont adopté dans ce but le critère de la première résidence habituelle après le mariage (art. 4, al. 1er). Mais, dans un souci de compromis avec les pays, majoritaires à la Conférence de La Haye, qui voient dans le régime matrimonial un élément du statut personnel, ils ont assuré à la loi de la nationalité commune un rôle subsidiaire (art. 4, al. 2 et 3).

778 La première résidence habituelle des époux après le mariage est plus facile à identifier, et c'est là son principal mérite, que le premier domicile matrimonial. Le concept de résidence est en effet purement matériel, et n'implique aucune recherche d'intention. Il ne met pourtant pas à l'abri des difficultés de preuve, lorsque la question de la loi applicable se pose pour la première fois plusieurs décennies après le mariage.

Aucune indication n'est donnée quant à la durée de la résidence habituelle. Elle pourrait donc, semble-t-il, être brève. Est-il pourtant raisonnable de soumettre à la loi d'un État américain le régime matrimonial de deux jeunes Français qui sont allés accomplir une année d'études aux États-Unis, s'y sont mariés, puis sont revenus vivre en France après avoir obtenu leur diplôme ?

Au-delà de la question de la durée effective c'est en fait celle de l'intention qui se pose : il n'est pas réaliste d'appliquer pour la durée d'une vie la loi d'un pays avec lequel les époux étaient conscients de n'avoir qu'une relation éphémère. Ainsi, même dans le cas d'un séjour de longue durée, il n'est guère justifié de soumettre le régime matrimonial d'un diplomate en poste à l'étranger, qui a épousé une compatriote, à la loi étrangère. La légèreté du critère retenu condamnait les auteurs de la Convention à prévoir une possibilité de changement automatique de loi applicable, ce qui, on le verra, n'est pas non plus idéal.

779 Par dérogation à la compétence de la loi de la résidence habituelle, la loi de l'État de la nationalité commune des époux est applicable dans trois cas (11).

(10) En ce sens, Trib. gr. inst. Paris 21 janv. 1970, *JDI* 1971.566, note Kahn, *Defrénois* 1972.46, note Malaurie ; 10 mai et 12 juill. 1972, *JDI* 1972.855, obs. Kahn, *Rev. crit. DIP* 1973.104, note Gaudemet-Tallon ; 25 mars 1981, *Rev. crit. DIP* 1982.329, note Gaudemet-Tallon.

(11) La nationalité commune est celle que possédaient les deux époux avant le mariage, ou celle de l'un des époux que l'autre acquiert au moment du mariage, soit par une déclaration, soit automatique-

On n'en mentionnera ici que deux, le troisième constituant une application du renvoi au second degré (v. *infra*, n° 787).

En premier lieu, lorsque les époux n'établissent pas sur le territoire du même État leur première résidence habituelle après le mariage, le critère principal défaille ; on recourt alors, à titre subsidiaire, au critère de la nationalité commune (art. 4, al. 2, chiffre 3). À défaut de nationalité commune dans ce cas, il faut rechercher l'État avec lequel le régime présente les liens les plus étroits (art. 4, al. 3).

Un léger décalage dans le temps entre l'installation de l'un des époux, puis de l'autre, dans un même pays, est toutefois compatible avec le recours à la notion de première résidence habituelle des époux. En toute hypothèse, dès lors que la résidence devient effectivement commune, la loi du pays de cette résidence se substitue immédiatement à la loi nationale (art. 7, al. 2, chiffre 3).

En second lieu, pour susciter des ratifications nombreuses, les auteurs de la Convention ont ouvert aux États qui le souhaitaient une possibilité de déclaration, énoncée aux articles 4 (al. 2, chiffre 1) et 5, et qu'ont utilisée les Pays-Bas, avec le résultat suivant : dès lors que les deux époux ont la nationalité néerlandaise, c'est la loi néerlandaise qui s'applique. Toutefois la déclaration est sans effet lorsque les époux continuent à résider, après le mariage, dans un pays où ils résidaient déjà l'un et l'autre depuis cinq ans au moins (art. 5, al. 1) : c'est la loi du pays de cette résidence qualifiée qui l'emporte (12).

B. Domaine d'application de la règle de conflit

780 Les questions relatives à l'établissement et celles relatives aux effets du régime relèvent en principe de la loi applicable au régime matrimonial, déterminée comme on vient de l'indiquer.

L'*établissement* ne suscite guère de question de droit qu'au cas où un contrat de mariage a été conclu ; les conditions relatives au consentement, la liberté des conventions matrimoniales (13), l'existence et la licéité de la cause sont soumises par les tribunaux à la loi du régime.

Les trois *effets* fondamentaux du régime : la répartition des biens, l'attribution des pouvoirs, la charge du passif (14) relèvent également de cette loi. Elle régit même la preuve de l'appartenance des biens, y compris les procédés de preuve (contrairement au droit commun), en raison du lien particulier de cette

ment et sans user d'une possibilité de la décliner qui lui est offerte (art. 15, 1er al.). L'acquisition postérieure au mariage, quoique également mentionnée, ne peut avoir d'influence sur la loi initialement applicable (en ce sens art. 7, al. 1er). Il n'est pas tenu compte de la nationalité commune lorsque les époux ont plus d'une nationalité commune (art. 15, 2e al.).

(12) Si le droit international privé de ce pays prescrit l'application de la loi nationale (*i.e.* néerlandaise), le renvoi au second degré joue au profit de celle-ci (art. 5, al. 2 *in fine*).

(13) Sous réserve d'une certaine tendance à appliquer la loi nationale.

(14) Ainsi la question de savoir si les biens communs répondent de la dette délictuelle de la femme dépend de la loi du régime : Civ. 1re, 16 juin 1992, *Rev. crit. DIP* 1993.34, note Améli.

question avec le fond du droit (15). La Convention de 1978 étend la compétence de la loi du régime à l'incidence de celui-ci sur les rapports avec les *tiers* (art. 9, al. 1er).

Enfin lors de la dissolution c'est encore selon la loi du régime que l'on procédera à sa *liquidation* (16). Mais, lorsque les époux (ou ex-époux) sont capables et maîtres de leurs droits, ils peuvent convenir de soumettre l'opération à une loi différente (17).

781 Certaines questions sont cependant soustraites à la loi du régime, parce qu'elles entrent dans une autre catégorie, plus spéciale. Ainsi, la *capacité* pour conclure un contrat de mariage est soumise à la loi nationale (v. *supra*, no 522). La *forme* des conventions matrimoniales (y compris l'exigence de l'authenticité) peut être soit celle que prévoit la loi applicable au fond, soit celle connue de la loi du lieu où la convention a été passée. On remarquera le parallélisme avec la règle de l'article 9 de la Convention de Rome (v. *supra* no 759). En toute hypothèse un écrit daté et signé des deux époux doit être établi (art. 12, Conv. de 1978).

La Convention (art. 1er) prend le soin de distinguer la notion de régime matrimonial de celle d'*obligation alimentaire* entre époux (à laquelle s'applique la Convention de La Haye de 1973, v. *supra* no 571), et de celle de *succession* (sur les liens entre régimes matrimoniaux et successions, v. *infra*, nos 832 et 833).

782 Par ailleurs, et sans que cela remette en cause la compétence de principe de la loi du régime, une place doit être faite à l'intervention des *lois d'application nécessaire.*

Ainsi, la loi du lieu de situation du bien peut s'opposer à l'*inaliénabilité dotale* prévue par la loi du régime.

Les règles françaises qui organisent la *publicité* du régime dans l'acte de mariage s'appliquent à tous les mariages célébrés en France ; celles qui prévoient la publicité au registre du commerce, à tous les commerçants qui exercent leur activité en France.

La publication n'est pas obligatoire dans les autres cas, et son absence ne rend pas alors le régime inopposable aux tiers. L'inopposabilité pourrait toutefois résulter, semble-t-il, de ce qu'une loi étrangère — par exemple celle du lieu du mariage — a organisé une publicité et que les époux ont omis de la respecter.

(15) Civ. 12 juin 1979, *D.* 1980.202, note Boulanger, *Rev. crit. DIP* 1981.491, note Batiffol.
(16) Civ. 21 mai 1997, *Rev. crit. DIP* 1998.57, note B.A.
(17) Civ. 3 janv. 1985, *Rev. crit. DIP* 1985.652, note Batiffol ; 25 janv. 2005, *Rev. crit. DIP* 2005.300, note B. Ancel, *D.*, 2005.1210, note N. Bouche, et 2006.1499, obs. P. Courbe, *Defrénois*, 2005.1040, note M. Revillard, *Dr. fam.*, 2005, no 231, note M. Farge, *Dr. et Patrimoine* 2005, no 142.107, obs. M.-E. Ancel, *JDI* 2007.572, note C. Chalas ; 23 mai 2006, *Dr. et Patrimoine* 2006, no 154.82, obs. M.-E. Ancel, *Rev. crit. DIP* 2006.841, note M. Revillard.

783 Il est difficile de tracer la *frontière qui sépare la catégorie « régime matrimonial » de la catégorie « effets du mariage »*. Cette dernière, en effet, n'est pas restreinte aux seuls rapports personnels entre époux. Il faut donc répartir les questions pécuniaires entre les deux catégories. Or, mise à part l'exclusion de l'obligation alimentaire, la Convention de La Haye, qui ne définit pas la notion de régime matrimonial, n'est d'aucun secours.

Trois questions avaient été réservées lors de l'étude des effets du mariage : le statut patrimonial de base, les contrats entre époux, l'hypothèque des époux. Elles peuvent être abordées à présent.

– *Le statut patrimonial de base* (encore appelé : *régime matrimonial primaire*) appartient à la catégorie des effets du mariage (18). Les raisons données sont, d'une part, qu'il s'agit d'un ensemble de dispositions impératives applicables quel que soit le régime (19), et d'autre part, leur lien étroit avec la conception même des rapports personnels entre époux (20).

En la matière interféreront souvent les lois de police. Ainsi, l'article 220 du Code civil, relatif aux pouvoirs ménagers des époux, l'article 221 du Code civil, qui permet à chacun d'eux de se faire ouvrir un compte en banque sans le consentement de l'autre, et l'article 222, qui leur confère le pouvoir, à l'égard des tiers de bonne foi, de disposer des biens meubles qu'ils détiennent individuellement : ces textes requièrent une application territoriale sous peine de remettre en cause de façon générale le crédit des ménages installés en France, en obligeant les tiers à se renseigner sur la nationalité des époux (21). L'article 215, al. 3 (interdiction faite à chaque époux de disposer du local par lequel est assuré le logement de la famille, ainsi que des meubles qui le garnissent), tend à éviter de mettre à la charge de la collectivité la tâche d'assurer le relogement, et doit donc être appliqué à toute famille dont la résidence est fixée en France.

Les textes qui tendent à dénouer une situation familiale « de crise » (art. 217, 219, 220-1 à 220-3 C. civ.) pourraient être appliqués au titre de l'urgence ou, mieux, de l'ordre public (22).

– Les *contrats entre époux* sont également soumis à la loi des effets du mariage, en ce qui concerne les règles *spécialement* édictées pour tenir compte de l'existence du lien matrimonial (par exemple : interdiction de la vente,

(18) Civ. 22 oct. 1985, *JDI* 1986.1005, note Wiederkehr.

(19) Fadlallah, *op. cit. supra sub* n° 515, n°s 91 et s. ; Couchez, *op. cit.*, n°s 155 et s.

(20) Batiffol et Lagarde, *Traité*, n° 631-1. M. Wiederkehr, *op. cit.*, n°s 210 et s., penche au contraire pour la loi du régime dès lors qu'est prépondérant l'aspect pécuniaire des rapports.

(21) On peut aussi recourir à la jurisprudence *Lizardi* : cf. Trib. civ. Seine 12 juin 1963, *Prince Farouk*, *Rev. crit. DIP* 1964.689, note H. B., *JDI* 1964.285, note Ponsard, à propos du mandat tacite de la femme mariée.

(22) Le Tribunal de grande instance de Paris (25 juin 1976, *Rev. crit. DIP* 1977.708, note Poisson, *JDI* 1978.325, obs. Lequette) a énoncé de façon générale que les articles 214 à 226 « doivent être compris au nombre des lois de police ». La Cour de cassation (Civ. 1re, 20 oct. 1987, *Rev. crit. DIP* 1988.540, note Lequette, *JDI* 1988.446, note Huet) y a assimilé les articles 212 et 213 C. civ., ce qui paraît franchement excessif.

révocabilité des donations) ; les autres aspects du contrat étant soumis, comme en droit commun, à la loi d'autonomie. La jurisprudence est en ce sens (23), et doit être approuvée, car de telles règles contribuent à constituer le *statut d'époux*. Mais si la réglementation d'un contrat était liée à l'organisation du régime matrimonial (par exemple : la licéité de la cession faite par le mari à la femme au titre du remploi de ses immeubles aliénés), la loi du régime devrait être préférée.

Une tendance à soumettre la révocabilité des *donations de biens présents* entre époux à la loi successorale (24) semble critiquable ; certes, la consistance du patrimoine du donateur, destiné à être transmis à ses héritiers, dépend de la révocabilité ; mais la loi successorale règle la *transmission* même du patrimoine, au décès, non sa consistance (sur les donations de biens à venir entre époux, v. *infra*, n° 834).

– La jurisprudence manifeste une tendance à soumettre l'*hypothèque légale* des époux à la loi des effets du mariage (25), du moins si l'hypothèque garantit indifféremment toutes les créances dont l'époux bénéficiaire peut être titulaire à l'encontre de son conjoint.

Le rattachement au régime matrimonial serait préférable si l'hypothèque garantissait spécialement une créance liée dans son principe au choix d'un régime matrimonial déterminé (26).

Il faut en tout cas, on se le rappelle, réserver le rôle de la loi du lieu de situation de l'immeuble (v. *supra*, n° 650).

784 La description du droit positif faite au numéro précédent ne manquera pas de susciter une impression de malaise à qui se souvient que l'objet de la qualification est constitué par les questions de droit et non par les règles (v. *supra*, n°s 114 et 155), puisque l'on vient de préconiser de tenir compte de la fonction assignée aux règles : organisatrices du statut d'époux, ou spéciales à un régime déterminé. Ne risque-t-on pas les cumuls et les lacunes si les législations en présence attribuent une fonction différente à leurs règles applicables à une question donnée ?

▪ (23) Notamment Civ. 15 févr. 1966, *Campbell-Johnston*, *Rev. crit. DIP* 1966.273, note Batiffol, *JDI* 1967.95, note Goldman, *D.* 1966.370, note Malaurie, *GA* n° 42 ; 12 juin 1979, *Rev. crit. DIP* 1980.322, note Légier, *JDI* 1980.644, note Wiederkehr ; 3 avr. 1990, *Rev. crit. DIP* 1991.104, note B.A. ; *contra*, implicitement, Civ. 14 mai 1992, *Rev. crit. DIP* 1992.696, note Ancel.

▪ (24) V. notamment ANCEL, *op. cit. ; contra* COUCHEZ, *op. cit.*, nos 222 et s., FADLALLAH, *op. cit.*, nos 222 et s., partisans de la loi des effets du mariage. M. Wiederkehr, *op. cit.*, nos 258 à 265, est en faveur de la loi du régime. Le lien indubitable qui existe en droit français entre le régime des donations entre époux et les droits successoraux *ab intestat* du conjoint survivant, mis en évidence par M. Ancel, n'entraîne pas nécessairement, semble-t-il, la qualification successorale. La qualification ne doit pas être le reflet trop fidèle de l'analyse du *but* des règles du droit *interne*. Dans l'ignorance où l'on est, à ce stade, de la loi applicable, mieux vaut s'attacher à des éléments plus grossiers, généraux et permanents.

▪ (25) Trib. civ. Seine 19 janv. 1966, *Rev. crit. DIP*, 1966.632, note Batiffol, *JDI* 1966.822, note Malaurie, *JCP* 1967.II.15015, note Brulliard.

▪ (26) La distinction proposée ne doit pas être assimilée à la tendance (qui semble inspirer Paris 16 oct. 1975, *Rev. crit. DIP* 1976.495, note Fadlallah, et que défendent M. Wierderkehr, *op. cit.*, n° 223 et de façon plus hésitante, M. Couchez, *op. cit.*, n° 201) à appliquer la loi de la créance garantie : l'hypothèque qui vise à une garantie générale de toutes les créances doit être soumise à la loi des effets du mariage, quelles que soient en fait les créances — y compris celles qui sont nées du régime — qu'elle garantit. Dans le sens proposé, v. ANCEL, *op. cit.*, nos 356 et s. ; FADLALLAH, *op. cit.*, nos 105 et s. (malgré la terminologie employée).

Il faut partir de la signification de la soumission du régime matrimonial à la loi d'autonomie pour déduire les limites de la catégorie, et découvrir si les solutions indiquées plus haut sont justifiées et utilisables.

Le choix offert aux époux est destiné à leur permettre de voir régir certaines de leurs relations pécuniaires par les règles qui leur conviennent. Ce qu'il faut considérer comme leur régime matrimonial, c'est donc l'ensemble des règles qu'ils ont en fait adoptées. Tout le reste est du domaine de la loi des effets du mariage, qui constitue le droit commun des relations entre époux. Le régime matrimonial apparaît donc moins comme un ensemble de questions, que l'on pourrait énumérer sans tenir compte de la teneur des lois en présence, que comme *une série de règles substantielles constituées en ensemble dans une législation, et choisies par les époux pour régir leurs rapports pécuniaires*, par soustraction au domaine de la loi des effets du mariage. La Convention de La Haye de 1978 limite, il est vrai, le rôle de la volonté des parties en adoptant un système dualiste ; mais elle ne suggère pas de meilleure approche du problème de la qualification.

La catégorie a donc un contenu inhabituel — les autres catégories sont constituées de questions de droit — qui s'explique par l'importance que revêt la teneur respective des lois en présence pour le choix de l'une d'entre elles. Les problèmes de qualification se présentent par voie de conséquence sous un jour très particulier ; les raisonnements tenus dans la partie générale doivent être ici écartés.

Seront considérées comme questions du régime matrimonial toutes celles que résolvent les règles *spécifiques* du régime choisi ; la loi des effets du mariage s'appliquera aux autres (27). Par exemple, si deux époux italiens adoptent un régime français de participation aux acquêts, l'article 2136 du Code civil qui accorde à chaque époux la faculté d'inscrire sans intervention de justice une hypothèque sur les biens de l'autre « pour la sûreté de la créance de participation », leur est applicable, quelle que soit la teneur de la loi italienne qui régit les effets du mariage. La règle peut, en effet, difficilement être détachée du fonctionnement du régime. Inversement, si sur une question donnée la loi du régime ne comporte aucune disposition spécifique, mais seulement des règles indépendantes du régime, décrivant de façon générale le statut d'époux, elles ne sont pas applicables, et la question doit être résolue selon la loi applicable aux effets du mariage (28).

Ce système est cependant impraticable lorsque la loi du régime ne distingue pas le régime matrimonial des autres effets du mariage. Le seul moyen pour suppléer au silence de la loi applicable au régime sur les contours de sa propre vocation est le recours à la qualification *lege fori :* on considèrera comme questions du régime toutes celles que la loi interne du for regarde ainsi.

Mais, bien entendu, toutes ces difficultés s'estomperaient si l'on renonçait à ériger les régimes matrimoniaux en catégorie particulière du droit international privé, pour les soumettre eux-mêmes à la loi des effets du mariage (v. *supra*, n° 771).

(27) Une règle qui n'est pas propre à un régime mérite la qualification « régime matrimonial » uniquement lorsqu'elle a pour objet ce que l'on pourrait appeler le « régime des régimes » : leur mutabilité, par exemple, ou le principe de la liberté des conventions matrimoniales (comp. FADLALLAH, *op. cit.*, n° 92, qui parle de « règles-cadres »).

(28) Plus précisément : selon les dispositions de cette loi qui constituent le droit commun du statut d'époux et ne sont éventuellement écartées que dans le cadre d'un régime déterminé.

§ 2. MISE EN ŒUVRE DE LA RÈGLE DE CONFLIT DE LOIS

785 *L'exception d'ordre public* n'aura pas souvent l'occasion de jouer (29). La Convention de 1978 dispose très classiquement que la loi applicable ne peut être écartée que si elle est *manifestement* incompatible avec l'ordre public.

Le *facteur temps* n'intervient guère que dans le cadre d'un changement de régime (v. *infra*, Section II).

Sera donc seul examiné ici le problème du *renvoi*.

786 La consécration par la jurisprudence française de la loi d'autonomie avait pour conséquence logique l'exclusion du renvoi, selon le raisonnement qui a été tenu dans l'étude des contrats en général (*supra*, n° 709). La solution était certaine en droit positif, en ce qui concerne le renvoi *au premier degré*. Dans une affaire (*Gouthertz*), où un Français et une Russe s'étaient mariés en Russie et y avaient établi leur premier domicile conjugal, la Cour de cassation avait, en effet, approuvé une cour d'appel d'avoir jugé que les époux s'étaient nécessairement référés à la loi interne russe, à l'exclusion des règles de conflit russes (renvoyant à la loi française de la nationalité du mari) « dont... il n'est pas raisonnable de penser qu'ils aient soupçonné l'existence » (30).

La Convention de 1978 écarte également le renvoi au premier degré en précisant systématiquement que le droit applicable est le droit *interne* de l'État qu'elle désigne.

787 En raison de son fondement, l'exclusion du renvoi ne doit cependant pas être absolument générale. En effet, il est des cas où les prévisions des parties s'appuient sur la connaissance qu'elles ont des règles de conflit de lois du ou des pays dont les tribunaux leur paraissent susceptibles d'être éventuellement saisis. Si deux époux italiens mariés sans contrat sont installés en Allemagne, il est probable qu'ils se considèrent comme soumis au régime légal italien de communauté d'acquêts, désigné à la fois par la règle de conflit italienne et par la règle de conflit allemande, et non au régime légal allemand de communauté

(29) Pour un exemple, v. Civ. 1re, 24 févr. 1998, *Rev. crit. DIP* 1998.637, note Droz, *D.* 1999.309, note Thierry et som. 290, obs. Audit, *JDI* 1998.730, note Kerckhove (le régime suisse de l'union des biens, qui donne au mari plus de droits qu'à la femme, est contraire au principe de l'égalité des droits des époux). En revanche, n'est pas contraire à l'ordre public la clause dite de *maher* insérée dans un contrat de mariage contracté en Inde, qui s'analyse en une convention établissant le consentement des époux au mariage, assorti du versement d'une dot : Civ. 1re, 22 nov. 2005, *JDI* 2006.1305, note M.-C. Najm, *Dr. et Patrimoine*, 2006, n° 154.82, obs. M.-E. Ancel.

(30) Civ. 1er févr. 1972, *Rev. crit. DIP* 1972.644, note Wiederkehr, *JDI* 1972.594, note Kahn, *JCP* 1972.II.17096, concl. Gégout, *Defrénois* 1972.1033, note Malaurie, *GA* n° 51. V. déjà, moins nettement, Civ. 27 janv. 1969, *Lardans, Rev. crit. DIP* 1969.710, note Derruppé, *JDI* 1969.644, note Ponsard, *JCP* 1970.II.16407, note Jacques Foyer. Et v. depuis Civ. 24 janv. 1984, *Mari, Rev. crit. DIP* 1984.631, note Ancel, *JDI* 1984.868, note Derruppé ; il résulte implicitement de ce dernier arrêt que si les époux s'étaient référés clairement à la règle de conflit d'un pays donné, celle-ci serait prise en considération dans la détermination de la loi choisie (en ce sens Ancel, note précité).

différée des augments, désigné par la règle de conflit française. Dans l'état actuel du droit français, c'est le *renvoi au deuxième degré* qui paraît le mécanisme le plus approprié au respect de leurs prévisions.

La Convention de La Haye admet expressément, sans le nommer, le mécanisme du renvoi au second degré, lorsque la loi de la résidence habituelle renvoie (31) à la loi de la nationalité commune, qui se reconnaît compétence (32) (art. 4, al. 2, chiffre 2).

L'admission du renvoi au second degré, étant destinée à respecter la *croyance* des époux quant à leur régime, ne vise que le sort de ceux qui n'ont pas désigné la loi applicable à leur régime ; la *volonté* exprimée dans un contrat de mariage, ou au moment du mariage, rend inutile toute recherche de croyance.

SECTION II — CHANGEMENT DE RÉGIME MATRIMONIAL

788 Le changement de régime peut être involontaire (§ 1). Il peut aussi être volontaire, s'accompagnant (§ 3) ou non (§ 2) d'un changement de loi.

§ 1. CHANGEMENT INVOLONTAIRE DE RÉGIME

A. Modification de la teneur de la loi désignée par la règle de conflit

789 L'incidence de la modification de la teneur des règles substantielles applicables a déjà été examinée de façon générale (*supra*, n° 247). Rappelons seulement les résultats principaux auxquels parvient la jurisprudence, dans le domaine des régimes matrimoniaux.

1° En principe, on tient compte de la modification dans la mesure ordonnée par les règles du droit transitoire étranger, car les parties, en choisissant leur loi, ne l'ont pas intégrée *ne varietur* dans leur contrat, mais se sont soumises à elle ; *a fortiori* en est-il ainsi dans le cadre d'un régime légal.

2° Quelques décisions de juridictions inférieures, parmi lesquelles l'arrêt d'appel rendu dans l'affaire *Gouthertz* (v. *supra*, n° 249), « pétrifient » cepen-

(31) Ce qui suppose que cette loi soit celle d'un État non contractant, ou celle d'un État ayant fait la déclaration de l'article 5 (les Pays-Bas).

(32) Ce qui suppose que cette loi soit celle d'un État non contractant.

dant la situation lorsque les époux avaient, au moment de la modification législative, rompu tout lien avec le pays dont la loi est applicable ; cette solution, qui peut être fondée, lorsque les époux ont la qualité de réfugiés, sur l'article 1er, C, de la Convention de Genève du 28 juillet 1951 (33), peut s'expliquer, malgré ses inconvénients (v. *supra*, n° 249), par le fait que, dans les espèces en cause, le principe de l'application immédiate des règles nouvelles, qui toutes émanaient de pays de l'Est, était fonction du rôle qu'elles devaient jouer dans l'instauration d'un ordre politique nouveau et ne devait donc avoir qu'une portée territoriale.

B. Conflit mobile

790 Lorsque les époux ont désigné la loi applicable à leur régime matrimonial, la modification de leur nationalité ou de leur résidence est sans effet, puisque la règle de conflit s'en tient à la loi d'autonomie.

Même en l'absence de désignation (expresse ou « indubitable »), la simple existence d'un contrat de mariage exclut toute modification automatique de la loi applicable : cette solution, qui est dans la logique du système jurisprudentiel français, est également consacrée par la Convention de La Haye (art. 7, al. 1er).

791 En l'absence de désignation *et* de contrat de mariage, les auteurs de la Convention ont prévu dans trois cas la *substitution, pour l'avenir, de la loi de la nouvelle résidence habituelle* à la loi jusque là applicable (art. 7, al. 2) ; le droit antérieur n'en prévoyait jamais la possibilité, insistant sur la *permanence* du régime.

L'un de ces cas (chiffre 3) a déjà été rencontré (*supra*, n° 779).

Le second (chiffre 2) suppose que les époux ont résidé habituellement *pendant dix ans* dans le même pays : la loi de celui-ci se substituera à la loi de l'ancienne résidence, ou à la loi de la nationalité commune, selon les circonstances.

Le troisième cas (chiffre 1) implique qu'une *coïncidence* se produise entre la loi de la *nationalité commune* des époux et celle de leur *résidence habituelle*

(33) De ce rattachement à la Convention de 1951, la Cour de cassation avait semblé tirer la conséquence, qui n'allait pas de soi et qui n'est sans doute pas très opportune, que la solution ne peut plus recevoir application lorsque les époux, ayant acquis par naturalisation la nationalité française, ont perdu leur qualité de réfugiés : Civ. 1re, 18 sept. 2002, *Rev. crit. DIP* 2003.93, note Droz, *D.* 2003.1251, note Khairallah, *Defrénois* 2003.24, note Revillard, *JCP* éd. not. 2003.1533, chron. Josselin-Gall, *Dr. et Patrimoine* 2003.118, note F. Monéger ; *Petites Affiches*, 2004, n° 113, p. 6, note P. Courbe. Mais elle a finalement admis, dans la même affaire, que les lois nouvelles du pays d'origine des intéressés ne pouvaient pas pour autant être appliquées, si bien que leur régime matrimonial demeurait celui que définissait la loi de leur premier domicile en vigueur à la date de leur mariage : Civ. 1re, 28 nov. 2006, *Rev. crit. DIP* 2007.397, note Lagarde.

actuelle (soit à la suite d'un changement de nationalité (34), soit à la suite d'un changement de résidence). Cette loi se substitue immédiatement à la loi jusque-là applicable (loi de l'ancienne nationalité ou de l'ancienne résidence), la situation étant devenue essentiellement interne.

On comprend fort bien que les rédacteurs de la Convention aient voulu assurer une adéquation entre la loi applicable et le nouvel environnement socio-économique des époux (35). En revanche, le caractère automatique du changement de régime est lourd d'inconvénients. Certes, il résulte de l'article 8 que le changement ne rétroagit pas, sauf volonté contraire des époux, exprimée dans les formes prévues pour le choix initial (v. *supra* n° 773). Mais l'attention des époux n'ayant vraisemblablement pas été attirée sur les conséquences de leurs changement de résidence ou de nationalité, ils se croiront toujours soumis à leur régime initial ; de plus, pour la même raison, ils ne procéderont pas à une liquidation de leur ancien régime, de sorte que, des années plus tard (à l'occasion du décès de l'un d'eux, ou d'un divorce) il sera impossible de déterminer la loi applicable au sort de chacun des biens successivement acquis.

§ 2. CHANGEMENT VOLONTAIRE DE RÉGIME SANS CHANGEMENT DE LOI

A. Principe de la mutabilité

792 C'est à la loi du régime qu'il appartient naturellement de déterminer si les époux peuvent le modifier (36). Dans l'affirmative, et puisque la loi applicable reste la même, le nouveau régime doit être l'un de ceux qu'elle autorise, et il lui reste soumis.

En France, depuis la réforme de 1965, le changement de régime est possible sous certaines conditions (art. 1397 C. civ.). Mais d'autres pays connaissent encore la règle de l'immutabilité. Selon une réponse ministérielle (37), les personnes qui ont la nationalité française, ou qui sont domiciliées en France, pourraient toujours invoquer, même à l'encontre de la loi du régime, le principe de la mutabilité, qui serait *d'ordre public*. La Cour de Paris en a jugé ainsi,

(34) La nouvelle nationalité commune peut avoir été acquise par les deux époux, volontairement, après le mariage, ou résulter de l'acquisition par un époux de la nationalité de l'autre, soit par déclaration, soit en ne déclinant pas cette acquisition alors qu'il savait que ce droit lui était ouvert (art. 15).

(35) Tout au plus trouvera-t-on curieux qu'un couple d'Anglais ayant toujours résidé en France voie son régime passer pour dix ans de l'empire de la loi française à celui de la loi anglaise sous prétexte qu'ils sont venus résider quelques mois en Angleterre avant de revenir en France (cas du chiffre 1).

(36) Req. 4 juin 1935, *Rev. crit. DIP* 1936.755, rapport Pilon et note Basdevant, *JDI* 1936.898, *DP* 1936.1.7, note Savatier, S. 1936.1.377, note Niboyet ; Req. 5 mai 1938, *Rev. crit. DIP* 1938.659, *Gaz. Pal.*, 1938.2.232. Auparavant, le problème avait été soumis à la loi locale, ou à la loi nationale des époux.

(37) Publiée à la *Rev. crit. DIP*, 1968.169.

implicitement (38), à la différence de la Cour de Colmar (39). L'ordre public ne semble pas si exigeant, surtout à l'égard d'un principe qui n'est le nôtre que depuis quelques décennies.

B. Conditions de la mutation

a) Conflit de lois

793 La doctrine enseigne justement que la loi du régime a compétence pour préciser les conditions auxquelles elle admet la modification, et le contrôle qui doit s'exercer à cette occasion : une mutabilité contrôlée est, en effet, une solution *de fond*, intermédiaire entre le refus de mutabilité et la mutabilité sans contrôle. Mais lorsque le changement a lieu alors que les époux sont domiciliés en France, on constate que les tribunaux saisis d'une demande d'homologation ne refusent pas de l'examiner, même si la loi étrangère ignore cette procédure (40). On peut l'expliquer, soit par l'ordre public, soit plutôt par le caractère territorial d'une règle destinée, entre autres, à protéger les créanciers (41).

Si l'acte portant changement de régime a été rédigé par un notaire français, le recours à la procédure d'homologation ne soulève pas de problème particulier ; si c'est un acte privé (la loi applicable n'exigeant pas un acte notarié), une légère adaptation de l'article 1397 C. civ. devrait permettre de le soumettre à homologation ; pour le cas d'un acte public étranger, v. *infra*, n° 795.

L'homologation permet également, ce qui est important, de procéder à la mention en marge de l'acte du mariage (prévue par l'article 1303 du nouveau Code de procédure civile) lorsque celui-ci a été dressé par une autorité française (42).

Lorsque le mariage avait été célébré par une autorité étrangère, la publicité prévue en marge de l'acte du mariage ne peut avoir lieu, sauf si l'acte a été transcrit en France. Le changement de régime doit néanmoins être jugé opposable aux tiers, dont la méfiance est normalement éveillée par le fait que le mariage a été célébré par une autorité étrangère.

Les époux peuvent par ailleurs procéder à la publicité par mention sur le livret français de mariage, s'ils en possèdent un, et sur la minute du contrat de mariage (pour le cas où le changement de régime résulte d'un acte public étranger, v. *infra*, n° 795).

La publicité au registre du commerce et des sociétés doit être effectuée par toute personne exerçant le commerce en France.

Le changement de régime produit ses effets à l'égard des tiers trois mois après que les formalités de publicité requises ont été accomplies (art. 1397-6 C. civ.).

(38) 29 juin 1968, *Fontaine*, *JCP* 1969.II.15845, concl. Souleau, *Rev. crit. DIP* 1970.298, note Ponsard, *JDI* 1970.60, note Kahn.
(39) 7 mars 1973, *Rev. crit. DIP* 1973.524, note A.P.
(40) V. Colmar 7 mars 1973, cité note précédente ; Trib. gr. inst. Dijon 18 nov. 1969, *Defrénois* 1971.1258, note Malaurie, *Rev. crit. DIP* 1972.448, note Droz.
(41) La même remarque s'applique à une procédure de *séparation de biens*.
(42) En ce sens, Bruxelles 24 mai 1954, *Rev. crit. DIP* 1955.701, note Batiffol.

b) Compétence juridictionnelle

794 Si un contrôle juridictionnel est nécessaire, la question de la compétence internationale se pose. Elle doit être résolue selon les principes habituels.

Un arrêt (Paris 29 juin 1968, précité n° 792) a déclaré inapplicables les articles 14 et 15 du Code civil, au motif qu'ils ne concernent pas la matière gracieuse (43). La solution paraît admissible, si la procédure à suivre nécessite des investigations, ou doit permettre à des oppositions de se manifester, car il ne faut pas alors que le tribunal soit trop éloigné du lieu où le ménage est établi.

Mais dans l'affaire soumise à la Cour de Paris, l'incompétence des tribunaux français a privé les époux de toute possibilité de changer de régime. Il s'agissait, en effet, de deux Français domiciliés au Québec ; l'article 1397 avait été jugé applicable, au nom de l'ordre public. La Cour de Paris ayant refusé de se reconnaître compétente, l'homologation n'a pas été accordée ; or elle ne pouvait l'être non plus au Québec, où le régime était considéré comme soumis à la loi québécoise, qui prohibe le changement de régime. Dans de telles hypothèses une adaptation paraît nécessaire, puisque c'est la règle substantielle française elle-même qui exige l'intervention d'un tribunal. Elle pourrait consister à forcer la compétence des tribunaux français, s'ils sont les seuls prêts à appliquer la loi française (44) ; quitte d'ailleurs, si le tribunal ne s'estime pas en mesure de procéder aux investigations requises, à ce qu'il déboute les demandeurs.

c) Effets des jugements et actes publics étrangers

795 Un *jugement* étranger prononçant, ou homologuant, un changement de régime matrimonial est constitutif et a donc autorité *de plano* en France. Sa publicité par mention en marge de l'acte de mariage est toutefois indispensable, pour que son exécution entre époux puisse être opposée aux tiers, lorsque le mariage avait été célébré par une autorité française. L'exequatur devra donc être demandé et le jugement exéquaturé sera alors publié (45).

Le changement de régime résultant d'un *acte public* étranger (acte notarié par exemple) doit être publié, dans la même hypothèse, après que l'acte aura été déclaré exécutoire. L'homologation préalable de l'acte ne semble pas nécessaire, si la loi du régime ne l'exige pas et que les époux ne sont pas domiciliés en France (v. *supra*, n° 793) ; la mention du jugement d'exequatur remplacera celle du jugement d'homologation.

La mention sur le livret de famille du jugement ou de l'acte public nécessite également l'exequatur (46). Mais la mention sur la minute du contrat de mariage, par le notaire français qui la détient, ne semble le requérir qu'en cas de refus du notaire ; celui-ci peut y procéder amiablement, sans prendre parti sur l'efficacité en France de l'acte étranger.

(43) Sur cette analyse, v. *supra*, n° 293.

(44) V. dans un sens comparable, PONSARD, note à la *Rev. crit. DIP* 1970, p. 298.

(45) L'arrêt Civ. 19 déc. 1892 (*JDI* 1893.577, S. 1893.1.369) avait exigé pour les époux mariés et vivant en France, séparés judiciairement à l'étranger, l'accomplissement de la procédure prévue par l'article 1445 C. civ. : affichage au tribunal de grande instance. Cette publicité a été supprimée lors de la réforme des régimes matrimoniaux.

(46) Trib. gr. inst. Seine 25 janv. 1967, *Rev. crit. DIP* 1967.563, note Batiffol, *Rép. Comm.* 1968.203, obs. Droz.

§ 3. CHANGEMENT VOLONTAIRE DE RÉGIME AVEC UN CHANGEMENT DE LOI

A. Solutions antérieures à la Convention de La Haye de 1978

796 De par le choix qu'ils avaient déjà effectué, les époux étaient soumis à une loi ; et si celle-ci n'admettait pas le changement de régime, c'eût été la violer que de leur permettre d'en réaliser un, même par changement de loi.

Dans le cas, en revanche, où la loi initialement applicable connaissait le principe de la mutabilité, il était apparu opportun de permettre aux époux de choisir un régime soumis à une autre loi. Ils pouvaient ainsi, notamment, se soumettre à la loi du pays où ils transportaient leur domicile au cours de leur mariage. Si le fondement de la loi d'autonomie est bien la nécessité de donner au pouvoir de la volonté l'étendue que postulent les particularités des relations internationales, alors l'occasion était particulièrement bonne de recourir à l'autonomie.

Bien que la question fût discutée en doctrine, plusieurs décisions avaient sans hésitation autorisé des époux mariés sous un régime légal étranger à adopter un régime matrimonial français (47).

797 Il ne semblait pas nécessaire que la loi du nouveau régime admît la mutabilité. L'opération de changement de régime se situait sous l'empire de la loi ancienne, qui ne s'effaçait qu'au moment où le nouveau régime était en place (48).

Les conditions et la procédure du changement étaient donc celles que connaissait la loi ancienne (sous les réserves indiquées *supra*, n° 793) ; mais devaient être également respectées les conditions de fond liées au contenu du nouveau régime (par exemple, la licéité de l'objet), telles qu'elles étaient déterminées par la loi nouvelle.

Un arrêt, justement critiqué, avait imposé l'exigence française de l'homologation au motif que la nouvelle loi choisie était la loi française (49).

(47) Trib. gr. inst. Dijon 18 nov. 1969, précité n° 792 ; Colmar 7 mars 1973, précité n° 791 ; Paris 5 juill. 1990, *D.* 1990.IR.219 (cet arrêt s'abstient de vérifier l'existence du principe de mutabilité dans la loi roumaine initialement applicable, mais relève que les époux, réfugiés en France, avaient rompu tout lien avec la Roumanie) ; Colmar 19 janv. 1993, *Rev. crit. DIP* 1993.281, note Lagarde (cet arrêt prend la précaution de vérifier que le droit — allemand — anciennement applicable admettait non seulement la mutabilité du régime, mais également le changement de loi). La possibilité de passer d'un régime français à un régime étranger a également été admise (Chambéry 20 juin 1995, *JDI* 1996.663, note Kerckhove).

(48) Si la compétence de la loi du régime choisi est plus large lorsqu'il s'agit du régime initial, c'est parce qu'aucune loi a été applicable avant elle ; il faut donc lui confier les questions relatives à l'établissement de la situation.

(49) Colmar 19 janv. 1993, précité. C'est également à tort qu'inversement une Cour d'appel (Chambéry 20 juin 1995, précité) a appliqué la loi étrangère du nouveau régime pour en déduire que l'homologation n'était pas nécessaire.

B. Solutions de la Convention de La Haye de 1978

798 Les solutions qui viennent d'être décrites sont caduques, puisque la Convention s'applique désormais « aux époux qui désignent la loi applicable à leur régime matrimonial après son entrée en vigueur » (art. 21).

La Convention (art. 6), tout en favorisant, comme on va le voir, le changement volontaire de loi, limite l'étendue du choix : les époux ne peuvent désigner, pour régir l'ensemble de leurs biens, que la loi de la nationalité, ou celle de la résidence habituelle, de l'un d'entre eux. Ils ont aussi la possibilité de soumettre à tout moment, tout ou partie de leurs immeubles présents, ou tous leurs immeubles futurs, à la *lex rei sitae*, forme de dépeçage que l'on a déjà critiquée (v. *supra*, n° 774).

Tandis que, dans la construction jurisprudentielle française, le changement de loi était conçu comme un prolongement du changement de régime, et soumis aux mêmes conditions que lui, la Convention de La Haye envisage le changement de loi pour lui-même, sans trop se préoccuper du changement de régime qui l'accompagne nécessairement (50).

Pour cette raison, elle se borne à soumettre le changement de loi aux conditions de fond et de forme qui régissent la désignation initiale (art. 10, 11 et 13, v. *supra* n°s 772 et 773). Rien n'est précisé sur le principe même de la mutabilité du régime, sur les conditions auxquelles elle est soumise, ni sur le contrôle qui s'exerce sur la mutation.

Selon un commentateur averti (51), il faudrait distinguer selon que les époux ont voulu se soumettre au régime légal de la loi nouvelle, ou à un régime conventionnel. Dans le premier cas, aucune condition ni formalité particulière n'est requise en plus de celles qui résultent des articles 10, 11 et 13. Dans le second cas, en revanche, il faudrait considérer que dans un premier temps le changement de loi a entraîné une soumission au régime légal, puis que dans un second temps (séparé du premier par un instant de raison), les époux ont abandonné le régime légal pour le régime conventionnel de leur choix. Cette seconde phase serait soumise à toutes les conditions exigées par la loi nouvelle pour un changement de régime ; elle pourrait même être prohibée par cette loi, si celle-ci consacrait le principe de l'immutabilité absolue.

Il convient de noter à ce sujet que, lorsque la loi choisie est la loi française, celle-ci autorise les époux à préciser également la nature du régime choisi (art. 1397-3, al. 3 C. civ.) ; aucun obstacle à la mutabilité n'est donc posé.

Cet ensemble de solutions paraît traduire un manque de réflexion de la part des rédacteurs de la Convention. Tout d'abord le passage d'un régime légal à un autre — de la communauté à la séparation, par exemple — est aussi grave que le passage à un régime conventionnel de l'ancienne loi, ou de la nouvelle ; on ne voit donc pas pourquoi il échappe aux conditions de la mutabilité édictées par la loi originellement applicable. Ensuite l'analyse de la seconde situation est très artificielle, car à aucun moment les époux n'ont voulu que le régime légal de la nouvelle loi s'applique. Enfin il était plus logique d'interroger sur la mutabilité la loi

(50) Nécessairement, car même si l'on demeure dans le cadre d'un certain type de régime (communautaire, par exemple), les règles précises ne seront pas identiques dans chaque loi.
(51) DROZ, « Les nouvelles règles... », *op. cit.* n°s 47 et s.

ancienne, comme le faisait la jurisprudence, que la loi nouvelle, dont la compétence même suppose qu'une mutation a déjà eu lieu (52).

N'ayant pas perçu que le changement de loi peut, à lui seul, entraîner un changement radical de régime, les auteurs du texte ont opté pour le caractère rétroactif de l'application de la loi nouvelle. C'est extrêmement dangereux, surtout dans le cas du passage d'un régime de communauté à un régime de séparation. Il convient donc d'autoriser les époux à écarter, dans l'acte qu'ils concluent, une telle rétroactivité (53).

Bien que l'intervention d'un notaire ne soit pas nécessaire si la loi du lieu où la déclaration est faite ne le prévoit pas (art. 13), il faut espérer que les époux auront l'idée de solliciter les conseils d'un juriste compétent.

Le changement de loi applicable ne produit ses effets à l'égard des tiers que trois mois après que les formalités de publicité prévues par la loi française (notamment la mention en marge de l'acte de mariage — supposé dressé en France — et la publication au registre du commerce et des sociétés) ont été accomplies (art. 1397-4 C. civ.).

Bibliographie sommaire

B. ANCEL : *Les conflits de qualifications à l'épreuve de la donation entre époux*, Paris, 1977.

COUCHEZ : *Essai de délimitation du domaine de la loi applicable au régime matrimonial*, Paris, 1972.

DROZ : « Les régimes matrimoniaux en droit international privé comparé », *Rec. Acad. La Haye*, 1974, III, p. 1 et s.

DROZ : « Les nouvelles règles de conflit françaises en matière de régimes matrimoniaux », *Rev. crit. DIP* 1992.631.

DROZ : « L'activité notariale internationale », *Rec. Acad. La Haye*, t. 280, 2000, p. 13 et s.

GAUDEMET-TALLON : « Les conflits de lois en matière de régimes matrimoniaux : tendances actuelles en droit comparé », *Trav. Com. fr. dr. int. pr.*, 1969-1971, p. 197 et s.

GRAULICH et LIÉNARD-LIGNY : « Droit transitoire et droit international privé des régimes matrimoniaux », *Mélanges Vander Elst*, 1986, p. 341 et s.

KHAIRALLAH : « La loi du 28 octobre 1997 : Questions de méthode », *Rev. crit. DIP* 1998.249.

LOUSSOUARN : « La Convention de La Haye sur la loi applicable aux régimes matrimoniaux », *JDI* 1979.5.

REVILLARD : *Droit international privé et communautaire : pratique notariale*, Defrénois, 6e éd., 2006.

REVILLARD : « Premier bilan d'application de la Convention de La Haye du 14 mars 1978 sur la loi applicable aux régimes matrimoniaux », *Mélanges Georges Droz*, La Haye, Martinus Nijhoff, 1996, p. 369 et s.

REVILLARD : « Les changements de régimes matrimoniaux dans l'ordre international », *Trav. com. fr. dr. int. privé* 1995-1998, p. 265 et s.

WIEDERKEHR : « Problèmes d'actualité en matière de droit international privé des régimes matrimoniaux », *Trav. Com. fr. dr. int. pr.* 1986-1988, p. 233 et s.

WIEDERKEHR : *Les conflits de lois en matière de régime matrimonial*, Paris, 1967.

(52) Comp. LAGARDE, note à la *Rev. crit. DIP* 1993, p. 287 et s.

(53) En ce sens DROZ, *op. cit.*, n° 45.

CHAPITRE 2
LES SUCCESSIONS

799 La transmission à cause de mort du patrimoine est l'objet en droit international privé français de règles (Section I) : règles de compétence juridictionnelle (§ 1) et de conflit de lois (§ 2), mais aussi règle substantielle avec le droit de « prélèvement » (§ 3). Leur mise en œuvre soulève parfois des problèmes (Section II).

Les règles que l'on va étudier, qui constituent le droit commun français, sont parfois écartées par des conventions. On se reportera aux listes de conventions données à propos de l'effet en France des jugements étrangers (*supra*, n° 464), et du statut personnel (*supra*, n° 512).

SECTION I RÈGLES GÉNÉRALES

§ 1. RÈGLES DE COMPÉTENCE JURIDICTIONNELLE

A. Règles ordinaires

800 Le règlement d'une succession suppose une centralisation des opérations, afin que tous les ayants droit puissent être informés, confronter leurs prétentions, se répartir les biens, etc. Cette centralisation est dans une large mesure réalisée en droit interne au lieu d'ouverture de la succession, c'est-à-dire au dernier domicile du défunt. Elle est encore plus nécessaire en droit international, où la saisine simultanée de plusieurs tribunaux risque d'entraîner l'application de plusieurs lois substantielles différentes, chaque tribunal respectant son propre système de conflits de lois. Le principe de

l'extension à l'ordre international des règles de compétence territoriale interne est donc particulièrement bien venu ici.

Mais la compétence de l'ordre juridictionnel du dernier domicile du défunt risque, en cas de divergence de vues avec les ordres juridictionnels dans le ressort desquels sont situés les biens, de rester lettre morte. À quoi sert-il que le tribunal français du lieu d'ouverture déclare attribuer à X un bien qui se trouve à l'étranger, si l'État du lieu de situation l'attribue à Y ? Chaque État fait naturellement prévaloir sa propre solution à l'égard des biens qui tombent matériellement sous son emprise. Cette remarque joue pleinement pour les *immeubles* ; aussi la jurisprudence, réalisant une exception notable au principe de l'extension des critères de compétence territoriale, donne-t-elle compétence exclusive à l'*ordre juridictionnel du pays où ils sont situés* (1). Le fait que les opérations judiciaires, de licitation notamment, ne peuvent être accomplies que par les autorités locales, confirme l'opportunité de la solution ; mais celle-ci est générale : elle s'applique, par exemple, à un litige concernant l'interprétation ou l'exécution d'un testament (2). En revanche, les tribunaux s'en tiennent, pour les *meubles*, à la compétence du *pays du dernier domicile du défunt* : à leur égard, il n'est pas possible de retenir comme critère de compétence juridictionnelle le lieu de la situation, qui varie au gré de leur actuel détenteur.

Sur la compétence pour l'exercice du droit de prélèvement, v. *infra*, n° 813.

B. Compétence fondée sur la nationalité des parties

801 Les articles 14 et 15 du Code civil sont normalement applicables.

Toutefois, pour les raisons qui ont été vues dans l'étude des règles ordinaires (n° précédent), les tribunaux français se déclarent incompétents, même entre Français, à l'égard des immeubles sis en pays étranger.

La formule employée par la Cour de cassation ne mentionne, il est vrai, que « les actions réelles immobilières » et les « demandes en partage » (3), mais elle devrait être étendue à toutes les actions successorales, comme dans le cadre

(1) Req. 10 nov. 1847, *DP* 1848.1.38, S. 1848.1.52 ; 30 mars 1914, *JDI* 1914.951 ; Civ. 14 mars 1961, *Rev. crit. DIP* 1961.774 (immeubles sis en France) ; Civ. 5 juill. 1933, *DP* 1934.1.133, note Silz, S. 1934.1.337, note Niboyet ; Civ. 7 janv. 1982, *Rev. crit. DIP* 1983.87, note Ancel (immeubles sis à l'étranger). La règle ne s'étend pas au régime matrimonial, l'universalité du régime étant — malgré l'orientation regrettable de la Convention de La Haye de 1978 — plus essentielle que celle de la succession.

(2) Req. 18 nov. 1847, et Civ. 14 mars 1961, cités note précédente.

(3) V. notamment Civ. 1er févr. 1955, *Rev. crit. DIP* 1955.327, note H. B., *JDI* 1956.864, note Sialelli, *JCP* 1955.II.8657, note Louis-Lucas ; Civ. 5 mai et 16 juin 1959, *Rev. crit. DIP* 1959.501, note H. B., *D.* 1959.377, note Holleaux.

des règles ordinaires : les raisons de l'incompétence sont les mêmes dans les deux hypothèses (4).

§ 2. RÈGLES DE CONFLIT DE LOIS

A. Successions ab intestat

802 L'adoption pour les successions d'un rattachement autonome n'est pas d'évidence. Il est possible de les inclure dans le statut réel, dans la mesure où leur objectif essentiel est d'assurer le transfert de la propriété de biens corporels ; ou dans le statut personnel, parce que le patrimoine à transmettre constitue un prolongement de la personne même du défunt, et que l'institution a un caractère familial marqué. De fait, c'est sous la forme d'un choix entre ces deux classements que le problème a été perçu dans l'Ancien Droit.

Au XIVe siècle était déjà élaborée la double règle actuellement en vigueur, qui donne compétence à la *loi du lieu de situation des immeubles* pour régir leur transmission, et à la *loi du dernier domicile du défunt* pour régir celle des *meubles*. La « réalité » (le mot étant pris comme antonyme de personnalité) triomphait donc sans conteste pour les immeubles. Quant aux meubles, la solution était beaucoup plus ambiguë. Elle constituait une application de la maxime *mobilia sequuntur personam* (les meubles suivent la personne) ; mais celle-ci se justifiait-elle par une fiction de localisation au domicile du propriétaire (thèse de la réalité), ou par l'idée d'un lien en quelque sorte personnel des meubles avec le défunt (thèse de la personnalité) ? Les auteurs en discutaient, Dumoulin étant dans le premier sens, d'Argentré dans le second. Quoi qu'il en fût, étant donné la compétence, à l'époque, de la loi du domicile pour régir le statut personnel, le résultat était le même.

En revanche, après la soumission de l'état des personnes à la loi nationale par l'article 3 du Code civil, l'enjeu de la discussion devenait concret. Le problème fut occulté pendant longtemps par la règle jurisprudentielle qui maintenait dans le pays d'origine (c'est-à-dire, en général, dans le pays de la nationalité) le domicile des étrangers installés en France sans y avoir été admis à domicile (sur l'admission à domicile, v. *infra*, n° 992) ; il fallut attendre l'arrêt *Labedan* de 1939 (5) pour que la loi du domicile fût nettement consacrée par la Cour de cassation pour les étrangers décédés domiciliés en France (6).

(4) *Contra*, Civ. 5 mai 1959, cité note précédente, à propos d'une pétition d'hérédité (qui est mobilière même lorsqu'elle porte sur des immeubles) ; mais v. implicitement Civ. 4 déc. 1979, *Rev. crit. DIP* 1980.758, note Ancel.

(5) Civ. 19 juin 1939, *Rev. crit. DIP* 1939.481, note Niboyet, *DP* 1939.1.97, note Lerebours-Pigeonnière, S. 1940.1.49, note Niboyet, *GA* n° 18.

(6) Elle l'avait été dès 1868 (Civ. 27 avr. 1868, S. 1868.1.257) pour la succession des Français décédés domiciliés à l'étranger.

803 La préférence ainsi donnée à la thèse de la réalité — l'arrêt s'appuie sur le fait que « les meubles héréditaires sont réputés exister au lieu d'ouverture de la succession » — paraît fondée théoriquement : l'objet premier du droit successoral est bien d'assurer la transmission de droits que le décès a laissés sans titulaire (7). Mais cette analyse ne dicte pas immédiatement le choix des rattachements, car d'autres considérations entrent en jeu.

La plus importante tient au fait que la succession ne concerne pas des biens *ut singuli* mais une *universalité* qu'il faut respecter en tant que telle. Puisqu'il s'agit essentiellement d'assurer le paiement de l'ensemble des dettes, et de répartir les biens entre les proches du défunt, il faut que la loi selon laquelle on procède soit commune à tous les éléments de l'universalité.

On pourra trouver un rattachement unitaire du côté de la personne du défunt, en retenant soit sa nationalité, soit son domicile, au jour du décès. La compétence est donnée à la loi nationale par de nombreux États (Italie, Espagne, Portugal, Allemagne, etc.), et l'on voit qu'elle peut se justifier autrement que par l'appartenance des successions au statut personnel. Mais il est permis de préférer le critère du domicile, qui correspond à une localisation plus matérielle, tout en restant unitaire : c'est en général dans le pays de leur domicile que les individus acquièrent leurs biens et qu'ils introduisent les meubles acquis dans un autre pays. De plus, le critère de compétence juridictionnelle étant, du moins pour les meubles, le dernier domicile du défunt, les deux compétences coïncideront, et le juge appliquera sa propre loi.

Mais l'unité de règlement ne saurait être étendue aux immeubles. L'absence d'unité juridictionnelle (v. *supra*, § 1) rend illusoire la recherche de l'unité législative. Si une succession comprend des immeubles répartis entre plusieurs États, chacun de ceux-ci procède séparément à la dévolution des immeubles situés sur son propre territoire. Certes, si tous étaient d'accord sur un même rattachement unitaire, l'équilibre serait conservé. Mais ce n'est pas le cas en général, car les règles de conflit de lois sont diverses de par le monde. Il est réaliste d'en tenir compte et de rechercher plutôt ce qui peut être atteint que ce qui ne peut l'être. Dans cette optique, la loi du lieu de situation de l'immeuble présente divers intérêts : d'une part, elle assure la coïncidence entre la compétence législative et la compétence juridictionnelle (8) ; d'autre part, comme ses dispositions relatives à l'exercice et au transfert de la propriété ne peuvent être

(7) En ce sens Héron, *op. cit.*.

(8) Historiquement, au XIXe siècle, c'est la compétence législative qui a attiré la compétence judiciaire (Cf. Batiffol, note sous Civ. 14 mars 1961, *Rev. crit. DIP* 1961.777), parce que la première seule faisait l'objet d'un texte, l'article 3, alinéa 2 du Code civil. Mais rationnellement, c'est le dualisme en matière judiciaire qui justifie le dualisme en matière législative. Au Moyen-Âge, la coïncidence des rattachements juridictionnels et législatifs semble provenir du fait qu'ils subissaient l'influence d'une même préoccupation, celle du respect de la souveraineté (v. *supra*, n° 52).

totalement éludées (v. *infra*, nos 828 et 829), on évite en généralisant son emploi qu'elle ne vienne perturber le règlement successoral (9).

La solution du droit français réalise donc l'unité souhaitable du règlement, dans la mesure où elle est possible.

La Conférence de La Haye a élaboré une convention sur la loi applicable aux successions à cause de mort (ouverte à la signature le 1er août 1989, elle n'est pas encore entrée en vigueur). Cette convention retient un rattachement unitaire pour les meubles et les immeubles : la résidence habituelle du défunt si elle a duré au moins cinq ans avant le décès, à défaut sa nationalité ; le *de cujus* a la possibilité (notamment lors de la rédaction d'un testament) d'opter pour l'une ou l'autre de ces lois.

804 La dualité des règles de conflit n'en présente pas moins de sérieux inconvénients.

Tout d'abord, elle contraint à *qualifier* « meubles » ou « immeubles » les biens dont la dévolution est en cause. Le problème a déjà été examiné (*supra*, no 152).

Surtout, elle *scinde la succession* en autant de masses de biens qu'il y a de lois applicables différentes. Chaque masse est considérée comme une succession *autonome*, que l'on liquide, sans se préoccuper en principe du sort des autres masses, selon la loi qui la régit ; ainsi, un même individu peut être acceptant à l'égard d'une masse, et renonçant à l'égard d'une autre (v. *infra*, Section II, § 1, B).

805 L'admission du *renvoi* est discutée en doctrine.

1° *En matière immobilière*

La question du renvoi ne se pose qu'exceptionnellement à l'égard d'immeubles : ou bien l'immeuble héréditaire est sis en France, et la loi française s'applique ; ou bien il se trouve à l'étranger, et les tribunaux français sont incompétents à son égard. Dans les rares hypothèses où des juridictions françaises ont été confrontées au problème, elles ont admis le renvoi (10), et la solution a été très nettement confirmée par le récent arrêt *Ballestrero* de la Cour de cassation (11).

(9) Sur l'importance de ce dernier facteur, v. surtout Héron, *op. cit.*, et Lequette, *op. cit.*, p. 166 et 167.

(10) Aix 19 juill. 1906, *RDIP* 1908.805, S. 1908.2.293 ; Trib. inst. Lille, 28 mars 1980, *Rev. crit. DIP* 1981.289, note Lequette. Dans les deux cas il s'agissait d'un renvoi de la loi étrangère du lieu de situation de l'immeuble à la loi française de la nationalité du *de cujus*.

(11) Civ. 21 mars 2000, *Rev. crit. DIP* 2000.359, note Ancel, *D.* 2000.539, note Boulanger, *JCP* 2000.II.10443, note Vignal, *Gaz. Pal.* 25 août 2000, p. 9, note Drapier et 1er oct. 2000, p. 17, chron. Brière, *JDI* 2001.505, note Révillard ; 20 juin 2006, *D.* 2007.1710, note P. Courbe, *JDI* 2007.125, note H. Gaudemet-Tallon, *Dr. et Patrimoine* 2006, no 154.83, obs. M.-E. Ancel, *Rev. crit. DIP* 2007.383, note B. Ancel.

2° *En matière mobilière*

C'est à propos de successions mobilières que la Cour de cassation a formulé le principe de l'admission du renvoi (Civ. 24 juin 1878, *Forgo*, précité n° 218), et qu'elle l'a par la suite confirmé à plusieurs reprise (v. les arrêts cités au n° 218). Mais il s'agissait, à l'époque, du renvoi de la loi du domicile de droit — c'est-à-dire, pratiquement, de la loi nationale — à la loi du domicile de fait. Or, depuis la suppression de l'admission à domicile, il ne pourrait plus s'agir que du renvoi de la loi du dernier domicile du défunt à la loi de sa nationalité, ou encore à la loi du lieu de situation des meubles (le tribunal français étant compétent en application de l'article 14 ou de l'article 15 du Code civil).

Il a été soutenu qu'un tel renvoi était impossible, soit au nom du principe de la hiérarchie des rattachements (v. *supra*, n° 224), soit au motif que le dernier domicile du défunt constitue une localisation impérative de la succession, considérée comme un fait juridique. Mais ces arguments dérivent de conceptions du renvoi que la jurisprudence française ne semble pas avoir faites siennes ; on a vu que, selon la majorité des auteurs, la consécration du renvoi dans notre droit est générale par ses motifs, et donc dans sa portée. D'ailleurs, la Cour de cassation a implicitement admis la licéité de son utilisation dans le cadre d'une succession mobilière, en approuvant une Cour d'appel de s'être fondée, pour l'écarter, sur le fait que la loi étrangère acceptait sa désignation : *a contrario*, si la règle de conflit étrangère avait renvoyé, comme le soutenait le pourvoi, à la loi du lieu de situation des biens, il semble donc que cette dernière aurait été appliquée (12).

B. Successions testamentaires et contractuelles

a) Questions de fond

806 Les successions testamentaires et contractuelles sont, comme les successions *ab intestat,* soumises à la loi du dernier domicile du défunt pour les meubles, et à la *lex rei sitae* pour les immeubles.

Le recours à la loi d'autonomie pouvait être envisagé puisque le testament et le contrat sont des actes juridiques. Le fait que, dans la législation française, le contrat ait un rôle presque nul, et le testament un rôle subsidiaire, n'est pas un obstacle, car les rattachements ne doivent pas être déterminés exclusivement par une analyse du droit interne. Dans les pays anglo-saxons, les successions sont essentiellement testamentaires et l'ordre légal de dévolution, lorsque le *de cujus* est mort intestat, peut être analysé, comme en droit romain, en un

(12) Civ. 1er févr. 1972, *Rougeron*, *Rev. crit. DIP* 1973.313, note Droz, *D.* 1973.59, note Lagarde, *JCP* 1973.II.17406, note M. G.

testament tacite. Notre droit positif aurait donc pu adopter un système analogue à celui qu'il a consacré en matière de régimes matrimoniaux (v. *supra*, n°s 772 et 775) : le *de cujus* aurait le pouvoir de choisir la loi qui régira sa succession ; il pourrait le faire expressément, en rédigeant un testament, ou en concluant un contrat, dont la validité serait soumise à la loi choisie ; en l'absence de tels actes, il serait présumé avoir choisi la loi de son dernier domicile pour les meubles et celle du lieu de situation pour les immeubles.

Deux objections conduisent à rejeter cette solution. D'abord, le choix implicite de la loi par le *de cujus* décédé intestat est en général inexistant. Si le *de cujus* avait eu une volonté, il l'aurait exprimée. S'il ne l'a pas fait, c'est qu'il ne s'est pas préoccupé de la transmission de son patrimoine, ou qu'il n'a pas pensé au problème de la loi applicable. Et il est impossible de recourir, comme on l'a fait pour justifier la soumission du régime matrimonial légal à la loi d'autonomie, à l'idée de respect des prévisions des intéressés, car ceux-ci n'ont pu légitimement en former avant le moment où la succession s'est ouverte et où le problème s'est donc clairement posé.

Même réservé aux seules successions testamentaires ou contractuelles, le recours à la loi d'autonomie doit être écarté, car il se heurte alors à un seconde objection. On a vu qu'il se justifiait, en matière contractuelle, par la nécessité d'accroître la liberté des parties dans la conclusion des contrats internationaux. En matière successorale, il aurait pour principale conséquence de permettre au *de cujus* de choisir une loi qui ne protège pas par une réserve les parents qu'il veut exhéréder. Les deux situations sont donc très différentes. Dans le droit des contrats, les parties disposent de leurs propres intérêts ; « en revanche, si le testateur choisit la loi régissant la validité intrinsèque de ses dispositions testamentaires..., il dispose unilatéralement des droits d'autrui » (13).

807 La loi successorale n'est donc pas écartée par la loi d'autonomie. Elle détermine en particulier : la réserve ; les conditions de validité de l'acte, ses causes de caducité et de révocation ; le mode de désignation et les pouvoirs de l'exécuteur testamentaire ; les modalités de transmission de la succession testamentaire ; la licéité et, le cas échéant, les modalités de succession contractuelle.

La loi successorale s'applique même si le *de cujus* a décidé du sort de ses biens après son décès, non par un testament ou une autre institution spécifique du droit successoral, mais en recourant à une institution du droit commun, comme le *trust* du droit anglo-saxon (14).

Dans le domaine laissé par la loi successorale au libre jeu de la volonté du *de cujus*, il faut déterminer quelle a été cette volonté. Elle peut, si elle a été clairement exprimée, résulter de la simple lecture de l'acte. Elle peut aussi nécessiter la consultation d'une règle substantielle, à laquelle le *de cujus* s'est référé, soit explicitement, soit implicitement. Dans ce dernier cas, il faut

(13) F. Rigaux, Commentaire des résolutions adoptées par le 7e Congrès de l'Union internationale du notariat latin, *Rev. crit. DIP* 1964, p. 168. Le Congrès s'est montré partisan d'une possibilité de choix donnée au testateur, mais seulement entre la loi nationale et la loi du dernier domicile. Dans un sens voisin, v. la résolution de l'Institut de droit international du 15 septembre 1967. La Suisse, l'Italie et le Québec donnent une option au *de cujus*. La nouvelle Convention de La Haye (v. *supra*, n° 803 *in fine*) s'est également prononcée pour un choix entre la loi de la résidence habituelle et la loi de la nationalité.

(14) Civ. 1re, 3 nov. 1983, *Rev. crit. DIP* 1984.336, note Revillard, *JDI* 1985.115, note Ancel ; 4 févr. 1986, *Rev. crit. DIP* 1986.685, note Lequette, *JDI* 1987.80, 2e esp., note Niboyet-Hoegy ; 20 févr. 1996, *Zieseniss, Rev. crit. DIP* 1996.692, note Droz, *D.* 1996.390 et chronique Lequette, p. 231 ; et sur renvoi, Paris, 7 avr. 1999, *Rev. crit. DIP* 1999.685, note Goré, *D.* 1999.683, note Lequette.

identifier la loi dont les règles ont été ainsi intégrées dans l'acte. Par exemple, si le *de cujus* a successivement rédigé, dans les limites de la quotité disponible, deux testaments, le second révoque-t-il le premier ? Certaines lois l'admettent, d'autre non. Il faudra se demander à quelle loi se référait le testateur au moment de la rédaction du second testament. Ce n'est pas toujours la loi successorale. En effet, si celle-ci n'est pas unique pour l'ensemble des biens (il existe, par exemple, des immeubles dans plusieurs pays), il est invraisemblable que le *de cujus* ait entendu adopter une position différente pour chacun d'eux ; il paraît plus juste de prendre en considération la loi du domicile lors de la rédaction de l'acte, car c'est celle qu'il pouvait consulter le plus commodément.

Cette loi doit aussi l'emporter, pour le même motif, sur la loi successorale chaque fois que le domicile a été modifié entre l'acte et le décès (sauf peut-être dans le cas d'une succession composée essentiellement d'immeubles tous situés dans un même pays, car la loi successorale est alors connue avec certitude à l'époque de la rédaction de l'acte).

b) Questions de forme

808 La Convention de La Haye « sur les conflits de lois en matière de forme des dispositions testamentaires » du 5 octobre 1961 est entrée en vigueur en 1967. La règle de conflit qu'elle pose est devenue le droit commun français, applicable même aux rapports qui n'intéressent aucun des États signataires, car elle est indépendante de toute condition de réciprocité.

Le *domaine* de la Convention quant aux actes est large. Elle s'applique à toutes les « dispositions testamentaires », expression plus compréhensive que celle de « testament ». Elle s'applique également à des dispositions non successorales qui seraient exprimées dans un testament, telles une reconnaissance d'enfant naturel ou la désignation d'un tuteur (solution déduite *a contrario* de son article 12).

Les testaments dressés par des *consuls* en vertu de conventions consulaires ne sont pas envisagés par la Convention, mais leur licéité n'est pas remise en cause.

809 Le système des *rattachements alternatifs* a été retenu ; aux termes de l'article premier, le testament est valable, en la forme, si celle-ci répond à la loi interne :

a) du lieu où le testateur a disposé, ou

b) d'une nationalité possédée par le testateur, soit au moment où il a disposé, soit au moment de son décès, ou

c) d'un lieu dans lequel le testateur avait son domicile, soit au moment où il a disposé, soit au moment de son décès (15), ou

(15) La question de savoir si le testateur avait un domicile dans un lieu déterminé est régie par la loi de ce même lieu (art. 1, dernier al.). Si plusieurs États considèrent un même testateur comme domicilié sur leur territoire, chacune de leurs lois est susceptible de donner au testament sa validité en la forme.

d) du lieu dans lequel le testateur avait sa résidence habituelle, soit au moment où il a disposé, soit au moment de son décès, ou

e) pour les immeubles, du lieu de leur situation.

Le *renvoi* est manifestement exclu, conformément à la tendance doctrinale la plus répandue en matière de forme des actes (v. *supra*, n° 758), par la précision que la loi à consulter est la loi *interne* du pays désigné.

Des problèmes de *qualification* se posent pour la détermination du domaine respectif des catégories « forme » d'une part, « fond » et « capacité » d'autre part. L'article 5 en règle un certain nombre, en précisant que « les prescriptions limitant les formes de dispositions testamentaires admises et se rattachant à l'âge, à la nationalité ou à d'autres qualités personnelles du testateur, sont considérées comme appartenant au domaine de la forme ».

La qualification de la prohibition du *testament conjonctif* n'est pas indiquée par la Convention. L'article 4 déclare la Convention applicable à la *forme* du testament conjonctif, mais est muet quant à sa *licéité*. Le problème de qualification reste donc entier : la prohibition, bien que relative à l'apparence extérieure de l'acte, ne doit-elle pas relever de la loi successorale, parce qu'édictée pour des raisons de fond ? La jurisprudence française penche pour la qualification « forme », ce qui est conforme, comme on l'a vu (*supra*, n° 762), à la raison d'être de la catégorie (16).

809-1 Une Convention de Washington du 28 octobre 1973, élaborée par Unidroit, et entrée en vigueur le 1er décembre 1994, instaure une forme de testament qui devra être considérée comme valable dans tous les États parties (dont la France). Ce testament (baptisé à tort « international », car il peut aussi être utilisé en matière interne), présente les caractéristiques suivantes : il est dressé en présence de deux témoins et d'une « personne habilitée » (dans les pays de droit latin, dont la France, les notaires sont personnes habilitées) ; il est signé par le testateur (mais non nécessairement écrit de sa main), par les témoins et par la personne habilitée ; la date, qui n'est pas obligatoire, est opposée par la personne habilitée ; cette dernière délivre au testateur une attestation établissant que les formalités prescrites ont été respectées.

810 Quant à la forme des *contrats* ayant pour objet la dévolution d'une succession, elle relève des principes généraux relatifs à la forme des actes (v. *supra*, nos 753 à 769).

§ 3. RÈGLE SUBSTANTIELLE : LE DROIT DE PRÉLÈVEMENT

811 Dans l'Ancien Droit, le *droit d'aubaine* interdisait à tout étranger de transmettre ou de recevoir à cause de mort. Fréquemment écarté par des traités de réciprocité, il fut supprimé par la Révolution au nom des « principes de fraternité », puis rétabli par le Code civil, avec la réserve de la réciprocité. Enfin, la loi du 14 juillet 1819, qui est toujours en vigueur, l'abolit à nouveau (art. 1er), mais en conserva une trace dans son article 2, qui institue au profit des Français le *droit de prélèvement :* « Dans le cas de partage d'une même

(16) V. par exemple, Trib. gr. inst. Paris 24 avr. 1980, *Rev. crit. DIP* 1982.684, note Batiffol.

succession entre des cohéritiers étrangers et français, ceux-ci prélèveront sur les biens situés en France une portion égale à la valeur des biens situés en pays étranger dont ils seraient exclus, à quelque titre que ce soit, en vertu des lois et coutumes locales ».

A. Analyse

812 La première interprétation qui vient à l'esprit est que le droit de prélèvement a pour objet de réparer le préjudice subi par le Français exclu par la loi étrangère *en raison de son extranéité.* Mais s'il n'est guère discutable qu'il doive remplir cette fonction, il semble que son rôle soit plus large ; le texte précise, en effet, qu'il joue quel que soit le motif de l'exclusion (« à quelque titre que ce soit »).

Deux interprétations sont alors possibles. Selon la première, qui n'est que modérément extensive, la règle institue simplement une compensation au profit du Français privé par le *tribunal étranger* du lieu de situation des biens d'une partie des droits que lui donnait sur eux la loi successorale à nos yeux compétente. Aucune perturbation dans le jeu du conflit de lois n'en résulte, la règle se situant en réalité au niveau des rapports entre ordres juridictionnels. Et l'on peut invoquer, au soutien de cette analyse, le fait que la loi de 1819 ne prévoit le prélèvement que pour compenser l'exclusion subie sur les biens situés à l'étranger, ce qui ne peut s'expliquer que par les possibilités de règlement matériel, effectif, que possède sur eux le tribunal étranger.

Mais la jurisprudence a donné à la règle une portée beaucoup plus large (17), en en faisant une règle substantielle destinée à corriger l'application normale de la *loi successorale étrangère* à nos yeux compétente. Elle peut être ainsi énoncée : « Le Français auquel la loi successorale étrangère compétente attribue des droits inférieurs à ceux qui résulteraient pour lui de l'application de la loi française, peut prélever sur les biens situés en France une portion égale à la différence de ces droits ».

Ce n'est pas à proprement parler une règle de conflit de lois, donnant compétence à la loi française de la nationalité de l'héritier ; en effet, la loi française, d'une part, n'intervient pas si les droits qu'elle accorde au Français sont inférieurs à ceux qu'accordé la loi successorale, d'autre part, ne remet pas en cause, pour l'essentiel des questions successorales à régler, la compétence de celle-ci, et enfin n'est pas vraiment appliquée, mais plutôt *prise en considération* pour calculer le montant du correctif à apporter. C'est *une règle substantielle perturbant le règlement du conflit de lois.*

(17) Ce qui laisse entière la question de savoir si le premier système, dit du « prélèvement compensatoire », n'existe pas dans notre droit : v. *infra*, n° 820.

Son fondement est difficile à déceler. On peut y voir, pour partie le désir de favoriser le Français, pour partie le souci de se rapprocher aussi souvent que possible du règlement successoral prévu par la loi française.

Faveur pour l'individu français ou faveur pour la loi française, c'est en tout cas un système nationaliste qui, à ce titre, ne peut être que critiqué, et dont il faut souhaiter la disparition. Aussi peut-on s'étonner qu'une juridiction (18) l'ait fait jouer en matière de régime matrimonial, alors que son domaine est limitée aux successions (19).

B. Régime

813 Quelques précisions doivent être apportées quant aux conditions et quant à l'exercice du droit de prélèvement « nationaliste » tel que l'a compris la jurisprudence.

a) Conditions

1° *Qui* peut prélever ? Seulement l'individu qui possède la nationalité française, puisque le prélèvement est « nationaliste ». La nationalité s'apprécie au moment de l'ouverture de la succession.

La question de savoir si seul l'héritier *stricto sensu,* ou bien aussi le légataire, est protégé par la loi de 1819, est très discutée. La jurisprudence semble préférer la solution restrictive, plus conforme à la lettre du texte (20).

2° *Contre qui* peut-on prélever ? La jurisprudence admet que le prélèvement puisse s'effectuer, non seulement contre des étrangers, mais aussi contre des Français. Et, en effet, si l'on part de l'idée que le règlement français doit être respecté lorsque l'un des héritiers est Français, il doit l'être *a fortiori* lorsque deux ou plusieurs Français sont impliqués dans la succession.

3° *Sur quels biens* se calcule l'exclusion que le prélèvement aura pour objet de compenser ? Il est admis, malgré la lettre du texte, que tous les biens, même ceux situés en France, doivent être pris en considération. La solution est logique dans le système jurisprudentiel qui interprète le droit de prélèvement comme une règle perturbant le jeu normal du conflit de lois, car il se peut que des meubles situés en France soient soumis à une loi étrangère défavorable au Français ; mais précisément, son rejet exprès par la loi de 1819, qui mentionne

(18) Trib. gr. inst. Lyon 7 oct. 1971, *JDI* 1972.597, note Ponsard.

(19) En revanche, on ne peut qu'approuver la Cour de cassation d'avoir refusé que le droit de prélèvement soit exercé dans une succession maternelle pour rétablir les demandeurs dans leurs droits sur la succession de leur père : Civ. 24 févr. 1998, *Rev. crit. DIP* 1998.445, note Gaudemet-Tallon.

(20) Clairement en ce sens Civ. 1re, 7 déc. 2005, *Rev. crit. DIP* 2006.583, note S. Godechot-Patris, *D.* 2006.1217, note J.-G. Mahinga ; *Defrénois* 2006.562, note M. Revillard, *Dr. et Patrimoine* 2006, n° 154.83, obs. M.-E. Ancel.

les seuls « biens situés en *pays étranger* » ne démontre-t-il pas que ce système est infidèle, non seulement à la lettre, mais aussi à l'esprit de la loi ?

b) Exercice

1° *Quel est le montant* du prélèvement ? C'est la différence entre la part du Français selon la loi successorale et celle que lui attribue la loi française. Le droit de prélèvement protège donc, en particulier, les droits *ab intestat* du Français contre une loi lui accordant une fraction moindre, et sa réserve contre une loi validant des libéralités qui l'amputent (21).

2° *Sur quels biens* s'exécute le prélèvement ? Il s'agit des biens situés en France, car le juge français ne peut imposer l'exercice du prélèvement sur des biens qui échappent à l'emprise matérielle de nos autorités. Inversement, la compétence internationale des juridictions françaises existe dès lors qu'elles sont en mesure d'assurer l'exercice efficace du prélèvement. S'agissant des meubles corporels, il suffira qu'ils se trouvent actuellement en France, même s'ils étaient à l'étranger au moment de l'ouverture de la succession, pourvu du moins qu'ils n'aient pas fait l'objet d'une attribution judiciaire par un tribunal étranger (22). S'agissant des meubles incorporels, il suffit qu'existé une possibilité de les réaliser en France (23).

SECTION II — PROBLÈMES PARTICULIERS DE MISE EN ŒUVRE

814 Les règles générales qui ont été vues à la section précédente sont souvent difficiles à mettre en œuvre. Un problème est original : c'est celui que pose le fractionnement du règlement d'une succession, sur le plan de la compétence juridictionnelle comme sur celui de la compétence législative (§ 1). Un autre est plus classique : celui des limites de la compétence de la loi successorale (§ 2).

(21) V. pour la protection de la réserve, Civ. 3 nov. 1983, précité note 14, et Civ. 20 mars 1985, *Caron*, *Rev. crit. DIP* 1986.66, note Lequette, *JDI* 1987.80, 1re esp., note Niboyet-Hoegy.

(22) En ce sens Trib. gr. inst. Paris (Prés.) 24 nov. 1983, *Rev. crit. DIP* 1985.514, 1re esp., note Lequette.

(23) V. par ex. Civ. 27 août 1850, *DP* 1850.1.127, S. 1850.1.647 ; Req. 21 mars 1855, *DP* 1856.1.137, S. 1855.1.274.

§ 1. FRACTIONNEMENT D'UNE SUCCESSION ENTRE PLUSIEURS ORDRES JURIDICTIONNELS OU ENTRE PLUSIEURS LOIS

A. Entre plusieurs ordres juridictionnels

815 Il est fréquent que plusieurs ordres juridictionnels soient concernés par le règlement de tout ou partie d'une même succession, surtout lorsque les biens sont répartis sur le territoire de plusieurs États.

Il convient de dégager d'abord les conséquences de la pluralité de compétences juridictionnelles (*a*). On verra ensuite quelle efficacité il convient de reconnaître aux décisions émanant d'ordres juridictionnels étrangers (*b*), et enfin les problèmes qui résultent de la dissociation de la compétence et du pouvoir de fait d'un tribunal sur un meuble héréditaire (*c*).

a) Conséquences de la pluralité de compétences juridictionnelles

816 Les tribunaux français sont incompétents à l'égard des immeubles du *de cujus* situés à l'étranger, ainsi qu'à l'égard de ses meubles si la succession s'est ouverte à l'étranger et que les articles 14 et 15 du Code civil ne jouent pas (v. *supra*, n° 801). En principe, ces biens sont donc exclus des opérations judiciaires françaises de liquidation et de partage (24).

Il n'empêche qu'ils font partie de la succession. L'incompétence de nos tribunaux à leur égard interdit-elle de constater ce fait et d'en tirer les conséquences ? La question se pose au moment du partage de la succession. Il faut savoir s'il est possible, dans le partage des biens sur lesquels s'exerce la compétence des tribunaux français, de tenir compte de l'attribution qui a été ou sera faite, à l'étranger, de biens soustraits à cette compétence. La Cour de cassation ne l'admet pas lorsque est en cause le sort des biens *en nature*. Elle a jugé que la licitation d'un immeuble sis en France avait été ordonnée à bon droit par les juges du fond, au motif « qu'il n'y avait pas à rechercher si les attributions supplémentaires dans les propriétés immobilières situées en Uruguay, qui échappaient à la compétence... des tribunaux français, n'auraient pu permettre une composition des lots en nature » (25). Cela revient à scinder la succession en plusieurs masses différentes, dont chacune sera dévolue et liquidée de façon autonome par le tribunal qui a compétence à son égard, comme si les autres biens n'existaient pas (26). Malgré les inconvénients pratiques de la solution — notamment la fréquence accrue des licitations –, elle s'impose, car il serait imprudent de tabler sur la collaboration des tribunaux étrangers à un règlement global. En revanche elle considère, depuis son arrêt *Ballestrero* du 21 mars 2000, qu'il faut tenir compte de la *valeur* des biens qui échappent à sa compétence juridictionnelle, notamment pour le calcul de la réserve (27).

817 Il est cependant au moins deux cas dans lesquels les tribunaux français doivent tenir compte du sort des biens soustraits à leur compétence.

(24) L'incompétence est comprise de façon très large (Civ. 7 juill. 1981, *D.* 1981.IR.86 ; Paris 11 mai 1989, *Rev. crit. DIP* 1990.98, note Revillard).

(25) Civ. 24 nov. 1953, *Rev. crit. DIP* 1955.698, note Mezger.

(26) Sur la scission de la succession selon les lois applicables, v. *infra*, n°s 821 et s. La Cour de cassation, dans l'arrêt de 1953, a cumulativement invoqué l'incompétence législative et l'incompétence juridictionnelle.

(27) Civ. 1re, 21 mars 2000, *Ballestrero, cité supra* n° 805. L'obstacle de la scission selon les lois applicables était susceptible, dans cette affaire, d'être levé par le jeu du renvoi au premier degré.

Tout d'abord, à l'égard d'un acte de partage amiable global de la succession. Il est évident que si un tel acte était attaqué par l'un des copartageants, par exemple pour lésion, il serait impossible de faire abstraction de la répartition des biens non soumis à la compétence de nos tribunaux, même dans le cas d'immeubles situés à l'étranger. La même remarque s'applique à une donation-partage ou à un testament-partage. Soit un *de cujus* qui possède deux immeubles de même valeur, situés l'un en France, l'autre en Grande-Bretagne, et qui attribue l'un au premier, l'autre au second de ses deux enfants ; il serait absurde de ne considérer que la masse française et de dire que la réserve de l'enfant qui s'est vu attribuer l'immeuble anglais a été entamée et donne lieu à une réduction ! D'autant que l'enfant ne percevrait aucune compensation en Grande-Bretagne, où la réserve n'est pas connue.

Ensuite, dans l'exercice du droit de prélèvement de la loi de 1819, le tribunal doit évaluer la perte subie par le Français sur tous les biens de la succession, sans avoir égard aux règles de compétence juridictionnelle.

b) Efficacité en France des jugements étrangers

818 Les règles générales sur l'effet des jugements étrangers sont applicables. La décision étrangère ne sera donc pas efficace si elle ne satisfait pas aux conditions ordinaires étudiées dans la partie générale. Il faut, en particulier, que le tribunal qui a statué soit à nos yeux compétent.

Pratiquement, l'efficacité est reconnue au jugement rendu par le tribunal étranger du dernier domicile du défunt, qui a appliqué sa propre loi à une succession mobilière dont une partie se trouve située en France, notamment sous forme de valeurs mobilières déposées dans une banque française, ou de solde de compte bancaire.

En revanche, aucune efficacité ne peut être reconnue à la décision étrangère dans la mesure où elle est relative à un immeuble situé en France, qui relève de la compétence exclusive de la juridiction française (28).

La solution n'est pas gênante, l'immeuble n'ayant pu être *effectivement* attribué, ou partagé à l'étranger. Au cas où la décision étrangère porterait à la fois sur des meubles et des immeubles situés en France (décision validant ou invalidant un legs d'universalité, par exemple), et où elle serait régulière à l'égard des premiers (parce qu'émanant du tribunal du lieu d'ouverture de la succession), une reconnaissance ou un exequatur *partiels* devraient être accordés.

819 Du point de vue de la procédure, la détermination des cas dans lesquels la formalité de l'exequatur est nécessaire appelle des distinctions. Si le demandeur invoque pour agir en France contre un débiteur du défunt ou contre le détenteur d'un meuble successoral un simple *titre* que lui a conféré ou reconnu le jugement étranger, l'exequatur n'est pas nécessaire (29).

(28) V. par ex. Req. 9 mars 1853, *DP* 1853.1.59 ; Civ. 14 juin 1983, *Rev. crit. DIP* 1984.316, note Ancel. Le Tribunal de grande instance de Paris a cependant jugé (22 avr. 1976, *Rev. crit. DIP* 1977.324, note Droz) que la vérification d'un testament non authentique par un tribunal étranger dispensait des légataires universels de se faire envoyer en possession des immeubles sis en France. La solution peut se justifier par le fait que le jugement étranger n'a joué qu'un rôle probatoire, qui ne suppose pas un contrôle complet (v. *supra*, n° 463).

(29) V. par ex. Civ. 6 juin 1967, *Schapiro*, *JDI*, 1967.890, note Bredin, *Rev. crit. DIP* 1969.75, note Déprez, à propos de l'action intentée par l'*administrateur* américain d'une succession en restitution de valeurs mobilières ; Paris 28 févr. 1968, *Rev. crit. DIP* 1970.261 et la chronique de M. Droz, *Rev. crit. DIP* 1970.183, à propos de l'action intentée par un héritier reconnu tel par un jugement paraguayen de « déclaration d'héritier » contre un débiteur du défunt. *Adde* Trib. gr. inst. Paris 12 janv. 1994, inédit.

Si en revanche, il se prévaut d'une décision lui attribuant un droit réel, ou du moins un pouvoir analogue à celui que confère en France la *saisine*, pour appréhender matériellement un bien figurant dans l'hérédité, alors l'exequatur est nécessaire (30).

c) Conséquences de la dissociation de la compétence juridictionnelle et du pouvoir de fait sur un meuble héréditaire

820 Les règles de compétence juridictionnelle adoptées pour les meubles ne donnent pas toujours compétence au pays qui possède à leur égard le pouvoir de fait. L'ordre juridictionnel français est compétent lorsque le défunt était domicilié en France, alors que les meubles, ou une partie d'entre eux, peuvent être situés à l'étranger (31). Si l'ordre juridictionnel du lieu de situation s'estime de son côté compétent, et que ses règles de conflit de lois ne sont pas identiques aux nôtres, une dévolution sera imposée en fait, qui ne coïncidera pas avec celle que nous considérons comme seule légitime.

Une première occasion de réagir est offerte si les biens sont par la suite introduits en France ; il suffira de procéder à une nouvelle attribution, en refusant de se laisser arrêter par l'exception de chose jugée à l'étranger.

Un second procédé est utilisable si une partie des biens successoraux se trouve en France ; l'héritier exercera sur eux un prélèvement « compensatoire » en se faisant attribuer une part égale à celle dont il a été privé (ou peut-être même, sera privé) à l'étranger.

Ce prélèvement est en fait rarement demandé, car il provoque naturellement une mesure de rétorsion à l'étranger. Il ne présente guère d'intérêt que si le prélevant a déjà été *totalement* exclu des biens situés hors de France. La jurisprudence française en offre quelques exemples, parfois présentés par erreur comme des applications de la loi du 14 juillet 1819 qui institue le prélèvement « nationaliste » (32). Dans une affaire jugée par la Cour de cassation (33), des héritiers coupables de recel de meubles situés à l'étranger ont été sanctionnés par le prélèvement, au profit des autres héritiers, de meubles situés en France ; il ne s'agit certainement pas de prélèvement, « nationaliste », car la loi successorale était la loi française. Il s'agit plutôt du prélèvement compensatoire, la Cour ayant précisé qu'il devait s'exercer sur les biens situés en France *pour assurer l'efficacité de sa décision.*

B. Entre plusieurs lois

821 L'unité de la succession n'est pas davantage respectée à l'égard de la loi applicable qu'à celui de la juridiction compétente. Comme, cependant, chacune des lois en présence est

(30) Civ. 6 juin 1967, précité, motifs ; Paris 28 févr. 1968, précité, motifs.
Bien des points obscurs subsistent néanmoins. *Quid*, par exemple, de l'efficacité d'un jugement étranger de *partage* invoqué en dehors de toute exécution sur les biens ou de coercition sur les personnes (par ex., en défense à une réclamation d'un co-partageant qui s'estime lésé) ? Bien que le droit interne analyse le partage en un acte déclaratif, il n'est pas niable qu'il institue un état de droit nouveau, et il devrait comme tel avoir autorité *de plano* (v. *supra*, n° 399).

(31) Il en résulte que la mission confiée par le tribunal français à l'administrateur judiciaire d'une succession mobilière peut s'étendre aux meubles situés à l'étranger : Civ. 22 avr. 1981, *Fondation Eckensberger, Rev. crit. DIP* 1983.645, 1re esp., note Ancel, *JCP* 1982.II.19920, note Boulanger. Pour le calcul de la réserve, il peut aussi être nécessaire de nommer un expert qui aura pour mission d'évaluer des meubles situés à l'étranger : v. Trib. gr. inst. Nanterre 29 mai 1985, inédit, cité par LEQUETTE, note à la *Rev. crit. DIP* 1986, p. 688.

(32) Sur la différence entre prélèvement « compensatoire » et prélèvement « nationaliste », v. *supra*, n° 812 ; DROZ, *Rev. crit. DIP* 1973, p. 320 ; PONSARD, *JDI* 1972, p. 597.

(33) Req. 6 nov. 1942, *Rev. crit. DIP* 1947.134.

conçue pour régir la transmission d'une *universalité* de biens, et qu'il est impossible de les appliquer cumulativement, le seul système utilisable consiste à considérer chaque masse de biens soumise à une loi déterminée comme une succession autonome, qui sera dévolue séparément et sans avoir égard au sort des biens compris dans les autres masses. Ainsi, au fractionnement qui résulte de la pluralité des compétences juridictionnelles (v. *supra*, n° 816), s'ajoute un fractionnement commandé par la pluralité des compétences législatives (34).

822 Certaines conséquences de ce fractionnement peuvent être admises sans difficulté.

Tout successeur a un droit *d'option* distinct sur chaque masse : il peut accepter l'une, et renoncer à l'autre. Si une masse est composée de plusieurs immeubles situés en France, l'option doit leur être commune ; en l'absence de domicile en France du *de cujus*, la déclaration de renonciation ou d'acceptation sous bénéfice d'inventaire s'effectuera au greffe du tribunal dans le ressort duquel se trouve l'immeuble le plus important (adaptation nécessaire des règles de compétence territoriale interne).

La *détermination des successibles* et le *quantum* de leurs droits sont fixés dans chaque masse par la loi qui la régit.

La soumission au *rapport* des libéralités s'apprécie selon la loi applicable à la masse à laquelle les biens qui en sont l'objet appartiennent (biens légués), ou appartiendraient s'ils n'étaient sortis du patrimoine du *de cujus* (bien donnés) (35). La qualification, mobilière ou immobilière, doit s'effectuer en fonction de la nature du bien donné ou légué, et non de l'objet du rapport (en valeur ou en nature) (36).

La *réserve* se calcule, dans chaque masse, en tenant compte des biens qui y figurent (37).

823 Mais la fiction d'une pluralité de successions indépendantes devrait être abandonnée lorsqu'elle conduit à des résultats manifestement absurdes.

Le vœu de chacune des lois concerne la répartition de l'ensemble des biens qui composent la succession. L'idéal est donc que soient satisfaits les vœux de toutes les lois en présence *sur la totalité de la succession* ; s'il peut être atteint, il est à la fois inutile et insuffisant que chaque loi donne lieu à un règlement conforme à ses vues sur la seule masse qu'elle régit. En d'autres termes, le fractionnement est un mal nécessaire lorsque les règles sont inconciliables ; mais il perd sa raison d'être dans le cas inverse.

Premier exemple : une succession soumise à un tribunal français est composée de meubles dépendant les uns d'une première loi étrangère, les autres d'une seconde loi étrangère (à la suite d'un renvoi). Les deux lois exigent l'égalité en nature dans le partage. Il devrait être licite de former les lots avec des biens appartenant indifféremment à l'une ou l'autre des masses.

Deuxième exemple : dans une succession composée de la même façon que dans l'exemple précédent, deux héritiers A et B sont en présence. A a reçu du *de cujus*, à titre de libéralité dispensée du rapport, la totalité des biens qui composent la première masse, bien que B soit réservataire selon la loi qui régit cette masse. L'autre loi ignore la réserve et prévoit un partage par moitié. Si la moitié de la seconde masse, ainsi attribuée à B, est égale ou supérieure à sa réserve calculée sur l'ensemble des deux masses, la réduction est inutile ; elle

(34) Fort heureusement, les deux fractionnements coïncident en général, puisque les critères de compétence juridictionnelle et législative sont les mêmes. Mais, lorsque la succession est au moins partiellement mobilière, il n'en est pas toujours ainsi. Ainsi, le tribunal français peut être compétent à l'égard d'un immeuble soumis à la loi française et, en vertu des articles 14 et 15 du Code civil, à l'égard de meubles soumis à une loi étrangère.

(35) Trib. civ. Seine 27 déc. 1906, *RDIP* 1907.398, note Nast, *JDI* 1907.770.

(36) *Contra* Civ. 1re, 3 déc. 1996, *Rev. crit. DIP* 1997.318, note critique Ancel, *JDI* 1997.1020 note Revillard.

(37) V. par ex. Trib. civ. Seine 26 avr. 1907, *JDI* 1907.1132.

donnerait à B une fraction plus grande que celle à laquelle il aurait droit si la première loi (et *a fortiori* la seconde) s'appliquait seule à l'ensemble de la succession. Pourtant la Cour de cassation a refusé de déroger dans cette hypothèse à la logique du fractionnement (38).

824 À l'égard du *passif successoral,* le fractionnement soulève des problèmes quasiment insolubles.

Il serait injuste de considérer les dettes mobilières — elles le sont presque toutes — comme la contrepartie du seul actif mobilier. Cela admis, deux systèmes, pour l'essentiel, ont été proposés. Selon certains auteurs, chaque masse active répondrait d'une fraction du passif, proportionnellement à son importance dans l'actif total. L'inconvénient du procédé est d'obliger chaque créancier à saisir des biens dans chaque masse pour avoir paiement de la totalité de ce qui lui est dû ; de plus, le calcul de proportionnalité suppose connue la valeur de chaque masse, alors que cette information manque en réalité. Il faut donc permettre — c'est le deuxième système — à tout créancier de se faire payer intégralement sur un élément quelconque d'actif, selon les modalités de la loi qui régit la masse à laquelle il appartient. Le même principe peut s'appliquer au *rapport des dettes.*

Si aucune des lois en présence n'admet de tempérament à la règle de la division des dettes entre les successeurs, le créancier est obligé de poursuivre séparément chacun d'entre eux. Pour quelle fraction de sa créance ? Le plus simple est de lui permettre d'exiger de chacun la fraction la plus élevée parmi celles que mettent à sa charge les lois applicables aux diverses masses à l'égard desquelles il s'est porté acceptant ; étant précisé bien sûr que ses poursuites s'arrêteront lorsqu'il aura perçu la totalité de ce qui lui est dû.

Mais ceci ne résout pas le problème de la *contribution*, en cas de pluralité de successeurs (39). M. Héron (40) propose très ingénieusement d'emprunter à une loi unique (celle du dernier domicile du défunt) les règles relatives à la contribution, et de les appliquer en les adaptant aux particularités d'une succession dont les actifs ont été répartis dans le cadre d'un règlement fractionné.

§ 2. LIMITES DE LA COMPÉTENCE DE LA LOI SUCCESSORALE

825 La dévolution et la liquidation d'une succession ne mettent pas en jeu la seule loi successorale. En premier lieu, la détermination des liens familiaux entre le *de cujus* et les prétendus héritiers relève du statut personnel (A). D'autre part, il faut faire une place à la loi réelle (B), car la transmission des biens intéresse à divers titre l'État du lieu de leur situation. Un problème de capacité se pose parfois, auquel s'applique la loi personnelle (C). La loi de la créance ou de la dette transmise joue un rôle à l'occasion du décès (D). Enfin, les frontières avec les catégories « régime matrimonial » (E) et « effets du mariage » (F) doivent être précisées.

(38) Civ. 1re, 4 déc. 1990, *Rev. crit. DIP* 1992.76, note Droz, *JDI* 1992.398, note Revillard.
(39) Pour des exemples jurisprudentiels de ce problème, v. Trib. civ. 1re inst. Papeete 7 mars 1975, *Rev. crit. DIP* 1976.674, note Ancel ; Civ. 19 juill. 1976, *Rev. crit. DIP* 1978.338, note Ancel.
(40) *Op. cit.*, nos 360 à 405.

A. Intervention du statut personnel des héritiers prétendus

826 S'il entre dans la compétence de la loi successorale de préciser quel lien familial avec le *de cujus* est exigé pour qu'une personne soit appelée à la succession, il ne lui appartient pas de dire si le lien matrimonial ou le lien de filiation invoqués par un héritier prétendu existent effectivement : on appliquera, selon les cas, soit la loi des conditions du mariage, soit la loi de l'établissement de la filiation (41).

La Cour de cassation a eu l'occasion de rejeter à ce propos la théorie des questions préalables (v. *supra*, n° 263, note 148) : il appartient uniquement au droit international privé du for de déterminer la loi applicable à l'existence du lien familial ; le droit international privé du pays dont la loi est applicable à la succession n'a aucun rôle à jouer (42).

B. Intervention de la lex rei sitae

a) En raison de la qualification réelle

827 Quelques solutions sont certaines. Ainsi, c'est la loi réelle qui a compétence pour préciser comment l'*indivision* est administrée, et quelle est sa durée (43).

Des hésitations sont apparues sur la question de la *transmission de l'actif.* Il semble finalement qu'elle soit indissociable de la conception d'ensemble du règlement successoral, et il faut donc affirmer la compétence de la loi successorale (44). La jurisprudence est nettement en ce sens (45). La question de la loi compétente se pose souvent à propos de la reconnaissance en France des pouvoirs attribués à un successeur ou à un administrateur par une décision de justice étrangère (v. *supra*, n°s 818 et 819).

b) Sous la forme d'un cumul avec la loi successorale

828 Même si la qualification successorale est retenue, la loi réelle peut intervenir à titre de *loi de police*. La règle posée par la loi successorale ne pourra alors être suivie que si la loi réelle ne s'y oppose pas, ce qui revient à une application cumulative des deux lois.

(41) En ce sens Civ. 1re, 3 janv. 1980, *JDI* 1980.325, note Simon-Depitre, *Rev. crit. DIP* 1980.331, note Batiffol, *D.* 1980.549, note Poisson-Drocourt.

(42) Civ. 22 avr. 1986, *Djenangi*, *JDI* 1986.1025, note Sinay-Cytermann, *Rev. crit. DIP* 1988.302, note Bischoff.

(43) Civ. 22 oct. 1985, *JDI* 1986.1005, note Wiederkehr.

(44) MM. Droz et Loussouarn (*op. cit.*, n° 208) maintiennent cependant une compétence limitée à la loi française du lieu de situation des biens ; elle imposerait au légataire qui invoque un testament non authentique et non vérifié à l'étranger le recours à l'envoi en possession de l'article 1008 du Code civil. En ce sens Paris 23 mai 1942, *Rev. crit. DIP* 1946.282.

(45) V. par ex. Civ. 22 déc. 1970, *J. not.* 1971.660, note Droz, *Rev. crit. DIP* 1972.467, note A. P. ; Paris 8 juin 1978, *JDI* 1979.846, note Droz.

Il en est ainsi essentiellement lorsque les droits des tiers sont en jeu : l'opposabilité aux tiers d'un rapport ou d'une réduction en nature, d'une pétition d'hérédité ou de l'effet déclaratif du partage, est subordonnée à son admission par la loi réelle ; les conséquences de l'acceptation bénéficiaire et de la séparation des patrimoines décidées conformément à la loi successorale relèvent de la *lex rei sitae* (qui les paralysera donc si elle ignore ces institutions). La publicité prévue par la loi réelle doit être respectée, même si une publicité doit par ailleurs être effectuée au lieu d'ouverture de la succession, par application de la loi successorale.

c) En raison du droit de l'État à recueillir les biens sans maître

829 Lorsqu'il n'existe ni parent à un degré successible, ni conjoint, ni légataire valablement désigné, c'est l'État qui recueille la succession. Son droit est analysé par la doctrine dominante et par la jurisprudence française en une prérogative régalienne qu'il exerce sur les biens vacants et sans maître situés sur son territoire ; il n'est pas un héritier véritable. De là, on déduit que la qualification successorale doit être écartée, et que les biens meubles vont à l'État du lieu de leur situation, non à celui du dernier domicile du défunt (46). Mais d'autres pays, comme la Belgique, procèdent à la qualification en tenant compte de la nature reconnue au droit de l'État par la loi successorale ; s'il apparaît qu'il est appelé en tant qu'héritier — c'est le cas, par exemple, de l'État suédois selon le droit de ce pays –, il est admis à succéder (47).

La discussion a donc été menée sur le terrain du conflit de lois. Il semble que ce soit à tort. Il ne s'agit pas de savoir de quel État le juge doit appliquer la loi, mais de dire à quel État il va attribuer les biens. Le problème n'est expressément tranché ni par la loi successorale, ni par la loi réelle, conçues pour régir les situations internes. Il ne pourrait d'ailleurs par l'être, car, mettant en concurrence les prétentions de deux ou plusieurs États, il relève par sa nature du droit international public.

Celui-ci donne tout pouvoir à l'État sur le territoire duquel se trouvent les biens. Libre de se les approprier, on ne voit pas pourquoi il y renoncerait, d'autant que ni le domicile, ni la nationalité du défunt ne constituent des critères générateurs d'une compétence plus légitime que le lieu de situation des biens. Pour des motifs différents de ceux qui ont été invoqués, la position de la Chambre des requêtes semble donc bien fondée.

C. Intervention de la loi nationale pour régler les problèmes de capacité

830 La capacité relève de la loi personnelle de l'intéressé (48). Cette règle est pleinement respectée en matière successorale, où elle trouve à s'appliquer tant à l'occasion de l'option qu'à celle du partage.

(46) V. notamment Req. 28 juin 1952, *DP* 1984.1.154.

(47) Cass. Belgique 28 mars 1952, *Rev. crit. DIP* 1953.132, note Loussouarn, *JDI* 1954.463, note Hennebicq.

(48) Loi nationale, éventuellement loi de la résidence habituelle dans le cadre de la Convention de La Haye du 5 octobre 1961, lorsqu'une « autorité » désignée à l'article 1er est intervenue.

Concernant *l'option*, il a été jugé que les termes de l'option ouverte à l'incapable étaient déterminés par la loi successorale, mais que les formalités habilitantes relevaient de la loi personnelle (49).

Les exigences de forme relatives aux *partages* dans lesquels interviennent des incapables (recours au partage judiciaire, homologation du partage amiable, par exemple), de même que les formalités habilitantes, sont celles que prévoit leur loi personnelle. La Cour de cassation l'a admis, même à l'égard d'un immeuble, dans l'affaire du château de Chambord (50).

D. Intervention de la loi de la créance ou de la dette transmise

831 Les créances, comme les autres éléments d'actif mobilier, font partie de la succession et sont dévolues conformément à la loi du dernier domicile ; de même les dettes, dont l'ensemble constitue le passif. Mais la loi applicable au régime de chacune d'elles est seule compétente pour préciser si le décès de leur sujet (actif ou passif) a sur elles un effet extinctif. Cette distinction est souvent difficile à mettre en œuvre.

Certains *droits alimentaires* échappent au principe de l'intransmissibilité passive, et peuvent être exercés contre la succession. La loi qui les régit en décide, ainsi que de la possibilité pour les héritiers d'éteindre le droit par l'abandon d'une partie de l'actif (51).

Le *droit au maintien dans les lieux* prévu par la loi française peut être invoqué à titre personnel par certains proches du défunt. Il ne s'agit pas d'une transmission, mais de l'extinction d'un droit suivie de la création d'un autre, de même nature : la loi successorale n'est donc pas compétente.

E. Intervention de la loi du régime matrimonial

832 Lorsque le *de cujus* était marié, il faut liquider à la fois le régime matrimonial et la succession. On procède d'abord à la liquidation du régime, selon la loi qui lui est applicable : la part qui revient au *de cujus* augmente la masse successorale, dévolue selon la loi successorale.

Il est parfois difficile de décider si tel droit du veuf ou de la veuve lui est attribué au titre du régime ou au titre de la succession. C'est un problème de qualification, dont dépend la loi applicable ; *la quarte du conjoint pauvre* en constitue un exemple célèbre, déjà rencontré (v. *supra*, n° 153). Mais en général, le conjoint survivant ne prétend pas bénéficier d'un droit unique, que lui attribuerait une législation déterminée ; il demande tout ce qui lui revient au titre des deux liquidations. Il ne s'agit donc pas de décider, par une qualification de la *question de droit posée,* si on va appliquer la loi du régime ou la loi successorale, car toutes deux doivent être appliquées. Il faut retenir, par une qualification des *règles*, celles qui paraissent successorales dans la loi applicable à la succession, et (cumulativement) celles qui paraissent matrimoniales dans la loi applicable au régime.

(49) Trib. inst. Lille 28 mars 1980, *Rev. crit. DIP* 1981.289, note Lequette. En ce sens NIBOYET, *Traité*, t. IV, nos 1346 et s. ; LAGARDE, *Rép. Dalloz droit internat.*, V° *Succession*, n° 136 ; LEQUETTE, *Rev. crit. DIP* 1981.295.

(50) Civ. 13 avr. 1932, *DP* 1932.1.59, concl. Matter, note Basdevant, S. 1932.1.361, note Audinet, *GA*, n° 14.

(51) En ce sens, Colmar 25 avr. 1961, *Rev. crit. DIP* 1962.109, note Francescakis, *JDI* 1962.696, note Ponsard.

La qualification des règles se fait en principe *lege fori* ; mais on sait (v. *supra*, n° 784) que l'inclusion d'une règle dans le régime matrimonial dépend essentiellement du point de savoir si elle est propre à un régime ou si elle est applicable quel que soit le régime.

833 Les résultats malencontreux auxquels peut donner lieu l'application de deux lois différentes au régime matrimonial et à la succession ont été signalés (*supra*, n° 257). La méthode souvent utilisée dans le notariat pour liquider le régime et la succession, bien que peu respectueuse de la règle de conflit de lois relative au régime matrimonial, a le mérite de les éviter. Elle consiste à procéder, pour chaque masse de biens situés dans un même pays, aux deux liquidations selon la même loi (loi du dernier domicile pour les meubles, loi du lieu de situation pour les immeubles). L'inconvénient est de scinder ainsi le régime matrimonial en plusieurs masses, sans respecter son équilibre global, et de remettre en cause au décès de l'un des époux le caractère propre ou commun des biens.

F. Intervention de la loi des effets du mariage

834 Des auteurs importants penchent pour la soumission de l'*institution contractuelle, au moins mobilière, entre époux,* à la loi des effets du mariage.

L'institution contractuelle, mode de dévolution de la succession, relève en principe de la loi successorale. Les difficultés proviennent de ce que de nombreux droits, prohibant de façon générale l'institution contractuelle, l'admettent entre époux ; et que d'autres, au contraire, qui l'admettent de façon générale, la prohibent (avec les donations de biens présents) entre époux. On pourrait donc songer à réserver un rôle à la loi des effets du mariage, en tant qu'elle prend spécialement en considération la qualité d'époux ; un avantage de cette solution serait que la détermination de la loi applicable serait immédiate, alors que la loi successorale n'est connue, pour les meubles, qu'au décès.

Cependant on a observé que la loi successorale a « vocation naturelle à intégrer dans ses dispositions les rapports personnels existant entre les successibles et le *de cujus* » (52). C'est ainsi qu'il est admis sans conteste que la vocation successorale de chaque héritier en fonction de son lien de parenté est déterminée, non par la loi de ce lien, mais par la loi successorale (v. *supra*, n° 822) ; ce qui vaut pour la vocation légale doit valoir pour l'institution par contrat. D'ailleurs, on ne soutient guère que la licéité d'une institution contractuelle au profit des enfants soit soumise à la loi du lien de filiation. Quant à l'inconvénient de soumettre l'institution contractuelle mobilière à une loi qui ne sera connue qu'au décès de l'instituant, il est atténué par la constatation qu'*en pratique* (au moins judiciaire) les problèmes semblent se poser après l'ouverture de la succession ; il est d'ailleurs inhérent à tout acte de nature successorale accompli du vivant du *de cujus* : testament, pacte sur succession future.

Un auteur propose de soumettre les effets de l'institution qui ne sont pas subordonnés au décès de l'instituant à la loi du domicile de celui-ci au jour où elle est faite, en tant que loi du *situs* du patrimoine (53).

(52) FADLALLAH, *op. cit.*, *supra sub* n° 515, n° 282. La Cour de cassation s'est prononcée en faveur de la loi successorale (v. les arrêts cités par FADLALLAH, *op. cit.*, n° 269). V. aussi Paris 26 févr. 1964, *JDI* 1964.576, note Ponsard, *Rev. crit. DIP* 1965.334, note Le Bris, *D.* 1965.25, note de La Marnierre.

(53) B. ANCEL, *op. cit.* n°s 548 et s.

Bibliographie sommaire

ANCEL : *Les conflits de qualifications à l'épreuve de la donation entre époux,* Paris, 1977.

BILLARANT : *Le caractère substantiel de la réglementation française des successions internationales. Réflexions sur la méthode conflictuelle*, Dalloz, 2004.

F. BOULANGER : *Les successions internationales, Problèmes contemporains,* Paris, 1981.

F. BOULANGER : « Codifications nationales et Convention de La Haye du 1er août 1989 : l'improbable unification du droit international des successions » *Mélanges Lagarde*, Dalloz, 2005, p. 155 et s.

CRÔNE : « Libéralités, institutions contractuelles et trust à l'épreuve du droit international privé », *Petites Affiches,* 28 mars 2001, p. 54.

DROZ : « Saisine héréditaire et administration de la succession en droit international privé français et comparé », *Rev. crit. DIP* 1970.183.

FRANÇOIS : « *L'unité successorale en droit international privé* », *D.* 2003.2391.

GODECHOT : *L'articulation du* trust *et du droit des successions*, éd. Panthéon-Assas, 2004.

Marie GORÉ : *L'administration des successions en droit international privé français,* Economica, 1994.

Marie GORÉ : « De la mode... dans les successions internationales : contre les prétentions de la *professio juris* », *Mélanges Loussouarn,* Paris, 1994, p. 193 et s.

HÉRON : *Le morcellement des successions internationales,* Paris, 1986.

LAGARDE : « La nouvelle Convention de La Haye sur la loi applicable aux successions », *Rev. crit. DIP* 1989.249.

LEQUETTE : « Ensemble législatifs et droit international privé des successions », *Trav. Com. fr. dr. int. pr.*, 1983-1984, p. 163 et s.

LOUSSOUARN : « L'administration des successions en droit international privé », *JDI* 1970.251.

REVILLARD : « La liquidation d'une succession internationale : difficultés rencontrées par la pratique notariale », *Rev. crit. DIP* 1978.252.

REVILLARD : *Droit international privé et communautaire : pratique notariale,* Defrénois, 6e éd., 2006.

REVILLARD : « L'entrée en vigueur de la Convention de Washington du 28 octobre 1973 portant loi uniforme sur la forme d'un testament international », *JDI* 1995.585.

VASSILAKAKIS, « La *professio juris* dans les successions internationales », *Mélanges Lagarde*, Dalloz, 2005, p. 803 et s.

LIVRE II
LES PERSONNES PRIVÉES IMPLIQUÉES DANS LES RELATIONS INTERNATIONALES

835 Toute personne peut être impliquée dans une relation internationale. Mais certaines le sont essentiellement : ce sont les *étrangers* à l'État du for.

La qualité d'étranger produit, dans le domaine du conflit de lois et dans celui du conflit de juridictions, les effets qui ont déjà été étudiés dans le Livre I : notamment, l'état et la capacité sont soumis à la loi de l'État dont l'étranger est ressortissant (v. *supra*, n°s 507 à 638), et les articles 14 et 15 du Code civil ne le concernent pas (v. *supra*, n°s 290 à 298). Mais surtout, l'étranger jouit d'un *statut* inférieur à celui des nationaux.

Qu'il s'agisse de personnes physiques ou de personnes morales, deux questions doivent être résolues : celle de la distinction des nationaux et des étrangers (question de la détermination de la nationalité), celle des particularités du statut des étrangers (question de la condition des étrangers).

Deux titres distincts seront cependant consacrés, l'un aux personnes physiques, l'autre aux personnes morales. En effet, la nationalité des unes et des autres se détermine selon des critères, et même des principes, radicalement différents ; de plus, un problème supplémentaire, qui relève par nature du droit international privé, doit être résolu à l'égard des seules personnes morales : celui de la reconnaissance de leur personnalité en France ; enfin, le statut des personnes morales étrangères n'est pas identique à celui des étrangers personnes physiques.

TITRE I
LES PERSONNES PHYSIQUES

836 La nationalité, selon la définition communément donnée par les auteurs de droit international privé, est l'« appartenance juridique d'une personne à la population constitutive d'un État (1) ».

De leur côté, les publicistes enseignent que l'un des éléments constitutifs de l'État est sa population, composée (dans l'une des acceptions du terme) de l'ensemble des nationaux (2). Chaque discipline renvoie ainsi à l'autre le soin de compléter la définition qu'elle ébauche, et le résultat est une tautologie : la nationalité est l'appartenance à l'ensemble des nationaux d'un État.

837 On peut tenter de s'en évader tout d'abord en recherchant un *critère objectif* qui permette de rattacher chaque individu à un État, dont il serait par voie de conséquence le national.

Cette voie est toute tracée si l'appartenance juridique à un État n'est rien d'autre que la consécration par le droit d'une appartenance de fait, qu'il suffirait de constater. Mais en est-il ainsi ? L'appartenance de fait, que l'on appelle, de façon assez peu heureuse, la « nationalité de fait », est bien en général une réalité que l'on peut constater (non pas d'ailleurs une réalité purement physique, liée à l'habitation ou à la race, mais une réalité psychologique : « Une nationalité est une mentalité », a dit Hauriou) (3). Seulement la nationalité de droit n'est pas, en droit positif, la traduction rigoureuse de cette nationalité de fait. Certes, elle coïncide souvent avec elle, et doit tendre à le faire. Mais elle n'en est pas déduite. Elle est strictement fonction des critères d'attribution que le législateur a plus ou moins arbitrairement retenus.

(1) Batiffol et Lagarde, *Traité*, n° 59.
(2) Nguyen Quoc Dinh, Dailler et Pellet, *Droit international public,* Paris, 1980, n° 295.
(3) *Précis élém. de droit constitutionnel,* 2e éd., 1930, p. 8.

Or, l'étude des droits positifs montre que ces critères sont les plus divers : naissance sur le territoire, lien de filiation avec un national, décision de l'État, etc. La seule règle certaine est qu'« il appartient à chaque État de déterminer par sa législation quels sont ses nationaux (4) » ; mais identifier le national à « l'individu auquel l'État a conféré sa nationalité » ne constitue pas un grand progrès dans la recherche d'une définition.

838 Une autre voie consiste à déterminer l'*effet concret* qui s'attache à l'appartenance à la population constitutive d'un État. À cette question, la réponse était simple dans l'Antiquité, car la personnalité juridique n'était pas, sauf traité, reconnue aux étrangers. Le national était donc celui que la cité reconnaissait comme membre de la communauté et qui comme tel jouissait de la personnalité. C'était pour lui (et par lui) que les lois étaient faites ; l'activité de la cité lui était destinée. Mais aujourd'hui les étrangers sont sujets de droit, et la plupart des lois s'appliquent indifféremment aux nationaux et à ceux qui ne le sont pas. La différence avec les nationaux est donc à chercher dans *la privation de certains droits,* qui peut aller de pair d'ailleurs avec *la dispense de certaines obligations.*

On ne peut malheureusement identifier aucune catégorie de droits ou d'obligations qui soit attribuée aux nationaux et déniée aux étrangers par la *totalité* des ordres juridiques. Ceci peut être vérifié rapidement pour ceux auxquels on pense le plus naturellement : le droit de participer à la *vie politique* n'a guère de sens que dans les États démocratiques, et de plus, l'URSS l'a accordé à une époque aux travailleurs étrangers résidant sur son territoire ; les *obligations militaires* sont imposées par certains États aux étrangers.

La nationalité n'est d'ailleurs pas un simple critère permettant d'attribuer des droits ou d'imposer des obligations à l'individu qui la possède. Sinon, elle ne serait pas essentiellement distincte d'une notion comme celle, par exemple, de domicile, retenue comme critère pour conférer certains droits ou obligations. Or, la différence entre les notions de nationalité et de domicile est essentielle, car seule la nationalité joue un rôle dans les rapports entre l'État qui l'a attribuée et les autres États : elle donne au premier une *compétence* opposable aux autres (5) à l'égard du national, indépendamment de sa présence physique sur son territoire.

L'existence de cette compétence suffit à donner un contenu à la notion de nationalité, même si, faute d'être utilisée par un État, elle n'est pas la source de différences effectives de traitement entre ses nationaux et les étrangers. Le national ne peut donc être défini, malgré une tendance fréquente, comme celui auquel l'État confère la plénitude des droits.

(4) V. les références *infra*, n° 843.
(5) Sous réserve, on le verra, de l'exigence d'une certaine *effectivité* de la nationalité.

C'est au niveau du droit international public que peut le mieux se définir aujourd'hui la nationalité (6). Elle est la *qualité dont l'attribution par un État confère à celui-ci, à l'égard de l'individu attributaire, une compétence personnelle opposable aux autres États* (7).

La définition de la nationalité ainsi proposée met l'accent sur ce que l'on appelle la dimension verticale de la nationalité, c'est-à-dire le lien entre l'État et chaque national. Il ne faut cependant pas méconnaître la dimension horizontale, c'est-à-dire le lien qui unit entre eux les nationaux d'un même État, dont ils forment la population. Ce lien est en un sens premier, dans la mesure où l'existence d'un groupe de personnes constituant une nation précède celle de l'État. Mais à partir du moment où ce dernier est constitué, sa personnalité polarise les rapports : aux liens sociologiques entre les membres du groupe — liens qui subsistent et constituent la nationalité de fait — s'adjoignent des liens juridiques entre l'État d'une part, chacun de ses sujets d'autre part.

839 Chaque État utilise librement la compétence qui lui est conférée. Il le fait parfois par une action déterminée — par exemple, l'exercice de la protection diplomatique, la mobilisation, la poursuite devant une juridiction répressive —, plus souvent en élaborant des règles, dont l'objet est de définir les rapports entre le national et l'État (service national, obligations fiscales, etc.).

Rien n'interdit par ailleurs à un État de faire intervenir la distinction des nationaux et des étrangers dans l'utilisation d'une compétence fondée sur une autre donnée, le territoire par exemple. Ainsi, tout État a compétence pour autoriser la présence d'un individu sur son territoire ; il lui est loisible d'utiliser cette compétence territoriale en accordant sans condition le droit de résider à tous les nationaux et en subordonnant le droit de séjour des étrangers à une autorisation. Il peut de même utiliser le critère de la nationalité dans le cadre d'une règle substantielle de droit privé : ainsi, en refusant aux commerçants étrangers le droit au renouvellement de leur bail. Pour un individu déterminé, l'essentiel de l'intérêt qui s'attache à la possession d'une nationalité réside précisément dans ces différences ; elles ne sont pas pour autant au cœur de la notion. Le fait d'être national *entraîne* normalement des privilèges, mais il ne *consiste* pas en cette supériorité de traitement.

840 Les remarques qui précèdent permettent de procéder au classement du droit de la nationalité parmi les diverses branches du droit.

(6) Pour cette raison, le terme « nationalité » s'applique nécessairement au lien entre une personne et un État *souverain dans l'ordre international.* Le lien avec un État fédéré, par exemple, n'est que de *citoyenneté.* Si ce lien confère à l'État fédéré un droit à l'égard des autres États fédérés et de l'État fédéral, on peut dire que la citoyenneté joue, à l'intérieur de l'État fédéral, le même rôle que la nationalité à l'intérieur de l'ordre international ; mais les deux notions ne sont pas pour autant identiques, puisqu'elles sont utilisées dans des domaines différents, celui du droit constitutionnel dans un cas, celui du droit international public dans l'autre. Des conséquences juridiques s'en déduisent. Il a été jugé, par exemple, que l'acquisition volontaire de la « nationalité » d'une colonie britannique ne faisait pas perdre la nationalité française, alors que l'acquisition d'une nationalité étrangère était un cas de perte de notre nationalité : Trib. civ. Bordeaux 18 juin 1884, *JDI* 1885.185 ; Crim. 14 févr. 1890, *JDI* 1890.116.

(7) V. dans un sens voisin, COMBACAU et SUR, *Droit international public,* p. 319.

Ce classement n'est pas unitaire (8). Quant à la *notion* de nationalité, on vient de voir qu'elle relève aujourd'hui essentiellement du droit international public. Quant à l'ensemble des règles positives par lesquelles un État attribue sa nationalité (*droit de la nationalité au sens strict*), on doit les rattacher au droit public interne dans la mesure où ce qu'elles créent est un lien entre l'État et le national ; et il en est ainsi, puisque pour l'essentiel la nationalité est la source de la compétence personnelle de l'État à l'égard des individus. La jurisprudence française en a jugé ainsi, mais une fraction de la doctrine, mettant l'accent sur le fait que seul le national est sujet de droit au sens plein du terme, penche pour l'appartenance au droit privé (9). Enfin, les divers effets qui s'attachent en fait à l'attribution de la nationalité relèvent, les uns du droit international public (la protection diplomatique), d'autres du droit public interne (ainsi l'ouverture de l'accès à la fonction publique), les derniers du droit privé (la restriction aux seuls nationaux du domaine d'application du statut du fermage, par exemple).

841 Dans un ouvrage de droit international privé français, il est normal que l'étude de la nationalité française soit privilégiée (Chapitre II). Les étrangers sont, au regard de la France, définis globalement comme des « non-Français », dont il suffit d'indiquer la condition générale en France (Chapitre III).

Il n'y a pas lieu en principe de se préoccuper de la détermination de la nationalité étrangère des individus, pas plus qu'on ne s'intéressera à la condition, dans un pays étranger, des individus considérés comme étrangers par ce pays : ce sont là des questions de droit étranger. Mais le problème que pose la *coexistence des différents droits* de la nationalité relève du droit international privé de chaque pays, et donc, en particulier, du droit international privé français (Chapitre I).

(8) En ce sens HOLLEAUX, FOYER et la PRADELLE, *op. cit.*, n° 17.

(9) Jurisprudence : Réu. 2 févr. 1921, *DP* 1921.1.1, note Ambroise Colin, S. 1921.1.113, note Audinet, *RDIP* 1921.151 et chronique Barrault, p. 147.

Doctrine :

1° Pour le rattachement au droit public : MAURY, *Rép. La Pradelle et Niboyet,* V° *Nationalité*, n° 188 ; BOULBÈS, S. 1946.5.201 ; MAKAROV, « Règles générales du droit de la nationalité », *Rec. Acad. La Haye,* 1949, 1, p. 318 ; LOUSSOUARN, BOUREL et VAREILLES-SOMMIÈRES, *Précis*, n° 527.

2° Pour le rattachement au droit privé, BATIFFOL et LAGARDE, *Traité*, n° 69 ; LAGARDE, *Rép. Dalloz droit internat.,* V° *Nationalité*, n° 12 ; Jean FOYER, *Doc. Ass. nat.* n° 2545, 1re session 1972-1973.

La seconde opinion paraîtrait juste dans le cadre de la définition qui a été suggérée à propos du rôle de la nationalité dans l'Antiquité (*supra*, n° 838). Mais de nos jours, la personnalité juridique n'est plus considérée comme due aux nationaux, et au mieux bénévolement accordée aux étrangers. Elle est due à tous, l'obligation étant imposée par le droit international public. Et quant aux simples différences de traitement, elles ne constituent pas une diminution de la personnalité.

Un autre argument en faveur de l'inclusion dans le droit privé est trouvé dans le fait que la nationalité est l'un des éléments de l'état des personnes, du statut de l'individu (en ce sens, WEISS, *Traité*, I, p. 803 ; LOUIS-LUCAS, *La nationalité française,* p. 8. Mais elle ne l'est que dans une conception très large de ce statut, celle qui y comprend l'ensemble des qualités juridiques qui caractérisent une personne prise en elle-même ; elle y figure alors à côté de qualités dont le rattachement au droit public n'est pas contesté : électeur, libéré des obligations militaires, etc.

CHAPITRE I

LA COEXISTENCE DES DIFFÉRENTS DROITS DE LA NATIONALITÉ

842 Chaque État est compétent pour déterminer, selon les critères qu'il estime appropriés, quels sont ses nationaux (Section I). D'où d'inévitables conflits de nationalités (Section II).

SECTION I LA COMPÉTENCE INTERNATIONALE EN MATIÈRE DE NATIONALITÉ

§ 1. ATTRIBUTION DE LA COMPÉTENCE

843 Seul l'État dont la nationalité est en cause a compétence pour conférer ou dénier à un individu cette nationalité. Il s'agit là de l'un des principes les mieux établis du droit international public. L'article 1er de la Convention de La Haye du 12 avril 1930 (non ratifiée par la France), « concernant certaines questions relatives aux conflits de lois sur la nationalité », dispose qu'« il appartient à chaque État de déterminer par sa législation quels sont ses nationaux ». Et la Cour permanente de justice internationale a affirmé que les questions de nationalité étaient comprises dans le domaine « réservé », c'est-à-dire ressortissant à la compétence *exclusive* de l'État (avis n° 4 du 7 févr. 1923 dans l'affaire des décrets de nationalité en Tunisie et au Maroc, avis n° 7 sur l'interprétation du traité des minorités du 28 juin 1919 entre la Pologne et les Puissances alliées) (1).

(1) Cette règle répond de façon suffisante, sur le plan du droit positif comme sur celui d'un hypothétique droit naturel auquel semble se référer l'auteur, à l'interrogation de D. LOCHAK (*Étrangers : de quel droit ?,* Paris 1985, p. 7) : « De quel droit te déclare-t-on étranger ? ». On peut difficilement

Cette règle est d'ailleurs respectée dans la pratique : un État ne se soucie pas de réglementer la nationalité des États voisins. Mais il le fait parfois par inadvertance. On cite l'article 8, 1°, alinéa 2 du Code civil français dans la rédaction de la loi du 26 juin 1889, qui disposait : « L'enfant naturel dont la filiation est établie pendant la minorité... suit la nationalité de celui des parents à l'égard duquel la preuve a d'abord été faite » ; la Cour de cassation en avait déduit, dans un cas, l'acquisition de la nationalité belge (2), dans un autre, celle de la nationalité polonaise (3). Il s'agit là de véritables aberrations, heureusement rares.

La violation de la compétence exclusive de l'État dont la nationalité est en cause est certaine, même lorsque c'est par application des règles de cet État que le tribunal la constate, *lorsqu'il le fait à titre principal :* pas plus qu'on ne peut *réglementer* la nationalité étrangère, on ne peut en faire l'objet d'une *décision* (4). Il en résulte le refus d'efficacité internationale du jugement étranger qui aurait statué sur la qualité de Français, ou de ressortissant d'un État tiers (5).

844 Il suit de là qu'aucun problème de conflit de lois n'est susceptible de se poser en matière de nationalité, bien que l'expression soit employée, notamment dans l'intitulé de la Convention de 1930. Le droit international public répartissant les compétences, aucun choix ne doit être fait entre une pluralité de lois concurrentes. La loi de l'État dont la nationalité est en cause est immédiatement désignée, non par une règle de conflit de lois, mais par le droit international public, qui intervient au stade de la *compétence pour légiférer* (v. *supra*, n°s 99 à 105). Certes, il se pourra alors qu'un individu se voie attribuer cumulativement deux nationalités, mais cette question est celle du conflit de nationalités, qui est toute différente de celle du conflit de lois en matière de nationalité (comp. *supra*, n° 100).

845 Un conflit de lois véritable ne peut se situer qu'au niveau des *questions préalables* à la détermination de la nationalité. Presque toujours, en effet, la nationalité dépend d'une qualité personnelle de l'individu : en particulier, sa

prétendre qu'un État devrait conférer sa nationalité à tous les individus qui peuplent la terre ; d'un autre côté, on ne voit pas ce qui habiliterait un État quelconque à disposer de la nationalité d'un autre État. Il incombe donc bien à chaque État de réglementer sa nationalité ; il a le droit de le faire, il est légitime qu'il le fasse.

(2) Civ. 31 mai 1907, *RDIP* 1907.593.

(3) Civ. 2 juin 1908, *JDI* 1908.1155.

(4) En ce sens, Trib. civ. Strasbourg 12 janv. 1921, *Gaz. Pal.* T.Q., 1920-1925, V° *Nationalité*, n°s 10 et s. ; Trib. civ. Tunis 7 juill. 1953, *JCP* 1954.IV.59 ; Trib. gr. inst. Seine 27 févr. 1959, *JDI* 1960.770, note Aymond. L'article 29-3 du Code civil n'autorise l'action déclaratoire de nationalité qu'à l'égard de la nationalité française.

En revanche, il n'y a pas atteinte à la souveraineté étrangère lorsqu'un tribunal détermine *incidemment*, par application des règles de l'État concerné, si un individu a ou non la nationalité de cet État : Civ. 17 févr. 1982, *Godek*, *Rev. crit. DIP* 1983.249, note Batiffol.

(5) V. par ex. Trib. gr. inst. Seine 20 janv. 1967, *JDI* 1967.893, note Aymond.

filiation, ou encore sa capacité ou son statut matrimonial. Il faut donc se demander quelle loi est applicable à la qualité mentionnée, quelle loi, par exemple, établit si l'individu X, dont on soutient qu'il a acquis par filiation la nationalité française de Y, est bien l'enfant de celui-ci. À cet égard, les divers droits de la nationalité se séparent. Les uns imposent l'application de leurs propres règles substantielles (solution, quant à la filiation, du droit français avant 1973), les autres renvoient à leurs règles ordinaires de conflit de lois la détermination de la loi applicable (solution actuelle du droit français).

846 Le problème de la compétence *stricto sensu* (c'est-à-dire au regard du droit international public) et celui du conflit de lois se superposent lorsque la question en jeu est celle de la détermination de la nationalité *étrangère* d'un individu. Comment établir si X a acquis par filiation la nationalité allemande de son prétendu père Y, dans l'hypothèse où, l'existence du lien de filiation étant discutée, nos règles de conflit de lois soumettent la filiation à la loi française, tandis que les règles allemandes de conflit de lois (auxquelles renvoie le droit allemand de la nationalité) la soumettent à une autre loi ? Malgré le principe selon lequel le juge — supposé français — applique ses propres règles de conflit de lois, il faut suivre ici les règles allemandes. Cela résulte du principe de l'exclusivité de la compétence de l'État pour régler l'attribution de sa propre nationalité, principe dont la portée doit être bien comprise. Il ne s'agit pas d'une compétence donnée *au droit de la nationalité,* mais d'une compétence plus large donnée à *l'État en matière de nationalité.* Elle lui permet non seulement de poser les règles, mais aussi de déterminer concrètement la qualité de national ou d'étranger de chaque individu. Pour la respecter, il faut donc reconnaître à l'individu la qualité (dans l'exemple pris : allemand ou non-allemand) qui lui serait attribuée par une juridiction étrangère, et pour cela appliquer les règles de conflit qu'elle-même appliquerait.

A fortiori, si une décision a déjà été rendue à l'étranger, soit sous forme d'un acte administratif individuel (naturalisation, déchéance), soit sous forme d'une décision de justice (jugement déclaratif de nationalité), elle doit être considérée comme une utilisation, par l'État dont elle émane, de la compétence qui lui est attribuée (6), et respectée en conséquence par les autres États.

§ 2. LIMITES À L'UTILISATION DE LA COMPÉTENCE

847 Des limites juridiques à l'utilisation d'une compétence attribuée par le droit international public ne peuvent se trouver que dans le droit international public. Elles résultent, soit d'une convention, soit des règles générales.

(6) V. cependant Amiens, 26 nov. 1891, S. 1891.2.27, note Pillet, *D.* 1892.2.425, note Pic, *JDI* 1895.412.

A. Conventions internationales

848 Les quelques conventions multilatérales et la plupart des nombreux traités bilatéraux ont pour objet de supprimer les conflits de nationalités (v. *infra*, Section II). Mais il faut citer aussi les traités conclus à l'occasion des cessions de territoires. En règle générale, les nationaux de l'État cédant dont le *domicile* est situé sur le territoire cédé (ou, plus rarement, ceux qui en sont *originaires*) perdent leur nationalité et acquièrent la nationalité de l'État annexant. Une possibilité d'option en faveur du maintien de la nationalité ancienne leur est cependant souvent ouverte, mais elle est subordonnée à diverses conditions, notamment de délai et de changement de domicile.

B. Droit international général

849 L'article 1er de la Convention de La Haye du 12 avril 1930, après avoir posé le principe de l'attribution de compétence à l'État dont la nationalité est en cause, et réservé le rôle des traités, rappelle la nécessité d'un accord du droit de la nationalité avec « les coutumes internationales et les principes du droit généralement reconnus en matière de nationalité ».

Le contenu de la coutume internationale est fort incertain. Bien que de nombreux auteurs et quelques jugements nationaux aient tenté de lui donner un contenu précis et étendu, il semble qu'elle se limite à deux principes, eux-mêmes controversés.

850 Le premier constitue une limite négative. Il a été posé par la Cour internationale de justice dans son arrêt *Nottebohm* du 6 avril 1955 (7) et consiste dans la nécessité de « faire concorder le lien juridique de la nationalité avec le rattachement *effectif* de l'individu à l'État ». En conséquence, Nottebohm, sujet allemand établit au Guatemala et qui avait obtenu une naturalisation au Liechtenstein (perdant alors d'ailleurs, de ce fait, sa nationalité originelle) alors qu'aucun rattachement réel ne le justifiait, ne pouvait bénéficier de la protection diplomatique que le Liechtenstein lui offrait dans son différend avec le Guatemala.

Mais une sentence arbitrale rendue trois ans plus tard par la Commission de conciliation italo-américaine dans l'affaire *Flegenheimer* adopte la position inverse (8). Elle décide que « la théorie de la nationalité effective... manque d'un fondement assez sûr pour pouvoir l'emporter sur une nationalité qui s'appuie sur un droit étatique ».

Il n'est donc pas certain que le principe de l'effectivité soit admis au rang de règle de droit international positif. Mais il est en général spontanément respecté par les États.

(7) *Rec. CIJ* 1955.4.
(8) Sentence du 20 sept. 1958, *Ann. suisse* 1961.155.

851 Le second principe est positif. Il obligerait l'État annexant à accorder sa nationalité aux ex-nationaux de l'État cédant, afin d'éviter l'apatridie. On a vu que la pratique internationale était bien en ce sens, mais il arrive que le traité emportant la cession du territoire ne règle pas la question ; elle le serait alors par application de la coutume.

On voit mal cependant comment il serait possible d'attribuer à un individu la nationalité d'un État qui la lui dénie. La seule voie possible, et encore n'est-elle pas certaine, résiderait dans l'interprétation du silence du traité dans le sens conforme à la prétendue coutume.

SECTION II LES CONFLITS DE NATIONALITÉS

852 Le caractère essentiellement national des règles relatives à la nationalité est inévitablement créateur de conflits de nationalités : conflits positifs (ou cumuls de nationalités) lorsqu'un individu possède à la fois deux ou plusieurs nationalités, conflits négatifs (ou apatridie) lorsqu'il n'en possède aucune.

§ 1. CUMUL DE NATIONALITÉS

853 Le fait qu'un individu soit le national de deux ou plusieurs États ne constitue pas une impossibilité logique, et ne suppose aucun abus de la part de l'un d'eux : on peut présenter avec un État certains liens qui justifient l'inclusion dans sa population constitutive, et avec un autre des liens différents mais tout aussi solides, provoquant une réaction identique. Par exemple, l'enfant dont le père a la nationalité du pays I et la mère celle du pays II est — si l'on admet l'équivalence de la maternité et de la paternité — aussi étroitement rattaché à I qu'à II. Et, sous peine d'en faire un apatride, il est normal que chacun lui offre sa nationalité (sauf à le contraindre à un choix à sa majorité, v. *infra*, n° 862) (9).

Une cause fréquente de binationalité réside dans le fait que certains États connaissent, à côté de l'attribution de la nationalité à raison de la filiation (*jus sanguinis*), une attribution à raison du lieu de naissance (*jus soli*). Par ailleurs, les femmes mariées conservent souvent leur nationalité ancienne tout en

(9) À le prendre à la lettre, l'arrêt *Nottebohm* exclut toute possibilité de cumul puiqu'il voit dans la nationalité « l'expression juridique du fait que l'individu auquel elle est conférée... est, en fait, *plus étroitement rattaché à la population de l'État qui la lui confère qu'à celle de tout autre État* ». En réalité, les exigences du droit international public sont loin d'être aussi précises.

acquérant celle de leur mari (10) : elles ont alors une double nationalité, et les enfants du couple risquent fort de se trouver dans le même cas.

854 Du fait qu'un individu possède deux (ou plusieurs) nationalités, il résulte qu'une pluralité d'États peuvent réclamer une compétence personnelle à son égard. Les effets en sont parfois bénéfiques pour lui, dans la mesure où la qualité de national confère des droits, parfois néfastes dans la mesure où elle impose des obligations (militaires, en particulier). Quelque injustice que cette situation puisse comporter, elle *se constate*, en principe, et ne se discute pas, chaque État ayant agi compétemment en attribuant sa nationalité, et en en tirant les conséquences.

Le cumul provoque cependant deux séries de réactions. Au niveau des effets, l'individu n'est pas toujours traité comme le national à part entière de chacun des États qui lui ont donné leur nationalité : la possession d'une nationalité peut paralyser les effets de l'autre (A). Au niveau des causes, les États cherchent à lutter contre l'apparition des cumuls (B).

A. Réactions au niveau des effets

855 Les réactions sont de nature différente selon que l'organe confronté au problème des effets d'une binationalité (ou d'une plurinationalité) est le juge international, le juge interne, ou le législateur (interne ou international).

a) Attitude des juridictions internationales

856 Lorsqu'une juridiction internationale est requise de sanctionner l'utilisation qu'a faite, ou que veut faire, un État de sa compétence à l'égard de l'un de ses nationaux, elle doit en principe retenir la nationalité de l'État qui se prétend compétent, s'il l'a réellement attribuée, sans se demander si, par ailleurs, l'individu concerné ne possède pas *aussi* une ou plusieurs autres nationalités, même plus effectives. Par exemple, si l'État I veut protéger contre l'État II son national, peu importe que celui-ci ait également la nationalité de l'État III, même si elle est la plus effective (11), pourvu que la nationalité I ait tout de même l'effectivité minimale sans laquelle elle est inopposable à II, selon l'arrêt *Nottebohm*.

Un choix ne devient nécessaire que si deux ou plusieurs États invoquent simultanément leur compétence à l'égard d'un individu, et prétendent en tirer des conséquences inconciliables.

(10) Cette source de cumul est étendue aux hommes mariés par la loi française, v. *infra*, n° 902.
(11) Sentence *Salem* rendue par le tribunal arbitral égypto-américain le 8 juin 1932, *JDI* 1933.1046, *Rev. crit. DIP* 1934.706, note Niboyet ; sentence *Strunsky-Mergé* rendue par la Commission de conciliation italo-américaine le 10 juin 1955, *AFDI* 1956.430 ; sentence *Flegenheimer*, précitée n° 850.

Il en est ainsi, dans le domaine de la protection diplomatique, lorsque l'État à l'encontre duquel la protection est exercée considère la personne protégée comme son national. Aux termes de l'article 4 de la Convention de La Haye du 12 avril 1930, « un État ne peut exercer sa protection diplomatique au profit d'un de ses nationaux à l'encontre d'un État dont celui-ci est aussi le national » (12).

b) Attitude des juridictions étatiques

857 Lorsqu'un individu possède la nationalité de deux ou plusieurs États, parce que ceux-ci la lui ont octroyée, chaque ordre juridique national reconnaît *en général* ce fait. Il n'en va pas nécessairement ainsi. Par exemple, si l'un des États qui ont conféré leur nationalité n'est pas reconnu par l'État du for, il est généralement admis que celui-ci ne tient aucun compte de cette nationalité (13). Il se peut aussi que l'État du for estime que l'octroi de l'une des nationalités est contraire à une convention internationale. *Aux yeux du juge saisi,* il n'y a pas, dans ces deux cas, de cumul de nationalités.

Lorsque au contraire l'organe saisi constate le cumul, il doit en général traiter l'individu comme le national de chacun des États en cause ; aucun choix ne s'impose (14). Ainsi, si l'État du for a conclu avec l'État I une convention par laquelle il s'engage à traiter les nationaux de cet État comme les siens propres, il devrait respecter ses engagements à l'égard de toute personne à qui l'État I a octroyé sa nationalité, même si elle possède de surcroît la nationalité d'un État II et même si ses liens avec l'État II sont plus effectifs (15).

858 Le choix devient nécessaire lorsque le contenu de la règle à appliquer impose que l'on retienne une nationalité unique. Par exemple, des mesures prises à l'égard des nationaux de puissances ennemies ne doivent pas s'appliquer aux binationaux que leur nationalité la plus effective rattache à une puissance alliée.

(12) V. aussi l'avis de la Cour internationale de justice du 11 avr. 1949, *Rec. CIJ,* p. 186. Mais *contra*, la sentence *Strunsky-Mergé,* citée à la note précédente, qui écarte la règle lorsque la nationalité effective est celle de l'État demandeur. Comp. la jurisprudence du tribunal arbitral des différends irano-américains (sentences des 29 mars 1983 et 6 avr. 1984, *Rev. crit. DIP* 1985.301, et la chronique de B. LEURENT, *Rev. crit. DIP* 1985.273, 477) : la demande formée contre l'Iran par un binational irano-américain est recevable lorsque la nationalité effective et dominante est celle des États-Unis.

(13) Le lien entre reconnaissance de l'État et reconnaissance de sa nationalité est établi par Civ. 10 janv. 1951, *Rev. crit. DIP* 1952.681, note Batiffol, *JDI* 1951.168, note Goldman, qui a refusé de considérer comme effacée la nationalité lettone après l'annexion de fait de la Lettonie par l'URSS. Cette solution n'est pas nécessairement remise en cause par la position adoptée sur le problème de l'applicabilité de la loi d'un État non reconnu (v. *supra*, n° 85) : *contra*, ANCEL et LEQUETTE, *Grands arrêts,* p. 427.

(14) V. par exemple Soc., 21 mars 2002, *Bull. civ.* V, n° 99, p. 108.

(15) La Cour de cassation a affirmé qu'« il n'y a conflit positif de nationalités que lorsque [...] un choix devient nécessaire parce que le contenu de la règle à appliquer impose de ne retenir qu'une nationalité » (Civ. 1re, 11 juin 1996, *Imhoos*, *Rev. crit. DIP* 1997.291, note Lequette). *Adde*, implicitement dans le même sens pour l'application de l'art. 12 (anciennement 6, 1°) du Traité de Rome, CJCE 2 oct. 1997, *Rev. crit. DIP* 1998.283, note Droz.

La nécessité de choisir est imposée, en particulier, par la règle qui soumet le statut personnel à la « loi nationale » : quelle est la loi applicable au statut personnel d'un binational ou d'un plurinational (16) ? Le problème s'est posé en jurisprudence, et a été résolu par une distinction.

1° Si toutes les nationalités sont étrangères, la plus effective l'emporte. La règle a été expressément énoncée par la Cour de cassation (17). Elle est conforme à l'article 5 de la Convention de La Haye de 1930 (18).

Elle convient dans le domaine du conflit de lois, quelle que soit la façon dont on justifie la compétence de la loi nationale : si elle repose sur un lien de sujétion, c'est le lien qui coïncide avec l'exercice d'une autorité réelle qui doit l'emporter ; si elle correspond à une « localisation » de la question de droit, celle que renforcent des faits matériels (résidence notamment) est déterminante (19).

2° Si l'une des nationalités est la nationalité du for, elle l'emporte. La règle est conforme à la Convention de La Haye du 12 avril 1930 (art. 3) : « Un individu possédant deux ou plusieurs nationalités pourra être considéré par chacun des États dont il a la nationalité comme son ressortissant » ; elle est en général considérée comme allant de soi, et la Cour de cassation l'a consacrée (20).

Il est certain qu'un organe étatique ne peut nier la qualité de national conférée par l'État qui l'a institué. Mais appliquer la loi de la nationalité étrangère, en raison de l'effectivité de celle-ci, n'impliquerait aucune négation de la nationalité française. La solution retenue par la Cour de cassation montre qu'en matière de statut personnel, l'application de la loi nationale ne se justifie pas seulement par ses avantages pratiques de stabilité et de présomption d'appartenance de fait à une collectivité ; elle repose sur un lien de sujétion de l'individu à l'État (v. *supra*, n° 508).

Sur le tempérament apporté à la primauté de la nationalité du for en matière d'effet des jugements étrangers, v. *supra*, n° 386.

Sur les inconvénients de la primauté dans le cadre de la Convention de La Haye de 1961 sur la loi applicable à la protection des mineurs, v. *supra*, n° 544 et n° 545.

La Cour de cassation a retenu la seule nationalité française du binational pour l'application des articles 14 et 15 du Code civil (21) ; à vrai dire, aucun choix n'était nécessaire : le privilège de juridiction est attaché à la qualité de Français, peu important que le Français possède aussi une autre nationalité.

(16) Lorsque la règle de conflit est alternative, le choix n'est pas nécessaire, et l'on devrait pouvoir retenir, au titre de « la loi nationale », chacune des lois désignées par les diverses nationalités de l'intéressé.

(17) Civ. 15 mai 1974, *Martinelli*, *Rev. crit. DIP* 1975.260, note Nisard.

(18) « Dans un État tiers, l'individu possédant plusieurs nationalités devra être traité comme s'il n'en avait qu'une ». Ainsi formulée, la règle est d'ailleurs trop générale.

(19) Il peut cependant ne pas y avoir de coïncidence parfaite entre « nationalité effective d'allégeance », et « nationalité effective de proximité » : v. LAGARDE, *Cours général, op. cit.*, p. 78 et s.

(20) Civ. 17 juin 1968 (deux arrêts), *Rev. crit. DIP* 1969.59, note Batiffol, *GA* n° 46 ; 7 nov. 1972. *Rev. crit. DIP* 1973.301, note Lagarde ; Civ. 1re, 16 mars 1999, *Bull.* I, n° 101, p. 66.

(21) Civ. 27 janv. 1987, *Rev. crit. DIP* 1987.605, note P. Lagarde ; Civ. 1re, 2 oct. 2001, *D.* 2001.IR.3089, *JCP* 2001.IV.2819.

Il convient de noter que la question n'échappe plus à l'influence du droit communautaire. La Cour de justice des Communautés européennes a en effet considéré que celui-ci était rendu applicable par le simple fait qu'un enfant, né et domicilié en Belgique, avait la double nationalité belge et espagnole pour en déduire que la prohibition de toute discrimination en raison de la nationalité (art. 12 Traité CE), combinée avec le principe de libre circulation des personnes (art. 18), s'opposaient à ce que, par application de la loi belge, les autorités belges refusent à cet enfant le droit de porter le nom dont il serait titulaire en vertu de la législation espagnole (22). Son arrêt ne permet cependant pas de déterminer avec certitude si la conséquence qu'il en faut tirer est que la nationalité dont dépend l'attribution du nom — à supposer qu'il ne faille pas également tenir compte du domicile ou de la résidence, s'il est le critère retenu par la règle de conflit d'un État membre en cause — doit être librement laissé au choix des parents (mais que décider s'ils sont en désaccord ?) ou si l'enfant a le droit de porter tous les noms que lui confèrent ses différentes lois nationales (mais serait-ce alors également une obligation, eu égard à la nécessité, dont la Cour de Luxembourg ne disconvient pas, de prévenir les risques de confusion ?).

c) Attitude du législateur (interne ou international)

859 Certains effets particulièrement néfastes du cumul provoquent une réaction du législateur, interne ou international. Il en est ainsi notamment à l'égard du cumul d'*obligations militaires.*

De nombreuses conventions, tant multilatérales que bilatérales, ont pour objet de dispenser le binational ou plurinational d'accomplir cumulativement ses obligations militaires envers les divers États dont il possède la nationalité. En particulier, la Convention du Conseil de l'Europe du 6 mai 1963 pose en règle générale que « tout individu qui possède la nationalité de deux ou plusieurs parties contractantes n'est tenu de remplir ses obligations militaires qu'à l'égard d'une seule de ces parties » (art. 5).

La dispense peut aussi être unilatérale. Le Code français du service national (art. L. 38) dispense, dans certains cas, du service actif en temps de paix le Français qui possède également la nationalité d'un autre État.

B. Réactions au niveau des causes

861 Chaque législateur national peut s'employer unilatéralement à raréfier les cumuls, en évitant de consacrer les critères d'attribution qui les favorisent, ou

(22) CJCE, 2 oct. 2003, *Garcia Avello*, *Rev. crit. DIP* 2004.184, note Lagarde, *D.* 2004.1476, note M. Audit.

en imposant une option aux binationaux et plurinationaux (v. *infra*, n°s 914 à 923). Mais la lutte est plus efficace lorsqu'une concertation s'instaure entre les États : c'est la voie conventionnelle.

862 Plusieurs conventions multilatérales ont tenté de supprimer les hypothèses d'apparition d'un cumul de nationalités.

La Convention de La Haye du 12 avril 1930 (non ratifiée par la France) pose dans son article 6 le principe que tout individu possédant deux nationalités acquises sans manifestation de volonté de sa part pourra renoncer à l'une d'elles ; toutefois, la renonciation est subordonnée à une autorisation de l'État, qui est seulement incité à l'accorder si l'individu a sa résidence habituelle et principale à l'étranger. Une règle plus contraignante est posée par l'article 11, qui subordonne, en cas de dissolution du mariage, la réintégration de la femme dans la nationalité qu'elle possédait avant le mariage à une demande de sa part, et attache pour effet à cette réintégration la perte de la nationalité acquise par mariage.

La Convention du Conseil de l'Europe du 6 mai 1963 (en vigueur dans les rapports entre la France et plusieurs autres États) (23) impose, sous certaines conditions, la perte de la nationalité ancienne de l'individu qui *acquiert* une nationalité nouvelle à la suite d'une manifestation de sa volonté (art. 1er, § 1, 2 et 4), ou par suite de l'effet collectif attaché à l'acquisition de la nationalité par ses parents (art. 1er, § 3) ; elle permet d'autre part à l'individu qui *possède simultanément* deux ou plusieurs nationalités de renoncer à l'une ou plusieurs d'entre elles, sous réserve que l'État à la nationalité duquel il entend renoncer l'y autorise, ce qu'il est dans certains cas obligé de faire (art. 2). Le droit commun français s'est écarté des règles de la convention (v. *Infra*, n° 923) ; elle n'en reste pas moins applicable dans les rapports de la France avec les autres États contractants (24).

Il faut signaler encore la Convention des Nations Unies du 20 février 1957 sur la nationalité des femmes mariées (non ratifiée par la France), qui exclut toute effet automatique du mariage sur la nationalité de la femme.

§ 2. APATRIDIE

863 L'apatridie est la situation de la personne qu'aucun État ne considère comme son ressortissant. Elle se caractérise par l'absence de protection internationale par un État. On a donc cherché à améliorer le statut de l'apatride (A), et à prévenir l'apparition de l'apatridie (B).

(23) Allemagne fédérale, Autriche, Belgique, Danemark, Espagne, Irlande, Italie, Luxembourg, Norvège, Pays-Bas, Royaume-Uni et Suède.

(24) Par dérogation aux règles de l'article 1er, un Protocole signé le 2 février 1993 autorise les États à prévoir que leurs ressortissants conservent leur nationalité d'origine. Cette autorisation s'applique dans les rapports entre États parties au Protocole.

A. Statut de l'apatride

a) Protection internationale

864 Il faut mettre à part la situation de l'apatride réfugié, c'est-à-dire celui qui, par crainte d'une persécution, a quitté le pays dans lequel il avait sa résidence habituelle (25). Le réfugié bénéficie en effet de la Convention de Genève du 28 juillet 1951, et du Protocole de New York du 31 janvier 1967, qui lui accordent, entre autres avantages, une protection internationale assurée par le Haut-Commissaire des Nations Unies pour les réfugiés.

En revanche, s'il n'est pas réfugié, il peut seulement invoquer les dispositions de la Convention de New York du 28 septembre 1954, qui n'organisent pas une telle protection. Les deux conventions imposent par ailleurs, à l'État de résidence, diverses obligations dont l'étude relève de la condition des étrangers (*infra*, Chapitre III).

b) Statut personnel

865 Le statut de l'apatride ne peut être régi par sa loi nationale, qui n'existe pas. L'article 12 de la Convention du 28 septembre 1954 le soumet à la loi du pays de son domicile ou, à défaut de domicile, à la loi du pays de sa résidence.

L'alinéa 2 de l'article 12 prévoit le respect des « droits précédemment acquis par l'apatride et découlant du statut personnel, et notamment ceux qui résultent du mariage ».

Les mêmes dispositions — relatives à la loi applicable au statut personnel et au respect des droits résultant du mariage — se retrouvent dans l'article 12 de la Convention sur les réfugiés.

B. Prévention de l'apatridie

866 L'apatridie résulte, soit du fait que l'individu ne s'est jamais vu attribuer une nationalité, soit du fait qu'il a perdu la nationalité qu'il possédait.

La première cause pourrait être éliminée par l'adoption généralisée de quelques règles : en particulier l'attribution de sa nationalité par l'État du lieu de naissance (ou du lieu où l'enfant a été trouvé) à toute personne qui ne possède pas par ailleurs d'autre nationalité.

La seconde cause disparaîtrait aussi très simplement si la perte d'une nationalité était subordonnée, de façon générale, à l'acquisition d'une autre nationalité. Mais il n'est guère possible de soumettre à cette condition la *déchéance* à titre de sanction.

(25) Le réfugié peut aussi être un national qui a dû fuir le pays de sa nationalité.

La Convention de La Haye de 1930 pose plusieurs règles dont le but est l'élimination de l'apatridie. Une Convention des Nations Unies du 20 août 1961, non ratifiée par la France, poursuit également cet objectif.

Bibliographie sommaire

BURLET : « De l'importance d'un droit international coutumier de la nationalité », *Rev. crit. DIP* 1978.305.

DARRAS : *La double nationalité,* thèse dactyl., Paris II, 1986.

FRANCESCAKIS : « Les questions préalables de statut personnel dans le droit de la nationalité », *Rabels Z.* 1958.466.

GAUDEMET-TALLON : « Nationalité, statut personnel et droits de l'homme », *Festchrift für Erik Jayme,* Sellier, 2004.205.

LAGARDE : « Le principe de proximité dans le droit international privé contemporain », *Rec. Acad. La Haye,* 1986, I, p. 72 et s.

LAGARDE : « Vers une approche fonctionnelle du conflit positif de nationalités », *Rev. crit. DIP* 1988.29.

LA PRADELLE : « Nationalité française, extranéité, nationalités étrangères », *Mélanges D. Holleaux,* 1990, p. 135 et s.

LEQUETTE : « La nationalité française dévaluée », *Mélanges Terré,* 1999, p. 349 et s.

LEURENT : « Problèmes soulevés par les demandes des doubles nationaux devant le tribunal des différends irano-américains », *Rev. crit. DIP* 1985.273, 477.

MAURY : « Du conflit de nationalités », *Études Georges Scelle,* I, p. 365.

MAURY : « L'arrêt *Nottebohm* et la condition de la nationalité effective », *Rabels Z.* 1985.515.

PINTO : « Les problèmes de nationalité devant le juge international », *A.F.D.I.* 1963.361.

PULJAK : *Le droit international privé à l'épreuve du principe communautaire de non-discrimination en raison de la nationalité,* PUAM, 2003.

REZEK : « Le droit international de la nationalité », *Rec. Acad. La Haye,* 1986, III, p. 333 et s.

TERRÉ : « Réflexions sur la notion de nationalité », *Rev. crit. DIP* 1975.197.

Y. THOMAS : « Le droit d'origine à Rome. Contribution à l'étude de la citoyenneté », *Rev. crit. DIP* 1995.253.

CHAPITRE 2
LE DROIT FRANÇAIS DE LA NATIONALITÉ

867 Après avoir donné quelques indications générales (Section I), on examinera les règles substantielles qui régissent l'octroi de la nationalité française (Section II), puis le contentieux et la preuve de la nationalité (Section III).

SECTION I GÉNÉRALITÉS

§ 1. FACTEURS RATIONNELS

868 La question du *fondement juridique* de la nationalité n'est plus guère controversée.

Une théorie développée au XIXe siècle, en particulier par Weiss, celle de la *nationalité-contrat,* doit être d'emblée éliminée. Selon Weiss, « c'est dans un contrat synallagmatique, intervenu entre l'État et chacun des individus qui le composent, que se trouve le fondement juridique de la nationalité (1) ». Comme les individus n'ont pas la plupart du temps exprimé leur volonté — s'il s'agit d'attribution de la nationalité dès la naissance, ils en sont d'ailleurs incapables —, le législateur doit intervenir pour préciser ce qu'est, ou serait, vraisemblablement cette volonté. La théorie ne dispense donc pas le législateur de déterminer des critères d'attribution, mais la valeur de ceux-ci n'est que celle d'indices de volonté. Enfin l'individu a toujours le droit, soit de demander que la nationalité lui soit attribuée — et il sera naturalisé si la volonté de l'État rencontre la sienne —, soit, au contraire et surtout, de la répudier sans que l'État puisse s'y opposer (droit d'*expatriation*).

(1) *Traité*, I, p. 8.

Il est exact que la volonté *joue un rôle.* Un individu qui n'a pas dès l'origine la nationalité d'un État donné ne peut en règle générale être naturalisé par cet État sans qu'il en ait fait la demande. De plus, de très nombreuses hypothèses d'acquisition ou de perte de la nationalité sont subordonnées à une déclaration de l'individu. Mais il est impossible de parler de contrat. L'octroi de la nationalité a pour fondement la *volonté unilatérale de l'État.* L'expression de la volonté de l'intéressé n'emporte de conséquence juridique que dans la mesure où l'État, agissant non comme cocontractant mais comme autorité normative, l'admet à intervenir.

869 Puisque l'État est libre, tant à l'égard du droit des gens (v. *supra*, n°s 843 à 851) qu'à l'égard des droits des individus, il doit déterminer des *objectifs* qui inspireront sa politique en matière de nationalité, et d'où il déduira des *critères* précis.

Les *objectifs* peuvent être extrêmement divers. Un premier objectif, général, est celui d'une coïncidence aussi parfaite que possible entre nationalité de droit et nationalité de fait (2). Le droit français de la nationalité sera parfait si toutes les personnes qui se sentent françaises et se comportent comme telles ont la nationalité française, et si aucune des personnes qui ne présentent pas ces caractères ne reçoit cette nationalité. Mais, outre que la perfection est hors d'atteinte, il faut tenir compte d'autres objectifs, plus précis.

Certains ont une valeur universelle : ainsi l'élimination des cumuls de nationalités et surtout celle de l'apatridie, en un mot l'unité de nationalité. D'autres sont contingents : l'augmentation de la population nationale afin d'élargir le recrutement militaire, une intégration plus rapide des noyaux étrangers installés sur le territoire national. D'autres enfin sont empruntés à d'autres branches du droit, et notamment au droit civil : le principe de l'égalité entre l'homme et la femme fera admettre la transmission de la nationalité par la mère aussi bien que par le père, et l'indépendance des nationalités dans le mariage ; le principe de l'égalité de statut des enfants légitimes et naturels abolira toute différence entre eux, etc.

870 Les *critères* possibles se rattachent à quatre facteurs : la volonté, la filiation, le lien (naissance ou résidence) avec le territoire, le mariage.

La *volonté* doit, en dépit du rejet de la thèse de la nationalité-contrat, être prise en considération en ce qu'elle est un révélateur privilégié de la nationalité de fait, avec laquelle doit autant que possible coïncider la nationalité de droit. La plus récente évolution du droit français a mis l'accent sur la conception *élective* de la nationalité, impliquant pour les individus « une adhésion claire

(2) Ce principe, sous le nom de « principe des nationalités », a aussi des conséquences en droit international public : il signifie que toute nation, c'est-à-dire un groupement de personnes unies par des traditions et des aspirations communes, et constituant, selon l'expression d'Hauriou, une « communauté spirituelle », doit pouvoir, si elle y est prête, s'ériger en État.

aux valeurs communes essentielles de la société française et aux règles de droit qu'elle s'est données ». On donne donc une option à l'individu en cas de cumul originel de nationalités (avec pour avantage accessoire la suppression du cumul) ; on ne le soumet pas à l'allégeance perpétuelle, lui permettant au contraire d'abandonner sa nationalité d'origine s'il en acquiert une autre ; on ne lui impose pas l'acquisition d'une nationalité postérieurement à la naissance ; le législateur de 1993 avait même supprimé, pour la remplacer par un système de « manifestation de volonté », l'acquisition automatique, à la majorité, de la nationalité française par les enfants nés en France et y résidant, mais la loi du 16 mars 1998 l'a rétablie.

Par ailleurs la volonté, comme on l'a déjà dit, ne peut suffire à créer ou dissoudre un lien. Hormis l'hypothèse d'acquisition d'une nationalité étrangère (où elle devrait d'ailleurs être obligatoire, et non facultative, pour éviter le cumul de nationalités), l'expatriation ne peut dépendre du seul choix de l'individu ; et l'acquisition d'une nationalité est toujours subordonnée à l'absence de certaines circonstances qui en rendraient l'intéressé indigne.

871 L'attribution *à raison de la filiation* (ou *jure sanguinis*) est le système le plus ancien. La cité antique étant un groupement de familles, seuls en font partie les membres des familles qui la constituent. Dans un autre contexte politique, le rôle de la filiation a été justifié de deux façons. La plus ancienne est l'appel à l'idée d'hérédité : « Qui peut douter que ce ne soit plus d'être né d'un Français que d'être né seulement en France ? Que le père ne soit plus à son enfant que le lieu où il vient au monde ?... En l'un, c'est le sang qui est français. En l'autre, il n'y a que l'air qui soit de France (3) ». Mais on insiste davantage aujourd'hui sur l'idée d'éducation familiale, créatrice de pensées et de sentiments communs.

Toutes les législations font actuellement appel au *jus sanguinis*. Mais l'étendue du rôle qu'on lui reconnaît dépend de facteurs multiples, en particulier de l'importance de l'émigration. Ses modalités sont également variées, selon que l'on en fait ou non bénéficier les enfants naturels, que l'on donne ou non à la mère le droit de transmettre, etc.

872 Le *lien avec le territoire* est également pris en considération par de nombreux systèmes. « Un individu né dans un pays et y vivant prendra les mœurs, les habitudes, les façons de sentir et de penser des habitants de ce pays, deviendra semblable à ceux-ci, s'agrégera à leur groupe (4) ». Bonaparte disait des individus nés en France d'un père étranger qu'« ils ont l'attachement que chacun porte naturellement au pays qui l'a vu naître (5) ». Les Anglo-Saxons

(3) LE MAISTRE, 22e plaidoyer, p. 411.
(4) MAURY, *op. cit.*, p. 272.
(5) *Fenet*, VII, p 6.

mettent également en avant le « titre d'autorité » du souverain sur les personnes qui vivent sur son territoire.

C'est essentiellement la *naissance* dans le pays que l'on retient (attribution de la nationalité *jure soli*). Mais elle serait à elle seule insuffisante, et elle ne devient significative que lorsqu'elle est renforcée par un autre élément : l'établissement de la famille dans le même pays pendant une, deux ou plusieurs générations, ou de simples présomptions d'un tel établissement (naissance de l'un des parents dans le pays) ; ou encore la résidence stable de l'intéressé pendant sa minorité. Toutefois, la naissance seule doit suffire lorsqu'elle permet d'éviter l'apatridie, notamment lorsque l'enfant est né de parents inconnus.

Parfois aussi, on tient compte de l'établissement sur le territoire national d'un individu qui n'y est pas né. Mais il faut en général qu'une manifestation de volonté intervienne (v. *supra*, n° 870).

Certaines législations font un appel intensif au lien territorial, en particulier celles des pays d'immigration. C'est par le *jus soli* que les États américains se sont créés, et certains pays d'Amérique latine sont allés, à une époque, jusqu'à imposer l'acquisition de leur nationalité aux étrangers qui s'y fixaient de façon plus ou moins stable.

873 Le *mariage* exerce très souvent une influence sur la nationalité. Il est certain que la disparité des nationalités du mari et de la femme présente des inconvénients multiples : les enfants communs auront souvent une double nationalité ; la détermination de la loi applicable aux effets du mariage et de la filiation légitime soulèvera des difficultés (v. *supra*, Livre I) ; et surtout, selon de nombreux auteurs, il existe une contradiction intolérable entre l'unité du mariage et la dualité des allégeances, qui pourrait conduire, en cas de conflit entre les deux États, au choix cornélien entre la dissolution du mariage et la trahison.

Le remède est évidemment, en cas de mariage entre deux personnes de nationalité différente, le changement de nationalité de l'une d'elles. Mais il se heurte à de sérieuses objections.

En premier lieu, le changement suppose la perte de la nationalité ancienne et l'acquisition corrélative de la nationalité du conjoint. Or, si les États sont en général assez disposés à accorder leur nationalité à qui épouse un de leurs nationaux, ils sont souvent plus réticents à autoriser sa perte par le national qui se marie avec un étranger ; les considérations démographiques peuvent être ici déterminantes, car si l'on permet à une femme, par exemple, de perdre sa nationalité, ce sont aussi les enfants du couple qui seront étrangers.

Un inconvénient opposé réside dans l'état d'apatridie qui résulte de la perte de la nationalité ancienne sans acquisition de celle du conjoint. Il est facile à éviter par la subordination de la première à la seconde.

874 Mais le plus grave obstacle est constitué par l'imposition d'un changement de nationalité à une personne dont le mariage avec un étranger ne signifie pas nécessairement la rupture des liens affectifs ou même matériels avec son pays d'origine. À cet égard, il faut distinguer selon la position adoptée sur la question de l'égalité du mari et de la femme.

Jusqu'à ces dernières années, l'unité de nationalité, lorsqu'elle était imposée — et elle l'était par la majorité des États — se faisait toujours dans le sens de l'alignement sur la nationalité du mari. Le mari était chef de famille, et la solution inverse, qui aurait donné au mari la nationalité de la femme, était inconcevable. Le fait que l'on ne tînt pas compte du désir de la femme paraissait secondaire au regard de la conception traditionnelle de la famille ; lui donner la liberté de conserver son ancienne nationalité eût « constitué une atteinte à la cohésion du groupement familial (6) », « aggravé la désagrégation » de celui-ci (7). Si les pays qui permettaient à leurs nationales de conserver leur nationalité, sans admettre la règle symétrique au profit des étrangères, étaient assez nombreux, rares étaient ceux qui assuraient la liberté totale de la femme.

La Convention de New York du 1er mars 1980 « sur l'élimination de toutes les formes de discrimination à l'égard des femmes » (publiée par décret du 12 mars 1984) affirme au contraire l'égalité de l'homme et de la femme en matière de nationalité, et exclut tout effet automatique du mariage sur la nationalité de la femme.

Combiner ainsi égalité et liberté ne peut se faire qu'au détriment de l'unité. L'égalité seule ne la compromettrait pas nécessairement : une nationalité commune pourrait être imposée au couple en recourant à un critère extérieur, tel le lieu d'établissement du ménage, ou en lui enjoignant d'exercer une option commune. Mais les pays qui se sont engagés dans la voie de l'égalité (la France en 1973, v. *infra*, n°s 879 et 902 à 904, et l'Allemagne, par une loi de 1969) l'ont assortie d'une liberté aussi grande que possible, qui subordonne l'unité au désir des époux de la réaliser ; ils donnent au national qui se marie avec un étranger le choix de conserver ou de perdre sa nationalité, et à l'étranger qui se marie avec un national celui d'acquérir ou non celle de son conjoint.

§ 2. ÉVOLUTION DU DROIT FRANÇAIS DE LA NATIONALITÉ

875 Dans la période qui suit les invasions barbares et voit la coexistence, sur un même territoire, de peuples différents, la notion de nationalité n'a guère de sens. Néanmoins, le système de la personnalité des lois obligeant à déterminer la loi selon laquelle chacun vit, c'est le *jus sanguinis* que l'on utilise à cet effet.

Le *jus soli* est au contraire essentiel dans le système de la féodalité. La puissance du seigneur est strictement territoriale ; tous ceux qui naissent sur ses

(6) LOUIS-LUCAS, *La nationalité française*, p. 186.
(7) VALÉRY, *La nationalité française*, n° 15.

terres sont ses sujets. Plus tard, la formation de l'unité politique de la France permet la transposition de la règle aux rapports de l'individu et du souverain : « Les vrais et naturels Français sont ceux qui sont nés dedans du royaume, pays, terres et seigneuries de la nation, domination et obéissance du roi », affirme au XVIe siècle Bacquet, auteur d'un *Traité du droit d'aubaine.* Les autres, appelés aubains non régnicoles, restent étrangers même s'ils s'installent en France à demeure. Mais comme l'*établissement* doit jouer aussi un rôle à côté de la naissance, deux tempéraments de sens opposé sont apportés à la règle du strict *jus soli.* D'une part, dès le XIVe siècle, le roi délivre, en récompense de services rendus, des « lettres de naturalité » aux étrangers, afin de les dispenser du droit d'aubaine (v. *supra*, n° 13). D'autre part, le Français qui s'installe à l'étranger sans esprit de retour perd sa nationalité.

Le *jus sanguinis* fait son apparition au XVIe siècle et se développe aux XVIIe et XVIIIe siècles, essentiellement, semble-t-il, pour améliorer le sort des enfants de nationaux nés à l'étranger. Le *jus soli* reste essentiel, mais les enfants légitimes nés à l'étranger d'un père français, et les enfants naturels nés à l'étranger d'une mère française, sont français si leur père ou mère a conservé l'esprit de retour en France.

876 Ces règles, trop rudimentaires pour former un véritable droit de la nationalité, sont coutumières. La notion de « nationalité » elle-même est d'ailleurs encore mal dégagée à la fin du XVIIIe siècle. C'est la Révolution qui, avec la suppression des frontières intérieures à l'État, l'apparition de droits publics dont les étrangers doivent être exclus et l'exaltation du sentiment national, donne toute son importance au problème. Les règles qui lui sont consacrées sont insérées, fait caractéristique, dans les diverses constitutions qui se succèdent. Les solutions de l'Ancien Droit sont reprises par la Constitution de 1791, mais une place importante est faite à la volonté d'appartenir à la nation, manifestée par la prestation du serment civique, et corroborée par la résidence sur le territoire ; par la suite, les Constitutions de 1793, de l'an III et de l'an VIII reprennent ce système, mais, peut-être en haine des émigrés, suppriment le *jus sanguinis.*

Le Code civil, à l'opposé, donne une place primordiale au *jus sanguinis* : tout enfant d'un Français est français (art. 10). Cette rupture radicale avec le passé est décidée sans discussion, et sans que les motifs apparaissent clairement. Mais on peut estimer que l'accent mis, dans la nouvelle conception de la nationalité, sur le *sentiment* patriotique plutôt que sur la *sujétion* au souverain, s'accommode mieux d'une prise en considération des liens du sang et de l'éducation familiale, que de la simple naissance, peut-être accidentelle, sur le territoire.

De fait, lorsque Bonaparte, désireux d'accroître le nombre des nationaux, soumis à la conscription et aux autres charges publiques, demande l'adjonction du *jus soli* au *jus sanguinis*, le Tribunal y voit un vestige de la féodalité et s'y oppose ; finalement, la naissance en France est retenue, mais seulement comme cause *d'acquisition,* à la majorité, et sur déclaration par l'intéressé de son intention de fixer son domicile en France (art. 9) ; la population de la France étant à l'époque, et de très loin, la plus forte d'Europe, la faiblesse du rôle du *jus soli* peut être admise sans conséquence grave. Le lien avec le territoire joue également un rôle négatif en ce sens que l'établissement à l'étranger sans esprit de retour est une cause de *perte* de la nationalité française, qui prend place, comme d'ailleurs dans l'Ancien Droit, à côté de la perte par acquisition volontaire d'une nationalité étrangère.

Conformément aux vues de l'époque, le mariage d'une étrangère avec un Français lui fait acquérir la nationalité française, et celui d'une Française avec un étranger la lui fait perdre.

Un décret du 17 mars 1809 prévoit la possibilité d'acquisition de la nationalité française par « lettres de naturalisation » délivrées par le Chef de l'État.

877 *Du point de vue formel,* l'évolution postérieure à 1804 avait consisté à extraire du Code civil le droit de la nationalité, et à regrouper ses règles essentielles en un texte unique, qui a été d'abord la loi du 10 août 1927, puis le Code de la nationalité créé par une ordonnance du 19 octobre 1945. Mais le législateur de 1993, pour des motifs peu convaincants, a décidé de réintégrer le droit de la nationalité dans le Code civil ; il y occupe les articles 17 à 33-2.

Quant au fond, le mouvement a été continu, du début du XIXe siècle jusqu'au lendemain de la Seconde Guerre mondiale, vers un octroi plus large de la qualité de Français.

Une préoccupation déterminante a été initialement, et est dans une moindre mesure demeurée, celle de la défense nationale. L'apparition progressive du service militaire obligatoire, et sa consécration générale par la loi du 15 juillet 1889, ont rendu sensible la nécessité de disposer d'effectifs élevés. Selon la formule de Niboyet, « l'ombre du bureau de recrutement » planait sur le droit de la nationalité (8).

Un autre facteur a joué dans le même sens. La France est un pays d'immigration, et de nombreux étrangers, plus ou moins regroupés en fonction de leur origine, sont présents sur son sol. L'attribution de la nationalité française est un facteur important d'intégration, qui permet d'éviter la « cristallisation de noyaux étrangers », dangereux surtout en cas de guerre. De plus, il ne serait pas juste que des étrangers, nés en France, établis en France de façon stable, se voient privés de tous les droits réservés aux Français... et en même temps échappent aux charges qui pèsent sur les Français. On ne met d'ailleurs pas sur un pied d'égalité celui qui est né Français et celui qui a seulement acquis la nationalité française ; une certaine méfiance est manifestée à l'égard

(8) *Traité*, I, n° 129.

de celui-ci, notamment dans la période qui sépare les deux guerres mondiales : il est privé de certains droits et peut être déchu de sa nationalité.

Les étapes les plus importantes de cette politique sont : la loi du 26 juin 1889, chronologiquement très proche de la loi sur le recrutement de l'armée ; la loi du 10 août 1927 qui, quoique votée dans une période de méfiance à l'égard des étrangers, poursuit (pour des raisons démographiques liées aux effets de la Première Guerre mondiale) l'évolution dans le sens de l'augmentation du nombre des cas d'attribution, et de l'assouplissement des conditions de la naturalisation ; l'ordonnance du 19 octobre 1945, destinée à remédier à certains excès xénophobes de la période de l'entre-deux guerres, et qui, tout en augmentant le nombre des cas de perte de la nationalité française, élargit encore les causes d'attribution.

878 Le législateur a atteint ses objectifs par plusieurs moyens :

1° Il a augmenté la part du *jus soli* : une loi des 22-29 janvier-7 février 1851 déclare français l'enfant né en France d'un père qui y est lui-même né, sauf faculté de répudiation bientôt supprimée (par la loi du 26 juin 1889) ; est également français l'enfant né en France de parents inconnus, ce qui élimine un cas fréquent d'apatridie (loi du 26 juin 1889).

2° Un rôle comparable à celui du père, quoique plus souvent assorti d'une faculté de répudiation, est donné à la mère, aussi bien dans le *jus sanguinis* (l'enfant né d'une mère française est français depuis la loi du 10 août 1927 s'il est né en France, depuis l'ordonnance du 19 octobre 1945 même s'il n'y est pas né) que dans le *jus soli* (l'enfant né en France d'une mère qui y est elle-même née est français).

3° Le *mariage* cesse, en deux étapes (1889 et 1927), de faire perdre sa nationalité à la Française, sauf répudiation expresse ; c'est d'ailleurs ce qui confère tout son intérêt au principe nouveau de la transmission de la nationalité française par la mère. Par souci d'équilibre, la loi de 1927 supprime l'acquisition automatique, par l'étrangère qui épouse un Français, de la nationalité française ; mais l'ordonnance de 1945 supprime cette symétrie en renversant la seconde règle : l'étrangère mariée à un Français devient française, sauf faculté de répudiation.

4° La *naturalisation*, en un premier temps, est rendue plus facile, par un raccourcissement des délais de stage (1889 et 1927), mais parallèlement la méfiance se manifeste par l'extension du contrôle gouvernemental, et par l'aggravation de la condition des naturalisés. Puis l'ordonnance de 1945 prend le contrepied de cette attitude ; les conditions de la naturalisation redeviennent strictes, en même temps que la condition du naturalisé s'améliore (9).

5° Les causes de *perte* de la nationalité française, en dehors du mariage, sont également soumises à des fluctuations, sous l'influence de considérations diverses : crainte de l'apatridie, souci inverse d'éviter les cumuls, désir de faire coïncider la nationalité de droit et la nationalité de fait, méfiance à l'égard des Français, surtout de date récente, dont les liens sont étroits avec un pays étranger. Dans le système de l'ordonnance de 1945, les cas de perte sont nombreux ; en plus de ceux que consacrait déjà le Code civil, on trouve parmi eux la *déchéance* pour défaut de loyalisme instituée en 1927.

(9) Une famille étrangère qui s'installe en France peut, par le jeu de ces règles, devenir française :
— soit en la personne des immigrés, par naturalisation ;
— soit à la seconde génération (acquisition à raison de la naissance et de la résidence en France) ;
— soit à la troisième génération (naissance en France d'un père ou d'une mère né en France).

879 La loi du 9 janvier 1973 se caractérise essentiellement par l'affaiblissement, autorisé par le contexte politique, des préoccupations militaires, et par l'importance donnée aux considérations de droit privé. On a pu parler d'une « reprivatisation » du droit de la nationalité, ce qui signifie, non que les intérêts que présente la qualité de national se rattachent moins qu'auparavant au droit public, mais que les règles de l'attribution sont mises en harmonie avec les principes de droit privé. En particulier, l'égalité de l'homme et de la femme, principe que venait de renforcer notre droit civil, a conduit, d'une part à abandonner le système de l'acquisition automatique, par la femme étrangère, de la nationalité française de son mari, d'autre part, à adopter des règles identiques à l'égard de la transmission de la nationalité par filiation paternelle ou par filiation maternelle. L'égalité des enfants légitimes et des enfants naturels a permis d'unifier les règles qui les concernaient. Le résultat d'ensemble a été une considérable simplification.

880 Les problèmes posés par les formes modernes de l'immigration sont à l'origine de la loi du 22 juillet 1993. L'absence d'assimilation véritable de nombreux immigrés, ou même d'enfants nés en France de parents immigrés, a paru rendre souhaitable que l'acquisition de la nationalité française soit davantage contrôlée, et surtout qu'elle résulte toujours d'une démarche volontaire de l'intéressé, conformément d'ailleurs à l'idée de nationalité élective (v. *supra*, n° 870). Le législateur a également voulu lutter contre les fraudes, notamment celles qui prennent la forme de la conclusion d'un mariage « blanc » avec une Française. Mais la loi du 16 mars 1998, votée par une majorité de gauche, est partiellement revenue sur ces textes ; elle a notamment rétabli l'acquisition automatique de la nationalité française pour les étrangers nés en France et y résidant durablement au moment de leur majorité. Et, parce que le droit de la nationalité constitue toujours l'un des enjeux de l'alternance politique, une nouvelle réforme, dans le sens cette fois d'une restriction à l'accès à la nationalité française, est intervenue par la loi du 26 novembre 2003.

§ 3. CHAMP D'APPLICATION DE LA LOI FRANÇAISE

881 Le sens de l'expression « champ d'application *dans l'espace* » doit être précisé. Le *droit* français a toujours compétence exclusive pour déterminer qui est Français et qui ne l'est pas (v. *supra*, n° 843). Il ne s'agit donc ici que du domaine spatial des *règles qui octroient* la nationalité française ; en dehors de ce domaine s'appliquent les règles, également françaises, qui dénient cette qualité.

Encore la plupart de ces règles sont-elles indépendantes de toute localisation géographique : qu'il s'agisse de l'attribution de la nationalité à raison de la filiation, des effets du mariage, de la perte liée à l'acquisition d'une nationalité étrangère, etc., la loi française s'applique dès que les événements qu'elle envisage se produisent, où qu'ils le fassent.

Cependant, un lien avec le territoire français est pris en considération lorsque le législateur fait produire des effets à la naissance ou à la résidence « en France » ; il faut donc préciser ce qu'est, territorialement parlant, la France. L'article 17-4 du Code civil l'identifie au territoire métropolitain, aux départements et aux collectivités d'outre-mer, ainsi que de la Nouvelle-Calédonie et des Terres australes et antarctiques françaises.

Par ailleurs, des aménagements sont apportés à certaines règles dans la mesure où elles concernent les territoires (devenus, depuis la loi constitutionnelle du 28 mars 2003, « collectivités ») d'outre-mer (art. 33 à 33-2) ; il a fallu, en effet, tenir compte, d'une part, des particularités de l'organisation judiciaire (par exemple : c'est le président du tribunal de première instance qui délivre le certificat de nationalité), d'autre part, des distances (d'où le doublement des délais d'opposition du Gouvernement).

Avant la loi de 1973 était en vigueur le principe de la « spécialité des lois coloniales ». Le Code de la nationalité renvoyait à des dispositions spéciales le droit applicable dans les territoires d'outremer ; il s'agissait, en dernier lieu, d'un décret du 24 février 1953, qui déclarait applicables les dispositions du Code de 1945, à l'exception de certaines d'entre elles. Ce système compliqué était de surcroît absurde, car le droit de la nationalité d'un État donné ne peut être qu'unique ; les différenciations qu'il peut comporter selon la localisation de certains faits lui sont intérieures et ne doivent pas se traduire par l'édiction de deux corps complets de règles.

882 Le champ d'application *dans le temps* des lois sur la nationalité est précisé aux articles 17-1 et 17-2 du Code civil. Une distinction est faite entre l'*attribution* de la nationalité d'origine d'une part, l'*acquisition et la perte* de la nationalité d'autre part (sur la différence entre attribution et acquisition, v. *infra*, n° 883). La loi nouvelle s'applique à la première dès lors qu'elle entre en vigueur pendant la minorité de l'individu considéré (art. 17-1), et aux secondes lorsque les actes ou faits auxquels elle attache des effets sont postérieurs à son entrée en vigueur (art. 17-2). La rétroactivité qui découle de la première disposition est atténuée dans ses effets par la double réserve des droits acquis par les tiers et de la validité des actes passés antérieurement.

Les dispositions des articles 17-1 et 17-2 sont, selon leurs propres termes, interprétatives. Elles règlent donc les conflits dans le temps créés par la promulgation des lois antérieures, comme postérieures, à l'ordonnance de 1945. Puisqu'elles sont interprétatives, elles ne font pas obstacle, cependant, à l'application des règles transitoires expressément posées par une loi, ou résultant de la volonté contraire des auteurs d'un traité relatif à la nationalité française. De plus, conformément au droit commun, elles ne remettent pas en cause l'autorité de chose jugée.

SECTION II RÈGLES SUBSTANTIELLES DÉTERMINANT L'OCTROI DE LA NATIONALITÉ FRANÇAISE

883 L'octroi de la nationalité française à un individu déterminé dépend de l'ensemble des règles relatives à :

– *l'attribution* de la nationalité française, c'est-à-dire son octroi à l'intéressé dès sa naissance, en fonction de critères appréciés en principe en se plaçant au moment de celle-ci ;

– *l'acquisition* de la nationalité française, c'est-à-dire l'octroi, sans rétroactivité, de la nationalité française à un individu né non français ;

– *la perte* de la nationalité française.

La *réintégration* dans la nationalité française est un cas particulier d'acquisition, concernant des personnes qui ont préalablement perdu une nationalité française attribuée ou acquise. On l'étudiera avec la perte, car c'est par rapport à elle qu'elle se définit (une personne qui réacquiert la nationalité française qu'elle avait perdue n'est à proprement parler réintégrée que si elle obtient ce résultat *en tant qu'ancien Français*).

§ 1. L'ATTRIBUTION DE LA NATIONALITÉ FRANÇAISE

884 L'immense majorité des Français le sont dès leur naissance, soit au titre du *jus sanguinis* (A), soit à celui du *jus soli* (B), le plus souvent aux deux. Certes, il arrive que les conditions requises par la loi ne soient établies que postérieurement à la naissance, mais l'attribution n'en remonte pas moins à la date de celle-ci (art. 20 C. civ.), sous réserve, comme dans l'hypothèse de la promulgation d'une loi nouvelle (*supra*, n° 882), des droits acquis par les tiers et de la validité des actes.

Dans le cas où le facteur d'attribution manque de vigueur, un rôle est donné à la volonté, sous forme d'une faculté de répudiation (C).

Qu'il s'agisse du *jus sanguinis* ou du *jus soli*, la filiation de l'enfant doit toujours être déterminée. C'est évident pour le *jus sanguinis*, mais tout aussi vrai pour le *jus soli*, dans lequel on tient compte, soit du lieu de naissance des parents, soit du fait qu'ils sont inconnus ou n'ont pas transmis leur nationalité. Or, cette détermination soulevé parfois des difficultés (D).

A. Jus sanguinis

885 Les règles relatives au *jus sanguinis* sont fort simples, toute distinction étant supprimée depuis 1973 entre le père et la mère d'une part, l'enfant légitime et l'enfant naturel d'autre part.

La règle de base et formulée par l'article 18 du Code civil : « Est français l'enfant *dont l'un des parents au moins est français* », il faut préciser : « au moment de la naissance » (10).

Aucune distinction n'est à faire selon que le parent est le père ou la mère. Peu importe aussi que l'enfant soit *légitime, naturel,* ou (art. 20, al. 2 C. civ., introduit par une loi du 22 déc. 1976) qu'il ait fait l'objet d'une *adoption plénière* (11).

La source de l'attribution a cependant été jugée faible lorsqu'un seul des parents est français, et que l'enfant n'est pas né en France. Il est alors probable que la famille est installée à l'étranger ; la nationalité française de l'enfant, et *a fortiori* celle de ses propres descendants, auxquels le même article 18 la transmettrait, ne correspond plus à la réalité, et il faut leur permettre de mettre le droit en accord avec les faits. D'où la faculté de répudiation ouverte dans cette hypothèse par l'article 18-1, alinéa 1. L'alinéa 2 précise que la faculté est perdue si le parent qui ne possédait pas la nationalité française acquiert cette nationalité durant la minorité de l'enfant.

On discute en doctrine la question de savoir si la faculté de répudiation existe au profit de l'enfant, naturel ou adoptif, dont la filiation n'est établie qu'à l'égard d'un seul parent, de nationalité française ; la réponse négative semble préférable.

En fait, la faculté de répudiation est le plus souvent ignorée des intéressés, surtout lorsqu'ils résident à l'étranger, mais on ne pouvait aller jusqu'à subordonner de façon générale l'attribution de la nationalité *jure sanguinis* à la condition de naissance en France. Cette condition n'a d'ailleurs jamais été posée à l'égard de la transmission par le père, et ne l'est plus depuis 1945 à l'égard de la transmission par la mère.

B. Jus soli

886 La naissance en France n'est à elle seule une cause d'attribution de la nationalité française que lorsqu'elle constitue le seul rattachement de l'enfant à un État, et permet ainsi d'éviter l'apatridie (*a*). Dans les autres cas, elle n'est retenue que parce qu'existe un autre lien avec la France (*b*).

a) Moyen de faire échec à l'apatridie

887 Le Code civil déclare français l'enfant né en France de parents inconnus (art. 19, 1er al.) ou de parents apatrides (art. 19-1, 1°), ou de parents dont la nationalité ne peut « en aucune façon » se transmettre à lui (art. 19-1, 2°). L'absence des deux derniers cas d'attribution dans les textes antérieurs, due à la xénophobie, était cause d'apatridie.

(10) En ce sens Civ. 15 févr. 1956, *Rev. crit. DIP* 1957.273 ; 5 mars 1957, *Rev. crit. DIP* 1958.761.
(11) Lorsque l'adoption a été prononcée à l'étranger, l'exequatur n'est pas exigé, selon une circulaire du 6 juillet 1979.

L'enfant nouveau-né trouvé en France est assimilé, par une présomption simple, à l'enfant né en France (art. 19-2 C. civ.).

Lorsque l'enfant déclaré français par l'un des textes précités se voit transmettre, au cours de sa minorité, la nationalité étrangère de l'un de ses parents, il perd rétroactivement la qualité de Français (art. 19, 2e al., et art. 19-1, dernier al. C. civ.).

b) Confirmation du lien avec la France

888 L'hypothèse d'attribution de la nationalité *jure soli* qu'avait introduite la loi de 1851 (v. *supra*, n° 878) se retrouve dans le texte actuel, mais sans distinction entre le père et la mère : « Est français l'enfant né en France lorsque l'un de ses parents au moins y est lui-même né » (art. 19-3) ; l'article 20, alinéa 2 étend la solution à l'enfant qui a fait l'objet d'une adoption plénière.

Ont ainsi de plein droit la nationalité française les petits-enfants des immigrés installés à demeure, dont les parents n'avaient pas bénéficié de l'acquisition par la naissance et la résidence en France (v. *infra*, n° 901). En outre, l'article 19-3 donne à la plupart des Français le moyen le plus simple de prouver leur nationalité : il leur suffira de produire leur acte de naissance et celui de leurs parents.

L'article 19-3 s'appliquait aussi aux enfants nés en France dont l'un des parents était né dans une colonie, un département ou un territoire d'outre-mer alors sous souveraineté française ; il en résultait notamment que les enfants nés en France de parents étrangers nés avant l'indépendance de leur pays étaient français. La loi du 22 juillet 1993 a supprimé cette anomalie à l'égard des enfants nés, après le 1er janvier 1994, d'un parent né dans une ancienne colonie ou un ancien territoire d'outre-mer. Quant aux enfants nés d'un parent lui-même né en Algérie avant l'indépendance, la loi de 1993 avait subordonné le bénéfice de l'article 19-3 à la résidence en France du parent dans les cinq années précédant la naissance, mais cette disposition restrictive a été supprimée par la loi du 16 mars 1998.

L'article 19-4, symétrique de l'article 18-1 dans le domaine de *jus soli*, ouvre à l'enfant dont un seul des parents est né en France une faculté de répudiation, qui disparaît toutefois si l'un des parents acquiert la nationalité française durant la minorité.

Par ailleurs, l'article 20-5 écarte la règle de l'article 19-3 lorsque l'enfant est né d'un agent diplomatique ou d'un consul de carrière étranger : le lieu de naissance est alors, en effet, purement accidentel. Il ne reprendra sa force que si l'enfant continue à résider en France, et déclare vouloir devenir français : v. *infra*, n° 901.

C. Faculté de répudiation

a) Conditions d'exercice de la faculté

889 La faculté de répudiation des articles 18-1 et 19-4 peut s'exercer dans les six mois qui précèdent la majorité ou dans les douze mois la suivant. Aucune autorisation d'un parent n'est nécessaire.

La répudiation est impossible si l'enfant n'a pas *par filiation* la nationalité d'un pays étranger (art. 20-3) : le lien avec la France, bien que faible par hypothèse, est tout de même préférable à un lien qui ne repose que sur une acquisition récente, ou sur le *jus soli*, et *a fortiori* à une absence totale de lien qui signifierait l'apatridie.

890 La faculté de répudier se perd :

1° Si le parent étranger ou apatride (art. 18-1, *jus sanguinis*), ou l'un des parents étrangers ou apatrides (art. 19-4, *jus soli*), devient français durant la minorité de l'enfant (v. *supra*, n°s 885 et 888).

2° Si l'enfant y renonce, à partir de l'âge de seize ans. Cette renonciation lui permet d'invoquer, si besoin est, une nationalité française *définitive*. Les formes de la renonciation sont les mêmes que celles de la répudiation (v. n° suivant).

3° S'il contracte un engagement dans les armées françaises (art. 20-4) : il est, en effet, présumé renoncer, et surtout a fait la preuve de son intégration dans la communauté.

b) Exercice de la faculté

891 La répudiation résulte d'une déclaration devant le juge d'instance de la résidence du répudiant ou, s'il réside à l'étranger, devant le consul (art. 26). La déclaration est enregistrée, à peine de nullité, par le juge d'instance, ou, dans le cas où elle a été faite à l'étranger, par le ministre de la Justice (art. 26-1). Une copie de la déclaration revêtue de la mention d'enregistrement est remise à l'intéressé (art. 26-4, al. 1) ; elle lui permettra d'établir sa qualité d'étranger à l'égard des tiers.

Mais l'enregistrement sera refusé, par décision motivée, au plus tard six mois après que le déclarant aura remis au juge ou au consul les pièces nécessaires, si les conditions prévues par la loi n'ont pas été respectées (art. 26-3, al. 1 et 3). Un délai de six mois est ouvert pour contester ce refus devant le tribunal de grande instance (art. 26-3, al. 2). Inversement, la déclaration enregistrée peut être contestée par le ministère public dans l'année suivant l'enregistrement si les conditions légales de la déclaration n'étaient pas satisfaites (art. 26-4, al. 2). Et, en cas de mensonge ou de fraude, le délai dans lequel la contestation du ministère public peut-être faite est de deux ans à compter de leur découverte (art. 26-4, al. 3).

c) Effets de la répudiation

892 La répudiation fait *perdre* la nationalité française ; elle n'a pas d'effet rétroactif (arg. art. 23-3). Elle n'a pas non plus d'effet collectif sur les enfants du répudiant déjà nés au moment de la déclaration : ils conservent la nationalité française attribuée *jure sanguinis*.

D. Établissement de la filiation

893 Le *moment* auquel se situe l'établissement de la filiation est important. S'il est antérieur à la majorité de l'enfant, celui-ci aura la nationalité qui s'en déduit, avec l'effet rétroactif ordinaire dont l'article 20 précise l'étendue (v. *supra*, n° 884). S'il est postérieur, la filiation est sans effet (art. 20-1) : il faut éviter qu'une nationalité ne soit tardivement remise en question (12).

L'article 17-5 du Code civil précise que la majorité s'entend au sens de la loi française, c'est-à-dire à l'arrivée de l'enfant à l'âge de dix-huit ans. Cette disposition s'applique à toutes les hypothèses où la majorité produit un effet au regard de la nationalité française.

894 La *loi applicable* à l'établissement de la filiation a donné lieu à un revirement législatif important en 1973.

À partir de 1920, la jurisprudence avait décidé de soumettre systématiquement à la loi française le problème de l'établissement de la filiation posé comme préalable à la détermination de la qualité de Français ou d'étranger. La règle avait ensuite été consacrée par l'article 27 du Code de la nationalité. On la justifiait par la considération que le lien de nationalité, lien de droit public qui rattache un individu à l'État, revêt aux yeux de celui-ci une importance telle qu'il ne peut en abandonner, même partiellement, le règlement à une loi étrangère. L'inconvénient du système était de reconnaître à l'enfant une certaine filiation pour les besoins du droit privé, et une autre pour la détermination de la nationalité. De plus, son fondement théorique était discutable : s'il est exact que la France ne peut abandonner à un autre État la question de l'établissement de la filiation dans la mesure où elle conditionne l'attribution de la nationalité française, cela implique seulement que l'on retiendra le lien de filiation tel qu'apprécié par un *tribunal* français, appliquant le droit international privé français. Pour savoir si X est bien l'enfant de Y, français, et comme tel lui-même français en vertu de l'article 18 du Code civil, il faut se fier, non à ce qui résulterait de la règle substantielle française, mais à ce qui constitue la *solution concrète de la question* pour l'ordre juridique français.

D'où l'abrogation, par la loi du 9 janvier 1973, de l'article 27 du Code de la nationalité. Désormais, le juge de la nationalité, lorsqu'il doit déterminer la filiation de l'intéressé, le fait selon la règle substantielle, française ou étrangère, désignée par la règle de conflit de lois française (13).

(12) La Cour d'appel de Paris, dans son arrêt du 10 mai 1985 (cité *infra*, note 13), a cependant paru admettre l'effet attributif d'un jugement allemand d'adoption prononcé postérieurement à la majorité de l'enfant.

(13) Lorsque la loi applicable est étrangère, le juge chargé de délivrer le certificat de nationalité (v. *infra*, n° 937) peut éprouver des difficultés à établir son contenu. Aussi l'article 31-2 C. civ. lui permet-il, à défaut d'autres éléments, de présumer que les actes d'état civil dressés à l'étranger que l'on produit devant lui « emportent les effets que la loi française y aurait attachés ».

895 L'application de la règle de conflit ordinaire à la question de la filiation est à l'origine d'un *cercle vicieux* lorsque la détermination de la loi compétente dépend de la nationalité de l'enfant. Soit, par exemple, à juger l'action en recherche de paternité naturelle, intentée par un enfant né au Portugal de parents inconnus, contre un Français. La mère n'étant pas connue, il faut appliquer la loi nationale de l'enfant (art. 311-14 C. civ.). Mais sa nationalité n'est pas la même selon que l'action est destinée à réussir ou à échouer : si elle réussit, l'enfant prend, avec effet rétroactif à sa naissance, la nationalité française de son père (art. 18 C. civ.) ; si elle échoue, il garde la nationalité portugaise que la loi portugaise lui attribue *jure soli.* Or, il se peut que la loi française et la loi portugaise ne conduisent pas au même résultat.

Pour sortir de l'impasse, la doctrine dominante, qui peut s'appuyer sur quelques décisions (14), propose d'appliquer la loi de la « nationalité provisoire », c'est-à-dire la loi de la nationalité qui correspond au statut familial de l'enfant tel qu'il existe *avant* l'établissement du lien : en l'espèce, la loi portugaise (15). Si la filiation est ensuite établie selon cette loi, l'enfant prend rétroactivement la nationalité française de son père ; pour ne pas retomber dans le cercle vicieux, on ne remet pas ensuite en cause l'ensemble du raisonnement. Ce système paraît supérieur à d'autres qui ont été proposés : application de la loi française, application de la loi du domicile, application de la loi « qui se veut applicable ».

§ 2. L'ACQUISITION DE LA NATIONALITÉ FRANÇAISE

896 En laissant de côté l'acquisition de la nationalité française par l'effet d'un traité d'annexion de territoire, on peut classer les cas d'acquisition selon leur mécanisme d'une part, selon leur titre d'autre part.

Selon leur mécanisme, les cas d'acquisition se répartissent en trois groupes. Parfois l'acquisition résulte d'un *décret* qui suppose une demande formée par l'intéressé (naturalisation). Parfois, elle est le résultat *automatique*, soustrait à l'influence de la volonté de l'intéressé, de la survenance d'un événement.

Parfois enfin, elle est liée à la survenance d'un événement, mais suppose soit une déclaration de volonté positive qui la déclenchera, soit l'absence d'une déclaration négative : elle laisse donc place à une *option.*

Si le lien de filiation, notamment naturelle ou adoptive, établi selon la loi étrangère, comporte des effets limités, il faudra se demander s'il est suffisamment important pour justifier qu'il en soit tenu compte dans la question de nationalité. V. pour une application Paris 10 mai 1985, *JDI* 1985.915, note Gaudemet-Tallon.

(14) En particulier Grenoble 1er févr. 1960, *JCP* 1960.II.11699, note J.C.

(15) Dans l'hypothèse d'une action en nullité d'une reconnaissance, il faut se placer avant l'établissement du lien par la reconnaissance (Trib. gr. inst., Paris 13 févr. 1979, *Rev. crit. DIP* 1980.79, note M.S.D.).

Les trois groupes appellent des remarques communes. Le dernier groupe appelle des remarques particulières.

1° L'acquisition de la nationalité française, contrairement à l'attribution dès la naissance, n'est jamais un droit absolu pour un individu. Elle suppose qu'il soit digne d'en bénéficier. L'article 21-27 du Code civil énumère les circonstances qui font obstacle à l'acquisition. Il s'agit du fait, pour l'intéressé, d'être l'objet d'un arrêté d'*expulsion* non rapporté ou abrogé, ou d'une mesure d'*interdiction du territoire* non entièrement exécutée ; d'être en situation de *séjour irrégulier* en France ; ou d'avoir été condamné à une peine d'*emprisonnement sans sursis de six mois* au moins (16). Certains cas d'acquisition échappent toutefois à ces obstacles (v. *infra*, n°s 898, 899 et 901).

2° Toutes les *options* de nationalité, qu'elles s'expriment par une déclaration positive ou négative, s'exercent dans les formes et sous le contrôle judiciaire indiqués *supra*, n° 891. Elles prennent effet à la date où elles sont souscrites.

Certaines d'entre elles peuvent être exercées avant la majorité, ce mot devant s'entendre au sens de la loi française (v. *supra* n° 893). Les règles suivantes, énoncées par l'article 17-3 du Code civil, doivent alors être respectées : le mineur âgé de moins de seize ans doit être représenté par celui ou ceux qui exercent l'autorité parentale ; à partir de l'âge de seize ans, il est habilité à agir seul. On peut estimer que l'âge minimal de la pleine capacité ainsi retenu par le législateur est trop précoce eu égard à la gravité des décisions à prendre.

Les déclarations *négatives* supposent en outre la réunion par l'intéressé de deux conditions déjà rencontrées à propos de la répudiation : qu'il possède par filiation la nationalité d'un pays étranger ; qu'il n'ait pas contracté un engagement dans les armées françaises ou participé volontairement aux opérations de recensement en vue de l'accomplissement du service national.

897 *Selon leur titre,* on peut regrouper les cas d'acquisition en cinq catégories, qui seront successivement étudiées :

- l'acquisition au titre de la filiation (A) ;
- l'acquisition au titre de la naissance et de la résidence en France (B) ;
- l'acquisition au titre du mariage (C) ;
- l'acquisition au titre de la possession d'état (D) ;
- l'acquisition par naturalisation (E).

Quel qu'en soit le titre, l'acquisition produit des effets en principe identiques. L'intéressé est traité immédiatement, mais sans rétroactivité, comme un Français d'origine. Pour améliorer l'assimilation des nouveaux Français, une loi du 25 octobre 1972 leur permet de demander la *francisation* de leur nom et de leurs prénoms. Par ailleurs le Code civil prévoit l'établissement d'un acte de naissance, et éventuellement d'un acte de mariage, si ces deux événements se

(16) Quelle que soit la durée de la peine, une condamnation pour terrorisme ou pour atteinte aux intérêts fondamentaux de la Nation fait obstacle à l'acquisition de la nationalité française.

sont produits à l'étranger : l'intéressé possédera donc désormais un état civil en France. Enfin le nouveau Français est tenu de se faire recenser, s'il est âgé de moins de 25 ans au moment de l'acquisition ; mais il échappe aux obligations du service national français s'il a satisfait aux obligations du service national de son État d'origine.

Aux cas qui viennent d'être envisagés, il faut adjoindre celui qui résulte de l'annexion d'un territoire par la France : ce cas n'est réglé par la loi que dans le silence du traité d'annexion (F).

A. Acquisition au titre de la filiation

a) Filiation acquise

898 La filiation est une cause d'acquisition, et non d'attribution originaire, de la nationalité française, lorsqu'elle est elle-même acquise sans rétroactivité. Ceci visait autrefois la légitimation et l'adoption. Mais l'enfant naturel acquérant désormais la nationalité de son auteur de la même façon que l'enfant légitime, la légitimation ne peut rien changer à sa situation ; ce cas d'acquisition de la nationalité a donc été abrogé par le législateur de 1973.

L'adoption plénière est devenue en 1976 un cas d'attribution, et non plus d'acquisition, de la nationalité (v. *supra*, n° 885).

Reste *l'adoption simple.* Maintenant les liens de l'adopté avec sa famille d'origine, elle ne produit aucun effet automatique. Mais, si l'adoptant est français, l'enfant (ou le titulaire de l'autorité parentale, lorsque l'enfant a moins de seize ans) peut déclarer, jusqu'à sa majorité, qu'il réclame la qualité de Français (art. 21-12 C. civ.). Il doit pour cela résider en France à l'époque de sa déclaration, à moins que le Français qui l'adopte ne réside lui-même à l'étranger.

Les exigences relatives à la régularité du séjour et à l'absence de condamnation pénale (v. *supra*, n° 896) sont ici écartées.

On peut craindre des adoptions de complaisance ; le tribunal refusera de prononcer l'adoption si celle-ci est destinée, non à créer un lien familial, mais seulement à permettre à un jeune étranger d'acquérir la nationalité française (17).

Une adoption simple prononcée à l'étranger ne peut être invoquée qu'après avoir été revêtue de l'exequatur (art. 16, 3°, décret du 30 déc. 1993).

b) Filiation déjà établie à l'égard d'un parent qui acquiert la nationalité française

899 Aux termes de l'article 22-1 du Code civil, l'enfant légitime, naturel ou adoptif (adoption plénière), âgé de moins de dix-huit ans, dont l'un des parents

(17) Par exemple, v. Civ. 12 nov. 1986, *JDI* 1987.319, note Gaudemet-Tallon ; 25 janv. 2005, *Defrénois* 2005.2784, obs. Massip.

acquiert la nationalité française, devient français de plein droit s'il a la même résidence habituelle que ce parent (ou s'il réside avec lui de façon alternative en cas de divorce ou de séparation de corps). Il a toutefois la possibilité de répudier cette nationalité s'il n'est pas né en France (art. 22-3 C. civ.).

La règle était connue sous le nom d'« effet collectif de la naturalisation », car elle ne concernait, avant 1973, que ce mode d'acquisition de la nationalité française par l'un des parents ; sa portée est à présent générale. Elle traduit un objectif essentiel de l'octroi de notre nationalité à un individu postérieurement à sa naissance : en faire la souche d'une famille française. L'assimilation de l'enfant se présume par reflet de celle de son auteur ; elle a d'ailleurs des chances de devenir plus effective qu'elle, en raison du jeune âge de l'enfant au moment où il acquiert la nationalité française.

L'effet collectif de l'acquisition suppose donc que l'enfant soit encore soumis à l'influence de son auteur : la loi pose la condition de minorité, celle d'absence de mariage (art. 22-2 C. civ.) et (depuis 1993) celle de résidence habituelle commune à l'enfant et à son auteur. Il est également nécessaire que la filiation ait été établie avant l'acquisition de la nationalité française par l'auteur.

Une restriction critiquable à l'effet collectif a été introduite en 1993 : il faut que l'enfant soit mentionné dans le décret de naturalisation ou dans la déclaration de nationalité (selon le cas) relatifs à son parent. Cela permet à ce dernier de l'omettre volontairement ; or, il ne paraît pas normal qu'il dispose ainsi de la nationalité de son enfant.

L'effet collectif n'est pas mis en échec par les exigences relatives à la régularité du séjour et à l'absence de condamnation pénale posées par l'article 21-27 du Code civil (v. *supra*, n° 896).

B. Acquisition au titre de la naissance et de la résidence en France

900 Toute personne née en France, qui ne se trouve pas dans un cas d'attribution de la nationalité française dès la naissance, peut acquérir la nationalité française en raison de sa résidence habituelle en France.

Sous le régime codifié en 1945, et dont les origines remontaient à la loi de 1889, l'enfant né en France qui avait résidé en France pendant cinq années au moins pouvait, à tout moment pendant sa minorité, acquérir la nationalité française par déclaration ; avant l'âge de seize ans, cette faculté était exercée pour lui par son représentant légal. À défaut de déclaration positive, l'enfant devenait automatiquement français à sa majorité s'il résidait à ce moment en France, à moins qu'il n'eût fait une déclaration négative dans l'année précédant la majorité.

Pour les raisons qui ont déjà été indiquées (v. *supra* n° 880), le législateur de 1993 a voulu mettre fin au caractère automatique de l'acquisition ; de plus, il a jugé inopportune la possibilité pour le représentant légal d'effectuer la déclaration au nom de l'enfant âgé de moins de seize ans. Le système instauré consistait à permettre à l'étranger né en France résidant actuellement en France et y ayant sa résidence habituelle depuis au moins cinq années d'acquérir, à tout moment entre l'âge de seize ans et celui de vingt et un ans, la nationalité française par une manifestation de volonté.

L'un des objectifs réels de cette réforme était de priver les étrangers entrés ou séjournant irrégulièrement en France de la possibilité d'échapper à une reconduite à la frontière en faisant acquérir, par leur déclaration, la nationalité française à leur enfant né en France, dès son plus jeune âge ; en effet, l'étranger en situation irrégulière mais parent d'un enfant de nationalité française qui vit avec lui ne peut être ni expulsé ni reconduit à la frontière (v. *infra*, n°s 965 et 968).

Le législateur du 16 mars 1998 a surtout été désireux de supprimer, symboliquement, le système de la manifestation de la volonté : l'acquisition automatique à la majorité est rétablie. En revanche, le Gouvernement, dans son projet, n'avait pas voulu revenir sur l'impossibilité de devenir français par déclaration avant l'âge de seize ans. Un amendement a toutefois introduit une possibilité de déclaration par les parents au nom de leur enfant, à compter de l'âge de treize ans.

901 Le système actuellement en vigueur est le suivant :

1° S'il n'est pas devenu français antérieurement, notamment par déclaration, l'enfant né en France de parents étrangers acquiert automatiquement la nationalité française à sa majorité si, à cette date, il a en France sa résidence et s'il a eu sa résidence habituelle en France pendant une période continue ou discontinue d'au moins cinq ans, depuis l'âge de onze ans (art. 21-7 C. civ.) (18).

Il a toutefois la faculté de décliner la qualité de Français dans les six mois qui précèdent sa majorité ou dans les douze mois qui la suivent (art. 21-8 C. civ.) (19).

L'article 21-9, al. 2 C. civ. octroie à l'enfant né en France qui s'engage régulièrement dans l'armée française la nationalité française dès la date de son incorporation, en dehors de toute condition de résidence.

2° Dès l'âge de seize ans, l'enfant né en France de parents étrangers peut réclamer la nationalité française par déclaration, à condition qu'il réside en France au moment de celle-ci et qu'il ait eu sa résidence habituelle en France pendant une période continue ou discontinue d'au moins cinq ans, depuis l'âge de onze ans (art. 21-11, al. 1er C. civ.).

3° Entre l'âge de treize ans et celui de seize ans, l'acquisition de la nationalité française est possible sur déclaration de ceux qui exercent sur le mineur l'autorité parentale ; le consentement personnel du mineur est toutefois également requis. Les conditions de résidence (actuelle et passée) demeurent posées, mais il est précisé que la condition de résidence habituelle de cinq années s'apprécie sur la période écoulée entre l'âge de huit ans et la date de déclaration (art. 21-11, al. 2 C. civ.) (20).

(18) Sauf s'il est l'enfant d'un agent diplomatique ou d'un consul étranger : art. 21-10 C. civ.

(19) Cette faculté est perdue si l'intéressé contracte un engagement dans les armées françaises (art. 21-9, al. 1er, C. civ.).

(20) L'enfant d'un agent diplomatique ou d'un consul étranger n'est pas privé de ces deux possibilités d'acquisition de la nationalité française par déclaration.

4° L'enfant *recueilli en France* (art. 21-12, al. 3 C. civ.) est dans une certaine mesure assimilé à l'enfant né en France. Il peut jusqu'à sa majorité devenir français *sur sa déclaration,* s'il réside en France au moment où il la souscrit. La condition de résidence antérieure sur notre territoire, jointe à une condition d'éducation française a été rétablie par la loi du 27 novembre 2003. Elle est d'une durée minmale de cinq ans si l'enfant a été élevé par un Français ou de rois ans s'il a été confié au service de l'Aide sociale à l'enfance. Sinon, l'enfant doit prouver avoir reçu une « formation française » pendant cinq années au moins de la part d'un organisme public ou privé, « présentant certains caractères déterminés par un décret en Conseil d'État ».

5° Les cas d'acquisition ci-dessus énumérés ne sont pas mis en échec par les exigences relatives à la régularité du séjour et à l'absence de condamnation pénale posées par l'article 21-27 du Code civil.

C. Acquisition au titre du mariage avec un Français

902 « Le mariage n'exerce *de plein droit* aucun effet sur la nationalité » (art. 21-1 C. civ.). L'évolution à la suite de laquelle a été consacré ce principe, qui concerne également la perte de la nationalité, a déjà été décrite (*supra*, n°s 878 et 879) et son fondement présenté (*supra*, n°s 873 et 874). Le régime actuel résulte de la loi du 9 janvier 1973 et des lois du 7 mai 1984, du 22 juillet 1993 et du 24 juillet 2006, qui l'ont quelque peu amendée.

Le mariage avec un Français ou avec une Française n'entraîne l'acquisition de la nationalité française que sur la *déclaration* faite en ce sens par l'intéressé, étranger ou apatride, auprès du juge d'instance ou du consul (art. 21-2). Aucune distinction n'est établie suivant le sexe de l'intéressé. Il n'est pas exigé, ce qui est curieux, que le ménage réside en France.

La possibilité pour des étrangers d'acquérir ainsi la nationalité française en épousant une Française a suscité de nombreuses fraudes ; un véritable trafic de mariages blancs, tarifés, et mettant en jeu des intermédiaires, s'est développé (21). Le législateur tente de lutter, d'une part, en posant des conditions objectives de délai et de communauté de vie, d'autre part, en recourant à l'exception de fraude.

Au plan pénal, cette fraude est réprimée par l'article L. 623-1 du Code de l'entrée et du séjour des étrangers et du droit d'asile, qui punit de cinq ans d'emprisonnement et de 15 000 € d'amende le fait de contracter un mariage aux seules fins d'obtenir ou de faire obtenir la nationalité française. Ces peines, qui sont également encourues en cas d'organisation ou de tentative d'organisation, aux mêmes fins, d'un mariage, mais aussi d'une reconnaissance d'enfants, sont portées à dix ans d'emprisonnement et à 750 000 € d'amende lorsque l'infraction est commise en bande organisée.

(21) V. la rép. min. à question du 1er avr. 1991, *Rev. crit. DIP* 1992.163 ; *adde* RUBELLIN-DEVICHI, « La justice et les mariages blancs », *Rev. fr. dr. adm.* 1993.169.

903 Aux termes de l'article 21-2 du Code civil, la déclaration ne peut intervenir qu'après un délai minimum, porté à quatre ans à compter du mariage par la loi du 24 juillet 2006, qui ne dispense plus les étrangers de ce délai lorsqu'un enfant du couple est né, soit avant, soit après le mariage. Au moment où la déclaration est faite, le conjoint français doit posséder encore cette nationalité, tandis que l'autre époux doit justifier d'une « connaissance suffisante, selon sa condition », de la langue française (22). De plus, la communauté de vie doit avoir duré cinq ans à moins que le conjoint étranger, soit ne justifie avoir résidé en France de manière ininterrompue pendant trois ans au moins depuis le mariage, soit ne puisse établir « que son conjoint Français a été inscrit pendant la durée de leur communauté de vie à l'étranger au registre des Français établis hors de France ». La communauté de vie ne doit pas, au moment de la déclaration, avoir cessé entre les époux, faute de quoi la déclaration serait irrecevable et ne serait pas enregistrée : ils l'attestent sur l'honneur et produisent « tous documents corroborant cette affirmation » (art. 14, 3°, décret du 30 décembre 1993). Parallèlement une enquête est effectuée par l'autorité administrative. Elle a pour objet de vérifier d'une part, la communauté de vie, d'autre part, les conditions de dignité et d'assimilation, à défaut desquelles le Gouvernement prendrait un décret d'opposition (23).

L'acquisition se produit au jour de la déclaration (art. 21-3 C. civ.) (24). L'enregistrement de cette dernière est effectué, non par le juge d'instance comme c'est normalement le cas, mais par le ministre chargé des naturalisations.

Le Gouvernement peut s'opposer à l'acquisition par décret en Conseil d'État, pour indignité, « situation effective de polygamie », condamnation pour violences ayant entraîné une mutilation ou une infirmité permanente sur mineur de quinze ans ou défaut d'assimilation, autre que linguistique, dans le délai de deux ans à compter de la déclaration (25) (art. 21-4 C. civ.). En cas d'opposition, l'époux étranger est censé n'avoir jamais acquis la nationalité française, sans toutefois que cette rétroactivité puisse remettre en cause la validité des actes passés postérieurement à la déclaration.

904 La nullité du mariage ne rend caduque l'acquisition de la nationalité française que si l'intéressé l'avait contracté de mauvaise foi (art. 21-5). Elle n'a jamais d'effet sur la nationalité des enfants qui en sont issus (art. 21-6). Le droit

(22) S'il a été célébré à l'étranger, le mariage doit au surplus avoir fait l'objet, préalablement à la déclaration, d'une transcription sur les registres de l'état civil français.

(23) Le Conseil d'État a jugé que le fait d'être mariée sous un régime polygamique ne permet pas de considérer comme insuffisamment assimilée une personne en fait monogame (CE 11 févr. 1994, 2 arrêts, *Rev. crit. DIP* 1994.317, note Lagarde).

(24) La déclaration peut être effectuée même si le mariage est antérieur à l'entrée en vigueur des textes nouveaux.

(25) Si l'enregistrement de la déclaration a été refusé, le délai court à compter du jour où la décision judiciaire qui admet la régularité de la déclaration est passée en force de chose jugée.

de la nationalité a ainsi aligné ses règles sur celles du droit civil relatives au mariage putatif.

Si le mariage a été décidé dans le but exclusif de faire acquérir la nationalité française à l'un des époux, l'exception de fraude est susceptible de jouer à deux niveaux. Elle peut d'abord remettre en cause la formation du mariage : on a mentionné à ce propos les possibilités d'opposition et d'action en nullité ouvertes au ministère public (v. *supra* n°s 566 et 567) (26). Elle peut aussi être invoquée par le ministère public pour contester l'enregistrement de la déclaration ; la cessation de la communauté de vie entre les époux dans les douze mois qui suivent cet enregistrement constitue d'ailleurs une présomption de fraude.

La contestation de l'enregistrement est, pour le surplus, soumise au droit commun des déclarations (v. *supra*, n° 891) : le ministère public dispose d'un délai d'un an, à partir de la date à laquelle il a été effectué, pour le contester si ses conditions légales n'étaient pas satisfaites ; et de deux ans, en cas de fraude ou de mensonge, à compter de leur découverte (art. 26-4 C. civ.) (27).

D. Acquisition au titre de la possession d'état

905 Toute personne qui a joui, pendant dix ans, de façon constante et de bonne foi, de la possession d'état de Français, peut acquérir par déclaration la nationalité française (art. 21-13, al. 1 C. civ.). Bien que la loi ne le précise pas, cette déclaration doit être souscrite dans un délai raisonnablement bref après que l'intéressé a découvert qu'il ne possédait pas (ou plus) la nationalité française (28). Mais il n'est pas nécessaire que sa nationalité ait été incontestée pendant la période où il jouissait de la possession d'état (29).

C'est là une possibilité pour les personnes qui ont été à tort considérées comme françaises pendant au moins dix ans, notamment par l'Administration, de régulariser leur situation. Le décret du 30 déc. 1993 (art. 17) donne comme exemples de documents permettant d'établir la possession d'état les « cartes d'identité ou d'électeur, passeports, pièces militaires, immatriculation dans les consulats de France ».

En pratique, ce mode d'acquisition permet surtout de « sauver » des individus qui ont laissé expirer le délai pendant lequel ils auraient pu souscrire une

(26) La preuve de la fraude ne sera pas nécessaire s'il est établi que le conjoint français n'était pas physiquement présent lors du mariage, même si celui-ci a été célébré dans un pays étranger dont la loi admet la possibilité du mariage par procuration (art. 146-1 C. civ.).

(27) La Cour de cassation estime à juste titre que ces règles sont d'application stricte et obligent donc le ministère public à un devoir de vigilance : v. Civ. 1re, 19 oct. 2004 et 18 mai 2005, *Rev. crit. DIP*, 2005.607, note P. Lagarde.

(28) Paris 9 juill. 1982, *Alibay Djiva*, cité par P. LAGARDE, *La nationalité française*, n° 168.

(29) Civ. 1re, 24 nov. 1993, *Rev. crit. DIP* 1994.63, note Lagarde ; 28 juin 2005, *Bull. civ.* I, n° 285, p. 237.

déclaration tendant à l'acquisition ou à la conservation (v. *infra*, n° 928) de la nationalité française.

Les actes passés antérieurement à la déclaration et dont la validité est subordonnée à la possession de la nationalité française sont rétroactivement validés (art. 21-13, al. 2).

E. Acquisition par naturalisation

906 Après des oscillations entre le libéralisme et la sévérité, le droit français de la nationalité a adopté à l'égard des demandes de naturalisation une position relativement accueillante.

a) Conditions de la naturalisation

907 Le candidat à la naturalisation doit d'abord remplir des conditions *personnelles*. Les deux premières se constatent objectivement :

– avoir atteint l'âge de 18 ans (art. 21-22 C. civ.) (30) ;

– ne pas avoir fait l'objet d'une des condamnations pour crime ou délit visées à l'article 21-27 (art. 21-23).

Deux autres conditions supposent une appréciation subjective, qui ne peut qu'être discrétionnaire :

– être de bonne vie et mœurs (art. 21-23) ;

– être assimilé à la communauté française, « notamment par une connaissance suffisante selon sa condition de la langue française » et des « droits et devoirs conférés par la nationalité française » (art. 21-24). L'étranger assimilé est celui qui, par son langage, sa manière de vivre, son état d'esprit, son comportement à l'égard des institutions françaises se distingue aussi peu que possible des nationaux au milieu desquels il vit. La condition de connaissance de la langue française n'est cependant pas imposée aux réfugiés politiques, et aux apatrides résidant régulièrement et habituellement en France depuis quinze ans au moins « et âgés de plus de soixante-dix ans » (art. 21-24-1).

908 L'exigence d'une *résidence en France* se dédouble. D'abord, l'intéressé doit avoir sa résidence en France au moment de la signature du décret de naturalisation (art. 21-16). Le Conseil d'État estime la condition remplie lorsque l'intéressé a fixé en France de façon stable le centre de ses intérêts (31). Y ferait obstacle l'absence de ressources d'origine française (ou liées à

(30) Cette règle comporte une exception pour les enfants justifiant avoir résidé cinq ans en France avec un de leurs parents ayant acquis la nationalité française.

(31) CE 28 févr. 1986 (deux arrêts), *Rev. crit. DIP* 1986.457, conclusions Denoix de Saint-Marc, note P. L.

l'installation en France), ou la présence en pays étranger d'enfants mineurs du demandeur.

Par ailleurs, une résidence personnelle, effective et habituelle en France de *cinq années* au moins avant le dépôt de la demande est nécessaire (art. 21-17). Ce *stage* constitue, en effet, à la fois la meilleure preuve de la sincérité du désir de l'intéressé d'appartenir effectivement à la communauté française, et un facteur de son assimilation (32).

La résidence ne peut être invoquée par l'intéressé lorsqu'il est frappé d'un arrêté d'expulsion ou d'assignation à résidence.

L'article 21-18 réduit à *deux ans* le stage minimum pour les individus pouvant invoquer des présomptions particulières d'assimilation (deux années d'études supérieures françaises accomplies avec succès), ou dont la naturalisation présente un intérêt particulier en raison des « services importants » qu'ils peuvent rendre ou ont rendu à la France par leurs capacités et leurs talents.

La condition de stage est *supprimée* dans huit cas (art. 21-19 à 21-21). Mais l'Administration ne fait pratiquement jamais bénéficier les candidats de cette dispense. Les circonstances qui la rendent théoriquement possible sont donc surtout intéressantes en ce qu'elles augmentent les chances de l'intéressé d'obtenir sa naturalisation, même tardive, au lieu de se voir opposer un refus. Parmi ces circonstances, on citera le fait d'être conjoint ou enfant (majeur, ou mineur n'ayant pas bénéficié de l'effet collectif) d'une personne qui acquiert la nationalité française, le fait d'être ressortissant d'un État francophone, la qualité de réfugié.

b) Procédure de la naturalisation et décision prise

909 La demande une fois déposée (ordinairement à la préfecture du département où réside le postulant), une enquête est diligentée par le préfet. Elle comprend la comparution en personne de l'intéressé devant l'autorité désignée par le préfet (en principe le maire) ; celle-ci constate le degré de son assimilation aux mœurs et aux usages de la France et de sa connaissance de la langue française (décret du 30 déc. 1993, art. 43). Un examen médical est effectué, qui donne lieu à un certificat, si le ministre chargé des naturalisations le juge nécessaire (art. 40). D'autres recherches doivent permettre d'apprécier la conduite et le loyalisme du postulant (art. 36) (33).

L'autorité publique doit prendre sa décision dix-huit mois au plus tard après la remise par le demandeur de son dossier complet (art. 21-25-1 C. civ.).

(32) Certains séjours hors de France (par ex. ceux effectués à Monaco, ou dans le cadre d'une activité exercée pour le compte de l'État français) sont assimilés à une résidence en France : v. l'art. 21-26 C. civ.

(33) Le Conseil d'État a jugé que l'Administration pouvait fonder son refus de la naturalisation sur des infractions couvertes par une loi d'amnistie, dans la mesure où elles permettent d'apprécier le comportement général de l'étranger (CE 30 mars 1984, *Sieur Abecassis, JDI* 1984.577, note Julien-Laferrière).

910 Elle peut, tout d'abord, par une décision susceptible d'être attaquée devant le Conseil d'État, déclarer la demande irrecevable, s'il estime que les conditions requises par la loi ne sont pas remplies.

Dans l'hypothèse inverse elle choisit, en vertu de son pouvoir discrétionnaire, entre le rejet de la demande, son ajournement jusqu'à écoulement d'un certain délai ou réalisation de certaines conditions, et l'acceptation. Le rejet et l'ajournement sont notifiés à l'intéressé ; un recours devant le Conseil d'État est possible sur la base d'une erreur de fait ou de droit, d'une erreur manifeste d'appréciation ou d'un détournement de pouvoir (34). Quant à l'acceptation, elle se traduit par la proposition d'un décret de naturalisation, décret qui sera publié au *Journal officiel* et dont tout intéressé pourra demander l'annulation pour excès de pouvoir, dans les délais habituels du recours contentieux.

Toutes les décisions que l'Administration est susceptible de prendre, à l'exception de celles qui proposent la naturalisation, doivent comporter l'énoncé des considérations de droit et de fait qui en constituent le fondement (art. 27 C. civ., et art. 27 de la loi du 16 mars 1998).

911 Pour les étrangers désireux d'acquérir la nationalité française, la connaissance des règles officieuses suivies par l'Administration serait beaucoup plus intéressante que celle des règles légales, dont ne dépend que la recevabilité de la demande. La preuve en est que, alors que le code prévoit un stage de cinq ans, et dans de nombreuses hypothèses sa réduction à deux ans ou sa suppression, la pratique de l'Administration établit la durée du stage *effectivement* requis à une moyenne beaucoup plus élevée que cinq ans.

Malheureusement, ces règles sont pour une grande part impossibles à connaître, puisqu'elles ne sont pas officiellement formulées. Cependant, des circulaires fournissent des renseignements intéressants. Il en résulte d'abord que les considérations *démographiques* jouent un rôle fondamental ; la qualification professionnelle du postulant peut constituer, selon qu'elle se rapporte à un secteur d'activité déjà encombré, ou au contraire correspond à une demande du marché, un handicap insurmontable ou un atout majeur. La réserve observée dans le domaine *politique* pendant le stage est une condition toujours nécessaire. Pour l'appréciation du degré *d'assimilation,* il est recommandé aux autorités administratives de tenir compte en particulier, à titre d'éléments favorables, du jeune âge lors de la venue en France, de l'ignorance de la langue du pays d'origine, de la présence au foyer d'enfants instruits dans les écoles françaises, de la fréquentation exclusive ou préférentielle de Français, et de la participation aux manifestations sportives et culturelles. Le *loyalisme* est défini comme « un comportement à base de gratitude et d'honnêteté à l'égard de la France ».

(34) CE 27 févr. 1985, *Époux Sid Ahmed, JDI* 1985.643, note Julien-Laferrière.

La motivation des décisions de rejet, désormais imposée, permettra de mieux connaître la pratique de l'Administration.

912 Le décret de naturalisation peut être rapporté, rétroactivement, dans deux cas (art. 27-2 C. civ.) :

1° Si le requérant ne satisfait pas aux conditions légales. Le délai ouvert au Gouvernement est d'un an à compter de la publication au *Journal officiel,* et l'avis conforme du Conseil d'État est requis.

2° Si le décret de naturalisation a été pris parce que l'Administration s'est laissée abuser par un mensonge ou par une fraude. Le délai est alors porté à deux ans à compter de la découverte de la fraude ; l'avis conforme du Conseil d'État reste semble-t-il nécessaire.

c) Effets de la naturalisation

913 Le naturalisé acquiert la nationalité française du jour de la signature du décret. Il jouit en principe de tous les droits réservés aux Français.

Un certain nombre d'incapacités temporaires avaient été édictées, à partir de 1889, à l'encontre des naturalisés. Elles ont toutes été progressivement supprimées (les dernières par les lois des 8 et 20 déc. 1983).

F. Acquisition consécutive à une annexion de territoire

914 Il est conforme au droit international que les habitants des territoires annexés acquièrent la nationalité de l'État annexant (v. *supra*, n° 851). Les modalités de l'acquisition sont normalement envisagées par le traité de cession, ainsi que le rappelle l'article 17-7 du Code civil. À défaut de stipulations conventionnelles, l'article 17-8 précise qu'acquièrent la nationalité française les nationaux de l'État cédant *domiciliés* dans les territoires annexés par la France au jour du transfert de souveraineté ; ils ont cependant la possibilité d'échapper à ce changement en établissant effectivement leur domicile hors de ces territoires.

915 Cette règle a en général été suivie, avec des variantes, par les traités qui ont précisé les contours actuels du territoire français. Pour ceux qui n'ont pas réglé expressément le problème (ou qui n'ont pas été suivis d'une loi le réglant), les dispositions de l'article 17-8 s'appliquent à titre interprétatif. La nationalité française ainsi acquise s'étant ensuite transmise aux descendants, il arrive encore épisodiquement que des traités anciens soient invoqués par des personnes désireuses de prouver qu'elles sont françaises par le *jus sanguinis*.

SECTION III PERTE DE LA NATIONALITÉ FRANÇAISE ET RÉINTÉGRATION DANS LA NATIONALITÉ FRANÇAISE

§ 1. PERTE DE LA NATIONALITÉ FRANÇAISE

916 Les critères retenus pour attribuer la nationalité française dès la naissance ou pour permettre son acquisition sont nombreux ; chacun

d'eux repose sur une présomption de lien sérieux entre l'intéressé et la France. Mais les faits peuvent démentir la présomption ; en outre, le Français qui possède par ailleurs une autre nationalité peut souhaiter son expatriation ; puis, son comportement peut inciter le Gouvernement à le priver de sa qualité ; enfin, la souveraineté française peut cesser de s'exercer sur le territoire où il est domicilié. Dans toutes ces hypothèses, il est nécessaire d'admettre ou de prononcer la perte de la nationalité française.

La perte prononcée ou constatée à l'égard d'un individu ne s'étend, quelle qu'en soit la cause, ni au conjoint ni aux enfants mineurs.

A. Perte fondée sur l'absence d'effectivité de la nationalité française

917 L'article 23-6 du Code civil a pour objet d'éviter que la nationalité française ne se transmette indéfinimement, *jure sanguinis,* alors que la famille s'est établie à demeure à l'étranger et que ses membres ne se comportent plus comme des Français et ne sont plus considérés comme tels.

Trois conditions doivent être remplies pour que la perte de la nationalité française puisse être « constatée » :

1° L'intéressé doit être français *d'origine par filiation* ; s'il l'était *jure soli*, ou à la fois par filiation et *jure soli*, l'article 23-6 serait inapplicable.

2° Il doit n'avoir jamais résidé habituellement en France, et ne pas avoir la possession d'état de Français.

3° Les ascendants, dont il tenait la nationalité française, doivent n'avoir eu eux-mêmes ni possession d'état de Français ni résidence en France depuis un demi-siècle.

La perte de la nationalité est constatée par le tribunal de grande instance. Celui-ci dispose non seulement d'un pouvoir d'appréciation des faits, mais aussi de la faculté de ne pas déclarer la perte, s'il n'estime pas opportun de le faire.

Dans le cas contraire, le jugement détermine la date (antérieure à son prononcé) à laquelle la nationalité a été perdue par l'intéressé, et précise le cas échéant si ses auteurs avaient eux-mêmes perdu leur nationalité.

La loi du 22 juillet 1993 ouvre à ceux qui ont ainsi perdu la nationalité française la possibilité de la recouvrer à tout moment, par simple déclaration, à condition d'entretenir avec la France des liens manifestes d'ordre culturel, professionnel, économique ou familial, ou encore d'avoir accompli des services militaires ou combattu dans l'armée française (35) (art. 21-14 C. civ.).

(35) Les conjoints survivants des personnes appartenant à cette deuxième catégorie bénéficient également de la possibilité de devenir français par déclaration, même s'ils ne l'ont jamais été.

B. Perte fondée sur le désir d'expatriation du Français binational ou plurinational

a) *Cas de perte nécessitant une déclaration de l'intéressé*

918 Dans trois hypothèses, un Français qui possède en outre une nationalité étrangère peut répudier sa nationalité, sans aucune possibilité d'opposition de la part du Gouvernement : lorsqu'il a acquis volontairement la nationalité étrangère, lorsque le critère qui lui attribue la nationalité française est faible, lorsqu'il acquiert la nationalité étrangère de son conjoint.

Dans tous les cas, les formes de la répudiation sont celles qui ont été examinées *supra*, n° 891.

1° *Acquisition volontaire d'une nationalité étrangère*

919 Aux termes de l'article 23 du Code civil, « toute personne majeure de nationalité française, résidant habituellement à l'étranger, qui acquiert volontairement une nationalité étrangère ne perd la nationalité française que si elle le déclare expressément, dans les conditions prévues aux articles 26 et suivants du présent titre ».

Cette formulation négative, à première vue surprenante, s'explique par le fait qu'antérieurement à la loi du 9 janvier 1973 l'acquisition volontaire d'une nationalité étrangère entraînait la perte automatique, à titre de sanction, de la nationalité française.

Le nouveau texte, donnant à l'intéressé une option, est au contraire libéral ; il se relie au courant doctrinal qui défend la possibilité d'expatriation volontaire. Mais il ne s'applique pas dans tous les cas de cumul de nationalités : il faut que la nationalité étrangère ait été *acquise volontairement* (par naturalisation, ou par réclamation de la nationalité étrangère du conjoint postérieurement au mariage (36), par exemple). De plus, l'idée d'ineffectivité intervient aussi, puisque le texte exige que l'intéressé *réside habituellement à l'étranger.*

La possibilité d'abandonner la nationalité française n'est ouverte qu'au Français majeur, c'est-à-dire âgé de plus de dix-huit ans ; s'il s'agit d'un Français de sexe masculin de moins de trente-cinq ans, il doit être en règle avec les obligations posées par le code du service national.

La déclaration doit être souscrite, au plus tôt lors du dépôt de la demande d'acquisition de la nationalité étrangère, au plus tard dans le délai d'un an à compter de la date d'acquisition de cette nationalité ; elle prend effet au moment de l'acquisition, de sorte que l'intéressé est censé n'avoir jamais eu simultanément les deux nationalités, même si en fait sa déclaration de perte est

(36) Mais non, semble-t-il, concomitamment au mariage. Par ailleurs, le non-usage d'une faculté de répudiation n'est pas assimilé à une acquisition volontaire (art. 22, loi du 9 janv. 1973).

postérieure d'un an à l'acquisition de la nationalité étrangère. En revanche, ses enfants, même s'ils ont acquis la nationalité étrangère par le jeu d'un effet collectif analogue à celui qui connaît le droit français (v. *supra*, n° 899), gardent la nationalité française, car la perte n'a pas d'effet collectif (37).

920 Si la nationalité acquise par un Français majeur est celle d'un État signataire de la Convention européenne du 6 mai 1963, la nationalité française est perdue automatiquement, en vertu de l'article 1er, paragraphe 1, de la Convention (v. *supra*, n° 862). L'inconvénient de cette règle est de laisser les autorités françaises dans l'ignorance du changement de nationalité (38).

2° *Faiblesse du critère attributif de la nationalité française*

921 L'article 23-3 du Code civil rappelle que « perd la nationalité française le Français qui exerce la faculté de *répudier* cette qualité dans les cas prévus aux articles 18-1, 19-4 et 22-3 » (v. *supra*, nos 885, 888 et 899).

3° *Mariage avec un étranger*

922 Le droit français a adopté, sur le problème des effets du mariage sur la nationalité, une solution doublement symétrique : d'une part, le mariage avec un étranger est une cause de répudiation, de même que le mariage avec un Français est une cause d'acquisition de la nationalité française par déclaration (v. *supra*, n° 902) ; d'autre part, il n'y a pas lieu de distinguer selon que l'étranger, dans le couple, est le mari ou la femme.

L'article 23-5 du Code civil subordonne la répudiation à deux conditions générales :

– l'acquisition de la nationalité étrangère du conjoint, afin d'éviter l'apatridie ;

– la fixation à l'étranger de la résidence habituelle du ménage, afin que la nationalité étrangère adoptée par le couple coïncide bien avec la nationalité effective.

Une autre condition est propre aux Français de sexe masculin âgés de moins de trente-cinq ans : ils doivent être en règle avec les obligations posées par le Code du service national.

La répudiation peut être formulée à tout moment pendant la durée du mariage ; la date de la perte est celle de la déclaration. En cas de nullité du mariage, il paraît normal de retenir des solutions symétriques de celles que pose le Code — ici muet — à propos de l'acquisition de la nationalité française par mariage (v. *supra*, n° 902).

(37) Cependant, la Convention franco-suisse du 23 juillet 1879 prévoit la faculté pour les enfants des Français naturalisés Suisses d'opter pour la nationalité suisse dans le cours de leur vingt-deuxième année.

(38) D'où la conclusion du Protocole cité *supra*, n° 862, note 24.

b) Cas de perte nécessitant une autorisation par décret

923 Si les trois cas précédemment étudiés permettent au Français de ne garder que sa nationalité étrangère, ils ne couvrent pas la totalité des hypothèses de cumul entre la nationalité française et une nationalité étrangère. Par exemple, l'individu né en France, dont la mère est française et le père étranger, ne peut invoquer ni l'article 23, ni l'article 23-3, ni l'article 23-5. On a vu aussi que l'absence d'effet collectif de la perte de nationalité française pouvait être à l'origine de cumuls.

L'article 23-4 du Code civil permet au binational (et vraisemblablement au plurinational, malgré la lettre du texte), *même mineur* (39), de demander l'autorisation de perdre la nationalité française. L'autorisation — dite « congé de nationalité » — est accordée par décret, si les autorités françaises estiment la demande fondée, ce qu'elles apprécient discrétionnairement, en recherchant si l'intéressé a effectivement rompu ses liens avec la France (40). La date de la perte de la nationalité est celle de la signature du décret.

Le décret qui déclare irrecevable, ajourne ou rejette la demande doit être motivé.

924 Lorsque la nationalité possédée par l'intéressé est celle d'un État signataire de la Convention du Conseil de l'Europe du 6 mai 1963 (v. *supra*, n° 862), l'autorisation d'abandonner la nationalité française ne peut lui être refusée, s'il réside depuis plus de dix ans dans l'État dont il veut conserver la nationalité.

C. Perte fondée sur le caractère répréhensible du comportement de l'intéressé

a) Défaut de loyalisme

925 Aux termes de l'article 23-7, alinéa 1 du Code civil, « le Français qui se comporte en fait comme le national d'un pays étranger peut, s'il a la nationalité de ce pays, être déclaré, par décret après avis conforme du Conseil d'État, avoir perdu la qualité de Français ».

« Se comporter comme le national d'un pays étranger » signifie, selon le Conseil d'État, manquer de loyalisme envers la France.

La condition de possession de la nationalité étrangère est destinée à éviter que l'intéressé ne devienne apatride.

Le décret — motivé — ne peut intervenir sans que le Français ait été entendu ou appelé à produire ses observations. La perte de la nationalité prend effet au jour de la signature du décret.

(39) Il doit être alors représenté s'il a moins de seize ans.

(40) Les tribunaux administratifs exercent le contrôle de l'absence d'erreur manifeste d'appréciation. V. par ex. CE 15 juin 1987, *Layachi*, *RFDA* 1987.623, concl. Schramek, *D.* 1988. Som. 136, obs. Waquet et Julien-Laferrière, *Rev. crit. DIP* 1989.53.

b) Refus d'obtempérer à une injonction du gouvernement

926 Le Gouvernement français peut faire injonction à tout Français qui *occupe un emploi* dans une armée ou dans un service public étranger, ou dans une organisation internationale dont la France ne fait pas partie, de résigner cet emploi (art. 23-8 C. civ.). En cas de refus d'obéir dans le délai fixé par l'injonction — qui ne peut être inférieur à quinze jours, ni supérieur à deux mois –, le Français peut, après avoir été entendu ou appelé à produire ses observations, être déclaré avoir perdu sa nationalité, par décret motivé en Conseil d'État (ou en Conseil des ministres lorsque l'avis du Conseil d'État est défavorable).

Les mêmes mesures peuvent être prises à l'égard du Français qui se contente d'*apporter son concours* à l'armée étrangère, au service public étranger ou à l'organisation internationale.

c) Indignité ou défaut de loyalisme du Français par acquisition : la déchéance de la nationalité française

927 L'étranger qui a *acquis* la nationalité française, à quelque titre que ce soit, peut en être *déchu* si, antérieurement à cette acquisition ou dans les dix années qui suivent la date de celle-ci, il s'est rendu coupable de faits ayant entraîné l'une des condamnations énumérées à l'article 25 (1°, 2° et 3°) du Code civil ; ce sont celles qui sanctionnent un comportement déloyal à l'égard de la France : crimes ou délits constituant une atteinte aux intérêts fondamentaux de la Nation ou un acte de terrorisme, crimes ou délits contre la Constitution, soustraction aux obligations résultant du Code du service national.

L'article 25, 4° ajoute une cause de déchéance fondée sur le défaut de loyalisme, qui ne suppose aucune condamnation judiciaire et dont l'appréciation est laissée à l'Administration : le fait de s'être « livré au profit d'un État étranger à des actes incompatibles avec la qualité de Français et préjudiciables aux intérêts de la France ».

La déchéance ne peut être prononcée que dans le délai de dix ans à compter de la perpétration des faits. Elle suppose un décret motivé pris après avis conforme du Conseil d'État, au terme d'une procédure qui permet à l'intéressé de présenter sa défense.

Afin d'éviter une situation d'apatridie, il est exigé que le Français possède la nationalité d'un autre pays.

D. Perte consécutive à une cession du territoire ou à l'accession d'un État à l'indépendance

928 L'hypothèse est symétrique de celle de l'annexion, cas d'acquisition de la nationalité française. Elle donne lieu, pour le cas de silence du traité, à une règle analogue à celle qui a été étudiée *supra*, n° 914, interprétative comme elle, et qui est énoncée par le même article 17-8 du Code civil : les nationaux français domiciliés dans les territoires cédés au jour du transfert de la souveraineté perdent leur nationalité, à moins qu'ils n'établissent effectivement leur domicile hors de ces territoires.

Cependant l'accession à l'indépendance des anciens territoires français d'outre-mer et des départements d'Algérie a donné lieu à des interventions particulières du législateur (41). Parmi les Français domiciliés dans ces territoires et départements lors de leur accession à l'indépendance, des distinctions ont été faites : pour les territoires, selon l'origine « française » (42) ou locale des habitants ; pour l'Algérie, selon leur statut civil, de droit commun ou local. Les individus originaires de France et les personnes de statut de droit commun (43) ont conservé de plein droit la nationalité française (art. 32 et 32-1 du Code civil). Les autres ont été astreints, s'ils désiraient garder leur nationalité française, à souscrire une déclaration de reconnaissance subordonnée au transfert du domicile en France. Aucun délai n'avait été initialement fixé pour souscrire la déclaration, mais le législateur en a imposé un par la suite : la date limite a été fixée, pour l'Algérie, au 23 mars 1967 (avec quelques hypothèses de prolongation exceptionnelle, qui ont pris fin le 31 juillet 1973) et, pour les anciens territoires d'outre-mer, au 31 juillet 1973. À compter de cette date, une faculté de réintégration par déclaration a été substituée à la reconnaissance, pour les Français domiciliés dans les territoires d'outre-mer, mais non pour ceux d'Algérie ; elle a été supprimée pour l'avenir par la loi du 22 juillet 1993.

Le problème de la perte de la nationalité française s'est encore trouvé posé lors de l'accession à l'indépendance des Comores (1975), des Afars et des Issas (1977) et des Nouvelles-Hébrides (1980). Il a été résolu par des lois particulières.

§ 2. RÉINTÉGRATION DANS LA NATIONALITÉ FRANÇAISE

929 La réintégration est une acquisition, non rétroactive, de la nationalité française, qui profite exclusivement à l'ancien Français qui avait perdu sa nationalité. Étant une acquisition, la réintégration est soumise aux règles générales de celle-ci : les obstacles habituels peuvent la rendre impossible (v. *supra*, n° 896) ; elle a un effet collectif (v. *supra*, n° 899). Mais, réservée à d'anciens Français, elle est admise pour des causes différentes ; en effet, les raisons qui avaient motivé la perte peuvent avoir disparu, alors que celles qui fondaient l'attribution originaire, ou la première acquisition, subsistent, et sont renforcées par le fait que l'intéressé a possédé pendant un certain temps la qualité de Français.

On s'explique que la réintégration soit admise avec plus ou moins de libéralisme selon, d'une part, les liens de l'intéressé avec la France, d'autre

(41) Lois du 28 juill. 1960 et du 9 janv. 1973 pour les territoires d'outre-mer, lois du 21 juill. 1962, du 20 déc. 1966 et du 9 janv. 1973 pour l'Algérie.

(42) « Originaires du territoire de la République française tel qu'il était constitué à la date du 29 juill. 1960 ».

(43) Ainsi que ceux à qui la nationalité du nouvel État n'a pas été conférée : art. 32-3 C. civ.

part, la cause de la perte de nationalité. Le Code civil distingue deux formes de réintégration : la réintégration par déclaration et la réintégration par décret.

A. Réintégration par déclaration (art. 24-2 C. civ.)

930 Les personnes qui ont perdu leur nationalité française peuvent y être réintégrées, sur une simple déclaration de volonté (soumise en la forme au régime général des déclarations, décrit *supra*, n° 896), dans deux cas où la perte de nationalité résulte elle-même d'une déclaration : acquisition volontaire d'une nationalité étrangère (v. *supra*, n° 919), mariage avec un étranger (v. *supra*, n° 922).

La réintégration est subordonnée à la condition que l'ancien Français ait conservé ou acquis avec la France des liens manifestes, notamment d'ordre culturel, professionnel, économique ou familial.

B. Réintégration par décret (art. 24-1 C. civ.)

931 Tout ancien Français peut solliciter sa réintégration par décret dans la nationalité française.

L'article 24-1 du Code civil se contente de renvoyer aux conditions et aux règles de la naturalisation, tout en précisant cependant que la réintégration peut être obtenue *à tout âge* et *sans condition de stage.*

SECTION IV CONTENTIEUX ET PREUVE DE LA NATIONALITÉ

§ 1. CONTENTIEUX

932 Le Code civil et le nouveau Code de procédure civile (art. 1038 à 1045) règlent essentiellement le contentieux de la nationalité française ; ils ne se préoccupent qu'accessoirement des nationalités étrangères.

Les traits essentiels du contentieux se déduisent de la nature de son objet : la constatation d'un lien entre l'État et un individu, qui détermine le statut de celui-ci.

L'État, étant intéressé, doit être informé et représenté : le ministère public est obligatoirement partie au procès, et aucun jugement ne peut être rendu avant le dépôt au ministère de la Justice d'une copie de l'acte procédural qui est à l'origine de la contestation, et l'écoulement d'un délai d'un mois ; de plus, la transaction, l'acquiescement et le compromis (mais non le désistement) sont impossibles.

Par ailleurs, la nationalité caractérisant l'intéressé de façon permanente, et conditionnant son statut civil et politique, elle doit pouvoir être constatée à tout moment — d'où l'admission d'une action déclaratoire ou négatoire de nationalité — et la décision prise s'impose à tous — autorité *erga omnes* des jugements relatifs à la nationalité. Le tribunal compétent est le tribunal de grande instance, exclusivement.

Un tableau annexé au Code de l'organisation judiciaire précise quels sont, parmi les tribunaux de grande instance, ceux qui reçoivent compétence pour connaître des contestations sur la nationalité.

A. L'action déclaratoire ou négatoire de nationalité française

933 Toute personne peut saisir le tribunal de grande instance de son domicile ou, à défaut, de sa résidence (44) pour voir dire qu'elle a, ou qu'elle n'a pas, la nationalité française (art. 29-3, al. 1 C. civ.). Elle assigne le ministère public, « contradicteur légitime » en la matière, qui sera défendeur à l'action.

Inversement, le ministère public peut saisir le même tribunal pour voir dire que tel individu a, ou n'a pas, la nationalité française (art. 29-3, al. 2 C. civ.) ; le ministère public est alors demandeur, l'individu défendeur. Dans les deux cas, les tiers intéressés ont le droit d'intervenir dans l'instance.

Une telle action n'est jamais possible en matière de nationalité étrangère, les tribunaux étrangers étant seuls compétents pour trancher à un titre autre qu'incident la question de la possession de leur nationalité par un individu (v. *supra*, n° 843).

934 Le jugement rendu sur la question de nationalité a autorité *erga omnes* : article 29-5, alinéa 1 du Code civil. Mais l'alinéa 2 précise que tout intéressé est recevable à l'attaquer par la tierce opposition, à la condition de mettre en cause le procureur de la République.

À l'égard du contenu du jugement, l'autorité est doublement limitée. D'une part, elle n'a trait qu'à la nationalité de la personne physique partie au litige, et non à celle d'autres personnes (ascendants, notamment) dont la nationalité a pu devoir être préalablement déterminée. D'autre part, elle ne porte pas sur la possession de la nationalité française, mais sur la question plus précise de savoir si les causes d'attribution, d'acquisition ou de perte invoquées par l'une ou l'autre des parties ont ou non déterminé effectivement l'attribution, l'acquisition ou la perte. Selon la Cour de cassation, en effet, le juge n'a pas

(44) À défaut de domicile ou de résidence en France, le tribunal territorialement compétent est le Tribunal de grande instance de Paris (art. 1039 nouv. C. proc. civ.).

l'obligation de rechercher d'office si les dispositions d'autres textes auraient pu être invoquées (45), du moins si les faits pertinents à leur égard ne sont pas « dans le débat » (46).

L'appel et — contrairement au droit commun — le pourvoi en cassation ont un effet suspensif.

B. La contestation incidente de la nationalité française ou étrangère

935 Lorsque la solution d'un litige (privé, pénal ou administratif) dépend de la possession par un individu d'une nationalité déterminée, les parties peuvent soulever incidemment l'*exception de nationalité*. La juridiction est même tenue de la soulever *d'office*, si les faits dont elle a connaissance font apparaître que la nationalité pourrait être l'objet d'une contestation sérieuse. En revanche, l'absence de contestation sérieuse permet au juge de repousser l'exception, même invoquée par les parties.

Si l'exception est reçue, le juge surseoit à statuer sur le fond. La question de nationalité est alors tranchée, suivant des règles qui diffèrent selon que la juridiction saisie de la demande principale est le tribunal de grande instance, ou une autre juridiction.

Dans le premier cas, le tribunal tranche lui-même la question de nationalité, même s'il n'est pas territorialement le tribunal désigné par le nouveau Code de procédure civile (v. *supra*, n° 933). Le ministère public doit être *mis en cause* (art. 29-3, al. 2 C. civ.).

Dans le second cas, la question de nationalité est, en tout état de cause, préjudicielle : elle doit être portée devant le tribunal de grande instance.

À ce principe, une exception est toutefois apportée : les juridictions répressives comportant un jury peuvent statuer sur les questions de nationalité soulevées incidemment devant elles.

Le tribunal de grande instance doit être saisi dans le délai d'un mois, soit par le ministère public, soit par la partie qui a soulevé l'exception, selon les distinctions exposées à l'article 1043 du nouveau Code de procédure civile. Les parties devant le tribunal de grande instance sont le ministère public, l'intéressé, et la partie qui a soulevé l'exception de nationalité.

Le jugement rendu sur la question de nationalité *française* a la même autorité que celui qui met fin à l'action déclaratoire ou négatoire de nationalité (v. *supra*, n° 934).

(45) Civ. 4 févr. 1964, *Rev. crit. DIP* 1965.667, note Hébraud, *JCP* 1965.II.14118, note Aymond.
(46) Civ. 23 févr. 1977, *JDI* 1978.319, chr. Aymond, *Rev. crit. DIP* 1978.483, note Lagarde.

§ 2. PREUVE

A. En matière de nationalité française

a) Charge de la preuve

936 « La charge de la preuve, en matière de nationalité française, incombe à celui dont la nationalité est en cause » (art. 30, al. 1 C. civ.). Autrement dit, que l'intéressé soit demandeur ou défendeur, qu'il prétende être français ou étranger (c'est-à-dire « non-français »), c'est toujours à lui qu'il appartient de prouver l'exactitude de son point de vue.

Ce texte paraît extrêmement critiquable et, pour tout dire, impossible à suivre à la lettre.

Tout d'abord, la charge qu'il fait peser sur l'intéressé peut se révéler trop lourde. Il en est ainsi lorsque l'intéressé soutient (par exemple pour s'opposer à la conscription) qu'il n'est et n'a jamais été français ; l'article 30-4 C. civ. précise, en effet, que la preuve a alors pour objet le fait qu'il « ne remplit aucune des conditions exigées par la loi pour avoir la qualité de Français » ; une telle preuve négative est impossible, car elle supposerait démontré (sauf l'hypothèse de l'art. 23-6) qu'aucun des ascendants de l'intéressé n'a possédé de nationalité française, nécessairement transmise *jure sanguinis*. Même la preuve d'une absence d'attribution ou d'acquisition *jure soli* peut être impossible.

Il est vrai que, selon le ministère de la Justice, « les juges d'instance et la Chancellerie, bien que n'y étant pas tenus, contribuent à la recherche [des] documents » (47). Mais leur aide est assurément insuffisante, lorsque la preuve est impossible. De plus et surtout, cette aide ne concerne que la question de l'administration matérielle de la preuve, et non pas celle, essentielle, du risque du doute : avoir la « charge de la preuve » signifie qu'en cas d'incertitude persistante sur un élément de fait pertinent, la prétention que l'on émet sera jugée mal fondée. Si les termes sont pris dans ce sens, la règle posée par l'article 30 est absurde. Supposons qu'un individu, dont les deux parents sont étrangers, soit né en France, et ne puisse établir où sa résidence habituelle était fixée dans les cinq années qui ont précédé sa majorité (la naissance en France jointe à la résidence en France à la majorité et pendant une période de cinq années depuis l'âge de onze ans est un cas d'acquisition de la nationalité française de plein droit : v. *supra*, n° 901). L'article 30 impliquerait que, si cet individu prétendait être français, il serait déclaré étranger, faute d'avoir pu prouver qu'il remplissait la condition de résidence, et que, s'il prétendait au contraire être étranger, il serait déclaré français, pour n'avoir pas démontré qu'il ne résidait pas en France ! Selon que le problème se poserait pour la première fois à l'occasion de l'inscription sur les listes électorales, sollicitée par l'intéressé, ou des obligations militaires, auxquelles il prétendrait ne pas être astreint, la nationalité serait différemment — et *erga omnes* — appréciée.

Il serait infiniment plus juste et plus simple de considérer qu'il appartient à celui — qu'il s'agisse de l'intéressé, du ministère public ou d'un tiers — qui se prévaut de l'attribution, de l'acquisition ou de la perte de la nationalité française d'un individu, de démontrer le fait qui est censé avoir entraîné ce résultat (48). Un assouplissement (qu'accepté déjà l'art. 30-2

(47) V. les rép. min. citées par LAGARDE, *La nationalité française*, n° 336, note 2.

(48) L'identité de la personne sur qui pèserait ainsi la charge de la preuve ne dépendrait donc pas de l'enjeu du procès dans lequel la question de nationalité se pose incidemment, contrairement à ce qu'objecte M. Paul Lagarde (note à la *Rev. crit. DIP* 1992, p. 69) ; dans le cas d'une personne qui prétendrait avoir acquis la nationalité française, ce serait toujours à elle de prouver les faits d'où résulte

C. civ., v. *infra*, n° 940), rendu nécessaire par les difficultés de la preuve de l'attribution *jure sanguinis*, consisterait à admettre la preuve directe de la nationalité par la possession d'état. De plus, lorsque le risque du doute pèserait ainsi sur un autre que l'intéressé, ce dernier ne serait pas pour autant dispensé de produire les documents normalement en sa possession (acte de naissance, par exemple).

937 L'individu qui possède un *certificat de nationalité française* est présumé français jusqu'à preuve du contraire (art. 30, al. 2 et 31-2 C. civ.) (49).

Ce certificat peut être obtenu du greffier en chef du tribunal d'instance, sur production des documents réclamés par celui-ci ; en cas de refus de délivrer le certificat, un recours hiérarchique devant le garde des Sceaux est ouvert.

Le certificat doit mentionner la disposition légale en vertu de laquelle l'intéressé a la qualité de Français, ainsi que les documents qui ont permis de l'établir (art. 31-2 C. civ.) ; sinon il est dénué de valeur, et ne renverse pas la charge de la preuve. Mais il suffit qu'il possède une « apparence formelle de régularité » (50), peu important que le visa des textes soit vague ou même manifestement erroné.

b) Objet de la preuve et procédés de preuve

1° *Objet de la preuve*

938 L'objet de la preuve est constitué par l'ensemble des actes ou faits visés dans le présupposé des règles dont l'intéressé, ou la partie adverse, prétendent qu'elles ont déterminé l'attribution, l'acquisition ou la perte de la nationalité française (comp. art. 30-1 C. civ.). Par exemple, si un individu prétend être français en vertu de l'article 19-3 du Code civil, l'objet de la preuve est :

– sa naissance en France, et

– soit la naissance de ses deux parents en France,

– soit la naissance d'un seul de ses parents en France, accompagnée de l'absence de répudiation (art. 19-4 C. civ.).

2° *Procédés*

939 En règle générale, les procédés de preuve admissibles sont déterminés par le droit commun : preuve libre pour les faits juridiques purs (résidence), preuve réglementée pour les faits d'état civil (naissance, filiation) et les actes juridiques (mariage, adoption).

l'acquisition, qu'elle demande son inscription sur les listes électorales, ou prétende bénéficier du renouvellement de son bail commercial.

(49) Cette présomption ne s'applique que si le certificat de nationalité concerne celui dont la nationalité est en cause, et non son père : Civ. 1re, 17 sept. 2003, *Bull. civ.* I, n° 180, p. 140.

(50) En ce sens Paris 20 févr. 1981, *Rev. crit. DIP* 1981.263, note Lagarde ; V. aussi Civ. 12 janv. 1982, *Rev. crit. DIP* 1982.503, note Lagarde, *JDI* 1983.364, note Laborde.

Le décret du 30 décembre 1993 indique la façon dont se prouve l'existence d'une déclaration de nationalité (normalement, par la production d'un exemplaire enregistré de la déclaration, v. *supra*, n° 891) et celle d'un décret entraînant acquisition ou perte de la nationalité (normalement, par la production soit de l'ampliation du décret, soit d'un exemplaire du *Journal officiel*).

Pour rendre la preuve plus facile, une loi du 12 juillet 1978 (art. 28 C. civ.) prévoit la mention en marge de l'acte de naissance des déclarations, des actes administratifs et des décisions juridictionnelles relatives à la nationalité.

940 Si la preuve de la nationalité *jure soli* est en général facile à apporter, il n'en va pas de même de la nationalité *jure sanguinis*. C'est en fait une preuve impossible, car le *jus sanguinis* se contente de *transmettre* une nationalité, dont il faut établir qu'elle existe chez l'ascendant ; si celui-ci ne la possède que *jure sanguinis*, il faut remonter d'un degré, et ainsi de suite. L'escalade ne peut s'arrêter que par l'intervention, à un stade quelconque, du *jus soli*. Certes, le *jus soli* était général en France sous l'Ancien Régime (la naissance en France suffisait), mais peu de Français peuvent produire l'acte de baptême de leurs ancêtres du XVIIIe siècle...

L'article 30-2 du Code civil dispense de cette *diabolica probatio* : « Lorsque la nationalité française ne peut avoir sa source que dans la filiation, elle est tenue pour établie, sauf la preuve contraire, si l'intéressé et celui de ses père et mère qui a été susceptible de la lui transmettre ont joui d'une façon constante de la *possession d'état* de Français ». La preuve contraire, réservée par le texte, pourrait avoir pour objet l'existence d'un cas de *perte* de la nationalité française par l'intéressé ou par son auteur.

941 Si la possession d'état de Français permet de prouver la qualité de Français, à l'inverse l'*absence* de possession d'état *interdit* parfois de la prouver même par d'autres moyens. Aux termes de l'article 30-3, alinéa 1 du Code civil, « lorsqu'un individu réside ou a résidé habituellement à l'étranger, où les descendants dont il tient par filiation la nationalité sont demeurés fixés pendant plus d'un demi-siècle, cet individu ne sera pas admis à faire la preuve qu'il a, par filiation, la nationalité française si lui-même et celui de ses père et mère qui a été susceptible de la lui transmettre n'ont pas eu la possession d'état de Français ».

Le texte évoque l'article 23-6 (v. *supra*, n° 917), mais en diffère sur plusieurs points. Son objet est d'interdire de prouver la nationalité française, tandis que l'article 23-6 constitue un cas de perte de cette nationalité. De plus, les conditions d'application des deux textes ne sont pas exactement les mêmes. Mais il semble que dans l'esprit du législateur les deux textes représentent, comme l'a dit le Tribunal de grande instance de Paris (51) « deux aspects d'un seul problème qui est celui de la perte de la nationalité par désuétude ». Un pont est d'ailleurs établi par l'alinéa 2 de l'article 30-3 : « Le tribunal devra dans ce cas constater la perte de la nationalité française dans les termes de l'article 23-6 ». Et la faculté de réclamer la nationalité française par déclaration est ouverte dans le cas où l'on oppose à l'intéressé l'article 30-3 aussi bien que dans celui où on lui oppose l'article 23-6 (art. 21-14 C. civ., v. *supra* n° 917).

L'article 30-3 n'en demeure pas moins un texte contradictoire. Il recèle d'abord une contradiction interne : est-il logique de constater la *perte* de la nationalité française alors que l'intéressé n'a pas été recevable à prouver l'*existence* de cette nationalité (al. 1) ? On ne peut perdre que ce qu'on a. De plus, l'article 30-3, alinéa 2, contredit l'article 23-6 en obligeant le juge à une constatation qui, selon l'article 23-6 (auquel il se réfère pourtant), est facultative.

942 Les Français ont fréquemment besoin, notamment dans leurs rapports avec l'Administration, de faire état de leur qualité. Ils peuvent utiliser pour cela le certificat de nationalité, qui non seulement renverse la charge de la preuve en justice (v. *supra*, n° 937) mais constitue un procédé de preuve extrajudiciaire.

Un décret du 22 mars 1972 a créé la « fiche d'état civil et de nationalité française », plus simple à obtenir que le certificat de nationalité — il suffit à l'intéressé de présenter sa carte nationale d'identité à l'autorité compétente pour délivrer la fiche, que l'on trouve notamment dans toute mairie. Mais son usage est plus restreint : elle ne peut, par exemple, être utilisée en matière de pensions, de registre du commerce et de recrutement des fonctionnaires.

B. En matière de nationalité étrangère

943 Le Code civil traite de la preuve en matière de nationalité française, sous ses deux aspects : preuve de la nationalité française et preuve de l'extranéité, c'est-à-dire du défaut de la qualité de Français. Il est en revanche muet sur la preuve de la possession d'une nationalité étrangère *déterminée*, anglaise ou italienne par exemple.

On sait que seul le droit du pays dont la nationalité est en cause peut être appliqué, et que ce droit comprend non seulement les règles, mais aussi les décisions administratives (décret de naturalisation) et les jugements déclaratifs de nationalité, surtout s'ils ont autorité *erga omnes*. Si l'on invoque seulement une règle, il faut prouver l'existence des faits visés par son présupposé (par exemple : naissance et résidence dans le pays étranger).

Les règles relatives à la charge de la preuve et aux procédés de preuve, posées par le Code civil, ne doivent pas être étendues à la preuve de la nationalité étrangère.

L'idéal, en cette matière, étant donné la compétence exclusive de l'État étranger pour décider qui sont ses nationaux, serait que le juge français

(51) 18 oct. 1985, *Rev. crit. DIP* 1987.93, note Lagarde. *Contra* LAGARDE, *La nationalité française*, n° 342.

parvienne à la même conclusion qu'un juge étranger, ce qui suppose qu'il applique les mêmes règles que lui relativement à la charge de la preuve et aux procédés de preuve (52).

Quant à la *charge de la preuve*, la Cour de cassation, sans se référer à l'article 138 C. nat., propre à la nationalité française, a appliqué le principe selon lequel la charge de la preuve incombe au demandeur (53).

Quant aux *procédés de preuve*, la jurisprudence a tendance à admettre la preuve par tous moyens, et notamment par possession d'état, de la nationalité étrangère, au motif que « la possession d'une nationalité étrangère est une question de fait ». La formule a été justement critiquée (54) : c'est une question de droit, dont la solution dépend des règles du droit étranger. Mais on conçoit que les tribunaux français s'attachent moins à rechercher si les conditions d'attribution, d'acquisition ou de perte de la nationalité étrangère sont réunies, qu'à déterminer directement si, quelles qu'en soient les causes, l'intéressé a ou non telle nationalité étrangère : leur souci majeur doit être la conformité de leur décision avec le point de vue des autorités étrangères. Ils tiennent donc le plus grand compte, et c'est normal, de la possession d'état (dont on rappelle qu'elle est, en matière de nationalité, fondée pour l'essentiel sur l'attitude de l'Administration), et des attestations délivrées par des autorités étrangères (attestations consulaires, notamment) (55). Toutefois, ces faits et documents n'ont pas en France une valeur probante supérieure à celle qui leur est reconnue dans leur pays d'origine, et si le tribunal français est en possession de preuves, admissibles selon le droit étranger, établissant les faits qui conditionnent l'attribution, l'acquisition ou la perte de la nationalité, il doit leur donner la préférence (56).

Bibliographie sommaire

BOULBÈS : « L'attribution de la nationalité française par filiation, dans le cas où existe un conflit de paternités aggravé par un conflit de lois », *Mélanges Maury*, 1960, I, p. 75 et s.

(52) La doctrine estime cependant que la détermination des modes de preuve doit être laissée à la loi du for, conformément au droit commun (v. *supra*, n°s 503 et s.) ; c'est oublier qu'en matière de nationalité la compétence est donnée non à la loi de fond de l'État étranger en cause, mais à cet État lui-même, à qui appartient l'appréciation concrète (v. *supra*, n° 846).

(53) Civ. 17 févr. 1982, *Godek, Rev. crit. DIP* 1983.249, note Batiffol.

(54) DERRUPPÉ : « La nationalité étrangère devant le juge français », *Rev. crit. DIP* 1959.201.

(55) Civ. 13 juill. 1933, S. 1933.1.341, *Rev. crit. DIP* 1934.703, note Ancel ; Civ. 10 janv. 1951, *JDI* 1951.168, note Goldman, *Rev. crit. DIP* 1952.681, note Batiffol ; Tunis 14 mai 1954, *Rev. crit. DIP* 1955.485, note H. B. (possession d'état) ; Paris 7 juin 1947, *Rev. crit. DIP* 1948.527 (attestation consulaire).

(56) Civ. 28 déc. 1920, *RDIP* 1922-23.316 ; concl. Fournier sur CE 4 févr. 1966 *Rev. crit. DIP* 1967.689.

COURBE : *Le nouveau droit de la nationalité*, Paris, 1994.

DARRAS : *La double nationalité*, Thèse dactyl., Paris II, 1986.

DERRUPPÉ : « La nationalité étrangère devant le juge français », *Rev. crit. DIP*, 1959.201.

FRANCESCAKIS : « Les questions préalables de statut personnel dans le droit de la nationalité », *Rabels Z.* 1958.466.

FULCHIRON : « Rétablissement du droit du sol et réforme de la nationalité (Commentaire de la loi n° 98-170 du 16 mars 1998) », *JDI* 1998.343.

GISTI : *Le nouveau guide de la nationalité française*, La Découverte, 1994.

GIUDICELLI : « La déchéance de la nationalité française », *Mélanges Couvrat*, PUF, 2001, p. 333.

LAGARDE : *La nationalité française*, 3e éd., Dalloz, 1997.

LAGARDE : « La nationalité française rétrécie (commentaire critique de la loi du 22 juillet 1993 réformant le droit de la nationalité) », *Rev. crit. DIP* 1993.535.

LAGARDE : « La loi du 16 mars 1998 sur la nationalité : une réforme incertaine », *Rev. crit. DIP* 1998.379.

LEBON : « Attribution, acquisition et perte de la nationalité française : un bilan », *Rev. europ. des migrations internat.* 1er-3e trim. 1987, p. 7 et s.

LEFEBVRE-TEILLARD : « Jus sanguinis : *l'émergence d'un principe (éléments d'histoire de la nationalité française)* », *Rev. crit. DIP* 1993.223.

LEHMANN : « Du domaine d'application des lois de nationalité en droit français », *JDI* 1955.4, 324.

MAURY : *Répertoire La Pradelle et Niboyet*, V° *Nationalité.*

OLEKHNOVITCH : « La notion d'assimilation au sens des dispositions du Code civil relatives à la nationalité française », *Rev. crit. DIP* 1995.880.

VANEL : *Histoire de la nationalité française. Évolution historique de la notion de Français d'origine du XVIe siècle au Code civil, Thèse Paris, 1945.*

Être français aujourd'hui et demain, Rapport remis au Premier ministre par Marceau LONG, président de la Commission de la nationalité, 1988.

CHAPITRE 3
LA CONDITION DES PERSONNES PHYSIQUES ÉTRANGÈRES

944 Le chapitre de la condition des étrangers regroupe l'ensemble des différences établies par le droit français entre les Français et les non-Français.

Les sources de ce droit sont diverses.

En premier lieu viennent les *sources internationales*. Si le contenu de la coutume internationale semble réduit, et en tout cas vague (v. *supra*, n° 29), les traités sont en revanche nombreux. On étudiera, dans une Section III, ceux qui ont pour objet, sur une base de réciprocité (au sens large), d'améliorer le sort des nationaux de chaque État partie sur le territoire de l'autre, ou des autres. Mais il faut signaler aussi ceux qui tendent à assurer une protection minimale à tous les étrangers, quelle que soit leur nationalité, sur le territoire des États signataires. Le Pacte sur les droits économiques, sociaux et culturels du 19 décembre 1966 (ratifié par la France en février 1981) consacre un certain nombre de droits (droit au travail, à la sécurité sociale, à l'éducation...) destinés à assurer aux individus une vie décente, et précise en son article 2 que ces droits sont exercés sans discrimination de nationalité. Le Pacte sur les droits civils et politiques (conclu, et ratifié par la France, aux mêmes dates que le précédent) interdit la discrimination dans l'exercice des droits fondamentaux des individus, et régit l'expulsion des étrangers. Sous l'égide de l'Organisation internationale du travail (OIT) ont été conclues des conventions qui imposent aux États contractants des obligations profitant aussi bien aux étrangers qu'aux nationaux, et des conventions propres aux travailleurs migrants (par ex. la Convention n° 118, Égalité de traitement des nationaux et des non-nationaux en matière de sécurité sociale). Dans le cadre du Conseil de l'Europe, il faut signaler la Convention européenne de sauvegarde des droits de l'homme, ratifiée par la France en 1974, qui reconnaît certains droits fondamentaux à « toute personne » (bien qu'elle admette les discriminations dans certains domaines), et pose quelques obligations (complétées par des Protocoles) en matière d'expulsion des étrangers ; depuis que la France accepte les recours individuels devant la Cour européenne des droits de l'homme, la convention a influencé de manière significative l'attitude des tribunaux (v. *infra*, n°s 965 et 971).

Les *sources internes* laissaient encore récemment une grande place aux circulaires, ce qui faisait dire que l'étranger était soumis à un « infra-droit ». Le Conseil d'État ayant progressivement annulé les circulaires à caractère réglementaire, leur rôle normal a été restitué au Parlement et au Gouvernement légiférant par décret.

945 Les différences entre étrangers et nationaux ont deux causes bien distinctes, selon qu'elles sont du domaine du droit public ou du droit privé.

La spécificité du statut du national *en droit public* résulte du simple fait que sa qualité, consistant en un lien avec l'État, lui confère un titre naturel pour l'octroi d'un droit (par ex. le droit de vote) ou l'imposition d'une charge (par ex. les obligations du service national) qui mettent directement en rapport État et individu. L'étranger n'est pas d'ailleurs toujours exclu de ces droits ou charges : ils peuvent lui être attribués parfois à un autre titre, celui de sa résidence en France, par exemple (Section I).

Dans les rapports de droit privé, la qualité de national n'est pas naturellement impliquée, et rien ne s'opposerait rationnellement à ce que l'étranger jouisse d'un droit donné de la même façon et dans les mêmes cas que le national. Mais parfois, dans le désir délibéré d'imposer à l'étranger une condition inférieure à celle du national, on décide de le *priver d'un droit* ; et il ne peut en jouir, même à un autre titre (Section II).

Sur les deux plans, des conventions interviennent, qui rapprochent le statut des nationaux de l'État étranger signataire, de celui des Français (Section III).

SECTION I — DIFFÉRENCE DE STATUT ENTRE LE FRANÇAIS ET L'ÉTRANGER FACE À L'ÉTAT

946 Le Français, en cette qualité, jouit de droits que l'on peut hésiter à accorder à l'étranger.

En premier lieu, il a le droit de résider sur le territoire français. Seul le *bannissement*, peine qui sanctionne certains crimes politiques, peut l'en priver. En revanche, la présence de l'étranger sur le territoire national est soumise à des conditions, et peut prendre fin sur une simple décision administrative (§ 1).

En second lieu, l'étranger qui a été autorisé à résider en France a, sur bien des points, un statut inférieur à celui du Français également résident ; notamment il doit en général obtenir une autorisation pour pouvoir exercer une activité professionnelle (§ 2).

Enfin l'étranger, où qu'il réside, est privé de certains des droits auxquels peut prétendre le Français même résidant à l'étranger ; en contrepartie, certaines charges incombent au seul Français, indépendamment de sa résidence (§ 3).

§ 1. DIFFÉRENCE DE STATUT ENTRE FRANÇAIS ET ÉTRANGERS QUANT AU DROIT DE RÉSIDER EN FRANCE

947 L'entrée, le séjour et le départ forcé de l'étranger sont régis par le Code de l'entrée et du séjour des étrangers et du droit d'asile (CESEDA). Ce texte, issu de l'ordonnance du 24 novembre 2004, a reconduit, avec un certain nombre de modifications introduites notamment par la loi du 24 juillet 2006, les dispositions de l'ordonnance du 2 novembre 1945, maintes fois remaniée en raison de l'alternance politique.

Un large accord existe en fait sur trois objectifs : d'une part, dans un souci de sécurité, contrôler étroitement l'entrée en France, et conserver un usage facile de l'arme de l'expulsion ; d'autre part, en raison de la situation de l'emploi, maintenir nos frontières fermées aux étrangers désireux d'entrer en France pour y exercer une activité professionnelle, notamment salariée, et refouler ceux qui auraient réussi à s'introduire clandestinement ou en invoquant des motifs non professionnels ; enfin, assurer la stabilité des quelque quatre millions et demi d'étrangers installés et en situation régulière.

On étudiera successivement l'entrée, le séjour et le départ de France, puis le cas particulier des demandeurs d'asile.

Les développements qui suivent ne sont que très partiellement applicables aux ressortissants des États de la Communauté européenne d'une part, aux Algériens d'autre part.

A. Entrée en France

948 Le problème de l'entrée en France se pose pour les étrangers qui n'y résident pas depuis leur naissance.

On distinguera la simple pénétration sur le territoire (*a*) de l'immigration des travailleurs étrangers (*b*).

a) Pénétration sur le territoire

949 En règle générale, pour pénétrer sur le territoire français, il faut être muni d'un passeport (document délivré par l'autorité étrangère), lequel doit être *visé* par le consul de France de la résidence de l'intéressé. Au moment de l'apposition du visa, une appréciation discrétionnaire est effectuée. En principe, le refus de visa n'est pas motivé. Toutefois, l'article L. 211-2 CESEDA énumère diverses catégories d'étrangers vis-à-vis desquels le refus doit, sous réserve de considérations tenant à la sûreté de l'État, être motivé.

L'exigence du visa a été supprimée pour les ressortissants de certains pays, et notamment de ceux qui sont membres de la Communauté européenne.

Outre le passeport visé, l'étranger doit présenter divers documents, relatifs :

– aux *garanties de rapatriement* : par exemple, un titre de transport incessible, ou une attestation d'un établissement bancaire ;

– à *l'objet et aux conditions de séjour*, ceci afin essentiellement de dépister plus facilement les « faux touristes », qui pénètrent en France dans le but dissimulé de s'y installer et d'y exercer une activité professionnelle ; en particulier, le système controversé du certificat d'hébergement, qui avait été supprimé par la loi du 11 mai 1998, a été rétabli par la loi du 26 novembre 2003.

Ce document, intitulé « justificatif d'hébergement » dans l'article L. 211-3 CESEDA, est une attestation d'accueil de l'étranger par une personne qui s'engage à lui assurer un logement en France et à prendre en charge, pendant toute la durée du visa ou pendant trois mois à compter de l'entrée de l'étranger sur le territoire d'un État partie à la Convention de Schengen (v. *infra*, n° 951), ses frais de séjour s'il ne peut lui-même y pourvoir. Cette attestation, accompagnée des pièces justificatives énumérées par décret en Conseil d'État, doit être présentée « pour validation » au maire de la commune (ou, à Paris, Lyon et Marseille, de l'arrondissement) du lieu d'hébergement. La validation peut être refusée si les mentions de l'attestation sont inexactes, si elle émane d'une personne ayant antérieurement signé des attestations constitutives d'un « détournement de procédure », ou s'il apparaît que l'étranger ne pourra être accueilli « dans des conditions normales de logement », lesquelles peuvent donner lieu, à la demande du maire, à une « vérification sur place » par des agents spécialement habilités de la commune ou de l'Office des migrations internationales. Le refus de validation, qui peut résulter du simple silence gardé pendant plus d'un mois après le dépôt de la demande, doit être, dans les deux mois, contesté devant le préfet, à peine d'irrecevabilité de tout recours contentieux.

– aux *moyens d'existence* : l'étranger doit établir qu'il est en mesure de faire face à ses frais de séjour, notamment par la présentation d'espèces, de chèques de voyage, de cartes de paiement à usage international, etc., mais aussi, depuis la loi du 26 novembre 2003, d'une attestation d'assurance couvrant ses dépenses médicales et hospitalières, émanant d'un assureur agréé ; cette mesure est destinée à éviter qu'il ne se livre à la délinquance ou au travail au noir ;

– à *l'exercice d'une activité professionnelle* s'il se propose d'en exercer une (v. *infra*, n° 953).

Ces divers documents, à l'exception du passeport, ne sont pas exigés du conjoint, ni des enfants mineurs de dix-huit ans, d'une personne résidant régulièrement en France, qui viennent la rejoindre (art. L. 212-2).

950 Même lorsqu'il présente à la frontière les visas et documents exigés, l'étranger ne possède pas le *droit* de pénétrer en France. L'accès au territoire français peut lui être refusé (par une décision écrite, exécutoire d'office et spécialement motivée, prise par le chef du poste de police ou de douane) lorsque sa présence constituerait une *menace pour l'ordre public*, ou s'il est l'objet d'un arrêté d'expulsion, d'un arrêté de reconduite à la frontière ou d'une mesure d'interdiction du territoire (sur ces mesures, v. *infra*, n°s 968 et s. et n°s 963, 964 et 980).

L'étranger peut former un recours pour excès de pouvoir contre la décision qui le refoule. Mais, non suspensif d'exécution, ce recours n'aboutira que longtemps après le retour de l'intéressé dans son pays (ou dans un pays tiers).

Lorsque le refus d'entrée en France nécessite une mesure effective de rapatriement, autrement dit lorsque l'étranger est arrivé par avion, par train ou par bateau, un certain nombre de mesures protectrices, à vrai dire peu généreuses, sont prévues.

L'étranger est mis en mesure d'avertir la personne chez laquelle il devait se rendre, son consulat ou le conseil de son choix.

S'il refuse d'être rapatrié, ce rapatriement ne pourra intervenir, s'il le requiert, avant l'expiration d'un délai d'un jour franc. Pendant ce délai, et dans tous les cas où le départ ne peut avoir lieu immédiatement, l'étranger peut être maintenu dans la zone d'attente du port, de la gare ou de l'aéroport pour une durée maximale de quarante-huit heures, renouvelable une fois, par décision écrite et motivée de l'autorité administrative. Au-delà, le maintien en zone d'attente peut être décidé par le président du tribunal de grande instance ou son délégué, après une audience contradictoire, pour une durée maximale de huit jours, renouvelable à titre exceptionnel (art. L. 222-1).

L'étranger peut, pendant toute cette période, demander l'assistance d'un interprète et d'un médecin, et communiquer avec un conseil ou toute personne de son choix (art. L. 221-4). S'il est mineur, le procureur de la République, « immédiatement avisé », lui désigne un administrateur *ad hoc* chargé de l'assister (art. L 221-5).

951 Plusieurs États de la Communauté, dont la France, ont signé, le 14 juin 1985, un accord dit de Schengen visant à la suppression du contrôle aux frontières intérieures. La convention d'application de cet accord a été signée, également à Schengen, le 19 juin 1990.

Selon le système conventionnel, le contrôle à exercer à l'égard des ressortissants des États non-membres de la Communauté s'effectue aux frontières dites « extérieures », séparant les États parties à la Convention des États tiers. Un titre de séjour uniforme pour l'ensemble des États parties est accordé à l'intéressé. Celui-ci peut ensuite circuler librement à l'intérieur de l'« espace Schengen », sous couvert de son passeport et de son titre de séjour ; il doit alors souscrire une déclaration auprès de tout État nouveau sur le territoire duquel il pénètre.

952 La Convention instaure également un échange d'informations entre les États parties (« Système d'Information Schengen », SIS) qui permet aux autorités de chaque État de refuser l'accès de son territoire aux étrangers signalés par l'un des États aux fins de non-admission, ou susceptible de compromettre l'ordre public, la sécurité nationale ou les relations internationales de l'un des États.

b) Immigration des travailleurs étrangers (1)

953 La France recourt traditionnellement à la main-d'œuvre étrangère. L'importance de l'immigration varie essentiellement en fonction de deux facteurs : démographique et économique.

Elle a été considérable au lendemain de la Libération : la population active française avait diminué, la reconstruction et le développement de l'économie requéraient un labeur intensif. L'ordonnance du 2 novembre 1945 a porté la création de l'Office national d'immigration devenu depuis *Office des migrations internationales* (OMI), destiné à contrôler l'entrée en France des travailleurs étrangers.

Le ralentissement de l'activité économique a conduit le gouvernement, en juillet 1974, à suspendre l'immigration des travailleurs. La mesure a été annulée par le Conseil d'État le 24 novembre 1978 (2), au motif que la décision de refuser l'entrée en France devait être individuelle. La consigne n'en a pas moins été donnée à l'autorité administrative de ne donner qu'exceptionnellement un avis favorable. Cette attitude s'est maintenue sous les divers gouvernements qui se sont succédé.

L'employeur demandeur en main-d'œuvre souscrit un « contrat d'introduction de travailleur étranger », soumis au visa des services du ministre chargé du Travail. Le visa est accordé lorsqu'il apparaît que la « situation de l'emploi » dans le secteur économique concerné le permet (c'est-à-dire, *grosso modo*, lorsque les statistiques font apparaître que les offres d'emploi l'emportent sur les demandes d'emploi). (Sur les personnes auxquelles la situation de l'emploi est inopposable, v. *infra*, n° 957).

Hormis le cas où le contrat d'introduction est nominatif (c'est-à-dire précise l'identité du travailleur que l'on se propose d'embaucher), c'est l'OMI qui, par l'intermédiaire de ses centres établis à l'étranger, procède au recrutement des travailleurs demandés, et à leur acheminement vers le lieu de leur emploi. Dans le système institué, la procédure nominative devait être exceptionnelle. Mais dans la conjoncture actuelle elle est la seule qui soit pratiquée.

Lorsque la décision est positive, un visa d'établissement est apposé sur le passeport de l'étranger, et le contrat de travail, visé par la Direction départementale du travail et de l'emploi (DDTE), lui est remis (par le consulat de France, ou par l'antenne locale de l'OMI s'il en existe une). Muni de ces documents, le travailleur pourra entrer en France. Il lui restera à prendre possession de la carte de séjour temporaire « salarié » que le service préfectoral compétent, avisé par l'OMI, aura établie (v. *infra*, n° 957).

(1) Sur la notion d'immigration et les notions voisines, v. A. LYON-CAEN, « Étranger, immigré, immigrant : question de définition », *Rev. dr. sanit. et soc.* 1987.189.

(2) *CFDT* et *GISTI*, *AJDA* 1979.54, *Dr. ouvrier* 1979.29.

B. Séjour en France

954 Aucune formalité n'est exigée des étrangers âgés de moins de dix-huit ans, ni de ceux qui désirent séjourner moins de trois mois en France (art. L. 311-1).

À partir de l'âge de seize ans, l'étranger qui veut exercer une activité salariée doit solliciter une carte de séjour temporaire ou une carte de résident. La délivrance est de droit lorsque sont remplies les conditions de l'article L. 313-11 pour la carte de séjour temporaire (v. *infra*, n° 955), celles de l'article L. 314-11 pour la carte de résident (v. *infra*, n° 956).

Les autres, à l'exception des ressortissants des États membres de l'Union européenne ou parties à l'accord sur l'Espace économique européen et de la Confédération helvétique (art. L. 121-1), doivent demander, dans les deux mois de leur entrée en France, au préfet du département de leur résidence, une autorisation de séjour, qui présente toujours un caractère temporaire. Elle implique la conclusion avec l'État d'un « contrat d'accueil et d'intégration », par lequel l'étranger « s'oblige à suivre une formation civique » et, pour autant que de besoin, linguistique (art. L. 311-9).

Pour ceux des étrangers qui ont l'intention d'exercer en France une activité professionnelle, il existe un lien étroit entre séjour et travail. D'une part, l'autorisation de séjour est liée à l'exercice effectif d'une activité, dans la mesure où, privé de celle-ci, l'étranger se trouve également privé des ressources nécessaires pour vivre en France. D'autre part, l'exercice de nombreuses professions, et en particulier de toutes les activités salariées, suppose une autorisation administrative ; l'absence de cette autorisation fait obstacle à l'octroi ou au renouvellement de l'autorisation de séjour.

On examinera d'abord le régime général des cartes de séjour (a), puis le régime applicable aux salariés (b), ainsi qu'aux étrangers exerçant une autre profession (c) et enfin, le cas particulier des personnes venant rejoindre un proche parent résidant déjà régulièrement en France (d) (3).

a) Régime général des cartes de séjour

1° *Carte de séjour temporaire (art. L. 313-1 à L. 313-14 CESEDA)*

955 C'est la carte que doivent solliciter tous ceux qui séjournent en France et ne remplissent pas les conditions d'octroi de la carte de résident. L'autorité compétente pour instruire la demande est le préfet (à Paris, le préfet de police) (art. R. 311-1).

L'étranger doit, dans tous les cas, justifier de la régularité de son entrée en France. Il doit, sauf convention internationale contraire, être titulaire d'un visa

(3) Le régime général de l'autorisation de séjour et de l'autorisation de travail est assez largement amendé, voire écarté, pour les ressortissants de la Communauté européenne (v. *infra*, n°s 1024 à 1027), les Algériens et les Tunisiens. Par ailleurs, les ressortissants de quelques autres pays font l'objet de mesures favorables ponctuelles : v. *infra*, n° 960.

de séjour de durée supérieure à trois mois. Enfin il joint à sa demande un certificat médical.

D'autres documents sont exigés, qui varient selon l'objet du séjour. Le cas le plus fréquent, celui des travailleurs, salariés ou non, sera examiné ultérieurement (b et c), ainsi que l'hypothèse du regroupement familial (d). Les étudiants et les étrangers suivant en France un stage doivent justifier de moyens suffisants d'existence, et fournir un certificat d'inscription (carte « étudiant ») ou une convention de stage (carte « stagiaire »). Les chercheurs et les enseignants (carte « scientifique ») doivent justifier de la réalité de l'activité qu'ils viennent exercer en France. Les artistes-interprètes et les auteurs d'œuvres littéraires ou artistiques (carte « profession artistique et culturelle ») doivent justifier d'un contrat de plus de trois mois avec une entreprise impliquée dans l'exploitation ou la création des œuvres de l'esprit. Les autres étrangers doivent seulement justifier de moyens d'existence suffisants, et prendre l'engagement de n'exercer en France aucune activité professionnelle (carte « visiteur »).

Pendant l'instruction de la demande, le récépissé remis à l'intéressé vaut autorisation provisoire de séjour.

La carte est, en principe, délivrée pour une durée « qui ne peut être supérieure à un an », et qui ne peut dépasser non plus la durée de validité du visa apposé sur le passeport. Elle peut être renouvelée indéfiniment, sur demande de l'intéressé et production des mêmes documents que pour la délivrance initiale.

Un éventuel refus d'accorder l'autorisation de séjour, ou de la renouveler, doit être motivé. Il peut l'être, soit par la défaillance de l'une des conditions requises (par ex. l'insuffisance des ressources, ou l'absence d'inscription de l'étudiant), soit par le fait que la présence de l'étranger constitue une menace pour l'ordre public.

Un recours pour excès de pouvoir peut être formé auprès de la juridiction administrative contre la décision de refus du préfet. La juridiction exerce le « contrôle minimum », qu'elle comprend de façon assez étendue puisqu'elle s'autorise à relever une erreur manifeste d'appréciation dans la motivation tirée des nécessités de l'ordre public (4).

Aux termes de l'article R. 311-14, la carte de séjour temporaire peut être retirée, notamment, si l'intéressé cesse de remplir les conditions requises. Cela ne vise cependant pas la disparition involontaire du salaire. Une mesure d'expulsion ou d'interdiction du territoire, ou encore l'exercice non autorisé d'une activité professionnelle constitue également un motif de retrait.

955-1 Jusqu'en 1997 une seule catégorie d'étrangers bénéficiait de plein droit de la carte de séjour temporaire : le conjoint et les enfants mineurs d'un étranger

(4) CE 22 juill. 1977, *Mytteis-Hager*, *Rec. Lebon*, p. 366.

lui-même titulaire de la carte de séjour temporaire, venus le rejoindre au titre du regroupement familial.

Or, depuis plusieurs années, des lois ont énuméré des catégories de plus en plus nombreuses d'étrangers qui, même s'ils sont en situation irrégulière, ne peuvent être l'objet d'une mesure de reconduite à la frontière (v. *infra*, n° 965). Ces étrangers se trouvaient donc dans une situation absurde : autorisés, de fait, à demeurer sur le territoire, ils ne recevaient pas de titre de séjour et ne pouvaient dès lors exercer aucune profession, sauf de façon clandestine. En 1997, puis en 1998, des catégories de bénéficiaires de plein droit de la carte de séjour ont donc été ajoutées à celle déjà mentionnée. La carte qui doit leur être délivrée porte la mention « vie privée et familiale » (art. L. 313-11).

Ces catégories de bénéficiaires recouvrent en bonne partie celles des « non-reconductibles » (5). Mais elles en excluent encore certaines, ce qui est illogique. Ainsi, la carte « vie privée et familiale » n'est pas accordée à l'étranger dont la présence constitue « une menace pour l'ordre public » ; si cette menace ne justifie pas qu'il soit reconduit à la frontière, ne l'aggrave-t-on pas en le privant de la possibilité d'exercer une profession ? De même le bénéfice de la carte est refusé, pour certaines catégories, aux personnes vivant en état de polygamie, alors que ces mêmes catégories de personnes ne sont pas reconductibles, même si elles sont en situation de polygamie.

Parmi les bénéficiaires de la carte, il convient de mentionner la catégorie de ceux « dont les liens personnels et familiaux en France... sont tels que le refus d'autoriser leur séjour porterait à leur droit au respect de la vie privée et familiale une atteinte disproportionnée au motif du refus ». Cette règle est inspirée de l'article 8 de la Convention européenne des droits de l'homme, que le Conseil d'État applique déjà à l'occasion du contrôle des reconduites à la frontière (v. *infra*, n° 965).

Lorsque le préfet envisage de refuser de délivrer ou de renouveler la carte de séjour temporaire à un étranger mentionné à l'article L. 313-11, il doit saisir la « commission départementale du titre de séjour », présidée par le président du tribunal administratif. La commission entend l'étranger, qui peut être assisté d'un conseil ou d'une personne de son choix et, le cas échéant, d'un interprète. Les débats sont publics. La commission émet un avis, qui ne lie pas le préfet.

2° *Carte de résident (art. L. 314-1 à L. 314-13 CESEDA)*

956 La carte de résident (délivrée, à la demande de l'intéressé, par les mêmes autorités que la carte de séjour temporaire) confère à son titulaire une véritable stabilité, car elle est valable pour dix ans, et est renouvelée de plein droit. De plus, elle permet à l'étranger d'exercer la profession de son choix sur l'ensemble du territoire métropolitain.

(5) Ce n'est pas leur seul objet. Ainsi l'article 12 *bis*, 5° prévoit l'attribution de la carte au conjoint de l'étranger titulaire de la carte de séjour « scientifique ».

Cependant l'étranger qui quitte le territoire français pendant plus de trois ans (ce maximum pouvant être augmenté sur sa demande par l'Administration) perd sa qualité de résident. De plus, sa carte peut lui être retirée en cas d'expulsion ou de décision judiciaire d'interdiction du territoire.

Certaines personnes bénéficient de plein droit de la délivrance de la carte de résident, sur leur demande ; les autres sont soumises à une appréciation de leur situation par le préfet. Dans tous les cas la délivrance est refusée lorsque la présence de l'étranger constitue une menace pour l'ordre public, ou lorsque son séjour en France est irrégulier. Elle est également refusée, voire retirée, à l'étranger qui vit en France en état de polygamie, ainsi qu'à ses conjoints (art. 15 *bis*).

α) Bénéficiaires de plein droit

L'article L. 314-11 énumère huit catégories de personnes qui sont bénéficiaires de plein droit de la carte de résident.

Les lois du 26 novembre 2003 et du 24 juillet 2006 ont, en effet, sensiblement restreint la prise en considération des besoins du regroupement. C'est ainsi que ne bénéficient plus de plein droit de la carte de résident les parents d'un enfant français, ou le conjoint et les enfants mineurs d'un étranger lui-même titulaire de cette carte de résident. En revanche, ont été maintenus, parmi les bénéficiaires de plein droit de la carte de résident, les enfants et les ascendants d'un Français. Mais les conditions qui ont été posées, par la loi du 24 juillet 2006, à cette solution lui confèrent désormais la valeur d'une exception.

En ce qui concerne le conjoint d'un Français, la méfiance est grande à l'égard des mariages de complaisance, effectivement nombreux. Il est d'abord exigé que le mariage ait duré trois ans sans que la communauté de vie ait cessé, et que le Français ait conservé sa nationalité. De plus, si le mariage a été célébré à l'étranger, il doit avoir été régulièrement transcrit sur les registres de l'état civil français, et les articles 171-7 et 171-8 du Code civil prévoient, en cas de soupçon de fraude ou de contrariété à l'ordre public, le sursis à la transcription et la saisine du ministère public, qui demandera éventuellement la nullité. On a déjà vu, par ailleurs, les possibilités offertes au ministère public pour faire opposition au mariage célébré en France, ou pour en demander l'annulation (v. *supra*, n°s 566 et 567). Il faut encore ajouter que le préfet, s'il découvre que le mariage était de complaisance, peut refuser la carte, ou même la retirer (6). Au plan pénal, enfin, l'intéressé et son conjoint encourent une peine de cinq ans d'emprisonnement (portée à dix ans lorsqu'ils ont agi « en bande organisée ») et de 15 000 € d'amende (750 000 € si l'infraction est

(6) Pour la possibilité de refus, v. l'avis du Conseil d'État du 9 octobre 1992, *Rev. crit. DIP* 1993.25, note P.L., *JDI* 1993.103, note Julien-Laferrière, *D.* 1993.251, note Maillard-Desgrées du Loû, *JCP* 1993.II.22025, note Laroche-Gisserot.

commise en bande organisée), en plus de diverses autres peines complémentaires (7).

Il importe par ailleurs de noter que la loi du 24 juillet 2006 a exclu de la liste de l'article L. 314-11 les *étrangers en situation régulière depuis plus de dix ans* qui, sauf s'ils avaient eu le statut d'étudiant durant toute cette période, pouvaient jusqu'alors bénéficier de la carte de résident de plein droit.

L'article L. 314-11, 3°, vise les *titulaires de rentes* liées aux accidents de travail ou maladies professionnelles.

Les autres catégories comprennent : diverses catégories retenues en raison d'une *activité militaire* au service de la France ou au sein d'une armée alliée (art. L. 314-11, 4° à 7°) ; les *réfugiés*, ainsi que les *apatrides résidant régulièrement* en France depuis au moins trois ans, et le conjoint et les enfants mineurs (ou entrés dans leur dix-neuvième année) des personnes appartenant à l'une de ces deux catégories (art. L. 314-11, 8° à 9°) (8).

Lorsque le préfet envisage de refuser de délivrer ou de renouveler la carte de résident à l'une de ces personnes, il doit saisir la commission départementale du titre de séjour, dans les mêmes conditions qu'en matière de carte de séjour temporaire (v. *supra*, n° 955-1, *in fine*).

β) Autres demandeurs

Tout étranger en situation régulière, résidant en France depuis au moins cinq ans de façon ininterrompue, peut demander l'octroi de la carte. Il doit prouver qu'il dispose de moyens d'existence suffisants et stables, et qu'il a l'intention de s'établir durablement en France (par ex. en invoquant l'achat d'un logement ou la scolarisation de ses enfants).

La carte de résident peut également être accordée à des étrangers qui ne remplissent pas ces conditions mais qui, dans le système antérieur à la loi de 2003, en étaient bénéficiaires de plein droit : il s'agit du conjoint et des enfants mineurs d'un étranger titulaire d'une carte de résident, s'ils justifient d'une résidence régulière et non interrompue en France depuis au moins trois ans au titre du regroupement familial ; des étrangers père ou mère d'enfants français résidant en France, s'ils sont titulaires d'une carte de séjour temporaire depuis au moins trois ans et ne vivant pas en état de polygamie ; et du conjoint d'un « ressortissant de nationalité française », à condition que le mariage date de trois ans au moins, qu'il ait été transcrit sur le registre de l'état civil français s'il a été célébré à l'étranger et que la communauté de vie entre les époux n'ait pas cessé depuis.

(7) Ces sanctions sont rendues applicables par la loi 24 juill. 2006 aux reconnaissances, à l'organisation ou aux tentatives d'organisation de reconnaissances d'enfants effectuées aux fins de frauder les règles sur le séjour ou la nationalité.

(8) Le mariage avec un réfugié doit être antérieur à la reconnaissance de son statut, ou avoir été célébré depuis un an au moins, et la communauté de vie doit persister.

3° *Cartes « retraité » (art. L. 317-1 CESEDA) et « compétences et talents » (art. L. 315-1 à L. 315-9)*

956-1 La loi du 11 mai 1998 a créé une troisième catégorie de carte de séjour, portant la mention « retraité », valable dix ans et renouvelable de plein droit, mais n'ouvrant pas droit à l'exercice d'une activité professionnelle.

Cette carte est délivrée, à sa demande, à l'étranger qui, après avoir résidé en France sous couvert d'une carte de résident, établit sa résidence habituelle hors de France, et qui est titulaire d'une pension de vieillesse liquidée au titre d'un régime de base français de sécurité sociale. Elle lui permet d'entrer à tout moment en France, pour des séjours n'excédant pas un an. Le conjoint reçoit une carte lui conférant les mêmes droits.

De son côté, la loi du 24 juillet 2006 a institué une carte « compétences et talents » à l'intention de ceux qui, du fait de leurs compétences et de leurs talents, sont susceptibles de participer « de façon significative et durable au développement économique ou au rayonnement, notamment intellectuel, scientifique, culturel, humanitaire ou sportif de la France et du pays dont » ils ont la nationalité. Accordée pour une durée de trois ans, renouvelable, elle est attribuée « au vu du contenu et de la nature du projet de l'étranger », dont l'intérêt pour la France est apprécié en fonction de critères déterminés annuellement par la Commission nationale des compétences et des talents. Elle permet à son titulaire d'exercer, dans le cadre de son projet, toute activité professionnelle de son choix et ouvre à son conjoint et à ses enfants âgés de moins de 19 ans — pour autant que de besoin — droit à une carte de séjour temporaire.

b) Travailleurs salariés

957 Une autorisation de séjour (carte de séjour temporaire, ou carte de résident) ne peut être délivrée à un étranger qui compte exercer en France une activité salariée que si l'autorisation de travailler lui est accordée. Normalement, les deux autorisations sont accordées simultanément, l'autorisation de travail prenant la forme de l'apposition sur la carte de séjour temporaire de la mention « salarié », ou étant impliquée par l'attribution de la carte de résident. Mais il faut bien voir que la délivrance de ce titre unique suppose en fait la vérification de deux séries de conditions, les unes relatives au séjour, les autres relatives au travail (sauf dans l'hypothèse du bénéficiaire de plein droit de la carte de séjour temporaire « vie privée et familiale » ou de la carte de résident).

Les conditions relatives au travail sont les suivantes (art. R. 341-4-1 C. trav.) : le respect par l'employeur de la législation du travail ; l'équivalence des conditions d'emploi et de rémunération offertes avec celles dont bénéficient les Français ; le caractère correct du logement offert ; la situation déficitaire de l'emploi dans la profession et la zone géographique concernées. C'est en fait ce dernier élément qui justifie le refus presque systématique de la candidature à l'immigration et peut faire obstacle au renouvellement d'une carte de séjour ; le refus n'en doit pas moins être motivé par rapport aux données statistiques, sous le contrôle du Conseil d'État (9).

Toutefois, la situation de l'emploi n'est pas opposable à certaines catégories de travailleurs, énumérées par arrêté.

958 Ces critères s'appliquent de façon diversifiée selon les situations (on négligera celles du travailleur saisonnier et du travailleur temporaire).

1) L'immigrant, introduit en France par l'OMI, aura *en fait* reçu l'autorisation de travail avant même son entrée en France, par l'apposition du visa de la DDTE sur le contrat de travail (v. *supra*, n° 953). C'est à ce stade que sont examinées les conditions requises, même si en théorie l'autorisation réside dans la délivrance de la carte de séjour « salarié » par le préfet *après* l'entrée en France.

2) L'étranger déjà présent en France, par exemple, en qualité d'étudiant, qui désire une autorisation de travailler, ne peut l'obtenir que « par dérogation » (art. R. 341-2-3, al. 2 C. trav.) (10).

3) Cependant, s'il appartient à une des catégories énumérées à l'article L. 313-12 CESEDA (v. *supra*, n° 955-1), il a droit à la délivrance d'une carte de séjour temporaire « vie privée et familiale », comportant l'autorisation d'exercer une activité professionnelle. Il en va de même s'il peut bénéficier des cartes de séjour « scientifique », « profession artistique et culturelle » (v. *supra*, n° 955), ou « compétences et talents » (v. n° 956-1).

4) Le travailleur étranger dont la carte de séjour temporaire arrive à l'expiration doit en demander le renouvellement. La demande est examinée avec faveur dès lors que l'emploi est stable. Si l'étranger est, au contraire, privé d'emploi, la validité de la carte sera, selon l'article R. 341-5 du Code du travail, prolongée d'un an, pourvu que la perte d'emploi soit involontaire. Ce délai écoulé, s'il est toujours sans emploi, la décision de renouvellement est prise en tenant compte de ses droits au titre des indemnités de chômage ; or à ce stade il risque fort d'être en « fin de droits », donc de se voir refuser le renouvellement et d'être obligé de quitter la France.

Il résulte en tout cas de ces dispositions, de façon implicite mais nécessaire, que l'étranger qui perd son emploi pendant la durée de validité de sa carte conserve son droit de rester en France jusqu'à l'expiration de celle-ci.

5) L'étranger qui remplit les conditions pour bénéficier de plein droit de la carte de résident obtiendra cette carte sans avoir à apporter une quelconque justification relative à son travail. La carte de résident comporte l'autorisation de travail (v. *supra*, n° 956).

(9) V. par ex. CE 8 juill. 1988, *Gaz. Pal.* 1989.1. Som. 136, *D.* 1990. Som. 135, obs. Chelle et Prétot, sanctionnant l'erreur manifeste d'appréciation.

(10) Il convient de noter que la loi du 24 juill. 2006 confère aux titulaires de la carte « étudiant » le droit d'exercer, à titre accessoire, une activité salariée dans la limite de 60 % de la durée de travail annuelle. L'embauche d'un étudiant étranger ne peut cependant intervenir qu'après déclaration nominative effectuée par l'employeur auprès de l'autorité administrative (art. L. 341-4-1 C. trav.).

6) L'étranger résidant depuis cinq ans au moins en France peut demander à se voir accorder la carte de résident. La décision sera prise en tenant compte des conditions de son activité professionnelle. La carte ne lui sera pas accordée s'il est sans emploi.

7) Le renouvellement de la carte de résident, qui comporte l'autorisation de travail, est automatique (v. *supra*, n° 956).

c) Autres activités professionnelles

959 Lorsque l'activité que l'étranger exerce ou se propose d'exercer n'est pas soumise à autorisation (par ex. : artiste, traducteur, journaliste), il lui suffit de remplir les conditions générales d'octroi de la carte de séjour, et notamment la condition de ressources suffisantes.

Lorsque, au contraire, l'activité est soumise à autorisation (v. *infra*, n°s 981 et 982), la *carte de séjour temporaire* ne peut être délivrée que si l'autorisation professionnelle a préalablement été accordée par l'autorité compétente (art. L. 341-2 C. trav.) (11). Il y a donc dualité de formalités et de titres. La validité de la carte de séjour a une durée limitée à celle de la carte professionnelle. Pour l'octroi de la *carte de résident*, l'autorisation peut être accordée ou renouvelée par le préfet ; la délivrance de la carte de résident emportera l'autorisation.

d) Regroupement familial

960 Un décret de 1976 a instauré le droit, pour le conjoint et les enfants mineurs de dix-huit ans de l'étranger résidant régulièrement en France, de s'installer auprès de lui, à certaines conditions.

Annulant un décret postérieur qui visait à remettre en cause ce droit, le Conseil d'État a énoncé que les « étrangers résidant en France ont, comme les nationaux, le droit de mener en France une vie familiale normale... Ce droit comporte la faculté de faire venir auprès d'eux leur conjoint et leurs enfants mineurs » (12). La réglementation figure aujourd'hui aux articles L. 411-1 à L. 441-1 CESEDA.

L'étranger que sa famille vient rejoindre doit séjourner en France depuis dix-huit mois au moins, sous couvert d'un titre d'une validité d'un an au moins, et disposer de ressources stables suffisantes (13), ainsi que d'un logement adapté à la réception de ses proches. Ceux-ci ne doivent pas être atteints d'une maladie ou infirmité susceptible de mettre en jeu la santé ou la sécurité

(11) Si l'étranger avait obtenu une autorisation provisoire de séjour, celle-ci est caduque en cas de refus de l'autorisation professionnelle : Trib. adm. Paris 18 janv. 1984, *Gaz. Pal.* 1984.2. Som. 457.
(12) CE 3 déc. 1978, *GISTI, CFDT et CGT, Dr. soc.* 1979.50, concl. Dondoux.
(13) Elles doivent, d'après la loi du 26 novembre 2003, être d'un niveau au moins égal au SMIC.

publiques (14) ; leur présence ne doit pas constituer une menace pour l'ordre public.

Le regroupement peut être sollicité au profit de l'ensemble de la famille, ou d'une partie seulement. En cas de polygamie, l'étranger qui réside en France avec l'un de ses conjoints ne peut invoquer le bénéfice du regroupement familial au profit des autres conjoints ni de leurs enfants. S'il les fait néanmoins venir en France, leur titre de séjour leur sera refusé ou retiré, et celui de l'étranger polygame lui sera retiré (art. L. 411-7).

L'examen des conditions prend la forme d'une enquête diligentée par le maire de la commune de résidence de l'étranger. Le préfet statue dans les six mois du dépôt du dossier complet de la demande. Lorsque la décision est positive, le ou les bénéficiaires reçoivent le visa nécessaire à leur entrée en France ; leur introduction et leur accueil sont réalisés avec le concours de l'OMI ; à leur arrivée, une carte de séjour de même nature que celle de la personne qu'ils rejoignent leur est délivrée. S'ils désirent exercer une activité salariée, la situation de l'emploi ne leur est pas opposable. Ils peuvent également exercer toute autre activité professionnelle de leur choix, à l'exception de celles qui sont interdites aux étrangers.

En cas de rupture de la vie commune, le titre de séjour délivré au conjoint peut, pendant les trois années qui suivent sa délivrance, lui être retiré ou faire l'objet d'un refus de renouvellement, sauf, lorsque « l'étranger » est titulaire de la carte de résident et établit avoir toujours exécuté ses obligations parentales, si un ou plusieurs enfants sont nés de cette union ou si son conjoint a pris l'initiative de la rupture en raison de violences conjugales.

C. Départ de France

a) Irrégularité de l'entrée ou du séjour en France

961 C'est à l'occasion des contrôles d'identité que sont constatées en pratique les infractions à la réglementation de l'entrée et du séjour en France. Plusieurs textes se sont succédé, afin de renforcer les pouvoirs de la police. Dans son dernier état, l'article 78-2, 3e alinéa du Code de procédure pénale dispose que l'identité d'une personne peut être contrôlée pour prévenir une atteinte à l'ordre public, quel que soit le comportement de la personne contrôlée ; il faut cependant, selon le Conseil constitutionnel, que l'Administration puisse justifier des circonstances particulières établissant le risque d'atteinte à l'ordre public (15).

(14) Ces conditions ne sont pas exigées de certains étrangers bénéficiaires d'un traité : ressortissants de la CEE, de Centrafrique, du Gabon, du Burkina-Faso, de Mauritanie et du Togo.
(15) Décision du 5 août 1993, *JO* du 7 août 1993.

Même en dehors de contrôles d'identité, il résulte de l'article L. 611-1 CESEDA que « les personnes de nationalité étrangère doivent être en mesure de présenter les pièces ou documents sous le couvert desquels elles sont autorisées à circuler ou à séjourner en France ». Le Conseil constitutionnel a précisé que les contrôles doivent s'opérer en se fondant exclusivement sur des critères objectifs, excluant toute discrimination (16).

962 Si, dans le cadre d'un contrôle, ou à une autre occasion, il est constaté que la situation de l'étranger est irrégulière, quelles en sont les sanctions ?

Deux procédures coexistent : une procédure judiciaire pénale, débouchant facultativement sur une mesure d'interdiction du territoire (ce qui implique la reconduite), et une procédure administrative de reconduite à la frontière, dont l'issue est contrôlée par la juridiction administrative (17).

1° *La procédure judiciaire (art. L. 621-1 CESEDA)*

963 L'entrée ou le séjour irréguliers en France sont passibles d'un emprisonnement d'un mois à un an et d'une amende.

Le juge peut en outre interdire au condamné — éventuellement à titre principal — de pénétrer ou de séjourner sur le territoire français, pour une durée qui ne peut excéder trois ans. Cette peine, dite d'*interdiction du territoire*, emporte de plein droit la reconduite à la frontière, le cas échéant à l'expiration de la peine d'emprisonnement. Si elle est assortie de l'exécution provisoire, elle entraîne de plein droit la soumission de l'étranger au régime, de courte durée, de la rétention administrative (décrit *infra*, n° 972, à propos de l'expulsion).

L'étranger peut demander à tout moment à la juridiction qui l'a interdit de le relever de l'interdiction du territoire.

964 D'autres infractions sont susceptibles d'être commises à l'occasion d'un séjour irrégulier. Elles sont soumises au droit commun : ainsi l'usage d'une fausse carte de séjour fait encourir les peines du faux document administratif.

Un délit particulier a de plus été institué pour frapper ceux qui facilitent directement ou indirectement l'entrée ou le séjour irrégulier des étrangers (art. L. 622-1). Les peines encourues sont particulièrement lourdes : emprisonnement de cinq ans et/ou amende, interdiction de séjour, suspension du permis de conduire, confiscation du véhicule impliqué, interdiction d'exercer pendant cinq ans l'activité professionnelle à l'occasion de laquelle l'infraction a été commise, interdiction du territoire français pendant dix ans si le délinquant est étranger. Toutefois, les proches de l'étranger (parents, enfants, conjoint, etc.) ne

(16) Décision du 13 août 1993, *JO* du 18 août 1993.

(17) La loi du 2 août 1989 avait prévu un recours devant les juridictions de l'ordre judiciaire. Mais le Conseil constitutionnel, par décision du 28 juill. 1989 (*Rev. crit. DIP* 1989.680, *D.* 1990.161, note Prétot), estima cette disposition contraire à la conception française de la séparation des pouvoirs.

peuvent être l'objet de poursuites pénales. Inversement, lorsque le délit est commis en bande organisée, ou dans des circonstances qui, soit exposent les étrangers à un risque de mort, soit les soumettent à des conditions de vie, de transport, de travail ou d'hébergement incompatibles avec la dignité de la personne humaine, la durée maximale de l'emprisonnement encouru est portée à dix ans.

Enfin, l'article L. 625-1 CESEDA édicte des peines d'amende à l'encontre des entreprises de transport qui débarquent sur le territoire français des étrangers non ressortissants de l'Union européenne démunis de passeport ou, le cas échéant, de visa.

2° *La procédure administrative (art. L. 511-1 à L. 514-1 CESEDA)*

965 Le CESEDA énumère huit cas dans lesquels l'étranger peut faire l'objet d'une mesure administrative de reconduite à la frontière. Sept d'entre eux paraissent recouvrir toutes les hypothèses d'entrée ou de séjour irréguliers. Le huitième, sur lequel on reviendra (n° 967) est « la condamnation définitive pour contrefaçon, falsification, établissement sous un autre nom que le sien *ou défaut* de titre de séjour ».

La reconduite à la frontière ne peut être décidée à l'encontre d'un étranger appartenant à l'une des catégories de personnes non expulsables (v. *infra*, n° 968).

Il ne suffit pas que l'autorité compétente (le préfet) constate la réunion des conditions objectives de la mesure. Le Conseil d'État a décidé qu'il lui appartient en outre d'apprécier si elle n'est pas de nature à comporter, pour la situation personnelle ou familiale de l'intéressé, des conséquences d'une exceptionnelle gravité (18). Une erreur manifeste de sa part dans cette appréciation serait sanctionnée dans le cadre du recours en annulation devant la juridiction administrative. De plus en plus souvent celle-ci vise l'article 8 de la Convention européenne des droits de l'homme : il proclame le droit de toute personne au respect de sa vie privée et familiale, droit auquel seules certaines *nécessités* permettent de porter atteinte (19). Le contrôle évolue donc vers un contrôle plénier de proportionnalité.

Le fait pour une étrangère en situation irrégulière de vivre maritalement avec un Français, et d'être enceinte de ses œuvres, ne met pas obstacle, selon le Conseil d'État, au prononcé de la reconduite (20). Il en va différemment si, en raison de l'état de grossesse, la femme ne peut supporter le voyage sans danger (21). Constitue également une circonstance d'une

(18) CE 29 juin 1990, deux arrêts, *Mme Olmos Quintero* et *Imambaccus, Rev. crit. DIP* 1990.622, 1re et 2e esp., note Turpin.
(19) CE (Ass.) 19 avr. 1991, *Mme Babas, D.* 1991.399, 2e esp. note Prétot, *Rev. crit. DIP* 1991.677, 2e esp., note Turpin, *JCP* 1991.II.21757, note Nguyen van Tuong, *Gaz. Pal.* 1992.2.494, note Icart.
(20) CE 29 juin 1990, *Mme Olmos Quintero*, cité note 18.
(21) CE 28 sept. 1990, *Mme Ermiser, D.* 1990.IR.233.

exceptionnelle gravité le fait que la femme de l'étranger en situation irrégulière est enceinte et de santé fragile (22).

966 L'arrêté de reconduite ne peut intervenir sans que l'intéressé ait été mis à même de présenter préalablement des observations écrites (23). Il est motivé. L'étranger, auquel il est notifié, est mis « dans les meilleurs délais » en mesure d'avertir un conseil, une personne de son choix ou l'autorité consulaire.

L'article L. 512-2 donne à l'étranger un délai de quarante-huit heures pour demander l'annulation de l'arrêté au président du tribunal administratif. Celui-ci doit se prononcer dans un délai de soixante-douze heures à compter de sa saisine. Le recours est suspensif. En revanche, l'appel contre la décision de première instance, porté devant le président de la section du contentieux du Conseil d'État, ne met pas obstacle à l'exécution de la mesure, à moins que le sursis à exécution n'ait été accordé par ce magistrat (24). Pendant la durée de la procédure, l'étranger peut être maintenu dans des locaux ne relevant pas de l'Administration pénitentiaire, dans les mêmes conditions qu'en matière d'expulsion (v. *infra*, n° 972).

Indépendamment de ces recours, les réfugiés ont, comme en matière d'expulsion (v. *infra*, n° 974), la possibilité d'adresser un recours suspensif à la Commission des recours de l'OFPRA, dont l'avis ne liera pas l'autorité administrative.

Les conditions de l'exécution matérielle de l'arrêté de reconduite, et les sanctions de sa méconnaissance, sont les mêmes que celles de l'arrêté d'expulsion. Il est donc renvoyé aux développements des n°s 972 et 973, qui s'appliquent *mutatis mutandis*.

Il convient de signaler l'existence de conventions internationales qui ont pour objet de faciliter la réadmission de l'étranger dans le pays dont il est le national, ou dans lequel il résidait avant de pénétrer ou de séjourner irrégulièrement en France. Ces conventions sont en général bilatérales, mais les six premiers États membres de la Communauté européenne, ainsi que la Pologne, ont signé à Bruxelles, le 29 mars 1991, un accord multilatéral, publié en France par un décret du 12 janvier 1994.

Le prononcé d'une mesure de reconduite à la frontière ne met pas obstacle à ce que l'étranger revienne en France, ultérieurement, dans des conditions régulières.

3° *Rapports entre les deux procédures*

967 Les rapports entre les deux procédures ne sont pas précisés et manquent de clarté. Quoique rédigés de façon différente, les articles L. 511-1 et L. 621-1

(22) CE 20 juill. 1990, *Cavdar, D.* 1990.IR.214.
(23) CE 11 juill. 1990, *Mlle Mohindee, D.* 1991.68, note Prétot.
(24) CE 29 juin 1990, deux arrêts, *Engin* et *Hablani, Rev. crit. DIP* 1990.682, 3e et 4e esp., note Turpin, *D.* 1991.65, note Dugrip. Si la reconduite a déjà eu lieu, la demande de sursis a exécution est sans objet (la solution contraire est retenue en matière d'expulsion : v. *infra*, n° 971, *in fine*).

CESEDA paraissent bien viser les mêmes faits. Dès lors, deux questions au moins se posent.

En premier lieu, selon quels critères décidera-t-on de poursuivre pénalement les uns et de reconduire immédiatement les autres ? Paradoxalement, ce sont les premiers qui seront le mieux traités, car ils bénéficieront d'une procédure contradictoire *a priori* et moins expéditive. C'est surtout à l'égard des catégories de personnes qui ne peuvent être ni expulsées, ni reconduites administrativement à la frontière, que des poursuites pénales permettront — sauf à l'égard des mineurs de dix-huit ans — d'obtenir leur éviction du territoire français.

En second lieu, la reconduite administrative peut-elle être décidée contre une personne qui a été poursuivie pénalement et n'a pas été frappée d'une peine d'interdiction du territoire ? Il faut distinguer selon qu'elle a été reconnue coupable par le juge pénal, ou non.

Dans le premier cas, il serait conforme à la logique du nouveau système que la reconduite, mesure purement administrative, puisse être prononcée (ses effets étant éventuellement retardés jusqu'à l'expiration de la peine d'emprisonnement). Mais l'article L. 511-1 vise seulement le cas de l'étranger condamné pour « défaut de titre de séjour » (v. *supra*, n° 965). *A contrario*, celui qui est condamné pour entrée irrégulière, suivie d'un séjour de moins de trois mois, ne pourrait être l'objet d'une mesure de reconduite ; on voit mal les raisons de cette distinction.

Lorsque l'étranger a été relaxé, on n'imagine guère qu'un arrêté de reconduite puisse être pris à son égard ; les jugements des tribunaux répressifs ont en principe autorité sur les décisions administratives en ce qui concerne la constatation des faits matériels et la déclaration de culpabilité.

b) Menace pour l'ordre public : l'expulsion

968 La possession d'une autorisation de séjour ne donne pas à l'étranger un droit inconditionnel, comparable à celui du Français, à demeurer sur le territoire français. Sa conduite doit être telle qu'il ne se rende pas indésirable. Sinon, son expulsion peut être décidée au terme d'une procédure instituée par les articles L. 521-1 à L. 524-4 CESEDA.

Peut faire l'objet d'une procédure d'expulsion l'étranger dont « la présence sur le territoire français constitue une menace grave pour l'ordre public » (art. L. 521-1). Il a été jugé que l'existence d'une condamnation pénale prononcée contre l'étranger n'est pas *suffisante*, en ce sens qu'elle ne dispense pas d'examiner si la menace pour l'ordre public est constituée (25).

Certains étrangers sont à l'abri de toute expulsion prononcée selon la procédure normale. Les articles L. 521-2, L. 521-3 et L. 521-4 les répartissent

(25) CE 21 janv. 1977, *Dridi*, *Rev. crit. DIP* 1977.500, *JDI* 1978.71, note Ruzié, *D.* 1977.527, note Julien-Laferrière.

en trois catégories. La première correspond à ceux qui ne sont protégés que si, d'une part, ils n'ont pas été définitivement condamnés à une peine d'emprisonnement ferme au moins égale à cinq ans, d'autre part leur expulsion ne constitue pas « une nécessité impérieuse pour la sûreté de l'État ou la sécurité publique ». Ce sont (art. L. 521-2) les étrangers qui résident *régulièrement* en France depuis plus de dix ans, à l'exception des étudiants ; les étrangers mariés avec un Français depuis au moins trois ans, à condition que la communauté de vie n'ait pas cessé et que le Français ait conservé sa nationalité ; ou pères et mères d'un enfant français résidant en France (à condition d'exercer sur lui l'autorité parentale, ou de subvenir à ses besoins et de ne pas vivre en état de polygamie) ; les titulaires d'une rente d'accident du travail ou de maladie professionnelle, servie par un organisme français et dont le taux d'incapacité permanente est égal à 20 % au moins.

La deuxième catégorie regroupe les étrangers auxquels ne peut pas être opposée une condamnation à cinq ans d'emprisonnement ferme ou une nécessité impérieuse pour la sécurité publique, mais qui sont expulsables uniquement « en cas de comportements de nature à porter atteinte aux intérêts fondamentaux de l'État, ou liés à des activités à caractère terroriste, ou constituant des actes de provocation à la discrimination, à la haine ou à la violence contre une personne déterminée ou un groupe de personnes » (art. L. 521-3). Il s'agit de l'étranger qui justifie par tous moyens résider habituellement en France depuis qu'il a atteint au plus l'âge de treize ans ; de celui qui réside en France *régulièrement* depuis plus de vingt ans ; de l'étranger résidant régulièrement en France depuis plus de dix ans et qui, ne vivant pas en état de polygamie est, soit marié depuis au moins quatre ans avec un Français ou un étranger résidant lui-même habituellement en France depuis l'âge de treize ans (à condition que la communauté de vie n'ait pas cessé), soit père ou mère d'un enfant français mineur résidant en France (à condition qu'il contribue effectivement à l'entretien et à l'éducation de celui-ci) ; de l'étranger résidant habituellement en France dont l'état de santé nécessite une prise en charge médicale dont le défaut pourrait avoir des conséquences d'une exceptionnelle gravité.

La troisième catégorie, enfin, est constituée des enfants mineurs de dix-huit ans ; ceux-ci ne peuvent jamais faire l'objet d'un arrêté d'expulsion, pour quelque cause que ce soit (art. L. 521-4).

Les personnes non expulsables aux termes des articles L. 521-2 à L. 521-4, sont également, comme on l'a vu, à l'abri d'une reconduite à la frontière en cas d'irrégularité de l'entrée ou du séjour.

969 L'expulsion envisagée, ainsi que son motif, sont portés à la connaissance de l'intéressé par un bulletin qui le convoque, au moins quinze jours à l'avance, devant une commission départementale composée de trois membres : le président du tribunal de grande instance, un conseiller du tribunal administratif, un magistrat désigné par l'assemblée générale du tribunal de grande instance. Le chef du service des étrangers à la préfecture rapporte, et le directeur départemental de l'action sanitaire et sociale est entendu (26). Les débats sont publics. L'intéressé peut être assisté d'un conseil ou d'une personne de son choix, et le cas échéant d'un interprète, et le dossier doit lui être préalablement communiqué sur sa demande. Il fait valoir les raisons qui militent contre son expulsion.

La commission émet un avis motivé, favorable ou défavorable, qui est transmis, avec le procès-verbal enregistrant les explications de l'intéressé, au ministre de l'Intérieur. L'avis ne lie pas le ministre. S'il prononce l'expulsion, son arrêté, motivé, est notifié par huissier à l'intéressé ; celui-ci doit quitter de lui-même le territoire français, mais il peut aussi être raccompagné de force à la frontière (27).

970 En vertu de l'article L. 522-1 CESEDA, les garanties données à l'étranger sont écartées lorsqu'il y a urgence absolue. Dans ce cas, l'arrêté peut être prononcé sans aucune procédure préalable.

L'existence de cette procédure constitue une tentation pour l'Administration désireuse d'expulser une personne en principe non expulsable, ou craignant un avis défavorable de la commission. La juridiction administrative se montre heureusement vigilante.

971 D'abord considérés comme des « actes de gouvernement » insusceptibles de recours (28), les arrêtés d'expulsion ont par la suite été soumis à un contrôle de plus en plus étroit de la part des juridictions administratives. Ce contrôle s'est d'abord porté sur l'exactitude matérielle des faits (29), puis a été étendu à l'erreur de droit, résultant, par exemple, d'un non-respect des formes ou de la nationalité française de l'intéressé (30).

Dans quelle mesure doit-il porter sur la qualification des faits au regard des notions d'ordre public, d'urgence absolue, de sûreté de l'État, etc. ? Le Conseil d'État exerce un contrôle complet sur la qualification qui commande le recours à la procédure d'urgence absolue (31). Le détournement de procédure est, en effet, on l'a vu, particulièrement à redouter, et la jurisprudence est très abondante en ce domaine. Quant à la « menace grave pour l'ordre public », motif nécessaire de toute expulsion, le Conseil d'État s'est longtemps borné au contrôle de l'erreur manifeste d'appréciation (32). Mais l'existence d'engage-

(26) Des traités bilatéraux obligent parfois l'autorité administrative à informer de la procédure les agents diplomatiques et consulaires intéressés, qui présenteront leurs observations s'ils le jugent bon.

(27) Le délai imparti aux ressortissants de la Communauté européenne pour quitter le territoire ne peut être inférieur à un mois.

(28) V. par ex. CE 14 mars 1884, *Morphy*.

(29) CE 24 oct. 1952, *Eckert, Rec. Lebon*, p. 467.

(30) CE 14 nov. 1956, *Carradini, Rec. Lebon*, p. 620.

(31) CE 16 janv. 1970, *Mihoubi, Rev. crit. DIP* 1972.61, 1re esp., note Aymond ; 11 déc. 1970, *Dlle Benz, JDI* 1971.298, note Goldman, *Rev. crit. DIP* 1972.61, 2e esp., note Aymond 13 nov. 1985, *Gorostiola et Zabarte, RFDA* 1986.137, note Turpin.

(32) CE 3 févr. 1975, *Pardov, Rev. crit. DIP* 1976.322 et chr. Dubouis, p. 301, *AJDA* 1975.131, chr. Franc et Bayon ; 11 mars 1988, *Hassan Hamadi, Rec. Lebon*, p. 119.

ments internationaux de la France, et en particulier l'article 8 de la Convention européenne des droits de l'homme (précité, n° 965), l'ont incité, comme en matière de reconduite à la frontière, à exercer un contrôle de proportionnalité (33).

Le recours n'a pas par lui-même d'effet suspensif. La juridiction saisie peut cependant surseoir à l'exécution de l'arrêté d'expulsion pendant la durée de l'examen du recours, et ce même dans le cas, habituel, où l'étranger a déjà dû quitter le territoire (34).

972 L'étranger frappé d'une mesure d'expulsion (ou qui doit être reconduit à la frontière) est en principe dirigé vers le pays dont il a la nationalité. Il peut aussi l'être vers le pays qui lui a délivré un passeport, ou vers tout pays dans lequel il est légalement admissible. La décision qui détermine ce pays est distincte de la mesure d'éloignement, et peut être attaquée séparément devant la juridiction administrative, qui exerce sur elle son contrôle « maximum » (35).

L'étranger ne peut être dirigé vers un pays où sa vie ou sa liberté sont menacées, ni vers un pays où il est exposé à des traitements condamnés par la Convention européenne des droits de l'homme.

Si l'étranger justifie qu'il ne peut regagner son pays d'origine ni se rendre dans aucun autre pays, le ministre de l'Intérieur peut prendre un arrêté d'*assignation à résidence* dans un ou plusieurs lieux qu'il fixe (36) ; l'étranger assigné à résidence doit se présenter périodiquement aux services de police et de gendarmerie, et ne peut quitter sa résidence sans encourir les peines qui répriment l'infraction à arrêté d'expulsion. L'assignation à résidence peut aussi être appliquée, en cas de nécessité urgente, aux étrangers qui ne font encore l'objet que d'une proposition d'expulsion.

Lorsque l'impossibilité de quitter le territoire apparaît seulement temporaire, une seconde procédure est offerte en cas de nécessité : la *rétention administrative*. Le préfet ordonne le maintien de l'intéressé dans des locaux ne relevant pas de l'Administration pénitentiaire, pendant le temps strictement nécessaire à son départ ; après quarante-huit heures, le juge des libertés et de la libération statue par ordonnance sur la prolongation de la mesure ou son remplacement, à titre exceptionnel, par le retrait des pièces d'identité et l'assignation à résidence. La durée de ces mesures est limitée en principe à quinze jours à compter de l'ordonnance. Elle peut toutefois être encore prorogée de quinze jours, en cas d'urgence absolue et de menace d'une particulière gravité pour l'ordre public, ou lorsque l'impossibilité d'exécuter la mesure d'éloignement résulte de la perte ou de la destruction des documents de voyage de l'intéressé, de la dissimulation par celui-ci de son identité ou de l'obstruction volontaire faite à son éloignement (attitude qui l'expose, par ailleurs, à une peine d'emprisonnement de 3 ans, art. L. 624-1 CESEDA). Elle peut également être

(33) CE (Ass.) 19 avr. 1991, *Belgacem* (mêmes références que l'arrêt *Mme Babas*, v. ci-dessus note 19).

(34) CE 18 juin 1976, *Moussa Konaté, D.* 1977.38, note Pacteau.

(35) CE (Ass.) 6 nov. 1987, *Buayi, AJDA* 1987.765, chr. Azibert et de Boisdeffre, *RFDA* 1988.86, concl. Vigouroux, *Rec. crit. DIP* 1988.523, concl. Vigouroux, note Turpin ; v. aussi T.C. 2 mai 1988, *Kaçar Muzaffer, AJDA* 1988.611, obs. Prétot.

(36) En cas de reconduite à la frontière, l'arrêté est pris par le préfet.

prolongée de cinq jours lorsque, « malgré les diligences de l'administration », celle-ci s'est heurtée à des difficultés matérielles ayant empêché l'exécution de la mesure d'éloignement. Dès le début du maintien, diverses garanties sont offertes à l'intéressé, analogues à celles dont bénéficie l'étranger maintenu dans la zone d'attente d'un port, d'une gare ou d'un aéroport (v. *supra*, n° 950 *in fine*) (art. L. 553-1 à L. 553-6 CESEDA) (37).

973 L'étranger frappé d'expulsion et qui ne quitte pas le territoire français, ou qui y revient pour quelque raison que ce soit sans que l'arrêté ait été abrogé, se rend coupable du délit d'infraction à arrêté d'expulsion, délit continu et inintentionnel ; il est passible d'un emprisonnement de trois ans, et d'une interdiction de territoire — assortie d'une reconduite à la frontière — d'une durée maximale de dix ans.

Ces peines sont également applicables aux étrangers qui enfreignent un jugement d'interdiction du territoire, ou une mesure de reconduite à la frontière.

L'arrêté d'expulsion (ou de reconduite à la frontière) est susceptible d'être *abrogé* par son auteur. Si la demande en est faite plus de cinq ans après une expulsion effective, elle ne peut être rejetée qu'après avis de la commission départementale.

974 Aux termes de l'article 33 de la Convention de Genève du 28 juillet 1951 sur les réfugiés, seules « des raisons sérieuses de considérer [un réfugié] comme un danger pour la sécurité du pays », ou encore le fait qu'il est l'objet d'une condamnation définitive pour un crime ou un délit « particulièrement grave », peuvent motiver l'expulsion sur les frontières des pays où sa vie ou sa liberté serait menacée en raison de sa race, de sa religion, de sa nationalité, de son appartenance à un certain groupe social ou de ses opinions politiques.

Par ailleurs, les réfugiés menacés d'expulsion peuvent présenter un recours (suspensif) à la Commission des recours de OFPRA, mais celle-ci donne seulement un avis, qui ne lie pas l'autorité administrative.

c) Sortie volontaire du territoire français

975 Tout étranger résidant en France peut quitter librement le territoire national. Le régime du visa de sortie, instauré en 1993, a été supprimé en 1998.

d) Retour volontaire dans le pays d'origine

976 Un système d'*aide publique à la réinsertion*, sous forme d'allocation, est aménagé par les articles D. 331-1 à D. 331-7 CESEDA. Il a pour objet d'inciter et, en tout cas, d'aider les travailleurs étrangers involontairement privés d'emploi à regagner leur pays d'origine.

Il existe aussi quelques conventions bilatérales conclues dans le même but.

(37) C'est à l'administration qu'incombe la preuve que l'intéressé a été pleinement informé de ses droits et mis en mesure de les faire valoir : Civ. 1re, 31 janv. 2006, *Rev. crit. DIP* 2006.369, note P. L.

D. Cas des demandeurs d'asile

976-1 Depuis la loi du 11 mai 1998, il existe trois voies d'asile distinctes.

La plus ancienne est ce qu'il convient aujourd'hui d'appeler l'*asile conventionnel*. Il s'agit du système qui repose sur la Convention de Genève du 28 juillet 1951 « relative au statut des réfugiés ». La notion de réfugié est définie de la façon suivante (art. 1er) : c'est « toute personne qui, craignant avec raison d'être persécutée du fait de sa race, de sa religion, de son appartenance à un certain groupe social ou de ses opinions politiques, se trouve hors du pays dont elle a la nationalité et qui ne peut ou, du fait de cette crainte, ne veut se réclamer de la protection de ce pays ».

Cette définition exclut un certain nombre de situations cependant dignes d'intérêt. Ainsi, ne sont pas des réfugiés au sens de la Convention de Genève les victimes de discriminations impersonnelles, celles qui sont menacées par des organisations non étatiques, et celles qui ont à subir les conséquences de conflits internes à un État.

La loi de 1998 a donc instauré la protection de deux autres catégories de demandeurs d'asile.

La première concerne « toute personne persécutée en raison de son action en faveur de la liberté ». À vrai dire, le préambule de la Constitution de 1946 octroyait déjà le droit d'asile à ces « combattants de la liberté », d'où le nom d'*asile constitutionnel* par lequel on peut le désigner. Mais le Conseil d'État avait jugé (38) que le texte constitutionnel ne s'imposait pas au pouvoir réglementaire, en l'absence de précision suffisante. La loi impose désormais la reconnaissance à ces demandeurs de la qualité de réfugié.

La seconde catégorie de demandeurs envisagée par la loi de 1998 bénéficiait de l'*asile territorial*, auquel la loi du 10 décembre 2003 a substitué la *protection subsidiaire*. Elle est constituée, d'une part des étrangers exposés dans leur pays à des peines ou traitements inhumains ou dégradants (telle, notamment, la peine de mort) ou à la torture, d'autre part des « civils » sur lesquels pèse dans leur pays « une menace grave, directe et individuelle contre leur vie ou leur personne en raison d'une violence généralisée résultant d'une situation de conflit armé interne ou international ». Toutefois, la protection subsidiaire ne constitue pas un droit pour le demandeur : elle peut lui être *accordée*, pour une période d'un an renouvelable et est révocable à tout moment s'il existe « des raisons sérieuses de penser » qu'il a commis un crime grave ou des agissements contraires aux buts et aux principes des Nations Unies, ou que son activité sur le territoire français constitue une menace grave pour l'ordre public.

La loi de 2003 (art. L. 713-2 CESEDA) précise que, dans le pays d'origine du demandeur, la « persécution » dont dépend sa qualité de réfugié, ou la

(38) CE 27 sept. 1985, *France Terre d'Asile*, *JDI* 1986.347, note Julien-Laferrière.

« menace grave » qui conditionne sa protection subsidiaire, peut être le fait, aussi bien des autorités de l'État que des « partis ou organisations qui contrôlent l'État ou une partie substantielle du territoire de l'État », voire de simples « acteurs non étatiques », mais dans les cas alors où les autorités de l'État et des organisations internationales et régionales refusent ou ne sont pas en mesure d'offrir une protection.

Et il est à noter que la demande peut être rejetée dans le cas où l'intéressé aurait accès à une protection sur une partie du territoire de son pays d'origine ou n'aurait aucune raison de craindre d'y être persécuté ou exposé à une menace grave.

976-2 Le législateur a aligné le sort du réfugié constitutionnel sur celui du réfugié conventionnel. Le régime auquel ils sont soumis résulte tant de la Convention de Genève de 1951 que de textes français, désormais regroupés dans le Livre VII du Code de l'entrée et du séjour des étrangers et du droit d'asile.

La principale question est celle de la reconnaissance de la qualité de réfugié. La Convention de Genève laisse chaque État libre d'établir les procédures qui lui conviennent. En France, la décision de reconnaissance, comme d'ailleurs celle d'attribution de la protection subsidiaire, est confiée à un établissement public, l'Office français de protection des réfugiés et apatrides (OFPRA), sauf recours devant la Commission des recours, juridiction administrative placée sous le contrôle du Conseil d'État.

Encore faut-il être présent sur le territoire et admis à y séjourner durant l'examen de la demande.

Lorsque l'intéressé arrive en France par la voie aérienne, maritime ou ferroviaire, et soit se prévaut de sa qualité de réfugié, soit demande à bénéficier de la protection temporaire, la décision de le laisser entrer ou de le refouler doit être prise par le ministre de l'Intérieur, après consultation du ministre des Affaires étrangères. En théorie, comme l'a jugé le Conseil d'État (*France Terre d'Asile*, précité n° 976), ce pouvoir n'est pas contraire à la compétence de l'OFPRA (qui ne s'étend pas à l'admission au séjour des réfugiés) ; il n'empêche que l'OFPRA n'aura pas l'occasion de se prononcer si l'entrée en France a été refusée. Cela étant, l'article L. 221-1 CESEDA laisse entendre que le refoulement ne devrait intervenir que dans l'hypothèse où la demande serait « manifestement infondée », puisqu'il prévoit le maintien de l'étranger dans la zone d'attente du port, de la gare ou de l'aéroport jusqu'à ce que cette qualification soit retenue ou écartée, ou que le délai maximal du maintien (v. *supra*, n° 950) soit écoulé (39).

Une fois en France, quelle que soit la façon dont il y a pénétré, l'étranger qui se prévaut de la qualité de réfugié doit, avant de saisir l'OFPRA de sa demande,

(39) Sur la notion de « demande manifestement infondée », v. CE 18 déc. 1996, *JDI* 1997.783, note Chappez, *D.* 1997.393, note Julien-Laferrière et Créach.

former auprès du préfet (ou du préfet de police, à Paris) une demande d'*admission au séjour au titre de l'asile*. Cette admission, qui prend la forme d'un titre provisoire de séjour, ne peut lui être refusée au seul motif qu'il ne possède pas les documents nécessaires à l'entrée régulière en France (notamment le visa). En fait, un refus ne peut se fonder que sur quatre motifs. Les trois premiers — étranger ressortissant d'un pays figurant sur la liste de ceux que l'OFPRA considère comme « sûrs » (c'est-à-dire veillant « au respect des principes de la liberté, de la démocratie et de l'État de droit, ainsi que des droits de l'homme et des libertés fondamentales »), menace grave pour l'ordre public, abus ou fraude notamment en cas d'expulsion ou de reconduite à la frontière imminente — n'empêchent pas l'intéressé de se « maintenir » en France, en situation de séjour irrégulier, jusqu'à ce que l'OFPRA se soit prononcé sur sa demande, qu'il examine de façon prioritaire.

Le quatrième cas a été à l'origine d'une modification de la Constitution. La Convention de Dublin du 15 juin 1990, conclue entre États membres de la Communauté européenne, a organisé une répartition des compétences entre États signataires pour l'examen des demandes d'asile. La loi du 24 août 1993 en a déduit que l'admission au séjour en France pouvait être refusée à l'étranger dont la demande relève de la compétence d'un autre État, et qu'à la suite de ce refus l'OFPRA ne pouvait être saisi. Le texte ayant été jugé contraire à la Constitution par la décision du Conseil constitutionnel du 13 août 1993, une loi constitutionnelle du 25 novembre 1993 a ajouté à la Constitution un article 53-1, qui reconnaît la possibilité d'une répartition des compétences entre États liés par des engagements internationaux identiques en matière de droit d'asile et de droits de l'homme. En conséquence, la loi du 30 décembre 1993 a rétabli l'incompétence de l'OFPRA lorsque la demande relève de la compétence d'un autre État, qui est aujourd'hui précisée, pour ce qui concerne les pays membres de la Communauté, par le Règlement CE, n° 343/2003 du 18 février 2003. Le demandeur d'asile qui se trouve dans cette situation ne peut se maintenir en France.

976-3 Comme on l'a vu (*supra*, n° 956), l'étranger reconnu posséder la qualité de réfugié se voit accorder la carte de résident. Les droits qui lui sont ainsi conférés vont bien au-delà de ceux que la Convention de Genève de 1951 impose aux États de reconnaître aux réfugiés. En revanche, celui auquel est accordé le simple bénéfice de la protection subsidiaire ne peut prétendre qu'à la délivrance, tous les ans, d'un titre de séjour temporaire.

En cas de refus définitif, l'étranger doit quitter le territoire français.

§ 2. DIFFÉRENCE DE STATUT ENTRE FRANÇAIS ET ÉTRANGERS RÉSIDANT EN FRANCE

977 L'étranger admis à résider en France aspire à y travailler, à y jouir de certaines libertés, à bénéficier des services publics. Cependant, sur aucun de ces points, il n'est traité absolument de la même façon que le Français. En revanche, il est soumis aux mêmes charges, notamment fiscales, que lui (40) : il échappe seulement, comme on le verra (§ 3), aux charges qui frappent le Français en tant que tel, indépendamment de sa résidence.

A. Activité professionnelle

978 L'accès à un nombre important de professions est refusé aux étrangers, ou subordonné à des conditions particulières (*a*) ; de plus, toute activité salariée, commerciale, industrielle, artisanale, ou agricole suppose une autorisation préalable (*b*).

a) Professions réglementées

979 Une triple crainte conduit le législateur à réserver aux Français le libre exercice de certaines professions : celle de l'incompétence, de l'influence et de la concurrence. Les trois motifs se mêlent en général. Parfois, l'un domine : ainsi la première crainte motive l'interdiction d'exercer les professions de médecin ou d'architecte, la seconde celle d'être enseignant, la troisième, celle d'être marin.

Parfois les textes réservent la réciprocité législative (sur cette notion, v. *infra*, n° 982). En outre, beaucoup d'étrangers peuvent se prévaloir d'un traité conclu avec la France : c'est notamment le cas des ressortissants des États membres de la Communauté européenne. Mais, dans les deux cas, l'étranger risque de se heurter à l'exigence d'un diplôme français ; certaines conventions reconnaissent l'équivalence de diplômes étrangers avec les diplômes français (sur la situation à cet égard des ressortissants de la Communauté européenne, v. *infra*, n° 1026).

b) Autorisation professionnelle

1° *Salariés*

980 On a déjà indiqué (*supra*, n°s 957 et 958) dans quelles conditions les étrangers peuvent solliciter une autorisation de travail, qui sera matérialisée, selon les cas, soit par l'apposition de la mention « salarié » ou « vie privée et familiale » sur la carte de séjour temporaire, soit par la délivrance d'une carte de résident.

(40) L'impôt sur le revenu des personnes physiques, en particulier, est dû par toute personne résidant en France et qui perçoit des revenus. Seules les impositions exceptionnelles, des confiscations ou des réquisitions, faisant appel à la solidarité nationale laissent parfois en dehors de leur champ d'application les étrangers résidant en France : v. par ex. la loi du 26 décembre 1945 portant réquisition de l'or, des devises et des valeurs mobilières possédées par les Français résidant habituellement en France.

Les étrangers soumis à l'impôt sur le revenu des personnes physiques ne bénéficient pas du système du quotient familial, sauf réciprocité. La pratique administrative tempère toutefois cette rigueur.

L'employeur qui embauche ou conserve à son service des travailleurs qui n'ont pas reçu l'autorisation requise commet un délit, passible d'un emprisonnement de cinq ans (dix ans lorsque l'infraction est commise en bande organisée) et d'une lourde amende, applicable « autant de fois qu'il y a d'étrangers concernés » (art. L. 364-3 C. trav.). L'infraction est intentionnelle, mais la bonne foi n'est vraisemblable que si le travailleur a produit un faux titre de travail dont l'employeur a porté la référence sur son registre de main-d'œuvre. L'employeur coupable doit aussi verser une contribution spéciale à l'OMI ainsi qu'une contribution forfaitaire représentative des frais de réacheminement de l'étranger dans son pays d'origine. Le tribunal peut enfin prononcer l'interdiction d'exercer l'activité professionnelle pour une durée de cinq ans au plus, confisquer le matériel utilisé à l'occasion de l'infraction, et ordonner l'affichage de son jugement. Si l'employeur est lui-même étranger, il est de surcroît possible d'une peine d'interdiction du territoire d'une durée de dix ans au plus ou à titre définitif (art. L. 364-9 C. trav.). De son côté, le travailleur étranger qui commet une fraude ou fait une fausse déclaration afin d'obtenir une autorisation de travail encourt une peine d'un an d'emprisonnement (art. L. 364-2 C. trav.).

Selon la formule de l'article L. 341-6-1 du Code du travail, l'étranger employé sans carte de travail est « assimilé à un travailleur régulièrement engagé en ce qui concerne les obligations de l'employeur relatives à la réglementation du travail ». Cette formule peu claire semble indiquer que le contrat de travail n'est pas valable ; mais le législateur protège l'étranger en assimilant, dans ses effets, sa situation à celle d'un travailleur régulièrement employé : il doit en particulier percevoir le salaire convenu, et il conserve son ancienneté. La rupture de la relation de travail (qui s'impose si la situation n'a pas pu être régularisée) ouvre droit aux indemnités normalement dues en cas de licenciement, mais en raison des difficultés que peut rencontrer le travailleur clandestin à prouver son ancienneté, un minimum d'un mois de salaire lui est garanti à titre d'indemnité forfaitaire.

Les syndicats représentatifs peuvent exercer en justice les droits de l'étranger, sauf s'il déclare s'y opposer (art. L. 341-6-2 C. trav.).

2° *Carte de commerçant*

981 Depuis un décret-loi du 12 novembre 1938, une autorisation spéciale, qui a longtemps pris la forme de l'octroi d'une carte de commerçant, était exigée pour l'exercice de toute *activité commerciale, industrielle ou artisanale* et de toute *fonction de direction dans une société*. Ce dispositif a été supprimé par la loi du 24 juillet 2006, qui lui a substitué un système de simple *déclaration*, auprès de la préfecture du département où l'exercice de l'activité est envisagé. Il n'est au surplus applicable qu'aux étrangers qui *ne résident pas* en France, et qui ne sont pas les ressortissants des États membres de l'Union européenne, des autres pays de l'Espace économique européen ou de la Confédération Suisse (art. L. 122-1 C. com).

Le non-respect de cette exigence est passible d'une peine d'emprisonnement de six mois et d'une amende (art. L. 122-2 C. com.).

3° *Carte d'exploitant agricole*

982 Les étrangers qui désirent exercer la profession d'exploitant agricole doivent préalablement, aux termes des articles R. 333-1 et suivants du Code rural, obtenir du ministre de l'Agriculture la délivrance d'une carte d'exploitant agricole ; l'infraction à cette règle est une contravention, punie d'une amende.

Il ne semble pas que la détention d'une carte de résident dispense de celle de la carte d'exploitant (art. L. 314-4 CESEDA, *a contrario*).

Selon la Cour de cassation, le bail conclu par un étranger non titulaire de la carte est nul d'une nullité absolue, mais l'acquisition postérieure de la nationalité française ou la délivrance tardive de l'autorisation couvrent l'irrégularité (41).

B. Libertés publiques

983 Les étrangers jouissent en principe en France de toutes les libertés publiques. Le droit international public oblige même l'État à respecter les libertés les plus fondamentales, considérées comme inhérentes à la personne humaine, par exemple, la liberté de pensée, de conscience et de religion (sur les sources internationales, v. *supra*, n° 944).

Certaines libertés sont néanmoins déniées aux étrangers, ou du moins ne subsistent à leur égard que d'une façon atténuée. Ainsi leur *liberté de circuler* peut être entravée par une restriction de la validité territoriale de leur titre de séjour à quelques départements, voire à un seul, ou même à une ou plusieurs circonscriptions ; cette mesure est prononcée, au vu de l'« attitude » ou des « antécédents » de l'intéressé, par le ministre de l'Intérieur ou par le préfet (art. R. 321-2 CESEDA). La *liberté de travailler* est subordonnée à une autorisation administrative (v. *supra*, n°s 957 et 958). La *liberté de la presse* est compromise par le droit pour le ministre de l'Intérieur d'interdire les journaux ou écrits « rédigés en langue étrangère ou de provenance étrangère » (42) ; de plus les étrangers ne peuvent détenir plus de 20 % du capital social ou des droits de vote d'une entreprise éditant une publication de langue française (43). *La*

(41) Civ. 4 nov. 1976, *Rev. crit. DIP* 1977.703, note Lagarde.

(42) Art. 14 de la loi du 29 juillet 1881, rédaction du décret du 6 mai 1939. Pour déterminer la provenance, on se réfère non seulement à la nationalité de l'auteur mais aussi à des éléments matériels (lieu d'impression) et intellectuels (inspiration étrangère, documentation étrangère).

(43) Art. 7 de la loi du 1er août 1986. La disposition s'applique également à la communication audiovisuelle.

liberté d'expression, notamment politique, est affectée par le risque d'une expulsion, bien que le Conseil d'État ait affirmé que le comportement politique de l'étranger n'est pas, à lui seul, de nature à justifier légalement l'expulsion (44).

En revanche, la *liberté d'association* et la *liberté syndicale* ne font plus l'objet d'aucune règle discriminatoire, depuis les lois du 9 octobre 1981 et du 28 octobre 1982.

C. Services publics

984 L'expression « service public » est prise ici dans un sens large, et inclut la sécurité sociale et l'aide sociale.

Certains services bénéficient aux étrangers aussi bien qu'aux Français : l'*enseignement*, primaire, secondaire et supérieur, les deux premiers étant d'ailleurs obligatoires dans les mêmes conditions que pour les Français ; certaines prestations de sécurité sociale, notamment les prestations d'*assurance vieillesse*, les *prestations familiales*, une partie des prestations en cas d'*accident du travail*, et l'aide aux *chômeurs* ; certaines prestations de l'*aide sociale*, notamment celles qui ont un caractère *sanitaire ; l'attribution d'un logement dans une H.L.M.* ; les différentes formes d'*aide à la construction* ; etc.

D'autres sont au contraire refusés aux étrangers : les *prêts du crédit agricole* ; l'aide aux *rapatriés*, sauf pour quelques catégories d'étrangers énumérées par décret ; etc.

Une catégorie intermédiaire est formée par des prestations qui sont accordées aux étrangers remplissant des conditions particulières de résidence, plus strictes que celles exigées des Français. Ce sont : certaines prestations de la sécurité sociale, notamment celles versées au titre des *assurances sociales* (autres que l'assurance vieillesse) et les rentes d'incapacité permanente versées à la suite d'un *accident du travail ; de nombreuses prestations de l'aide sociale* (il s'agit en général de prestations en espèces : par exemple, le *revenu minimum d'insertion*) ; l'*aide juridictionnelle* ; l'indemnisation par le *Fonds de garantie automobile* ; l'indemnisation consentie par l'*État aux victimes de certaines infractions* ; etc.

La loi du 24 août 1993 a subordonné l'affiliation à un régime obligatoire de sécurité sociale, et le bénéfice des prestations de la sécurité sociale et de l'aide sociale, à la *régularité du séjour* (et, le cas échéant, du *travail*) de l'étranger en France. Échappent à cette exigence les prestations versées en cas d'accident du travail, les prestations d'aide sociale à l'enfance, les soins et prescriptions hospitaliers.

§ 3. DIFFÉRENCE DE STATUT ENTRE FRANÇAIS ET ÉTRANGERS INDÉPENDAMMENT DE LA RÉSIDENCE

985 Les Français, *en tant que tels et où qu'ils résident*, jouissent de certains droits vis-à-vis de l'État et sont tenus de certains devoirs envers lui. Les droits qui leur sont réservés sont les droits politiques et l'accès aux fonctions publiques ; les obligations qui leur incombent en propre sont les obligations militaires.

(44) 13 mai 1977, *Perregaux, AJDA* 1977.399, chr. Nauwelaers et Fabius, p. 363, *RDP* 1978.292.

A. Droits politiques et fonctions publiques

986 Les Français sont seuls électeurs et éligibles aux *scrutins politiques* : élection du président de la République, des membres de l'Assemblée nationale et du Sénat, des conseils généraux et municipaux, des assemblées régionales. Le Conseil d'État a annulé l'élection d'étrangers dont le mandat consistait à siéger au sein d'un conseil municipal avec voix consultative (45). Les étrangers, même résidant en France, sont ainsi exclus de la vie politique française.

Le Traité de Maastricht sur l'Union européenne a cependant ouvert aux ressortissants communautaires le droit de participer aux élections locales de l'État dans lequel ils résident ; la Constitution française a été modifiée pour rendre possible l'exercice de ce droit (art. 88-3 nouveau).

987 Les *fonctions publiques* sont réservées aux Français : les organes du fonctionnement d'un État doivent être des membres de cet État. Les termes de fonction publique ne sont pas pris ici dans leur sens étroit (celui dans lequel on parle du « statut de la fonction publique »), mais dans un sens large, incluant toute activité prise en charge par l'État.

Non seulement les étrangers ne peuvent donc pas être *fonctionnaires* (46), mais ils sont également exclus, notamment :

– des fonctions de juge, même lorsque celui-ci n'est pas fonctionnaire (conseiller prud'homme, magistrat consulaire (47), assesseur au tribunal paritaire des baux ruraux) ; l'exclusion s'étend aux fonctions de juré ;

– des fonctions d'auxiliaire de la justice (notamment de celle d'avocat (48)), et d'officier ministériel ;

– de l'éligibilité aux chambres professionnelles constituées en établissements publics ;

– de l'éligibilité aux conseils des ordres professionnels ;

– de l'éligibilité aux caisses d'allocations familiales ;

– du service dans l'armée française (à l'exception de la Légion étrangère), sauf en temps de guerre ;

– des concessions de service public.

B. Obligations militaires

988 Si le Français, même résidant à l'étranger, est soumis à des obligations militaires envers la France, en revanche l'étranger, même résidant en France, y

(45) CE 2 avr. 1993, *Commune de Longjumeau, Rev. crit. DIP* 1993.591, note Julien-Laferrière.
(46) Il existe quelques exceptions dans le domaine de l'enseignement supérieur et de la recherche.
(47) Les étrangers ne sont pas non plus *électeurs* à ces fonctions.
(48) Sauf réciprocité législative.

échappe. La défense du pays n'incombe qu'à ses nationaux ; elle suppose d'ailleurs, pour être efficace, un sentiment de patriotisme que l'on ne peut demander à l'étranger d'éprouver envers la France, et qui persiste peut-être chez lui envers son pays d'origine.

Les apatrides établis en France doivent en revanche le service militaire ; aucun attachement à un pays étranger ne vient concurrencer chez eux le sentiment qu'ils éprouvent normalement pour le pays qui les a accueillis ; le lien territorial vient ici suppléer le lien personnel, parce que celui-ci n'existe à l'égard d'aucun pays.

Les étrangers (y compris les apatrides) ne sont pas susceptibles de se rendre coupables de *trahison* envers la France. Seuls certains des comportements interdits aux Français constituent de leur part un crime, qui prend alors le nom d'*espionnage* : le fait de livrer des troupes françaises à une puissance étrangère, mais non le fait de porter les armes contre la France, par exemple.

SECTION II — DROITS DÉNIÉS À L'ÉTRANGER DANS SES RELATIONS PRIVÉES

989 Après avoir retracé l'*évolution* de la condition des étrangers en droit privé (§ 1), on cherchera à en préciser la *notion* (§ 2), puis on indiquera son *contenu* actuel (§ 3).

§ 1. L'ÉVOLUTION DE LA CONDITION DES ÉTRANGERS EN DROIT PRIVÉ

990 Dans l'Antiquité, nul ne peut invoquer les lois d'une cité à laquelle il est étranger. Les lois sont en effet considérées comme réservées exclusivement à l'usage des membres de la cité qui les a élaborées ; et comme, au moins dans les périodes reculées, on ne conçoit pas que le juge applique d'autres lois que les siennes, l'étranger est privé de tout droit.

Parmi les tempéraments que les nécessités pratiques ont imposés, le plus intéressant est l'appel à la notion de *jus gentium* : l'étranger bénéficie des règles de ce « droit des gens » parce qu'elles sont communes à tous les peuples ; par opposition, le *jus civile* est le droit propre de la cité, réservé aux citoyens (v. *supra*, n° 9).

991 Dans le système féodal, le droit est conçu différemment : il est une émanation du souverain, et s'impose à tous les habitants du territoire sur lequel il a autorité ; les perspectives sont donc renversées. L'exclusion de l'étranger — l'aubain — n'est plus inhérente à la conception même du droit.

Certes, il est possible au souverain — le seigneur ou le roi —, qui autorise l'aubain à séjourner sur le territoire, de le frapper en même temps d'infériorités diverses. Mais celles-ci ne concernent qu'indirectement le droit privé : *la condition de l'aubain s'apprécie dans ses rapports avec le seigneur ou le roi, plus que dans ses rapports avec les membres de la collectivité.* Ainsi, il accède à la personnalité en « s'avouant » l'homme du seigneur ou du roi ; les quelques restrictions qui le frappent en droit privé prennent vite la forme d'une imposition : droit de *chevage* (impôt personnel dû par le chef de famille) et de *formariage* (impôt dû par l'aubain épousant une personne née sur le territoire) ; en particulier l'infériorité la plus remarquable, et qui persiste seule à la fin de l'Ancien Régime, le *droit d'aubaine* (incapacité de transmettre et de recueillir à cause de mort), bénéficie directement au souverain, qui reçoit la succession.

Ces infériorités sont justifiées *a posteriori* par le recours à la distinction romaine entre *jus gentium* et *jus civile* : pur artifice destiné à dissimuler les préoccupations intéressées du souverain, car la conception d'un lien direct et exclusif entre l'individu et le *jus civile* de la communauté à laquelle il appartient dicterait, si on la suivait jusqu'au bout, des solutions radicalement différentes, dans le domaine du conflit des lois, de celles qui sont reçues : logiquement, il faudrait appliquer à chaque individu la loi de son domicile d'origine en toutes matières.

992 L'idéologie révolutionnaire se devait d'abolir ce qui subsistait d'inégalité entre l'étranger et le Français : le droit d'aubaine fut supprimé le 6 août 1790.

Les rédacteurs du Code civil le rétablirent, et l'on sait que sa disparition définitive en 1819 fut compensée en partie par la création du droit de prélèvement nationaliste (v. *supra*, n° 811). Mais l'apport essentiel du Code civil à la matière de la condition des étrangers réside dans son *article 11* : « L'étranger jouira en France des mêmes *droits civils* que ceux qui sont ou seront accordés aux Français par les *traités* de la nation à laquelle cet étranger appartiendra ». Le texte est d'une extrême sévérité, car il subordonne la jouissance des droits civils à la *réciprocité diplomatique* : si aucun traité conclu avec l'État dont l'étranger est ressortissant n'accorde au Français, dans cet État, le droit même que réclame l'étranger en France, celui-ci se heurtera à un refus ; une simple *réciprocité législative* — celle que l'on constate chaque fois qu'en fait, sans traité, la loi étrangère se trouve accorder le droit au Français — a été jugé insuffisante. De plus, le domaine du texte semble très large, car dans le titre où il figure (« De la jouissance et de la privation des droits civils »), les « droits civils » sont tous les droits privés, par opposition aux droits « politiques » (49).

(49) Ceci apparaît très nettement à la lecture de l'article 7 du Code, par lequel débute le titre : « L'exercice des droits civils est indépendant de l'exercice des droits politiques, lesquels s'acquièrent et se conservent conformément aux lois constitutionnelles et électorales ».

Il est vrai que le texte ne visait que les étrangers qui n'avaient pas obtenu leur « admission à domicile » ; l'*article 13* du Code civil, en effet, décidait que « l'étranger qui aura été autorisé par décret à fixer son domicile en France y jouira de tous les droits civils » ; mais beaucoup d'étrangers ne demandaient pas, ou n'obtennaient pas un tel décret : on en a vu une illustration avec l'affaire *Forgo* (v. *supra*, n° 218) (50). Et l'abrogation, en 1927, de l'article 13 ne permettait plus d'établir entre les étrangers la moindre distinction.

993 L'origine d'un tel contraste avec le droit antérieur demeure obscure. Peut-être les rédacteurs du Code civil furent-ils motivés par l'hostilité de l'Europe envers la France (51), et voulurent-ils disposer d'un moyen de pression pour obtenir un traitement satisfaisant des Français à l'étranger. En tout cas le texte, si on l'interprétait de façon exégétique, était anachronique : priver un étranger vivant en France de toute possibilité d'entrer dans des rapports de droit privé, sauf décret d'admission à domicile ou traité de réciprocité, était incompatible avec le niveau de civilisation atteint. Les efforts de la jurisprudence et de la doctrine tendirent donc à vider le texte de son contenu. Le moyen retenu consista à donner une définition restrictive de la notion de droit civil, l'étranger jouissant sans entrave des droits considérés comme non civils (52).

994 Durant tout le XIXe siècle et la première moitié du XXe siècle, la jurisprudence recourut à la *distinction romaine du droit civil et du droit des gens* : les « droits civils » de l'article 11 étaient, selon elle, ceux qui ne résultent que d'une création positive de telle ou telle législation, et ne sont pas « communs à tous les peuples policés ». Le précédent de l'Ancien Droit (v. *supra*, n° 991) et les travaux préparatoires du Code civil pouvaient être invoqués dans le sens de cette interprétation ; et Aubry et Rau la développèrent dans leur *Cours de droit civil français* (I, § 78). La jurisprudence ne reconnut d'ailleurs le caractère civil qu'à un nombre infime de droits : le droit d'*adopter ou d'être adopté*, le droit à la protection du *nom commercial* (mais sur ces deux points, le législateur intervint et supprima la condition de réciprocité diplomatique), le bénéfice de l'*hypothèque légale des incapables* et *de la femme mariée* et, selon certains, celui de l'*usufruit légal des père et mère* (53). Le droit d'être *tuteur* fut également dénié aux étrangers, parce que l'on considéra la tutelle comme une

(50) Sur une conséquence de l'article 13 dans le domaine du conflit de lois, v. *supra*, n° 802.

(51) En ce sens, LOUSSOUARN et BOUREL, *Précis*, n° 698 ; BATIFFOL et LAGARDE, *Traité*, n° 171.

(52) Demolombe, « prince de l'exégèse », défendait l'interprétation « honnête » ; mais, pour améliorer la situation de l'étranger, il cherchait des exceptions au principe de l'article 11 dans d'autres textes, qu'il interprétait tendancieusement. Ce n'est pas la voie la plus logique, ni surtout la plus efficace, car les exceptions restaient peu nombreuses.

(53) En ce sens, pour l'usufruit légal, BATIFFOL et LAGARDE, *Traité*, n° 177 ; *contra* MAURY et LAGARDE, *Rép. Dalloz droit civil*, 2e éd., n° 72 ; hésitants, LEREBOURS-PIGEONNIÈRE et LOUSSOUARN, *Précis*, n° 697. L'arrêt controversé est Civ. 14 mars 1877, *DP* 1877.1.385, S. 1878.1.25, note Renault.

charge publique ; mais un arrêt de la Cour de cassation du 6 février 1875 (54) condamna cette qualification, du moins lorsque le tuteur est un ascendant de l'incapable, en relevant que la tutelle est alors un droit naturel.

995 Depuis le milieu du XIXe siècle, une autre lecture de l'article 11 avait été proposée par Demangeat (*Histoire de la condition des étrangers*, 1844, n°s 56 et s.), puis Valette (*Explication sommaire du Code civil*, 1859, p. 408 et s.) : les rédacteurs du Code civil n'auraient songé, dans l'article 11, qu'au seul droit expressément dénié aux étrangers par le Code lui-même, celui de recevoir à titre gratuit ; dès lors l'interprète serait autorisé à considérer comme civils les seuls droits qu'un texte exprès réserve aux Français. Les résultats libéraux et rationnels auxquels conduit cette théorie convainquirent peu à peu l'ensemble des auteurs, et c'est probablement sous leur influence que la Cour de cassation opéra un revirement spectaculaire (et non expressément motivé) de jurisprudence : par son arrêt du 27 juillet 1948, elle affirma « *qu'il est de principe que les étrangers jouissent en France des droits qui ne leur sont pas spécialement refusés* » (55). La formule a été réutilisée par la suite à plusieurs reprises, et le droit positif paraît définitivement fixé, dans le sens qui est d'ailleurs général en droit comparé.

Le législateur est intervenu fréquemment en précisant, le plus souvent à l'occasion de la création d'une institution nouvelle, qu'il en réservait le bénéfice aux nationaux. Par exemple, les fonctions de représentant du personnel dans une entreprise ont longtemps été interdites aux étrangers ; la propriété commerciale leur est refusée, ainsi que le bénéfice du statut du fermage, etc. Les discriminations ainsi introduites seront décrites au paragraphe 3. Mais il importe d'abord de montrer que la notion même de condition des étrangers a été modifiée par l'arrêt de 1948.

§ 2. NOTION DE CONDITION DES ÉTRANGERS EN DROIT PRIVÉ (56)

996 Avant le revirement de jurisprudence de 1948 existaient des règles ayant pour objet la condition des étrangers (A) ; il n'existe plus aujourd'hui que des règles ayant une *incidence* sur elle : la condition des étrangers se déduit de règles dont l'objet est autre, et divers (B).

(54) S. 1875.1.193, note Labbé, *DP* 1876.1.49.

(55) Civ. 27 juill. 1948, *Lefait, D.* 1948.535, *Rev. crit. DIP* 1951.277, note H. B., *GA* n° 18.

(56) Les positions adoptées dans ce paragraphe coïncident avec celles que M. Olivier CARMET a défendues dans sa thèse : *Étude de la distinction entre condition des étrangers et conflit de lois*, Paris, 1977.

A. Règles ayant pour objet la condition des étrangers

997 L'interprétation que donnait de l'article 11 la jurisprudence antérieure à 1948 impliquait l'existence d'une véritable matière de la condition des étrangers, constituée de règles dont l'objet direct était de déterminer les droits privés dont les étrangers pouvaient jouir en France. Par exemple, l'on affirmait que la femme mariée étrangère ne pouvait jouir de l'hypothèque légale, quel que fût le contenu de la loi applicable aux effets du mariage ; c'était bien là, en soi, une règle relative à la condition des étrangers.

Il est intéressant d'essayer de préciser le fonctionnement de ce type de règles.

998 Les règles qui ont pour objet de définir le statut de l'étranger, telles celle lue naguère par la jurisprudence dans l'article 11 du Code civil, ne sont pas d'application universelle. Lorsque l'on décidait que l'étrangère ne jouissait pas de l'hypothèque légale de la femme mariée, cela ne justifiait pas, par exemple, que l'on déniât à une femme belge le droit d'hypothèque que lui donnait le Code civil belge sur les immeubles belges de son mari belge. Dès lors que la personnalité de l'étranger était reconnue, et que son aptitude à être titulaire de droits ne subissait que des amputations partielles, il était normal que le critère d'application fût *territorial* ; le législateur ne prétendait pas constater une infériorité inhérente à la personne ; il privait de certains droits l'étranger *en France*, dans l'intérêt des Français ou de la France.

Le lien nécessaire avec le territoire n'était d'ailleurs pas toujours le même ; il dépendait du but de l'exclusion. Ainsi, le *droit d'aubaine* portait sur les biens possédés par l'étranger en France, qui devaient faire retour à la collectivité représentée par le seigneur (ou par les héritiers français). Pour la négation de *l'hypothèque légale*, c'est la situation de l'immeuble qui comptait : les étrangers n'avaient pas de droit hypothécaire sur les *immeubles sis en France*, afin que la position des créanciers français inscrits sur eux, ou chirographaires, fût meilleure. L'absence de protection du *nom commercial étranger* interdisait de lutter contre l'utilisation abusive de ce nom *faite en France*, afin de ne pas gêner l'industrie française, etc.

999 Dès lors qu'il s'agissait bien de la condition d'un étranger en *France*, peu importait que la loi applicable au fond, selon la règle de conflit, fût ou non la loi française. La privation du droit était édictée par une règle générale — l'article 11 — extérieure à la réglementation substantielle de la matière en cause. Si on l'interprétait comme privant, par exemple, l'étrangère de l'hypothèque légale sur les biens possédés par son mari en France, peu importait que le principe du droit hypothécaire fût accordé par la loi française ou par une loi étrangère. L'article 11 se comportait donc comme une *loi d'application territoriale, perturbant la mise en œuvre de la loi compétente au fond, française ou étrangère.*

De là l'affirmation que la condition des étrangers concerne la *jouissance* des droits et le conflit de lois leur *exercice* (57). Elle signifie que, quelle que soit la solution donnée par la loi compétente quant à l'existence en l'espèce d'un droit donné, l'étranger, en tant que tel, sera en toute hypothèse privé d'en jouir par les règles qui régissent sa condition.

1000 L'applicabilité en France d'une règle étrangère analogue à celle de l'article 11, dans son interprétation ancienne, est douteuse. Un tribunal français devrait-il déclarer, par exemple, qu'un Français ne peut obtenir la protection de son nom commercial à rencontre d'une entreprise étrangère, sous prétexte que la loi du pays où elle est située réserve la protection à ses propres nationaux ? Il est permis de penser que les règles qui ont pour fondement le nationalisme n'ont pas de vocation à l'application en dehors des frontières du pays qui les pose. La défense de ses nationaux est, pour chaque État, une préoccupation normale, et il a compétence pour l'assurer ; mais les organes des autres États ne sont pas tenus de coopérer.

B. Règles ayant une incidence sur la condition des étrangers

1001 Il n'existe plus aujourd'hui en France de règles relatives à la condition des étrangers dans le domaine du droit privé. L'article 11 a été, en fin de compte, interprété comme s'il posait un principe général d'assimilation de l'étranger au national. Les seules discriminations sont celles qu'édictent formellement des textes spéciaux ; or, ces textes n'ont pas pour *objet* la condition des étrangers. Ils ont des objets divers : le statut du fermage, le droit de reprise du propriétaire d'un local à usage d'habitation, l'activité syndicale dans l'entreprise, etc. La nationalité française n'apparaît plus que comme une condition nécessaire, parmi d'autres, à l'ouverture du droit. *Son exigence est intégrée dans le présupposé de la règle du fond.* Dès lors, la distinction entre jouissance et exercice des droits n'a plus de raison d'être. On ne peut plus dire que l'étranger est privé de la jouissance d'un droit que la règle de fond lui octroie : plus simplement, la règle de fond elle-même ne l'en rend pas titulaire.

Cette analyse implique que la privation dont est frappé l'étranger l'affecte si (et seulement si) la loi française de fond est applicable. Or, le facteur de rattachement qui désigne la loi française n'est pas nécessairement significatif au regard de la condition des étrangers : la loi française peut être applicable, par exemple, en tant que loi du contrat, choisie par les parties, alors que les rapports entre les parties se déroulent à l'étranger, et qu'aucune d'elles n'est française ; pourquoi, dans ce cas, appliquer une disposition défavorable aux étrangers, alors qu'il n'en résultera aucune faveur pour la France ou pour un Français ? Cependant, le risque qu'il en soit ainsi est faible, car on constate que la quasi-totalité des lois qui établissent une distinction entre Français et étrangers sont d'application strictement territoriale : législation

(57) BATIFFOL et LAGARDE, *Traité*, n° 5.

d'exception sur les baux à usage d'habitation et professionnel, dans la mesure où elle a à son origine une crise du logement qui concerne la population locale ; statut du fermage, profondément lié à l'exploitation des ressources agricoles nationales ; naguère représentation syndicale, pièce de l'organisation sociale et politique du pays. Ces lois s'appliquent respectivement aux immeubles sis en France, aux exploitations agricoles françaises et aux établissements industriels et commerciaux en France ; les discriminations qu'elles établissent s'appliquent dans la même mesure.

1002 Si une règle de fond étrangère établit une différence entre nationaux de l'État qui la pose et étrangers, et que notre règle de conflit de lois lui donne compétence, faut-il accepter de l'appliquer jusque dans ses dispositions discriminatoires ? La réponse, ici, semble devoir être affirmative (58). La loi compétente doit être appliquée telle qu'elle est, et si l'une des conditions qu'elle pose est la qualité de national du sujet, ce serait modifier sa substance que d'en faire abstraction. Seule l'exception d'ordre public pourrait être invoquée ; mais il ne semble pas que le principe d'une discrimination soit en lui-même contraire à l'ordre public, au moins s'il a une portée limitée au territoire de l'État qui l'édicte et ne prétend pas frapper sa victime partout où elle se trouve.

§ 3. CONTENU ACTUEL DE LA CONDITION DES ÉTRANGERS EN DROIT PRIVÉ

1003 Depuis l'abandon de la distinction entre droit civil et droit des gens, les solutions consacrées par la jurisprudence avant 1948 sont certainement caduques. Tout étranger peut donc être tuteur, même d'incapables qui ne sont pas ses descendants, bénéficier de l'usufruit légal, inscrire une hypothèque légale (59). Le législateur était d'ailleurs intervenu pour lui donner le droit d'adopter ou d'être adopté, et celui d'agir pour la protection du nom commercial (v. *supra*, n° 994) ; toutefois, sur ce dernier point, la protection était — et reste — subordonnée à la réciprocité législative.

1004 La suppression de l'admission à domicile par la loi du 19 août 1927, qui a abrogé l'article 13 du Code civil, aurait dû, selon certains, être comprise comme ôtant toute possibilité à l'étranger d'acquérir un domicile en France. L'intention du législateur était manifestement inverse, comme le comprirent la doctrine dominante et la jurisprudence : désormais, l'étranger aurait son domicile en France dans les mêmes conditions que le Français. En même temps, la catégorie privilégiée des étrangers admis à domicile disparaissait.

Un décret-loi du 12 novembre 1938, d'inspiration xénophobe, la ressuscita temporairement, en décidant que les étrangers ne pourraient invoquer les droits

(58) En ce sens Trib. gr. inst. Paris 22 oct. 1968, *Rev. crit. DIP* 1969.455, note Simon-Depitre ; Civ. 1re 31 janv. 1990, *D.* 1990.IR.81 ; *contra* Grenoble 9 avr. 1987, *Gaz. Pal.* 1987.J.505, note A. B. Comp. *supra*, n° 1000, à propos des règles ayant pour objet la condition des étrangers.
(59) Plusieurs décisions l'ont admis pour l'hypothèque de la femme mariée ; v. par ex. Civ. 13 janv. 1984, *Rev. crit. DIP* 1984.638, note Lequette, *JDI* 1985.444, note Légier.

subordonnés au domicile en France que s'ils avaient obtenu un permis de séjour de plus d'un an. Le texte fut heureusement abrogé par l'ordonnance du 2 novembre 1945.

1005 Il n'existe donc plus aujourd'hui de texte général dont puisse se déduire la condition des étrangers. Seuls des textes spéciaux lui dénient certains droits qu'ils accordent aux Français. Il faut d'abord rappeler deux règles dont il a été parlé dans le premier livre de ce précis : le *droit de prélèvement* ne peut bénéficier qu'au Français (v. *supra*, n° 813) et les *articles 14 et 15 du Code civil* fondent la compétence des tribunaux français sur la nationalité française de l'une des parties (v. *supra*, n°s 290 à 298).

Les autres textes seront présentés brièvement, matière par matière : leur étude détaillée ressortit davantage au droit civil, au droit commercial, au droit du travail, qu'au droit international privé.

A. Droit civil

a) Statut personnel

1006 1° L'article 13 de l'ordonnance du 2 novembre 1945 disposait que l'officier de l'état civil ne pouvait célébrer le *mariage* d'un étranger résident temporaire que s'il justifiait d'une autorisation délivrée par le préfet après enquête. Cette disposition a été abrogée par la loi du 29 octobre 1981.

2° Une loi du 10 février 1942 (art. 10) interdit à un étranger d'utiliser un *pseudonyme* en France sans autorisation du gouvernement (60).

b) Biens

1007 1° Les *navires, bateaux et aéronefs* ne peuvent être immatriculés en France que s'ils appartiennent (en totalité, pour les aéronefs ; pour plus de la moitié, pour les navires et bateaux) à une personne physique ou morale française.

1008 2° Les *droits de propriété littéraire et artistique* (à l'exception du droit moral) portant sur des œuvres divulguées pour la première fois dans un pays étranger ne sont protégés en France qu'à la condition que les œuvres divulguées pour la première fois en France soient protégées par ce pays de façon suffisante et efficace (article L. 111-4 du Code de la propriété intellectuelle). À vrai dire, cette exigence n'est pas relative à la condition des étrangers, aucune distinction n'étant faite selon la nationalité de l'auteur. En revanche, relève de la condition des étrangers le refus aux auteurs étrangers de *logiciels* des droits reconnus par la loi française, sauf réciprocité législative (art. L. 111-5 du même Code).

Les Conventions de Berne (1886) et de Genève (1952) posent le principe de l'assimilation des œuvres publiées sur le territoire d'un État contractant aux œuvres de l'État également contractant dans lequel la protection est réclamée.

(60) V. Trib. gr. inst. Seine 2 avr. 1963, *Rev. crit. DIP* 1963.720, note Simon-Depitre ; Trib. gr. inst. Paris 16 nov. 1994, *JDI* 1995.945, note Chanteloup.

c) Contrat de louage

1009 La tendance du législateur a été de restreindre aux Français, dans une mesure d'ailleurs variable, les droits particuliers qu'il a conférés au preneur dans le souci de renforcer la stabilité du bail.

Dans le domaine des *baux ruraux*, l'exclusion des étrangers non ressortissants des États membres de l'Union européenne est très large. Aux termes de l'article L. 413-1 du Code rural, « les preneurs de nationalité étrangère ne peuvent bénéficier du présent titre », c'est-à-dire de l'ensemble du statut du fermage et du métayage, sauf « si leurs enfants sont français ».

La loi du 1er avril 1926 avait réservé aux locataires français d'immeubles urbains le bénéfice de ses dispositions protectrices ; mais cette restriction avait soulevé des difficultés.

Le législateur du 1er septembre 1948 a donc évité toute discrimination entre locataires français et étrangers d'*immeubles d'habitation ou à usage professionnel.* Et la même solution a ensuite été reconduite par toutes les lois ultérieures.

Les dispositions discriminatoires cèdent devant la réciprocité diplomatique ou législative. De plus, elles ne peuvent être opposées aux étrangers qui ont des enfants français ou ont combattu dans les armées françaises ou alliées pendant les guerres de 1914 ou de 1939 (loi du 28 mai 1943).

B. Droit commercial

a) Nom commercial

1010 La loi du 26 novembre 1873, dans son article 9, subordonne à la réciprocité (législative ou diplomatique) la protection assurée par « les lois en vigueur » au nom commercial. Cette disposition ne semble pas viser la protection générale par l'action en concurrence déloyale (61). Mais elle empêche le commerçant étranger, même établi en France, d'invoquer le bénéfice de la loi spéciale du 28 juillet 1824, qui sanctionne par des peines correctionnelles « l'usurpation et l'apposition sur des produits du nom commercial d'autrui ».

b) Propriété industrielle

1011 Les étrangers *dont le domicile ou l'établissement est situé hors de France* ne jouissent pas du bénéfice de la loi du 31 décembre 1964 pour les *marques* déposées ou enregistrées dans le pays de leur domicile ou établissement si les marques françaises ne bénéficient pas de la réciprocité de protection dans ce pays (art. L. 712-12 C. prop. intel.). Le texte n'est pas clair : signifie-t-il que l'étranger ne peut (sauf réciprocité) déposer en France les marques

(61) En ce sens, DERRUPPÉ, *Rép. Dalloz droit internat.*, V^{is} *Concurrence déloyale ou illicite*, n°s 3 et s., et *Nom commercial*, n°s 16 et 17.

attachées aux produits des établissements sis à l'étranger (marques « étrangères ») ? ou seulement qu'il ne peut déposer en France « telle quelle », la marque déjà déposée à l'étranger, mais peut, en revanche, déposer une nouvelle marque conformément à la législation française ? De toute façon, la portée pratique de la discussion est limitée par le fait que la plupart des pays ont signé la Convention d'Union de Paris de 1883, expressément réservée par la loi.

1012 L'article 5 de la loi du 2 janvier 1968 modifiant le régime des *brevets d'invention* dispose que « les étrangers *dont le domicile ou l'établissement est situé hors du territoire [français]* jouissent du bénéfice de la présente loi, sous la condition que les Français bénéficient de la réciprocité de protection dans les pays dont lesdits étrangers sont ressortissants » (art. L. 611-1 C. prop. intel.). Là encore, la Convention d'Union de Paris est réservée.

1013 L'article 13 de la loi du 14 juillet 1909 (devenu l'article L. 511-11 C. prop. intel.) sur les *dessins et modèles* réserve le bénéfice de cette loi aux *dessins et modèles* dont les auteurs ou leurs ayants cause sont français *ou domiciliés en France,* ou *ont en France des établissements industriels ou commerciaux*. La preuve de la réciprocité diplomatique ou législative est exigée des étrangers qui ne remplissent pas ces conditions ; mais il peuvent invoquer aussi bien la loi ou les traités du pays de leur domicile ou de leurs établissements industriels ou commerciaux, que celle du pays de leur nationalité ; la réciprocité vise, non la protection à l'étranger des dessins ou modèles déposés par des Français, mais la protection des dessins et modèles « français », c'est-à-dire, vraisemblablement, déposés en France. La Convention d'Union de Paris édicté une dispense de réciprocité au profit des ressortissants des pays signataires.

Une protection des dessins et modèles peut aussi être recherchée dans les lois sur la propriété artistique (V. *supra*, n° 1008, les exigences posées dans ce domaine). La Convention de Berne peut être étendue par chaque État signataire aux dessins et modèles, sous condition de réciprocité.

c) Propriété commerciale

1014 Le droit au renouvellement du bail commercial ne peut être invoqué par les industriels, commerçants ou artisans de nationalité étrangère, sauf réciprocité législative ou diplomatique.

Les étrangers qui ont des enfants français, ainsi que ceux qui ont combattu, pendant les guerres de 1914 et de 1939, dans les armées française ou alliées, sont assimilés au Français (comp. *supra*, n° 1009 en matière civile).

C. Droit du travail

1015 Les textes relatifs aux représentants du personnel adoptés à la Libération (délégués du personnel et membres du comité d'entreprise) et en 1968 (délégués syndicaux), avaient réservé ces fonctions aux Français ; de plus, pouvaient seuls participer à l'élection des membres du comité d'entreprise les étrangers travaillant en France depuis cinq années au moins.

Des assouplissements successifs ont été apportés. En l'état actuel des textes, aucune distinction n'est plus faite entre Français et étrangers.

SECTION III TRAITÉS

1016 Il est normal que la condition des divers étrangers varie en fonction des liens plus ou moins étroits que la France entretient avec les États dont ils sont ressortissants. La France veut donc relever de certaines privations de droits les nationaux des pays amis. Comme elle désire également améliorer la situation des Français à l'étranger, le procédé qui convient est la conclusion de traités par lesquels chacun des États signataires s'engagera à assurer aux ressortissants de son ou de ses cocontractants un traitement privilégié.

Parmi les traités conclus par la France, une place à part doit être faite au Traité de Rome instituant la Communauté économique européenne (§ 2). Des remarques générales seront seulement présentées sur les autres traités, dont le nombre est trop considérable pour que l'étude détaillée en soit entreprise, ou même qu'une liste en soit ici donnée (§ 1).

§ 1. TRAITÉS DIVERS

A. Domaine des faveurs accordées

1017 Les traités *bilatéraux* conclus par la France en matière de condition des étrangers portent des noms variés : traités d'établissement, de commerce, d'entraide, d'amitié, d'immigration, accords de coopération, conventions fiscales, douanières, de sécurité sociale, consulaires, etc.

Les matières dans lesquelles ils interviennent pour améliorer le sort des étrangers sont également d'importance très diverse. Certains ont un objet précis, qu'évoque en général leur nom : le droit fiscal, la sécurité sociale. D'autres — traités de commerce et d'établissement, traités d'amitié... — ont un domaine plus étendu, qu'ils définissent parfois à l'aide de formules assez vagues (« droits privés », « droits civils », « droits privés et civils », « établissement »), parfois à l'aide d'énumérations. Ils peuvent concerner presque tous les aspects de la condition des étrangers : droit privé au sens le plus strict (rapports entre personnes privées), activité professionnelle, libertés publiques, entrée et séjour, expulsion, etc.

La question se pose de savoir si un étranger peut se prévaloir, au nom du traité, d'un droit qui n'existait pas au moment où celui-ci a été conclu. Les tribunaux ont refusé d'admettre qu'une clause d'assimilation de l'étranger au national pût concerner les droits nouveaux accordés en matière de baux à loyer, et ne se sont inclinés que devant l'interprétation gouvernementale contraire, qui a pris la forme de décrets publiant des échanges de lettres avec les États cosignataires des traités. S'il est compréhensible que les *matières* sur lesquelles porte le traité soient comprises restrictivement, il est difficile de soutenir que, dans ces matières, les *droits* accordés doivent être « figés » (62) dans l'état de la législation des pays signataires au moment de la conclusion du traité.

Lorsque la clause favorable aux étrangers est rédigée de façon large et imprécise, il est admis qu'elle ne concerne que les droits privés. Les matières de droit public restent à l'écart du traité lorsque celui-ci ne les a pas expressément mentionnées.

L'octroi par le traité de la liberté d'exercer une activité professionnelle dispense-t-il ses bénéficiaires d'obtenir l'autorisation administrative normalement requise des étrangers ? La réponse négative est donnée depuis longtemps pour l'autorisation de travail et pour la carte d'exploitant agricole. S'agissant de la carte de commerçant, l'Administration soutenait que l'exigence de la carte n'est pas contraire à « la jouissance des droits... reconnus par la convention », et qu'elle se situe sur le terrain de l'exercice des droits (63). Mais le Conseil d'État, qui ne s'estime plus lié depuis l'arrêt *GISTI* par l'interprétation gouvernementale des traités (v. *supra*, n° 37), a pris la position contraire (64).

1018 Les conventions *multilatérales* interviennent normalement dans un domaine précis : c'est le cas des Conventions de Berne, de Genève et de Paris en matière de propriété intellectuelle. Mais il faut mentionner comme dotées d'un champ d'application étendu, deux conventions conclues dans le cadre du Conseil de l'Europe : la Charte sociale européenne de 1961 (ratifiée par la France en 1974), et la Convention sur le statut juridique du travailleur migrant (ratifiée par la France en 1983).

On a signalé plus haut (n° 944) les conventions relatives au droits de l'homme, applicables sans condition de réciprocité. *Adde* la Convention de Genève du 28 juillet 1951 sur les réfugiés et la Convention de New York du 28 septembre 1954 sur les apatrides (v. *supra*, n°s 952 et 974).

B. Étendue des faveurs accordées

1019 Plusieurs procédés sont utilisés — éventuellement dans un même traité, de façon distributive selon les matières — pour déterminer l'étendue des faveurs concédées. Parfois, les droits reconnus aux étrangers sont tout simplement énumérés (*a*). Souvent ils sont déterminés par référence : soit à ceux dont jouissent dans leur propre pays les nationaux de l'État qui s'engage (*b*), soit à ceux des étrangers bénéficiaires dans cet État du traité le plus favorable (*c*). Souvent enfin leur mesure résulte d'une comparaison des législations (*d*).

(62) Selon l'expression de MM. Batiffol et Lagarde, *Traité*, n° 186-1.
(63) Circulaire du 15 mai 1957, *D.* 1957.185, *Rev. crit. DIP* 1957.345.
(64) CE 21 déc. 1994, *Serra Garriga, Rev. crit. DIP* 1995.291, note Lagarde.

a) Énumération des droits

1020 C'est le procédé le plus simple. Le traité prévoit, par exemple, que l'étranger pourra « acquérir et posséder tous biens meubles et immeubles », « louer des maisons », « transporter les produits et marchandises », etc. En général, les droits ainsi énumérés sont en fait accordés sans restriction, en droit commun français, aux étrangers, et leur rappel ne présente donc guère d'intérêt pour eux.

b) Clause d'assimilation aux nationaux

1021 Par cette clause, chaque État attribue aux nationaux de l'autre, dans le domaine défini par le traité (ou, plus étroitement, par la clause elle-même), les droits qu'il reconnaît à ses propres nationaux. C'est la faveur la plus grande qui puisse être concédée. Elle n'est pas identique pour chacun des États signataires, lorsque les droits qu'ils reconnaissent à leurs nationaux ne sont pas eux-mêmes identiques ; l'un des États gagnera plus que l'autre à l'adoption de la clause ; ce déséquilibre constitue l'inconvénient majeur de celle-ci.

L'assimilation, même prévue en termes généraux, ne peut être complète. L'étranger jouira des mêmes droits que le Français, mais non de ses *privilèges*, et en particulier de la protection diplomatique française.

Les tribunaux se sont montrés réticents à faire produire à la clause les effets qu'elle comporte. L'article 11 exigeant la réciprocité diplomatique pour la jouissance par l'étranger des droits « civils », ils ont souvent subordonné l'assimilation à la réciprocité (c'est-à-dire à la possibilité pour les Français de jouir à l'étranger du même droit que l'étranger réclame en France), ou bien encore ils ont — ce qui revient au même — interprété la clause d'assimilation comme une clause de réciprocité (v. *infra*, d). Il est pourtant incontestable que l'article 11, qui a valeur législative, ni plus ni moins, ne met pas obstacle à la conclusion d'un traité qui améliore la condition de l'étranger par un autre moyen que celui qu'il prévoit.

c) Clause de la nation la plus favorisée

1022 Par cette clause, l'État signataire s'engage à accorder aux ressortissants de son cocontractant le traitement le plus favorable qu'il ait accordé ou accorderait à des étrangers d'un autre État (65).

Ce mode de référence peut surprendre. Il s'explique, historiquement surtout, par le souci qu'ont les États de permettre à leurs nationaux établis dans un pays étranger d'y exercer le commerce à armes légales avec les étrangers d'autres nations. Mais les résultats sont critiquables : la situation des étrangers dépendra, non des liens d'amitié entre leur pays et les pays d'accueil, mais des liens qui

(65) Définition proposée par MM. BATIFFOL et LAGARDE, *Traité*, n° 186-3.

seront susceptibles de se développer entre ce dernier pays et des pays tiers. Or, des formes d'union privilégiée apparaissent aujourd'hui, soit entre pays géographiquement voisins, soit entre anciennes puissances coloniales et États ayant accédé à l'indépendance ; il est inopportun d'accorder les mêmes privilèges aux ressortissants d'États simplement amis. La clause reste toutefois fréquente, notamment en matière douanière, les États y voyant un moyen de garantir leurs nationaux contre les discriminations.

L'accord du GATT recourt à la clause de la nation la plus favorisée, afin d'éviter la formation d'une pluralité de blocs commerciaux ; mais il précise que le jeu de la clause n'est pas déclenché par l'existence d'une zone de libre échange ou d'une union douanière.

Pour apprécier la portée de la clause, il faut connaître à la fois le domaine dans lequel elle intervient, et la situation faite aux étrangers les plus favorisés *dans la même matière*. Selon la Cour de cassation, en effet, « la clause de la nation la plus favorisée ne peut être invoquée que si la matière du traité qui la stipule est identique à celle du traité particulièrement favorable dont le bénéfice est réclamé » (66).

d) Clause de réciprocité

1023 C'est la clause dont l'article 11 prévoit expressément l'intervention : les étrangers bénéficiaires d'une telle clause jouissent en France des droits dont les Français jouissent dans le pays d'origine de ces étrangers, et inversement.

Pour pouvoir invoquer la réciprocité, il faut, selon la jurisprudence, que les législations des deux pays en présence soient sur le point considéré identiques (67) ou du moins « sensiblement identiques » (68).

La faculté d'invoquer la réciprocité peut résulter, non d'un traité, mais du législateur : c'est la réciprocité législative, opposée à la réciprocité diplomatique (v. *supra*, n°s 1009, 1010, 1011, 1012, 1013, 1014). Elle joue de la même façon (69).

§ 2. TRAITÉ DE ROME

1024 L'étude de la condition en France des ressortissants des États de la communauté européenne relève du « droit européen ». Seules des indications générales seront donc données.

Le Traité de Rome pose, dans le domaine de la condition des étrangers, deux principes : celui de la liberté d'établissement et celui de la libre circulation des personnes.

(66) Civ. 22 déc. 1913, *DP* 1915.1.1, note Basdevant, S. 1914.1.233, note Lyon-Caen.
(67) Req. 27 janv. 1903, *DP* 1903.1.249, rapport Lemaire, S. 1904.1.181, note Pillet, *JDI* 1903.623.
(68) Soc. 21 juill. 1958, *Rev. crit. DIP* 1959.288, note Simon-Depitre.
(69) V. Soc. 24 nov. 1955, *Rev. crit. DIP* 1956.642, note Simon-Depitre.

1025 La *liberté d'établissement* concerne, dans une acception étendue, l'accès aux activités salariées et non salariées.

S'agissant des premières, le traité pose en règle « l'abolition de toute discrimination, fondée sur la nationalité, entre les travailleurs des États membres, en ce qui concerne l'emploi, la rémunération et les autres conditions de travail » (art. 48, al. 2 devenu art. 39, al. 2, depuis le Traité d'Amsterdam). Le règlement n° 1612/68 du 15 octobre 1968 (70), intervenu en application de ce texte, et directement applicable dans tout État membre, donne à tout ressortissant d'un État membre, quel que soit le lieu de sa résidence, « le droit d'accéder à une activité salariée et de l'exercer sur le territoire d'un autre État membre, conformément aux dispositions législatives et administratives régissant l'emploi des travailleurs nationaux de cet État ». L'exigence d'une autorisation de travail est implicitement mais nécessairement supprimée par ce texte.

Cependant l'article 39 (ex 48), alinéa 4 du traité exclut du libre accès les « emplois dans l'administration publique ». Mais cette exclusion ne s'étend pas aux emplois dont les attributions sont séparables de l'exercice de la souveraineté, ou ne comportent aucune participation à l'exercice de prérogatives de puissance publique (art. 5 bis de la loi du 13 juillet 1983, réd. de la loi du 26 juillet 1991).

1026 La liberté d'établissement comporte également « l'accès aux *activités non salariées* et leur exercice dans les conditions définies par la législation du pays d'établissement pour ses propres ressortissants » (art. 43, ex 52, al. 2) ; des exceptions sont prévues, les unes expressément (ainsi l'absence d'accès aux activités participant à l'exercice de l'autorité publique), d'autres par la référence assez vague aux « raisons d'ordre public, de sécurité publique et de santé publique ». L'instauration de la liberté d'établissement a été progressive, des directives intervenant successivement pour les divers domaines de l'activité professionnelle, pendant une période transitoire. La Cour de justice des Communautés européennes a ensuite jugé (71) que, depuis la fin de cette période, la règle posée par l'article 43 est devenue immédiatement applicable, même à défaut de directive dans un domaine déterminé. Tout étranger ressortissant d'un État membre de la CEE peut donc désormais, sauf les exceptions signalées, exercer en France les professions réservées aux Français.

Corrélativement, l'obtention de la *carte de commerçant étranger*, ou la condition de déclaration qui la remplace depuis la loi du 24 juillet 2006 (v. *supra*, n° 981), cesse d'être exigée.

La *carte d'exploitant agricole étranger* a été supprimée par le décret et l'arrêté du 10 octobre 1963 et par le décret du 28 août 1969.

(70) *Rev. crit. DIP* 1968.769, *JDI* 1969.208.

(71) Arrêts *Reyners* du 21 juin 1974 et *Van Binsbergen* du 3 décembre 1974, *Rev. crit. DIP* 1975.679, note Loussouarn.

La liberté d'établissement implique aussi la reconnaissance d'une équivalence entre les diplômes étrangers et les diplômes nationaux normalement requis pour l'exercice de la profession.

Par une directive du 21 décembre 1988, le Conseil a posé un principe de reconnaissance mutuelle des diplômes universitaires, complété par l'exigence, pour le candidat diplômé d'un État membre qui veut exercer une profession réglementée dans un autre État membre, de subir un stage de formation ou de satisfaire à un test d'aptitude.

1027 La libre circulation des personnes, entendue dans un sens large, comporte le droit de *séjour* des ressortissants communautaires dans chaque État membre de la Communauté.

Ce droit n'a cependant été conçu, jusqu'à une date récente, que comme un accessoire du droit d'établissement ; il n'était accordé qu'aux agents économiques (72). La généralisation du droit de séjour résulte seulement d'une directive du Conseil du 28 juin 1990 (73).

Le droit de séjour est à présent ouvert à tous les ressortissants communautaires, ainsi qu'à leurs conjoints, à leurs descendants à charge, et aux ascendants du ressortissant ou de son conjoint qui sont à sa charge. Toutefois, les personnes qui ne sont pas agents économiques doivent justifier de ressources suffisantes et d'une assurance-maladie couvrant l'ensemble des risques, afin d'éviter d'être à la charge de l'État d'accueil.

Le droit de séjour ne peut être remis en cause que pour des raisons d'ordre public, de sécurité publique ou de santé publique ; la Cour de justice des communautés européennes exerce un contrôle vigilant sur l'usage qui est fait de ces notions par les autorités des États membres.

L'étranger bénéficiaire du droit de séjour se voit délivrer, sur sa demande (car il n'y est pas tenu), une carte de séjour portant la mention, selon le cas, « CE – toutes activités professionnelles », « CE – étudiant » ou « CE – non actif » (art. R. 121-10 à R. 121-15 CESEDA).

Bibliographie sommaire

ABRAHAM : « La jurisprudence du Conseil d'État relative à la condition des étrangers », *Trav. Com. fr. dr. int. pr.* 1995-1998, p. 21 et s.

BACLET HAINQUE : *Réfugiés et asile politique en France depuis la Troisième République*, thèse dactyl., Paris-II, 1985.

(72) CJCE 24 oct. 1974, *Walrave*, aff. 36/74, *Rec.* 1405 ; 14 juill. 1976, *Dona c. Montero*, aff. 13/73, *Rec.* 1333.

(73) *JDI* 1990.1081.

CARMET : *Étude de la distinction entre condition des étrangers et conflit de lois*, thèse Paris I, dactyl., 1977.

FOURNALÈS : « La protection des situations personnelles et de la vie privée en droit des étrangers », *JDI* 2001.447.

FULCHIRON : « La réforme du droit des étrangers (Commentaire de la loi n° 98-349 du 11 mai 1998 relative à l'entrée et au séjour en France des étrangers et au droit d'asile) », *JDI*, 1999.335.

GISTI : *Le guide de l'entrée et du séjour des étrangers en France*, Paris, 2e éd., 1995.

GUIMEZANES : « Réflexions sur l'éloignement des étrangers du territoire français », *JDI* 1996.69.

GUIMEZANES : « Vers une disparition des restrictions apportées à la libre circulation des ressortissants communautaires », *Mélanges Lagarde*, Dalloz, 2005, p. 355 et s.

GUIMEZANES : « La loi du 24 juillet 2006 relative à l'immigration et à l'intégration », *JCP* 2006.I.167.

JAULT-SESEKE : *Le regroupement familial en droit comparé français et allemand*, LGDJ, 1996.

LAGARDE : « La réciprocité en droit international privé », *Rec. Acad. La Haye*, 1977, I, p. 105 et s.

LOCHAK : *Étrangers : de quel droit ?*, Paris, 1985.

A. LYON-CAEN : « Quelques progrès dans la condition des étrangers », *Trav. Com. fr. dr. ind. pr.*, 1977-1979, p. 153 et s.

PIOT : « La clause de la nation la plus favorisée », *Rev. crit. DIP* 1956.1.

L'étranger, t. IX et X des « Recueils de la Société Jean-Bodin », Bruxelles, 1958.

TURPIN : « Les nouvelles lois sur l'immigration et l'asile dans le contexte de l'Europe et de la mondialisation », *Rev. crit. DIP* 2004.311.

D. TURPIN : « La loi n° 2006.911 du 24 juillet 2006 relative à l'immigration et à l'intégration », *Rev. crit. DIP* 2007.1.

TITRE II
LES PERSONNES MORALES

1028 Quels problèmes les personnes morales posent-elles en droit international privé ?

Ceux, tout d'abord, que posent également, quoique dans des conditions différentes, les personnes physiques : les personnes étrangères ont un statut particulier, qu'il faut décrire (condition des étrangers), et qui oblige à préciser la distinction entre étrangers et nationaux (détermination de la nationalité).

Mais l'essentiel n'est pas là. La personnalité morale, à la différence de la personnalité qui est reconnue aux individus, n'est pas attribuée à un être physique, mais à un être juridique, né le plus souvent d'un contrat. La première question à résoudre est donc celle de savoir si l'être juridique qui prétend être une personne morale a été valablement constitué, autrement dit s'il l'a été selon les normes compétentes d'après le droit international privé du for.

Ceci suppose que la personne morale a été créée conformément à un droit étatique. Mais il existe des sociétés, dites *internationales*, créées par un accord entre deux ou plusieurs États, et qui sont plus ou moins soustraites aux législations nationales (par ex. : la Banque internationale pour la reconstruction et le développement, Air-Afrique...) (1). Le cas le plus typique est celui de la compagnie de navigation aérienne *Scandinavian Airlines System*, créée par la Suède, le Danemark et la Norvège, qui est régie par ses seuls statuts, et ne peut être rattachée préférentiellement à aucun ordre juridique, car elle possède un siège social dans chacun des trois pays qui lui ont donné naissance. La source de l'existence de ces personnes morales réside dans l'accord des volontés des États, accord dont la valeur repose elle-même sur la règle *Pacta sunt servanda*. Aucun obstacle ne s'oppose à ce que les États tiers admettent l'existence des sociétés créées par un traité, même si celui-ci est pour eux *res inter alios acta* : on applique bien le droit étranger, émanation unilatérale de l'État étranger...

Une seconde question, qui serait également propre aux personnes morales, pourrait ensuite se poser. Tout État qui estime qu'un être juridique est

(1) Sur les sociétés internationales, v. CALON, « La société internationale. Éléments d'une théorie générale », *JDI* 1961.694 ; GOLDMAN, « Le droit des sociétés internationales », *JDI* 1963.320.

valablement constitué selon les normes *étrangères* auxquelles son droit international privé donne compétence pourrait lui dénier néanmoins la personnalité, ou la subordonner à une formalité ou à une autorisation particulière (2). Ainsi, une société créée à l'étranger selon les règles locales pourrait être considérée par le for comme un *contrat* valable, mais se voir refuser la qualité de *personne*, dégénérant ainsi (aux yeux du for) en un être comparable à la société en participation du droit français, qui n'a pas la personnalité.

Cependant, en pratique, les États — la France en tout cas — ne dissocient pas la régularité de la constitution et l'existence de la personnalité morale. Si un groupement créé selon des normes étrangères a, selon ces normes, la personnalité morale, les autres États, ou bien l'estiment irrégulièrement créé (et le problème de la personnalité morale ne se pose pas), ou bien l'estiment régulier et lui reconnaissent en même temps la personnalité morale.

Cette affirmation doit cependant être justifiée, car on parle couramment du problème de la « reconnaissance de la personnalité morale », et l'on enseigne qu'elle est parfois l'objet de règles restrictives. En réalité, comme on le verra, les règles en question ne concernent pas l'existence de la personnalité, mais l'exercice ou la jouissance des droits en France. Par exemple, l'article 2 de la loi du 30 mai 1857 (v. *infra*, n° 1055) subordonne à un décret en Conseil d'État la possibilité pour les sociétés anonymes étrangères « d'*exercer* tous leurs droits et d'ester en justice ». De toute évidence, il faut sous-entendre : « en France ». Si donc une société anonyme étrangère non autorisée a contracté à l'étranger, et que l'on examine en France la validité du contrat (par ex. parce qu'elle a cédé sa créance à une personne domiciliée en France), le juge français n'a aucune raison de lui dénier la personnalité morale et d'annuler l'acte.

La « reconnaissance de la personnalité morale » n'est donc, en fait, qu'une autorisation d'exercer une *activité* (même aussi élémentaire que celle d'ester en justice) en France ; l'existence de la personne morale dépend quant à elle exclusivement de la compétence que le for reconnaît, ou dénie, aux normes étrangères selon lesquelles la création a eu lieu (3).

1029 On s'attachera essentiellement dans ce titre aux personnes morales de droit privé. Les personnes morales étrangères de droit public ne posent guère, en effet, de problème. Leur création résulte soit de la Constitution même de l'État étranger, soit d'une décision qu'il a prise et, dans les deux cas, l'État du for n'a aucune raison de ne pas la reconnaître (4) ; la loi applicable à leur fonctionnement est évidemment celle de l'État créateur, leur nationalité également. Dans

(2) V., pour cet ordre de présentation des problèmes, FADLALLAH, *Rép. Dalloz droit internat.*, V° *Personne morale*, n° 11.

(3) Sur le problème, v. Rennes 8 juill. 1981, *Rev. crit. DIP* 1982.81, note P. Mayer. Comp. LÉVY, *op. cit.*, n° 34.

(4) Le réalisme commande cette attitude même si la France ne reconnaît pas l'État ou le Gouvernement étranger.

la mesure où elles exercent une activité en France, elles doivent respecter les règles françaises de police, et sont soumises aux restrictions qui frappent les étrangers (5).

Parmi les personnes morales de droit privé, on distinguera les sociétés (Chapitre I) et les associations et fondations (Chapitre II). À propos de chacune de ces catégories, on examinera successivement :

– les conditions de *création* de la personne morale, dont on rapprochera les règles de son *fonctionnement*, car il est évident qu'une personne morale créée en application d'une certaine loi, à laquelle ses statuts doivent être conformes, ne peut fonctionner que selon cette même loi ;

– les problèmes suscités par l'*activité* en France des sociétés étrangères, ce qui nécessitera la détermination préalable de la *nationalité* des personnes morales.

(5) Sur le second point, v. Paris 30 juin 1961, *JDI* 1962.402, note Lehmann.

CHAPITRE I
LES SOCIÉTÉS

1030 Après avoir étudié en deux sections, comme annoncé ci-dessus (n° 1029 *in fine*), les conditions de création et les règles de fonctionnement des sociétés, puis l'exercice par les sociétés étrangères d'une activité en France, on consacrera une troisième section au transfert du siège social d'un pays à un autre.

SECTION I — CONDITIONS DE CRÉATION ET RÈGLES DE FONCTIONNEMENT

1031 Il est souvent professé en doctrine que la loi applicable à la création et au fonctionnement d'une société est la *loi de sa nationalité* ; tout le problème se ramenant à définir le critère de cette nationalité.

Telle n'est pas cependant la position du droit français. Le texte, en la matière, est l'article 1837 du Code civil, qui dispose que « toute société dont le siège est situé sur le territoire français est soumise aux dispositions de la loi française ». En admettant que ce texte doive être bilatéralisé, et que les sociétés soient, de façon générale, soumises à la loi de leur siège social, c'est donc *la loi du siège social, non la loi nationale*, qui est applicable.

Il est vrai que le critère de la nationalité est précisément, selon la doctrine, le siège social. Il n'y aurait donc qu'une différence de formulation. Même s'il en était ainsi, on ne voit guère de raison de compliquer l'énoncé tout à fait simple de l'article 1837 en introduisant une notion de nationalité rigoureusement inutile à ce stade. Mais surtout, des raisons très sérieuses s'opposent à l'usage de ce concept pour la détermination de la loi applicable :

1° L'alinéa 2 de l'article 1837 donne aux tiers le droit de se prévaloir à leur choix du siège statutaire ou du siège réel ; comme il paraît inconcevable que la nationalité de la société change au gré de l'option des tiers, force est de conclure que le siège social est pris directement comme critère de rattachement, et non comme critère attributif de nationalité.

2° La nationalité, au sens strict, est une qualité réservée aux êtres qui possèdent la personnalité (physique ou morale) ; on ne peut donc attribuer une nationalité à la société *avant* de savoir si elle est valablement créée et possède la personnalité morale.

3° Il est normal que la règle de droit international privé du for désigne la norme compétente pour donner naissance à une société, à l'aide du critère qui lui paraît le meilleur ; mais elle ne peut décider de la nationalité étrangère d'une société, pas plus que de celle d'une personne physique (v. *supra*, n° 843 et *infra*, n° 1044).

Il ne sera donc pas question dans cette section de nationalité, ou de loi nationale (1).

1032 La société est d'abord un *contrat*. La première solution qui s'offre à l'esprit est donc de la soumettre à la loi d'autonomie. Et c'est, en effet, celle qu'il faut retenir à l'égard des *sociétés dénuées de personnalité morale*, telle la société en participation du droit français (2).

Mais une société est aussi, en général, une *personne*, ce qui, pour deux ordres de raisons, impose des contraintes à la volonté des fondateurs.

En premier lieu, les sociétés sont des *agents essentiels de l'activité économique ;* on ne saurait donc tolérer que leurs fondateurs les soumettent à une loi, pour la seule raison qu'elle leur convient, alors qu'elles sont, en fait, intégrées dans la sphère économique d'un autre pays, surtout si ce pays est celui du for.

En second lieu, les *tiers* doivent être protégés : la personnalité attribuée au groupement lui sert à participer au commerce juridique, c'est-à-dire à entrer en relation avec les tiers, personnes physiques ou morales. Il faut donc, tout d'abord, que les tiers soient *informés* : qu'ils sachent si la société existe juridiquement, dans quels cas et conditions elle peut s'engager valablement, quels biens garantissent son engagement ; la loi d'autonomie est pour eux la plus malaisée à connaître, et risque d'être souvent une loi étrangère si l'on n'exige pas qu'elle présente un lien avec le pays de l'établissement effectif de la société. Surtout, la loi doit *arbitrer impérativement les conflits d'intérêts entre les fondateurs et les tiers*, qui comprennent ici les futurs associés. Si, dans un contrat ordinaire, le recours à la loi d'autonomie est possible, c'est parce que l'on envisage essentiellement le contrat comme un moyen pour les parties de se lier mutuellement pour la réalisation d'un objet qui les intéresse seules ; or, la constitution d'une société met en opposition les intérêts des fondateurs d'une part, des tiers d'autre part (futurs associés et créanciers, notamment). Les tiers

(1) Comp. LOUSSOUARN, *Les conflits de lois en matière de sociétés*, p. 87 ; LÉVY, *op. cit.*, n°s 66 et s.
(2) En ce sens, Trib. civ. Seine 2 juin 1922, *JDI* 1924.429 ; Req. 26 août 1940, *Rec. Penant*, 1re partie, 1945, p. 59, obs. Dureteste.

n'intervenant pas, par définition, dans l'élaboration du contrat, c'est la loi qui les protège, et sa détermination ne doit pas dépendre totalement de la volonté des fondateurs.

Ces remarques ne conduisent pas à des solutions uniformes. Il faut distinguer, en effet, selon que la naissance de la personnalité morale est subordonnée à des formalités impliquant la participation d'organes étatiques (§ 2), ou non (§ 1) : dans le premier cas, un lien étroit, dont il est impossible de ne pas tenir compte, est créé entre l'État qui a prêté le concours de ses organes et la société. Mais le domaine de la loi applicable est toujours le même (§ 3).

§ 1. SOCIÉTÉS CRÉÉES SANS INTERVENTION D'UN ORGANE ÉTATIQUE

1033 C'était le cas, en droit français avant 1978, des sociétés dont la forme et l'objet sont civils.

Le problème de la *connaissance* par les tiers de la loi applicable est ici crucial, car la publicité est peu, ou pas, organisée (3). Il faut donc trouver un critère simple, que les tiers puissent facilement identifier, et qui désignera la loi applicable à la société ; il faut également essayer d'établir une coïncidence entre la loi applicable et celle du pays dans lequel la société contracte habituellement. Le premier impératif incite à appliquer la loi du siège social, le second la loi du centre d'exploitation. Après avoir retenu la seconde de ces solutions, le droit positif a finalement consacré la première (4) ; le siège social présente, en effet, sur le centre d'exploitation l'avantage décisif d'être unique. Certes, la société peut comprendre une pluralité d'organes (assemblée générale d'une part, gérants d'autre part) ; mais la jurisprudence estime que ce sont « la direction supérieure et le contrôle » de la société qui déterminent le siège social (5).

§ 2. SOCIÉTÉS CRÉÉES AVEC L'INTERVENTION D'UN ORGANE ÉTATIQUE

A. Position du problème

1034 Dans la plupart des cas, un organe étatique participe à la création de la société. Dans les pays anglo-saxons, seules les sociétés « enregistrées » (*incorporated*), c'est-à-dire inscrites sur un registre public, sont des personnes

(3) Malgré l'absence d'immatriculation sur un registre tenu par l'État, une publicité peut être assurée par l'exigence de certaines mentions sur les écrits émanant de la société.
(4) Civ. 20 juin 1870, S. 1870.1.373.
(5) Req. 28 oct. 1941, *Gaz. Pal.* 1942.1.18.

morales. De même en France, les sociétés doivent être immatriculées au registre du commerce, et c'est seulement à dater de leur immatriculation qu'elles jouissent de la personnalité morale.

Une société ainsi enregistrée ou immatriculée est nécessairement soumise à la *loi de l'État dans lequel elle est « incorporée »* : les tiers risqueraient d'être induits en erreur si les fondateurs avaient choisi une autre loi ; il est d'ailleurs invraisemblable que ceux-ci aient eu une telle volonté ; et l'autorité qui a immatriculé ou enregistré la société n'y a consenti qu'à la condition, parfois vérifiée d'ailleurs, ou du moins déclarée remplie par les fondateurs, que les opérations préalables ont eu lieu conformément à sa loi.

Ce dernier facteur est essentiel si l'organe étatique a rendu une véritable *décision* (*stricto sensu*) donnant naissance à la société, décision que l'on peut accepter ou refuser de reconnaître, mais à laquelle on ne peut faire produire des effets autres que ceux qu'elle prévoit (6). En revanche, si l'immatriculation est un simple *acte public* (sur la différence entre décision et acte public, v. *supra*, n° 468), donnant seulement sa validité en la forme au contrat de société, le facteur déterminant est plutôt le respect de la volonté des fondateurs : s'ils ont voulu créer une société « de droit anglais », par exemple, on ne peut leur opposer que leur société est en fait « de droit belge » sous prétexte que son siège réel est en Belgique (7).

1035 Cela ne veut pas dire que toute société doit être considérée en France comme valablement créée dès lors qu'ont été respectées les conditions posées par la loi du pays de son immatriculation (ou enregistrement). La loi applicable à la constitution et au fonctionnement de la société est bien celle de ce pays, mais cette affirmation n'a de portée qu'*à la condition que la société ait été immatriculée ou enregistrée dans le pays qui convenait*, faute de quoi elle doit être tenue pour nulle, et la question de la loi applicable à son fonctionnement ne se pose pas. Il convient donc de poser une *règle de compétence internationale des autorités*, dont on va à présent rechercher le contenu.

B. Solution du problème

1036 La règle de compétence des autorités peut être libérale, et ainsi exprimée : « Tout pays est compétent pour donner naissance à une société, quels que soient le siège et le lieu des activités de celle-ci ». Elle peut être à l'inverse exigeante, et prendre, par exemple, la forme : « Le seul pays qui ait compétence pour

(6) Sur ce que le problème de la reconnaissance de l'existence des personnes morales est parfois un problème d'efficacité des décisions étrangères, v. BATIFFOL, *Rev. crit. DIP* 1974.585 ; CARMET, *op. cit. supra sub* n° 1017. Une bonne illustration en est fournie par la société de siège anglais Banque ottomane, créée par un acte législatif turc (sur les litiges qu'a suscités le fonctionnement de cette société, v. les références *infra*, notes 12 et 19).

(7) Certes, la volonté des fondateurs n'est pas souveraine, et la règle de droit international privé peut lui assigner des limites. Mais de là à faire produire au contrat de société des effets autres que ceux qui ont été voulus, il y a un pas que l'on doit éviter de franchir ; on va en voir le moyen (*infra*, n°s 1035 et 1036).

donner naissance à une société est celui de son siège social (ou du centre de ses activités) ».

La première position a été adoptée par les pays anglo-saxons et par quelques pays continentaux. Elle a reçu le nom de théorie de l'*incorporation*. La société est tenue pour valablement constituée, en quelque endroit qu'elle ait été enregistrée, pourvu qu'elle ait été régulièrement créée selon la loi du pays de l'enregistrement. C'est un système très libéral, qui correspond au recours à la loi d'autonomie pour les sociétés créées sans publicité : en choisissant le lieu de l'enregistrement, les fondateurs choisissent indirectement la loi applicable. L'avantage qu'il présente pour les pays qui l'adoptent réside, non dans l'obligation où ils se trouvent alors de reconnaître les sociétés enregistrées à l'étranger, mais au contraire dans la possibilité qu'il leur donne d'enregistrer sur leur propre territoire toutes les sociétés qui le demandent. Ce sont donc surtout les pays qui espèrent attirer chez eux des sociétés dont l'objet social doit être réalisé à l'étranger qui consacrent le système de l'incorporation ; la séduction qu'ils exerceront pourra être fondée sur des éléments divers : libéralisme du droit des sociétés, avantages fiscaux et financiers, bénéfice de leur protection diplomatique. Aux États-Unis, où le système de l'incorporation est général, il ne profite à certains États (Delaware notamment) qu'au détriment d'autres ; ceux-ci le corrigent alors, soit en recourant à la notion de fraude, soit en limitant par divers procédés la possibilité pour les sociétés enregistrées dans les autres États fédérés de faire des affaires (*doing business*) sur leur territoire (8).

1037 La plupart des pays continentaux, dont la France, préfèrent poser l'exigence d'un lien objectif entre le pays d'enregistrement ou d'immatriculation et l'établissement effectif de la société. Le critère choisi est presque toujours le *siège social*, mais les pays se partagent entre partisans du siège statutaire (c.-à-d. du siège tel que fixé par les statuts de la société) et partisans du siège réel (lieu à partir duquel la société est effectivement administrée) (9). Le siège statutaire est le plus commode à identifier (surtout au moment où la société se constitue et requiert son immatriculation) ; mais il ne dépend que de la volonté des fondateurs, et l'on ne s'éloigne guère alors du système de l'*incorporation*. Le siège social réel présente les avantages et les inconvénients inverses.

L'on enseigne en général que le droit français retient essentiellement le siège réel. Cependant, comme l'a bien montré M. Hervé Synvet (10), cette proposition résulte d'une lecture erronée de la jurisprudence. Le siège retenu est en principe le siège statutaire. Les arrêts cités comme ayant fait prévaloir le siège

(8) V. sur ce point AUDIT, *La fraude à la loi*, n°s 524 à 526.
(9) Lorsque l'assemblée générale et le conseil d'administration ne se réunissent pas en un même lieu, lequel faut-il préférer ? La jurisprudence s'attache à la « direction supérieure » et au « contrôle ».
(10) *Op. cit.*, p. 174 et s.

réel ont, en fait, constaté que le siège statutaire était non seulement fictif, mais *frauduleux* (11) : simple application de la théorie de la fraude à la loi.

Depuis la loi du 24 juillet 1966, le siège réel se voit reconnaître un rôle, mais il est fort limité. Aux termes de l'article 2, alinéa 2 de la loi du 24 juillet 1966 (dont le contenu, repris par l'article L. 210-3 du Code de commerce, a été étendu aux sociétés civiles par l'article 1837, alinéa 2, du Code civil) : « Les tiers peuvent se prévaloir du siège statutaire, mais celui-ci ne leur est pas opposable par la société, si son siège réel est situé en un autre lieu ». Comme la validité même de la société ne peut pas dépendre de la position adoptée par les divers tiers, il se confirme que la constitution au lieu du siège statutaire est possible et valable (sauf fraude), les tiers pouvant seulement, si tel est leur intérêt, invoquer sur le point en litige la loi du lieu du siège réel (12) : ainsi comprise, la solution est de la même inspiration que l'arrêt *Lizardi* (V. *supra*, n° 525).

L'opportunité du recours au critère du siège social doit être appréciée dans trois hypothèses distinctes : celle d'une société dont le siège est en France, celle d'une société dont le siège est à l'étranger mais qui demande son immatriculation en France, celle d'une société dont le siège est dans un pays étranger et qui a été immatriculée ou enregistrée dans un autre pays étranger.

a) Société dont le siège social est en France

1038 Selon l'alinéa 1er de l'article 1837, « toute société dont le siège est situé sur le territoire français est soumise aux dispositions de la loi française ».

Le texte ne signifie pas seulement que les règles substantielles françaises doivent être respectées lors de la rédaction des statuts (règle de conflit de lois) ; il signifie que les formalités doivent être effectuées en France (règle donnant compétence exclusive aux autorités françaises du siège social) ; la preuve en est que l'immatriculation d'une société ayant son siège en France, dans un pays étranger dont la loi serait identique à la loi française, ne satisferait pas aux exigences du droit international privé français.

La nécessité, posée par le droit français, d'immatriculer en France les sociétés dont le siège social est en France paraît justifiée. C'est d'abord un moyen d'empêcher la soumission à une loi étrangère, de par le simple choix des fondateurs, des sociétés intégrées dans la sphère économique française (v. *supra*, n° 1032). Surtout, c'est un moyen d'éviter que des sociétés dont l'activité se déroulera en France ne s'incorporent à l'étranger, pour y jouir des avantages offerts pour les attirer.

(11) V. par ex. Crim. 21 nov. 1889, *JDI* 1889.850 ; Req. 22 déc. 1896, *JDI* 1897.364 ; Paris 21 mai 1957, *Rev. crit. DIP* 1958.128, note Francescakis.

(12) En ce sens Trib. com. Paris 19 oct. 1982, *Banque ottomane*, *Rev. crit. DIP* 1984.93, note approbative Synvet.

S'il apparaît que la société n'a fixé son siège à l'étranger que dans le but d'échapper frauduleusement à la loi française et à l'exigence d'immatriculation en France, la société est déclarée nulle (13).

Un arrêt *Centros* du 9 mars 1999 de la Cour de justice des Communautés européennes oblige à nuancer cette affirmation, à propos des sociétés incorporées dans les autres pays de l'Union européenne (14). Dans cette affaire, deux citoyens danois, résidant au Danemark, avaient enregistré en Angleterre une *private limited company*, et ensuite demandé, conformément à la législation danoise, l'immatriculation de la succursale de celle-ci au Danemark. Et cependant, il apparaissait que cette société n'avait jamais eu la moindre activité au Royaume-Uni, non plus d'ailleurs que dans aucun autre pays, si bien que sa succursale était appelée à constituer son établissement principal. C'est pourquoi, considérant avoir affaire à un montage frauduleux, destiné à éluder leurs règles nationales relatives au montant minimal et à la libération du capital des sociétés à responsabilité limitée, les autorités danoises avaient refusé de procéder à l'immatriculation litigieuse. Et c'est ce refus que la CJCE a condamné, aux motifs que les articles 52 et 58 du Traité de Rome (aujourd'hui art. 43 et 48), relatifs à la liberté d'établissement, « s'opposent à ce qu'un État membre refuse l'immatriculation d'une succursale d'une société constituée en conformité avec la législation d'un autre État membre dans lequel elle a son siège sans y exercer d'activités commerciales, lorsque la succursale est destinée à permettre à la société en cause d'exercer l'ensemble de son activité dans l'État où cette succursale sera constituée, en évitant d'y constituer une société et en éludant ainsi l'application des règles de constitution des sociétés qui y sont plus contraignantes en matière de libération d'un capital social minimal ». Tout au plus la Cour de Luxembourg a-t-elle ajouté que « cette interprétation n'exclut pas que les autorités de l'État membre concerné puissent prendre toute mesure de nature à prévenir ou à sanctionner les fraudes, soit à l'égard de la société elle-même, le cas échéant en coopération avec l'État membre dans lequel elle est constituée, soit à l'égard des associés dont il serait établi qu'ils cherchent en réalité, par le biais de la constitution d'une société, à échapper à leurs obligations vis-à-vis des créanciers privés ou publics établis sur le territoire de l'État membre concerné ». Mais, dès lors que les « mesures » en question ne peuvent être la nullité de la société, et qu'un arrêt ultérieur de la Cour de justice a interdit que fût imposée à celle-ci l'obligation de seulement révéler aux tiers sa nature de « société étrangère de pure forme » (15), on éprouve les plus grandes difficultés à imaginer celles qui pourraient être arrêtées dans le respect de la liberté d'établissement. C'est pourquoi on peut se demander si, plutôt que de renvoyer les États membres concernés à une coopération bilatérale qui n'a aucune chance d'aboutir, il n'eût pas été préférable de respecter leur commune résignation à la coexistence des systèmes. Car, en refusant à ceux qui exigent que le choix de loi, auquel se ramène l'incorporation, soit corroboré par une localisation objective de la société, la liberté de combattre efficacement les pratiques ouvertement destinées à frauder leurs propres règles de constitution ou de fonctionnement des sociétés, la Cour de Luxembourg les condamne à amputer de celles-ci toutes les dispositions contraignantes édictées pour la protection du crédit public, à défaut de quoi les entrepreneurs nationaux, pour ne pas subir une discrimination à rebours (d'ailleurs incompatible avec le droit communautaire), iront immatriculer leur société dans un pays dont la législation est laxiste.

Au demeurant, on ne s'explique pas comment cette « course vers le bas » peut être imposée au nom de la liberté d'établissement du droit communautaire. Par hypothèse, ce qui est objectivement en cause est la création et l'exploitation, par des personnes établies dans

(13) V. par ex. Req. 22 déc. 1896, cité *supra*, note 11.

(14) *Bull. Joly*, 1999.705 note Dom, *D.* 1999.550, note Menjucq.

(15) CJCE 30 sept. 2003, *Inspire Art*, *JCP* 2004.II.10002, note Luby, *JCP* éd. E 2004.251, note Magnier, *D.* 2004.491, note Pataut, *Rev. crit. DIP* 2004.151, note Muir Watt.

un État membre, d'un nouvel établissement dans le même État membre. À s'en tenir aux faits, l'opération ne concerne qu'un seul État, et n'affecte donc en rien les relations intracommunautaires. Or cette réalité ne peut évidemment pas être contredite par un simple emploi de techniques juridiques, que ce soit celle de la société, qui permet de rattacher, par une fiction de la loi, l'établissement créé à un être juridique nouveau plutôt qu'à ses fondateurs, ou celle de l'immatriculation, qui est une pure formalité. Il s'ensuit que l'affectation des rapports entre les pays membres, dont dépend la compétence du droit communautaire, n'était nullement une donnée, dans les deux espèces sur lesquelles la Cour de Luxembourg s'est prononcée (16). Et elle n'en est devenue un effet qu'en conséquence de la décision prise par celle-ci de faire dériver du droit communautaire, pourtant inapplicable, l'efficacité de l'immatriculation dans un État différent de celui où se trouvaient réellement les établissements litigieux.

b) Siège social à l'étranger, demande d'immatriculation en France

1039 L'article 1837 du Code civil est muet sur l'hypothèse d'une société dont le siège social serait fixé dans un pays étranger, et qui, sans y être enregistrée, demanderait à être immatriculée en France afin d'y acquérir la personnalité morale. Mais le décret du 30 mai 1984 relatif au registre du commerce implique nettement (art. 1er et 14) que l'immatriculation n'est possible en France pour une société dont le siège se trouve dans un pays étranger que si elle est déjà régulièrement créée au regard du droit de ce pays ; l'immatriculation n'est en outre requise que dans l'hypothèse où la société étrangère ouvre un établissement ou une agence en France. Ce n'est donc pas l'immatriculation prévue par la loi du 24 juillet 1966 et dont résulte la naissance de la personnalité morale, mais une immatriculation secondaire, aux fins de publicité. La France ne désire pas accueillir les sociétés qui ne chercheraient à s'immatriculer en France que pour des raisons de commodité personnelle, voire dans un but de fraude. Cette deuxième conséquence de la règle de compétence exclusive du pays du siège social peut être admise sans difficulté et n'est pas, en l'état, incompatible avec la jurisprudence de la Cour de Luxembourg.

▩ (16) Il en allait différemment, en revanche, dans l'affaire qui a donné lieu, en la matière, à un troisième important arrêt de la Cour de Luxembourg (CJCE, 5 nov. 2002, *Überseering*, *Rev. crit. DIP* 2003.508, note Lagarde, *JCP* 2003.II.10032, note Menjucq, *Bull. Joly* 2003.464, note Luby, *Rev. sociétés* 2003.315, obs. Dom, *Petites Affiches* 2003, n° 217, p. 11, obs. C. Legros, *Gaz. Pal.* 2003, n° 176, p. 27, note Niboyet) par lequel celle-ci a déclaré que la liberté d'établissement s'oppose à ce qu'en application de la règle de conflit attribuant compétence à la loi du siège, une société enregistrée dans un État membre soit privée de sa capacité juridique en conséquence du transfert de son siège réel dans un autre État. V. aussi CJCE, 13 déc. 2005, *SEVIC Systems AG*, *Rev. crit. DIP* 2006.662, note Heymann ; *D.* 2006.451, note Luby, *JCP* 2006.II.10077, note Dammann.

On observera seulement qu'au moment où le fonctionnaire accepte d'immatriculer la société, il ne peut vérifier si le siège déclaré fixé en France est en même temps le siège réel, la société n'ayant pas encore fonctionné. Même dans la négative, l'immatriculation est et reste valable (17), entraînant la compétence de la loi française, sauf dans la mesure où des tiers voudraient se prévaloir de la loi du siège réel.

c) Siège social dans un pays étranger, enregistrement dans un pays étranger

1040 La doctrine présente comme générale l'obligation pour une société d'être constituée conformément à la loi du siège social, c'est-à-dire, en fait, d'être enregistrée ou immatriculée dans le pays de ce siège (18). Cette exigence qui est formellement proscrite aujourd'hui lorsque le pays d'enregistrement est un État membre de l'Union européenne (v. *supra*, n° 1038), peut paraître excessive, au moins si l'État dans lequel se trouve le siège réel reconnaît la société incorporée à l'étranger.

Si la Grande-Bretagne accepte qu'une société, qui a en Grande-Bretagne son siège et la majeure partie de ses activités, soit incorporée aux États-Unis, il paraîtrait peu réaliste que la France considère la société comme nulle. L'hypothèse est très comparable à celle du *forum shopping* par lequel des plaideurs évincent un ordre juridictionnel étranger, *qui l'accepte*, au profit d'un autre ordre juridictionnel étranger (v. *supra*, n° 396, *in fine*).

À vrai dire, ce résultat — validation de la société — est atteint, grâce au renvoi au second degré, même par ceux qui posent au départ, de façon absolue, l'exigence de conformité à la loi étrangère du siège social. Dans l'exemple choisi, la règle de conflit française (art. 1837, al. 1er du Code civil, bilatéralisé) désigne la loi anglaise du siège social, qui renvoie à la loi américaine du lieu d'incorporation choisi par les parties, qui accepte le renvoi (19). Mais même un adversaire du renvoi devrait accepter de considérer la société comme régulièrement créée. Ce qui compte n'est pas tellement le fait que la règle de conflit anglaise désigne la loi américaine (ce qui constitue le renvoi), mais plutôt le fait que la Grande-Bretagne, pays le plus intéressé, ne s'oppose pas à ce que la société soit incorporée dans un pays étranger.

(17) Il n'existe aucune décision ayant annulé pour fictivité du siège, ni même pour fraude, une société immatriculée en France (en ce sens SYNVET, *op. cit.*, p. 208).

(18) Cette règle est présentée comme une bilatéralisation de l'art. 1837, al. 1er du Code civil (cité *supra*, n° 1038, *in limine*).

(19) Pour le recours au renvoi au deuxième degré, v. Trib. com. Paris 19 oct. 1982, *Banque ottomane*, précité, et sur appel Paris 3 oct. 1984, *Rev. crit. DIP* 1985.526, note Synvet, *JDI* 1986.156, note Goldman.

§ 3. DOMAINE DE LA LOI APPLICABLE

1041 Que la loi applicable soit la loi du siège social (sociétés constituées sans intervention d'un organe étatique) ou la loi de l'autorité qui l'a enregistrée ou immatriculée, son domaine d'application est le même.

La jurisprudence le comprend de façon extrêmement large : la *lex societatis* régit la constitution — y compris les formalités de publicité —, l'émission des titres et leur régime, l'organisation interne, le fonctionnement, l'aptitude à contracter, les pouvoirs des organes, la dissolution et la liquidation.

Pour les sociétés cotées en bourse, il faut cependant tenir compte de l'incidence des lois de police de l'État où se trouve la bourse (v. par ex., pour la réglementation des offres publiques d'achat, rép. min. à question du 9 mai 1988, *Rev. crit. DIP* 1988.628).

La *lex societatis* définit les limites aux pouvoirs des dirigeants d'engager la société vis-à-vis des tiers (20). Cette règle est dangereuse pour les tiers lorsque l'acte est conclu dans un autre État que celui du siège ; on pourrait envisager un tempérament analogue à celui de l'arrêt *Lizardi* (v. *supra*, n° 518). Mais la Cour de cassation n'y est pas favorable, au moins pour les actes accomplis à l'étranger par des sociétés françaises (21).

Une *fusion* n'est possible entre deux sociétés soumises à des lois différentes qu'à la condition de respecter distributivement les exigences posées par les deux lois ; le principe de l'application distributive aboutit en fait à l'application cumulative pour les conditions « bilatérales » (exigence d'un « contrat de fusion », par ex.) ; les fusions internationales sont donc très difficiles à réaliser.

Le *partage*, intervenant après la liquidation de la société et la disparition de sa personnalité morale, est soumis à la loi d'autonomie, sous réserve des droits des tiers. Mais dans le silence de l'acte de partage sur la loi applicable, on présumera que les parties ont choisi la *lex societatis*.

La *lex societatis* est parfois écartée par des *lois de police*. Mais celles-ci concernent essentiellement l'*activité* de la société dans les pays autres que celui dont la loi est applicable (v. *infra*, n° 1060).

SECTION II — ACTIVITÉ DES SOCIÉTÉS ÉTRANGÈRES EN FRANCE

1042 Une question préliminaire est celle de la détermination de la nationalité des sociétés (§ 1). Parmi les sociétés valablement créées, les sociétés

(20) Civ. com. 21 déc. 1987, *Rev. crit. DIP* 1989.344, note Jobard-Bachellier ; Com. 8 nov. 1988, *Rev. crit. DIP* 1989.371 ; Com. 9 avr. 1991, *Rev. sociétés* 1991.446, note Libchaber ; 19 mai 1992, *JDI* 1992.954, note Kahn ; 9 mars 1993, *D.* 1993.IR.92 ; 8 déc. 1998, *Rev. crit. DIP* 1999.285, note Menjucq.

(21) Com. 8 nov. 1988, précité ; *contra* l'arrêt cassé (Paris 26 nov. 1986) ; pour la prise en considération de l'apparence, JOBARD-BACHELLIER, *op. cit. supra sub* n° 545, et note précitée.

étrangères sont, en effet, susceptibles de voir leur activité en France soumise à autorisation (§ 2). Même autorisée, cette activité est spécialement réglementée, soit par des règles discriminatoires, soit par des lois de police qui viennent perturber le fonctionnement normal de la société selon la *lex societatis* (§ 3).

§ 1. NATIONALITÉ DES SOCIÉTÉS

A. Notion

1043 La question est depuis longtemps controversée de savoir s'il est légitime de parler de « nationalité » des personnes morales, de la même façon que l'on parle de celle des personnes physiques ; le fait que la loi elle-même utilise l'expression (22) n'est pas un argument déterminant.

Les partisans de la théorie selon laquelle la personnalité morale est une fiction estiment inadéquat le concept de nationalité dans son application aux sociétés ; selon eux, il n'est susceptible de s'appliquer qu'à des êtres réels, non à des constructions juridiques (23). Cependant, on peut objecter que même la personnalité physique n'est jamais qu'un bienfait de la loi ; aucun être ne possède naturellement la personnalité ; les esclaves et les étrangers, dans l'Antiquité, en étaient dépourvus. Le concept de personnalité est unique, quel que soit l'être, individu ou groupement, auquel on l'applique ; c'est l'aptitude à être titulaire de droits (24).

Il ne s'ensuit pas nécessairement que la nationalité des personnes morales soit de même nature que celle des personnes physiques. Ceux qui penchent pour la négative ont ici une position de repli, consistant à mettre en évidence toutes les différences qui séparent la qualité de Français pour une personne physique et pour une personne morale. Non seulement les critères d'attribution ne peuvent évidemment pas être les mêmes — une société n'a ni père ni mère — mais les effets de l'allégeance sont différents : une société ne vote pas, ne peut se voir imposer d'obligations militaires, etc. Sa nationalité est de plus dépourvue de contenu affectif (25).

Ces arguments ne sont pas davantage convaincants. On a vu que la nationalité attribuée par les divers États aux personnes physiques ne l'est pas selon des critères uniformes, et n'entraîne pas toujours les mêmes effets. Quant à l'absence de contenu affectif, elle implique seulement l'absence d'une nationalité de fait (appartenance sociologique à la collectivité), non celle d'une nationalité de droit.

(22) Actuellement : loi du 24 juillet 1966, art. 31, 60, 154, devenus art. L. 222-9, L. 223-30 et L. 225-97 du C. com.

(23) V. par ex. NIBOYET, « Existe-t-il vraiment une nationalité des sociétés ? », *RDIP* 1927.402.

(24) En ce sens, SALEM, « La question de la nationalité des sociétés et les intérêts français à l'étranger », *JDI* 1919.23 ; L. MAZEAUD, « De la nationalité des sociétés », *JDI* 1928.30.

(25) V. NIBOYET, *op. cit.*

1044 La définition que l'on avait adoptée de la nationalité mettait l'accent sur la *compétence* qu'elle donne à l'égard de son national, plus que sur l'origine ou sur l'utilisation de cette compétence (v. *supra*, n° 838). La question se ramène donc à celle-ci : les États ont-ils une compétence, opposable aux autres États, à l'égard des sociétés qu'ils considèrent comme leurs nationales (26) ?

La réponse est à chercher du côté de l'attitude des juridictions internationales en matière de protection diplomatique, car c'est dans ce domaine essentiellement que la compétence est susceptible d'être discutée. L'examen des décisions rendues écarte toute hésitation. Non seulement une jurisprudence constante admet les États à protéger sur le plan diplomatique leurs sociétés nationales, mais encore, à l'instar de celle des personnes physiques, la nationalité des personnes morales doit, selon la majorité des décisions, approuvées par les auteurs, être déterminée en principe (sous des réserves qui ne sont pas sans évoquer l'arrêt *Nottebohm*) *par application des règles de l'État dont la nationalité est en cause*, et non par un critère uniforme que poserait le droit international public (27). Ceci est bien typique de la notion de nationalité et l'oppose à d'autres notions, qui constituent de simples rattachements, comme le domicile, la résidence, le siège social. Il n'y a donc qu'un seul concept de nationalité, que l'on peut appliquer indifféremment aux personnes physiques et aux personnes morales.

1045 L'attitude des juridictions internes est cependant beaucoup plus ambiguë, au point que l'on peut se demander s'il y a coïncidence entre la « nationalité » à laquelle se réfèrent les arrêts et la nationalité véritable, susceptible de produire des effets dans l'ordre international. En effet, la jurisprudence semble utiliser le concept de nationalité simplement pour exprimer l'existence d'un lien entre une société et un État, sans se préoccuper de l'identité entre ce lien et celui qui fonde la compétence de l'État à l'égard de la société. Ainsi, s'agissant de décider si une société possède une nationalité étrangère déterminée, lui permettant d'invoquer un traité conclu entre la France et l'État étranger, la jurisprudence ne recherche pas si l'État étranger attribue sa nationalité à la société, mais recourt aux critères selon lesquels notre droit détermine si une société est

(26) V. posant la question dans les mêmes termes, LÉVY, *op. cit.* n° 44.

(27) Jurisprudence : sentence *Agency of Canadian Car and Foundry Co.*, rendue le 30 oct. 1939 par la Commission germano-américaine, citée in WITENBERG, *Commission mixte de réclamations germano-américaine, Décisions*, t. III (Paris 1940), p. 74 ; rapport de la Commission mixte américano-canadienne du 5 janvier 1935 dans l'affaire de l'« *I'm alone* », *Rec. sent, arb., O. N. U.*, vol. III, 1614.

Doctrine : WITENBERG, « La recevabilité de réclamations devant les juridictions internationales », *Cours Acad. La Haye*, 1932, III, p. 75-79 ; CAFLISH, *La protection des sociétés commerciales et des intérêts indirects en droit international public*. La Haye, 1969 ; REUTER, *Droit international public*, 2e éd., 1973, p. 153-155 ; ROUSSEAU, « Principes du droit international public », *Cours Acad. La Haye*, 1958, I, p. 530-531 ; P. DE VISSCHER, « La protection diplomatique des personnes morales », *Cours Acad. La Haye*, 1961, I, p. 399 et s.

L'arrêt *Barcelona Traction* rendu le 5 février 1970 par la Cour internationale de justice est très flou sur le point considéré (*Rec. CIJ*, § 70, p. 42). Sur l'arrêt, voir FRANCESCAKIS, « Lueurs sur le droit international des sociétés de capitaux », *Rev. crit. DIP*, 1970.609.

ou non française (28). Peut-être cette divergence, par rapport à la position des juridictions internationales, ne constitue-t-elle qu'une imperfection dans la mise en œuvre de la notion, sans remettre en cause son contenu. Elle est alors regrettable, et il est curieux que les errements passés du droit français de la nationalité des personnes physiques, aujourd'hui unanimement dénoncés (v. *supra*, n° 843), se reproduisent sans grande protestation des auteurs à l'égard des personnes morales.

Une autre raison de douter de la coïncidence entre la « nationalité » à laquelle se réfèrent les arrêts et la nationalité véritable des sociétés réside dans le caractère fluctuant et relatif des critères d'attribution, comme le montre l'étude de la jurisprudence, à laquelle on va à présent procéder.

B. Critères d'attribution

a) Unité ou pluralité de critères

1046 Deux tendances s'affrontent en jurisprudence, ainsi d'ailleurs qu'en doctrine.

Selon la première, la question de savoir si une société est française ou non doit être résolue par le recours à un critère unique, quel que soit l'intérêt qui s'attache à la réponse donnée. Le critère à retenir devrait être celui du siège social, ne serait-ce que pour assurer une coïncidence entre la nationalité de la société et la loi qui régit son fonctionnement.

Selon la seconde tendance, le critère doit varier pour s'adapter à l'intérêt en jeu ; une société pourrait ainsi être déclarée fançaise pour sa soumission à un impôt, et étrangère pour la jouissance du droit au renouvellement de son bail commercial.

La première tendance semble dominante en doctrine et en jurisprudence. Batiffol et M. Lagarde, notamment, la défendent au nom de la *prévisibilité*, réservant seulement l'intervention expresse du législateur dans un domaine particulier (29). MM. Loussouarn et Bredin estiment qu'il est possible de « poser un critère de principe tempéré par quelques exceptions trop peu nombreuses pour le dévorer (30) ». La Première chambre civile de la Cour de cassation, dans un arrêt *CCRMA* du 30 mars 1971, a proclamé « qu'en principe la nationalité d'une société se détermine par la situation de son siège social (31) ».

(28) Civ. 18 avr. 1972, *JDI* 1973.218, 2e esp., note Oppetit, *Rev. crit. DIP* 1972.672, note Lagarde. M. Lévy (*op. cit.*, nos 91 et s.) présente cependant une analyse plus nuancée de la jurisprudence.
(29) *Traité*, nos 192 et 197.
(30) *Droit du commerce international*, n° 240.
(31) *Rev. crit. DIP* 1971.451, note Lagarde, *JCP* 1972.II.17140 et 17101, note Oppetit, *JDI* 1972.834, note Loussouarn, *GA* n° 50.

Mais on rencontre également des affirmations contraires. Dans une affaire *Mayol-Arbona*, le Tribunal des conflits a énoncé que « la nationalité des sociétés ne peut être déterminée qu'au regard des dispositions législatives ou réglementaires dont l'application ou la non-application dépend du point de savoir si celle-ci est ou n'est pas française (32) ».

Cette position par trop relativiste doit être condamnée. C'est le concept même de nationalité des sociétés qui serait remis en cause si la nationalité d'une société donnée pouvait varier selon les intérêts en jeu. On ne voit pas pourquoi, par ailleurs, la nationalité retenue en vue de l'application d'un certain texte ne conviendrait pas à l'application d'un autre texte.

En revanche, une nationalité unique pour une société donnée peut être déterminée par la prise en considération d'une pluralité de critères. Et de fait, si l'on néglige les affirmations à portée doctrinale, émanant tant des tribunaux que des auteurs, et que l'on examine le droit positif, on constate que très souvent le législateur et la jurisprudence écartent le critère du siège social, et tiennent compte d'éléments variés : le centre d'exploitation, le lieu de la constitution et des formalités de publicité, le lieu des établissements principaux, la nationalité des associés ou des dirigeants. Trois arrêts de la Cour de cassation (33) ont adopté une méthode « impressionniste » de détermination de la nationalité, en retenant la concordance de plusieurs indices. Dans les arrêts *Shell Berre* et *Shell française* (34), la Troisième chambre civile a estimé qu'une société qui « possède son siège social, ses établissements principaux, sa direction et son exploitation en France et est soumise aux lois françaises » peut invoquer le droit au renouvellement de son bail commercial. Dans l'arrêt *Société Overseas Apeco Limited* (35), la Première chambre civile a considéré comme suisse, pour l'application du Traité franco-suisse du 15 juin 1869, une société « dirigée par des personnalités suisses en même temps que par des personnalités américaines, constituée conformément à la loi suisse et inscrite sur le registre du commerce du canton de Genève », et ayant enfin « son siège statutaire et effectif à Genève ».

Il convient d'examiner les principaux critères retenus par la jurisprudence, avant de déterminer de quelle manière ils doivent rationnellement se combiner.

(32) 23 nov. 1959, *Rev. crit. DIP* 1960.180, note Loussouarn, *JDI* 1961.442, note B. G. V. dans le même sens, Paris 17 mai 1967, *JDI* 1976.874, note Loussouarn, *JCP* 1968.II.15427, note Oppetit.

(33) Ils ont des précédents anciens : v. par ex. Req. 24 déc. 1928, *La Soie artificielle de Calais*, S. 1929.1.121, note Niboyet ; Req. 17 juill. 1930, *Graf*, *JDI* 1931.654, *D.* 1930.1.163, note Camerlynck.

(34) Civ. 8 févr. 1972, *JDI* 1973.218, 1re esp. note Oppetit, *Rev. crit. DIP* 1973.299, et Civ. 10 mars 1976, *Rev. crit. DIP* 1976.658.

(35) Civ. 18 avr. 1972, *Rev. crit. DIP* 1972.672, note Lagarde, *JDI* 1973.218, 2e esp., note Oppetit.

b) Principaux critères

1° *Le lieu d'immatriculation*

1047 Comme on l'a vu, le lieu d'immatriculation détermine la loi applicable (v. *supra* n° 1034). Or, il est peu concevable qu'un État confère sa nationalité à une société que sa loi ne régit pas.

Bien que la doctrine française ne fasse qu'exceptionnellement allusion à ce critère, son importance ne doit pas être sous-estimée (36). Les juridictions internationales le retiennent au premier chef à propos de l'exercice de la protection diplomatique (37). Il a été d'ailleurs observé qu'aucune décision française n'avait, en fait, considéré une société comme la nationale d'un pays autre que celui dont la loi la régissait (38).

2° *Le siège social*

1048 Le siège social constitue le critère le plus fréquemment retenu par la jurisprudence française. Il coïncide d'ailleurs normalement avec le lieu d'immatriculation.

Encore faut-il préciser s'il s'agit du siège statutaire ou du siège réel. Selon la Cour de cassation, « la nationalité, pour une société, résulte en principe de la localisation de siège *réel*, défini comme le siège de la direction effective, et présumé par le siège statutaire » (39).

La préférence pour le siège réel paraît fondée : retenir le siège statutaire reviendrait à permettre aux fondateurs de choisir la nationalité de la société qu'ils créent ; or il doit exister un lien effectif entre la société et l'État dont elle brigue la nationalité, source pour elle de droits divers, refusés aux étrangers.

Il risque ainsi de se créer une divergence entre la loi applicable, déterminée (indirectement, v. *supra* n°s 1037 et s.) par le siège statutaire, et la nationalité de la société. On verra plus loin (n° 1052) comment cette difficulté peut être résolue.

3° *Le centre de décision et le centre d'exploitation*

1049 Spécialement dans le cas des filiales en France de groupes étrangers, le critère du siège social peut se révéler insuffisant. Même si les dirigeants de la

(36) En ce sens Lévy, *op. cit.*, p. 241 : « Le critère de la nationalité française ne peut ignorer un postulat du droit international des sociétés selon lequel, en pratique, aucun État n'accorde la nationalité à une personne morale que son droit ne régit pas » ; Audit, *Droit international privé*, n° 1087 : « Une société de droit suisse est au premier chef une société suisse ». Pour L. Mazeaud, ce critère devrait être le seul à considérer : « Personne selon la loi d'un État, la société ne peut être nationale d'un autre État » (« De la nationalité des sociétés », *JDI* 1928.30).

(37) V. notamment l'arrêt rendu par la Cour internationale de justice dans l'affaire de la *Barcelona Traction*, cité *supra* n° 1044.

(38) En ce sens Mazeaud, *op. cit.* ; Lévy, *op. cit.*

(39) Ass. plén. 21 déc. 1990, *Rev. crit. DIP* 1992.70, note Duranton.

filiale sont installés en France et y prennent leurs décisions, il se peut que celles-ci soient purement et simplement dictées par la société-mère ou, plus généralement, par le « *centre de décision* » du groupe, dans l'intérêt de ce dernier. Certes il est inévitable, et normal, que la politique de la filiale soit influencée par le groupe auquel elle appartient, ne serait-ce que dans la mesure où les dirigeants sont nommés par la société-mère agissant en tant qu'actionnaire. Mais s'il apparaissait que les dirigeants se comportent comme de véritables employés de la société-mère agissant directement au profit de celle-ci, au détriment éventuel de l'intérêt social de la filiale (par ex. en transférant artificiellement les bénéfices à la société-mère), la nationalité française de la filiale pourrait être mise en doute (40).

Un autre élément qui sera pris en compte simultanément est l'existence en France d'un *centre d'exploitation* : une filiale qui se borne à commercialiser les produits du groupe a moins d'attaches réelles avec l'économie française qu'une filiale qui exerce une activité productive sur le territoire français. Cette considération a été décisive pour dénier la nationalité française à la filiale de siège français de la société américaine *Remington Typewriter*, qui « n'employait pas ses capitaux en France et se bornait à y vendre les machines fabriquées en Amérique par la société-mère » (41).

4° *Le contrôle*

1050 Durant la Première Guerre mondiale est apparue en jurisprudence la notion de *contrôle* : la nationalité de la société est révélée par celle des individus qui la contrôlent, c'est-à-dire les principaux actionnaires et les dirigeants sociaux (42). Il s'agissait d'assurer l'application de la législation sur le séquestre des biens ennemis à des sociétés dont le siège social était en France, mais dont les capitaux et la direction étaient en majeure partie entre les mains de sujets ennemis.

Entre les deux guerres, le système du contrôle s'éclipsa, et les tribunaux recoururent à nouveau au siège social, ainsi qu'à des critères secondaires. Il fut ainsi décidé que les sociétés contrôlées par des étrangers, mais dont le siège social et le centre d'exploitation étaient en France avaient droit au renouvelle-

(40) Dans l'affaire de *La soie artificielle de Calais* (précitée, n° 1046), la Cour de cassation a pris soin de relever, pour justifier la nationalité française de la société, qu'elle n'était ni la succursale d'une société anglaise, ni une personne interposée agissant pour le compte d'une telle société. Inversement, dans une affaire *Singer* (Rennes 16 juin 1930, *JDI* 1931.1099), le fait que la filiale en France de la société américaine était une ancienne succursale, et qu'elle ne jouissait d'aucune indépendance dans sa gestion, a fait considérer que son centre de décision était aux États-Unis.

Pour une prise en considération plus décisive du critère du centre de décision du groupe, v. GOLDMAN, « La nationalité des sociétés dans la Communauté économique européenne », *Trav. com. fr. dr. int. pr.*, 1966-1969, p. 232, et « Droit du commerce international », *Cours polycopié Paris-II*, 1972-1973, p. 98 LÉVY, *op. cit.*, n°s 225 et s.

(41) Req. 12 mai 1931, S. 1932.1.57, rapport Bricout, note Niboyet, *DP* 1933.1.60, note Silz.

(42) Rouen 19 janv. 1916, *DP* 1918.2.17, note A. L. ; Paris 17 déc. 1919, *J. soc.* 1920.404 ; Req. 27 mai 1921, *Gaz. Pal.* 1921.2.206, *JDI* 1923.322.

ment de leur bail commercial (43). Quelques arrêts utilisèrent cependant le critère du contrôle, soit pour l'application des lois relatives aux dommages de guerre (44), soit, notamment dans l'affaire *Remington Typewriter* (45), dans l'hypothèse particulière de filiales créées en France par des sociétés étrangères.

Les mesures de séquestre reparurent avec la Seconde Guerre mondiale, et le législateur (décret du 1er septembre 1939) intervint lui-même pour imposer le critère du contrôle ; les tribunaux se contentèrent d'appliquer le texte. Puis la loi du 28 octobre 1946 réserva le bénéfice des mesures de réparation des dommages de guerre aux sociétés contrôlées par des Français.

Depuis la guerre, le contrôle n'est pratiquement plus utilisé par la jurisprudence, du moins pour écarter le siège social ; mais on a vu que l'arrêt *Société Overseas Apeco Limited* (précité, n° 1046) mentionne, entre autres indices, la nationalité des dirigeants.

Quant au législateur, il intervient assez fréquemment pour subordonner l'exercice de certaines activité (concession de service public, recherche de pétrole, agence de voyage, etc.) par des sociétés à la présence d'une fraction (d'ailleurs variable) de Français parmi les associés (considérés par tête ou dans la mesure des capitaux qu'ils détiennent) ou parmi les dirigeants.

1051 La doctrine approuve dans l'ensemble la jurisprudence de ne pas retenir en principe le système du contrôle, et de ne le faire jouer qu'exceptionnellement. En effet, la société est distincte de ses membres, et entretient directement des liens avec l'État par la localisation de son activité économique. La grande majorité des règles discriminatoires visant précisément l'activité économique, ou ayant en tout cas sur elle leur incidence essentielle, il est normal d'envisager l'agent économique directement, et non à travers ses membres (46).

En revanche, lorsque la loi intervient pour accorder des faveurs aux Français indépendamment de toute question de concurrence économique avec les étrangers, la notion de « groupement en vue d'une activité » passe au second plan, et la personnalité des associés au premier, car ce sont eux qui, en définitive, bénéficieront des faveurs. On s'explique donc le recours à la notion de contrôle dans l'application des mesures relatives à la réparation des dommages de guerre, qui reposent sur la solidarité entre Français.

L'utilisation par le législateur du critère du contrôle se comprend aussi lorsqu'il cherche à écarter les étrangers d'une activité professionnelle par

(43) Req. 24 déc. 1928, S. 1929.1.121, rapport Bricout, note Niboyet ; Req. 17 juill. 1930, S. 1931.1.4.

(44) Civ. 27 juill. 1933, *Rev. crit. DIP* 1934.109, note Niboyet, S. 1935.1.41 CE 12 févr. 1930, S. 1932.3.49.

(45) V. surtout, dans cette affaire, l'arrêt d'appel (Colmar 26 juin 1929). La Cour de cassation (arrêt précité, note 41), a rejeté le pourvoi en *mentionnant* les éléments de contrôle étranger mais en *invoquant* la notion de centre d'exploitation.

(46) En ce sens, Batiffol et Lagarde, *Traité*, n° 197 ; Loussouarn, Bourel et Vareilles-Sommières, *Précis*, n° 711 ; Loussouarn et Bredin, *Droit du commerce international*, n° 263.

crainte de leur influence : l'influence est celle des individus, et elle est susceptible de se manifester par l'intermédiaire de la société qu'ils contrôlent. Mais le recours au concept de nationalité est inutile — très souvent d'ailleurs le législateur ne s'y réfère pas, se contentant de subordonner directement l'exercice de l'activité par une société à la nationalité française de ses associés ou de ses dirigeants.

A fortiori, la nationalité des sociétés n'est-elle pas concernée par le recours au contrôle pour l'application des mesures de séquestre. Ce n'est pas parce qu'une société est ressortissante d'une puissance ennemie qu'il faut la mettre sous séquestre, mais parce que, quelle que soit sa nationalité — ou peut-être même spécialement si elle est française –, elle a une activité en France et est contrôlée par des étrangers qui risquent de ne pas la diriger dans le sens conforme à l'intérêt national.

c) Combinaison des critères

1052 On raisonnera, pour simplifier, sur l'hypothèse la plus fréquente : celle d'une société immatriculée en France, dont on se demande si elle possède la nationalité française ou doit être considérée comme étrangère.

Rationnellement, les critères que l'on vient de passer en revue devraient se combiner de la façon suivante, qui paraît rendre compte de la réalité de la jurisprudence, sinon de son discours.

1) Le critère essentiel est celui de la loi applicable, qui dépend du lieu d'immatriculation, lequel dépend à son tour du siège social statutaire.

Une société immatriculée en France ne pourra donc jamais être considérée comme la nationale d'un pays étranger. Elle est en principe française. Cependant, elle pourrait être considérée comme apatride, s'il apparaissait qu'elle n'a aucun lien réel avec la France (47).

2) Tel serait vraisemblablement le cas d'une société dont le siège statutaire serait français, mais qui serait contrôlée par des étrangers, et dont le siège réel et le centre d'exploitation seraient à l'étranger. En revanche, il devrait suffire que l'un ou l'autre de ces éléments soit français pour que le lien avec la France soit confirmé.

3) Le seul fait que le contrôle soit étranger, en particulier, ne suffit pas à priver la société de la nationalité française. Ce critère n'est retenu que pour la mise en œuvre de règles particulières, et, comme on l'a vu, il n'est pas nécessaire de dénier à la société sa nationalité pour la soumettre à ces règles.

4) Dans le cas des filiales en France de sociétés étrangères, les critères du centre de décision et du centre d'exploitation ont été retenus pour dénier à la filiale la nationalité française, lorsqu'il apparaissait qu'elle n'avait aucune indépendance par rapport à sa mère.

(47) Cette problématique est celle que retient l'arrêt *Barcelona Traction*, précité n° 1044.

Cette exception au principe selon lequel une société immatriculée en France, et dont le siège réel est en France, est française, ne doit être admise qu'avec précaution ; en effet, lorsqu'il est de l'intérêt de l'économie française qu'un groupe étranger constitue en France une filiale, il ne faut pas le décourager en refusant de reconnaître à celle-ci la nationalité française qui la mettra à égalité de droits avec ses concurrents. La Cour de cassation s'est d'ailleurs refusée, dans les arrêts *Shell-Berre* et *Shell française* (précités, n° 1046), à prendre en compte le degré d'indépendance des filiales par rapport à leur mère. Néanmoins il peut être utile d'être en mesure de rappeler au groupe étranger qu'il doit respecter les règles du jeu, en gérant sa filiale dans l'intérêt de celle-ci.

§ 2. AUTORISATION D'EXERCER UNE ACTIVITÉ EN FRANCE (« RECONNAISSANCE » DES PERSONNES MORALES ÉTRANGÈRES)

1053 Le terme « activité » est pris ici au sens large ; il comprend non seulement l'installation en France d'un établissement permanent, mais toute activité occasionnelle (conclusion d'un contrat), et même le simple fait de saisir un tribunal français, serait-ce à l'occasion d'un contrat conclu à l'étranger. Ce que l'on appelle couramment la « reconnaissance » d'une personne morale étrangère n'est rien d'autre que l'autorisation d'accomplir en France ces actes élémentaires (v. *supra*, n° 1028) ; elle ne doit pas être confondue avec la simple constatation de la validité de la société au regard des normes étrangères compétentes (v. *supra*, Section I).

1054 Dès lors qu'une société étrangère paraît valablement créée, il est opportun de la laisser jouir en France d'un certain nombre de droits, tel celui de poursuivre un débiteur domicilié en France ou qui y a des biens, ou de conclure un contrat qui n'entre pas dans le cadre d'une activité réglementée. Elle ne présente, en effet, aucun risque sérieux de concurrence, ni de danger pour les tiers, tant qu'elle ne *s'installe* pas en France.

Il est donc inutile d'instituer une formalité particulière à titre de préalable à toute activité en France. Si la société se contente d'une activité occasionnelle en France, elle doit pouvoir l'exercer librement, par cela seul qu'elle existe et qu'elle est capable selon la loi qui la régit.

1055 Telle a été la position spontanément adoptée par le droit français au XIXe siècle. Aucune difficulté n'est apparue en ce qui concerne les sociétés de personnes (48). Quant aux sociétés anonymes, leur création en France nécessitait au XIXe siècle une autorisation administrative, et l'Administration estimait

(48) Civ. 26 juill. 1853, S. 1853.1.688.

que les sociétés anonymes étrangères devaient se soumettre à cette formalité ; mais la jurisprudence repoussait cette prétention.

Cependant, à la suite d'un refus opposé par la Cour de cassation de Belgique à la reconnaissance en Belgique d'une société anonyme française (49), des négociations intervinrent entre les deux pays. Elles aboutirent d'abord à l'adoption en Belgique, le 14 mars 1855, d'une loi reconnaissant aux sociétés françaises le *droit d'exercer tous les droits et d'ester en justice* en Belgique *sous réserve de réciprocité*, puis à l'adoption en France d'une loi du 30 mai 1857 dont l'article 1er reconnaît des droits identiques aux sociétés belges en France.

Ce qui n'aurait dû être qu'un incident limité aux relations entre les deux pays a curieusement retenti sur le sort en France des sociétés anonymes des États tiers. L'article 2 de la loi du 30 mai 1857 prévoit en effet qu'« un décret impérial rendu en Conseil d'État peut appliquer à tous autres pays le bénéfice de l'article 1er ». La position libérale antérieure de la jurisprudence était donc condamnée : à défaut d'un tel décret collectif, ou d'un traité, les sociétés anonymes étrangères ne pouvaient pas même ester en justice en France. Fort heureusement, les décrets et les traités étaient, et sont toujours, nombreux (50).

Le principe de l'exigence d'un décret pour la reconnaissance des sociétés anonymes étrangères doit être considéré comme relevant du droit de la condition des étrangers. Comme on l'a vu, en effet (*supra*, n° 1028), ce n'est pas l'existence même de la société qui est en cause, mais l'*exercice* par elle de ses droits même élémentaires *en France*.

Or, sur ce plan, la Cour de cassation, par des arrêts de 1990, a réduit considérablement la portée de l'exigence de reconnaissance, en faisant prévaloir sur la loi de 1857 la Convention européenne de sauvegarde des droits de l'homme (art. 6 et 14) et son premier protocole additionnel (art. 1 et 5) ; il résulte selon la Cour de ces textes que « toute personne morale, quelle que soit sa nationalité, a droit au respect de ses biens et à ce que sa cause soit entendue par un tribunal indépendant et impartial » (51) ; une société étrangère peut donc toujours agir en France en recouvrement d'une créance. *A fortiori*, peut-elle être assignée en paiement d'une dette ou en restitution d'un bien. Seul l'exercice en France d'une *activité* (commerciale, notamment) se heurterait à l'absence d'un décret de reconnaissance ou d'un traité.

(49) 8 févr. 1849, *Pasicrisie* 1849.1.221.

(50) Des difficultés sont apparues à propos de sociétés du Liechtenstein (v. Civ. 28 mai 1963, précité n° 754) et de Jersey (v. Rennes 8 juill. 1981, *Rev. crit. DIP* 1982.81, note P. Mayer).

(51) Crim. 12 nov. 1990, *Extraco Anstalt*, *Rev. crit. DIP* 1991.667, 2e esp., note Khairallah ; dans le même sens Civ. 1re, 25 juin 1991, *Extraco Anstalt*, *Rev. crit. DIP* 1991.667, 3e esp., note Khairallah, *D.* 1992 Som. 163, obs. Audit, Com., 8 juill. 2003, *D.* 2004.692, note Khairallah.

§ 3. EXERCICE DE L'ACTIVITÉ DES SOCIÉTÉS ÉTRANGÈRES EN FRANCE

1056 En principe, les sociétés étrangères valablement créées (v. *supra*, Section I) et reconnues (v. *supra*, § 2) peuvent agir en France dans les limites de la capacité qui leur est accordée par la *lex societatis* et en suivant les règles de fonctionnement édictées par cette loi (v. *supra*, n° 1041).

Cependant, dès lors que la société s'installe en France, ou prétend s'immiscer, même de façon épisodique, dans une activité réglementée, la France est concernée, et ses lois ont vocation à s'appliquer. Elles peuvent comporter des règles discriminatoires (A) ; elles peuvent aussi constituer des lois de police qui s'appliqueront à toutes les sociétés, françaises ou étrangères, exerçant une activité en France, quelle que soit la *lex societatis* (B).

A. Règles discriminatoires

1057 Il convient de rappeler d'abord pour mémoire que le refus de reconnaissance qui frappe les sociétés anonymes, ressortissant de pays non bénéficiaires d'un décret collectif ou d'une convention, s'analyse, depuis les arrêts rendus par la Cour de cassation en 1990, comme une privation du droit d'exercer en France une activité (v. *supra*, n° 1055).

Pour le reste, l'étude des personnes morales rejoint celle des personnes physiques. Les règles discriminatoires sont, en effet, celles qui ont été étudiées dans le chapitre « Condition des étrangers » du titre « Personnes physiques ». Morales ou physiques, les personnes étrangères sont soumises à une réglementation administrative particulière, et certains droits privés leur sont refusés.

Toutefois l'étendue des discriminations est, par la force des choses, différente, les sociétés ne pouvant par nature être soumises à certaines obligations ni jouir de certains droits. Les règles relatives à l'entrée et au séjour des étrangers en France ne concernent que les personnes physiques, de même que celles relatives aux droits politiques, aux obligations militaires, etc.

Pour l'essentiel, ce qui intéresse les sociétés comme les personnes physiques est le refus d'accès à certaines professions, et l'absence de propriété commerciale.

1058 Certaines règles qui, lorsqu'elles visent les personnes physiques, prennent en considération non leur nationalité, mais leur domicile ou leur résidence habituelle, et n'entrent donc pas à proprement parler dans le domaine de la condition des étrangers, peuvent en revanche y être rattachées dans la mesure où elles s'appliquent aux sociétés : prenant en considération leur siège social, critère habituel de leur nationalité, elles complètent ainsi, indirectement, le statut des sociétés étrangères.

Tout d'abord, aux termes de l'article L. 122-3 du Code de commerce (rédaction de l'ordonnance du 26 mars 2004), lorsqu'une « entreprise étrangère » exerce en France une activité commerciale, industrielle ou artisanale sous la forme d'une succursale ou d'une agence, le directeur responsable de celle-ci doit, s'il est étranger, avoir obtenu l'autorisation spéciale prévue par l'article L. 122-1 du même Code (v. *supra*, n° 981).

En second lieu, toute personne morale dont le siège social est à l'étranger (comme toute personne physique qui y est domiciliée), et qui ouvre en France un premier établissement (qu'il s'agisse d'une succursale, d'une agence ou de tout autre établissement), doit présenter une demande d'*immatriculation au registre du commerce* dans les quinze jours de cette ouverture (art. R. 123-35 et R. 123-36 C. com.). Si l'établissement est une succursale ou une agence, deux copies des statuts doivent en outre être déposées au greffe du tribunal du commerce (art. R. 123-112 C. com.).

En troisième lieu, les *investissements directs réalisés en France* (par achat ou création de fonds de commerce, ou par prise de contrôle d'une société) *par des sociétés étrangères ou sous contrôle étranger* sont soumis dans certains cas à déclaration administrative lors de leur réalisation et, dans certains domaines sensibles, à autorisation préalable du ministre chargé de l'économie (loi du 28 décembre 1966 et décret du 22 décembre 1989).

Enfin, le même décret soumet à l'autorisation préalable du ministre chargé de l'Économie l'*émission* (ainsi que l'exposition, la mise en vente et l'introduction sur le marché) *en France des titres de sociétés étrangères*. Si la société, n'ayant en France ni succursale ni agence, n'a pas déposé d'exemplaire de ses statuts, elle doit de plus, avant toute émission ou inscription à la cote officielle des bourses de valeurs de ses titres, déposer deux copies de ses statuts au greffe du Tribunal de commerce de Paris (art. R. 123-115 et s. C. com.).

1059 Les traités relatifs à l'établissement des étrangers bénéficient en général aux personnes morales comme aux personnes physiques. Les traités récents, à la différence des anciens, précisent eux-mêmes le critère qui permettra de considérer les sociétés comme ressortissantes de l'un ou l'autre des États signataires.

L'article 48 (ex 58) du Traité de Rome assimile aux personnes physiques ressortissant des États membres, quant au droit d'établissement, « les sociétés constituées en conformité de la législation d'un État membre et ayant leur *siège statutaire*, leur administration centrale *ou* leur principal établissement à l'intérieur de la Communauté ». La solution paraît exagérément laxiste, car elle permet à toute société ayant en dehors de la Communauté ses activités essentielles et son siège social réel, de fixer son siège statutaire et de se constituer dans un pays de la Communauté qui y consent pour jouir dans les autres États membres des droits étendus que le Traité de Rome reconnaît aux ressortissants des pays du Marché commun. Une Convention de Bruxelles du 29 février 1968 diminue la portée de l'article 48, en permettant aux États membres de ne pas reconnaître les sociétés dont le siège réel se trouve hors du territoire des États de la Communauté, si elles n'ont pas de lien sérieux avec l'économie de l'un de ces États.

B. Lois de police

1060 Les lois de police peuvent intervenir à divers titres.

Tout d'abord, lorsque l'activité à laquelle se livre la société étrangère est réglementée en France (activité bancaire, par ex.), la réglementation doit être respectée pour toute la partie de l'activité de la société qui est localisée en France.

Doivent également être respectées certaines dispositions protectrices des tiers, notamment en cas d'appel public à l'épargne.

On pourrait enfin envisager d'exiger des sociétés étrangères cotées en France le respect des obligations relatives à l'information des actionnaires (52). Plus généralement, les règles relatives au fonctionnement des bourses de valeur ont vocation à s'appliquer à toutes les sociétés cotées en France, quelle que soit leur nationalité.

Aux États-Unis, les États dont le droit des sociétés est exigeant l'imposent assez largement, à titre de loi de police, aux sociétés incorporées dans les États dont la législation est libérale (53).

SECTION III TRANSFERT DU SIÈGE SOCIAL

1061 Par transfert du siège social, on entendra tout événement réalisant un changement de la souveraineté qui s'exerce au lieu du siège social. Il s'agit en général d'un déplacement du siège par la volonté des associés ; mais il peut s'agir aussi d'un changement de la souveraineté qui s'exerce au lieu, inchangé, du siège social.

De quelque façon qu'il soit réalisé, le transfert du siège remet en cause non seulement la nationalité de la société, mais aussi la loi qui s'applique à son fonctionnement ; on peut donc se demander s'il y a survie de l'ancienne personne morale malgré ses transformations, ou disparition de l'ancienne et constitution d'une nouvelle, avec toutes les conséquences, notamment fiscales, qui s'attachent au choix entre ces deux analyses. Mais le problème ne se présente pas tout à fait sous le même jour selon que le transfert résulte d'un déplacement du siège ou d'un changement de souveraineté sur le territoire où il est situé.

§ 1. DÉPLACEMENT DU SIÈGE SOCIAL

A. Analyse de l'opération

1062 La décision des associés de déplacer le siège social d'un pays dans un autre entraîne (ou est susceptible d'entraîner) à la fois les conséquences suivantes :

- un changement de domicile de la société ;
- un changement de nationalité ;
- un changement de loi applicable.

1063 Le *changement de domicile* peut susciter des réticences de la part de l'État de l'ancien domicile. Il se traduit, en effet, par la fuite de capitaux à l'étranger, et par la disparition d'une

(52) En ce sens SYNVET, note à la *Rev. crit. DIP* 1984, p. 117.

(53) Comp. Cass. It. 28 juill. 1977, *Rev. crit. DIP* 1979.586, note Ballarino.

source de revenus fiscaux. En revanche, l'État du nouveau domicile n'y verra en principe que des avantages. Par ailleurs, la décision de transporter le domicile d'un pays dans un autre est grave, et seule une majorité qualifiée, voire l'unanimité des associés, peut l'imposer.

1064 Le *changement de nationalité* ne soulève pas de difficulté insurmontable. La possession par une société de la nationalité d'un État déterminé présente un intérêt pour elle, mais n'en présente guère pour l'État. L'État de l'ancienne nationalité ne souffrira donc pas de ce qu'une société qui a fixé son siège à l'étranger ne soit plus sous son allégeance. Quant à l'État sur le territoire duquel le nouveau siège est fixé, il ne verra pas d'obstacle, en principe, à accorder sa nationalité à une société dont le siège *réel* est fixé sur son territoire. S'il éprouve à son égard une quelconque défiance, il lui est toujours possible de la traiter comme une société étrangère, en recourant, par exemple, au critère du contrôle ; la validité du transfert du siège social n'en sera pas affectée.

Comme le changement de domicile qu'il accompagne, le changement de nationalité est une décision grave ; c'est une raison supplémentaire pour exiger que le transfert soit voté par une majorité qualifiée des associés, ou même par leur unanimité.

1065 Les problèmes les plus délicats sont ceux qui résultent du *changement de loi applicable.*

Il convient de souligner d'abord que ce changement n'est pas inéluctable. L'État du nouveau siège social peut décider que la société restera soumise à sa loi d'origine. Telle est la solution lorsque l'État de l'ancien siège et celui du nouveau sont des pays anglo-saxons, adeptes du système de l'*incorporation.*

Mais on se limitera à l'hypothèse où les deux États consacrent le système du siège social. L'État du nouveau siège exige alors, normalement, que la société obtienne une immatriculation au lieu de ce siège (54), et la soumet pour l'avenir à sa loi.

Une première difficulté naît de ce que les deux lois successivement applicables ne sont pas nécessairement identiques. Il faudra donc que les statuts de la société soient mis en harmonie avec la loi nouvelle. Mais en soi cette modification de statuts ne suffit pas à mettre fin à la personnalité morale, si le droit de l'ancien siège autorise de façon générale les sociétés à se transformer en conservant leur personnalité, ce qui est le cas du droit français (55).

La difficulté la plus sérieuse a trait au principe et aux modalités de l'opération consistant à passer de l'empire de la loi ancienne à l'empire de la loi nouvelle, même si ces deux lois sont identiques. Lorsqu'une loi, la loi française, par exemple, prévoit le changement de siège ou de forme des sociétés *sur un plan purement interne* (transfert du siège de Paris à Lyon, transformation d'une S.A.R.L. en société anonyme), elle peut organiser l'ensemble des opérations, du début jusqu'à la fin. Lorsqu'en revanche, l'opération comporte un changement de loi, chacune des deux lois ne peut en régler qu'une partie. Il faut donc les consulter toutes deux. Sur le principe de la licéité de l'opération, l'accord des deux lois est nécessaire (56).

(54) C'est même la solution du droit interne français en cas de déplacement du siège d'un point à un autre du territoire français : article R. 123-72 C. com.

(55) Article 5 de la loi du 24 juill. 1966 (art. L. 210-6 C. com.) : « La transformation régulière d'une société n'entraîne pas la création d'une personne morale nouvelle. »

(56) Et il semble suffisant. Le fait que la société soit régie successivement par deux lois n'implique pas nécessairement un changement de personnalité morale. Ce n'est pas la même loi qui attribue la personnalité avant et après le changement de siège, mais cette personnalité est attribuée *au même groupement* ; la situation est comparable à celle que l'on observe en cas de succession de deux lois relatives aux sociétés dans un même ordre juridique.

L'unité de la personnalité juridique ne dépend pas de sa source, mais de l'être auquel elle est attribuée. Il suffit pour s'en convaincre de penser aux personnes physiques : que plusieurs lois considèrent un individu comme une personne ne l'empêche pas d'être une seule et même personne physique. Dans le cas des sociétés, les choses sont un peu plus complexes, car l'être auquel la personnalité est attribuée est un être déjà juridique : un groupement d'individus unis par des liens

Sur les modalités, on peut les consulter distributivement, la première pour ce qui précède le changement de siège, la seconde pour ce qui le suit (57). Malheureusement, la loi ne prévoit pas toujours l'hypothèse du changement international de siège ; ainsi, la loi française prévoit le transfert du siège de France vers l'étranger, mais non l'inverse. Seule une adaptation, très délicate à réaliser, des règles du pays du siège relatives à la constitution des sociétés peut alors permettre l'immatriculation de la société ; et l'on ne doit y procéder que si l'on a la conviction que le législateur n'est pas hostile au principe même du transfert sur son territoire du siège d'une société étrangère.

Lorsqu'un transfert de siège social est réalisé valablement au regard tant de l'État de l'ancien siège que de celui du nouveau siège, les États tiers n'ont aucune raison de ne pas le reconnaître (58). La nationalité et la loi applicable au fonctionnement seront appréciées de la façon indiquée *supra*, Section I, et Section II, paragraphe 1, en tenant compte du siège nouveau.

B. Solution du droit positif

1066 Le droit français ne résout que partiellement le problème du changement de siège social. Il ne prévoit nullement, tout d'abord, la possibilité du *transfert en France du siège social d'une société étrangère*. L'Administration fiscale en a déduit que l'immatriculation en France donnait naissance à une personne morale nouvelle, et que les droits d'enregistrement (qui sont élevés) étaient dus (59). Il est certain en tout cas qu'il faut déjouer une fraude facile : la constitution d'une société dans un pays où les droits d'enregistrement sont faibles, suivie du transfert du siège social et de l'immatriculation en France. Mais, en l'absence de fraude de ce type, la solution libérale paraît préférable ; si on l'adopte, la société peut fixer son siège en France, à condition seulement de suivre certaines des règles françaises de constitution des sociétés (notamment les règles de publicité), et de mettre ses statuts en harmonie avec la loi française (60).

1067 La loi du 24 juillet 1966 a en revanche expressément prévu le *transfert du siège social de France dans un pays étranger*. Un tel transfert n'est possible, de façon générale, qu'à l'*unanimité des associés* (art. 31 et 60, devenus art. L. 222-9 et L. 223-30 C. com.). On a vu (v. *supra*, n°s 1063 et 1064) quelles pouvaient être les raisons de cette rigueur.

Cependant, dans le cas particulier des sociétés anonymes, l'article 154 de la loi dispose que « l'assemblée générale extraordinaire peut changer la nationalité de la société, à

contractuels. Mais la personnalité morale n'est pas différente, dans sa nature, de la personnalité des individus.

(57) Pour éviter un hiatus, il convient de maintenir néanmoins sous l'empire de la loi ancienne le *fonctionnement* de la société jusqu'à la nouvelle immatriculation. Celle-ci devrait intervenir dans un délai raisonnable (solution de l'art. 3, al. 2, de la Convention du 1er juin 1956 sur la reconnaissance de la personnalité morale, ratifiée par la France mais non entrée en vigueur).

(58) V. en ce sens, implicitement, Req. 20 janv. 1936.1.127, et explicitement, l'art. 3, al. 1 de la Convention de La Haye sur la reconnaissance de la personnalité morale. À propos du transfert de la firme Zeiss d'Allemagne de l'Est en Allemagne fédérale, la Cour de Paris (9 juill. 1975, *JDI*, 1976.123, note Kahn, *Rev. crit. DIP* 1977.86, note Treves) s'est contentée de la régularité de l'opération au regard de la loi d'Allemagne fédérale, en raison d'une convention d'établissement conclue entre ce pays et la France.

(59) Rép. du ministre de l'Économie et des Finances à une question du 19 février 1972, *Rev. crit. DIP* 1972.511.

(60) La Cour de cassation de Belgique, par un arrêt du 12 novembre 1965 (*Société Lamot Limited*, *JDI* 1967.100, note Leleux, *Rev. crit. DIP* 1967.506, note Loussouarn), a reconnu le maintien de la personnalité juridique d'une société anglaise qui avait transféré son siège en Belgique. Elle a mentionné que les statuts devraient être « éventuellement adaptés aux exigences du droit belge ».

condition que le pays d'accueil ait conclu avec la France une convention spéciale permettant d'acquérir sa nationalité et de transférer le siège social sur son territoire, et conservant à la société sa personnalité juridique ». En l'absence de convention, il semble possible de réaliser néanmoins le transfert par accord unanime des associés.

§ 2. CHANGEMENT DE SOUVERAINETÉ

1068 Lorsque la souveraineté qui s'exerçait au lieu du siège social fait place à une souveraineté nouvelle — à la suite d'une cession de territoire ou de l'accession d'un pays à l'indépendance —, la nationalité de la société, et la loi qui la régit, sont susceptibles d'être modifiées. Il faut distinguer selon que les associés entendent maintenir le siège en son lieu originel, ou qu'ils cherchent au contraire à le rapatrier dans le pays à la loi duquel la société était initialement soumise.

A. Changement de souveraineté sans déplacement du siège social

1069 C'est l'hypothèse la plus simple. À défaut de traité, la société acquiert la nationalité de l'État qui exerce désormais son autorité sur le territoire où se trouve son siège ; elle est soumise à sa loi. C'est à l'État nouveau qu'il appartient de décider si la société est automatiquement dissoute, ou si sa personnalité est maintenue, avec, éventuellement, l'obligation de mettre ses statuts en harmonie avec la loi nouvelle.

Lorsque le changement de souveraineté résulte d'un traité, celui-ci précise souvent le sort des personnes morales dont le siège se trouve sur le territoire annexé ou soumis à la souveraineté de l'État nouvellement indépendant. En général, les sociétés contrôlées par des ressortissants de l'État cédant ou évincé ont le droit de conserver leur nationalité (61).

B. Changement de souveraineté suivi d'un déplacement du siège social

1070 Une société dont le siège social se trouve sur le territoire qui a changé de souveraineté peut désirer demeurer le sujet de l'État évincé ou cédant, en transportant son siège en un point du territoire de celui-ci qui n'a pas été affecté par le changement de souveraineté. Des sociétés françaises ayant leur siège social en Algérie ont, par exemple, décidé, après l'indépendance, de le transporter en France métropolitaine.

Si le changement de nationalité et de loi applicable dont on a parlé au numéro précédent se produisait instantanément lors du changement de souveraineté, le changement de siège social pourrait être rendu difficile, voire impossible. En effet, ce changement de siège s'accompagnerait d'un changement de nationalité (sous forme d'un retour à l'ancienne nationalité), changement dont on a vu au paragraphe précédent à quel point il est difficile à réaliser. De plus, l'État annexant ou devenu indépendant pourrait, en édictant de nouvelles lois, interdire purement et simplement le transfert international de siège social.

(61) Conventions franco-tunisienne du 3 juin 1955, franco-malgache du 27 juin 1960, franco-centrafricaine du 13 août 1960, franco-congolaise du 15 août 1960, franco-tchadienne du 11 août 1960.

Par un arrêt *Caisse centrale de réassurance des mutuelles agricoles (CCRMA)* (62), la Cour de cassation a néanmoins déclaré valable le transfert du siège social de cette société d'Algérie en France, après l'indépendance, au motif suivant : « Attendu que si, en principe, la nationalité d'une société se détermine par la situation de son siège social, pareil critère cesse d'avoir application lorsque, le territoire sur lequel est établi ce siège social étant passé sous une souveraineté étrangère, les personnes qui ont le contrôle de la société et les organes sociaux investis conformément au pacte social ont décidé de transférer dans le pays auquel elle se rattachait le siège de la société, afin qu'elle conserve sa nationalité et continue d'être soumise à la loi qui la régissait. »

Ce motif n'est peut-être pas tout à fait satisfaisant ; le recours au critère du contrôle, sans texte, peut laisser hésitant, et l'usage seulement partiel qui en est fait paraît ne se justifier que par le désir de valider le transfert du siège. Mais la solution est conforme au bon sens et à l'équité. On peut en proposer la justification suivante.

1° Après le changement de souveraineté, une loi nouvelle s'applique sur le territoire. Un *conflit mobile* naît donc, les deux lois successivement désignées par le siège social ayant vocation à régir le fonctionnement de la société. Ce conflit ne doit pas être tranché dans le sens de l'application immédiate de la loi nouvelle, car il ne faut pas oublier que la société est d'abord un contrat, et qu'elle ne peut être régie que par les règles choisies par ses membres. Comme le choix doit néanmoins, dans la conception française, correspondre au siège social, il faut laisser aux associés un délai raisonnable pour fixer ce siège où ils l'entendent, les événements nouveaux rendant un choix nouveau nécessaire (63). Tant que le délai n'est pas écoulé, la loi ancienne reste applicable.

2° En ce qui concerne le maintien de la *nationalité ancienne*, M. Paul Lagarde (64) en a proposé une explication à la fois ingénieuse et raisonnable. Aucun texte ne précisant les effets d'un changement de souveraineté sur la nationalité des personnes morales, il est normal de s'inspirer de ce que la loi a prévu pour les personnes physiques. Et M. Lagarde montre que la solution de l'arrêt *CCRMA* peut être analysée comme une transposition aux personnes morales du système de la reconnaissance, prévu à l'occasion de l'accession à l'indépendance des États d'Afrique Noire, de Madagascar et de l'Algérie (v. *supra*, n° 928). On peut aussi invoquer — moins précisément, mais d'autant plus fortement — le principe général posé par l'article 17-8 du Code civil (v. *supra*, n° 928). Ce texte permet aux personnes physiques de conserver leur nationalité, à condition d'établir leur domicile hors des territoires sur lesquels s'est exercé le changement de souveraineté. C'est tout simplement ce qu'a fait la *CCRMA* en transférant son siège en France métropolitaine. Elle n'a donc pas changé de nationalité, elle n'a fait que conserver sa nationalité ancienne en effectuant un changement de siège social.

Bibliographie sommaire

Sur les personnes morales en général :

LOUSSOUARN : « La Convention de La Haye sur la reconnaissance des personnes morales étrangères », *Trav. Com. fr. dr. int. pr.*, 1958-1959, p. 67 et s.

(62) Civ. 30 mars 1971, *Rev. crit. DIP* 1971.451, note Lagarde, *JCP* 1972.II.17101, note Oppetit, *JDI* 1967.834, note Loussouarn, *GA* n° 50.

(63) Cette notion de délai raisonnable est retenue par l'art. 3, al. 2, de la Convention de La Haye du 1er juin 1956 sur la reconnaissance de la personnalité morale.

(64) Note précitée sous l'arrêt *CCRMA*.

PRUJINER : « La personnalité morale et son rattachement en droit international privé », *Les Cahiers de droit* (Québec), vol. 31, 1990, p. 1049 et s.

Sur les sociétés en général :

BISCHOFF : « Observations sur la validité du transfert international du siège social », *Mélanges Bastian*, Paris, 1974, t. I., p. 23 et s.

GAUDEMET-TALLON : « Autorisation des cautionnements, avals et garanties dans les contrats internationaux : pour une « ignorance excusable de la *lex societatis* », *Le Code de commerce 1807-2007*, Dalloz, 2007, p. 751 et s.

LOUSSOUARN : « La condition des personnes morales en droit international privé », *Rec. Acad. La Haye*, 1959, I, p. 443 et s.

LOUSSOUARN : « Règles de conflit et règles matérielles dans le droit international des sociétés », *in Mélanges Goldman*, Paris, 1983.

LOUSSOUARN et BREDIN : *Droit du commerce international*, Paris, 1969, n°s 234 à 438.

« Table ronde sur la nationalité des sociétés », *Trav. Com. fr. dr. int. pr.*, 1966-1969, p. 204 et s., 247 et s.

Sur la nationalité des sociétés :

BATIFFOL : « Observations sur le problème de la nationalité des sociétés », *Mélanges Straffa*, Padoue, 1962, p. 66 et s.

BATIFFOL : « Le changement de nationalité des sociétés », *Trav. Com. fr. dr. int. pr.*, 1966-1969, p. 65 et s.

LÉVY : *La nationalité des sociétés*, Paris, 1984.

L. MAZEAUD : « De la nationalité des sociétés », *JDI* 1928.30.

NIBOYET : « Existe-t-il vraiment une nationalité des sociétés ? », *RDIP* 1972.402.

Sur les conflits de lois en matière de sociétés :

BOUCOBZA : *L'acquisition internationale de société*, Paris, 1998.

LOUSSOUARN : *Les conflits de lois en matière de sociétés*, Paris, 1949.

Sur les aspects de droit international public :

CAFLISH : *La protection des sociétés commerciales et des intérêts indirects en droit international privé*, La Haye, 1969.

FRANCESCAKIS : « Lueurs sur le droit international des sociétés de capitaux. L'arrêt *Barcelona Traction* de la Cour internationale de justice », *Rev. crit. DIP* 1970.609.

Sur les fusions internationales de sociétés :

BENER : *La fusion des sociétés anonymes en droit international privé*, Genève, 1967.

GOLDMAN : « Rapport sur les obstacles juridiques aux fusions internationales de sociétés », *Rev. Marché commun* 1968.301.

Sur les sociétés « internationales » et « multinationales » :

CALON : « La société internationale. Éléments d'une théorie générale », *JDI* 1961.694.

CASSONI : « Le droit international privé des groupes de sociétés. L'exemple italien pourrait-il devenir un modèle ? », *Rev. crit. DIP* 1986.633.

FATOUROS : « Problèmes et méthodes d'une réglementation des entreprises multinationales », *JDI* 1974.495.

GOLDMAN : « Le droit des sociétés internationales », *JDI* 1963.320.

OPPETIT : « Les sociétés multinationales et les États nationaux », *Mélanges Bastian.*, Paris, 1974, p. I, p. 161 et s.

SYNVET : *L'organisation juridique du groupe international de sociétés*, Thèse dactyl., Rennes, 1979.

Colloque international sur le droit international privé des groupes des sociétés. Études suisses de droit européen, Genève, 1973.

L'entreprise multinationale face au droit, Paris, 1977.

Sur le droit européen :

HOUIN : « Les sociétés de type européen », *Trav. Com. fr. dr. int. pr.*, 1962-1964, p. 19 et s.

LOUSSOUARN : « La proposition d'un statut des sociétés anonymes européennes et le droit international privé », *Rev. crit. DIP* 1971.383.

LOUSSOUARN : « La concentration des entreprises dans la Communauté économique européenne », *Rev. crit. DIP* 1973.235, 455.

MENJUCQ : *La mobilité des sociétés dans l'espace européen*, Paris, 1997.

CHAPITRE 2
LES ASSOCIATIONS ET LES FONDATIONS

SECTION I LES ASSOCIATIONS

1071 Les associations soulèvent en droit international privé des problèmes fort comparables à ceux que l'on a rencontrés dans le chapitre consacré aux sociétés ; on les étudiera donc selon le même plan : règles de constitution et de fonctionnement d'abord, exercice d'une activité en France ensuite.

Jusqu'en 1981, les solutions étaient cependant très différentes pour les deux types de groupements. Le droit français a pendant longtemps été animé d'un fort sentiment de défiance à l'égard des associations, suspectes de visées politiques. Depuis un décret-loi du 12 avril 1939, la loi du 1er juillet 1901 relative au contrat d'association comportait un titre IV relatif aux associations étrangères (l'extranéité étant largement comprise), les soumettant à un régime d'autorisation préalable et de contrôle par le ministre de l'Intérieur. Ce titre a été abrogé par une loi du 9 octobre 1981.

§ 1. CONDITIONS DE CRÉATION ET RÈGLES DE FONCTIONNEMENT

1072 Aucun texte n'indique la loi applicable aux conditions de création et de fonctionnement des associations. Mais on peut étendre à l'ordre international le critère retenu par le droit interne pour rattacher l'association à un lieu déterminé en vue d'y effectuer les formalités de publicité. Or, selon l'article 5 de la loi du 1er juillet 1901, « la déclaration préalable [à l'acquisition de la personnalité juridique] sera faite à la préfecture du département ou à la sous-préfecture de l'arrondissement où l'association aura son *siège social* ». Il faut déduire de ce texte :

1° que toute association dont le siège social est en France et qui désire obtenir la personnalité morale doit effectuer la déclaration prévue à l'article 5 ;

2° que l'association ainsi déclarée ne sera considérée comme régulièrement constituée que si les conditions de création posées par la loi française ont été respectées ;

3° que son fonctionnement sera régi par la loi française, conditions de création et règles de fonctionnement étant difficilement dissociables.

1073 Il reste à s'interroger sur la validité et sur les règles de fonctionnement des associations dont le siège social est à l'étranger. Il paraît légitime de les considérer comme soumises à la *loi du siège social* si leur personnalité est acquise sans formalité mettant en cause une autorité publique, et à la *loi de l'autorité* dans le cas contraire (comp. *supra*, n° 1033 et n° 1036 en matière de sociétés).

Dans le second cas, la question pourrait se poser, comme pour les sociétés, de savoir si une association dont le siège est à l'étranger peut se constituer par des formalités accomplies en France (comp. *supra*, n° 1039) ou dans un pays tiers (comp. *supra*, n° 1040). Mais il semble qu'en pratique il y ait toujours coïncidence entre le lieu du siège social et celui de la déclaration ou de l'enregistrement. La jurisprudence n'offre aucune espèce où une difficulté soit apparue dans la détermination de la loi applicable. Il n'y a pas lieu non plus d'opposer siège statutaire et siège réel : il n'existe pas, semble-t-il de pays exportateurs d'associations comme il existe des pays exportateurs de sociétés (1).

§ 2. EXERCICE PAR LES ASSOCIATIONS ÉTRANGÈRES D'UNE ACTIVITÉ EN FRANCE

A. Critère de l'extranéité

1074 Avant son abrogation en 1981, l'article 26 de la loi du 1er juillet 1901 définissait l'extranéité par un double critère, en réputant étrangères les associations ayant leur *siège* à l'étranger, ou *dirigées* en fait par des étrangers.

Désormais seul doit compter le siège social ; le critère du contrôle, cohérent avec l'esprit de défiance qui régnait auparavant, n'a plus de raison d'être, sauf éventuellement pour l'application de textes d'exception.

B. Exercice en France de l'activité propre des associations étrangères

1075 Les associations dont le siège est à l'étranger ne peuvent exercer leur activité propre en France sans avoir fait une *déclaration préalable* à la préfecture du

(1) Les associations étant par définition sans but lucratif, les avantages fiscaux ou financiers qu'ils offriraient ne pourraient être que réduits. Par ailleurs, dans la mesure où la loi d'un État comprend des règles impératives, elle les impose à toutes les associations qui exercent leur activité sur le territoire de cet État, quel que soit leur lieu de constitution (v. *infra*, nos 1076, 1077).

département où est situé leur principal établissement (art. 5, al. 3 de la loi de 1901).

La *reconnaissance d'utilité publique*, qui peut être accordée à une association étrangère, la dispense de faire cette déclaration.

1076 Une association étrangère, non reconnue d'utilité publique, voit sa *capacité* doublement limitée : par la loi de sa constitution d'abord, par le refus de lui reconnaître la capacité renforcée réservée aux associations déclarées d'utilité publique ensuite. Les limites apportées par la loi française à la capacité des associations ordinaires s'appliquent en effet à toutes celles qui exercent leur activité sur le territoire.

Une association étrangère reconnue d'utilité publique jouit au contraire de la même capacité, *pour les actes qui dépendent de son activité en France*, qu'une association française reconnue d'utilité publique, même si la loi de sa constitution ne lui accorde qu'une capacité inférieure. Elle peut, notamment, recevoir des libéralités dans les conditions prévues par l'article 910 du Code civil et par un décret du 13 juin 1966, c'est-à-dire avec une autorisation accordée par arrêté préfectoral ou ministériel.

C. Accomplissement d'un acte isolé en France

1077 La personnalité de l'association devrait être reconnue du seul fait qu'elle a été valablement constituée au regard des règles compétentes. Elle devrait donc pouvoir conclure un contrat ou ester en justice en France. La jurisprudence était en ce sens. Cependant un arrêt critiquable de la Chambre criminelle de la Cour de cassation a refusé à une association étrangère le droit de se constituer partie civile devant les tribunaux français, au motif qu'elle n'avait pas rempli les formalités de l'article 5, alinéa 3 de la loi de 1901 (2).

Une association étrangère peut — en tout cas si elle a effectué la déclaration préalable qu'exigé à présent la jurisprudence — recevoir en France des libéralités, si la loi selon laquelle elle est constituée l'en rend capable. Mais l'autorisation prévue par l'article 910 du Code civil et le décret du 13 juin 1966 devra être obtenue : ces textes, destinés à limiter la constitution de biens de main-morte, et à « protéger la paix des familles », sont d'application territoriale (3).

(2) Crim. 16 nov. 1999, *D.* 2001.665, note Boré et Salve de Bruneton.

(3) En ce sens Rouen 26 juill. 1949, *Rev. crit. DIP* 1951.629, note Loussouarn ; ord. Prés. Trib. civ. Seine 14 nov. 1936, *Rev. crit. DIP* 1938.57. Le fait que le décret de 1966 ne vise que les associations « d'utilité publique » n'empêche pas une association étrangère non reconnue d'utilité publique de l'invoquer, si elle a, selon la loi de sa constitution, la capacité de recevoir des libéralités (attachées en droit français à la reconnaissance d'utilité publique).

SECTION II LES FONDATIONS

1078 Dans un sens large, on appelle fondation « l'affectation, par le disposant, d'un ensemble de biens à une œuvre de caractère permanent et non lucratif » (4). Les procédés utilisés sont divers. On se bornera, dans ce titre consacré aux personnes morales, au procédé consistant à créer une personne morale, qui reçoit d'ailleurs également le nom de « fondation ».

La fondation, dans ce sens précis, se distingue essentiellement des autres personnes morales (sociétés et associations) par le fait qu'elle n'est pas un groupement de personnes et suppose, comme seuls éléments constitutifs, des biens affectés à un but, et un ou plusieurs organes de fonctionnement. Instituée dans un but familial, charitable ou artistique, elle ne présente ni le risque d'abus de puissance économique ou de lésion des intérêts des tiers — contrairement aux sociétés —, ni celui de menacer l'ordre politique — contrairement à ce que l'on redoute des associations. En l'absence de texte relatif au statut des fondations en droit international privé, la jurisprudence peut donc se permettre d'être relativement libérale ; la doctrine l'y encourage.

On verra successivement les conditions de création et les règles de fonctionnement des fondations (§ 1), puis les problèmes posés par l'exercice en France de l'activité des fondations étrangères (§ 2).

§ 1 CONDITIONS DE CRÉATION ET RÈGLES DE FONCTIONNEMENT

A. Conditions de création

1079 Pour l'essentiel, les fondations doivent être traitées de la même façon que les sociétés et les associations : si elles prétendent avoir la personnalité morale indépendamment de toute intervention d'une autorité étatique, il faut que la loi choisie par le fondateur en admette la possibilité (c'est le cas du droit suisse), et que cette loi soit la loi du siège ; si elles ont été créées par une décision de l'autorité publique, comparable à la reconnaissance d'utilité publique du droit français, elles seront considérées comme valablement créées si l'autorité qui est intervenue est celle du siège. Pour déterminer celui-ci, il semblerait logique de tenir compte essentiellement du lieu des activités et de celui de la situation des biens, et même de celui que désigne la finalité de l'affectation des biens (5) : la fondation n'étant pas un groupement, le lieu où s'élaborent ses décisions doit être relégué au second plan dans la recherche de son centre de gravité.

1080 Pour que la fondation soit valablement créée, il faut encore que l'acte juridique (donation ou testament) qui lui a transféré la propriété des biens soit valable. La loi applicable à cet acte est la loi d'autonomie pour les donations, la loi successorale pour les testaments.

(4) JULLIOT DE LA MORANDIÈRE, *Rép. Dalloz droit internat.*, 1re éd., V° *Fondation*, n° 1.

(5) Ainsi, dans le cas des œuvres destinées à venir en aide aux individus d'une nationalité déterminée se trouvant dans un pays étranger quelconque, on pourrait estimer que le centre de gravité se trouve dans le pays de la nationalité des bénéficiaires.

On sait que la jurisprudence française, par une interprétation d'ailleurs discutée de l'article 906 du Code civil, prohibe la création directe par testament des fondations : le testament n'est, en effet, valable que s'il est fait au profit d'une personne *déjà créée* au moment du décès. Il faut en conclure que, quel que soit le siège de la fondation à créer, elle ne pourra se voir affecter les biens soumis à la loi successorale française : immeubles sis en France, et meubles si le dernier domicile du défunt était en France. La jurisprudence semble même considérer que la prohibition vaut pour tous les biens situés en France (6), et n'est pas écartée par le fait que la création de la fondation rétroagit, selon la loi étrangère du siège, à une date antérieure du décès (7). Mais, comme en droit interne, elle a tendance à « sauver » la fondation en interprétant la clause qui l'institue en un legs à une personne physique avec charge de créer l'œuvre (8).

B. Règles de fonctionnement

1081 Création et fonctionnement étant indissolublement liés, c'est la loi du siège qui a compétence pour préciser les règles de fonctionnement de la fondation.

La jurisprudence soumet à la loi de la libéralité la révocabilité, pour inexécution des charges, de celle qui est à l'origine de la fondation, au cas où l'œuvre créée cesse d'être conforme à la volonté du fondateur (9).

§ 2. EXERCICE D'UNE ACTIVITÉ EN FRANCE PAR LES FONDATIONS ÉTRANGÈRES

1082 La nationalité des fondations se détermine théoriquement par le lieu du siège, pratiquement par la nationalité de l'autorité qui l'a créée. Les fondations étrangères sont privées de la jouissance de certains droits, comme toutes les personnes étrangères.

Les fondations étrangères peuvent accomplir des actes isolés en France, et notamment ester en justice : leur personnalité morale est reconnue dès lors qu'elles sont créées régulièrement selon la loi compétente.

En revanche, la possibilité d'exercer en France une activité permanente, ou du moins la jouissance d'une pleine capacité pour ce faire, pourrait être subordonnée à une reconnaissance d'utilité publique.

L'article 910 du Code civil et le décret du 13 juin 1966, qui subordonnent les libéralités faites à des fondations à une autorisation administrative, sont des lois de police, d'application territoriale (10).

(6) Paris 1er juill. 1926, *Fondation Kastrioti*, *RDIP* 1926.540.

(7) Civ. 7 févr. 1912, *RDIP* 1913.454 ; Paris 26 juin 1981, *Fondation Eckensberger, Rev. crit. DIP* 1982.537, note Ancel, maintenu par Civ. 15 févr. 1983, *Rev. crit. DIP* 1983.645, 2e esp., note Ancel. Lorsque la fondation a son siège en France, sa personnalité n'existe qu'à compter de la date d'entrée en vigueur du décret en Conseil d'État qui lui accorde la reconnaissance d'utilité publique (art. 18, al. 2 de la loi du 23 juill. 1987 sur le mécénat).

(8) Paris 1er juill. 1926, précité.

(9) Paris 16 mai 1960, *Fondation Potocki, JCP* 1960.II.11763, note Gavalda.

(10) En ce sens Civ. 7 févr. 1912, précité.

Bibliographie sommaire

Sur les associations :

AUBERTIN : « Les associations en droit international privé français après l'abrogation du Titre IV de la loi du 1er juillet 1901 par la loi du 9 octobre 1981 », *JDI* 1983.543.
LUCHAIRE : « La "nationalité" des associations », *Mélanges Voirin*, Paris, 1967, p. 558 et s.
REVILLARD : « Les conventions internationales relatives aux associations », *JDI* 92.299.

Sur les fondations :

NEUMEYER : « La fondation de Niederfüllbach et le droit international privé », *RDIP* 1913.18.
SCHNITZER : « Le *trust* et la fondation dans les conflits de lois », *Rev. crit. DIP* 1965.479.

INDEX ANALYTIQUE

Les chiffres renvoient aux numéros de paragraphe

C

E

F

M

N

O

P

Q

R

S

T

U

V

W

Z

TABLE DES MATIÈRES

COLLECTION DOMAT

DROIT PRIVÉ

Jean-Bernard AUBY et Hugues PÉRINET-MARQUET	**DROIT DE L'URBANISME ET DE LA CONSTRUCTION** ▪ (7e éd.).
Jean BART	**HISTOIRE DU DROIT PRIVÉ** de la chute de l'Empire romain au XIXe siècle
Alain BÉNABENT	**DROIT CIVIL** Les obligations ▪ (11e éd.).
Alain BÉNABENT	**DROIT CIVIL** Les contrats spéciaux civils et commerciaux ▪ (7e éd.).
Thierry BONNEAU	**DROIT BANCAIRE** ▪ (7e éd.).
Rémy CABRILLAC	**DROIT CIVIL** Les régimes matrimoniaux ▪ (6e éd.).
Gérard CORNU	**DROIT CIVIL** Introduction au droit (13e éd.).
Gérard CORNU	**DROIT CIVIL** Les personnes (13e éd.).
Gérard CORNU	**DROIT CIVIL** Les biens (13e éd.).
Gérard CORNU	**DROIT CIVIL** La famille ▪ (9e éd.).
Gérard CORNU	**LINGUISTIQUE JURIDIQUE** ▪ (3e éd.).
Françoise DEKEUWER-DÉFOSSEZ et Édith BLARY-CLÉMENT	**DROIT COMMERCIAL** Actes de commerce ▪ Commerçants ▪ Fonds de commerce ▪ Consommation ▪ Concurrence ▪ (9e éd.).

Jean DEVÈZE et Philippe PÉTEL	**DROIT COMMERCIAL** Instruments de paiement et de crédit
Michel FROMONT	**DROIT ALLEMAND DES AFFAIRES** Droit des obligations et des biens ▪ Droit commercial et du travail ▪
Jean GAUDEMET	**DROIT PRIVÉ ROMAIN** ▪ (2ᵉ éd.).
Jacques HÉRON Thierry LE BARS	**DROIT JUDICIAIRE PRIVÉ** ▪ (3ᵉ éd.).
Christian JUBAULT	**DROIT CIVIL** Les successions ▪ Les libéralités ▪
Paul LE CANNU	**DROIT DES SOCIÉTÉS** ▪ (2ᵉ éd.)
Pierre MAYER et Vincent HEUZÉ	**DROIT INTERNATIONAL PRIVÉ** ▪ (9ᵉ éd.).
Antoine MAZEAUD	**DROIT DU TRAVAIL** ▪ (5ᵉ éd.).
Michel MENJUCQ	**DROIT INTERNATIONAL ET EUROPÉEN DES SOCIÉTÉS**
Roger PERROT	**INSTITUTIONS JUDICIAIRES** ▪ (12ᵉ éd.).
Frédéric POLLAUD-DULIAN	**DROIT DE LA PROPRIÉTÉ INDUSTRIELLE** ▪ (2ᵉ éd.)
Corinne SAINT-ALARY-HOUIN	**LE DROIT DES ENTREPRISES EN DIFFICULTÉ** ▪ (5ᵉ éd.).
Romuald SZRAMKIEWICZ	**HISTOIRE DU DROIT DES AFFAIRES**

DROIT PUBLIC

Pierre AVRIL et Jean GICQUEL	**DROIT PARLEMENTAIRE** ▪ (3ᵉ éd.).
Michel BORGETTO et Robert LAFORE	**DROIT DE L'AIDE ET DE L'ACTION SOCIALES** ▪ (6ᵉ éd.).
Jean BOULOUIS	**DROIT INSTITUTIONNEL DE L'UNION EUROPÉENNE** ▪ (6ᵉ éd.).
François BURDEAU	**HISTOIRE DE L'ADMINISTRATION FRANÇAISE** XVIIIᵉ-XXᵉ siècles ▪ (2ᵉ éd.)
René CHAPUS	**DROIT ADMINISTRATIF GÉNÉRAL.** **T. 1** (15ᵉ éd.) Service public ▪ Police ▪ Responsabilité ▪ Actes ▪ Organisation et justice administratives ▪ Séparation des autorités administratives et judiciaires ▪ Conflits d'attribution. **T. 2** (15ᵉ éd.) Fonction publique ▪ Domaine public ▪ Travaux publics ▪ Expropriation.

René CHAPUS	**DROIT DU CONTENTIEUX ADMINISTRATIF** ▪ (12e éd.).
Jean COMBACAU et Serge SUR	**DROIT INTERNATIONAL PUBLIC** ▪ (7e éd.).
Louis DUBOUIS et Claude BLUMANN	**DROIT MATÉRIEL DE L'UNION EUROPÉENNE** ▪ (3e éd.)
Pierre-Laurent FRIER Jacques PETIT	**PRÉCIS DE DROIT ADMINISTRATIF** ▪ (4e éd.)
Jean GAUDEMET	**LES INSTITUTIONS DE L'ANTIQUITÉ** ▪ (7e éd.).
Jean GAUDEMET et Jean PETIT	**LES NAISSANCES DU DROIT** Le temps, le pouvoir et la science au service du droit ▪ (4e éd.).
Jean GAUDEMET	**SOCIOLOGIE HISTORIQUE** Les maîtres du Pouvoir.
Paul-Marie GAUDEMET et Joël MOLINIER	**FINANCES PUBLIQUES** **T. 1** (7e éd.) Politique financière ▪ Budget et Trésor. **T. 2** (6e éd.) Fiscalité.
Jean GICQUEL et Jean-Eric GICQUEL	**DROIT CONSTITUTIONNEL ET INSTITUTIONS POLITIQUES** ▪ (21e éd.).
Gilles J. GUGLIELMI Geneviève KOUBI et la collab. de Gilles DORMONT	**DROIT DU SERVICE PUBLIC** ▪ (2e éd.).
Marcel MORABITO	**HISTOIRE CONSTITUTIONNELLE DE LA FRANCE, 1789-1958** ▪ (9e éd.).
Jacques ROBERT et Jean DUFFAR	**DROITS DE L'HOMME ET LIBERTÉS FONDAMENTALES** ▪ (7e éd.).
Raphaël ROMI	**DROIT ET ADMINISTRATION DE L'ENVIRONNEMENT** ▪ (6e éd.).
Raphaël ROMI, Gaelle BOSSIS et Sandrine ROUSSEAUX	**DROIT INTERNATIONAL ET EUROPÉEN DE L'ENVIRONNEMENT**.
Dominique ROUSSEAU	**DROIT DU CONTENTIEUX CONSTITUTIONNEL** ▪ (7e éd.).
François SAINT-BONNET et Yves SASSIER	**HISTOIRE DES INSTITUTIONS AVANT 1789** ▪ (2e éd.).
Carlos SANTULLI	**DROIT DU CONTENTIEUX INTERNATIONAL**
Jacques ZILLER	**ADMINISTRATIONS COMPARÉES** ▪ (2e éd.). Les systèmes politico-administratifs de l'Europe des Douze.

POLITIQUE

Francis BALLE	**MÉDIAS ET SOCIÉTÉS** ▪ (13e éd.).
Philippe BRAUD et François BURDEAU	**HISTOIRE DES IDÉES POLITIQUES DEPUIS LA RÉVOLUTION** ▪ (2e éd.).
Yves MÉNY et Yves SUREL	**POLITIQUE COMPARÉE** Les démocraties (Allemagne, États-Unis, France, Grande-Bretagne, Italie) ▪ (7e éd.).
Roger-Gérard SCHWARTZENBERG	**SOCIOLOGIE POLITIQUE** ▪ (6e éd.).
Serge SUR	**RELATIONS INTERNATIONALES** ▪ (4e éd.).

GESTION

Jérôme CABY, Alain COURET et Gérard HIRIGOYEN	**INITIATION À LA GESTION** Connaissance de l'entreprise à partir de ses principaux documents obligatoires ▪ (3e éd.).

Montchrestien - E.J.A.
31, rue Falguière, 75741 Paris Cedex 15
Dépôt légal : novembre 2007
N° d'éditeur : 1732

Imprimé en France. JOUVE 11 bd Sébastopol, 75001 PARIS.
N° 439993N